Baumgärtel · Brunner · Bugarin
Arbeitsplatz ReFa: Der Allrounder
2. Auflage

Baumgärtel · Brunner · Bugarin

Arbeitsplatz ReFa: Der Allrounder

Kanzleiorganisation · Mandatsbetreuung · Sachbearbeitung

Herausgegeben von

Gundel Baumgärtel
Gepr. Bürovorsteherin

Michael Brunner
Rechtsfachwirt

Ivana Bugarin
Rechtsfachwirtin

2. Auflage

ZAP Verlag 2013

Zitiervorschlag: Baumgärtel/Brunner/Bugarin, Der Allrounder, Kap. ....Rn. ...

Bibliografische Information der Deutschen Nationalbibliothek

Die Deutsche Nationalbibliothek verzeichnet diese Publikation in der Deutschen Nationalbibliografie; detaillierte bibliografische Daten sind im Internet über http://dnb.d-nb.de abrufbar.

ISBN 978-3-89655-695-0

www.wolterskluwer.de
www.zap-Verlag.de

Umschlagkonzeption: Martina Busch Grafikdesign, Homburg Kirrberg
Satz: Konrad Triltsch Print und digitale Medien GmbH, Ochsenfurt-Hohestadt
Druck und Weiterverarbeitung: Druckerei Skleniarz, Krakau, Polen

∞ Gedruckt auf säurefreiem, alterungsbeständigem und chlorfreiem Papier.

Vorwort zur 2. Auflage

Was Sie in den Händen halten, ist die zweite aktualisierte Auflage des „Allrounders". Ein Fachbuch. Ähnlichkeiten mit tatsächlichen Büroabläufen und alltäglichen Problemen der anwaltlichen Praxis sind beabsichtigt und insbesondere wünschenswert. Wir Autoren nennen dieses Fachbuch nur „Der Allrounder", denn das ist es, was wir geschrieben haben: Ein Fachbuch für Auszubildende, Rechtsanwaltsfachangestellte, Rechtsfachwirte und auch Rechtsanwälte, das eine wesentliche Arbeitserleichterung für Sie bringen wird. „Der Allrounder" ist das Ergebnis der gebündelten Erfahrung von insgesamt über **60** Berufsjahren in der Büroleitung der anwaltlichen Kanzlei. Er ist aus der Praxis für die Praxis geschrieben und spiegelt Strukturen aus unterschiedlichen Kanzleien wieder; das macht ihn so wertvoll.

Sie kennen diese Situation vermutlich aus eigener Erfahrung: Sie müssen beispielsweise eine Zwangsversteigerung beantragen und erinnern sich, dass Sie in der Vergangenheit einen ähnlichen Fall hatten. Schön wäre es nun, wenn Sie ohne langes Suchen auf das entsprechende Muster zugreifen könnten. Wir können Ihnen die erfreuliche Mitteilung machen, dass ein entsprechender Antrag im Allrounder enthalten ist. In der Zwangsvollstreckung „tut sich was". Der Allrounder zeigt Ihnen die Neuerungen ebenfalls mit Mustern für die Praxis. Wir haben den Allrounder erweitert und spannende weitere Kapitel (Verwaltungsrecht, Sozialrecht) aufgenommen.

Sie finden Erläuterungen für fast alle Lebenslagen in der Anwaltskanzlei und darüber hinaus die passenden Muster, die Sie vielleicht in dieser Form nicht erstellt hätten. Alle Muster berücksichtigen die gebührenrechtliche Problematik und beugen durch eine hohe Effektivität Nachfragen der Gerichte vor. Sämtliche Muster können Sie aus dem jBook übernehmen und individuell an Ihre Bedürfnisse anpassen.

Sie finden diverse Vergütungsvereinbarungen (auch Erfolgshonorar), Auftragsbestätigungen, Vollmachten, Bürgschaften, Hinterlegungen, Zustellungen, das Muster einer Vergütungsklage und diverse Belehrungen, die vermeiden, dass der Vergütungsanspruch verloren geht.

Auch die immer wieder erforderlichen Auseinandersetzungen mit Rechtsschutzversicherungen und Gerichten bei der Kostenfestsetzung und in der Zwangsvollstreckung haben wir berücksichtigt. Die Urlaubsvertretung, die Stellvertretung, die Buchführung, Ziel war es, alle typischen Tätigkeiten in einer klassischen Anwaltskanzlei abzubilden: Die Akte von A wie Aktenanlage bis Z wie Zwangsvollstreckung.

Wir Autoren leben in Berlin und sind gut befreundet. Wir haben uns entschieden, dass jeder seinen eigenen Stil beibehalten soll und erhoffen uns, dass unser Fachbuch auch dadurch leicht lesbar wird. Darüber hinaus haben wir uns bemüht, durch einen lockeren Stil möglichen Müdigkeitserscheinungen beim Leser vorzubeugen. Unser Beruf ist spannend, diese Spannung haben wir durch Beispiele und Muster im gesamten Allrounder aufrechterhalten. An passender Stelle finden Sie auch die eine oder andere persönliche Anmerkung zu gesetzlichen Regelungen (z. B. Beratungshilfe), der Sie selbstverständlich nicht folgen müssen.

Leider konnten wir nicht alle Fragen beantworten, die in diesem Traumberuf auftreten. So haben wir nicht im Detail die Vergütung in familienrechtlichen Angelegenheiten beleuchtet, das Strafrecht haben wir nur an wenigen Stellen erwähnt, weil es den Rahmen des Allrounders überschritten hätte. Immer dann, wenn wir ein Problem behandelt haben, haben wir dies intensiv und sorgfältig getan. Aber der Allrounder ist kein Kommentar und in bestimmten Fällen (Strafrecht) müssen Sie zumindest für schwierige Probleme auf weitere Literatur zurückgreifen. Den kanzleiüblichen Standard haben wir dargestellt.

Wir haben von häufigen Literaturzitaten abgesehen. Wenn wir Urteile des BGH ohne weitere Fundstelle genannt haben, dann bieten wir Ihnen auch die Anleitung, wie Sie vorgehen müssen, um z. B. über das Internet schnell auf das Urteil zugreifen zu können.

Wir Autoren haben für Sie eine gesonderte E-Mail Adresse eingerichtet. Schreiben Sie uns an babrubu@aol.com. Teilen Sie uns mit, was Ihnen gefällt, was Ihnen nicht gefällt und was Sie sich noch wünschen würden. Ihre Anregungen nehmen wir für die nächste Auflage auf. Nicht leisten können wir die Beantwortung Ihrer persönlichen Fachfragen.

Unser Ziel ist es, dass Sie immer, wenn Sie ein Problem haben, zum Allrounder greifen, um dann vermutlich schnell fündig zu werden.

Ein Wort zur Ansprache im Text: Auch wenn teilweise nur die weibliche Ansprache gewählt worden ist, sind selbstverständlich sowohl männliche als auch weibliche Vertreter unseres Berufes angesprochen.

Insofern, lassen Sie sich von Weiterbildung verführen, je mehr Sie wissen, je mehr Sie können, desto größer ist der berufliche Erfolg.

Ihr Autorenteam

Gundel Baumgärtel Michael Brunner und Ivana Bugarin

Berlin, September 2012

Autorenverzeichnis

Gundel Baumgärtel ist nach langjähriger Anstellung als geprüfte Bürovorsteherin in Kanzleien als Dozentin und Beraterin tätig, bevorzugt zu den Themen Vergütungsrecht und Zivilprozessrecht. Sie ist Autorin des im selben Verlag erschienenen Kommentars zum RVG sowie mehrerer Praxishandbücher und diverser Veröffentlichungen in Fachzeitschriften und wirkte an der Entwicklung einer Software zum RVG mit. Aufgrund ihrer 28-jährigen Berufserfahrung stand sie den Rechtsanwaltskammern Berlin und Brandenburg langjährig als Prüferin zur Verfügung und wirkte mit Ideen und Anregungen in den jeweiligen Berufsausbildungsausschüssen mit.

Michael Brunner arbeitet seit 18 Jahre als Büroleiter in verschiedenen Kanzleien in Berlin und ist geprüfter Rechtsfachwirt. Neben seinen Tätigkeitsschwerpunkten in der Zwangsvollstreckung und im Gebührenrecht befasst er sich gezielt mit berufs- und arbeitsrechtlichen Fragen. Daneben ist er Jahrzehnte als Ausbilder tätig. Er ist Referent für Seminare und ständiger Autor von Beiträgen in Fachzeitschriften.

Ivana Bugarin ist geprüfte Rechtsfachwirtin und arbeitet seit 1997 als Büroleiterin bei verschiedenen Rechtsanwälten. Ihr Interessenschwerpunkt ist das Gebührenrecht, Verfahrensrecht und die Büroorganisation. Sie ist Seminardozentin und seit Jahren als Ausbilderin tätig.

Inhaltsübersicht

Inhaltsverzeichnis

Abkürzungsverzeichnis

A	
ABL	Amtsblatt
Abs.	Absatz
abzgl.	abzüglich
a.E.	am Ende
a.F.	alte Fassung
AG	Amtsgericht/Aktiengesellschaft
AktG	Aktiengesetz
Alt.	Alternative
AnfG	Anfechtungsgesetz
AO	Abgabenordnung
ArbGG	Arbeitsgerichtsgesetz
Arg.	Argumentum
Art.	Artikel
AUG	Auslandsunterhaltsgesetz
AVAG	Anerkennungs- und Vollstreckungsausführungsgesetz
AZ	Aktenzeichen
B	
BAG	Bundesarbeitsgericht
BaySchlG	Bayerisches Schlichtungsgesetz
BeurkG	Beurkundungsgesetz
BFH	Bundesfinanzhof
BGB	Bürgerliches Gesetzbuch
BGBl.	Bundesgesetzblatt
BGH	Bundesgerichtshof
BMJ	Bundesjustizministerium
BRAO	Bundesrechtsanwaltsordnung
BSG	Bundessozialgericht
Bsp.	Beispiel
Buchst.	Buchstabe
BV	Bestandsverzeichnis
BVerfG	Bundesverfassungsgericht
bzgl.	bezüglich
C	
ca.	circa
D	
d.h.	das heißt
DVO	Durchführungsverordnung
E	
EBAO	Einforderungs- und Beitreibungsanordnung
e.G.	eingetragene Genossenschaft
EGStGB	Einführungsgesetz zum Strafgesetzbuch
ESt	Einkommensteuer
EStG	Einkommensteuergesetz
EU	Europäische Union

EUGFVO	Verordnung (EG) Nr. 861/2007 des Europäischen Parlaments und des Rates vom 11. Juli 2007 zur Einführung eines europäischen Verfahrens für geringfügige Forderungen
EUGVVO	Verordnung (EG) Nr. 44/2001 des Rates vom 22. Dezember 2000 über die gerichtliche Zuständigkeit und die Anerkennung und Vollstreckung von Entscheidungen in Zivil- und Handelssachen
EuMVVO	Verordnung (EG) Nr. 1896/2006 des Europäischen Parlaments und des Rates vom 12. Dezember 2006 zur Einführung eines europäischen Mahnverfahrens
EUVTVO	Verordnung (EG) Nr. 805/2004 des Europäischen Parlaments und des Rates vom 21. April 2004 zur Einführung eines europäischen Vollstreckungstitels für unbestrittene Forderungen
EuUntVO	Europäische Verordnung über die Anerkennung und Vollstreckung von Entscheidungen und die Zusammenarbeit in Unterhaltssachen
e.V.	eidesstattliche Versicherung
EZB	Europäische Zentralbank
F	
FA	Finanzamt
Fa.	Firma
FamG	Familiengericht
FamFG	Gesetz über das Verfahren in Familiensachen und in den Angelegenheiten der freiwilligen Gerichtsbarkeit
ff.	fortfolgende
FlSt.	Flurstück
FlNr.	Flurstück Nummer
G	
ggü.	gegenüber
GenG	Gesetz betreffend die Erwerbs- und Wirtschaftsgenossenschaften (Genossenschaftsgesetz)
gem.	gemäß
gez.	gezeichnet
GG	Grundgesetz
GKG	Gerichtskostengesetz
GmbH	Gesellschaft mit beschränkter Haftung
GmbHG	Gesetz betreffend die Gesellschaften mit beschränkter Haftung
grds.	grundsätzlich
GV	Gerichtsvollzieher
GVG	Gerichtsverfassungsgesetz
GVGA	Geschäftsanweisung für Gerichtsvollzieher
GVO	Gerichtsvollzieherverordnung
H	
Halbs.	Halbsatz
HGB	Handelsgesetzbuch
h.M.	herrschende Meinung
I	
i.d.R.	in der Regel
i.H.d.	in Höhe des/der

i.H.v.	in Höhe von
insbes.	insbesondere
InsO	Insolvenzordnung
InsVV	Insolvenzrechtliche Vergütungsverordnung
i.R.d.	im Rahmen der/des
i.S.d.	im Sinne der/des
i.S.v.	im Sinne von
i.Ü.	im Übrigen
i.V.m.	in Verbindung mit
J	
JurBüro (Zs)	Juristisches Büro
JBeitrO	Justizbeitreibungsordnung
K	
Kfz	Kraftfahrzeug
KFB	Kostenfestsetzungsbeschluss
KG	Kommanditgesellschaft
KG	aA Kommanditgesellschaft auf Aktien
KostO	Kostenordnung
KVGKG	Kostenverzeichnis Gerichtskostengesetz
L	
LG	Landgericht
LGVÜ	Luganer Vollstreckungsübereinkommen
M	
Max	Maximal
MRRG	Melderechtsrahmengesetz
m.w.N.	mit weiteren Nachweisen
N	
n.F.	neue Fassung
NJW (Zs)	Neue Juristische Wochenschrift
NJW-RR (Zs)	NJW-Rechtsprechungs-Report Zivilrecht
O	
OG	Obergeschoss
OLG	Oberlandesgericht
OVG	Oberverwaltungsgericht
P	
P-Konto	Pfändungsschutzkonto
PfÜB	Pfändungs- und Überweisungsbeschluss
PKH	Prozesskostenhilfe
Pkw	Personenkraftwagen
R	
RA	Rechtsanwalt
Rdn.	Randnummer innerhalb des Werks
Rn.	Randnummer in anderen Veröffentlichungen
RPfleger (Zs)	Rechtspfleger
RPflG	Rechtspflegergesetz
RSB	Restschuldbefreiung
S	
S.	Satz

s.	siehe
s.a.	siehe auch
SchlG	Schlichtungsgesetz
SCHUFA	Schutzgemeinschaft für allgemeine Kreditsicherung
SGB	Sozialgesetzbuch
s.o.	siehe oben
sog.	sogenannte
StGB	Strafgesetzbuch
s.u.	siehe unten
U	
u.a.	unter anderem
Urt. v.	Urteil von
Ust	Umsatzsteuer
usw.	und so weiter
u.U.	unter Umständen
V	
v.a.	vor allem
VGH	Verwaltungsgerichtshof
vgl.	vergleiche
VV RVG	Vergütungsverzeichnis Rechtsanwaltsvergütungsgesetz
W	
WEG	Wohnungseigentumsgesetz
Z	
z.B.	zum Beispiel
ZPO	Zivilprozessordnung
Zs	Zeitschrift
z.T.	zum Teil
ZVG	Gesetz über die Zwangsversteigerung und Zwangsverwaltung
ZwV	Zwangsvollstreckung
ZwVwV	Zwangsverwalterverordnung

Literaturverzeichnis

Baumgärtel/Hergenröder/Houben, RVG, 15. Aufl. 2011

Brox/Walker, Zwangsvollstreckungsrecht, 9. Aufl. 2011

Feuerich/Weyland, Bundesrechtsanwaltsordnung, Kommentar, 8. Aufl. 2012

Gerold/Schmidt, Rechtsanwaltsvergütungsgesetz, Kommentar, 20. Aufl. 2012

Goebel, Anwaltsformularbuch Zwangsvollstreckung, 4. Aufl. 2011

Hartmann, Kostengesetze, Kommentar, 42. Aufl. 2012

Henssler/Prütting, BRAO, Kommentar, 3. Aufl. 2010

Hintzen, Forderungspfändung, 3. Aufl. 2008

Jessnitzer/Blumberg, Bundesrechtsanwaltsordnung, Kommentar, 9. Aufl. 2000

König, Elektronisches Mahnverfahren in der Praxis, 2009

Rehberg/Xanke, RVG – Rechtsanwaltsvergütungsgesetz, 3. Aufl. 2010

Schneider/Wolf, Anwaltkommentar RVG, 6. Aufl. 2012

Zimmermann, Zivilprozessordnung, Kommentar, 9. Aufl. 2011

Zöller, Zivilprozessordnung, Kommentar, 29. Aufl. 2012

1. Kapitel: Berufsrecht

Übersicht Rdn.

A. Verschwiegenheitspflicht

Die Verschwiegenheitspflicht des RAs gehört zu den Grundsäulen des Mandanten-Anwalts-Verhältnisses in einer Demokratie und bedarf daher gesonderten Schutzes. 1

Daher ist gem. § 2 Abs. 4 Berufsordnung für RA (BORA) die Rechtsanwaltsfachangestellte vom RA zur Verschwiegenheit zu verpflichten und anzuhalten. 2

Und wer kennt sie nicht, die berühmte Verschwiegenheitserklärung, die man bei Aufnahme einer Tätigkeit unterzeichnen muss? 3

▶ Praxistipp: 4

Wenn bisher keine Verschwiegenheitsverpflichtung unterschrieben worden ist, so sollte dies unbedingt nachgeholt werden.

I. Form

Grds. unterliegt die Verschwiegenheitserklärung keiner Formvorschrift. 5

Die schriftliche, von den Rechtsanwaltsfachangestellten handschriftlich unterzeichnete Erklärung dient lediglich **Beweiszwecken.** 6

Vielfach wird eine zusätzliche Verpflichtung auch in den **Anstellungsvertrag** eingearbeitet. Eine mögliche **Vertragsklausel** könnte wie folgt aussehen: 7

▶ Muster: Erklärung zur Verschwiegenheitspflicht 8

§ ..... (fortlaufende Nummer des Anstellungsvertrages) Verschwiegenheitspflicht

„Der Arbeitnehmer nimmt zur Kenntnis, dass in der Kanzlei vertrauliche und persönliche Daten der Mandanten besprochen und verwahrt werden. Der Arbeitnehmer verpflichtet sich, über alle geschäftlichen Angelegenheiten, die ihm im Rahmen seiner Tätigkeit zur Kenntnis gelangen, jederzeit – auch nach Beendigung des Anstellungsverhältnisses – Stillschweigen zu bewahren. Diese Verpflichtung besteht gegenüber jedermann, so auch

- gegenüber Familienangehörigen,
- gegenüber Arbeitskollegen, soweit eine Mitteilung nicht aus dienstlichen Gründen erfolgt, und
- gegenüber Personen, die von der betreffenden Tatsache bereits Kenntnis erlangt haben.

II. Personenkreis

9 § 2 Abs. 4 BORA nennt nicht nur ausdrücklich die Mitarbeiter des RA sondern auch alle sonstigen Personen, die bei der beruflichen Tätigkeit des Anwalts mitwirken.

10 Hierzu gehören unzweifelhaft
- Auszubildende,
- Praktikanten,
- Referendare,
- freie Mitarbeiter,

11 aber eben auch (und leider gerne vergessen)
- Reinigungsfachkräfte und
- externe Systemadministratoren.

III. Eigene Rechte und Pflichten der Rechtsanwaltsfachangestellten

12 Um die Verschwiegenheitspflicht des RA nicht durch seine Mitarbeiter auszuhöhlen, haben diese eigenständige Rechte und Pflichten:
- § 203 Abs. 3 StGB sieht eine Gleichstellung der Rechtsanwaltsfachangestellten zum RA vor, mit der Folge, dass diese wegen Geheimnisverrates mit Freiheitsstrafe bis zu einem Jahr oder Geldstrafe bestraft werden könnten, wenn sie die Verschwiegenheit brechen. Sollte die Verschwiegenheit jedoch gegen Entgelt gebrochen worden sein, so kommt sogar eine Freiheitsstrafe bis zu zwei Jahren oder eine Geldstrafe infrage.
- § 53a Abs. 1 StPO hingegen räumt den Rechtsanwaltsfachangestellten ein berufliches Zeugnisverweigerungsrecht ein, wobei jedoch über die Ausübung dieses Rechtes der RA entscheidet. Ist der RA von seiner Mandantschaft von der Schweigepflicht bereits entbunden, so gilt dies automatisch auch für seine Mitarbeiter.
- In allen anderen Gerichtszweigen (z. B. Zivil-, Verwaltungs-, Sozial- oder Arbeitsgerichtsprozess) ist ein entsprechendes Zeugnisverweigerungsrecht geregelt.

IV. Formulierung

13 Es gibt unterschiedlich lange Verschwiegenheitsverpflichtungserklärungen, die alle ihren Zweck erfüllen. Die meisten Rechtsanwaltskammern haben entsprechende Formulare auf ihren Seiten ins Netz gestellt. Die Verschwiegenheitsverpflichtungserklärung der Bundesrechtsanwaltskammer finden Sie unter nachstehendem Link:

http://www.brak.de/fuer-anwaelte/rund-um-die-kanzlei/anwaelte-als-arbeitgeber/rechtsanwaltsfachangestellte/ausbildungsdokumente-zum-download/verschwiegenheitsverpflichtung.pdf 14

Ich persönlich bevorzuge die nachstehende Kurzvariante, da diese zu Dokumentationszwecken völlig ausreicht. 15

► Muster: Verschwiegenheitsverpflichtungserklärung

16

Verschwiegenheitsverpflichtungserklärung

Herr/Frau ....., derzeit wohnhaft .....,

verpflichtet sich, über alle Angelegenheiten und Vorgänge, die ihm/ihr im Rahmen

seiner/ihrer Tätigkeit in der Kanzlei ..... zur Kenntnis erlangen, während und nach der Beendigung des Anstellungsverhältnisses gegenüber jedermann strengstes Stillschweigen zu bewahren.

Über die gesetzlichen Bestimmungen zum Zeugnisverweigerungsrecht sowie über die Strafbarkeit der Verletzung der Schweigepflicht (siehe Anlage) wurde ich belehrt.

(*Als Anlage wird sodann das nachstehende Formblatt beigefügt.*)

► Muster: Hinweisblatt zur anwaltlichen Verschwiegenheitspflicht

17

Vorschriften zur anwaltlichen Verschwiegenheit

I. Verschwiegenheitspflicht

Bundesrechtsanwaltsordnung (Auszug)

§ 43a Abs. 2 BRAO Grundpflichten des Rechtsanwalts

(2) Der Rechtsanwalt ist zur Verschwiegenheit verpflichtet. Diese Pflicht bezieht sich auf alles, was ihm in Ausübung seines Berufes bekannt geworden ist. Dies gilt nicht für Tatsachen, die offenkundig sind oder ihrer Bedeutung nach keiner Geheimhaltung bedürfen.

Berufsordnung der Rechtsanwälte (Auszug)

§ 2 BORA Verschwiegenheit

(1) Der Rechtsanwalt ist zur Verschwiegenheit berechtigt und verpflichtet.

(2) Das Recht und die Pflicht zur Verschwiegenheit beziehen sich auf alles, was ihm in Ausübung seines Berufes bekannt geworden ist, und bestehen nach Beendigung des Mandats fort.

(3) Pflicht zur Verschwiegenheit gilt nicht, soweit diese Berufsordnung oder andere Rechtsvorschriften Ausnahmen zulassen oder die Durchsetzung oder Abwehr von Ansprüchen aus dem Mandatsverhältnis oder die Verteidigung des Rechtsanwalts in eigener Sache die Offenbarung erfordern.

(4) Der Rechtsanwalt hat seine Mitarbeiter und alle sonstigen Personen, die bei seiner beruflichen Tätigkeit mitwirken, zur Verschwiegenheit (§ 43a Abs. 2 Bundesrechtsanwaltsordnung) ausdrücklich zu verpflichten und anzuhalten.

II. Strafbarkeit der Verletzung von Privatgeheimnissen

§ 203 Strafgesetzbuch (Auszug)

(1) Wer unbefugt ein fremdes Geheimnis, namentlich ein zum persönlichen Lebensbereich gehörendes Geheimnis oder ein Betriebs- oder Geschäftsgeheimnis, offenbart das ihm als

3. Rechtsanwalt, Patentanwalt, Notar, Verteidiger in einem gesetzlich geordneten Verfahren, Wirtschaftsprüfer, vereidigtem Buchprüfer, Steuerberater, Steuerbevollmächtigten oder Organ oder Mitglied eines Organs einer Rechtsanwalts-, Patentanwalts-, Wirtschaftsprüfungs-, Buchprüfungs- oder Steuerberatungsgesellschaft,

anvertraut worden oder sonst bekannt geworden ist, wird mit Freiheitsstrafe bis zu einem Jahr oder mit Geldstrafe bestraft.

(3) Einem in Absatz 1 Nr. 3 genannten Rechtsanwalt stehen andere Mitglieder einer Rechtsanwaltskammer gleich. Den in Absatz 1 und Satz 1 Genannten stehen ihre berufsmäßig tätigen Gehilfen und die Personen gleich, die bei ihnen zur Vorbereitung auf den Beruf tätig sind. Den in Absatz 1 und den in Satz 1 und 2 Genannten steht nach dem Tod des zur Wahrung des Geheimnisses Verpflichteten ferner gleich, wer das Geheimnis von dem Verstorbenen oder aus dessen Nachlass erlangt hat.

(4) Die Absätze 1 bis 3 sind auch anzuwenden, wenn der Täter das fremde Geheimnis nach dem Tod des Betroffenen unbefugt offenbart.

(5) Handelt der Täter gegen Entgelt oder in der Absicht, sich oder einen anderen zu bereichern oder einen anderen zu schädigen, so ist die Strafe Freiheitsstrafe bis zu zwei Jahren oder Geldstrafe.

III. Zeugnisverweigerungsrecht

§ 53 Strafprozessordnung – Zeugnisverweigerungsrecht aus beruflichen Gründen (Auszug)

(1) Zur Verweigerung des Zeugnisses sind ferner berechtigt

3. Rechtsanwälte, Patentanwälte, Notare, Wirtschaftsprüfer, vereidigte Buchprüfer, Steuerberater und Steuerbevollmächtigte, Ärzte, Zahnärzte, Psychologische Psychotherapeuten, Kinder- und Jugendlichenpsychotherapeuten, Apotheker und Hebammen über das, was ihnen in dieser Eigenschaft anvertraut worden oder bekannt geworden ist, Rechtsanwälten stehen dabei sonstige Mitglieder einer Rechtsanwaltskammer gleich;

(2) Die in Absatz 1 Satz 1 Nr. 2 bis 3b Genannten dürfen das Zeugnis nicht verweigern, wenn sie von der Verpflichtung zur Verschwiegenheit entbunden sind.

§ 53a Strafprozessordnung

(1) Den in § 53 Abs. 1 Satz 1 Nr. 1 bis 4 Genannten stehen ihre Gehilfen und die Personen gleich, die zur Vorbereitung auf den Beruf an der berufsmäßigen Tätigkeit teilnehmen. Über die Ausübung des Rechtes dieser Hilfspersonen, das Zeugnis zu

verweigern, entscheiden die in § 53 Abs. 1 Nr. 1 bis 4 Genannten, es sei denn, dass diese Entscheidung in absehbarer Zeit nicht herbeigeführt werden kann.

(2) Die Entbindung von der Verpflichtung zur Verschwiegenheit (§ 53 Abs. 2 Satz 1) gilt auch für die Hilfspersonen.

Den Bestimmungen der Strafprozessordnung entspricht – in anderer sprachlicher Fassung – die Regelung für den Zivilprozess:

§ 383 Zivilprozessordnung (Auszug)

(1) Zur Verweigerung des Zeugnisses sind berechtigt:

6. Personen, denen kraft ihres Amtes, Standes oder Gewerbes Tatsachen anvertraut sind, deren Geheimhaltung durch ihre Natur oder durch gesetzliche Vorschrift geboten ist, in Betreff der Tatsachen, auf welche die Verpflichtung zur Verschwiegenheit sich bezieht.

(3) Die Vernehmung der unter Nummern 4 bis 6 bezeichneten Personen ist, auch wenn das Zeugnis nicht verweigert wird, auf Tatsachen nicht zu richten, in Ansehung welcher erhellt, dass ohne Verletzung der Verpflichtung zur Verschwiegenheit ein Zeugnis nicht abgelegt werden kann.

§ 385 ZPO (Abs. 2) – Ausnahmen vom Zeugnisverweigerungsrecht

(2) Die im § 383 Nr. 4, 6 bezeichneten Personen dürfen das Zeugnis nicht verweigern, wenn sie von der Verpflichtung zur Verschwiegenheit entbunden sind.

Das Zeugnisverweigerungsrecht ist für die anderen Gerichtszweige und auch für Verwaltungsverfahren genauso wie für den Zivilprozess und den Strafprozess geregelt.

Vergleiche:

§ 15 Abs. 1 Gesetz über die Angelegenheiten der freiwilligen Gerichtsbarkeit

§§ 46 Abs. 2, 80 Abs. 2 Arbeitsgerichtsgesetz

§ 98 Verwaltungsgerichtsordnung

§ 118 Abs. 1 Sozialgerichtsgesetz

§ 84 Abs. 1 Finanzgerichtsordnung

§ 28 Abs. 1 Bundesverfassungsgerichtsgesetz

§ 65 Abs. 1 Verwaltungsverfahrensgesetz

§ 102 Abgabenordnung

V. Bewusstsein entwickeln

Hin und wieder sollten Kanzleiabläufe überdacht werden, insbes., ob diese dem Erfordernis der Verschwiegenheit genügen. So ist es durchaus problematisch, wenn sich der Wartebereich direkt vor dem Schreibtisch der Rechtsanwaltsfachangestellten befindet und der wartende Mandant bei Telefonaten Teile des Gesprächs mit anderen Mandanten mithören kann. Auch sollte man Auskünfte an Freunde oder Ehepartner 18 des Mandanten nur nach ausdrücklicher schriftlicher Entbindung von der Schweigepflicht erteilen.

19 ► **Muster: Schweigepflichtentbindungserklärung**

Hiermit entbinde ich,

….. (Name des Mandanten),

Herrn Rechtsanwalt ….. (Name des Anwalts)

von seiner Schweigepflicht in Sachen ….. (Bezeichnung der Angelegenheit) gegenüber folgender Person

- ….. (vollständiger Name der Person)

Herr Rechtsanwalt ….. (Name des Rechtsanwalts) ist von mir ermächtigt über den Sachstand, über Schriftsätze sowie über den Inhalt der Akte an die vorstehende Person Auskunft zu erteilen. Sofern keine Beschränkungen von mir bestimmt werden, ist die Auskunft ebenso umfassend wie die, die mir als Mandant selbst erteilt wird.

…..

Datum, Unterschrift des Mandanten

20 Aber auch Gespräche mit Kollegen von fremden Kanzleien (z. B. in fachbezogenen Informationsgesprächen im örtlichen ReNo-Verein oder in Seminarpausen) bergen Gefahren in sich, da manchmal ein Fall gerade zum Geschehen passt. Hier ist äußerste Diskretion geboten.

B. Belehrungspflichten

21 Bereits bei Mandatsannahme obliegen dem RA diverse Belehrungspflichten gegenüber seinem Auftraggeber. Alle Belehrungspflichten sind jedoch eng mit dem Vergütungsanspruch des RA verbunden und werden daher ausführlich und mit Mustern im 8. Kapitel: Kosten und Gebühren unter Kap. 8 Rdn. 2 ff. behandelt.

C. Berufshaftpflichtversicherung für RA

22 Gem. § 51 Bundesrechtsanwaltsordnung (BRAO) ist das Abschließen einer Berufshaftpflichtversicherung für RA Pflicht und muss sowohl bei der Erstzulassung als auch während der gesamten Dauer der Anwaltstätigkeit nachgewiesen werden. In den abzuschließenden Vertrag ist die Versicherung zu verpflichten, der zuständigen Rechtsanwaltskammer den Beginn und die Beendigung des Vertrags sowie jede Änderung mitzuteilen.

23 Solange der Rechtsanwaltskammer kein Nachweis über die Berufshaftpflichtversicherung vorliegt, erteilt sie dem Anwalt auch nicht seine Erstzulassung. Sollte die Kammer hingegen später von einer Beendigung bzw. Änderung des Vertrags Mitteilung bekommen, so wird der betreffende RA um Klärung und Nachweis des bestehenden Versicherungsschutzes gebeten. Erfolgt dies nicht in einer gesetzten Frist, kann die Zulassung entzogen werden.

Es gehört dazu auch zu den Aufgaben des Sekretariats, für die jährliche fristgerechte Überweisung der **Versicherungsprämie** Sorge zu tragen. 24

Die Versicherungssumme muss derzeit mindestens 250.000,00 € pro Versicherungsfall betragen und kann gem. § 51 Abs. 4 Satz 2 BRAO innerhalb eines Versicherungsjahres für alle erbrachten Leistungen auf den vierfachen Betrag der Mindestversicherungssumme begrenzt werden, somit auf 1.000.000,00 €. 25

In den meisten Fällen ist die **Mindestversicherungssumme** ausreichend. Sollte Ihnen jedoch bei der Aktenanlage auffallen, dass aufgrund des **Streitwerts** die Versicherungssumme in einem bestimmten Fall nicht ausreichend erscheint, so könnten und sollten Sie Ihren Arbeitsgeber auf folgende Möglichkeiten hinweisen: 26

- Die Versicherungssumme könnte im konkreten Fall erhöht werden. Durch eine schriftliche Vereinbarung mit dem Mandanten könnte diese zusätzliche Versicherungsprämie dem Mandanten nach Nr. 7007 VV RVG in Rechnung gestellt werden (vgl. Kap. 9 Rdn. 14).
- Mit dem Mandanten könnte schriftlich vereinbart werden, dass im Schadensfall die Entschädigungssumme begrenzt wird.

§ 51a BRAO stellt dabei Mindestanforderungen an die Haftungsbeschränkungen. Mit **Individualvereinbarung** kann die Haftung auf 250.000,00 € beschränkt werden, mehr ist möglich, weniger nicht. Bei vorformulierten Allgemeinen Vertragsbedingungen beträgt die Mindestsumme hingegen 1 Mio. €. 27

Weitere Voraussetzung ist, dass Versicherungsschutz in dieser Höhe und auch dem Grunde nach besteht. 28

Mit Individualvereinbarungen kann ferner die Haftung für jede Fahrlässigkeit beschränkt werden, mit vorformulierten Bedingungen nur für einfache Fahrlässigkeit (eine Haftung für grobe Fahrlässigkeit ist ausdrücklich zu erwähnen). 29

Eine Individualvereinbarung ist daher insbes. in den kleinen bis mittelständischen Kanzleien vorzuziehen, wo Fälle mit einem extrem großen Gegenstandswert und damit hohem Haftungsrisiko eher selten vorkommen. 30

▶ **Hinweis:** 31

Das Entwerfen einer solchen Individualvereinbarung fällt, wie die Ausarbeitung vorformulierter Allgemeiner Vertragsbedingungen, ausschließlich in den Zuständigkeitsbereich des RA und gehört nicht zu den Aufgabengebieten von Rechtsanwaltsfachangestellten.

Dies liegt v. a. auch daran, dass für eine Individualvereinbarung die nachfolgenden Punkte eingehalten werden müssen: 32

- Die Vereinbarung muss ausgehandelt werden (d. h., der Mandant muss eine Einflussmöglichkeit auf die Gestaltung der Vereinbarung gehabt haben). Eine Wahlmöglichkeit, die nur darin besteht, den Vorschlag des Anwalts anzunehmen oder sich einen anderen Anwalt zu suchen, reicht nicht aus.

– Jede Klausel muss einzeln und für jedes Mandat neu verhandelt werden.

33 In der Literatur wird z.T. die Möglichkeit eines **Tarifwahlprinzips** akzeptiert, bei der der Mandant die Wahl hat, gegen ein höheres Honorar eine Haftungsbeschränkung auf eine höhere Summe zu vereinbaren oder gegen ein geringeres die niedrigere Summe hinzunehmen.

D. Fortbildungsnachweis bei Fachanwälten

34 Rechtsanwaltsfachangestellte, die bei einem Anwalt tätig sind, der gerade seine **Fachanwaltsbezeichnung** erworben hat, müssen beachten, dass der RA jedes Jahr mindestens zehn Zeitstunden an fachspezifischer Fortbildung besuchen oder alternativ dazu fachspezifische Seminare in gleicher Zeithöhe geben muss. Der entsprechende Nachweis ist jährlich gegenüber der jeweiligen Rechtsanwaltskammer zu erbringen. Dies ergibt sich aus §§ 4 Abs. 2, 15 Fachanwaltsordnung (FAO).

35 Dabei wurde das Stichtagsprinzip mit der Fachanwaltsordnung in der Fassung vom 01.03.2010 aufgegeben. Ab 2010 müssen nunmehr die Fortbildungsnachweise immer kalenderjährlich zum Jahreswechsel (31.12.) für das abgelaufene Jahr der entsprechenden Rechtsanwaltskammer vorgelegt werden.

36 Im einigen Kammerbezirken (so z.B. bei der RAK Berlin am 03.04.2012) wurde zumal eine Änderung der Verwaltungspraxis beschlossen, wonach der Fortbildungsnachweis bereits auch im Jahr der Antragstellung erforderlich ist. Bisher hatte man mit Hinweis auf den Terminus „kalenderjährlich" in § 15 b FAO von diesem Erfordernis abgesehen, weil zum Zeitpunkt der Antragstellung das Kalenderjahr zwangsläufig noch nicht vollständig abgelaufen ist.

37 Der Einwand, dass es sich um eine allgemeine Berufspflicht des RA handelt und er selber hierfür zuständig ist, greift nicht. Entsprechende Fristen zu notieren und ggf. den RA rechtzeitig daran zu erinnern, gehört zum Gebiet der allgemeinen Büroorganisation, für das grds. Rechtsanwaltsfachangestellte zuständig sind.

38 Durch sorgfältige Fristbeachtung vermeiden Sie es, dass verstärkt kurz vor Fristablauf Seminare besucht werden, um auf die entsprechende Anzahl der Zeitstunden zu kommen.

39 **Pausenzeiten** werden übrigens herausgerechnet, sodass genau auf die Formulierung in der Bescheinigung zu achten ist. So manches Seminar, das für sechs Stunden angesetzt ist, erweist sich in der Praxis als effektive fünf Zeitstunden Fortbildung i.S.v. § 15 FAO. Eine mögliche Formulierung wäre z.B., „das Seminar umfasste effektiv 5 Zeitstunden.".

40 ▶ Praxistipp:

Es hat sich bewährt, dass für den Nachweis der Fortbildung nach § 15 FAO gegenüber der Rechtanwaltskammer zwei Fristen notiert werden, und zwar einmal die eigentliche Nachweispflicht und weiterhin noch eine Frist ein halbes Jahr früher, um ggf. den Anwalt an die Teilnahme an Seminaren zu erinnern.

In Ausnahmefällen, wenn ein Seminar kurz nach Ende der eigentlichen Nachweispflicht stattfinden soll, sollte man ein kurzes Schreiben an die jeweilige Rechtsanwaltskammer mit der Bitte um Fristverlängerung stellen. Die Kammern sind hierbei meistens sehr kulant. 41

▶ **Muster: Verlängerung der Nachweisfrist nach § 15 FAO**

42

Rechtsanwaltskammer ..... (*Ort*)

Anschrift .....

Nachweis der Fortbildung gemäß § 15 FAO

Sehr geehrte Damen und Herren Kollegen,

ich bitte Sie, die in § 15 FAO genannte Jahresfrist um einen weiteren Monat zu verlängern, da ich leider erst am ..... (genaues Datum der Veranstaltung) an einem fachspezifischen Seminar teilnehmen kann.

Die Seminarbescheinigung gemäß § 15 FAO wird umgehend nach Beendigung des Seminares an Sie übersandt werden.

Mit freundlichen kollegialen Grüßen

Rechtsanwalt

Für den Fall, dass Sie in einen Kanzlei tätig sind, in der mehrere Fachanwälte arbeiten, bietet es sich an, eine entsprechende Fachanwaltsliste zu führen, wie nachstehend abgedruckt: 43

▶ **Muster: Liste Nachweis Fachanwälte**

44

Name RA	Besuchte Seminare mit Zeitstunden	Stichtag für Nachweis	Erledigungsvermerk
RA A	1. BGH-Rechtsspr. SozR: 4 Std	jeweils 31.12.	
RAin B	1. ArbR aktuell 4 Std 2. BAG-Rechtspr. 6 Std.	jeweils 31.12.	Nachweis erbracht 05.01.??
...			

E. Anwaltsvertretung im Krankheitsfall und Urlaubsvertretung

Jeder hat das Bedürfnis nach Erholung und Urlaub – so auch der RA. Während dieser Zeit sollte er sich für gewöhnlich nicht in der Kanzlei aufhalten, sondern dort, wo Entspannung und Erholung vom Arbeitsalltag garantiert sind. Es kommt aber auch vor, dass der RA wegen Krankheit gehindert ist, in der Kanzlei anwesend zu sein und seinen Beruf auszuüben. 45

46 Um aber einen reibungslosen Ablauf des Kanzleibetriebs zu ermöglichen, sind während der urlaubs- oder krankheitsbedingten Abwesenheit des RA Vorkehrungen wegen einer Vertretung des RA zu treffen, die gerade aus haftungsrechtlichen Gesichtspunkten zwingend notwendig sind.

47 Unproblemtisch ist die Lösung des Problems in den Kanzleien, in denen Partner oder angestellte RA für den „Fall der Fälle" aushelfen und einspringen können. Viele Kollegen und Kolleginnen sind zudem in der Lage, einen plötzlichen Ausfall des Chefs kurzzeitig zu überbrücken, weil sie den Betrieb auf dem Laufenden halten können. Selbstverständlich stoßen auch die versiertesten Kollegen an ihre Grenzen; darüber hinaus können viele Aufgaben aus Haftungsgründen ausschließlich vom RA erledigt werden.

48 Jeder von Ihnen kennt das einer Ladung zum Termin zur mündlichen Verhandlung oder das einem Urteil beiliegende **Empfangsbekenntnis.** Mit seiner Unterschrift bestätigt der RA, an einem bestimmten Tag, Kenntnis (und nicht Zugang) vom dem Schriftstück erhalten zu haben. Wussten Sie z. B. dass Sie nicht befugt sind, dieses Empfangsbekenntnis zu unterzeichnen? Dieses Empfangsbekenntnis (das auch nicht mit einem Eingangsstempel versehen werden sollte) ist ausschließlich von dem RA oder seinem Vertreter zu unterzeichnen und mit dem Datum zu versehen, an dem er Kenntnis von dem Schriftstück erlangt hat.

49 In der BRAO (Bundesrechtsanwaltsordnung) ist geregelt, wann der RA für einen Vertreter sorgen muss, wenn er sich **von der Kanzlei entfernen** will oder er **gehindert ist, seinen Beruf auszuüben.**

50 Die einschlägige Vorschrift ist in § 53 BRAO geregelt.

51 **§ 53 Abs. 1 BRAO**

Der RA muss für seine Vertretung sorgen,

1. wenn er länger als eine Woche daran gehindert ist, seinen Beruf auszuüben;
2. wenn er sich länger als eine Woche von der Kanzlei entfernen will.

52 ▶ Hinweis:

Gemäß § 53 Abs. 4 BRAO kommen als Vertreter des RA ausschließlich in Betracht:

1. Zugelassene RA,
2. Andere Personen, die die Befähigung zum Richteramt haben,
3. Referendare, die seit mindestens 12 Monaten im Vorbereitungsdienst beschäftigt sind.

53 Die Bestellung des Vertreters kann

- entweder durch den RA selbst erfolgen, wenn der Vertreter derselben Rechtsanwaltskammer angehört wie der vertretene RA
  oder aber

– durch die zuständige Rechtsanwaltskammer.

Bestellt der RA den Vertreter selbst, so ist die Vertretung der Rechtsanwaltskammer anzuzeigen (§ 53 Abs. 6 BRAO). **54**

Eine Vertretungsanzeige wegen urlaubsbedingter Abwesenheit könnte wie folgt aussehen: **55**

► **Muster: Vertretungsanzeige**

Rechtsanwaltskammer ..... (*Ort*) **56**

Anschrift .....

Vertretungsanzeige gem. § 53 Abs. 2 Satz 1 BRAO

Sehr geehrte Damen und Herren,

sehr geehrte Kollegen und Kolleginnen,

in der Zeit vom 15.05. – 05.06.2008 trete ich meinen Jahresurlaub an.

Während dieser Zeit bestelle ich Frau Rechtsanwältin/Herrn Rechtsanwalt ..... (*Anschrift, PLZ*) als allgemeine Vertreter/in.

Mit freundlichen kollegialen Grüßen

Rechtsanwalt/Rechtsanwältin

► Hinweis: **57**

Der RA ist nicht verpflichtet, den Grund der Abwesenheit anzugeben.

Der Rechtsanwaltkammer ist entweder der in § 53 Abs. 1 Nr. 1 oder Nr. 2 BRAO genannte Tatbestand mitzuteilen.

Die Vertretung des RA erfolgt **ausschließlich für die anwaltliche Tätigkeit.** Gem. § 53 Abs. 7 BRAO stehen dem Vertreter dieselben Befugnisse zu wie dem Vertretenen. **58**

So ist der Vertreter in Prozessen für den Vertreter Prozess-/Verfahrensbevollmächtigter. Höchstpersönliche Bereiche (z. B. Abschluss eines Mietvertrags über neue Gewerberäume oder die Abgabe einer Einkommensteuererklärung) sind von der Vertretung nicht erfasst. **59**

Der Vertreter tritt auch nicht in die zwischen dem vertretenen RA und seinen Mandanten geschlossenen Anwaltsverträge ein. Er ist vielmehr ein **Erfüllungsgehilfe** und gesetzlicher Vertreter des vertretenen RA (§ 287 BGB). **60**

Der Vertreter kann neue Mandate annehmen, diese darf er jedoch nicht als eigene behandeln. **61**

62 ▶ **Praxistipp:**

Um etwaige Missverständnisse oder Nachfragen zu vermeiden, sollte der Vertreter in Schriftsätzen, die er unterzeichnet, mit dem Zusatz

Rechtsanwalt/Rechtsanwältin .....

„als allgemeine/r Vertreter/in“

oder

„als amtliche/r Vertreter/in“ (im Fall der Bestellung durch die Rechtsanwaltskammer)

benannt werden.

63 Ist der RA krankheitsbedingt nicht in der Lage, seinen Beruf länger als eine Woche auszuüben, so gilt auch in diesem Fall das oben Gesagte.

64 Gerade im Hinblick auf die Einlegung und Begründung von Rechtsmittelfristen muss der RA – auch im Falle von Krankheit – alles ihm Zumutbare tun, damit diese Fristen gewahrt werden.

65 ▶ **Beispiel:**

Der RA begibt sich von Freitag bis Sonntag zu einer Familienfeier 600 km entfernt vom Kanzleisitz. An diesem Wochenende leidet er plötzlich unter starkem Fieber. Als sein gesundheitlicher Zustand sich nicht verbessert, begibt er sich am Sonntag in das Krankenhaus, wo er sich die nächsten zwei Tage aufhalten muss. Er informiert Sie, dass er am Donnerstag in der Kanzlei erscheinen wird. Am Freitag läuft die Frist zur Einlegung der Berufung ab. Den Auftrag hat der Mandant erteilt. Am Dienstagabend verschlechtert sich leider der gesundheitliche Zustand des RA, sodass er nicht wie geplant am Donnerstag aus dem Krankenhaus entlassen wird. Es ist ungewiss, ob er am Freitag pünktlich in der Kanzlei erscheinen wird.

66 Zwar liegt hier zunächst die Zeit, in der RA nicht in der Lage ist, seinen Beruf auszuüben, unterhalb der in § 53 Abs. 1 genannten Frist – dies ändert jedoch nichts daran, dass die Berufung spätestens am Freitag eingelegt werden muss.

67 ▶ **Praxistipp**

Treffen Sie für solche unerwarteten Fälle Vorkehrungen im Hinblick auf die Vertretung. Der RA sollte deshalb mit mindestens einem Rechtsanwaltskollegen (oder einer zur Vertretung berechtigten Person) eine dahin gehende Vereinbarung schließen, dass dieser für ihn als Vertreter auftritt.

68 Gem. § 53 Abs. 2 Satz 2 BRAO kann ein Vertreter auch von Vornherein für sämtliche Verhinderungsfälle, die es dem RA nicht ermöglichen, seinen Beruf auszuüben,

bei der Rechtsanwaltskammer von dem RA bestellt werden. Diese Bestellung des RA kann jederzeit widerrufen werden.

► Beispiel: 69

Der RA ist aufgrund seiner Erkrankung nicht in der Lage, am Freitag im Büro zu erscheinen. Er bittet Sie, einen befreundeten Kollegen mit Einlegung der Berufung zu beauftragen. Dieser fertigt die Berufung, unterzeichnet diese in Vertretung für den RA und Sie faxen die Berufungsschrift fristgerecht an das Rechtsmittelgericht. Die Frist ist „gerettet". Da der RA auf unvorhersehbare Zeit nicht in der Lage sein wird, seinen Beruf auszuüben, muss die erfolgte Bestellung des Vertreters der Rechtsanwaltskammer angezeigt werden.

Sofern der RA nicht in der Lage sein sollte, selbst einen Vertreter zu bestellen, können Sie die zuständige Rechtsanwaltskammer über die Umstände informieren. In diesem Fall wird die Rechtsanwaltskammer einen **amtlichen** Vertreter bestellen. 70

Hinsichtlich der **Vergütung** hat der RA an den Vertreter eine angemessene Vergütung zu zahlen. Dies ergibt sich aus § 53 Abs. 10 BRAO. 71

► Praxistipp: 72

Wegen der Bestimmung der Vergütung des Vertreters können Sie bei der zuständigen Rechtsanwaltskammer nach der üblichen Vergütung des Vertreters Auskünfte einholen.

2. Kapitel: Kanzleiorganisation

Übersicht

A. Kurzüberblick Kanzleimitarbeiter

1 So vielseitig Ihr Beruf ist, so vielseitig sind auch die Berufsbilder der Mitarbeiter einer Anwaltskanzlei. Folgende Mitarbeiter sind in Anwaltskanzleien vertreten:

2 1. RA,

3 2. Angestellte RA/Freie Mitarbeiter,

4 3. Bürovorsteher/Rechtsfachwirte,

5 4. Referendare,

6 5. Rechtsanwaltsfachangestellte/Rechtsanwalts- und Notariatsfachangestellte,

7 6. Buchhalter,

8 7. Auszubildende zum Rechtsanwaltsfachangestellten/Rechtsanwalts- und Notariatsfachangestellten,

9 8. Fremdsprachensekretäre/innen,

10 9. Systemtechniker,

11 10. Schreibkräfte.

12 Die Kompetenzen der einzelnen Mitarbeiter sind von Kanzlei zu Kanzlei sehr unterschiedlich und können daher nicht pauschal dargestellt werden. Der Hierarchieaufbau kann von Kanzlei zu Kanzlei verschieden sein.

13 Dennoch ist es sinnvoll und nützlich, für die Mitarbeiter in der Kanzlei eine konkrete Kompetenzzuordnung vorzunehmen und ggf. einen sog. „Hierarchiestammbaum" aufzunehmen.

14 Nachfolgend wird ein möglicher Hierarchieaufbau einer Kanzlei dargestellt.

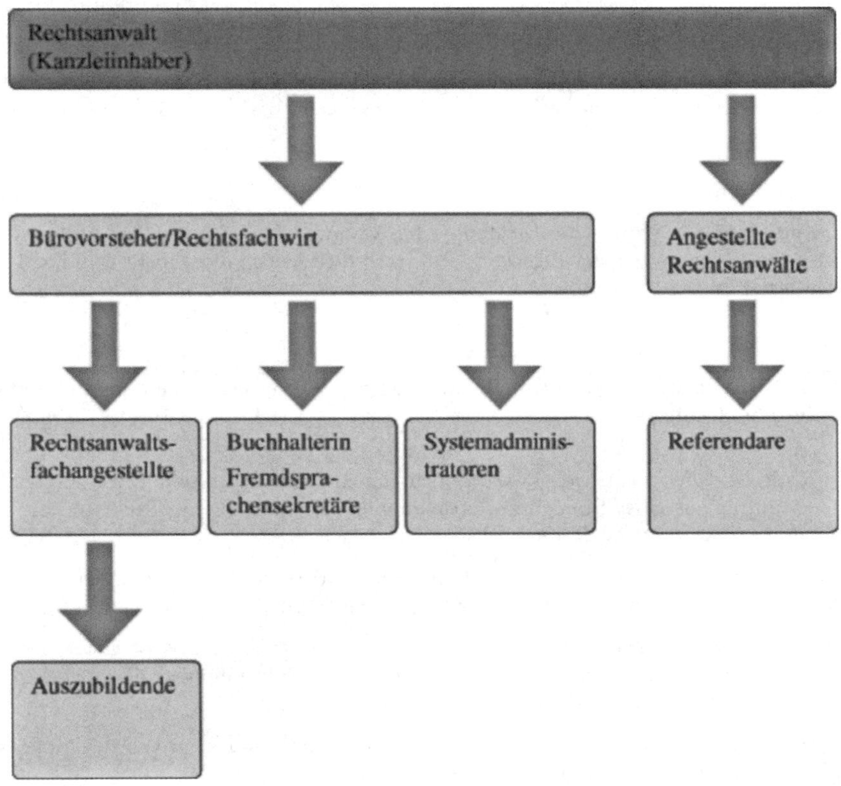

B. Richtiges Telefonieren

Eigentlich könnte man meinen, telefonieren kann jeder. Die Telefon-Praxis ist jedoch allzu häufig sehr ernüchternd. Gerade das Telefon spielt in der Anwaltskanzlei eine bedeutende Rolle, da der Mandant meist mit einem Telefonat den ersten Kontakt mit der Kanzlei aufnimmt. Und der erste Eindruck entscheidet häufig, ob ein Mandat erteilt wird. 15

I. Annahme des Telefonats

I.d.R. sollte das Telefonat nach dem zweiten und vor dem fünften Klingeln angenommen werden. 16

Mit dem ersten Klingeln wäre man zu schnell am Hörer und würde signalisieren, man hätte nichts anderes zu tun und würde nur vor dem Telefon sitzen und warten. 17

Außerdem sollte man sich für den Anrufer auch Zeit nehmen und einmal durchatmen, bevor man ans Telefon geht.

18 Lässt man das Telefon hingegen zu lange klingeln, erweckt man den Eindruck, die Kanzlei wäre zurzeit nicht besetzt. Es könnte passieren, dass der Anrufer enttäuscht auflegt.

II. Meldung

19 Immer wieder hört man die Meldung *„Anwaltsbüro, Guten Tag"*. Diese Meldung mag vor 20 Jahren zeitgemäß gewesen sein, entspricht jedoch nicht mehr dem heutigen Standard.

20 ▶ Hinweis:

> Die Regel lautet: Tagesgruß (z. B. Guten Morgen) – Firmennamen – persönlicher Vor- und Zuname

21 Wichtig ist dabei, immer langsam und deutlich zu sprechen, insbes. wenn sich der Firmenname aus einer freien Buchstabenkombination wie z. B. „itg Rechtsanwälte" zusammensetzt.

22 Im Rahmen der Corporate Identity (Firmenidentität) sollte die Kennung kanzleiintern festgelegt sein und von allen Mitarbeitern benutzt werden.

23 Bei Sozietäten mit mehreren RA sollte sich auf eine möglichst kurze, prägnante Firmenkennung geeinigt werden. Nichts ist für den Anrufer, der ein wichtiges Anliegen hat, belastender als eine endlose Meldung am Telefon.

24 Letztendlich ist dies jedoch eine Entscheidung der Chefs und kann von den KollegInnen nur durch Vorschläge unterstützt werden.

25 Ein weit verbreiteter Einwand bei der Kennung ist ferner: *„mein Vorname geht niemanden etwas an"*.

26 Der eigentliche Grund dafür ist nicht wirklich ersichtlich.

27 I.d.R. verbessert sich das Telefonverhalten der Anrufer deutlich, wenn eine vollständige persönliche Namensnennung erfolgt.

28 Dies liegt wohl daran, dass
- man sich Namen sehr viel besser merken kann, wenn man Vor- und Nachnamen kennt. Insbes. ausländische Mandanten können sich so Namen besser merken und sprechen Sie gezielt an.
- man zeigt mit der Nennung des Vornamens mehr Präsenz und signalisiert mehr Fachkompetenz. Bedenken Sie, letztendlich ist der Vorname Ihres/r Chefs/in auch bekannt. Insbes. im Rahmen funktionierender Chefentlastung und Assistenz erleichtert die Nennung des Vornamens die Gesprächsführung. In den Augen des Mandanten ist Frau A „nur" die Sekretärin, die Telefonate weiterverbindet und

Kaffee kocht. Doch der Job von Rechtsanwaltsfachangestellten ist eben weit mehr, – eben auch Sachbearbeitung und assistierende Tätigkeiten. Assistenten werden jedoch (auch gerade in der Wirtschaft) mit Vor- und Namen vorgestellt.

– man durch die Nennung des Vornamens noch einmal den Anrufer ein Signal setzt, dass dieser nunmehr besonders aufpasst, um Ihren Namen zu verstehen.

III. Lächeln am Telefon

Immer wieder in Telefonseminaren gefordert ist ein Lächeln am Telefon. 29

Damit ist gemeint, dass sich Ihre allgemeine Stimmung auf den Anrufer überträgt 30 und somit den weiteren Gesprächsverlauf beeinflusst und Sie daher in einer freundlichen Grundstimmung ans Telefon gehen sollten.

Sie werden vielleicht bereits gemerkt haben, dass Sie, wenn Sie gut gelaunt ans Tele- 31 fon gehen, der Gesprächsverlauf – auch bei möglichen Beschwerden – meist viel erfreulicher verläuft. Callcenter hängen deshalb Spiegel an die Telefonkabine, um so ihren Mitarbeitern die Kontrolle des Lächelns zu ermöglichen.

Hintergrund hierfür ist, dass jede Kommunikation über den eigentlichen Wortsinn 32 weit hinausgeht. Jede Botschaft besteht zunächst einmal aus einem verbalen (den eigentlichen Worten) und einem nonverbalen Teil (Intonation oder Körperhaltung). Dabei bestimmt auch die Körperhaltung am Telefon durchaus die Intonation des Gesagten.

► Praxistipp: 33

Eine interessante Übung hierzu können Sie gern einmal mit Ihren Kollegen ausprobieren:

Sagen Sie den Satz: „Was kann ich für Sie tun“ mit folgenden Grundstimmungen:

1. Eilig
2. Aggressiv
3. Müde
4. Freundlich

Und fragen anschließend Ihre Kollegen, wie sie den jeweiligen Satz empfunden hat.

Soweit die Theorie, die Praxis sieht jedoch in den Anwaltskanzleien meist anders aus. 34 In den wenigsten Kanzleien (meistens nur in den Großkanzleien) gibt es nur Telefonistinnen. Die Rechtsanwaltsfachangestellten sind klassischer Weise Allrounder, die gleichzeitig Mandanten bewirten, Akten abrechnen, Zwangsvollstreckung betreiben, Bänder schreiben und eben auch telefonieren – am besten auf mehreren Leitungen gleichzeitig. In diesem Multitaskingstress bleibt häufig das Lächeln auf der Strecke.

35 ▶ Praxistipp:

Was jedoch fast immer hilft: Nehmen Sie sich vor der Annahme des Anrufes die Zeit kräftig durchzuatmen. Dadurch wird der Stress minimiert und das Finden eines „Lächelns" wird einfacher.

IV. Richtiger Mitarbeiter

36 Besonders wichtig ist ferner, dass ein Anrufer möglichst direkt – ohne weitere Umwege – mit dem zuständigen Sachbearbeiter verbunden wird, denn nichts ist nerviger als mehrfach weiterverbunden zu werden und andauernd in die Warteschleife zu kommen. Zudem bekommt der Anrufer dabei den Eindruck, das Büro wäre schlecht organisiert, da man ihm nicht sofort weiterhelfen konnte.

V. Telefonnotiz

37 Sollte der RA einmal nicht telefonisch erreicht sein, so sollte in den meisten Fällen über den Anruf eine ausführliche Telefonnotiz angefertigt werden. Dies gilt insbes. für Anrufe von Mandanten und Gerichten. Dabei ist nicht nur der Name des Anrufers, sondern auch die Telefonnummer, die Akte und ggf. auch die Erreichbarkeit des Anrufers und das Anliegen zu notieren.

38 Die meisten Rechtsanwaltsprogramme bieten spezielle Lösungen an, um diese Notizen direkt im Computerprogramm anzufertigen und in einer speziellen „Jobliste" anzuzeigen, sodass der RA, sobald er wieder telefonisch verfügbar ist, die Liste abtelefonieren kann.

VI. Vermeidbare Fehler

39 Nicht zu jeder Zeit kann der Mandant seinen Anwalt sprechen, da dieser z.T. vormittags bei Gericht ist oder nachmittags Besprechungstermine hat. In solchen Fällen ist jedoch wichtig, den anrufenden Mandanten das Gefühl zu geben, dass sein Anliegen dennoch Gehör findet.

40 Problematisch sind daher z.B. folgende Formulierungen:

41 »Es tut mir leid, Herr RA R diktiert gerade eine wichtige Klage.«

»Es tut mir leid. Frau RAin R ist gerade in einem wichtigen Besprechungstermin.«

42 Bei beiden Formulierungen wird dem anrufenden Mandanten das Gefühl gegeben, dass seine Sache weniger wichtig ist. Dies ist jedoch zu vermeiden.

43 Allzu häufig wird als Notlüge auch angegeben, dass der RA sich gerade auf einer Fortbildung befindet. Diese Aussage sollte man jedoch mit Vorsicht verwenden, auch wenn sie der Tatsache entsprechen sollte. Der Mandant, der dies mehrfach im Jahr hört, könnte so den Eindruck erlangen, sein RA hätte Defizite, die dieser durch Fortbildungen ausgleichen muss.

VII. Telefonzeiten und Anrufbeantworter

Das Thema Telefonzeiten führt grds. zu Konflikten. 44

Unter Servicegesichtspunkten ist eine möglichst umfangreiche Telefonzeit wünschenswert und entspricht wohl auch der Tendenz zum gehobenen Dienstleistungsbüro. In Anbetracht der geänderten Arbeitswelt gibt es immer mehr Anwaltskanzleien, die von morgens 09.00 Uhr bis abends um 20.00 Uhr erreichbar sind. 45

Dagegen spricht jedoch, dass in telefonfreien Zeiten die Aktenbearbeitung sowohl bei RA als auch bei Rechtanwaltsfachangestellten effektiver ist. 46

Jede Kanzlei muss daher ihre eigene Lösung finden, mit dem vorhandenen Personal die gewünschten Telefonzeiten abzudecken und dennoch eine effektive Sachbearbeitung zu garantieren. 47

Viele Anwaltskanzleien benutzen in den telefonfreien Zeiten eine Mailbox oder einen Anrufbeantworter. Aus haftungsrechtlichen Gründen sollte jedoch lediglich ein Begrüßungstext verwendet werden, der die üblichen Sprechzeiten nennt. Die Möglichkeit, Nachrichten zu hinterlassen, sollte ausgeschlossen sein. 48

Sollte in einer Kanzlei gewünscht sein, auch Nachrichten auf dem Anrufbeantworter zu hinterlassen, so ist besondere Sorgfalt geboten, dass zeitnah alle Nachrichten abgehört und bearbeitet werden. Das Risiko einer Haftung ist hier besonders hoch, da evtl. durch ein technisches Problem Nachrichten verloren gehen können. 49

VIII. Konfliktbewältigung durch aktives Zuhören

In Telefonschulungen wird „aktives Zuhören“ zur Konfliktbewältigung empfohlen. 50

Dabei liegt die eigene Konzentration ganz aufseiten des Gesprächspartners. Aktives Zuhören besteht dabei aus drei Schritten: 51

1. Aufmerksam zuhören, 52
2. das Gesagte auf den Punkt bringen und 53
3. die vermuteten Gefühle und Bedürfnisse des Gesprächspartners ansprechen. 54

Bei der Zusammenfassung sollte der Gesprächspartner das Gefühl haben, das Gesagte mit einem einfachen „Ja, so ist es“ bestätigen zu können. 55

Wichtig ist es ferner, keine Bewertungen des Verhaltens des Anrufers abzugeben. Eine Konfliktbewältigung sollte nach dem aktiven Zuhören auch eine Lösung anbieten. 56

▶ Beispiel: 57

Sollte z. B. ein nicht zahlender Mandant aufgebracht in der Kanzlei anrufen, da er nunmehr nach der dritten Mahnung einen Mahnbescheid zugestellt bekommen hat, so könnte man zunächst einmal durch aktives Zuhören die Gründe für die ausbleibende

Zahlung herausfinden und somit Verständnis für seine Situation signalisieren. Meistens dürfte sodann das Gesprächsklima etwas freundlicher werden. Im zweiten Schritt könnte man nunmehr als Lösung eine Ratenzahlung vorschlagen, die sowohl für die Kanzlei angemessen als auch vom Mandanten tragbar ist.

IX. Englisch am Telefon

58 Europa wächst zusammen mit der Folge, dass in den letzten Jahren immer mehr fremdsprachige Mandanten auch in den kleinen und mittleren Kanzleien betreut werden und nicht nur in den großen international agierenden Wirtschaftskanzleien.

59 Die nachstehende Liste soll nur einen kleinen Überblick über häufige Sätze am Telefon geben. In den letzten Jahren werden spezielle Englischkurse u. a. bei den örtlichen Renovereinen angeboten, um evtl. Schulenglischkenntnisse aufzufrischen und die Hemmschwelle zum Englisch-Reden abzubauen.

600

Anfang	*Beginning*
ITG Rechtsanwälte, Sie sprechen mit Michael Brunner. Wie kann ich Ihnen helfen?	*ITG law office. Michael Brunner is speaking. What can I do for you?*
Bleiben Sie bitte kurz dran, ich habe noch einen weiteren Anruf auf der anderen Leitung.	*Hold on a moment, please. I've got a call on the other line.*
Ich bitte vielmals um Entschuldigung, ich muss Sie aus Versehen aus der Leitung geworfen haben.	*I'm awfully sorry for having cut you off.*
Könnten Sie bitte etwas lauter sprechen, ich kann Sie kaum verstehen.	*Could you speak up, please? I can hardly hear you.*
Die Verbindung ist sehr schlecht und ich kann Sie kaum verstehen. Könnten Sie es bitte noch einmal versuchen.	*This is a bad connection and I can barely hear you. Could you try it again, please?*
Ok, die Verbindung ist jetzt viel besser. Können Sie mich jetzt einigermaßen verstehen?	*Ok, the connection is a lot better now. Can you hear me well enough?*
Würden Sie bitte Ihren Namen wiederholen?	*Could you repeat your name, please?*
Können Sie das kurz buchstabieren?	*Could you spell that, please?*
Könnten Sie mir bitte Ihre Aktennummer sagen?	*Could you tell me your file number, please?*

Verbindung und Rückrufe	*Connection and recalls*
Einen Moment bitte, ich verbinde Sie mit Herrn Müller.	*Just a moment, please. I'll put through to Mr. Müller.*
Es tut mir leid, Herrn Müllers Leitung ist belegt. Seine Durchwahl ist 222.	*I'm afraid Mr. Müllers line is engaged. His extension is 222.*
Noch einen kleinen Augenblick bitte. – Herr Müller kann jetzt Ihren Anruf annehmen.	*Hold on a second. –Ok, Mr. Müller can take your call now.*
Soll ich ihn um Rückruf bitten oder möchten Sie es später selbst noch einmal versuchen?	*Do you wan me to ask him to give a call back or do you try it again later?*
Ich kann Sie jetzt leider nicht durchstellen, da Herr Müller gerade in einer Besprechung ist.	*I'm afraid but I can't put you through right now as Mr. Müller is in a meeting.*
Er ist leider gerade nicht da. Möchten Sie eine Nachricht hinterlassen?	*I'm afraid he's not here at the moment. Would you like to leave a message?*
Ok, ich habe das notiert. Lassen Sie mich kurz Ihre Rufnummer wiederholen.	*Ok, I've jotted that down. Let me just repeat your phone number, please.*
Es tut mir leid, sie ist wohl gerade gegangen, sollte aber in 2 Stunden wieder zurück sein.	*I'm afraid, she must have just left, but she should be back in two hours.*
Es tut mir schrecklich leid, aber ich darf Ihnen die Mobilfunknummer nicht geben.	*I'm terribly afraid, but I can't give you the cell number.*
Er kommt leider erst heute Nachmittag nach fünf Uhr zurück?	*I'm afraid but he won't be back before 5 pm.*
Er ist heute leider außer Haus. Darf ich Sie mit seinem Kollegen/Assistenten verbinden?	*I'm afraid he 's out off the office today. Do you want me to put you through to his colleague/ his assistant?*
Darf ich fragen, worum es geht? Ist es sehr dringend?	*May I ask why you' re calling? Is it very urgent?*
Ich sage ihr, dass sie Sie anrufen soll, sobald sie wieder im Büro ist.	*I'll tell her to call you back as soon as she returns to the office.*
Wann kann Frau Schulz Sie am besten erreichen?	*When would be a good time for Mrs. Schulz to call you back?*

Dafür bin ich leider nicht zuständig, ich verbinde Sie mit Frau Schulz,die für diesen Aufgabenbereich zuständig ist.	*I think you've got the wrong person. I will connect you with Mrs. Schulz, who is responsible for this area.*
Wir benötigen Ihre Anfrage schriftlich, um diese an die Fachabteilung weiterzuleiten.	*We need your request in written format so that we can forward it to the appropriate department.*
Terminierung	***Termination***
Sie benötigen einen Termin bei Rechtsanwalt Müller?	*Do you want an appointment by attorney Müller?*
Wann würde es Ihnen passen?	*When would suit you?*
Haben Sie nächste Woche Zeit?	*Have you got time next week?*
Wie wäre es mit Dienstag? Sagen wir 17:00 Uhr?	*How about Tuesday? Shall we say 5 pm.?*
OK, dann sehen wir uns nächsten Freitag um 15:00 Uhr in unserem Büro.	*All right then. We'll see us at 3 pm. in our office.*
Ende	***Finish***
Rufen Sie mich einfach an, wenn Sie weitere Hilfe benötigen.	*Just give me a call if you need any futher help.*
Ich rufe Sie zurück, sobald ich weitere Informationen von Herrn Müller erhalte.	*I'll call you back as soon as I receive some more information from Mr. Müller.*
Auf Wiedersehen.	*Good bye. You're welcome.*
Eigene Anrufe	***Own calls***
Hallo, hier ist Michael Brunner von itg Rechtsanwälte. Kann ich bitte mit Herrn Schmidt sprechen?	*Hello, this is Michael Brunner from itg law office. May I speak to Mr. Schmidt, please?*
Sagen Sie ihm bitte, dass er mich unter 030/ 222444666 zurückrufen möchte.	*Please ask him to call me back on 030/ 222444666,*
Die Landesvorwahl für Deutschland lautet 00 49.	*The national code of Germany is 0049.*
Würden Sie ihm bitte ausrichten, dass ich nur noch bis 14 Uhr zu erreichen bin.	*Please, would you tell him that I'll be in the office until only 2 pm.*

Hallo Frau Meyer, ich rufe an, weil ich gerne einen Termin zwischen Ihnen und Rechtsanwalt Müller vereinbaren möchte.	*Hello Mrs. Meyer, I'm calling to schedule an appointment between you and attorney Müller.*
Sie haben am nächsten Montag einen Termin bei Rechtsanwalt Müller. Würde es Ihnen etwas ausmachen, den Termin zu verschieben?	*You have an appointment with attorney Müller next Monday. Would you mind if we postponed the appointment?*

► Praxistipp: I'm afraid und I'm sorry (2 x „Es tut mir leid") 61

Der englische Muttersprachler verwendet „I'm afraid" und „I'm sorry" in unterschiedlichen Situationen.

Mit „I'm sorry" drückt er sein persönliches Bedauern aus, er übernimmt somit die persönliche Verantwortung für eine Handlung. z. B. „Es tut mir leid, dass ich Sie verletzt habe." – I'm sorry that I hurt you."

Mit „I'm afraid" hingegen drückt der Muttersprachler sein Bedauern aus, für das er persönlich nichts kann und das unveränderlich für ihn ist. z. B. „Es tut mir leid, aber Herr Müller ist gerade nicht im Büro." – „I'm afraid but Mr.Müller is not in the office now."

X. private Telefonnutzung

Die private Telefonnutzung kann grundsätzlich zu einem Konflikt zwischen Arbeitnehmer und Arbeitgeber führen, wobei die gleichen Grundsätze wie für die private Email/Internetnutzung gelten (vgl. in diesem Kapitel Rdn. 305) 62

C. Mandatsbeginn/Mandantenbetreuung

I. Allgemeines

Ein nicht zu unterschätzender Aufgabenbereich in einer Anwaltskanzlei ist die Betreuung und der Umgang mit Mandanten. So sind in erster Linie Sie Kontaktperson und Ansprechpartner der Mandanten. 63

So wie Sie erwarten, höflich behandelt zu werden, wenn Sie Dienstleistungen in Anspruch nehmen, so hat auch der Mandant selbstverständlich einen Anspruch darauf, von Ihnen in erster Linie freundlich, zuvorkommend und hilfsbereit behandelt zu werden. 64

Für den Mandanten, der sich mit der Klärung eines rechtlichen Falls an einen RA wendetet, geht es dabei oft um sehr viel. 65

Er sollte das Gefühl haben, in Ihrer Kanzlei genau richtig zu sein. Frei nach dem Motto: Der Kunde ist König. Denn der Mandant ist i. d. R. derjenige, der dazu beiträgt, dass Ihr Job sicher ist und Ihr Lohn gezahlt wird. In Zeiten zunehmender Zu- 66 lassungszahlen und steigender Konkurrenz entscheidet nicht nur der Erfolg der Dienstleistung, sondern vielmehr die Art und Weise wie wir mit dem Mandanten umgehen.

67 Sie sind das Aushängeschild der Kanzlei, denn der erste Umgang des Mandanten findet i. d. R. mit Ihnen statt. Der Eindruck, den Sie auf den Mandanten hinterlassen, sollte insgesamt stimmig sein.

68 Stellen Sie sich vor, der Mandant ruft in Ihrer Kanzlei an und bittet Sie, ihm die Kopie des letzten gegnerischen Schriftsatzes zuzusenden, da er das Schriftstück verlegt hat und nicht wieder auffinden kann. In diesem Telefonat treten Sie dem Mandanten freundlich gegenüber und versprechen ihm die umgehende Zusendung des besagten Schreibens. Genauso wichtig wie Ihre telefonische Zusage ist die umgehende Umsetzung der Anfrage, also des Zusendens der Kopien.

69 Auch zwischen den einzelnen Sachgebieten einer Kanzlei ist deshalb auf Einheitlichkeit und Stimmigkeit besonderen Wert zu legen. Wenn Sie dem Mandanten z. B. zusagen, dass der RA ihn zurückruft, dann muss dieser Rückruf erfolgen.

70 So ist es zwingend notwendig, dass Sie und der RA dahingehend klare Regelungen und Anweisungen treffen, wie in solchen Fällen vorzugehen ist.

71 Unser Beruf bedeutet nicht nur, fit im RVG, der Zwangsvollstreckung und der übrigen Sachbearbeitung zu sein, nein, eine außerordentliche Voraussetzung ist, dass wir Freude am Umgang mit Menschen haben. Dass nicht alle Mandanten einfach sondern vielmehr schwierige „Kaliber" sein können, ist bekannt. Hier kommt das eigene Selbstvertrauen zum Tragen: mögen Sie sich und kennen Sie Ihren eigenen Wert, so fällt es mit einer gesunden Portion Selbstbewusstsein leicht, die schwierigsten Situationen zu meistern.

72 Arbeiten Sie stets an sich, bemühen Sie sich um sich, denn wer Selbstvertrauen hat, strahlt das aus.

73 Der erste Eindruck ist entscheidend. Achten Sie
- auf ein gepflegtes Äußeres,
- auf eine sympathische Ausstrahlung,
- eine offene Körperhaltung (gehen Sie auf den Mandanten zu) und
- auf eine freundliche Stimmlage.

74 Wussten Sie, dass – laut Umfragen – sympathischen Menschen eher eine fachliche Kompetenz unterstellt wird, als unfreundlichen und ungepflegten Menschen?

75 Der eine oder andere kennt sicherlich folgende Situationen:

76 ▶ **Beispiel: Missverständnis bei Terminabsprache**

Sie vereinbaren telefonisch mit dem Mandanten am Donnerstag, 15.00 Uhr, einen Besprechungstermin. Sie notieren den Termin im Terminkalender. Einen Tag vorher, am Mittwoch, erscheint der Mandant um 15.00 Uhr zu dem Besprechungstermin.

Ein ungünstiger Zeitpunkt, der Chef ist im Stress, das Wartezimmer voll besetzt, Fristenschriftsätze müssen heute noch diktiert werden.

- Unterstellen Sie dem Mandanten nicht, dass er Sie falsch oder nicht richtig verstanden hat. Sagen Sie ihm vielmehr, dass Sie sich falsch ausgedrückt haben und dass Sie das Missverständnis bedauern.
- Suchen Sie nach einer Lösung und schicken Sie den Mandanten nicht sofort weg. Sofern die Möglichkeit besteht, sollte der RA, sofern er in der Kanzlei ist, den Mandanten empfangen – auch wenn nur kurz aber dafür persönlich.
- Sagen Sie dem Mandanten, dass er aufgrund des Versehens und wegen anderer Termine leider Wartezeit in Kauf nehmen muss und fragen Sie ihn, ob er damit einverstanden ist.
- Bieten Sie ihm eine Tasse Tee, Kaffee oder ein Wasser an und seien Sie stets freundlich.

▶ Beispiel: Rückrufbitte 77

Der Mandant ruft in der Kanzlei an und möchte mit dem RA sprechen. Der RA ist gerade in einer Besprechung. Im Wartezimmer warten bereits andere Mandanten.

- Sagen Sie dem Mandanten nicht, der RA wird **versuchen**, ihn im Laufe des Tages zurückzurufen. Sagen Sie dem Mandanten vielmehr, dass der RA gerade in einer Besprechung ist und ihn zurückrufen wird.
- Sollte der RA aber nicht in der Lage sein, den Mandanten zurückzurufen, dann ist es **Ihre Aufgabe**, den Mandanten zurückzurufen und ihm zu erklären, dass ein Rückruf heute leider nicht möglich ist, der RA ihn aber morgen in der Zeit von ….. bis ….. zurückrufen wird.

▶ Beispiel: Auskunft zur Sache 78

Der Mandant ruft Sie an und bittet um Mitteilung, ob die Zwangsvollstreckungsmaßnahme gegen den Schuldner bereits Erfolg hatte. Sie sind in der Telefonzentrale und bearbeiten keine Zwangsvollstreckungssachen.

- Sagen Sie dem Mandanten nicht, dass Sie ihm nicht helfen können, da eine andere Kollegin bzw. ein anderer Kollege die Akte bearbeitet. Sagen Sie ihm vielmehr, dass die Kollegin K Ansprechpartnerin ist und ihm gerne weiterhelfen wird. Bitten Sie den Mandanten um einen Moment Geduld und verbinden Sie ihn dann mit der zuständigen Sachbearbeiterin.

▶ Beispiel: Anruf in der Mittagspause 79

Der RA ist gerade beim Mittagessen, als der Mandant anruft.

- Sagen Sie dem Mandanten nicht, dass der RA zu Tisch ist, sondern geben Sie ihm vielmehr Auskunft darüber, wann der RA wieder zu erreichen ist.

II. Erster Kontakt mit einem „Neumandanten"

80 I.d.R. erfolgt der Erstkontakt telefonisch. Der „Neumandant" kann sich aber ebenso schriftlich oder persönlich bei Ihnen vorstellen.

81 Die Entscheidung, ob der RA das Mandat annimmt, obliegt nicht den Kanzleimitarbeitern, es sei denn, dass es sich um ein Rechtsgebiet handelt, das in der Kanzlei nicht bearbeitet wird. Aber auch in diesen Fällen muss vorher eine Regelung getroffen sein, dass eine entsprechende Annahme des Mandats aus diesem Grunde nicht infrage kommt.

82 Bei „Neumandaten" sind folgende Informationen einzuholen und folgende Regeln einzuhalten:
- Erfassen des Vor- und Nachnamens mit Anschrift und Telefonnummer,
- Kollisionsprüfung,
- Information über das Rechtsgebiet,
- Prüfung dahingehend, ob Fristen/Termine in Bezug auf das mögliche Neumandat vorhanden sind. Ggf. sind diese vorsorglich sofort zu notieren.
- Fertigung eines Vermerks über das Neumandat und Vorlage an den RA.

83 Insbes. im Umgang mit dem Mandanten (allerdings nicht nur mit dem Mandanten) sollten Sie über folgende Eigenschaften verfügen, die Sie i.Ü. als qualifizierte/n Mitarbeiterin/Mitarbeiter auszeichnen:

84 1. Freundlichkeit,

85 2. Höflichkeit,

86 3. Hilfsbereitschaft,

87 4. Zuverlässigkeit,

88 5. Glaubwürdigkeit,

89 6. Aufmerksamkeit,

90 7. Einfühlungsvermögen.

III. Umgang mit Beschwerden

91 Es lässt Sich leider nicht immer vermeiden, dass sich einige Mandanten beschweren. Vielleicht kennen Sie das auch: häufig rechnet man, wenn man sich beschwert, mit einer „Abwehrhaltung" des anderen – frei nach dem Motto: Angriff ist die beste Verteidigung. Wie angenehm überrascht ist man, wenn genau das Gegenteil eintrifft.

92 Folgende Dinge sollten Sie berücksichtigen:
- Bereits bei dem ersten Anzeichen einer Beschwerde, sollten Sie dem Mandanten „den Wind aus den Segeln" nehmen. Bedanken Sie sich zunächst freundlich für die vorgetragene Beschwerde.
- Versuchen Sie nicht, mit dem Mandanten zu diskutieren, suchen Sie vielmehr nach einer Lösung des Problems und geben Sie dem Mandanten das Gefühl, dass

Sie seine Beschwerde Ernst nehmen und Verständnis haben – ohne Zugeständnisse zu machen.

- Je nach Art der Beschwerde besprechen Sie das mit dem RA oder einem Vorgesetzten.
- Geben Sie dem Mandanten ein „Feedback", in dem Sie ihm eine Lösung seiner Beschwerde unterbreiten. Der Mandant, der vielleicht eher mit einem „Angriff" und nicht mit so einer positiven Reaktion gerechnet hat, behält dies in guter Erinnerung. Dieser Mandant wird die Kanzlei, auch wenn er sich beschwert hat, anderen Mandanten weiterempfehlen, weil er zufrieden ist. Selbstverständlich dürfen Beschwerden nicht die Regel sein. Sonst können Sie so freundlich wie möglich sein, wenn ein bestimmtes Maß an Beschwerden erreicht wird, kommt der Mandant nicht mehr wieder. Die Regel ist, dass es keine Beschwerden geben darf.
- Schlimmer als eine Beschwerde ist die nicht geäußerte Kritik von Mandanten, die stillschweigend zu einem anderen Anwalt wechseln. Um das zu verhindern, sollten Sie gegenüber dem Mandanten, wie zuvor ausgeführt, in einer freundlichen, hilfsbereiten und zuvorkommenden Weise auftreten und Einfühlungsvermögen zeigen. So wird der Mandant keine Scheu davor haben, sich wegen einer Beschwerde an Sie zu wenden.

IV. Mandanten-Aufnahmebogen

Zu Ihren Aufgaben zählt auch, den RA mit ihrem Wissen und ihren Fähigkeiten in der Weise zu unterstützen, dass Sie ihm eine Reihe von Aufgaben abnehmen können, damit er in der Lage ist, sich auf seine eigentliche Arbeit zu konzentrieren. 93

Stellen Sie sich vor, ein neuer Mandant betritt die Kanzlei. Der RA hat gerade Zeit und bittet den Mandanten in das Besprechungszimmer. Noch bevor der Mandant sein Anliegen schildert, benötigt der RA sehr viele persönliche Informationen über den Mandanten. Zudem müssen vergütungsrechtliche Aspekte geklärt werden. Diese Informationen können Sie im Vorfeld einholen. Damit ersparen Sie dem RA sehr viel Zeit und der Mandant hat nicht das Gefühl, von dem RA mit Fragen überzogen zu werden, bis er „endlich zum Punkt" kommen kann. 94

► **Praxistipp** 95

An dieser Stelle ist dringend zu empfehlen, dass keine Beratung des Mandanten erfolgen sollte, ohne dass wichtige „Eckdaten" des Mandanten bekannt sind oder dass hinsichtlich einer Vergütung eine Abrede erfolgte.

Hier kommen Sie zum Einsatz. Mit dem sog. „**Mandanten-Aufnahmebogen**" können Sie sehr viele Informationen über den Mandanten einholen. 96

- Dieser Aufnahmebogen sollte jedem neuen Mandanten vorgelegt werden, mit der Bitte, diesen vollständig auszufüllen.

- Teilen Sie dem Mandanten freundlich mit, dass seine Angaben in diesem Aufnahmebogen es Ihnen ermöglichen, das Mandat bestmöglich zu betreuen und dass Sie diese Informationen zum Anlegen der Akte benötigen.
- Lassen Sie dem Mandanten bei der Ausfüllung des Fragebogens Zeit und verlassen Sie das Wartezimmer.
- Sagen Sie dem Mandanten, dass Sie bei Rückfragen zu dem Fragenbogen gerne zur Verfügung stehen.

97 Der Mandanten-Aufnahmebogen sollte folgende wesentliche Punkte beinhalten, die zum reibungslosen Führen eines Mandates notwendig sind:

98 1. Persönliche Daten des Mandanten
   - Vorname, Name, ggf. Geburtsname,
   - Geburtsdatum/Geburtsort,
   - Anschrift,
   - Telefon, Telefax, E-Mail, (geschäftlich und privat),
   - Vorsteuerabzugsberechtigung.

99 2. Rechtsschutzversicherung
   - Name der Versicherungsgesellschaft,
   - Versicherungsschein-Nr.

100 3. Bankverbindung
   - Name des Kreditinstitutes,
   - Konto-Nr.,
   - Bankleitzahl.

101 ► **Praxistipp:**

Wegen der Angabe der Bankverbindung können Sie den Mandanten darauf hinweisen, dass diese Angabe dazu dient, Gelder von dem Gegner oder Dritten an ihn weiterzuleiten.

102 4. Information darüber, wie der Schriftwechsel geführt werden soll:
   - per Post,

103 ► **Praxistipp:**

Zu empfehlen ist die Aufnahme des Zusatzes, ob eine abweichende Anschrift als die Anschrift des Mandanten für die Zusendung der Post gewünscht ist.

- per Mail,
- per Telefax.

Praxistipp: 104

Räumen Sie dem Mandanten die Möglichkeit ein, auch mehrere Alternativen anzukreuzen. Entscheidet sich der Mandant für Telefax oder E-Mail, so können Sie zwischen einer der beiden Alternativen wählen. Da der Schriftverkehr via E-Mail der kostengünstigere Weg ist, entscheiden Sie sich für diesen.

5. Information darüber, wie der Mandant auf sie aufmerksam geworden ist: 105
   - Empfehlung,
   - Internet-Suchmaschine (z. B. Anwalt24 u.ä.),
   - Kanzlei-Homepage,
   - Telefonbuch/Gelbe Seiten/Branchenbuch,
   - Sonstiges.

Hinweis: 106

Diese Information ist sehr wichtig für die Kanzlei. Denn so können Sie auswerten, inwieweit Sie Mandanten-Werbung verstärken und ausbauen können.

Wenn Sie z. B. feststellen, dass sehr wenige Mandanten auf Empfehlung zu Ihnen kommen, so kann dieses Problem in Angriff genommen werden. (Analyse: Sind Mandanten ggf. unzufrieden und warum? Was kann verändert werden?)

Für den Fall, dass Sie z. B. viel Geld für eine Anzeige in den Gelben Seiten/Branchenbücher aufwenden und kaum Mandanten auf diesem Weg auf Sie aufmerksam werden, ist zu überlegen, ob der Kostenpunkt hier ggf. reduziert werden kann.

An dieser Stelle können Sie den Mandanten auch um Information darüber bitten, ob und inwieweit er mit der telefonischen Mandatsannahme, Freundlichkeit etc. zufrieden war. Dies ist eine Geschmackssache. Der Mandant sollte nicht mit zu vielen Fragen konfrontiert werden.

6. Hinweis/Belehrung/Zustimmung: elektronische Speicherung der Daten 107
   Gem. § 33 BDSG (Bundesdatenschutzgesetz) ist der Mandant vor einer Speicherung seiner Daten und der Zweckbestimmung der Speicherung der Daten zu informieren. Daneben besteht für den RA gem. § 50 BRAO die Verpflichtung, die Handakte des Mandanten fünf Jahre nach Beendigung des Auftrags aufzubewahren.
   Diese Aufbewahrungspflicht entfällt, wenn der RA den Mandanten vor Ablauf dieses Zeitraums auffordert, die Handakte in Empfang zu nehmen. Kommt der Mandant dieser Aufforderung nicht nach, kann der RA die Handakte nach Ablauf von sechs Monaten seit der Aufforderung, die Akte in Empfang zu nehmen, vernichten.

108 ▶ Praxistipp:

Für den Fall der verkürzten Aufbewahrungspflicht ist dringend zu empfehlen, dem Mandanten die Aufforderung schriftlich – gegen Empfangsbekenntnis – auszuhändigen. Wenn der Mandant die Akte innerhalb von sechs Monaten nicht abholt, können Sie die Handakte vernichten.

▶ Muster: Hinweis zu der Speicherung der Daten

109 Wir weisen Sie darauf hin, dass die regelmäßige Aufbewahrungsfrist von Handakten grundsätzlich fünf Jahre nach Beendigung des Auftrags beträgt. Diese Verpflichtung entfällt vor Ablauf dieses Zeitraums, wenn Sie von uns schriftlich gebeten werden, die Handakte in Empfang zu nehmen.

Wir weisen Sie darauf hin, dass nach Ablauf von sechs Monaten seit der schriftlichen Benachrichtigung die Handakte hier vernichtet wird.

Hinweis § 33 BDSG:

Hinsichtlich der von Ihnen erteilten Daten in diesem Aufnahmebogen erfolgt eine elektronische Speicherung. Die Speicherung der Daten hat ausschließlich den Zweck, Ihre Angelegenheit sachgerecht und umfassend zu bearbeiten. Eine Weitergabe ohne Ihre Zustimmung an Dritte erfolgt nicht. Für den Fall, dass Sie die Speicherung Ihrer Daten nicht wünschen, bitte ich um einen Hinweis. In diesem Fall erfolgt eine Löschung gem. den gesetzlichen Vorschriften.

Mit Ihrer Unterschrift erklären Sie sich mit der Speicherung Ihrer Daten einverstanden.

..... (*Datum*)

.....

(*Unterschrift Mandant*)

110 Ein Muster für einen Mandanten-Aufnahmebogen können Sie wie folgt gestalten. Je mehr Informationen umso besser. Achten Sie aber darauf, dass Sie den Mandanten nicht mit all zu vielen Fragen überfordern.

▶ Muster: Mandanten-Aufnahmebogen

111 Persönliche Daten

Anrede:	.....	Titel:	.....
Vorname:	.....	Name:	.....
Geburtsdatum:	.....	Geburtsort:	.....
Anschrift			
Straße/Haus-Nr.:	.....		
ggf. Zusatz:	.....		
Postleitzahl:	.....		

Ort:	.....		
Kontaktdaten			
Festnetztelefon:	.....	Mobiltelefon:	.....
Telefax:	.....	E-Mail:	.....

Welche Versendungsform des Schriftverkehrs wünschen Sie?
Das Zutreffende bitte ankreuzen

☐ Post ☐ E-Mail ☐ Fax

ggf. von Anschrift abweichende Postanschrift:	.....		
Bankverbindung			
Kontoinhaber/in	.....	Konto-Nr.	.....
Name der Bank	.....	Bankleitzahl	.....
Rechtsschutzversicherung – falls vorhanden –			
Name	.....	Versicherungs-Schein-Nr.	.....
Selbstbeteiligung	☐ Ja	in Höhe von ..... €	
	☐ Nein		

Zutreffendes bitte ankreuzen

Sind Sie zum Vorsteuerabzug berechtigt? ☐ Ja ☐ Nein

Zutreffendes bitte ankreuzen

Wie sind Sie auf unsere Kanzlei aufmerksam geworden?

☐ Ich war/bin bereits Mandant

☐ Persönliche Empfehlung

☐ Homepage

☐ Gelbe Seiten

☐ Anwalt-Suchservice

☐ Internet-Suchmaschine

☐ Sonstiges

Hinweis § 33 BDSG:

Hinsichtlich der von Ihnen erteilten Daten in diesem Aufnahmebogen erfolgt eine elektronische Speicherung. Die Speicherung der Daten hat ausschließlich den Zweck, Ihre Angelegenheit sachgerecht und umfassend zu bearbeiten. Eine Weitergabe ohne Ihre Zustimmung an Dritte erfolgt nicht. Für den Fall, dass Sie die Speicherung Ihrer Daten nicht wünschen, bitten wir um einen Hinweis. In diesem Fall erfolgt eine Löschung gem. den gesetzlichen Vorschriften.

Mit Ihrer Unterschrift erklären Sie sich mit der Speicherung Ihrer Daten – bis auf Widerruf – einverstanden.

Datum ________________ Unterschrift ______________________

D. Aktenverwaltung und Aufbewahrungsfristen

112 S. hierzu die Ausführungen in diesem Kapitel Rdn. 107 und siehe Kap. 8 Rdn. 432.

E. Postein- und Postausgang

I. Allgemeines

113 Die Bearbeitung des Postein- und auch Postausgangs ist eine Aufgabe, die keinesfalls unterschätzt werden darf und aufgrund Ihrer großen Bedeutung ausschließlich in den Aufgabenbereich einer ausgebildeten und mit der Kanzlei vertrauten Fachkraft fallen sollte. Insbes. die Fristenberechnung und Terminverwaltung bei der Eingangspost darf nur von einer ausgebildeten Fachkraft ausgeführt werden.

114 Wichtig bei der Postbearbeitung ist,
- den Überblick zu behalten,
- konzentriert
- und mit größter Sorgfalt zu arbeiten.

115 Sofern möglich, sollte die mit der Postbearbeitung betraute Fachkraft ausschließlich dieser Tätigkeit nachgehen und nicht durch andere Arbeiten abgelenkt werden. Gerade im Hinblick auf die Fristen- und Terminspost sollte die/der Mitarbeiter/in weder durch Telefon, Mandantenempfang noch durch andere Einflüsse gestört werden. Während dieser Tätigkeit sollten keine anderen Aufgaben zur Erledigung übertragen werden, da anderenfalls eine große Gefahrenquelle im Hinblick auf haftungsrechtliche Folgen entsteht, da Fehler bei Notieren von Fristen und Terminen unterlaufen können.

116 Die Kollegen und Kolleginnen, die „Einzelkämpfer“ sind, können sich bei der Postbearbeitung nicht vom Telefonklingeln, Mandantenempfang, eiligen Rückfragen des Chefs entziehen. Sie müssen im besonderen Maße konzentriert arbeiten.

II. Arbeitsanweisung Posteingang

117 Bei der Bearbeitung des Postein- und -ausgangs sollten zwingend Arbeitsanweisungen getroffen werden. Angefangen vom Öffnen der Post, Heraussuchen aktenbezogener Post sowie der Bearbeitung von Post mit Fristen und Terminen.

118 Eine Arbeitsanweisung sollte folgende Punkte enthalten. Sie kann beliebig erweitert und ergänzt werden.

1. Zuständige Bearbeiter des Posteingangs

- Welche Mitarbeiter (Vertreter) sind für die Bearbeitung des Posteingangs zuständig – einschließlich der Ermittlung, Berechnung und Notierung von Fristen, der Notierung von Terminen sowie Überwachung und Kontrolle von Fristen und Terminen beim Postausgang?

Bei dem Postbearbeiter muss es sich um eine ausgebildete Fachkraft handeln. Dieser Mitarbeiter ist auch regelmäßig der Fristensachbearbeiter der Kanzlei. 119
- Welcher Mitarbeiter (Vertreter) sucht die aktenbezogene Post heraus?
- Wer kontrolliert mehrmals täglich den Posteingang und legt ggf. die Post der Postbearbeiterin/dem Postbearbeiter vor?

2. Nicht zu öffnende Post

Ob und inwieweit private Post oder Kontoauszüge geöffnet werden dürfen, sollte vorher von dem RA mitgeteilt werden. Der Posteingangsbearbeiter ist darüber zu informieren. 120

3. Kontrolle des Posteingangs

Der Posteingang findet nicht nur am Vormittag statt, wenn der Briefträger im günstigsten Fall die Eingangspost auf Ihren Schreibtisch legt, sondern über den ganzen Tag verteilt – auch außerhalb der Bürozeiten. Sicherlich kennen Sie die Flut von E-Mails und Telefaxen, die zunächst an einem Montagmorgen im Büro warten. 121

Mittlerweile gibt es auch private Postzusteller, die zu anderen Tageszeiten die Post zustellen. Neben der Zusendung von Schriftstücken per Telefax findet der Posteingang im Zeitalter des Internets und des elektronischen Rechtsverkehrs zudem auch via E-Mail statt. 122

Sehr viele Mandanten machen ebenfalls von dieser Art der Kommunikation Gebrauch. 123

Aus diesen Gründen ist ein besonders großes Maß an Sorgfalt und Kontrolle beim Posteingang an den Tag zu legen. Zu berücksichtigen sind: 124
- Posteingang durch den Briefträger in den Kanzleiräumen,
- Posteingang durch private Zusteller in den Kanzleiräumen,
- Posteingang durch Einwurf in den Briefkasten,
- Posteingang durch Boten/Kurier,
- Posteingang via Telefax,
- Posteingang via E-Mail,
- Posteingang in einem bei der Post unterhaltenen Postfach,
- Posteingang durch persönliche Übergabe von Mandanten/Dritten.

Die Kontrolle des Posteingangs hat in der Weise zu erfolgen, **dass regelmäßig und mehrmals täglich** der Briefkasten auf Posteingang kontrolliert und geleert wird. 125

126 ► Praxistipp:

Hier könnte ein Vordruck verwendet werden, wann welche Mitarbeiterin zu welcher Uhrzeit den Briefkasten auf Posteingang kontrolliert und ggf. geleert hat. Der letzte Kontrollgang zum Briefkasten und die letzte Leerung sollten kurz vor dem Ende der Bürozeiten erfolgen.

In dem Vordruck können Sie die Uhrzeit der Leerung, den Wochentag sowie das Ergebnis der Kontrolle angeben. Der Mitarbeiter, der die Kontrolle vorgenommen hat, sollte die Angaben mit einem Handzeichen versehen.

127 Ein entsprechender Vordruck, wann wer den Briefkasten auf Posteingang kontrolliert hat, kann wie folgt gestaltet werden:

128 In dem Beispiel wird eine Kontrollerfassung durch die Mitarbeiter, deren Handzeichen Ma. und Be. lauten, bis zum Dienstag notiert.

► Muster: Vordruck Posteingangskontrolle

129 Kontrolle/Leerung Briefkasten

für die Zeit von

Montag (*Datum*) bis Freitag (*Datum*)

Wochentag	Uhrzeit/ Handz. Mitarbeiter	Uhrzeit/ Handz. Mitarbeiter	Uhrzeit/ Handz. Mitarbeiter	Uhrzeit/ Handz. Mitarbeiter	Uhrzeit/ Handz. Mitarbeiter	Uhrzeit/ Handz. Mitarbeiter
Montag	8.30 Leerung Ma.	11.15 Kein Post-E Ma.	14.30 Kein Post-E Ma.	16.45 Uhr Kein Post-E Ma.	17.45 Leerung Be.	
Dienstag	8.00 Keine Post Ma.	11.00 Kein Post-E Be.	13.40 Kein Post-E Ma.	15.00 Leerung Be.	17.50 Kein Post-E Ma	18.30 Leerung Ma.
Mittwoch						
Donnerstag						
Freitag						

130 Ihrer Fantasie bei dem Erstellen eines solchen Vordrucks sind keine Grenzen gesetzt. Achten Sie bei dem Entwurf darauf, dass die Uhrzeit notiert ist und dass Sie den Wochentag mit Datum, Unterschrift/Handzeichen angeben. Achten sie auch darauf, dass

- das Telefaxgerät auf Posteingang kontrolliert wird.
- das E-Mail-Postfach auf Posteingang kontrolliert wird.
  Hier ist zu empfehlen, auch den sog. „Spam-Filter“ auf Posteingang zu kontrollieren, da es durchaus passieren kann, dass Post dort eingeht.

4. Posteingang bei Akten im Umlauf

Des Weiteren muss eine Regelung darüber getroffen werden, wie mit den Akten zu verfahren ist, die im Umlauf sind: 131

- Hier könnte die Regelung getroffen werden, dass eine „Haftnotiz" mit einem entsprechenden Vermerk „Akte x./.y befindet sich beim Posteingang" deutlich sichtbar an die entsprechende Stelle, wo sich die Akte befand, angebracht wird.
- Es könnte auch eine Liste/Vordruck mit der Überschrift „Akten befinden sich bei dem Posteingang" mit der Bezeichnung der jeweiligen Akten angefertigt werden.
- Werden Akten z. B. vom Banddiktat entfernt, könnte wie oben beschrieben verfahren werden. Bei diesen Akten ist bei Vorlage der Post an den RA zudem ein Vermerk anzubringen, dass die Akte wieder ggf. zum Banddiktat zurückgereicht werden soll.
- Nach Möglichkeit sollte eine „zentrale Postbearbeitungsstelle" vorhanden sein. Dort sollte sich auch stets der Papier-Kalender befinden.

Sofern vonseiten des RA oder Sachbearbeiters nicht gewünscht ist, dass die Akte, die sich im Umlauf befindet, von ihrem Ort entfernt wird, muss eine Regelung dahingehend getroffen werden, dass diese Akte zum Posteingang verbracht werden muss. (Fristen und Termine sind immer mit der Akte zu notieren). 132

▶ Praxistipp: 133

In diesem Fall kann der Posteingang in die Akte gelegt werden und mit einem Haftnotizzettel deutlich sichtbar an der Akte angebracht werden „Achtung Posteingang, Bitte die Akte Frau/Herrn ..... zwecks Postbearbeitung vorlegen".

III. Bearbeitung des Posteingangs

1. Vollständigkeit

Der Posteingang ist immer auf Vollständigkeit zu überprüfen. Sind in dem Schriftstück **Anlagen** aufgeführt, ist sofort zu überprüfen, ob die betreffenden Anlagen beigefügt sind. Ist ein **Empfangsbekenntnis** beigefügt, sind die in dem Empfangsbekenntnis genannten Anlagen mit den übersandten Schriftstücken auf Vollständigkeit und Richtigkeit zu überprüfen. 134

Wenn Sie hier Nichtübereinstimmungen feststellen, sollten Sie dies sofort auf einem Beizettel (ggf. ein sog. Haftnotizzettel) notieren und so an das Schriftstück anbringen, dass es für den RA oder den Bearbeiter der Akte sofort erkennbar ist. 135

2. Eingangsstempel

Original-Urkunden und Dokumente, Kontoauszüge, Schecks sollten nicht mit einem Eingangsstempel versehen werden. Verwenden Sie hierfür ein Beiblatt, das Sie an das betreffende Dokument anheften und versehen Sie dieses Beiblatt mit einem Eingangsstempel. 136

137 Sie können wahlweise anstelle des Beiblattes auch den Briefumschlag, mit dem das Dokument übersandt wurde, verwenden.

3. Briefumschläge

138 Vernichten Sie Briefumschläge nicht sofort. Oftmals kann der auf dem Briefumschlag versehene **Posteingangsstempel** vom Datum des Briefes erheblich abweichen und könnte als Nachweis oder Information dienen.

139 Sofern auf dem Posteingang der Absender des Schriftstücks nicht zweifelsfrei erkennbar ist, sollten Sie den Briefumschlag ebenfalls aufheben. In diesem Fall dient der Briefumschlag, auf dem der Absender vermerkt ist, der leichteren Zuordnung der Akte.

140 ▶ Beispiel:

Der Mandant übersendet ein unterzeichnetes Vollmachtsformular ohne Anschreiben.

4. Empfangsbekenntnis

141 Vom Gericht oder Behörden übermittelte Empfangsbekenntnisse sind nicht mit einem Posteingangsstempel zu versehen.

142 Die Zustellung eines Schriftstücks per Empfangsbekenntnis gilt dann als zugestellt, wenn der RA Kenntnis von dem Schriftstück erlangt hat. Dies ist für die Praxis – gerade im Hinblick auf die Berechnung von Fristen – von erheblicher Bedeutung, denn der Zeitpunkt des Posteingangs in der Kanzlei kann von dem der Kenntnisnahme des Schriftstücks durch den RA abweichen.

143 Die **Frist** beginnt jedoch erst dann an zu laufen, wenn der RA **Kenntnis von diesem Schriftstück erlangt hat.**

144 Damit ist jedoch nicht der Weg eröffnet, den Lauf von Fristen zu verzögern. Dem stehen standesrechtliche Verpflichtungen des RA entgegen (§ 14 BORA/Berufsordnung für RA):

145 *§ 14 BORA Zustellungen*

> *Der Rechtsanwalt hat ordnungsgemäße Zustellungen entgegenzunehmen und das Empfangsbekenntnis mit dem Datum versehen* unverzüglich zu erteilen. Wenn der Rechtsanwalt bei einer nicht ordnungsgemäßen Zustellung die Mitwirkung verweigert, muss er dies dem Absender unverzüglich mitteilen.

146 Das Empfangsbekenntnis ist vom RA mit Datum und Unterschrift zu versehen. Dasselbe gilt auch für Empfangsbekenntnisse, die mittels Telefax oder E-Mail versandt werden.

147 Die für die Praxis von großer Bedeutung geregelte Vorschrift des § 174 ZPO lautet wie folgt:

§ 174 Zustellung gegen Empfangsbekenntnis 148

(1) Ein Schriftstück kann an einen Anwalt, einen Notar, einen Gerichtsvollzieher, einen Steuerberater oder an eine sonstige Person, bei der auf Grund ihres Berufes von einer erhöhten Zuverlässigkeit ausgegangen werden kann, eine Behörde, eine Körperschaft oder eine Anstalt des öffentlichen Rechts gegen Empfangsbekenntnis zugestellt werden.

(2) [1]An die in Absatz 1 Genannten kann das Schriftstück auch durch Telekopie zugestellt werden. [2]Die Übermittlung soll mit dem Hinweis »Zustellung gegen Empfangsbekenntnis« eingeleitet werden und die absendende Stelle, den Namen und die Anschrift des Zustellungsadressaten sowie den Namen des Justizbediensteten erkennen lassen, der das Dokument zur Übermittlung aufgegeben hat.

(3) [1]An die in Absatz 1 Genannten kann auch ein elektronisches Dokument zugestellt werden. [2]Gleiches gilt für andere Verfahrensbeteiligte, wenn sie der Übermittlung elektronischer Dokumente ausdrücklich zugestimmt haben. [3]Für die Übermittlung ist das Dokument mit einer elektronischen Signatur zu versehen und gegen unbefugte Kenntnisnahme Dritter zu schützen.

(4) [1]Zum Nachweis der Zustellung genügt das mit Datum und Unterschrift des Adressaten versehene Empfangsbekenntnis, das an das Gericht zurückzusenden ist. [2]Das Empfangsbekenntnis kann schriftlich, durch Telekopie oder als elektronisches Dokument (§ 130a) zurückgesandt werden. [3]Wird es als elektronisches Dokument erteilt, soll es mit einer qualifizierten elektronischen Signatur nach dem Signaturgesetz versehen werden.

5. Posteingang mit Fristen und Terminen

Posteingang mit Fristen und Terminen sollten Sie gesondert trennen und sofort bearbeiten. 149

IV. Postarten

Nach dem Öffnen der Post und der Zuordnung der aktenbezogenen Eingangspost, sollten Sie die Post aufgliedern. 150

Die Aufteilung des Posteingangs ist wie folgt möglich: 151

- Aktenbezogene Post:
  Bei dem aktenbezogenen Posteingang können Sie den Posteingang trennen nach:
  - Posteingang mit Fristen und Terminen,
  - Posteingang ohne Fristen und Termine.

  Der Posteingang mit Fristen und Terminen sollte sofort als erstes bearbeitet werden. Dies gilt auch für Posteingang mit Fristen und Terminen bei nicht aktenbezogener Post und/oder ungeklärtem Posteingang.
- Ungeklärter Posteingang:
  Dies kann Posteingang sein, der nicht sofort zugeordnet werden kann. Ggf. kann es sich bei ungeklärtem Posteingang um Unterlagen ein **Neumandat** betreffend handeln.
  Der Posteingang ist auf Fristen und Termine zu prüfen und die Notierung von Fristen und Terminen hat umgehend zu erfolgen. Diese Post ist dem RA unverzüglich vorzulegen mit einem Vermerk hinsichtlich einer weiteren Arbeitsanweisung.

- Rechnungen/Kontoauszüge
- Private Post
- Fachzeitschriften/Bücher
- Werbepost

152 ▶ Praxistipp:

Zu empfehlen ist, neben einer Postbearbeitungsstelle einen festen Platz zu bestimmen, an dem die dem RA vorzulegende Post nach Einteilung der Postarten vorgelegt wird.

Dies kann in der Weise geschehen, dass z. B. ein Sideboard, ein Regal, ein Beitisch oder dergleichen eigens zur Vorlage des Posteingangs dient.

Auf keinen Fall sollte der Posteingang einfach zwischen anderen Akten auf den Arbeitstisch des RA vorgelegt werden.

Für den RA oder den Sachbearbeiter der Post muss klar erkennbar sein, dass die auf diesem bestimmten Platz befindlichen Akten der aktuelle Posteingang sind.

V. Posteingang mit Fristen und Terminen

153 Die Bearbeitung des Posteingangs einschließlich der Fristen- und Terminspost ist von einer ausgebildeten Fachkraft auszuführen. Dabei muss es sich um eine erfahrene Fachkraft handeln. Keinesfalls ist diese Tätigkeit Auszubildenden oder Kollegen, die die Ausbildung gerade abgeschlossen haben, zu übertragen.

154 Fristen- und Terminspost ist, wie in diesem Kapitel Rdn. 39 aufgeführt, gesondert von der anderen Post zu trennen und sofort, mit Vorlage der Akte zu bearbeiten. Ohne Akte sind keine Termine und Fristen zu notieren, es sei denn, dass es sich dabei um nicht aktenbezogene Frist- und Terminspost handelt oder um „ungeklärte" Post, die ebenfalls Termine und Fristen enthalten kann.

1. Fristen

a) Allgemeines

155 Im Hinblick auf die Ermittlung, Berechnung und Notierung von Fristen muss zunächst eine **Arbeitsanweisung** erfolgen, welche Fristen von dem Fristensachbearbeiter ermittelt, berechnet und notiert werden und welche Fristen von dem RA zu ermitteln und zu berechnen sind.

156 Zu unterscheiden ist dabei zwischen den in Ihrer Kanzlei **gängigen** Fristen und den Fristen, die in Ihrer Kanzlei demzufolge **unüblich** sind.

▶ Beispiel:

RA R hat sich auf strafrechtliche Mandate spezialisiert. Er vereinbart regelmäßig mit seinen Mandanten Vergütungsvereinbarungen. In einem Ausnahmefall war RA R für einen Mandanten in einer zivilrechtlichen Angelegenheit tätig. Das Gericht hat den Streitwert durch Beschluss festgesetzt. Gegen diesen Beschluss beabsichtigt RA R sofortige Beschwerde einzulegen.

Bei dieser Frist (sofortige Beschwerde) dürfte es sich um eine nicht übliche Frist handeln. In diesem Fall ist die Frist von dem RA zu ermitteln und zu berechnen. Ob und inwieweit „unübliche Fristen" vorab von dem Posteingangs- und Fristensachbearbeiter zu ermitteln, berechnen und notieren sind und eine gesonderte Prüfung durch den RA zu erfolgen hat oder ob diese Post unverzüglich dem RA vorgelegt werden muss, ist in einer **Arbeitsanweisung** festzuhalten. In jedem Fall muss der RA die Ermittlung und Berechnung der Frist vornehmen. 157

Bei den Fristen in strafrechtlichen Verfahren dürfte es sich gem. dem o.g. Fallbeispiel dagegen um übliche Fristen handeln. 158

► Praxistipp: 159

Es ist zu empfehlen, dass der RA gemeinsam mit dem Fristensachbearbeiter eine Liste der gängigen bzw. üblichen Fristen erstellt.

b) Arbeitsanweisung Posteingang mit üblichen Fristen

(1) Ermittlung der Fristen

Die üblichen Fristen sind von der Posteingangsbearbeiterin, die gleichzeitig Fristensachbearbeiterin ist, unter Verwendung der „Üblichen Fristenliste" zu ermitteln. 160

Bei nicht üblichen Fristen ist die Akte dem RA vorzulegen, mit einem deutlich gekennzeichneten Zusatz „Achtung, Prüfung/Ermittlung unüblicher Frist". Die Ermittlung und Berechnung der Frist erfolgt sofort durch den RA oder seinen Vertreter. Die Akte ist der Fristensachbearbeiterin nach Berechnung der Frist zwecks Notierung der Frist umgehend vorzulegen. 161

(2) Reihenfolge der Notierung von Fristen

Nach der Ermittlung der üblichen Frist, ist diese in der nachfolgenden Reihenfolge wie folgt zu notieren: 162

1. Notieren der Frist im Papierkalender unter Angabe der Aktenbezeichnung und Aktennummer. Die Frist ist zu benennen (z. B. Berufung, sofortige Beschwerde usw.). Das Handzeichen des Fristenbearbeiters ist anzugeben. 163
2. Notfristen, Ausschlussfristen und Berufungsbegründungsfristen sind mit einem roten, wasserfesten Stift im Papierkalender zu notieren. Alle anderen Fristen sind mit einem schwarzen/blauen, wasserfesten Stift zu notieren. 164
3. Bei Notfristen, Ausschlussfristen und Berufungsbegründungfristen sind zudem angemessene Vorfristen zu ermitteln, zu berechnen und notieren. 165

166 4. Notieren der Frist im elektronischen Kalender.

167 5. Nach dem Notieren der Frist im elektronischen Kalender ist ein Fristenzettel auszudrucken und die Akte abzuheften.

168 6. Notieren der Frist auf dem Handaktenvorblatt.

169 7. Notieren der Frist auf dem Schriftstück, in dem die Frist mitgeteilt ist.

170 ▶ Hinweis:

Auf dem Schriftstück ist zudem das Handzeichen des Mitarbeiters mit dem Vermerk „not." (notiert) anzugeben. An dieser Stelle ist anzumerken, dass dies nicht der letzte Schritt sein muss, sie können auf dem Schriftstück als erstes die Frist ermitteln und notieren und, wie oben ausgeführt, die weiteren Notierungen der Fristen vornehmen.

c) Arbeitsanweisung Fristen/Termine bei Terminsprotokollen

171 In vielen Terminen wird dem RA ein Terminsprotokoll ausgehändigt. In diesem Protokoll können Fristen und Termine enthalten sein.

172 In solchen Fällen ist eine Arbeitsanweisung zu treffen, wie zu verfahren ist. So könnte die Reihenfolge der Arbeitsschritte z. B. wie folgt aussehen:

173 1. Der RA muss die Akte der Posteingangs- und Fristenbearbeiterin sofort vorlegen.

174 2. Die Posteingangs- und Fristensachbearbeiterin prüft das Protokoll auf vorhandene Fristen und Termine, ermittelt und berechnet diese und notiert diese, wie bereits ausgeführt.

175 3. Nach der Notierung der Fristen/Termine erfolgt die Vorlage an den RA zur weiteren Bearbeitung.

d) Arbeitsanweisung Posteingang bei „versteckten" Fristen

176 Ein besonderes Augenmerk muss auf „versteckte Fristen" gerichtet sein. Akten mit „versteckten Fristen" müssen einer täglichen Kontrolle unterliegen.

177 ▶ Beispiel für eine „versteckte Frist"

In einem zivilrechtlichen Verfahren vertreten Sie den Beklagten. Im Anschluss an die mündliche Verhandlung erlässt der Richter/die Richterin den nachfolgenden Beschluss, der dem Beklagten und Ihnen in den folgenden Tagen zugestellt wird:

1. *Dem Kläger wird eine Frist zur Erwiderung des Schriftsatzes des Beklagten vom .....(Datum) innerhalb von drei Wochen gesetzt.*
2. *Dem Beklagten wird eine Frist zur Stellungnahme auf den zu erwartenden Schriftsatz des Klägers innerhalb von weiteren drei Wochen gesetzt.*

Für den Kläger in dem Verfahren ist es unproblematisch, die ihm gesetzte Frist zu ermitteln und zu berechnen. Für den Beklagten (in Ihrem Fall) kann keine zutreffende Frist ermittelt werden, da Sie zum einen nicht wissen, wann dem Kläger der Beschluss zugestellt wurde und sie zum anderen demzufolge nicht wissen können, wann die Stellungnahme des gegnerischen RA zugestellt werden wird. 178

Zunächst können Sie tagtäglich eine **Sonderwiedervorlagen-Frist** für diese Akte notieren. So ist gewährleistet, dass Ihnen die Akte täglich zur Kontrolle und Prüfung vorliegt. 179

Es ist zu empfehlen, auf die versteckte Frist hinzuweisen. Dies sollte nicht mit einem kleinen Klebezettel oder kurzen Satz erfolgen. Vielmehr ist zu empfehlen, für den Fristen-Vermerk einen DIN-A4-Bogen zu verwenden. Dieser ist fest an die Akte anzubringen. Ggf. klammern Sie ihn an der Akte fest, um zu verhindern, dass sich der Zettel von der Akte löst. 180

Die Akte darf nicht in den Schrank gehängt werden, sondern muss sich an einem festen Platz befinden. Sie darf nicht mit anderen Akten „zugestapelt" werden. Sie sollte sich am Arbeitsplatz der Fristensachbearbeiterin befinden. Sobald der RA die Akte zwecks Bearbeitung benötigt, muss eine Arbeitsanweisung regeln, dass diese Akte wieder an ihren Ursprungsort (der Arbeitsplatz der Sachbearbeiterin) zurückgelegt wird, sowie dass die Fristensachbearbeiterin schriftlich über die Wegnahme der Akte zwecks Bearbeitung zu informieren ist. 181

Da „versteckte Fristen" in Kanzleien nicht unüblich sind, sollte eigens für diese Akten ein besonderes Fach oder Ablageort eingerichtet werden. In einer Arbeitsanweisung kann festgehalten werden, dass dieses Fach täglich zu prüfen und zu kontrollieren ist. 182

Ein Hinweiszettel für eine versteckte Frist könnte wie folgt lauten: 183

▶ Muster: Hinweiszettel für versteckte Frist

184

ACHTUNG !!!!!

VERSTECKTE FRIST

FRISTABLAUF

Sobald in dieser Akte ein Schriftsatz der Gegenseite eingeht, ist sofort die gem. Beschluss des Amtsgerichts vom ..... *(Datum)* gesetzte und genannte Frist unter Nr. 2.) zu notieren.

Der Gegenseite wurde durch Beschluss des Amtsgerichts vom ..... *(Datum)* eine Frist zur Stellungnahme auf unseren Schriftsatz vom ..... *(Datum)* innerhalb von drei Wochen gesetzt.

Auf diesen zu erwartenden Schriftsatz der Gegenseite hat uns das Gericht eine Frist zur Stellungnahme innerhalb von drei Wochen seit Zustellung gesetzt.

1. Sobald der Schriftsatz der Gegenseite eingeht, ist zu prüfen, ob es sich um den Erwiderungsschriftsatz der Gegenseite handelt.
2. In diesem Fall ist sofort die Frist zu ermitteln, zu berechnen und zu notieren.

3. Die Akte darf nicht ohne Rücksprache mit dem/der Fristensachbearbeiter/in von ihrem Standort entfernt werden. Ist eine Rücksprache mit dem/der Fristensachbearbeiter/in nicht möglich, ist der/die Fristensachbearbeiter/in schriftlich, durch Hinterlegung einer Benachrichtigung in dem Fach darüber zu informieren, wer die Akte aus dem Fach entnommen hat und wo sie sich befindet.
4. Sofern es erforderlich ist, die Akte von diesem Standort zu entfernen, ist sie nach erfolgter Bearbeitung unverzüglich wieder dorthin zurück zu bringen.

....., ...

(Name Fristensachbearbeiter/in), (Datum)

e) Arbeitsanweisung bei Fristen im Zusammenhang mit Neumandaten

185 Bei Fristen im Zusammenhang mit Neumandanten ist ebenfalls eine klare Arbeitsanweisung zu treffen, wie in diesen Fällen vorzugehen ist.

186 Stellen Sie sich folgende Situation vor: Sie erreicht ein Briefumschlag mit diversen Unterlagen. Unter anderem ist den Unterlagen eine Klageschrift nebst richterlichen Verfügungen beigefügt sowie eine Ladung zum Termin. Daneben hat der Absender ein Schreiben an den RA beigefügt, in dem er ihn um die Vertretung in diesem Verfahren bittet.

187 Zwar ist zwischen dem Anwalt und dem Absender kein Anwaltsvertrag geschlossen – unabhängig davon sind die Schriftstücke auf Fristen und Termine zu prüfen.

188 Die Fristen und Termine sind vorsorglich zu notieren. Die Unterlagen sind dem RA zur sofortigen Bearbeitung – unter Hinweis auf laufende Fristen und Termine – vorzulegen.

2. Termine

189 Das Notieren von Terminen erfolgt in derselben Reihenfolge wie das für die Fristen beschriebene, siehe in diesem Kapitel Rdn. 162. Bei der Notierung von Terminen jeglicher Art ist eine sofortige Prüfung hinsichtlich von **Terminskollisionen** durchzuführen (Terminsüberschneidung, Abwesenheit/Verhinderung RA). In diesem Fall ist die Akte mit einem zusätzlichen Vermerk, unter Beifügung eines Ausdrucks des Terminszettels dem RA vorzulegen mit der Bitte, hinsichtlich eines Verlegungsantrags oder Beauftragung eines Vertreters, weitere Anweisung zu erteilen.

VI. Postausgang

1. Allgemeines

190 Unter Postausgang ist nicht nur das Kuvertieren und Frankieren von Briefen zu verstehen, die sodann in den Briefkasten eingeworfen werden. Die **Postausgangskontrolle** findet viel früher statt. Sie muss, ebenso wie der Posteingang, strengen Maßstäben unterliegen. Die Rechtsprechung des BGH im Hinblick auf Anforderung an die Postausgangskontrolle ist eindeutig (z.B. BGH, Beschl. v. 10.12.2008 – XII ZB 132/08, Beschl. v. 17.07.2008 – IX ZB 165/08).

2. Arbeitsanweisung Postausgang

Auch beim Postausgang ist eine Arbeitsanweisung zu empfehlen, die ausnahmslos sowohl für die Mitarbeiter als auch für die RA verbindlich ist. 191

Die Arbeitsanweisung kann bspw. in folgende Punkte unterteilt werden: 192

a) Benennung der zuständigen Mitarbeiter

Um einen reibungslosen Ablauf des Postausgangs zu gewährleisten, ist zu empfehlen, dass ausgebildete Fachkräfte für die Bearbeitung und Kontrolle des Postausgangs zuständig sind. Sie sollten namentlich benannt werden und im Fall einer Verhinderung des/der zuständigen Postausgangs-Bearbeiters/in sollte eine Vertretung feststehen. 193

b) Benennung eines festen Postausgangs-Arbeitsplatzes

Es ist zu empfehlen, einen festen Arbeitsplatz einzurichten, an dem ausschließlich der Postausgang bearbeitet wird. An diesem Arbeitsplatz sollten sich Postausgangskörbe/-fächer/-regale oder dergleichen befinden und/oder die Unterschriftenmappen rechtzeitig zur Postausgangsbearbeitung bereit gelegt werden. 194

In unmittelbarer Nähe dieses Postausgangs-Arbeitsplatzes sollten sich sämtliche zur Postausgangsbearbeitung dienenden Arbeitsmittel und -geräte befinden (Telefaxgerät, Briefmarken, Stempel, Frankiermaschine, Terminkalender, elektronischer Kalender, Postausgangsbuch, Briefwaage etc.). 195

c) Benennung der Zuständigkeit für Briefkasten mit Spätleerung

Dringend zu empfehlen ist, die Post, sofern Sie nicht auf eine besondere Versendungsart verschickt wird, in einen Briefkasten mit Spätleerung aufzugeben. So ist i.d.R. gewährleistet, dass bei rechtzeitiger Aufgabe die Postlaufzeit bei einem bis max. zwei Tagen liegt (ausgenommen Weihnachtsfeiertage, an denen üblicherweise mit einer viel längeren Postlaufzeit zu rechnen ist). Es sollte auch festgehalten werden, wer die Post zu dem Briefkasten mit Spätleerung bringt (z.B. Auszubildende). 196

Zu empfehlen ist weiterhin, sofern dies organisatorisch möglich ist, dass die Post während der Arbeitszeit zum Briefkasten gebracht wird und die Mitarbeiterin/der Mitarbeiter wieder nach dem Gang zum Briefkasten in der Kanzlei erscheint. So können Sie gewährleisten und sicherstellen, dass die Post z.B. nicht mit nach Hause genommen wird oder in einen Briefkasten ohne Spätleerung eingeworfen wird, der sich auf dem Nachhauseweg befindet. Letzteres soll keine „Unterstellung“ der Autorin an die Mitarbeiter sein, die die Post zum Briefkasten bringen. Doch unter besonderen Umständen (Stress, Zeit- und Termindruck) kann nicht immer ausgeschlossen werden, dass die Post nicht rechtzeitig in den nach der Arbeitsanweisung zugewiesenen Briefkasten mit Spätleerung eingeworfen wird. 197

d) Checkliste der einzelnen Arbeitsabläufe

198 ▶ **Checkliste Arbeitsabläufe Postausgang**

- ☐ Ist das Schriftstück unterzeichnet?
- ☐ Ist die Unterschrift leserlich? Achten Sie darauf, ob die Unterschrift, gerade bei fristwahrenden Schriftstücken (gerade in Rechtsmittelverfahren) leserlich ist.
- ☐ Ist die beiliegende Vergütungsberechnung unterzeichnet? Bei Anschreiben, denen Vergütungsberechnungen des RA beiliegen, ist zu prüfen, ob auch diese unterzeichnet ist.
- ☐ Ist die beglaubigte Abschrift unterzeichnet? Bei Gerichtspost ist zu prüfen, ob neben dem Schriftsatz an das Gericht, die beglaubigte Abschrift ebenfalls unterzeichnet ist.
- ☐ Sind die in den Schriftstücken aufgeführten Anlagen vollständig beigefügt?
- ☐ Stimmen die Anlagen mit den in dem Schriftstück aufgeführten Anlagen überein?
- ☐ Ist/Sind einer beglaubigten Abschrift die Anlage(n) ebenfalls vollständig beigefügt?
- ☐ Sind die Kopien von ausreichend guter Qualität? Bei Anlagen, die in Kopie beifügt werden, ist zu prüfen, ob diese lesbar sind.
- ☐ Ist eine bestimmte Versendungsform eines Schriftstücks vorgeschrieben, um den Zugang des Schriftstücks nachzuweisen? Z.B. Einschreiben-Rückschein, Zustellung durch Gerichtsvollzieher, Telefax, Kurier, Zustellung von Anwalt zu Anwalt gegen Empfangsbekenntnis.
- ☐ Handelt es sich bei dem Postausgang um ein fristwahrendes Schriftstück, das einer besonderen Versendungsform und Postausgangskontrolle bedarf?
- ☐ Einkuvertieren der Briefe, ordnungsgemäßes Abwiegen der Briefe.
- ☐ Gang zum Briefkasten und Einwurf der Post.

3. Schriftstücke mit besonderer Versendungsform

199 Bei Schriftstücken mit besonderer Versendungsform handelt es sich um solche, bei denen ein zeitlicher Nachweis darüber zu führen ist,
- dass dem Empfänger das Schriftstück zugestellt wurde,
- wann das Schriftstück dem Empfänger zugestellt wurde.

200 Es ist in keinem Fall ausreichend, ein empfangsbedürftiges Schriftstück frankiert in den Briefkasten einzuwerfen, denn wie wollen Sie im Streitfall nachweisen, dass der Empfänger das empfangsbedürftige Schriftstück erhalten hat?

201 Bei dieser Versendungsform sollte vorher eine **Anweisung** des RA oder des zuständigen Sachbearbeiters erfolgen, welche Versendungsform für das jeweilige Schriftstück zu erfolgen hat.

202 Generell sollten empfangsbedürftige Schriftstücke, sofern möglich, vorab per Telefax, übermittelt werden.

Beachten Sie jedoch, dass eine Übermittlung von Schriftstücken nicht immer die Wirkung hat, dass eine ordnungsgemäße Zustellung erfolgte. Wenn in dem Gesetz die Schriftform eines Schriftstücks vorgeschrieben ist (§ 126 BGB), so muss dieses Schriftstück dem Empfänger im Original vorliegen. Zwar hat der Empfänger Kenntnis von dem Schriftstück. Dies ändert jedoch nichts daran, dass die gesetzlich vorgeschriebene Form nicht eingehalten wurde. Solange dem Empfänger das Schriftstück lediglich per Telefax vorliegt, muss es von ihm nicht beachtet werden. Die Übermittlung per Telefax hat keinerlei Wirkung. Vielmehr hat die Nichteinhaltung der Schriftform die Nichtigkeit des Rechtsgeschäfts zur Folge (§ 125 BGB). 203

► Beispiel: 204

M beauftragt RA R mit der Kündigung eines Wohnraummietverhältnisses. Die Kündigung des Wohnraummietverhältnisses ist gem. vertraglicher Vereinbarung spätestens am dritten Werktag eines Kalendermonats für den Ablauf des übernächsten Monats zulässig. M beauftragt den RA am 27. 09. 2009 mit der Kündigung des Mietverhältnisses. Um eine wirksame Kündigung des Mietverhältnisses Ende Dezember 2009 zu erreichen, muss die Kündigung des Mietverhältnisses spätestens am 03.10. in Schriftform an den Vermieter erfolgen. Liegt dem Vermieter das Kündigungsschreiben jedoch am 03.10. lediglich per Telefax vor, so ist keine wirksame Kündigung des Mietverhältnisses erfolgt. Die Kündigung eines Wohnraummietverhältnisses bedarf der Schriftform (§ 568 Abs. 1 BGB).

Mögliche Versendungsformen empfangsbedürftiger Schriftstücke: 205

a) Versendung durch die Post

Beim Versenden mittels Einschreiben gegen Unterschrift beim Empfänger erhalten Sie den Nachweis über die Einlieferung des Briefes bei dem Empfänger. 206

Die Auslieferung an den Empfänger erfolgt nur gegen Unterschrift an den Empfänger, seinen Bevollmächtigten oder einen anderen Empfangsberechtigten. 207

Folgende Arten der Einschreiben gibt es: 208

- **Einschreiben-Rückschein**
  Zusätzlich zu dem Einlieferungsnachweis von der Post, erhalten Sie eine Empfangsbestätigung mit der Originalunterschrift des Empfängers/Empfangsberechtigten, die den Erhalt der Briefsendung dokumentiert. Wird der Empfänger der Sendung jedoch nicht angetroffen, wird eine Benachrichtigungskarte hinterlegt. Das Schriftstück ist von dem Empfänger oder von einem zum Empfang der Sendung Bevollmächtigten bei der Post abzuholen. Bei fristwahrenden oder empfangsbedürftigen Schriftstücken ist zu beachten, dass das Schriftstück erst dann zugestellt ist, wenn die persönliche Übergabe bzw. die Abholung des Schriftstücks durch den Empfänger (oder Bevollmächtigten) erfolgte. Holt der Empfänger das Schriftstück nicht innerhalb von sieben Tagen ab, wird es an den Absender zurück gesandt.

– **Einwurf-Einschreiben**
  Hier erfolgt ein Nachweis darüber, dass die Sendung in den Briefkasten (oder Postfach) des Empfängers eingeworfen wurde. Nach einer Entscheidung des OLG Koblenz, Urt. v. 11.01.2006 – 11 WF 1013/04 reicht das Einwurf-Einschreiben als Nachweis nicht aus, da keine persönliche Aushändigung des Schriftstücks an den Adressaten erfolgt. Im Streitfall kann nicht bewiesen werden, dass das Schriftstück den richtigen Empfänger erreicht hat.
– **Einschreiben-Eigenhändig**
  Bei dieser Versendungsform wird die Sendung nur an den Empfänger persönlich oder an einen von dem Empfänger ausgewählten Bevollmächtigten übergeben.

209 ► Hinweis:

Keine der genannten Versendungsformen durch die Post ist m. E. aufgrund der ausgeführten Folgen bei Nichtantreffen der Parteien (Benachrichtigungskarte und Rücksendung nach 7 Tagen bzw. fehlender Nachweis der Zustellung an den richtigen Empfänger) bei fristwahrenden und/oder empfangsbedürftigen Schriftstücken zu empfehlen.

b) Versendung durch Boten/Kurier

210 Der Vorteil eines Boten- oder Kurierdienstes besteht darin, dass eilige Sendungen grds. schnell gegen Nachweis zugestellt werden.

211 Zu empfehlen ist bei dieser Versendungsform die Anforderung, dass der Kurierdienst – i. d. R. erfolgt dies gegen einen Preisaufschlag – unter seiner namentlichen Benennung die Zusendung des Schriftstücks schriftlich bestätigt.

212 Der Auftrag an den Boten-/Kurierdienst sollte zunächst dahin gehend lauten, dass eine persönliche Zustellung an den Empfänger versucht werden soll und anderenfalls die Sendung in den Briefkasten/Briefkastenschlitz an der Tür einzuwerfen ist.

213 ► Hinweis:

Sofern in eiligen Angelegenheiten eine persönliche Zustellung durch den RA oder seinen Mitarbeiter erfolgen soll, ist zu empfehlen, dass ein Zeuge anwesend ist.

214 Nach der unmittelbaren Zustellung ist ein **Zustellungsvermerk** anzufertigen. Der Zustellungsauftrag sollte so präzise wie möglich angefertigt werden.

215 Dieser könnte wie folgt lauten:

► Muster: Zustellungsvermerk

216 Ich habe heute, am ..... *(Datum)*, um ..... *(Uhrzeit)* das Schreiben vom ..... *(Datum)*, gemeinsam mit ..... *(Name des Zeugen)* in den Briefkasten ..... *(zweiter von unten links)* eingeworfen. Auf dem Briefkasten befand sich ein Namensschild mit der Auf-

schrift ..... *(Name).* Der Briefkasten machte auf mich den Eindruck, dass er regelmäßig geleert wird.

Der Briefkasten befindet sich in dem Hinterhof des Gebäudes der ..... *(Straße, Haus-Nr.)* und befindet sich im Treppenhaus auf der rechten Wandseite.

.....

(Ort, Datum, Unterschrift)

c) Zustellung durch Gerichtsvollzieher

Die Zustellung durch den Gerichtsvollzieher dürfte die sicherste Form der Zustellung sein. Sie können den Nachweis darüber führen, welches Schriftstück dem Empfänger zugestellt worden ist. 217

Dies erfolgt in der Weise, dass Sie das Schriftstück unverschlossen dem Zustellungsauftrag an den Gerichtsvollzieher beifügen. 218

Es ist zu empfehlen, das zuzustellende Schriftstück in dem Zustellungsauftrag an den Gerichtsvollzieher zu benennen. 219

Richten Sie den Zustellungsauftrag an die **Gerichtsvollzieherstelle** des AG. Im Fall von Urlaub, Krankheit oder anderer Abwesenheit des Gerichtsvollziehers von seinem Büro ist nicht gewährleistet, dass das Schriftstück zügig zugestellt wird. Aufgrund der Vielzahl von Aufträgen ist der Gerichtsvollzieher i. d. R. in der Praxis mit Vollstreckungshandlungen beschäftigt. 220

Bei der Gerichtsvollzieherverteilerstelle des AG werden, sofern der zuständige Gerichtsvollzieher verhindert ist, die in seinem Fach hinterlegten Aufträge an einen **Vertreter** des Gerichtsvollziehers zur Auftragsbearbeitung weitergegeben. 221

► Hinweis: 222

Auch wenn die Zustellung über einen Gerichtsvollzieher ggf. teurer ist als die zuvor genannten Versendungsmöglichkeiten, sollte die Beauftragung eines Gerichtsvollziehers dennoch in Erwägung gezogen werden. Im Hinblick auf die Bedeutung der Beweisfunktion des Nachweises von empfangsbedürftigen Schriftstücken ist diese Verfahrensweise sogar sehr zu empfehlen.

► Praxistipp 223

Sie können beispielhaft auf der folgenden Internetseite einsehen, in welcher Höhe der Gerichtsvollzieher Kosten für Zustellungen berechnet:

http://www.der-gerichtsvollzieher.de/Kosten/KV-GVKostG/kv-gvkostg.html

http://www.der-gerichtsvollzieher.de (Unterpunkt Kosten)

(Auf der o.g. Internetseite finden Sie zudem sehr viele weitere nützliche und für die Praxis hilfreiche Informationen.)

http://www.kuckuckspost.de/Kostenrecht/Download/Kostentabelle%20von%20Druckerei%20in%20 Euro.pdf

▶ Muster: Zustellungsauftrag an den Gerichtsvollzieher

224 Amtsgericht

– Gerichtsvollzieherverteilerstelle –

Anschrift

Zustellungsauftrag

Sehr geehrte Frau Obergerichtsvollzieherin/Gerichtsvollzieherin,

sehr geehrter Herr Obergerichtsvollzieher/Gerichtsvollzieher,

Sie werden hiermit beauftragt, das beiliegende Schriftstück:

Kündigungsschreiben vom ….. *(Datum)*

(Ordentliche Kündigung des Arbeitsverhältnisses)

an den Zustellungsempfänger

….. *(Vorname, Name)*

….. *(Straße, Haus-Nr.)*

….. *(Postleitzahl/Ort)*

amtlich zuzustellen.

Ihre Kostenrechnung bitte ich, zusammen mit dem Zustellungsnachweis, aufzugeben.

Mit freundlichen Grüßen

Rechtsanwalt/Rechtsanwältin

225 Diesem Auftrag fügen Sie das betreffende Schriftstück bei. Achten Sie zwingend darauf, dass nicht nur der Auftrag an den Gerichtsvollzieher unterzeichnet ist, sondern vielmehr auch das betreffende Schriftstück. Prüfen Sie zudem, ob auch ggf. erwähnte Anlagen beigefügt sind (z. B. Vollmacht).

4. Versendungsform fristwahrender Schriftstücke

226 Die Versendung von fristwahrenden Schriftstücken ist mit größter Sorgfalt zu bearbeiten.

227 Bei dem Postausgang fristwahrender Schriftstücke müssen Sie einen Nachweis darüber führen,
- wann das betreffende Schriftstück abgesandt wurde,
- wann das betreffende Schriftstück bei dem Empfänger zugegangen ist.

228 Diese Schriftstücke sollten grds. immer, sofern möglich, vorab per Telefax dem Empfänger übermittelt werden.

Erst wenn Sie alle zwingend notwendigen und erforderlichen Arbeitsabläufe, die an die Versendung von fristwahrenden Schriftstücken gestellt werden, erfüllt haben, ist diese Post zu kuvertieren, ordnungsgemäß und richtig abzuwiegen, mit dem zutreffenden Porto zu versehen und zur Post zu bringen (ggf. ist zu prüfen, ob nach dem Versand des Schriftstücks – vorab per Telefax – eine besondere Versendungsform zu beachten ist. 229

Für den Postausgang fristwahrender Schriftstücke ist daher ebenfalls eine **Arbeitsanweisung** zu treffen, die folgende Punkte beinhalten sollte: 230

► Muster: Arbeitsanweisung Postausgang fristwahrende Schriftstücke

231

1. Jedes fristwahrende Schriftstück ist von dem/der Postausgangs- und Fristensachbearbeiter/in darauf zu prüfen, ob es unterzeichnet ist.
2. Es ist eine Prüfung vorzunehmen, ob die Unterschrift lesbar ist.
3. Das Schriftstück ist auf Vollständigkeit der Seitenzahlen zu prüfen und darauf, ob die in dem Schriftstück genannten Anlagen beigefügt sind.
4. Das Schriftstück ist darauf zu prüfen, ob der Empfänger richtig bezeichnet ist. Die aktuelle Anschrift ist ebenfalls zu überprüfen.
5. Jedes fristwahrende Schriftstück ist vorab per Telefax an den Empfänger zu übermitteln. Die Bedienung von Kurzwahlspeichernummern ist untersagt, da leicht versehentlich eine falsche Kurzwahlnummer gewählt werden kann und zudem die Aktualität der Telefax-Nr. mangels Kontrolle nicht gewährleistet ist.
   Die Eingabe der Telefaxnummer erfolgt unter Verwendung der zum Zeitpunkt der Fristversendung aktuellen Telefaxnummer des Empfängers. Hierbei ist eine „doppelte Prüfung" vorzunehmen.
   Bei fristwahrenden Schriftstücken an das Gericht kann dies z. B. in der Weise erfolgen, dass die Telefaxnummer, die sich auf einem aktuellen Schreiben des Gerichts befindet, mit der Telefaxnummer verglichen wird, die sich aus den Kontaktdaten der aktuellen Internetseite des entsprechenden Gerichts entnehmen lässt.
6. Bei der Eingabe der Empfänger-Telefaxnummer ist vor dem Versand durch Abgleich zu prüfen, ob diese identisch mit der Telefaxnummer des Empfängers ist (z. B. Vergleich mit vorliegenden Adressdaten).
7. Während der Übertragung des Schriftstücks per Telefax an den Empfänger hat der Postausgangs- und Fristensachbearbeiter die Übersendung des Schriftstücks zu beaufsichtigen. Er darf sich nicht von dem Telefaxgerät entfernen.
   Insbes. ist zu prüfen, ob nicht mehrere Seiten gleichzeitig „eingezogen" werden. In diesem Fall ist die Faxübermittlung abzubrechen und sofort zu wiederholen.
8. Nach der Übermittlung des Schriftstücks per Telefax hat sofort eine Kontrolle zu erfolgen, ob die Telefaxnummer auf dem Sendebericht identisch ist mit der Telefaxnummer des Empfängers.
9. Des Weiteren ist zu kontrollieren, ob die auf dem Sendebericht aufgezeigte Seitenanzahl identisch ist mit der Seitenanzahl des fristwahrenden Schriftstücks.
10. Nach der Übermittlung des fristwahrenden Schriftstücks und den durchgeführten Kontrollen ist das Schriftstück zu kuvertieren und ausreichend frankiert zum Postausgangsfach zu legen. Der Fristensachbearbeiter hat dahin gehend abschließend eine Kontrolle durchzuführen.

11. **Nach Ausführung der Schritte 1 bis 10 sind von dem Fristensachbearbeiter die entsprechenden Vermerke auf dem Fristenzettel einzutragen. Die Frist ist sodann im Papierkalender und im Fristenkalender als erledigt zu notieren.**

F. Termine/Fristen

I. Allgemeines

232 Jede Kanzlei für sich ist verschieden – bedingt durch die Rechtsanwälte/Rechtsanwältinnen und ihre Mitarbeiter, die der Kanzlei eine persönliche und individuelle Note geben, durch die Größe der Kanzlei und nicht zuletzt durch die vielen verschiedenen Rechtsgebiete. Einige Kanzleien spezialisieren sich auf bestimmte Rechtsgebiete und andere Kanzleien sind „Wald- und Wiesenkanzleien“, die Dienstleistungen für fast alle Bereiche anbieten.

233 So viele Unterschiede es auch gibt, so hat jede Kanzlei, ob es eine große Wirtschaftskanzlei oder die Kanzlei eines „Einzelkämpfers“ ist, eines gemeinsam: Der tägliche Umgang mit **Terminen** und **Fristen.**

234 Eine der wichtigsten „Säulen“, auf die eine Kanzlei gestützt ist, ist die **Kanzleiorganisation.** Insbes. die Organisation im Umgang mit Terminen und Fristen. Um dieses Arbeitsgebiet erfolgreich zu führen, ist eine effiziente und zuverlässige Büroorganisation unabdingbar. Klare Arbeitsanweisungen, die einzuhalten sind, sind ein Muss.

235 Etwa 1/3 der Haftpflichtfälle betrifft die Folgen von fehlerhafter Fristen- und Terminsführung. Dabei muss das eigentlich nicht sein. Vielmehr könnte dies im Falle einer perfekt geführten Büroorganisation vermieden werden.

236 Es ist primär Ihre Aufgabe, die Verwaltung von Terminen und Fristen so zu steuern, dass kein Grund gegeben ist, **Wiedereinsetzungsverfahren** vor Gerichten zu führen oder wegen anderer versäumter Termine und Fristen die Haftpflichtversicherung einzuschalten.

237 Tagtäglich muss das Ziel erfüllt werden, eine zuverlässige und erfolgreiche Fristen- und Terminverwaltung zu gewährleisten.

238 In der Praxis bieten sich dazu eine Vielzahl von Hilfsmitteln und Arbeitsschritten.

239 Bitte bedenken Sie stets immer eines: Auch wenn wir die Telefaxnummer eines bestimmten Gerichts auswendig kennen, sollten wir niemals in Versuchung geraten – gerade bei einem fristwahrenden Schriftsatz – die Nummer, ohne sie vorher Zahl für Zahl aus einem aktuellen Verzeichnis abgelesen zu haben, einzugeben und das Schriftstück zu versenden. Gehen Sie, gerade im Umgang mit Terminen und Fristen, mit der größten Sorgfalt und Genauigkeit vor.

240 Es geht nicht immer um Schnelligkeit, sondern vielmehr um Sorgfalt, Zuverlässigkeit und Genauigkeit. Wenn Sie als Fristensachbearbeiter/in eingesetzt sind, spricht dies für einen Vertrauensbeweis des RA oder Ihrer/s Vorgesetzten. Schätzen Sie diesen Vertrauensbeweis und zeigen Sie sich Tag für Tag für das entgegengebrachte Vertrauen erkenntlich, in dem Sie sich auf diesem Gebiet, das sicherlich nur eines von

vielen weiteren Arbeitsgebieten Ihrer Tätigkeit darstellt, unschlagbar und sozusagen unbezahlbar machen.

Finden Sie nicht auch, dass die Vielseitigkeit dieses Berufes das besondere „Quäntchen“ im Vergleich zu anderen Berufen ist? 241

II. Termin- und Fristenkalender

Der Termin- und Fristenkalender ist das elementarste Organisationsmittel einer Kanzlei. 242

Ein Termin- und Fristenkalender besteht i. d. R. aus einem 243
- Kalender in Papierform (nachfolgend P-Kalender genannt),
- Kalender in elektronischer Form (nachfolgend E-Kalender genannt).

Der Termin- und Fristenkalender gibt Ihnen auf den ersten Blick sofort Auskunft über anstehende: 244
- Gerichtstermine,
- Ortstermine,
- Fristen,
- Vorfristen,
- Wiedervorlagen,
- Mandantentermine,
- Dauertermine.

Des Weiteren zeigt er Ihnen auf, 245
- wann Fristen zu bearbeiten sind,
- wann Termine wahrgenommen werden müssen,
- wann und welche Wiedervorlagen bearbeitet werden müssen,
- inwieweit der RA ausgelastet ist,
- inwieweit Terminskollisionen (Gerichtstermine) gegeben sind,
- Abwesenheit des RA von der Kanzlei.

So können Sie sofort die erforderlichen Maßnahmen einleiten. 246

1. Papier-Kalender

Im Hinblick auf die Führung und den Umgang des P-Kalenders sollten folgende **Arbeitsanweisungen** getroffen werden: 247

a) Stammplatz

Es ist dringend zum empfehlen, für den P-Kalender einen festen „Stammplatz“ in der Kanzlei zu bestimmen. Nach Möglichkeit sollte dies der Postein- und -ausgangsarbeitsplatz sein. So weiß jeder Mitarbeiter der Kanzlei, wo sich der P-Kalender befindet. Der Fristensachbearbeiter erspart sich dadurch (gerade in Großkanzleien) das zeitaufwändige Suchen des Kalenders. 248

b) Verantwortlicher/Vertreter

249 Es sollten Fristensachbearbeiter (mit Vertretung) genannt werden. Ausschließlich diese Mitarbeiter nehmen Eintragungen in dem P-Kalender vor. Bei diesen Mitarbeitern muss es sich um ausgebildete Fachkräfte handeln. Sinnvoll ist, dass es sich bei diesen Mitarbeitern um die für die Postein- und -ausgangskontrolle zuständigen Fachkräfte handelt, s.a. in diesem Kapitel Rdn.193, 119.

250 Sofern durch besondere Umstände keiner dieser Mitarbeiter anwesend ist, fällt die Verwaltung und Führung des P-Kalenders in den Aufgabenbereich des **Bürovorstehers/Rechtsfachwirts/Büroleiters** und im Falle seiner/ihrer Verhinderung in den Aufgabenbereich des RA/der RAe. In keinem Fall darf diese Tätigkeit einem/r Auszubildenden anvertraut werden.

251 Regelmäßig wird vom BGH (Beschl. v. 05.02.2003 – VIII ZB 115/02, NJW 2003, 1815; Beschl. v. 17.01.2007 – XII ZB 166/05, NJW 2007, 1453; OLG Frankfurt am Main, Urt. v. 08.03.2007 – 4 U 74/03) zu Recht die Auffassung vertreten, dass die Fristenbearbeitung voll ausgebildetem, zuverlässig arbeitendem Fachpersonal obliegt. Denn für eine erfolgreiche Ermittlung, Berechnung und Notierung von Fristen sind fundierte Kenntnisse notwendig.

c) Rangfolge

252 Alle Eintragungen, unabhängig davon, ob es sich um eine Frist, einen Gerichtstermin, allgemeinen Termin, Besprechungstermin usw. handelt, erfolgen immer und ausschließlich zuerst in dem P-Kalender.

d) Erledigte Fristen

253 Erledigte Fristen werden in der Weise gekennzeichnet, dass Sie mit einem Häkchen (☑✐) oder dem Vermerk „erl.", dem Handzeichen sowie Datum der Erledigung durch den Fristensachbearbeiter versehen werden.

e) Änderungen/Korrekturen

254 Sofern eine Änderung von bereits eingetragenen Terminen und Fristen aufgrund von Fristverlängerungen oder Terminsaufhebungen und -verlegungen erfolgt, sind die hinfälligen Termine und Fristen in der Weise zu vermerken, dass sie gestrichen werden und mit einem entsprechenden **Erledigungsvermerk** versehen werden.

255 Die Termine und Fristen dürfen nicht durch Tipp-Ex unkenntlich gelöscht werden.

256 ▶ Beispiel:

Am 15.11.2008 ist eine Frist wie folgt notiert:

Mustermann ./. Mustermann, 500/09 (Prozessregister-Nr.), Berufungsbegründung,

Dem Antrag des RA, die Frist zur Begründung der Berufung bis zum 15. 12. 2009 zu verlängern, gibt das LG fristgerecht statt. Die Frist zur Berufungsbegründung läuft am 15. 12. 2008 ab.

Sie gehen wie folgt vor: 257

1. Sie streichen den Termin: *Mustermann ./. Mustermann, 500/09 (Prozessregister-Nr.), Berufungsbegründung.* 258
2. Geben Sie den Grund für die Streichung des Termins an: *z. B. Fristverlängerung LG Berlin v. 07. 11. 2008.* 259
3. Notieren Sie das Datum der Streichung mit Handzeichen. 260

f) Zentraler Einzelkalender

Es sollte immer nur ein P-Kalender vorhanden sein. Mehrere Kalender sind nicht zu empfehlen – auch nicht in Großkanzleien, da im Hinblick auf die Verwaltung von Fristen und Terminen mit mehreren Kalendern einige Gefahren lauern. 261

Beispielhaft nenne ich folgende: 262

- Die Kalender können bei der Eintragung von Fristen, auch wenn sie farblich voneinander getrennt sind, verwechselt werden.
- Erfolgt die Notierung eines Gerichtstermins und/oder einer Frist in einem von mehreren Einzelkalendern ist keine Kontrolle über Terminskollisionen gewährleistet. Ist der zuständige RA unvorhersehbar verhindert, kann es, weil keine zentrale Ermittlung der Gerichtstermine und Fristen erfolgte, leicht zu Fristversäumnissen oder „geplatzten" Terminen führen. Die Ermittlung eines Vertreters innerhalb der Kanzlei aufgrund mehrerer Einzelkalendern erschwert die zeitliche Lösung des Problems. Die Termine/Fristen des RA, der verhindert ist, müssen dann in dem Kalender des Vertreters erneut eingetragen werden.
- Die Fristensachbearbeiter benötigen eine umfassende Übersicht über alle Termine und Fristen „auf einen Blick". Bei mehreren Kalendern ist dies nicht arbeitsfördernd und vielmehr unübersichtlich.

Das bedeutet nicht, dass die einzelnen RAe auf einen Einzelkalender verzichten müssen. Vielmehr kann das Problem in der Weise gelöst werden, dass jeder RA über den elektronischen Kalender einen Einzelkalender einrichten kann, auf den er, neben dem P-Kalender, Zugriff hat. Hierbei ist dennoch die Regel, dass Fristen und Termine von dem Fristensachbearbeiter notiert und auf den elektronischen Einzelkalender übertragen werden. 263

g) Aufbewahrung nach Büroschluss

Ein weiterer wesentlicher Punkt ist die Aufbewahrung des P-Kalenders nicht nur während der Bürozeit, sondern auch danach. 264

265 Es muss gewährleistet und sichergestellt sein, dass der P-Kalender so aufbewahrt wird, dass unbefugte Dritte ihn nicht einsehen oder entwenden können. Des Weiteren sollte der P-Kalender in der Weise aufbewahrt werden, dass er „wind-, wasser- und feuergeschützt“ ist.

2. Elektronischer Kalender

266 Der E-Kalender ist der Beikalender des P-Kalenders. Bitte bedenken Sie stets, dass im Falle eines Systemausfalls der E-Kalender keinerlei Funktion erfüllen kann. Sofern Sie keinen P-Kalender neben dem E-Kalender führen, sind sie im Fall der Fälle hilflos. Bis der System-Administrator das Problem behoben hat, können im schlimmsten Fall Fristen und Termine versäumt werden.

267 Der P-Kalender hat größte Priorität. Wie bereits unter Rdn. 252 in diesem Kapitel ausgeführt, sind alle Eintragungen zuerst im P-Kalender auszuführen.

268 Für den E-Kalender sollten ebenfalls klare Anweisungen getroffen werden, die von allen Mitarbeitern der Kanzlei (einschließlich der RAe) einzuhalten sind.

a) Zuständigkeit

269 Eintragungen in dem zentralen E-Kalender werden, wie bereits unter Rdn. 261 in diesem Kapitel ausgeführt, von denselben dort genannten Fristensachbearbeitern (und Vertretern) ausgeführt.

b) Übertragung zentraler Kalender

270 Sofern Einzel-Kalender geführt werden, hat der Fristensachbearbeiter neben der Eintragung der Termine und Fristen im zentralen P-Kalender die Pflicht, die für den zuständigen E-Kalender betreffenden Termine und Fristen zu notieren. I.d.R. erfolgt dies über die Auswahl des im E-Kalender aufgeführten Sachbearbeiters durch Bestätigen des Namensfeldes. Üblicherweise erfolgt eine **dezentrale** Erfassung der Termine, sodass bei entsprechender Eingabe der Termin/die Frist sowohl im zentralen P-Kalender als auch im zuständigen Einzelkalender eingetragen ist.

c) Löschung erledigter Termine

271 Termine, insbes. Gerichtstermine, die sich erledigt haben (z. B. Terminsverlegung) können Sie, anders als bei Fristen, im E-Kalender löschen. Sie können (einige RA-Programme bieten das auch an) diese Termine als „erledigt“ löschen.

272 ► **Beispiel:**

Im E-Kalender wird, nachdem zuvor im P-Kalender eine Eintragung erfolgte, folgender Gerichtstermin eingetragen:

12. 11. 2008, 11.00 Uhr, Saal 205, AG Schöneberg, MV (Mündliche Verhandlung).

Das Gericht hebt den Termin wegen krankheitsbedingter Abwesenheit des Vorsitzenden Richters auf.

Diesen Termin können Sie in der Weise löschen, dass der Termin als erledigt notiert wird. Als Grund können Sie z. B. Terminsaufhebung notieren.

d) Löschung erledigter Fristen

Erledigte Fristen dürfen im E-Kalender nicht gelöscht werden. 273

Beispiel 1: 274

Nachdem ein fristwahrendes Schriftstück zutreffend an den Empfänger (nach eingehender Kontrolle) übermittelt wurde, das Schriftstück kuvertiert und frankiert zum Postausgang gegeben wurde, hat der Fristensachbearbeiter die Frist im P-Kalender als erledigt notiert.

Beispiel 2: 275

Unter dem 15.11. ist eine Frist wie folgt notiert:

Mustermann ./. Mustermann, 500/09 (Prozessregister-Nr.), Berufungsbegründung,

Dem Antrag des RA, die Frist zur Begründung der Berufung bis zum 15.12. zu verlängern, gibt das LG fristgerecht statt. Die Frist zur Berufungsbegründung läuft nunmehr am 15.12. ab. Die neue Frist wurde im P-Kalender, Aktenvorblatt, Schriftsatz des LG sowie im E-Kalender notiert.

Zu Beispiel 1:

Die erledigte Frist ist im E-Kalender als erledigt zu notieren. Dies erfolgt in der Wei- 276
se, dass das Datum der Erledigung der Frist und sofern möglich, der Name des Fristensachbearbeiters eingegeben wird.

Zu Beispiel 2:

Die hinfällige Frist vom 15.11. darf nicht gelöscht werden. Vielmehr ist sie als „erle- 277
digt" im E-Kalender zu notieren.

In keinem Fall, dürfen Fristen in dem E-Kalender gelöscht werden. Es muss jederzeit 278
der Verlauf der Fristen im E-Kalender nachvollzogen werden können.

III. Fristen

Bei den Fristen im Zivilverfahren wird zwischen 279
- gesetzlichen Fristen,
- richterlichen Fristen,
- Ausschlussfristen,

- Notfristen,
- gewöhnliche Fristen

unterschieden.

280 Im Zivilprozess sind die allgemeinen Vorschriften über die Fristen in den §§ 221 bis 229 ZPO geregelt.

281 Nachstehend soll ein Überblick über die in einer Kanzlei wichtigsten Fristen im Zivilprozess dargestellt werden. Wegen der besonderen Einzelheiten zu den Fristen verweise ich auf die Ausführungen siehe in diesem Kapitel Rdn. 232.

282

Rechtsmittel/Rechtsbehelfe	Frist/Gesetzliche Vorschriften
Berufung	§§ 511, 517 ZPO
Berufungsbegründung	§ 520 ZPO
Revision	§§ 542, 548, 551 ZPO
Sprungrevision	§ 566 ZPO
Anschlussrevision	§ 554 ZPO
Nichtzulassungsbeschwerde	§ 544 ZPO
Sofortige Beschwerde, Anschlussbeschwerde	§§ 567, 569, 793 ZPO
Rechtsbeschwerde, Anschlussrechtsbeschwerde	§§ 574, 575 ZPO
Erinnerung	§ 573 ZPO
Einspruch gegen Versäumnisurteil	§§ 338, 339 ZPO
Nichtigkeitsklage	§§ 579, 586 ZPO
Restitutionsklage	§§ 580, 586 ZPO
Widerspruch gegen Mahnbescheid	§ 694 ZPO
Einspruch gegen Vollstreckungsbescheid	§ 700 ZPO
Wiedereinsetzung in den vorigen Stand	§§ 233, 234 ZPO
Berichtigung des Tatbestands	§ 320 ZPO
Ergänzung des Urteils	§ 321 ZPO

G. E-Mailverkehr/Outlook

283 Mittlerweile hat fast jede Kanzlei einen internetfähigen Rechner und zumindest eine eigene E-Mail-Adresse. Der Fortschritt kommt also auch in den Kanzleien an.

I. Schnelligkeit und Ordnung

284 Durch Einsatz von Internet und E-Mails ist jedoch das Kanzleileben schneller geworden. Hatte man noch vor Jahren eine Anfrage an den Mandanten per Post gestellt, so erhält man heute z. T. innerhalb von kürzester Zeit die Rückantwort und kann diese z. T. am gleichen Tag weiterbearbeiten.

285 Doch immer wieder werden die Handhabungspflichten für E-Mails verkannt:

- Grds. kann bei einfachen Anfragen erwarten werden, dass diese der Schnelligkeit des Mediums entsprechend im Laufe des Tages, zumindest am nächsten Tag beantwortet werden. (Dies gilt übrigens auch bei Faxen).
- Ist die E-Mail-Adresse auf dem Briefbogen enthalten, so ist meines Erachtens eine zeitnahe Kontrolle des E-Maileinganges über den gesamten Tagesverlauf angebracht und nicht nur zweimal am Tag morgens und abends. Bei persönlichen E-Mail-Postfächern sollte ferner die **Abwesenheitsnotiz**/der Abwesenheitsassistent aktiviert werden, sobald man nicht in der Kanzlei ist.

Um die Schnelligkeit zu gewähren und das E-Mail-Postfach in den Griff zu bekommen, muss man den Posteingang unbedingt ordnen. Es bietet sich daher an, verschiedene Ordner anzulegen und eingehende Emails ggf. entsprechend zu verschieben. Als Ziel sollte man sich setzen, dass am Abend der E-Mail-Posteingang völlig leer ist. 286

Die Anlage eines neuen Ordners erfolgt in Outlook über die Multifunktionsleiste. Wählen Sie dort die Registerkarte Datei und dort den Befehl Ordner – Neuer Ordner: 287

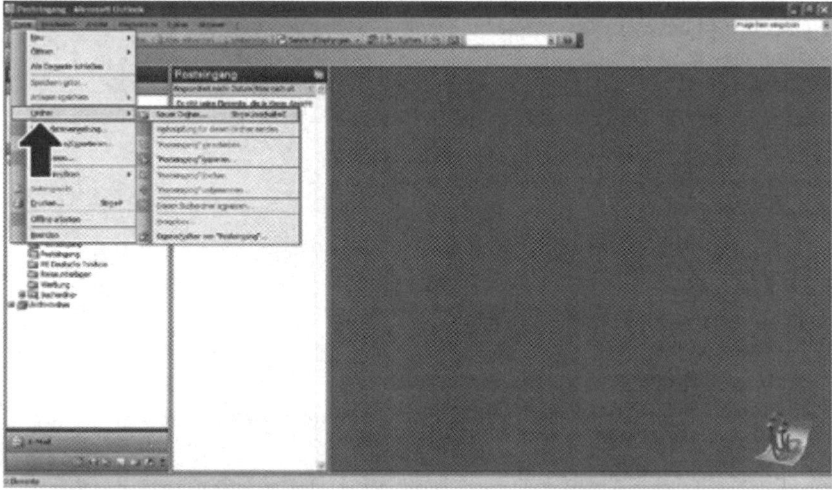

Benennen Sie den neuen Ordner und legen fest, zu welchem Hauptordner er gehören soll. 288

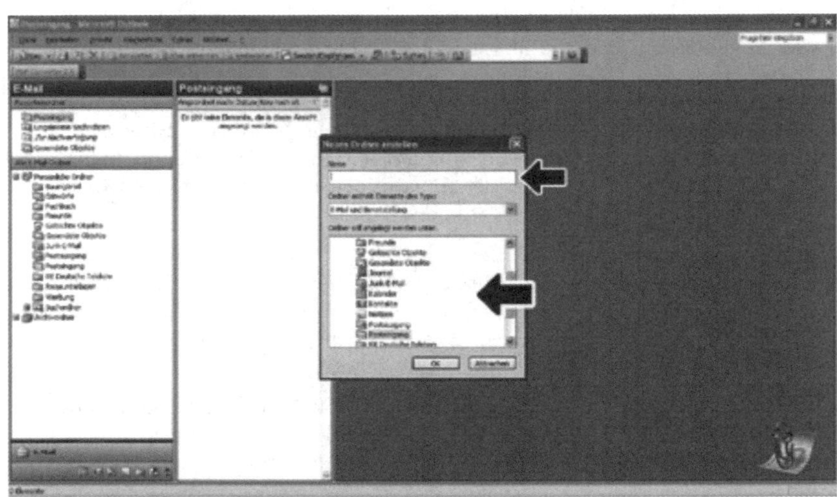

289 Neben den üblichen Ordnern, die bereits in Outlook vorangelegt sind, wie
- Posteingang,
- Postausgang,
- gesendete Objekte,
- Entwürfe,

könnte man z. B. folgende Unterordner einrichten:
- beim Posteingang:
  - WICHTIG – noch zu bearbeiten,
  - Mandantenkorrespondenz,
  - Internes,
- beim Archivordner:
  - Rechnungen,
  - Kanzleiverfügungen.

290 Mit der Zeit werden Sie sicherlich Ihr eigenes Ordnungssystem entwickeln.

II. Ordnungsgemäße Kennung

291 Die ausgehende E-Mail ist wie der Geschäftsbrief die erste **Visitenkarte** der Kanzlei. Daher verwundert es umso mehr, wenn keine ordnungsgemäße Kennung am Ende der E-Mail enthalten ist. Diese ist recht einfach in Outlook einzurichten und sollte kanzleiintern einheitlich formatiert sein.

292 Gehen Sie hierzu zunächst in der Multifunktionsleiste auf *Extras* und dort auf den Befehl *Optionen*.

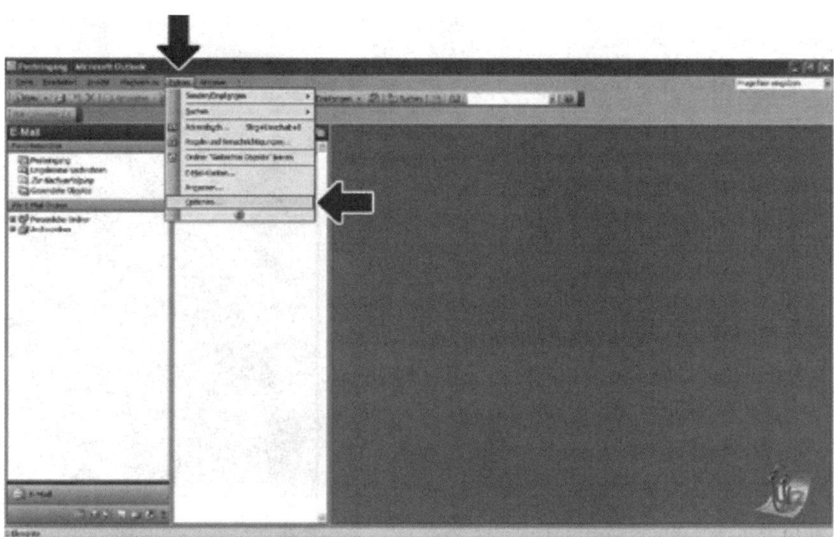

Es öffnet sich nunmehr ein weiteres Fenster, wählen Sie dort die Registerkarte *E-Mail-Format* aus: 293

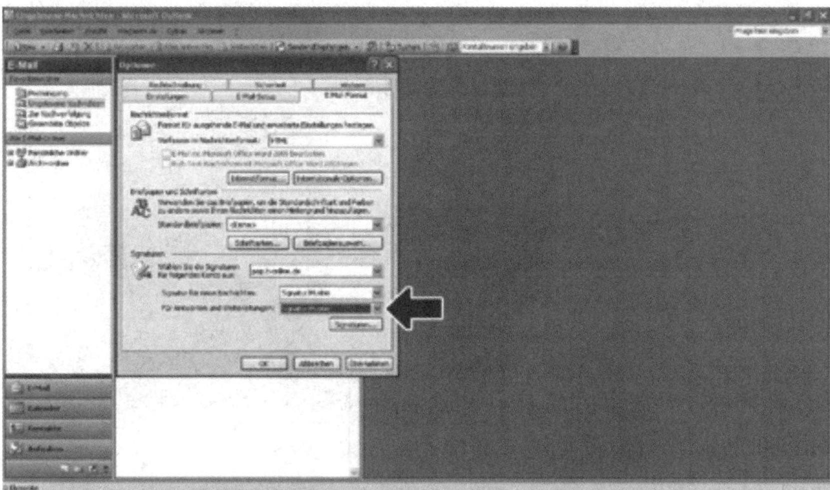

Im unteren Teil werden die Signaturen eingestellt und bearbeitet. Klickt man auf 294
den Button *Signaturen*, öffnet sich ein neues Fenster, in dem die bestehenden Signaturen angezeigt werden (soweit vorhanden).

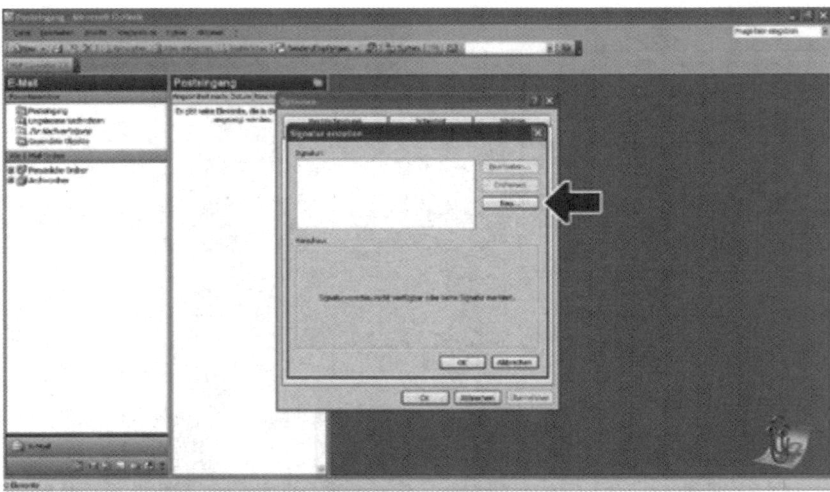

295 Um eine neue Signatur zu erstellen, klicken Sie den Button *Neu …* an.

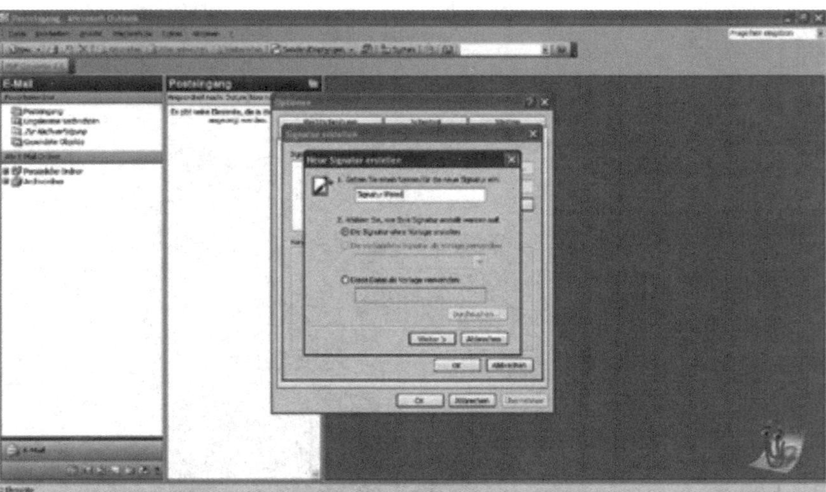

296 Benennen Sie die neue Signatur und klicken auf *Weiter >*.

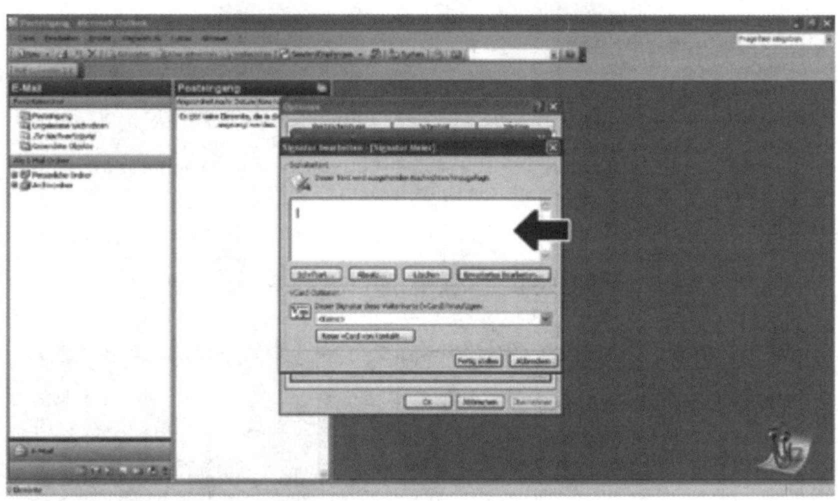

Geben Sie Ihre gewünschte Signatur ein. 297

Eine mögliche Signatur könnte wie folgt aussehen: 298

► Muster: Signatur

Petra Muster (*Name ReFa*) 299

Sekretariat

.....

itg Rechtsanwälte Berlin

Fasanenstraße 81 B

10623 Berlin

mail@itg.de

www.itg.de

T +49 (0)30 98 98–0

F +49 (0)30 98 98–600

Diese E-Mail (und eventuelle Anlagen) enthält vertrauliche Informationen, welche ausschließlich für die oben genannte Person bestimmt sind. Sofern Sie nicht diese Person sind, bitten wir Sie die E-Mail zu löschen und uns kurz per E-Mail (mail@itg.de), Telefon (030 98 98–0) oder Fax (030 98 98–600) zu informieren. Die Veröffentlichung, Verbreitung, Vervielfältigung oder anderweitige Verwendung der E-Mail oder ihrer Anlagen ist nur nach ausdrücklicher Zustimmung des Absenders zulässig.

This communication (including any attachments) contains information from itg Attorneys which may be confidential, privileged or legally protected. The information is intended only for the use of the individual or entity named above. If you are not the intended recipient, you are hereby notified that any review, disclosure, copying, distribution or use of the contents of this communication is strictly prohibited. If you have received this electronic transmission in error, please notify us by telephone (+49–30–98 98–0) or fax (+49–30+98 98–600) or by e-mail to mail@itg.de, and immediately destroy all copies of this transmission.

300 Klicken Sie anschließend auf *Fertigstellen.* Die Signatur wurde jetzt abgespeichert. Damit sie jedoch automatisch an Ihre E-Mails angefügt wird, ist es notwendig, die entsprechende Signatur auf der Registerkarte *E-Mail-Format* zuzuordnen.

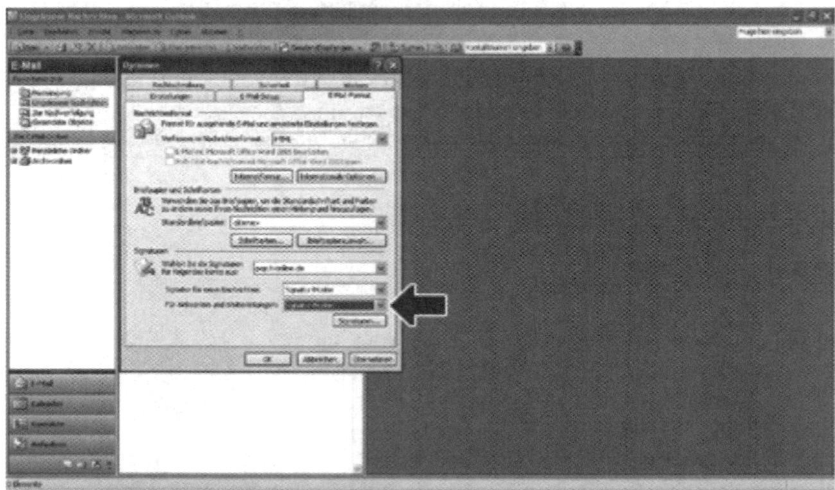

III. Abwesenheitsassistent

301 Bereits ab einem Tag Abwesenheit sollte der Abwesenheitsassistent aktiviert werden. Erhalten Sie nach der Aktivierung in Ihrer Abwesenheit eine E-Mail, so wird der Absender zumindest über Ihre Abwesenheit informiert.

302 Der Assistent ist wie folgt einzustellen: Gehen Sie hierzu in der Multifunktionsleiste auf *Extras* und wählen dort den *Abwesenheitsassistenten* aus.

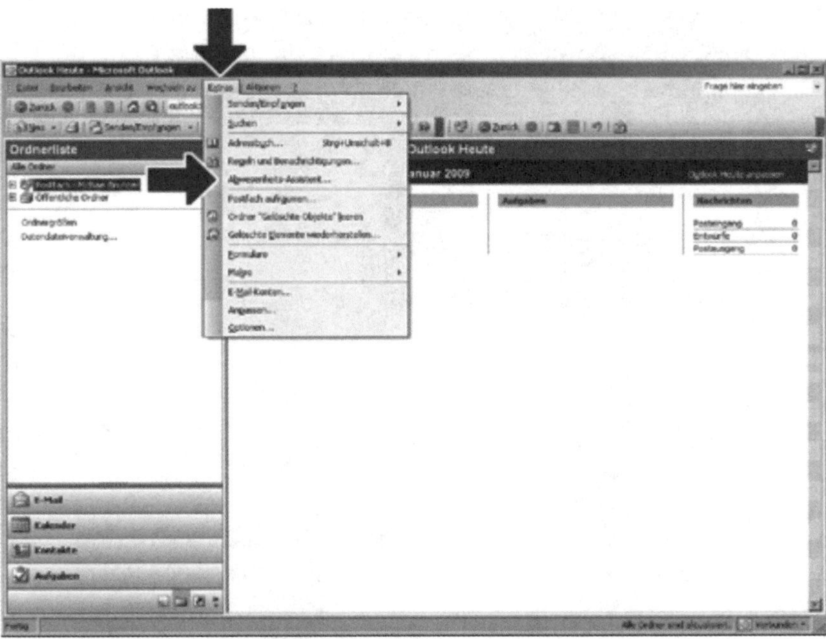

Markieren Sie dann den Punkt „Ich bin z. Zt. nicht im Hause“. Im darunterliegenden Feld können Sie Ihren individuellen Text für die Abwesenheitsnachricht eingeben. 303

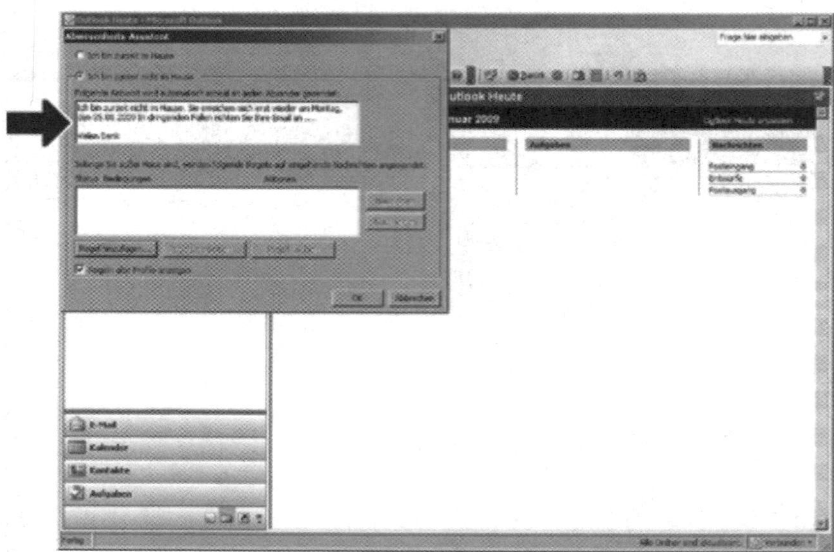

304 Schließen Sie dann den Assistenten mit dem OK-Button. Die Aktivierung ist erfolgt.

IV. Private E-Mail- (und Internet-) Nutzung

305 Inzwischen verfügen die meisten Kanzleien über einen Internetzugang und viele Kolleginnen und Kollegen haben einen Arbeitsplatz mit Netzanbindung. Da E-Mails häufig zur internen Kommunikation innerhalb der Kanzleien genutzt werden, haben viele Kolleginnen und Kollegen eine eigene E-Mail-Anschrift. Dies verleitet teilweise dazu, vom Arbeitsplatz aus privat E-Mails zu schreiben und im Internet privat zu surfen. Dieses Verhalten kann grds. zu einem Konflikt zwischen Arbeitgeber und Arbeitnehmer führen.

306 Die Nutzung von E-Mails und Internet ist immer dann erlaubt, wenn ein Bezug zu dienstlichen Aufgaben besteht. Dabei findet keine Überprüfung der Zweckmäßigkeit der Nutzung statt und sogar eine private Kommunikation via E-Mail kann dienstlich sein. Dies ist z. B. dann gegeben, wenn man seinem Lebenspartner per E-Mail mitteilt, dass man wegen der Bearbeitung einer wichtigen Fristsache später als vorgesehen nach Hause kommt.

307 Liegt hingegen eine private Nutzung vor, kommt es auf die Regelung in der entsprechenden Kanzlei an. Dabei sind drei Varianten möglich:

- **Ausdrückliches Verbot**
  Der Arbeitgeber als Inhaber des Internetzugangs kann grds. jedwede private Nutzung von E-Mails und Internet verbieten. Ein Verbot wird manchmal auch nur teilweise ausgesprochen, z. B., dass man zum Schutz vor Computerviren keine Anhänge privater E-Mails öffnen darf.

Ein Verstoß gegen dieses Verbot kann zur **außerordentlichen Kündigung** führen.
- **Gewohnheitsrecht**
  In vielen Kanzleien existieren oft keine klaren Regeln für die E-Mail- und Internetnutzung und die private Nutzung wird außerhalb der Bürozeiten stillschweigend vom Arbeitgeber geduldet. Duldet der Arbeitsgeber die private E-Mail-Nutzung über einen längeren Zeitraum (ab ca. einem Jahr), so entsteht ein sog. **Gewohnheitsrecht.** Aufgrund dieses Gewohnheitsrechts durfte der Arbeitnehmer zu Recht annehmen, dass das private Versenden von E-Mails in der Kanzlei nicht verboten ist. Eine geringfügige Nutzung des Internets zum Versenden von privaten E-Mails wäre demnach kein Grund für eine außerordentliche Kündigung. Erfolgt jedoch eine geringfügige private Nutzung **innerhalb der Arbeitszeit**, so wäre dies zumindest ein **Abmahnungsgrund.**
  Erfolgt die private Nutzung durch den Arbeitnehmer jedoch in erheblichen zeitlichen Umfang während der Arbeitszeit, so erbringt der Arbeitnehmer einen maßgeblichen Teil seiner Arbeitsleistung nicht mehr. Es liegt hier eine Verletzung der Hauptverpflichtung des Arbeitsnehmers aus dem Arbeitsvertrag vor, die grds. zu einer außergerichtlichen Kündigung führen kann.
- **Erlaubniserteilung durch den Arbeitgeber**
  Die Erlaubniserteilung seitens des Arbeitsgebers erfolgt in den Kanzleien i.d.R:
  - im Arbeitsvertrag bzw. einer späteren arbeitsvertraglichen Zusatzvereinbarung oder
  - durch öffentliche Verkündung (mündlich oder durch schriftlichen Aushang /Rundmail).

  Grds. ist die Gestattung von privater E-Mail-Nutzung eine freiwillige Leistung des Arbeitgebers, die dieser jederzeit ohne Angabe von Gründen widerrufen kann.

Ist die Erlaubnis jedoch arbeitsvertraglich geregelt, so bedarf eine Änderung der Zu- 308
stimmung des Arbeitnehmers. Eine **Änderungskündigung** dürfte nicht in Betracht kommen, da diese laut Rechtsprechung des BAG nur bei dringenden betrieblichen Erfordernissen zulässig ist. Der Arbeitgeber könnte sich jedoch bereits im Arbeitsvertrag einen Widerruf der Erlaubnis vorbehalten haben. In diesem Fall wäre eine Rücknahme unproblematisch.

Aber auch die gestattete private E-Mail- und Internet-Nutzung muss sich im ange- 309
messenen Rahmen bewegen und darf vom Arbeitnehmer nicht missbraucht werden. Wann dabei die Grenze des für den Arbeitgeber hinnehmbaren Verhaltens überschritten ist, ist im Einzelfall zu bestimmen. Laut BAG können folgende Fälle zu einer außerordentlichen Kündigung im Einzelfall führen:
- Verstoß gegen eine zeitliche Beschränkung der Nutzung (z. B. 1 Std./Woche in den Pausenzeiten),
- Herunterladen von strafbaren und pornografischen Inhalten,
- Herunterladen von erheblichen Datenmengen, insbes. bei Gefahr, dass das System mit Computerviren infiziert wird,
- wenn dem Arbeitgeber durch die Nutzung zusätzliche Kosten entstehen oder

- bei Privatnutzung während der Arbeitszeit, weil der Arbeitnehmer während des Surfens bzw. E-Mailverkehrs seine Arbeitsleistung nicht erbringt, dies jedoch seine Hauptpflicht ist.

310 Die gleichen Grundsätze geltend i.Ü. auch für das private Telefonieren am Arbeitsplatz.

311 ▶ Praxistipp:

Immer mehr Kanzleien verbieten grundsätzlich die private Nutzung des Internets, um so Diskussionen mit dem Arbeitnehmer, was ein angemessener Rahmen ist, zu vermeiden. Zwischenzeitlich gibt es auch gute Überwachungsprogramme, die den Internetverlauf aufzeichnen, so dass eine individuelle Verlaufslöschung (z. B. beim Internet Explorer unter Extra-Internetoptionen- allgemeinen Browserverlauf löschen) wiederhergestellt werden kann.

H. Word-Serienbrief

312 Die Serienbrieffunktion ist eine sehr hilfreiche Funktion in Word, um gleichartige Schreiben an eine Vielzahl von Empfängern zu versenden.

313 Die Serienbrieffunktion könnte Ihnen z. B. bei folgenden Schreiben helfen:
- mögliche Schutzschriften zur Abwehr einer eventuellen einstweiligen Verfügung an mehrere LG,
- Weihnachtsschreiben oder Infosendungen an die Mandanten,
- Mahnschreiben an eine Vielzahl von Schuldnern für einen Großmandanten oder
- eigene Mahnschreiben an Mandanten.

314 Sogar die Erstellung von gleichartigen Verträgen für einen Mandanten für die Verwendung einer Vielzahl von Vertragspartner wäre denkbar.

I. Grundlagen

315 Für die Erstellung eines Serienbriefes (bzw. Serientextes) bedarf es zum einen eines **Rohtextes** (auch Hauptdokument genannt) und zum anderen einer **Steuerdatei** (auch Datenquelle genannt), mit der sodann der Rohtext verknüpft werden muss.

316 Die Steuerdatei enthält dabei die variablen Daten des Serienbriefes in Form einer Tabelle. I.d.R. wird meist eine Exceltabelle verwendet, aber auch Tabellen im Word- und Access-Format können verarbeitet werden.

317 Die meisten Rechtsanwaltsprogramme stellen sogar einen Export ihrer Daten in eine Exceltabelle zur Verfügung, die dann als Steuerdatei mit einem Rohtext zu einem Seriendruck verknüpft werden kann. Die nachstehende Anleitung zur Erstellung eines Serienbriefes berücksichtigt den Funktionsaufbau in Word 2003. Aus Gründen der Übersichtlichkeit wurde auf die Darstellung älterer Word-Versionen verzichtet, das Grundprinzip ist jedoch ähnlich wie in Word 2003.

► Beispiel: 318

Es soll nunmehr ein Serienbrief erstellt werden, um säumige Mandanten letztmalig zur Zahlung aufzufordern. In der Kanzlei itg Rechtsanwälte sind folgende Rechnungen unbezahlt:

Frau Berta A	*500,00 €*	*RE Nr. 9980–0*	*Ehescheidungssache*
M GmbH	*2.000,00 €*	*RE Nr. 8997–0*	*GmbH-Vertrag*
Herrn Franz B	*200,00 €*	*RE Nr. 5676–0*	*Arzthaftung*

Alle Rechnungen wurden bereits 3-mal angemahnt, es soll nunmehr die gerichtliche Geltendmachung mit Fristsetzung angekündigt werden.

II. Erstellung des Rohtextes

Als Erstes muss nunmehr der Rohtext erstellt werden, die **Variablen** werden zunächst durch XXX dargestellt und werden später durch Serienbriefdruckfelder ersetzt. 319

► Muster: Rohtext

Sehr geehrte XXX,

trotz mehrfacher Mahnungen haben Sie in Ihrer Angelegenheit wegen XXX unsere Rechnung mit der Rechnungsnummer XXX in Höhe von XXX nicht bezahlt.

Wir setzen Ihnen daher eine letzte Zahlungsfrist bis zum 31.05.2009.

Nach fruchtlosem Ablauf der Frist werden wir unsere berechtigte Forderung nebst Verzugsschaden ohne weitere Ankündigung gerichtlich geltend machen.

Mit freundlichen Grüßen

Rechtsanwalt

Öffnen Sie nunmehr ein leeres Worddokument und schreiben den obigen Rohtext ab. 320

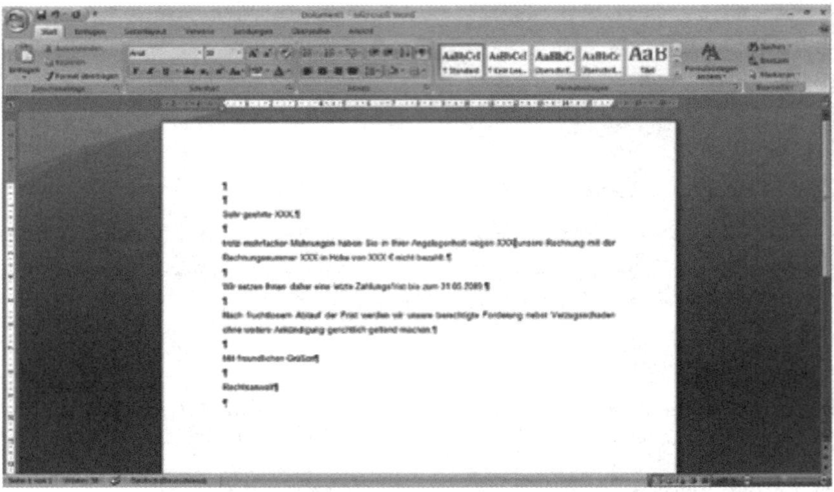

III. Erstellen der Steuerdatei/Datenquelle

321 Da in der Praxis am häufigsten eine Excel-Tabelle als Steuerdatei verwendet wird, sollen die Angaben zu den säumigen Mandanten aus dem Übungsfall in eine Excel-Tabelle eingetragen werden. Zur Veranschaulichung wurden Anschriften erfunden und in der Tabelle vervollständigt.

322 Öffnen Sie ein Excel-Arbeitsblatt und tragen die variablen Informationen über die säumigen Mandanten ein. Es ist hierbei zu beachten, dass die Begriffe in der ersten Zeile als spätere Serienbriefplatzhalter-Namen dienen.

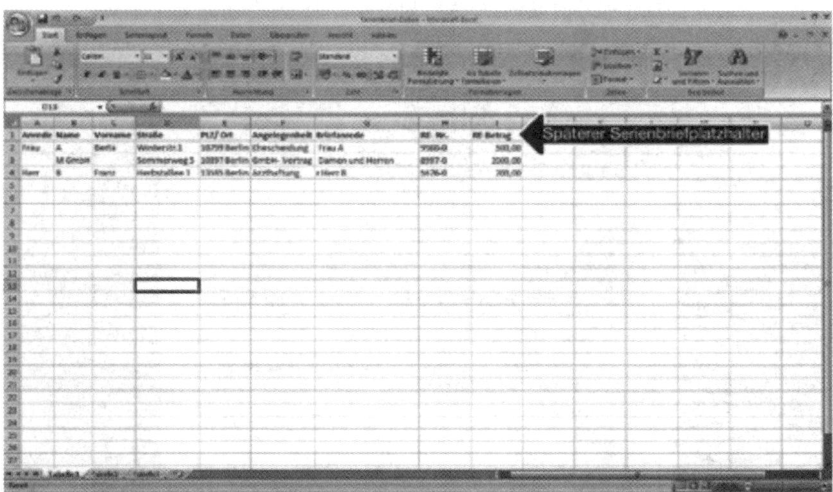

Die Steuerdatei sollte danach gespeichert werden z. B. unter den Namen „Serienbrief-Daten.xls“ oder „.xlsx“. 323

IV. Kombination der Steuerdatei mit dem Rohtext

Wenn sowohl die Steuerdatei vorliegt als auch der Rohtext erstellt worden ist, müssen diese beiden Komponenten kombiniert werden. 324

Starten Sie hierzu in Word den Rohtext und wechseln dann in der Multifunktionsleiste zur Registerkarte *Sendungen.* 325

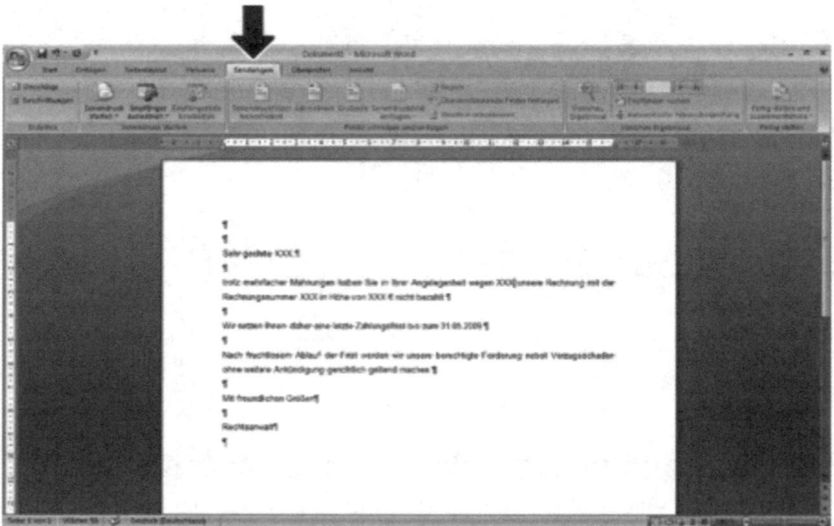

326 Auf der Registerkarte finden Sie verschiedene Gruppen über die alle Serienbrieffunktionen gesteuert werden können.

327 Klicken Sie den Button *Seriendruck starten* an und wählen dort die Art der Sendung, in unserem Beispiel *Briefe*, aus.

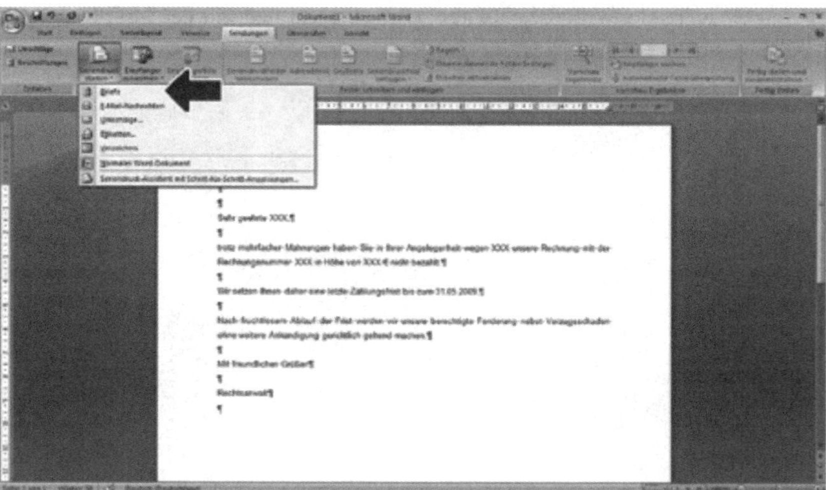

Damit ist unser Word-Rohtext als Briefvorlage für den Seriendruck eingerichtet. Als Nächstes muss die Steuerdatei als Datenquelle angegeben werden. 328

Dazu muss in der Multifunktionsleiste der Button *Empfänger auswählen* angeklickt werden. Da wir bereits die Steuerdatei erstellt haben, wählen Sie bitte den Befehl *Vorhandene Liste verwenden* aus 329

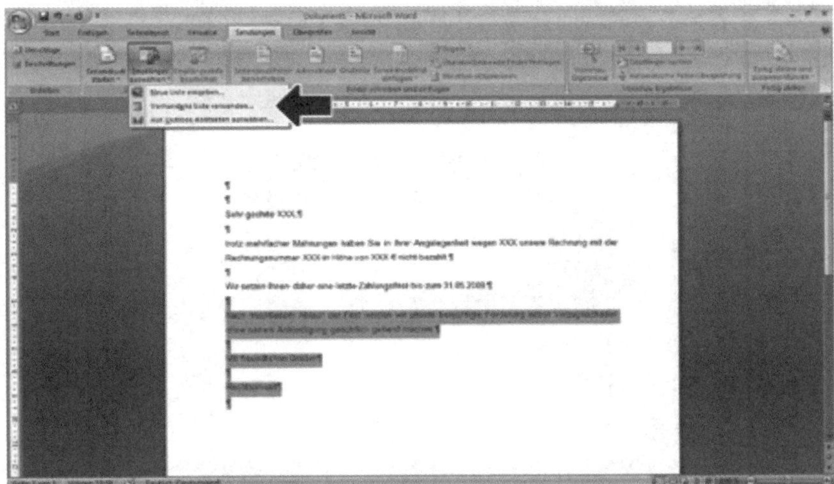

Im Dialogfeld *Datenquelle auswählen* müssen Sie nunmehr nur noch die abgespeicherte Tabelle, im Beispiel *Serienbrief-Daten.xls*, zuordnen. 330

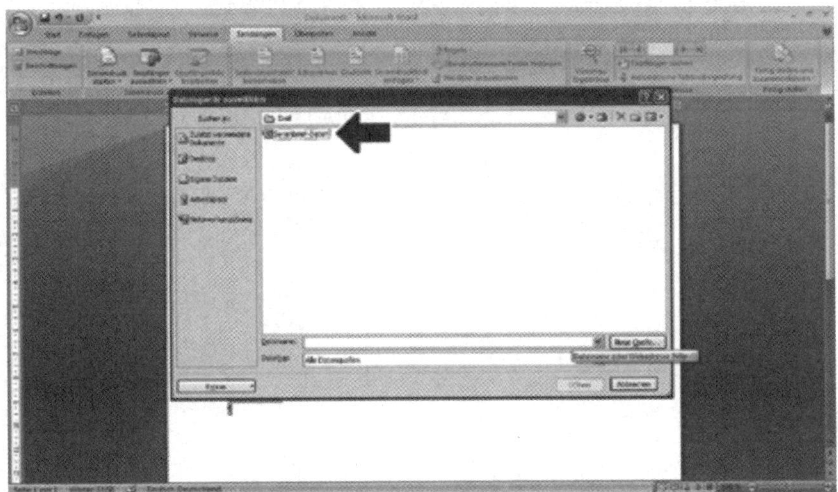

331 Eine Excel-Arbeitsmappe besteht aus mehreren Arbeitsblättern, die alle angezeigt werden. Wählen Sie nunmehr Tabelle 1 aus, da sich unsere Steuerdaten auf dem ersten Arbeitsblatt befinden. Die weiteren zwei Arbeitsblätter enthalten keine Daten und werden von Excel automatisch beim Öffen einer neuen Excel-Arbeitsmappe angelegt.

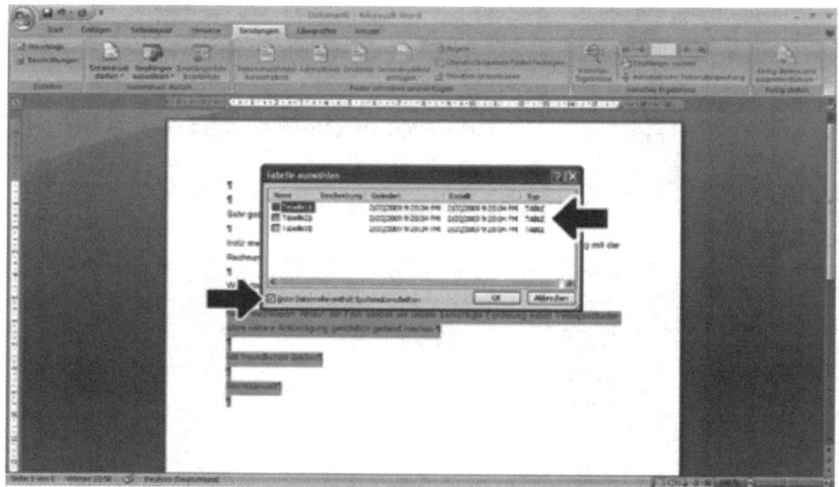

332 Im obigen Dialogfeld lässt sich zudem angeben, dass die erste Zeile Spaltenüberschriften enthält, die später als Namen der Seriendruckfelder benutzt werden.

333 Mit Zuordnung der Datenquelle zum Rohtext stehen Ihnen die weiteren Funktionen des Serienbriefes zur Verfügung. Die ehemals grau hinterlegten Buttons wurden aktiviert.

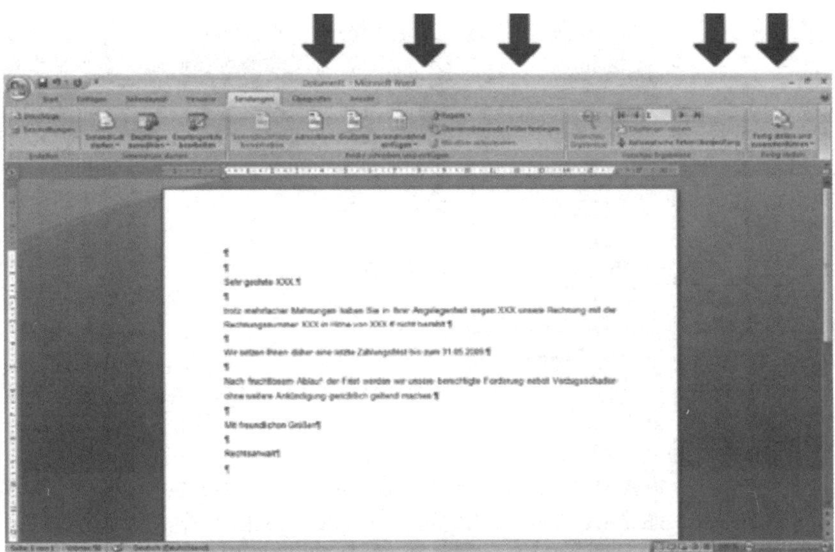

Als Nächstes können Sie die Platzhalter „XXX" durch Seriendruckfelder im Rohtext ersetzen. Wenn Sie den Befehl *Seriendruckfeld einfügen* auswählen, so erscheint eine Liste sämtlicher Namen der möglichen Seriendruckfelder. 334

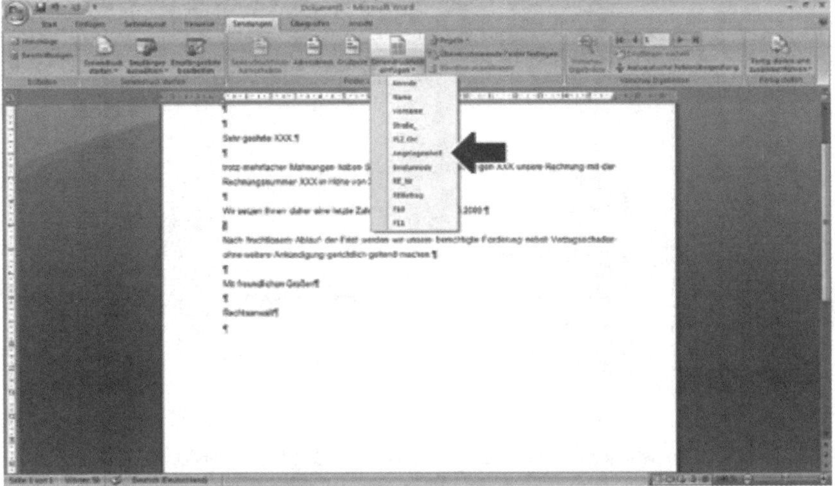

Nach Einfügen aller Seriendruckfelder sieht unser Serienbrief wie folgt aus: 335

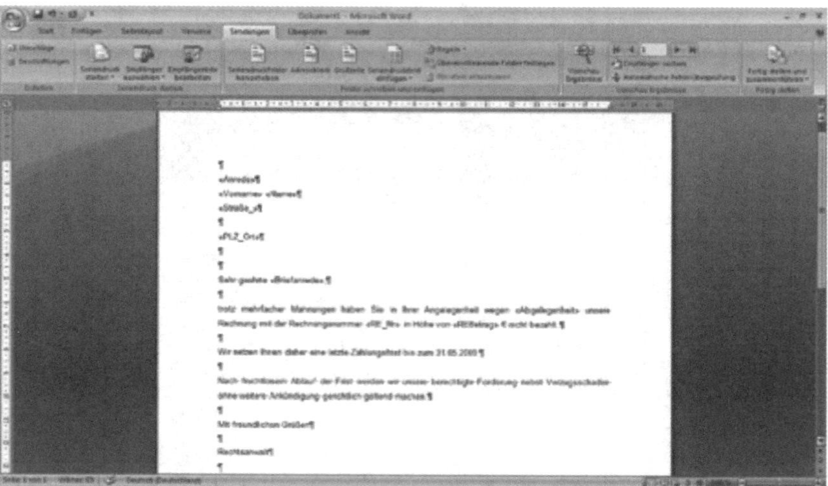

336 Zur Übersichtlichkeit empfiehlt es sich, die Seriendruckfelder hervorzuheben. Unter Verwendung des entsprechenden Befehls in der Multifunktionsleiste werden die Seriendruckfelder grau hinterlegt.

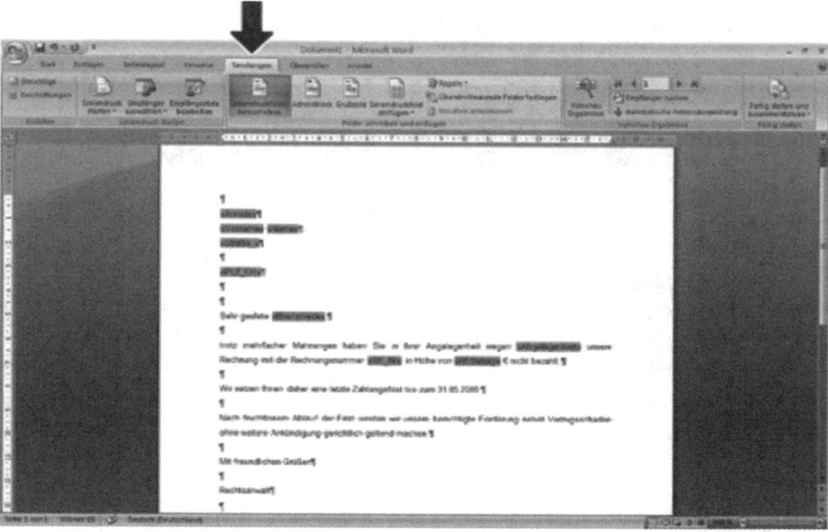

337 In Word besteht ferner die Möglichkeit, die Empfängerliste zu bearbeiten. Bei umfangreichen Adressbeständen ist es evtl. nicht immer erwünscht, dass das Schreiben an alle in der Steuerdatei enthaltenen Empfänger geht.

Wählen Sie hierzu den Befehl *Empfängerliste bearbeiten* in der Multifunktionsliste aus und es erscheint folgendes Dialogfeld: 338

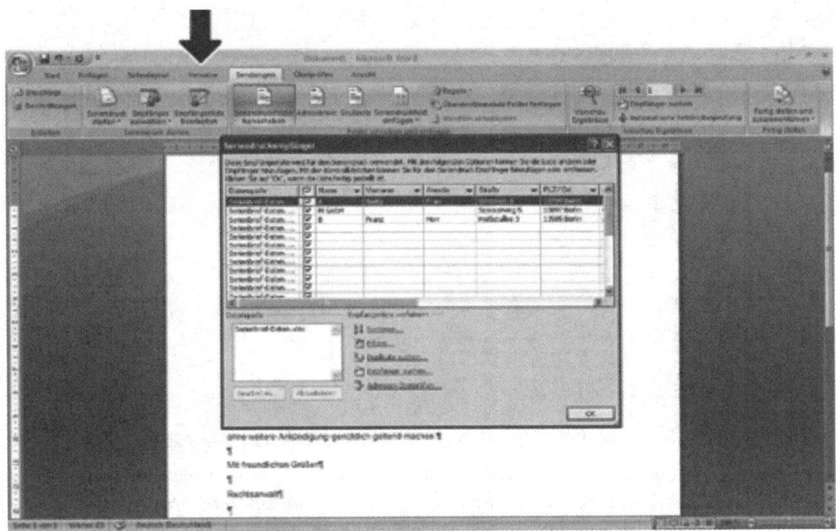

Durch das „Ausklicken“ einer Datei (z. B. den Datensatz eines Mandanten) wird der „Empfänger“ nicht mehr im Serienbrief berücksichtigt. Daneben besteht jedoch auch noch die Möglichkeit, die Empfängerliste zu sortieren oder zu filtern. 339

Sobald der Serienbrief vollständig vorliegt und ggf. eine bereinigte Empfängerliste vorhanden ist, kann der **Seriendruck** gestartet werden. 340

Zur Vermeidung eines Fehlversuchs bietet es sich an, einen Test durchzuführen. Durch den Befehl *Vorschau Ergebnisse*, werden die Daten der Empfängerliste in den Serienbrief eingefügt und Sie können nun alle Datensätze kontrollieren, indem Sie weiterblättern oder die Nummer des entsprechenden Datensatzes eingeben. 341

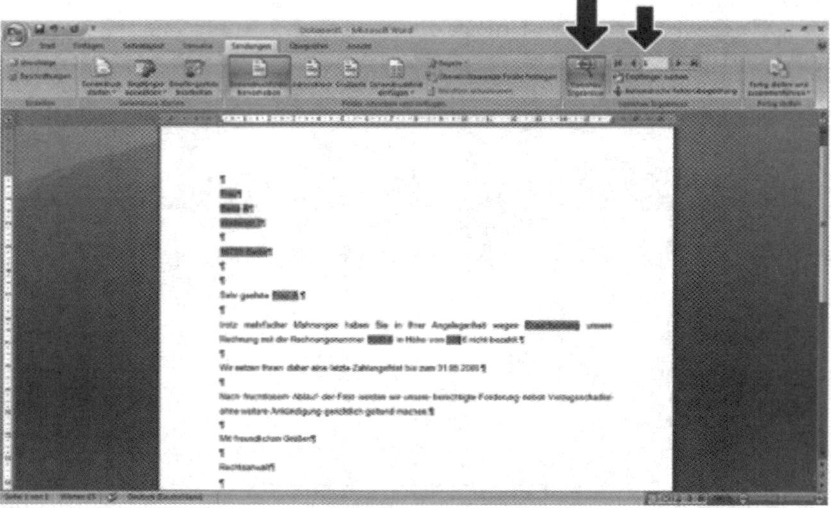

342 Wenn die Vorschau zu einem positiven Ergebnis führte, können Sie den Seriendruck starten. Wählen Sie hierzu den Befehl *Fertig stellen und zusammenführen* aus. Es erscheint ein Dialogfeld, in dem Sie ggf. auch nur einen Teil der Datensätze auswählen können.

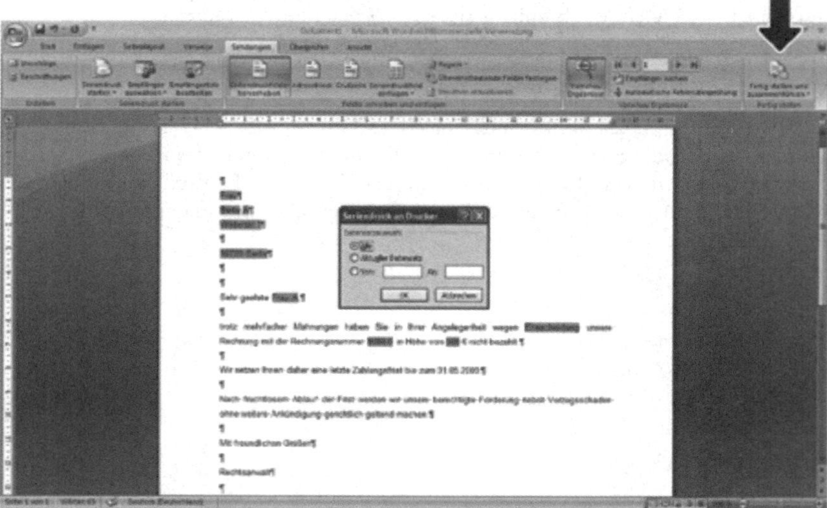

343 Durch Bestätigung mittels des OK-Buttons erfolgt der Seriendruck.

Praxistipp: 344

Die Darstellung erfolgte hier in der Version Word 2007, da diese nach meiner Kenntnis derzeit am meisten von den Kanzleien genutzt wird. Die Benutzung der aktuellen Version Word 2010 ist jedoch sehr ähnlich.

V. Rechtliche Anmerkungen zum Verzugsschaden

Als **Verzugsschaden** kommen hier in erster Linie Verzugszinsen gem. § 288 BGB in Betracht. Die Zinsen würden bei der ersten und bei der dritten Rechnung der Serienbriefe 5 Prozentpunkte über dem Basiszinssatz, bei der zweiten Rechnung 8 Prozentpunkte über dem Basiszinssatz betragen, da es sich bei dem zweiten Datensatz um keinen **Verbraucher** (M GmbH) handelt. 345

Diese Zinsen sind allerdings erst ab Verzug zu berechnen und nicht ab Rechnungsstellung. Grds. kommt der Schuldner (Mandant) erst mit der ersten Mahnung in Verzug gem. § 286 Abs. 1 BGB. Die sog. 30-Tage-Regelung gilt nämlich nicht für Verbraucher gem. § 286 Abs. 3 Satz 1, 2. Halbs. BGB, es sei denn, er wurde in der Rechnung besonders darauf hingewiesen. Die meisten Anwaltsrechnungen enthalten jedoch kein Zahlungsziel (Endtermin, zu dem eine Zahlung spätestens erfolgen muss), sodass in diesen Fällen erst durch die erste Mahnung Verzug eintritt. 346

Im obigen Beispiel könnten Verzugszinsen bei dem ersten und dritten Datensatz erst ab der ersten Mahnung geltend gemacht werden, Nr. 2 betrifft dagegen eine Rechnung an einen Nicht-Verbraucher (Unternehmer), sodass hier die 30 Tage-Regelung gilt und der Mandant bereits ohne Mahnung nach Ablauf von 30 Tagen ab Zugang der Rechnung in Verzug ist. 347

Ferner stellt sich die Frage, ob für das letzte Schreiben (Serienbrief) nicht noch **Rechtsanwaltsgebühren** anfallen, die gleichwohl später als Verzugsschaden geltend gemacht werden können. Denkbar wäre hier eine Ansetzung einer 1,3 Geschäftsgebühr gem. Nr. 2300 VV RVG nach einem Gegenstandswert i.H.d. offenen Forderung. 348

Eine gesonderte Gebühr entsteht hier jedoch nicht, s. Ausführungen unter Rdn. 884 f. Eine gesonderte Gebühr entsteht hier nur, wenn der Schuldner sich bereits in Verzug befindet, nicht jedoch für die Inverzugsetzung. 349

I. Excel 2007

Die Grundkenntnisse von Excel, wie einfache Formeln, haben sich die meisten Kollegen selber mit „learning by doing“ beigebracht. Doch immer wieder stößt man an seine Grenze, wenn es um die Übersichtlichkeit von Excel-Tabellen geht. 350

Als Beispiel soll eine Übersicht über die Personalkosten einer Anwaltssozietät erstellt werden, die nach einzelnen Dezernaten und fortlaufend nach Monaten geordnet ist. 351

352 In dem Beispiel wurden ausnahmsweise fiktive Namen verwendet, da Abkürzungen wie Frau A und Herr B meist schlechter zu merken sind und die Aufmerksamkeit von der eigentlichen Aufgabe, eine übersichtliche Tabelle zu schaffen, abgelenkt würde.

353 Das Gerüst unserer Exceltabelle besteht dabei aus der Spalte A sowie der Zeile 1.

354 In Spalte A werden zunächst die einzelnen Dezernate mit den entsprechenden Mitarbeitern eingetragen. Lassen Sie jedoch die Zeile 1 frei, da wir hier später die einzelnen Monate eintragen werden.

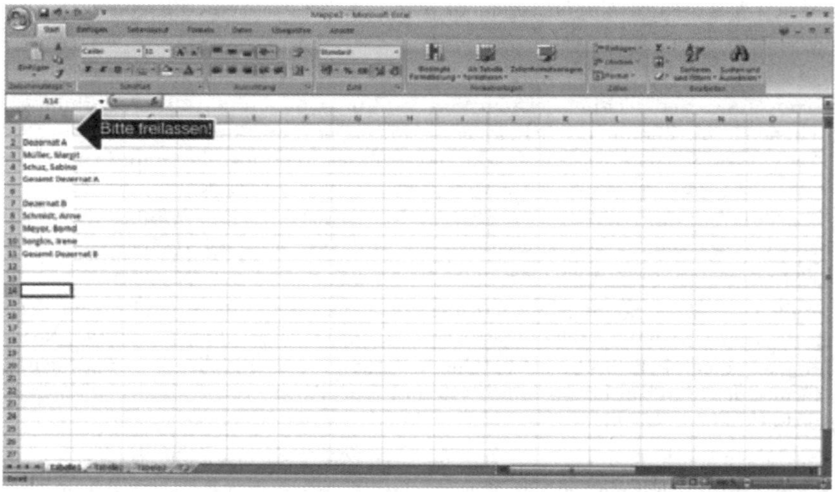

I. Zeilenumbruch in der Zelle

355 Bereits hier ergibt sich das erste Problem. Durch die unterschiedliche Länge der Namen reichen einige in die Spalte B hinein. Sobald Sie etwas in die benachbarten Zellen der Spalte B eintragen, wird jedoch der Name abgeschnitten.

356 Die meisten lösen dieses Problem, indem sie die Spaltenbreite korrigieren. Dies geht ähnlich wie in einer Word-Tabelle wie folgt:

357 1. Zeigen Sie auf den Spaltentrennstrich zwischen den Spalten A und B. Der Mauszeiger nimmt die Form eines Doppelpfeils an.

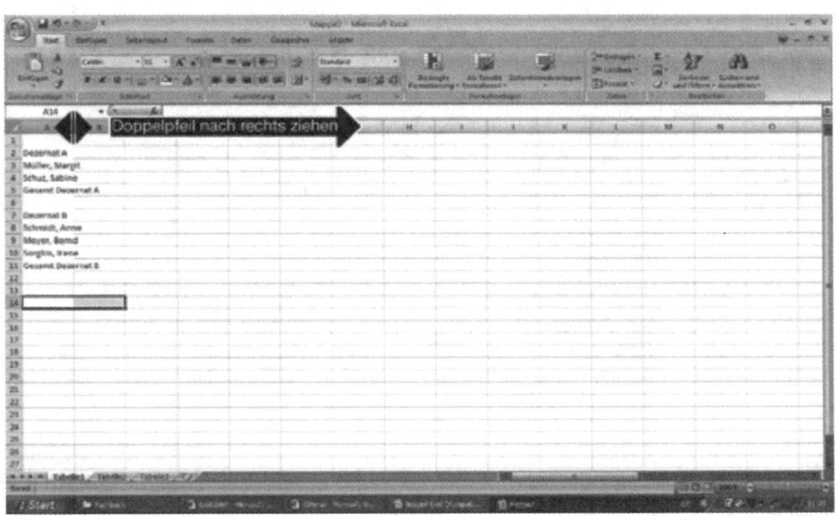

2. Ziehen Sie jetzt einfach den Spaltentrennstrich nach rechts bis die gewünschte Spaltenbreite erreicht ist. 358

Wenn ein noch längerer Name zu einem späteren Zeitpunkt eingefügt werden muss, hätte man jedoch das gleiche Problem und müsste die Spaltenbreite wiederholt anpassen. 359

Daher ist die weitaus bessere Lösung, die Zellen entsprechend zu formatieren. 360

1. Markieren Sie hierzu zunächst die Zellen der Spalte A. 361

2. Mit Klicken der rechten Maustaste kommen Sie nun ins sog. **Kontextmenü.** 362

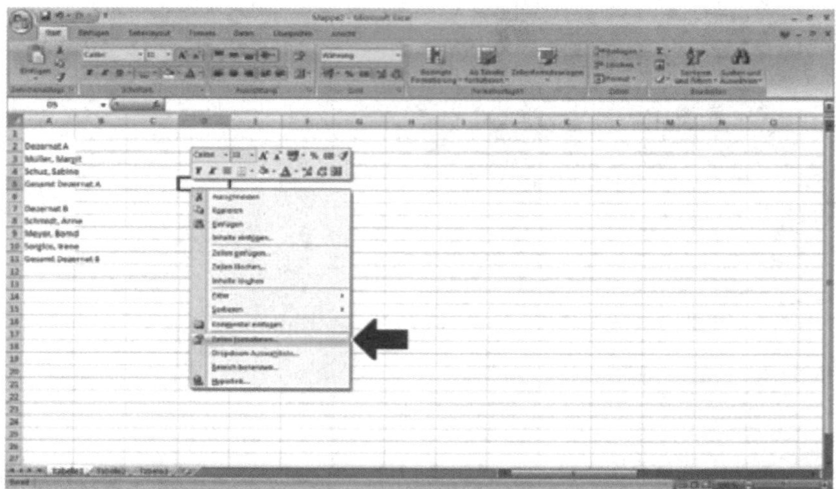

Wählen Sie jetzt den Befehl *Zellen formatieren* aus. Excel öffnet jetzt das Dialogfeld *Zellen formatieren*, welches aus verschiedenen Registerkarten besteht.

363 3. Auf der Registerkarte *Ausrichtungen* setzen Sie bei *Zeilenumbruch* ein Häkchen.

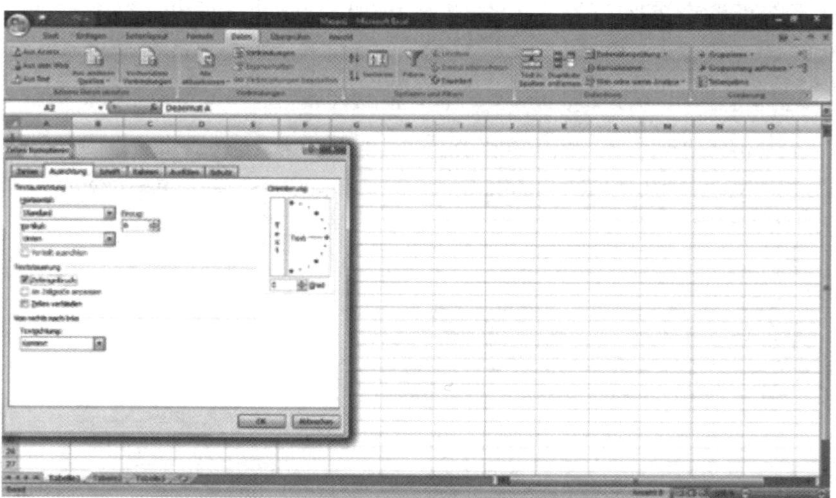

364 Es erfolgt nun ein Zeilenumbruch innerhalb der Zelle, sodass der Name immer vollständig angezeigt wird. Die Zelle wird entsprechend größer.

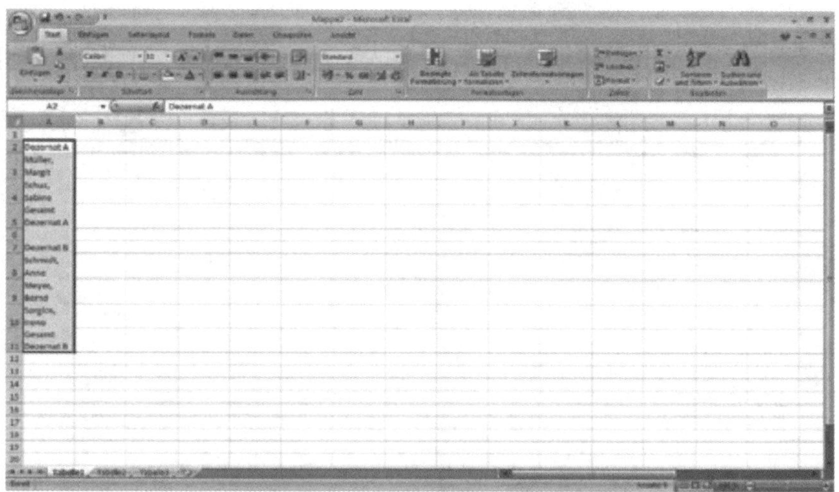

II. Automatische Umwandlung von Zahlen

In der Zeile 1 werden nunmehr die einzelnen Monate eingegeben mit einer entsprechenden Jahreszusammenfassung. Um nicht unliebsame Überraschungen zu erleben, dass Excel eingegebene Zahlen umwandelt (z. B. bei der Eingabe 01/07 in 1. Juli), bietet es sich an, die gesamten Zellen der Zeile 1 zu formatieren. 365

1. Markieren Sie hierzu den benötigten Zellenbereich der Zeile 1. Durch einen Klick auf die rechte Maustaste gelangen Sie wieder ins Kontextmenü. 366

2. Gehen Sie diesmal jedoch auf die Registerkarte *Zahlen* und wählen dort den Befehl *Text* aus. Dies hat zur Folge, dass alle Zahlen wie eingegeben dargestellt und nicht umgewandelt werden. 367

3. Vorsorglich sollte auch hier auf der Registerkarte *Ausrichtung* wieder der Zeilenumbruch angeklickt werden. 368

Unsere Tabelle sieht jetzt wie folgt aus: 369

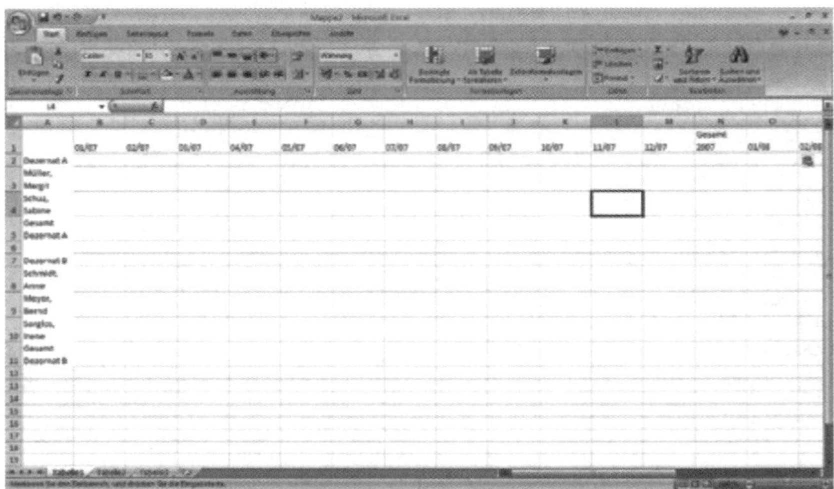

III. Tabellenfenster fixieren

370 Unser Grundgerüst steht. Bei umfangreichen Tabellen muss zum Ansehen der Tabelleneinträge häufig nach unten oder nach rechts geblättert werden. In unserem Beispiel würde unsere Namens- und Dezernatsliste in Spalte A beim Rechtsblättern irgendwann aus dem sichtbaren Bereich „herauswandern“. Sie können jedoch Excel mit folgenden Schritten anweisen, die Spalte A zu fixieren.

371 1. Gehen Sie in Zelle A 2 um den Bereich ab dieser Zelle zu fixieren.

372 2. Wählen Sie auf der obigen Multifunktionsleiste die Registerkarte *Ansicht* aus und öffnen Sie in der Gruppe *Fenster* die Schaltfläche *Fenster fixieren.*

373 3. Dort können Sie jetzt den Befehl *erste Spalte fixieren* auswählen.

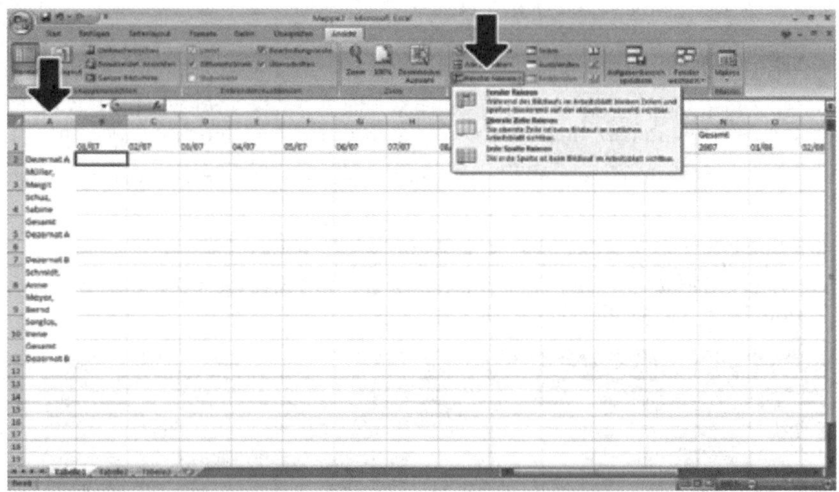

IV. Zellhintergrund einfärben

Zwecks Übersichtlichkeit bietet es sich ferner an, den Zellhintergrund einzufärben. 374

1. Markieren Sie hierzu wieder den entsprechenden Zellbereich, hier die Spalte A. 375
2. Öffnen Sie auf der Multifunktionsleiste die Registerkarte *Start* und dort sodann in der Gruppe *Schriftart* die Schaltfläche *Füllfarbe*. 376

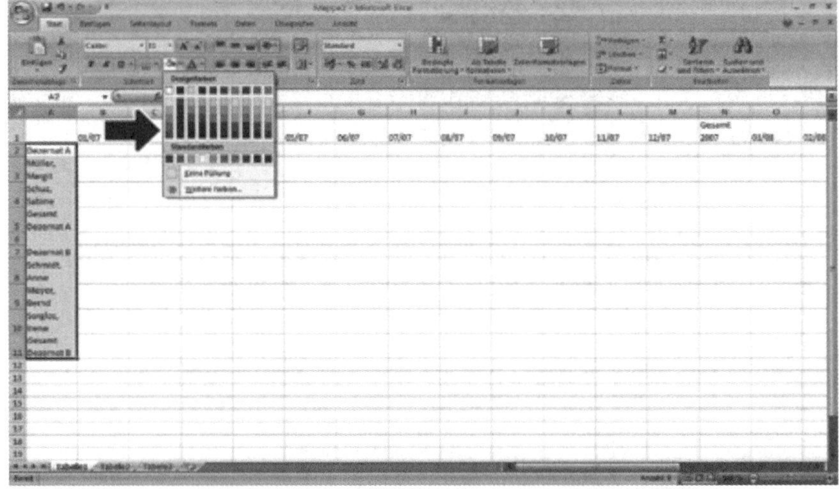

377 Wählen Sie eine Ihnen zusagende Farbe aus.

V. Währungseingabe

378 Die einzelnen Gehälter können eingegeben werden. Um die Zahlen jedoch als Währung anzuzeigen, müssen die Zellen wiederum entsprechende formatiert werden.

379 1. Markieren Sie hierzu die Zellen, in denen die Gehaltssumme eingetragen werden sollen.

380 2. Mit Klicken der rechten Maustaste kommen Sie wieder ins Kontextmenu.

381 3. Wählen Sie den Befehl *Zellen formatieren* aus und dort die Registerkarte *Zahlen* und dann den Befehl *Währungen.*

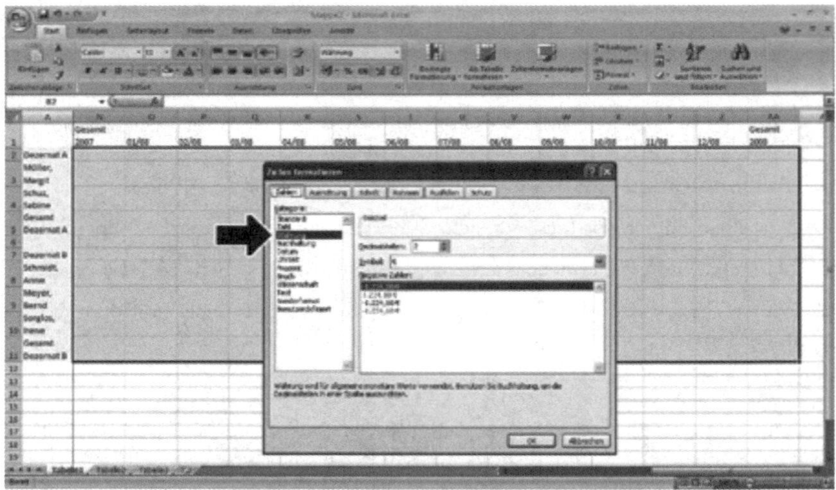

382 Die Gehälter können jetzt problemlos in € eingegeben werden.

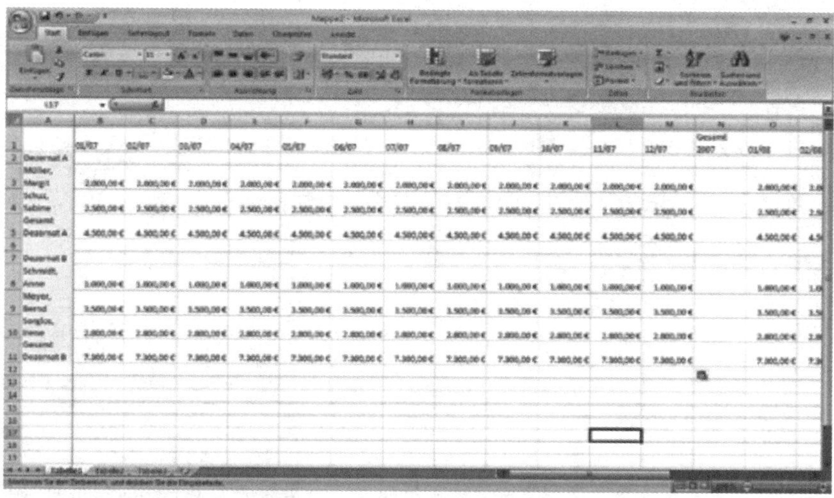

VI. Summenfunktion

Nach Eingabe der einzelnen Gehälter können die Gesamtbeträge mithilfe der Summenfunktion gebildet werden. 383

1. Markieren Sie hierzu die entsprechenden Zellen, die addiert werden sollen, einschließlich der Zelle, in der das Summenergebnis ausgewiesen werden soll. 384
2. Gehen Sie auf das entsprechende Summenzeichen. 385

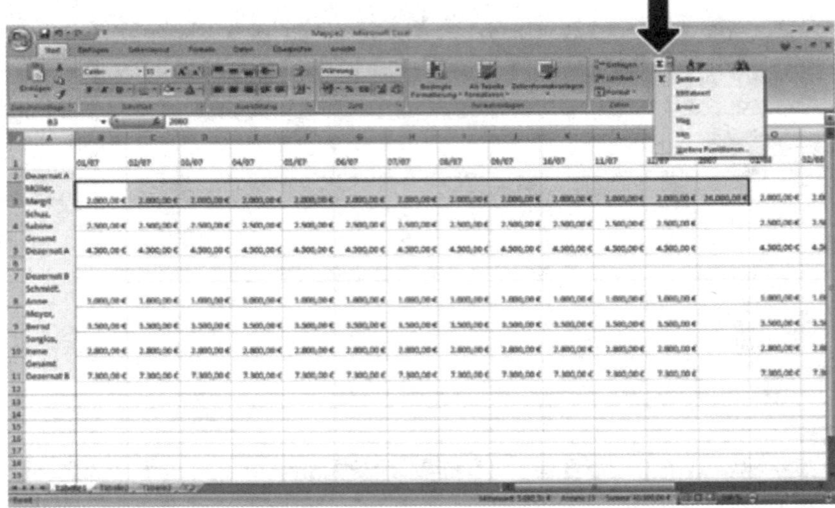

386 Wiederholen Sie diesen Vorgang solange, bis alle Summen gebildet worden sind.

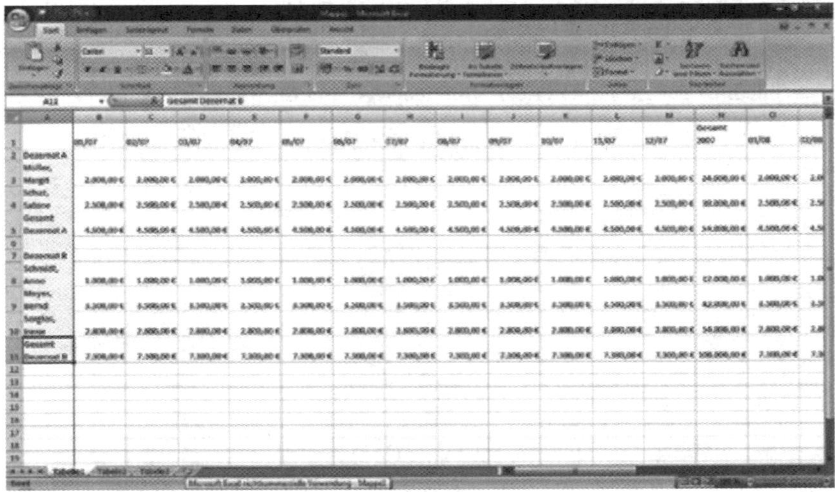

VII. Gruppierungen

387 Besonders bei größeren Excel-Tabellen bietet es sich an, bestimmte Zahlen einfach zum Zwecke der Übersichtlichkeit „auszublenden".

Im vorliegenden Beispiel soll eine Reduzierung der Tabelle lediglich auf die Dezernate und auf die Jahresausgaben erfolgen. Um jedoch weiterhin einen einfachen Zugriff auf die dahinter stehenden Daten zu erhalten, werden die betreffenden Zeilen und Spalten nicht einfach ausgeblendet, sondern mithilfe der Excel-Funktion *Gruppierungen* bearbeitet. 388

Zunächst einmal sollen die Mitarbeiter der einzelnen Dezernate zusammengefasst werden. 389

1. Markieren Sie hierzu die entsprechenden Nummern der Zeilen. 390
2. Gehen Sie in der Multifunktionsliste auf die Registerkarte *Daten* und dort auf die Gruppe *Gliederungen.* 391
3. Wählen sie den Befehl *Gruppieren* aus. 392

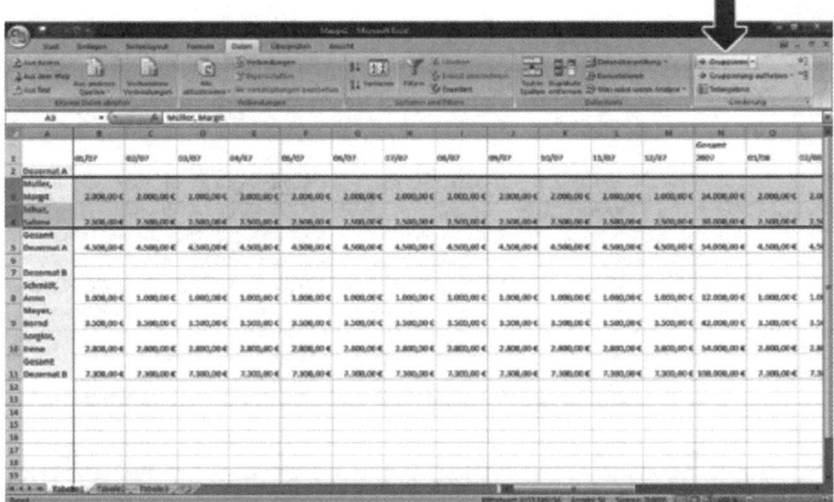

Nach Ausführen des Befehls wird der markierte Zellbereich zusammengefasst, es erscheint ein Plus- oder Minuszeichen am Rande der Tabelle zum Auf- und Zuklappen des entsprechenden Bereichs, ähnlich der Ordnerstruktur im Explorer oder Outlook. 393

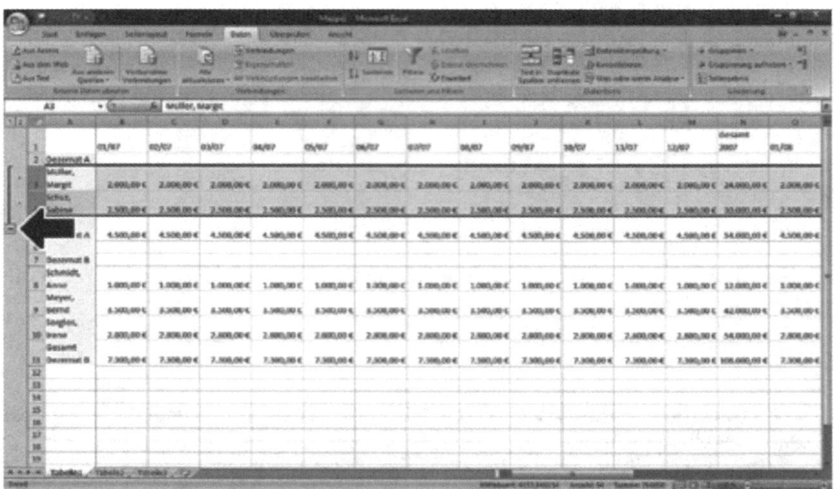

394 Bzw.

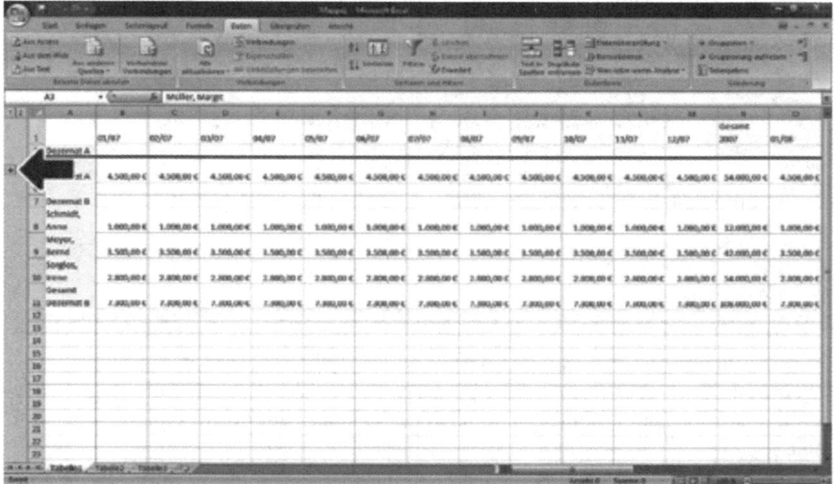

395 Des Weiteren sollen die einzelnen Monate des jeweiligen Jahres zusammengefasst werden.

396 1. Markieren Sie hierzu die entsprechenden Buchstaben der Spalten.

397 2. Führen Sie wiederholt den Befehl *Gruppierungen* aus.

Unsere Komplettübersicht über die Mitarbeiter der Sozietät ist nun vollständig. Zugeklappt und daher für einen Gesamtüberblick besonders geeignet, sieht sie wie folgt aus: 398

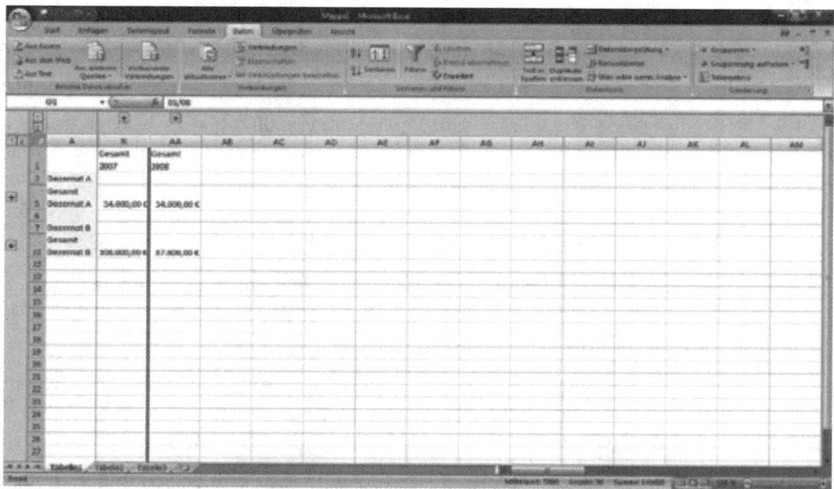

Für Detailfragen kann man die Tabelle jedoch jederzeit in den einzelnen Bereichen aufklappen. 399

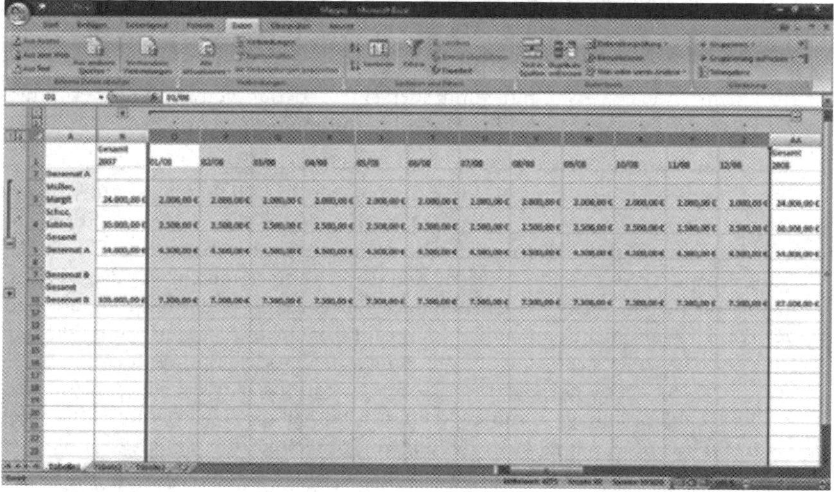

400 ► **Praxistipp:**

Excel-Tabellen sollten grds. das Merkmal der Übersichtlichkeit erfüllen, um Gesamtzusammenhänge schnell zu erfassen. Hierzu bietet Excel – wie oben dargestellt – einige sinnvolle Formatierungsfunktionen.

401 ► **Praxistipp:**

Die Darstellung erfolgte hier in der Version Exel 2007, da diese nach meiner Kenntnis derzeit am meisten von den Kanzleien genutzt wird. Die Benutzung der aktuellen Version Exel 2010 ist jedoch sehr ähnlich.

J. Umgang mit Fremdgeldern/Geldwäschegesetz

402 Immer wieder gibt es Unsicherheiten bei der Bearbeitung von Fremdgeldern.

I. Grundlagen

403 Die rechtlichen Grundlagen für die Behandlung von Fremdgeldern befinden sich in § 4 BORA, § 43 BRAO und §§ 2 Abs. 2 Satz 2, 3 Abs. 1 Satz 2 Nr. 1, 8 Abs. 1, 9 Abs. 1 GwG (Geldwäschegesetz).

404 1. Vom Grundsatz her muss Fremdgeld unverzüglich, d. h. ohne schuldhaftes Verzögern, weitergeleitet werden.

405 2. Ist dies nicht möglich, so muss das Fremdgeld vom Geschäftskonto ausgelagert und auf ein **Anderkonto** gem. § 4 Abs. 2 Satz 2 BORA weitergeleitet werden. Bei kleineren Beträgen und einer Verwahrungsdauer von unter einem Monat kann dies durchaus ein **Sammelanderkonto** sein.

406 3. Ab einem Monat Verwahrung und/oder einem Betrag von 15.000,00 € muss der Fremdgeldbetrag auf ein **Einzelanderkonto** hinterlegt werden.

407 4. Bei einem Bargeldfluss ab 15.000,00 € muss zudem das Geldwäschegesetz beachtet werden. Dies sieht bei einem Betrag ab 15.000,00 € eine **Identifizierungspflicht** – auch gegenüber dem Mandanten – vor. Die Daten des Empfängers bzw. des Einzahlers müssen dokumentiert werden bzw. eine Kopie des Ausweispapieres aufbewahrt werden. Die Aufbewahrungspflicht für diese Dokumentation beträgt sechs Jahre. Lehnt der Einzahler die Identifizierung ab, darf der RA das Geld nicht annehmen. Er verstößt damit nicht gegen seine Pflichten aus dem Mandatsverhältnis, da er mit Annahme des Geldes ohne Identifizierung des Einzahlers gegen ein Gesetz verstoßen würde. Es würde hier nur eine **bargeldlose** Zahlung infrage kommen, da in diesem Fall die Bank die Identifizierung vornehmen wird. Auch eine Auszahlung eines Fremdgeldbetrags ab 15.000,00 € bedarf der Identifizierung – selbst wenn sie an den Mandanten erfolgt. Bei einer Ablehnung darf kein Geld in bar ausgezahlt werden. Bei einer Überweisung wird die Identifizierung durch die Bank durchgeführt.

II. Möglichkeit von Verrechnung mit Vergütungsansprüchen

Die entscheidende Frage beim Fremdgeld ist jedoch, unter welchen Umständen Fremdgeldbeträge mit offenen Vergütungsansprüchen des RA verrechnet werden können. Dies soll an folgenden Fällen dargestellt werden: 408

▶ Fall 1: 409

Der Mandant zahlt 500,00 € zur Weiterleitung an seinen Gläubiger auf das Sammelanderkonto. Der Rechtsanwalt möchte dies mit seiner fälligen und abgerechneten Vergütungsforderung verrechnen.

Grds. ist die Verrechnung aus dem Umkehrschluss aus § 4 Abs. 3 BORA möglich, soweit das Fremdgeld nicht zweckgebunden ist und an einen Dritten weitergeleitet werden soll. Hier ist jedoch das Fremdgeld zur Weiterleitung an einen Dritten (hier der Gläubiger) zweckgebunden, sodass eine Verrechnung ausgeschlossen ist. Dies nennt man auch das sog. **anwaltsspezifische Aufrechnungsverbot.** Dieses gilt zum Bespiel auch bei der Weiterleitung von Gerichtskosten. 410

▶ Fall 2: 411

In einer Forderungsangelegenheit gehen 2.000,00 € vom Gegner auf das Rechtsanwaltssammelanderkonto ein. Der eingehende Betrag entspricht der Hauptforderung des Mandanten nebst Verzugszinsen. Der Rechtsanwalt möchte einen Teil davon mit seinen noch nicht abgerechneten Gebühren verrechnen.

Für die Verrechnung von Fremdgeldern ist nach dem BGH (Urt. v. 02.07.1998 – IX ZR 63/97, NJW 98, 3486) die Einforderbarkeit der Vergütung erforderlich. Eine Vergütung ist jedoch erst vom Auftraggeber einforderbar, wenn sie 412

1. fällig (§ 8 RVG) ist bzw. als Vorschuss (§ 9 RVG) geltend gemacht wurde und 413
2. eine ordnungsgemäße Rechnungsstellung gem. § 10 RVG erfolgt ist. 414

Beides ist im vorliegenden Fall nicht erfolgt, sodass auch hier eine Aufrechnung zum jetzigen Zeitpunkt ausgeschlossen wäre. Der RA könnte jedoch zu dem Zeitpunkt, in dem das Fremdgeld bei ihm eingeht, eine Vorschussrechnung an den Mandanten stellen und sodann das Fremdgeld verrechnen. 415

▶ Fall 3: 416

Mandant M hat sowohl als Privatperson als auch mit seiner Firma (M & S GbR), die er zusammen mit seinem Geschäftspartner S betreibt, Akten bei Ihnen. In der Privatakte M ./. C gehen 1.000,00 € auf das Sammelanderkonto ein. Der RA möchte wie folgt verrechnen:
a) 500,00 € auf seine einforderbare Vergütung in der Sache GbR-Gründung und

b) 500,00 € auf seine Vorschussrechnung in Sachen M ./. dito Ehescheidung.

417 Bei der Verrechnung ist zu beachten, dass der **Auftraggeber identisch** sein muss. Eine Verrechnung vom Fremdgeld aus einer Privatakte mit Vergütungsansprüchen aus einer Firmenakte ist daher immer ausgeschlossen (Beispiel a).

418 Hinsichtlich der Verrechnung von Fremdgeld aus einer Privatakte mit Vergütungsansprüchen einer anderen Privatakte ist die Rechtsprechung nicht einheitlich. Der BGH (BGH, Urt. v. 02.07.1998 – IX ZR 63/97, NJW 1998, 3486) hat eine Verrechnung auch bei **nicht konnexen** (zusammenhängenden) Forderungen **nicht** ausgeschlossen. Das OLG Düsseldorf (MDR 1999, 64) hingegen hat eine Verrechnung in diesen Fällen verneint, mit der Begründung, der RA würde hier seine Stellung treuewidrig ausnutzen. In der Praxis sollte man daher genau abwägen, ob eine Verrechnung vorgenommen werden soll, zumal man ggf. noch ein **Zurückbehaltungsrecht** gem. § 273 BGB geltend machen könnte. In diesem Fall müsste das Geld jedoch weiterhin auf einem Anderkonto verwahrt werden und dürfte nicht auf das Geschäftskonto transferiert werden (Beispiel b).

419 ► Fall 4:

Auf dem Rechtsanwaltssammelanderkonto geht ein Unterhaltsbetrag von 250,00 € monatlich für den Mandanten ein. Der Rechtsanwalt will diesen Fremdgeldbetrag mit seinem einforderbaren Vergütungsanspruch verrechnen.

420 In diesem Fall ist der Fremdgeldbetrag für den Auftraggeber und nicht für einen Dritten bestimmt, sodass das anwaltsspezifische Aufrechnungsverbot nicht eingreift.

421 Der RA hat aber auch die **allgemeinen** Aufrechnungsverbote gem. § 394 BGB zu beachten. So sind etwa **gesetzliche Unterhaltszahlungen** oder **Kindergeld** unpfändbar, aber auch die Pfändungsfreigrenzen der §§ 850 ff. ZPO bei Auszahlung von Gehältern in arbeitsrechtlichen Angelegenheiten sind zu beachten.

422 Im vorliegenden Fall wäre eine Verrechnung daher ausgeschlossen.

423 ► Praxistipp:

Auch bei einer ordnungsgemäßen und erlaubten Verrechnung bedarf es ferner der detaillierten Information an den Auftraggeber über die durchgeführte Verrechnung. Diese hat gem. § 23 BORA spätestens am Ende des Mandates zu erfolgen.

III. Strafrechtliche Relevanz

424 Bei der unsachgemäßen Verrechnung von Fremdgeldern bzw. deren unsachgemäßen Verwendung kommt grds. neben berufsrechtlichen Sanktionen der Straftatbestand der Untreue gem. § 266 StGB in Betracht. Das Gesetz sieht hierfür bis zu fünf Jahren Freiheitsstrafe oder eine Geldstrafe vor.

Bei der Verrechnung von Unterhaltsansprüchen hat z. B. das OLG Köln (Anwaltsblatt 1999, 608) einen RA wegen Untreue verteilt. 425

Auch für den Fall, dass der RA das Fremdgeld nicht dem Anderkonto zuführt, sondern anderweitig – z. B. für die Bezahlung seiner Miete – verwendet, ist der Tatbestand der Untreue grds. erfüllt. Es sei denn, er ist uneingeschränkt bereit und jederzeit fähig, den entsprechenden Betrag aus eigenen flüssigen (nicht z. B. auf Festgeldkonten deponierten) Mitteln vollständig auszukehren, so der BGH (StrFo 2004, 33). 426

3. Kapitel: Buchführung/Rechnungswesen

Übersicht Rdn.

A. Buchführung

I. Allgemeines

Alle haben Sie schon Einkäufe für die Kanzlei getätigt (Kauf von Briefmarken, Kaffee, Putzmitteln oder dergleichen). Meistens sind das Arbeiten, die während der Ausbildungszeit (gelegentlich) erledigt werden mussten. Regelmäßig werden die mahnenden Worte „Vergessen Sie nicht, sich die Rechnung geben zu lassen. Das ist ganz wichtig" mit auf den Weg gegeben. Hat man die Rechnung dann doch vergessen, muss man wieder zu dem Geschäft zurückgehen und sich die Rechnung von dem Verkäufer aushändigen lassen. Ohne Rechnung für einen getätigten Büroeinkauf, sei es auch nur ein minimaler Betrag, läuft nun mal nichts. 1

Sicherlich haben Sie auch Quittungen an Mandanten ausgestellt, wenn diese Bargeld eingezahlt haben und Vergütungsberechnungen schreiben Sie auch – und wenn Sie sie nicht schreiben, dann haben Sie sicherlich eine Vergütungsrechnung gesehen. Bestellen Sie Bürobedarf für die Kanzlei, erhalten Sie eine Rechnung von dem Verkäufer. Es gibt unzählige Geschäfte des täglichen Kanzleialltags, die mit Rechnungslegungen verknüpft sind. 2

Sie stellen fest, alles was mit Geldein- und -ausgang zu tun hat, läuft über eine Rechnung, die für die Buchführung benötigt wird. 3

In diesem Kapitel werden die Buchführungs- bzw. Aufbewahrungspflichten des RA sowie das Rechnungswesen behandelt – denn, wie eingangs erwähnt: Ohne Rechnung läuft nichts – und andernfalls falsch. 4

II. Grundsätze der Buchführung

Die Buchführungs- und Aufzeichnungspflicht ist gesetzlich geregelt. Zu unterscheiden sind dabei die handelsrechtliche und die steuerrechtliche Verpflichtung zur Buchführung. 5

1. Handelsrechtliche Buchführungspflicht

Aus § 238 HGB (Handelsgesetzbuch), ergibt sich die Buchführungspflicht für Kaufleute. Alle Geschäftsvorfälle müssen in ihrer Entstehung und Abwicklung nachvollziehbar sein. § 1 HGB definiert die Kaufmannseigenschaft. Danach ist Kaufmann derjenige, der ein Handelsgewerbe betreibt. Gem. § 2 HGB sind Gewerbetreibende diejenigen, die im Handelsregister eingetragen sind. Gem. § 6 HGB finden für sie die für Kaufleute geltenden Vorschriften Anwendung. 6

7 Jetzt stellt sich die Frage, ob der RA ein **Kaufmann** i.S.d. Vorschriften des HGB ist. Dazu müsste er ein Handelsgewerbe betreiben. In § 1 BORA ist definiert, dass der RA einen **freien Beruf** ausübt. Wenn wir jetzt an den Einzelanwalt als Freiberufler denken, können wir also die Frage nach der Kaufmannseigenschaft mit einen klaren „Nein" beantworten.

8 Auf eine RA-Kanzlei können dennoch die Vorschriften des HGB für Kaufleute Anwendung finden, nämlich dann, wenn es sich z. B. um eine RA GmbH handelt. Die GmbH entsteht durch Eintragung in das **Handelsregister** (§ 11 Abs. 1 GmbH). Mit Eintragung in das Handelsregister gem. § 2 HGB ist die RA GmbH Gewerbetreibender i.S.d. HGB.

9 In diesem Kapitel werden jedoch die Buchführungs- und Aufzeichnungspflichten des RA als **Freiberufler**, der nicht zu dem im HGB genannten Kreis gehört, behandelt.

2. Steuerrechtliche Buchführungspflicht

10 Nach dem zu Nr. 1 geschilderten, ist der RA als Freiberufler **handelsrechtlich** nicht zur Buchführung verpflichtet. Er könnte ggf. aus steuerrechtlicher Hinsicht dazu verpflichtet sein.

11 Die steuerrechtliche Buchhaltungspflicht ergibt sich aus den §§ 140 und 141 AO (Abgabenordnung). Diese Vorschriften betreffen jedoch nur Kaufleute oder Land- und Forstwirtschaftsbetriebe. Dazu zählt der RA als Freiberufler nicht.

III. Pflicht zur einfachen Buchführung/Aufzeichnungspflichten

12 Der RA, ob als Einzelanwalt tätig oder in Zusammenschluss einer Sozietät in Form der GbR (Gesellschaft bürgerlichen Rechts), hat die **Freiberuflereigenschaft.**

13 Wer ein Freiberufler ist, ergibt sich auch aus der Regelung des § 18 EStG (Einkommensteuergesetz). Der Freiberufler hat im Gegenteil zu dem Gewerbetreibenden einige Vorteile. Er ist nicht verpflichtet, ein Gewerbe anzumelden, doppelte Buchführung zu betreiben und die USt ist erst dann abzuführen, wenn der Zahlungseingang erfolgt.

14 Der RA als Freiberufler hat eine Aufzeichnungspflicht. Gem. § 2 Abs. 1 Satz 1 UStG (Umsatzsteuergesetz) ist der RA Unternehmer im steuerrechtlichen Sinne. Gem. § 4 Abs. 3 EStG hat der RA die Pflicht zur **einfachen Buchführung.** Die wichtigsten **Aufzeichnungspflichten** sind in § 22 UStG geregelt.

15 Gem. § 22 Abs. 1 UStG muss der RA zur Feststellung der Steuer und der Grundlagen ihrer Berechnung Aufzeichnungen führen. Somit müssen die Einnahmen des RA zum einen i.H.d. Nettoeinnahme ersichtlich sein und zum anderen i.H.d. angefallenen USt. Die Nettoausgaben müssen ersichtlich sein sowie die Höhe der Vorsteuer.

► **Beispiel für USt und Vorsteuer:** 16

Unternehmer A verkauft an Unternehmer B Waren im Wert von 119,00 €. Die in der Rechnung des Unternehmers A enthaltene Steuer i.H.v. 19,00 € stellt für A die USt dar.

Für den Unternehmer B stellt diese Steuer die Vorsteuer dar. Erhält B von A die Rechnung und bezahlt er diese, kann er bei dem zuständigen FA diese Steuer als Vorsteuer beanspruchen.

Vorsteuer und USt sind ein und dieselbe Steuerart. Es kommt darauf an, ob die Steuer eingenommen (wie Unternehmer A) oder ausgegeben (wie Unternehmer B) wird.

IV. Ordnungsgemäße Buchführung

Der Grundsatz der ordnungsgemäßen Buchführung ist eine allgemeine Regel, die 17 sich z.T. aus dem Gesetz (HGB, §§ 238, 239 AO), aus der Rechtsprechung und der Praxis ergibt. M.E. sollte dieser Grundsatz auch für den „aufzeichnungspflichtigen" RA gelten. Danach wären die Vorschriften des HGB zu befolgen.

Folgende Grundsätze für eine ordnungsgemäße Aufzeichnung sollten von dem RA, 18 der zur einfachen Buchführung verpflichtet ist, dennoch dringend eingehalten werden:
- Übersichtlichkeit und Klarheit der Aufzeichnungen,
- Vollständigkeit der Aufzeichnungen (keine Buchung ohne den Beleg),
- richtige Zuordnung von Geschäftsvorfällen in den Aufzeichnungen,
- Nachprüfbarkeit der Aufzeichnungen,
- wahrheitsgemäße Aufzeichnung,
- chronologische Sortierung der Belege,
- tägliches Buchen,
- zeitgerechte USt-Voranmeldung + Zahlung der USt-Vorauszahlung.

Bitte bedenken Sie, dass die Folgen einer nicht ordnungsgemäßen Buchführung er- 19 hebliche Nachteile für den RA haben können (Schätzung, Geldbußen, Straftatbestand der Steuerhinterziehung).

V. Buchhaltungsformen in der RA-Kanzlei

In einer RA-Kanzlei wird die Buchhaltung von verschiedenen Gruppen geführt, die 20 wie folgt unterteilt sind.

1. Finanzbuchhaltung

Das Ziel der Finanzbuchhaltung ist: 21

1. Gewinnermittlung als Grundlage für die Berechnung und Ermittlung der ESt. 22
2. Aufzeichnung und Erfassung der Umsätze und Vorsteuerbeträge für die Ermitt- 23 lung der USt und Erteilung der USt-Voranmeldung an das FA.

24 3. Eigenkontrollfunktion (sog. Controlling). Der RA hat so die Möglichkeit einer Kontrolle der wirtschaftlichen Aspekte der Kanzlei.

25 Sofern die Einnahmen nach Referaten geführt werden (z. B. ArbeitsR, VerkehrsR), kann er gezielt die Einnahmen der einzelnen Referate miteinander vergleichen. Daneben kann er auch hohe Kostenfaktoren ermitteln, die ggf. reduziert werden können

2. Mandantenbuchhaltung

26 Wegen der Abrechnung der mandantenbezogenen Daten ist auch eine sog. Mandanten-Buchführung, in der sämtliche Geschäftsvorfälle erfasst werden, zu führen – wobei hier eine Verknüpfung der Finanzbuchhaltung mit der Mandantenbuchhaltung besteht. D.h. zahlt der Mandant eine Vergütungsberechnung, erfolgt eine Einnahme, die sich in der Finanzbuchhaltung niederschlägt. Es erfolgt keine doppelte Einnahme, sondern lediglich eine Verbuchung in dem Finanzkonto sowie eine Verbuchung in dem Mandantenkonto.

27 Bei der Buchführung der mandatsbezogenen Angelegenheiten wird für jeden Mandanten ein Konto geführt, in dem
- Einnahmenkonten mit USt,
- Auslagenkonten,
- Fremdgelderkonten

ausgewiesen werden. So ersparen Sie sich die Suche in den Kontoauszügen oder Journalen, denn Sie haben einen direkten Zugriff auf das „Konto des Mandanten".

3. Forderungsbuchhaltung

28 Neben der Mandantenbuchhaltung (Verhältnis Mandant und RA) kann im Wege der Forderungsbuchhaltung (Verhältnis Mandant und Gegner), also bei Forderungen des Mandanten gegen einen Dritten oder umgekehrt, die gesonderte Abrechnung des Kontos durch den RA erfolgen (Zwangsvollstreckungsangelegenheiten). Aber auch hier steht eine direkte Verknüpfung zur Finanzbuchhaltung. Zahlt der Schuldner, so erfolgt eine Buchung in dem Mandantenforderungskonto sowie in der Finanzbuchhaltung.

4. Lohn- und Gehaltsbuchführung

29 Sofern die Lohn- und Gehaltsbuchhaltung nicht vom Steuerberater vorgenommen wird, führt der RA die Lohn- und Gehaltsbuchführung, wonach für jeden Mitarbeiter der Kanzlei ein eigenes Lohn- und Gehaltskonto geführt wird. Ziel der Lohn- und Gehaltsbuchung ist es, die Gehälter der Mitarbeiter (netto) zu ermitteln.

VI. Kontenrahmen/Kontenklassen

Um der Verpflichtung zur einfachen Buchführung gem. den gesetzlichen Maßgaben gerecht zu werden und diese erfolgreich zu realisieren, muss der RA sämtliche Geschäftsvorfälle erfassen. Dazu dienen dem RA **Kontenrahmen** und **Kontenklassen.** 30

Für jede Berufsbranche, so auch für eine Rechtsanwaltskanzlei, gibt es vorgegebene Kontenrahmen, die als Muster für die Erstellung eines Kontenplans dienen. Dadurch wird eine ordentliche Buchführung gewährleistet. Bei der Buchführung werden regelmäßig die einzelnen Geschäftsvorgänge nach ihrer Art festgehalten, (z. B. Mietzahlungen, Mieteinnahmen, Einkauf von Bürobedarf, Honorare, Personalkosten usw.). Daher gibt es viele Konten, die nebeneinander bestehen. Diese Konten sind chronologisch zu führen. 31

Die nebeneinander bestehenden Konten sind in einem **Kontenplan** zusammengefasst. Der Kontenplan stellt eine gesamte Übersicht der einzelnen Konten dar. So kann ganz individuell innerhalb des Kontenplans auf die einzelnen Kontenklassen zugegriffen werden. Für sämtliche Geschäftsvorfälle aus dem Kontenrahmen bzw. Kontenplan gehen die Kontenklassen hervor. Zur übersichtlichen Darstellung soll eine verkürzte Darstellung eines Kontenplans und der Kontenklassen erfolgen. 32

Übersicht: Kontenplan

Bestandskonten	0001 – 0999	33
Finanzkonten	1000 – 1099	
Umbuchungs- und Transitkonten	1300 – 1399	
Auslagen	1600 – 1699	
Fremdgeld	1700 – 1799	
Aufwand	4000 – 4999	

Übersicht: Kontoklassen

Aus dem o.g. Kontenplan gehen, wie oben ausgeführt, die einzelnen Kontenklassen hervor. 34

Kontenklasse 0 (Bestandskonto) 35

0027	Software
0200	Technische Anlagen u. Maschinen
0320	Pkw-Anschaffung RA

Kontenklasse 1 (Finanzkonten)

1000	Kasse
1001	Postbank AG
1002	Berliner Bank AG
Kontenklasse 1 (Umbuchungs-/Transitkonten)	
1300	Sammelgegenkonto
1360	Geldtransit
1399	Zu klärende Posten
Kontenklasse 1 (Auslagen)	
1600	Auslagen 1
1601	Auslagen 2
Kontenklasse 1 (Fremdgeld)	
1700	Fremdgeld 1
1701	Fremdgeld 2
Kontenklasse 4 (Aufwandskonto)	
4000	100 % Vorsteuer
4050	USt-Vorauszahlung FA
4120	Personalkosten/Gehälter Mitarbeiter
4121	Personalkosten/Lohnsteuer
4122	Personalkosten/Gehälter jur. Mitarbeiter
4175	Personalkosten/Fahrtkostenerstattung
4210	Raumkosten/Büromiete
4360	Büroversicherungen
4650	Bewirtungskosten
Kontenklasse 8 (Erlöse/Einnahmen)	
8002	Umsatzerlöse/FamR
8003	Umsatzerlöse/MietR
8005	Umsatzerlöse/ArbeitsR
8080	Einnahme aus Nebentätigkeit

8100	Zinserträge
8900	Sonstige betriebliche Erlöse/Eigenverbrauch

Mindestens zwei Konten werden von einem Geschäftsvorfall berührt: 36

▶ **Beispiel:** 37

Mandant M zahlt einen Betrag i.H.v. 500,00 € durch Überweisung auf das Postbankkonto. Der Betrag setzt sich aus 300,00 € Vorschuss auf die Vergütung sowie aus 200,00 € Gerichtskosten zusammen.

Sie sehen, hier sind drei Konten betroffen: 38

1. das Finanzkonto 1 (Postbank), auf dem der Zahlungseingang erfolgte, 39
2. das Sachkonto der Kontenklasse 8 (Einnahmen mit USt), 40
3. das Sachkonto der Kontenklasse 1 (Auslagen). 41

VII. Führung Kassenbuch

Das Kassenbuch (Kontoklasse 1) betrifft alle Geschäftsfälle, die mit der Verwendung von Bargeld im Zusammenhang stehen. 42

Das Kassenbuch muss so aufgebaut sein, dass 43
- die Angabe des Zeitraumes der Aufzeichnung der Kassenein- und -ausgaben mit Jahreszahl und Seitenzahl zu ersehen ist;
- das Datum des jeweiligen Geschäftsvorfalls angegeben ist;
- eine Belegnummer zwecks eindeutiger Zuordnung des Geschäftsvorfalls vergeben wird;
- ein Buchungstext zum Geschäftsvorfall vermerkt wird;
- der Nettobetrag nebst Währungsangabe der Quittung/Rechnung zu entnehmen ist;
- die USt/Vorsteuer des Nettobetrags zu ersehen ist;
- der aktuelle Kassenbestand jederzeit zu ersehen ist.

Das Führen des Kassenbuchs (i.Ü. auch die gesamte Buchhaltung) hat den Anforderungen des § 146 Abs. 1 Satz 1 AO nach 44
- Vollständigkeit,
- Richtigkeit,
- Zeitgerechtigkeit und
- Ordnung

zu genügen.

Die nachstehend aufgeführten Punkte sollten Sie bei der Führung des Kassenbuchs einhalten: 45
- Keine Buchung ohne Beleg (auch Privateinlagen – und entnahmen).

- Fortlaufende Nummerierung der Belege.
- Jederzeit möglicher Vergleich des Soll- zum Ist-Kassenstand.
- Tägliche Überprüfung des Kassenstandes durch Zählen.
- Ein negativer Kassenbestand ist nicht möglich.
- Der Geldtransit muss festgehalten werden (Einzahlung der Bareinnahmen auf das Geschäftskonto).
- Keine nachträglichen Veränderungen durch Unkenntlichmachung. In diesem Fall erfolgt eine Streichung der fehlerhaften Eintragung. Die Streichung muss lesbar sein. Die Berichtigung erfolgt in der Weise, dass ein neuer Eintrag vorgenommen wird.
- Chronologische Führung des Kassenbuchs.
- Keine Leerzeilen zwischen den einzelnen Eintragungen.

▶ Muster: Kassenbuch

46 Kassenbuch

Kassenblatt für den Zeitraum 02.02. – 06.02.2009 Seite: 1

Datum	Einnahme	Ausgabe	Bestand	USt	BelegNr.	Buchungstext
xxxxxx	xxxxxxxx	xxxxxxxxx	500,00 Übertrag			
02.02.	50,00		550,00	19 %	1	Vorschusszahlung Mandant M, Akte (PR-Nr.)
05.02.	150,00		700,00	19 %	2	Vorschusszahlung Mandant F Akte (Pr-Nr.)
05.02.		15,00	685,00	0 %	3	Porto
05.02.		13,50	698,50	19 %	4	Büroküche (Getränke)
05.02.		650,00	48,50		5	Privatentnahme RA
06.02.	950,00		998,50	0	6	Zahlung Fremdgeld Gegner G in Sachen (PR-Nr.)
06.02.		950,00	48,50		7	Geldtransit Bank an Kasse
xxxxxx	xxxxxxxx	xxxxxxxxx	48,50 Endbestand			

VIII. Einnahme-Überschuss-Rechnung (EÜR)

Für den RA als Freiberufler, der zur einfachen Buchhaltung verpflichtet ist, erfolgt die Ermittlung des Gewinns anhand der Auswertung der gebuchten Konten, die den Kontenklassen entnommen wird, nach dem sog. *Zufluss- und Abflussprinzip* (wenn tatsächlich eine Zahlung erfolgte oder eine Rechnung bezahlt wurde, ist diese zu buchen. Wird eine Rechnung bezahlt, kann sie abgesetzt werden). 47

Das bedeutet, dass eine Gegenüberstellung der **tatsächlich** erfolgten Einnahmen und der tatsächlich erfolgten Ausgaben stattfindet. Der Vergleich zwischen den Betriebseinnahme und den Betriebsausgaben ergibt den Überschuss. Es werden nur die tatsächlich entstandenen Einnahmen und Ausgaben sowie die Abschreibung bei dieser Form der Gewinnermittlung berücksichtigt. § 4 Abs. 3 EStG definiert den Überschuss wie folgt: 48

Betriebseinnahmen abzüglich Betriebsausgaben = Gewinn oder Verlust 49

IX. USt-Voranmeldung

Aufgrund der verbuchten Geschäftsvorfälle sind die steuerbaren Umsätze dem FA mit dem amtlichen Formular USt-Voranmeldung mitzuteilen. 50

Die USt-Voranmeldung muss (spätestens seit Januar 2006) gem. § 18 Abs. 1 Satz 1 UStG elektronisch an das FA übermittelt werden. Wegen Vermeidung unbilliger Härten kann auf Antrag die Übermittlung der USt-Voranmeldung in Papierform an das FA übermittelt werden (z. B. kein Internetanschluss, kein PC). 51

1. Zeiträume für die USt-Voranmeldung

Je nach Höhe der Steuer des Kalendervorjahres ist die USt-Voranmeldung 52
- monatlich,
- vierteljährlich oder
- jährlich

dem FA mitzuteilen.

Wann welcher Anmeldungszeitraum maßgeblich ist, ist in § 18 Abs. 2 UStG genannt. 53

Die USt-Voranmeldung muss bis zum 10. eines Folgemonats dem FA vorliegen (§ 18 Abs. 1 UStG). Nach Ablauf des Anmeldungszeitraums von zehn Tagen ist die USt-Vorauszahlung an das FA zu leisten (Zahlungseingang beim FA). 54

▶ Beispiel: 55

Der RA ermittelt die USt für den Kalendermonat Januar 2009. Am 10. 02. 2009 muss spätestens die USt-Voranmeldung dem FA mitgeteilt sein sowie die USt-Vorauszahlung bei dem FA eingegangen sein.

56 ▶ Hinweis:

Halten Sie die Frist zur Abgabe und insbes. die Zahlung der USt immer pünktlich ein, da anderenfalls das FA regelmäßig Verspätungszuschläge erheben wird (§ 240 AO).

57 Für den Fall, dass eine Dauerfristverlängerung beantragt und bewilligt wurde, erfolgt die Anmeldung einen Monat später. Bei der Dauerfristverlängerung ist zunächst 1/11 der USt-Vorauszahlung des Vorjahres an das FA zu bezahlen.

2. Formular Umsatzsteuer-Voranmeldung 2009

58

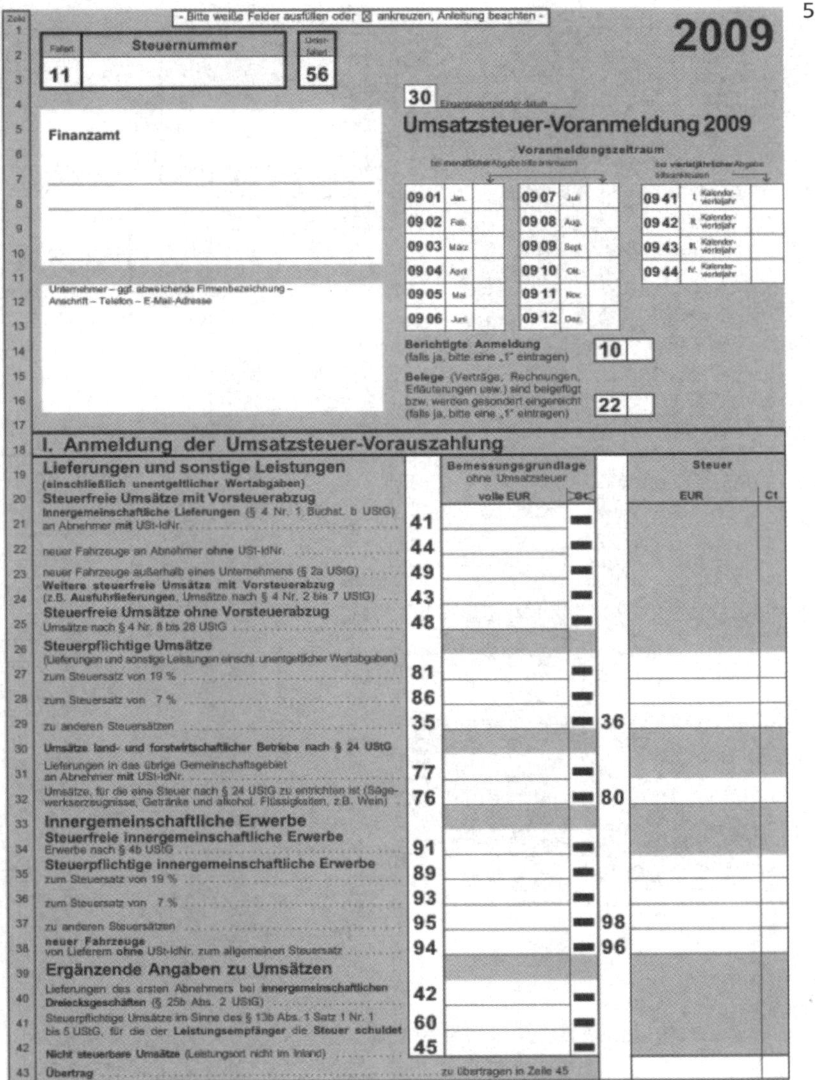

- Bitte weiße Felder ausfüllen oder ☒ ankreuzen, Anleitung beachten -

2009

Fallart	Steuernummer	Unter-fallart
11		56

30 Eingangsstempel oder -datum

Finanzamt

Unternehmer – ggf. abweichende Firmenbezeichnung – Anschrift – Telefon – E-Mail-Adresse

Umsatzsteuer-Voranmeldung 2009

Voranmeldungszeitraum

bei monatlicher Abgabe bitte ankreuzen | bei vierteljährlicher Abgabe bitte ankreuzen

09 01	Jan.		09 07	Juli		09 41	I. Kalender-vierteljahr	
09 02	Feb.		09 08	Aug.		09 42	II. Kalender-vierteljahr	
09 03	März		09 09	Sept.		09 43	III. Kalender-vierteljahr	
09 04	April		09 10	Okt.		09 44	IV. Kalender-vierteljahr	
09 05	Mai		09 11	Nov.				
09 06	Juni		09 12	Dez.				

Berichtigte Anmeldung (falls ja, bitte eine „1" eintragen) 10

Belege (Verträge, Rechnungen, Erläuterungen usw.) sind beigefügt bzw. werden gesondert eingereicht (falls ja, bitte eine „1" eintragen) 22

I. Anmeldung der Umsatzsteuer-Vorauszahlung

	Kz	Bemessungsgrundlage ohne Umsatzsteuer volle EUR	Ct	Kz	Steuer EUR	Ct
Lieferungen und sonstige Leistungen (einschließlich unentgeltlicher Wertabgaben)						
Steuerfreie Umsätze mit Vorsteuerabzug						
Innergemeinschaftliche Lieferungen (§ 4 Nr. 1 Buchst. b UStG) an Abnehmer **mit** USt-IdNr.	41		–			
neuer Fahrzeuge an Abnehmer **ohne** USt-IdNr.	44		–			
neuer Fahrzeuge außerhalb eines Unternehmens (§ 2a UStG)	49		–			
Weitere steuerfreie Umsätze mit Vorsteuerabzug (z.B. **Ausfuhrlieferungen**, Umsätze nach § 4 Nr. 2 bis 7 UStG)	43		–			
Steuerfreie Umsätze ohne Vorsteuerabzug Umsätze nach § 4 Nr. 8 bis 28 UStG	48		–			
Steuerpflichtige Umsätze (Lieferungen und sonstige Leistungen einschl. unentgeltlicher Wertabgaben)						
zum Steuersatz von 19 %	81		–			
zum Steuersatz von 7 %	86		–			
zu anderen Steuersätzen	35		–	36		
Umsätze land- und forstwirtschaftlicher Betriebe nach § 24 UStG						
Lieferungen in das übrige Gemeinschaftsgebiet an Abnehmer **mit** USt-IdNr.	77		–			
Umsätze, für die eine Steuer nach § 24 UStG zu entrichten ist (Sägewerkserzeugnisse, Getränke und alkohol. Flüssigkeiten, z.B. Wein)	76		–	80		
Innergemeinschaftliche Erwerbe						
Steuerfreie innergemeinschaftliche Erwerbe Erwerbe nach § 4b UStG	91		–			
Steuerpflichtige innergemeinschaftliche Erwerbe zum Steuersatz von 19 %	89		–			
zum Steuersatz von 7 %	93		–			
zu anderen Steuersätzen	95		–	98		
neuer Fahrzeuge von Lieferern **ohne** USt-IdNr. zum allgemeinen Steuersatz	94		–	96		
Ergänzende Angaben zu Umsätzen						
Lieferungen des ersten Abnehmers bei **innergemeinschaftlichen Dreiecksgeschäften** (§ 25b Abs. 2 UStG)	42		–			
Steuerpflichtige Umsätze im Sinne des § 13b Abs. 1 Satz 1 Nr. 1 bis 5 UStG, für die der **Leistungsempfänger** die **Steuer schuldet**	60		–			
Nicht steuerbare Umsätze (Leistungsort nicht im Inland)	45		–			
Übertrag		zu übertragen in Zeile 45				

USt 1 A – Umsatzsteuer-Voranmeldung 2009 –

– 2 –

Steuernummer:

		Bemessungsgrundlage ohne Umsatzsteuer volle EUR		Steuer EUR	Ct
Übertrag					
Umsätze, für die als Leistungsempfänger die Steuer nach § 13b Abs. 2 UStG geschuldet wird					
Leistungen eines im Ausland ansässigen Unternehmers (§ 13b Abs. 1 Satz 1 Nr. 1 und 5 UStG)	52		53		
Lieferungen sicherungsübereigneter Gegenstände und Umsätze, die unter das GrEStG fallen (§ 13b Abs. 1 Satz 1 Nr. 2 und 3 UStG)	73		74		
Bauleistungen eines im Inland ansässigen Unternehmers (§ 13b Abs. 1 Satz 1 Nr. 4 UStG)	84		85		
Steuer infolge Wechsels der Besteuerungsform sowie Nachsteuer auf versteuerte Anzahlungen u. ä. wegen Steuersatzänderung			65		
Umsatzsteuer					
Abziehbare Vorsteuerbeträge					
Vorsteuerbeträge aus Rechnungen von anderen Unternehmern (§ 15 Abs. 1 Satz 1 Nr. 1 UStG), aus Leistungen im Sinne des § 13a Abs. 1 Nr. 6 UStG (§ 15 Abs. 1 Satz 1 Nr. 5 UStG) und aus innergemeinschaftlichen Dreiecksgeschäften (§ 25b Abs. 5 UStG)			66		
Vorsteuerbeträge aus dem innergemeinschaftlichen Erwerb von Gegenständen (§ 15 Abs. 1 Satz 1 Nr. 3 UStG)			61		
Entrichtete Einfuhrumsatzsteuer (§ 15 Abs. 1 Satz 1 Nr. 2 UStG)			62		
Vorsteuerbeträge aus Leistungen im Sinne des § 13b Abs. 1 UStG (§ 15 Abs. 1 Satz 1 Nr. 4 UStG)			67		
Vorsteuerbeträge, die nach allgemeinen Durchschnittssätzen berechnet sind (§§ 23 und 23a UStG)			63		
Berichtigung des Vorsteuerabzugs (§ 15a UStG)			64		
Vorsteuerabzug für innergemeinschaftliche Lieferungen neuer Fahrzeuge außerhalb eines Unternehmens (§ 2a UStG) sowie von Kleinunternehmern im Sinne des § 19 Abs. 1 UStG (§ 15 Abs. 4a UStG)			59		
Verbleibender Betrag					
Andere Steuerbeträge					
In Rechnungen unrichtig oder unberechtigt ausgewiesene Steuerbeträge (§ 14c UStG) sowie Steuerbeträge, die nach § 4 Nr. 4a Satz 1 Buchst. a Satz 2, § 6a Abs. 4 Satz 2, § 17 Abs. 1 Satz 6 oder § 25b Abs. 2 UStG geschuldet werden			69		
Umsatzsteuer-Vorauszahlung/Überschuss					
Anrechnung (Abzug) der festgesetzten **Sondervorauszahlung** für Dauerfristverlängerung (nur auszufüllen in der letzten Voranmeldung des Besteuerungszeitraums, in der Regel Dezember)			39		
Verbleibende Umsatzsteuer-Vorauszahlung (bitte in jedem Fall ausfüllen)			83		
Verbleibender Überschuss - bitte dem Betrag ein Minuszeichen voranstellen -					

II. Sonstige Angaben und Unterschrift

Ein Erstattungsbetrag wird auf das dem Finanzamt benannte Konto überwiesen, soweit der Betrag nicht mit Steuerschulden verrechnet wird.

Verrechnung des Erstattungsbetrags erwünscht / Erstattungsbetrag ist abgetreten (falls ja, bitte eine „1" eintragen) — 29

Geben Sie bitte die Verrechnungswünsche auf einem besonderen Blatt an oder auf dem beim Finanzamt erhältlichen Vordruck „Verrechnungsantrag".

Die **Einzugsermächtigung** wird ausnahmsweise (z.B. wegen Verrechnungswünschen) für diesen Voranmeldungszeitraum **widerrufen** (falls ja, bitte eine „1" eintragen) — 26

Ein ggf. verbleibender Restbetrag ist gesondert zu entrichten.

Hinweis nach den Vorschriften der Datenschutzgesetze:
Die mit der Steueranmeldung angeforderten Daten werden auf Grund der §§ 149 ff. der Abgabenordnung und der §§ 18, 18b des Umsatzsteuergesetzes erhoben.
Die Angabe der Telefonnummern und der E-Mail-Adressen ist freiwillig.

Bei der Anfertigung dieser Steueranmeldung hat mitgewirkt:
(Name, Anschrift, Telefon, E-Mail-Adresse)

Datum, Unterschrift

- nur vom Finanzamt auszufüllen -

11 | 19

  | 12

Bearbeitungshinweis

1. Die aufgeführten Daten sind mit Hilfe des geprüften und genehmigten Programms sowie ggf. unter Berücksichtigung der gespeicherten Daten maschinell zu verarbeiten.
2. Die weitere Bearbeitung richtet sich nach den Ergebnissen der maschinellen Verarbeitung.

Datum, Namenszeichen

Kontrollzahl und/oder Datenerfassungsvermerk

X. ELSTER-Programm

Im Hinblick auf die Verpflichtung zur elektronischen Übermittlung der USt-Voranmeldung an das FA können Sie diese Erklärung mit Zuhilfenahme des ELSTER-Programmes an das FA übermitteln. Das ELSTER-Programm ist ein von der Steuerverwaltung entworfenes Steuerprogramm, das Sie kostenlos auf Ihren Computer laden können. 59

► **Praxistipp:** 60

Das ELSTER-Programm können Sie unter www.elsterprogramm.de,

https://www.elster.de/elfo_down1.php

laden.

Um das Programm zu laden, benötigen Sie einen PC mit folgender Ausstattung: 61
- Windows 2000, Windows XP oder Windows Vista,
- Anzeigeprogramm für PDF-Dokumente,
- Drucker,
- genügend freien Speicherplatz auf der Festplatte (mind. 200 MB) und mind. 256 MB Hauptspeicher,
- Prozessor ab 500 MHz Leistung,
- Internetzugang.

Sobald Sie das Programm auf Ihren PC geladen haben, stehen Ihnen mehrere Formulare zur Verfügung. Sie wählen dann das von Ihnen benötigte Formular aus. Dieses erscheint auf Ihrem PC. 62

Das ELSTER-Programm hat folgende Funktionen und Vorteile: 63
- Die Eingabe der Daten erfolgt über den Bildschirm. Das entsprechende Programm erscheint, nachdem Sie die Erklärungsart ausgewählt haben.
- Das Programm bietet zudem im unteren Teil der Steuererklärungen Ausfüllhinweise an.
- Papierlose Übertragung von Steuererklärungen erfolgt verschlüsselt an das FA via Internet.
- Die Übertragung kann auch mit einer Zertifizierung erfolgen. Dazu ist eine Anmeldung auf www.elster.de erforderlich.
- Die Auswahl der Erklärung, Eingabe der Daten, Übermittlung der Daten an das FA erfolgen über eine Maske. Sie müssen nichts zwischenspeichern, andere Links laden oder Programme öffnen, um die Steuererklärung zu fertigen und an das FA zu übermitteln.
- Das Programm führt eine Überprüfung von formalen Fehlern durch, die bei der Eingabe der Daten entstanden sind. Es erfolgt ein entsprechender Hinweis.
- Ausdruck der Bestätigungen, wann die Erklärung an das FA übermittelt wurde (Datum mit Uhrzeit).
- Die Speicherung der jeweiligen Erklärungen auf Ihrem PC ist möglich.

- Fehlerhafte Angaben (z. B. Zahlendreher) können Sie jederzeit ändern (vor einer Übermittlung an das FA. Danach ist nur die Berichtigung möglich.)
- Das Programm bietet bei Änderungen regelmäßig Updates an.
- Bei technischen Schwierigkeiten oder Fragen können Sie sich auf der Internetseite www.elster.de an „ELIAS“ zwecks Hilfestellung wenden. Dabei handelt es sich um ein Auskunfts- und Informationssystem.

B. Aufbewahrungsfristen

I. Wichtige Dokumente

64 Für die Aufbewahrung von Buchführungsunterlagen gibt es Vorschriften und gesetzliche Regelungen im Hinblick auf Aufbewahrungsfristen. Diese sind in § 257 HGB, § 14 Abs. 1 UStG, § 147 AO enthalten.

65 Nachfolgend werden die wichtigsten Dokumente in Tabellenform genannt:

66

10-jährige Aufbewahrungsfrist	6-jährige Aufbewahrungsfrist
Bücher Journale Konten, Aufzeichnungen Inventare, Jahresabschlüsse, Lageberichte, Eröffnungsbilanzen Rechnungsbeläge (z. B. Rechnungen, Bescheide, Zahlungsanweisungen, Eigenbelege, Kontoauszüge, Lohn- bzw. Gehaltslisten) GuV-Rechnungen (Gewinn- und Verlust-Rechnungen) Kassenbücher Kassenbelege Kassenberichte Diese Frist gilt auch für sämtliche per EDV betriebenen Buchhaltungsdaten.	Lohnkonten Unterlagen zum Lohnkonto mit Eintragungen Empfangene Handels- und Geschäftsbriefe Wiedergaben der abgesandten Handels- und Geschäftsbriefe Unterlagen, die für die Besteuerung von Bedeutung sind

II. Beginn der Aufbewahrungsfrist

67 Die Aufbewahrungsfrist **beginnt** mit dem Schluss des Kalenderjahres, in dem die letzte Eintragung in das Buch getätigt wurde, das Inventar, die Eröffnungsbilanz, der Jahresabschluss oder der Lagebericht aufgestellt wurden, der Handels- oder Geschäftsbrief empfangen oder abgesandt wurden, der Buchungsbeleg entstanden ist,

die Aufzeichnung vorgenommen worden ist oder die sonstigen Unterlagen entstanden sind.

> **Hinweis:** 68
>
> Gem. §§ 160, 170 AO ist die Vernichtung der Buchführungsunterlagen dann nicht zulässig, wenn die Fristen für die Steuerfestsetzung nicht abgelaufen sind. Die Aufbewahrungsfrist läuft in diesem Fall noch nicht ab.

C. Rechnungswesen

I. Ordnungsgemäße Rechnungsstellung gem. § 14 UStG

Der RA ist nicht nur berechtigt, sondern auch verpflichtet, eine Rechnung zu ertei- 69
len, die an besondere inhaltliche Bestandteile geknüpft ist. Diese Bestandteile einer Rechnung sind Pflicht. Die Pflicht zur Rechnungserteilung ergibt sich aus dem § 14 UStG.

1. Muss-Vorschrift

Neben den in § 14 Abs. 4 UStG genannten Pflichtangaben **muss** der RA als Unter- 70
nehmer i.S.v. § 2 UStG eine Rechnung erteilen, wenn die Leistung gem. § 14 Abs. 2 UStG
- für einen anderen Unternehmer,
- für eine juristische Person,
- im Zusammenhang mit einem Grundstück steht (unabhängig davon, ob der Mandant Verbraucher, Unternehmer oder eine juristische Person ist).

ausgeführt worden ist.

2. Frist zur Rechnungslegung

Die Rechnungslegung muss gem. § 14 Abs. 1 UStG innerhalb von sechs Monaten 71
nach der erfolgten Leistung erteilt werden. Beachten Sie auch § 8 RVG (Fälligkeit der Vergütung).

3. Kann-Vorschrift

Gem. § 14 Abs. 1 UStG **kann** der RA eine Rechnung nach § 14 Abs. 4 UStG erstel- 72
len, wenn eine Leistung an andere als die unter Rdn. 70 in diesem Kapitel genannten Leistungsempfänger ausgeführt wurde. Allein schon wegen der Regelung des § 10 RVG (Berechnung) sollte von der Kann-Vorschrift der Rechnungslegung jedoch Abstand genommen werden.

4. Pflichtangaben in der Rechnung gem. § 14 Abs. 4 UStG

73 Ist der RA zur Rechnungslegung gem. § 14 Abs. 1 und 4 UStG verpflichtet, **muss** die Rechnung folgende Angaben erhalten:
- vollständiger Name mit vollständiger Anschrift des RA, der Sozietät, Bürogemeinschaft usw.,
- vollständiger Name und Anschrift des Rechnungsempfängers,
- Angabe der Steuernummer oder der USt-Identifikations-Nr.
- Datum der Rechnungslegung (Ausstellungsdatum),
- Rechnungsnummer (die immer nur einmal vergeben wird; Rechnungsnummern werden fortlaufend erteilt),
- Umfang und Art der sonstigen Leistung,
- Zeitpunkt und Höhe des Entgelts oder eines Teils, wenn eine Verrechnung erfolgt,
- Steuersatz, Bemessungsgrundlage und Steuerbetrag.

74 Mit keinem Wort wird hier die Unterschrift des Rechnungsausstellers erwähnt. Für den RA, der Vergütungsberechnungen erteilt, ergibt sich dies jedoch aus § 10 RVG (s.a. die Ausführungen in Kap. 9 Rdn. 88 ff.).

75 ► Hinweis:

Erst wenn alle gem. § 14 Abs. 4 UStG vorgegebenen Pflichtangaben in der Rechnung enthalten sind, kann der Rechnungsempfänger die Vorsteuer bei dem FA geltend machen. Achten Sie deshalb darauf, dass die Pflichtangaben in der Rechnung enthalten sind.

Der Rechnungsempfänger hat gegen den Rechnungsaussteller einen Anspruch auf vollständige und inhaltlich zutreffende Rechnungslegung gem. der Pflichtangaben des § 14 Abs. 4 UStG

Die Bezeichnung der Leistung in der Rechnung muss so genau sein oder unter Beifügung von Dokumenten genau nachvollziehbar sein, dass der Rechnungsempfänger nachweisen kann, dass die Leistung für ihn tatsächlich erbracht wurde.

76 Das Muster einer Rechnung, die den o.g. Anforderungen entsprechen muss, finden Sie unter Kap. 9 Rdn. 144.

5. Keine Vergabe einer Rechnungsnummer

77 Bei folgenden Berechnungen ist eine Rechnungsnummer **nicht** zu vergeben:
- sämtliche Kostenfestsetzungs -und ausgleichungsanträge (§§ 104 ff. ZPO, 11 RVG, Beratungshilfe usw.),
- Kostenberechnung an Dritte, die sich zur Tragung der Rechnung verpflichtet haben,
- Berechnung von Verzögerungsschaden gegenüber dem Anspruchsgegner des Mandanten,

- Gerichtskostenanforderung an den Mandanten. Hier handelt es sich um einen durchlaufenden Posten und nicht um eine Leistung des RA gegenüber dem Mandanten.

Für die Möglichkeit, die Rechnung elektronisch zu erteilen und zu übermitteln, verweise ich auf die Ausführungen unter Kap. 9 Rdn. 94. 78

6. Rechnungslegung bei einem rechtsschutzversicherten Mandanten

Die Vergütungsberechnung ist dem Mandanten als Auftraggeber und Rechnungsempfänger zu erteilen mit dem Hinweis, dass eine Abschrift der Rechnung an die Rechtsschutzversicherung zum Ausgleich des Rechnungsbetrages übermittelt wurde. Die Kopie der Rechnung können Sie an die Rechtsschutzversicherung (i. d. R. per Telefax) mit der Aufforderung um Zahlungsausgleich übermitteln. 79

II. Onlinebanking

Onlinebanking ist eine mögliche Variante der Abwicklung bargeldloser Bankgeschäfte in elektronischer Form. Dabei erfolgt der direkte Zugriff des Kunden auf den Bankrechner entweder über das Internet oder eine Direkteinwahl bei der Bank. 80

Der Bankkunde, der Onlinebanking in Anspruch nimmt, kann über das Onlinebanking 81

- den Kontostand abfragen,
- Überweisungen (In- und Ausland) ausführen,
- Daueraufträge einrichten/ändern,
- Kontobewegungen auswerten.

1. PIN-Verfahren

Um am Onlinebanking teilzunehmen, muss zunächst bei der Bank ein entsprechender Antrag gestellt werden. Mittlerweile gibt es einige Kreditinstitute, die keine Filialen mehr unterhalten. Die Bankgeschäfte werden ausschließlich online erledigt. 82

Die PIN (Personal Identification Number) wird Ihnen von dem Kreditinstitut übermittelt. Sie ist eine Geheimzahl und nur Ihnen bekannt. Achten Sie stets darauf, diese Nummer an keine Dritten weiterzugeben und gut unter Verschluss zu halten. 83

Neben der Eingabe der Konto-Nr. ist die Eingabe der PIN erforderlich, um auf das Konto online zugreifen zu können. 84

2. TAN-Verfahren

Die TAN (Transaktionsnummer) benötigen Sie, um, wie das Wort schon besagt, Transaktionen von Ihrem Konto online durchführen zu können. Die Bank übermittelt Ihnen dazu eine TAN-Liste. Für jede Transaktion (z. B. Überweisung, Erteilung Dauerauftrag, Bestellung einer neuen TAN-Liste) ist jeweils eine TAN einzugeben. 85

86 Jede TAN kann nur einmal verwendet werden. Nachdem Sie die TAN verwendet haben, können Sie diese durchstreichen oder durch ein Häkchen kenntlich zu machen. Zu empfehlen ist, sie nicht unkenntlich durchzustreichen. Für den Fall einer fehlerhaften Eingabe der TAN wären Sie nicht in der Lage, eine unkenntlich gestrichene TAN nochmals einzugeben.

1. Alternative TAN-Verfahren

87 Mit Ihrer VR-BankCard (mit Chip) oder Ihrer VR-NetWorldCard und einem separaten Kartenleser wird für jede Transaktion eine nur für diesen Vorgang gültige TAN erzeugt. Derzeit ist dies eine der sichersten Arten eine Transaktions-Nummer (TAN) zu generieren. Die PIN der jeweiligen Karte wird zur TAN-Generierung nicht benötigt.

88 Es gibt zwei Möglichkeiten der TAN-Erzeugung:

89 optische Eingabe (Daten werden mittels eines Flickercodes übertragen und müssen separat bestätigt werden)

90 manuelle Eingabe (Daten werden manuell wiederholt und bestätigt)

2. Alternative TAN-Verfahren

91 per SMS Handy

92 Flexibilität: Mit mobileTAN sind Sie unabhängig.

93 Sicherheit: Die mobileTAN ist an einen Vorgang (zum Beispiel eine Überweisung) gekoppelt und verfällt, wenn sie nicht genutzt wird. Für andere Transaktionen ist sie unbrauchbar und damit für Betrüger wertlos.

94 Zusätzliche Sicherheit durch zwei getrennte Kommunikationsmedien (Computer und Handy).

95 Da Details zum Vorgang (zum Beispiel der Überweisungsbetrag oder die Kontonummer) in der SMS mitgeliefert werden, haben Sie die Möglichkeit, diese auf Richtigkeit zu überprüfen.

96 Die mobileTAN kann parallel zu Sm@rt-TAN plus genutzt werden.

Kosten

97 Die Nutzung dieses Services kostet 9 Cent pro versandter SMS.

98 ► **Hinweis:**

Wickeln Sie die Bankgeschäfte niemals über nicht bekannte Computer ab. Nach dem Onlinebanking sollten Sie den Zwischenspeicher (Cache) löschen. Der Cache ist ein lokaler Speicher, der besuchte Internetseiten zwischenspeichert, sodass diese im Verlauf wiederzufinden sind und bei einem erneuten Besuch bereits verwendeter Internetseiten nicht noch einmal geladen werden müssen.

3. Sicherheitsmaßnahmen/Risiken

Das Onlinebanking ist vielen Risiken ausgesetzt, z. B. dem sog. Phishing. Darunter 99
ist das „Fischen von Passwörtern" zu verstehen. Phishing ist ein Begriff für viele betrügerische Möglichkeiten, um Passwörter zu erspähen und sich somit Zugang zu fremden Konten zu gewähren. Unter anderem wird beim Phishing eine E-Mail an den Empfänger versandt, die den Schein erweckt, sie sei von dem „echten" Absender (z. B. Ihre persönliche Bank). Meistens wird in dieser Mail auf eine **gefälschte** Internetseite der Bank verwiesen. Der ahnungslose Kunde folgt dem Link und gibt dort seine persönlichen Daten ein. In diesem Moment fischen die Betrüger die Kontendaten ab und können so ungehindert auf das Konto des Kunden zugreifen, ohne dass der Kunde dies zunächst bemerkt.

Eine weitere Masche ist, dass Betrüger über die sog. „Trojanischen Pferde" Passwör- 100
ter ermitteln und so im weiteren Verlauf großen Schaden anrichten können. Zwar werden Sie nicht von Soldaten aus der griechischen Mythologie überfallen, aber, so wie sich die griechischen Soldaten in dem Bauch des Trojanischen Pferdes versteckten und ungehindert nach Troja einziehen konnten, so versteckt sich ein Computerprogramm (Trojanisches Pferd), von dem Sie denken, dass es sicher sei, in Ihrem Programm. Das Trojanische Pferd dringt unbemerkt in Ihr Programm ein und ist so in der Lage, Daten auszuspähen, zu verändern, zu löschen. Es erkennt Passwörter, die Sie eingeben und im Fall einer Datenübertragung werden diese geheimen Daten an den Angreifer Ihres Programms weitergeleitet.

Dies sind nur zwei Beispiele von vielen möglichen Betrugsformen. Aus diesem 101
Grund muss der Kunde viele Schutzmaßnahmen ergreifen, um sich vor Betrügern zu schützen:
- bewahren Sie PIN und TAN sorgfältig auf,
- achten Sie darauf, dass Dritte keinen Zugang dazu haben,
- keine elektronische Speicherung der TAN Liste,
- kontrollieren Sie das Online-Konto so oft wie möglich, damit sie im Betrugsfall sofort Ihre Bank verständigen können.

III. Schecks

1. Gesetzliche Grundlagen

Die Vorschriften über den Scheck sind gesetzlich im ScheckG (Scheckgesetz) gere- 102
gelt. Nachfolgend werden der Verrechnungsscheck, der Barscheck- und der Orderscheck erläutert.

Der Scheck ist eine **Urkunde**, mit der der Aussteller des Schecks zulasten seines Kon- 103
tos sein Kreditinstitut anweist, einen im Scheck genannten bestimmten Betrag gegen Vorlage des Schecks zu zahlen. Der Scheck ist ein Zahlungsmittel.

104 In Art. 1 ScheckG ist vorgeschrieben, welche Bestandteile der Scheck haben muss:

Art. 1 ScheckG

105 Der Scheck enthält:

106 1. die Bezeichnung als Scheck im Text der Urkunde, und zwar in der Sprache, in der sie ausgestellt ist;

107 2. die unbedingte Anweisung, eine bestimmte Geldsumme zu zahlen;

108 3. den Namen dessen, der zahlen soll (Bezogener);

109 4. die Angabe des Zahlungsorts;

110 5. die Angabe des Tages und des Ortes der Ausstellung;

111 6. die Unterschrift des Ausstellers.

112 Ein Scheck ohne Datum und/oder Unterschrift ist nicht wirksam.

113 Die in Art. 1 des ScheckG genannten Bestandteile des Schecks sind zwingend notwendig einzuhalten. Daneben gibt es weitere gesetzliche und kaufmännische Anforderungen an einen Scheck:
- Die Schecksumme in Ziffern ist in Worten zu wiederholen. Weicht der Wert der Zahl von dem Wert des Wortes ab, so ist das Wort maßgeblich für die Auszahlung,
- Benennung des Zahlungsempfängers (dies ist keine zwingende Vorschrift),
- Überbringerklausel („an ..... oder Überbringer"),
- Verwendungszweck,
- Schecknummer,
- Kontonummer des Bankinstituts des Ausstellers,
- Bankleitzahl des bezogenen Kreditinstitutes.

2. Vorlegungsfristen

114 Nach Art. 29 ScheckG sind die Vorlegungsfristen für einen Scheck:
- 8 Tage: Schecks, die im Inland ausgestellt wurden und im Inland ausgezahlt werden,
- 20 Tage: Schecks, bei denen der Ausstellungsort abweicht von dem Auszahlungsort und beide Orte sich in demselben Erdteil befinden,
- 70 Tage: Schecks, bei denen sich der Ausstellungsort und der Auszahlungsort in verschiedenen Erdteilen befinden.

3. Beginn der Vorlegefrist

115 Die Frist beginnt mit dem Tag des Ausstellungsdatums, wobei dieser Tag nicht mitgerechnet wird (§ 56 ScheckG).

4. Scheckarten

a) Barscheck

Durch Vorlage eines Barschecks bei dem bezogenen Kreditinstitut des Ausstellers er- 116
folgt eine Auszahlung der in dem Barscheck angegebenen Summe an den Begünstigten (Scheckinhaber). (Der Bezogene ist die Person, die die Zahlung aus dem Scheck leistet).

Musterbank GmbH DE

Zahlen Sie gegen diesen Scheck

EUR

Betrag: Euro, Cent

Betrag in Buchstaben

noch Betrag in Buchstaben

an ______ oder Überbringer

Ausstellungsort, Datum

Unterschrift des Ausstellers

Der vorgedruckte Schecktext darf nicht geändert oder gestrichen werden. Die Angabe einer Zahlungsfrist auf dem Scheck gilt als nicht geschrieben.

Scheck-Nr. | Konto-Nr. | Betrag | Bankleitzahl | Text

01

Bitte dieses Feld nicht beschriften und nicht bestempeln

Der Barscheck hat die Besonderheit, dass er zu einem Verrechnungsscheck umge- 117
wandelt werden kann. Sobald Sie den Zusatz im oberen freien Feld „nur zur Verrechnung“ oder bei internationalen Schecks durch zwei diagonale Striche „//“ in der rechten oberen Ecke des Schecks anbringen, wird der Barscheck zum Verrechnungsscheck. Eine Barauszahlung an den Begünstigten ist nicht mehr möglich.

b) Verrechnungsscheck

Der Begünstigte reicht den Verrechnungsscheck bei seinem Kreditinstitut zur **Gut-** 118
schrift ein. Der Scheck wird zunächst von dem Kreditinstitut des Scheckausstellers unter Vorbehalt gutgeschrieben.

Das Kreditinstitut des Begünstigten zieht die Gutschrift von dem Konto des Ausstel- 119
lers ein. Gem. Art. 39 ScheckG erfolgt die Kennzeichnung durch die Anbringung des Vermerks „nur zur Verrechnung“ oder durch einen gleichbedeutenden Vermerk auf der Vorderseite des Schecks. Das Anbringen von diagonalen Strichen „//“ ist nicht ausreichend. Vielmehr werden nur ausländische Schecks, die in dieser Weise gekennzeichnet sind, als Verrechnungsschecks angesehen.

120 Der Vermerk kann auch **handschriftlich** erfolgen. Eine Streichung des Vermerks gilt als nicht erteilt. D.h. Sie können aus einem Verrechnungsscheck durch Streichung des Vermerks „nur zur Verrechnung" keinen Barscheck mehr machen.

c) Orderscheck

121 Grds. ist ein Scheck ein „geborenes" Orderpapier. Das bedeutet, dass der Betrag, der auf dem Scheck eingetragen ist, nur an denjenigen ausgezahlt werden darf, der in dem Orderscheck namentlich bezeichnet ist oder an den mittels Indossament übertragen wurde. Ein Indossament ist ein schriftlicher Vermerk, meistens auf der Rückseite des Orderpapiers (ital. „in dosso" für „auf dem Rücken"), mit dem das Eigentum und die Rechte des bisherigen Inhabers auf einen anderen übertragen werden. Indossant ist die Person, die das Recht an den neuen Scheckinhaber überträgt. Indossatar ist derjenige, auf den das Recht übertragen wird.

122 Der Orderscheck ist am rechten Rand mit einem roten Strich mit der Bezeichnung Orderscheck gekennzeichnet. Der Vermerk – anders als beim Verrechnungsscheck – „oder an Überbringer" fehlt. Stattdessen ist der Vermerk „oder Order" angegeben.

IV. Möglichkeiten einer Kreditkartenzahlung

1. Rechtliche Aspekte

Bis zum Urteil des BGH v. 16.04.2002 – XI ZR 375/00 – (herunterzuladen unter www.bundesgerichtshof.de) war es in der Anwaltschaft sehr umstritten, ob **Kreditkarten** unter berufsrechtlichen Gesichtspunkten akzeptiert werden können. 123

Dies lag insbes. daran, dass die VIII. Kammer des BGH mit Urt. v. 02.05.1990 das Vertragsverhältnis zwischen Kreditkartenunternehmen und Vertragsunternehmen als Forderungskauf eingestuft hatte. Nach § 49b Abs. 4 Satz 2 BRAO a.F. war es jedoch RA grds. nur möglich, Forderungen an RA abzutreten, es sei denn, die Forderung war rechtskräftig festgestellt, ein erster Vollstreckungsversuch fruchtlos ausgefallen und der RA hatte die ausdrückliche schriftliche Einwilligung zur Abtretung an einen Nichtjuristen. 124

Mit dem oben zitierten Urt. v. 16.04.2002 gab jedoch der BGH seine frühere Rechtsauffassung auf und stufte das Vertragsverhältnis zwischen Kreditkartenunternehmen und Vertragsunternehmen als **abstraktes Schuldversprechen** ein. Somit lag keine Forderungsabtretung in Erfüllung eines Forderungskaufs vom Vertragsunternehmen an die Kreditgesellschaft mehr vor. Die Kreditkartengesellschaft benötigt diese Forderung auch gar nicht, weil sie ohnehin einen Aufwendungsersatz gem. §§ 675, 670 BGB gegen den Karteninhaber hat. 125

Somit war die berufsrechtliche Hürde für RA genommen und der Einsatz von Kreditkartengeräten möglich. 126

Bedenken könnten sich lediglich noch dahingehend ergeben, dass eine mögliche Verletzung der Verschwiegenheitspflicht durch die Übertragung der Mandantendaten bei der Zahlungstransaktion vorliegen könnte. Grds. umfasst die Verschwiegenheitspflicht allein auch schon die Information, ob eine Person überhaupt Mandant ist. Da der Mandant jedoch seine Kreditkarte zur Zahlung nutzt, willigt er somit dieser Informationspreisgabe vorbehaltslos ein. Es liegt also auch kein Verstoß gegen die Verschwiegenheitspflicht vor. 127

► Praxistipp: 128

Um ganz sicherzugehen, sollte man dennoch eine kurze Anfrage an die örtliche Rechtsanwaltskammer stellen, ob es berufsrechtliche Bedenken gegen die Akzeptanz von Kreditkarten gibt unter Hinweis auf das oben zitierte Urteil.

► Muster: Anfrage Rechtsanwaltskammer Kreditkartenzahlung

An die Rechtsanwaltskammer 129

Berufsrechtliche Anfrage wegen der Einführung von Kreditkartenzahlungen

Sehr geehrte Damen und Herren Kollegen,

unter Hinweis auf das BGH-Urteil vom 16.04.2002 – XI ZR 375/00 – fragen wir höflichst an, ob es von Ihrer Seite aus berufsrechtliche Bedenken gegen die Einführung von Kreditkartenzahlungen gibt.

Für eine kurze schriftliche Antwort wären wir dankbar.

Mit freundlichen kollegialen Grüßen

Rechtsanwalt

2. Wirtschaftliche Aspekte

130 Die Nutzung der Kreditkarte als Zahlungsmittel im Mandantenverhältnis ist grds. für beide Seiten wirtschaftlich sinnvoll. Insbes. wenn der RA seine Dienstleistung auch per Internet anbieten will, ist es die beste Möglichkeit, die Gefahr zu eliminieren, seine Dienstleistung nicht bezahlt zu bekommen. Aber auch im normalen Mandantenverhältnis werden so schneller Vorschüsse oder sofort gestellte Beratungsrechnungen bezahlt.

131 Die Gebühren für die Nutzung von Kreditkarten trägt grds. das Vertragsunternehmen – sprich der RA. Die Höhe der Kreditkarten-Nutzungsgebühren, auch Disagio genannt, ist je nach Branche und Transaktionsvolumen des RA unterschiedlich und Verhandlungssache zwischen dem Kreditkarteninstitut und dem RA. Übliche Disagios sind 3 % zzgl. 0,10 € pro Transaktion.

132 Angebote für entsprechende Kreditartenlesegeräte erhalten Sie i. d. R. über Ihre Hausbank sowie bei freien Anbietern, ein Vergleich lohnt sich i. d. R.

3. Buchhalterische Aspekte

133 Da Ihnen bei einer Kreditkartenzahlung nicht der Gesamtbetrag, sondern ein um das Disagio reduzierter Betrag überwiesen wird, stellt sich die Frage, wie die Differenz richtig verbucht wird.

134 Zuerst einmal muss entschieden werden, ob die Kreditkartengebühr grds. von der Kanzlei übernommen wird oder sie zulässigerweise an den Mandanten weiterberechnet werden soll.

135 Die Weiterberechnung ist nach der neuesten Rechtsprechung zulässig, muss jedoch vorher mit der Angabe der Höhe der Kartennutzungsgebühr angekündigt sein. In der Praxis ist dies jedoch dem Mandanten schwer begreiflich zu machen, da er im Einzelhandel i. d. R. auch keine weiteren Zuschläge für die Zahlung mit seiner Kreditkarte zahlen muss. Von daher sollte die Akzeptanz von Kreditkarten eben auch als Serviceleistung der Kanzlei angesehen werden. Dies sollte jedoch nur für eigene Honoraransprüche gelten.

136 Zahlt jedoch der Mandant mit seiner Kreditkarte z. B. einen höheren Grundstückskaufpreis an, d. h. der Betrag ist nur Fremdgeld und soll später an einen Dritten weitergeleitet werden, so sollte man die Kreditkartengebühr nach vorheriger Ankün-

digung dem Mandanten weiterberechnen. Bei einem Betrag von 5.000,00 € würde ein Disagio von 3 % bereits einen Verlust von 150,00 € bedeuten.

► Praxistipps: 137

Keine Weiterberechnung des Disagio

In diesem Fall müsste ein neues Finanzkonto eröffnet werden (z. B. 1020 Disagio-Ausgleich). Geht also bei einer Kreditkartenzahlungen von 5.000,00 € nur 4.850,00 € auf dem Geschäftskonto ein, so wird zunächst dieser Betrag als Mandanteneingang gebucht und sodann vom neuen Finanzkonto 1020 die Differenz auch als Mandanteneingang ausgeglichen, so dass das Mandantenkonto die vollen 5.000,00 € aufweist.

In einem zweiten Schritt muss nunmehr die Kreditkartengebühr von 150,00 € als Sachaufwand „Bankgebühren/Disagio" auf dem Finanzkonto 1020 Disagio-Ausgleich gebucht werden, damit dieses wieder Null beträgt.

Weiterberechnung des Disagio

In diesem Fall würde der reduzierte Betrag von 4.850,00 € (Geschäftskontoeingang) als Mandanteneingang auf die Akte gebucht. Die Differenz müsste nunmehr dem Mandanten bekannt gegeben werden, der entsprechende Zahlungseingang (z. B. Barzahlung oder Kontoüberweisung) würde sodann wiederum als Mandanteneingang auf die Akte gebucht.

Das Mandantenkonto wäre ausgeglichen.

Ein Sachaufwand muss und darf in diesen Fall nicht mehr gebucht werden.

V. Budgetierung in der Kanzlei

Der Beruf des Rechtsanwalts ist als „Organ der Rechtspflege" angelegt. Trotz dieser 138 ehrbaren Einstellung ist ein Rechtsanwaltsbüro aber eben auch ein Dienstleistungsunternehmen, dass wirtschaftlich arbeiten sollte, um seine juristischen Dienstleistungen auch in der Zukunft für jedermann (also auch für Beratungshilfe-und Prozesskostenhilfemandanten) anbieten zu können.

Für die Wirtschaftlichkeit einer Kanzlei ist es erforderlich sowohl die Einnahmen- als 139 auch die Ausgabenseite im Auge zu behalten.

In den meisten Kanzleien wird eher die Einnahmenseite betrachtet. Die Einnahmen 140 bei den meisten Kanzleien richten sich nach dem Rechtsanwaltsvergütungsgesetz (RVG), das eine Mischkalkulation zu Grunde liegt. Es kommt nicht auf dem Zeitumfang einer speziellen Sache an, sondern vielmehr i. d. R. auf den Gegenstandswert, nach dem sich die entsprechenenden Gebühren berechnen. So erhält man u.Umständen für eine Sache, die mehrere Jahre andauert aber einen geringen Gegenstandswert besitzt, deutlich geringere Gebühren wie bei einer kurzen Sache mit hohem Gegenstandswert. Daneben werden Verfahren für einkommensschwache Bürger im

Wege der Beratungshilfe und Prozesskostenhilfe staatlich und durch die Anwaltschaft begünstigt.

141 Nur die wenigsten Kanzleien arbeiten regelmäßig mit eigenen Vergütungsvereinbarungen (z. B. Stundensätze).

1. Umsatz-Controlling

142 Das Umsatz-Controlling wertet die Umsatzentwicklung für die Vergangenheit aus und berücksichtigt dabei in der Regel Zahlenwerte aus der Einnahmen-Überschuss-Rechnung sowie der BWA (Betriebswirtschaftliche Analyse). Die meisten Rechtsanwalts-Komplettsoftwares bieten automatisch entsprechende Auswertungsmodelle an. Neben der Auswertung der Daten gehört jedoch immer auch eine Analyse der Umsatzentwicklung. Zum Beispiel könnte die Beantwortung folgender Fragen einer entsprechenden Analyse hilfreich sein:

- Wurde ein bestimmtes (Rechts-)Referat erst neu aufgebaut?
- Wurden alle beendeten Mandate richtig und v. a. vollständig abgerechnet?
- Wurden Nebenkosten hauptsächlich pauschal gem. Nr. 7002 VV RVG abgerechnet, obwohl die tatsächlichen Aufwendungen meist oberhalb der Pauschalgrenze von 20,00 € liegen? (werden die tatsächlichen Portokosten überhaupt konsequent – soweit mit der Rechtsanwaltssoftware möglich – in der Akte notiert und bei der Abrechnung überprüft?)
- Können bei Angelegenheiten mit geringen Gegenstandswerten verstärkt Vergütungsvereinbarungen mit den Mandanten geschlossen werden?
- Kann die Erhebung von Vorschüssen gem. § 9 RVG sowie das eigene Mahnwesen optimiert werden?
- Wie ist die Entwicklung von Neumandate?

143 Die Liste der Fragen lässt sich unendlich fortsetzen und sollte an Ihre Kanzlei angepasst werden.

2. Kosten-Controlling

144 Das Kosten-Controlling wertet die Kostenentwicklung für die Vergangenheit aus und erhält seine Werte gleichfalls aus der Einnahmen-Überschuss-Rechnung sowie der BWA. Neben der Auswertung der eigentlichen Kosten sollten auch betriebswirtschaftliche Grundüberlegungen angestellt werden.

- Werden eingeräumte Skonti konsequent ausgenutzt?
- Können Portokosten durch verstärkte Versendung nur per Telefax oder Email verringert werden?
- Ist eine Kostenersparnis durch einen Wechsel von Lieferanten bzw. durch eine Nachverhandlung möglich? (z. B. bei Büromaterialien, Getränkelieferant, Kopierer auf Miete etc.)
- Sind die Wartungsverträge (z. B. bei dem Rechtsanwaltssoftwareprogramm) notwendig und entsprechen die Kosten den marktüblichen Kosten (ggf. Nachverhandlung)?

- Sind in den Kanzleikosten privatbedingte Aufwendungen enthalten, die erst am Ende des Jahres als Privatentnahme ausgebucht werden? (z. B. teilweise Privatnutzung des PkWs)
- Sind extrem hohe Kostenerhöhungen in einem bestimmten Zeitraum angefallen (z. B. durch EDV-Umstellung oder Kanzleiumzug)?

Das Kostencontrolling darf jedoch nicht nur als „Sparmaßnahme" verstanden werden, denn durch die betriebswirtschaftlichen Grundüberlegungen kann eine erhöhte Ausgabe durchaus vertreten werden, wenn diese zu einer Umsatzsteigerung führt. 145

- So können Fortbildungsmaßnahmen von Mitarbeitern zu einer effektiveren Sachbearbeitung und damit auch zu einer Umsatzsteigerung führen.
- Auch der Kaffee zum Mandantengespräch oder eine persönliche Geburtstagskarte an den Mandanten stärkt allgemein das Anwalt-Mandanten-Verhältnis und bindet den Mandanten an die Kanzlei.
- Das Arbeiten mit ungelernten Kräften ist zwar meist kostengünstiger, i. d. R. jedoch auch uneffektiver als das Arbeiten mit einer gut ausgebildeten Rechtsanwalts- und Notariatsfachangestellten.

Beim Kostencontrolling stellt sich häufig die Frage, ob sich die Kosten im Rahmen des Üblichen bewegen. Vergleichswerte für den Rechtsberatungsbereich erhalten Sie kostenlos in regelmäßigen Abständen beim Statistischen Bundesamt unter 146

http://www.destatis.de (dort Publikationen – Fachberichte – Strukturerhebung im Dienstleistungsbereich – Rechts- und Steuerberatung) 147

Die Ergebnisse der Strukturerhebung im Dienstleistungsbereich liegen 18 Monate nach Ende des Berichtszeitraums (zum Beispiel Berichtsjahr 2009 – Ergebnis Ende Juni 2011) vor. Die Veröffentlichung des Bundesergebnisses erfolgt 19 Monate nach Ende des Berichtszeitraums. 148

Für das Kostencontrolling sind dabei i. d. R. drei Werte von Interesse, die Sie jedoch z. T. selbst aus den nachstehenden Zahlen ermitteln müssen:

2009 wurde im Bereich Rechtsberatungein Umsatz von 41,2 Milliarden erwirtschaftet. Dem gegenüber standen Aufwendung für Personal i.H.v. 15,5 Milliarden und für Materiealaufwendungen und sonstigen Aufwendungen i.H.v. 11,3 Milliarden. 149

1. Die Personalkostenquote setzt die gesamten Personalkosten (Löhne, Krankenkassenbeiträge, Kirchen- und Lohnsteuer) im Verhältnis zum Gesamtumsatz. Die Durchschnittsquote lag laut Statistischen Bundesamt im Jahr 2009 bei 37,62 %. 150

2. Die Sachaufwandquote setzt sodann alle restlichen Aufwandskosten im Verhältnis zum Gesamtumsatz, die Durchschnittsquote betrug im Jahr 2009 27,43 %. 151

3. Die Kostenquote setzt sowohl die Personalkosten als auch den restlichen Sachaufwand (also alle Ausgaben) im Verhältnis zum Gesamtumsatz. Die Durchschnittsquote 2009 betrug 65,05 %. 152

Hinweis/Praxistipp:

Es ist dabei anzumerken, dass in kleineren Kanzlei meist die Personalkostenquote geringer ist und die Sachaufwandsquote höher. Dies ist bei einer näheren Betrachtung einleuchtend, da bestimmte Geräte wie Kopierer, Telefonanlage etc. auch in kleineren Kanzleien vorgehalten werden müssen, wohin in größeren Kanzleien der Personalaufwand meist die sonstigen Aufwendungen überwiegt.

Letztendlich ist für die Gesamtbewertung die Kostenquote entscheidend. Die Kostenquote sollte den Wert von 70 % nicht überschreiten. Bei einer Überschreitung dieses Richtwertes über einen Zeitraum von länger als drei Monaten sollte dringend eine ausführliche Kostenanalyse durchgeführt werden und ein Plan zur Kostenverringerung erstellt werden.

3. Budgetierung

153 Im Gegensatz zum Umsatz- und Kostencontrolling, das die betriebswirtschaftlichen Zahlen für die Vergangenheit auswertet, erfolgt die Budgetplanung vor dem laufenden Geschäftsjahr (also für die Zukunft).

154 Budgetierung bezeichnet dabei den betriebswirtschaftlichen Planungsprozess, mit dem Ziel, ein Budget zu erstellen. Das Budget ist dabei ein kurzfristiger (z. B. für 1 Jahr) Unternehmensplan, der das „Geschäft“ der Kanzlei für die Zukunft abbildet. In der Wirtschaft ist eine Budgetierung die Regel, in den Rechtsanwaltskanzleien hingegen werden Budgetierungen jedoch nur sehr selten vorgenommen, obwohl eine Rechtsanwaltskanzlei auch ein wirtschaftliches Dienstleistungsunternehmen ist.

155 Der Vorteil einer Budgetierung liegt darin, dass man vor Beginn eines Geschäftsjahres betriebswirtschaftliche Überlegungen aufgrund der Vorjahreszahlen anstellt und so die „Richtung“ für das nächste Jahr bestimmt. In der Wirtschaft besteht ein Budget meist aus unterschiedlichen Teilplänen, z. B. einen Umsatzplan, einen Personalplan, einen Investitionsplan, einen Absatzplan oder Marketingplan. Nicht alle Teilpläne sind auf die Rechtsanwaltskanzlei zu übertragen.

156 Sinnvoll für die Rechtsanwaltskanzlei erscheinen insbesondere folgende Teilpläne:

- Umsatzplan: hier sollte ein Mindestumsatz festgelegt werden, der die Wirtschaftlichkeit der Kanzlei aufrechterhält (z. B. 50.000,00 € pro Monat). Erreicht man den budgetierten Wert nicht, so können sofort Maßnahmen getroffen werden (z. B. verstärkte Rechnungsstellung etc.).
- Personalplan: für die meisten Rechtsanwälte ist insbesondere die Überschaubarkeit der Personalkosten erstrebenswert. Bei einer Budgetierung sollten jedoch vor Beginn des Geschäftsjahres auch mögliche anstehende Gehaltserhöhungen eingerechnet werden.
- Sachausgabenplan: es bietet sich ferner an, bestimmte Sachausgaben nach entsprechende Kontenrahmen zu budgetieren, so könnte man z. B. festlegen, dass an Fachliteratur nur ein Jahresbetrag von 1.000,00 € ausgegeben werden soll oder das die EDV-Kosten auf einen bestimmten Betrag begrenzt werden sollen.

Unter Umständen können je nach Größe und Art der Kanzlei auch weitere Teilpläne, wie z. B. ein Marketingplan, sinnvoll sein. 157

Doch jedes Budget bedarf der Kontrolle, damit die zugrunde liegenden Überlegungen nicht ins Leere gehen. Dies geschieht dann wieder durch das Umsatz- und Kostencontrolling. 158

Insbesondere in wirtschaftlichen angespannten Zeiten sollten betriebswirtschaftliche Überlegungen nicht nur am Ende des Geschäftsjahres angestellt werden, sondern bereits vor dem Beginn eines jeden Jahres. Das Budget weist dabei sowohl dem Rechtsanwalt als auch seinen Angestellten die Richtung für das kommende Geschäftsjahr und dient als „Hilfsmittel" für den laufenden Geschäftsbetrieb, um insbesondere die Ausgabenseite zu beherrschen. 159

4. Kapitel: Gerichtliches Mahnverfahren

Übersicht Rdn.

1 Das gerichtliche Mahnverfahren ist in den §§ 688 bis 703d ZPO geregelt und bietet dem Gläubiger die Möglichkeit

- möglichst rasch,
- einfach und
- kostengünstig

einen Vollstreckungstitel gegen den Schuldner zu erwirken.

A. Allgemeines

Es handelt sich dabei um ein **rasches** Verfahren, da die Bearbeitungszeiten bei den Mahngerichten i. d. R. sehr kurz sind und dem Antragsgegner nur kurze Einwendungsfristen zur Verfügung stehen. 2

Einfach ist das Verfahren, weil für die Beantragung amtliche Formulare benutzt werden. Eine Anspruchsbegründung ist nicht erforderlich. 3

Das Verfahren ist ferner **kostengünstig**, da für das Mahnverfahren nur eine 0,5-Gerichtskostengebühr nach Nr. 1110 KV GKG (Kostenverzeichnis zum Gerichtskostengesetz), mindestens jedoch 23,00 €, entrichtet werden muss. 4

Doch nicht immer ist das Mahnverfahren die „richtige" Verfahrensart. 5

Zunächst einmal kann das Mahnverfahren nur wegen einer bestimmten Geldforderung in Euro eingeleitet werden. 6

Ansprüche auf Herausgabe einer Sache, Ansprüche auf Unterlassung oder Vornahme einer Handlung, aber auch Ansprüche auf Zahlung einer unbestimmten Geldforderung in Euro (z. B. unbezifferter Schmerzensgeldanspruch aus einem bestimmten Verkehrsunfall) können mit dem gerichtlichen Mahnverfahren nicht geltend gemacht werden. Bei diesen Ansprüchen ist immer eine entsprechende Klage einzureichen. 7

Ferner sind in § 688 Abs. 2 ZPO drei Ausschlusstatbestände aufgeführt: 8
- Ansprüche eines Unternehmers aus einem verzinslichen Verbraucherdarlehensvertrag (491BGB) oder aus einem Finanzierungsleasingvertrag (§ 500 BGB), bei dem der effektive oder anfänglich effektive Jahreszins den bei Vertragsabschluss geltenden Basiszinssatz um mehr als 12 % übersteigt, können nicht im Wege eines Mahnverfahrens geltend gemacht werden.
- Der Anspruch darf weiterhin nicht von einer noch zu erbringenden Gegenleistung abhängen. Die Angabe, dass der Anspruch entweder nicht von einer Gegenleistung abhängt (z. B. Schmerzensgeldanspruch) oder die Gegenleistung bereits erbracht worden ist, ist im Mahnantrag daher zwingend erforderlich. Ansprüche, die noch nicht fällig sind, oder eine Zug-um-Zug-Leistung können nicht im Mahnverfahren geltend gemacht werden.
- Auch findet das Mahnverfahren in den Fällen nicht statt, in denen der Mahnbescheid öffentlich zugestellt werden müsste.

Aber auch wenn das Mahnverfahren gesetzlich zulässig ist, können besondere Umstände des Falles gegen die Einleitung eines Mahnverfahrens sprechen. 9

Ist bspw. damit zu rechnen, dass der Antragsgegner sich gegen den Mahnbescheid zur Wehr setzen wird, so wäre das Mahnverfahren nicht der schnellste Weg, um zu einem Vollstreckungstitel zu gelangen, da erst nach einem erfolgten Widerspruch und nach Einzahlung des zweiten Gerichtskostenanteils (weitere 2,5-Gerichtskostengebühr nach Anmerkung zu Nr. 1210 KV GKG) eine Abgabe an das zuständige Streitgericht erfolgen würde. In diesem Fall wäre eine Klage effektiver, da bereits in 10 der Klageschrift das Vorverfahren angeregt werden kann. Ferner kann der RA bereits bei Klageeinreichung für den Fall einer nicht rechtzeitigen Verteidigungsanzeige oder eines Anerkenntnisses den Erlass eines Versäumnis- oder Anerkenntnisurteils im schriftlichen Verfahren beantragen. Hier wäre demnach das Klageverfahren dem Mahnverfahren vorzuziehen.

B. Mahnantrag in elektronischer Form

11 Das Mahnverfahren gehört zu den Kompetenzfeldern einer Rechtsanwaltsfachangestellten und wird daher ausführlich in den Berufsschulen gelehrt. Jahrelang wurde mit den Auszubildenden u. a. das Ausfüllen der amtlichen Vordrucke für das automatisierte Mahnverfahren geübt, um so Monierungen zu verhindern.

12 Seit der Neuregelung des § 690 Abs. 3 ZPO mit Wirkung zum 01. 12. 2008 ist es jedoch für alle RA verbindlich, den Mahnantrag nur noch in elektronischer Form einzureichen. Das Lernen des Ausfüllens der amtlichen Vordrucke entfällt somit für Auszubildende.

13 Das Mahnverfahren bleibt jedoch Kompetenzfeld der Rechtsanwaltsfachangestellten. Es werden daher zunächst allgemeinverbindliche rechtliche Aspekte dargestellt und später die elektronische Antragstellung.

14 ► Praxistipp:

Die amtlichen Vordrucke für das automatische Mahnverfahren sind weiterhin gültig, sofern sie vom Mandanten selber eingereicht werden. Sollte der Mandant also lediglich eine Beratung wünschen, so könnte er selber das Mahnverfahren mit den amtlichen Vordrucken einleiten.

Er sollte jedoch darauf hingewiesen werden, dass Formularkopien oder mittels Telefax eingereichte Anträge als unzulässig zurückgewiesen werden mit der Rechtsfolge, dass Verjährungsunterbrechung grds. nicht eintritt (BGH, 16. 09. 1999 – VII ZR 307/98, NJW 1999, 3717).

C. Rechtliche Aspekte

15 Es sollen zunächst allgemeinverbindliche, rechtliche Aspekte zur Zuständigkeit, zum Inhalt des Antrages sowie zum Verfahren selbst dargestellt werden.

I. Zuständigkeit

16 Für das Mahnverfahren gibt es sowohl bei der sachlichen als auch bei der örtlichen Zuständigkeit eine Besonderheit.

17 Gem. § 689 Abs. 1 Satz 1 ZPO ist für das Mahnverfahren eine **ausschließliche sachliche Zuständigkeit** der Amtsgerichte gegeben, unabhängig von der Streitwertgrenze.

§ 689 Abs. 2 Satz 1 und 3 ZPO regelt **die ausschließliche örtliche Zuständigkeit.** Grds. ist das AG örtlich zuständig, bei dem der Antragsteller seinen allgemeinen Gerichtsstand zum Zeitpunkt der Antragstellung hat, auch wenn in anderen Vorschriften eine andere ausschließliche Zuständigkeit bestimmt ist. 18

Hiervon sieht das Gesetz jedoch zwei **Ausnahmen** vor: 19
- Gem. § 689 Abs. 2 Satz 2 ZPO ist das AG Berlin-Schöneberg ausschließlich örtlich zuständig, wenn der Antragsteller keinen allgemeinen Gerichtsstand im Inland besitzt.
- Besitzt hingegen der Antragsgegner im Inland keinen allgemeinen Gerichtsstand, so ist gem. § 703d ZPO das Amtsgericht örtlich zuständig, das für das streitige Verfahren zuständig sein würde, ohne Beachtung der Höhe des Streitwerts.

Ferner ist in § 689 Abs. 3 ZPO die **Zentralisierung der Mahnverfahren** bei einem AG durch die Landesregierungen durch Rechtsverordnung vorgesehen. Nachstehend eine Liste der aktuellen Zentralen Mahngerichte: 20

Baden-Württemberg	AG Stuttgart	21
Bayern	AG Coburg	
Berlin und Brandenburg	AG Berlin-Wedding	
Bremen	AG Bremen	
Hamburg und Mecklenburg-Vorpommern	AG Hamburg-Altona	
Hessen	AG Hünfeld	
Niedersachsen	AG Uelzen	
Nordrhein-Westfalen	AG Hagen: für die OLG-Bezirke Hamm und Düsseldorf	
	AG Euskirchen: für den OLG-Bezirk Köln	
Rheinland-Pfalz und Saarland	AG Mayen	
Sachsen, Sachsen-Anhalt und Thüringen	AG Aschersleben	
Schleswig-Holstein	AG Schleswig	

II. Inhalt des Mahnantrags

Der Mahnantrag muss folgende Angaben enthalten: 22
- Antragsteller und Antragsgegner,
- Anspruchsbezeichnung,
- Nebenforderungen,

- Gegenleistung,
- besondere Verfahrensart,
- Streitgericht und
- Bezeichnung des Gerichts, bei dem der Antrag gestellt wird.

1. Antragsteller/Antragsgegner

23 Sowohl beim Antragsteller als auch beim Antragsgegner ist die genaue Bezeichnung der Partei, ihre vollständige zustellfähige Anschrift, ggf. ihr gesetzlicher Vertreter (z. B. bei einer juristischen Person) und ggf. ihr Prozessbevollmächtigter mit seiner zustellfähigen Anschrift anzugeben.

Bei einer natürlichen Person gibt es dabei meist keine Probleme.

24 Häufiger tauchen Probleme auf, wenn einer der Verfahrensbeteiligten eine **juristische Person** ist.

25 Für die Einzelfirma und für die GmbH & Co. KG gibt es besondere Schlüsselnummern bei der Antragsstellung, die 3 für die Einzelfirma und die 4 für die GmbH & Co. KG. Alle sonstigen Rechtsformen müssen konkret bezeichnet werden (z. B. GmbH, AG, OHG oder GbR).

26 Bei juristischen Personen ist dabei immer der gesetzliche Vertreter anzugeben, da die juristische Person durch diesen handelt. Die Stellung des gesetzlichen Vertreters muss dabei zu der angegebenen Rechtsform passen (z. B. also Geschäftsführer zur GmbH).

27 Im Folgenden soll auf zwei Rechtsformen besonders eingegangen werden:

- Gesellschaft bürgerlichen Rechts (GbR):
  Nach dem Urteil des BGH vom 29. 01. 2001 – II ZR 331/00, NJW 2001, 1056 (abzurufen unter www.bundesgerichtshof.de) besitzt die Außengesellschaft bürgerlichen Rechts Rechtsfähigkeit, sofern sie durch Teilnahme am Rechtsverkehr eigene Rechte und Pflichten begründet. In diesem Fall ist die Außen-GbR aktiv und passiv legitimiert. Es würde demnach genügen, nur die GbR als Antragsteller oder Antragsgegner anzugeben, der geschäftsführende Gesellschafter oder die Gesellschafter müssten lediglich als gesetzliche Vertreter angegeben werden. Um jedoch nicht nur in das Gesellschaftsvermögen der Außen-GbR vollstrecken zu können, ist es wie bei der OHG sinnvoll, neben der Gesellschaft auch die Gesellschafter persönlich, jeweils mit Privatanschrift, einzutragen. Diese würden sodann mit ihrem Privatvermögen gesamtschuldnerisch mit dem Gesellschaftsvermögen haften.
- Limited:
  Die Limited ist eine besondere Form der Kapitalgesellschaften und stammt aus den Ländern des Commenwealth (z. B. Großbritannien, Kanada, Irland etc.). Dabei besitzt die Limited nur ein ganz geringes Stammkapital, i. d. R. von einem englischen Pfund. Die Limited hat jedoch nur ihren allgemeinen Gerichtsstand in Deutschland, wenn sie entweder ihren satzungsmäßigen Sitz, ihre Hauptverwaltung oder ihre Hauptniederlassung in Deutschland hat. Dabei ist immer im Einzelfall zu überprüfen, ob es sich bei dem im Handelsregister eingetragenen Sitz der

Zweigniederlassung tatsächlich um eine Hauptniederlassung der Limited handelt. Nach der Rechtsprechung kann nämlich nicht darauf geschlossen werden, dass die Limited ihre Hauptverwaltung oder Hauptniederlassung in Deutschland hat, wenn die Auslandsgesellschaft überwiegend oder vollständig in Deutschland geschäftlich aktiv ist. Sollte also eine Eintragung einer Hauptniederlassung nicht nachweisbar sein, so sollte das Mahnverfahren nach § 703d ZPO vorsorglich bei dem AG eingereicht werden, das für das streitige Verfahren zuständig wäre, ohne Beachtung des Streitwerts.

Besonders wenn die Verjährung des Anspruchs droht, ist eine genaue Bezeichnung des Antragsgegners erforderlich, damit eine alsbaldige Zustellung nicht verhindert wird. Nur wenn der Mahnbescheid fristgerecht beim Mahngericht eingereicht worden ist und die Zustellung alsbald erfolgt, wird die Verjährung des Anspruchs unterbrochen. 28

2. Anspruchsbezeichnung

Im Mahnverfahren ist der Rechtsgrund für den geltend gemachten Anspruch anzugeben. Hierzu stehen dem Antragsteller zwei Möglichkeiten zur Verfügung: 29
- die Angabe durch eine Katalognummer oder
- die Angabe eines sonstigen Anspruchs.

Mit Einführung des automatisierten Mahnverfahrens wurden für die häufigsten Rechtsgründe **Katalognummern** eingeführt. Dabei gibt es eine Regel- und eine Sonderkatalognummernliste, die in die entsprechenden Rechtsanwalts-Softwares eingearbeitet worden sind. So ist z. B. bei Ansprüchen aus einem Dienstleistungsvertrag die Regelkatalognummer 5, aus einem Kaufvertrag die Nr. 11 und bei Ansprüchen aus Rechtsanwaltshonorar die Nr. 24 anzugeben. 30

Nur wenn keine Katalognummer zum Anspruchsgrund vorhanden ist, darf ein **sonstiger Anspruch** angegeben werden. Der Anspruchsgrund ist genau zu bezeichnen. 31

Im Mahnverfahren erfolgt zwar keine rechtliche Überprüfung des Anspruchs, eine konkrete Bezeichnung und somit hinreichende Individualisierung des Anspruchs ist jedoch nach dem BGH für die Unterbrechung der Verjährung durch das Mahnverfahren erforderlich. Der Anspruch soll hiernach so konkret bezeichnet sein, dass der Antragsgegner erkennen kann, welche Ansprüche geltend gemacht werden, damit er beurteilen kann, ob und in welchem Umfang er sich gegen den geltend gemachten Anspruch zur Wehr setzen will. 32

Dies gilt insbes. auch, wenn **mehrere Einzelforderungen** geltend gemacht werden. Der Antragsgegner soll die unterscheidbaren Ansprüche erkennen können, so BGH 17.10.2000 – XI ZR 312/99, NJW 2001, 305 (herunterzuladen unter www.bundesgerichtshof.de). 33

Ausreichend ist daher meist die Angabe der Rechnungsnummer und die Angabe des Vertrags/Ereignisses (z. B. Kaufvertrag vom ..... oder Schadensersatz aus Verkehrsunfall vom .....).

34 Zulässig ist es jedoch auch, wenn im Mahnverfahren auf eine Forderungsaufstellung Bezug genommen wird. Dies kann insbes. dann sinnvoll sein, wenn zahlreiche einzelne Rechungspositionen gegen den Antragsgegner geltend gemacht werden sollen. In diesem Fall ist es jedoch zwingend erforderlich, dass dem Antragsgegner eine Forderungsaufstellung zugegangen ist.

35 ▶ Praxistipp:

In der Praxis ist eine unzureichende Individualisierung des Anspruchs so lange unschädlich, bis sich der Antragsgegner hierauf beruft. Eine Überprüfung durch das Mahngericht von Amts wegen findet nicht statt.

Der Antragsgegner kann jedoch nicht nur im Mahnverfahren, sondern ggf. auch noch im Zwangsvollstreckungsverfahren die formelle Einwendung eines „fehlerhaften“ Vollstreckungsbescheids im Wege der Erinnerung oder der sofortigen Beschwerde geltend machen.

Die Individualisierung des Anspruchs sollte im Mahnantrag daher immer noch einmal gesondert überprüft werden.

36 Im Mahnverfahren können zwar auch **Schadensersatz- und Schmerzensgeldbeträge** geltend gemacht werden, eine Feststellung, dass der Anspruch aus vorsätzlich unerlaubter Handlung entstanden ist, ist jedoch nicht möglich. Dies hat der BGH noch einmal ausdrücklich mit Beschl. v. 14.03.2003 – IXa ZB 52/03 (herunterzuladen unter www.bundesgerichtshof.de) festgestellt.

37 Benötigt der Mandant einen entsprechend Vollstreckungstitel für eine privilegierte Pfändung, bei der er in einen für den Normalgläubiger unzugänglichen Pfändungsbereich pfänden darf, so müsste eine entsprechende Zahlungsklage mit Feststellungsantrag eingereicht werden.

38 Die nachstehende Liste gibt einen Überblick über die gängigsten Anspruchsgrundlagen:

39

Anspruchsgrundlage	Rechtsnatur	Kennziffer im Mahnantrag
aus Vertrag		
Kaufvertrag §§ 433 ff.BGB	geschuldet: Kaufpreis gg. Eigentumsverschaffung an der Kaufsache	11
Mietvertrag §§ 535 ff. BGB	geschuldet: Mietzins	

	gg. Gebrauchsüberlassung der Mietsache	
Wohnraummiete incl. Nebenkosten		19
Mietnebenkosten – auch Renovierungskosten- bei Wohnmietraum		20
Geschäftsraummiete inkl. Nebenkosten		17
KfZ-Miete		18
sonstige Miete		21
Pachtvertrag §§ 581 ff. BGB	geschuldet: Pachtzins gg. Gebrauchsüberlassung mit Fruchtziehung	23
Gelddarlehen §§ 488 ff. BGB	geschuldet: Darlehensrate inkl. Zinsen gg. zur Verfügung gestellten Darlehensbetrag	4
Dienstvertrag §§ 611 ff. BGB	geschuldet: Dienstlohn gg. geschuldete Arbeitsleistung Achtung: bitte unbedingt abgrenzen vom Arbeitsvertrag, der eine Unterform des Dienstvertrages zwischen Arbeitnehmer und Arbeitgeber ist; für Ansprüche aus einem Arbeitsverhältnis gibt es ein gesondertes Mahnverfahren	5
Werkvertrag §§ 631 ff. BGB	geschuldet: Dienstlohn gg. geschuldeten Erfolg (z. B. Architektenvertrag)	44
Anwaltsvertrag §§ 675 ff, 611 ff BGB	geschuldet: Vergütung aus einem entgeltlichen Geschäftsbesorgungsvertrag	24

Rückgriff aus Bürgschaft §§ 765 ff. BGB	geschuldet: Forderung aus Bürgschaft (Schuldner steht hier gem. Bürgschaftsvertrag für die Erfüllung der Verbindlichkeit eines Dritten ein)	**80**
Schadensersatz aus Vertrag	hier muss immer die Vertragsart genannt werden	**28**
aus ungerechtfertigter Bereicherung § 812 Abs. 1 BGB	geschuldet: das zur Herausgabe Erlangte Prüfung: 1. wer durch die Leistung eines anderen oder in sonstiger Weise auf dessen Kosten etwas erlangt 2. ohne Rechtsgrund – auch nachträglich weggefallen z. B. durch Anfechtung ist zur Herausgabe verpflichtet	37
aus unerlaubter Handlung § 823 BGB (Schadensersatz aus Unfall etc.)	geschuldet: bezifferter Schadensersatzbetrag Prüfung: 1. Rechtsgutverletzung (z. B. Körper, Leben, Eigentum) 2. durch eine Handlung (Tun oder Unterlassen, auch Dulden), 3. die kausal, 4. widerrechtlich (ohne Rechtfertigungsgrund z. B. Notwehr) und 5. verschuldet (Vorsatz oder Fahrlässigkeit) ist. 6. Hieraus muss sich ein zurechenbarer Schaden ergeben.	**29**

3. Nebenforderungen und Auslagen

40 Mit dem Mahnverfahren können ferner Nebenforderungen geltend gemacht werden. Hierzu gehören insbes. laufende und ausgerechnete Zinsen.

Bei den **laufenden Zinsen** sind folgende Informationen anzugeben: 41
- auf welche jeweilige Hauptforderung sich die Zinsen beziehen,
- ein Festzins oder alternativ die Anzahl der Prozentpunkte über den Basiszinssatz,
- für den Fall, dass der zu verzinsende Betrag von der zugeordneten Hauptforderung abweicht, die Höhe dieses Betrags und
- falls nicht eine Verzinsung ab Rechtshängigkeit geltend gemacht werden soll, ab wann die Zinsen entstanden sind (ggf. ist auch ein Zinsende anzugeben).

Als **weitere Nebenforderungen und Auslagen** kommen in Betracht 42
- Mahnkosten,
- Auskunftskosten,
- Bankrücklastkosten,
- Inkassokosten (bis zur Höhe der Anwaltsvergütung für eine vorgerichtliche Tätigkeit),
- Anwaltsvergütung für das vorgerichtliche Mahnschreiben,
- Formularkosten,
- Nachnahmegebühren und
- Portoauslagen.

Die Höhe dieser Nebenkosten wird formalisiert durch das jeweilige Mahngericht überprüft, wobei die einzelnen Mahngerichte Höchstbeträge für die Nebenforderungen und sonstigen Auslagen individuell festlegen. Werden sodann „erhöhte" (über den Höchstsätzen liegende) Nebenforderungen bzw. Auslagen geltend gemacht, so erhält man eine Monierung. Entweder man verzichtet dann auf die Geltendmachung der erhöhten Nebenforderung oder man weist die erhöhten Kosten nach. 43

Nach der Auffassung des BGH (07.03.2007 – VIII ZR 86/06, NJW 2007, 2049; herunterzuladen unter www.bundesgerichtshof.de), wonach eine wegen desselben Gegenstands entstandene Geschäftsgebühr anteilig auf die Verfahrensgebühr des gerichtlichen Verfahrens anzurechnen ist, vermindert sich nunmehr nicht die bereits entstandene Geschäftsgebühr, sondern die im gerichtlichen Verfahren anfallende Verfahrensgebühr. 44

Im Mahnverfahren muss daher die Geschäftsgebühr als Nebenforderung „Anwaltsvergütung für die vorgerichtliche Tätigkeit" eingetragen werden, Wird eine höhere als die 1,3-Geschäftsgebühr nach Nr. 2300 VV RVG geltend gemacht, so muss weiterhin versichert werden, dass die Angelegenheit umfangreich oder schwierig gewesen ist. Eine Überprüfung des Sachverhalts durch das Mahngericht erfolgt jedoch nicht. 45

Des Weiteren muss der Minderungsbetrag nach Vorbemerkung 3 Abs. 4 VV RVG, i.d.R. 0,65, bei einer ursprünglichen Geschäftsgebühr von 1,3, als „Minderungsbetrag" eingetragen werden. 46

► **Praxistipp:** 47

Denken Sie daran, dass die Anrechnungsvorschrift nur die Gebühren betrifft, nicht jedoch die Post- und Telekommunikationspauschale.

Bei einem Gegenstandswert von 1.000,00 € wäre die Anwaltsvergütung für die vorgerichtliche Tätigkeit bei einem vorsteuerabzugsberechtigten Mandanten mit folgendem Betrag anzugeben:

1,3-Geschäftsgebühr nach Nr. 2300 VV RVG	110,50 €
Post- und Telekommunikationspauschale nach Nr. 7002	20,00 €
Gesamtbetrag	130,50 €

Der Minderungsbetrag wäre jedoch nicht die Hälfte des Gesamtbetrags, sondern lediglich eine 0,65 Gebühr i.H.v. 55,25 €.

4. Gegenleistung

48 Wie bereits erwähnt, ist das Mahnverfahren gem. § 690 Abs. 1 Nr. 4 ZPO ausgeschlossen, wenn der Anspruch noch von einer zu erbringenden Gegenleistung abhängt.

49 Es ist daher zwingend die Angabe erforderlich, dass der Anspruch nicht von einer Gegenleistung abhängt oder dass diese bereits erbracht worden ist. Da das Mahngericht die Rechtslage nicht überprüft, muss jedoch weder die Art noch der Umfang der Gegenleistung genannt werden. Auch ist der Zeitpunkt der Erbringung unbeachtlich. Entsprechende Beweisbelege sind nicht beizufügen, die bloße Behauptung reicht aus.

5. Besondere Verfahrensarten

50 Sowohl beim automatisierten als auch beim elektronischen Mahnverfahren besteht die Möglichkeit, besondere Mahnverfahren durchzuführen und zwar:
- das Scheck- und Wechselmahnverfahren sowie
- das Urkundenmahnverfahren.

51 In der Praxis hat das **Scheck- und Wechselmahnverfahren** fast keine Bedeutung mehr, sodass nachstehend nur die Besonderheiten des **Urkundenmahnbescheids** dargestellt werden.

52 Im Mahnantrag ist die Urkunde konkret zu bezeichnen. Das Mahngericht prüft dabei nicht die Zulässigkeit der gewählten Prozessart.

53 Geht das Urkundenmahnverfahren in das streitige Urkundenverfahren über (z. B. nach Widerspruch), so kann der Antragsteller seinen Anspruch nur durch Vorlage der Urkunde begründen. Darüber hinausgehende Beweismittel sind hingegen unzulässig. Aber auch der Antragsgegner kann nur Einwendungen vorbringen, die sich auf die Urkunde beziehen.

54 Der Ablauf des Urkundenprozesses wird dabei ausführlich im 12. Kapitel unter Kap. 11 Rdn. 54 ff. dargestellt.

6. Streitgericht

Ferner ist das Streitgericht anzugeben. Die Zuständigkeit ergibt dabei aus den allgemeinen Grundsätzen für das Klageverfahren (vgl. Ausführungen unter Kap. 7 Rdn. 23 ff.). 55

7. Mahngericht

Als Letztes muss das Mahngericht selbst bezeichnet werden, bei dem der Antrag gestellt wird. 56

III. Verkürzte Darstellung des Verfahrensablaufs

Mit nachstehender Abbildung wird der Verfahrensablauf bis zum Vollstreckungsbescheid verkürzt dargestellt. 57

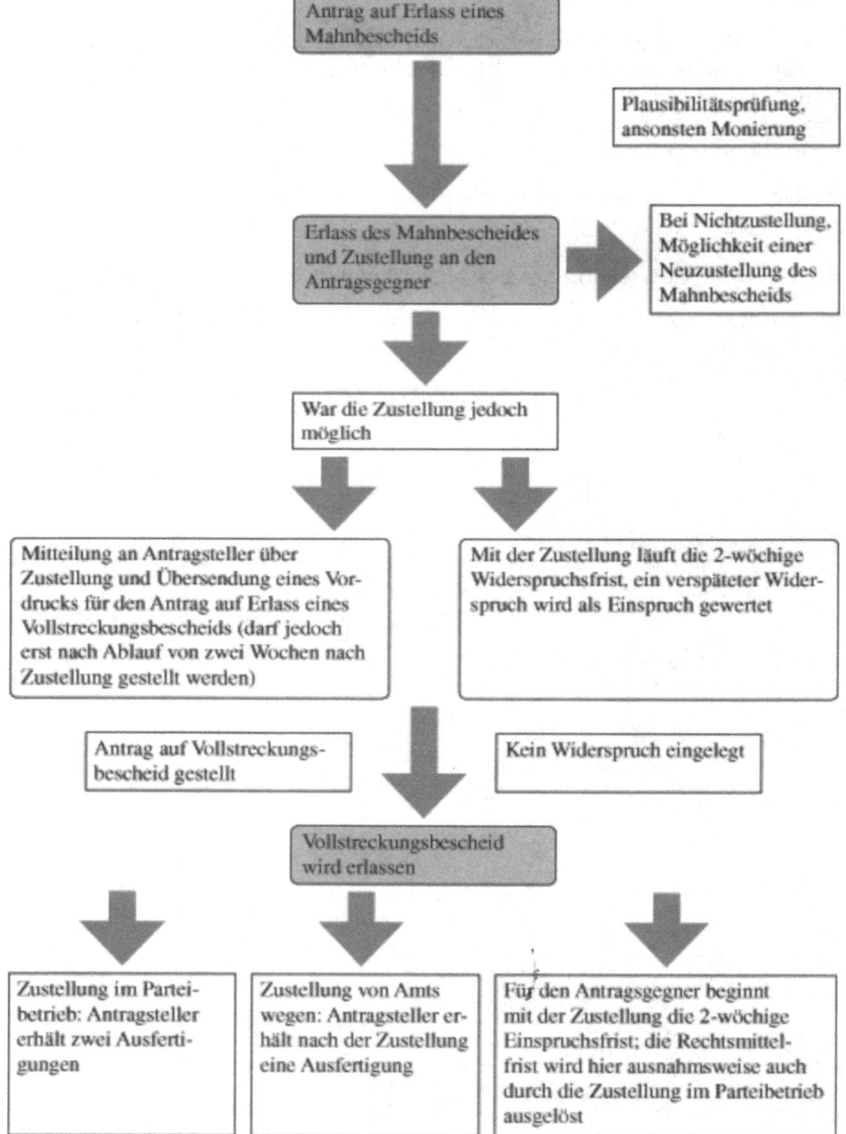
Antrag auf Erlass eines Mahnbescheids
Plausibilitätsprüfung, ansonsten Monierung
Erlass des Mahnbescheides und Zustellung an den Antragsgegner
Bei Nichtzustellung, Möglichkeit einer Neuzustellung des Mahnbescheids
War die Zustellung jedoch möglich
Mitteilung an Antragsteller über Zustellung und Übersendung eines Vordrucks für den Antrag auf Erlass eines Vollstreckungsbescheids (darf jedoch erst nach Ablauf von zwei Wochen nach Zustellung gestellt werden)
Mit der Zustellung läuft die 2-wöchige Widerspruchsfrist, ein verspäteter Widerspruch wird als Einspruch gewertet
Antrag auf Vollstreckungsbescheid gestellt
Kein Widerspruch eingelegt
Vollstreckungsbescheid wird erlassen
Zustellung im Parteibetrieb: Antragsteller erhält zwei Ausfertigungen
Zustellung von Amts wegen: Antragsteller erhält nach der Zustellung eine Ausfertigung
Für den Antragsgegner beginnt mit der Zustellung die 2-wöchige Einspruchsfrist; die Rechtsmittelfrist wird hier ausnahmsweise auch durch die Zustellung im Parteibetrieb ausgelöst

IV. Vergütung des Rechtsanwalts und PKH

Die Vergütungsansprüche des RA für das Mahnverfahren sind ausführlich unter Kap. 8 Rdn. 876 ff. dargestellt. 58

Für das Mahnverfahren kann grds. auch PKH beantragt werden (vgl. Kap. 6 Rdn. 156), wobei die Beiordnung eines Prozessbevollmächtigten meist wegen der Einschränkung des § 121 Abs. 2 ZPO mit der Begründung abgelehnt wird, dass eine Anwaltsbeiordnung nicht erforderlich erscheint. Dies wird insbes. damit gerechtfertigt, dass das Mahnverfahren durch das Ausfüllen eines einfachen Formulars eingeleitet werden kann. Nur in ganz speziellen Ausnahmefällen (z. B. bei einer schweren Krankheit, die ein eigenständiges Handeln verhindert) und mit ausführlicher Begründung kann im Einzelfall eine Beiordnung erreicht werden. 59

Im Zweifel erhält also der Mandant PKH, jedoch ohne Anwaltsbeiordnung, sodass die Justizkasse lediglich auf die Erhebung von Gerichtskosten verzichtet. Der Mandant müsste die Rechtsanwaltskosten selbst tragen. 60

▶ Praxistipp: 61

Der Mandant ist in diesen Fällen meist besser gestellt, wenn seine Forderung direkt im Klagewege geltend gemacht und für die Klage PKH beantragt wird, da er so keine Rechtsanwaltskosten zahlen muss.

Die vorstehenden allgemeinen Ausführen gelten für das Mahnverfahren insgesamt, gleich in welcher Form es beantragt worden ist. 62

V. Übergang ins Klageverfahren

Das Mahnverfahren endet in der Regel mit Erlass des Vollstreckungsbescheides, der einen vollstreckungsfähigen Titel darstellt. Unter Umständen legt der Antragsgegner jedoch Widerspruch gegen den Mahnbescheid bzw. Einspruch gegen den Vollstreckungsbescheid ein, so dass der Anspruch im ordentlichen Klageverfahren überprüft wird. 63

Hierzu muss der Antragsteller bei Übergang ins streitige Verfahren seinen Anspruch erstmals begründen.Die entsprechenden Schriftsätze können i. d. R. durch eine gut ausgebildete Reno für den Rechtsanwalt vorbereitet werden. 64

1. Anspruchsbegründung nach Widerspruch

Der Widerspruch gegen den Mahnbescheid durch den Antragsgegner führt nicht von Amts wegen zu einer Überleitung ins streitige Verfahren. Will der Antragssteller das Verfahren fortsetzen, so muss er dies gesondert beantragen, was jedoch bereits im Mahnantrag möglich ist. Weitere Voraussetzung auf Klägerseite ist, dass die weiteren Gerichtskosten in Höhe von 2,5 eingezahlt werden (§ 65 Abs. 1 S. 2 GKG i.V.m. Nr. 1210 KV GKG). 65

66 Will hingegen jedoch der Antragsgegner die Angelegenheit im streitigen Verfahren klären lassen, so ist nur ein entsprechender Antrag erforderlich, die Vorschusspflicht hinsichtlich der Gerichtskosten trifft nur den Kläger.

67 Nach Eingang der Mahnakte beim Prozessgericht wird der Antragssteller (und spätere Kläger) aufgefordert, die Anspruchsbegründung gem. § 697 Abs. 1 i.V.m. 253 ZPO innerhalb von 2 Wochen einzureichen. Sollte das Mahnverfahren an das Landgericht abgegeben werden, so ist auch hier die Vertretung durch einen Anwalt geboten (sogenannter Anwaltsprozess).

68 In der Anspruchsbegründung muss der Antrag ausformuliert werden, die Ankündigung, den Antrag aus dem Mahnbescheid zu stellen, ist unbestimmt und reicht daher nicht aus.

69 Die Begründung des Antrages entspricht der Begründung einer normalen Klageschrift. Der Vortrag muss vollständig und substantiiert sein, eine bloße Bezugnahme auf den Mahnbescheid reicht nicht aus. Auch ist der Anspruch durch Beweisantritt zu begründen.

70 Nach Eingang der Anspruchsbegründung verfährt das Gericht wie bei einer normalen Klage, in dem ein früher erster Termin gem. § 275 ZPO bestimmt oder das schriftliche Vorverfahren gem. § 276 ZPO angeordnet wird.

71 ► **Praxistipp:**

Um einen schnelleren Fortgang des Verfahren zu erreichen, hat es sich in der Praxis bewährt, die Anspruchsbegründung bereits mit den Antrag auf Abgabe ins streitige Verfahren sowie den weiteren Gerichtskostenvorschuss direkt an das Mahnverfahren zu übermitteln. Die Anspruchsbegründung wird in diesen Fällen zur Mahnakte genommen und geht dann erst an das Prozessgericht, dass jedoch keine Frist mehr zur Begründung setzen muss.

72 Will der Antragssteller (und spätere Kläger) das Verfahren nicht weiter betreiben, braucht er die gesetzte 2-Wochenfrist für die Anspruchsbegründung nicht einhalten. Das Gericht trifft von sich aus keine Anordnung.

73 Nur wenn der Antragsgegner (und spätere Beklagter) einen Antrag stellt, wird ein Termin gem. § 697 Abs. 3 ZPO bestimmt, mit der Maßnahme, dass der Antragsteller noch einmal zur Anspruchsbegründung aufgefordert wird. Hält dieser die 2. Frist auch diesmal nicht ein, so droht die Abweisung der Klage oder sein nicht fristgerecht eingereichter Vortrag wird als verspätetes Vorbringen gem. § 296 Abs. 1 zurückgewiesen.

► **MUSTER: Anspruchsbegründung nach Widerspruch**

74 **Prozessgericht**

(ggf. auch das Mahngericht)

....

(genaue Anschrift)

In Sachen

Kläger (früherer Antragssteller)

......

(genaue Anschrift)

- Kläger -

Prozessbevollmächtigter: (genaue Bezeichnung mit Anschrift)

gegen

Beklagter (früherer Antragsgegner)

.....

(genaue Anschrift)

- Beklagter –

Prozessbevollmächtigter: (soweit vorhanden)

Aktenzeichen

(vom Prozessgericht, geht die Anspruchsbegründung bereit an das Mahngericht, dann das mahngerichtliche Aktenzeichen

zeige ich an, dass der Kläger im streitigen Verfahren durch mich vertreten wird. Es wird gebeten, einen baldigen Termin zur mündlichen Verhandlung zu bestimmen,

Es wird beantragt,

1. den Beklagte zu verurteilen, an den Klägern € XXX (bezifferter Anspruch) nebst Zinsen i.H.v. 5 %-Punkten über den Basiszinssatz seit dem XXX (Verzugsbeginn) zu zahlen;.

2. dem Beklagte die Kosten des Verfahrens aufzuerlegen;

3. das Urteil ist, notfalls gegen Sicherheitsleistung, vorläufig vollstreckbar zu erklären.

Es wird ferner beantragt,

gegen den Beklagten ein Versäumnisurteil oder ein Anerkenntnisurteil ohne mündliche Verhandlung zu erlassen, für den Fall, dass das Gericht das schriftliche Vorverfahren anordnet und der Beklagte nicht innerhalb der Frist seine Verteidigungsbereitschaft angezeigt oder die Forderung anerkannt hat.

Begründung:

(substantiierter Vortrag mit Beweisantritten)

Beglaubigte und einfache Abschrift anbei.

Unterschrift RA

2. Anspruchsbegründung nach Einspruch gegen Vollstreckungsbescheid

75 Wurde bereits der Vollstreckungsbescheid erlassen und hat der Antragsgegner (und späterer Kläger) hiergegen Einspruch eingelegt, so bedarf es keinen weiteren Antrages durch den Antragsteller. Das Mahngericht gibt die Sache an das im Mahnantrag angegebene streitige Gericht von Amts wegen gem. § 700 Abs. 3 S 1 ZPO ab.

76 Gem. § 12 Abs. 3 S. 3 letzter HS. GKG besteht auch hier im Grunde eine Vorschusspflicht für die weiteren Gerichtskosten. Da hier jedoch der Beklagter quasi das Verfahren zu Abwehr betreibt, wird unter Vorbehalt seiner Rechte, hiervon abgesehen.

77 Die Einspruchsschrift wird dem Kläger von Amts wegen zugestellt und dieser gleichfalls aufgefordert, seinen Anspruch innerhalb einer gesetzten Frist zu begründen. Zwar „betreibt" der Beklagte hier das Verfahren zur Abwehr des Anspruches, der Antragssteller und jetzige Kläger hat jedoch das Verfahren durch seinen Mahnantrag eingeleitet und muss daher zuerst darlegen, dass sein Anspruch tatsächlich begründet ist.

78 Die Anspruchsbegründung muss auch in diesem Fall der Form einer Klage entsprechen, substantiiert sein und unter Beweisantritt gestellt werden. Da der Vollstreckungsbescheid an sich jedoch bereits einen vorläufig vollstreckbaren Titel darstellt, ist der Antrag nicht mehr auszuformulieren. Vielmehr wird beantragt, den bereits erlassenen Vollstreckungsbescheid aufrecht zu erhalten.

79 Da der Vollstreckungsbescheid auch im Parteibetrieb zugestellt werden kann, ist es in diesen Fällen ratsam, das Zustelldatum dem Gericht mitzuteilen, damit das Gericht über die fristgerechte Einlegung des Einspruchs und somit der Zulässigkeit entscheiden kann. Ist der Einspruch nämlich verspätet eingelegt worden, so wird dieser als unzulässig verworfen.

80 Nach Eingang der Anspruchsbegründung ist wie nach Eingang einer Klage zu verfahren. Der vorsitzende Richter entscheidet, ob ein früher erster Termin oder das schriftliche Vorverfahren durchzuführen ist. Anders als bei dem Verfahren nach Widerspruch gegen den Mahnbescheid kann hier jedoch im schriftlichen Vorverfahren kein Versäumnisurteil ergehen. Gem. § 700 Abs. 4 S. 2 ZPO ist die Aufforderung zur Anzeige der Verteidigungsabsicht sowie die Belehrung über die Fristversäumnis gem. § 276 Abs. 1 S. 1,3 sowie Abs. 2 ZPO ausdrücklich im Gesetz ausgeschlossen.

81 Grund hierfür ist, dass der Vollstreckungsbescheid von seiner Natur her einem Versäumnisurteil gleichgestellt ist. Würde hier nämlich im schriftlichen Verfahren eine Säumnis eintreten, so müsste ein zweites Versäumnisurteil gegen den Beklagten ergehen mit der Folge, dass er keinen weiteren Einspruch einlegen könnte, sondern nur noch die eingeschränkte Berufung nach § 514 Abs. 2 ZPO zur Verfügung hätte. Die eingeschränkte Berufung müsste sich dann darauf stützen, dass ein schuldhaftes Versäumnis nicht vorgelegen hätte.

Der Gesetzgeber wollte jedoch, dass der Beklagte zumindest einmal die Möglichkeit besitzt, seine Einwendungen gegen den Anspruch selbst in einer mündlichen Verhandlung vorzutragen. Erscheint der Beklagten dann jedoch nicht zum Termin, so ist er hierfür selbst verantwortlich, so dass in der mündlichen Verhandlung bei Schlüssigkeit der Klage und Säumnis des Beklagten durchaus ein zweites Versäumnisurteil ergehen kann.

Für den Fall, dass der Kläger (frühere Antragsteller) die Anspruchsbegründung nicht 82
fristgerecht einreicht, hat das Gericht unverzüglich Termin zu bestimmen und setzt dem Kläger eine weitere Frist zur Anspruchsbegründung. Diese Frist sollte der Kläger diesmal unbedingt einhalten, da ansonsten die Abweisung der Klage droht oder sein nicht fristgerecht eingereichter Vortrag als verspätetes Vorbringen gem. § 296 Abs. 1 zurückgewiesen wird.

▶ MUSTER: Anspruchsbegründung nach Einspruch

83

Prozessgericht

....

(genaue Anschrift)

In Sachen

Kläger (früherer Antragssteller)

......

(genaue Anschrift)

- Kläger -

Prozessbevollmächtigter: (genaue Bezeichnung mit Anschrift)

gegen

Beklagter (früherer Antragsgegner)

.....

(genaue Anschrift)

- Beklagter –

Prozessbevollmächtigter: (soweit vorhanden)

Aktenzeichen

(vom Prozessgericht)

zeige ich an, dass der Kläger im streitigen Verfahren durch mich vertreten wird. Es wird gebeten, einen baldigen Termin zur mündlichen Verhandlung zu bestimmen,

Es wird beantragt,

1. den Vollstreckungsbescheid vom XXX (Datum) aufrechtzuerhalten;

2. dem Beklagten die Kosten des Verfahrens aufzuerlegen;

3. das Urteil für vorläufig vollstreckbar zu erklären.

Begründung:

[Der Vollstreckungsbescheid wurde am XXX (Zustelldatum) im Parteibetrieb zugestellt. Die Zustellurkunde wird im Termin im Original vorgelegt, eine Kopie ist bereits jetzt vorsorglich beigefügt.] (Dieser Passus ist nur erforderlich, wenn der Vollstreckungsbescheid im Parteibetrieb zugestellt worden ist.)

Zur Begründung des Anspruchs ist folgendes vorzutragen:

(substantiierter Vortrag mit Beweisantritten)

Beglaubigte und einfache Abschrift anbei.

Unterschrift RA

D. Elektronischer Mahnantrag

84 Ab dem 01.12.2008 kann der RA gem. § 690 Abs. 3 Satz 2 ZPO Mahnanträge nur noch in elektronischer Form verbindlich einreichen. (Einen guten Überblick über das neue Verfahren erhalten Sie auch bei König, Das elektronische Mahnverfahren in der Praxis.)

85 Dabei hat er jedoch drei Möglichkeiten:
- Einreichung einer Datei mit elektronischer Signatur,
- Barcodeantrag mit handschriftlicher Unterschrift (oder elektronischer Signatur) oder
- Datenträgeraustauschverfahren mit Begleitpapieren und handschriftlicher Unterschrift.

86 Da das Datenträgeraustausch-Verfahren (kurz: DAT-Verfahren) in der Praxis immer mehr an Bedeutung verliert, werden nur die ersten beiden Möglichkeiten ausführlich dargestellt. Nur kurz sei erklärt, dass beim DAT-Verfahren die Daten für den Mahnbescheid in eine DAT-Datei umgewandelt werden. Die Kommunikation mit dem Gericht erfolgt sodann über den Austausch von Disketten mit einem entsprechenden Begleitschreiben, das handschriftlich unterschrieben sein muss.

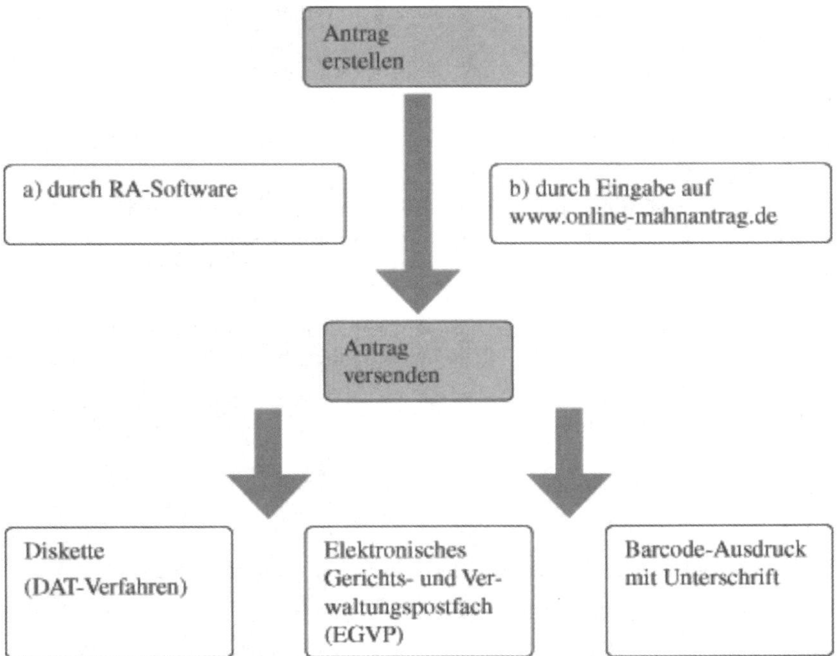

I. Einreichung einer EDA-Datei mit elektronischer Signatur

Die Einreichung einer Datei mit elektronischer Signatur ist insbes. für RA interessant, die viele Mahnbescheide beantragen oder die grds. ihr Mahnverfahren optimieren wollen. 87

Die Kommunikation erfolgt dabei mit dem jeweiligen Gericht via EGVP (Elektronisches Gerichts- und Verwaltungspostfach). Die Erschaffung einer geeigneten Datei erfolgt dabei über die entsprechende Rechtsanwalts-Komplettsoftware oder über gesonderte Mahnverfahrensprogramme privater Anbieter. 88

Dabei werden i. d. R. alle Informationen in ein Forderungskonto eingetragen und ein entsprechender Mahnantrag erstellt. Es erfolgt jedoch dann kein Ausdruck mehr auf den amtlichen Vordrucken, sondern es wird eine sog. EDA-Datei (Elektronischer Datenaustausch-Datei) gebildet, die via EGVP an das zuständige Mahngericht übermittelt wird. 89

Für die Erstellung einer EDA-Datei benötigt der RA jedoch eine Kennziffer für den elektronischen Datenaustausch. Manchmal erkennen die Mahngerichte die von einem anderen Gericht vergebene Kennziffer an, z. T. sind jedoch gesonderte Kennziffern zu beantragen. Eine diesbezügliche telefonische Nachfrage bei den Gerichten, 90 mit denen am häufigsten im Rahmen von Mahnverfahren kommuniziert wird, ist daher zweckdienlich.

91 ► Praxistipp:

Meist bietet es sich an, nur für die bei Ihnen gängigsten Mahngerichte entsprechende Kennziffern zu beantragen.

Die weiteren Mahnbescheidsanträge, die bei anderen Mahngerichten, mit denen seltener kommuniziert wird, beantragt werden müssen, können dann immer noch über das Internetportal www.online-mahnantrag.de beantragt werden.

92 U.a. wird unter der Kennnummer der Name und die Anschrift des RA sowie das Einzugskonto für die Gerichtskosten gespeichert, aber eben auch die sog. Ausbaustufe der Datenübertragung.

93 Dabei gibt es folgende **Ausbaustufen:**

94 Ausbaustufe 1 Kosten-/Erlassnachricht Mahnbescheid

Ausbaustufe 2 Zustellungs- und Nichtzustellungsnachricht

Ausbaustufe 4 Kosten-/Erlassnachricht Vollstreckungsbescheid

Ausbaustufe 8 Widerspruchsnachricht

Ausbaustufe 16 Zustellungs-/Nichtzustellungsnachricht Vollstreckungsbescheid

Ausbaustufe 32 Abgabenachricht

Ausbaustufe 64 Monierung

95 Die Ausbaustufen bauen aufeinander auf, sodass die höhere Ausbaustufe stets alle niedrigeren Nachrichten umfasst.

96 Bei der Beantragung der Ausbaustufe ist zu beachten, dass die verwendete Rechtsanwalts-Software die Nachrichten der gewählten Ausbaustufe auch verarbeiten kann. I.d.R. sollte die höchstmögliche Ausbaustufe gewählt werden, jedoch sollte dies auf Praxistauglichkeit überdacht werden.

97 ► Beispiel:

Besteht bei der Rechtsanwalts-Software keine Möglichkeit eine Neuzustellung des Mahnbescheids zu beantragen, so sollte lediglich die Stufe 1 gewählt werden. Würde man hier die Stufe 2 wählen, so würde man zwar die Nachricht über die Nichtzustellung des Mahnbescheids via EGVP erhalten, hätte dann jedoch kein amtliches Papierformular für die Beantragung der Neuzustellung.

Da die Erstellung der EDA-Datei von Rechtsanwalts-Software zu Rechtsanwalts-Software unterschiedlich ist, muss an dieser Stelle auf die entsprechenden Handbücher ver-

wiesen werden. In allen Programmen können jedoch Daten mehrerer unterschiedlicher Mahnbescheidsanträge in nur eine EDA-Datei umgewandelt werden.

Nachfolgend wird die Übermittlung dieser EDA-Datei mittels EGVP dargestellt.

1. EGVP – Allgemeines

Das EGVP dient nicht nur der Einreichung von Mahnanträgen, sondern wurde grds. für die Kommunikation mit Gerichten und Verwaltungsbehörden geschaffen. 98

In einigen Bundesländern, wie z. B. in Hessen, haben bereits alle Gerichte solche elektronischen Postfächer, sodass auch Klageschriften und sonstige Schriftsätze in elektronischer Form übermittelt werden können. Dies ist bislang jedoch die Ausnahme. Alle Bundesländer haben aber ein zentrales Mahngericht mit elektronischem Postfach. 99

2. Technische Voraussetzungen

An Hardware benötigen Sie einen PC mit Betriebssystem Microsoft Windows 2000, XP oder Linux RedHat 9.0, SuSe 9.X, ein Kartenlesegerät und eine Signaturkarte sowie einen Internetanschluss mit mindestens analogem 56 k-Modem. 100

Eine Liste der unterstützenden Kombinationen von Signaturkarten, Kartenlesern und Betriebssystemen finden Sie auf der Seite www.egvp.de. 101

Die Bundesnotarkammer bietet z. B. in Kooperation mit der Bundesrechtsanwaltskammer eine Signaturkarte mit **RA-Attribut** an. Das RA-Attribut ist jedoch für die Einreichung von Mahnanträgen nicht erforderlich. Da jedoch immer mehr Gerichte am elektronischen Datenaustausch teilnehmen werden, sollte bereits eine Signaturkarte mit entsprechendem Attribut beantragt werden, sodass die Karte auch später für die Einreichung von Klagen verwendet werden kann. 102

An Software benötigen Sie einen installierten Internet-Browser (z. B. Internet Explorer) sowie das Programm EGVP selbst, das auf der o.g. Internetseite kostenfrei heruntergeladen werden kann. 103

Damit das EGVP jedoch gestartet wird, benötigt es zudem noch das Programm JavaTM Runtime Enviroment, das auf den meisten Computern bereits installiert ist, aber bei Bedarf auch kostenfrei im Internet heruntergeladen werden kann. 104

▶ Praxistipp: 105

Besonders im Programm JavaTM Runtime Enviroment liegt derzeit eine hohe Fehlerquelle. Problematisch ist dabei, dass das EGVP immer nur mit einer bestimmten Java-Version arbeitet und es sich hierbei bislang nie um die aktuelle Version handelte. Es kann also durchaus sein, dass Sie für andere Computerprogramme die aktuelle Version benötigen und für das EGVP eine veraltete Version. Grds. sollte jedoch immer nur eine Version auf dem Computer installiert sein, da es bei mehreren Versionen verstärkt zu Fehlermeldungen kommt. Eine automatische Java-Aktualisierung sollte daher ausgeschlossen werden.

Stellen Sie jedoch fest, dass das EGVP auch nicht mit der alten Version zu starten ist, wurde höchstwahrschein eine „neue“ Java-Version in das Programm eingearbeitet, es handelt sich jedoch meist nicht um die aktuelle Version. In einem solchen Fall sollten Sie sich unter www.egvp.de erkundigen, welche Java-Version derzeit notwendig ist.

3. Einrichtung eines persönlichen elektronischen Postfachs im EGVP

106 Möchten Sie elektronische Nachrichten der Gerichte empfangen, so können Sie sich nach dem Herunterladen der EGVP-Software ein eigenes Postfach einrichten. Entsprechende ausführliche Hinweise erhalten Sie auf der Seite www.egvp.de. Aber auch ohne Einrichtung eines eigenen Postfaches können Übermittlungen vorgenommen werden.

107 Die nachfolgenden Schritte sind für die Einrichtung eines eigenen Postfaches erforderlich.

108 Beim erstmaligen Öffnen es EGVP erscheint ein Assistent zur Einrichtung eines Postfaches. Als Erstes muss dem Lizenzvertrag zugestimmt und ein Standardverzeichnis ausgewählt werden, in dem alle Nachrichten gespeichert werden. Es bietet sich an, hierfür einen gesonderten Ordner auf einer möglichst hohen Computerebene einzurichten (z. B. C:\egvp).

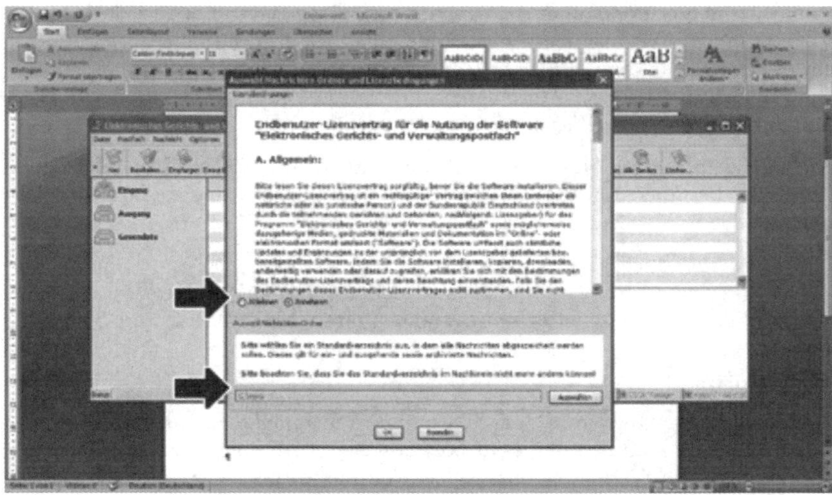

109 In einem weiteren Schritt muss nunmehr die Möglichkeit *Übermittlung mit Postfacheinrichtung* ausgewählt werden.

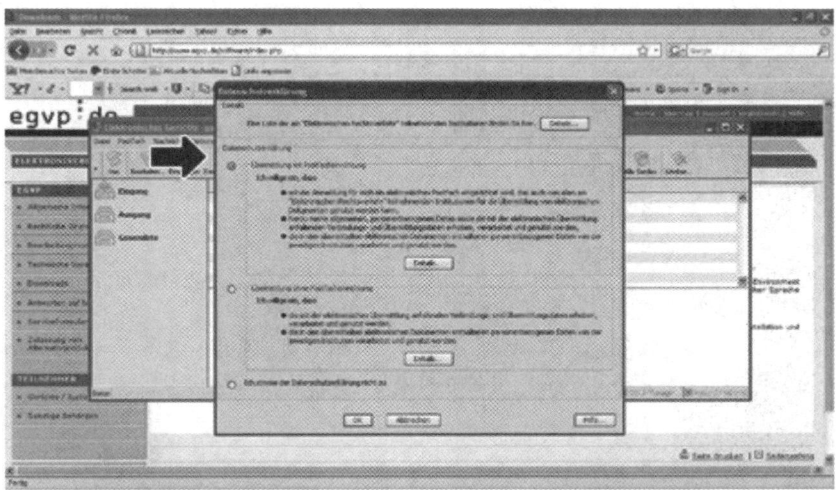

Es erscheint sodann eine Eingabemaske, in welche die persönlichen Daten eingetragen werden müssen. Dabei sind folgende Eintragungen **zwingend erforderlich:** 110
- die Organisation/der Beruf,
- die Anrede,
- der Name.
- die Straße mit Hausnummer und
- der Ort mit Postleitzahl.

Alle weiteren Felder sind freiwillig auszufüllen. 111

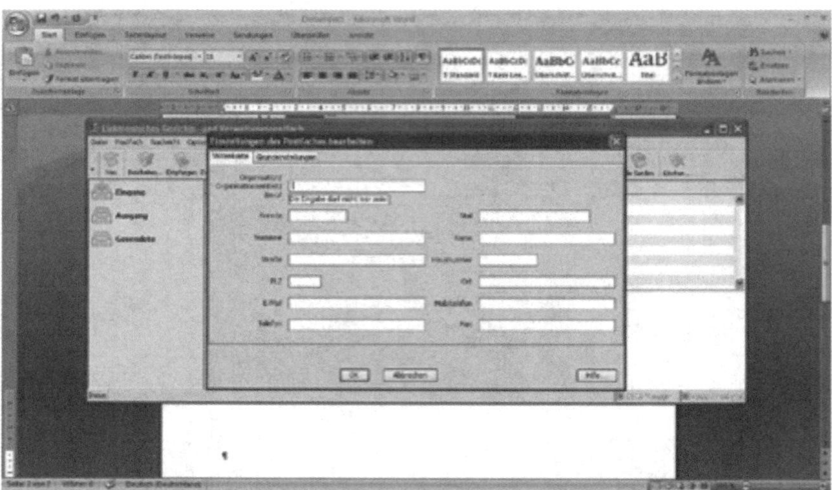

112 Auf der Registerkarte *Grundeinstellungen* kann als Letztes noch ein Ver- und Entschlüsselungszertifikat erstellt oder eingespielt werden.

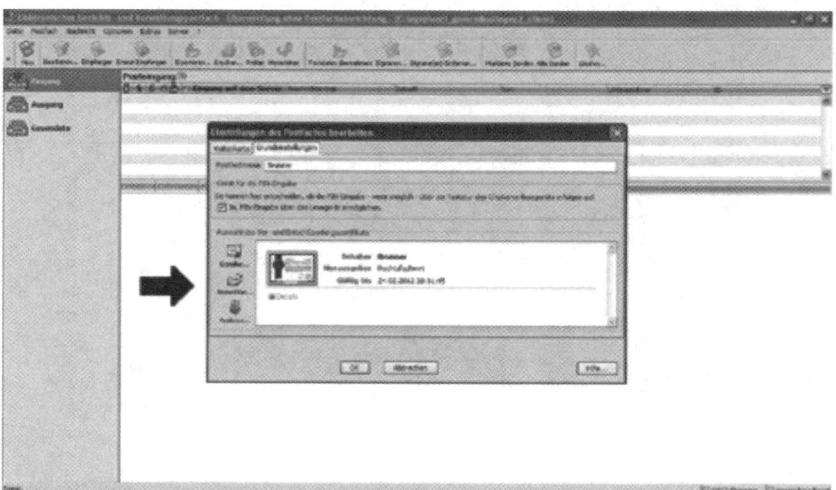

113 Das persönliche elektronische Postfach ist nunmehr erstellt.

4. Handhabung des EGVP

114 Das EGVP ist ähnlich wie ein E-Mail-Programm aufgebaut. Nach der Anmeldung des persönlichen Postfaches erscheint das nachstehende Anwendungsfenster. Wesent-

liche Elemente des Fensters sind Posteingangs-, Postausgangs- und Gesendet-Ordner am linken Rand sowie eine Symbolleiste mit den wichtigsten Funktionen am oberen Rand.

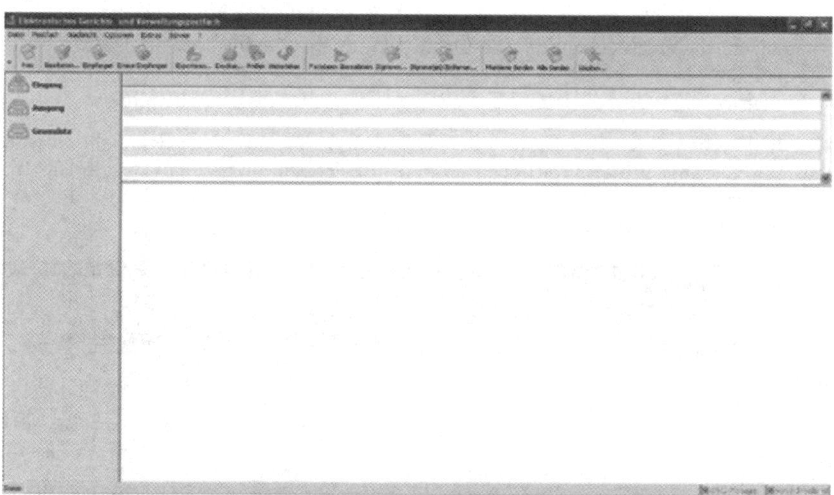

Für das Erstellen einer Sendung muss im Anwendungsfenster der Button *neue Nach-* 115
richt ausgewählt werden. Es erscheint dann folgendes Fenster, das dem Erscheinungsbild und der Handhabung gängiger E-Mail-Programme ähnelt.

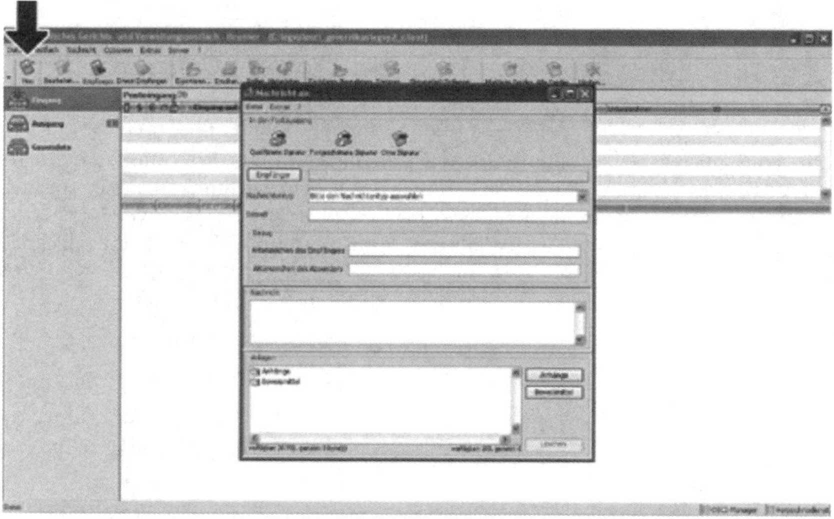

116 Dabei sind folgende Eingaben zu tätigen:
- Empfänger: ein entsprechendes Mahngericht ist aus der Empfängerliste auszuwählen,
- Nachrichtentyp: neue Mahnanträge,
- Bezug: hier ist kein Aktenzeichen einzugeben,
- Anlagen: die entsprechende EDA-Datei (Mahnbescheidsanträge) ist als Anlage anzuhängen,
- Signaturniveau: es muss hier die qualifizierte Signatur ausgewählt werden.

117 Durch das Auswählen des **Signaturniveaus** wird die Nachricht fertiggestellt und in den Postausgangsordner verschoben. Sie wurde jedoch noch nicht versendet. Im Postausgangsordner können die einzelnen Bestandteile der Nachricht über die entsprechenden Karteikartenreiter angesehen werden.

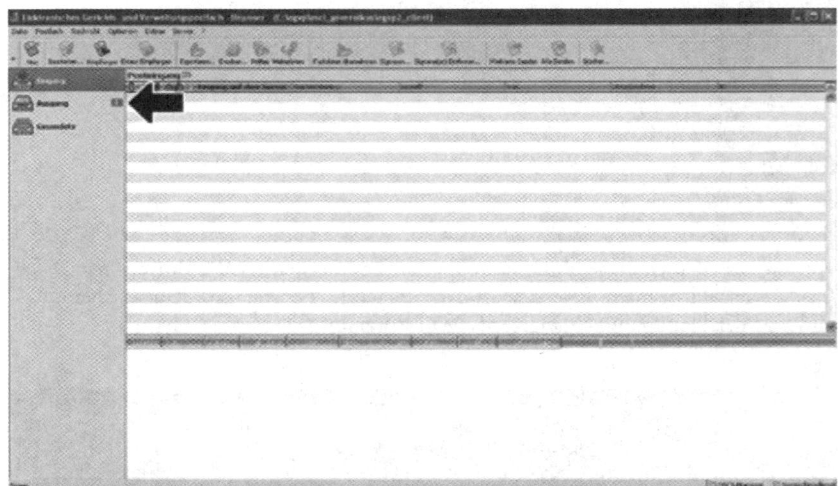

118 Für das Signieren der Sendung muss das Kartenlesegerät an den Computer, i. d. R. per USB, angeschlossen sein. Ferner muss man sich hierzu im Postausgangsordner im EGVP befinden. Zum Signieren geht man zunächst auf die zu signierende Nachricht (falls es mehrere gibt) und wählt den *Signieren*-Button. Es erscheint folgendes Fenster:

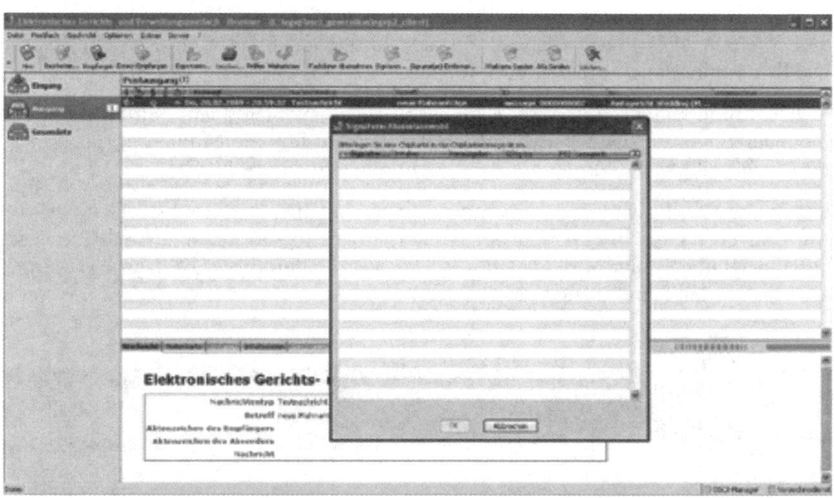

Die Nachricht muss nunmehr durch den RA signiert werden, indem dieser seine Signaturkarte in das Kartenlesegerät einsteckt und den weiteren Anweisungen zur Eingabe seiner PIN folgt. Bei Kartenlesegeräten ab der Sicherheitsstufe 2 erfolgt die Eingabe ausschließlich über die Tastatur des Kartenlesegeräts. 119

▶ Hinweis: 120

Die elektronische Signatur hat durchaus eine Zwitterstellung. Zum einen ersetzt sie die handschriftliche Unterschrift im elektronischen Rechtsverkehr, zum anderen besteht sie aber nur aus einem Datensatz, was eher für ein Siegel spricht.

Wäre die elektronische Signatur ausschließlich ein Siegel, so könnte das Signieren durchaus auch von der Rechtsanwaltsfachangestellten auf Anweisung des RA durchgeführt werden.

Bis zu einer endgültigen Klärung durch die Gerichte und unter haftungsrechtlichen Aspekten ist jedoch ein persönliches Signieren durch den RA ratsam. Die BNotK hat zwischenzeitlich per Rundschreiben an ihre Mitglieder klargestellt, dass zumindest der Notar seine Urkunden und Beglaubigungen höchstpersönlich elektronisch signieren muss.

Wurde die Nachricht erfolgreich signiert, wird der *Senden*-Button aktiviert und die Nachricht kann versandt werden. 121

Kurz nach dem Versenden erhält man eine Eingangsbestätigung mit dem genauen Eingangsdatum. Die Bestätigung enthält neben allen Bestandteilen der ursprünglichen Nachricht auch ein Prüfprotokoll mit dem Ergebnis der Signaturprüfung. 122

123 Die gesetzliche Verpflichtung zur Verwendung der elektronischen Form gem. § 690 Abs. 3 Satz 2 ZPO bezieht sich nur auf den Antrag auf Erlass eines Mahnbescheids. Dieser Verpflichtung wäre hier entsprochen.

124 Je nach beantragtem Ausbaugrad ist es möglich, fast sämtliche Mitteilungen im Mahnverfahren per EGVP (Mitteilung der Gerichtskosten, Monierungen, Widerspruchsmitteilungen, Zustellungsbenachrichtigungen) zu erhalten.

125 Damit das EGVP nicht immer geöffnet sein muss, kann man das EGVP so einrichten, dass eine Benachrichtigung per E-Mail erfolgt, sobald eine Nachricht vorliegt. Die Einstellung erfolgt über *Optionen/E-Mailbenachrichtigungen.* Es kann hier immer nur eine E-Mail-Adresse angegeben werden.

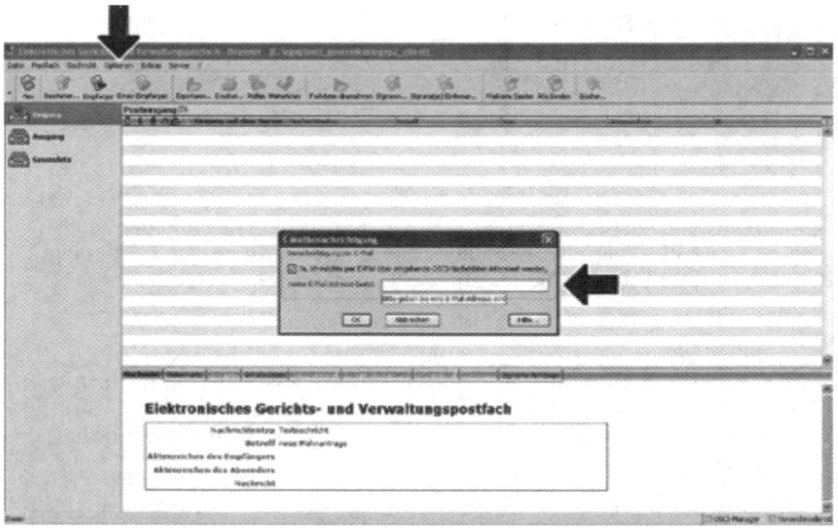

126 Erhält man eine entsprechende E-Mail, muss man nunmehr wieder das EGVP öffnen und den Button *Empfangen* auswählen.

127 Die empfangene Nachricht kann sodann in die verwendete Rechtsanwalts-Software zur weiteren Bearbeitung mit dem Button *Exportieren* exportiert werden.

II. Erstellung eines Barcodeantrags mit handschriftlicher Unterschrift

128 Über das Internetportal www.online-mahnantrag.de kann ein sog. Barcodeantrag erstellt werden.

129 Dieses Verfahren wurde insbes. für solche RA als zweite Möglichkeit einer elektronischen Übermittlungsform eingeführt, die nur wenige Mahnbescheidsanträge im Jahr stellen und sich keine Signaturkarte inklusive Kartenlesegerät anschaffen wollen.

Für die Erstellung eines Barcodeantrages benötigt man lediglich 130
- einen internetfähigen PC sowie
- einen Drucker mit weißem Papier.

In der Begründung zum Entwurf des 2. Justizmodernisierungsgesetzes ging man sogar soweit, dass es den RA zuzumuten sei, öffentliche Nutzerplätze (z. B. ein Internetcafé) aufzusuchen, falls sie selber über keinen Internetanschluss verfügen. Eine Ausnahme von der Verpflichtung zur elektronischen Einreichung wurde daher nicht ins Gesetz aufgenommen. 131

Für das Barcodeverfahren muss der Computer folgende Softwareprogramme enthalten: 132
- Internetexplorer ab Version 5.0 mit aktiviertem Java-Script und Cookies sowie
- Acrobat Reader.

► Praxistipp: 133

Der Software Acrobat Reader der Firma Adobe kann kostenlos im Internet unter www.adobe.com/de/products/reader/ heruntergeladen werden und dient dem Lesen von pdf- Dateien.

Der Acrobat Reader ist i.Ü. auch notwendig, um die auf der Seite der BGH befindlichen Entscheidungen anzuzeigen und auszudrucken.

Bei der Seite www.online-mahnantrag.de handelt es sich um ein interaktives Antragsformular, wobei jedoch im Internet keine Daten gespeichert werden. Das entsprechende Gericht erlangt erst durch die Einreichung des Antrags durch Sie Kenntnis von dem Verfahren. 134

Bereits bei der Eingabe wird die Vollständigkeit und Richtigkeit der Angaben grob durch das Internetportal überprüft und es erscheint bei einer Unschlüssigkeit sofort eine Fehlermeldung. 135

Die Einreichung des Antrags kann dabei 136
- via EGVP oder
- als ausgedruckter Barcodeantrag mit der Unterschrift des RA per Post

an das Mahngericht erfolgen. Bei der Einreichung via EGVP muss die erstellte Nachricht (Mahnantrag) mit einer qualifizierten Signatur versehen werden. Es erfolgen aber keine weiteren Meldungen des Gerichts über das EGVP, sondern ausschließlich in Papierform.

Als Alternative zur elektronischen Signatur, soll im Folgenden jedoch nur der **Barcodeantrag mit handschriftlicher Unterschrift** dargestellt werden. 137

Der Barcodeantrag besteht immer aus
- einem Deckblatt (Seite 1), auf dem der RA unterschreiben muss,
- dem Kontrollausdruck der Daten in Klarschrift (Seite 2, ggf. weitere) sowie
- dem darauf folgenden Barcodeausdruck.

138 Bei der Einreichung sind jedoch vier Regeln zu beachten:

- Der Barcodeantrag muss unterschrieben und vollständig eingereicht werden.
- Handschriftliche Änderungen sind nicht zulässig, da lediglich der Barcode eingescannt wird. Der Ausdruck der Daten in Klarschrift dient nur der Kontrolle.
- Der Ausdruck darf weder verschmutzt, verwischt oder stark zerknittert sein. In diesen Fällen muss der Ausdruck noch einmal fehlerfrei und sauber ausgedruckt werden.
- Da der Barcode durch eine Faxübermittlung nicht eins-zu-eins wiedergegeben wird, ist die Übersendung per Fax unzulässig.

139 Der Ablauf des Barcodeverfahrens wird am folgenden Bespiel dargestellt:

140 ▶ Beispiel:

Die Putzi Reinigungs GmbH, vertreten durch den Geschäftsführer Max B, hat gegen Frau Beate A, eingetragene Kauffrau, einen Anspruch aus einem Reinigungsvertrag. Der Rechnungsbetrag aus der Rechnung mit der Nr. 00–471 vom 05. 11. 2008 i.H.v. 1.000,00 € soll im Wege des Mahnverfahrens geltend gemacht werden. Im Mahnverfahren soll weiterhin die Rechtsanwaltsvergütung für der vorgerichtliche Tätigkeit geltend gemacht werden (1,3-Gebühr nach Nr. 2300 + Post- und Telekommunikationsentgeltpauschale, aber keine USt, da der Mandant vorsteuerabzugsberechtigt ist). Der Rechnungsbetrag soll mit 8 % über dem Basiszinssatz ab dem 06. 12. 2008, die vorgerichtlichen Anwaltskosten mit 8 % über dem Basiszinssatz ab dem 15. 01. 2009 verzinst werden.

25 Schritte bis zum fertigen Online-Mahnantrag:

1. Schritt:

141 Nach Starten des Internetportals www.online-mahnantrag.de erscheint die nachstehende Eingabemaske, in der zunächst einmal das Bundesland des Antragstellers ausgewählt werden muss.

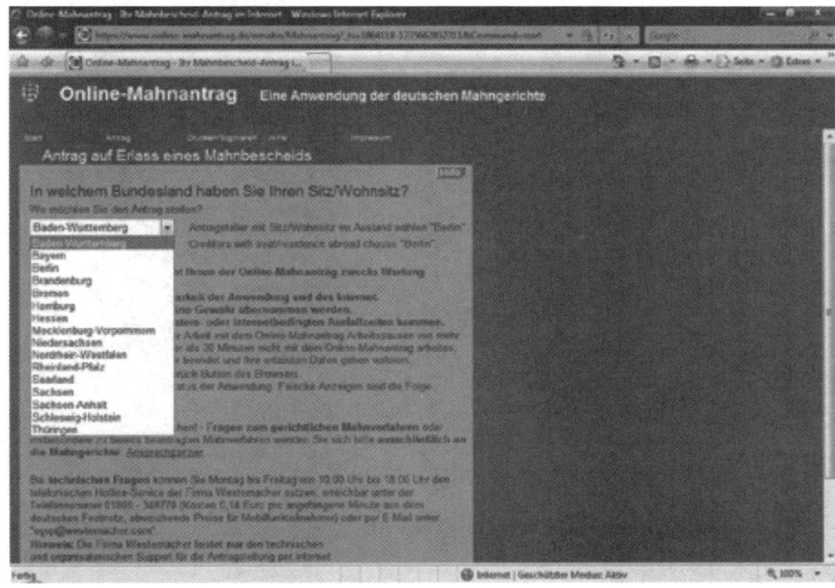

2. Schritt:

Im zweiten Schritt ist die Versandart auszuwählen. Für einen Barcodeantrag mit handschriftlicher Unterschrift ist dabei „Druck auf Papier" auszuwählen. 142

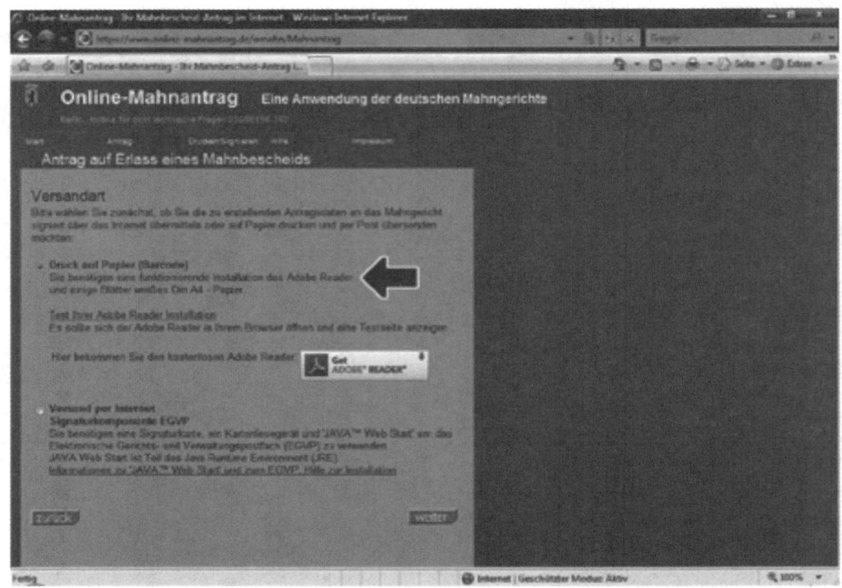

3. Schritt:

143 Setzt man die Anwendung fort, werden die einzelnen Schritte der Eingabe dargestellt.

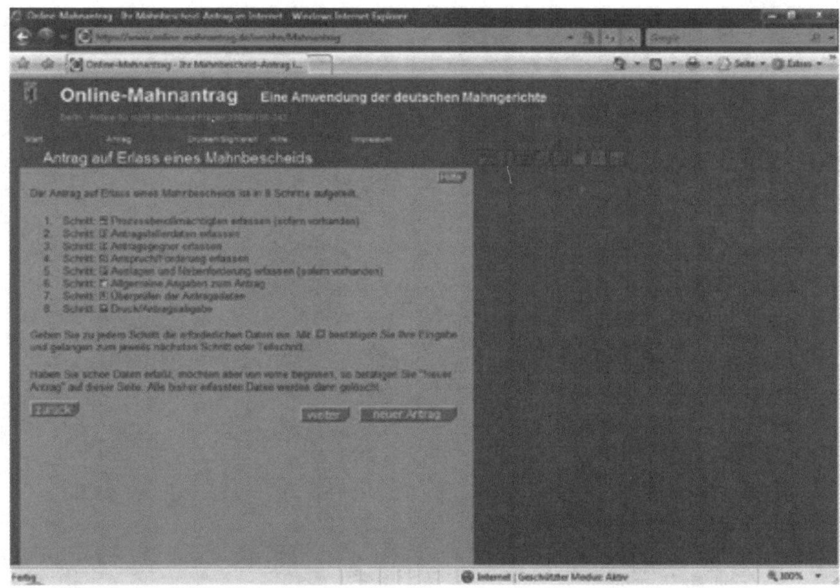

4. Schritt:

Es erfolgt die Eingabe, für wen Sie den Antrag erstellen. In unseren Fall soll der Antrag durch RA Muster als Prozessbevollmächtigten des Antragstellers erfolgen. 144

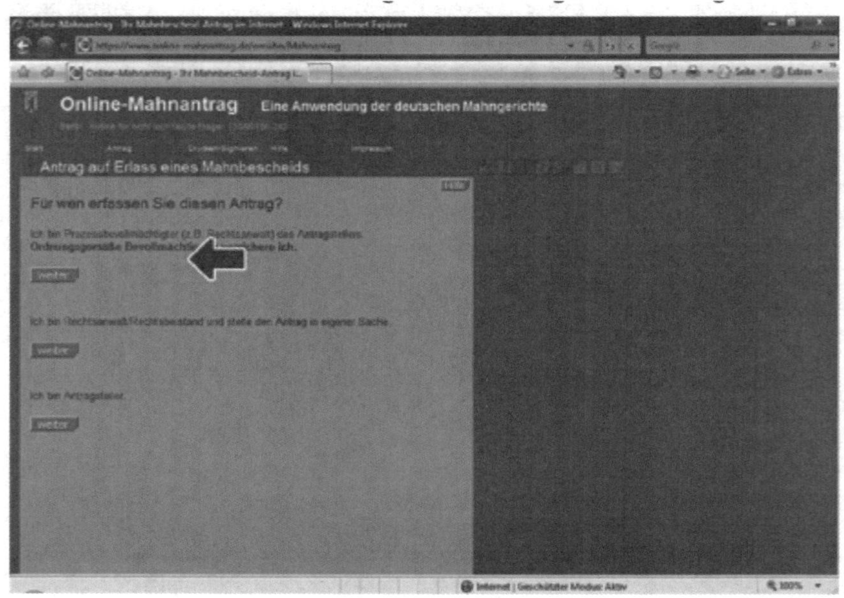

5. Schritt:

145 Auf der Registerkarte des Prozessbevollmächtigten ist neben den **allgemeinen persönlichen Daten** des Prozessbevollmächtigten auch das Kästchen für die **Vorsteuerabzugsberechtigung** des Antragstellers enthalten. Sollte Ihr Mandant also nicht vorsteuerabzugsberechtigt sein, so müssen Sie an dieser Stelle das Kästchen anklicken und aktivieren.

146 Wenn der Prozessbevollmächtigte eine **Prozessvertreter-Kennnummer** besitzt (diese kann i.Ü. gesondert bei den Mahngerichten beantragt werden), so ist diese einzutragen. Die weiteren persönlichen Angaben entfallen dann.

147 Auf der Registerkarte muss ferner auch das **Beauftragungsdatum** für das Mahnverfahren angegeben werden.

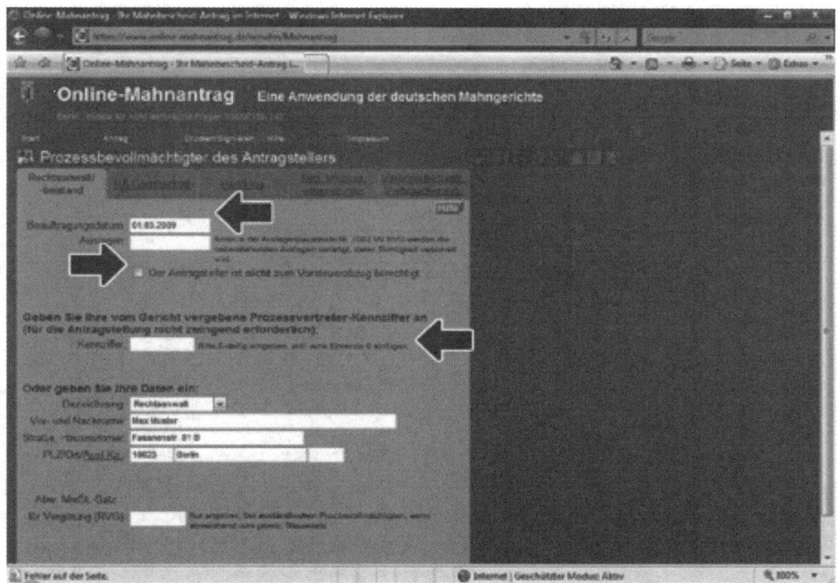

6. Schritt:

Als nächstens müssen Angaben zum Antragsteller eingetragen werden. Dabei stehen vier Karteireiter zur Verfügung. **148**

Die ersten beiden Karteireiter sind in der Praxis am wichtigsten. Auf dem Reiter *Herr/Frau* werden die Daten des Antragstellers eingetragen, wenn dieser eine natürliche Person ist. Ist der Antragsteller jedoch eine juristische Person, so werden seine Daten auf dem Reiter *Firma* eingetragen. **149**

Im Ausgangsfall (s. Beispiel in diesem Kapitel Rdn. 140) handelte es sich um eine GmbH, sodass die Daten hier auf dem Reiter *Firma* eingetragen worden sind. **150**

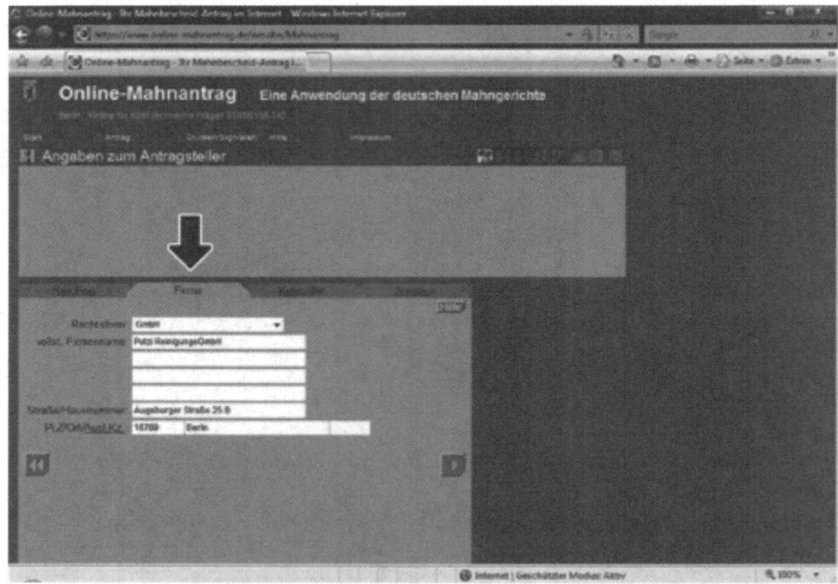

7. Schritt:

151 Folgt man dem interaktiven Eingabeprogramm mit *Weiter*, so wird als Nächstes der gesetzliche Vertreter abgefragt. Die Funktion des gesetzlichen Vertreters ist in jedem Fall einzutragen und wird mit der vorher eingegebenen Rechtsform der Firma abgeglichen. Würde man also bei einer GmbH, als gesetzlichen Vertreter den Vorstand eintragen, so erhielte man eine Fehlermeldung.

152 Im Ausgangfall wird die Putzi Reinigungs GmbH durch ihren Geschäftsführer Max B gesetzlich vertreten.

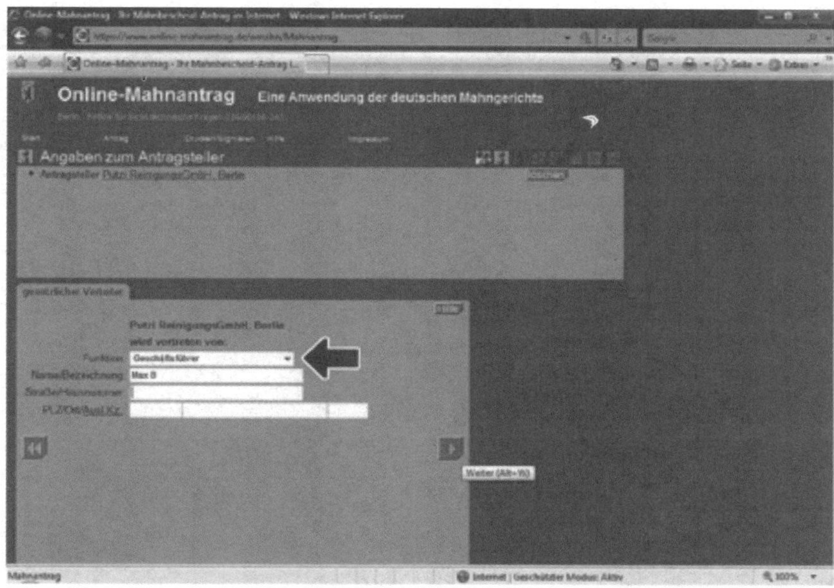

8. Schritt:

Nachfolgend können noch weitere gesetzliche Vertreter des Antragstellers aufgenommen werden. Im Ausgangsfall ist dies jedoch nicht erforderlich. 153

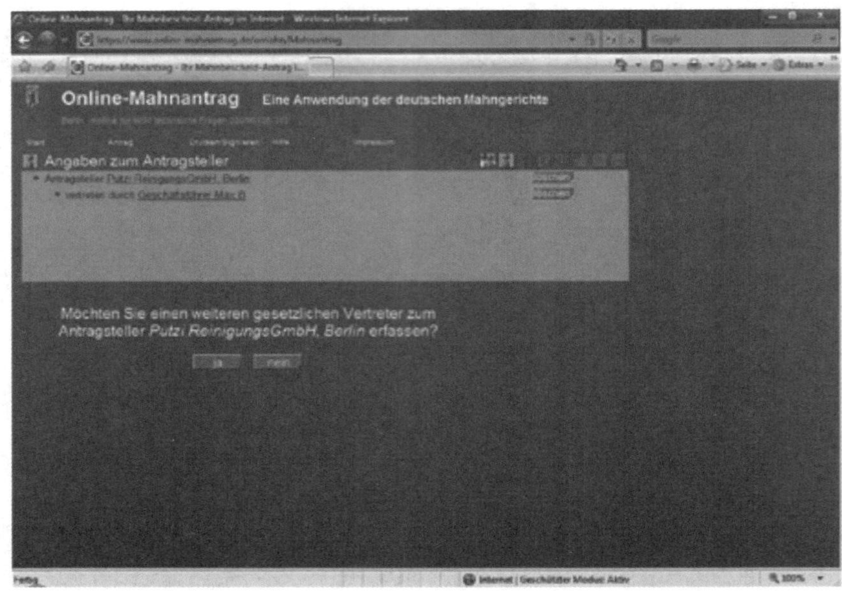

9. Schritt:

154 Es können auch noch weitere Antragsteller eingegeben werden, im Beispielsfall war jedoch die Putzi Reinigungs GmbH alleinige Antragstellerin.

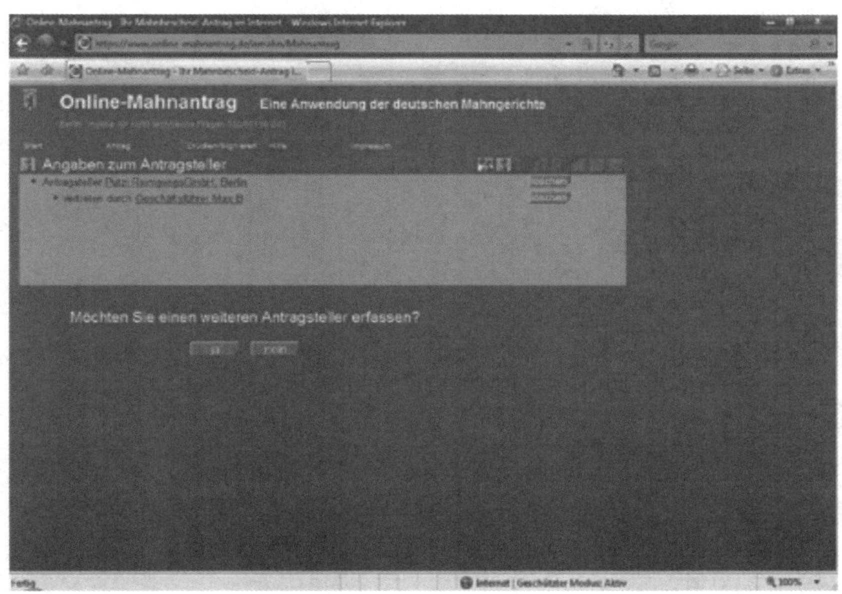

10. Schritt:

Im nächsten Schritt muss man die Daten des Antragsgegners eintragen, wobei die entsprechende Eingabemaske ähnlich wie bei der Eingabemaske des Antragstellers aufgebaut ist. Es gibt hier wieder die Karteireiter für die natürlichen und juristischen Personen. 155

In unserem Beispielsfall ist Beate A eine eingetragene Kauffrau, also eine juristische Person. 156

Im Eingabefeld *Rechtsform* erscheint nach dem Anklicken des kleinen Pfeils, eine Auswahl aller möglichen Firmenformen. Die beim automatisierten Mahnantrag notwendige Codierung für die Einzelfirma (3) und für die GmbH & Co. KG (4) ist entfallen. Alle Rechtsformen können jetzt direkt in dem Eingabefenster ausgewählt werden. 157

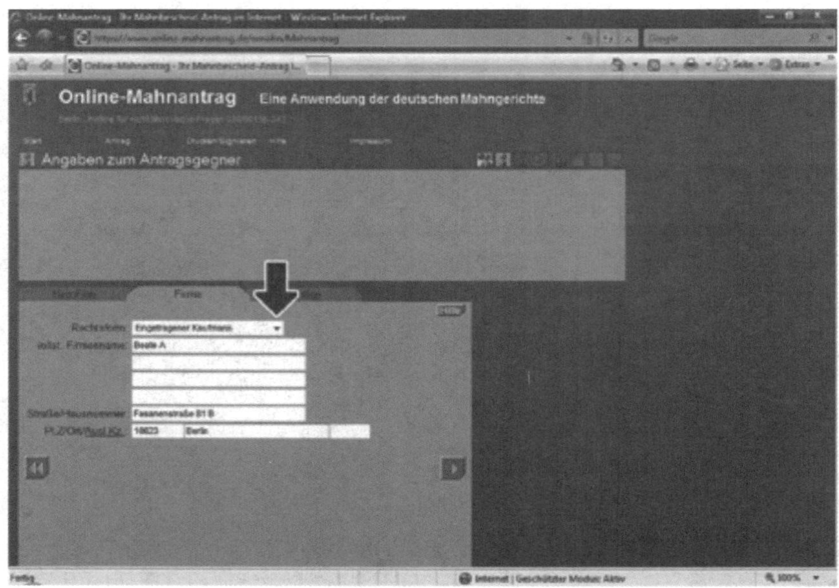

11. Schritt:

158 Im weiteren Schritt könnte auch hier ein gesetzlicher Vertreter erfasst werden.

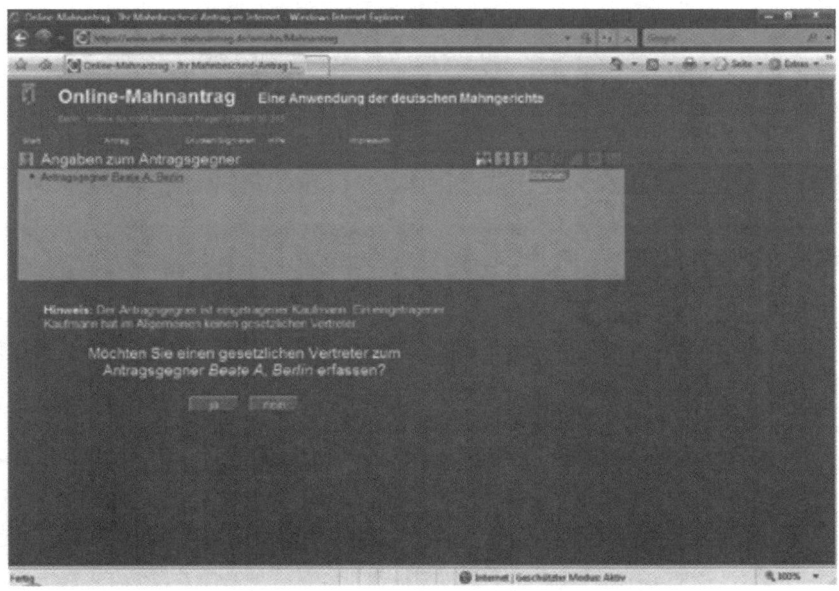

12. Schritt:

Es besteht weiterhin die Möglichkeit, auch mehrere Antragsgegner einzutragen, wobei zum Schluss noch die Eingabe getätigt werden muss, ob diese gesamtschuldnerisch für die Forderung haften. 159

Im Ausgangsfall handelte es sich jedoch bei Beate A (eingetragene Kauffrau) um eine einzelne Antragsgegnerin. 160

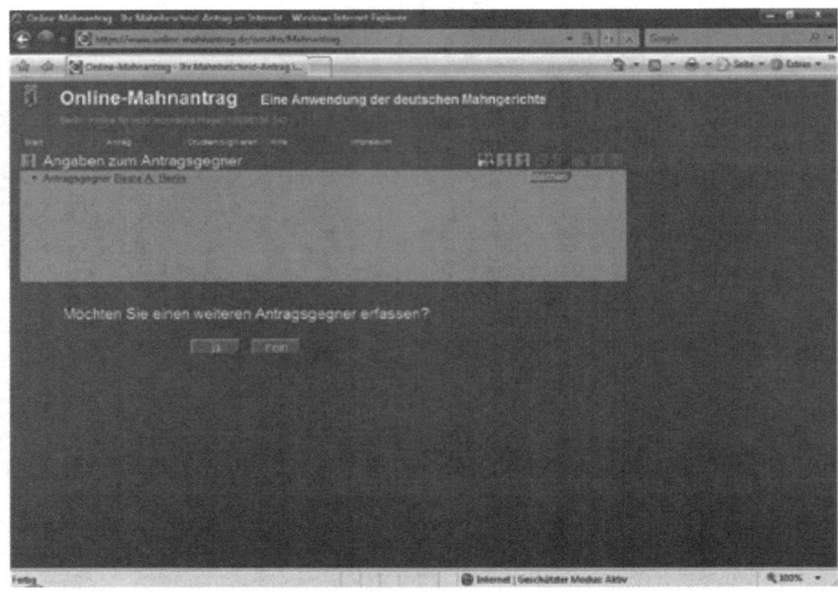

13. Schritt:

161 Es erfolgt sodann die Abfrage, ob es sich um ein besonderes Mahnverfahren handelt.

162 Im Beispielsfall soll das in der Praxis wohl am häufigsten vorkommende *Reguläre Mahnverfahren* durchgeführt werden.

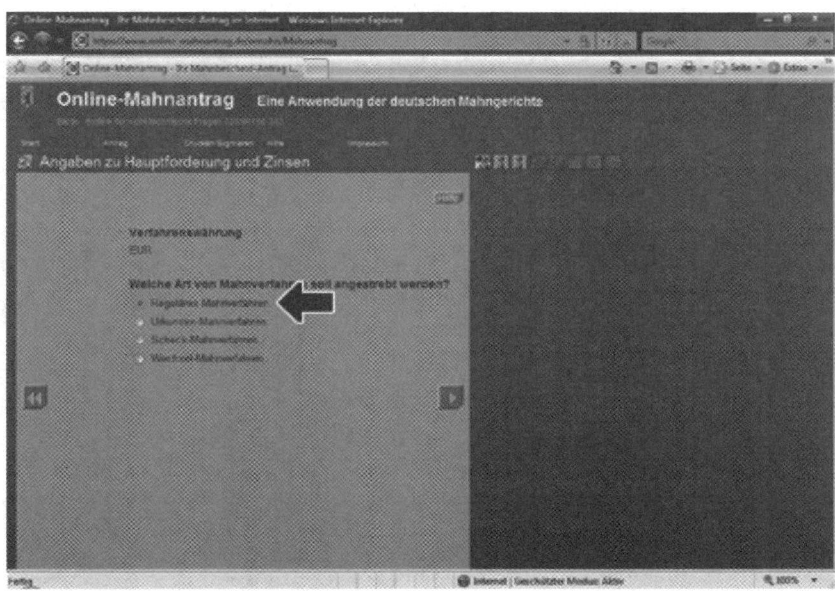

14. Schritt:

Als Nächstes muss der Anspruch selber bezeichnet und die Höhe des Anspruchs eingetragen werden. 163

Auf dem ersten Karteireiter stehen Ihnen sämtliche bisher bekannten Katalognummern zur Verfügung. Für den Fall, dass Sie jedoch eine entsprechende Katalognummer suchen, befindet sich unter der Katalognummer ein weiteres Eingabefeld, das am Ende einen kleinen Pfeil aufweist. Wenn Sie diesen Pfeil anklicken, erscheint ein Auswahlfenster mit sämtlichen katalogisierten Ansprüchen. 164

Sollten Sie keine passende Katalognummer finden, so steht Ihnen als Alternative der Karteireiter *sonstige Ansprüche* zur Verfügung. 165

Im Ausgangsfall handelte es sich um einen Anspruch aus einem Dienstleistungsvertrag, Katalognummer 5. Der Anspruch muss ferner hinreichend bestimmt werden, z. B. durch die Angabe einer Rechnungsnummer und des Rechnungsdatums. 166

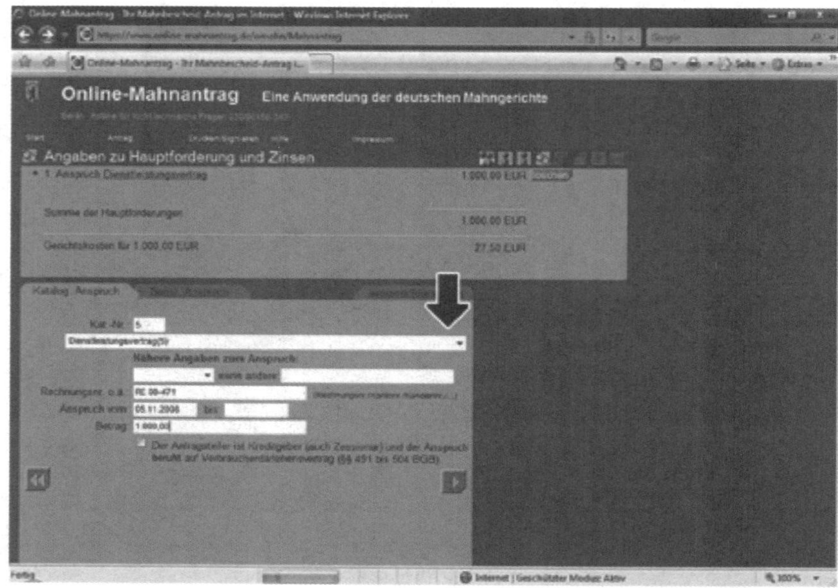

15. Schritt:

167 Erst im darauf folgenden Schritt werden die Zinsen zu dem Hauptanspruch erfasst. Wählen Sie hierzu den Befehl *Zinsangaben zum Anspruch erfassen* aus.

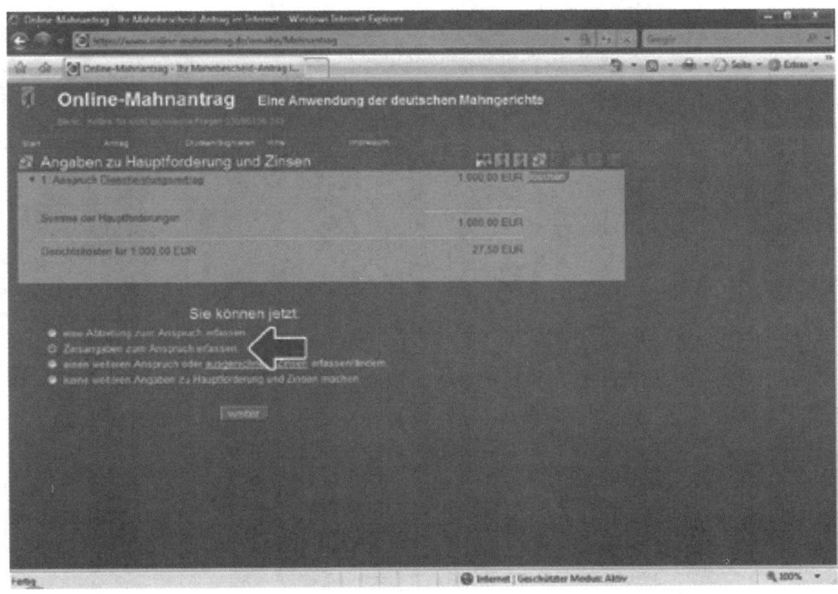

16. Schritt:

Wie im automatisierten Mahnverfahren gewohnt, können nunmehr die Zinsen zum Hauptanspruch geltend gemacht werden. Sollen jedoch z. B. 5 Prozentpunkte (bei Verbrauchern) oder 8 Prozentpunkte (bei Unternehmern) über den Basiszinssatz gem. § 288 BGB geltend gemacht werden, ist unbedingt darauf zu achten, im entsprechenden Kästchen ein Kreuz zu setzen. Ansonsten handelt es sich lediglich um Festzinsen. 168

Für die Eingabe von laufenden Zinsen ist nur das Eintragen des Zinsbeginns erforderlich. Sollte kein Datum eingetragen werden, erfolgt die Verzinsung erst ab Zustellung des Mahnbescheids an den Antragsgegner. 169

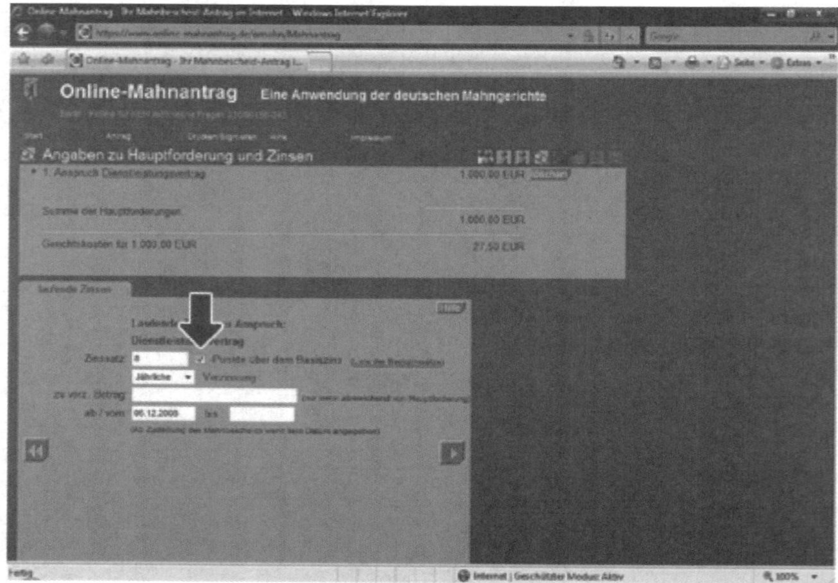

17. Schritt:

170 Sie gelangen nach der Eingabe der Zinsen wieder in die vorherige, Ihnen bereits bekannte, Eingabemaske.

171 Sie können nunmehr noch einen weiteren (Haupt-) Anspruch oder ausgerechnete Zinsen erfassen, Angaben zu einer möglichen Abtretung eingeben oder über *keine weiteren Angaben zu Hauptforderung und Zinsen* das Eingabeprogramm fortsetzen.

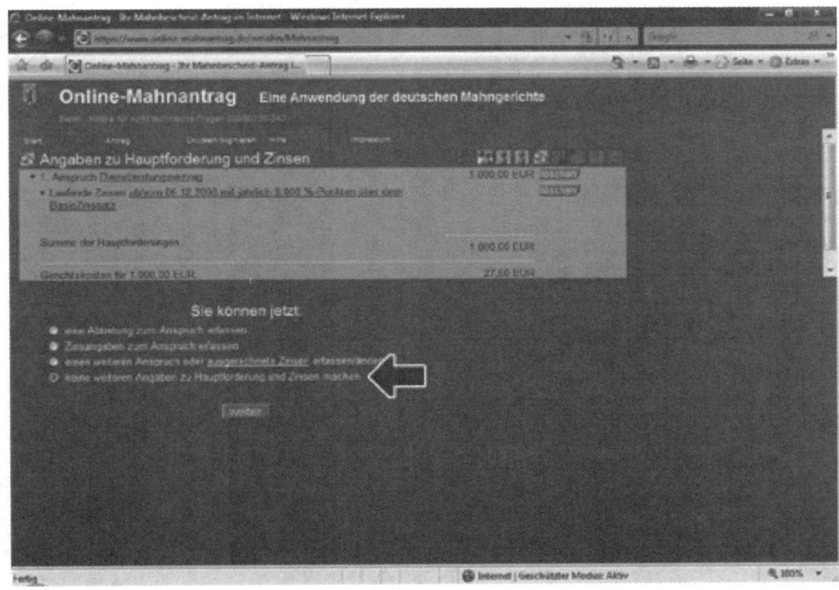

18. Schritt:

Im weiteren Verlauf müssen sodann die Auslagen und Nebenforderungen eingetragen werden. 172

Im Ausgangsfall sollen jedoch weder Mahn-, Inkasso-, noch Bankrücklastkosten geltend gemacht werden. Auch Auskünfte wurden nicht eingeholt. 173

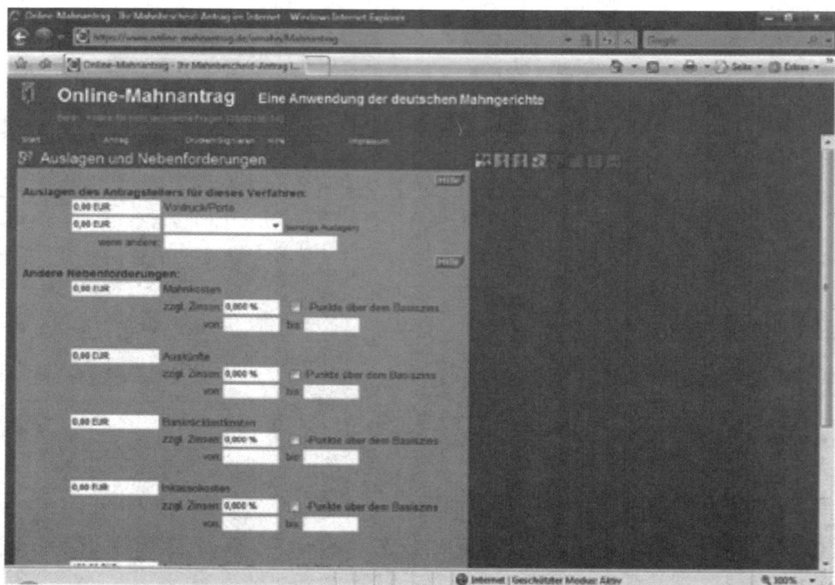

174 Die Eingabemaske für Auslagen und Nebenforderung ist jedoch etwas länger. Als letzte Position können **vorgerichtliche Anwaltskosten** eingetragen werden.

175 Für die Geltendmachung von vorgerichtlichen Anwaltskosten müssen folgende Eintragungen vorgenommen werden:
- die Höhe der vorgerichtlichen Anwaltsvergütung,
- der Gegenstandswert der vorgerichtlichen Tätigkeit,
- der Minderungsbetrag für die Gebühren nach Nr. 3305 und
- falls eine über den Schwellenwert von 1,3 erhöhte Geschäftsgebühr entstanden ist, muss die Angabe erfolgen, dass die vorgerichtliche anwaltliche Tätigkeit umfangreich oder schwierig war.

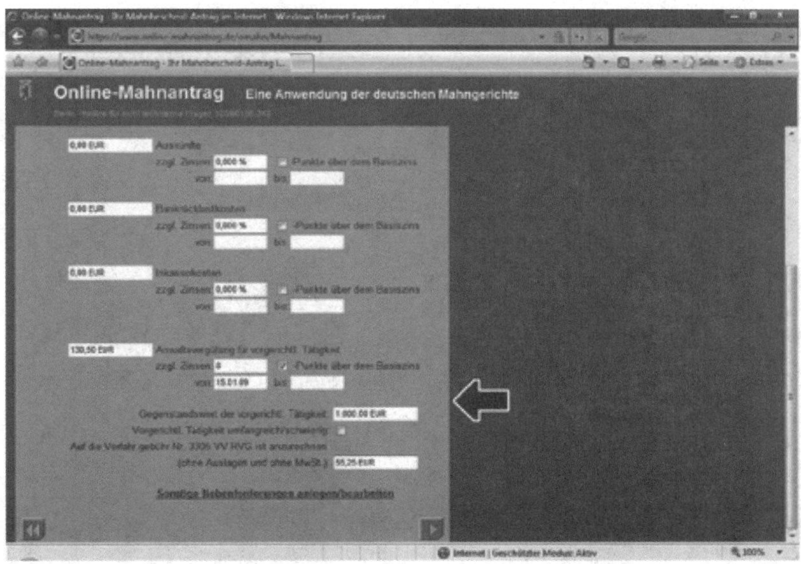

19. Schritt:

Das Programm schlägt Ihnen automatisch das zuständige Streitgericht vor. Überprüfen Sie die Zuständigkeit. Sollte der Vorschlag nicht zutreffend sein, können Sie das Streitgericht über den *bearbeiten*-Button ändern. 176

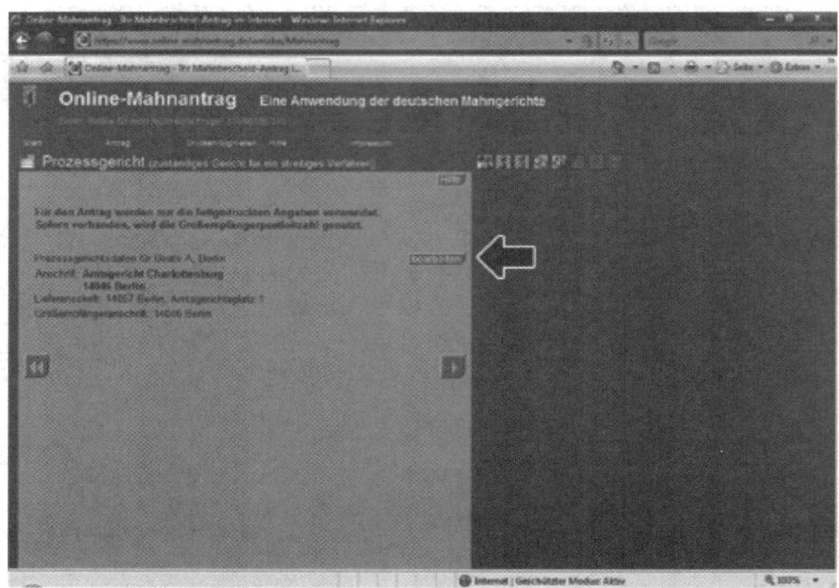

20. Schritt:

177 Es folgen sodann noch allgemeine Angaben zum Antrag, insbes. muss unbedingt die Angabe zur Gegenleistung eingegeben werden.

178 Im Ausgangsfall war der Anspruch von einer Gegenleistung abhängig, diese war jedoch bereits erbracht.

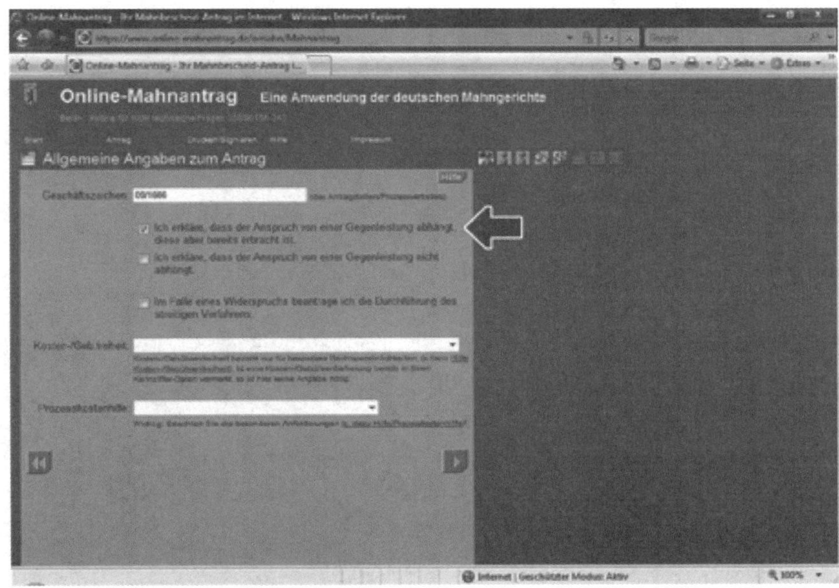

21. Schritt:

Als Nächstes können Sie noch eine Kontonummer angeben, die dem Antragsgegner mitgeteilt wird. 179

Dies ist i. d. R. ratsam, damit der Schuldner nicht umständlich Ihre Kontonummer suchen muss und – so die Theorie – die Forderung unverzüglich nach Erhalt des Mahnbescheids bezahlt. 180

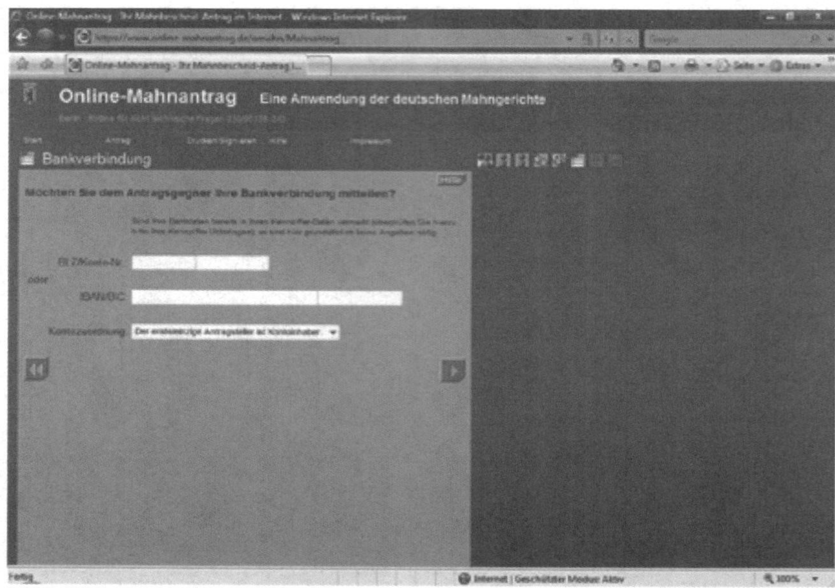

22. Schritt:

181 Vor dem Erstellen des Barcodeausdrucks werden sämtliche Angaben noch einmal in einer **Mahnbescheidübersicht** dargestellt und können, falls sie fehlerhaft sein sollten, auch noch geändert werden.

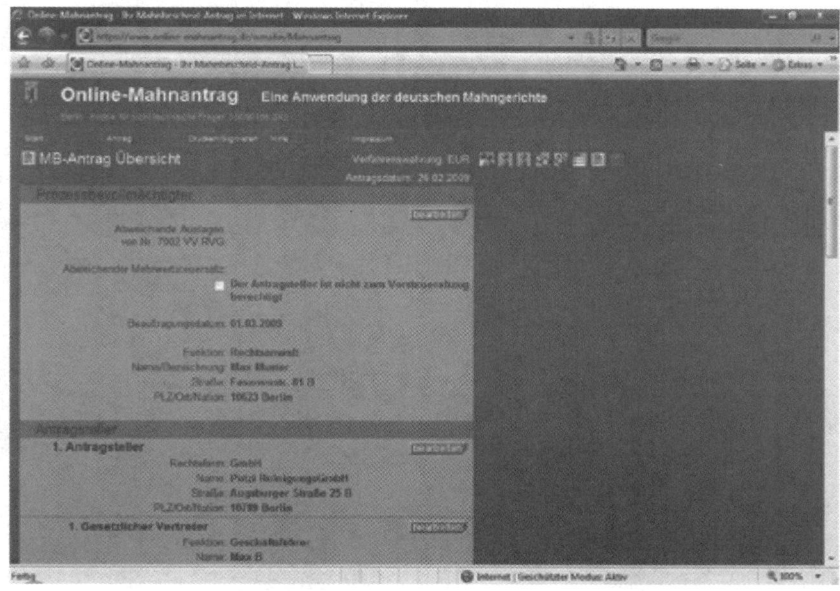

23. Schritt:

Als Letztes müssen Sie den Barcodeantrag auf weißem Papier ausdrucken. 182

Es erfolgt hier auch noch einmal ausdrücklich der Hinweis, dass die eingegebenen Daten noch nicht beim Gericht gespeichert sind, sondern dass die Daten erst nach Eingang des ausgedruckten Barcodeantrags bei dem zuständigen Mahngericht erfasst werden. 183

Eine Vorab-Übertragung per Fax ist unzulässig, da der Barcodeantrag nicht vollständig übermittelt wird und die Angaben im Klardruck nur der Kontrolle dienen. 184

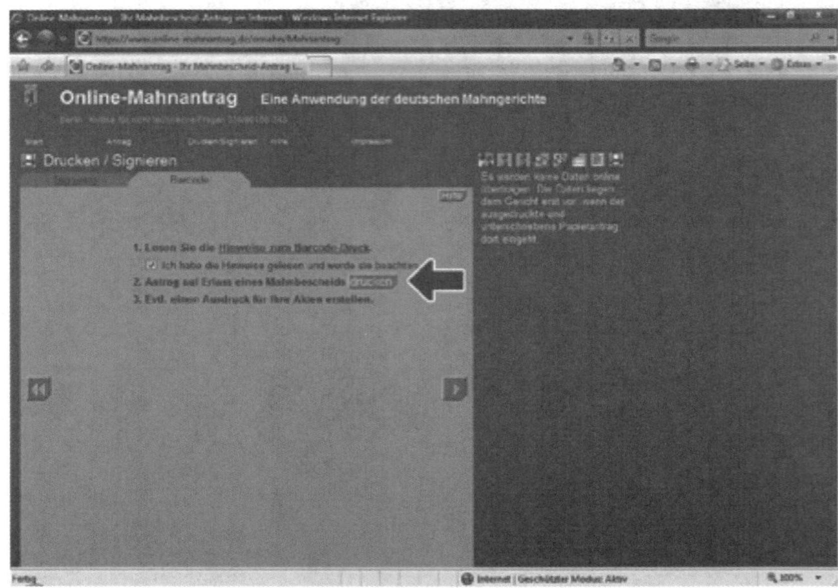

24. Schritt:

185 Die Druckausgabe erfolgt über den Acrobat Reader. Der Mahnantrag kann daher neben dem eigentlichen Ausdruck auch noch als pdf-Datei gespeichert werden.

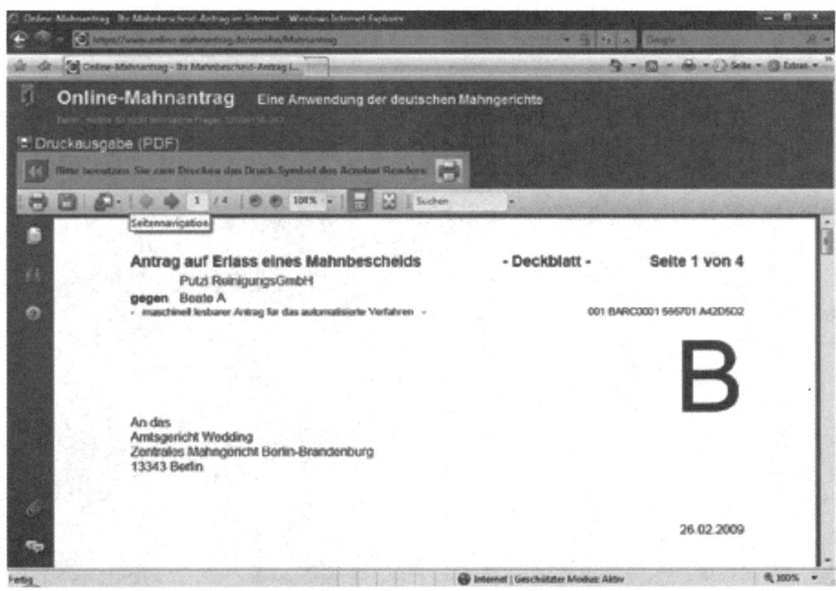

25. Schritt:

Es können nach dem Ausdruck noch weitere Mahnanträge erstellt werden oder man beendet die Internetanwendung. 186

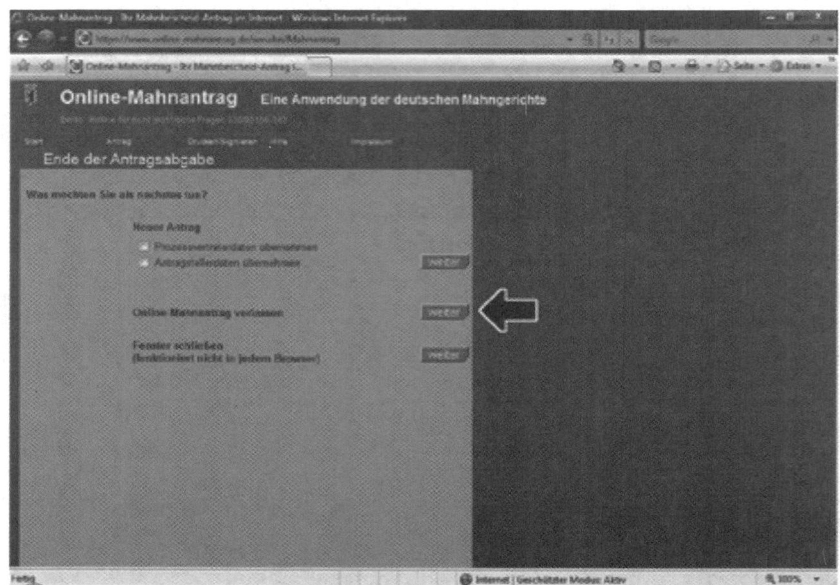

187 Der vollständig ausgedruckte Barcodeantrag in unserem Ausgangsfall sieht wie folgt aus:

Antrag auf Erlass eines Mahnbescheids **- Deckblatt -** **Seite 1 von 4**

Putzi ReinigungsGmbH

gegen Beate A

- maschinell lesbarer Antrag für das automatisierte Verfahren -

001 BARC0001 566701 A42D5D2

B

An das
Amtsgericht Wedding
Zentrales Mahngericht Berlin-Brandenburg
13343 Berlin

26.02.2009

Ich beantrage, aufgrund der im beigefügten Barcode verschlüsselten Daten einen Mahnbescheid zu erlassen und in diesen die Kosten des Verfahrens aufzunehmen. Die unten aufgeführten Hinweise des Gerichts habe ich beachtet.

Absender (Antragsteller / ges. Vertreter / Prozessbevollmächtigter):

Rechtsanwalt
Max Muster
Fasanenstr. 81 B
10623 Berlin

Ordnungsgemäße Bevollmächtigung versichere ich.

Ort	Datum	Unterschrift des Antragstellers/Vertreters/Prozessbevollm.

Hinweise des Gerichts:

1. Dieses Anschreiben muss unterschrieben und zusammen mit dem Kontrollausdruck (Seiten 2 bis 3) sowie dem anschließenden Barcode-Ausdruck (Seiten 4 bis 4) beim zuständigen Mahngericht eingereicht werden. Die Übermittlung des Antrags per Fax oder E-Mail ist unzulässig. Verwenden Sie zum Druck ausschließlich weißes Standardpapier der Größe DIN A 4 (80g/qm) und versenden Sie die Unterlagen, ohne sie zu knicken.

2. Die rechts oben angegebene Nummer (001 BARC0001 566701 A42D5D2) muss auf allen Seiten identisch sein, der Antrag darf nur aus 4 Seiten bestehen. Nachträgliche Ergänzungen, Veränderungen oder Streichungen des Textes oder Barcodes sind unzulässig. Bei erforderlichen Änderungen geben Sie bitte die Daten neu ein und drucken den Antrag für das Gericht erneut aus.

3. Ist eine Druckseite fehlerhaft gedruckt, verschmutzt oder nicht lesbar, so drucken Sie bitte den gesamten Antrag erneut aus.

4. Beachten Sie auch die Hinweise in der Internetanwendung www.online-mahnantrag.de zu Papier, Druck und Versand.

Die Nichtbeachtung der Hinweise gefährdet die maschinelle Lesbarkeit (§ 690 Abs. 3 ZPO) und kann damit die Bearbeitung des Antrags verzögern, zu Beanstandungen oder zur Zurückweisung führen (§ 691 ZPO).

Antrag auf Erlass eines Mahnbescheids **Seite 1**

Antrag auf Erlass eines Mahnbescheids **Seite 2 von 4**

Putzi ReinigungsGmbH

gegen Beate A

- maschinell lesbarer Antrag für das automatisierte Verfahren - 001 BARC0001 566701 A42D5D2

Verfahrenswährung: **EUR**

Prozessbevollmächtigter

Beauftragungsdatum: **01.03.2009**
Funktion: **Rechtsanwalt**
Name/Bezeichnung: **Max Muster**
Straße: **Fasanenstr. 81 B**
PLZ/Ort/Nation: **10623 Berlin**

Antragsteller

1. Antragsteller

Rechtsform: **GmbH**
Name: **Putzi ReinigungsGmbH**
Straße: **Augsburger Straße 25 B**
PLZ/Ort/Nation: **10789 Berlin**

1. Gesetzlicher Vertreter

Funktion: **Geschäftsführer**
Name: **Max B**

Antragsgegner

1. Antragsgegner

Rechtsform: **Eingetragener Kaufmann**
Name: **Beate A**
Straße: **Fasanenstraße 81 B**
PLZ/Ort/Nation: **10623 Berlin**

Prozessgericht

Anschrift: **Amtsgericht Charlottenburg**
14046 Berlin

Ansprüche

Summe der Hauptforderungen: **1.000,00 EUR**

1. Katalogisierbarer Anspruch

Anspruch: **Dienstleistungsvertrag**
(Katalog-Nr. 5)
Mitteilungsform:
Rechnungsnummer: **RE 00-471**
ab/vom: **05.11.2008**
Betrag: **1.000,00 EUR**

1. Zinsangaben: Laufende Zinsen

Zinssatz: **8,000 %-Punkte jährlich über dem Basiszinssatz**
aus Betrag: **Anspruchsbetrag**
ab/vom: **06.12.2008**

Auslagen/Nebenforderungen

Andere Nebenforderungen

Antrag auf Erlass eines Mahnbescheids **Seite 2**

Antrag auf Erlass eines Mahnbescheids **Seite 3 von 4**
Putzi ReinigungsGmbH
gegen Beate A
- maschinell lesbarer Antrag für das automatisierte Verfahren - 001 BARC0001 566701 A42D5D2

Anwaltsvergütung vorger. Tätigkeit: **130,50 EUR**
zuzüglich Zinsen 8,000 %-Punkte über dem Basiszins ab 15.01.2009
Gegenstandswert vorger. Tätigkeit: **1.000,00 EUR**
Auf die Verfahr.gebühr Nr. 3305
VV RVG ist anzurechnen: **55,25 EUR**

Allgemeine Angaben
Geschäftszeichen: **09/1666**
Ich erkläre, dass der Anspruch von einer Gegenleistung abhängt, diese aber bereits erbracht ist.

Zuständiges Mahngericht
Amtsgericht Wedding
Zentrales Mahngericht Berlin-Brandenburg
13343 Berlin

Antrag auf Erlass eines Mahnbescheids **Seite 3**

Antrag auf Erlass eines Mahnbescheids **Seite 4 von 4**

Putzi ReinigungsGmbH

gegen Beate A

- maschinell lesbarer Antrag für das automatisierte Verfahren -

001 BARC0001 566701 A42D5D2

001BARC0001566701A42D5D2001001001004

Vermerke des Gerichts:

Dezernat

Eingangsdatum (TT.MM.JJ)

Bearbeitungsdatum

Bearbeitungsschlüssel

Zusatzschl.

Betrag EUR (Schlüssel 16/17) ,

Früheres Eingangsdatum (Schl. 52)

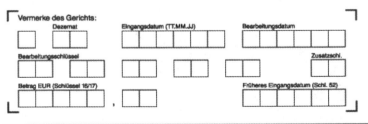

Antrag auf Erlass eines Mahnbescheids Seite 4

Die erste Seite ist dabei unbedingt **vom RA zu unterschreiben** und es müssen alle Seiten des ausgedruckten Antrags an das zuständige Mahngericht übermittelt werden. 188

E. Auslandsmahnbescheid

Befindet sich der Antragsgegner im Ausland, besteht grds. die Möglichkeit einen sog. Auslandsmahnbescheid zu beantragen. 189

Der entsprechende **Auslandsmahnantrag** kann wieder über www.online-mahnantrag.de als Barcodeausdruck oder in den meisten Fällen auch über die Rechtsanwalts-Software als EDA-Datei gestellt werden. 190

Beim **Barcodeantrag** muss beim Antragsgegner lediglich das Länderzeichen eingegeben werden. Es erfolgt an dieser Stelle bereits der Hinweis auf die erhöhten Gerichtskosten insbes. für Übersetzungen. 191

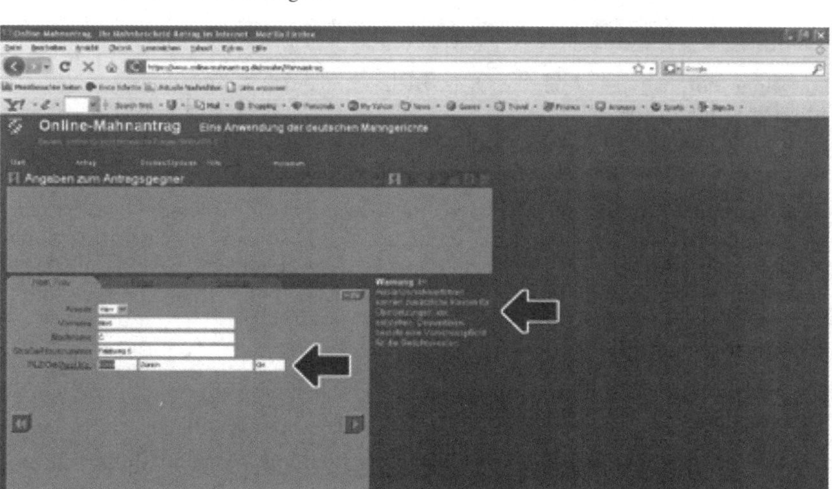

Das Streitgericht wird dabei nicht automatisch vorgegeben, sondern muss per Hand eingetragen werden. 192

Für die Zuständigkeit des Prozessgerichts im Inland sind zwei Voraussetzungen erforderlich. 193

- Der Schuldner hat keinen allgemeinen Gerichtsstand in Deutschland, die Zuständigkeit des streitigen Gerichts ist jedoch in Deutschland, z. B. aufgrund Vereinbarung über den Erfüllungsort, Gerichtsstandsvereinbarung oder wenn der Unterhaltsgläubiger seinen Wohnsitz im Inland hat etc.
- Es muss des Weiteren ein entsprechendes Abkommen vorliegen (grds. liegt ein Abkommen für alle EU-Staaten, mit Ausnahme von Dänemark vor, ferner für die Schweiz; weitere Länder sind ggf. im Internet zu recherchieren).

194 Das Auslandsmahnverfahren ist jedoch nicht unproblematisch und weist insbes. folgende Probleme auf:
- die Zustellung und der Rücklauf dauern im Ausland meist länger (in Spanien z. T. über sechs Monate),
- es ist ein Nachweis für die Zuständigkeit des inländischen Streitgerichts erforderlich,
- die Widerspruchsfrist beträgt einen Monat,
- die Antragsfrist für den Vollstreckungsbescheid beträgt sechs Monate,
- ferner ist ein höherer Kostenvorschuss gem. § 12 GKG (inkl. Übersetzungskosten), teilweise bis zu 500,00 € zu zahlen.

F. Europäischer Mahnbescheid

195 Ab 12. 12. 2008 gibt es als zusätzliche, fakultative (nicht verbindliche) Alternative den europäischen Mahnbescheid.

I. Voraussetzungen

196 Um einen europäischen Mahnbescheid zu beantragen, müssen zunächst zwei Voraussetzungen vorliegen:
- Es muss sich um eine grenzüberschreitende Rechtssache handeln und
- es muss ein zulässiges Rechtsgebiet gegeben sein.

197 Zulässig ist das europäische Mahnverfahren insbes. für Zivil- und Handelssachen und modifiziert für Arbeitssachen. In Steuer- und Zollsachen, ehelichen Güterstandssachen, i.R.d. Haftung des Staates und der Abwicklung von zahlungsunfähigen Unternehmen ist das Verfahren hingegen unzulässig.

II. Antragstellung

198 Es gibt besondere Formblätter für das gesamte Verfahren, evtl. soll später auch die Antragstellung in elektronischer Form möglich sein.

199 Die Website des BMJ enthält einen Link zu der Internetseite der EU http://ec.europa.eu/justice_home/judicialatlascivil/html/index_de.htm.

200 Es handelt sich hierbei um den Europäischen Gerichtsatlas für Zivilsachen. Sie finden dort die Rubrik *Europäischer Zahlungsbefehl*.

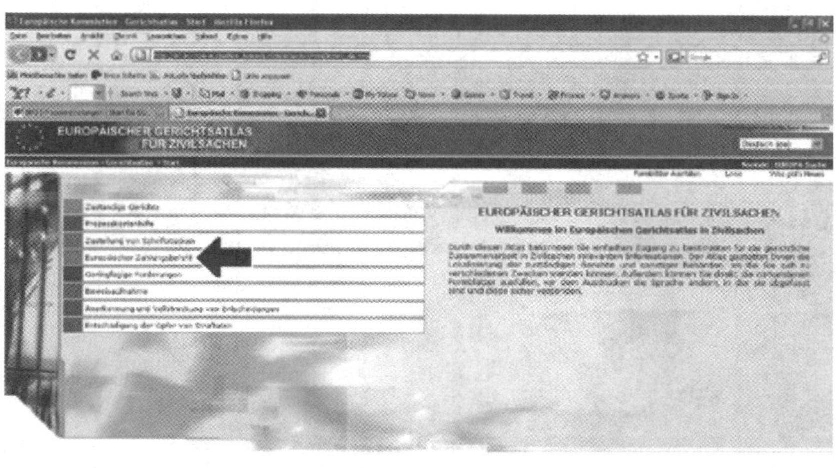

III. Zuständiges Gericht

201 Zunächst muss das zuständige Mahngericht ermittelt werden. Ist der Schuldner **Verbraucher**, so ist das Mahngericht am Wohnsitz des Schuldners zuständig.

202 ► Beispiel: Ermittlung zuständiges Gericht

Der Mandant hat einen Laptop bei einer Privatperson in Frankreich (Bordeaux) über ebay bestellt und bezahlt. Der Laptop ist fehlerhaft, der Mandant schickt den Laptop zur Reparatur ein und hört nie wieder etwas von dem französischen Verkäufer. Nach Rücktritt vom Kaufvertrag will er nunmehr seinen Kaufpreis zurück. Es könnte ab dem 12. 12. 2008 ein europäischer Mahnbescheid in Frankreich beantragt werden.

► Entsprechende Schritte online:

203 Über den Europäischen Gerichtsatlas kann nunmehr zunächst das zuständige Mahngericht ermittelt werden. Wählen Sie zunächst auf der Karteikarte *Europäischer Zahlungsbefehl* das Land des Schuldners aus.

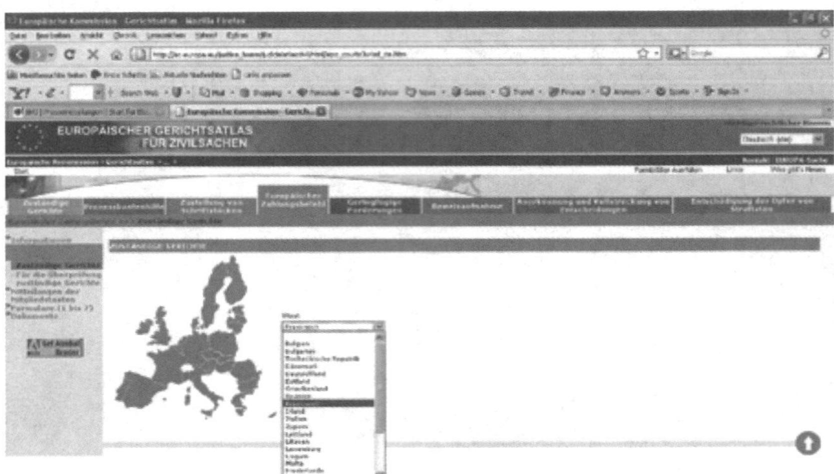

204 Wählt man die Suchfunktion (s. Pfeil) aus, so wird zunächst grds. die Zuständigkeit erklärt.

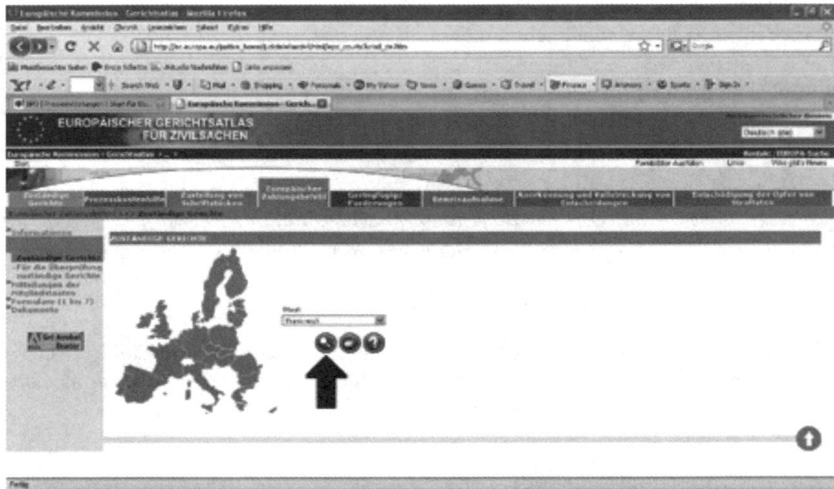

205

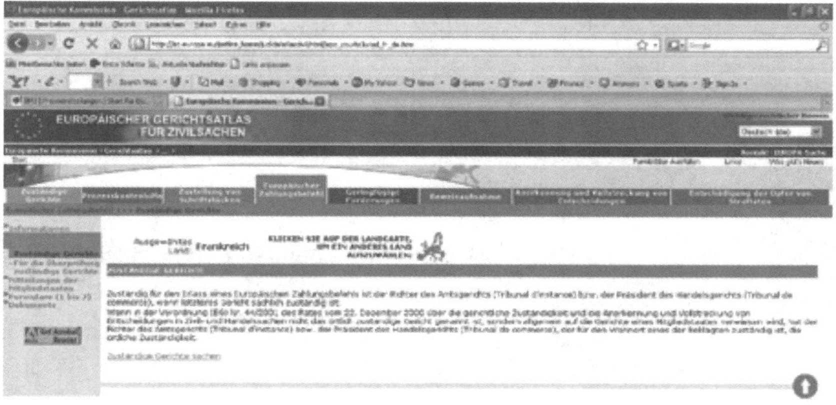

Es kann weiterhin das zuständige Mahngericht über die Eingabe der Gemeinde gesucht werden. 206

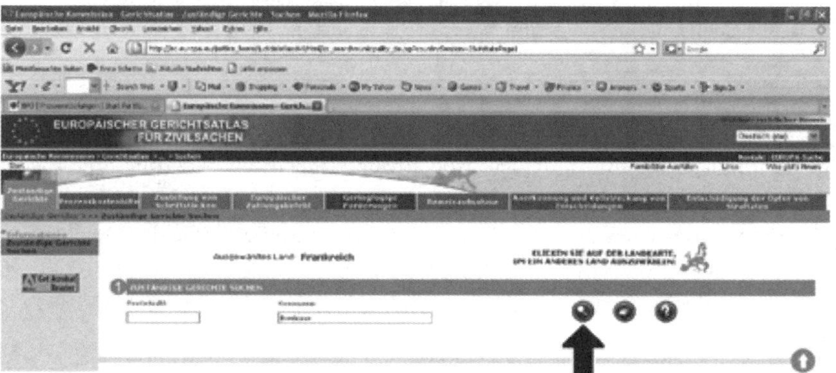

Daraufhin werden alle zuständigen Gerichte für die Gemeinde Bordeaux angezeigt. In den allgemeinen Ausführungen zur Zuständigkeit für den Erlass eines Europäischen Zahlungsbefehls (s. in diesem Kapitel Rdn. 201 ff.) wurde darauf hingewiesen, dass das Mahnverfahren bei dem Tribunal d'Instance (Amtsgericht) eingereicht werden muss. 207

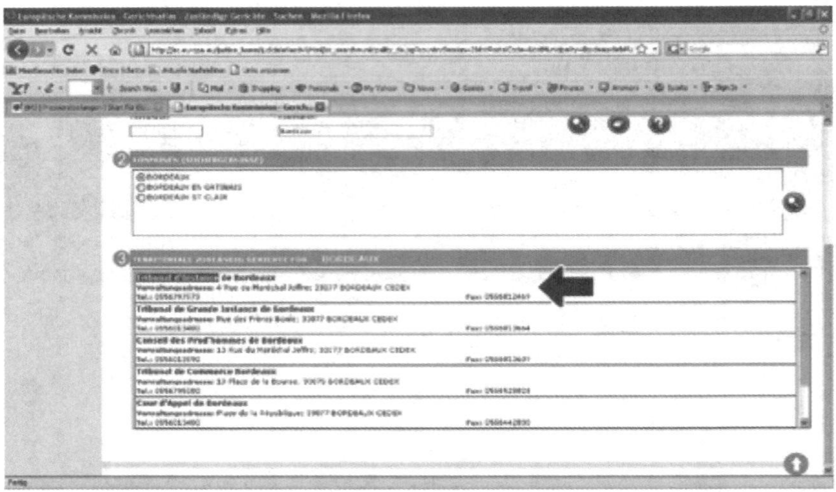

208 ► Praxistipp:

In Deutschland hingegen ist das europäische Mahnverfahren gem. § 1087 ZPO ausschließlich beim AG Berlin Wedding konzentriert.

IV. Formulare

209 Nach Ermittlung des zuständigen Mahngerichts können nunmehr die entsprechenden Formulare ausgewählt werden, wobei hauptsächlich mit Kennziffern gearbeitet wird.

210 Zur Beantragung eines Europäischen Mahnbescheids benötigen Sie das Formblatt A.

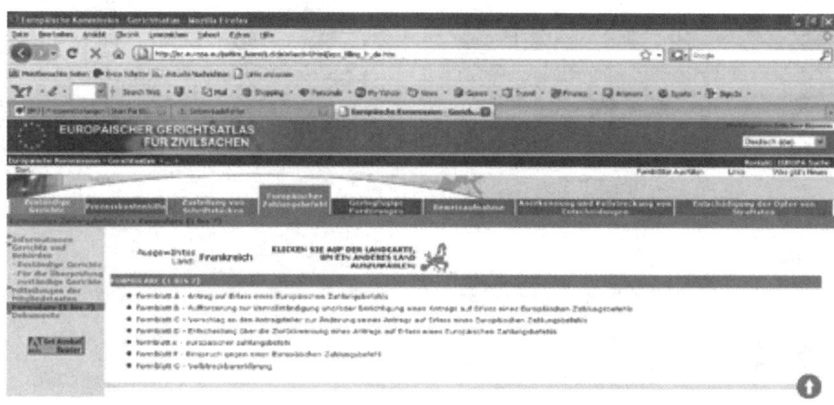

Ein Blankoantrag ist nachstehend abgebildet, um das Arbeiten mit den Kennziffern darzustellen. So hat der Antragsteller den Code 01, der Antragsgegner den Code 02 usw. 211

Antrag auf Erlass eines Europäischen Zahlungsbefehls
Formblatt A – Artikel 7 Absatz 1 der Verordnung (EG) Nr. 1896/2006 des Europäischen Parlaments und des Rates zur Einführung eines Europäischen Mahnverfahrens

Bitte lesen Sie zum besseren Verständnis dieses Formblatts zuerst die Leitlinien auf der letzten Seite!

Dieses Formblatt ist in der Sprache oder in einer der Sprachen auszufüllen, die das zu befassende Gericht anerkennt. Das Formblatt ist in allen Amtssprachen der Europäischen Union erhältlich, so dass Sie es in der verlangten Sprache ausfüllen können.

1. Gericht	**Aktenzeichen**
Gericht	(vom Gericht auszufüllen)
Straße, Hausnummer oder Postfach	Eingang beim Gericht
PLZ	
Ort	
Land	

2. Parteien und ihre Vertreter

Codes:	01 Antragsteller	03 Vertreter * des Antragstellers	05 Gesetzlicher Vertreter des Antragstellers **
	02 Antragsgegner	04 Vertreter * des Antragsgegners	06 Gesetzlicher Vertreter des Antragsgegners **

Code
Name, Vorname / Name der Firma oder Organisation
(ggf.) Identifikationsnummer
Anschrift
PLZ
Ort
Land
Telefon ***
Fax ***
E-Mail ***

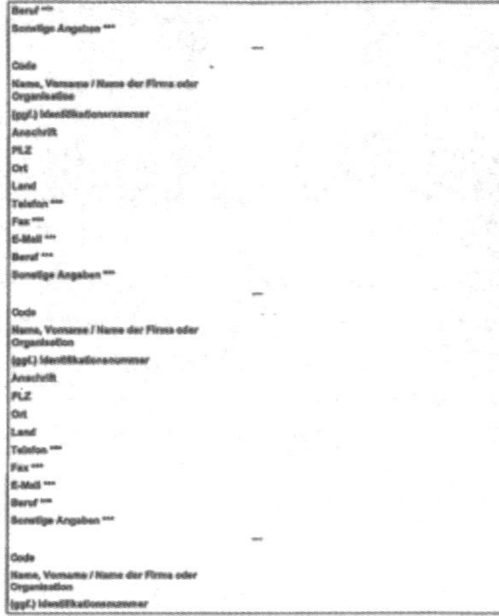

Beruf ***
Sonstige Angaben ***

Code
Name, Vorname / Name der Firma oder Organisation
(ggf.) Identifikationsnummer
Anschrift
PLZ
Ort
Land
Telefon ***
Fax ***
E-Mail ***
Beruf ***
Sonstige Angaben ***

Code
Name, Vorname / Name der Firma oder Organisation
(ggf.) Identifikationsnummer
Anschrift
PLZ
Ort
Land
Telefon ***
Fax ***
E-Mail ***
Beruf ***
Sonstige Angaben ***

Code
Name, Vorname / Name der Firma oder Organisation
(ggf.) Identifikationsnummer

Anschrift
PLZ
Ort
Land
Telefon ***
Fax ***
E-Mail ***
Beruf ***
Sonstige Angaben ***

* z.B. Rechtsanwalt	** z.B. Elternteil, Vormund, Geschäftsführer	*** fakultativ

3. Begründung der gerichtlichen Zuständigkeit

Codes:

01 Wohnsitz des Antragsgegners oder eines Antragsgegners

02 Erfüllungsort

03 Ort des schädigenden Ereignisses

04 Wenn es sich um Streitigkeiten aus dem Betrieb einer Zweigniederlassung, einer Agentur oder einer sonstigen Niederlassung handelt, Ort, an dem sich diese befindet

05 Ort, an dem der Trust seinen Sitz hat

06 Wenn es sich um eine Streitigkeit wegen der Zahlung von Berge- und Hilfslohn handelt, der für Bergungs- oder Hilfeleistungsarbeiten gefordert wird, die zugunsten einer Ladung oder einer Frachtforderung erbracht worden sind, der Ort des Gerichts, in dessen Zuständigkeitsbereich diese Ladung oder die entsprechende Frachtforderung mit Arrest belegt worden ist oder mit Arrest hätte belegt werden können

07 In Versicherungssachen Wohnsitz des Versicherungsnehmers, des Versicherten oder des Begünstigten

08 Wohnsitz des Verbrauchers

09 Ort, an dem der Arbeitnehmer seine Arbeit verrichtet

10 Ort der Niederlassung, die den Arbeitnehmer eingestellt hat

11 Ort, an dem die unbewegliche Sache belegen ist

12 Gerichtsstandsvereinbarung

13 Wohnsitz des Unterhaltsgläubigers

14 Sonstiger Zuständigkeitsgrund (bitte näher erläutern)

Code
Erläuterungen (gilt nur für Code 14)

4. Gründe dafür, dass die Sache als grenzüberschreitend anzusehen ist

Codes:

01 Belgien	02 Tschechische Republik	03 Deutschland
04 Estland	05 Griechenland	06 Spanien
07 Frankreich	08 Irland	09 Italien
10 Zypern	11 Lettland	12 Litauen
13 Luxemburg	14 Ungarn	15 Malta
16 Niederlande	17 Österreich	18 Polen
19 Portugal	20 Slowenien	21 Slowakei
22 Finnland	23 Schweden	24 Vereinigtes Königreich
25 Sonstige		

Wohnsitz oder gewöhnlicher Aufenthaltsort des Antragstellers
Wohnsitz oder gewöhnlicher Aufenthaltsort des Antragsgegners
Land des Gerichts

5. Bankverbindung (fakultativ)

5.1 Zahlung der Gerichtsgebühren durch den Antragsteller

Codes:

01 Überweisung	02 Kreditkarte	03 Einziehung vom Bankkonto des Antragstellers durch das Gericht
04 Prozesskostenhilfe	05 Sonstige (bitte näher erläutern)	

Bei Code 02 oder 03 bitte die Bankverbindung in Anlage 1 eintragen
Code
Im Falle von Code 05 bitte näher erläutern
5.2 Zahlung der zuerkannten Summe durch den Antragsgegner
Kontoinhaber

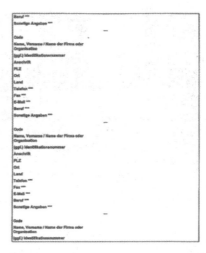

Bankadresse (BIC) oder andere anwendbare Bankkennung
Kontonummer
Internationale Bankkontonummer (IBAN)

EUR	Euro	CYP	Zypern-Pfund	CZK	Tschechische Krone
EEK	Estnische Krone	GBP	Britisches Pfund	HUF	Ungarischer Forint
LTL	Litauischer Litas	LVL	Lettischer Lats	MTL	Maltesische Lira
PLN	Polnischer Zloty	SEK	Schwedische Krone	SIT	Slowenischer Tolar
SKK	Slowakische Krone				

Sonstige (gem. internationalem Bankcode)
Währung
Gesamtwert der Hauptforderung, ohne Zinsen und Kosten

6. Hauptforderung
Anspruchsgrundlage (Code 1)
01 Kaufvertrag
02 Mietvertrag über bewegliche Sachen
03 Miet-/Pachtvertrag über Immobilien
04 Mietvertrag über Betriebs-/Büroräume
05 Vertrag über Dienstleistungen - Elektrizität, Gas, Wasser, Telefon
06 Vertrag über Dienstleistungen - medizinische Versorgung
07 Vertrag über Dienstleistungen - Beförderungsleistungen
08 Vertrag über Dienstleistungen - rechtliche, steuerliche oder technische Beratung
09 Vertrag über Dienstleistungen - Hotel- und Gaststätten-gewerbe
10 Vertrag über Dienstleistungen - Reparaturen
11 Vertrag über Dienstleistungen - Maklerleistungen
12 Vertrag über Dienstleistungen - Sonstiges (bitte näher erläutern)
13 Bauvertrag
14 Versicherungsvertrag
15 Darlehen
16 Bürgschaft oder sonstige Sicherheit
17 Außervertragliche Schuldverhältnisse sofern sie einer Vereinbarung zwischen den Parteien oder einem Schuldanerkenntnis unterliegen (z.B. Schadensbegleichung, ungerechtfertigte Bereicherung)
18 Aus dem gemeinsamen Eigentum an Vermögensgegenständen erwachsende Forderungen
19 Schadensersatz aus Vertragsverletzung
20 Abonnement (Zeitung, Zeitschrift)
21 Mitgliedsbeitrag
22 Arbeitsvertrag
23 Außergerichtlicher Vergleich
24 Unterhaltsvertrag
25 Sonstige Forderungen (bitte näher erläutern)
Umstände, mit denen die Forderung begründet wird (Code 2)
30 Ausgebliebene Zahlung
31 Unzureichende Zahlung
32 Verspätete Zahlung
33 Ausgebliebene Lieferung von Waren/Erbringung von Dienstleistungen
34 Lieferung schadhafter Waren/Erbringung mangelhafter Dienstleistungen
35 Erzeugnis bzw. Dienstleistung entspricht nicht der Bestellung
36 Sonstige Probleme (bitte näher erläutern)
Sonstige Angaben (Code 3)
40 Ort des Vertragsabschlusses
41 Ort der Leistung
42 Zeitpunkt des Vertragsabschlusses
43 Zeitpunkt der Leistung
44 Art der betreffenden Ware(n)
45 Adresse einer Liegenschaft oder eines Gebäudes
46 Bei Darlehen, Zweck des Darlehens: Verbraucherkredit
47 Bei Darlehen, Zweck des Darlehens: Hypothekendarlehen
48 Sonstige Angaben (bitte näher erläutern)

ID
Code 1
Code 2
Code 3
Erläuterungen
Datum (oder Zeitraum)
Betrag
ID
Code 1
Code 2
Code 3
Erläuterungen
Datum (oder Zeitraum)
Betrag
ID
Code 1
Code 2
Code 3
Erläuterungen
Datum (oder Zeitraum)
Betrag
ID
Code 1
Code 2
Code 3
Erläuterungen
Datum (oder Zeitraum)
Betrag

Die Forderung ist dem Antragsteller von folgendem Gläubiger abgetreten worden (falls zutreffend)
Nachname, Vorname / Firma
Identifikationsnummer (falls zutreffend)
Straße, Hausnummer und/oder Postfach oder Briefkastennummer
PLZ
Ort
Land

Zusätzliche Angaben für Forderungen, die sich auf einen Verbrauchervertrag beziehen (falls zutreffend)
Die Forderung bezieht sich auf einen Verbrauchervertrag
Der Antragsgegner ist der Verbraucher
Der Antragsgegner hat einen Wohnsitz im Sinne von Artikel 59 der Verordnung (EG) Nr. 44/2001 in dem Mitgliedstaat, dessen Gerichte angerufen werden

☐ Ja ☒ Nein ☐ Ja ☒ Nein ☐ Ja ☒ Nein

7. Zinsen
Codes (bitte die entsprechende Ziffer und den entsprechenden Buchstaben einsetzen):

1 Gesetzlicher Zinssatz	2 Vertraglicher Zinssatz
2 Vertraglicher Zinssatz	4 Zinssatz für ein Darlehen **
5 Vom Antragsteller berechneter Betrag	6 Sonstige
A jährlich	B halbjährlich
C vierteljährlich	D monatlich
E sonstige	

ID *
Code
Zinssatz (%)
% über dem Basissatz der EZB
auf (Betrag)
Ab
bis
ID *
Code
Zinssatz (%)
% über dem Basissatz der EZB
auf (Betrag)
Ab
bis
ID *
Code
Zinssatz (%)
% über dem Basissatz der EZB
auf (Betrag)
Ab
bis
ID *
Code
Zinssatz (%)
% über dem Basissatz der EZB
auf (Betrag)
Ab
bis

ID *
Bitte näher erläutern im Falle von Code 6 und/oder E
* Bitte die entsprechende Forderungskennung (ID) einsetzen
** vom Antragsteller mindestens in der Höhe der Hauptforderung aufgenommen
*** Bitte näher erläutern

8. Vertragsstrafe (falls zutreffend)
Betrag
Bitte näher erläutern

9. Kosten (falls zutreffend)
Codes: 01 Antrags-gebühren 02 Sonstige (bitte näher erläutern)
Code
Erläuterungen (gilt nur für Code 02)
Währung
Betrag
Code
Erläuterungen (gilt nur für Code 02)
Währung
Betrag
Code
Erläuterungen (gilt nur für Code 02)
Währung
Betrag
Code
Erläuterungen (gilt nur für Code 02)
Währung
Betrag

10. Vorhandene Beweismittel, auf die sich die Forderung stützt
Codes:
01 Urkundsbeweis (z.B. Vertrag, Rechnung) 02 Zeugen-beweis
03 Sachverständigen-gutachten 04 Inaugenscheinnahme eines Gegenstands oder Ortes
05 Sons-tige
ID *
Code
Beschreibung der Beweismittel
Datum
ID *
Code
Beschreibung der Beweismittel
Datum
ID *
Code
Beschreibung der Beweismittel
Datum
ID *
Code
Beschreibung der Beweismittel
Datum
* Bitte die entsprechende Forderungskennung (ID) einsetzen

11. Zusätzliche Erklärungen und weitere Angaben (falls erforderlich)

Ich beantrage hiermit, dass das Gericht den/die Antragsgegner anweist, die Hauptforderung in der oben genannten Höhe, gegebenenfalls zuzüglich Zinsen, Vertragsstrafen und Kosten, an den/die Antragsteller zu zahlen.
Ich erkläre, dass die obigen Angaben nach bestem Wissen und Gewissen gemacht wurden.
Mir ist bekannt, dass falsche Angaben zu Sanktionen nach dem Recht des Ursprungsmitgliedstaats führen können.

Ort
Datum
Unterschrift und gegebenenfalls Stempel

Anlage 1 zum Antrag auf Erlass eines Europäischen Zahlungsbefehls
Bankverbindung für die Zahlung der Gerichtsgebühren durch den Antragsteller
Codes:
02 Kreditkarte 03 Einziehung vom Bankkonto des Antragstellers durch das Gericht
Code
Kontoinhaber / Karteninhaber
Bankadresse (BIC) oder andere anwendbare Bankkennung / Kreditkartenunternehmen
Kontonummer / Kreditkartennummer
Internationale Bankkontonummer (IBAN) / Gültigkeit und Kartenprüfnummer der Kreditkarte

Anlage 2 zum Antrag auf Erlass eines Europäischen Zahlungsbefehls
Ablehnung der Überleitung in ein ordentliches Verfahren
Aktenzeichen (auszufüllen, falls die Anlage dem Gericht gesondert vom Antragsformblatt übermittelt wird)
Ort
Datum (Tag/Monat/Jahr)
Unterschrift und gegebenenfalls Stempel

ANLEITUNG ZUM AUSFÜLLEN DES ANTRAGSFORMBLATTS

V. Verfahren

Das zuständige Mahngericht prüft lediglich die Schlüssigkeit des Antrags. Ist der Mahnantrag nicht offensichtlich unbegründet, erlässt das Gericht den Zahlungsbefehl. 212

Ist der Antrag hingegen von den Angaben her unvollständig, erhält man eine Monierungsmitteilung mit der Möglichkeit, den Antrag binnen einer bestimmten Frist zu vervollständigen. Auch hier gibt es einen Formzwang (Formblatt B). 213

Sind die Forderungen nur zu einem Teil schlüssig, kann das Gericht dem Antragsteller einen Änderungsvorschlag unterbreiten (Formblatt C). Er kann diesen annehmen, es ergeht dann ein Teilzahlungsbefehl. Antwortet er nicht oder lehnt den Vorschlag ab, wird der europäische Mahnantrag zurückgewiesen. 214

Gegen Zurückweisung des Mahnantrags ist kein **Rechtsmittel** gegeben. 215

Die **Zustellung** erfolgt nach den nationalen Gesetzen, muss jedoch den Mindestanforderungen der Verordnung zum europäischen Mahnbescheid entsprechen. In Deutschland verweist § 1089 ZPO auf die Vorschriften zu den Zustellungen von Amts wegen (§§ 166 ff. ZPO). 216

Die **öffentliche Zustellung** ist jedoch zum Schutz des Antragsgegners ausgeschlossen, wie im Inlandsmahnverfahren auch.

► Praxistipp: 217

Das europäische Mahnverfahren ist nur eingliedrig, d.h. der Antragsgegner hat nur einmal die Möglichkeit, Einwendungen gegen die Forderung vorzubringen. Der Einspruch muss innerhalb von 30 Tagen ab Zustellung des Zahlungsbefehls zurückgesandt werden auf Formblatt F, das ihm zusammen mit dem Zahlungsbefehl zugestellt worden ist.

Nach Ablauf der Einspruchsfrist erhält der Antragsteller eine Ausfertigung des europäischen Zahlungsbefehls gegen den Anspruchsgegner, mit dem er die Zwangsvollstreckung im gesamten EU-Bereich (mit Ausnahme von Dänemark) ohne eine weitere staatliche Anerkennung betreiben kann. 218

5. Kapitel: Zwangsvollstreckung, Zwangsverwaltung und Insolvenz

Übersicht Rdn.

Die Zwangsvollstreckung gehört zu den Kompetenzfeldern einer gut ausgebildeten Rechtsanwaltsfachangestellten. Die RA verlassen sich hierbei häufig auf die Kenntnisse ihrer Angestellten. 1

A. Allgemeines

2 Das Vollstreckungsverfahren ist zunächst einmal vom **Erkenntnisverfahren** zu unterscheiden, was für den Mandanten nicht immer einfach zu verstehen ist.

3 Das Erkenntnisverfahren dient dabei der Rechtsfindung, d.h. es wird ein Anspruch zu- oder aberkannt. Doch mit dem Titel über den Anspruch, hat der Mandant noch lange nicht sein „Recht“ in Händen. Es schließt sich danach in den meisten Fällen das Vollstreckungsverfahren an, das der **Rechtsverwirklichung** dient. Unter Rechtsverwirklichung versteht man dabei die zwangsweise Durchsetzung eines titulierten Leistungsanspruchs, wenn der verurteilte Beklagte nicht freiwillig leistet. Grds. besteht ein staatliches **Vollstreckungsmonopol**, dass eine Selbstverwirklichung durch den Titelinhaber ausschließt. Der Staat stellt dabei zur Durchsetzung privatrechtlicher Leistungsansprüche ein gesetzlich geregeltes Vollstreckungsverfahren durch staatliche Zwangsvollstreckungsorgane zur Verfügung. Das Vollstreckungsverfahren ist hauptsächlich im 8. Buch der ZPO geregelt.

B. Vollstreckungsarten

4 Die titulierte Leistung bestimmt die Vollstreckungsart. Für jede Leistungsart sieht der Gesetzgeber sodann ein oder mehrere bestimmte Vollstreckungsmöglichkeiten vor. Diese Durchsetzungsmöglichkeiten sind zwingend (numerus clausus der Vollstreckungsarten).

5

Vollstreckungsart	Maßnahme	Vollstreckungsorgan
I. Vollstreckung wegen einer Geldforderung	1. Mobiliarvollstreckung	
	a) Sachpfändung §§ 808 bis 827 ZPO	Gerichtsvollzieher
	b) Forderungspfändung, §§ 828 bis 863 ZPO	AG als Vollstreckungsgericht
	c) Eidesstattliche Versicherung zur Vermögensoffenbarung, §§ 807, 899 ff. ZPO	Gerichtsvollzieher
	2. Immobiliarvollstreckung	
	a) Zwangsversteigerung, §§ 15 ff. ZVG	AG als Vollstreckungsgericht
	b) Zwangsverwaltung, §§ 146 ff. ZVG	AG als Vollstreckungsgericht
	c) Eintragung einer Zwangssicherungshypothek, §§ 867 f. ZPO	Grundbuchamt

Vollstreckungsart	Maßnahme	Vollstreckungsorgan
II. Vollstreckung wegen anderer Ansprüche als Geldforderungen	1. Zwangsvollstreckung zur Erwirkung von Handlungen	Prozessgericht des ersten Rechtszugs
	a) § 887 ZPO für vertretbare Handlungen b) § 888 ZPO für unvertretbare Handlungen	
	2. Abgabe einer Willenserklärung, § 894 ZPO	Keines, durch Rechtskraft Selbstvollstreckung (gilt als abgegeben)
	3. Zwangsvollstreckung zur Erwirkung einer Unterlassung oder Duldung, § 890 ZPO	Prozessgericht des ersten Rechtszugs

C. Allgemeine und besondere Zwangsvollstreckungsvoraussetzungen

Bevor man eine Zwangsvollstreckungsmaßnahme einleitet, sollte man prüfen, ob die allgemeinen und ggf. die besonderen Zwangsvollstreckungsvoraussetzungen vorliegen. 6

Unter allgemeinen Zwangsvollstreckungsvoraussetzungen versteht man: 7
- Titel (Rn. 452 ff.),
- Klausel (Rn. 459 ff.) und
- Zustellung (Rn. 476 ff.).

Besondere Zwangsvollstreckungsvoraussetzungen können sein: 8
- Sicherheitsleistung (Rn. 480 ff.),
- Zug-um-Zug (Rn. 489 ff.),
- Fälligkeit (Rn. 495) und
- Wartefristen (Rn. 496).

I. Titel

Für jede Zwangsvollstreckungsmaßnahme bedarf es zunächst eines vollstreckungsfähigen Titels. 9

Der Titel ist eine öffentliche Urkunde, aus der sich ergibt, dass ein bestimmter materiell-rechtlicher Anspruch besteht und im Wege der Zwangsvollstreckung durchgesetzt werden kann (Brox/Walker, Zwangsvollstreckungsrecht, 7. Aufl., Rn. 29). 10

Der Titel muss hinsichtlich der vollstreckbaren Leistung ausreichend bestimmt bzw. bestimmbar sein, damit er vollstreckungsfähig ist. 11

12 ► **Beispiele für nicht vollstreckungsfähige Formulierungen:**

„Der Beklagte ist verpflichtet, an den Kläger eine Abfindung zu zahlen." (Hier fehlt es an der Höhe der Forderung.)

oder

„Der Beklagte ist verpflichtet, an den Kläger die Wohnung in der Bergmannstraße herauszugeben." (Hier ist die herauszugebende Sache nicht ausreichend bestimmt.)

13 ► **Beispiele für vollstreckungsfähige Formulierungen, da bestimmbar:**

„nebst Zinsen i.H.v. 5 Prozentpunkten über den jeweiligen Basiszinssatz ..." (Hier sind die Zinsen bestimmbar, da der jeweils gültige Basiszinssatz zum 01.01. und 01.07. eines Jahres veröffentlich wird.)

oder

„Der Beklagte ist verpflichtet, an den Kläger den Juni-Arbeitslohn i.H.v. 2.000,00 € brutto zu zahlen." (Gemäß BGH sind auch Bruttolohntitel vollstreckbar, da der Nettolohn von Seiten des Schuldners – sprich Arbeitgebers – berechnet werden kann.)

14 Wenn ein Titel nicht vollstreckungsfähig ist, darf keine Vollstreckungsklausel erteilt werden. Geschieht dies trotzdem, so muss das jeweilige Vollstreckungsorgan trotzdem die allgemeinen Voraussetzung prüfen und ggf. die Vornahme der Vollstreckungsmaßnahme verweigern. Gibt es zwischen dem Schuldner und dem Gläubiger Unstimmigkeiten, ob der Titel einen vollstreckungsfähigen Inhalt hat, so können beide dies im Wege einer Feststellungsklage (positive bzw. negative) überprüfen lassen.

15 Grds. wird die Zwangsvollstreckung aus Endurteilen betrieben, die rechtskräftig oder für vorläufig vollstreckbar erklärt sind. Dabei ist es jedoch wichtig, dass es sich um sog. **Leistungsurteile** handelt. Feststellungs- und Gestaltungsurteile sind hingegen nicht vollstreckungsfähig. Es können demnach z. B. keine Scheidungsurteile vollstreckt werden. Urteile, die jedoch zur Zahlung von Unterhaltsbeträgen verpflichten, sind dagegen vollstreckungsfähig.

16 Die Rechtskraft des Urteils wird auf Antrag einer Partei vom Prozessgericht nach Ablauf der Rechtsmittelfrist in Form eines **Rechtskraftzeugnisses** bescheinigt. Ein entsprechender Rechtskraftvermerk wird meist auf die vollstreckbare Ausfertigung gesetzt und lautet wie folgt:

17 ► **Beispiel für Rechtskraftvermerk:**

„Vorstehendes Urteil ist rechtskräftig seit dem ..... (Datum der Rechtskrafterlangung)."

Ist das Urteil noch nicht rechtskräftig, so ist es erforderlich, dass das Urteil für vorläufig vollstreckbar erklärt worden ist. Die Anordnung der vorläufigen Vollstreckbarkeit wird vom Gericht **von Amts wegen** vorgenommen. Die §§ 708 und 709 ZPO regeln dabei, ob das Urteil mit oder ohne **Sicherheitsleistung** vollstreckbar erklärt wird. Eine mögliche Sicherheitsleistung ist im Urteilstenor zu beziffern. 18

Neben den Endurteilen findet die Zwangsvollstreckung insbes. aus den weiteren Vollstreckungstiteln des § 794 ZPO statt. Die wichtigsten weiteren Vollstreckungstitel sind: 19
- Prozessvergleiche gem. § 794 Abs. 1 Nr. 1 ZPO,
- Kostenfestsetzungsbeschlüsse gem. § 794 Abs. 1 Nr. 2 ZPO,
- Vollstreckungsbescheide gem. § 794 Abs. 1 Nr. 4 ZPO,
- vollstreckbare notarielle oder gerichtliche Urkunden gem. § 794 Abs. 1 Nr. 5 ZPO.

Nach § 795 ZPO gelten für diese weiteren Vollstreckungstitel die allgemeinen Vorschriften zur Zwangsvollstreckung, u. a. grds. auch die Voraussetzungen wie Titel, Klausel und Zustellung. Die §§ 795a bis 800 ZPO sehen jedoch einige **Besonderheiten** für diese Titel vor. Die obigen Titel haben folgende Besonderheiten: 20
- Prozessvergleiche müssen i. d. R. für die Vollstreckungsvoraussetzung der Zustellung gem. § 750 Abs. 1 ZPO im **Parteibetrieb** (zur Zustellung allgemein s. Rn. 476 ff.) zugestellt werden. Aufgrund Ihrer Rechtsnatur (Vergleiche werden bestands- nicht rechtskräftig) müssen die Vergleiche nicht von Amts wegen zum Start einer Rechtsmittelfrist zugestellt werden. Die Aushändigung des Terminprotokolls inklusive Vergleich an die Parteien im Termin reicht aus.
- Bei Kostenfestsetzungsbeschlüssen ist die **Wartefrist** des § 798 ZPO von zwei Wochen ab Zustellung des Titels einzuhalten. Erst nach Ablauf der Wartefrist ist die Zustellung zulässig.
- Bei Vollstreckungstiteln ist die Sonderregelung des § 796 ZPO zu beachten, wonach es einer Vollstreckungsklausel nur bedarf, wenn es sich dabei um eine **Rechtsnachfolgeklausel** handelt, d. h. der Titel wurde entweder auf Schuldner- oder Gläubigerseite auf einen Rechtsnachfolger umgeschrieben. Einer einfachen Vollstreckungsklausel hingen bedarf es nicht.
- In notariellen Urkunden können grds. alle Ansprüche vollstreckbar erklärt werden. § 794 Abs. 1 Nr. 5 ZPO sieht jedoch drei Ausnahmen vor, bei denen eine Vollstreckbarkeitserklärung nicht möglich ist:
  - Ansprüche, die einer vergleichsweisen Regelung nicht zugänglich sind,
  - Ansprüche, die auf die Abgabe einer Willenserklärung gerichtet sind sowie
  - Ansprüche, die den Bestand eines Wohnraummietverhältnisses betreffen.

Ferner ergeben sich auch aus anderen Gesetzen eine Vielzahl von zur Zwangsvollstreckung geeigneter Titel. Eine sehr umfassende Auflistung ist in § 68 der Geschäftsanweisung für Gerichtsvollzieher (GVGA) enthalten. Als ein Beispiel sei hier lediglich die Eintragung in die Insolvenztabelle gem. § 201 Abs. 2 InsO genannt. 21

22 Daneben gibt es noch Arreste (§ 932 ZPO) und einstweilige Verfügungen (§ 936 ZPO), bei denen gem. § 916 ZPO nur Sicherungsmaßnahmen der Zwangsvollstreckung erfolgen dürfen. Eine Verwertung ist zunächst ausgeschlossen.

II. Vollstreckungsklausel

23 Grds. ist für die Vollstreckung eine Vollstreckungsklausel erforderlich.

24 Bei diesem Erfordernis gibt es drei Varianten:

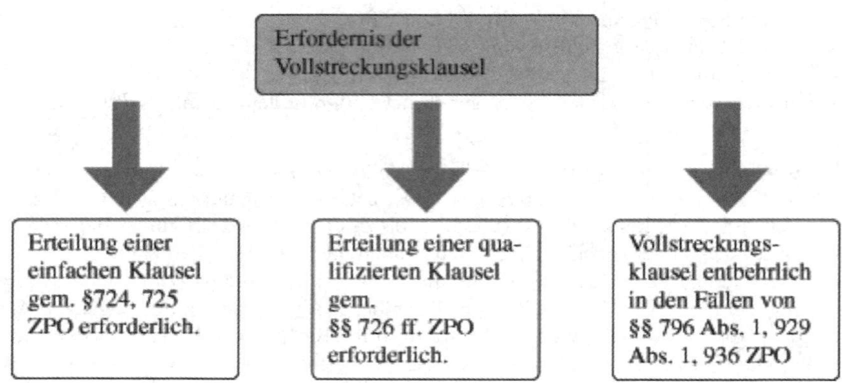

1. Einfache Vollstreckungsklausel

25 In den meisten Fällen ist lediglich eine einfache Vollstreckungsklausel gem. §§ 724, 725 ZPO für die Zwangsvollstreckung erforderlich. Dabei ist der Stempel bzw. Aufdruck „vollstreckbare Ausfertigung“ am Anfang des Titels nicht die Klausel, sondern lediglich ein Hinweis auf diese.

26 Die eigentliche einfache Klausel befindet sich hingegen meist am Ende des Titels und lautet wie folgt:

27 „Vorstehende Ausfertigung wird dem ..... (Bezeichnung der Partei) zum Zweck der Zwangsvollstreckung erteilt.“

28 Die einfache Klausel wird i. d. R. durch den Urkundsbeamten der Geschäftsstelle erteilt.

2. Qualifizierte Vollstreckungsklausel

29 Hängt die Vollstreckung aus dem Titel jedoch von einem vom Gläubiger zu beweisenden **Eintritt einer Bedingung** ab oder soll die Vollstreckung für und gegen eine **andere** als im Titel genannte **Person** erfolgen, so ist eine qualifizierte Klausel gem. § 726 ZPO erforderlich. Die Klausel ergänzt in diesem Fall das Urteil.

Eine Überprüfung des Eintritts der Bedingung bzw. der Rechtsnachfolge soll durch das Vollstreckungsorgan eben nicht stattfinden, der Nachweis muss im Wege der Klauselerteilung erbracht werden. Die Überprüfung und ggf. Erteilung der qualifizierten Klausel erfolgt beim Gericht durch den Rechtspfleger. 30

Die in der Praxis wohl wichtigste qualifizierte Klausel ist die **titelergänzende** Klausel gem. § 726 ZPO. Diese Klausel ist erforderlich, wenn die Vollstreckung des Titels von einem vom Gläubiger zu beweisenden Eintritt einer Bedingung abhängt. Der Eintritt der Bedingung muss dabei grds. durch öffentliche oder öffentlich-beglaubigte Urkunden nachgewiesen werden. Der Nachweis ist lediglich entbehrlich, wenn der Bedingungseintritt offenkundig ist. 31

Doch nicht jede Bedingung erfordert eine qualifizierte Klausel. Nachstehende Tabelle soll einen kurzen Überblick geben: 32

33

keine Bedingung i.S.v. § 726 ZPO, Erfordernis einer einfachen Klausel	**Bedingung i.S.v. § 726 ZPO, Erfordernis einer qualifizierten Klausel**
Erbringung einer Sicherheitsleistung	Zahlungspflicht „nach Tod des …“ (zwar Befristung, jedoch unbestimmt)
Eintritt eines Kalenderjahres	Zahlungspflicht „nach Erhalt einer Förderungsleistung der Arbeitsagentur“
Wartefristen gem. §§ 798, 798a ZPO	Zahlungspflicht „nach rechtskräftiger Ehescheidung“
grds. Zug-um-Zug-Leistung (mit Ausnahme, wenn die zu erbringenden Leistung des Schuldners in der Abgabe einer Willenserklärung liegt)	sog. **Wiederauflebensklausel:** „Der Beklagte ist verpflichtet, an den Kläger 500,00 € bis zum 03. 11. 2009 zu zahlen. Erfolgt die Zahlung nicht fristgerecht, hat der Beklagte einen weiteren Betrag von 200,00 € an den Kläger zu zahlen.“
sog. Verfallklausel: Zahlungsverpflichtung in Raten, wobei der gesamte Restbetrag sofort fällig wird, wenn der Beklagte mit einer Rate in Rückstand kommt	

► Praxistipp: 34

Man kann sich merken, dass alle besonderen Zwangsvollstreckungsvoraussetzungen keine Bedingungen i.S.d. § 726 ZPO sind, sowie die sog. Verfallklausel.

Es kann in der Praxis durchaus vorkommen, dass bestimmte Teile eines Titels einer titelergänzenden Klausel bedürfen, andere Teile des Titels hingegen lediglich eine 35 einfache Klausel zur Vollstreckung benötigen. In diesen Fällen können für die verschiedenen Teile unterschiedliche Klauseln erteilt werden, man muss also nicht darauf warten, dass alle Teile eines Titels vollstreckbar sind. Als Beispiel soll folgender Prozessvergleich dienen:

36 ► **Beispiel für einen Prozessvergleich mit verschieden Klauselerfordernissen:**

„Die Parteien sind sich einig,
1. *dass der Beklagte an den Kläger einen Betrag von 5.000,00 € bis zum 05.11.2009 zahlt;*
2. *dass der Beklagte einen weiteren Betrag i.H.v. 1.000,00 € zahlt, sobald er für den Kläger von der Bundesagentur für Arbeit einen Eingliederungszuschuss bezahlt bekommen hat."*

37 Im vorliegenden Fall bedarf die Nr. 1 des Vergleichs nur einer einfachen Klausel. Zwar hängt die Zahlung hier von einem Ereignis ab, dieses wird jedoch durch den Eintritt eines bestimmten Kalendertags bestimmt. Beim Eintritt eines Kalendertags handelt es sich vielmehr um eine besondere Vollstreckungsvoraussetzung gem. § 751 Abs. 1 ZPO, die vom jeweiligen Vollstreckungsorgan überprüft wird.

38 Nr. 2 des Vergleichs hängt von der Zahlung eines Eingliederungszuschusses der Bundesagentur für Arbeit ab und bedarf daher einer **titelergänzenden** Klausel. Der Eintritt der Zahlung müsste hier durch den Gläubiger durch öffentliche oder öffentlich beglaubigte Urkunde geführt werden, was sich meist als schwierig erweist, wenn die einzutretende Bedingung im Lager des Schuldners liegt. Vielfach ist es daher sinnvoll, dem Gläubiger Rechte einzuräumen, wie dieser an die Nachweise kommt oder gleich eine Erteilung einer vollstreckbaren Ausfertigung ohne Nachweis in öffentlich beglaubigter Form zu vereinbaren.

39 ► **Beispielsergänzung**

„3. Die Parteien sind sich ferner einig, dass der Gläubiger für den Nachweis des Bedingungseintritts zu Punkt 2 des Vergleichs keine öffentliche oder öffentlich beglaubigte Urkunde bedarf. Ein einfaches Bestätigungsschreiben der Bank A über den Zahlungseingang reicht aus. Der Beklagte ermächtigt hiermit den Kläger, die entsprechende Information bei seiner Hausbank A anzufordern."

40 Wenn im vorliegenden Fall dennoch nur eine einfache Klausel ohne Bezug auf die entsprechende Nr. 1 des Vergleichs erteilt worden wäre, könnte der **Schuldner** einen sog. klarstellenden Beschluss beantragen.

41 ► **Muster: Beantragung eines klarstellenden Beschlusses bei verschiedenen Klauseln**

Prozessgericht

Anschrift

In Sachen

Gläubiger ./. Schuldner

Aktenzeichen

wird namens und in Vollmacht des Schuldners ein klarstellender Beschluss hinsichtlich der erteilten Vollstreckungsklausel beantragt mit dem Inhalt,

dass sich die erteilte Klausel lediglich auf Nr. 1 des Vergleichs bezieht.

Begründung:

Dem Gläubiger wurde zwischenzeitlich eine vollstreckbare Ausfertigung erteilt, auf der eine einfache Vollstreckungsklausel gesetzt worden ist. Eine Beschränkung der Klausel auf Nr. 1 ist nicht erfolgt, sodass der Anschein erweckt wird, die Klausel würde für alle Teile des Vergleichs gelten.

Nr. 2 des Vergleichs beinhaltet jedoch eine Bedingung, sodass eine titelergänzende Klausel erforderlich ist. Ein Nachweis – auch unter den abgeschwächten Erfordernissen von Punkt 3 des Vergleichs – wurde bislang nicht vom Gläubiger erbracht, zumal die Zahlung vonseiten der Bundesagentur für Arbeit noch nicht geleistet worden ist.

Beglaubigte und einfache Abschrift anbei.

Rechtsanwalt

Wird die Klausel jedoch komplett fehlerhaft erteilt (z. B. eine einfache Klausel, obwohl das gesamte Urteil einer qualifizierten Klausel bedarf), so kann der Schuldner entweder mit der **Erinnerung** gegen die Erteilung der Vollstreckungsklausel gem. § 732 ZPO oder mit der Klage gegen die Vollstreckungsklausel gem. § 768 ZPO vorgehen. 42

Wenn die Klauselerteilung jedoch abgelehnt wird, z. B. weil der Nachweis nicht mit öffentlichen oder öffentlich beglaubigten Urkunden erbracht werden kann oder der Nachweis als nicht geführt angesehen wird, so kann der Gläubiger Klage auf Erteilung der Klausel gem. § 731 ZPO erheben. 43

Neben der titelergänzenden Klausel gibt es noch **titelübertragende** Klauseln. Diese sind in folgenden Paragrafen geregelt: 44
- § 727 ZPO: Klausel für und gegen den Rechtsnachfolger,
- § 728 ZPO: Klausel bei Nacherbe oder Testamentsvollstrecker und
- § 729 ZPO: Klausel gegen Vermögens- und Firmenübernehmer.

Durch die Erteilung einer solchen titelübertragenden Klausel wird der Titel quasi „umgeschrieben“, jedoch ohne ein zeit- und kostenintensives Klageverfahren für oder gegen den Rechtsnachfolger oder gegen die sonstigen Personen der §§ 728, 729 ZPO führen zu müssen. Für eine entsprechende Klage liegt wegen der Möglichkeit der Umschreibung im Klauselverfahren kein **Rechtsschutzbedürfnis** vor. 45

Die Rechtsnachfolge muss nach Rechtshängigkeit der Klage bzw. Errichtung der Urkunde eingetreten sein. Der Nachweis über die Rechtsnachfolge muss i. d. R. durch 46 öffentliche oder öffentlich beglaubigte Urkunde geführt werden. Nur wenn die Rechtsnachfolge offenkundig ist oder bei einem Rechtsnachfolgewechsel auf Gläubigerseite der Schuldner die Rechtsnachfolge zugesteht, ist ein entsprechender Nachweis im Klauselerteilungsverfahren entbehrlich.

47 ▶ Praxistipp:

Jede qualifizierte Klausel (sowohl die titelergänzende als auch die titelübertragende) muss gem. § 750 Abs. 2 ZPO nebst einer Abschrift der zugrunde liegenden Urkunde dem Schuldner zugestellt werden.

3. Klarstellender Vermerk

48 Von der Rechtsnachfolgeklausel zu unterscheiden, ist ein sogenannter klarstellender Vermerk. In den Fällen, wo zwar eine Namensänderung jedoch keine Rechtsnachfolge vorliegt, wird der Name durch einen klarstellenden Vermerk auf den Titel geändert (z. B. wenn sich der Name des Schuldners durch Heirat geändert hat).

4. Rapidklausel

49 Bei der Rapidklausel, auch Eil- oder Sofortklausel genannt, handelt es sich nicht um eine weitere Art von Klausel. Bei der Rapidklausel kann es sich sowohl um eine einfache als auch qualifizierte Klausel handeln. Lediglich der Zeitpunkt der Klauselerteilung ist hierbei besonders.

Die Klausel wird nicht wie im Normalfall erst nach durchgeführter Amtszustellung des Titels erteilt, sondern auf Antrag sofort nach Erlass des Titels.

50 ▶ **Muster: Beantragung einer Rapidklausel**

Antrag auf Rapidklausel nach § 317 Abs. 2 Satz 2 ZPO

In Sachen

Gläubiger ./. Schuldner

Aktenzeichen

wird beantragt, die vollstreckbare Ausfertigung sofort nach Erlass des Titels zu erteilen.

Rechtsanwalt

51 Die Zulässigkeit einer Rapidklausel ergibt sich dabei aus § 317 Abs. 2 Satz 2 ZPO, der den Erlass eines verkürzten Urteils ohne Entscheidungsgründe vorsieht. Auf diese verkürzte Ausfertigung des Titels kann sofort die Klausel erteilt werden. Gerade in Anbetracht der z. T. erheblichen Bearbeitungszeiten der überlasteten Gerichte, ist die Beantragung einer Rapidklausel im Einzelfall sinnvoll.

► **Praxistipp:** 52

Da die Rapidklausel bereits vor der Amtszustellung erfolgt, ist der Titel gem. § 750 Abs. 1 Satz 1 ZPO im Parteibetrieb zuzustellen (vgl. Rn. 476 f.).

5. Ausnahmen vom Klauselerfordernis

Es gibt jedoch auch Titel, die keine Vollstreckungsklausel für die Durchführung einer Vollstreckungsmaßnahme benötigen. Dies muss sich jedoch ausdrücklich aus dem Gesetz ergeben. Die wichtigsten Titel ohne Klauselerfordernis sind: 53
- Vollstreckungsbescheide nach § 796 Abs. 1 ZPO,
- Arreste und einstweilige Verfügungen gem. §§ 929 Abs. 1, 936 i.V.m. 929 Abs. 1 ZPO,
- Haftbefehle i.R.d. eidesstattlichen Versicherung nach § 901 ZPO,
- Pfändungs- und Überweisungsbeschluss als Herausgabetitel gem. § 836 Abs. 3 ZPO (z. B. bei Herausgabe eines Sparbuchs nach Pfändung des Sparguthabens) sowie
- Kostenfestsetzungsbeschlüsse, die gem. § 105 ZPO vereinfacht auf das Urteil gesetzt sind, nach § 795a ZPO.

Tritt jedoch eine Rechtsnachfolge ein, so ist selbstverständlich auch bei diesen Titeln eine Rechtsnachfolgeklausel erforderlich. 54

6. Weitere vollstreckbare Ausfertigungen

Eine weitere vollstreckbare Ausfertigung wird gem. § 733 ZPO dem Gläubiger nur erteilt, wenn er ein **Rechtsschutzbedürfnis** hierfür hat. Die Gründe für eine weitere vollstreckbare Ausfertigung muss der Gläubiger darlegen und zumindest glaubhaft machen. 55

Ein Rechtschutzbedürfnis wird bejaht bei: 56
- Verlust der Ausfertigung (z. B. auf dem Postweg),
- Simultanvollstreckung an mehreren Orten und bei verschiedenen Vollstreckungsorganen,
- Vollstreckung gegen Gesamtschuldner (pro Schuldner eine vollstreckbare Ausfertigung).

Problematisch ist hingegen der Fall, in dem der Titel versehentlich an den Schuldner vom Gläubiger selbst ausgehändigt worden ist und der Schuldner behauptet, die Angelegenheit wäre damit erledigt gewesen. Hier dürfte nur schwer ein Nachweis für eine Zweitausfertigung zu erbringen sein, insbes. da der Schuldner i. d. R. durch die Aushändigung der meist einzigen vollstreckbaren Ausfertigung des Titels von weiteren ungerechtfertigten Vollstreckungsmaßnahmen geschützt werden soll. 57

Ob hier evtl. eine eidesstattliche Versicherung der Rechtsanwaltsfachangestellten ausreicht, in der diese versichert, sie habe die erste vollstreckbare Ausfertigung aufgrund eines Büroversehens fehlerhaft an den Schuldner ausgehändigt, wird im Einzelfall 58 durch den Richter entschieden. Da die richterliche Entscheidung nicht vorhersehbar ist, ist bei der Aushändigung von Titeln grundsätzlich besondere Sorgfalt geboten.

III. Zustellung

1. Art der Zustellung

59 Gem. § 750 Abs. 1 ZPO muss der Titel grds. vor oder zumindest gleichzeitig mit Beginn der Zwangsvollstreckung zugestellt werden. Dabei sind zwei Arten der Zustellung für die Zwangsvollstreckung denkbar:

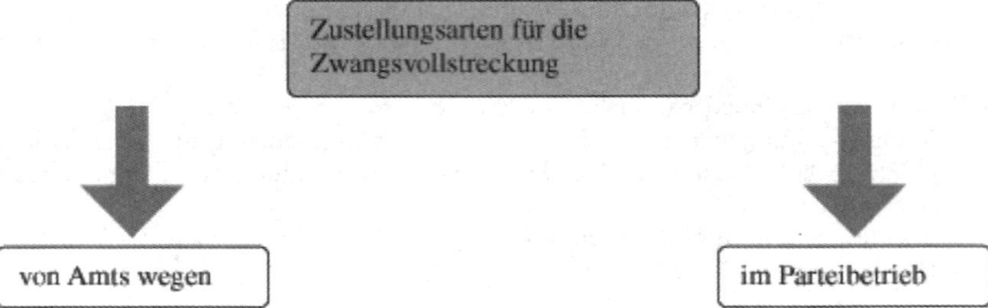

60 Urteile und Beschlüsse werden von den Gerichten meist von Amts wegen zugestellt, um die entsprechende Rechtsmittelfrist in Gang zu setzen. Eine solche Zustellung gilt immer auch für die Zwangsvollstreckung.

61 Daneben sieht das Zustellerfordernis in der Zwangsvollstreckung jedoch auch noch die Zustellung im **Parteibetrieb** gem. § 750 Abs. 1 Satz 2 ZPO vor, wobei das Urteil weder Tatbestand noch Entscheidungsgründe enthalten muss. Die Zustellung im Parteibetrieb gilt jedoch ausschließlich für die Zwangsvollstreckung und setzt i.d.R. keine Rechtsmittelfrist in Gang. Die einzige Ausnahme bildet hier die Zustellung des Vollstreckungsbescheids im Parteibetrieb, die ausnahmsweise die **Einspruchsfrist** auslöst.

62 Die Zustellung im Parteibetrieb ist insbes. in den Fällen erforderlich, in denen der zugrunde liegende Titel lediglich bestands- jedoch nicht rechtskräftig wird. Als Beispiel sei hier der **Prozessvergleich** genannt, bei dem es keine Rechtsmittelfrist gibt und der daher nur bestandskräftig werden kann. Eine Zustellung von Amts wegen erfolgt hier nicht, da keine Rechtsmittelfrist vom Gericht in Gang gesetzt werden muss.

63 Aber auch bei der Erteilung einer Rapidklausel (Sofortklausel, s. Rn. 472 ff.), die sofort nach Erlass des Titels und vor dessen Zustellung von Amts wegen erfolgt, ist eine Zustellung im Parteibetrieb erforderlich.

64 Es gibt zwei Möglichkeiten einer Zustellung im Parteibetrieb:

- Ist der Schuldner durch einen Anwalt vertreten, so kann die Zustellung mit schriftlichem Empfangsbekenntnis von Anwalt zu Anwalt gem. § 195 ZPO erfol-

gen. Dabei reicht gem. §§ 195 Abs. 1 Satz 5 i.V.m. 174 Abs. 2 Satz 1 ZPO die Zustellung per Telefax aus.
- Ist der Schuldner hingegen nicht anwaltlich vertreten, kann die Zustellung gem. § 192 ZPO nur durch den Gerichtsvollzieher erfolgen.

► Praxistipp: 65

Eine Zustellung per Einschreiben/Rückschein durch ein Postdienstleistungsunternehmen ist nicht zulässig!

Die Zustellung im Parteibetreib kann jedoch nicht nur durch den für die Zwangsvollstreckung örtlich zuständigen Gerichtsvollzieher erfolgen, sondern jeder in der BRD ansässige Gerichtsvollzieher kann mit der Zustellung beauftragt werden.

Arbeitet Ihre Kanzlei mit einem besonders schnellen Gerichtsvollzieher zusammen, so kann die Zustellung durch diesen wirksam erfolgen.

2. Zeitpunkt

Der Grundsatz des § 750 Abs. 1 ZPO erfordert spätestens die zeitgleiche Zustellung 66
des Titels mit Beginn der Vollstreckungsmaßnahme. Hiervon sieht das Gesetz folgende Ausnahmen vor:
- Gem. §§ 929 Abs. 3, 936 i.V.m. 929 Abs. 3 ZPO ist bei Arresten und einstweiligen Verfügungen eine nachträgliche Zustellung innerhalb einer Woche ab Vollziehung der Maßnahme zulässig.
- Hängt die Vollstreckung des Titels vom Ablauf der 2-wöchigen Wartefrist des § 798 ZPO ab (z. B. bei Kostenfestsetzungsbeschlüssen oder bei notariellen Urkunden), so muss die Zustellung mindestens zwei Wochen vor Beginn der Zwangsvollstreckung erfolgt sein.
- Gem. § 750 Abs. 3 ZPO muss bei einer Sicherungsvollstreckung nach § 720a ZPO sowohl der Titel als auch die Vollstreckungsklausel zwei Wochen vor Beginn der Zwangsvollstreckung zugestellt sein.

3. Prüfung der Vollstreckungsorgane

Neben den allgemeinen Zwangsvollstreckungsvoraussetzungen haben die Vollstre- 67
ckungsorgane zu überprüfen, ob besondere Vollstreckungsvoraussetzungen zu erfüllen sind und ob diese bereits erbracht wurden.

IV. Sicherheitsleistung

Wurde ein Urteil gegen Sicherheitsleistung gem. § 709 ZPO vorläufig vollstreckbar 68
erklärt, so muss der Gläubiger die im Urteil festgelegte Sicherheitsleistung erbringen oder er kann lediglich eine Sicherheitsvollstreckung gem. § 720a ZPO (also ohne Verwertung) betreiben, es sei denn, das Urteil wurde zwischenzeitlich rechtskräftig.

69 ► Praxistipp:

Es ist ratsam, vor Erbringung einer Sicherheitsleistung zu überprüfen, ob das Urteil nicht zwischenzeitlich rechtskräftig geworden ist.

In diesen Fällen muss die vollstreckbare Ausfertigung nur noch einmal an das Prozessgericht geschickt werden mit der Bitte um Erteilung eines Rechtskraftvermerks. Der Rechtskraftvermerk lautet meist:

„Vorstehendes Urteil ist rechtskräftig seit dem .....“

70 Gem. § 108 ZPO ist die Sicherheitsleistung entweder durch **Hinterlegung** von Geld oder Wertpapieren bei einer Hinterlegungsstelle zu bewirken oder durch die Beibringung einer schriftlichen, unwiderruflichen, unbedingten und unbefristeten Bürgschaft eines im Inland zum Geschäftsbetrieb befugten Kreditinstitutes.

71 Nach § 1 Hinterlegungsordnung (HinterlO) sind die AG die Hinterlegungsstellen, wobei bei jeder Hinterlegungsstelle im Bundesgebiet die Hinterlegung erfolgen kann. Teilweise sind die Hinterlegungsstellen bei einem AG in einem Landgerichtsbezirk konzentriert, so ist z. B. das AG Tiergarten die einzige Hinterlegungsstelle in Berlin.

72 I.d.R. wird Geld hinterlegt. Der Gläubiger erhält nach der Einzahlung vom Gericht einen sogenannten Hinterlegungsschein, auch Hinterlegungsquittung genannt. Die Sicherheitsleistung ist damit erbracht.

73 Für die Zwangsvollstreckung muss dem Schuldner gem. § 751 Abs. 2 ZPO jedoch eine Abschrift dieses Hinterlegungsscheins mindestens gleichzeitig mit Beginn der Vollstreckungsmaßnahme zugestellt werden.

74 In der Praxis wird meistens jedoch die Sicherheitsleistung durch **Bankbürgschaft** erbracht, da dies für den Gläubiger die kostengünstigere Variante darstellt. Dabei räumt i. d. R. die Hausbank des Gläubigers diesem für den Bürgschaftsbetrag einen gesonderten Kreditrahmen ein, der durch Vermögenswerte des Gläubigers teilweise abgesichert ist. Der Gläubiger muss dabei nicht den gesamten Sicherungsbetrag in bar aufbringen und zahlt lediglich die Kreditzinsen.

75 Gem. § 765 BGB ist die Bürgschaft von der Rechtsnatur her ein Vertrag. Die Bürgschaftsurkunde der Bank stellt dabei den Vertragsantrag dar, der Schuldner müsste diesen Antrag nur noch annehmen. Im Rahmen der Zwangsvollstreckung kann es jedoch auf den Willen des Schuldners nicht ankommen, da er mit einer Verweigerung die Erbringung der Sicherheitsleistung verhindern könnte.

76 Der Bürgschaftsvertrag kommt daher zustande, wenn die Bürgschaftsurkunde dem Schuldner tatsächlich zugegangen ist. Es handelt sich demnach um einen **Zwangsvertrag.**

▶ Praxistipp: 77

Gem. § 132 Abs. 1 BGB gilt die Bürgschaftsurkunde als zugegangen, wenn der Gerichtsvollzieher sie an den Schuldner zugestellt hat.

War ein Prozessbevollmächtigter für den Schuldner im Erkenntnisverfahren bestellt, ist die Zustellung der Bürgschaftsurkunde an diesen auch gem. § 172 ZPO zulässig, aber nicht zwingend erforderlich. Die Zustellung an den Prozessbevollmächtigten ist gem. § 195 ZPO mit schriftlichem Empfangsbekenntnis von Anwalt zu Anwalt zulässig.

In den meisten Fällen ist die Bürgschaft so gestaltet, dass mit der Rückgabe der 78
Bürgschaftsurkunde die Bürgschaft erlischt. Hier ist **immer** das Original der Bürgschaftsurkunde zuzustellen.

▶ Muster: Antrag auf Zustellung der Bürgschaft durch den Gerichtsvollzieher 79

An den

Gerichtsvollzieher

(genaue Anschrift)

Eilt!!! Zustellung einer Bankbürgschaft zum Zweck der Erbringung einer Sicherheitsleistung !!!

Sehr geehrter Herr Gerichtsvollzieher,

anliegend überreichen wir Ihnen die Bürgschaftsurkunde der Bank ..... im Original mit der Bitte, die Originalurkunde an den nachstehenden Schuldner:

Schuldner S

.....

(genaue Anschrift)

kurzfristig zuzustellen und uns hierüber eine Zustellungsurkunde zu erteilen.

Mit freundlichen Grüßen

Rechtsanwalt

Anders als beim Hinterlegungsschein muss die Zustellurkunde bzw. das Empfangs- 80
bekenntnis bei einer Zustellung von Anwalt zu Anwalt über die Zustellung der Bankbürgschaft entgegen dem Wortlaut des § 751 Abs. 2 ZPO nicht noch einmal gesondert dem Schuldner zugestellt werden, da dieser bereits Kenntnis über die Erbringung der Sicherheitsleistung erlangt hat (vgl. Zöller/Stöber, § 751 ZPO Rn. 6; Zimmermann, § 751 ZPO Rn. 3). Der Nachweis über die Zustellung der Bankbürgschaftsurkunde muss dann aber gegenüber dem jeweiligen Vollstreckungsorgan erbracht werden.

Nachstehende Skizze soll noch einmal die beiden Möglichkeiten der Erbringung ei- 81
ner Sicherheitsleistung darstellen.

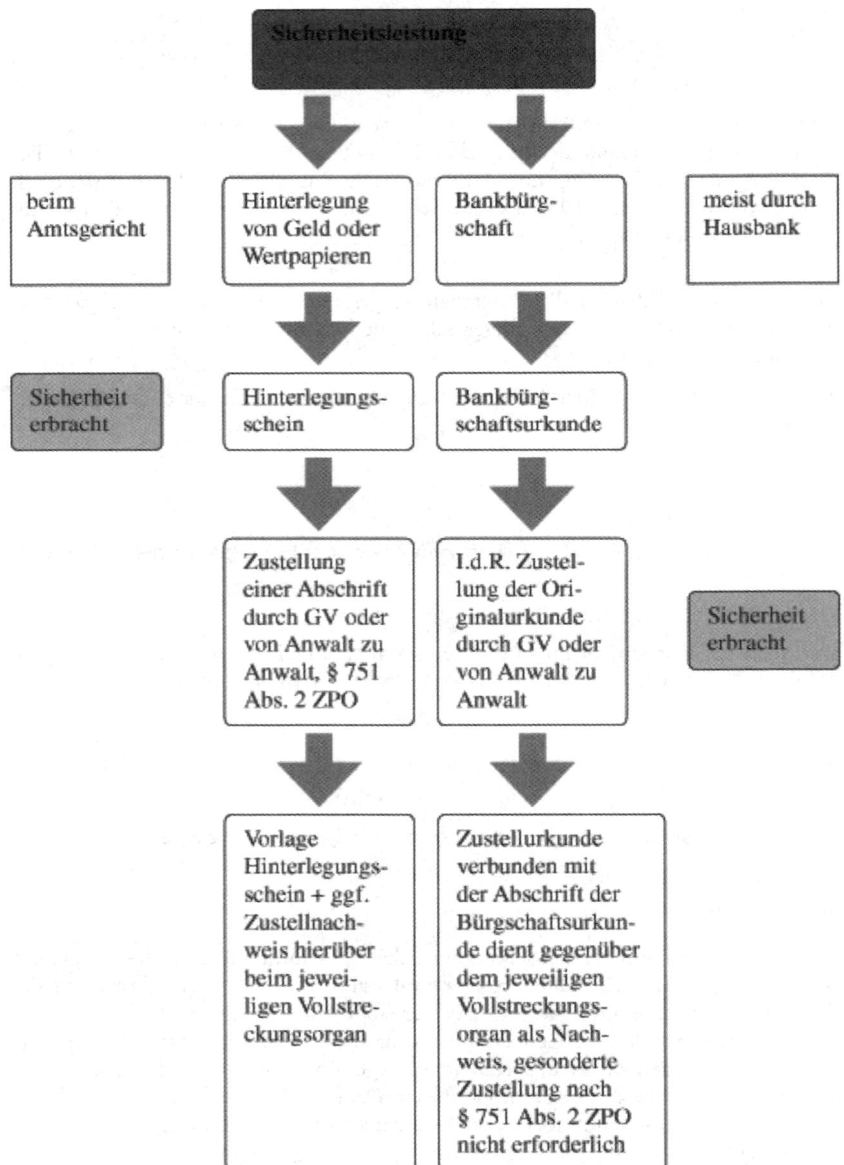

82 Gem. § 752 ZPO ist eine **Teilvollstreckung** auch bei Titeln mit Sicherheitsleistung möglich. Dabei muss der Gläubiger nicht die gesamte Sicherheitsleistung erbringen,

sondern nur im Verhältnis des Teilbetrags zum Gesamtbetrag. Die zu erbringende Sicherheitsleistung berechnet sich nach nachstehender Formel (vgl. Zöller/Stöber, § 752 ZPO Rn. 2):

$$\frac{\text{zu vollstreckender Teil} \times \text{Gesamtsicherheitsleistung}}{\text{Gesamtbetrag der zu vollstreckenden Forderung}}$$ 83

Beispiel:

Der Gläubiger G hat einen titulierten Anspruch gegen den Schuldner S auf Zahlung von 2.000,00 €. Das zugrunde liegende Urteil ist vorläufig vollstreckbar gegen Sicherheitsleistung i.H.v. 2.200,00 €. Gläubiger G will nunmehr nur wegen eines Teilbetrages von 500,00 € gegen S vollstrecken. In welcher Höhe muss die Teil-Sicherheitsleistung erbracht werden?

$$\frac{500{,}00\ \text{€ (zu vollstreckender Teil)} \times 2.200{,}00\ \text{€ (Gesamtsicherheitsleistung)}}{2.000{,}00\ \text{€ (Gesamtbetrag der zu vollstreckenden Forderung)}}$$

Es müsste hier eine Teil-Sicherheitsleistung i.H.v. 550,00 € erbracht werden.

V. Zug-um-Zug-Leistung

Bei Zug-um-Zug-Leistungen hängt die zu vollstreckende Leistung von einer zu erbringenden Gegenleistung des Gläubigers gegenüber dem Schuldner ab. Dies gestaltet die Zwangsvollstreckung in der Praxis mitunter recht schwierig. Bei einer Zug-um-Zug-Leistung muss nämlich entweder die Befriedigung des Schuldners oder der Annahmeverzug des Schuldners in Form einer öffentlichen oder öffentlichen beglaubigten Urkunde nachgewiesen werden. 84

1. Vollstreckung durch den Gerichtsvollzieher

Meist liegt kein geeigneter Nachweis über die Befriedigung des Schuldners vor, sodass der Gerichtsvollzieher erst einmal den Schuldner in Annahmeverzug setzen soll. Dies geschieht in der Form, dass die Leistung dem Schuldner zunächst angeboten werden muss und dieser die Abnahme verweigert. 85

Der Annahmeverzug richtet sich nach dem BGB und unterscheidet in ein tatsächliches Angebot (§ 294 BGB) und in ein wörtliches Angebot des Gläubigers (§ 295 BGB). 86

Nur in sehr seltenen Fällen wird der Gerichtsvollzieher mit dem tatsächlichen Angebot der Gegenleistung beauftragt. Dies bietet sich nur bei kleinen Gegenständen, wie z. B. einem Ring, an. Bereits das tatsächliche Anbieten eines Pkws wäre schwieriger, das Anbieten einer großen Industrieanlage fast unmöglich. 87

88 I.d.R. wird der Gerichtsvollzieher daher mit dem Anbieten eines wörtlichen Angebots beauftragt, bei dem er die Gegenleistung dem Schuldner wörtlich anbietet.

89 Verweigert der Schuldner die Annahme des wörtlichen Angebots ausdrücklich während oder unmittelbar vor dem Vollstreckungsverfahren gem. § 756 Abs. 2 ZPO, so liegt Annahmeverzug vor. Diesen Annahmeverzug bescheinigt der Gerichtsvollzieher in Form einer öffentlichen Urkunde, die für weitere Vollstreckungsmaßnahmen genutzt werden kann.

90 Bei einem **Schweigen** des Schuldners kann jedoch nicht von einer Annahmeverweigerung ausgegangen werden, § 756 Abs. 2 ZPO findet hier keine Anwendung. Da der Gerichtsvollzieher die Gegenleistung auch nicht tatsächlich anbieten kann, kann der Schuldner die Vollstreckung zunächst verhindern.

2. Vollstreckung durch sonstige Vollstreckungsorgane

91 Alle anderen Vollstreckungsorgane (Vollstreckungsgericht, Prozessgericht, Grundbuchamt, s. Rn. 449) können dem Schuldner die Gegenleistung weder tatsächlich noch wörtlich anbieten. Sie überprüfen lediglich vor Beginn der Vollstreckungsmaßnahme, ob der Schuldner befriedigt wurde oder ob Annahmeverzug vorliegt. Gem. § 765 Nr. 1 ZPO muss der Nachweis hierüber durch öffentliche oder öffentlich beglaubigte Urkunde geführt werden und es muss grds. eine Abschrift dieser Urkunde bereits zugestellt worden sein bzw. gleichzeitig mit der Vollstreckungsmaßnahme zugestellt werden.

3. Nachweismöglichkeiten

92 Gem. § 765 Nr. 2 ZPO reicht aber das **Gerichtsvollzieherprotokoll** aus, wenn der Gerichtsvollzieher ein wörtliches Angebot an den Schuldner abgegeben und dieser das Angebot ausdrücklich abgelehnt hat.

93 Hat der Gläubiger seine Gegenleistung bereits erbracht und ist der Schuldner somit befriedigt, muss der Nachweis mit öffentlicher oder öffentlich beglaubigter Urkunde geführt werden. Vielfach wird in der Praxis jedoch vom Schuldner nur eine einfache schriftliche Quittung erteilt.

94 ► **Praxistipp:**

Der Gläubiger könnte diese einfache schriftliche Quittung dennoch beim jeweiligen Vollstreckungsorgan einreichen und den Antrag stellen, dass der Schuldner zur Stellungnahme aufzufordern ist.

Bei einem Zugeständnis des Schuldners, dass eine Befriedigung vorliegt, ist ein Nachweis in öffentlicher Form entbehrlich.

95 Schweigt hingegen der Schuldner und ist es dem Gläubiger nicht möglich, die Befriedigung mit einer öffentlichen oder öffentlich beglaubigten Urkunde nachzuweisen, so hat der Gläubiger ein Rechtsschutzbedürfnis für eine Feststellungsklausel.

VI. Fälligkeit

Ist ein Anspruch von einer Fälligkeit abhängig, die nach dem Kalender bestimmt oder bestimmbar ist, so hat das jeweilige Vollstreckungsorgan gem. § 751 Abs. 1 ZPO zu überprüfen, ob der Kalendertag bereits abgelaufen ist. 96

Nur bei Fälligkeit darf die Vollstreckungsmaßnahme durchgeführt werden, anderenfalls ist der Antrag abzulehnen. 97

VII. Wartefristen

§ 798 ZPO sieht für bestimmte, dort genannte Titel eine Wartefrist von zwei Wochen ab Zustellung vor. Erst nach Ablauf der Wartefrist ist die Zwangsvollstreckung bei diesen Titeln zulässig. Die wichtigsten Titel des § 798 ZPO sind 98
- die Kostenfestsetzungsbeschlüsse und
- die vollstreckbaren Ausfertigungen einer notariellen Urkunde.

Eine andere Wartefrist von ebenfalls zwei Wochen ist in § 750 Abs. 3 ZPO geregelt. Wird eine **Sicherungsvollstreckung** nach § 720a ZPO betrieben, so müssen das Urteil und die Vollstreckungsklausel zwei Wochen vor Beginn der Vollstreckung zugestellt sein. 99

Sämtliche Wartefristen sind besondere Zwangsvollstreckungsvoraussetzungen, die das jeweilige Vollstreckungsorgan eigenständig vor Beginn der Vollstreckungsmaßnahme überprüfen muss. 100

VIII. Vollstreckungshindernisse

Ferner ist als Letztes zu prüfen, ob Vollstreckungshindernisse vorliegen. Diese Hindernisse werden durch Gerichtsbeschlüsse festgestellt, wie z. B. durch: 101
- einstweilige Einstellung der Zwangsvollstreckung nach § 769 ZPO (z. B. bis über eine Vollstreckungsabwehrklage entschieden ist),
- Einstellung der Zwangsvollstreckung nach § 775 ZPO und
- Eröffnung eines Insolvenzverfahrens, § 89 Insolvenzordnung (InsO).

► Checkliste Voraussetzungen der Vollstreckung 102

	Voraussetzungen	nein	ja
allgemeine Zwangsvollstreckungsvoraussetzungen	**1. Titel**		
	Vollstreckungsfähiger Inhalt?	☐	☐
	Urteil oder besonderer Titel § 794?	☐	☐
	Bei Titeln nach § 794 ggf. auf Besonderheiten achten, §§ 795 ff. ZPO.		
	2. Klausel		
	Einfache Klausel?	☐	☐

	Ggf. qualifizierte Klausel erforderlich (titelergänzend oder titelübertragende Klausel?	☐	☐
	Rapidklausel beantragen?	☐	☐
	Klausel entbehrlich (z. B. Vollstreckungsbescheide, Arreste etc.)?	☐	☐
	3. Zustellung		
	Vom Amts wegen?	☐	☐
	Im Parteibetrieb?	☐	☐
	Spätestens zeitgleich mit Zwangsvollstreckung § 750 Abs. 1 ZPO.	☐	☐
	Besondere Zeitpunkte der Zustellung z. B. bei Arresten und einstweiligen Verfügungen.	☐	☐
besondere Zwangsvollstreckungsvoraussetzungen	4. Sicherheitsleistung erforderlich?		
	(Check, ob Urteil nicht bereits rechtskräftig geworden ist, dann Rechtskraftvermerk anfordern.)	☐	☐
	5. Zug-um-Zug-Verurteilung ?		
	Nachweis der Befriedigung oder über einen Annahmeverzug des Schuldners mit öffentlicher oder öffentlich beglaubigter Urkunde?	☐	☐
	6. Fälligkeit § 751 Abs. 1 ZPO?	☐	☐
	7. Einhaltung der Wartefristen §§ 798 und 750 Abs. 3 ZPO, jeweils zwei Wochen. (z. B. bei KFBs und notariellen Urkunden)	☐	☐
	8. Keine Vollstreckungshindernisse? (z. B. einstweilige Einstellung nach § 769 ZPO oder eröffnetes Insolvenzverfahren).	☐	☐

D. Informationsbeschaffung

103 Je mehr Informationen über den Schuldner vorliegen, desto effektiver und erfolgreicher kann die Zwangsvollstreckung gegen ihn betrieben werden. Es ist ratsam, Informationen über pfändbares Vermögen des Schuldners zu erlangen, weil seit Jahren die Sachpfändungsaufträge immer erfolgloser verlaufen. Besonders Pfändungen von

Bankguthaben und Lohnpfändungen sind sehr effektiv und erhöhen – auch wenn kein pfändbares Vermögen vorhanden ist – den Druck auf den Schuldner.

Die wichtigsten Quellen bei der Informationsbeschaffung sind: 104
- Mandant,
- amtliche Register,
- Internet,
- sonstige Informationsdienste.

▶ Hinweis: 105

Zum 01.01.2013 tritt das **Gesetz zur Reform der Sachaufklärung in der Zwangsvollstreckung** (ZwVollStrÄndG) in Kraft, das eine deutliche Erleichterung bei der Informationsbeschaffung bringt, insoweit als die Vermögensauskunft (die ehemals eidesstaatliche Versicherung der Vermögenslosigkeit.) quasi „vorgezogen“ wird und der Gerichtsvollzieher auch befugt ist, Auskünfte bei Dritten (Rentenversicherungsträger, Bundesamt f. Steuer und Kraftfahrzeug-Bundesamt) einzuholen. Näheres hierzu unter Rdn. 131 ff. in diesem Kapitel.

I. Mandant

Als Erstes sollte natürlich der Mandant befragt werden, ob ihm weitergehende Informationen über den Schuldner bekannt sind. Besonders hilfreich dabei können Geschäftsbriefe oder Visitenkarten des Schuldners sein. 106

Bei Großmandanten, die zahlreiche Zwangsvollstreckungsangelegenheiten in Auftrag geben, bietet es sich an, einen „Aufnahmebogen“ für spätere Geschäftsbeziehungen zu entwickeln. So könnte z. B. ein Kfz-Sachverständiger bereits bei Auftragserteilung eines Gutachtens von seinen Kunden formularmäßig das Geburtsdatum und eine Kontoverbindung erfragen. 107

Die Auskunftsbereitschaft des Kunden bei Auftragserteilung dürfte dabei recht hoch sein. Zahlt der Kunde später nicht, wäre zumindest eine Kontoverbindung bekannt. 108

II. Amtliche Register

Auch können aus diversen amtlichen Registern Informationen über den Schuldner erlangt werden. 109

1. Einwohnermeldeamt

Durch ein Ersuchen beim Einwohnermeldeamt am letzten bekannten Wohnsitz des Schuldners kann die derzeitige aktuelle Anschrift des Schuldners ermittelt werden, sofern sich dieser ordnungsgemäß angemeldet hat. Im Gesuch muss neben dem vollständigen Vor- und Nachnamen die letzte bekannte Meldeanschrift oder das Geburtsdatum des Schuldners angegeben werden. Um eine zügige Bearbeitung zu ermöglichen, sollten vorher beim Einwohnermeldeamt die Kosten für diese Auskunft 110 telefonisch erfragt werden und die erfragten Kosten als Verrechnungsscheck dem Ersuch beigefügt werden. Die Kosten betragen i. d. R. zwischen 3,50 € bis 10,00 €.

2. Postanfrage

111 Kostengünstig und effektiv ist die Überprüfung der Postanschrift durch die Deutsche Post AG durch eine sogenannte **Postanfrage.** Die Post hält hierfür eine gesonderte Auskunftskarte bereit. Die Gebühr für diese Dienstleistung beträgt derzeit 1,00 € für die Prüfkarte zzgl. Beförderungsentgelt von 0,45 €. Die Überprüfung der Anschrift dauert meist nur wenige Tage. Liegt ein Nachsendungsantrag des Schuldners vor, so erhalten Sie die Nachsendeadresse.

3. Handelsregister

112 Das Handelsregister ist ein öffentliches Verzeichnis, das Eintragungen über die angemeldeten Kaufleute im Gemeindebezirk enthält. Es ist immer bei dem jeweiligen AG angesiedelt, wobei mehrere Bezirke bei einem AG konzentriert sein können. So ist beim AG Charlottenburg das Handelsregister für alle Berliner Bezirke angesiedelt.

113 In Abteilung B werden die Kapitalgesellschaften (GmbH und AG) eingetragen, alle übrigen Unternehmen (insbes. Einzelkaufleute und Personenhandelsgesellschaften) werden hingegen in Abteilung A eingetragen.

114 Bislang war die Angabe der Firmenanschrift im Handelsregisterausdruck für Zwangsvollstreckungsmaßnahmen meist wertlos, da die Anschrift i. d. R. veraltet war und noch von der Ersteintragung der Gesellschaft stammte.

115 Mit dem Inkrafttreten des Gesetzes zur Modernisierung des GmbH-Rechts und zur Bekämpfung von Missbräuchen (MoMiG) zum 01. 11. 2008 hat sich dies jedoch grundlegend geändert.

116 Gem. § 8 GmbH-Gesetz n.F. ist bei Anmeldungen zum Handelsregister eine zustellfähige inländische Anschrift anzugeben, die für alle ersichtlich im Handelsregister eingetragen wird. Diese Regelung gilt auch für Kapitalgesellschaften, sonstigen Personenhandelsgesellschaften und ebenso für Zweigniederlassungen ausländischer Gesellschaften, wie z. B. der Limited.

117 Spätestens nach Ablauf der Übergangsfrist am 31. 10. 2009 wird von den Registergerichten bei den alt eingetragenen Gesellschaften (vor 01.11.08) die letzte bekannte inländische Anschrift – jedoch ohne inhaltliche Prüfung – als inländische Zustellanschrift ins Handelsregister eingetragen.

118 Die Gesellschaften müssen dabei um eine Aktualisierung Ihrer im Handelsregister eingetragenen inländischen Zustellanschrift besorgt sein, da ihnen ansonsten droht, dass Vollstreckungstitel gegen sie im Wege der öffentlichen Zustellung erwirkt werden.

119 § 185 ZPO n.F. wurde dahin gehend abgeändert, dass eine öffentliche Zustellung an die Gesellschaft bereits vorgenommen werden kann, wenn die Zustellung weder un-

ter der eingetragenen Anschrift und unter einer ggf. im Handelsregister eingetragenen Empfangsperson möglich ist, noch unter einer anderen ohne weitere Ermittlungen bekannten zweiten inländischen Anschrift.

▶ **Praxistipp:** 120

Unter www.justiz.de oder unter www.handeslsregister.de kommt man auf das Justizportal des Bundes und der Länder und kann dort die entsprechenden Handelsregisterauskünfte auch online abrufen. Eine vorherige Registrierung ist jedoch erforderlich.

4. Schuldnerverzeichnis

Mit Inkrafttreten des ZwVollStrÄndG zum 01.01.2013 wird erstmals eine bundesweite Internetplattform eingerichtet, die dem Gläubiger es ermöglichen soll, schnell Informationen über einen Schuldner zu erlangen, z. B. ob dieser bereits eine Vermögensauskunft abgegeben hat (vgl. in diesem Kapitel Rdn. 173). 121

5. Gewerberegister

Bei den Gemeinden wird ein Gewerberegister geführt, bei dem Gewerbetreibende ihr Gewerbe anmelden und bei Umzug in eine andere Gemeinde oder bei Aufgabe das Gewerbe abmelden müssen. Aktuelle Anschriften müssen dem Gewerbeamt nicht mitgeteilt werden. Die Auskünfte sind daher für die Vollstreckung meist nicht hilfreich. 122

6. Grundbuchamt

Insbes. vor Vollstreckungsmaßnahmen wegen Geldforderungen in Immobilien (Zwangssicherungshypothek, Zwangsverwaltung und Zwangsversteigerung) sollte vorher ein Grundbuchausdruck beim betreffenden Grundbuchamt beantragt werden. Die Grundbuchämter werden bei den AG geführt. Der Grundbuchausdruck ist eine Abschrift aller Einträge im Grundbuch. 123

Im Antrag auf Erteilung eines Grundbuchausdrucks muss jedoch ein berechtigtes Interesse nachgewiesen werden. Es muss daher zumindest ein Vollstreckungstitel gegen den Grundstückseigentümer vorliegen. 124

Für die Zwangsvollstreckung sind dabei insbes. Abteilung 1 und Abteilung 3 interessant. Aus Abteilung 1 ergibt sich das Eigentumsverhältnis, z. B. ob der Schuldner Alleineigentümer ist. Aus Abteilung 3 ist ferner ersichtlich, ob und in welcher Höhe vorrangige Verbindlichkeiten auf dem Grundstück lasten. 125

Für Rechtsanwaltsfachangestellte, die selten einen Grundbuchauszug gesehen haben, wird nachstehend ein Ausdruck aus einem Wohnungsgrundbuch abgebildet. In Abteilung 1 ist der Schuldner als Eigentümer eingetragen. In Abteilung 3 ist eine Grundschuld i.H.v. 450.000,00 € zugunsten der Landesbank Berlin eingetragen. 126

Bei einer solch hohen vorrangigen Verbindlichkeit ist lediglich die Eintragung einer Zwangssicherungshypothek anzuraten. Zwangsverwaltung und Zwangsversteigerung wären hingegen mit hohen Kosten verbunden, eine Befriedigung ist wegen der vorrangigen Verbindlichkeit fast ausgeschlossen.

Amtsgericht Tempelhof-Kreuzberg

Grundbuch

von

Mariendorf

Blatt ______________

Wohnungsgrundbuch

Grundbuch von Mariendorf Blatt

Bestandsverzeichnis

Bogen B-E 1

Lfd. Nr. der Grundstücke	Bisherige lfd. Nr. d. Grundstücke	Bezeichnung der Grundstücke und der mit dem Eigentum verbundenen Rechte: Gemarkung* Flur	Flurstück	Wirtschaftsart und Lage	Größe m²
1	2	3 a/b		3c	4
1	-	243,798/10.000		Miteigentumsanteil an dem Grundstück	
		4	34/2	Gebäude- und Freifläche ANSCHRIFT	1087
		verbunden mit dem Sondereigentum an der Wohnung Nr. 6 laut Aufteilungsplan.			
		Für jeden Miteigentumsanteil ist ein besonderes Grundbuch angelegt (Blätter bis). Der hier eingetragene Miteigentumsanteil ist durch die zu den anderen Miteigentumsanteilen gehörenden Sondereigentumsrechte beschränkt.			
		Veräußerungsbeschränkung: Zustimmung durch Verwalter; Ausnahme: Veräußerung an Ehegatten, an Verwandte gerader Linie, an Verwandte zweiten Grades der Seitenlinie, durch Zwangsvollstreckung, durch Insolvenzverwalter, durch Konkursverwalter, durch derzeitige Eigentümer Christian Bröcker und Karin Bröcker geb. Stollberg.			
		Wegen Gegenstand und Inhalt des Sondereigentums wird Bezug genommen auf die Bewilligungen vom und vom ; (UR-Nrn. , und , Notar . in Berlin); hierher übertragen aus Blatt ; eingetragen am			

* Wenn die Angabe der Gemarkung fehlt, stimmt ihre Bezeichnung mit der des Grundbuchbezirks überein.

Grundbuch von Mariendorf Blatt .

Erste Abteilung

Bogen 1-E 1

Lfd. Nr. der Eintragungen	Eigentümer	Lfd. Nr. der Grundstücke im Bestandsverzeichnis	Grundlage der Eintragung
1	2	3	4
1	SCHULDNER S geb. ???,	1	Teilung nach § 8 WEG; eingetragen am

Grundbuch von Mariendorf Blatt

Zweite Abteilung

Bogen II-E 1

Lfd. Nr. der Eintragungen	Lfd. Nr. der betroffenen Grundstücke im Bestandsverzeichnis	Lasten und Beschränkungen
1	2	3
1	1	Eigentumsübertragungsvormerkung für , Berlin Gemäß Bewilligung vom (UR-Nr. . Notar in Berlin) eingetragen am . Kuske

Grundbuch von Mariendorf Blatt

Dritte Abteilung

Bogen III-E 1

Lfd. Nr. der Eintragungen	Lfd. Nr. der belasteten Grundstücke im Bestandsverzeichnis	Betrag	Hypotheken, Grundschulden, Rentenschulden
1	2	3	4
1	1	450.000,00 EUR	Grundschuld **ohne Brief** zu vierhundertfünfzigtausend Euro für die Landesbank Berlin – Girozentrale –, Berlin. 15 % Zinsen. Vollstreckbar nach § 800 ZPO Gemäß Bewilligung vom 20.10.2004 (UR-Nr. Notar in Berlin) eingetragen am in Blatt . Infolge Begründung von Wohnungseigentum zur Gesamthaft nach Blätter 14239 bis 14270 übertragen am

III. Internet

Früher wurden Informationen über den Schuldner aus dem örtlichen Telefonbuch oder von der Telefonauskunft gewonnen. Heute bietet das Internet jedoch eine ganz neue Qualität der Informationssuche. Die Internetrecherche mittels diverser Suchmaschinen ist in der Anwaltskanzlei und wohl auch im Privatbereich nicht mehr wegzudenken, sodass es sogar zu einer Wortneuschöpfung, die am Marktführer der Suchmaschinen angelehnt ist, kam. Informationen werden heute „gegoogelt". 127

Diese Form der Recherche ist besonders bei Firmen recht erfolgreich und v.a. kostengünstig. 128

Folgende Internetseiten sind bei der Internetrecherche nützlich: 129
- www.telefonbuch.de (für die bundesweite Anschriftensuche)
- www.insolvenzbekanntmachungen.de (für die Überprüfung, ob bereits ein Insolvenzverfahren des Schuldners eröffnet worden ist)

IV. Sonstige Informationsdienste

Bei größeren Forderungen kann auch die Beauftragung einer Detektei angedacht oder eine Auskunft aus der SCHUFA beantragt werden. Beide Varianten sind kostenintensiver und sollten daher nur bei größeren Forderungen in Betracht gezogen werden. Auf jeden Fall sollten entsprechende Kostenvoranschläge eingeholt und diese veranschlagten Kosten mit dem Mandanten abgestimmt werden. Die Kosten sind grds. auch im Wege der Zwangsvollstreckung beizutreiben, bei einer erfolglosen Vollstreckung würde der Mandant jedoch die Kosten selber tragen müssen. 130

E. Einzelne Vollstreckungsmaßnahmen

I. Reform zur Sachaufklärung in der Zwangsvollstreckung

Ab dem 01.01.2013 tritt das **Gesetz zur Reform der Sachaufklärung in der Zwangsvollstreckung** (ZwVollStrÄndG) in Kraft, dass insbesondere die Informationsbeschaffung in der Zwangsvollstreckung für den Gläubiger erleichtern soll. In der Praxis war dies in der Vergangenheit häufig die Schwachstelle der Zwangsvollstreckung, da der Gläubiger erst immer recht spät von möglichen Vermögenswerten des Schuldners im Verfahren zur Abgabe der eidesstattlichen Versicherung erfahren hat. 131

Die zweite Auflage des Allrounders erscheint Ende2012, so dass zumindest die alte Rechtslage noch kurz unter Ziffer 4 (Exkurs Kombiauftrag) erläutert wird. In Anbetracht der neuen Rechtslage ab 2013 liegt der Schwerpunkt in der Zweitauflage auf die neue Vermögensauskunft sowie die anschließende Forderungspfändung. 132

Das Reformgesetz sieht insbesondere folgende Änderungen vor: 133
- Pflicht zur Vermögensauskunft bereits **vor gescheitertem** Sachpfändungsversuch,
- **Einholung von Fremdauskünften** über Schuldnervermögen durch den Gerichtsvollzieher erlaubt,
- **Modernisierung** der neuen Vermögensauskunft (alt. e.V.) sowie der Vermögensverzeichnisse,

- Einrichtung eines landesweiten **Zentralschuldnerregisters im Internet** sowie
- Planung verbindlicher Formulare zur Standardisierung des Zwangsvollstreckungsauftrages.

1. Allgemeines

134 Grundsätzlich ist der **Gläubiger Herr der Verfahrens** und besitzt die Entscheidungsfreiheit, ob und in welchem Umfang er im Einzelfall von seinem Recht auf Zwangsvollstreckung und mit welcher Maßnahme er Gebrauch machen will. Für eine wirkungsvolle Zwangsvollstreckung benötigt der Gläubiger jedoch konkrete Informationen über verwertbares Vermögen des Schuldners. Nach dem alten Recht (bis Dezember 2012) muss jedoch erst ein Versuch der Sachpfändung (der Pfändung von beweglichen Gegenständen) in das Eigentum des Schuldners erfolglos durchgeführt worden sein, bevor er eine Vermögensauskunft im Wege der eidesstattlichen Versicherung vom Schuldner verlangen kann.

135 Mit dem Inkrafttreten des ZwVollStrÄndG **zum 01.01.2013** wird die neue Vermögensauskunft auf Antrag des Gläubigers quasi als **„Auskunftsstufe" vorgezogen** und der Gläubiger kann auch vor einem gescheiterten Sachpfändungsversuch, die Auskunft über das Vermögen des Schuldners verlangen.

136 Die Stellung eines **Kombiauftrages** (Sachpfändung mit anschließender eidesstattlicher Versicherung vgl. in diesem Kapitel Rdn. 380) wird dadurch **entbehrlich.**

137 Für das Verlangen auf Abgabe der Vermögensauskunft müssen lediglich die allgemeinen und besonderen Zwangsvollstreckungsmaßnahmen vorliegen und der Gläubiger muss einen entsprechenden Vollstreckungsantrag beim zuständigen Gerichtsvollzieher stellen. Die vollstreckbare Ausfertigung des Titels und evtl. Nachweise über bisherige Vollstreckungskosten sind wie gewohnt beizufügen.

138 Die Regelbefugnisse des Gerichtsvollziehers sind dabei in § 802 a ZPO n.F. konkret bezeichnet. Grundsätzlich hat der Gerichtsvollzieher im gesamten Verfahren auf eine zügige und Kosten sparende Betreibung der Geldforderung hinzuwirken (§ 802 a Abs. 1 ZPO n.F.) und besitzt folgende Befugnisse (Abs.2):

- eine gütliche Einigung der Sache zu versuchen (§802 b ZPO n.F.),
- eine Vermögensauskunft des Schuldners einzuholen (§802 c ZPO n.F.),
- Auskünfte Dritter über das Vermögen des Schuldners einzuholen (§802 l ZPO n.F.),
- die Pfändung und Verwertung körperlicher Sachen zu betreiben (§§ 808 ff ZPO),
- eine Vorpfändung durchzuführen (§ 845 ZPO). Hierfür bedarf es nicht der vorherigen Erteilung einer vollstreckbaren Ausfertigung und der Zustellung des Schuldtitels.

139 Die gewünschte Maßnahme ist vom Gläubiger im Vollstreckungsauftrag konkret zu bezeichnen.

140 Eine **gütliche Erledigung** der Sache soll im **gesamten Verfahren** möglich sein und ist daher auch im Vollstreckungsauftrag nur zu bezeichnen, wenn sich der Auftrag auf

die gütliche Einigung beschränkt , was in der Praxis wohl recht selten vorkommen dürfte.

Die gütliche Einigung ist in § 802 b ZPO n.F. geregelt und sieht vor, dass der Gerichtsvollzieher dem Schuldner 141
- eine **Zahlungsfrist** einräumen oder
- **Ratenzahlungen** vereinbaren kann,

sofern der Gläubiger Zahlungsvereinbarungen grundsätzlich nicht ausgeschlossen hat. Die Tilgung sollte dabei jedoch **innerhalb von 12 Monaten** abgeschlossen sein.

Hat der Gerichtsvollzieher eine entsprechende Zahlungsvereinbarung getroffen, so informiert er den Gläubiger hierüber und dieser hat dann noch die Möglichkeit, unverzüglich der Vereinbarung im Nachhinein zu widersprechen. In diesem Fall wird der Schuldner über den **Widerspruch** informiert und die Vereinbarung ist damit hinfällig. Gleiches gilt auch, wenn der Schuldner mit einer vereinbarten Zahlung ganz oder teilweise länger als **2 Wochen in Verzug** ist. 142

Ein möglicher Antrag könnte wie folgt aussehen: 143

► Muster: Antrag auf Abgabe der Vermögensauskunft

144

In der Zwangsvollstreckungssache

Gläubiger G

.....

(genaue Anschrift)

– Gläubiger –

– Prozessbevollmächtigter: .....

gegen

Schuldner S

.....

(genaue Anschrift)

– Schuldner –

überreichen wir

vollstreckbare Ausfertigung des ..... *(genaue Bezeichnung des Titels)*

und beauftragen Sie,

das Verfahren zur Abnahme der Vermögensauskunft gemäß § 802 c ZPO durchzuführen.

Da der Schuldner wiederholt vereinbarte Ratenzahlungen nicht eingehalten hat, wird einer gütlichen Einigung gem. § 802 b ZPO in Form einer Zahlungsvereinbarung ausdrücklich widersprochen.

(Dieser Satz sollte nur bei besonders uneinsichtigen Schuldnern verwendet werden, da in der Regel eine gütliche Einigung

durch den Gerichtsvollzieher zu einer Tilgung innerhalb von max. 12 Monaten führen sollte.)

Für den Fall, dass der Schuldner unter der angegebenen Anschrift nicht auffindbar ist, bitten wir den Aufenthalt gem. §755 ZPO zu ermitteln und das Verfahren dort fortzusetzen.

Forderung gemäß beiliegendem Forderungskonto: ..... €

(Hinweis: Ein Forderungskonto ist unbedingt beizufügen.)

Kosten der Vermögensauskunft:

(Gebührenberechnung aus höchstens 1.500,00 €)

0,3 Verfahrensgebühr Nr. 3309 VV RVG	..... €
Auslagenpauschale Nr. 7002 VV RVG	..... €
USt 19 %	..... €
Gesamtbetrag incl. USt	..... €

Für die Begleichung der Gerichtsvollzieherkosten stehen wir ein und bitten Sie, uns diese in Rechnung zu stellen.

Die eingezogenen Beträge bitten wir auf das Konto ..... bei der ..... Bank, BLZ ..... zu überweisen.

Geldempfangsvollmacht liegt an.

Um Übersendung einer Abschrift des Vermögensverzeichnisses in Papierform (alternativ : in elektronischer Form) wird nach Abgabe der Vermögensauskunft freundlich gebeten.

Im Fall des Ausbleibens oder der Weigerung des Schuldners wird
- ☐ Erlass des Haftbefehls durch den Richter gem. § 802 g ZPO beantragt.
- ☐ Ferner wird beantragt, Informationen bei Dritten über das Vermögen des Schuldners gem. § 807 ZPO einzuholen und zwar
- ☐ beim gesetzlichen Rentenversicherungsträger
- ☐ ☐beim Bundeszentralamt für Steuern
- ☐ ☐beim Kraftfahrt-Bundesamt

(Hierbei ist zu beachten, dass jede Auskunftseinholung durch den Gerichtsvollzieher gesondert kostet. I.d.R. wird eher der Arbeitgeber und die Bankverbindung interessant sein, als ein möglicher Gebrauchtwagen.)

Es wird gebeten, diesen Antrag auf Haftbefehl an das Vollstreckungsgericht weiterzuleiten.

Das Gericht wird gebeten, die Vollstreckungsunterlagen mit dem erlassenen Haftbefehl an den Gerichtsvollzieher zurückzugeben, der mit der anschließenden Verhaftung beauftragt wird.

Auf die Teilnahme am Termin wird verzichtet.

Einfache und beglaubigte Abschrift anbei.

Rechtsanwalt R

► Hinweis: 145

Nach Art. 1, § 753 Abs. 3 ZPO n.F. wird das Bundesministerium der Justiz dazu ermächtigt, durch Rechtsverordnung mit Zustimmung des Bundesrates **verbindliche Formulare** für den Antrag der Zwangsvollstreckung einzuführen. Spezielle Formulare können zudem auch für elektronisch eingereichte Anträge zur Zwangsvollstreckung eingeführt werden. Bis zur Veröffentlich der Zweitauflage des Allrounders war dies nicht der Fall, vor Verwendung des Musters sollte jedoch noch einmal eine Überprüfung stattfinden.

Bereits mit dem Vollstreckungsauftrag wird der Gerichtsvollzieher gem. § 755 ZPO n.F. ermächtigt den **Aufenthaltsort des Schuldners** zu ermitteln, soweit dieser nicht bekannt ist und zwar 146
- durch die Einholung einer Melderegisterauskunft.

Ergibt die Auskunft aus dem Einwohnermeldeamt keinen neuen Aufenthaltsort, so kann der Gerichtsvollzieher ferner versuchen 147
- zunächst beim Ausländerzentralregister die aktenführende Ausländerbehörde zu ermitteln und sodann dort den Aufenthaltsort.

Ab einer Forderung von 500,00 € (ohne Kosten und Nebenforderungen wie Zinsen, es sei denn, sie werden isoliert geltend gemacht) kann der Gerichtsvollzieher den Aufenthaltsort der Schuldners auch durch deine Anfrage 148
- beim gesetzlichen Rentenversicherungsträger oder
- beim Kraftfahrt- Bundesamt

ermitteln.

2. Verfahren der „neuen" Vermögensauskunft (VA) §802 c ZPO n.F.

Geht beim Gerichtsvollzieher ein entsprechender Auftrag zur Abnahme der Vermögensauskunft gem. §§ 802 a, 802 c ZPO ein, so fordert er den Schuldner zunächst zur **Zahlung innerhalb von 2 Wochen** auf und bestimmt **gleichzeitig einen Termin zur Abnahme der Vermögensauskunft** (§ 802f Abs. 1ZPO n.F.) In der Regel wird die Vermögensauskunft nach dem Reformgesetz in den Räumen des Gerichtsvollziehers abgenommen, nur in Ausnahmefällen erfolgt eine Abnahme in der Wohnung des Schuldners. Der Schuldner ist ausdrücklich über Konsequenzen eines unentschuldigten Fehlens (z. B. Eintragung im Schuldnerregister) zu belehren. 149

150 ▶ Praxistipp:

Sowohl die Ladung sowie die Belehrung über ein unentschuldigtes Fehlen sind immer gem. § 802f Abs. 4 ZPO n.F. an den **Schuldner direkt** zuzustellen, auch wenn dieser einen Prozessbevollmächtigten hat. Nach dem Gesetz ist eine Mitteilung an den Prozessbevollmächtigten nicht erforderlich. Unterbleibt also eine Benachrichtigung des Schuldnervertreters, so liegt **keine Dienstpflichtverletzung** vor.

151 Erscheint der Schuldner zum VA-Termin und kann die Forderung nicht begleichen, so ist er zur Abgabe seiner Vermögensauskunft verpflichtet und muss **an Eides statt** gem. § 802 c Abs. 3 ZPO n.F. versichern, dass er die Angaben nach bestem Wissen und Gewissen richtig und vollständig gemacht hat.

152 Neben weiteren Angaben zur Person (wie z.B. Geburtsnamen, Geburtsdatum und Geburtsort) hat der Schuldner Angaben über **alle ihm gehörenden Vermögensgegenstände anzugeben,** wobei bei Forderungen der Grund der Forderung und Beweismittel zu bezeichnen sind. Insbesondere muss der Schuldner
- seine laufenden Einkünfte,
- evtl. Bankguthaben sowie
- evtl. Fahrzeuge oder Grundstücke

angeben.

153 Darüber hinaus hat der Schuldner gem. § 802c Abs. 2 ZPO n.F.
- sämtliche entgeltliche Veräußerungen des Schuldners an eine nahestehende Person in den letzten 2 Jahren und
- sämtliche unentgeltlichen Leistungen des Schuldners in den letzten 4 Jahren, sofern es sich nicht um geringwertige Gelegenheitsgeschenke handelt,

anzugeben.

154 Erscheint der Schuldner nicht zum Termin, so kann der Gläubiger nach dem Reformgesetz in zwei Richtungen – auf Wunsch auch gleichzeitig – weiter vorgehen, wobei jeweils ein Antrag des Gläubigers erforderlich ist:

155 Wie bisher kann nunmehr gem. § 802 g ZPO n.F. ein **Haftbefehl** gegen den Schuldner erlassen werden, wenn dieser unentschuldigt zum Termin zur Abgabe der VA fehlt oder er sich weigert die VA freiwillig abzugeben. Zuständig ist hierfür das Amtsgericht am Wohnsitz des Schuldners.

156 Häufig wird bereits im Vollstreckungsauftrag an den Gerichtsvollzieher der Hinweis aufgenommen, der Gerichtsvollzieher mögen bei Vorliegen der Vorsetzungen für den Erlass eines Haftbefehles die Vollstreckungsunterlagen direkt an das Gericht schicken und das Gericht mögen die Unterlagen nebst erlassenen Haftbefehl direkt an den zuständigen Gerichtsvollzieher zurücksenden. Dieses Vorgehen ist effizient und verhindert unnötige Postwege über die Kanzlei des Gläubigervertreters.

157 (vgl. Muster in diesem Kapitel Rdn. 144)

Wie bisher bedarf es einer Zustellung des Haftbefehls vor seiner Vollziehung nicht. 158

Nach Vorliegen des Haftbefehles kann der Schuldner zwecks Abnahme der VA verhaftet werden, der Gerichtsvollzieher nimmt hierfür ggf. Amtshilfe der Polizei in Anspruch. Der Haftbefehl darf dabei jedoch **nicht älter als zwei Jahre** sein, da die Vollziehung des Haftbefehles ansonsten gem. § 802 h Abs. 1 ZPO n.F. unstatthaft wäre. 159

Die Haft darf gem. § 802 j ZPO n.F. die **Dauer von 6 Monaten** nicht übersteigen, eine Erneuerung der Haft auf Antrag desselben Gläubiger wird vom Gesetzgeber ausdrücklich ausgeschlossen. Nach Ablauf der 6-Monatsfrist wird der Schuldner von Amts wegen aus der Haft entlassen. 160

Während der Haft kann der Schuldner jederzeit die Vermögensauskunft abgeben, um so aus der Haft entlassen zu werden. 161

Die Rechtslage zum Haftbefehl insgesamt hat sich insoweit durch die Reform also nicht geändert. 162

Daneben kann der Gläubiger neuerdings bei **Forderungen ab 500,00 €** (Zinsen und Kosten sind nicht mitzurechnen, es sei denn sie werden isoliert geltend gemacht) den Gerichtsvollzieher auch neben den Antrag auf Erlass des Haftbefehles gem. § 802 l ZPO n.F. beauftragen, weitere **Auskünfte bei Dritten** einzuholen und zwar 163

- beim gesetzlichen Rentenversicherungsträger über den derzeitigen Arbeitnehmer;
- via dem Bundeszentralamt für Steuern bei den Kreditinstituten über mögliche Bankverbindungen sowie
- beim Kraftfahrt-Bundesamt über mögliche Kraftfahrzeuge, bei denen der Schuldner als Halter eingetragen ist.

Antrag des Gläubiger auf Vermögensauskunft §§ 802 a, 802 c ZPO

ist der Schuldner nicht ermittelbar, so kann der Gerichtsvollzieher den Aufenthalt nach § 755 ZPO ermitteln (Meldebehörde, Ausländerbehörde, ab einer Forderung v. 500,00 € auch Rentenversicherung und Kraftfahrt-Bundesamt

Aufforderung durch den Gerichtsvollzieher an den Schuldner zur Zahlung innerhalb von 2 Wochen
+ gleichzeitig Ladung zum Termin zur Abgabe der Vermögensauskunft grds. in den Räumen des Gerichtsvollziehers
+ Belehrung über unentschuldigtes Fehlen
(Achtung Zustellung immer an Schuldner, auch wenn dieser einen Prozessbevollmächtigten hat !!!)

SCHULDNER ERSCHEINT

- der GV erstellt die Vermögensauskunft als elektronisches. Dokument
- der Schuldner muss seine Auskünfte an Eides statt abgeben
- sowohl der Schuldner als auch der Gläubiger erhalten einen Abdruck
- die VA wird beim Zentralen Vollstreckungsgericht § 802 k Abs.1 ZPO hinterlegt

SCHULDNER ERSCHEINT NICHT

auf Antrag
-Haftbefehl über das Vollstreckungsgericht
- Haftvollstreckung max. 6 Monate möglich, jederzeit kann Schuldner seine VA abgeben, um aus der Haft zu kommen

auf Antrag
wenn die Forderung mindestens 500,00 € beträgt, ist Infomationsbeschaffung bei Dritten möglich

- gesetzl. Rentenversicherung (Arbeitgeber)

- Bundeszentralamt f. Steuern über Kreditinstitute (Bankverbindung)

- Kraftfahrt-Bundesamt (zugelassene Fahrzeuge)

3. Auswirkungen auf die Zwangsvollstreckungshandlungen

In der Praxis war auch nach der alten Rechtslage (bis zum 31.12.2012) die **Forderungspfändung** meist die effektivste Form der Zwangsvollstreckung. Sie besaß jedoch den Nachteil, dass der Gläubiger bereits Kenntnisse über zu pfändende Vermögenswerte (insbesondere den Namen des Arbeitgebers oder der Bank) besitzen musste. Waren keine Kenntnisse auf Gläubigerseite vorhanden, so mussten diese Informationen meist umständlich über das Verfahren zur Abgabe der eidesstattlichen Versicherung mit vorausgehender erfolgloser Sachpfändung durchgeführt werden. Der Kombiauftrag war daher in diesen Fällen oft die einzige Möglichkeit, um die Zwangsvollstreckung voranzutreiben. 164

Durch das Reformgesetz wird nunmehr die Vermögensauskunft vorgelagert, so dass in Zukunft nach einer möglichen Auskunft die Informationen über Vermögenswerte vorliegen, und dann **gezielt** die **Forderungspfändung** durchgeführt werden kann. 165

Eine **Sachpfändung von beweglichen Sachen** in der Wohnung des Schuldners mit anschließender Zwangsversteigerung wird in Zukunft **marginal** sein und kommt lediglich nur noch in Betracht, wenn es Kenntnisse über besonders wertvolle und pfändbare Sachen in der Wohnung des Schuldners gibt. 166

Grundsätzlich ist die Abnahme der Vermögensauskunft auch **nach einem Pfändungsversuch** (z.B. in Form eines Kombiauftrages) nach § 807 ZPO n.F. möglich, und zwar 167
- wenn der Schuldner die Durchsuchung verweigert oder
- der unternommene Pfändungsversuch ergibt, dass eine Pfändung voraussichtlich nicht zu einer vollständigen Befriedigung des Gläubigers führen wird.

In diesen Fällen ist die sofortige Abnahme der Vermögensauskunft auf Antrag des Gläubigers möglich. Widerspricht der Schuldner der sofortigen Abnahme nach § 807 Abs. 2 ZPO n.F., so bestimmt der Gerichtsvollzieher einen kurzfristigen Termin zur Abgabe. Eine **Zahlungsfrist** von 2 Wochen wie nach § 802f ZPO n.F. bei der vorgelagerten Vermögensauskunft ist **nicht erforderlich.** 168

4. Zentrale Vollstreckungsgerichte nach§ 802 k ZPO n.F.

Es werden landesweit Zentrale Vollstreckungsgerichte nach § 802 k ZPO n.F. eingerichtet, wobei die Landesregierung ein beliebiges Amtsgericht zum Zentralen Vollstreckungsgericht ernennen kann. 169

Die Zentralen Vollstreckungsgerichte haben dabei zwei Aufgaben: 170
- die Speicherung und Verwaltung der abgegebenen **Vermögensauskünfte** sowie
- die Führung der **Schuldnerverzeichnisse.**

a) Verwaltung der Vermögensverzeichnisse

Wie bereits dargestellt, werden die Vermögensverzeichnisse durch den Gerichtsvollzieher als **elektronisches Dokument** erstellt und sodann an das Zentrale Vollstreckungsgericht des jeweiligen Bundeslandes übermittelt. Die Vermögensverzeichnisse 171 werden dort gespeichert und können **ausschließlich** von Gerichtsvollzieher, von Insolvenzgerichten, Vollstreckungsgerichten, Registergerichten und Strafverfolgungsbehörden, soweit dies zur Erfüllung der ihnen obliegenden Aufgaben erforderlich ist, abgerufen werden. Es handelt sich insoweit um eine **nichtöffentliche Datei.**

172 Der Gläubiger kann jedoch durch Vorlage seines Vollstreckungstitels beim Vollstreckungsgericht eine Abschrift des Vermögensverzeichnisses des im Titel erwähnten Schuldners verlangen.

b) Schuldnerverzeichnis

173 Wie bisher auch– gibt es in jedem Bundesland ein **Zentrales Schuldnerregister.** Mit dem Inkrafttreten des ZwVollStrÄndG zum 01.01.2013 wird dann aber eine **landesweite Internetabfrage** gem. § 882 h ZPO n.F. möglich sein. Alle Zentralen Vollstreckungsgerichte der einzelnen Bundesländer stellen hierzu ihre Informationen in einer Internetplattform zur Verfügung, ähnlich dem Registerportal der Länder (siehe in diesem Kapitel Rdn. 120).

174 Zur Eintragung kommen insbesondere folgende Daten des Schuldners:
- Name, Vorname und Geburtsname ,
- bei Firma, Nr. des Registerblattes des entsprechenden Handelsregisters,
- Geburtsort und Geburtsdatum,
- Wohnsitze des Schuldners,
- Aktenzeichen und Vollstreckungsorgan sowie
- Datum und Grund zur Eintragung.

175 Die Eintragung wird ohne weiteren Antrag des Gläubigers – von Amts wegen – durch den Gerichtsvollzieher in Form einer sog. **Eintragungsanordnung** gem. § 882c ZPO n.F. verfügt, und zwar, wenn folgende Voraussetzungen vorliegen:
- der Schuldner kam seiner Verpflichtung zur Abgabe der Vermögensauskunft nicht nach (unentschuldigtes Fehler im Termin oder Verweigerung) ,
- eine Vollstreckung ist nach dem Inhalt der Vermögensauskunft offensichtlich nicht zu einer vollständigen Befriedigung des Gläubigers geeignet,
- der Schuldner weist nicht innerhalb eines Monats nach Abgabe der Vermögensauskunft nach, dass er den Gläubiger vollständig befriedigt hat.

176 Hinsichtlich der Befriedigung des Gläubigers wird immer nur auf den Gläubiger abgestellt, auf dessen Antrag das Verfahren zur Abgabe der Vermögensauskunft geführt wurde oder dem die erteilte VA zugeleitet worden ist (z. B. Antrag auf Übersendung eines Andrucks einer aktuellen VA).

177 Die vom Gerichtsvollzieher erlassene Eintragungsanordnung soll von diesem **kurz begründet** werden und ist dem **Schuldner zuzustellen.** Die Zustellung ist entbehrlich, wenn die Eintragungsanordnung bereits im Protokoll zur VA aufgenommen wurde.

178 Mit Bekanntgabe (ggf. durch Zustellung) der Eintragungsanordnung läuft die neue Widerspruchsfrist des § 882 d ZPO n-F., nachdem der Schuldner innerhalb von 2

Wochen beim zuständigen Vollstreckungsgericht der Eintragung widersprechen kann. Nach Ablauf der **2 Wochenfrist** übermittelt der Gerichtsvollzieher die Anordnung unverzüglich dem Zentralen Vollstreckungsgericht.

► Praxistipp: 179

Der Widerspruch hemmt nicht die Vollziehung (sprich Eintragung) der Vollstreckungsanordnung.

In diesen Fällen ist daher unbedingt ein **Antrag auf einstweilige Einstellung** zu stellen, damit die Eintragung einstweilen ausgesetzt wird. 180

Für den Schuldner ist meist auch die **Löschung aus dem Schuldnerregister** wichtig. Diese ist nunmehr in § 882 e ZPO n.F. geregelt. 181

Grundsätzlich erfolgt die Löschung **3 Jahre nach dem Tag der Eintragungsanordnung.** Da nunmehr alle Eintragungen elektronisch übermittelt und gespeichert werden, ist davon auszugehen, dass die Lösung **taggenau** erfolgen wird. 182

Eine vorzeitige Lösung kommt in Betracht, wenn 183
- der Gläubiger vollständig befriedigt wurde,
- das Fehlen oder der Wegfall des Eintragungsgrundes bekannt geworden ist oder
- die die Eintragungsanordnung aufgehoben oder einstweilen ausgesetzt worden ist.

Wie bisher auch ist das Schuldnerregister gem. § 882f ZPO n.F. ein **öffentliches Register,** d.h. die Einsicht in das zentrale Schuldnerregister wird jedem gestattet, der ein berechtigtes Interesse darlegt. 184

Ein berechtigtes Interesse liegt immer vor, wenn man die Vollstreckung gegen den Schuldner betreibt, aber auch z.B. wenn wirtschaftliche Nachteile durch die Einsichtnahme abgewendet werden sollen. Damit sollen Geschäftsbeziehungen mit Schuldnern, die ihrer Zahlungsverpflichtung nicht nachkommen können, vermieden werden. 185

5. erneute Vermögensauskunft nach § 802 d ZPO n.F.

Die erneute Vermögensauskunft ist in § 802 d ZPO n.F. geregelt und an dem alten § 903 ZPO a.F. angelehnt, wobei die alte 3-Jahresfrist auf **2 Jahre reduziert** wurde. 186

a) Allgemeines

§ 802 d ZPO n.F. beinhaltet einen Schuldnerschutz dahin gehend, dass der Schuldner innerhalb von zwei Jahren ab Abgabe der Vermögensauskunft (VA) nicht erneut eine VA abgeben muss, es sei denn, seine Vermögensverhältnisse haben sich **wesentlich geändert.** 187

Der Gläubiger muss bei Antragstellung Tatsachen glaubhaft machen, die auf eine wesentliche Veränderung schließen lassen. § 802 d ZPO n.F. ist jedoch allgemeiner 188

als § 903 ZPO a.F. gefasst, so dass nicht nur eine erneute VA möglich ist, wenn sich das Vermögen
- durch einen späteren Vermögenserwerb (z. B. durch Erbschaft) oder
- indem ein bestehendes Erwerbsverhältnis aufgelöst worden ist,

erhöht, sondern grundsätzlich bei allen Möglichkeiten eines Vermögenszuwachsens, z. B. auch bei einer Beförderung im gleichen Unternehmen.

189 ▶ **Exkurs: Nachbesserung bzw. Ergänzung einer Vermögensauskunft**

Hiervon zu unterscheiden sind jedoch die Fälle, in denen eine **unvollständige** Vermögensauskunft des Schuldners vorliegt. Hier kann jederzeit eine Nachbesserung bzw. Ergänzung gefordert werden, solange der Schuldner seiner vollen Auskunftspflicht nicht nachgekommen ist.

Das Recht, eine Nachbesserung bzw. Ergänzung zu verlangen, haben sowohl der ursprünglich beantragende Gläubiger als auch alle weiteren Gläubiger des Schuldners.

Die 2-Jahresfrist beginnt dabei mit Abgabe der Vermögensauskunft, Nachbesserungen bleiben bei der Fristberechnung außer Betracht.

190 Sollten sich also die Vermögensverhältnisse des Schuldners wesentlich geändert haben, so kann jeder Gläubiger den Antrag auf erneute Abnahme der Vermögensauskunft nach § 802 d ZPO n.F. stellen.

191 Der Antrag ist jedoch nur zulässig, wenn die Änderung der Vermögensverhältnisse hinreichend dargelegt werden kann.

192 Es ist dabei ausreichend, wenn der Gläubiger Umstände glaubhaft macht, die nach der allgemeinen Lebenserfahrung den Schluss erlauben, dass sich beim Schuldner Vermögensverhältnisse wesentlich geändert haben.

193 Insbes. wird eine Änderung angenommen, wenn
- ein naher Familienangehöriger stirbt (evtl. Vermögenserwerb durch Erbschaft oder Pflichtteil),
- der Schuldner in kurzen Abständen mehrere hohe Raten zahlt (evtl. Hinweis auf höhere Einnahmen),
- die bisherige Erwerbsmöglichkeit aufgelöst wird (dies gilt sowohl für selbstständige wie unselbstständige Tätigkeiten) oder
- der Schuldner zum Zeitpunkt der Abgabe der Vermögensauskunft arbeitslos war und die besonderen Umstände des Einzelfalls für eine Arbeitsaufnahme sprechen. Z.B. können saisonale Besonderheiten eines Berufs einen Rückschluss auf eine Arbeitsaufnahme geben. Hat z. B. ein Bauarbeiter oder eine Servicekraft im Winter die VA abgegeben, so ist i. d. R. davon auszugehen, dass der entsprechende Schuldner im Sommer wieder beschäftigt wird.

Kann eine wesentliche Vermögensauskunft nicht dargelegt werden können, so sendet der Gerichtsvollzieher einen Ausdruck der letzten Vermögensauskunft an den Gläubiger, der die Daten nur zu Vollstreckungszwecken benutzen darf und hierauf gesondert hinzuweisen ist. 194

Da auch die Übersendung von Ausdrucken an einen neuen Gläubiger zur Eintragung im Schuldnerverzeichnis führen, ist der Schuldner in Kenntnis zu setzen, damit ggf. Widerspruch gegen die Eintragungsanordnung eingelegt werden kann bzw. er die Forderung vollständig zur Vermeidung der Eintragung bezahlen kann. 195

b) Antrag

Der Antrag auf eine erneute Vermögensauskunft ist beim Gerichtsvollzieher zu stellen, da dieser für alle Arten der Abnahme der Vermögensauskunft zuständig ist. Die örtliche Zuständigkeit des Gerichtsvollziehers wird durch den **Wohnsitz** des Schuldners zum Zeitpunkt der Antragstellung bestimmt. 196

Ein entsprechender Antrag könnte wie folgt aussehen: 197

► Muster: Antrag auf erneute Abgabe der Vermögensauskunft

198

In der Zwangsvollstreckungssache

Gläubiger G

.....

(genaue Anschrift)

– Gläubiger –

– Prozessbevollmächtigter: .....

gegen

Schuldner S

.....

(genaue Anschrift)

– Schuldner –

überreichen wir

vollstreckbare Ausfertigung des ..... *(genaue Bezeichnung des Titels)*

und beauftragen Sie,

das Verfahren zur Abnahme der Vermögensauskunft gemäß § 802 d ZPO

(erneute Vermögensauskunft) durchzuführen.

Die erneute Vermögensauskunft ist zulässig, da sich die Vermögensverhältnisse des Schuldners wesentlich

verändert haben, insbesondere

(Hinweis: bitte einen der nachfolgenden Gründe auswählen)

☐ das Einkommen des Schuldners durch Beförderung/ Arbeitswechsel wesentlich verbessert hat.

☐ der Schuldner arbeitslos war, aber nunmehr eine neue Arbeit aufgenommen hat.

☐ der Schuldner später Vermögen erworben hat.

☐ ....(sonstiges, bitte genau bezeichnen).

Zur Glaubhaftmachung wird auf beigefügte Anlage verwiesen.

Forderung gemäß beiliegendem Forderungskonto: ..... €

(Hinweis: Ein Forderungskonto ist unbedingt beizufügen.)

Kosten der Vermögensauskunft:

(Gebührenberechnung aus höchstens 1.500,00 €)

0,3 Verfahrensgebühr Nr. 3309 VV RVG	..... €
Auslagenpauschale Nr. 7002 VV RVG	..... €
USt. 19 %	..... €
Gesamtbetrag incl. USt.	..... €

Für die Begleichung der Gerichtsvollzieherkosten stehen wir ein und bitten Sie, uns diese in Rechnung zu stellen.

Die eingezogenen Beträge bitten wir auf das Konto ..... bei der ..... Bank, BLZ ..... zu überweisen.

Geldempfangsvollmacht liegt an.

Sollte die sofortige Abnahme der Vermögensauskunft nicht möglich sein, wird hiermit beantragt,

kurzfristig Termin zur Abnahme der Vermögensauskunft zu bestimmen und nach Abgabe derselben eine Abschrift des Vermögensverzeichnisses zu übersenden.

Im Fall des Ausbleibens oder der Weigerung des Schuldners wird

Erlass des Haftbefehls durch den Richter gem. § 802 g ZPO beantragt.

Es wird gebeten, diesen Antrag an das Vollstreckungsgericht weiterzuleiten.

Das Gericht wird gebeten, die Vollstreckungsunterlagen mit dem erlassenen Haftbefehl an den Gerichtsvollzieher zurückzugeben, der mit der anschließenden Verhaftung beauftragt wird.

Auf die Teilnahme am Termin wird verzichtet.

Einfache und beglaubigte Abschrift anbei.

Rechtsanwalt R

6. Kosten

Das Reformgesetz ändert bzw. ergänzt auch die Gebühren des Gerichtsvollziehers. Dieser erhält u.a. nunmehr folgende Gebühren:

für die Abnahme der Vermögensauskunft (Nr. 260 Kostenverzeichnis des Gerichtsvollzieherkostengesetzes) oder für die Übermittlung eines bereits an Eides statt abgegebenen Vermögensverzeichnisses (Nr. 261 KV)	25,00 €	199
für die Einholung einer Auskunft bei einem Dritten bzw. einer Aufenthaltsermittlung gem. §§ 755, 802 ZPO, sofern diese nicht im Rahmen der Eintragungsanordnung erhoben werden (§ 882 c Abs. 3 ZPO) (Nr. 440 KV)	10,00 €	
für den Versuch einer gütlichen Einigung, sofern dieser nicht im Rahmen einer Sachpfändung oder Abnahme einer Vermögensauskunft erfolgt (Nr. 207 KV)	12,50 €	

7. Gesetzliche Änderung durch das ZwVollStrÄndG

Das Gesetz zur Reform der Sachaufklärung in der Zwangsvollstreckung vom 29.07. 2009, das am 01.01.2013 in Kraft tritt, hat umfangreiche Auswirkungen auf verschiedene Gesetze, insbesondere auf: **200**
- die Zivilprozessordnung (ZPO),
- die Abgabenordnung (AO) sowie
- auf kostenrechtliche Vorschriften.

Besonders hervorzuheben sind die die Änderungen in der ZPO. Hier eine Übersicht **201**

§ 753 Vollstreckung durch Gerichtsvollzieher

(1) Die Zwangsvollstreckung wird, soweit sie nicht den Gerichten zugewiesen ist, durch Gerichtsvollzieher durchgeführt, die sie im Auftrag des Gläubigers zu bewirken haben.

(2) Der Gläubiger kann wegen Erteilung des Auftrags zur Zwangsvollstreckung die Mitwirkung der Geschäftsstelle in Anspruch nehmen. Der von der Geschäftsstelle beauftragte Gerichtsvollzieher gilt als von dem Gläubiger beauftragt.

(3) Das Bundesministerium der Justiz wird ermächtigt, durch Rechtsverordnung mit Zustimmung des Bundesrates verbindliche Formulare für den Auftrag nach Absatz 2 einzuführen. Für elektronisch eingereichte Aufträge können besondere Formulare vorgesehen werden.

„§ 754 Vollstreckungsauftrag und vollstreckbare Ausfertigung

(1) Durch den Vollstreckungsauftrag und die Übergabe der vollstreckbaren Ausfertigung wird der Gerichtsvollzieher ermächtigt, Leistungen des Schuldners entgegenzunehmen und diese zu quittieren sowie mit Wirkung für den Gläubiger Zahlungsvereinbarungen nach Maßgabe des § 802b zu treffen.

(2) Dem Schuldner und Dritten gegenüber wird der Gerichtsvollzieher zur Vornahme der Zwangsvollstreckung und der in Absatz 1 bezeichneten Handlungen durch den Besitz der vollstreckbaren Ausfertigung ermächtigt. Der Mangel oder die Beschränkung des Auftrags kann diesen Personen gegenüber von dem Gläubiger nicht geltend gemacht werden."

„§ 755 Ermittlung des Aufenthaltsorts des Schuldners

(1) Ist der Wohnsitz oder gewöhnliche Aufenthaltsort des Schuldners nicht bekannt, darf der Gerichtsvollzieher auf Grund des Vollstreckungsauftrags und der Übergabe der vollstreckbaren Ausfertigung zur Ermittlung des Aufenthaltsorts des Schuldners bei der Meldebehörde die gegenwärtigen Anschriften sowie Angaben zur Haupt- und Nebenwohnung des Schuldners erheben.

(2) Soweit der Aufenthaltsort des Schuldners nach Absatz 1 nicht zu ermitteln ist, darf der Gerichtsvollzieher

1. zunächst beim Ausländerzentralregister die Angaben zur aktenführenden Ausländerbehörde sowie zum Zuzug oder Fortzug des Schuldners und anschließend bei der gemäß der Auskunft aus dem Ausländerzentralregister aktenführenden Ausländerbehörde den Aufenthaltsort des Schuldners,
2. bei den Trägern der gesetzlichen Rentenversicherung die dort bekannte derzeitige Anschrift, den derzeitigen oder zukünftigen Aufenthaltsort des Schuldners sowie
3. bei dem Kraftfahrt-Bundesamt die Halterdaten nach § 33 Abs. 1 Satz 1 Nr. 2 des Straßenverkehrsgesetzes

erheben. Die Daten nach Satz 1 Nr. 2 und 3 darf der Gerichtsvollzieher nur erheben, wenn die zu vollstreckenden Ansprüche mindestens 500 Euro betragen; Kosten der Zwangsvollstreckung und Nebenforderungen sind bei der Berechnung nur zu berücksichtigen, wenn sie allein Gegenstand des Vollstreckungsauftrags sind."

§ 802a Grundsätze der Vollstreckung; Regelbefugnisse des Gerichtsvollziehers

(1) Der Gerichtsvollzieher wirkt auf eine zügige, vollständige und Kosten sparende Beitreibung von Geldforderungen hin.

(2) Auf Grund eines entsprechenden Vollstreckungsauftrags und der Übergabe der vollstreckbaren Ausfertigung ist der Gerichtsvollzieher unbeschadet weiterer Zuständigkeiten befugt,

1. eine gütliche Erledigung der Sache (§ 802b) zu versuchen,
2. eine Vermögensauskunft des Schuldners (§ 802c) einzuholen,
3. Auskünfte Dritter über das Vermögen des Schuldners (§ 802 l) einzuholen,

4. die Pfändung und Verwertung körperlicher Sachen zu betreiben,
5. eine Vorpfändung (§ 845) durchzuführen; hierfür bedarf es nicht der vorherigen Erteilung einer vollstreckbaren Ausfertigung und der Zustellung des Schuldtitels.

Die Maßnahmen sind in dem Vollstreckungsauftrag zu bezeichnen, die Maßnahme nach Satz 1 Nr. 1 jedoch nur dann, wenn sich der Auftrag hierauf beschränkt.

§ 802b Gütliche Erledigung; Vollstreckungsaufschub bei Zahlungsvereinbarung

(1) Der Gerichtsvollzieher soll in jeder Lage des Verfahrens auf eine gütliche Erledigung bedacht sein.

(2) Hat der Gläubiger eine Zahlungsvereinbarung nicht ausgeschlossen, so kann der Gerichtsvollzieher dem Schuldner eine Zahlungsfrist einräumen oder eine Tilgung durch Teilleistungen (Ratenzahlung) gestatten, sofern der Schuldner glaubhaft darlegt, die nach Höhe und Zeitpunkt festzusetzenden Zahlungen erbringen zu können. Soweit ein Zahlungsplan nach Satz 1 festgesetzt wird, ist die Vollstreckung aufgeschoben. Die Tilgung soll binnen zwölf Monaten abgeschlossen sein.

(3) Der Gerichtsvollzieher unterrichtet den Gläubiger unverzüglich über den gemäß Absatz 2 festgesetzten Zahlungsplan und den Vollstreckungsaufschub. Widerspricht der Gläubiger unverzüglich, so wird der Zahlungsplan mit der Unterrichtung des Schuldners hinfällig; zugleich endet der Vollstreckungsaufschub. Dieselben Wirkungen treten ein, wenn der Schuldner mit einer festgesetzten Zahlung ganz oder teilweise länger als zwei Wochen in Rückstand gerät.

§ 802c Vermögensauskunft des Schuldners

(1) Der Schuldner ist verpflichtet, zum Zwecke der Vollstreckung einer Geldforderung auf Verlangen des Gerichtsvollziehers Auskunft über sein Vermögen nach Maßgabe der folgenden Vorschriften zu erteilen sowie seinen Geburtsnamen, sein Geburtsdatum und seinen Geburtsort anzugeben.

(2) Zur Auskunftserteilung hat der Schuldner alle ihm gehörenden Vermögensgegenstände anzugeben. Bei Forderungen sind Grund und Beweismittel zu bezeichnen. Ferner sind anzugeben:
1. die entgeltlichen Veräußerungen des Schuldners an eine nahestehende Person (§ 138 der Insolvenzordnung), die dieser in den letzten zwei Jahren vor dem Termin nach § 802f Abs. 1 und bis zur Abgabe der Vermögensauskunft vorgenommen hat;
2. die unentgeltlichen Leistungen des Schuldners, die dieser in den letzten vier Jahren vor dem Termin nach § 802f Abs. 1 und bis zur Abgabe der Vermögensauskunft vorgenommen hat, sofern sie sich nicht auf gebräuchliche Gelegenheitsgeschenke geringen Wertes richteten.

Sachen, die nach § 811 Abs. 1 Nr. 1 und 2 der Pfändung offensichtlich nicht unterworfen sind, brauchen nicht angegeben zu werden, es sei denn, dass eine Austauschpfändung in Betracht kommt.

(3) Der Schuldner hat zu Protokoll an Eides statt zu versichern, dass er die Angaben nach Absatz 2 nach bestem Wissen und Gewissen richtig und vollständig gemacht habe. Die Vorschriften der §§ 478 bis 480, 483 gelten entsprechend.

§ 802d Erneute Vermögensauskunft

(1) Ein Schuldner, der die Vermögensauskunft nach § 802c dieses Gesetzes oder nach § 284 der Abgabenordnung innerhalb der letzten zwei Jahre abgegeben hat, ist zur erneuten Abgabe nur verpflichtet, wenn ein Gläubiger Tatsachen glaubhaft macht, die auf eine wesentliche Veränderung der Vermögensverhältnisse des Schuldners schließen lassen. Andernfalls leitet der Gerichtsvollzieher dem Gläubiger einen Ausdruck des letzten abgegebenen Vermögensverzeichnisses zu. Der Gläubiger darf die erlangten Daten nur zu Vollstreckungszwecken nutzen und hat die Daten nach Zweckerreichung zu löschen; hierauf ist er vom Gerichtsvollzieher hinzuweisen. Von der Zuleitung eines Ausdrucks nach Satz 2 setzt der Gerichtsvollzieher den Schuldner in Kenntnis und belehrt ihn über die Möglichkeit der Eintragung in das Schuldnerverzeichnis (§ 882c).

(2) Anstelle der Zuleitung eines Ausdrucks kann dem Gläubiger auf Antrag das Vermögensverzeichnis als elektronisches Dokument übermittelt werden, wenn dieses mit einer qualifizierten elektronischen Signatur versehen und gegen unbefugte Kenntnisnahme geschützt ist.

§ 802e Zuständigkeit

(1) Für die Abnahme der Vermögensauskunft und der eidesstattlichen Versicherung ist der Gerichtsvollzieher bei dem Amtsgericht zuständig, in dessen Bezirk der Schuldner im Zeitpunkt der Auftragserteilung seinen Wohnsitz oder in Ermangelung eines solchen seinen Aufenthaltsort hat.

(2) Ist der angegangene Gerichtsvollzieher nicht zuständig, so leitet er die Sache auf Antrag des Gläubigers an den zuständigen Gerichtsvollzieher weiter.

§ 802f Verfahren zur Abnahme der Vermögensauskunft

(1) Zur Abnahme der Vermögensauskunft setzt der Gerichtsvollzieher dem Schuldner für die Begleichung der Forderung eine Frist von zwei Wochen. Zugleich bestimmt er für den Fall, dass die Forderung nach Fristablauf nicht vollständig beglichen ist, einen Termin zur Abgabe der Vermögensauskunft alsbald nach Fristablauf und lädt den Schuldner zu diesem Termin in seine Geschäftsräume. Der Schuldner hat die zur Abgabe der Vermögensauskunft erforderlichen Unterlagen im Termin beizubringen.

(2) Abweichend von Absatz 1 kann der Gerichtsvollzieher bestimmen, dass die Abgabe der Vermögensauskunft in der Wohnung des Schuldners stattfindet. Der Schuldner kann dieser Bestimmung binnen einer Woche gegenüber dem Gerichtsvollzieher widersprechen. Andernfalls gilt der Termin als pflichtwidrig versäumt, wenn der

Schuldner in diesem Termin aus Gründen, die er zu vertreten hat, die Vermögensauskunft nicht abgibt.

(3) Mit der Terminsladung ist der Schuldner über die nach § 802c Abs. 2 erforderlichen Angaben zu belehren. Der Schuldner ist über seine Rechte und Pflichten nach den Absätzen 1 und 2, über die Folgen einer unentschuldigten Terminssäumnis oder einer Verletzung seiner Auskunftspflichten sowie über die Möglichkeit der Einholung von Auskünften Dritter nach § 802 l und der Eintragung in das Schuldnerverzeichnis bei Abgabe der Vermögensauskunft nach § 882c zu belehren.

(4) Zahlungsaufforderungen, Ladungen, Bestimmungen und Belehrungen nach den Absätzen 1 bis 3 sind dem Schuldner zuzustellen, auch wenn dieser einen Prozessbevollmächtigten bestellt hat; einer Mitteilung an den Prozessbevollmächtigten bedarf es nicht. Dem Gläubiger ist die Terminsbestimmung nach Maßgabe des § 357 Abs. 2 mitzuteilen.

(5) Der Gerichtsvollzieher errichtet eine Aufstellung mit den nach § 802c Abs. 2 erforderlichen Angaben als elektronisches Dokument (Vermögensverzeichnis). Diese Angaben sind dem Schuldner vor Abgabe der Versicherung nach § 802c Abs. 3 vorzulesen oder zur Durchsicht auf einem Bildschirm wiederzugeben. Dem Schuldner ist auf Verlangen ein Ausdruck zu erteilen.

(6) Der Gerichtsvollzieher hinterlegt das Vermögensverzeichnis bei dem zentralen Vollstreckungsgericht nach § 802k Abs. 1 und leitet dem Gläubiger unverzüglich einen Ausdruck zu. Der Ausdruck muss den Vermerk enthalten, dass er mit dem Inhalt des Vermögensverzeichnisses übereinstimmt; § 802d Abs. 1 Satz 3 und Abs. 2 gilt entsprechend.

§ 802 g Erzwingungshaft

(1) Auf Antrag des Gläubigers erlässt das Gericht gegen den Schuldner, der dem Termin zur Abgabe der Vermögensauskunft unentschuldigt fernbleibt oder die Abgabe der Vermögensauskunft gemäß § 802c ohne Grund verweigert, zur Erzwingung der Abgabe einen Haftbefehl. In dem Haftbefehl sind der Gläubiger, der Schuldner und der Grund der Verhaftung zu bezeichnen. Einer Zustellung des Haftbefehls vor seiner Vollziehung bedarf es nicht.

(2) Die Verhaftung des Schuldners erfolgt durch einen Gerichtsvollzieher. Dem Schuldner ist der Haftbefehl bei der Verhaftung in beglaubigter Abschrift zu übergeben.

§ 802 h Unzulässigkeit der Haftvollstreckung

(1) Die Vollziehung des Haftbefehls ist unstatthaft, wenn seit dem Tag, an dem der Haftbefehl erlassen wurde, zwei Jahre vergangen sind.

(2) Gegen einen Schuldner, dessen Gesundheit durch die Vollstreckung der Haft einer nahen und erheblichen Gefahr ausgesetzt würde, darf, solange dieser Zustand dauert, die Haft nicht vollstreckt werden.

§ 802i Vermögensauskunft des verhafteten Schuldners

(1) Der verhaftete Schuldner kann zu jeder Zeit bei dem Gerichtsvollzieher des Amtsgerichts des Haftortes verlangen, ihm die Vermögensauskunft abzunehmen. Dem Verlangen ist unverzüglich stattzugeben; § 802f Abs. 5 gilt entsprechend. Dem Gläubiger wird die Teilnahme ermöglicht, wenn er dies beantragt hat und seine Teilnahme nicht zu einer Verzögerung der Abnahme führt.

(2) Nach Abgabe der Vermögensauskunft wird der Schuldner aus der Haft entlassen. § 802f Abs. 5 und 6 gilt entsprechend.

(3) Kann der Schuldner vollständige Angaben nicht machen, weil er die erforderlichen Unterlagen nicht bei sich hat, so kann der Gerichtsvollzieher einen neuen Termin bestimmen und die Vollziehung des Haftbefehls bis zu diesem Termin aussetzen. § 802f gilt entsprechend; der Setzung einer Zahlungsfrist bedarf es nicht.

§ 802j Dauer der Haft; erneute Haft

(1) Die Haft darf die Dauer von sechs Monaten nicht übersteigen. Nach Ablauf der sechs Monate wird der Schuldner von Amts wegen aus der Haft entlassen.

(2) Gegen den Schuldner, der ohne sein Zutun auf Antrag des Gläubigers aus der Haft entlassen ist, findet auf Antrag desselben Gläubigers eine Erneuerung der Haft nicht statt.

(3) Ein Schuldner, gegen den wegen Verweigerung der Abgabe der Vermögensauskunft eine Haft von sechs Monaten vollstreckt ist, kann innerhalb der folgenden zwei Jahre auch auf Antrag eines anderen Gläubigers nur unter den Voraussetzungen des § 802d von neuem zur Abgabe einer solchen Vermögensauskunft durch Haft angehalten werden.

§ 802k Zentrale Verwaltung der Vermögensverzeichnisse

(1) Nach § 802f Abs. 6 dieses Gesetzes oder nach § 284 Abs. 7 Satz 4 der Abgabenordnung zu hinterlegende Vermögensverzeichnisse werden landesweit von einem zentralen Vollstreckungsgericht in elektronischer Form verwaltet. Gleiches gilt für Vermögensverzeichnisse, die auf Grund einer § 284 Abs. 1 bis 7 der Abgabenordnung gleichwertigen bundesgesetzlichen oder landesgesetzlichen Regelung errichtet wurden, soweit diese Regelung die Hinterlegung anordnet. Ein Vermögensverzeichnis nach Satz 1 oder Satz 2 ist nach Ablauf von zwei Jahren seit Abgabe der Auskunft oder bei Eingang eines neuen Vermögensverzeichnisses zu löschen.

(2) Die Gerichtsvollzieher können die von den zentralen Vollstreckungsgerichten nach Absatz 1 verwalteten Vermögensverzeichnisse zu Vollstreckungszwecken abrufen. Den Gerichtsvollziehern stehen Vollstreckungsbehörden gleich, die

1. Vermögensauskünfte nach § 284 der Abgabenordnung verlangen können,
2. durch Bundesgesetz oder durch Landesgesetz dazu befugt sind, vom Schuldner Auskunft über sein Vermögen zu verlangen, wenn diese Auskunftsbefugnis durch

die Errichtung eines nach Absatz 1 zu hinterlegenden Vermögensverzeichnisses ausgeschlossen wird, oder
3. durch Bundesgesetz oder durch Landesgesetz dazu befugt sind, vom Schuldner die Abgabe einer Vermögensauskunft nach § 802c gegenüber dem Gerichtsvollzieher zu verlangen.

Zur Einsicht befugt sind ferner Vollstreckungsgerichte, Insolvenzgerichte und Registergerichte sowie Strafverfolgungsbehörden, soweit dies zur Erfüllung der ihnen obliegenden Aufgaben erforderlich ist.

abweichendes Inkrafttreten am 01.08.2009

(3) Die Landesregierungen bestimmen durch Rechtsverordnung, welches Gericht die Aufgaben des zentralen Vollstreckungsgerichts nach Absatz 1 wahrzunehmen hat. Sie können diese Befugnis auf die Landesjustizverwaltungen übertragen. Das zentrale Vollstreckungsgericht nach Absatz 1 kann andere Stellen mit der Datenverarbeitung beauftragen; die jeweiligen datenschutzrechtlichen Bestimmungen über die Verarbeitung personenbezogener Daten im Auftrag sind anzuwenden.

(4) Das Bundesministerium der Justiz wird ermächtigt, durch Rechtsverordnung mit Zustimmung des Bundesrates die Einzelheiten der Form, Aufnahme, Übermittlung, Verwaltung und Löschung der Vermögensverzeichnisse nach § 802f Abs. 5 dieses Gesetzes und nach § 284 Abs. 7 der Abgabenordnung oder gleichwertigen Regelungen im Sinne von Absatz 1 Satz 2 sowie der Einsichtnahme, insbesondere durch ein automatisiertes Abrufverfahren, zu regeln. Die Rechtsverordnung hat geeignete Regelungen zur Sicherung des Datenschutzes und der Datensicherheit vorzusehen. Insbesondere ist sicherzustellen, dass die Vermögensverzeichnisse
1. bei der Übermittlung an das zentrale Vollstreckungsgericht nach Absatz 1 sowie bei der Weitergabe an die anderen Stellen nach Absatz 3 Satz 3 gegen unbefugte Kenntnisnahme geschützt sind,
2. unversehrt und vollständig wiedergegeben werden,
3. jederzeit ihrem Ursprung nach zugeordnet werden können und
4. nur von registrierten Nutzern abgerufen werden können und jeder Abrufvorgang protokolliert wird.

Ende abweichendes Inkrafttreten

§ 802 l Auskunftsrechte des Gerichtsvollziehers

(1) Kommt der Schuldner seiner Pflicht zur Abgabe der Vermögensauskunft nicht nach oder ist bei einer Vollstreckung in die dort aufgeführten Vermögensgegenstände eine vollständige Befriedigung des Gläubigers voraussichtlich nicht zu erwarten, so darf der Gerichtsvollzieher
1. bei den Trägern der gesetzlichen Rentenversicherung den Namen, die Vornamen oder die Firma sowie die Anschriften der derzeitigen Arbeitgeber eines versicherungspflichtigen Beschäftigungsverhältnisses des Schuldners erheben;

2. das Bundeszentralamt für Steuern ersuchen, bei den Kreditinstituten die in § 93b Abs. 1 der Abgabenordnung bezeichneten Daten abzurufen (§ 93 Abs. 8 Abgabenordnung);
3. beim Kraftfahrt-Bundesamt die Fahrzeug- und Halterdaten nach § 33 Abs. 1 des Straßenverkehrsgesetzes zu einem Fahrzeug, als dessen Halter der Schuldner eingetragen ist, erheben.

Die Erhebung oder das Ersuchen ist nur zulässig, soweit dies zur Vollstreckung erforderlich ist und die zu vollstreckenden Ansprüche mindestens 500 Euro betragen; Kosten der Zwangsvollstreckung und Nebenforderungen sind bei der Berechnung nur zu berücksichtigen, wenn sie allein Gegenstand des Vollstreckungsauftrags sind.

(2) Daten, die für die Zwecke der Vollstreckung nicht erforderlich sind, hat der Gerichtsvollzieher unverzüglich zu löschen oder zu sperren. Die Löschung ist zu protokollieren.

(3) Über das Ergebnis einer Erhebung oder eines Ersuchens nach Absatz 1 setzt der Gerichtsvollzieher den Gläubiger unter Beachtung des Absatzes 2 unverzüglich und den Schuldner innerhalb von vier Wochen nach Erhalt in Kenntnis. § 802d Abs. 1 Satz 3 und Abs. 2 gilt entsprechend."

„§ 807 Abnahme der Vermögensauskunft nach Pfändungsversuch

(1) Hat der Gläubiger die Vornahme der Pfändung beim Schuldner beantragt und
1. hat der Schuldner die Durchsuchung (§ 758) verweigert oder
2. ergibt der Pfändungsversuch, dass eine Pfändung voraussichtlich nicht zu einer vollständigen Befriedigung des Gläubigers führen wird,

so kann der Gerichtsvollzieher dem Schuldner die Vermögensauskunft auf Antrag des Gläubigers abweichend von § 802 f sofort abnehmen. § 802 f Abs. 5 und 6 findet Anwendung.

(2) Der Schuldner kann einer sofortigen Abnahme widersprechen. In diesem Fall verfährt der Gerichtsvollzieher nach § 802 f; der Setzung einer Zahlungsfrist bedarf es nicht."

Nach § 829 wird folgender § 829a eingefügt:

§ 829a Vereinfachter Vollstreckungsauftrag bei Vollstreckungsbescheiden

(1) Im Fall eines elektronischen Auftrags zur Zwangsvollstreckung aus einem Vollstreckungsbescheid, der einer Vollstreckungsklausel nicht bedarf, ist bei Pfändung und Überweisung einer Geldforderung (§§ 829, 835) die Übermittlung der Ausfertigung des Vollstreckungsbescheides entbehrlich, wenn
1. die sich aus dem Vollstreckungsbescheid ergebende fällige Geldforderung nicht mehr als 5.000 Euro beträgt; Kosten der Zwangsvollstreckung und Nebenforderungen sind bei der Berechnung der Forderungshöhe nur zu berücksichtigen, wenn sie allein Gegenstand des Vollstreckungsauftrags sind;

2. die Vorlage anderer Urkunden als der Ausfertigung des Vollstreckungsbescheides nicht vorgeschrieben ist;
3. der Gläubiger eine Ausfertigung oder eine Abschrift des Vollstreckungsbescheides nebst Zustellungsbescheinigung als elektronisches Dokument dem Auftrag beifügt und
4. der Gläubiger versichert, dass ihm eine Ausfertigung des Vollstreckungsbescheides und eine Zustellungsbescheinigung vorliegen und die Forderung in Höhe des Vollstreckungsauftrags noch besteht.

Sollen Kosten der Zwangsvollstreckung vollstreckt werden, sind zusätzlich zu den in Satz 1 Nr. 3 genannten Dokumenten eine nachprüfbare Aufstellung der Kosten und entsprechende Belege als elektronisches Dokument dem Auftrag beizufügen.

(2) Hat das Gericht an dem Vorliegen einer Ausfertigung des Vollstreckungsbescheides oder der übrigen Vollstreckungsvoraussetzungen Zweifel, teilt es dies dem Gläubiger mit und führt die Zwangsvollstreckung erst durch, nachdem der Gläubiger die Ausfertigung des Vollstreckungsbescheides übermittelt oder die übrigen Vollstreckungsvoraussetzungen nachgewiesen hat.

(3) § 130a Abs. 2 bleibt unberührt."

§ 882b Inhalt des Schuldnerverzeichnisses

(1) Das zentrale Vollstreckungsgericht nach § 882 h Abs. 1 führt ein Verzeichnis (Schuldnerverzeichnis) derjenigen Personen,
1. deren Eintragung der Gerichtsvollzieher nach Maßgabe des § 882c angeordnet hat;
2. deren Eintragung die Vollstreckungsbehörde nach Maßgabe des § 284 Abs. 9 der Abgabenordnung angeordnet hat; einer Eintragungsanordnung nach § 284 Abs. 9 der Abgabenordnung steht die Anordnung der Eintragung in das Schuldnerverzeichnis durch eine Vollstreckungsbehörde gleich, die auf Grund einer gleichwertigen Regelung durch Bundesgesetz oder durch Landesgesetz ergangen ist;
3. deren Eintragung das Insolvenzgericht nach Maßgabe des § 26 Abs. 2 der Insolvenzordnung angeordnet hat.

(2) Im Schuldnerverzeichnis werden angegeben:
1. Name, Vorname und Geburtsname des Schuldners sowie die Firma und deren Nummer des Registerblatts im Handelsregister,
2. Geburtsdatum und Geburtsort des Schuldners,
3. Wohnsitze des Schuldners oder Sitz des Schuldners,

einschließlich abweichender Personendaten.

(3) Im Schuldnerverzeichnis werden weiter angegeben:
1. Aktenzeichen und Gericht oder Vollstreckungsbehörde der Vollstreckungssache oder des Insolvenzverfahrens,

2. im Fall des Absatzes 1 Nr. 1 das Datum der Eintragungsanordnung und der gemäß § 882c zur Eintragung führende Grund,
3. im Fall des Absatzes 1 Nr. 2 das Datum der Eintragungsanordnung und der gemäß § 284 Abs. 9 der Abgabenordnung oder einer gleichwertigen Regelung im Sinne von Absatz 1 Nr. 2 Halbsatz 2 zur Eintragung führende Grund,
4. im Fall des Absatzes 1 Nr. 3 das Datum der Eintragungsanordnung und die Feststellung, dass ein Antrag auf Eröffnung des Insolvenzverfahrens über das Vermögen des Schuldners mangels Masse abgewiesen wurde.

§ 882c Eintragungsanordnung

(1) Der zuständige Gerichtsvollzieher ordnet von Amts wegen die Eintragung des Schuldners in das Schuldnerverzeichnis an, wenn
1. der Schuldner seiner Pflicht zur Abgabe der Vermögensauskunft nicht nachgekommen ist;
2. eine Vollstreckung nach dem Inhalt des Vermögensverzeichnisses offensichtlich nicht geeignet wäre, zu einer vollständigen Befriedigung des Gläubigers zu führen, auf dessen Antrag die Vermögensauskunft erteilt oder dem die erteilte Auskunft zugeleitet wurde, oder
3. der Schuldner dem Gerichtsvollzieher nicht innerhalb eines Monats nach Abgabe der Vermögensauskunft oder Bekanntgabe der Zuleitung nach § 802d Abs. 1 Satz 2 die vollständige Befriedigung des Gläubigers nachweist, auf dessen Antrag die Vermögensauskunft erteilt oder dem die erteilte Auskunft zugeleitet wurde. Dies gilt nicht, solange ein Zahlungsplan nach § 802b festgesetzt und nicht hinfällig ist.

(2) Die Eintragungsanordnung soll kurz begründet werden. Sie ist dem Schuldner zuzustellen, soweit sie ihm nicht mündlich bekannt gegeben und in das Protokoll aufgenommen wird (§ 763).

(3) Die Eintragungsanordnung hat die in § 882b Abs. 2 und 3 genannten Daten zu enthalten. Sind dem Gerichtsvollzieher die nach § 882b Abs. 2 Nr. 1 bis 3 im Schuldnerverzeichnis anzugebenden Daten nicht bekannt, holt er Auskünfte bei den in § 755 Abs. 1 und 2 Satz 1 Nr. 1 genannten Stellen ein oder sieht das Handelsregister ein, um die erforderlichen Daten zu beschaffen.

§ 882d Vollziehung der Eintragungsanordnung

(1) Gegen die Eintragungsanordnung nach § 882c kann der Schuldner binnen zwei Wochen seit Bekanntgabe Widerspruch beim zuständigen Vollstreckungsgericht einlegen. Der Widerspruch hemmt nicht die Vollziehung. Nach Ablauf der Frist des Satzes 1 übermittelt der Gerichtsvollzieher die Anordnung unverzüglich elektronisch dem zentralen Vollstreckungsgericht nach § 882 h Abs. 1. Dieses veranlasst die Eintragung des Schuldners.

(2) Auf Antrag des Schuldners kann das Vollstreckungsgericht anordnen, dass die Eintragung einstweilen ausgesetzt wird. Das zentrale Vollstreckungsgericht nach

§ 882 h Abs. 1 hat von einer Eintragung abzusehen, wenn ihm die Ausfertigung einer vollstreckbaren Entscheidung vorgelegt wird, aus der sich ergibt, dass die Eintragungsanordnung einstweilen ausgesetzt ist.

(3) Über die Rechtsbehelfe nach den Absätzen 1 und 2 ist der Schuldner mit der Bekanntgabe der Eintragungsanordnung zu belehren. Das Gericht, das über die Rechtsbehelfe entschieden hat, übermittelt seine Entscheidung dem zentralen Vollstreckungsgericht nach § 882 h Abs. 1 elektronisch.

§ 882e Löschung

(1) Eine Eintragung im Schuldnerverzeichnis wird nach Ablauf von drei Jahren seit dem Tag der Eintragungsanordnung von dem zentralen Vollstreckungsgericht nach § 882 h Abs. 1 gelöscht. Im Fall des § 882b Abs. 1 Nr. 3 beträgt die Löschungsfrist fünf Jahre seit Erlass des Abweisungsbeschlusses.

(2) Über Einwendungen gegen die Löschung nach Absatz 1 oder ihre Versagung entscheidet der Urkundsbeamte der Geschäftsstelle. Gegen seine Entscheidung findet die Erinnerung nach § 573 statt.

(3) Abweichend von Absatz 1 wird eine Eintragung auf Anordnung des zentralen Vollstreckungsgerichts nach § 882 h Abs. 1 gelöscht, wenn diesem

1. die vollständige Befriedigung des Gläubigers nachgewiesen worden ist;
2. das Fehlen oder der Wegfall des Eintragungsgrundes bekannt geworden ist oder
3. die Ausfertigung einer vollstreckbaren Entscheidung vorgelegt wird, aus der sich ergibt, dass die Eintragungsanordnung aufgehoben oder einstweilen ausgesetzt ist.

(4) Wird dem zentralen Vollstreckungsgericht nach § 882 h Abs. 1 bekannt, dass der Inhalt einer Eintragung von Beginn an fehlerhaft war, wird die Eintragung durch den Urkundsbeamten der Geschäftsstelle geändert. Wird der Schuldner oder ein Dritter durch die Änderung der Eintragung beschwert, findet die Erinnerung nach § 573 statt.

§ 882f Einsicht in das Schuldnerverzeichnis

Die Einsicht in das Schuldnerverzeichnis ist jedem gestattet, der darlegt, Angaben nach § 882b zu benötigen:

1. für Zwecke der Zwangsvollstreckung;
2. um gesetzliche Pflichten zur Prüfung der wirtschaftlichen Zuverlässigkeit zu erfüllen;
3. um Voraussetzungen für die Gewährung von öffentlichen Leistungen zu prüfen;
4. um wirtschaftliche Nachteile abzuwenden, die daraus entstehen können, dass Schuldner ihren Zahlungsverpflichtungen nicht nachkommen;
5. für Zwecke der Strafverfolgung und der Strafvollstreckung;
6. zur Auskunft über ihn selbst betreffende Eintragungen.

Die Informationen dürfen nur für den Zweck verwendet werden, für den sie übermittelt worden sind; sie sind nach Zweckerreichung zu löschen. Nichtöffentliche Stellen sind darauf bei der Übermittlung hinzuweisen.

§ 882 g Erteilung von Abdrucken

(1) Aus dem Schuldnerverzeichnis können auf Antrag Abdrucke zum laufenden Bezug erteilt werden, auch durch Übermittlung in einer nur maschinell lesbaren Form. Bei der Übermittlung in einer nur maschinell lesbaren Form gelten die von der Landesjustizverwaltung festgelegten Datenübertragungsregeln.

(2) Abdrucke erhalten:

1. Industrie- und Handelskammern sowie Körperschaften des öffentlichen Rechts, in denen Angehörige eines Berufes kraft Gesetzes zusammengeschlossen sind (Kammern),
2. Antragsteller, die Abdrucke zur Errichtung und Führung nichtöffentlicher zentraler Schuldnerverzeichnisse verwenden, oder
3. Antragsteller, deren berechtigtem Interesse durch Einzeleinsicht in die Länderschuldnerverzeichnisse oder durch den Bezug von Listen nach Absatz 5 nicht hinreichend Rechnung getragen werden kann.

(3) Die Abdrucke sind vertraulich zu behandeln und dürfen Dritten nicht zugänglich gemacht werden. Nach der Beendigung des laufenden Bezugs sind die Abdrucke unverzüglich zu vernichten; Auskünfte dürfen nicht mehr erteilt werden.

(4) Die Kammern dürfen ihren Mitgliedern oder den Mitgliedern einer anderen Kammer Auskünfte erteilen. Andere Bezieher von Abdrucken dürfen Auskünfte erteilen, soweit dies zu ihrer ordnungsgemäßen Tätigkeit gehört. Absatz 3 gilt entsprechend. Die Auskünfte dürfen auch im automatisierten Abrufverfahren erteilt werden, soweit dieses Verfahren unter Berücksichtigung der schutzwürdigen Interessen der Betroffenen und der Geschäftszwecke der zum Abruf berechtigten Stellen angemessen ist.

(5) Die Kammern dürfen die Abdrucke in Listen zusammenfassen oder hiermit Dritte beauftragen; sie haben diese bei der Durchführung des Auftrags zu beaufsichtigen. Die Listen dürfen den Mitgliedern von Kammern auf Antrag zum laufenden Bezug überlassen werden. Für den Bezug der Listen gelten Absatz 2 Nr. 3 und Absatz 3 entsprechend. Die Bezieher der Listen dürfen Auskünfte nur jemandem erteilen, dessen Belange sie kraft Gesetzes oder Vertrages wahrzunehmen haben.

(6) Für Abdrucke, Listen und Aufzeichnungen über eine Eintragung im Schuldnerverzeichnis, die auf der Verarbeitung von Abdrucken oder Listen oder auf Auskünften über Eintragungen im Schuldnerverzeichnis beruhen, gilt § 882e Abs. 1 entsprechend. Über vorzeitige Löschungen (§ 882e Abs. 3) sind die Bezieher von Abdrucken innerhalb eines Monats zu unterrichten. Sie unterrichten unverzüglich die Bezieher von Listen (Absatz 5 Satz 2). In den auf Grund der Abdrucke und Listen erstellten Aufzeichnungen sind die Eintragungen unverzüglich zu löschen. Listen sind auch unverzüglich zu vernichten, soweit sie durch neue ersetzt werden.

(7) In den Fällen des Absatzes 2 Nr. 2 und 3 sowie des Absatzes 5 gilt für nichtöffentliche Stellen § 38 des Bundesdatenschutzgesetzes mit der Maßgabe, dass die Aufsichtsbehörde auch die Verarbeitung und Nutzung dieser personenbezogenen Daten in oder aus Akten überwacht. Entsprechendes gilt für nichtöffentliche Stellen, die von den in Absatz 2 genannten Stellen Auskünfte erhalten haben.

abweichendes Inkrafttreten am 01.08.2009

(8) Das Bundesministerium der Justiz wird ermächtigt, durch Rechtsverordnung mit Zustimmung des Bundesrates

1. Vorschriften über den Bezug von Abdrucken nach den Absätzen 1 und 2 und das Bewilligungsverfahren sowie den Bezug von Listen nach Absatz 5 zu erlassen;
2. Einzelheiten der Einrichtung und Ausgestaltung automatisierter Abrufverfahren nach Absatz 4 Satz 4, insbesondere der Protokollierung der Abrufe für Zwecke der Datenschutzkontrolle, zu regeln;
3. die Erteilung und Aufbewahrung von Abdrucken aus dem Schuldnerverzeichnis, die Anfertigung, Verwendung und Weitergabe von Listen, die Mitteilung und den Vollzug von Löschungen und den Ausschluss vom Bezug von Abdrucken und Listen näher zu regeln, um die ordnungsgemäße Behandlung der Mitteilungen, den Schutz vor unbefugter Verwendung und die rechtzeitige Löschung von Eintragungen sicherzustellen;
4. zur Durchsetzung der Vernichtungs- und Löschungspflichten im Fall des Widerrufs der Bewilligung die Verhängung von Zwangsgeldern vorzusehen; das einzelne Zwangsgeld darf den Betrag von 25.000 Euro nicht übersteigen.

Ende abweichendes Inkrafttreten

§ 882 h Zuständigkeit; Ausgestaltung des Schuldnerverzeichnisses

(1) Das Schuldnerverzeichnis wird für jedes Land von einem zentralen Vollstreckungsgericht geführt. Der Inhalt des Schuldnerverzeichnisses kann über eine zentrale und länderübergreifende Abfrage im Internet eingesehen werden. Die Länder können Einzug und Verteilung der Gebühren sowie weitere Abwicklungsaufgaben im Zusammenhang mit der Abfrage nach Satz 2 auf die zuständige Stelle eines Landes übertragen.

abweichendes Inkrafttreten am 01.08.2009

(2) Die Landesregierungen bestimmen durch Rechtsverordnung, welches Gericht die Aufgaben des zentralen Vollstreckungsgerichts nach Absatz 1 wahrzunehmen hat. § 802k Abs. 3 Satz 2 und 3 gilt entsprechend. Die Führung des Schuldnerverzeichnisses stellt eine Angelegenheit der Justizverwaltung dar.

(3) Das Bundesministerium der Justiz wird ermächtigt, durch Rechtsverordnung mit Zustimmung des Bundesrates die Einzelheiten zu Form und Übermittlung der Eintragungsanordnungen nach § 882b Abs. 1 und der Entscheidungen nach § 882d Abs. 3 Satz 2 dieses Gesetzes und § 284 Abs. 10 Satz 2 der Abgabenordnung oder gleichwertigen Regelungen im Sinne von § 882b Abs. 1 Nr. 2 Halbsatz 2 dieses Ge-

setzes sowie zum Inhalt des Schuldnerverzeichnisses und zur Ausgestaltung der Einsicht insbesondere durch ein automatisiertes Abrufverfahren zu regeln. Die Rechtsverordnung hat geeignete Regelungen zur Sicherung des Datenschutzes und der Datensicherheit vorzusehen. Insbesondere ist sicherzustellen, dass die Daten

1. bei der elektronischen Übermittlung an das zentrale Vollstreckungsgericht nach Absatz 1 sowie bei der Weitergabe an eine andere Stelle nach Absatz 2 Satz 2 gegen unbefugte Kenntnisnahme geschützt sind,
2. unversehrt und vollständig wiedergegeben werden,
3. jederzeit ihrem Ursprung nach zugeordnet werden können und
4. nur von registrierten Nutzern nach Angabe des Verwendungszwecks abgerufen werden können, jeder Abrufvorgang protokolliert wird und Nutzer im Fall des missbräuchlichen Datenabrufs oder einer missbräuchlichen Datenverwendung von der Einsichtnahme ausgeschlossen werden können.

Die Daten der Nutzer dürfen nur für die in Satz 3 Nr. 4 genannten Zwecke verwendet werden."

II. Pfändungs- und Überweisungsantrag

202 Die effektivste Form der Zwangsvollstreckung ist die **Forderungspfändung.** Hierzu bedarf es jedoch näherer Informationen, da die zu pfändende Forderung und der mögliche Drittschuldner konkretisiert werden müssen. Das ZwVollStrÄndG setzt gerade hier an und versucht den Gläubiger durch die vorgelagerte Vermögensauskunft diese Informationen (insbesondere über Arbeitgeber oder Bankverbindung) zur Verfügung zu stellen.

1. Zu pfändende Forderung

203 Für eine erfolgreiche Forderungspfändung ist Kreativität und eine möglichst umfassende Informationslage über die Vermögenswerte des Schuldners erforderlich. Meist werden folgende Ansprüche gepfändet:

- Ansprüche aus Bankguthaben,
- Ansprüche aus Arbeitslohn und
- Steuererstattungsansprüche.

204 In der Praxis ist eine Pfändung dieser Ansprüche durchaus erfolgreich.

205 Auch wenn eine Pfändung der o.g. Ansprüche nicht unbedingt zu einer direkten Befriedigung des Gläubigers führt, z. B. weil der Schuldner lediglich ein Gehalt innerhalb des unpfändbaren Teils nach § 850c ZPO verdient, ist eine solche Pfändung meist unangenehm für den Schuldner. Es kommt häufig vor, dass der Schuldner die Aufhebung der entsprechenden Pfändung begehrt und dem Gläubiger aus diesem Grund plötzlich eine Ratenzahlung anbietet.

206 Es kommt manchmal vor, dass bereits weitere Gläubiger dieselbe Forderung gepfändet haben und der eigene Gläubiger in einem schlechteren Rangverhältnis steht. Da die meisten Gläubiger standardmäßig die o.g. drei Ansprüche pfänden, kommt eine

Mehrfachpfändung von unterschiedlichen Gläubigern besonders häufig bei einer Pfändung dieser Ansprüche vor.

Um den eigenen Gläubiger einen Vorsprung in der Forderungspfändung zu verschaffen, ist daher Kreativität gefordert. Die Liste möglicher zu pfändender Ansprüche ist lang und auch in keinem Lehrbuch über die Zwangsvollstreckung abschließend dargestellt, da dies quasi unmöglich ist. Eine gute Übersicht über die möglichen Forderungsrechte erhalten Sie im Werk von Hintzen, „Forderungspfändung" in einem separaten Lexikon der Forderungsrechte. Eine sehr umfangreiche Liste mit Mustern ist auch im Buch „Anwaltsformular Zwangsvollstreckung" von Goebel enthalten. 207

▶ Praxistipp: 208

In der Forderungspfändung gilt:

Alle Forderungen sind pfändbar, wenn sie abtretbar sind gem. § 851 ZPO. Ob eine Forderung unpfändbar und nicht abtretbar ist, muss sich immer ausdrücklich aus dem Gesetz ergeben. So ist z.B. das Mutterschaftsgeld gem. § 54 Abs. 2 Nr. 2 SGB I unpfändbar. Ist über die Abtretbarkeit des Anspruchs im Gesetz nichts geregelt, ist er pfändbar.

Hierfür benötigen Sie jedoch meist weitere Informationen über den Schuldner, die i.d.R. vom Gläubiger kommen. Eine Befragung des Mandanten kann daher hilfreich sein.

2. Vollstreckungsorgan

Gem. § 828 Abs. 1 ZPO ist das Vollstreckungsorgan für die Forderungspfändung das Vollstreckungsgericht, das einen entsprechenden Pfändungs- und Überweisungsbeschluss erlässt. 209

Das Vollstreckungsgericht ist grds. das AG, bei dem der Schuldner im Inland seinen allgemeinen Gerichtsstand hat (bei natürlichen Personen z.B. die Wohnung nach § 13 ZPO). 210

Hat der Schuldner jedoch keinen inländischen allgemeinen Gerichtsstand, so kann der Pfändungs- und Überweisungsbeschluss gem. § 23 ZPO auch bei dem AG beantragt werden, wo sich die Vermögenswerte befinden. Dies ist i.d.R. der allgemeine Gerichtsstand des Drittschuldners. 211

▶ Beispiel: 212

Gläubiger G hat gegen die englische XYZ Limited eine titulierte Forderung und will deren Ansprüche aus Bankguthaben bei der inländischen A Bank pfänden, die ihren Sitz in Frankfurt am Main hat.

Nach § 828 Abs. 2, letzter Halbs. ZPO muss der entsprechende Antrag auf Erlass eines Pfändungs- und Überweisungsbeschlusses beim AG Frankfurt am Main gestellt werden.

3. Antrag

213 Wie jede Vollstreckungsmaßnahme bedarf auch der Erlass eines Pfändungs- und Überweisungsbeschlusses eines entsprechenden Antrags. In der Praxis wird ein entsprechender Beschluss bereits von der Rechtsanwaltskanzlei vorbereitet und an das zuständige Vollstreckungsgericht mit der Bitte um Erlass und Zustellung durch einen Gerichtsvollzieher übermittelt. Es handelt sich bei der Zustellung jedoch nicht um eine Amtszustellung, sondern das Gericht vermittelt hier nur die Zustellung im **Parteibetrieb.**

214 Der vorzubereitende Pfändungsbeschluss muss folgende Punkte zwingend enthalten:
- Vollstreckungsgericht,
- genaue Parteienbezeichnung inkl. gesetzliche Vertreter und Prozessbevollmächtigte,
- genaue Bezeichnung des zu vollstreckenden Titels,
- detaillierte Aufschlüsselung der Forderung des Gläubigers nach Hauptforderung, Zinsen und Kosten (ein Verweis auf ein beigefügtes Forderungskonto ist zulässig),
- eine Berechnung der Kosten für diesen Pfändungs- und Überweisungsbeschluss,
- genaue Bezeichnung des Drittschuldners mit zustellfähiger Anschrift,
- genaue Bezeichnung der zu pfändenden Forderung,
- **Arrestatorium:** Anordnung gegen den Drittschuldner nach § 829 Abs. 1 Satz 1 ZPO, dass dieser nicht mehr an den Drittschuldner leisten darf und
- **Inhibitorium:** Anordnung gegen den Schuldner nach § 829 Abs. 1 Satz 2 ZPO, dass dieser sich jedweder Verfügung über den Anspruch enthalten muss, sowie
- die Überweisungsanordnung an den Gläubiger gem. § 835 ZPO.

Exkurs: Zwangsvollstreckungsformular-Verordnung (Inkrafttreten 01.09.2012)

Durch die Zwangsvollstreckungsformular-Verordnung vom 23. August 2012, die am 01.09.2012 in Kraft trat, wurden drei Formulare eingeführt. Sie betreffen:
- den Antrag auf Erlass einer richterlichen Durchsuchungsanordnung,
- den Antrag auf Erlass eines Pfändungs- und Überweisungsbeschlusses insbesondere wegen gewöhnlicher Geldforderungen und
- den Antrag auf Erlass eines Pfändungs- und Überweisungsbeschlusses wegen Unterhaltsforderungen.

Die Formulare sind umfassend gestaltet worden, weil sie eine Vielzahl von Fallgestaltungen erfassen sollen. Außerdem enthalten vor allem die Formulare für den Antrag auf Erlass eines Pfändungs- und Überweisungsbeschlusses ausreichend Platz, um zusätzliche Anträge stellen oder dem Gericht zusätzliche Informationen zukommen lassen zu können. Hier können Sie die **bisherigen „freien Anträge"**, wie z. B. eine konkrete Herausgabeanordnung, **einpflegen.**

Ziel der Einführung der neuen Formulare ist eine Effizienzsteigerung insbesondere bei den Gerichten.

Bis zum 28.02.2013 gilt eine Übergangsvorschrift, dass sowohl die alten als auch neuen Formulare benutzt werden dürfen. Ab dem 01.03.2013 sieht § 3 der Zwangsvollstreckungsformular-Verordnung (ZVFV) die **verbindliche Nutzung** der neuen Formulare vor.

Sämtliche Formulare können auf der Seite des Bundesministeriums für Justiz unter www.bmj.de/DE/Buerger/verbraucher/ZwangsvollstreckungPfaendungsschutz heruntergeladen werden. Die Softwareentwickler werden sicherlich in Kürze die neuen Formulare in die gängige Rechtsanwaltsprogramme einbauen.

Besonders die genaue Bezeichnung der zu pfändenden Forderung ist wichtig, um nicht Zwischenverfügungen des Gerichts zu erhalten. Dabei müssen die Forderung und der Umfang des Zugriffs klar und unzweifelhaft bestimmt sein. Eine Formulierung, wie z. B. *„es werden sämtliche Ansprüche des Schuldners gegen den Drittschuldner aus jedem Rechtsgrund"* gepfändet, ist zu **unbestimmt.** 215

Ferner sind die genaue Bezeichnung des Drittschuldners und dessen zustellfähige Anschrift besonders wichtig, da gem. § 829 Abs. 3 ZPO bereits mit der Zustellung an den Drittschuldner die Pfändung bewirkt wird. 216

Unter dem **Arrestatorium** versteht man die Anordnung an den Drittschuldner, dass dieser, soweit die Forderung gepfändet ist, nicht mehr an den Schuldner leisten darf. 217

Das **Inhibitorium** ist hingegen die Anordnung an den Schuldner, sich insoweit jeder Verfügung über die Forderung zu enthalten, insbes. darf er sie nicht mehr einziehen. 218

4. Muster/Fall

Anhand des nachstehenden Falls soll ein entsprechendes Muster dargestellt werden: 219

► Beispiel: 220

Mandant G (Gläubiger) hat gegen Schuldner S eine titulierte Forderung i.H.v. 2.000,00 €. Dem G ist bekannt, dass der S Schauspieler am Stadttheater ist und nebenbei noch in Fernsehproduktionen arbeitet. Da der G eine TV-Produktionsfirma betreibt, ist ihm ferner bekannt, dass Schauspieler, wenn sie im Fernsehen gezeigt werden, Ansprüche aus Leistungsschutzrechten erwerben und hierfür einmal jährlich eine Zahlung von der Gesellschaft für Leistungsschutzrechte erhalten, sofern sie ihre Ansprüche angemeldet haben. Eine Pfändung von Arbeitseinkommen brachte keine Befriedigung des Mandanten, da bereits mehrere Vorpfändungen vorlagen.

Es bietet sich hier an, die Ansprüche aus dem Erwerb von Leistungsschutzrechten bei der Gesellschaft für Leistungsschutzrechte zu pfänden.

► Muster: Antrag auf Erlass eines Pfändungs- und Überweisungsbeschlusses

Amtsgericht 221

– Vollstreckungsgericht –

(genaue Anschrift)

In der Zwangsvollstreckungssache

Gläubiger G

.....

(genaue Anschrift)

– Gläubiger –

– Prozessbevollmächtigter: .....

gegen

Schuldner S

.....

(genaue Anschrift)

– Schuldner –

beantragen wir namens und im Auftrag des Gläubigers den Erlass des anliegend entworfenen

Pfändungs- und Überweisungsbeschlusses

und dessen Zustellungsvermittlung gemäß § 840 ZPO.

Gleichzeitig wird beantragt, den Gerichtsvollzieher anzuweisen, den Beschluss um die Zustellungskosten zu ergänzen und den Drittschuldner zu einer Erklärung gemäß § 840 ZPO aufzufordern. Die Gerichtskosten haben wir als Verrechnungsscheck beigefügt.

Einfache und beglaubigte Abschrift anbei.

Rechtsanwalt

▶ Muster: Pfändungs- und Überweisungsbeschluss

222 Pfändungs- und Überweisungsbeschluss des Amtsgerichts ..... Az.: .....

In der Zwangsvollstreckungssache

Gläubiger G

.....

(genaue Anschrift)

– Gläubiger –

– Prozessbevollmächtigter: .....

gegen

Schuldner S

.....

(genaue Anschrift)

– Schuldner –

stehen dem Gläubiger nach der vollstreckbaren Ausfertigung des

..... *(genaue Bezeichnung des Titels mit Az.)*

die gemäß beigefügtem Forderungskonto berechneten Beträge einschließlich der bis zur Stellung dieses Antrags entstandenen Zinsen und Kosten zu.

Wegen dieser Beträge und der Kosten dieses Antrags sowie der weiterhin entstehenden Zinsen werden die angeblichen Ansprüche des Schuldners gegenüber:

Gesellschaft zur Verwertung von Leistungsschutzrechten mbH

Podbielskiallee 64 in 14195 Berlin

– Drittschuldnerin –

(Hinweis: genaue Bezeichnung DS erforderlich + zustellfähige Anschrift)

gepfändet.

Hinsichtlich der Drittschuldnerin wird der folgende gegenwärtige und zukünftige Anspruch gepfändet:

> auf Zahlung der gesamten Vergütungserlöse/Vergütung aus Leistungsschutzrechten (insbesondere Zweitverwertungsrechte).

Den Drittschuldnern wird untersagt, soweit die Forderung gepfändet ist, an den Schuldner zu leisten (§ 829, Abs. 1 Satz 1 ZPO). *(Hinweis: Arrestatorium)*

Der Schuldner hat sich jeglicher Verfügung über die Forderung zu enthalten (§ 829 Abs. 1 Satz 2 ZPO). *(Hinweis*

Inhibitorium)

Gleichzeitig wird dem Gläubiger die Forderung zur Einziehung überwiesen (§§ 835 Abs. 1 Satz 1 ZPO).

Forderung gemäß beiliegender Berechnung ..... €

Kosten dieses Antrages:

0,3 Verfahrensgebühr nach Nr. 3309 VV RVG	..... €
Post- und Telekommunikationspauschale Nr. 7002 VV RVG	..... €
19 % Umsatzsteuer	..... €
Gerichtskosten	..... €
Gesamtforderung	..... €

Tageszins auf Hauptforderung: ..... €

Tageszins auf Kosten: ..... €

Zu diesem Betrag sind die vom Gerichtsvollzieher gesondert berechneten Zustellungskosten entsprechend den Bestimmungen des GVKostG hinzuzusetzen.

Amtsgericht ....., den

.....

Unterschrift + Dienstsiegel

223 Das Vollstreckungsgericht muss den entworfenen Beschluss im besten Fall nur noch hinsichtlich des Ortes und der Zeit des Beschlusses sowie des Aktenzeichens ergänzen. Mit der Unterschrift des Rechtspflegers und dem Dienstsiegel wird der Pfändungs- und Überweisungsbeschluss erlassen.

5. Zustellung an Drittschuldner und Drittschuldnererklärung

224 Gem. § 829 Abs. 3 ZPO ist die Pfändung wirksam mit Zustellung des Pfändungs- und Überweisungsbeschlusses an den Drittschuldner.

225 Die Zustellung durch den Gerichtsvollzieher erfolgt i. d. R. mit der Aufforderung an den Drittschuldner, sich gem. § 840 ZPO zu erklären. Der Drittschuldner kann sich unmittelbar bei der Zustellung gegenüber dem Gerichtsvollzieher erklären oder dies innerhalb von zwei Wochen ab Zustellung gegenüber dem Gerichtsvollzieher oder dem Gläubiger nachholen.

226 Die Drittschuldnererklärung gem. § 840 ZPO umfasst dabei folgende Punkte:

- ob und inwieweit der Drittschuldner die Forderung als begründet anerkennt und zur Zahlung bereits ist (hier geht es in erster Linie darum, ob und in welchem Umfang überhaupt eine zu pfändende Forderung des Schuldners gegen den Drittschuldner besteht),
- ob und welche Ansprüche andere Personen an die gepfändete Forderung geltend machen (hier kommen insbes. Abtretungen in Betracht),
- ob und wegen welcher Ansprüche die Forderung bereits für andere Gläubiger gepfändet ist (hier müssen sog. Vorpfändungen angegeben werden).
- Bei der Pfändung von Bankkonten muss die Drittschuldnererklärung zusätzliche folgende Angaben enthalten:
- ob innerhalb der letzten zwölf Monate im Hinblick auf das Konto, dessen Guthaben gepfändet worden ist, nach § 850 l die Unpfändbarkeit des Guthabens angeordnet worden ist, und
- ob es sich bei dem Konto, dessen Guthaben gepfändet worden ist, um ein Pfändungsschutzkonto im Sinne von § 850k Abs. 7 handelt.

227 Die Kosten, die dem Drittschuldner für diese Auskunft entstehen (z. B. durch die Einschaltung eines RA), sind vom Gläubiger nicht zu erstatten.

228 Kommt der Drittschuldner seiner Auskunftsverpflichtung innerhalb der zwei Wochen nicht nach, so kann er sich ggf. nach § 840 Abs. 2 Satz 2 ZPO **schadensersatz-**

pflichtig machen. Dies gilt auch für die Fälle, in denen die Drittschuldnererklärung zu spät oder inhaltlich fehlerhaft war.

Die Bezifferung des Schadensersatzes ist dabei nicht immer ganz einfach. Hat der Gläubiger jedoch aufgrund einer fehlerhaften Auskunft andere Vollstreckungsmöglichkeiten gegen den Schuldner nicht genutzt, so ist der Drittschuldner verpflichtet, den Gläubiger so zu stellen, als habe dieser rechtzeitig in die anderen Vermögenswerte vollstreckt. Der Schadensersatzanspruch ist dabei i.H.d. zu vollstreckenden Forderung begrenzt. 229

Sollte es erforderlich sein, die Auskunft durch eine entsprechende **Klage** gegen den Drittschuldner zu erlangen, hat der Drittschuldner die Kosten des Verfahrens gem. § 91 ZPO zu tragen, da diese für die Durchsetzung des Auskunftsanspruchs notwendig waren. 230

Hingegen stellen die Anwaltskosten für die vorgerichtliche Aufforderung an den Drittschuldner zur Abgabe der Drittschuldnererklärung oder für die Überprüfung einer Drittschuldnererklärung keinen Schaden dar. 231

6. Zustellung an Schuldner

Die Zustellung des Pfändungs- und Überweisungsbeschlusses an den Schuldner hat für die Wirksamkeit der Pfändung keine Bedeutung und dient vielmehr der Information des Schuldners. 232

7. Gebühren und Minderungspflicht

Für die Beantragung eines Pfändungs- und Überweisungsbeschlusses erhält der RA eine **Verfahrensgebühr** i.H.v. 0,3 nach Nr. 3309 VV RVG. 233

In einem Beschluss können dabei verschiedenartige Forderungen gegenüber mehreren Drittschuldnern gepfändet werden, sodass dem Gläubiger hier eine **Minderungspflicht** auferlegt ist. Nach den gesetzlichen Vorgaben ist jeder Gläubiger grds. zur Minderung der Kosten verpflichtet. Er muss sich stets so verhalten, als handle er in eigenem wirtschaftlichen Interesse. Wenn der Gläubiger nur allein aufgrund der Tatsache, dass ein anderer für die Kosten aufkommen muss, unverhältnismäßig hohe Zwangsvollstreckungskosten verursacht, steht dem Schuldner das Recht zu, diese Forderungen zu kürzen. 234

Sind ihm bereits bei Antragstellung mehrere Forderungen bekannt und will er diese auch alle pfänden, so muss er alle Forderungen in einem Antrag zusammenfassen (z. B. die Beantragung eines PfüBs hinsichtlich der Pfändung von Lohnansprüchen und Bankguthaben). 235

8. Vorpfändung

Die Pfändung wird – wie bereits oben dargestellt – erst mit der Zustellung des Pfändungs- und Überweisungsbeschlusses an den Drittschuldner wirksam. Im Einzelfall 236 kann bis zur Zustellung wertvolle Zeit verloren gehen, während der der Schuldner über sein Vermögen verfügt und so den Zugriff durch den Gläubiger verhindert.

a) Allgemeines

237 § 845 ZPO räumt daher dem Gläubiger die Möglichkeit einer **Vorpfändung** – auch vorläufiges Zahlungsverbot genannt – ein.

238 Bei dem vorläufigen Zahlungsverbot handelt es sich um eine private schriftliche Benachrichtigung an den Schuldner und Drittschuldner, dass eine Pfändung alsbald bevorsteht und enthält insbes. die folgenden Aufforderungen:
- an den Drittschuldner, nicht an den Schuldner zu bezahlen und
- an den Schuldner, sich jeder Verfügung über die näher bezeichnete Forderung zu enthalten.

b) Voraussetzungen

239 Es müssen nachstehende Voraussetzungen gegeben sein, damit ein vorläufiges Zahlungsverbot rechtmäßig ist:
- Es muss ein auf eine Geldforderung gerichteter und grds. vollstreckbarer Titel existent sein. Die Verkündung des entsprechenden Titels reicht aus. Der Gläubiger muss jedoch nicht im Besitz des Titels sein.
- Das Vorliegen der weiteren allgemeinen Vollstreckungsvoraussetzungen wie Klausel und Zustellung ist grds. nach § 845 Abs. 1 Satz 3 ZPO nicht erforderlich, es sei denn, es bedarf einer qualifizierten Klausel nach §§ 726, 727 ZPO.
- Von den besonderen Vollstreckungsvoraussetzungen müssen nur der Ablauf des Kalendertages und die Voraussetzungen der Zug-um-Zug-Vollstreckung vorhanden sein.

240 Es muss weder eine Sicherheit geleistet sein, noch müssen Wartezeiten eingehalten werden.

c) Antrag

241 Ein mögliches vorläufiges Zahlungsverbot könnte wie folgt aussehen:

▶ **Muster: Vorläufiges Zahlungsverbot**

242 Gerichtsvollzieher Ihrer Wahl

.....

(genaue Anschrift)

In der Zwangsvollstreckungssache

Gläubiger G

.....

(genaue Anschrift)

– Gläubiger –

– Prozessbevollmächtigter: .....

gegen

Schuldner S

.....

(genaue Anschrift)

– Schuldner –

bitten wir um schnellstmögliche Zustellung des in Anlage befindlichen

vorläufigen Zahlungsverbots

an:

1.) Drittschuldner

2.) Schuldner

Die Kosten bitten wir per Nachnahme zu erheben.

Einfache und beglaubigte Abschrift anbei.

Rechtsanwalt

Anlagen

Forderungskonto

Vorläufiges Zahlungsverbot

► Muster: Vorläufiges Zahlungsverbot gem. § 845 ZPO 243

Vorläufiges Zahlungsverbot gem. § 845 ZPO

In der Zwangsvollstreckungssache

Gläubiger G

.....

(genaue Anschrift)

– Gläubiger –

– Prozessbevollmächtigter: Rechtsanwalt R

gegen

Schuldner S

.....

(genaue Anschrift)

– Schuldner –

stehen dem Gläubiger nach .....

(genaue Bezeichnung des Titels)

die gemäß beigefügtem Forderungskonto berechneten Beträge einschließlich der bis zur Stellung dieses Antrags entstandenen Zinsen und Kosten zu. Wegen dieser Beträge und der Kosten dieses Antrags sowie der weiterhin entstehenden Zinsen steht die

PFÄNDUNG

der angeblichen Ansprüche des Schuldners an

.....

(genaue Anschrift)

(im Beispielsfall die Gesellschaft für Leistungsschutzrechte)

– Drittschuldner –

auf Zahlung der gesamten Vergütungserlöse/Vergütung aus Leistungsschutzrechten (insbesondere Zweitverwertungsrechte)

(Hinweis: hier bitte die Forderung konkretisieren)

bevor.

Als Vertreter des Gläubigers benachrichtige ich hiermit den Drittschuldner und Zahlungspflichtigen gemäß § 845 ZPO von der bevorstehenden Pfändung. Dem Drittschuldner wird untersagt, soweit die Forderung pfändbar ist, an den Schuldner zu leisten.

Der Schuldner hat sich jeglicher Verfügung über die Forderung zu enthalten.

Diese Benachrichtigung hat die Wirkung eines Arrestes (§§ 845, 930 ZPO). Nach Zustellung des gerichtlichen Pfändungsbeschlusses hat der Drittschuldner gemäß § 840 ZPO die Verpflichtung zu folgender Erklärung:

1. ob und inwieweit er die Forderung als begründet anerkennt und zur Zahlung bereit ist,

2. ob und welche Ansprüche andere Personen an die Forderung stellen,

3. ob und wegen welcher Ansprüche die Forderung bereits für andere Gläubiger gepfändet ist.

Im Interesse einer vereinfachten Abwicklung bitten wir um Beantwortung dieser Fragen innerhalb von 14 Tagen.

Forderung gemäß beiliegender Berechnung ..... €

Kosten dieses Antrages:

0,3 Verfahrensgebühr Nr. 3309 VV RVG	..... €
Auslagenpauschale Nr. 7002 VV RVG	..... €
19 % USt.	..... €
Gerichtskosten	..... €

Gesamtforderung ..... €

Zu diesem Betrag sind die vom Gerichtsvollzieher gesondert berechneten Zustellungskosten entsprechend den Bestimmungen des GVKostG hinzuzusetzen.

Einfache und beglaubigte Abschrift anbei.

Rechtsanwalt

Bei dem vorläufigen Zahlungsverbot ist darauf zu achten, dass die vorgepfändete Forderung, wie im Pfändungs- und Überweisungsbeschluss auch, hinreichend **konkretisiert** wird, damit der Drittschuldner eine zweifelsfreie Zuordnung der Vorpfändung vornehmen kann. 244

d) Zustellung

Die Zustellung des vorläufigen Zahlungsverbotes ist immer durch den **Gerichtsvollzieher** durchzuführen, eine Zustellung durch einen Boten oder durch die Post ist unwirksam. 245

Mit der Zustellung können Sie jeden in Deutschland geschäftsansässigen Gerichtsvollzieher beauftragen, eine örtliche Zuständigkeitsbegrenzung wie z. B. bei der Abnahme der eidesstattlichen Versicherung ist nicht gegeben. 246

e) Wirkung

Das vorläufige Zahlungsverbot hat die Wirkung eines Arrests gem. § 930 ZPO und sichert dem Gläubiger einen entsprechenden **Rang** innerhalb der Zwangsvollstreckung. Die nachfolgende Pfändung muss jedoch innerhalb eines Monats ab Zustellung des vorläufigen Zahlungsverbotes an den Drittschuldner bewirkt werden. 247

Eine Verlängerung der Frist, z. B. wegen Überlastung des Vollstreckungsgerichts, das den Pfändungs- und Überweisungsbeschluss erlassen muss, ist nicht möglich. In diesem Fall müsste vorsorglich ein weiteres Zahlungsverbot zugestellt werden. Der ursprüngliche Rang wäre jedoch verloren. Hätte zwischenzeitlich ein weiterer Gläubiger eine Pfändung bewirkt, so würde dieser Gläubiger einen Rang höher steigen und das zweite vorläufige Zahlungsverbot des ursprünglichen Gläubigers würde einen neuen, niedrigen Rang begründen. 248

Auch eine **Wiedereinsetzung in den vorherigen Stand** (s. Rn. 959) bei einem Fristversäumnis kommt nicht in Betracht, da es sich bei der Einmonatsfrist nicht um eine der in § 233 ZPO genannten Fristen handelt. 249

▶ Praxistipp: 250

Nehmen Sie Akten mit Vorpfändungen unter gesonderter Fristenkontrolle. Sobald alle Vollstreckungsvoraussetzungen vorliegen, sollte bei einer Vorpfändung der entsprechende Pfändungs- und Überweisungsbeschluss beantragt werden, es sei denn, mit dem Mandanten ist ausdrücklich eine andere Strategie abgesprochen.

Sollte nämlich die Rechtsanwaltskanzlei für den Fristablauf verantwortlich sein, so könnte der Mandant gegenüber dem RA Haftungsansprüche geltend machen.

f) Kosten

251 Bei der Vorpfändung muss zunächst unterschieden werden, ob diese isoliert betrieben wurde oder ob später eine entsprechende Pfändung bewirkt wurde ist.

252 Wurde eine Pfändung bewirkt, so stellt das vorläufige Zahlungsverbot zusammen mit der Pfändung eine **einheitliche Tätigkeit** i.S.v. § 15 RVG dar.

253 Wurde hingegen die Vorpfändung isoliert betrieben, weil z. B. noch keine vollstreckbare Ausfertigung vorlag und zahlt der Schuldner hierauf, so hat er auch die Kosten für die Vorpfändung in Höhe einer 0,3 Verfahrensgebühr nach Nr. 3309 VV RVG zuzüglich der Post- und Telekommunikationspauschale sowie einer evtl. Umsatzsteuer zu tragen sowie die Zustellkosten des Gerichtsvollziehers.

g) Rechtsbehelf

254 Das vorläufige Zahlungsverbot wird durch den Gerichtsvollzieher zugestellt. Dieser hat oberflächlich zu überprüfen, ob die Vorpfändung überhaupt zulässig ist.

255 Soll z. B. ein vorläufiges Zahlungsverbot aufgrund eines Mahnbescheids zugestellt werden, so müsste der Gerichtsvollzieher diesen Auftrag wegen Unzulässigkeit ablehnen, da hier noch kein vollstreckungsfähiger Titel existent ist. Erst wenn der Vollstreckungsbescheid erlassen wird, wäre eine Vorpfändung möglich.

256 Stellt der Gerichtsvollzieher dennoch ein unzulässiges Zahlungsverbot dem Drittschuldner und Schuldner zu, so kann der Schuldner Erinnerung gegen die Art und Weise der Zwangsvollstreckung (vgl. Ausführungen unter Rn. 596 ff.) einlegen.

9. Pfändung von Arbeitseinkommen

a) Besonderheiten

257 Das Arbeitseinkommen dient grundsätzlich dem Schuldner dazu seinen Lebensunterhalt zu bestreiten und unterliegt daher **besonderen Vollstreckungsschutzvorschriften.** Der Gesetzgeber will dadurch verhindern, dass der Schuldner aufgrund der Pfändung Sozialhilfe beziehen muss, um seinen Unterhalt zu bestreiten, ferner soll er weiterhin auch Interesse daran haben, seiner Arbeit weiterhin nachzugehen.

258 Der **Begriff des Arbeitseinkommen** ist dabei weit zu fassen: Hierunter versteht man sämtliche Vergütungen aus Dienst- und Arbeitsverhältnissen unabhängig,
- ob sie aus einer Haupt- oder Nebenbeschäftigung stammen,
- ob sie privat- oder öffentlich-rechtlicher Natur (z. B. Beamte) sind aber
- auch Sach- und Dienstbezüge, die der Arbeitnehmer als Entgelt erhält (z. B. Dienstwagen oder Dienstwohnung).

Gemäß § 832 ZPO werden mit der Pfändung nicht nur das fällige Arbeitseinkommen, sondern auch **zukünftig Einkommen** gepfändet, so lange bis die Gesamtforderung einschließlich Zinsen und Kosten getilgt sind oder das entsprechende Arbeitsverhältnis endet. 259

Begründet der Schuldner bei einem neuen Arbeitgeber ein neues Arbeitsverhältnis, so muss man ggf. dort erneut das Arbeitseinkommen pfänden. Wenn der Schuldner allerdings mit seinem **alten Arbeitgeber innerhalb von 9 Monaten** ein neues Arbeitsverhältnis begründet (z. B. bei Saisonarbeitern), so wird sein neues Arbeitseinkommen gem. § 833 Abs. 2 ZPO von der ursprünglichen Pfändung mit umfasst. 260

Das Arbeitseinkommen wird hinsichtlich der Pfändung in drei Teile unterteilt: 261

1. absolut unpfändbare Bezüge § 850 a ZPO, 262

2. bedingt pfändbare Bezüge § 850 b ZPO und 263

3. allgemein pfändbare Bezüge § 850 c ZPO (wobei hierin jedoch auch der Pfändungsfreibetrag enthalten ist). 264

Aus sozialen Gründen bzw. auf Rücksicht auf die Zweckgebundenheit hat der Gesetzgeber in § 850 a ZPO Vergütungsteile für absolut unpfändbar erklärt und somit der Pfändung insgesamt entzogen. Die in § 850 a ZPO enthaltende Aufzählung ist dabei abschließend und kann nicht durch Auslegung erweitert werden. Insbesondere gehören zu den absolut unpfändbaren Bezüge: 265
- die Hälfte der Überstundenvergütung,
- Aufwandsentschädigungen für auswärtige Beschäftigungen (z. B. Verpflegungsmehraufwand bei Flugbegleitern), soweit diese den Rahmen des Üblichen nicht übersteigen,
- Weihnachtsgratifikation bis zur Hälfte des monatlichen Arbeitseinkommens, maximal jedoch 500,00 €.

Gesetzestext: 266

§ 850a ZPO Unpfändbare Bezüge

Unpfändbar sind
1. *zur Hälfte die für die Leistung von Mehrarbeitsstunden gezahlten Teile des Arbeitseinkommens;*
2. *die für die Dauer eines Urlaubs über das Arbeitseinkommen hinaus gewährten Bezüge, Zuwendungen aus Anlass eines besonderen Betriebsereignisses und Treugelder, soweit sie den Rahmen des Üblichen nicht übersteigen;*
3. *Aufwandsentschädigungen, Auslösungsgelder und sonstige soziale Zulagen für auswärtige Beschäftigungen, das Entgelt für selbstgestelltes Arbeitsmaterial, Gefahrenzulagen sowie Schmutz- und Erschwerniszulagen, soweit diese Bezüge den Rahmen des Üblichen nicht übersteigen;*
4. *Weihnachtsvergütungen bis zum Betrag der Hälfte des monatlichen Arbeitseinkommens, höchstens aber bis zum Betrag von 500 Euro;*
5. *Heirats- und Geburtsbeihilfen, sofern die Vollstreckung wegen anderer als der aus Anlass der Heirat oder der Geburt entstandenen Ansprüche betrieben wird;*

6. *Erziehungsgelder, Studienbeihilfen und ähnliche Bezüge;*
7. *Sterbe- und Gnadenbezüge aus Arbeits- oder Dienstverhältnissen;*
8. *Blindenzulagen.*

267 In § 850 b ZPO sind hingegen bedingt pfändbare Bezüge geregelt, die solange als unpfändbar gelten, wie sie nicht vom Vollstreckungsgericht für pfändbar erklärt worden sind.

268 Hierunter fallen insbesondere
- Renten, die wegen einer Verletzung des Körpers oder der Gesundheit zu entrichten sind sowie
- Bezüge aus Witwen, Waisen-, Hilfs – und Krankenkassen, die ausschließlich oder zum wesentlichen Teil zu Unterstützungszwecken gewährt werden.

269 Die Liste des § 850 b ZPO ist auch abschließend und kann nicht durch Auslegung erweitert werden.

270 *Gesetzestext:*

§ 850b Bedingt pfändbare Bezüge

(1) Unpfändbar sind ferner
1. *Renten, die wegen einer Verletzung des Körpers oder der Gesundheit zu entrichten sind;*
2. *Unterhaltsrenten, die auf gesetzlicher Vorschrift beruhen, sowie die wegen Entziehung einer solchen Forderung zu entrichtenden Renten;*
3. *fortlaufende Einkünfte, die ein Schuldner aus Stiftungen oder sonst auf Grund der Fürsorge und Freigebigkeit eines Dritten oder auf Grund eines Altenteils oder Auszugsvertrags bezieht;*
4. *Bezüge aus Witwen-, Waisen-, Hilfs- und Krankenkassen, die ausschließlich oder zu einem wesentlichen Teil zu Unterstützungszwecken gewährt werden, ferner Ansprüche aus Lebensversicherungen, die nur auf den Todesfall des Versicherungsnehmers abgeschlossen sind, wenn die Versicherungssumme 3.579 Euro nicht übersteigt.*

(2) Diese Bezüge können nach den für Arbeitseinkommen geltenden Vorschriften gepfändet werden, wenn die Vollstreckung in das sonstige bewegliche Vermögen des Schuldners zu einer vollständigen Befriedigung des Gläubigers nicht geführt hat oder voraussichtlich nicht führen wird und wenn nach den Umständen des Falles, insbesondere nach der Art des beizutreibenden Anspruchs und der Höhe der Bezüge, die Pfändung der Billigkeit entspricht.

(3) Das Vollstreckungsgericht soll vor seiner Entscheidung die Beteiligten hören.

271 Auf Antrag können diese **relativ unpfändbaren Bezüge** durch das Vollstreckungsgericht für pfändbar erklärt werden. Bei der Entscheidung hat das Gericht die Interessen des Schuldners an seiner Existenzsicherung gegen die Interessen des Gläubigers an der Durchsetzung seiner titulierten Forderung gegeneinander **abzuwägen.**

272 Ein entsprechender **Freigabebeschluss** kann dabei nur erfolgen, wenn die Vollstreckung in das sonstige bewegliche Vermögen des Schuldners zu keiner (vollständigen) Befriedigung geführt hat. Die Pfändung muss zumal der Billigkeit entsprechen, Anhaltspunkte hierzu können sich aus der Art des beizutreibenden Anspruches (z. B. Unterhalt oder Schadensersatz aus Delikt) und der Höhe der Bezüge ergeben.

Der Schuldner soll vor einer entsprechenden Entscheidung grds. vom Vollstreckungsgericht angehört werden. Es handelt sich jedoch noch um eine Muss-Vorschrift, so dass einen Verstoß gegen diese Bestimmung nicht zur Unwirksamkeit der Entscheidung führt. 273

Der Gläubiger muss in seinem Antrag zur Billigkeit und Zulässigkeit im Einzelnen vortragen, damit sein Antrag substantiiert ist. 274

b) Pfändung durch den Normalgläubiger § 850c ZPO

Zur Ermittlung des zu Auszahlung an den Gläubiger verbleibenden Pfändungsbetrages muss man zunächst das Nettoeinkommen des Schuldners bestimmen. 275

Die Berechnung des pfändbaren Betrags erfolgt sodann in folgenden Schritten 276

1. Das ursprüngliche **Bruttoeinkommen** des Schuldners muss zunächst von den absolut pfändbaren und den relativ pfändbaren Teilen, soweit kein Freigabebeschluss besteht, **bereinigt** werden. 277

2. Danach müssen **Lohnsteuer und Sozialversicherungsabzüge** abgezogen werden. 278

3. § 850 c Abs. 1 ZPO sieht sodann **Freigrenzen** des Schuldners vor, die für die Vollstreckung gewöhnlicher Forderungen geltend. Nur **gesetzliche Unterhaltsverpflichtungen** (z. B. an die Ehefrau des Schuldners) erhöhen den Freibetrag des Schuldners, wenn diese auch **tatsächlich erfüllt** werden. Naturalunterhaltsleistungen reichen hierfür aus. Privatrechtliche Unterhaltsverpflichtungen, z. B. an einen Freund, hingegen führen nicht zu einer Erhöhung des Freibetrages, auch wenn diese regelmäßig geleistet werden. 279

4. § 850 c Abs. 2 sieht ferner eine **zusätzliche Quotelung** des pfändbaren Betrages vor. So ist z. B. einem Schuldner ohne Unterhaltsverpflichtung noch 3/10 des pfändbaren Betrages zu belassen. Mit der Anzahl der Unterhaltsverpflichtungen steigt auch die Quote, bei 5 Unterhaltsverpflichtungen würde der Gläubiger nur noch 1/10 des nach Abs. 1 pfändbaren Betrages erhalten und dem Schuldner insgesamt 9/10 verbleiben. 280

5. Der Teil des Arbeitseinkommens, der 3 154,15 Euro monatlich (725,89 Euro wöchentlich, 145,18 Euro täglich) **übersteigt,** bleibt bei der Berechnung des unpfändbaren Betrages unberücksichtigt § 850 c Abs. 2 letzter Satz ZPO. 281

Sowohl die Freigrenzen des Abs. 1, die Quotelung nach Abs, 2 als auch der übersteigende pfändbare Betrag des § 850 c Abs. 2 ZPO sind in der **Tabelle zu § 850 c ZPO** –Anlage 2 eingearbeitet, so dass man leicht – ohne mühsame Berechnungen – den pfändbaren Betrag eines Nettoeinkommens berechnen kann. 282

Wird die Pfändung wegen einer gewöhnlichen Forderung betrieben, so erlässt das Vollstreckungsgericht i. d. R. einen sogenannten **Blankettbeschluss,** der für die Berechnung des pfändbaren Betrages auf die Tabelle zu § 850 c ZPO, Anlage 2 Bezug nimmt. Der Drittschuldner muss dann unter Zugrundelegung des Nettobetrages des Arbeitseinkommens, den pfändbaren Betrag unter Berücksichtigung der Unterhalts- 283 verpflichtungen seines Arbeitnehmers anhand der Tabelle zu § 850 c ZPO selbst ermitteln.

284 Unterhaltsansprüche hingegen werden vom Gesetzgeber privilegiert und es kann ein niedriger Pfändungsfreibetrag gem. § 850 d ZPO bereits im Pfändungsantrag beantragt werden (vgl. in diesem Kapitel Rdn. 289 ff.). In diesem Fall muss der Drittschuldner selbst keinen Pfändungsfreibetrag ermitteln, da dieser als konkreter Betrag aus dem Pfändungs- und Überweisungsbeschluss hervorgeht.

285 **Gesetzestext:**

§ 850c Pfändungsgrenzen für Arbeitseinkommen

(1) Arbeitseinkommen ist unpfändbar, wenn es, je nach dem Zeitraum, für den es gezahlt wird, nicht mehr als

930 Euro monatlich,
217,50 Euro wöchentlich oder
43,50 Euro täglich,

beträgt. Gewährt der Schuldner auf Grund einer gesetzlichen Verpflichtung seinem Ehegatten, einem früheren Ehegatten, seinem Lebenspartner, einem früheren Lebenspartner oder einem Verwandten oder nach §§ 1615 l, 1615n des Bürgerlichen Gesetzbuchs einem Elternteil Unterhalt, so erhöht sich der Betrag, bis zu dessen Höhe Arbeitseinkommen unpfändbar ist, auf bis zu

2 060 Euro monatlich,
478,50 Euro wöchentlich oder
96,50 Euro täglich,

und zwar um

350 Euro monatlich,
81 Euro wöchentlich oder
17 Euro täglich,

für die erste Person, der Unterhalt gewährt wird, und um je

195 Euro monatlich,
45 Euro wöchentlich oder
9 Euro täglich

für die zweite bis fünfte Person.

(2) Übersteigt das Arbeitseinkommen den Betrag, bis zu dessen Höhe es je nach der Zahl der Personen, denen der Schuldner Unterhalt gewährt, nach Absatz 1 unpfändbar ist, so ist es hinsichtlich des überschießenden Betrages zu einem Teil unpfändbar, und zwar in Höhe von drei Zehnteln, wenn der Schuldner keiner der in Absatz 1 genannten Personen Unterhalt gewährt, zwei weiteren Zehnteln für die erste Person, der Unterhalt gewährt wird, und je einem weiteren Zehntel für die zweite bis fünfte Person. Der Teil des Arbeitseinkommens, der 2 851 Euro monatlich (658 Euro wöchentlich, 131,58 Euro täglich) übersteigt, bleibt bei der Berechnung des unpfändbaren Betrages unberücksichtigt.

(2a) Die unpfändbaren Beträge nach Absatz 1 und Absatz 2 Satz 2 ändern sich jeweils zum 1. Juli eines jeden zweiten Jahres, erstmalig zum 1. Juli 2003, entsprechend der im Vergleich zum jeweiligen Vorjahreszeitraum sich ergebenden prozentualen Entwicklung des Grundfreibetrages nach § 32a Abs. 1 Nr. 1 des Einkommensteuergesetzes; der Berechnung ist die am 1. Januar des jeweiligen Jahres geltende Fassung des § 32a Abs. 1 Nr. 1 des Einkommensteuergesetzes zugrunde zu legen. Das Bundesministerium der Justiz gibt die maßgebenden Beträge rechtzeitig im Bundesgesetzblatt bekannt.

(3) Bei der Berechnung des nach Absatz 2 pfändbaren Teils des Arbeitseinkommens ist das Arbeitseinkommen, gegebenenfalls nach Abzug des nach Absatz 2 Satz 2 pfändbaren Betrages, wie aus der Tabelle ersichtlich, die diesem Gesetz als Anlage beigefügt ist, nach unten abzurunden, und zwar bei Auszahlung für Monate auf einen durch 10 Euro, bei Auszahlung für Wochen auf einen durch 2,50 Euro oder bei Auszahlung für Tage auf einen durch 50 Cent teilbaren Betrag. Im Pfändungsbeschluss genügt die Bezugnahme auf die Tabelle.

(4) Hat eine Person, welcher der Schuldner auf Grund gesetzlicher Verpflichtung Unterhalt gewährt, eigene Einkünfte, so kann das Vollstreckungsgericht auf Antrag des Gläubigers nach billigem Ermessen bestimmen, dass diese Person bei der Berechnung des unpfändbaren Teils des Arbeitseinkommens ganz oder teilweise unberücksichtigt bleibt; soll die Person nur teilweise berücksichtigt werden, so ist Absatz 3 Satz 2 nicht anzuwenden.

► **Praxistipp:** 286

Die aktuellen Pfändungsfreigrenzen ergeben sich nicht mehr aus dem oben wiedergegebenen Gesetzestext, sondern aus der jeweils geltenden Pfändungsfreigrenzenbekanntmachung (siehe Absatz 2a), die jeweils zum 1. Juli eines jeden zweiten Jahres veröffentlich wird..

Seit dem 1.7.2011 maßgeblich ist die Pfändungsfreigrenzenbekanntmachung 2011 vom 9.5.2011, mit folgenden Änderungen

Das errechnete Nettoeinkommen des Schuldners ist unpfändbar, wenn es, je nach dem Zeitraum, für den es gezahlt wird, nicht mehr beträgt als

1.028,89 EURO monatlich,
236,79 EURO wöchentlich oder

47,36 EURO täglich.

Gewährt der Schuldner auf Grund einer gesetzlichen Verpflichtung seinem Ehegatten, einem früheren Ehegatten, seinem Lebenspartner, einem früheren Lebenspartner oder einem Verwandten oder nach §§ 1615 l, 1615 n BGB einem Elternteil Unterhalt, so erhöht sich der Betrag, bis zu dessen Höhe Arbeitsaufkommen unpfändbar ist, auf bis zu

2.279,03 EURO monatlich, 524,49 EURO wöchentlich oder 104,90 EURO täglich und zwar um
387,22 EURO monatlich, 89,11 EURO wöchentlich oder 17,82 EURO täglich für die erste Person,
der Unterhalt gewährt wird und um je

215,73 EURO monatlich, 49,65 EURO wöchentlich oder 9,93 EURO täglich für die zweite bis fünfte Person.

Die Arbeitsentgeltgrenze des § 850 c Abs. 2 ZPO ab der ein Mehrbetrag voll pfändbar ist wird wie folgt angehoben:

3.154,15 EURO monatlich,
725,89 EURO wöchentlich oder

145,18 EURO täglich.

c) Muster

287 Ein möglicher Pfändungs- und Überweisungsbeschluss in das Arbeitseinkommen des Schuldners könnte wie folgt aussehen:

288 ► **Muster PfÜB Arbeitseinkommen (Normalgläubiger)**

Pfändungs- und Überweisungsbeschluss des Amtsgerichts ..... Az.: .....

In der Zwangsvollstreckungssache

Gläubiger G

.....

(genaue Anschrift)

– Gläubiger –

– Prozessbevollmächtigter: .....

gegen

Schuldner S

.....

(genaue Anschrift)

– Schuldner –

stehen dem Gläubiger nach der vollstreckbaren Ausfertigung des

..... *(genaue Bezeichnung des Titels mit Az.)*

die gemäß beigefügtem Forderungskonto berechneten Beträge einschließlich der bis zur Stellung dieses Antrags entstandenen Zinsen und Kosten zu.

Wegen dieser Beträge und der Kosten dieses Antrags sowie der weiterhin entstehenden Zinsen werden die angeblichen Ansprüche des Schuldners gegenüber:

Arbeitgeber

– Drittschuldnerin –

(Hinweis: genaue Bezeichnung DS erforderlich + zustellfähige Anschrift)

wie folgt gepfändet.

1. Gepfändet wird das gesamte gegenwärtige und zukünftige Arbeitseinkommen des Schuldners einschließlich des Geldwertes von Sachbezügen in Hinblick auf laufende Bezüge in den Pfändungsgrenzen des § 850 c ZPO in jeweils gültiger Fassung sowie auch einmalige Leistungen aus dem Beschäftigungsverhältnis.

Von der Pfändung ausgenommen sind Steuern, Beiträge zur Sozialversicherung sowie Beiträge in üblicher Höhe, die der Schuldner an eine Ersatzkasse, eine private Krankenkasse oder zur Weiterversicherung zahlt. Ebenfalls unpfändbar sind die in § 850 a ZPO genannten Bezüge.

Von den errechneten Nettobeträgen ergibt sich der pfändbare Betrag unter Berücksichtigung des gesetzlichen Unterhaltsverpflichtungen aus der Tabelle zu § 850 C ZPO- Anlage 2.

2. Gepfändet werden die gegenwärtigen und zukünftigen Ansprüche gegen den Drittschuldner auf Auszahlung der jeweils angemessenen Vergütung nach § 850 h Abs. 2 ZPO (verschleiertes Arbeitseinkommen) in den Pfändungsgrenzen des § 850 c ZPO.

3. Gepfändet werden die Ansprüche auf Auszahlung von Steuererstattungsansprüchen für das laufende und künftige Jahre, sofern diese durch den Arbeitgeber direkt infolge Vornahme des Lohnsteuerjahresausgleiches ausgezahlt werden.

4. Gepfändet werden die gegenwärtigen und zukünftigen Ansprüche des Schuldners auf laufende Herausgabe der monatlichen Lohnabrechnungen ab Zustellung der Pfändung. Die Herausgabe einer jeweiligen Kopie genügt.

Den Drittschuldnern wird untersagt, soweit die Forderung gepfändet ist, an den Schuldner zu leisten (§ 829, Abs. 1 Satz 1 ZPO).

Der Schuldner hat sich jeglicher Verfügung über die Forderung zu enthalten (§ 829 Abs. 1 Satz 2 ZPO).

Gleichzeitig wird dem Gläubiger die Forderung zur Einziehung überwiesen (§§ 835 Abs. 1 Satz 1 ZPO).

Forderung gemäß beiliegender Berechnung ..... €

Kosten dieses Antrages:

0,3 Verfahrensgebühr nach Nr. 3309 VV RVG	..... €
Post- und Telekommunikationspauschale Nr. 7002 VV RVG	..... €
19 % Umsatzsteuer	..... €
Gerichtskosten	..... €
Gesamtforderung	..... €
Tageszins auf Hauptforderung:	..... €
Tageszins auf Kosten:	..... €

Zu diesem Betrag sind die vom Gerichtsvollzieher gesondert berechneten Zustellungskosten entsprechend den Bestimmungen des GVKostG hinzuzusetzen.

Amtsgericht ....., den

.....

Unterschrift + Dienstsiegel

d) Pfändung durch einen Unterhaltsgläubiger gem. § 850 d ZPO

289 Der Unterhaltsgläubiger wird vom Gesetzgeber privilegiert und kann zusätzlich in den sogenannten privilegierten Korridor zwischen notwendigen Bedarf und dem Beginn des pfändbaren Betrages gem. § 850 c ZPO hinein vollstrecken.

290 ► Beispiel:

Der Schuldner hat keine Unterhaltsverpflichtungen und verdient monatlich 900,00 € netto. Ein Normalgläubiger würde hier nach der Tabelle zu § 850 c ZPO keinen pfändbaren Betrag ausbezahlt bekommen, da der Pfändungsfreibetrag nach der Tabelle zu § 850 c ZPO derzeit 1.029,99 € beträgt. Würde jedoch im Pfändungs- und Überweisungsbeschluss des Unterhaltsgläubiger der Pfändungsfreibetrag für den Schuldner auf lediglich 800,00 € festgesetzt, so würde dieser Gläubiger jeden Monat 100,00 € ausbezahlt bekommen.

291

notwendiger Bedarf	privilegierter Korridor	pfändbarer Betrag nach § 850c ZPO
kein Zugriff	Zugriff nur durch Unterhaltsgläubiger (ggf. auch durch Deliktsgläubiger)	Zugriff für alle

292 Der notwendige Bedarf wird dabei fiktiv vom Vollstreckungsgericht errechnet und nach billigem Ermessen bestimmt. Der Schuldner wird gem. § 834 ZPO nicht angehört.

293 I.d.R. wird der notwendige Bedarf des Schuldners wie folgt ermittelt:
- Regelsatz der Sozialleistungen (derzeit 374,00 €)
- plus Wohnkosten (hier wird fiktiv eine übliche Miete angesetzt)
- plus 30 % – 50 % des Regelsatzes als Erwerbsanreiz (je nach Vollstreckungsgericht unterschiedlich)

294 Im Pfändungs- und Überweisungsbeschluss wird der Pfändungsfreibetrag **konkret als fester Betrag** beziffert.

295 Sollte die fiktive Berechnung gravierend vom tatsächlichen Bedarf des Schuldners abweichen, so hat dieser die Möglichkeit, Erinnerung gem. § 766 ZPO einzulegen oder, sollte es später zu einer Änderung der Unpfändbarkeitsvoraussetzungen kommen, einen Antrag nach § 850 g ZPO zu stellen und so den ursprünglichen Pfändungsfreibetrag abzuändern.

▶ Muster PfÜB Arbeitseinkommen (Unterhaltsgläubiger § 850 d ZPO) 296

Pfändungs- und Überweisungsbeschluss des Amtsgerichts ..... Az.: .....

In der Zwangsvollstreckungssache

Gläubiger G

.....

(genaue Anschrift)

– Gläubiger –

– Prozessbevollmächtigter: .....

gegen

Schuldner S

.....

(genaue Anschrift)

– Schuldner –

stehen dem Gläubiger nach der vollstreckbaren Ausfertigung des

..... *(genaue Bezeichnung des Titels mit Az.)*

die gemäß beigefügtem Forderungskonto berechneten Beträge (Unterhaltsrückstände) einschließlich der bis zur Stellung dieses Antrags entstandenen Zinsen und Kosten zu.

Wegen dieser Beträge und der Kosten dieses Antrags sowie der weiterhin entstehenden Zinsen werden die angeblichen Ansprüche des Schuldners gegenüber:

Arbeitgeber

– Drittschuldnerin –

(Hinweis: genaue Bezeichnung DS erforderlich + zustellfähige Anschrift)

wie folgt gepfändet.

1. Gepfändet wird das gesamte gegenwärtige und zukünftige Arbeitseinkommen des Schuldners einschließlich des Geldwertes von Sachbezügen in Hinblick auf laufende Bezüge sowie auch einmalige Leistungen aus dem Beschäftigungsverhältnis.

Von der Pfändung ausgenommen sind Steuern, Beiträge zur Sozialversicherung sowie Beiträge in üblicher Höhe, die der Schuldner an eine Ersatzkasse, eine private Krankenkasse oder zur Weiterversicherung zahlt. Ebenfalls unpfändbar sind die in § 850 a ZPO genannten Bezüge.

2. Gepfändet werden die gegenwärtigen und zukünftigen Ansprüche gegen den Drittschuldner auf Auszahlung der jeweils angemessenen Vergütung nach § 850 h Abs. 2 ZPO (verschleiertes Arbeitseinkommen).

3. Gepfändet werden die Ansprüche auf Auszahlung von Steuererstattungsansprüchen für das laufende und künftige Jahre, sofern diese durch den Arbeitgeber direkt infolge Vornahme des Lohnsteuerjahresausgleiches ausgezahlt werden.

4. Gepfändet werden die gegenwärtigen und zukünftigen Ansprüche des Schuldners auf laufende Herausgabe der monatlichen Lohnabrechnungen ab Zustellung der Pfändung. Die Herausgabe einer jeweiligen Kopie genügt.

Pfändbarer Betrag nach § 850 d ZPO:

Der Schuldner ist nach Angabe des Gläubigers ledig und hat keine gesetzlichen Unterhaltspflichten. Als notwendiger Unterhalt ist dem Schuldner ein monatlicher Pfändungsfreibetrag von 800,00 zu belassen.

(Achtung: dies ist nur ein Beispielsbetrag..Oft erfährt man bei zuständigem Vollstreckungsgericht, welche fiktiven Beträge des notwendigen Bedarfs im Gerichtsbezirk angenommen werde. So dürften die Mietkosten in München schwerer ins Gewicht fallen als z. B. in Brandenburg.)

Der dem Schuldner hiernach verbleibende Teil des Arbeitseinkommens darf den Betrag nicht übersteigen, der ihm nach den Vorschriften des § 850 c ZPO gegenüber nicht bevorrechtigten Gläubigern zu verbleiben hätte.

Den Drittschuldnern wird untersagt, soweit die Forderung gepfändet ist, an den Schuldner zu leisten (§ 829, Abs. 1 Satz 1 ZPO).

Der Schuldner hat sich jeglicher Verfügung über die Forderung zu enthalten (§ 829 Abs. 1 Satz 2 ZPO).

Gleichzeitig wird dem Gläubiger die Forderung zur Einziehung überwiesen (§§ 835 Abs. 1 Satz 1 ZPO).

Forderung gemäß beiliegender Berechnung ..... €

Kosten dieses Antrages:

0,3 Verfahrensgebühr nach Nr. 3309 VV RVG	..... €
Post- und Telekommunikationspauschale Nr. 7002 VV RVG	..... €
19 % Umsatzsteuer	..... €
Gerichtskosten	..... €
Gesamtforderung	..... €

Tageszins auf Hauptforderung:	..... €
Tageszins auf Kosten:	..... €

Zu diesem Betrag sind die vom Gerichtsvollzieher gesondert berechneten Zustellungskosten entsprechend den Bestimmungen des GVKostG hinzuzusetzen.

Amtsgericht ....., den

.....

Unterschrift + Dienstsiegel

e) weitere Anträge

Das Vollstreckungsrecht sieht aber auch für den Normalgläubiger eine Reihe von Möglichkeiten vor, unter bestimmten Vorsetzungen den **Vollstreckungszugriff zu erweitern.** 297

Insbesondere soll auf die nachstehenden Möglichkeiten hingewiesen werden: 298

- Antrag nach § 850 c Abs. 4 ZPO auf **Unberücksichtiglassen eines Unterhaltsberechtigten:** Besitzt der Unterhaltsberechtigte eigenes Einkommen kann er auf Antrag durch das Vollstreckungsgericht als ganz oder teilweise unberücksichtigt erklärt werden mit der Maßgabe, dass sich der pfändbare Betrag dadurch erhöht. Dieser Antrag ist jedoch nur zu stellen, wenn es sich um gesetzliche Unterhaltsverpflichtung handelt und der Schuldner auch tatsächlich Unterhalt leistet. Liegen diese Voraussetzungen nicht vor, so würde diese „Unterhaltsverpflichtung" nach dem Gesetz schon keine Bedeutung für die Berechnung des pfändbaren Betrages haben. Bei Unstimmigkeiten mit dem Drittschuldner könnte ein klarstellender Beschluss gem. § 850 C Abs. 3 letzter Satz ZPO beantragt werden. Ob ein Einkommen für den Unterhaltsberechtigten ausreicht soll das Gericht nach billigen Ermessen bestimmen, zumindest wenn der Grundfreibetrag des § 850 C Abs. 1 ZPO von derzeit 1.028,898 € erreicht ist, bleibt der Unterhaltsberechtigte ganz unberücksichtigt.
- Antrag nach § 850 e Nr. 2 und Nr. 2 a ZPO auf **Zusammenrechnung mehrere Arbeitseinkommen oder von Arbeitseinkommen und Sozialleistungen:** Hier wird der Schuldner so behandelt als hätte er nur ein Einkommen und der Pfändungsfreibetrag wird dann nach der Tabelle zu § 850 c ZPO bestimmt. Mit dieser Vorschrift soll verhindert werden, dass der Schuldner z. B. zwei Einkünfte von 1.000,00 € hätte, die beide für sich unpfändbar wären.
- Antrag nach 850f Abs. 2 ZPO: Auch der sogenannte **Deliktsgläubiger** wird in Zwangsvollstreckung auf Antrag „privilegiert". Hierzu bedarf es jedoch der Feststellung, dass die Forderung aus einer **vorsätzlich unerlaubten Handlung** (z. B. Diebstahl) resultiert. Das Privileg sollte daher bereits im Vollstreckungstitel festgestellt worden sein. Da im gerichtlichen Mahnverfahren eine Anspruchsüberprüfung nicht stattfindet, kann mit einem Vollstreckungsbescheid niemals ein solcher Nachweis erbracht werden. Wurde das Privileg im Titel nicht festgestellt, so muss der Gläubiger ggf. die vorsätzlich unerlaubte Handlung durch ein Feststellungsurteil nachweisen oder der Schuldner stimmt in einer Urkunde der verschärften Pfändung zu. Der BGH hat ausdrücklich eine Prüfungskompetenz des Vollstreckungsgerichts verneint (vgl. BGH, ZVI 2003,301). Liegt eine Forderung aus vorsätzlich unerlaubter Handlung vor, so entscheidet das Vollstreckungsgericht über den erweiterten, verschärften Zugriff auf das Arbeitseinkommen nach billigem Ermessen und orientiert sich dabei an die Notbedarfssätzen des Unterhaltsgläubiger gem. § 850 d ZPO . Neben den notwendigen Bedarf ist dem Schuldner aber auch der Betrag zur Erfüllung seiner laufenden gesetzlichen Unterhaltsverpflichtungen zu belassen.

10. Pfändung von Bankguthaben

299 Die Kontenpfändung gehört zu den effizienten Arten der Zwangsvollstreckung, da heutzutage fast keiner mehr ohne Konto ist, um so am bargeldlosen Zahlungsverkehr teilzunehmen. Die Kontopfändung sperrt nicht nur das Konto, sondern hat für den Schuldner meist noch weitere Konsequenzen bis hin zur Kündigung der Kontoverbindung bei der Bank. Gerade für Geschäftsleute droht damit der Verlust der Kreditwürdigkeit.

300 Auch wenn kein pfändbares Guthaben auf dem Konto vorhanden ist, meldet sich der Schuldner meist beim Gläubiger, um eine Ratenzahlung zu vereinbaren und somit wieder frei über sein Konto zu verfügen.

301 Besonders zu beachten ist, dass das auf dem Konto eingehende Arbeitseinkommen mit Eingang auf dem Konto seine Rechtsnatur verliert und somit ohne die Einschränkung des § 850 c ZPO voll pfändbar ist.

302 Der Gesetzgeber hat dies gesehen und entsprechende Schutzvorschriften erlassen. Ab dem 01.01.2012 erfolgt der Kontoschutz ausschließlich über das sogenannte P-Konto (Pfändungsschutzkonto). Es handelt sich hierbei um ein spezielles Girokonto, dass einen automatischen Pfändungsschutz (angelehnt an die Pfändungsfreigrenzen des § 850 c ZPO) besitzt, ohne dass der Schuldner hierfür einen weiteren Antrag beim Vollstreckungsgericht stellen muss. Näheres hierzu unter Rdn. 573 ff. in diesem Kapitel.

a) Pfändungsumfang

303 Der Umfang der Kontopfändung ist in § 833 a ZPO geregelt. Unter dem Begriff „Konto" fallen **alle Arten von Konten** bei einem Kreditinstitut, insbesondere
- Sparkonten,
- Girokonten,
- Anderkonten und
- Festgeldkonten.

304 Die einzelnen Kontoarten, die gepfändet werden sollen, müssen im Pfändungs- und Überweisungsbeschluss **ausdrücklich näher bezeichnet** sein.

305 Hingegen müssen Kontonummern nicht angegeben werden, da Konten in Deutschland als **Namenskonten** und nicht als Nummernkonten (wie z. B. in der Schweiz) geführt werden. Die Angabe einer Kontonummer dient vielmehr der Erleichterung bei der Zuordnung des Pfändungs- und Überweisungsbeschlusses bei der Drittschuldnerin.

306 ► Praxistipp:

Um auszuschließen, dass der PfÜB lediglich auf das angegebene Konto beschränkt wird, sollte vor den Nennung der Kontonummer „**insbesondere** das Konto mit der Nr." stehen. Damit ist klargestellt, dass die Kontonummer nur beispielhaft genannt ist und von der Pfändung sämtliche Konten erfasst sein sollen.

Das Girokonto hat dabei eine besondere Rechtsnatur, da es ein sogenanntes **Kontokorrentkonto** i.S.d. des § 355 HBG ist. Auf ihm werden alle Gutschriften und Belastungen eines Bankkunden (Privat- oder Geschäftskunden) vom Kreditinstitut erfasst und in regelmäßigen Zeitabschnitten durch Verrechnung saldiert. I.d.R. erfolgt der Rechnungsabschluss beim Girokonto jeweils zum Quartalsende. 307

Zwar weist auch der tägliche Kontoauszug einen „Saldo" auf. Es handelt sich jedoch hierbei nicht um den in § 355 HGB genannten Abschlusssaldo, sondern vielmehr um eine tägliche „Information" über erfolgte Buchungen. Dies führte nach der bis zum 30.06.2010 geltenden Rechtslage dazu, dass man genau bezeichnen musste, welche Ansprüche man genau beim Girokonto pfändet, da ansonsten nur das Guthaben beim Quartalsabschluss umfasst war und der Schuldner über das Konto verfügen konnte. 308

Seit 01.07.2010 wurde die Kontopfändung jedoch in § 833 a ZPO konkret definiert. 309

Demnach sind bei einer Kontopfändung das am Tag der Zustellung bestehende Guthaben sowie die Tagesguthaben der auf die Pfändung folgenden Tage umfasst. 310

Um das am **Tag der Zustellung** bestehende Guthaben zu ermitteln, wird das von der Pfändung umfasste Girokonto lediglich buchungstechnisch und auch nur im Verhältnis zwischen Kreditinstitut und Gläubiger außerordentlich saldiert. Ergibt sich bei diesem **„fiktiven Rechnungsabschluss"** ein Guthaben, so steht dieses dem Gläubiger zu, ansonsten hat sich die Pfändung insoweit erledigt. 311

§ 833 a ZPO umfasst daneben aber auch die **nachfolgenden** sogenannten **Tagesguthaben** mit der Folge, dass der Schuldner aufgrund des Verfügungsverbotes nicht mehr wirksam über den Anspruch auf Auszahlung des Guthabens sowie das Recht über dieses Guthaben durch Barabhebungen, Überweisungen oder in sonstiger Weise verfügen kann. Eine ausdrückliche Nennung dieser Ansprüche im Pfändungs- und Überweisungsbeschluss wie bei der bis zum 30.06.2010 geltenden Rechtslage bedarf es nicht mehr. In der Praxis wird dies jedoch noch oft getan, ist für den Erlass der Pfändungs- und Überweisungsbeschlusses aber auch unschädlich. 312

▶ Achtung: 313

Die Kontopfändung des § 833 a ZPO erstreckt sich ausschließlich auf die Pfändung des Kontoguthabens, nicht jedoch auf andere Rechte aus dem jeweils zugrundeliegenden Vertragsverhältnis zwischen Schuldner und Kreditinstitut. Diese Nebenrechte sind ausdrücklich im Pfändungs- und Überweisungsbeschluss zu benennen, damit sie bei der Pfändung mit erfasst sind.

314 Insbesondere der Anspruch des Schuldners auf Gutschrift der eingehenden Beträge sollte mit gepfändet werden, damit der Schuldner vor der eigentlichen Gutschrift auf seinen Konto nicht anderweitig über den Betrag verfügen kann und das Kreditinstitut den eingehenden Betrag dem Konto auch tatsächlich gutschreiben muss.

315 Der **Anspruch des Kontoinhabers auf Erteilung von Kontoauszügen und Rechnungsabschlüssen** kann jedoch als Nebenforderung laut Bundesgerichtshof **nicht** bei einer Kontopfändung mit gepfändet werden (vgl. BGH ZVI 2006, 114). und wird damit begründet das der Auskunftsanspruch des Bankkunden gegenüber dem Kreditinstitut zu umfassend wäre und der Gläubiger somit auch Informationen erhalten würde, die er für die Kontopfändung an sich nicht benötigt. Kontoauszüge direkt vom Drittschuldner erhält man also nicht.

316 Gem. **§ 836 Abs. 3 ZPO ist der Schuldner** jedoch verpflichtet, dem Gläubiger die zur Geltendmachung der Forderung nötigen Auskünfte zu erteilen und ihm über die Forderung vorhandene Urkunden herauszugeben. Im Rahmen einer Kontopfändung kommen als Urkunden in Betracht:

- Sparbücher,
- nicht aber EC-Karten oder andere Scheckkarten (da sie laut BGH , JurBüro 2003,440 keine über die Forderung vorhandenen Urkunden darstellen)
- grundsätzlich auch Kontoauszüge (umstritten, ob überhaupt und wenn ja, nur für die Zukunft oder auch rückwirkend?)
- bei einem P-Konto grds. auch die Nachweise für eine Erhöhung des Pfändungsfreibetrages bei Unterhaltsverpflichtungen (auch dies ist umstritten).

317 Die Verpflichtung des Schuldners zur Herausgabe der entsprechenden Urkunden sollte am besten bereits im Pfändungs- und Überweisungsbeschluss in Form einer **Herausgabeanordnung** enthalten sein.

b) einzelne Kontoarten

318 Nachstehende Tabelle gibt einen Überblick über die Besonderheiten der einzelnen Kontoarten:

319

Debitorisches Konto	Die meisten Girokonten werden nicht als reines Guthabenkonto, sondern debitorisch geführt. Unter Debet versteht man dabei die Forderungs- bzw. Sollseite eines Kontos. Bei einer Kontopfändung werden aber nur positive Salden erfasst und zwar auch dann, wenn diese erst in der Zukunft entstehen. Durch das Inhibitorium und das Arrestatorium sind sowohl die Drittschuldnerin wie auch der Schuldner daran gehindert, Überweisungen zu tätigen und somit gezwungen Geldeingänge auf das **Debet zu verrechnen**, so dass sich das Soll verringert und das Konto wieder in den Gut-

	habenbereich zurückgeführt wird. Das zukünftige Guthaben ist sodann von der Pfändung erfasst.
Dispositionskredit (vereinbarter Überziehungskredit)	Bei einem Dispositionskredit wird eine „offene Kreditlinie" zwischen Bankkunden (Schuldner) und Kreditinstitut (Drittschuldnerin) vertraglich vereinbart. Kraft Vereinbarung verpflichtet sich das Kreditinstitut dem Schuldner zu bestimmten Bedingungen auf dessen Auffordern hin einen Kredit bis zu einer bestimmten Höhe zur Verfügung zu stellen. Das **Recht zum Abruf** dieses Kredites ist höchstpersönlich und kann daher vom Gläubiger **nicht gepfändet** werden. Ruft der Schuldner jedoch nach wirksamer Pfändung seine Kreditlinie ab, so würde der zur Auszahlung stehende Darlehensbetrag von der Pfändung erfasst sein. In der Praxis wird dies jedoch dadurch verhindert, dass die Kreditinstitute die Vereinbarung bei wirksamer Pfändung kündigen. Es handelt sich hierbei vielmehr um eine rein theoretische Möglichkeit.
geduldeter Überziehungskredit	Beim geduldeten Überziehungskredit liegt hingegen **keine Vereinbarung** vor. Der Schuldner hat keinen Anspruch gegen das Kreditinstitut auf Aufzahlung irgendwelcher Darlehensbeträge. Wenn kein Anspruch besteht, kann dieser auch **nicht gepfändet** werden.
P-Konto	Auf dem P-Konto gelten **besondere Schutzvorschriften.** der Schuldner kann eingeschränkt über gewisse Guthabenbeträge verfügen.
Sparkonto	Bei der Pfändung von Sparguthaben gibt es keine Besonderheit, da es sich um ein reines Guthabenkonto handelt. Das Sparbuch oder die Sparcard sind dabei Legitimationspapiere, die i. d. R. beim Kreditinstitut vorgelegt werden müssen, um über das Guthaben zu verfügen. Nach h.M. können diese Papiere jedoch **nicht selbst Gegenstand der Pfändung** sein. Sie können allerdings nach der Pfändung gem. § 826 Abs. 3 ZPO vom Schuldner heraus verlangt werden.
Oder-Konto	Das Oder-Konto ist ein Gemeinschaftskonto für mehrere Personen, bei dem aber jeder Kontoinhaber **einzeln verfügungsberechtigt** ist.

	Der Titel gegen einen der Kontoinhaber reicht aus, um das Konto zu pfänden. Der der Schuldner allein über das gesamte Kontoguthaben verfügen kann, wird auch der gesamte Auszahlungsbetrag von der Pfändung erfasst. Fraglich ist hier, ob die nicht schuldenden Kontoinhaber weiterhin über das Konto verfügen können. Diese Frage wird jedoch unter Anwendung des **Prioritätsgrundsatzes** gelöst. Das Kreditinstitut muss auch sonst zunächst an denjenigen leisten, der es zuerst verlangt. Im wirksamen Pfändungs- und Überweisungsbeschluss ist ein solches Verlangen zu sehen, der bis zur vollständigen Befriedigung auch in die Zukunft fortwirkt. Das spätere Zahlungsverlangen der Kontomitinhaber sind als nachrangig anzusehen, mit der Folge, dass das Konto insgesamt gesperrt ist.
Und-Konto	Das Und-Konto ist ein Gemeinschaftskonto für mehrere Personen, wo alle Kontoinhaber nur **gemeinsam verfügen** können. Nach h.M. muss in diesen Fällen ein Vollstreckungstitel gegen alle Kontoinhaber vorliegen.

c) keine Verdachtspfändung

320 Grds. ist der Gläubiger verpflichtet aufgrund seiner Kostenminderungspflicht die Pfändung mehrerer Forderungen des Schuldners gegen einen oder mehrere Drittschuldner in einem Pfändungs- und Überweisungsbeschluss zusammen zu fassen.

321 Eine Forderungspfändung auf Verdacht zur Ausforschung des Schuldners, z. B. durch Pfändung mehrerer Forderungen des Schuldners gegen eine Vielzahl von an seinem Wohnsitz ansässigen Kreditinstituten, ist hingegen rechtsmissbräuchlich.

322 Der BHG (vgl. BGH, ZVI 2004,284) hat festgestellt, dass zumindest eine Verdachtspfändung bei nicht mehr als drei Banken am Schuldnerwohnsitz, zulässig ist.

323 Anders liegt der Fall, wenn der Schuldner **tatsächlich** 5 Konten bei verschiedenen Banken besitzt. Hier liegt keine Verdachtspfändung vor. Somit ist die Pfändung aller 5 Konten zulässig. Dies sollte aber im Antrag auf Pfändungs-und Überweisungsbeschluss vorsorglich vorgetragen werden.

d) Auszahlungssperrfrist

324 Gem. § 835 Abs. 3 ZPO darf ein gepfändetes Kontoguthaben einer **natürlichen Person** erst nach Ablauf von **4 Wochen ab Zustellung** des Pfändungs- und Überweisungsbeschlusses an den Gläubiger ausgezahlt werden. Dem Schuldner soll damit Gelegenheit gegeben werden, ggf. Kontoschutz durch Umwandlung seines Girokontos in ein P-Konto zu erlangen und somit seinen Lebensunterhalt zu sichern.

e) Gläubigerstrategien beim P-Konto

Die Kontopfändung gehört neben der Lohnpfändung zu den effektivsten Forderungspfändungen des Gläubigers. Meist hat dies auch mit der Psychologie der Schuldner zu tun, die diese Formen der Pfändung als besonders „lästig“ ansehen, da so der Arbeitgeber bzw. die Hausbank von den Schulden Kenntnis erlangt. Vielfach wurden in der Vergangenheit erst nach einer Kontopfändung Ratenzahlungen von Seiten der Schuldner aufgenommen, um das Konto möglichst schnell wieder frei zu bekommen. Mit der Einführung des P-Kontos so fortbesteht, ist weitestgehend der Druck eines gesperrten Kontos beim bestehenden P-Konto weggefallen. 325

Der Gläubiger muss nunmehr anders Druck aufbauen. 326

Bereits nach der alten Rechtslage war der Schuldner gem. § 836 Abs. 3 Satz 1 ZPO verpflichtet, dem Gläubiger die zur Geltendmachung der gepfändeten Forderung nötigen Auskunft zu erteilen und ihm die über die Forderung vorhandenen Urkunden herauszugeben. Bereits viele alte Pfändungs- und Überweisungsbeschluss-Formulare enthalten **entsprechende Herausgabeanordnungen.** In der Vergangenheit wurden jedoch diese Auskunfts- und Herausgabeanordnungen meist von den Gläubigern nicht durchgesetzt. 327

Eine mögliche – auszugsweise – Herausgabeanordnung im Pfändungs- und Überweisungsbeschluss könnte wie folgt lauten: 328

„Es wird gemäß § 836 Abs. 3 Satz 1 ZPO angeordnet, dass 329

- *der Schuldner gegenüber dem Gläubiger zu erklären hat, ob und welche Zahlungsansprüche ihm gegenüber dem Drittschuldner zustehen. Anzugeben sind insbesondere Guthaben auf Girokonten, Sparbücher- und –konten, Wertpaperdepots, Schließfächer etc.;*
- *der Schuldner die in seine Besitz befindlichen Sparbücher/Sparurkunden an den Gläubiger herauszugeben hat;*
- *der Schuldner dem Gläubiger die weiteren folgenden Unterlagen herauszugeben hat:*
  -Abschriften aller Kontoauszüge für die letzten 3 Monate vor der Pfändung bis heute sowie
  -Abschriften aller zukünftige Kontoauszüge.“

Die Herausgabe der Kontoauszüge für die Vergangenheit ist teilweise umstritten und wir z. T. von den Vollstreckungsgerichten gestrichen. In der Praxis geht der Antrag jedoch zu ca. 70 % durch. 330

► *Merke:* 331

Der Gläubiger muss zum Druckaufbau jedoch den Anordnungsbeschluss auch durchsetzen. Die Herausgabe der Unterlagen kann durch den Gläubiger im Wege der Zwangsvollstreckung erwirkt werden.

332 Es bietet sich hierbei jedoch aus Kostengründen zunächst an, den Schuldner zur Herausgabe der Unterlagen mit kurzer Fristsetzung aufzufordern. Sollte eine Auskunft bzw. Herausgabe nicht fristgerecht erfolgen, sollte die Zwangsvollstreckung eingeleitet werden. Als **Vollstreckungstitel** für die Herausgabevollstreckung gem. § 883 ZPO fungiert der **Pfändungs- und Überweisungsbeschluss**, der mit einer entsprechenden Herausgabeanordnung versehen sein muss. Die herauszugebenden Urkunden sind im Überweisungsbeschluss genau zu bezeichnen, ggf. im Nachtrag zum bereits erlassenen Pfändungs- und Überweisungsbeschluss durch einen **Ergänzungsbeschluss.**

333 Der Pfändungs- und Überweisungsbeschluss bedarf keiner Vollstreckungsklausel, muss jedoch dem Schuldner gem. § 750 ZPO zugestellt werden.

334 Bleibt die Herausgabevollstreckung durch den Gerichtsvollzieher erfolglos, ist der Schuldner nach § 883 Abs. 2 ZPO zur Abgabe der eidesstaatlichen Versicherung hinsichtlich des Verbleibs der Urkunden verpflichtet.

335 Nach Gebrauch ist der Gläubiger jedoch verpflichtet, Originalurkunden dem Schuldner zurückzugeben.

336 Das Besorgen der Kontoauszüge dient nicht nur dem Druckaufbau, sondern auch der **Informationsbeschaffung.** Auf dem P-Konto ist nicht nur das eingehende Arbeitseinkommen geschützt, sondern geschützt sind Gutschriften aller Art, z. B. auch Versicherungsgutschriften etc.

337 ▶ Merke:

Die Gläubiger müssen nunmehr versuchen, mit Hilfe der Kontoauszüge Gutschriften zu finden, die an der **Quelle keinen Pfändungsschutz** genießen. In der Folge werden die Forderungen sodann direkt an der Quelle gepfändet (z. B. Versicherungsgutschriften).

f) Muster

338 Ein entsprechender Pfändungs- und Überweisungsbeschluss könnte wie folgt aussehen:

▶ Muster PfüB Bank

339 Pfändungs- und Überweisungsbeschluss des Amtsgerichts ..... Az.: .....

In der Zwangsvollstreckungssache

Gläubiger G

.....

(genaue Anschrift)

– Gläubiger –

– Prozessbevollmächtigter: .....

gegen

Schuldner S

.....

(genaue Anschrift)

– Schuldner –

stehen dem Gläubiger nach der vollstreckbaren Ausfertigung des

..... *(genaue Bezeichnung des Titels mit Az.)*

die gemäß beigefügtem Forderungskonto berechneten Beträge einschließlich der bis zur Stellung dieses Antrags entstandenen Zinsen und Kosten zu.

Wegen dieser Beträge und der Kosten dieses Antrags sowie der weiterhin entstehenden Zinsen werden die angeblichen gegenwärtigen und zukünftigen Ansprüche des Schuldners gegenüber:

Kreditinstitut

– Drittschuldnerin –

(Hinweis: genaue Bezeichnung DS erforderlich + zustellfähige Anschrift)

wie folgt gepfändet.

Gepfändet werden alle angeblichen Ansprüche des Schuldners gegen die Drittschuldnerin aus der bestehenden Geschäftsverbindung sowie aller Kontoverbindungen einschließlich aller auf Rechnung der Schulderin bei der Drittschuldnerin geführten Konten, vor allem
- aus dem/den Vertrag/Verträgen betreffend den Konten Nr.:
- aus allen Festgeldkonten
- aus allen Sparverträgen
- aus allen Verträgen betreffend Anderkonten
- aus allen Verträgen betreffend Treuhandkonten
- aus allen Verträgen über Wertpapierverwahrung
- aus der Überlassung von Stahlkammerfächern (Safes)
- aus bereits abgeschlossenen oder künftigen Kreditverträgen und Kreditzusagen
- aus den Verträgen über eventuell weitere vom Schuldner unterhaltenen Konten und Depots

ohne Rücksicht darauf, ob sie fällig sind oder künftig fällig werden.

Insbesondere werden gepfändet:
1. das Guthaben am Tage der Zustellung des Pfändungs- und Überweisungsbeschlusses sowie die Tagesguthaben der auf die Pfändung folgenden Tage (§ 833 a ZPO);
2. alle Ansprüche und alle Forderungen aus dem Girovertrag über das bzw. die gepfändeten Konten, insbesondere diejenigen auf Auszahlung sowohl des sich im Zeitpunkt der Zustellung dieses Beschlusses an die Drittschuldnerin ergebenen als auch jedes späteren aktiven Kontokorrentsaldos oder sonstiger Guthaben, auch zwischen Abschlüssen;

3. der Anspruch des Schuldners auf die Gutschrift von zu seinen Gunsten eingehenden Beträgen auf Konten des Schuldners;
4. der Anspruch auf Auszahlung oder Überweisung des derzeitigen und jedes zukünftigen Guthabens an Dritte;
5. alle dem Schuldner gegenwärtigen und zukünftig gegen die Drittschuldnerin zustehenden Ansprüche auf Auszahlung, Gutschrift oder Überweisung von Kreditmitteln an sich oder an dritte aus bereits abgeschlossenen und künftigen Verträgen, insbesondere Krediten oder Überziehungskredit ohne besondere Zweckbindung;
6. das Recht auf Abruf einer vereinbarten offenen Kreditlinie, insbesondere in Form eines Dispositions- oder Überziehungskredits;
7. die Ansprüche aus Wertpapierdepotvertrag, insbesondere auf Herausgabe von Wertpapieren aus Sonder- oder Drittverwahrung samt dem Miteigentumsanteil von Stücken im Sammelbestand sowie auf Zahlung, Gutschrift und Auskehr von Wertpapiererträgen,
8. der Anspruch auf Zutritt zum Stahlkammerfach (Safe) und auf Öffnung desselben durch die Drittschuldnerin oder ihrer Mitwirkung hierzu;
9. der Ansprüche auf Auszahlung eines aus der Verwertung von Gegenständen oder Rechten des Schuldners entstandenen Überschusses;
10. die sich aus der Geschäftsverbindung ergebenen sonstigen Ansprüche und/ oder Rechte, wie z. B. auf Kündigung und Auskunft.

Es wird darüber hinaus nach § 836 Abs. 3 ZPO angeordnet, dass

(Hinweis: Herausgabeanordnung)

1. **der Schuldner** gegenüber dem Gläubiger zu erklären hat, ob und welche Zahlungsansprüche ihm gegenüber der Drittschuldnerin zustehen. Anzugeben ist insbesondere das Guthaben auf den Girokonten sowie auf weiteren Sparkonten, Sparverträgen, Wertpapierdepots etc. Bei Sparkonten und Sparverträgen ist zugleich anzugeben, wann diese fällig sind bzw. mit welcher Frist sie gekündigt werden können;
2. **der Schuldner** die in seinem Besitz befindlichen Sparbücher/Sparurkunden an den Gläubiger herauszugeben hat;
3. **der Schuldner** die in seinem Besitz befindlichen Hilfsmittel das gepfändete Konto/ die gepfändeten Konten betreffend an den Gläubiger, hilfsweise die Drittschuldnerin, herauszugeben hat;
4. **der Schuldner** dem Gläubiger folgende Unterlagen herauszugeben hat:
   a) **eine Abschrift der Kontoverträge,**
   b) **eine Abschrift aller Sparverträge,**
   c) **alle vorhandenen Sparbücher;**
   d) **Abschriften aller Kontoauszüge für die letzten drei Monate vor der Pfändung bis heute,**
   e) **Abschriften aller zukünftigen Kontoauszüge,**
   f) **sonstige den Anspruch betreffenden Unterlagen.**

Dem Drittschuldner wird untersagt, soweit die Forderung gepfändet ist, an den Schuldner zu leisten (§ 829, 1 ZPO).

Der Schuldner hat sich jeglicher Verfügung über die gepfändeten Ansprüche und Rechte einschließlich der gestaltungsrechte, insbesondere ihrer Einziehung, zu enthalten (§ 829 (1), 2 ZPO). Zugleich wird dem Schuldner aufgegeben, dem Gläubiger die zur Geltendmachung der Forderung nötigen Auskünfte zu erteilen und ihm die über die Forderung vorhandenen Urkunden- soweit vorhanden – herauszugeben.

Gleichzeitig wird dem Gläubiger die Forderung zur Einziehung überwiesen (§§ 835 (1) 1 ZPO).

Forderung gemäß beiliegender Berechnung
€

Kosten dieses Antrages:

0,3 Verfahrensgebühr Nr. 3309 VV RVG
€

Auslagenpauschale Nr. 7002 VV RVG
€

Mehrwertsteuer 19,00 % €

Gerichtskosten €

Gesamtforderung €

Zu diesem Betrag sind die vom Gerichtsvollzieher gesondert berechneten Zustellungskosten entsprechend den Bestimmungen des GVKostG hinzuzusetzen.

Das Schreiben an den Schuldner zwecks Aufforderung nach § 836 Abs. 3 ZPO könnte wie folgt lauten: 340

► Muster: Schreiben an Schuldner Aufforderung §836 Abs. 3 ZPO:

341

An den

Schuldner

(Name und Anschrift)

es ist Ihnen bekannt, dass wir in der obigen Angelegenheit den Gläubiger vertreten.

Aufgrund des Urteil des vom , AZ: XXX nebst Kostenfestsetzungsbeschluss vom XXX hat der Gläubiger Ihre Ansprüche gegen die XXX [Kreditinstitut] gepfändet und sich zur Einziehung überweisen lassen. der Pfändungs- und Überweisungsbeschluss des AG XXX vom XXX Az. XXX ist Ihnen bereits am XXX zugestellt worden.

Entsprechend der dort niedergelegten Verpflichtung fordern wir Sie hiermit namens und in Vollmacht unserer Mandantschaft gemäß § 836 Abs. 3 ZPO aus, sich bis zum

XXX *(kurze Fristsetzung von 1 Woche bis 10 Tage reicht aus)*

zu erklären, ob und welche Zahlungsansprüche Ihnen gegenüber der Drittschuldnerin, d. h. dem Kreditinstitut, zustehen. Anzugeben ist insbesondere das Guthaben auf den Girokonten sowie auf weiteren Sparkonten, Sparverträgen, Wertpapierdepots etc. Beo Sparkonten und Sparverträgen ist zugleich anzugeben, wann diese fällig sind bzw. mit welcher Frist sie gekündigt werden können.

Ihre entsprechende Auskunftspflicht wurde konkret in dem zugestellten Pfändungs- und Überweisungsbeschluss festgestellt. Sie entspricht der Rechtsprechung (vgl. LG

Stendal Rpfleger 2009,397; LG Landshut FoVo 2009,62; LG Wuppertal JurBüro 2007,439).

Wir dürfen darauf hinweisen, dass für den Fall, dass Sie diese Auskünfte nicht freiwillig erteilen, der Gläubiger berechtigt ist, den Gerichtsvollzieher mit der Einholung der Auskünfte in einem Offenbarungsverfahren zu beauftragen. Ein entsprechender Auftrag liegt uns bereits vor.

Zugleich sind Sie verpflichtet, alle den Anspruch betreffenden Unterlagen herauszugeben. Wir dürfen deshalb um Übersendung folgender Unterlagen bitten:
- eine Abschrift der Kontoverträge,
- eine Abschrift aller Sparverträge,
- alle vorhandenen Sparbüche,
- Abschriften aller Kontoauszüge für die letzten drei Monate vor der Pfändung bis heute
- Abschriften aller zukünftigen Kontoauszüge
- sonstige den Anspruch betreffenden Unterlagen.

Auch hier ist darauf hinzuweisen, dass die Verweigerung der Herausgabe der Unterlagen nach § 836 Abs. 3 S. 3 ZPO dazu führen muss, dass der Gerichtsvollzieher mit der Herausgabevollstreckung beauftragt wird, was weitere Kosten und Unannehmlichkeiten mit sich bringt.

gez. Unterschrift Rechtsanwalt

11. Pfändung von Steuererstattungsansprüchen

342 Steuererstattungsansprüche sind gem. § 46 Abs. 1 AO grundsätzlich pfändbar.

343 Es gibt hierbei nur zwei Besonderheiten:
- der Erstattungsanspruch ist gemäß § 46 Abs. 6 AO erst dann pfändbar, wenn der **Anspruch entstanden** ist (die Pfändung zukünftiger Erstattungsansprüche
- die **Steuerart** (z. B. aus Einkommensteuer, Umsatzsteuer, Kfz-Steuer etc.) muss genau bezeichnet sein.

▶ Muster PfÜB Steuer

344

Pfändungs- und Überweisungsbeschluss des Amtsgerichts ..... Az.: .....

In der Zwangsvollstreckungssache

Gläubiger G

.....

(genaue Anschrift)

– Gläubiger –

– Prozessbevollmächtigter: .....

gegen

Schuldner S

.....

(genaue Anschrift)

– Schuldner –

stehen dem Gläubiger nach der vollstreckbaren Ausfertigung des

..... *(genaue Bezeichnung des Titels mit Az.)*

die gemäß beigefügtem Forderungskonto berechneten Beträge einschließlich der bis zur Stellung dieses Antrags entstandenen Zinsen und Kosten zu.

Wegen dieser Beträge und der Kosten dieses Antrags sowie der weiterhin entstehenden Zinsen werden die angeblichen Ansprüche des Schuldners gegenüber:

Finanzamt

– Drittschuldnerin –

(Hinweis: genaue Bezeichnung DS erforderlich + zustellfähige Anschrift)

wie folgt gepfändet.

Gepfändet werden die gesamten gegenwärtigen Steuererstattungsansprüche des Schuldners aus folgenden Steuerarten:

- ☐ Einkommenssteuer
- ☐ Umsatzsteuer
- ☐ KfZ- Steuer
- ☐ sonstige Steuerart (genaue Bezeichnung ist unbedingt erforderlich)

Den Drittschuldnern wird untersagt, soweit die Forderung gepfändet ist, an den Schuldner zu leisten (§ 829, Abs. 1 Satz 1 ZPO).

Der Schuldner hat sich jeglicher Verfügung über die Forderung zu enthalten (§ 829 Abs. 1 Satz 2 ZPO).

Gleichzeitig wird dem Gläubiger die Forderung zur Einziehung überwiesen (§§ 835 Abs. 1 Satz 1 ZPO).

Forderung gemäß beiliegender Berechnung ..... €

Kosten dieses Antrages:

0,3 Verfahrensgebühr nach Nr. 3309 VV RVG	..... €
Post- und Telekommunikationspauschale Nr. 7002 VV RVG	..... €
19 % Umsatzsteuer	..... €
Gerichtskosten	..... €
Gesamtforderung	..... €
Tageszins auf Hauptforderung:	..... €
Tageszins auf Kosten:	..... €

Zu diesem Betrag sind die vom Gerichtsvollzieher gesondert berechneten Zustellungskosten entsprechend den Bestimmungen des GVKostG hinzuzusetzen.

Amtsgericht ....., den

.....

Unterschrift + Dienstsiegel

III. Sachpfändung (Zwangsvollstreckung wegen einer Geldforderung in das bewegliche Vermögen)

345 Ab 01.01.2013 wird eine Sachpfändung wohl nur noch in Erwägung zu ziehen sein in den Fällen, in denen es Anhaltspunkte über verwertbare und pfändbare Vermögensgegenstände in den Räumen des Schuldners gibt. Nach der alten Rechtslage (bis 31.12.2012) war ein fruchtloser Sachpfändungsversuch meist die Voraussetzung zur Abgabe der eidesstattlichen Versicherung. Dies ist jedoch mit der Reform zum 01.01.2013 weggefallen.

1. Pfändung einer beweglichen Sache

346 Wie bei jeder Vollstreckungsmaßnahme bedarf es zunächst eines **Gläubigerauftrages.** In diesem Auftrag ist die vorzunehmende Handlung zu beantragen und die einzutreibende Forderung detailliert aufzulisten nach Hauptforderung, Zinsen und Kosten. Dies geschieht i. d. R. durch Beifügung eines sogenannten Forderungskonto.

347 Der Antrag ist an das zuständige Vollstreckungsorgan, dem Gerichtsvollzieher, zu stellen. Es kann jedoch nicht jeder Gerichtsvollzieher beauftragt werden, sondern nur der örtlich zuständige. Da der RA den örtlichen zuständigen Gerichtsvollzieher meist nicht kennt, wird der Sachpfändungsantrag bei der Verteilerstelle für Gerichtsvollzieheraufträge beim örtlich zuständigen Amtsgericht gestellt. Bei der Verteilerstelle handelt es sich nicht um eine eigenständige Abteilung des Amtsgerichtes, sondern vielmehr um das Büro sämtlicher Gerichtsvollzieher im zuständigen Amtsgerichtsbezirk.

348 Der Gerichtsvollzieher prüft, ob alle Vollstreckungsvoraussetzungen vorliegen, und begibt sich bei positiver Prüfung zu den Räumlichkeiten des Schuldners, um dort die Sachpfändung durchzuführen.

349 Bei der Pfändung einer beweglichen Sache nimmt der Gerichtsvollzieher dabei die entsprechende Sache, die sich im **Gewahrsam des Schuldners** befindet, in Besitz. Unter Gewahrsam versteht man dabei die Möglichkeit des Schuldners, unmittelbar die tatsächliche Herrschaft über die Sache ausüben zu können. Auf die Eigentumslage hingegen kommt es – mit Ausnahme von Offensichtlichkeit – nicht an und wird vom Gerichtsvollzieher auch nicht geprüft. Wird eine Sache also gepfändet, die nicht dem Schuldner gehört, kann der entsprechende Eigentümer Drittwiderspruchsklage einreichen.

350 Befindet sich die zu pfändende Sache im Mit- oder Alleingewahrsam eines Dritten (z. B. Mitbewohners), so ist die Pfändung nur zulässig, wenn dieser sich zur Herausgabe der Sache bereit erklärt. Eine Herausgabeverpflichtung des Dritten wird vom Gerichtsvollzieher nicht geprüft und müsste ggf. im Wege einer Feststellungsklage festgestellt werden.

Bei **Eheleuten und Lebenspartnern** gibt es jedoch die Besonderheit, dass grds. der Alleingewahrsam des Vollstreckungsschuldners gem. §§ 739 ZPO, 1362 BGB **unterstellt** wird, es sei denn, die zu pfändende Sache ist ausschließlich zum Gebrauch des anderen Ehegatten gewidmet (z. B. Pelzmantel der Ehefrau). 351

2. unpfändbare Sachen und Möglichkeiten einer Austauschpfändung

Doch nicht alle im Gewahrsam des Schuldners befindlichen Sachen können gepfändet werden. Der Gesetzgeber hat zum Schutz des Schuldners in § 811 ZPO **unpfändbare Sachen** vorgesehen. Insbesondere sind diese 352
- die normale Wohnungseinrichtung (Schrank, Bett, Tisch, Stuhl aber eben auch Kühlschrank, Waschmaschine und Herd),
- die üblichen Haushaltsgeräte,
- Bekleidung (im Rahmen einer „bescheidenen Lebensführung", demnach nicht mehrere Pelzmäntel),
- Radio und ein Fernseher,
- Haustiere,
- zur Fortsetzung der persönlichen Erwerbstätigkeit erforderliche Gegenstände (dies gilt auch für Witwen und minderjährigen Erben, wenn sie die Erwerbstätigkeit für ihre Rechnung durch einen Stellvertreter fortführen.).

Neuwertige und besonders wertvolle der oben genannten Sachen können jedoch im Wege der sogenannten **Austauschpfändung** gem. § 811 a ZPO durch einfachere preiswertere Gegenstände ersetzt werden. 353

▶ Beispiel: 354

Der Schuldner besitzt einen großen Plasma-Fernseher im Wert von 9.000,00 €. Der Fernseher ist grds. unpfändbar, kann jedoch durch einen kleineren Fernseher für 200,00 € ersetzt werden.

Der Austausch erfolgt **Zug um Zug.** Der Gläubiger muss demnach die zu überlassende Austauschsache (hier kleiner Fernseher) vor Beginn der Sachpfändung zur Verfügung stellen oder den entsprechenden Geldbetrag. Die Austauschpfändung erfolgt über den Gerichtsvollzieher und bedarf i. d. R. einer zu beantragenden Zustimmung des Vollstreckungsgerichts. Die Zustimmung wird dabei nur erteilt, 355
- wenn die zu pfändende Sache einen hohen Wert hat und
- ist auch nur bei bestimmten unpfändbaren Sachen Nr. 1, 5 und 6 des § 811 Abs. 1 ZPO zulässig Hierzu gehören alle Sachen, die den persönlichen Gebrauch oder den Haushalt dienen, sowie Sachen zur persönlichen Erwerbstätigkeit. Über § 811 c Abs. 2 ZPO gilt dies bei einer Interessenabwägung auch für Haustiere.

Der Gerichtvollzieher kann eine vorläufige Austauschpfändung gem. § 811 b ZPO hingegen auch ohne Zulassungsbeschluss durchführen, 356
- wenn eine Zulassung zu erwarten ist und

– er den Gläubiger darüber informiert, dass dieser innerhalb von 2 Wochen einen entsprechenden Antrag stellt.

357 ▶ **Praxishinweis:**

Würde der Plasma-Fernseher jedoch in Raten gekauft, so kann der Gläubiger, der das Gerät finanziert hat, diesen durch den Gerichtsvollzieher ohne ein Austauschgerät pfänden lassen.

3. Inbesitznahme durch den Gerichtsvollzieher

358 Ferner hat der Gerichtsvollzieher zu berücksichtigen, dass der Erlös der zu pfändenden Sachen die Kosten der Zwangsvollstreckung und der Versteigerungsmaßnahme decken muss, anderenfalls wäre die Sachpfändung nicht rechtens.

359 Die Inbesitznahme durch den Gerichtsvollzieher erfolgt
- bei Geld, Kostbarkeiten und Wertpapieren durch die Begründung unmittelbaren Besitzes (Mitnahme) und
- bei größeren Gegenständen in der Anbringung des Pfandsiegels (auch Kuckuck genannt, nach dem auf dem Pfandsiegel zu erkennenden Bundesadler) und damit Begründung eines mittelbaren Besitzes.

4. Wirkung der Pfändung

360 Die Pfändung hat zwei wichtige Rechtsfolgen:
- Es tritt die sogenannte **Verstrickung** der Sache ein, d. h. der Schuldner darf über die Sache nicht mehr verfügen. Verstößt der Schuldner gegen dieses Verbot oder beschädigt die Pfandsiegel, so macht er sich wegen Verstrickungsbruchs gem. § 136 StGB strafbar und kann mit Freiheitsstrafe bis zu einem Jahr oder mit Geldstrafe bestraft werden. Die Verstrickung dienst der Sicherstellung der Sache.
- Desweiteren erwirbt der Vollstreckungsgläubiger ein **Pfandrecht** an der Sache. Dieses ermächtigt ihn später, den Erlös aus der Versteigerung der Sache im Rahmen seiner Forderung zu er- und behalten. Das Pfandrecht begründet die Rangsicherung.

5. Verwertung der gepfändeten Sache

361 Die Verwertung der gepfändeten Sachen erfolgt in **Form einer Versteigerung** durch den Gerichtsvollzieher. Die Versteigerung ist dabei in den §§ 814–825 ZPO geregelt. Nähere Einzelheiten zum Ablauf enthält auch noch die Geschäftsanweisung für Gerichtsvollzieher (GVGA).

362 Bei der Versteigerung handelt es sich um einen **hoheitlichen Akt**

363 Der Gerichtsvollzieher kann die öffentliche Versteigerung nach seiner Wahl entweder als
- Versteigerung vor Ort oder

- als allgemein zugängliche Versteigerung im Internet über eine Versteigerungsplattform (www.justiz-auktion.de)

durchführen.

Die Versteigerung darf gem. § 816 Abs. 1 ZPO i. d. R. frühestens eine Woche nach der Pfändung erfolgen, es sei denn, es besteht die Gefahr einer beträchtlichen Wertverringerung der zu versteigernden Sache (z. B. wenn Paletten mit Frischobst bei einem Obsthändler gepfändet worden sind). 364

Der Gerichtsvollzieher bestimmt bei der Versteigerung vor Ort den Zeitpunkt und den Ort der Versteigerung, der grds. in dem Ort liegen muss, in dem die Pfändung erfolgt ist. Der Termin ist öffentlich bekannt zu machen (i. d. R.. durch die Tageszeitung) und sowohl Schuldner als auch Gläubiger gesondert hierüber zu benachrichtigen. Bei Kostbarkeiten muss der Gerichtsvollzieher eine Sachverständigenschätzung über den gewöhnlichen Verkaufswert einholen. 365

Im Versteigerungstermin gibt der Gerichtsvollzieher 366
- die allgemeinen Versteigerungsbedingungen,
- den gewöhnlichen Verkaufswert der Sache und
- das notwendige Mindestgebot (die Hälfte des gewöhnlichen Verkaufswertes, bei Gold und Silber mindestens der Metallwert)

den Anwesenden bekannt. Alle Anwesenden (also auch Schuldner und Gläubiger) können mitbieten.

Der Meistbietende, der wenigstens das Mindestgebot bieten muss, erhält nach dreimaligem Aufruf den Zuschlag. Am Ende der Auktion übergibt der Gerichtsvollzieher die Sache gegen Barzahlung an dem Meistbietenden. 367

Vom dem Erlös zieht der Gerichtsvollzieher zunächst sämtliche Vollstreckungs- und Versteigerungskosten ab, bezahlt desweiteren die Forderung des Gläubiger und kehrt einen verbleibenden Überschuss an den Schuldner aus. 368

Wird das Mindestgebot in der Versteigerung nicht erreicht, so erfolgt kein Zuschlag. Der Gläubiger behält sein Pfandrecht und kann jederzeit eine neue Versteigerung verlangen. 369

Bei einer Versteigerung im Internet ist der Zuschlag der Person erteilt, die am Ende der Versteigerung das höchste, wenigstens das zu erreichende Mindestgebot abgegeben hat. Der Meistbietende ist über den Zuschlag zu benachrichtigen. Auch hier darf die zugeschlagende Sache nur ausgehändigt werden, wenn das Kaufgeld gezahlt worden ist oder bei Ablieferung gezahlt wird. 370

Gemäß § 813 a ZPO kann der Gerichtsvollzieher die Verwertung der gepfändeten Sache aufschieben, wenn sich der Schuldner verpflichtet, den Betrag der zur Befriedigung des Gläubigers und zur Deckung der Vollstreckungskosten erforderlich ist, innerhalb eines Jahres zu zahlen. Die Ratenhöhe und die Ratenzeitpunkte kann der Gerichtsvollzieher festsetzen. Hat der Gläubiger bereits im Sachpfändungsauftrag einer Ratenzahlung grds. zugestimmt, so ist der Aufschub bei fristgerechter Ratenzah- 371 lung wirksam. Anderenfalls ist der Gläubiger über den Aufschub zu unterrichten und hat ein Widerspruchsrecht. Erfolgt ein Widerspruch durch den Gläubiger hat der Gerichtsvollzieher dem Schuldner hierüber zu unterrichten und der Aufschub endet hiermit.

372 Dieselbe Wirkung tritt ein, wenn der Schuldner mit einer Zahlung ganz oder teilweise in Verzug kommt.

373 Wertpapiere sind, wenn sie einen Börsen-oder Marktpreis haben, nicht zu versteigern, sondern vielmehr aus freier Hand zum Tageskurs zu verkaufen.

374 Auf Antrag des Gläubigers oder des Schuldners kann gem. § 825 ZPO auch eine andere Verwertungsart gewählt werden, wenn hierdurch zu erwarten ist, dass ein höherer Erlös erzielt wird. So wird ein gepfändetes Kunstwerk bei Versteigerungen eines privaten Kunstauktionshauses meist einen höheren Erlös erzielen als bei einer öffentlichen Versteigerung.

375 Eine Sachpfändung kann jedoch gem. § 807 Abs. 1 ZPO aus folgenden Gründen auch fruchtlos verlaufen:

- die Pfändung hat zu einer nicht vollständigen Befriedigung des Gläubigers geführt,
- der Schuldner verweigert den Zutritt zu seinen Räumlichkeiten (Wohnung/Geschäft etc.),
- nach zwei Mitteilungen war der Schuldner zum Termin nicht anwesend, obwohl die Vollstreckung vom Gerichtsvollzieher einmal mindestens 2 Wochen vorher angekündigt worden ist.

376 In allen Fällen stellt der Gerichtsvollzieher dem Gläubiger eine sogenannte Fruchtlosigkeitsbescheinigung aus, die bis zum 31. 12. 2012 als Voraussetzung für einen Antrag auf Abgabe der eidesstattlichen Versicherung der Vermögenslosigkeit gem. §§ 899 ff ZPPO dient.

377 Ab 01. 01. 2013 ist dies für die neue Vermögensauskunft nicht mehr erforderlich, der Gläubiger erhält jedoch gleichwohl eine Bescheinigung über die fruchtlose Sachpfändung.

6. Verlaufskizze

378 Die nachfolgende Skizze soll einen Kurzüberblick über den Verfahrensablauf einer Sachpfändung geben:

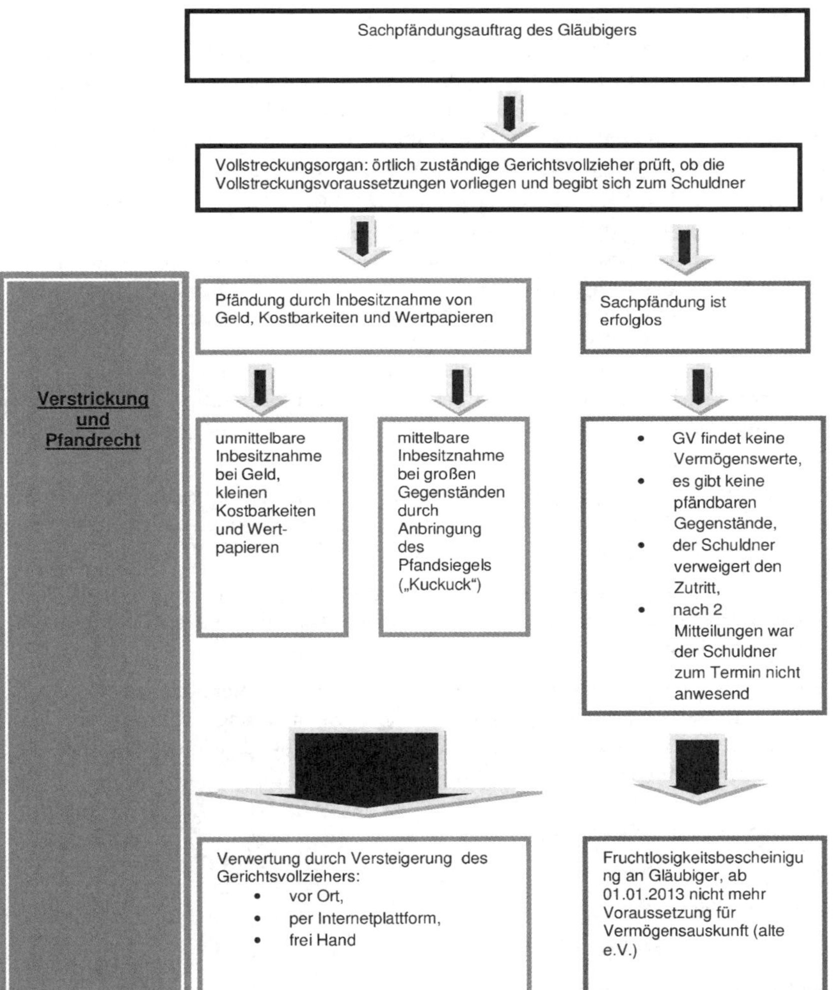

Exkurs (hinsichtlich Rechtslage bis zum 31. 12. 2012) 379

IV. Kombi-Auftrag/Sachpfändungsauftrag

Nach wie vor führt der Sachpfändungsauftrag in der Praxis immer weniger zu einer Befriedigung des Gläubigers und dient **bis zum 31. 12. 2012** als sog. Kombi-Auftrag zur Schaffung einer Voraussetzung für die Abgabe der eidesstattlichen Versicherung. 380

1. Auftrag

381 Wie jede Vollstreckungsmaßnahme setzt der **Sachpfändungsauftrag** einen Antrag des Gläubigers voraus. Unter Beifügung des Titels und ggf. sonstiger Vollstreckungsunterlagen wird der Antrag i. d. R. an die Verteilerstelle für Gerichtsvollzieheraufträge beim AG am Wohnort des Schuldners übermittelt mit der Bitte um Weiterleitung an den örtlich zuständigen Gerichtsvollzieher.

382 Der sog. Kombi-Auftrag besteht dabei aus zwei Teilen:
- dem eigentlichen Antrag zur Sachpfändung und
- dem Antrag zur Abnahme der eidesstattlichen Versicherung, sobald eine der folgenden Voraussetzungen vorliegt:
  - fruchtlose Vollstreckung (der Gläubiger wird nur teilweise oder gar nicht befriedigt), § 807 Abs. 1 Nr. 1 und 2 ZPO,
  - der Schuldner hat die Durchsuchung verweigert, § 807 Abs. 1 Nr. 3 oder
  - der Gerichtsvollzieher hat den Schuldner wiederholt nicht in seiner Wohnung angetroffen, nachdem er einmal die Vollstreckung mindestens zwei Wochen vorher angekündigt hatte, § 807 Abs. 1 Nr. 4 ZPO.

383 Nur wenn eine der o.g. Voraussetzungen vorliegt, wird der zweite Teil vom Gerichtsvollzieher bearbeitet. Der Antrag auf Abnahme der eidesstattlichen Versicherung wurde demnach aufschiebend bedingt gem. § 158 Abs. 1 BGB gestellt.

384 Im Antrag selbst oder wie bei den meisten Kanzleien üblich in Form eines beigefügten Forderungskontos ist die Gesamtforderung aufzuschlüsseln in Hauptforderung, Zinsen und Kosten.

385 Ferner sollten auch bereits Anträge gestellt werden, die das Verfahren zur Abgabe der eidesstattlichen Versicherung betreffen, wie z. B. einen Antrag auf Erlass eines Haftbefehls für den Fall, dass der Schuldner den Termin zur Abgabe der eidesstattlichen Versicherung fernbleibt.

2. Muster: Kombi-Auftrag

► Kombi-Auftrag

386 Verteilerstelle für

Gerichtsvollzieheraufträge beim

Amtsgericht .....

(genaue Anschrift)

Vollstreckungsauftrag und Antrag zur Abnahme der eidesstattlichen Versicherung

(Kombi-Auftrag)

In der Zwangsvollstreckungssache

Gläubiger G

.....

(genaue Anschrift)

– Gläubiger G–

– Prozessbevollmächtigter: Rechtsanwalt R

gegen

Schuldner S

.....

(genaue Anschrift)

– Schuldner –

überreichen wir

vollstreckbare Ausfertigung des ..... *(genaue Bezeichnung des Titels)*

und beauftragen Sie,

1. die Zwangsvollstreckung (einschließlich Taschenpfändung) und

2. im Fall der fruchtlosen Vollstreckung oder wenn die Voraussetzungen des § 807 Abs. 1 Nr. 3 und 4 ZPO vorliegen, das Verfahren zur Abnahme der eidesstattlichen Versicherung gem. §§ 807 Abs. 3, 900 ZPO

durchzuführen.

Forderung gemäß beiliegendem Forderungskonto: ..... €

(Hinweis: Ein Forderungskonto ist unbedingt beizufügen.)

Kosten des Zwangsvollstreckungsauftrags:

0,3 Verfahrensgebühr Nr. 3309 VV RVG	..... €
Auslagenpauschale Nr. 7002 VV RVG	..... €
USt 19 %	..... €
Gesamtbetrag inkl. USt	.....€

Kosten der Eidesstattlichen Versicherung:

(Gebührenberechnung aus höchstens 1.500,00 €)

0,3 Verfahrensgebühr Nr. 3309 VV RVG	..... €
Auslagenpauschale Nr. 7002 VV RVG	..... €
USt 19 %	.....€
Gesamtbetrag incl. USt	.....€

Für die Begleichung der Gerichtsvollzieherkosten stehen wir ein und bitten Sie, uns diese in Rechnung zu stellen.

Die eingezogenen Beträge bitten wir auf das Konto 12345 bei der A Bank, BLZ 111 111 11 zu überweisen.

Geldempfangsvollmacht liegt an.

Sollte die sofortige Abnahme der eidesstattlichen Versicherung nicht möglich sein, wird hiermit beantragt,

kurzfristig Termin zur Abnahme der eidesstattlichen Versicherung zu bestimmen und nach Abgabe derselben eine Abschrift des Vermögensverzeichnisses zu übersenden.

Im Fall des Ausbleibens oder der Weigerung des Schuldners wird

Erlass des Haftbefehls durch den Richter gem. § 901 ZPO beantragt.

Es wird gebeten, diesen Antrag an das Vollstreckungsgericht weiterzuleiten.

Das Gericht wird gebeten, die Vollstreckungsunterlagen mit dem erlassenen Haftbefehl an den Gerichtsvollzieher zurückzugeben, der mit der anschließenden Verhaftung beauftragt wird.

Auf die Teilnahme am Termin wird verzichtet.

Mit der Einziehung von Teilbeträgen im Rahmen des § 806b ZPO sind wir einverstanden.

Einen etwaigen Verwertungsaufschub gem. § 813a ZPO müssen wir mit dem Gläubiger abstimmen.

Einfache und beglaubigte Abschrift anbei.

Rechtsanwalt R

3. Gebühren

387 Obwohl der Kombi-Auftrag nur aus einem Schreiben besteht, liegen hier zwei gesonderte Vollstreckungsmaßnahmen vor, für die **zwei Verfahrensgebühren** nach Nr. 3309 VV RVG zuzüglich der jeweiligen Post- und Telekommunikationspauschale und ggf. Umsatzsteuer abzurechnen sind.

388 Im Kombi-Auftrag werden zunächst beide Gebühren vorsorglich berechnet. Zu beachten ist hierbei jedoch, dass die zweite Verfahrensgebühr für die eidesstattliche Versicherung erst dann entsteht, wenn das Sachpfändungsverfahren abgeschlossen und ins Verfahren zur Abgabe der eidesstattlichen Versicherung übergegangen ist. Die Entstehung der Verfahrensgebühr für die eidesstattliche Versicherung ist demnach **aufschiebend bedingt.** Die Höhe des Gegenstandswertes ist für das eidesstattliche Versicherungsverfahren gem. § 25 Abs. 1 Nr. 4 RVG auf max. 1.500,00 € beschränkt.

4. Nutzen

389 Durch den Zuständigkeitswechsel für die Abnahme der eidesstattlichen Versicherung vom AG zum Gerichtsvollzieher wurde letztendlich erst die Möglichkeit eines Kombi-Auftrags geschaffen.

Durch einen Kombi-Auftrag wird in der Praxis nunmehr meist auf die Möglichkeit verzichtet, bei einem verweigerten Zutritt oder einem mehrmaligen Nichtantreffen des Schuldners mithilfe eines zu beantragenden Durchsuchungsbeschlusses in die Wohnung des Schuldners zu gelangen und so ggf. weitere Erkenntnisse zu bekommen, da i.d.R. die sofortige Abnahme der eidesstattlichen Versicherung beantragt wird, sobald eine Voraussetzung des § 807 Abs. 1 Nr. 1 bis 4 ZPO vorliegt. 390

▶ Praxistipp: 391

Sollte der Gläubiger Ihnen Informationen über pfändbare Vermögenswerte in der Wohnung des Schuldners mitteilen, so bietet es sich an, einen isolierten Sachpfändungsauftrag zu erteilen und ggf. bei einer Verweigerung des Zutritts zur Wohnung oder einem mehrmaligen Nichtantreffen einen Durchsuchungsbeschluss zu beantragen. Mit dem Durchsuchungsbeschluss wird der Gerichtsvollzieher ermächtigt, in die Wohnung auch ohne Zustimmung des Schuldners einzudringen und ggf. Vermögenswerte zu pfänden.

V. Zwangssicherungshypothek

Liegen Ihnen Informationen über ein **Grundstück** des Schuldners vor, so sollten Sie die Eintragung einer Zwangssicherungshypothek gem. § 866 Abs. 1 ZPO erwägen. 392

1. Allgemeines

In erster Linie dient die Eintragung der Zwangssicherungshypothek ins Grundbuch der Absicherung der einzutragenden Forderung gegenüber möglichen weiteren Gläubigern. Es findet durch die Eintragung lediglich eine Absicherung statt, eine **Verwertung** und damit Befriedigung des Gläubigers findet zunächst nicht statt. Erst wenn eine **Zwangsversteigerung** oder **Zwangsverwaltung** über das Grundstück angeordnet wird, kommt es ggf. zu einer Verwertung und zwar dann, wenn die vorrangigen Gläubiger befriedigt worden sind. 393

Als Erstes sollte ein **Grundbuchausdruck** beantragt werden, damit man sich einen Überblick über die Belastungen des Grundstücks verschaffen kann. Liegen bereits mehrere höhere Belastungen in Abteilung 3 des Grundbuchs vor, so kann davon ausgegangen werden, dass eine Befriedigung unmittelbar aus dem Grundstück nicht erfolgen wird. 394

Dennoch sollten Sie auch in diesen Fällen eine Zwangssicherungshypothek eintragen lassen, da es nach der Nachtragung für den Schuldner problematisch ist, sein Grundstück freihändig zu verkaufen. 395

Bei einem freihändigen Verkauf besteht meist der Käufer auf die Eigentumsübertragung eines **lastenfreien** Grundstücks. Hierzu müsste die Zwangssicherungshypothek allerdings gelöscht werden, der Schuldner bedarf hierzu einer Löschungsbewilligung des Gläubigers. In dieser Situation wird meist die eingetragene Forderung vom Schuldner anstandslos bezahlt, um eine möglichst rasche Abwicklung zu garantieren. 396

2. Antrag

397 Gem. § 867 Abs. 1 ZPO muss der Gläubiger für die Eintragung der Zwangssicherungshypothek einen formlosen Antrag beim Grundbuchamt stellen. Dabei ist das Grundbuchamt örtlich zuständig, in dessen Bezirk das Grundstück oder das grundstücksgleiche Recht liegt.

398 Aus der Stellung des § 866 ZPO im Gesetz ergibt sich, dass nur **Forderungen** in Geldbeträgen als Zwangssicherheitsleistung eingetragen werden können. Ein Titel auf Herausgabe eines bestimmten Pkws z. B. wäre hingegen nicht eintragungsfähig.

399 Gem. § 866 Abs. 3 Satz 1 ZPO kann eine Zwangssicherungshypothek nur eingetragen werden, wenn der Betrag über 750,00 € liegt, also erst ab 750,01 €. Gem. § 866 Abs. 3 Satz 2 ZPO können hierbei jedoch Forderungen desselben Gläubigers addiert werden.

400 Gem. § 866 Abs. 3 Satz 1, 2. Halbs. ZPO werden Zinsen dabei nicht berücksichtigt, soweit sie als Nebenforderung geltend gemacht werden. Andere Nebenforderungen, insbes. frühere Vollstreckungskosten werden hingegen hinzugerechnet und sind eintragungsfähig, soweit sie gem. § 788 Abs. 1 ZPO tituliert oder glaubhaft gemacht worden sind (vgl. auch Zöller/Stöber, § 866 ZPO Rn. 5).

401 Die Kosten für das Eintragungsverfahren sind hingegen nicht eintragungsfähig. Dies ergibt sich aus § 867 Abs. 1 Satz 3 ZPO. Demnach haftet das Grundstück kraft Gesetzes, eine Eintragung ist daher nicht erforderlich. Bei einem evtl. späteren Zwangsversteigerungsverfahren müssen diese Eintragungskosten allerdings angemeldet werden, um Berücksichtigung zu finden.

Ein möglicher Antrag könnte wie folgt aussehen:

► **Muster: Eintragungsantrag einer Zwangssicherungshypothek**

402 An das Grundbuchamt

.....

(genaue Anschrift)

Antrag auf Eintragung einer Sicherungshypothek

In der Zwangsvollstreckungssache

Gläubiger G

.....

(genaue Anschrift)

– Gläubiger –

– Prozessbevollmächtigter: .....

gegen

Schuldner S

.....

(genaue Anschrift)

– Schuldner –

stehen dem Gläubiger nach .....

(genaue Bezeichnung des Titels)

die gemäß beigefügtem Forderungskonto berechneten Beträge einschließlich der bis zur Stellung dieses Antrags entstandenen Zinsen und Kosten zu.

Wegen der dort aufgeführten Gesamtforderung sowie der Kosten dieses Antrags beantragen wir namens und in Vollmacht des Gläubigers *(Vollmacht ergibt sich aus dem Titel)*

die Eintragung einer Sicherungshypothek

entsprechend den Bestimmungen der §§ 866, 867 ZPO

zulasten des im Eigentum des Schuldners stehenden Grundbesitzes .....

(genaue Bezeichnung des Grundstücks).

Die einzutragende Forderung gliedert sich wie folgt auf:

Forderung gemäß beiliegender Berechnung ..... €

Die Kosten dieses Antrags werden wie folgt mitgeteilt, deren Eintragung jedoch entsprechend § 867 Abs. 1 Satz 3 ZPO nicht beantragt:

Kosten dieses Antrags:

0,3 Verfahrensgebühr Nr. 3309 VV RVG	..... €
Post- und Telekommunikationspauschale Nr. 7002 VV RVG	..... €
19 % USt	..... €
Gerichtskosten	..... €

Einfache und beglaubigte Abschrift anbei.

Rechtsanwalt

Anlagen

Vollstreckungsunterlagen, Forderungsaufstellung

VI. Antrag nach § 888 ZPO Vollstreckung zur Vornahme einer unvertretbaren Handlung

1. Allgemeines

In dem Zwangsvollstreckungsverfahren stehen dem Gläubiger viele Wege offen, seine Forderung im besten Fall erfolgreich durchzusetzen. Auf die Mitwirkung des Schuldners kommt es i. d. R. nicht an. 403

404 Bei einigen Titeln hängt jedoch die Durchsetzung des titulierten Anspruchs des Gläubigers einzig von dem Willen des Schuldners ab. Das bedeutet, dass nur der Schuldner in der Lage ist, den Anspruch des Gläubigers zu erfüllen. Auch hier hat der Gläubiger aufgrund gesetzlicher Regelungen, die Möglichkeit, gegen den Schuldner vorzugehen. Im Zwangsvollstreckungsrecht ist diese Zwangsvollstreckungsmaßnahme in § 888 ZPO geregelt. Durch diese Zwangsmaßnahme soll der Schuldner gemäß der Verpflichtung aus einem zwangvollstreckungsfähigen Titel zur Vornahme einer unvertretbaren Handlung angehalten werden (§ 888 ZPO).

405 ► Beispiel 1:

In einem arbeitsrechtlichen Verfahren haben die Parteien einen Vergleich geschlossen, wonach sich der Beklagte verpflichtet hat, dem Kläger ein wohlwollendes Zeugnis, bis zu einem im Vergleich bestimmten Zeitpunkt, zu erteilen. Dem Kläger liegt eine vollsteckbare Ausfertigung des Vergleichs vor.

Nachdem der Kläger den Beklagten erfolglos zur Erteilung des Zeugnisses aufgefordert hat, beauftragt er den RA mit der Zwangsvollstreckung.

2. Inhalt des Anspruchs

406 Der Antrag gem. § 888 ZPO ist nur dann zulässig, wenn der Anspruch des Gläubigers auf Vornahme einer bestimmten Handlung durch den Schuldner ausschließlich durch den Schuldner selbst erfolgen kann und somit kein Dritter in der Lage ist, diese Handlung anstelle des Schuldners vorzunehmen.

407 ► Hinweis:

Die Abgabe einer Willenserklärung ist keine Handlung i.S.d. Vorschrift des § 888 ZPO. Die hierfür einschlägige Vorschrift ist in § 894 ZPO geregelt (Fiktion der Abgabe einer Willenserklärung). Danach gilt die Willenserklärung als abgegeben, sofern das Urteil in Rechtskraft erwachsen ist.

Auch auf die Verpflichtung des Schuldners, Handlungen zu unterlassen oder zu dulden findet die Vorschrift des § 888 ZPO keine Anwendung. Hier ist § 890 ZPO die zutreffende Vorschrift für Zwangsmaßnahmen.

408 In der Praxis bereitet es mitunter Schwierigkeiten, abzugrenzen, wann eine Handlung unvertretbar und einzig und allein vom Schuldner vorgenommen werden kann und wann sie vertretbar ist und somit auch durch einen Dritten ausgeführt werden kann. Immer dann, wenn der Gläubiger **nicht** in der Lage ist, die dem Schuldner obliegende Handlung durch einen Dritten (anstelle und auf Kosten des Schuldners) vornehmen zu lassen, liegt ein Fall des § 888 ZPO vor.

Anderenfalls, d.h. wenn der Gläubiger in der Lage ist, die Verpflichtung des Schuldners durch einen Dritten vornehmen zu lassen, liegt ein Fall des § 887 ZPO (Vornahme einer **vertretbaren** Handlung) vor. 409

► Beispiel 2: 410

In einem arbeitsgerichtlichen Verfahren hat sich der Arbeitgeber verpflichtet, dem Kläger Lohnabrechnungen für die Monate Mai, Juni und Juli 2009 zu erstellen.

Sämtliche Unterlagen, die zur Lohnabrechnung benötigt werden, liegen dem Gläubiger vor.

Der Gläubiger könnte nach Vorliegen eines Beschlusses gem. § 887 ZPO z.B. einen Steuerberater mit der Erstellung der Lohnabrechnungen (auf Kosten des Schuldners) beauftragen. Die Vornahme der Handlung ist nicht von dem Willen des Schuldners abhängig und kann von einem Dritten ausgeführt werden.

► Beispiel 3: 411

In einer mietrechtlichen Angelegenheit wurde der Vermieter verurteilt, die in der Wohnung vorhandenen Mängel, die im Urteil genau bezeichnet sind, zu beseitigen.

Der Gläubiger kann in diesem Fall, bei Vorliegen des Beschlusses gem. § 887 ZPO, Handwerker mit der Mängelbeseitigung auf Kosten des Schuldners beauftragen.

3. Antrag des Gläubigers

Um seinen Anspruch durchzusetzen, muss der Gläubiger einen entsprechenden Antrag stellen. Ist das Prozessgericht in erster Instanz das LG, so besteht in diesem Fall Anwaltszwang (§ 78 Abs. 1 ZPO). Der Gläubiger muss in diesem Fall einen RA mit der Antragstellung beauftragen, ansonsten würde der Antrag als unzulässig abgewiesen werden. 412

Das Zwangsmittel oder die Zwangshöhe muss der Gläubiger in seinem Antrag nicht angeben. 413

Einen Nachweis darüber, dass die Verpflichtung vom Schuldner nicht erfüllt wurde, muss der Gläubiger nicht führen. 414

Der Gläubiger muss prozessfähig sein. (Prozessfähig ist, wer parteifähig ist. Parteifähig sind alle natürlichen und juristischen Personen). 415

4. Vorliegen der allgemeinen Zwangsvollstreckungsvoraussetzungen

Bei der Entscheidung über den Antrag des Gläubiges gem. § 888 ZPO müssen die drei allgemeinen Zwangsvollstreckungsvoraussetzungen Titel, Klausel, Zustellung vorliegen. 416

417 Die vollstreckbare Ausfertigung des Titels muss mit dem Antrag im Original eingereicht werden.

418 Sonstige für den Beginn der Zwangsvollstreckung erforderlichen Urkunden müssen ebenfalls vorgelegt werden (z.B. bei einer Zug-um-Zug-Leistung, der Nachweis des Gläubigers über den Annahmeverzug des Schuldners, sofern der Annahmeverzug nicht bereits im Vollstreckungstitel festgestellt ist, § 765 ZPO)

5. Zuständigkeit

419 Ausschließlich zuständig für die Entscheidung den Antrag gem. § 888 ZPO ist das Prozessgericht erster Instanz – somit das Gericht, das z.B. das Urteil, den Beschluss erlassen hat oder das Gericht, vor dem die Parteien einen Prozessvergleich geschlossen haben, bei notariellen Urkunden das Gericht, in dessen Bezirk der Notar seinen Amtssitz hat. Das **Prozessgericht** fungiert in diesem Fall als Vollstreckungsgericht. Zuständige Gerichte, die über einen Antrag gem. § 888 ZPO entscheiden, können z.B. das AG, LG, FamG, ArbG sein.

6. Inhalt des Antrages

420 Der Antrag des Gläubigers ist dahin gehend zu stellen, dass der Schuldner zur Vornahme der im Vollstreckungstitel bezeichneten Verpflichtung durch **Zwangsgeld** (ersatzweise Zwangshaft) oder durch Zwangshaft angehalten werden soll.

421 Auch wenn manche Gläubiger ihre Schuldner gerne in Zwangshaft sehen würden, besteht kein Wahlrecht diesbezüglich. Ob Zwangshaft oder Zwangsgeld verhängt wird, steht in der Entscheidung des Gerichts. Beide Maßnahmen nebeneinander können vom Gericht nicht angeordnet werden. Nur für den Fall, dass ein Zwangsgeld von dem Schuldner nicht beigetrieben werden kann, kann ersatzweise Zwangshaft angeordnet werden.

7. Entscheidung des Gerichts

422 Das Gericht entscheidet über den Antrag im Beschlussweg (der Schuldner ist vor einer Entscheidung zu hören, § 891 ZPO).

423 Der Beschluss muss die Vornahme der Handlung, zu der der Schuldner verpflichtet ist, beinhalten sowie das Zwangsmittel (Zwangsgeld oder Zwangshaft).

424 Die Vollstreckung eines festgesetzten Zwangsgeldes erfolgt jedoch zugunsten der Staatskasse. D.h. das Zwangsgeld, sofern es gegen den Schuldner festgesetzt ist, das im Wege der Zwangsvollstreckung beigetrieben wurde, fließt nicht zu Händen des Gläubigers, sondern an die Landeshauptkasse.

425 Der gem. § 888 ZPO erlassene Beschluss ist ein Vollstreckungstitel gem. § 794 Abs. 1 Nr. 3 ZPO.

Dem Gläubiger wird auf Antrag eine vollstreckbare Ausfertigung des Beschlusses erteilt. Aus diesem Beschluss kann der Gläubiger Zwangsvollstreckungsmaßnahmen gegen den Schuldner entweder wegen 426

- einer Geldforderung (sofern Zwangsgeld festgesetzt ist)
  oder
- wegen der Verhaftung des Schuldners (Zwangshaft)

vollstrecken.

► **Hinweis:** 427

Aus dem Beschluss selbst, mit dem Zwangshaft gegen den Schuldner angeordnet wurde, kann keine Verhaftung des Schuldners erfolgen. Dazu muss der Gläubiger bei dem Prozessgericht den Erlass eines Haftbefehls gem. § 901 ZPO beantragen.

Mit der Verhaftung des Schuldners wird der Gerichtsvollzieher beauftragt (§ 909 ZPO).

Im Zwangsvollstreckungsverfahren muss immer ein Haftbefehl vorliegen, damit eine Verhaftung des Schuldners durchgeführt werden kann.

8. Rechtsbehelf

Wird der Antrag des Gläubigers zurückgewiesen, kann er sofortige Beschwerde gemäß § 793 ZPO einlegen. 428

Der Schuldner kann ebenfalls sofortige Beschwerde gem. § 793 ZPO einlegen, sofern dem Antrag des Klägers stattgegeben und der Beschluss antragsgemäß erlassen wurde. 429

Der Schuldner kann, sofern die Voraussetzungen des § 775 ZPO vorliegen, gleichzeitig die Einstellung der Zwangsvollstreckung beantragen oder, sofern nach Rechtkraft des Beschlusses die Erfüllung der Verpflichtung erfolgte, Vollstreckungsabwehrklage gem. § 767 ZPO erheben. 430

Nachfolgend ist ein Mustertext für einen Antrag gem. § 888 ZPO gem. Fallbeispiel 1 (Rn. 567), mit vorheriger Aufforderung des Gläubigers an den Schuldner, der Verpflichtung aus dem Vergleich nachzukommen, abgebildet. Der Gläubiger ist i.Ü. nicht verpflichtet, sofern ihm ein Vollstreckungstitel vorliegt, den Schuldner vor Einleitung von Zwangsvollstreckungsmaßnamen (unter Fristsetzung) „anzumahnen" (es sei denn, dass ggf. eine dahin gehende Regelung in einem bestandskräftigen Vergleich zwischen den Parteien vereinbart worden ist). 431

Da Sie sich mit Ihrem Antrag an das Prozessgericht der ersten Instanz wenden, sind Sie nicht verpflichtet, wie im nachstehenden Muster-Antrag erfolgt, das volle Rubrum anzugeben. Es genügt auch die Kurzbezeichnung. 432

► **Muster: Antrag gem. § 888 ZPO**

433

In dem Rechtsstreit

Arbeitsgericht

.....

Adresse

Antrag gem. § 888 ZPO

des ..... (*Vorname, Name, Anschrift*)

Gläubiger,

Verfahrensbevollmächtigter: .....

(*RA Name, Anschrift*)

g e g e n

.....

(*Vorname, Name Schuldner, Anschrift*)

Schuldner,

.....

(*ggf. Verfahrensbevollmächtiger*)

Geschäftszeichen ..... (erste Instanz):

wegen Festsetzung eines Zwangsgeldes oder Zwangshaft

zur Vornahme einer unvertretbaren Handlung.

Namens und in Vollmacht des Gläubigers beantrage ich,

1. den Schuldner aufgrund der Verpflichtung gem. des gerichtlichen Vergleichs vom ..... (*Datum, Geschäftszeichen*), vor dem Arbeitsgericht, durch Festsetzung eines Zwangsgeldes, das in das Ermessen des Gerichts gestellt wird und, sofern dieses nicht beigetrieben werden kann, ersatzweise Zwangshaft oder durch Zwangshaft, zur Zeugniserteilung an den Gläubiger anzuhalten,
2. dem Schuldner die Kosten des Verfahrens aufzuerlegen,
3. dem Gläubiger eine vollstreckbare Ausfertigung des Beschlusses zu erteilen.

Begründung:

Der Antrag ist zulässig und begründet.

Am ..... (*Datum*) schlossen die Parteien den im Antrag zu 1.) genannten Prozessvergleich. Der Vergleich wurde von den Parteien nicht widerrufen und ist bestandskräftig. Dem Gläubiger liegt eine vollstreckbare Ausfertigung des Vergleichs vor. Die Zustellung der vollstreckbaren Ausfertigung des Vergleichs erfolgte an den Schuldner gemäß den gesetzlichen Vorschriften. Der Vergleich entspricht den gesetzlichen Anforderungen des § 794 Abs. 1 Nr. ZPO.

Beweis: Vollstreckbare Ausfertigung des Vergleichs vom ..... (*Datum*) nebst Zustellungsnachweis im Original anbei.

Mit Schreiben vom ..... (*Datum*) wurde der Schuldner – zwecks Vermeidung von Zwangsvollstreckungsmaßnahmen – unter Fristsetzung zum ..... (*Datum*) zur Zeugniserteilung aufgefordert.

Beweis: Schreiben vom ..... (*Datum*) in Kopie anbei.

Bis zum heutigen Zeitpunkt ist der Schuldner der Verpflichtung nicht nachgekommen, sodass antragsgemäß zu entscheiden ist.

Beglaubigte und einfache Abschrift anbei.

Rechtsanwalt/Rechtsanwältin

9. Kosten der Zwangsvollstreckung

In dem Verfahren gem. § 888 ZPO erfolgt die Kostenfestsetzung gem. § 788 Abs. 2 ZPO durch das Prozessgericht (Zustellungskosten des Urteils, vorgerichtliche Aufforderung an den Schuldner, der Verpflichtung aus dem Vollstreckungstitel nachzukommen, Kosten für den Antrag gem. § 888 ZPO). 434

Sofern Sie aus dem Zwangsgeld bzw. Haftbeschluss Zwangsvollstreckungsmaßnahmen einleiten, sind die in diesem Verfahren entstandenen Kosten gem. § 788 Abs. - ZPO vom Vollstreckungsgericht, in dessen Bezirk die Vollstreckungshandlung erfolgte, festzusetzen. 435

10. Beitreibung des Zwangsgeldes

Nach herrschender Meinung in Literatur und Rechtsprechung (vgl. BGH NJW 1983, 1859) wird das Zwangsgeld **auf Antrag des Gläubigers** und nicht von Amts wegen beigetrieben. Im Vollstreckungsantrag ist jedoch darauf hinzuweisen, dass vom entsprechenden Vollstreckungserlös das Zwangsgeld an die Staatskasse abgeführt wird, die bisherigen mit vollstreckten Kosten stehen dem Gläubiger zu. 436

Kann das Zwangsgeld nicht beigetrieben werden, so stellt der Gerichtsvollzieher hierüber eine Fruchtlosigkeitsbescheinigung aus. Der Gläubiger kann mit dieser Bescheinigung sodann die angeordnete Zwangshaft vollstrecken. Hierzu bedarf es jedoch zunächst eines **Haftbefehles** des zuständigen Prozessgerichtes erster Instanz. 437

Der Schuldner hat vor endgültiger Beitreibung des Zwangsgeldes sowie während der Vollstreckung der Zwangshaft jederzeit die Möglichkeit seiner Verpflichtung nachzukommen, die Haft dauert jedoch **maximal 6 Monate** an. 438

► Muster: Antrag auf Beitreibung eines festgesetzten Zwangsgeldes

Verteilerstelle für 439

Gerichtsvollzieheraufträge beim

Amtsgericht .....

(genaue Anschrift)

Vollstreckungsauftrag zur Beitreibung eines Zwangsgeldes

In der Zwangsvollstreckungssache

Gläubiger G

.....

(genaue Anschrift)

– Gläubiger G–

– Prozessbevollmächtigter: Rechtsanwalt R

gegen

Schuldner S

.....

(genaue Anschrift)

– Schuldner –

überreichen wir

vollstreckbare Ausfertigung des ..... *(genaue Bezeichnung des Titels)*

und beauftragen Sie,

das festgesetzte Zwangsgeld in Höhe von XXX EUR nebst den aus dem beigefügten Forderungskonto ersichtlichen Kosten der Zwangsvollstreckung sowie der weiter durch dieses Verfahren entstehenden Kosten im Wege der Sachpfändung beizutreiben und das Zwangsgeld an die Staatskasse abzuführen.

Forderung gemäß beiliegendem Forderungskonto: ..... €

(Hinweis: Ein Forderungskonto ist unbedingt beizufügen.)

Kosten des Zwangsvollstreckungsauftrags:

0,3 Verfahrensgebühr Nr. 3309 VV RVG ..... €

Auslagenpauschale Nr. 7002 VV RVG ..... €

USt 19 % ..... €

Gesamtbetrag inkl. USt .....€

Für die Begleichung der Gerichtsvollzieherkosten stehen wir ein und bitten Sie, uns diese in Rechnung zu stellen.

Die eingezogenen Beträge, die dem Gläubiger zustehen, bitten wir auf das Konto 12345 bei der A Bank, BLZ 111 111 11 zu überweisen.

Geldempfangsvollmacht liegt an.

Die Vollstreckung wird wegen einer unvertretbaren Handlung betrieben, zu dessen Leistung der Schuldner verpflichtet ist und die dieser bislang nicht erfüllt hat. Das Prozessgericht der 1. Instanz hat daher mit Beschluss vom XXX ein Zwangsgeld von XXX EUR , ersatzweise Haft von XXX Tagen angeordnet. Auch hierauf ist der

Schuldner seiner Verpflichtung nicht nachgekommen, so dass die Beitreibung des Zwangsgeldes geboten ist.

Einfache und beglaubigte Abschrift anbei.

Rechtsanwalt R

VII. Antrag nach § 887 ZPO Vollstreckung zur Vornahme einer vertretbaren Handlung

1. Allgemeines

Ist die zu erfüllende Handlung jedoch nicht unbedingt vom Schuldner selbst auszuführen, so richtet sich die Vollstreckung nach § 887 ZPO. Die **Vertretung des Schuldners** muss demnach möglich sein, ohne dass das Erfüllungsinteresse des Gläubigers berührt wird. 440

Der Gläubiger wird sodann zur Vornahme der Ersatzhandlung auf Antrag durch das Prozessgericht der ersten Instanz ermächtigt und kann ggf. einen **Vorschuss** hierfür fordern. Unter Umständen ist auch die Duldung der vorzunehmenden Ersatzhandlung, insbesondere das Betreten des Grundstücks des Schuldners, anzuordnen- 441

▶ Beispiel 1: 442

In einem nachbarschaftsrechtlichen Verfahren haben die Parteien einen Vergleich geschlossen, wonach sich der Beklagte verpflichtet hat, einen Lärmschutzwall gem. einen konkreten DIN-Norm zwischen dem Grundstück des Klägers und dem eigenen Grundstück zu errichten.. Dem Kläger liegt eine vollsteckbare Ausfertigung des Vergleichs vor, der bereits dem Schuldner zugestellt wurde.

Nachdem der Kläger den Beklagten erfolglos zur Errichtung des Lärmschutzwalls aufgefordert hat, beauftragt er den RA mit der Zwangsvollstreckung.

2. Inhalt des Anspruchs

Wie bei jeder Vollstreckungsmaßnahme bedarf es auch hier eines Antrages des Gläubigers, da nur dieser Herr des Verfahrens ist. 443

In der Praxis bereitet es mitunter Schwierigkeiten, abzugrenzen, wann eine Handlung unvertretbar und einzig und allein vom Schuldner vorgenommen werden kann und wann sie vertretbar ist und somit auch durch einen Dritten ausgeführt werden kann (in diesem Kapitel Rdn. 408). 444

Insbesondere sind als vertretbare Handlungen anzusehen 445
- Handwerksarbeiten (z. B. Renovierungsarbeiten, Beseitigung von Baumängeln),
- Beseitung von Bäumen oder Sträuchern,
- Beseitigung eines Überbaus aber auch
- Erstellung einer Betriebskostenabrechnung, sofern die Unterlagen vorliegen und von einem Dritten eingesehen und ausgewertet werden können.

3. Zuständigkeit

446 Die örtliche und sachliche Zuständigkeit ergibt sich aus § 887 ZPO, demnach ist immer das Prozessgericht der ersten Instanz ausschließlich zuständig. Ist das **Prozessgericht in erster Instanz** das Landgericht oder das Familiengericht, so besteht in diesem Fall Anwaltszwang (§ 78 Abs. 1 ZPO bzw. § 114 Abs. 1 FamFG). Der Gläubiger muss in diesem Fall einen RA mit der Antragstellung beauftragen, ansonsten würde der Antrag als unzulässig abgewiesen werden.

447 Einen Nachweis darüber, dass die Verpflichtung vom Schuldner nicht erfüllt wurde, muss der Gläubiger nicht führen.

448 Der Gläubiger muss prozessfähig sein. (Prozessfähig ist, wer parteifähig ist. Parteifähig sind alle natürlichen und juristischen Personen).

4. Vorliegen der allgemeinen Zwangsvollstreckungsvoraussetzungen

449 Bei der Entscheidung über den Antrag des Gläubiges gem. § 887 ZPO müssen die drei allgemeinen Zwangsvollstreckungsvoraussetzungen Titel, Klausel, Zustellung vorliegen.

450 Die vollstreckbare Ausfertigung des Titels muss mit dem Antrag im Original eingereicht werden.

451 Sonstige für den Beginn der Zwangsvollstreckung erforderlichen Urkunden müssen ebenfalls vorgelegt werden (z. B. bei einer Zug-um-Zug-Leistung, der Nachweis des Gläubigers über den Annahmeverzug des Schuldners, sofern der Annahmeverzug nicht bereits im Vollstreckungstitel festgestellt ist, § 765 ZPO)

5. Inhalt des Antrages

452 Der Antrag des Gläubigers ist dahin gehend zu stellen, dass der Schuldner zur Ersatzvornahme der im Vollstreckungstitel bezeichneten Verpflichtung ermächtigt wird. dabei ist die **Maßnahme konkret** zu bezeichnen.

453 Insbesondere ist dies dringend erforderlich, wenn im zugrundeliegenden Vollstreckungstitel nur der Handlungserfolg, nicht aber der Weg zum Handlungserfolg bezeichnet worden ist.

454 Der Gläubiger muss jedoch nicht den Namen des zu beauftragenden Unternehmens, das die Ersatzleistung erbringen soll, nennen. Auch einzelne Arbeitsschritte sind nicht darzulegen.

455 ▶ Praxistipp:

Da der Schuldner nur die notwendigen Kosten der Ersatzvornahme zu tragen hat, sollte hierzu frühzeitig vorgetragen werden, insbesondere wenn auch ein Vorschuss begehrt wird.

6. Vorschuss der notwendigen Kosten

Die **notwendigen Kosten der Ersatzvornahme** hat der Schuldner nach § 887 Abs. 1 ZPO zu tragen, dies ist im Beschluss ausdrücklich festzuhalten. 456

Der Gläubiger kann, muss jedoch nicht in Vorleistung gehen. Er kann auch mit seinem Antrag nach § 887 ZPO vom Schuldner einen Vorschuss über die voraussichtlichen Kosten verlangen. 457

Als notwendig werden die Kosten angesehen, wenn ein vernünftig und wirtschaftlich denkender Auftraggeber im konkreten Einzelfall sie als angemessen ansieht und akzeptieren würde. Dies ist nicht immer die am kostengünstigste Erledigungsmöglichkeit, vielmehr ist zum Beispiel auch ein Zeitfaktor einzurechnen. Die voraussichtlichen Kosten sind vom Gläubiger in Form von Kostenvoranschlägen bzw. Sachverständigengutachten zu belegen. 458

Wurde die Kosten der voraussichtlichen Ersatzvornahme als Vorschuss beigetrieben und sind diese tatsächlich später geringer ausgefallen, so muss der Gläubiger den Schuldner hierüber **Abrechnung erteilen** und den überschießenden Betrag in einer **angemessenen Zeit** an den Schuldner zurückzahlen. Für den Fall, dass dies nicht freiwillig passiert, könnte der Schuldner eine Nachfrist zur Herausgabe der Überschusses nach § 812 BGB (ungerechtfertigte Bereicherung) stellen und nach deren Ablauf ggf. seine Ansprüche im Klagewege geltend machen. 459

7. Entscheidung des Gerichts

Das Gericht entscheidet über den Antrag im Beschlussweg (der Schuldner ist vor einer Entscheidung zu hören, § 891 ZPO). 460

Der Beschluss muss die Ersatzvornahme der Handlung, zu der der Gläubiger ermächtigt wird, konkret bezeichnen. Ggf. ist ein Vorschuss für die notwendigen Kosten der Ersatzvornahme festzusetzen. 461

8. Rechtsbehelf

Wird der Antrag des Gläubigers zurückgewiesen, kann er sofortige Beschwerde gemäß § 793 ZPO einlegen. 462

Der Schuldner kann ebenfalls sofortige Beschwerde gem. § 793 ZPO einlegen, sofern dem Antrag des Klägers stattgegeben und der Beschluss antragsgemäß erlassen wurde. 463

Der Schuldner kann, sofern die Voraussetzungen des § 775 ZPO vorliegen, gleichzeitig die **Einstellung der Zwangsvollstreckung** beantragen oder, sofern nach Rechtkraft des Beschlusses die Erfüllung der Verpflichtung erfolgte, Vollstreckungsabwehrklage gem. § 767 ZPO erheben. 464

9. Muster

465 Nachfolgend ist ein Mustertext für einen Antrag gem. § 887 ZPO mit Vorschuss für das Fallbeispiel aus Rn. XXX abgebildet. Der Gläubiger ist im Übrigen **nicht verpflichtet**, sofern ihm ein Vollstreckungstitel vorliegt, den Schuldner vor Einleitung von Zwangsvollstreckungsmaßnamen (unter Fristsetzung) „**anzumahnen**" (es sei denn, dass ggf. eine dahin gehende Regelung in einem bestandskräftigen Vergleich zwischen den Parteien vereinbart worden ist).

466 Da Sie sich mit Ihrem Antrag an das Prozessgericht der ersten Instanz wenden, sind Sie nicht verpflichtet, wie im nachstehenden Muster-Antrag erfolgt, das volle Rubrum anzugeben. Es genügt auch die Kurzbezeichnung.

► Muster: Antrag gem. § 887 ZPO

467 Landgericht

.....

Adresse

Antrag gem. § 888 ZPO

des ..... (*Vorname, Name, Anschrift*)

Gläubiger,

Verfahrensbevollmächtigter: .....

(*RA Name, Anschrift*)

g e g e n

.....

(*Vorname, Name Schuldner, Anschrift*)

Schuldner,

.....

(*ggf. Verfahrensbevollmächtiger*)

Geschäftszeichen ..... (erste Instanz):

zur Vornahme einer vertretbaren Handlung.

Namens und in Vollmacht des Gläubigers beantrage ich,

1. den Gläubiger zu ermächtigen, die dem Schuldner nach dem XXX (genaue Bezeichnung des Vollstreckungstitels) obliegenden vertretbaren Handlung, und zwar XXX (genaue Bezeichnung der vorzunehmenden Handlung), auf Kosten des Schuldners im Wege der Ersatzvornahme durch den Gläubiger selbst oder einen von ihm zu beauftragenden Dritten vornehmen zu lassen;
2. anzuordnen, dass der Schuldner die im Wege der Ersatzvornahme notwendige Maßnahme, und zwar XXX (konkrete Bezeichnung der Maßnahme), zu dulden hat. Insbesondere, dass der Gläubiger bzw. der von ihm beauftragte Dritte das

Grundstück des Schuldners, gelegen in der XXX (genaue Anschriftsbezeichnung), betreten darf;

3. den Schuldner zu verurteilen, an den Kläger für die nach Ziffer 1. vorzunehmende Ersatzhandlung einen Kostenvorschuss in Höhe von XXX EUR zu zahlen.

Begründung:

Der Antrag ist zulässig und begründet.

Am ..... (*Datum*) schlossen die Parteien den im Antrag zu 1.) genannten Prozessvergleich. Der Vergleich wurde von den Parteien nicht widerrufen und ist bestandskräftig. Dem Gläubiger liegt eine vollstreckbare Ausfertigung des Vergleichs vor. Die Zustellung der vollstreckbaren Ausfertigung des Vergleichs erfolgte an den Schuldner gemäß den gesetzlichen Vorschriften. Der Vergleich entspricht den gesetzlichen Anforderungen des § 794 Abs. 1 Nr. ZPO.

Beweis: Vollstreckbare Ausfertigung des Vergleichs vom ..... (*Datum*) nebst Zustellungsnachweis im Original anbei.

Mit Schreiben vom ..... (*Datum*) wurde der Schuldner – zwecks Vermeidung von Zwangsvollstreckungsmaßnahmen – unter Fristsetzung zum ..... (*Datum*) zur Errichtung eines Lärmschutzwalls (konkrete Bezeichnung der vertretbaren Handlung) aufgefordert.

Beweis: Schreiben vom ..... (*Datum*) in Kopie anbei.

Bis zum heutigen Zeitpunkt ist der Schuldner der Verpflichtung nicht nachgekommen, sodass antragsgemäß zu entscheiden ist.

Die vom Schuldner geschuldete Handlung stellt eine vertretbare Handlung ein, da die Handlung auch vom Gläubiger selbst bzw. einem von diesem zu beauftragenden Dritten ausgeführt werden kann, ohne dass das Erfüllungsinteresse des Gläubigers hiervon berührt wird. Sollte das Gericht anderer Ansicht sein, so wird höflich um einen rechtlichen Hinweis gebeten, damit der Antrag nach §§ 888 ZPO umgestellt werden kann.

Die beabsichtigte Ersatzvornahme wird voraussichtlich Kosten in Höhe von XXXX EUR verursachen, die als notwendige Kosten der Zwangsvollstreckung vom Schuldner zu tragen ist.

Beweis: Kostenvoranschlag bzw. Sachverständigengutachtenvom ..... (*Datum*) in Kopie anbei.

Der Schuldner ist zur Leistung des Vorschusses gem. § 887 Abbs. 2 ZPO verpflichtet.

Um Übersendung einer vollstreckbaren Ausfertigung des Beschlusses nebst Zustellbescheinigung wird gebeten.

Beglaubigte und einfache Abschrift anbei.

Rechtsanwalt/Rechtsanwältin

10. freiwillige Vornahme durch den Schuldner

468 Der Schuldner ist auch nach Erlass eines Ermächtigungsbeschlusses nach § 887 ZPO nicht daran gehindert, die von ihm geschuldete Leistung noch freiwillig zu erbringen, um so ggf. Kosten einzusparen. Eine bloße Ankündigung reicht jedoch nicht aus. Die geschuldete Leistung muss tatsächlich erbracht worden sein.

11. Kosten der Zwangsvollstreckung

469 In dem Verfahren gem. § 887 ZPO erfolgt die Kostenfestsetzung gem. § 788 Abs. 2 ZPO durch das Prozessgericht (Zustellungskosten des Urteils, vorgerichtliche Aufforderung an den Schuldner, der Verpflichtung aus dem Vollstreckungstitel nachzukommen, Kosten für den Antrag gem. § 887 ZPO).

470 Sofern die Ersatzvornahme durchgeführt wird, sind die in diesem Verfahren entstandenen Kosten gem. § 788 Abs. 1 ZPO vom Vollstreckungsgericht, in dessen Bezirk die Vollstreckungshandlung erfolgte, festzusetzen.

VIII. Zwangsvollstreckung zur Herausgabe von Sachen

471 Besitzt der Gläubiger einen Titel gegen den Schuldner zur Herausgabe einer Sache, so richtet sich die Zwangsvollstreckung bei beweglichen Sachen nach § 883 ZPPO, bei unbeweglichen Sachen nach § 885 ZPO.

1. Herausgabe von beweglichen Sachen § 883 ZPO

472 In den meisten Kanzleien gehört die Herausgabevollstreckung nach § 883 ZPO eher zu den selten Fälle der ZV, ist jedoch von Bedeutung, sobald die Herausgabe von bewegliche Gegenstände (z. B. Bilder, Haushaltsgeräte oder Kraftfahrzeuge) begehrt wird und ein entsprechender Titel vorliegt.

473 ▶ **Beispiel 1:**

Der Mandant hat an den Schuldner ein wertvolles Kunstwerk „Las flores"unter Eigentumsvorbehalt verkauft. Da der Schuldner jedoch den Kaufpreis nicht bezahlt hat, kam es zum Rechtsstreit, in dem die Herausgabe des Kunstwerkes begehrt wurde. Antragsgemäß wurde der Schuldner zur Herausgabe des Bildes „Las flores" verurteiltt

a) Vollstreckungsgegenstand

474 In den meisten Fällen handelt es sich bei dem Vollstreckungsgegenstand um eine **Einzelsache,** grds. ist aber auch die Vollstreckung zur Herausgabe einer **individuell bestimmten Sachgesamtheit** (z. B. einem Warenlagen, die Geräte eines Sportstudios oder einer Bibliothek) möglich.

▶ Achtung: 475

Die **Herausgabe eines Kindes** erfolgt nicht nach § 883 ZPO, sondern vielmehr **nach § 88 ff. FamFG**, wobei das Prozessgericht zur Durchsetzung des Herausgabeanspruchs verschiedene Zwangsmaßnahmen (z. B. Ordnungsgeld, unmittelbarer Zwang) anordnen kann.

Die unmittelbare Gewaltanwendung gegen ein Kind ist ausdrücklich in § 90 Abs. 2 FamFG für den Fall der zwangsweisen Durchsetzung eines Umgangsrechtes (gegen den Willen des Kindes) ausgeschlossen, in allen übrigen Fällen muss eine Interessenabwägung mit dem Kindeswohl erfolgen.

b) Vollstreckungsorgan und Vollstreckungshandlung

Für die Herausgabevollstreckung ist nach § 883 Abs.1 ZPO der **örtlich zuständige Gerichtsvollzieher** zuständig, wobei sich die örtliche Zuständigkeit dabei nach dem Ort der Vollstreckungshandlung richtet. 476

Bei der Herausgabevollstreckung von beweglichen Sachen nimmt der Gerichtsvollzieher dem Schuldner die im Titel konkret bezeichnete Sache ab und übergibt sie dem Gläubiger. Die Versendung oder Organisation des Transportes wird i. d. R. mit vollstreckt und wird vom Gerichtsvollzieher durchgeführt. 477

Sollte der Titel auf Übereignung einer beweglichen Sache lautet, so ist nach § 929 BGB neben der Übergabe auch eine Einigungserklärung des Schuldner erforderlich. Bei der Einigungserklärung handelt es ich um eine **Willenserklärung**, die jedoch **mit Rechtskraft des Urteils gem. § 894 ZPO** als abgegeben gilt. Der Gerichtsvollzieher muss auch hier nur noch die Herausgabe der beweglichen Sache nach § 883 ZPO vollstrecken. 478

c) Schuldnerschutzvorschriften

Die Schutzvorschriften der § 811 ZPO (unpfändbare Sachen) und § 812 ZPO (Hausrat) gelten nur in der Zwangsvollstreckung wegen einer Geldforderung (Sachpfändung), nicht jedoch in der Herausgabevollstreckung. 479

Bei der Herausgabevollstreckung gibt es nämlich bereits einen **titulierten Rechtsanspruch** hinsichtlich eines konkreten Gegenstandes, so dass evtl. soziale Aspekte bereits im Erkenntnisverfahren berücksichtigt wurden. Es ist nicht zu befürchten, dass dem Schuldner durch die Herausgabe seine Existenzgrundlage entzogen wird. 480

Dagegen gilt die Ausnahme gem. § 758a Abs. 2 ZPO nicht für die Herausgabevollstreckung einer beweglichen Sache. Verweigert der Schuldner also die Herausgabe der Sache, so ist der Gerichtsvollzieher nicht zu einer Durchsuchung befugt. Ein **richterlicher Durchsuchungsbeschluss** ist unbedingt erforderlich. 481

d) eidesstattliche Versicherung nach § 883 Abs. 2 ZPO

482 Wird die herauszugebende Sache vom Gerichtsvollzieher nicht vorgefunden, so muss der Schuldner angeben, dass
- er die Sache nicht besitzt und dass
- er auch nicht weiß, wo sich die Sache befindet.

483 Der Schuldner muss diese Angaben an Eides statt erklären.

484 Die Abnahme dieser eidesstaatlichen Versicherung erfolgt auch durch den örtlich zuständigen Gerichtsvollzieher.

2. Herausgabe von unbeweglichen Sachen § 885 ZPO

485 In der Praxis weit häufiger kommt die **Räumungsvollstreckung** nach Beendigung eines Mietverhältnisses als häufigste Fallgruppe der Herausgabevollstreckung vor.

486 ▶ Beispiel 2:

In einem Räumungsprozess wird der Schuldner zur Herausgabe der Wohnung in der Friedrichtstraße 89, in 14999 Berlin, 4.OG rechts, verurteilt. Eine freiwillige Hergabe ist trotz Aufforderung durch den Mandanten nicht erfolgt..

a) Vollstreckungsgegenstand

487 Zu den unbeweglichen Sachen gehören insbesondere **Grundstücke und Wohnungen**, aber auch eingetragene Schiffe (was in der Praxis zu vernachlässigen ist).

488 § 885 Abs. 2 ZPO regelt daneben aber auch, wie vorgefundene bewegliche Sachen, die eigentliche nicht Gegenstand der Vollstreckung sind, behandelt werden müssen.

b) Vollstreckungsvoraussetzungen

489 Wie bei jeder Vollstreckungsart muss ein Antrag des Gläubigers vorliegen und es müssen die allgemeinen und besonderen Vollstreckungsvoraussetzungen vorliegen.

490 In der Praxis ergeben sich jedoch manchmal Schwierigkeiten aus der **Unbestimmtheit des Titels:**

491 Z. B. wird die Verpflichtung zum Auszug mit Räumung gleichgesetzt und ist nach § 885 ZPO vollstreckbar. Hingegen ist ein Vergleich über die Beendigung eines Mietverhältnisses für eine Räumungsvollstreckung nicht geeignet.

c) Vollstreckungsschuldner

492 Eine besondere Problematik bei der Räumungsvollstreckung liegt darin, dass bereits im Erkenntnisverfahren ein Titel gegen alle Personen zu erwirken ist, die ggf. **Allein- oder Mitgewahrsam** an der Wohnung besitzen. Es kommt in der Zwangsvollstre-

ckung eben nicht auf das zugrundeliegende Vertragsverhältnis an, sondern ausschließlich auf den Gewahrsam (= tatsächliche Sachherrschaft) an.

Besitzt ein Dritter (z. B. Untermieter) Gewahrsam an der Wohnung und wäre zu einer freiwilligen Herausgabe nicht bereit, so könnte die Herausgabevollstreckung gegen ihn nicht nach § 885 ZPO betrieben werden. 493

Grds. ist nämlich die Vollstreckung nur gegen im Titel genannte Personen zulässig, d. h. alle Mieter müssen im Vollstreckungstitel zur Räumung verpflichtet sein, insbesondere gilt dies für folgende Personen: 494

495

mehrere Mieter im Mietvertrag	Da jeder Mieter, der im Mietvertrag steht, ein eigenständiges vertragliches Recht zum Mitbesitz an der Wohnung hat, ist ein Titel gegen alle zu erwirken.
Ehegatten	Bei Ehegatten war es früher umstritten, ob gegen beide ein Räumungstitel erstritten werden muss, wenn lediglich ein Ehepartner den Mietvertrag unterzeichnet hatte. Da es jedoch lediglich auf den Gewahrsam an der herauszugebenden Wohnung ankommt, muss nach der herrschenden Meinung dies auch für Ehegatten gelten. Es ist ein Räumungstitel gegen beide Ehegatten erforderlich.
nichteheliche Lebensgemeinschaften	Nichts anderes gilt auch für nichteheliche Lebensgemeinschaften. Auch hier müssen beide im Räumungstitel genannt sein, um die Räumung zu betreiben.
Kinder	Etwas anderes gilt jedoch für minderjährige Kinder. Da eine Wohnung i. d. R. nicht an die Kinder zum selbstständigen Gebrauch überlassen wird, haben sie auch keinen selbstständigen Gewahrsam, so dass ein Räumungstitel gegen die Kinder nicht erforderlich ist. Hieran ändert auch eine Volljährigkeit des Kindes nichts, es wird hier von einer fortdauernden Mitnutzung ohne eigenen Besitzwillen ausgegangen. Steht jedoch das volljährige Kind mit im Mietvertrag, so ist auch hier ein Titel gegen das Kind erforderlich.
Untermieter	Der Untermieter hat Mitgewahrsam an der Wohnung, so dass immer ein Titel gegen ihn erforderlich istt.
Besucher oder Angestellte	Besucher oder Angestellte des Schuldner haben keinen Besitz an der Wohnung, sondern sind sog. Besitzdiener. Ein gesonderter Titel ist nicht erforderlich.

d) Durchführung einer normalen Räumungsvollstreckung

496 Bei der Räumungsvollstreckung wird der Schuldner aus dem Besitz gesetzt und der Gläubiger wird durch den Gerichtsvollzieher in den Besitz eingewiesen.

497 Der Gerichtsvollzieher hat die Räumung rechtzeitig dem Schuldner anzukündigen, damit dieser ggf. die 2-Wochenfrist des § 765a Abs. 3 ZPO für einen Räumungsschutzantrag (vgl. in diesem Kapitel Rdn. 599) nutzen kann.

498 Gleichzeitig fordert der Gerichtsvollzieher den Schuldner gem. § 885 Abs. 1 ZPO auf, eine Anschrift zum Zwecke von Zustellungen oder einen Zustellbevollmächtigten zu benennen.

499 Da die Wohnung grds. **vollständig geräumt** an den Gläubiger herauszugeben ist und damit auch sämtliche bewegliche Sachen aus der Wohnung entfernt werden müssen, fordert der Gerichtsvollzieher für evtl. Speditionskosten **einen Vorschuss** beim Gläubiger ab.

500 Dieser Vorschuss wird vom Gerichtsvollzieher geschätzt und richtet sich meist nach der Wohnungsgröße. Für eine 3-Zimmer-Wohnung ist durchaus ein Vorschuss von 3.000,00 € üblich. Die tatsächlich entstehenden Räumungskosten (inkl. Spedition) werden nach der Vollstreckung gegenüber dem Gläubiger unter Berücksichtigung des Vorschusses abgerechnet und sind als notwendige Kosten der Zwangsvollstreckung gegen den Schuldner beizutreiben. Eine Festsetzung nach § 788 ZPO (vgl. in diesem Kapitel Rdn. 536) ist möglich.

501 Erhält der Gerichtsvollzieher keinen Beschluss im Rahmen des Vollstreckungsschutzes und ist der Vorschuss eingegangen, so begibt er sich am Tag der Räumung zu herauszugebenden Wohnung und nimmt den Schuldner ggf. mit Gewalt die tatsächliche Sachherrschaft.

502 Eine Anwesenheit des Schuldners ist dabei nicht erforderlich.

503 Die Besitzeinweisung an den Gläubiger erfolgt im Anschluss daran durch **Übergabe** der unbeweglichen Sache (Wohnung), i. d. R. durch Übergabe sämtlicher (alten) Schlüssel oder durch Einbau eines neuen Schlosses mit Übergabe der neuen Schlüssel.

504 **Bewegliche Sachen** (z. B. alle Hausratsgegenstände), die nicht Gegenstand der Vollstreckung sind, werden vom Gerichtsvollzieher aus der Wohnung **entfernt** und dem Schuldner bzw. einem Bevollmächtigten übergeben. Ist weder der Schuldner noch ein von ihm ernannter Bevollmächtigter anwesend, so sind die beweglichen Sachen in sichere Verwahrung zu nehmen. I.d.R. erfolgt die Verwahrung bei der beauftragten Spedition. Die Kosten hierfür trägt der Schuldner, wobei der Gläubiger jedoch wieder vorschusspflichtig ist.

505 Der Schuldner wird in diesen Fällen schriftlich über die Verwahrung informiert und hat nunmehr gem. § 885 Abs 4 ZPO **zwei Monate ab Räumung Zeit,** seine beweglichen Sachen vom Gerichtsvollzieher abzufordern und die auflaufenden Kosten der Verwahrung zu bezahlen. Lässt er die Abforderungsfrist verstreichen oder weigert er

sich die Verwahrungskosten zu bezahlen, so verwertet der Gerichtsvollzieher die Sachen (vgl. in diesem Kapitel Rdn. 361 Sachpfändung) und hinterlegt den Erlös nach Abzug der bisherigen Räumungs- und Vollstreckungskosten. Sachen, die nicht verkauft werden können, werden vernichtet, um die Pfandkammern zu entlasten.

Unverwertbare Sache wie Gerümpel und Müll sind gleichfalls bei der Räumung aus der Wohnung zu entfernen und können aber sofort durch den Gerichtsvollzieher vernichtet werden. 506

e) Räumungsvollstreckung nach dem „Berliner Modell"

Bei einen normalen Räumungsantrag können – wie bereits in diesem Kapitel Rdn. 500 dargestellt – schnell mehrere tausend Euros als Kostenvorschuss auf den Gläubiger zukommen, da dieser vorschusspflichtig ist und im ungünstigsten Fall, wenn beim Schuldner auch kein Geld zu holen ist, auch erst einmal als Kostenschuldner gegenüber den Gerichtsvollzieher tragen müsste. 507

Um diese Kosten zu senken, wurde das sogenannte „Berliner Modell" entwickelt, das vom BGH mit Beschluss vom 17.11.2005 (I ZB 45/05) bestätigt wurde. Dabei wird die Räumung lediglich auf die **Herausgabe der Wohnung beschränkt.** 508

Voraussetzungen

Grundvoraussetzung für diese Beschränkung ist, das der Gläubiger sein **Vermieterpfandrecht** gegenüber dem Schuldner geltend macht. 509

Das Vermieterpfandrecht ergibt sich aus § 562 Abs. 1 S. 2 BGB und ist ein gesetzliches besitzloses Pfandrecht, das sich grds. auf alle Sachen in der Wohnung erstreckt. 510

Die Forderung des Gläubigers muss sich jedoch **aus dem Mietverhältnis** selbst ergeben, hierzu gehören 511
- Mietzinsforderungen,
- Nutzungsentschädigungen nach § 546 a BGB (bei verspäteter Rückgabe),
- Nebenkosten, wie Betriebskostennachzahlungen aber auch
- Schadensersatz,
- nicht jedoch die Mietkaution, da ansonsten der Mieter doppelt belastet werden würde (sog. Kumulationsverbot).

Für die Entstehung des Vermieterpfandrechtes ist es weiterhin erforderlich, dass der Mieter während der Mietzeit, freiwillig bewegliche Sache für den **regelmäßigen Gebrauch** in die Mieträume gebracht hat. Hierunter fällt grundsätzlich die gesamte Wohnungseinrichtung. Eine Sache, die jedoch nur kurzfristig in der Wohnung untergestellt wird, wird vom Vermieterpfandrecht nicht erfasst. 512

Das Vermieterpfandrecht umfasst alle beweglichen Sachen, die im **Alleineigentum des Mieters** stehen, wobei gem. § 1006 Abs. 1 BGB die Vermutung gilt, dass alle in der Wohnung des Mieters vorhandenen Gegenstände in dessen Eigentum stehen. 513

514 Der **Umfang** des Vermieterpfandrechtes wird durch die **Höhe der Forderungen** bestimmt, die zum Zeitpunkt der ersten Geltendmachung des Pfandrechtes bestehen. Dabei sind Mietzinsforderungen nach § 562 Abs. 2 ZPO nur für das laufende und das folgende Mietjahr ab Geltendmachung (nicht Kalenderjahr) sicherbar.

515 Zukünftige Entschädigungsforderungen können nach Entstehung ebenso wie ein weiterer Mietzinsbereich (die neuen 2 Jahre, laufendes und zukünftiges Mietjahr) durch eine **spätere, wiederholte Geltendmachung** des Pfandrechtes gesichert werden.

516 Die Geltendmachung des Vermieterpfandrechtes unterliegt **keiner Form**, aus Gründen der Nachweisbarkeit bietet sich jedoch eine schriftliche Erklärung gegenüber dem Mieter an.

517 Wie bei der normalen Räumung unterfallen pfändungsfreie Sachen gem. §§ 811, 812 ZPO (in diesem Kapitel Rdn. 504) nicht dem Vermieterpfandrecht (z. B. persönliche Papiere, Sachen zur bescheidenen Haushaltsführung).

Verfahrensablauf

518 Bei der „Berliner Räumung" erfolgt nur die Besitzeinweisung der Wohnung an den Gläubiger.

519 Ist der Schuldner anwesend, so werden die Wohnungsschlüssel eingezogen und an den Gläubiger übergeben. Der Schuldner darf im Beisein des Gerichtsvollziehers seine persönlichen und unpfändbaren Sachen entfernen.

520 In einer Vielzahl von Fällen sind die Schuldner jedoch im Räumungstermin **nicht anwesend.** Hier erfolgt die Besitzeinweisung, in dem der Gerichtsvollzieher das Wohnungsschloss austauscht und die neuen Schlüssel dem Gläubiger übergibt. **Alle Sachen** des Schuldners verbleiben dabei in der Wohnung des Gläubigers.

521 Die Arbeit des Gerichtsvollziehers ist damit beendet. Der Vermieter obliegt es dann, zunächst eine **Aufteilung der beweglichen Sachen** vorzunehmen, da diese unterschiedlich behandelt werden müssen:

522

Müll	Müll und Unrat sind sofort zu entsorgen und bedürfen keiner Aufbewahrung.
unpfändbare Gegenstände	Der Vermieter (Gläubiger) muss diese unpfändbaren Sachen auf Verlangen an den Schuldner herausgeben. Anderenfalls macht er sich nach §§ 280 Abs., 823 BGB schadensersatzpflichtig. Der Vermieter muss jedoch nicht selbst aktiv werden, sondern kann das Herausgabebegehren des Schuldners abwarten.

pfändbare Gegenstände	Auf die pfändbaren Gegenständen erstreckt sich das Vermieterpfandrecht und dürfen im Wege des Pfandverkaufes verwertet werden. Die Verwertung darf jedoch nicht selbst vom Gläubiger vorgenommen werden, sondern muss im Wege einer öffentlichen Versteigerung durch den Gerichtsvollzieher erfolgen (siehe in diesem Kapitel Rdn. 361 ff.)

Bis zu einem **Herausgabeverlangen** des Schuldners sind die unpfändbaren Sachen zusammen mit den pfändbaren Sachen sicher vom Gläubiger **zu verwahren,** dies kann jedoch auch an einen **anderen Ort** (z. B. Lagerraum) erfolgen, so dass die Wohnung wieder zur Weitervermietung bereit steht. 523

Meldet sich der Schuldner nicht mehr wegen der unpfändbaren Sachen beim Gläubiger , so stellt sich die Frage, wie er weiterverfahren darf, da keine ausdrückliche Regelung für diesen Fall im Gesetz vorhanden ist. Meines Erachtens ist hier jedoch § 885 Abs. 4 S. 2 ZPO analog anzuwenden, wonach nach Ablauf von 2 Monaten unverwertbare Sachen vernichtet werden dürfen. Persönliche Unterlagen (Pass, Urkunden) sollten jedoch weiterhin verwahrt werden. 524

► Praxistipps: 525

In der Praxis liegt das größte Risiko der Berliner Räumung für den Gläubiger in der Kategorieeinteilung der beweglichen Sachen, da er sich evtl. bei einer Falschbehandlung schadensersatzpflichtig macht.

(1)

Es bietet sich daher an, bei der Besitzeinweisung durch den Gerichtsvollzieher ein Inventarverzeichnis anfertigen zu lassen und die Wohnung sowie die Gegenstände fotografisch zu dokumentieren. Die Kosten hierfür sollten vorher direkt beim zuständigen Gerichtsvollzieher abgefragt werden, betragen jedoch meist nicht mehr als 50,00 €.

(2)

Ist der Schuldner im Räumungstermin dagegen anwesend, empfiehlt es sich, mit diesem eine schriftliche Vereinbarung zu treffen, wonach der Vermieter sein Vermieterpfandrecht an allen pfändbaren Sachen aufgibt, sofern der Schuldner alle Sachen binnen zwei Wochen aus der Wohnung abholt. Gleichzeitig sollte der Schuldner den Gläubiger bevollmächtigen, die Sachen nach Ablauf der Frist alle zu entsorgen.

Die Räumung nach dem „Berliner Modell“ wurde ursprünglich für sogenannte **Mietnormaden** entwickelt und ist bei diesen auch am unproblematischsten, da die 526

Wohnungen in diesen Fällen meist leer oder nur noch mit Müll vorgefunden werden, der sofort nach der Räumung der Müllentsorgung zugeführt werden kann.

► Muster Berliner Räumung

527 Verteilerstelle für

Gerichtsvollzieheraufträge beim

Amtsgericht .....

(genaue Anschrift)

Antrag auf Herausgabe einer Wohnung

(nach dem Berliner Modell)

Gläubiger G

.....

(genaue Anschrift)

– Gläubiger G–

– Prozessbevollmächtigter: Rechtsanwalt R

gegen

Schuldner S

.....

(genaue Anschrift)

– Schuldner –

ist der Schuldner nach der beigefügten vollstreckbare Ausfertigung des ..... *(genaue Bezeichnung des Titels)*

verpflichtet,

die von ihm (genaue Lage der Wohnung, z.B. im obersten Geschoss rechts, Kirschweg 1, 10789 Berlin), angemietete Wohnung, zu räumen und die Schlüssel zu übergeben.

Eine Zustellung des Titels ist bereits am XXX an den Schuldner von Amts wegen erfolgt.

Eine freiwillige Herausgabe der betreffenden Wohnung ist bislang gescheitert. Der Schuldner wurde noch einmal mit Schreiben vom XXX aufgefordert, den freiwilligen Auszug am XXX bis zum XXX schriftlich zu bestätigen. Da der Schuldner dieser Bitte nicht nachgekommen ist, ist davon auszugehen, dass eine freiwillige Räumung nicht erfolgen wird.

Es wird daher namens des Gläubigers beantragt,

die Herausgabe der oben näher bezeichneten Wohnung

durchzuführen.

Der Zwangsvollstreckungsauftrag wird ausdrücklich auf die Herausgabe der Wohnung beschränkt (sogenanntes Berliner Modell, bestätigt durch den BGH-Beschluss vom 17.11.2005, AZ I ZB 45/05).

Es wird darauf hingewiesen, dass der Gläubiger an sämtlichen Gegenständen, welche sich in der obigen Wohnung befinden, ein Vermieterpfandrecht gem. § 562 I BGB geltend gemacht hat und dem Abtransport der Sachen widersprochen wird.

Die Beurteilung der Frage, ob und in welchem Umfang der Gläubiger ein gesetzliches Vermieterpfandrecht an den eingebrachten beweglichen Sachen des Mieters, hier des Schuldners zusteht, obliegt nicht den Vollstreckungsorganen, sondern im Streitfall dem Gericht. Die Gläubiger ist anstelle der in § 885 III 1 ZPO bestimmten Unterbringung der beweglichen Sachen des Schuldners durch den Gerichtsvollzieher selbst zur Verwahrung der verbliebenen Sachen in der Wohnung gemäß §§ 1215, 1257 BGB verpflichtet (vgl. BGH Beschluss vom 17.11.2005 – I ZB 45/05; dort unter S. 7).

Gleichzeitig ist der Schuldner verpflichtet, die nachstehend berechneten Kosten dieses Antrags zu erstatten.

Vergütungsberechnung

Gegenstandswert (12 X Nettokaltmiete €): ..... €.

0,3 Verfahrensgebühr Nr. 3309 VV RVG (Zwangsvollstreckung)	€
Postentgeltpauschale Nr. 7008 VV RVG	€
Zwischensumme netto	
19 % Umsatzsteuer	€
Gesamtbetrag brutto	€

Die Gläubiger sind nicht zum Vorsteuerabzug berechtigt.

Für Rückfragen stehen wir Ihnen gern telefonisch zur Verfügung.

Eine Abschrift des Räumungsantrages ist beigefügt.

Mit freundlichen Grüßen

Rechtsanwalt

f) Kosten

Für den Räumungsauftrag erhält der Rechtsanwalt des Gläubigers eine 0,3 Verfahrensgebühr nach Nr. 3309 VV RVG. 528

Der Gegenstandswert für die anwaltliche Vergütungsberechnung richtet sich dabei nach §§ 23 Abs.1 S.1 RVG, 41 Abs. 2 GKG. I.d.R. ist die einjährige Nettokaltmiete anzusetzen. 529

Die beim Gerichtsvollzieher entstehenden Räumungs- und Einlagerungskosten sind notwendige Kosten der Zwangsvollstreckung, die im Wege des § 788 ZPO (vgl. in diesem Kapitel Rdn. 536) gegen den Schuldner festgesetzt werden können. Der 530

Gläubiger haftet jedoch zunächst für diese Kosten und ist ggf. vorschusspflichtig. Für die Lagerkosten haftet der Gläubiger jedoch nur innerhalb der in § 885 Abs. 4 ZPO festgelegten 2 Wochen-Frist. Müssen z. B. Geschäftsunterlagen des Schuldners über den Zeitraum hinaus verwahrt werden, so muss der Gläubiger die weiteren Kosten der Verwahrung nicht mehr tragen.

IX. Gebühren in der Zwangsvollstreckung

531 Ausführungen zu den Gebühren und des Gegenstandswertes in der Zwangsvollstreckung finden Sie unter Kap. 8 Rdn. 944 ff.

X. Rechtsschutzversicherung

532 Wurde für das Erkenntnisverfahren eine **Deckungszusage** erteilt, so sind Vollstreckungsmaßnahmen zunächst nicht von dieser Deckungszusage erfasst. Nach § 18 Nr. 3 bis Nr. 18 RVG sind sämtliche Vollstreckungsmaßnahmen besondere Angelegenheiten. Für diese ist daher eine gesonderte Deckungsanfrage erforderlich.

► Muster: Deckungsanfrage Zwangsvollstreckungskosten

533 Rechtsschutzversicherung

.....

(genaue Anschrift)

Gläubiger ./. Schuldner

Sehr geehrte Damen und Herren,

in oben bezeichneter Angelegenheit liegt hier die volltreckbare Ausfertigung des ..... *(genaue Titelbezeichnung)* vor. Der Schuldner hat bislang keine Zahlung geleistet, sodass wir Sie nunmehr bitten, Deckungszusage für die Zwangsvollstreckung

zu erteilen.

Mit freundlichen Grüßen

Rechtsanwalt

534 Die Deckungszusage wird jedoch nur für drei Vollstreckungsmaßnahmen erteilt. Diese Einschränkung ergibt sich aus den Allgemeinen Rechtsschutzbedingungen (ARB).

- Liegt noch ein alter Rechtsschutzversicherungsvertrag mit den ARB 75 vor, so kann der RA aussuchen, welche drei Maßnahmen er gegenüber der Rechtsschutzversicherung abrechnen will (§ 2 Abs. 3b ARB 75).
- Bei den Rechtsschutzversicherungsverträgen, bei denen die ARB 94, 2000 oder 2005 gelten, sind hingegen immer nur die ersten drei Vollstreckungsmaßnahmen vom Versicherungsschutz umfasst (§ 5 Abs. 3d ARB94/2000/2005). Ein Wahlrecht gibt es hier nicht mehr.

535 Bei allen Rechtsschutzversicherungsverträgen darf der entsprechende Vollstreckungsantrag nicht später als fünf Jahre nach Rechtskraft des Vollstreckungstitels gestellt

werden. Ein später gestellter Antrag ist nicht gegenüber der Rechtsschutzversicherung abrechnungsfähig. Der Mandant ist hierüber rechtzeitig zu belehren.

XI. Festsetzung der Zwangsvollstreckungskosten

Gem. § 788 Abs. 1 ZPO sind bisherige Vollstreckungskosten mit dem zur Zwangsvollstreckung stehenden Anspruch beizutreiben, sofern sie notwendig waren. Der Hauptsachetitel reicht für die Beitreibung dieser Kosten aus, ein gesonderter Titel über die Vollstreckungskosten ist daher nicht erforderlich. 536

Das jeweilige Vollstreckungsorgan ist jedoch verpflichtet zu überprüfen, ob die geltend gemachten bisherigen Vollstreckungskosten notwendig i.S.v. § 91 ZPO sind. **Notwendig** sind die Kosten, wenn sie der Rechtsverfolgung zweckdienlich waren und zwar aus Sicht des Gläubigers zum Zeitpunkt der jeweiligen Antragsstellung. 537

Unzulässige, schikanöse, überflüssige und offenbar aussichtlose Vollstreckungsmaßnahmen sind hingegen nicht notwendig i.S.v. § 91 ZPO. Dies gilt insbes. auch für vermeidbare Mehrkosten notwendiger Zwangsvollstreckungskosten. Nicht notwendig sind z. B. Kosten einer Kontopfändung bei mehreren Banken auf Verdacht. 538

Richtet sich der Titel gegen mehrere Schuldner als **Gesamtschuldner**, so haften diese gem. § 788 Abs. 1 Satz 3 ZPO auch als Gesamtschuldner für die Kosten der Zwangsvollstreckung. Es können demnach auch bisherige notwendige Kosten der Vollstreckung gegen den Schuldner A, in einer Vollstreckung gegen den Schuldner B ohne gesonderten Titel nur aufgrund des Hauptsachetitels beigetrieben werden. 539

Im Einzelfall kann sich also Streit über die Notwendigkeit der bisherigen Vollstreckungskosten mit dem jeweiligen Vollstreckungsorgan ergeben. Um diese Streitigkeiten zu vermeiden, besteht gem. § 788 Abs. 2 ZPO die Möglichkeit, die bisherigen Vollstreckungskosten beim Gericht gegen den Schuldner **festsetzen** zu lassen. 540

Zuständig ist dabei das Vollstreckungsgericht, bei dem zum Zeitpunkt der Antragsstellung eine Vollstreckungshandlung anhängig ist oder nach Beendigung der Zwangsvollstreckung das Vollstreckungsgericht, in dessen Bezirk die letzte Vollstreckungshandlung erfolgt ist. 541

Wurden die Vollstreckungskosten nach § 788 Abs. 2 ZPO festgesetzt, darf das jeweilige Vollstreckungsorgan nicht mehr die Notwendigkeit der festgesetzten Kosten überprüfen. Die entsprechenden Belege sind nicht mehr dem aktuellen Vollstreckungsantrag beizufügen, der gesonderte Kostenfestsetzungsbeschluss dient als weiterer Titel. 542

Im Jahr 2004 wurden häufig die Vollstreckungskosten gem. § 788 Abs. 2 ZPO festgesetzt, da es nach der Modernisierung des Schuldrechts zu einer Rechtslage kam, wonach die nicht titulierten Vollstreckungskosten anstatt nach 30 Jahren innerhalb der regelmäßigen Verjährungsfrist von drei Jahren zum Jahresende nach §§ 195, 199 BGB verjährt wären. Ende 2004 wären hiernach unzählige untitulierte Vollstreckungskosten verjährt gewesen. 543

544 Gerade noch rechtzeitig vor Ablauf des Jahres 2004 wurde jedoch am 14. 12. 2004 das neue „Gesetz zu Anpassung von Verjährungsvorschriften an das Gesetz zur Modernisierung des Schuldrechts" vom 09. 12. 2004 verkündet (BGBl. I, 3214 ff. – Nr. 66). Gem. § 197 Abs. 1 Nr. 6 BGB beträgt seitdem die Verjährungsfrist für Ansprüche auf Erstattung der Kosten der Zwangsvollstreckung **30 Jahre.**

545 Ein entsprechendes Muster für die Festsetzung nach § 788 ZPO finden Sie unter Rn. 1714.

XII. Strafanzeige gegen den Schuldner

546 Sollte der Schuldner bereits bei der Entstehung der Forderung des Gläubigers zahlungsunfähig gewesen sein, bietet es sich an, gegen den Schuldner Strafanzeige wegen des Verdachts auf Betrug gem. § 263 Abs. 1 Strafgesetzbuch (StGB) zu stellen.

547 Gem. § 263 Abs. 1 StGB müssen folgende Tatbestände vom Schuldner erfüllt sein:
- Verschaffung eines Vermögensvorteils für sich (hier der Schuldner)
- durch Beschädigung des Vermögens eines anderen (hier des Gläubigers)
- u. a. durch Vorspiegelung falscher Tatsachen (hier vermeidliche Zahlungsfähigkeit des Schuldners)
- in Bereicherungsabsicht.

548 Insbes. wenn der Schuldner bereits die eidesstattliche Versicherung der Vermögenslosigkeit vor Entstehung der Gläubigerforderung abgegeben hat, ist der Tatvorwurf des Betrugs erfüllt.

549 Die Strafanzeige kann dabei von jedermann bei den Strafverfolgungsbehörden (jede Polizeidienststelle oder Staatsanwaltschaft) persönlich oder schriftlich gestellt werden. Wird die Strafanzeige für den Mandanten von einem beauftragten RA gestellt, so geschieht dies i. d. R. schriftlich.

► Muster: Strafanzeige

550 Polizeidienststelle

.....

(genaue Anschrift)

Strafanzeige

Sehr geehrte Damen und Herren,

namens und in Vollmacht unseres Mandanten, ... *(vollständiger Name und Anschrift des Mandanten)*, stellen wir Strafanzeige gegen

.....

(genaue Anschrift)

wegen des Verdachts auf Betrug gemäß § 263 Abs. 1 StGB sowie aller sonst infrage kommender Straftaten.

Der Anzeige liegt folgender Sachverhalt zugrunde:

.....

(detaillierte Sachverhaltsschilderung)

Wir bitten Sie, uns über den Fortgang des Verfahrens zu informieren.

Mit freundlichen Grüßen

Rechtsanwalt

Für die Strafanzeige in der Zwangsvollstreckung erhält der RA eine Gebühr nach Nr. 4302 Ziff. 2 VV RVG, da es sich hier meist um eine Einzeltätigkeit handelt und der RA nicht mit einer weiteren Tätigkeit beauftragt wird. Nr. 4302 Ziff. 2 VV RVG sieht einen Gebührenrahmen von 20,00 € bis 250,00 € vor. In durchschnittlichen Angelegenheiten kann durchaus unter Berücksichtigung der Kriterien des § 14 RVG eine Mittelgebühr i.H.v. 135,00 € zuzüglich einer Post- und Telekommunikationspauschale und der Umsatzsteuer in Ansatz gebracht werden. **551**

Die Rechtsanwaltsvergütung für die Strafanzeige gehört jedoch nicht zu den Kosten der Zwangsvollstreckung und kann daher auch nicht vom Schuldner beigetrieben werden. **552**

Die Kosten sind **nicht notwendig** i.S.v. § 91 ZPO, da der Mandant die Strafanzeige bei den Strafverfolgungsbehörden hätte selber stellen können. Umfangreiche rechtliche Ausführungen durch einen RA sind nicht notwendig, da in Strafsachen der Amtsermittlungsgrundsatz gilt. **553**

F. Wichtigste Rechtsbehelfe und Schuldnerschutzmaßnahmen

In sehr vielen Kanzleien wurde lange die Zwangsvollstreckung meist nur „aktiv“ aus einem zuvor erstrittenen Titel betrieben. In den letzten Jahren nimmt jedoch verstärkt die Anfrage nach **Schuldnerschutzmaßnahmen** in den Kanzleien zu. Dies mag zum einen an der wirtschaftlichen Lage der Schuldner liegen, zum anderen jedoch auch daran, dass Schutzvorschriften ausgeweitet worden sind. **554**

I. Übersicht über Rechtsbehelfe und Klagen in der Zwangsvollstreckung

Zunächst einmal muss festgestellt werden, welche Einwendungen der Mandant gegen die Zwangsvollstreckungsmaßnahme hat. Man unterscheidet dabei in formelle und materiell-rechtliche Einwendungen. **555**

Formelle Einwendungen betreffen dabei das Verfahren selbst, es handelt sich hierbei also um Verfahrensfehler. **556**

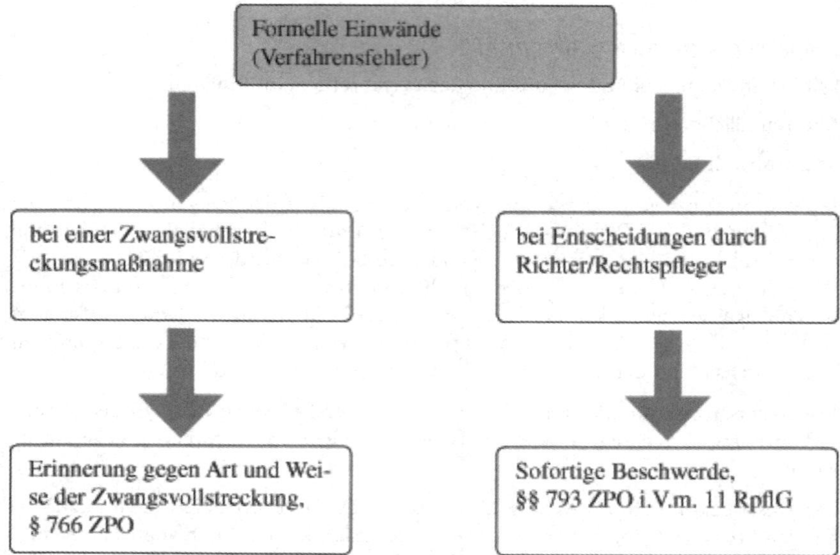

557 Materiell-rechtliche Einwendungen hingegen richten sich gegen den Anspruch an sich.

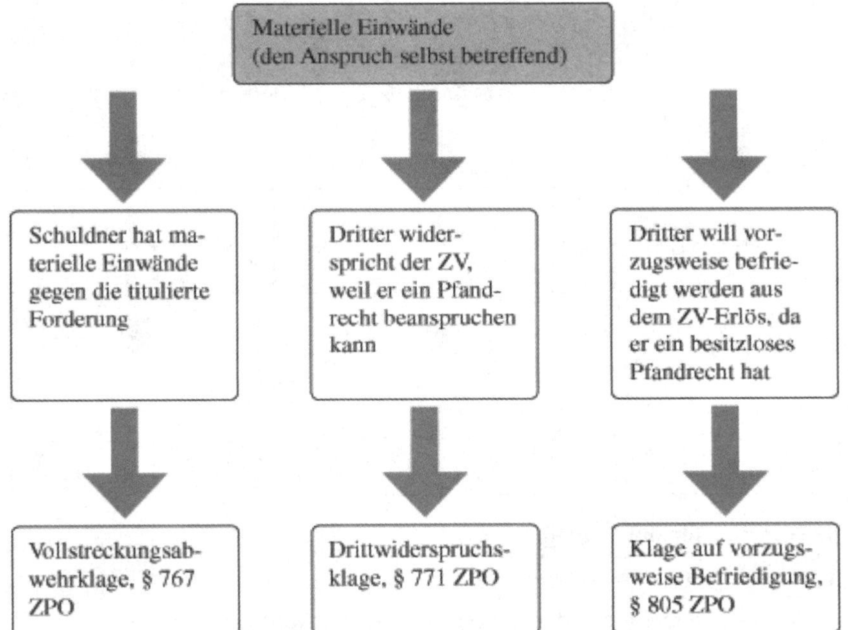

Daneben gibt es jedoch noch diverse besondere Schuldnerschutzvorschriften, die weder auf einem formellen Verfahrensfehler noch auf einer materiell-rechtlichen Einwendung beruhen. Die wohl in der Praxis am häufigsten vorkommenden besonderen Schutzmaßnahmen sind die nachstehenden. 558

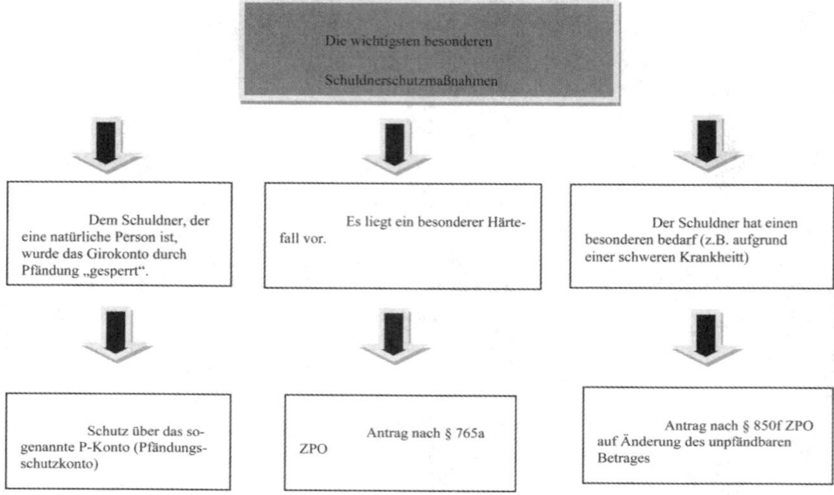

II. Diverse Fälle (mit Muster)

1. Erinnerung

559 ▶ **Beispiel: Erinnerung gegen Art und Weise der Zwangsvollstreckung**

Gegen Mandant M (wohnhaft in Berlin-Charlottenburg) soll eine Geldforderung i.H.v. 2.000,00 € im Wege der Sachpfändung vollstreckt werden. Das der Zwangsvollstreckung zugrunde liegende Urteil wurde jedoch dem Mandanten noch nicht zugestellt, nach telefonischer Auskunft des Prozessgerichts wurde bislang auch keine vollstreckbare Ausfertigung erteilt. Der unerfahrene Gerichtsvollzieher will dennoch vollstrecken und meint, er müsse den Auftrag der Gläubigerin G erfüllen. Die Sachpfändung soll in zwei Tagen erfolgen. Was ist zu tun?

560 Obwohl hier noch keine direkte Zwangsvollstreckungsmaßnahme durch den Gerichtsvollzieher stattgefunden hat, hat der Mandant dennoch ein Rechtsschutzbedürfnis, dass die unmittelbar bevorstehende Zwangsvollstreckungsmaßnahme verhindert wird.

561 Im vorliegenden Fall wurde das Urteil noch nicht zugestellt, dies könnte jedoch auch zeitgleich mit der geplanten Zwangsvollstreckungsmaßnahme erfolgen (§ 750 Abs. 1 ZPO). Der dem Gerichtsvollzieher vorliegende Titel hat ferner aber auch keine Vollstreckungsklausel, sodass aus diesem Grund nicht alle allgemeinen Zwangsvollstreckungsvoraussetzungen vorliegen. Dies hätte der Gerichtsvollzieher als zuständiges Vollstreckungsorgan überprüfen müssen. Es handelt sich hiernach um eine formelle Einwendung unseres Mandanten M. Der zulässige Rechtsbehelf ist die Erinnerung gegen die Art und Weise der Zwangsvollstreckung gem. § 766 ZPO. Die **Erinnerung** ist beim Vollstreckungsgericht einzureichen.

§ 764 Abs. 1 ZPO regelt die sachliche Zuständigkeit, wonach die AG als Vollstreckungsgerichte anzusehen sind. Die örtliche Zuständigkeit ergibt sich aus § 764 Abs. 2 ZPO. Danach ist, sofern das Gesetz nichts anderes bestimmt, das AG anzusehen, in dessen Bezirk das Vollstreckungsverfahren stattfinden soll oder stattgefunden hat. Hier wäre dies das AG am Wohnort des Mandanten. 562

Ein möglicher Antrag könnte im vorliegenden Fall wie folgt aussehen.

► Muster: Erinnerung nach § 766 ZPO

563

An das

Amtsgericht Charlottenburg

Vollstreckunsgericht

Amtsgerichtsplatz 1

14057 Berlin

In der Zwangsvollstreckungssache

des ..... *(Mandanten)*

– Schuldner und Erinnerungsführer –

Verfahrensbevollmächtigte: .....

gegen

den ..... *(Gläubiger)*

– Gläubiger und Erinnerungsgegner –

Verfahrensbevollmächtigte: .....

legen wir namens und in beigefügter Vollmacht des Schuldners gegen die Art und Weise der Zwangsvollstreckung

Erinnerung gemäß § 766 ZPO

ein.

Es wird beantragt,

den Gerichtsvollzieher ..... anzuweisen, die angekündigte Zwangsvollstreckung aus dem Urteil .....*(genaue Bezeichnung, Datum des Erlasses, Gericht)*nicht durchzuführen.

Begründung

Ausweislich der Gerichtsakte zum Prozessverfahren ..... *(Angabe des Gerichts und des Aktenzeichens)* wurde dem Gläubiger keine vollstreckbare Ausfertigung des Urteils erteilt, sodass nicht sämtliche allgemeinen Vollstreckungsvoraussetzungen vorliegen. Die angekündigte Durchführung einer Sachpfändung ist demnach nicht statthaft.

Beglaubigte und einfache Abschrift anbei.

Rechtsanwalt

2. Vollstreckungsabwehrklage

564 ▶ Beispiel: Vollstreckungsabwehrklage

Mandant M hat an seinen Gläubiger G die vollständige titulierte Forderung i.H.v. 6.500,00 € inklusive Zinsen und Vollstreckungskosten sofort nach Ende der mündlichen Verhandlung bezahlt. Der Gläubiger betreibt dennoch weiterhin die Zwangsvollstreckung in das Konto des Mandanten. Das Urteil stammt vom LG Berlin.

Was ist zu tun?

565 Der Mandant hat hier einen materiell-rechtlich Einwand, da durch die Bezahlung der ursprüngliche Anspruch erloschen ist. Die richtige Maßnahme wäre hier die Einlegung einer **Vollstreckungsabwehrklage** (§ 767 ZPO) oder auch **Vollstreckungsgegenklage** genannt.

566 Die Vollstreckungsabwehrklage kann grds. vom Schuldner erhoben werden, wenn der titulierte Anspruch nicht mehr besteht, z.B. durch Zahlung oder Aufrechnung.

567 Dieser Einwand darf jedoch nicht **präkludiert** sein, d.h. der Einwand darf erst nach Schluss der mündlichen Verhandlung entstanden sein und muss demnach „neu" sein. Ist der Einwand bereits präkludiert, so ist die Vollstreckungsabwehrklage unbegründet.

568 Die Vollstreckungsabwehrklage unterliegt keiner Frist, es muss lediglich ein Rechtsschutzbedürfnis des Schuldners vorliegen. Dies kann bereits gegeben sein, wenn die Zwangsvollstreckung ernsthaft droht oder kurz bevor steht.

569 Gem. § 767 Abs. ZPO ist die Klage beim Prozessgericht des ersten Rechtszugs einzureichen.

570 Bei der Vollstreckungsabwehrklage handelt es sich um ein normales Erkenntnisverfahren, welches auch vergütungs- und kostenrechtlich in dieser Weise behandelt wird. Mit Einreichung der Klage ist daher ein **Gerichtsgebührenvorschuss** i.H.v. drei Gerichtsgebühren nach Nr. 1210 KV GKG zu entrichten. Die **Rechtsanwaltsgebühren** ergeben sich aus Teil 3 des VV RVG.

571 Eine mögliche Vollstreckungsabwehrklage könnte im vorliegenden Fall wie folgt aussehen.

▶ Muster: Vollstreckungsabwehrklage gem. § 767 ZPO

572 An das

Landgericht Berlin

Prozessgericht der I. Instanz

Tegeler Weg 17 – 21

10589 Berlin

ACHTUNG!!! Bitte sofort vorlegen

Antrag auf einstweilige Einstellung der Zwangsvollstreckung nach § 769 ZPO

Vollstreckungsabwehrklage nach § 767 ZPO

des ….. *(Mandanten)*

– Kläger –

Verfahrensbevollmächtigte: …..

gegen

den ….. *(Gläubiger)*

– Beklagter –

Verfahrensbevollmächtigte: …..

wegen Unzulässigkeit der Zwangsvollstreckung

beantragen wir namens und in beigefügter Vollmacht des Klägers:
1. Die Zwangsvollstreckung aus dem Urteil …..*(genaue Bezeichnung, Datum des Erlasses, Gericht)* wird für unzulässig erklärt.
2. Die Zwangsvollstreckung aus dem in Nr. 1 bezeichneten Titel wird gemäß § 768 Abs. 1 ZPO einstweilen ohne, hilfsweise mit Sicherheitsleistung eingestellt.
3. Der Beklagte trägt die Kosten des Verfahrens.

Ferner wird beantragt, sobald die entsprechenden Vorsetzungen vorliegen:

ein Versäumnisurteil gem. § 331 Abs. 3 Satz 3 ZPO bzw.

ein Anerkenntnisurteil gem. § 307 ZPO

zu erlassen.

Begründung:

Der Beklagte hatte ursprünglich einen titulierten Anspruch gegen den Schuldner auf Zahlung von 6.500,00 €

Beweis: Beiziehung der Verfahrensakte des erkennenden Gerichts zum Az. …..,

Kopie des Urteils, in Kopie als Anlage K1

Der Kläger zahlte daraufhin nach Zustellung des Urteils an ihn am ….. *(Datum)* den Betrag i.H.v. 6.500,00 € an den Beklagten per Banküberweisung.

Beweis: Kopie des Kontoauszugs vom ….., in Kopie als Anlage K2

Trotz der Zahlung vollstreckt der Beklagte weiterhin in das Bankkonto des Klägers.

Beweis: Kopie einer Bankbestätigung, in Kopie als Anlage K3;

Kopie des Pfändungs- und Überweisungsbeschlusses, in Kopie als Anlage K4

Der Antrag auf einstweilige Einstellung der Zwangsvollstreckung ergibt sich aus § 769 ZPO. Zur Glaubhaftmachung wird auf die beigefügte

eidesstattliche Versicherung gemäß § 294 ZPO des Klägers

sowie auf die vorgelegten oben näher bezeichneten Urkunden verwiesen. Sollte sich die Erfolgsaussicht der Vollstreckungsabwehrklage bereits aus den vorgelegten Urkunden ergeben, wird um einstweilige Einstellung ohne Sicherheitsleistung gebeten.

Da die Verwertung in Kürze bevorsteht, wird um zeitnahe Entscheidung ohne Anhörung des Beklagten gebeten.

Der Streitwert ergibt sich aus § 23 Abs. 1 Satz 1 RVG, § 48 Abs. 1 GKG, § 3 ZPO und ist mit dem Wert der Vollstreckungsforderung zu bestimmen, da durch die vorliegende Klage die Unzulässigkeit der gesamten Vollstreckungsmaßnahme begehrt wird und beträgt ..... €. Ein Vorschuss in Höhe von drei Gerichtsgebühren nach diesem Streitwert in Höhe von ..... € ist per Verrechnungsscheck beigefügt.

Um unverzügliche Zustellung wird daher gebeten.

Beglaubigte und einfache Abschrift anbei.

Rechtsanwalt

3. P-Konto § 850k ZPO

573 Ab dem 01.01.2012 ist der Kontoschutz ausschließlich nur noch über das sogenannte **Pfändungsschutzkonto** (P-Konto) gem. § 850k ZPO möglich. Es bedarf hierzu jedoch keines gerichtlichen Antrages, der Schuldner stellt vielmehr bei **seiner Bank den Antrag**, sein Girokonto in ein P-Konto umzuwandeln.

574 ► Beispiel: P-Konto

Mandant M schuldet Gläubiger G eine Forderung von 5000,00 €. Da der Mandant nur ALG II-Leistungen erhält, konnte er die Forderung bislang nicht zurückführen und „steckte bislang auch den Kopf in den Sand", indem er sich beim Gläubiger nicht um eine Ratenzahlung bemüht hat. Infolge einer Kontopfändung durch den Gläubiger wird das Girokonto des Mandanten gesperrt, auf dem regelmäßig seine ALG II-Leistungen in Höhe von 700,00 € sowie ein Nebenlohn von 50,00 € eingehen. Der Mandant benötigt dringend die Gelder für das Bestreiten seines Lebensbedarfs.

Was ist zu tun? Der Schuldner könnte hier Pfändungsschutz für das P-Konto erlangen.

575 Mit der Reform des Kontopfändungsschutzes sollte zum einen das Verfahren entbürokratisiert werden und zum anderen dem Schuldner die Möglichkeit gegeben werden, weiterhin am bargeldlosen Wirtschaftsleben teilzunehmen. Nach der alten

Rechtslage (bis zum 30.06.2010) führte die Pfändung eines Bankkontos – auch bei einer gerichtlichen Freigabe aufgrund eines Kontoschutzantrags – grds. zu einer Kündigung des zugrunde liegenden Girokontovertrags durch die Bank, da die Pfändung weiterhin bestand und die Bank dadurch einen erheblichen Verwaltungsaufwand hatte.

Die Bank ist nunmehr bei einem bestehenden Girokonto verpflichtet, dieses auf Verlangen des Schuldners (Bankkunden) in ein P-Konto umzuwandeln. 576

Nachstehend werden die Besonderheiten des P-Kontos kurz skizziert. 577

a) Pfändungsschutz auf nur einem P-Konto

Der Pfändungsschutz gilt nur für ein Girokonto. Das besondere P-Konto muss dabei durch eine **privatrechtliche Vereinbarung** zwischen dem Schuldner und seiner Bank festgelegt werden. Eine Umwandlung eines bestehenden Girokontos in ein P-Konto soll laut Gesetz innerhalb von vier Geschäftstagen geschehen, wobei die Umwandlung rückwirkend zum Monatsersten wirkt. 578

Die Vereinbarung ist jedoch **höchstpersönlich,** so dass nur der Schuldner selbst oder ein gesetzlicher Vertreter die Vereinbarung abschließen kann. Eine rechtsgeschäftliche Vertretung, z. B. durch den Rechtsanwalt, ist nicht zulässig. 579

Problematisch könnte dies zum Beispiel bei einem im Krankenhaus befindlichen Mandanten werden. In diesen Fällen müsste ggf. eine kurzfristige Betreuung zum Abschluss einer Vereinbarung über ein Pfändungsschutzkonto beim zuständigen Gericht beantragt werden. 580

Ein Anspruch auf die neue Einrichtung eines P-Kontos besteht jedoch nicht, wonach für alte Schuldner nach wie vor die Schwierigkeit besteht, ein neues Konto zu eröffnen. Insoweit gilt hier immer noch die unverbindliche Selbstverpflichtungserklärung der Banken, wonach lediglich die Landesbanken i. d. R. überschuldeten Schuldnern ein Guthaben-Girokonto einrichten. 581

b) Automatischer Pfändungsschutz

- Nur auf dem eingerichteten P-Konto erstreckt sich sodann der neue automatische Pfändungsschutz. Es handelt sich zunächst um einen Basispfändungsschutz, wonach ein Pfändungsfreibetrag von derzeit 1.028,89 € (für eine Person ohne Unterhaltsverpflichtungen, Achtung es wird ausschließlich auf § 850c Abs. 1 S. 1 verwiesen, nicht auf die Tabelle zu § 850c ZPO, die auch noch eine Quotelung enthält) nicht von der Pfändung erfasst wird, ohne dass es einer gesonderten gerichtlichen Entscheidung bedarf. 582
- Des Weiteren enthält § 850k Abs. 1 Satz 2 ZPO eine Regelung, wonach sich der Pfändungsfreibetrag für den folgenden Kalendermonat erhöht, wenn der Schuldner über seinen Pfändungsfreibetrag nicht oder nicht vollständig innerhalb des jeweiligen Kalendermonats verfügt hat. Dem Schuldner soll somit die Möglichkeit eingeräumt werden, Guthaben für Leistungen anzusparen, die nicht monatlich,

sondern in größeren Zeitabständen fällig werden (wie z.B. Versicherungsprämien). Diese Regelung ist leider ungenau formuliert, nach dem Willen des Gesetzgebers soll der Schuldner jedoch maximal über den doppelten Grundfreibetrag, z.B. 2 x 1.028.89 € verfügen (vgl. BT-Drucksache 16/7615, S. 31).

- Der Basisbetrag wird jeweils für einen vollen Kalendermonat gewährt, sodass es auf den Zeitpunkt der Pfändung und des Eingangs der Einkünfte nicht mehr ankommt. Wurden bereits vor der Pfändung bereits Verfügungen getätigt, so dürfen diese nicht angerechnet werden, da es hierzu keine gesetzliche Regelung gibt. Erfolgt eine Pfändung am 20.06. und hat der Schuldner bereits seine Miete und sonstige Zahlungen bezahlt, so hat er dennoch den gesamten monatlichen Pfändungsschutzbetrag zur Verfügung.
- Auch auf die Art der Einkünfte kommt es für den Pfändungsschutz auf dem P-Konto nicht mehr an. Der Pfändungsschutz erstreckt sich auf Einkünfte aus Arbeitseinkommen, Sozialleistungen (ALG I und II, Kindergeld), Rentenzahlungen aber eben auch auf Einkünfte von Selbstständigen und auf freiwillige Leistungen von Dritten.
- Der Basisbetrag kann durch Vorlage entsprechender Bescheinigungen von Arbeitgebern, Schuldnerberatungsstellen und Sozialleistungsträgern direkt beim Kreditinstitut gemäß der Tabelle zu § 850c ZPO erhöht werden, sofern die Anzahl der Unterhaltsverpflichtungen mit der entsprechenden Bescheinigung nachgewiesen werden kann.
- Eine Erhöhung bzw. eine Herabsetzung des Basisbetrags kann im Einzelfall jedoch gerichtlich überprüft werden (durch den Gläubiger oder durch den Schuldner).

c) Änderungen des pfändungsfreien Betrages durch das Vollstreckungsgericht

583 Auf Antrag der Schuldners oder des Gläubiger kann der pfändungsfreie Betrag nach oben oder unten gem. § 850k Abs. 4 ZPO abgeändert werden. Bis zur Entscheidung über den Antrag kann die einstweilige Einstellung der Zwangsvollstreckung gem. §§ 850k Abs. 4 S.3, 732 Abs. 2 ZPO auf weiteren Antrag angeordnet werden.

584 Als Abänderungsgründe kommen grds. die gleichen Möglichkeiten in Frage, wie bei der Pfändung von Arbeitseinkommen (siehe in diesem Kapitel Rdn. 298). Insbesondere sind dies folgende Punkte,

- § 850a ZPO Feststellung unpfändbarer Bezüge
- § 850c Abs. 4 ZPO vollständige oder teilweise Nichtberücksichtigung unterhaltsberechtigter Personen wegen eigenem Einkommen
- § 850e Nr. 2 und Nr. 2 a ZPO Zusammenrechnung mehrerer Arbeitseinkommen oder von Arbeitseinkommen und Sozialleistungen
- § 850d ZPO Festsetzung des pfändungsfreien Betrages für den Unterhaltsgläubiger
- § 850f ZPO Festsetzung des pfändungsfreien Betrages für den Deliktsgläubiger (aus vorsätzlich unerlaubter Handlung)

Beim Wohngeld gibt es jedoch die Besonderheit, dass es gem. § 54 Abs. 3 Nr. 2a SGB I an der Quelle nur sehr eingeschränkt für den Vermieter pfändbar ist und dem Schuldner bei einer Lohnpfändung zusätzlich gewährt wird. Eine Erhöhung bei der Kontopfändung ist aber nicht vorgesehen. Aus der Gesetzbegründung ergibt sich nicht, ob der Gesetzgeber dies bewusst nicht geregelt hat oder ob hier eine Gesetzeslücke vorliegt und somit eine analoge Anwendung demnach möglich wäre. 585

d) Besonderheiten bei Kindergeld und Sozialleistungen sowie Leistungen f. Körperschäden

Nach der alten Rechtslage könnten Sozialleistungen innerhalb von sieben Tagen vom gepfändeten Konto abgehoben werden, ohne dass es einer gerichtlichen Entscheidung bedarf. 586

Da es bei der Neuregelung auf die Einkommensart nicht mehr ankommt, gibt auch für diese Leistungen nunmehr der grundsätzliche Basispfändungsschutz für den gesamten Monat. 587

Mit dem P-Konto wird grds. nur das Guthaben (positiver Saldo) geschützt, nicht jedoch Zahlungseingänge auf ein debitorisch geführtem Konto. Daher werden P-Konten als Guthabenkonten geführt mit der Folge, dass der Schuldner zunächst sein Debet zurückführen muss. Über entstehendes Guthaben könnte er sodann im Rahmen des automatischen Pfändungsschutzes verfügen. 588

Bei Kindergeld und Sozialleistungen gibt es jedoch die Ausnahmevorschrift des § 850k Abs. 6 ZPO, der einen Verrechnungsschutz für die Dauer von 14 Tagen seit der Gutschrift vorsieht, so dass der Debet nicht vor einer Verfügung zurückzuführen ist. 589

Das Sozialrecht sieht vor, dass z. B. die Lebensgefährtin und das Stiefkind, als eine Bedarfsgemeinschaft zusammen mit dem Schuldner angesehen werden, wenn sie in einer gemeinsamen Wohnung leben. I.d.R. wird die Sozialleistung für alle nur an einen der Bedarfsgemeinschaft ausgezahlt. Würde die Gesamtsumme auf das gepfändete Konto des Schuldners eingehen, so könnte dieser eigentlich nur den Grundfreibetrag auf seinen P-Konto geltend machen, da es sich bei der Lebensgefährtin und dem Stiefkind nicht um gesetzliche Unterhaltsberechtigte handelt. Dies hat der Gesetzgeber jedoch gesehen und die Personen einer Bedarfsgemeinschaft gem. § 850k Abs. 2 Nr. 1 b den gesetzlichen Unterhaltsberechtigten gleichgestellt. Eine Erhöhung des Pfändungsfreibetrages durch Vorlage des aktuellen Sozialhilfebescheides beim Kreditinstitut ist hier also möglich. 590

Folgende Leistungen sind ferner nicht von der Pfändung erfasst und sind dem Schuldner zusätzlich zum Pfändungsfreibetrag zu belassen: 591

- § 850k Abs.2 Nr. 2 ZPO einmalige Sozialleistungen (z. B. für eine Wohnungseinrichtung),
- § 850k Abs.2 Nr. 3 ZPO Kindergeld und andere Leistungen für Kinder sind grundsätzlich an der Quelle gem. § 54 Abs. 5 und § 76 EStG für den Normalgläubiger unpfändbar; lediglich Zahl- oder Zählkinder können wegen eigener Un-

terhaltsanspruche diese Leistungen pfänden (§v 850k Abs. 2 Nr. 3 ZPO überträgt dies auf die Kontopfändung) sowie
- § 850k Abs. 2 Nr2 ZPO Geldleistungen zum Ausgleich eines durch einen Körper- oder Gesundheitsschaden bedingten Mehraufwandes (an der Quelle unpfändbar gem. § 54 Abs. 3 Nr. 3 SGB I).

e) Vermeidung von Missbräuchen beim P-Konto

592 Jede natürliche Person darf nur ein P-Konto führen. Zur Vermeidung von Missbrauchsfällen werden daher die Kreditinstitute ermächtigt, die Einrichtung eines P-Kontos Auskunftsdateien (z. B. der SCHUFA oder einem anderen Institut) zu melden und vor Einrichtung eines P-Kontos eine entsprechende Auskunft abzufragen. Die Auskunftsdatei darf das entsprechende Merkmal „P-Konto" jedoch nur für die Bankanfragen zur Eröffnung eines P-Kontos verwenden, nicht jedoch für Kreditanfragen oder für die Berechnung des sog. **Score-Wertes** (Wert, der Auskunft über die Kreditwürdigkeit einer Person geben soll).

593 Besitzt der Schuldner dennoch mehrere P-Konten, so kann der Gläubiger beim Vollstreckungsgericht einen Antrag nach § 850k Abs. 9 ZPO stellen und sucht sich eins der Konto aus, dass dem Schuldner als P-Konto verbleiben soll, und zwar i.d. Regel wohl das Konto, das das geringste Guthaben aufweist. Das Vollstreckungsgericht hat hierbei kein Auswahlermessen und muss dem Antrag des Gläubigers folgen. Eine Anhörung des Schuldners unterbleibt. Das Vorliegen mehrerer P-Konten hat der Gläubiger durch die Vorlage der entsprechenden Drittschuldnererklärungen glaubhaft zu machen.

f) befristete Unpfändbarkeitsanordnung §850 l ZPO

594 Durch die Einführung des § 850 l ZPO hat der Schuldner die Möglichkeit in den Fällen, in denen die Pfändung des Guthabens keinerlei Befriedigungsaussichten für den Gläubiger bietet, die Pfändung auf Antrag durch das Vollstreckungsgericht aufheben zu lassen.

595 Das Vollstreckungsgericht kann für die Dauer bis zu maximal 12 Monaten eine Unpfändbarkeitsanordnung für das P-Konto beschließen. Voraussetzungen hierfür sind:
- dass in den letzten 6 Monaten vor der Pfändung nur unpfändbare Beträge auf das P-Konto eingegangen sind,
- der Schuldner glaubhaft macht, dass innerhalb der nächsten 12Monate nur ganz überwiegend nicht pfändbare Beträge zu erwarten sind (Prognose) und
- überwiegende Gläubigerinteressen dem nicht gegenstehen.

596 Praktisch hat die Unpfändbarkeitsanordnung jedoch keine Bedeutung für den Schuldner, da er sowieso – zeitlich unbegrenzt- einen automatischen Pfändungsschutz auf dem P-Konto genießt.

g) Ausweitung des Zahlungsmoratoriums in § 835 Abs. 3 und 4 ZPO

Die bislang geltende 2-Wochenfrist hat sich in der Praxis als zu kurz herausgestellt. 597
Der Schuldner hat nun vier Wochen Zeit, den Antrag auf Freigabe der gesetzlich festgelegten Einnahmen, Einkünfte oder Leistungen zu stellen. Durch den neuen § 835 Abs. 4 ZPO wird sichergestellt, dass der Schuldner, der für Einkünfte für persönlich geleistete Arbeiten oder Dienste oder sonstige Einkünfte, die kein Arbeitseinkommen und nicht wiederkehrend sind, mit seinem Antrag nicht zu spät kommt. Die Frist beträgt ebenfalls vier Wochen.

Besonders für den Kontoschutz hervorzuheben sind folgende Paragrafen der ZPO. 598
Hier eine Übersicht:

§ 833a ZPO(Gesetz)Pfändungsumfang bei Kontoguthaben

Die Pfändung des Guthabens eines Kontos bei einem Kreditinstitut umfasst das am Tag der Zustellung des Pfändungsbeschlusses bei dem Kreditinstitut bestehende Guthaben sowie die Tagesguthaben der auf die Pfändung folgenden Tage.

§ 835 ZPO(Gesetz)Überweisung einer Geldforderung

(1) Die gepfändete Geldforderung ist dem Gläubiger nach seiner Wahl zur Einziehung oder an Zahlungs statt zum Nennwert zu überweisen.

(2) Im letzteren Fall geht die Forderung auf den Gläubiger mit der Wirkung über, dass er, soweit die Forderung besteht, wegen seiner Forderung an den Schuldner als befriedigt anzusehen ist.

(3) [1]Die Vorschriften des § 829 Abs. 2, 3 sind auf die Überweisung entsprechend anzuwenden. [2]Wird ein bei einem Kreditinstitut gepfändetes Guthaben eines Schuldners, der eine natürliche Person ist, dem Gläubiger überwiesen, so darf erst vier Wochen nach der Zustellung des Überweisungsbeschlusses an den Drittschuldner aus dem Guthaben an den Gläubiger geleistet oder der Betrag hinterlegt werden; ist künftiges Guthaben gepfändet worden, ordnet das Vollstreckungsgericht auf Antrag zusätzlich an, dass erst vier Wochen nach der Gutschrift von eingehenden Zahlungen an den Gläubiger geleistet oder der Betrag hinterlegt werden darf.

(4) 1Wird künftiges Guthaben auf einem Pfändungsschutzkonto im Sinne von § 850k Absatz 7 gepfändet und dem Gläubiger überwiesen, darf der Drittschuldner erst nach Ablauf des nächsten auf die jeweilige Gutschrift von eingehenden Zahlungen folgenden Kalendermonats an den Gläubiger leisten oder den Betrag hinterlegen. 2Das Vollstreckungsgericht kann auf Antrag des Gläubigers eine abweichende Anordnung treffen, wenn die Regelung des Satzes 1 unter voller Würdigung des Schutzbedürfnisses des Schuldners für den Gläubiger eine unzumutbare Härte verursacht.

(5) Wenn nicht wiederkehrend zahlbare Vergütungen eines Schuldners, der eine natürliche Person ist, für persönlich geleistete Arbeiten oder Dienste oder sonstige Einkünfte, die kein Arbeitseinkommen sind, dem Gläubiger überwiesen werden, so darf

der Drittschuldner erst vier Wochen nach der Zustellung des Überweisungsbeschlusses an den Gläubiger leisten oder den Betrag hinterlegen.

§ 840 ZPO(Gesetz)Erklärungspflicht des Drittschuldners

(1) Auf Verlangen des Gläubigers hat der Drittschuldner binnen zwei Wochen, von der Zustellung des Pfändungsbeschlusses an gerechnet, dem Gläubiger zu erklären:
1. ob und inwieweit er die Forderung als begründet anerkenne und Zahlung zu leisten bereit sei;
2. ob und welche Ansprüche andere Personen an die Forderung machen;
3. ob und wegen welcher Ansprüche die Forderung bereits für andere Gläubiger gepfändet sei;
4. ob innerhalb der letzten zwölf Monate im Hinblick auf das Konto, dessen Guthaben gepfändet worden ist, nach § 850 l die Unpfändbarkeit des Guthabens angeordnet worden ist, und
5. ob es sich bei dem Konto, dessen Guthaben gepfändet worden ist, um ein Pfändungsschutzkonto im Sinne von § 850k Abs. 7 handelt.

(2) [1]Die Aufforderung zur Abgabe dieser Erklärungen muss in die Zustellungsurkunde aufgenommen werden. [2]Der Drittschuldner haftet dem Gläubiger für den aus der Nichterfüllung seiner Verpflichtung entstehenden Schaden.

(3) [1]Die Erklärungen des Drittschuldners können bei Zustellung des Pfändungsbeschlusses oder innerhalb der im ersten Absatz bestimmten Frist an den Gerichtsvollzieher erfolgen. [2]Im ersteren Fall sind sie in die Zustellungsurkunde aufzunehmen und von dem Drittschuldner zu unterschreiben.

Zu § 840: Geändert durch G vom 7.7.2009 (BGBl I S. 1707) (**1.7.2010** bzw. **1.1. 2012**).

§ 850i ZPO(Gesetz)Pfändungsschutz für sonstige Einkünfte

(1) [1]Werden nicht wiederkehrend zahlbare Vergütungen für persönlich geleistete Arbeiten oder Dienste oder sonstige Einkünfte, die kein Arbeitseinkommen sind, gepfändet, so hat das Gericht dem Schuldner auf Antrag während eines angemessenen Zeitraums so viel zu belassen, als ihm nach freier Schätzung des Gerichts verbleiben würde, wenn sein Einkommen aus laufendem Arbeits- oder Dienstlohn bestünde. [2]Bei der Entscheidung sind die wirtschaftlichen Verhältnisse des Schuldners, insbesondere seine sonstigen Verdienstmöglichkeiten, frei zu würdigen. [3]Der Antrag des Schuldners ist insoweit abzulehnen, als überwiegende Belange des Gläubigers entgegenstehen.

(2) Die Vorschriften des § 27 des Heimarbeitsgesetzes vom 14. März 1951 (BGBl. I S. 191) bleiben unberührt.

(3) Die Bestimmungen der Versicherungs-, Versorgungs- und sonstigen gesetzlichen Vorschriften über die Pfändung von Ansprüchen bestimmter Art bleiben unberührt.

§ 850k ZPO(Gesetz)Pfändungsschutzkonto

(1) [1]Wird das Guthaben auf dem Pfändungsschutzkonto des Schuldners bei einem Kreditinstitut gepfändet, kann der Schuldner jeweils bis zum Ende des Kalendermonats über Guthaben in Höhe des monatlichen Freibetrages nach § 850c Abs. 1 Satz 1 in Verbindung mit § 850c Abs. 2a verfügen; insoweit wird es nicht von der Pfändung erfasst. [2]Zum Guthaben im Sinne des Satzes 1 gehört auch das Guthaben, das bis zum Ablauf der Frist des § 835 Absatz 4 nicht an den Gläubiger geleistet oder hinterlegt werden darf. [3]Soweit der Schuldner in dem jeweiligen Kalendermonat nicht über Guthaben in Höhe des nach Satz 1 pfändungsfreien Betrages verfügt hat, wird dieses Guthaben in dem folgenden Kalendermonat zusätzlich zu dem nach Satz 1 geschützten Guthaben nicht von der Pfändung erfasst. [4]Die Sätze 1 bis 3 gelten entsprechend, wenn das Guthaben auf einem Girokonto des Schuldners gepfändet ist, das vor Ablauf von vier Wochen seit der Zustellung des Überweisungsbeschlusses an den Drittschuldner in ein Pfändungsschutzkonto umgewandelt wird.

(2) [1]Die Pfändung des Guthabens gilt im Übrigen als mit der Maßgabe ausgesprochen, dass in Erhöhung des Freibetrages nach Absatz 1 folgende Beträge nicht von der Pfändung erfasst sind:

1. die pfändungsfreien Beträge nach § 850c Abs. 1 Satz 2 in Verbindung mit § 850c Abs. 2a Satz 1, wenn
   a) der Schuldner einer oder mehreren Personen aufgrund gesetzlicher Verpflichtung Unterhalt gewährt oder
   b) der Schuldner Geldleistungen nach dem Zweiten oder Zwölften Buch Sozial gesetzbuch für mit ihm in einer Gemeinschaft im Sinne des § 7 Abs. 3 des Zweiten Buches Sozialgesetzbuch oder der §§ 19, 20, 36 Satz 1 oder 43 des Zwölften Buches Sozialgesetzbuch lebende Personen, denen er nicht aufgrund gesetzlicher Vorschriften zum Unterhalt verpflichtet ist, entgegennimmt;
2. einmalige Geldleistungen im Sinne des § 54 Abs. 2 des Ersten Buches Sozialgesetz buch und Geldleistungen zum Ausgleich des durch einen Körper- oder Gesundheitsschaden bedingten Mehraufwandes im Sinne des § 54 Abs. 3 Nr. 3 des Er sten Buches Sozialgesetzbuch;
3. das Kindergeld oder andere Geldleistungen für Kinder, es sei denn, dass wegen einer Unterhaltsforderung eines Kindes, für das die Leistungen gewährt oder bei dem es berücksichtigt wird, gepfändet wird.

[2]Für die Beträge nach Satz 1 gilt Absatz 1 Satz 3 entsprechend.

(3) An die Stelle der nach Absatz 1 und Absatz 2 Satz 1 Nr. 1 pfändungsfreien Beträge tritt der vom Vollstreckungsgericht im Pfändungsbeschluss belassene Betrag, wenn das Guthaben wegen der in § 850d bezeichneten Forderungen gepfändet wird.

(4) [1]Das Vollstreckungsgericht kann auf Antrag einen von den Absätzen 1, 2 Satz 1 Nr. 1 und Absatz 3 abweichenden pfändungsfreien Betrag festsetzen. [2]Die §§ 850a, 850b, 850c, 850d Abs. 1 und 2, die §§ 850e, 850f, 850 g und 850i sowie die §§ 851c und 851d dieses Gesetzes sowie § 54 Abs. 2, Abs. 3 Nr. 1, 2 und 3, Abs. 4 und 5 des Ersten Buches Sozialgesetzbuch, § 17 Abs. 1 Satz 2 des Zwölften Buches

Sozialgesetzbuch und § 76 des Einkommensteuergesetzes sind entsprechend anzuwenden. [3]Im Übrigen ist das Vollstreckungsgericht befugt, die in § 732 Abs. 2 bezeichneten Anordnungen zu erlassen.

(5) [1]Das Kreditinstitut ist dem Schuldner zur Leistung aus dem nach Absatz 1 und 3 nicht von der Pfändung erfassten Guthaben im Rahmen des vertraglich Vereinbarten verpflichtet. [2]Dies gilt für die nach Absatz 2 nicht von der Pfändung erfassten Beträge nur insoweit, als der Schuldner durch eine Bescheinigung des Arbeitgebers, der Familienkasse, des Sozialleistungsträgers oder einer geeigneten Person oder Stelle im Sinne von § 305 Abs. 1 Nr. 1 der Insolvenzordnung nachweist, dass das Guthaben nicht von der Pfändung erfasst ist. [3]Die Leistung des Kreditinstituts an den Schuldner hat befreiende Wirkung, wenn ihm die Unrichtigkeit einer Bescheinigung nach Satz 2 weder bekannt noch infolge grober Fahrlässigkeit unbekannt ist. [4]Kann der Schuldner den Nachweis nach Satz 2 nicht führen, so hat das Vollstreckungsgericht auf Antrag die Beträge nach Absatz 2 zu bestimmen. [5]Die Sätze 1 bis 4 gelten auch für eine Hinterlegung.

(6) [1]Wird einem Pfändungsschutzkonto eine Geldleistung nach dem Sozialgesetzbuch oder Kindergeld gutgeschrieben, darf das Kreditinstitut die Forderung, die durch die Gutschrift entsteht, für die Dauer von 14 Tagen seit der Gutschrift nur mit solchen Forderungen verrechnen und hiergegen nur mit solchen Forderungen aufrechnen, die ihm als Entgelt für die Kontoführung oder aufgrund von Kontoverfügungen des Berechtigten innerhalb dieses Zeitraums zustehen. [2]Bis zur Höhe des danach verbleibenden Betrages der Gutschrift ist das Kreditinstitut innerhalb von 14 Tagen seit der Gutschrift nicht berechtigt, die Ausführung von Zahlungsvorgängen wegen fehlender Deckung abzulehnen, wenn der Berechtigte nachweist oder dem Kreditinstitut sonst bekannt ist, dass es sich um die Gutschrift einer Geldleistung nach dem Sozialgesetzbuch oder von Kindergeld handelt. [3]Das Entgelt des Kreditinstituts für die Kontoführung kann auch mit Beträgen nach den Absätzen 1 bis 4 verrechnet werden.

(7) [1]In einem der Führung eines Girokontos zugrunde liegenden Vertrag können der Kunde, der eine natürliche Person ist, oder dessen gesetzlicher Vertreter und das Kreditinstitut vereinbaren, dass das Girokonto als Pfändungsschutzkonto geführt wird. [2]Der Kunde kann jederzeit verlangen, dass das Kreditinstitut sein Girokonto als Pfändungsschutzkonto führt. [3]Ist das Guthaben des Girokontos bereits gepfändet worden, so kann der Schuldner die Führung als Pfändungsschutzkonto zum Beginn des vierten auf seine Erklärung folgenden Geschäftstages verlangen.

(8) [1]Jede Person darf nur ein Pfändungsschutzkonto unterhalten. [2]Bei der Abrede hat der Kunde gegenüber dem Kreditinstitut zu versichern, dass er kein weiteres Pfändungsschutzkonto unterhält. [3]Das Kreditinstitut darf Auskunfteien mitteilen, dass es für den Kunden ein Pfändungsschutzkonto führt. [4]Die Auskunfteien dürfen diese Angabe nur verwenden, um Kreditinstituten auf Anfrage zum Zwecke der Überprüfung der Richtigkeit der Versicherung nach Satz 2 Auskunft darüber zu erteilen, ob die betroffene Person ein Pfändungsschutzkonto unterhält. [5]Die Erhebung, Verarbei-

tung und Nutzung zu einem anderen als dem in Satz 4 genannten Zweck ist auch mit Einwilligung der betroffenen Person unzulässig.

(9) [1]Unterhält ein Schuldner entgegen Absatz 8 Satz 1 mehrere Girokonten als Pfändungsschutzkonten, ordnet das Vollstreckungsgericht auf Antrag eines Gläubigers an, dass nur das von dem Gläubiger in dem Antrag bezeichnete Girokonto dem Schuldner als Pfändungsschutzkonto verbleibt. [2]Der Gläubiger hat die Voraussetzungen nach Satz 1 durch Vorlage entsprechender Erklärungen der Drittschuldner glaubhaft zu machen. [3]Eine Anhörung des Schuldners unterbleibt. [4]Die Entscheidung ist allen Drittschuldnern zuzustellen. [5]Mit der Zustellung der Entscheidung an diejenigen Kreditinstitute, deren Girokonten nicht zum Pfändungsschutzkonto bestimmt sind, entfallen die Wirkungen nach den Absätzen 1 bis 6.

4. Räumungsschutzantrag gem. § 765a ZPO

Beispiel: § 765a ZPO 599

Aufgrund eines ordnungsgemäßen Räumungsurteils soll die Wohnung der 80-jährigen Mandantin M in 2,5 Wochen geräumt werden. Die Mandantin ist jedoch unglücklich gestürzt und erlitt einen komplizierten Oberschenkelhalsbruch. Da sie Sozialhilfeempfängerin ist und auch sonst keine Freunde und Verwandten mehr hat, bittet sie Sie um Hilfe, einen Räumungsaufschub zu erstreiten.

§ 765a ZPO gilt als Generalklausel für den Vollstreckungsschutz und soll den 600
Schuldner von Vollstreckungsmaßnahmen schützen, wenn diese wegen **ganz besonderer Umstände** nicht mit den **guten Sitten** vereinbar sind und überwiegende Gläubigerinteressen dem nicht entgegen stehen. Die Vorschrift ist als **ultima ratio** anzusehen und ist daher sehr eng auszulegen.

Der Antrag nach § 765a ZPO ist nicht fristgebunden, es muss lediglich ein Rechts- 601
schutzbedürfnis vorliegen. Das bedeutet, dass der Schuldner den Antrag stellen kann, sofern eine Zwangsvollstreckungsmaßnahme droht oder eingeleitet wurde. Nach Beendigung der Zwangsvollstreckungsmaßnahme ist der Antrag jedoch nicht mehr zulässig, da in diesem Fall kein Rechtsschutzbedürfnis mehr besteht.

Eine Ausnahme zu dem oben beschriebenen besteht allerdings bei Räumungsangele- 602
genheiten.

Der Schuldner muss den Antrag gem. § 765a Abs. 3 ZPO **spätestens zwei Wochen** 603
vor dem Räumungstermin stellen. Eine Ausnahme zu dieser Frist besteht für die Fälle, in denen der Schuldner ohne Verschulden die 2-Wochen-Frist nicht einhalten konnte, oder die Gründe, auf die der Antrag gestützt ist, erst nach Ablauf dieser Frist eingetreten sind.

Im Beispielsfall müsste die Mandantin den Antrag also mindestens 2 Wochen vor 604
dem terminierten Räumungstermin stellen. Aufgrund ihrer Erkrankung und ihres Umfeldes müsste das Gericht dem Antrag bei entsprechendem Vortrag wohl stattge-

ben, wobei die Interessenabwägung des Gerichts natürlich nicht 100-%tig vorausgesagt werden kann.

► **Muster: Räumungsschutzantrag gem. § 765a ZPO**

605 Amtsgericht

– Vollstreckungsgericht –

Straße

Postleitzahl

EILT SEHR BITTE SOFORT VORLEGEN!

Antrag gem. § 765a ZPO

.....

(*Vorname, Name, Anschrift*)

Gläubigerin,

Verfahrensbevollmächtigter: .....

(*Name Rechtsanwalt, Anschrift*)

g e g e n

.....

(*Vorname, Name, Anschrift*)

Schuldner,

wegen Räumungsschutz

Namens und in Vollmacht der Schuldnerin beantrage ich,

1. die Zwangsvollstreckung aus der vollstreckbaren Ausfertigung des Urteils des Amtsgerichts vom ..... (*Datum*), ... (*Geschäftszeichen*), wegen der Räumung der Wohnung in der ..... (*Straße, PLZ*), bestehend aus ..... (*Bezeichnung der Räume*) einstweilen einzustellen

2. der Schuldnerin eine Räumungsfrist von drei Monaten (ggf. länger) zu gewähren.

3. die Zwangsvollstreckung – ohne Sicherheitsleistung – einzustellen.

Begründung:

Der Gläubiger betreibt gegen die Schuldnerin die Zwangsvollstreckung aus dem im Antrag Nr. 1. bezeichneten Räumungstitel. Die Schuldnerin bewohnt die im Antrag zu Nr. 1 benannte Wohnung.

Gemäß der Mitteilung des Gerichtsvollziehers findet der Räumungstermin am ..... (*Datum*) statt.

Beweis: Vollstreckbare Ausfertigung des Urteils des Amtsgerichts .... vom ..... (*Datum*) im Original anbei.

Mietvertrag vom ..... (*Datum*) im Original bei.

Mitteilung des Gerichtsvollziehers vom ..... (*Datum*) im Original anbei.

Die Räumung der Wohnung zum anberaumten Räumungstermin stellt für die Schuldnerin eine besondere Härte im Sinne der Vorschrift des § 765a ZPO dar.

Bei der Schuldnerin handelt es sich um eine 80-jährige Frau, die keinerlei Verwandte mehr hat. Die Schuldnerin ist auf sich allein gestellt und hat keine Freunde und Bekannten, die ihr Hilfe und Unterstützung in dieser Lage bieten könnten.

Die Schuldnerin hat sich bei einem Sturz am ..... (*Datum*) schwere Verletzungen durch einen Oberschenkelhalsbruch zugezogen und leidet an starken Schmerzen. Sie ist nicht in der Lage, das Haus zu verlassen und ist bettlägerig. Die Schuldnerin ist aus diesem Grund nicht in der Lage, innerhalb von drei Monaten eine Ersatzwohnung anzumieten und zu beziehen.

Die Inanspruchnahme eines Sozialen Dienstes wegen einer anderweitigen Unterbringung der Schuldnerin kann aufgrund des nahen Räumungstermins, der erheblichen Verletzung der Schuldnerin und der damit verbundenen Bettlägerigkeit nicht gewährleistet werden.

Zudem wäre die Schuldnerin im Fall einer zwangsweisen Räumung obdachlos.

Aufgrund der erlittenen Verletzungen hat sich zudem der psychische Zustand der Schuldnerin erheblich verschlechtert.

Beweis: Ärztliches Attest vom ..... (*Datum*) im Original anbei.

Eidesstattliche Versicherung der Schuldnerin im Original anbei.

Die Schuldnerin ist aufgrund ihres geringen Einkommens nicht in der Lage, eine Sicherheitsleistung zu leisten.

Die Mietzahlungen leistet die Schuldnerin vertragsgemäß pünktlich.

Beweis: Bescheid des JobCenters vom ..... (*Datum*) im Original anbei.

Kontoauszüge in Kopie anbei.

Der Vollzug der Räumung zum jetzigen Zeitpunkt stellt eine erhebliche Gefährdung von Leib und Leben der Schuldnerin dar.

Zwei Abschriften anbei.

Rechtsanwalt/Rechtanwältin,

5. Drittwiderspruchsklage nach § 771 ZPO

Der Gläubiger darf ausschließlich aus dem Vermögen des Schuldners befriedigt wer- **606**
den.

607 In der Praxis kann es jedoch zu Problemen kommen, da das Zwangsvollstreckungssystem nicht an den materiell-rechtlichen Eigentumsbegriff knüpft und so unter Umständen in das Vermögen eines Dritten vollstreckt wird.

608 Die Zwangsvollstreckung richtet sich nämlich vielmehr
- in der Mobiliarzwangsvollstreckung nach dem Gewahrsam (unmittelbare Sachherrschaft);
- in der Immobiliarzwangsvollstreckung gem. § 17 ZVG nach der Eintragung im Grundbuch sowie
- in der Forderungszwangsvollstreckung nach der schlüssigen Behauptung des Gläubigers, dass der Schuldner Inhaber der behaupteten Forderung gegen einen Dritten sei (wie beim PfÜB).

609 Da hier durch das entsprechende Vollstreckungsorgan keine Verfahrensvorschriften verletzt werden, kommt eine Vollstreckungserinnerung nach § 766 ZPO nicht in Betracht. Dem Dritten steht in diesen Fällen jedoch die Drittwiderspruchsklage gem. § 771 ZPO zur Verfügung, mit der dem Gläubiger der gepfändete Gegenstand wieder entzogen werden soll oder ein angedrohter (unmittelbar bevorstehender) Zugriff von vornherein verhindert werden soll.

610 In der Praxis wohl am häufigsten vorkommend sind die Fälle, wo bewegliche Gegenstände sich im Gewahrsam des Schuldners befinden und im **Eigentum eines Dritten** stehen.

a) Zuständigkeit

611 Für die Drittwiderspruchsklage gibt es gem. §§ 771 Abs. 1, 802 ZPO eine ausschließliche örtliche Zuständigkeit, und zwar ist das Gericht örtlich zuständig, in dessen Bezirk die Zwangsvollstreckung stattfindet.

612 Hinsichtlich der sachlichen Zuständigkeit gibt es keine Besonderheit. Diese richtet sich vielmehr – wie im Zivilrecht üblich- nach §§ 23, 71 GVG, mit der Maßgabe, dass bei Streitwerten bis 5.000,00 € das Amtsgericht und bei höheren Streitwerten das Landgericht zuständig ist.

613 Der Streitwert für die Drittwiderspruchsklage wird dabei nach § 6 ZPO bestimmt und richtet sich grundsätzlich nach dem Wert der Vollstreckungsforderung, es sei denn, der Wert des gepfändeten Gegenstandes ist geringer.

614 ► Praxistipp:

Es bestimmt immer der niedrige Wert den Streitwert.

615 ► Beispiel:

Es wurde wegen einer Forderung in Höhe von 10.000,00 € die Sachpfändung in Düsseldorf betrieben und dabei eine Rolexuhr im Wert von 7.000,00 € gepfändet. Der Dritte begehrt mit der Drittwiderspruchsklage die Herausgabe der Rolexuhr, da diese sein Eigentum ist. Der Streitwert würde hier 7.000,00 € betragen. Die Drittwiderspruchsklage müsste daher beim Landegericht Düsseldorf eingereicht werden.

b) Form und Frist

Die Drittwiderspruchsklage ist eine sogenannte **Gestaltungsklage,** für die die allgemeinen Bestimmungen der Klage gelten. 616

Insbesondere gelten die **allgemeinen Beweislastregeln,** nach der jede Partei die ihr günstigen Tatsachen zu beweisen hat. Der Dritte als Kläger ist daher zunächst voll darlegungs- und beweispflichtig, dass er ein die Veräußerung hinderndes Recht (z. B. Eigentum an dem Gegenstand) besitzt. Macht der Gläubiger und Beklagte im Verfahren Einwendungen hiergegen gelten, so muss er diese wiederum beweisen. 617

Mit der Klage darf aber ferner begehrt werden, dass die Unzulässigkeit der Zwangsvollstreckung des konkreten Gläubiger in das Vermögen des Dritten (konkreter Gegenstand) festgestellt wird. 618

Würde hier jedoch die vollständige Unzulässigkeit der Zwangsvollstreckung (ohne Konkretisierung) beantragt werden, so ist die Klage mit negativer Kostenfolge teilweise abzuweisen. 619

Für die Drittwiderspruchsfrist gibt es **keine gesetzliche Klagefrist.** Es muss jedoch ein **Rechtsschutzbedürfnis** des Dritten vorliegen. 620

Das Rechtschutzbedürfnis liegt grundsätzlich vor, wenn mit der Sachpfändung begonnen, also mit der eigentlichen Pfändung. Aber auch wenn die Pfändung unmittelbar bevorsteht und ein irreparabler Schaden durch die Zwangsvollstreckung droht, wird bereits zu einem früheren Zeitpunkt das Rechtsschutzbedürfnis bejahrt (i. d. R. bei Räumungsvollstreckungen). 621

Das Rechtsschutzbedürfnis entfällt jedoch, 622
- wenn die Zwangsvollstreckungshandlung bereits abgeschlossen ist (z. B. durch Versteigerung) und der Gläubiger dadurch befriedigt wurde oder
- wenn der Gläubiger den Gegenstand freigibt, weil er das (bessere) Recht des Dritten anerkennt.

► Praxistipp: 623

Der Dritte muss seinen Anspruch auf den Gegenstand gegenüber dem Gläubiger vorgerichtlich angezeigt haben und diesen zur Freigabe innerhalb einer angemessenen Frist aufgefordert haben.

Versäumt er dies, hat er keinen Anlass zur Klageerhebung und trägt das Risiko, dass die Kosten des Verfahrens ihm bei einem sofortigen Anerkenntnis gem. § 93 ZPO auferlegt werden.

624 Wenn die Zwangsvollstreckungshandlung z. B. durch Versteigerung bereits abgeschlossen worden ist, kann der Dritte seine Drittwiderspruchsklage nach § 264 Nr. 3 ZPO auf eine Leistungsklage wegen Bereicherung nach § 812 BGB umstellen. Sollte der Dritte in diesem umgestellten Verfahren sein besseres Vermögensrecht nachweisen können, so hätte er Anspruch auf Auszahlung des entsprechenden Versteigerungserlöses. Der Gläubiger hätte den Versteigerungserlös ohne Rechtsgrund erlangt.

c) Prozessparteien

625 Kläger einer Drittwiderspruchsklage kann nur ein Dritter sein. Das Gesetz definiert einen Dritten, als den Inhaber eines die Veräußerung hindernden Rechtes (z. B. Eigentümer), der weder Schuldner ist noch gegen den aus dem Titel sonst noch vollstreckt werden kann.

626 Kein Dritter im Sinne des Gesetzes ist z. B. der Leasingnehmer eines Fahrzeuges. Wird gegen die Leasingfirma vollstreckt und das Leasingfahrzeug gepfändet, so kann hier nicht vom Leasingnehmer Drittwiderspruchsklage erhoben werden, da dieser aufgrund der Rechtsnatur des Leasingvertrages den Gegenstand nur für den Leasinggeber besitzt.

627 Die Klage muss auf Beklagtenseite gegen **alle im Titel genannten Gläubiger** gerichtet sein, um eine Rechtskrafterstreckung zu ermöglichen.

d) Begründetheit

628 Die Drittwiderspruchsklage ist begründet, wenn der Dritte gem. § 771 Abs. 1 ZPO ein die Veräußerung hinderndes Recht besitzt. Gemeint sind damit solche Rechte, die dem Dritten im Falle einer Veräußerung berechtigen würden, den Schuldner rechtlich an einer solchen zu hindern – unter Ausschluss der Möglichkeit eines gutgläubigen Erwerbes.

629 Als Interventionsrechte, die in der Praxis häufig vorkommen, sind insbesondere anerkannt:

- Eigentum,
- Miteigentum,
- beschränkt dingliche Rechte (wie z. B. dingliches Wohnrecht, Hypothek),
- Sicherungseigentum (insbesondere für den Sicherungsnehmer, solange die zu sichernde Forderung noch besteht),
- Besitz an beweglichen Sachen sowie
- schuldrechtliche Herausgabeansprüche z. B. des Vermieters.

630 Nicht anerkannt als Interventionsrecht sind insbesondere:

- das Zurückbehaltungsrecht nach § 273 BGB oder
- der Besitz an unbeweglichem Vermögen.

631 Hat der Dritte jedoch die Verpflichtung, zu einem späteren Zeitpunkt den Vollstreckungsgegenstand an den Schuldner zurück zu übertragen, so kann er sich nicht auf die Geltendmachung seines Interventionsrechtes berufen.

Dem Beklagten und Gläubiger steht dann ggf. ein Arglisteinwand zu, den dieser jedoch im Drittwiderspruchsklageverfahren selbst darlegen muss. Eine Prüfung von Amts wegen findet nicht statt. **632**

Insbesondere kommen folgende Arglistfälle in Frage: **633**
- es liegt ein Scheingeschäft gem. § 117 BGB vor;
- es gibt eine schuldrechtliche (vertragliche) Vereinbarung, wonach der Dritte zur Rückübertragung verpflichtet ist

e) Kosten und Kostengrundentscheidung

Bei der Drittwiderspruchsklage handelt es sich um eine zivilrechtliche Gestaltungsklage, so dass hier alle Gebühren eines normalen Zivilprozesses (siehe in diesem Kapitel Rdn. 435 ff.) entstehen können. **634**

In dem Verfahren selbst ergeht eine eigene Kostengrundentscheidung nach § 91 ZPO, die nur das Verhältnis zwischen Gläubiger und Dritten betrifft. Der Gläubiger kann daher die ihm in der Drittwiderspruchsklage entstehenden Kosten nicht nach § 788 ZPO gegen den eigentlicher Schuldner festsetzen lassen, wenn er die Klage verlieren sollte. **635**

f) Muster

An das

Amtsgericht/Landgericht **636**

(genaue Bezeichnung, sachliche Zuständigkeit richtet sich nach Streitwert)

Klage nach § 771 ZPO

des ..... *(Mandanten/ Dritter)*

– Kläger –

Verfahrensbevollmächtigte: .....

gegen

den ..... *(Gläubiger)*

– Beklagter –

Verfahrensbevollmächtigte: .....

wegen Unzulässigkeit der Zwangsvollstreckung

Streitwert: (Wert der herauszugebenden Sache)

beantragen wir namens und in beigefügter Vollmacht des Klägers:
1. Die Pfändung vom XXX durch den Gerichtsvollzieher XXX, Aktenzeichen DR II XXX, in XXXXX (genaue Bezeichnung des Pfändungsgegenstandes) aus dem .....*(genaue Bezeichnung des Titels, Datum des Erlasses, Gericht)* wird für unzulässig erklärt.

2. Die Zwangsvollstreckung aus dem in Nr. 1 bezeichneten Titel wird gemäß § 768 Abs. 1 ZPO einstweilen ohne, hilfsweise mit Sicherheitsleistung eingestellt.
3. Der Beklagte trägt die Kosten des Verfahrens.

Ferner wird beantragt, sobald die entsprechenden Vorsetzungen vorliegen:

ein Versäumnisurteil gem. § 331 Abs. 3 Satz 3 ZPO bzw.

ein Anerkenntnisurteil gem. § 307 ZPO

zu erlassen.

Begründung:

Der Beklagte und Gläubiger hat aus dem XXX *(genaue Bezeichnung des Titels, Datum des Erlasses, Gericht) gegen den Schuldner XXX (genaue Bezeichnung des Schuldners) die Zwangsvollstreckung betrieben.*

Beweis: Beiziehung der Vorgangsakte des Gerichtsvollziehers XXX (genaue Bezeichnung)

Im Wege der Sachpfändung wurde dabei der streitbefangene Gegenstand gepfändet, der jedoch nicht zum Vermögen des Schuldners gehört. Vielmehr besitzt der Kläger ein die Veräußerung hinderndes Recht i.S. d. § 771 ZPO an der Sache, da er Eigentümer (genaue Bezeichnung des Rechtes) der Sache ist.

Beweis: *Beiziehung der Vorgangsakte des Gerichtsvollziehers XXX (genaue Bezeichnung); Kaufbeleg über die gepfändete Sache (soweit vorhanden).*

Der Beklagte wurde auf das die Veräußerung hinderndes Recht hingewiesen und unter Fristsetzung zum XXX (Datum der Fristsetzung) zur Freigabe des Gegenstandes aufgefordert. Auf das Freigabebegehren hat der Beklagte wie folgt reagiert:

° *Er hat das Freigabebegehren abgelehnt*

° *Er hat die gesetzte Frist fruchtlos verstreichen lassen.*

(bitte Alternative auswählen)

Die Klage ist daher geboten.

Da die Verwertung der gepfändeten Sache kurzfristig droht, wird um einstweilige Einstellung der Zwangsvollstreckung gebeten. Nachdem die Klage allein schon wegen der vorgelegten Urkunde Aussicht auf Erfolg hat, ist die Zwangsvollstreckung ohne Sicherheit einzustellen. Soweit die tatsächlichen Behauptungen glaubhaft zu machen sind, wird auf die beigefügte eidesstattliche Versicherung gem. § 294 ZPO verwiesen.

Der Streitwert ist gem. §§ 23 Abs.1 S 1 RVG, 48 Abs. 1 GKG, 6 S. 2 ZPO mit dem Wert der herauszugebenden Sache i.H.v. XXX (Betrag) zu bestimmen. Ein Gerichtskostenvorschuss in Höhe von XXX EUR (3,0 Gerichtskosten nach dem angenommen Streitwert) ist per Verrechnungsscheck beigefügt.

Beglaubigte und einfache Abschrift anbei

Rechtsanwalt

6. Herausgabe des Titels

▶ Beispiel: Herausgabe des Titels 637

Mandant M hat die titulierte Forderung vollständig an die Gläubigerin G bezahlt. Seit der Zahlung sind vier Wochen vergangen, ohne dass die Gläubigerin den entwerteten Schuldtitel übersandt hat. Um eine spätere Vollstreckung zu vermeiden, besteht M auf die Herausgabe des Titels. Was ist zu tun?

In der Praxis kommt es immer wieder einmal vor, dass der Schuldtitel trotz Begleichung nicht herausgegeben wird, insbes. wenn die Gegenseite nicht anwaltlich vertreten ist. 638

Wurde die Forderung direkt beim **Gerichtsvollzieher** vollständig bezahlt, so hat der Gerichtsvollzieher gem. § 757 Abs. 1 ZPO die vollstreckbare Ausfertigung nebst einer Quittung an den Schuldner auszuliefern, teilweise Zahlungen sind auf der vollstreckbaren Ausfertigung zu vermerken. 639

Diese Vorschrift gilt jedoch nur für den Gerichtsvollzieher nicht für den Gläubiger selbst. Eine Herausgabevorschrift für den Gläubiger wird man auch nicht in der ZPO finden. 640

Ein entsprechender Herausgabeanspruch des Schuldners ergibt sich jedoch aus § 368 BGB. Der Schuldner hat grds. nach Leistungserbringungen einen Anspruch auf Quittierung. Diese muss schriftlich erfolgen. Sollte der Schuldner jedoch ein rechtliches Interesse an einer anderen Form haben, so kann er die Erteilung in dieser Form verlangen. 641

Besteht bereits ein vollstreckbarer Schuldtitel, so hat der Schuldner ein zu bejahendes rechtliches Interesse an der Quittung auf der vollstreckbaren Ausfertigung des Schuldtitels (sog. Entwertung). 642

Die Aushändigung bzw. Quittierung muss jedoch nicht automatisch durch den Gläubiger erfolgen, da er eine Verpflichtung hierzu erst nach Verlangen hat. 643

Der Gläubiger sollte daher schriftlich (ggf. gegen Nachweis) zur Herausgabe des Vollstreckungstitels aufgefordert werden. 644

Ein mögliches Aufforderungsschreiben könnte im vorliegenden Fall wie folgt aussehen. 645

▶ Muster: Aufforderungsschreiben Herausgabe Titel

per Einschreiben 646

.....

Gläubigerin G

(Anschrift)

Mandant M ./. Gläubigerin G

Forderung

Sehr geehrte Frau Gläubigerin G,

in oben bezeichneter Angelegenheit hatten Sie aus dem Urteil des .....-gerichts vom ..... zum Aktenzeichen ..... gegenüber meinem Mandanten eine Forderung von ..... €.

Mein Mandant hat zwischenzeitlich die vollständige Forderung an Sie bezahlt.

Wir bitten daher um Herausgabe des entwerteten Schuldtitels zu unseren Händen. Ferner möchten wir Sie darauf hinweisen, dass Sie hierzu gem. § 368 BGB verpflichtet sind und sehen einer Übersendung innerhalb der nächsten zwei Wochen bis spätestens

..... *(konkretes Datum)*

entgegen.

Mit freundlichen Grüßen

Rechtsanwalt

647 Für dieses Schreiben gibt es jedoch keinen materiell-rechtlichen **Kostenerstattungsanspruch** gegen die Gläubigerin, da die Verpflichtung zur Aushändigung des Schuldtitels erst mit dem ersten Verlangen in Form unseres Schreibens entstanden ist.

648 Sollten alle vorgerichtlichen Bemühungen nicht fruchtbar sein, so müsste der Herausgabeanspruch des Schuldners gegenüber der Gläubigerin im Wege einer Herausgabeklage durchgesetzt werden.

G. Anmeldung einer Forderung zur Insolvenztabelle

649 Nicht immer ist die Zwangsvollstreckung erfolgreich. Der schlimmste Fall für den Gläubiger ist jedoch, wenn das Insolvenzverfahren über das Verfahren des Schuldners eröffnet wird.

650 Er hat dann nur noch die Möglichkeit, seine Forderung zur Insolvenztabelle anzumelden mit der Ungewissheit, ob seine ursprüngliche Forderung wenigstens teilweise befriedigt wird. Vollstreckungsmaßnahmen sind meist durch eine Sicherungsanordnung des Insolvenzgerichts gem. § 21 InsO nicht mehr möglich.

651 Der **Insolvenzeröffnungsbeschluss** wird sofort öffentlich bekannt gemacht, sodass er gegen jederman wirkt. Den (bislang im Verfahren bekannten) Gläubigern und dem Schuldner wird der Beschluss zusätzlich gesondert zugestellt. Aus dem Eröffnungsbeschluss ergeben sich folgende, für den Gläubiger sehr wichtige Informationen:
- der Zeitpunkt der Insolvenzeröffnung;
- der Name des Insolvenzverwalters und
- die Anmeldefrist.

Die **Forderungsanmeldungen** müssen gegenüber dem Insolvenzverwalter innerhalb der gesetzten Frist erfolgen, dabei ist die Forderung nach Hauptforderung, Zinsen und Kosten aufzugliedern. 652

Die „normalen" Insolvenzforderungen sind danach gem. § 38 InsO alle begründeten Vermögensansprüche, die gegen den Schuldner zum Zeitpunkt der Insolvenzeröffnung bestehen. 653

Bei den **Zinsen** gibt es jedoch eine Besonderheit: Die Zinsen, die bis zur Verfahrenseröffnung entstanden sind, dürfen als „normale" Insolvenzforderung gem. § 38 InsO angemeldet werden. Die seit der Eröffnung des Insolvenzverfahrens laufenden Zinsen sind hingegen nachrangige Insolvenzforderungen i.S.d. § 39 Abs. 1 Nr. 1 InsO, die i.d.R. nicht befriedigt werden, da zuvor alle angemeldeten „normalen" Insolvenzforderung nach § 38 InsO befriedigt werden und die **Insolvenzmasse** (das verwertbare Vermögen des Schuldners) meist nicht zu deren vollständiger Befriedigung ausreicht. 654

Vielfach wünscht der Mandant, dass die Anmeldung der Forderung zur Insolvenztabelle durch das Rechtsanwaltsbüro vorgenommen wird. I.d.R. ist nur die isolierte Anmeldung, nicht jedoch eine weitere Vertretung im Insolvenzverfahren gewünscht. 655

Für die isolierte Anmeldung der Forderung zur Insolvenztabelle erhält der RA eine **Verfahrensgebühr** i.H.v. 0,5 nach Nr. 3320, 3317 VV RVG. Hinsichtlich der Bestimmung des Gegenstandwertes gibt es eine Sondervorschrift in § 28 Abs. 2 RVG, wonach die Höhe der anzumeldenden Forderung zuzüglich Nebenkosten maßgeblich ist. 656

Die **Rechtsanwaltskosten** für die Forderungsanmeldung zur Insolvenztabelle sind jedoch gem. § 39 Abs. 1 Nr. 2 InsO eine **nachrangige** Insolvenzforderung. Da nachrangige Insolvenzforderungen meist jedoch nicht befriedigt werden, muss der Mandant i.d.R. die Kosten selbst tragen. Er sollte hierauf ausdrücklich hingewiesen werden. 657

► Muster: Hinweis auf Selbstzahlung der Vergütung für die Forderungsanmeldung zur Insolvenztabelle 658

Sehr geehrter ..... *(Name des Mandanten)*,

in Sachen Mandant M ./. Schuldner S möchten wir Sie darauf hinweisen, dass die Gebühr für die Anmeldung Ihrer Forderung zur Insolvenztabelle (Nr. 3320, 3314 VV) eine nachrangige Insolvenzforderung ist, die höchstwahrscheinlich nicht durch die Insolvenzmasse des Schuldners befriedigt wird, sodass Sie diese leider selbst tragen müssen.

Rechtsanwalt

► Beispiel: Anmeldung zur Insolvenztabelle 659

Mandant M besitzt gegen den Schuldner S eine Forderung i.H v. 1.000,00 € aus einer vollstreckbaren Ausfertigung eines Vergleichs des AG Charlottenburg. Die Forde-

rung ist mit einem festen Zinssatz von 7 % seit dem 02. 01. 2009 zu verzinsen. Im April des gleichen Jahres erhält M den anliegenden Insolvenzeröffnungsbeschluss über das Vermögen des S zugestellt und beauftragt Sie mit der Anmeldung zur Insolvenztabelle. Weitere Kosten sind bislang nicht entstanden.

660 ► Muster: Insolvenzbeschluss

Ausfertigung

Amtsgericht Charlottenburg

Beschluss

Geschäftsnummer: 103 IN ??? Berlin, ???

Über das Vermögen

des Schuldners S.
geboren am: 01.01.70

1. wird heute, am 08.03.20?? um 12.15 Uhr das **Insolvenzverfahren eröffnet**, weil der Schuldner zahlungsunfähig ist, §§ 16, 17 InsO.

2. Zum Insolvenzverwalter wird bestellt:

   RAin

3. Der Insolvenzverwalter wird gemäß § 8 Abs.3 InsO beauftragt, die in dem Verfahren vorzunehmenden Zustellungen durchzuführen mit Ausnahme der Zustellungen an den Gemeinschuldner.

4. Insolvenzforderungen (§ 38 InsO) sind beim Insolvenzverwalter schriftlich bis zum

   11.05.20??

   anzumelden.

5. Termin zur Berichterstattung und zur Beschlussfassung über die Beibehaltung des ernannten oder Wahl eines neuen Verwalters, Wahl eines Gläubigerausschusses und gegebenenfalls über die in den §§ 100, 160, 149, 162, 271 InsO genannten Gegenstände und Prüfungstermin:

   07.06.20??, 10.30 Uhr,

   im Amtsgericht Charlottenburg, Amtsgerichtsplatz 1, 14057 Berlin, II. Stock Saal

   Gläubiger, deren Forderungen im Prüfungstermin festgestellt werden, erhalten keine

AVR1

2

Benachrichtigung über den Ausgang des Prüfungstermins.

Die Gläubiger werden aufgefordert, dem Insolvenzverwalter unverzüglich mitzuteilen, welche Sicherungsrechte sie an beweglichen Sachen oder Rechten des Schuldners beanspruchen. Der Gegenstand, an dem das Sicherungsrecht beansprucht wird, die Art und der Entstehungsgrund des Sicherungsrechts sowie die gesicherte Forderung sind zu bezeichnen. Wer die Mitteilung schuldhaft unterlässt oder verzögert, haftet für den daraus entstehenden Schaden (§ 28 Abs. 2 InsO).
Personen, die Verpflichtungen gegenüber dem Schuldner haben, werden aufgefordert, nicht mehr an den Schuldner, sondern an den Insolvenzverwalter zu leisten (§ 28 Abs. 3 InsO).

Bräutigam
Richterin am Amtsgericht

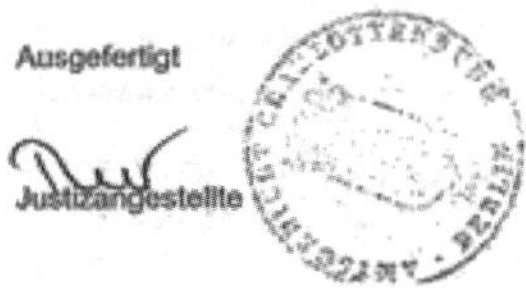

Im vorliegenden Fall müssten die Zinsen für die „normale“ Insolvenzforderung nach § 38 InsO bis zum 08.03. (Zeitpunkt der Insolvenzeröffnung) berechnet werden. Nach der Bankenlehre besitzt jeder Monat 30 Tage, sodass sich für den Zeitraum vom 02.01. – 08.03. 66 Zinstage ergeben. Bei einer jährlichen Verzinsung von 7 % ergibt dies einen Zinsbetrag von 12,83 €. **661**

Die komplette Forderungsanmeldung zur Insolvenztabelle würde wie folgt aussehen. **662**

663 ► Muster: Forderungsanmeldung zum Insolvenzverfahren

Forderungsanmeldung im Insolvenzverfahren
Anmeldungen sind nur an den Verwalter zu richten, nicht an das Gericht

Name des Schuldners: Schuldner S

Insolvenzgericht: Amtsgericht Charlottenburg Aktenzeichen: 103 IN ???

Zeichen Gläubiger: .... Zeichen Gläubigervertreter: ???

Gläubiger	Gläubigervertreter
Mandant M mit sämtlichen Angaben (Name und Vorname bzw. Firmenbezeichnung gemäß Eintragung im Handelsregister, gesetzl. Vertreter, genaue Anschrift, Rufnummer) - kein Stempel -	Rechtsanwalt R mit Anschrift und Telefonnummer Die Beauftragung eines anwaltlichen Vertreters ist freigestellt. Vollmacht – liegt an – wird umgehend nachgereicht
Bankkonto des Gläubigers:	Bankkonto des Gläubigervertreters:
	G-Bank
	Konto 123456, BLZ ???
Bank, BLZ, Konto-Nr.	Bank, BLZ, Konto-Nr.

Hauptforderung § 38 InsO - nur EUR - Beträge EUR 1.000,00
(Notfalls ist der Schätzbetrag anzugeben. Ausländische Währung ist zum Kurswert der Verfahrenseröffnung umzurechnen)

Zinsen 7 % aus 1.000,00 EUR
vom 02.01.?? bis 08.03.?? (Stichtag) EUR 12,83
höchstens bis Verfahrenseröffnung (siehe Eröffnungsbeschluss)

Kosten EUR 0,00
Kosten sind hier anzumelden, soweit sie vor Verfahrenseröffnung entstanden sind. Gebühren für diese Anmeldung sind hier nicht anzumelden.

Summe der angemeldeten Beträge gem. § 38 InsO EUR 1.012,83

Forderungsgrund: Dienstleistung (vollstreckbare Ausfertigung des Vergleichs vom ???)
(Kreditvertrag, Darlehen, Schadensersatz, Warenlieferung, Mietvertrag, Arbeitsentgelt, Rechtsanwalt etc.)

Abgesonderte Befriedigung unter gleichzeitiger Anmeldung für den Ausfall wird – nicht – beansprucht.
(Abgesonderte Befriedigung kann beansprucht werden, wenn der Gläubiger u.a. ein Pfandrecht besitzt.)

Vollstreckungstitel ist – nicht vorhanden – und beigefügt.

Ort Datum Unterschrift

H. Zwangsversteigerung und Zwangsverwaltung

I. Zwangsversteigerung

664 Die folgenden Ausführungen sind lediglich eine kurze Übersicht. Das Zwangsversteigerungsverfahren bietet einiges, was dargestellt werden könnte. Um die Übersichtlichkeit nicht zu gefährden, erfolgt eine Beschränkung auf das Wesentliche. Die ver-

gütungsrechtlichen Fragen werden im vergütungsrechtlichen Teil unter Kap. 8 Rdn. 1031 behandelt.

Verfügt der Schuldner über **Grundbesitz**, so kann als eine Maßnahme der Zwangs- 665
voll-streckung auch die Zwangsversteigerung (Subhastation) durchgeführt werden. Das Verfahren ist im Gesetz über die Zwangsversteigerung und Zwangsverwaltung (ZVG) geregelt. § 869 ZPO verweist daher auf die vorrangig anwendbaren Vorschriften des ZVG.

1. Zweck des Zwangsversteigerungsverfahrens

a) Allgemeines

Jede Vollstreckung ist für den Schuldner unangenehm. Wer die Vollstreckung 666
durchführt, darf dabei nie vergessen, dass eine durch ein Gericht festgestellte Forderung gegen den Schuldner vorliegt.

Eine Zwangsversteigerung stellt für den Schuldner oft eine besondere Härte dar. Er 667
verliert „sein Haus" und gleichzeitig seinen Lebensmittelpunkt, wenn die Immobilie selbst genutzt wird. Oft wissen Sie nicht, warum der Schuldner in eine finanzielle Schieflage geraten ist. Sie werden im Rahmen einer Zwangsversteigerung nicht selten Umgang mit Schuldnern haben, die Ihnen das Gefühl vermitteln wollen, Sie wären ein „Monster". Seien Sie ganz beruhigt, dem ist nicht so. Sie haben mit Sicherheit nicht die finanziellen Fehlentscheidungen des Schuldners zu verantworten. I.d.R. hat der Schuldner sich ganz allein, ohne fremde Hilfe in diese Lage gebracht. Ihre Aufgabe ist es, Ihren Mandanten dabei zu unterstützen, seine Forderung zu erlangen. Sie dürfen Mitleid mit dem Schuldner haben (es gibt auch Fälle der unverschuldeten Not), aber dies ändert nichts an Ihrem Auftrag. Und dieser lautet im Zweifel: „Führen Sie die Zwangsversteigerung durch".

Es ist keine Voraussetzung der Zwangsversteigerung, dass der Gläubiger vorher be- 668
reits ergebnislos andere Maßnahmen der Vollstreckung durchgeführt hat. Er kann unmittelbar im Wege der Zwangsversteigerung vorgehen.

Die Zwangsversteigerung eröffnet dem Gläubiger die Möglichkeiten, wegen einer 669
Geldforderung in das unbewegliche Vermögen zu vollstrecken und so Befriedigung seines Anspruchs zu erreichen.

Die Zwangsversteigerung ist nur bei **unbeweglichem Vermögen** möglich. Zum un- 670
beweglichen Vermögen gehören Grundstücke und deren Aufbauten, Wohnungseigentum, Teileigentum sowie grundstücksgleiche Rechte wie das Erbbaurecht.

Der Antrag auf Anordnung der Zwangsversteigerung kann sowohl wegen eines ding- 671
lichen Anspruchs, bspw. aus einer Grundschuld oder Hypothek, als auch wegen eines persönlichen (Zahlungs-) Anspruchs erfolgen.

672 ► **Praxistipp:**

Das Zwangsversteigerungsverfahren verursacht sehr hohe Kosten. Vor der Versteigerung ist ein Verkehrswertgutachten durch einen durch das Gericht zu bestellenden Sachverständigen zu bestellen. Dieses Verkehrswertgutachten kann ohne Weiteres Kosten i.H.v. 3.000,00 € verursachen. Bevor Sie daher einen Antrag auf Zwangsversteigerung stellen, sollten Sie sich vergewissern, dass angesichts der im Grundbuch bei der zu versteigernden Immobilie eingetragenen Belastungen überhaupt damit zu rechnen ist, dass der Gläubiger aus einem zu erwartenden Versteigerungserlös befriedigt wird. Übersteigen die Belastungen den Wert der Immobilie, ist dem Auftraggeber nicht zu raten, im Wege der Zwangsversteigerung vorzugehen. Er wird nicht deshalb vorrangig aus dem Versteigerungserlös befriedigt, weil er das Verfahren betreibt. Die eingetragene Rangfolge im Grundbuch entscheidet über die vorzunehmende Verteilung eines eventuellen Versteigerungserlöses.

673 Unter: http://www.justiz.nrw.de/BS/formulare/grundbuch/grundbuchauszug_pdf_format.pdf finden Sie ein hervorragendes Muster für einen Antrag auf Erteilung eines Grundbuchauszugs.

► **Muster: Antrag auf Erteilung eines Grundbuchauszugs**

674 ..... Datum: .....

(Vor- und Zuname)

.....

(Straße und Hausnummer)

.....

(PLZ und Ort)

An das

Amtsgericht .....

– Grundbuchamt –

.....

.....

Antrag auf Erteilung eines Grundbuchauszuges

Grundbuch von ..... Blatt .....

.....

(sofern Grundbuchblattbezeichnung nicht bekannt, hier bitte die Belegenheit – Straße, Ort – angeben)

Ich beantrage die Erteilung eines

einfachen Grundbuchauszuges (10,00 €).

beglaubigten Grundbuchauszuges (18,00 €).

Angaben zum berechtigten Interesse:

Ich bin selbst als (Mit-)Eigentümer im Grundbuch eingetragen.

Ich bin als Berechtigter/Gläubiger in Abteilung II oder III eingetragen.

Ich handele in Vollmacht des Eigentümers/des Berechtigten.

Eine schriftliche Vollmacht habe ich beigefügt.

Sonstige Gründe (Nachweise habe ich ggf. beigefügt).

.....

.....

.....

.....

Unterschrift

Wirtschaftlich sinnvoll ist bei vorhandenen Grundbuchbelastungen oft nur die Versteigerung aus einer **Grundschuld** oder **Hypothek**, im Idealfall aus der erstrangigen Belastung. Ein Gläubiger, der nicht über eine **eingetragene** Forderung im Grundbuch verfügt, muss befürchten, in der Zwangsversteigerung nicht befriedigt zu werden. **675**

b) Teilungsversteigerung

Eine besondere Form der Zwangsversteigerung ist die Teilungsversteigerung zur Aufhebung der Gemeinschaft (§ 180 ZVG). **676**

Die Zwangsversteigerung führt – im Unterschied zur Zwangsverwaltung, die auf den Ertrag eines Grundstücks zielt – zu einer Verwertung der Substanz. Bei Erbauseinandersetzungen und in Anschluss an Ehescheidungen ist eine Teilungsversteigerung oft die einzige Möglichkeit, die gemeinsame Immobilie zu verwerten. **677**

2. Zuständigkeit

Sachlich zuständig ist das AG als Vollstreckungsgericht. Örtlich zuständig ist das AG, in dessen Bezirk die Immobilie liegt. **678**

3. Verfahren

Hat der Gläubiger Kenntnis von Immobiliarvermögen des Schuldners, erfolgt die Zwangsversteigerung nur auf Antrag. Jeder Gläubiger des Schuldners kann bei einer titulierten Geldforderung die Zwangsversteigerung beantragen. **679**

Voraussetzung für das Zwangsversteigerungsverfahren ist das Vorliegen eines **Vollstreckungstitels.** Sämtliche Vollstreckungsvoraussetzungen müssen erfüllt sein (zu **680** den Voraussetzungen s. Rdn. 450 ff.). Bei einem nur gegen Sicherheitsleistung vollstreckbaren Titel ist der Nachweis der erbrachten Sicherheitsleistung erforderlich. Da ein Rechtsmittelverfahren erhebliche Zeit in Anspruch nehmen kann, empfiehlt es sich hier nicht, abzuwarten, bis die Rechtskraft eingetreten ist. Der Schuldner könnte über den Grundbesitz verfügen. Zumindest durch die Eintragung einer Sicherungshypothek sollte der Anspruch des Gläubigers bei einem laufenden Rechtsmittelverfahren gesichert sein. Ein Muster für die Eintragung einer Sicherungshypothek finden Sie unter Kap. 5 Rdn. 401.

681 Die Zwangsversteigerung wird durch das Gericht mit Beschluss angeordnet. Dieser Beschluss wird dem Schuldner und den Verfahrensbeteiligten vom Gericht zugestellt. Verfahrensbeteiligte sind neben dem Schuldner und dem betreibenden Gläubiger des Verfahrens diejenigen, deren Interesse sich aus dem Grundbuch ergibt, insbes. die Gläubiger anderer Rechte, wie z. B. Grundschulden, Hypotheken, Reallasten, Wegerechte etc. Je nach Lage der Verfahrens können – auch während des Verfahrens – noch weitere Beteiligte hinzukommen.

682 Das Vollstreckungsgericht richtet an das Grundbuchamt das Ersuchen, dass im Grundbuch in Abteilung II vermerkt wird, dass die Zwangsversteigerung angeordnet ist.

683 Mit der Zustellung des Anordnungsbeschlusses an den Schuldner oder auch durch den Eingang des Eintragungsersuchens an das Grundbuchamt gilt zugunsten des Gläubigers die **Beschlagnahme** des Grundstücks als erfolgt.

4. Rechtsmittel

684 Gegen die Beschlüsse des Vollstreckungsgerichts ist – sowohl für den Gläubiger als auch für den Schuldner – die sofortige Beschwerde beim zuständigen LG zulässig. Für die sofortige Beschwerde gilt eine **Notfrist** von zwei Wochen ab Zustellung des Beschlusses. Ein gesonderter Wert der Beschwer ist nicht zu beachten. Es gelten die Ausführungen zu Rechtsmitteln und Rechtsbehelfen in der Zwangsvollstreckung, s. Kap. 5 Rdn. 554 ff.

5. Schuldnerschutz

685 Der Schuldner kann gem. § 30a ZVG die Einstellung der Zwangsversteigerung für höchstens sechs Monate beantragen. Der Antrag muss innerhalb einer Notfrist von zwei Wochen (§ 30b Abs. 1 ZVG) ab Zustellung des Anordnungs- bzw. Beitrittsbeschlusses durch den Schuldner gestellt werden. Der Antrag muss begründet werden. Der Schuldner muss mit seinem Antrag nach § 30a ZVG nachweisen, dass er die Forderung des Gläubigers binnen sechs Monaten ausgleichen kann. Hierzu ist **Glaubhaftmachung** erforderlich. Glaubhaftmachung erfolgt in Form einer eidesstattlichen Versicherung durch den Schuldner. Das Muster einer eidesstattlichen Versicherung finden Sie unter Kap. 7 Rdn. 306. Gibt das Gericht dem Einstellungsantrag nach, so wird das Verfahren für längstens sechs Monate eingestellt. Oft macht das

Gericht eine Einstellung der Zwangsversteigerung von Auflagen abhängig und ordnet bspw. Ratenzahlung durch den Schuldner an.

Dem Schuldner bleibt im Zwangsversteigerungsverfahren die Möglichkeit, die einstweilige Einstellung der Zwangsversteigerung gem. § 765a ZPO zu beantragen. Dies ist nur möglich, wenn mit der Zwangsversteigerung eine sittenwidrige Härte (insbes. bei Teilungsversteigerungen bei gescheiterten Ehen oder Lebenspartnerschaften) verbunden ist oder Gefahr für Leib und Leben des Schuldners besteht. Der Schuldner muss hier die entsprechenden Nachweise erbringen Kap. 5 Rdn. 599. Beruft der Schuldner sich auf eine Gefahr von Leib und Leben, ist davon auszugehen, dass der Schuldner ein ärztliches Attest vorzulegen hat. 686

6. Einstweilige Einstellung auf Antrag des Gläubigers

Der Zwangsversteigerungsantrag hat auf viele Schuldner eine Signalwirkung. Spätestens jetzt merkt der Schuldner, dass es dem Gläubiger mit seiner Vollstreckung Ernst ist. Viele Schuldner wenden sich nach Eröffnung des Zwangsversteigerungsverfahrens an den Gläubiger und versuchen, Ratenzahlung zu vereinbaren. Der Gläubiger muss, wenn er diese Ratenzahlung akzeptiert, den Antrag nicht zurücknehmen. Er hat die Möglichkeit, die Zwangsversteigerung gem. § 30 ZVG einstweilen einstellen zu lassen. Ist eine hohe Forderung Grundlage der Ratenzahlungsvereinbarung, ist nicht zu erwarten, dass der Gläubiger rasch befriedigt wird. Der Einstellung der Zwangsversteigerung kann der Gläubiger aber insgesamt nur zweimal zustimmen (§ 30 ZVG). Stimmt der Gläubiger zum dritten Mal einer Einstellung zu, so gilt diese Zustimmung als Rücknahme des Versteigerungsantrages. Die Rücknahme führt dazu, dass das Verfahren aufgehoben wird. 687

► **Praxistipp:** 688

Bei einer Ratenzahlungsvereinbarung im laufenden Zwangsversteigerungsverfahren müssen Sie darauf achten, dass der Schuldner die Forderung innerhalb von zwölf Monaten ab Beginn der Ratenzahlung, also mit zwölf Raten, begleicht, da dann zweimal sechs Monate abgelaufen sind. Länger kann die Einstellung nicht dauern. Sie haben sonst nur die Möglichkeit, nach den Ratenzahlungen durch den Schuldner, die nicht zur gesamten Tilgung geführt haben, die Zwangsversteigerung weiter zu betreiben, denn der Antrag auf Zwangsversteigerung gilt als zurückgenommen, wenn Sie nach zwölf Monaten einer weiteren Ratenzahlung zustimmen. Eine weitere Zustimmung zur Ratenzahlung und damit Rücknahme des Antrags ist mit dem Risiko verbunden, dass bis zur erneuten Versteigerung weitere Belastungen in das Grundbuch eingetragen werden oder der Schuldner das Grundstück freihändig veräußert hat.

7. Vor dem Versteigerungstermin

689 Vor jedem Versteigerungstermin muss das Vollstreckungsgericht den Verkehrswert des Versteigerungsobjekts feststellen, damit das geringste Gebot (50 % des gewöhnlichen Verkehrswertes) ermittelt werden kann.

690 I.d.R. wird damit ein Sachverständiger beauftragt, der erst tätig wird, wenn der Gläubiger einen entsprechenden **Kostenvorschuss** an das Gericht geleistet hat.

691 Liegt ein aktuelles Verkehrswertgutachten vor, so kann auch mit diesem die erforderliche Verkehrswertermittlung erfolgen.

692 Nach erfolgter **Verkehrswertfestsetzung** (natürlich mit vorheriger Zustellung an die Parteien und der Möglichkeit der Anfechtung mittels der sofortigen Beschwerde) wird der Versteigerungstermin bestimmt.

693 Je nach Bearbeitungsstand in den einzelnen Gerichtsbezirken ist es nicht unüblich, dass zwischen der Anordnung der Zwangsversteigerung bis zur Bestimmung des Versteigerungstermins ein Zeitraum von 9 bis 12 Monaten liegt. In Ballungszentren (Großstädten, Flächenstaaten) ist ein Zeitraum von bis zu 24 Monaten nichts Ungewöhnliches.

8. Versteigerungstermin

694 Der Ablauf des eigentlichen Versteigerungstermins wird hier nicht näher dargestellt, da dies für die Sachbearbeitung nicht erforderlich ist. Will ein Mandant (also der Gläubiger) am Versteigerungstermin teilnehmen, so kann er sich jederzeit im Internet auf der entsprechenden Seite von diversen Gerichten über den Ablauf von Versteigerungsterminen informieren.

695 Damit die Versteigerung erfolgen kann, muss im Versteigerungstermin ein wirksames Gebot abgegeben werden. Ist dies nicht der Fall, stellt das Gericht das Verfahren von Amts wegen ein. Der betreibende Gläubiger hat die Möglichkeit, die Fortsetzung des Verfahrens zu beantragen.

696 Erreicht im Termin das **Meistgebot** (das Bargebot unter Berücksichtigung der bestehen bleibenden Rechte) nicht 7/10 des Verkehrswerts, muss der Zuschlag auf Antrag eines Berechtigten, dessen Anspruch innerhalb dieser 7/10-Grenze liegt, gem. § 74a Abs. 1 ZVG versagt werden.

697 Liegt das Meistgebot unterhalb der Hälfte des Verkehrswertes, ist der Zuschlag gem. § 85a Abs. 1 von Amts wegen zu versagen.

698 Das Gericht bestimmt dann einen neuen Versteigerungstermin, auf die oben geschilderte 7/10 Grenze kommt es dann nicht mehr an.

699 Wird der Zuschlag erteilt, so heißt der Meistbietende Ersteher.

9. Wirkung des Zuschlagsbeschlusses

Mit der Verkündung der Zuschlagserteilung ist der Ersteher Eigentümer des Grundstücks. Im Fall der Zwangsversteigerung bedarf der neue Eigentümer für seine Rechtsstellung keiner Eintragung im Grundbuch. **700**

Der Gläubiger kann ebenfalls der Ersteher sein. Der Zuschlagsbeschluss ist für den Ersteher Vollstreckungstitel zur Durchsetzung seines Rechts auf die Besitzergreifung. Ist der Gläubiger der Ersteher, so gilt dies selbstverständlich auch für ihn. Er könnte dann die Zwangsvollstreckung auf Räumung und Herausgabe gegen den Besitzer des Grundstücks betreiben. Die Vollstreckungsvoraussetzungen sind zu beachten, sodass der Zuschlagsbeschluss vom AG für vollstreckbar erklärt werden muss. **701**

10. Musterantrag

▶ Muster: Antrag auf Zwangsversteigerung

702

An das Vollstreckungsgericht

In der Zwangsversteigerungssache

des ..... *(vollständige Anschrift des Gläubigers)*

– Gläubiger –

Verfahrensbevollmächtigte: .....

gegen

.....

(vollständige Anschrift des Schuldners)

– Schuldner –

der als Eigentümer des betroffenen Grundstück eingetragen ist im Grundbuch von ....., Grundbuchblattnummer, ...

– wir verweisen auf die Kopie des unbeglaubigten Grundbuchauszuges, die beigefügt ist –.

Wir beantragen namens und in beigefügter Vollmacht des Gläubigers in den oben näher bezeichneten Grundbesitz wegen der mit Urteil des ..... Gerichts vom ..... zum Aktenzeichen – ..... – rechtskräftig titulierten Forderung des Gläubigers die

Anordnung der Zwangsversteigerung

wegen folgender Beträge:

..... € Hauptforderung

..... € titulierte ..... % Zinsen aus ..... seit dem .....

..... € mit Kostenfestsetzungsbeschluss des ...Gerichts ... vom ..... zum ..... AZ festgesetzten Kosten

..... <u>€ Zwischensumme.</u>

Hinzu kommen die Kosten dieses Verfahrens:

..... € Gerichtskosten des Anordnungsbeschlusses gem. Nr. 2211 KV GKG

..... € **Rechtsanwaltsvergütung** für den Antrag auf Zwangsversteigerung berechnet wie folgt:

..... € 0,4 Verfahrensgebühr gem. §§ 2 Abs. 2, 13 Nr. 3311 VV RVG

..... € Entgelte für Post- und Telekommunikationsdienstleistungen gem. Nr. 7002 VV RVG

..... € 19 % USt gem. Nr. 7008 VV RVG

..... € Summe

Dem Antrag sind beigefügt:

Vollmacht,

unbeglaubigter Grundbuchauszug,

rechtskräftiges Urteil,

rechtskräftiger Kostenfestsetzungsbeschluss ,

Drei Abschriften Wortstreichung (beigefügt streichen).

Rechtsanwalt

II. Zwangsverwaltung

703 Auch die Zwangsverwaltung ist eine **Maßnahme der Zwangsvollstreckung.** Die Zwangsverwaltung unterliegt daher in vielen Teilen (vorrangige Sondervorschriften im **ZVG** ausgenommen) den Regelungen des Vollstreckungsverfahrens entsprechend der ZPO. Durch die Zwangsverwaltung wird dem Schuldner nicht das Eigentum am Grundstück genommen. Lediglich die **Nutzungen und Früchte** stehen ihm nicht mehr zu (z. B. Mietzinsforderungen, Pachtzahlungen u. Ä.).

704 Geregelt ist das Verfahren im ZVG (Gesetz über die Zwangsversteigerung und Zwangsverwaltung). Die Zwangsverwaltung ist eine der drei Möglichkeiten, in das **unbewegliche Vermögen** zu vollstrecken.

705 Zuständig für das Verfahren ist das **Vollstreckungsgericht.** Nach dem entsprechenden Antrag und der Anordnung der Zwangsverwaltung wird die Verwaltung des Grundstücks einem Zwangsverwalter übertragen. Das Gericht fordert einen entsprechenden Vorschuss für die Tätigkeit des Zwangsverwalters beim Gläubiger an.

706 Der Zwangsverwalter hat die Aufgabe, bei den Mietern (oder Pächtern) des Schuldners fällige Mieten einzuziehen. Er ist ferner dafür zuständig, dass das Objekt ordnungsgemäß bewirtschaftet wird (z. B. Mängelbeseitigung, Öllieferungen). Die eingezogenen Einnahmen werden zunächst für die ordnungsgemäße Bewirtschaftung eingezogen. Die Auszahlung an den Gläubiger erfolgt erst nach Erstellung eines **Teilungsplans.**

Ein Gläubiger kann gleichzeitig das Verfahren der **Zwangsversteigerung** und das Verfahren Zwangsverwaltung betreiben. Beide Verfahren enden spätestens mit der Rechtskraft der **Zuschlagserteilung.** Die Zwangsverwaltung gilt als aufgehoben, sie kann sich nicht gegen den Ersteher oder neuen Eigentümer des Grundstücks richten, denn dieser ist nicht der Schuldner. 707

Selbstverständlich könnte man anstelle der Durchführung der Zwangsverwaltung auch den Kaltmietzins bei den jeweiligen Mietern als Drittschuldner pfänden. Dieses Verfahren hat allerdings den Nachteil, dass die Mietenpfändung wirkungslos wird, wenn die Zwangsverwaltung des Grundstücks angeordnet ist (§ 1124 Abs. 2 BGB). 708

► Muster: Antrag auf Zwangsverwaltung

709

An das Vollstreckungsgericht

In der Zwangsvollstreckungssache des .....

Gläubigers,

Verfahrensbevollmächtigte : .....

gegen

den ...

Schuldner,

wegen des Grundstücks in ..... (Band ....., Blatt ..... des Grundbuchs von .....) beantragen wir namens und in Vollmacht des Gläubigers, wegen der dem Gläubiger gegen den Schuldner zustehenden Forderung von

.....€ Hauptforderung

.....€ Zinsen

.....€ festgesetzte Kosten

.....€ Zinsen bis .....

.....€ bisherige Vollstreckungskosten

.....€ Anwaltsvergütung für den Antrag auf Zwangsverwaltung

.....€ 0,4 Verfahrensgeb. gem. §§ 2 Abs. 2, 13, Nr. 3311 Anm. Nr. 3 VV RVG

.....€ Entgelte für Post- und Telekommunikationsdienstleistungen gem. § 2 Abs. 2 Nr. 7002 VV RVG

.....€ 19 % USt gem. § 2 Abs. 2, Nr. 7008 VV RVG

50,00 € Gerichtskosten für den Antrag gem. Nr. 2220 KV GKG

.....€ Summe (zzgl. der weiteren Kosten dieses Verfahrens)

die

Zwangsverwaltung

des im Grundbuch von ..... Band ..... Blatt ..... für den Schuldner eingetragenen Grundstücks anzuordnen.

Die mit Zustellnachweis versehene rechtskräftige vollstreckbare Ausfertigung des Titels des ..... Gerichts vom ..... zum Aktenzeichen – ..... – ist diesem Antrag beigefügt.

Beigefügt ist ferner eine unbeglaubigte Abschrift des Grundbuchauszuges über das genannte Grundstück.

Beglaubigte und einfache Abschrift anbei

Rechtsanwalt

710 ▶ Hinweis:

Einen Überblick über vergütungsrechtliche Vorschriften im Zwangsverwaltungsverfahren finden Sie im vergütungsrechtlichen Teil unter Kap. 8 Rdn. 1031.

I. Kurzübersicht Verbraucherinsolvenz

711 In den letzten Jahren nimmt die Anzahl der Verbraucherinsolvenzen stetig zu, insbes. seit es ab dem 01.12.2001 die Möglichkeit gibt, einen Antrag auf Stundung der Verfahrenskosten zu stellen.

712 Das Verbraucherinsolvenzverfahren soll es ermöglichen, dass neben einer bestmöglichen Gläubigerbefriedigung auch natürliche Personen einen schuldenfreien wirtschaftlichen Neuanfang schaffen können und nicht bis zu Ihrem Tod verschuldet bleiben, sofern sie redlich sind.

713 Das besondere Verfahren der Verbraucherinsolvenz wurde daher im 9. Teil der Insolvenzordnung (§§ 305 bis 314 InsO) eingefügt.

I. Grundsatz

714 Das Verbraucherinsolvenzverfahren können grds. alle **natürlichen** Personen betreiben, die keine selbstständige Tätigkeit ausüben oder ausgeübt haben.

715 Wenn der Schuldner jedoch eine selbstständige wirtschaftliche Tätigkeit ausgeübt hatte, so müssen seine Vermögensverhältnisse überschaubar sein. Dies wird vom Gesetzgeber gem. § 304 Abs. 2 InsO angenommen, wenn der Schuldner weniger als 20 Gläubiger hat. Hat der Schuldner 20 oder mehr Gläubiger, so unterliegt er nicht mehr dem Verbraucherinsolvenzverfahren und muss das **Regelinsolvenzverfahren** betreiben.

716 Auch wenn der Schuldner überschaubare Vermögensverhältnisse hat (also weniger als 20 Gläubiger), unterliegt er dennoch dem Regelinsolvenzverfahren, sofern aus einer früheren selbstständigen Tätigkeit noch Forderungen aus Arbeitsverhältnissen gegen ihn bestehen. Hierunter fallen nicht nur die Forderungen seiner alten Arbeitnehmer,

sondern eben auch offene Sozialversicherungsbeiträge, ausstehende Lohnsteuer und Berufsgenossenschaftsbeiträge.

► Praxistipp: 717

Es gibt durchaus auch die Fälle, in denen der Schuldner nur selbst krankenversichert oder freiwillig in der Berufsgenossenschaft versichert war und aus diesen Versicherungsverhältnissen Beiträge offen sind. In diesen Fällen kann er, sofern er weniger als 20 Gläubiger hat, das Verbraucherinsolvenzverfahren trotzdem betreiben. Bei der gerichtlichen Antragsstellung sollte jedoch ein entsprechender Hinweis erfolgen, dass dies Eigenversicherungen betrifft, damit keine unnötigen Zwischenverfügungen des Gerichts das Verfahren verzögern.

Voraussetzung für das Verbraucherinsolvenzverfahren ist ferner, dass die natürliche 718
Person zahlungsunfähig ist bzw. dass die Zahlungsunfähigkeit des Schuldners droht. Dies liegt grds. vor, wenn der Schuldner fällige Zahlungsverpflichtungen nicht erfüllen kann, oder er diese zum späteren Zeitpunkt der Fälligkeit nicht erfüllen könnte.

II. Verbraucherinsolvenzverfahren bis zur Restschuldbefreiung

Das eigentliche Ziel des Schuldners ist dabei die Restschuldbefreiung. Hierfür muss 719
jedoch der Schuldner zunächst das Verbraucherinsolvenzverfahren durchlaufen. Dieses ist in drei unterschiedlichen Phasen eingeteilt:

1. Phase:
außergerichtlicher Einigungsversuch

ERÖFFNUNGSANTRAG

2. Phase:
gerichtliches Verfahren über den Schuldenbereinigungsplan

3. Phase:
Entscheidung über den Eröffnungsantrag,
ggf. vereinfachtes Verbraucherinsolvenzverfahren mit Restschuldbefreiung

1. Außergerichtlicher Einigungsversuch

720 In dieser Phase wird versucht, eine außergerichtliche Einigung mit den Gläubigern zu erzielen.

721 Ein solcher Versuch mithilfe eines RA oder einer anderen fachkundigen Stelle (z. B. Schuldnerberatungsstelle) ist zwingende Voraussetzung für das weitere gerichtliche Insolvenzverfahren.

722 Der außergerichtliche Einigungsversuch unterliegt vom Grundsatz her der **Privatautonomie**, d. h. die Gestaltung der Regelungen ist weitestgehend frei. Der außergerichtliche Einigungsversuch kann daher Ratenzahlungen, Einmalzahlungen, Stun-

dungen und Zinsverzichte aber eben auch den weitverbreiteten „flexiblen Nullplan“ enthalten.

Besonders bei Schuldnern, die ein unpfändbares Einkommen haben, wird diese Variante häufig verwendet. Den Gläubigern wird dabei angeboten, dass der Schuldner sein jeweils pfändbares Einkommen **nach einer** festgelegten Quote an die Gläubiger auszahlt. Zum Zeitpunkt der Antragstellung beträgt dieser Betrag jedoch Null. Durch entsprechende **Anpassungsklauseln**, wird eine Zahlungsverpflichtung des Schuldners im Fall einer Einkommensverbesserung vorgesehen. 723

▶ Praxistipp: 724

In der Praxis haben diese flexiblen Nullpläne in der ersten Phase des außergerichtlichen Schuldenbereinigungsversuchs keine Chance auf eine Annahme und führen fast immer ins gerichtliche Insolvenzverfahren.

Wesentlich erfolgreicher sind dagegen außergerichtliche Schuldenbereinigungspläne mit einer Einmalzahlung, die ca. 20 – 30 % der Gesamt-Schuldensumme anbieten. Dies setzt jedoch voraus, dass dem Schuldner die Einmalzahlung ggf. von einer dritten Seite aus zur Verfügung gestellt wird.

Eine Einigung in dieser Phase ist wie ein außergerichtlicher Vergleich zu werten, die Regelung gilt nur zwischen den beteiligten Parteien. Wurden z. B. Gläubiger aus Versehen vergessen, so können diese ihre Forderung in voller Höhe weiter gegen den Schuldner durchsetzen. 725

Im Fall des Scheiterns des Einigungsversuchs bescheinigt der RA bzw. die fachkundige Stelle, dass eine außergerichtliche Einigung mit den Gläubigern erfolglos versucht wurde. 726

Ein **Scheitern** liegt vor, wenn nicht alle Gläubiger dem **Schuldenbereinigungsplan** zustimmen oder ein Gläubiger trotz Kenntnis des Plans die Zwangsvollstreckung fortsetzt. 727

2. Gerichtliches Verfahren über den Schuldenbereinigungsplan

Der Schuldner kann nach Scheitern des außergerichtlichen Einigungsversuchs Antrag auf Eröffnung des Insolvenzverfahrens stellen. 728

Eine Pflicht zur Stellung des Antrags gibt es jedoch grds. nicht. Lediglich der Unterhaltsschuldner hat eine Obliegenheitspflicht, das Insolvenzverfahren zu betreiben, wenn dieses dazu führt, den laufenden Unterhalt seiner minderjährigen Kinder sicherzustellen. 729

Der Eröffnungsantrag kann auch gestellt werden, wenn nur ein Gläubiger (z. B. nur die Kreditbank) vorhanden ist (LG Koblenz, ZInsO 2004, 102). 730

731 Für den Verbraucherinsolvenzantrag ist dabei das AG zuständig, in dessen Bezirk der Schuldner seinen Wohnsitz hat.

732 In Gegensatz zur außergerichtlichen Phase ist gem. § 305 Abs. 1 InsO der Eröffnungsantrag schriftlich und unter Verwendung der bundeseinheitlich eingeführten Vordrucke zu stellen.

733 Diese Vordrucke sollen in folgenden kurz skizziert werden.

734 **Antrag auf Eröffnung des Insolvenzverfahrens (§ 305 InsO)**	Neben dem Eröffnungsantrag sollte hier auch der Restschuldbefreiungsantrag gestellt werden, da dieser sowohl für das Insolvenzverfahren als auch für einen Stundungsantrag zwingend notwendig ist.
Anlage 1	Personalbogen Dieser enthält insbes. Angaben zum Familienstand, zu unterhaltspflichtigen Personen und zum Erwerbsleben. Wird der RA als Verfahrensbevollmächtigter eingetragen, so muss die Vollmacht beigefügt werden.
Anlage 2	Bescheinigung über das Scheitern des außergerichtlichen Einigungsversuchs Hier bescheinigt der RA das Scheitern des außergerichtlichen Einigungsversuchs, der als Anlage beigefügt werden muss.
Anlage 2a	Gründe für das Scheitern In der Anlage 2a nennt der RA die wesentlichen Gründe des Scheiterns und gibt seine Empfehlung ab, ob er ein gerichtliches Schuldenbereinigungsverfahren für aussichtsreich hält.
Anlage 3	Abtretungserklärung nach § 287 Abs. 2 InsO Diese ist eine wichtige Voraussetzung für die Restschuldbefreiung.
Anlage 4	Vermögensübersicht Die Anlage 4 ist eine Kurzübersicht über vorhandenes Vermögen und über das Einkommen des Schuldners.
Anlage 5 mit Ergänzungsblättern (5 A – 5K)	Vermögensverzeichnis In den diversen Ergänzungsblättern wird das Vermögen bzw. das Einkommen detailliert be-

nannt. Natürlich sind nur solche Ergänzungsblätter beizufügen, die Eintragungen enthalten.

Anlage 6 Gläubiger- und Forderungsübersicht
Diese enthält eine Kurzbezeichnung der Gläubiger und deren Forderungen.

Anlage 7 Schuldenbereinigungsplan für das gerichtliche Verfahren, allgemeiner Teil
Anlage 7 enthält die vollständige Anschrift der Gläubiger.

Anlage 7 A Schuldenbereinigungsplan für das gerichtliche Verfahren, besonderer Teil
Es wird hier i. d. R. der gleiche Plan wie im außergerichtlichen Einigungsversuch verwandt.

Anlage 7 B Schuldenbereinigungsplan für das gerichtliche Verfahren, besonderer Teil – Ergänzende Regelungen

Anlage 7 C Schuldenbereinigungsplan für das gerichtliche Verfahren – Erläuterungen zur vorgeschlagenen Schuldenbereinigung

Da die meisten Schuldner bereits mittellos sind, können sie die Kosten des Verfahrens nicht selbst zahlen. Bis zum 30. 11. 2001 konnte unter diesen Umständen kein Insolvenzverfahren eröffnet werden, da ein Gerichtskostenvorschuss erforderlich war. 735

Am 01. 12. 2001 trat jedoch § 4a InsO in Kraft, mit dem der bedürftige Schuldner die Möglichkeit erhielt, dass die Verfahrenskosten auf Antrag hin gestundet wurden. 736

Neben der Bedürftigkeit muss der Schuldner, einen Antrag auf Restschuldbefreiung gestellt haben. Denn nur dann ist ein entsprechender Stundungsantrag zulässig. Dies ergibt sich daraus, dass der Gesetzgeber dem Schuldner einen wirtschaftlichen Neuanfang ermöglichen wollte. Doch nur mit der Restschulbefreiung nach einem Insolvenzverfahren ist dieses Ziel erreicht. 737

Die Stundung darf ferner nur bewilligt werden, wenn der Schuldner wegen keiner Insolvenzstraftat (Bankrott, Verletzung der Buchführungspflicht, Gläubigerbegünstigung) rechtskräftig verurteilt wurde und ihm in den letzten zehn Jahren keine Restschuldbefreiung erteilt oder versagt worden ist. 738

► Praxistipp: 739

Zur Einleitung des Verbraucherinsolvenzverfahrens werden dabei i. d. R. drei Anträge übermittelt:
1. Eröffnungsantrag (Verbraucherinsolvenz)
2. Antrag auf Restschuldbefreiung

3. Stundungsantrag

740 Nach Eingang des Antrags beim Insolvenzgericht wird überprüft, ob alle erforderlichen Unterlagen und Erklärungen vollständig sind. Fehlen Unterlagen, so fordert das Gericht den Schuldner auf, diese innerhalb einer vom Gericht zu bestimmenden Frist nachzureichen. Kommt der Schuldner dem nicht nach, so gilt der Antrag auf Eröffnung des Insolvenzverfahrens als zurückgenommen.

741 Liegen alle Unterlagen vollständig vor und ist der Antrag zulässig, so entscheidet das Gericht, ob ein gerichtliches Schuldenbereinigungsverfahren durchgeführt wird oder ob die Fortsetzung des Verfahrens über den Eröffnungsbeschluss angeordnet wird, weil nach seiner freien Überzeugung der gerichtliche Schuldenbereinigungsplan voraussichtlich nicht angenommen werden wird. Dies geschieht insbes. in den Fällen, in denen nur ein flexibler Nullplan angeboten werden kann.

742 ► **Praxistipp:**

Der RA kann in der Anlage 2 A, Rn. 18 des amtlichen Formulars (s. späteres Beispiel, in diesem Kapitel Rdn. 768) eine Empfehlung abgeben, ob er einen gerichtlichen Schuldenbereinigungsversuch für aussichtsreich hält. Bei flexiblen Nullplänen sollte zur Verkürzung des Verfahrens immer die Einschätzung abgegeben werden, dass ein gerichtlicher Schuldenbereinigungsplan nicht aussichtsreich erscheint.

743 Ein gerichtlicher Schuldenbereinigungsplan bietet sich hingegen an, wenn z. B. bei einem Plan mit Einmalzahlung ein Teil der Gläubiger dem Plan zugestimmt und ein Teil diesen abgelehnt hat.

744 Beim außergerichtlichen Schuldenbereinigungsverfahren wird nämlich die Vermögensübersicht und der eingereichte Schuldenbereinigungsplan an alle im Eröffnungsantrag genannten Gläubiger vom Insolvenzgericht mit einer Stellungnahmefrist von einem Monat zugestellt.

745 Anders als beim außergerichtlichen Einigungsversuch, gilt das Schweigen eines Gläubigers hier als Zustimmung zu dem ihm zugestellten Schuldenbereinigungsplan. Es ist daher zwingend für den Gläubiger, Einwendungen innerhalb der Monatsfrist beim Insolvenzgericht zu erheben.

746 Stimmen nicht alle Gläubiger zu, kann das Insolvenzgericht deren Zustimmung ersetzen, wenn die Mehrheit der Gläubiger sowohl nach Köpfen als auch nach Höhe der Forderungssumme zugestimmt hat.

747 Der angenommene gerichtliche Schuldenbereinigungsplan hat die Wirkung eines gerichtlichen Vergleichs. Der Plan gilt jedoch nur zwischen dem Schuldner und den in dem Plan berücksichtigten Gläubiger. Unberücksichtigte Forderungen können daher weiterhin in voller Höhe gegen den Schuldner geltend gemacht werden.

Während des gerichtlichen Schuldenbereinigungsplans ruht das Insolvenzantragsverfahren. 748

3. Entscheidung über den Eröffnungsantrag

Scheitert jedoch auch der gerichtliche Einigungsversuch, so wird das ruhende Insolvenzantragsverfahren wieder aufgenommen und das Insolvenzgericht eröffnet ein sog. vereinfachtes Insolvenzverfahren. Dies geschieht auch, wenn im Antrag bereits die Einschätzung abgegeben worden ist, dass eine gerichtliche Einigung aussichtslos erscheint und die Fortsetzung der Eröffnung angeordnet worden ist. 749

Das Gericht eröffnet jedoch das Insolvenzverfahren nur, wenn die Kosten des Verfahrens durch das Vermögen des Schuldners gedeckt oder – wie in den meisten Fällen üblich – gestundet sind. 750

Beim einfachen Insolvenzverfahren wird i. d. R. nur eine **Gläubigerversammlung** durchgeführt und die Durchführung eines schriftlichen Verfahrens angeordnet. Es wird ferner ein **Treuhänder** bestellt, der die Insolvenzmasse verwerten soll und die pfändbaren Vermögenseinnahmen (z. B. pfändbarer Lohnanteil) einzieht und an die Gläubiger auskehrt. 751

Am Ende des Verbraucherinsolvenzverfahrens schließt sich sodann die Restschuldbefreiung an. 752

4. Restschuldbefreiung

In der Verbraucherinsolvenz muss der Antrag auf Restschuldbefreiung entweder zusammen mit dem Eröffnungsantrag oder spätestens innerhalb der vom Insolvenzgericht gem. § 305 Abs. 3 InsO gesetzten Monatsfrist erfolgen. Andernfalls gilt der Antrag als zurückgenommen. 753

Dem eigentlichen Antrag auf Restschuldbefreiung ist dabei eine Erklärung beizufügen, die folgende zwei Punkte beinhaltet: 754
- eine Abtretungserklärung, in der der Schuldner den pfändbaren Teil seiner laufenden Einkünfte auf die Dauer von sechs Jahren an einen Treuhänder abtritt und
- eine Erklärung darüber, ob die laufenden Einkünfte bereits verpfändet oder abgetreten sind.

Diese Erklärung ist bereits in den amtlich vorgeschriebenen Verbraucherinsolvenzformularen als Anlage 3 enthalten. 755

Im Schlusstermin des Insolvenzverfahrens werden die Gläubiger zum Antrag des Schuldners auf Restschuldbefreiung gehört. 756

Die Restschuldbefreiung kann nur dann versagt werden, wenn ein Gläubiger einen entsprechenden Antrag stellt und sich auf einen der nachstehenden Punkte beruft: 757
- Der Schuldner sei wegen einer Insolvenzstraftat rechtskräftig verurteilt worden.

- Der Schuldner hat in den letzten drei Jahren vor dem Eröffnungsantrag oder nach der Antragsstellung falsche Angaben über seine wirtschaftlichen Verhältnisse gemacht, um Kredite zu erhalten oder öffentliche Leistungen zu beziehen.
- Der Schuldner hat in den letzen zehn Jahren vor dem Eröffnungsantrag bereits eine Restschuldbefreiung erhalten und diese wurde ihm versagt.
- Der Schuldner hat im letzten Jahr vor dem Eröffnungsantrag oder nach der Antragstellung unangemessene Schulden gemacht oder Vermögen verschwendet.
- Der Schuldner hat während des Verbraucherinsolvenzverfahrens Auskunfts- oder Mitwirkungspflichten verletzt.

758 Liegen kein Gläubigerantrag bzw. trotz Antrag keine Versagungsgründe vor, wird die Restschuldbefreiung angekündigt. Das Insolvenzverfahren ist damit angeschlossen. Der Schuldner befindet sich jedoch in der sogenannten **Wohlverhaltensphase.** Sie beträgt sechs Jahre, beginnend mit Eröffnung des Insolvenzverfahrens. Während dieser Wohlverhaltensphase muss der Schuldner den pfändbaren Teil seines Einkommens an seinen vom Gericht bestimmten Treuhänder abführen. Der Treuhänder verteilt den eingenommenen Betrag einmal jährlich an die Gläubiger nach einer Quote. Die Quote bestimmt sich dabei im Verhältnis der ursprünglichen Forderung des Gläubigers zur Gesamtschuldensumme. Wurden die Verfahrenskosten dem Schuldner wie in den meisten Fällen gestundet, so werden die abgeführten Beträge zunächst zur Deckung der Verfahrenskosten verwendet.

759 Ab dem fünften Jahr seit der Aufhebung des Insolvenzverfahrens kommt es sodann zu einer sog. **Schuldnerprivilegierung.** Der Treuhänder belässt dem Schuldner 10 % des pfändbaren Anteils seines Einkommens, ab dem sechsten Jahr sogar 15 % zusätzlich zu seinem Pfändungsfreibetrag.

760 Der Schuldner hat neben dieser Leistungspflicht in der Wohlverhaltensphase auch nachstehende Obliegenheitsverpflichtungen:

- Er muss eine angemessene Erwerbstätigkeit ausüben bzw. sich um eine solche bemühen.
- Er muss zur Hälfte Vermögen an seinen Treuhänder herausgeben, wenn er dieses geerbt oder im Hinblick auf ein künftiges Erbrecht erhalten hat.
- Er hat eine umfassende Auskunftspflicht gegenüber dem Insolvenzgericht und dem Treuhänder über einen Wechsel seines Wohnortes und seines Arbeitsgebers sowie über seine Einkünfte und sein Vermögen.
- Er hat ferner die Verpflichtung, Zahlungen nur an den Treuhänder zu leisten und keinem Gläubiger einen Sondervorteil zu verschaffen.

761 Verstößt der Schuldner gegen eine der oben stehenden **Obliegenheitsplichten** schuldhaft, so wird das Insolvenzgericht bereits während der Wohlverhaltensphase die Restschuldbefreiung versagen, wenn ein Gläubiger einen entsprechenden Antrag innerhalb eines Jahres ab Kenntnis der Pflichtverletzung gestellt hat und ihm hierdurch weniger ausbezahlt worden ist. Die Versagung kann jedoch auch erfolgen, wenn der Schuldner keine Auskunft erteilt oder seine Angaben nicht an Eides statt versichert.

Während der Wohlverhaltensphase sind Zwangsvollstreckungen durch Gläubiger unzulässig. 762

Gehaltspfändungen werden einen Monat nach Eröffnung des Insolvenzverfahrens unwirksam, Gehaltsabtretungen zwei Jahre nach Eröffnungsbeschluss unwirksam. 763

Hat der Schuldner während der Wohlverhaltensphase alle seine Pflichten erfüllt, so wird nach einer Anhörung aller Insolvenzgläubiger sowie des Treuhänders, die Restschuldbefreiung erteilt. Durch die Restschuldbefreiung sind sämtliche Forderungen gegen den Schuldner bis zum Eröffnungsbeschluss nicht mehr durchsetzbar. Es kommt dabei nicht darauf an, ob der Gläubiger selbst am Verfahren teilgenommen hat. Auch vergessene Gläubiger fallen unter die Restschuldbefreiung. 764

► Praxistipp: 765

Der Schuldner sollte jedoch darauf hingewiesen werden, dass neue Schulden, die er nach Eröffnung des Insolvenzverfahrens gemacht hat, nicht unter die Restschuldbefreiung fallen.

Ferner sind Forderungen aus ungerechtfertigter Bereicherung sowie Straf- und Bußgelder nicht restschuldbefreiungsfähig.

Sollte sich nachträglich herausstellen, dass der Schuldner doch während der Wohlverhaltensphase eine Obliegenheitsverpflichtung verletzt hat, so ist ein Widerruf innerhalb eines Jahres auf Antrag eines Gläubigers möglich.

5. Beispiel

Das bundeseinheitlich vorgeschriebene Formular für die Verbraucherinsolvenz kann auf der Seite des BMJ unter www.bmj.bund.de (Service, Publikationen, Restschuldbefreiung) heruntergeladen werden. Da das Formular mit seinen Anlagen recht umfangreich ist, soll der Antrag beispielhaft mit den Angaben aus dem nachstehenden Fall ausgefüllt werden: 766

► Fall: Flexibler Nullplan 767

Mandant M ist ledig und hat ein minderjähiges Kind K, das bei seiner Mutter lebt, jedoch von ihm regelmäßig Unterhalt i.H.v. 150,00 € erhält. Er verdient bei der XY-GmbH ein Nettoeinkommen von 1.000,00 €. M hat sowohl bei der A-Bank als auch bei der B-Bank Schulden von 10.000,00 € bzw. 250.000,00 € zuzüglich Zinsen.

M besitzt keine weiteren Vermögenswerte, sodass im außergerichtlichen Einigungsversuch des RA R den Gläubigern nur ein flexibler Nullplan angeboten werden konnte. M bewohnt ein kleine 40 m² große Wohnung, für die er 450,00 € zahlt (400,00 € kalt + 50,00 € Nebenkosten).

Die genauen Personendaten und Anschriften ergeben sich aus der Ihnen vorliegenden Handakte.

768 Ein Eröffnungsantrag für die Einleitung des Verbraucherinsolvenzverfahrens würde im vorliegenden Fall wie folgt aussehen.

1

Antrag auf Eröffnung des Insolvenzverfahrens (§ 305 InsO) des / der	Vorname und Name **Mandant M**
	Straße und Hausnummer **Waldweg 1**
	Postleitzahl und Ort **10178 Berlin**
	Telefon tagsüber **030/ 56788**
	Verfahrensbevollmächtigte(r) **Rechtsanwalt R, Fasanenstraße 81 a in 10623 Berlin**

2

An das Amtsgericht
– Insolvenzgericht –

in 10179 Berlin- Mitte

3

I. Eröffnungsantrag	Ich stelle den **Antrag, über mein Vermögen das Insolvenzverfahren zu eröffnen.** Nach meinen Vermögens- und Einkommensverhältnissen bin ich nicht in der Lage, meine bestehenden Zahlungspflichten, die bereits fällig sind oder in absehbarer Zeit fällig werden, zu erfüllen.

4

II. Restschuld-befreiungsantrag	☒ Ich stelle den **Antrag auf Restschuldbefreiung** (§ 287 InsO).	☐ Restschuldbefreiung wird **nicht** beantragt.

5

III. Anlagen			
	Personalbogen	(Anlage 1)	☒
	Bescheinigung über das Scheitern des außergerichtlichen Einigungsversuchs mit außergerichtlichem Plan	(Anlage 2)	☒
	Gründe für das Scheitern des außergerichtlichen Plans	(Anlage 2 A)	☒
	Abtretungserklärung nach § 287 Abs. 2 InsO	(Anlage 3)	☒
	Erklärung zur Abkürzung der Wohlverhaltensperiode	(Anlage 3 A)	☐
	Vermögensübersicht	(Anlage 4)	☒
	Vermögensverzeichnis mit den darin genannten Ergänzungsblättern	(Anlage 5)	☒
	Gläubiger- und Forderungsverzeichnis	(Anlage 6)	☒
	Schuldenbereinigungsplan für das gerichtliche Verfahren:		
	Allgemeiner Teil	(Anlage 7)	☒
	Besonderer Teil – Musterplan mit Einmalzahlung/festen Raten	(Anlage 7 A)	☐
	oder Besonderer Teil – Musterplan mit flexiblen Raten	(Anlage 7 A)	☒
	oder Besonderer Teil – Plan mit sonstigem Inhalt	(Anlage 7 A)	☐
	Besonderer Teil – Ergänzende Regelungen	(Anlage 7 B)	☒
	Erläuterungen zur vorgeschlagenen Schuldenbereinigung	(Anlage 7 C)	☐
	Sonstige: ______		☐

6

IV. Auskunfts- und Mitwirkungs-pflichten	Als Schuldner bin ich gesetzlich verpflichtet, dem Insolvenzgericht über alle das Verfahren betreffenden Verhältnisse vollständig und wahrheitsgemäß Auskunft zu erteilen, insbesondere auch jede Auskunft, die zur Entscheidung über meine Anträge erforderlich ist (§§ 20, 97 InsO). Können solche Auskünfte durch Dritte, insbesondere durch Banken und Sparkassen, sonstige Kreditinstitute, Versicherungsgesellschaften, Sozial- und Finanzbehörden, Sozialversicherungsträger, Rechtsanwälte, Notare, Steuerberater und Wirtschaftsprüfer erteilt werden, so obliegt es mir, auf Verlangen des Gerichts alle Personen und Stellen, die Auskunft über meine Vermögensverhältnisse geben können, von ihrer Pflicht zur Verschwiegenheit zu befreien.

7

______ (Ort, Datum) ______ (Unterschrift)

Amtliche Fassung 3/2002 Eigenantrag Verbraucherinsolvenz: Eröffnungsantrag (Hauptblatt), Seite 1 von 1

Anlage 1
zum Eröffnungsantrag des / der Mandanten M

Personalbogen: Angaben zur Person

8

Name M			Akademischer Grad
Vorname(n) (Rufnamen unterstreichen) Mandant ____			Geschlecht ☒ männlich ☐ weiblich
Geburtsname		früherer Name	
Geburtsdatum 01.01.1980	Geburtsort Berlin		
Wohnanschrift Straße Waldweg			Hausnummer 1
Postleitzahl 10178	Ort Berlin		
Telefon (privat) 030/ 56788		Mobil	
Telefax		E-Mail mail@mandantm.de	

9

Familienstand	☒ ledig	☐ verheiratet seit ____	☐ eingetragene Lebenspartnerschaft begründet seit ____ ☐ beendet seit ____	☐ geschieden seit ____	☐ getrennt lebend seit ____	☐ verwitwet seit ____

10

Unterhaltsberechtigte Personen	☐ nein	☒ ja, Anzahl: __1_____ , davon minderjährig: ___1____ (Einzelheiten siehe Ergänzungsblatt 5 J)

11

Beteiligung am Erwerbsleben	Erlernter Beruf Einzelhandelsverkäufer	
	Zurzeit oder zuletzt tätig als Einzelhandelsverkäufer	
	☐ ehemals selbständig als	
	☒ zurzeit unselbständig beschäftigt als ☐ Arbeiter(in) ☒ Angestellte(r) ☐ Beamter/Beamtin ☐ Aushilfe ☐ Sonstiges, und zwar: ____	☐ zurzeit keine Beteiligung am Erwerbsleben, weil ☐ Rentner(in)/Pensionär(in) seit ____ ☐ arbeitslos seit ____ ☐ Schüler(in) / Student(in) bis ____ ☐ Hausmann/Hausfrau ☐ Sonstiges, und zwar: ____

12

Verfahrensbevollmächtigte(r) ☒ für das Verfahren insgesamt ☐ nur für das Schuldenbereinigungsplanverfahren ☒ Vollmacht liegt an ☐ Vollmacht wird nachgereicht	Name Rechtsanwalt R		Akademischer Grad
	Vorname	Beruf Rechtsanwalt	
	ggf. Bezeichnung der geeigneten Stelle		
	Straße Fasanenstraße		Hausnummer 81 a
	Postleitzahl 10623	Ort Berlin	
	Telefon 030/888-0	Telefax 030/888-10	
	E-Mail mail@rechtanwaltr.de		
	Geschäftszeichen I 78/0	Sachbearbeiter(in) Fr. Reno	

Anlage 2
zum Eröffnungsantrag des / der Mandanten M

Bescheinigung über das Scheitern des außergerichtlichen Einigungsversuchs (§ 305 Abs. 1 Nr. 1 InsO)

- Die Anlage 2 ist von der geeigneten Person oder Stelle auszufüllen -

13

I. Bezeichnung der geeigneten Person oder Stelle	Name: Rechtsanwalt R	
	Straße: Fasanenstraße	Hausnummer: 81 a
	Postleitzahl: 10623	Ort: Berlin
	Ansprechpartner: Fr. Reno	

14

II. Behördliche Anerkennung der geeigneten Person oder Stelle	☐ Ja Anerkennende Behörde: ______ Datum des Bescheids: ______ Aktenzeichen: ______
	☒ Nein, die Eignung ergibt sich jedoch aus folgenden Umständen: ☒ Rechtsanwalt ☐ Notar ☐ Steuerberater ☐ Sonstiges: ______

15

III. Außergerichtlicher Einigungsversuch	1. Der außergerichtliche Plan vom __27.12.??____ ist beigefügt.
	2. Allen im Gläubigerverzeichnis benannten Gläubigern ist dieser Plan übersandt worden. ☒ Ja ☐ Nein. Begründung: ______
	3. Der Einigungsversuch ist endgültig gescheitert am _15.02.??______________.
	4. Die wesentlichen Gründe für das Scheitern des Plans ergeben sich aus der Darstellung in der Anlage 2 A.

16

IV. Bescheinigung	Ich bescheinige / Wir bescheinigen, dass die Schuldnerin bzw. der Schuldner ☒ mit meiner/unserer Unterstützung erfolglos versucht hat, eine außergerichtliche Einigung mit den Gläubigern über die Schuldenbereinigung auf der Grundlage eines Plans zu erzielen.

______ (Ort, Datum) ______ (Unterschrift/Stempel der bescheinigenden Person oder Stelle)

Amtliche Fassung 3/2002 — Eigenantrag Verbraucherinsolvenz: Bescheinigung (Anlage 2), **Seite 1** von 1

Anlage 2 A
zum Eröffnungsantrag des / der Mandanten M

Gründe für das Scheitern des außergerichtlichen Schuldenbereinigungsplans (§ 305 Abs. 1 Nr. 1 InsO)

17	**I. Wesentliche Gründe für das Scheitern des Einigungsversuchs**	☒ Nicht alle Gläubiger haben dem ihnen übersandten außergerichtlichen Plan zugestimmt. 1. Anteil der zustimmenden Gläubiger nach Köpfen: _0____ Gläubiger von __2___ Gläubigern 2. Anteil der zustimmenden Gläubiger nach Summen: __0__________ EUR von **266.000,00** EUR 3. Anteil der Gläubiger ohne Rückäußerung: __0___ Gläubiger von __2___ Gläubigern Als maßgebliche Gründe für die Ablehnung des Plans wurden genannt: Ein flexibler Nullplan ist für die Gläubiger nicht akzeptabel.
		☐ Nachdem die Verhandlungen über die außergerichtliche Schuldenbereinigung aufgenommen wurden, ist die Zwangsvollstreckung betrieben worden von: ______________________________ Aktenzeichen des Gerichts oder Gerichtsvollziehers: ______________ Amtsgericht: ______________
18	**II. Beurteilung des außergerichtlichen Einigungsversuchs und Aussichten für das gerichtliche Schuldenbereinigungsverfahren**	Der gerichtliche Plan unterscheidet sich von dem außergerichtlichen Plan ☒ nicht. ☐ in folgenden Punkten:
		Nach dem Verlauf des außergerichtlichen Einigungsversuchs halte ich die Durchführung des gerichtlichen Schuldenbereinigungsplanverfahrens für ☐ aussichtsreich. ☒ nicht aussichtsreich. Begründung: Es kann auch weiterhin nur ein flexibler Nullplan angeboten werden.

Amtliche Fassung 3/2002 Eigenantrag Verbraucherinsolvenz: Bescheinigung (Anlage 2 A), **Seite 1** von 1

Anlage 3
zum Eröffnungsantrag des / der Mandanten M

Abtretungserklärung nach § 287 Abs. 2 InsO

- Die Anlage ist nur einzureichen, wenn auf dem Hauptblatt Restschuldbefreiung beantragt worden ist -

I. Erläuterungen zur Abtretungserklärung	Die nachfolgende Abtretung umfasst alle Bezüge aus einem Dienstverhältnis oder an deren Stelle tretende laufende Bezüge, also: - jede Art von Arbeitseinkommen, Dienst- und Versorgungsbezüge der Beamten, Arbeits- und Dienstlöhne, Arbeitsentgelt für Strafgefangene, - Ruhegelder und ähnliche fortlaufende Einkünfte, die nach dem Ausscheiden aus dem Dienst- oder Arbeitsverhältnis gewährt werden, sonstige Vergütungen für Dienstleistungen aller Art, die die Erwerbstätigkeit des Zahlungsempfängers vollständig oder zu einem wesentlichen Teil in Anspruch nehmen, - Bezüge, die ein Arbeitnehmer zum Ausgleich für Wettbewerbsbeschränkungen für die Zeit nach Beendigung seines Dienstverhältnisses beanspruchen kann, - Hinterbliebenenbezüge, die wegen des früheren Dienst- oder Arbeitsverhältnisses gezahlt werden, Renten, die aufgrund von Versicherungsverträgen gewährt werden, wenn diese Verträge zur Versorgung des Versicherungsnehmers oder seiner unterhaltsberechtigten Angehörigen geschlossen worden sind, - Renten und sonstige laufende Geldleistungen der Sozialversicherungsträger oder der Bundesanstalt für Arbeit im Fall des Ruhestands, der teilweisen oder vollständigen Erwerbsunfähigkeit oder der Arbeitslosigkeit, - alle sonstigen, den genannten Bezügen rechtlich oder wirtschaftlich gleichstehenden Bezüge. Soweit Sie nach Aufhebung des Insolvenzverfahrens eine selbständige Tätigkeit ausüben, sind Sie verpflichtet, während der Laufzeit der Abtretungserklärung die Insolvenzgläubiger durch Zahlungen an den gerichtlich bestellten Treuhänder so zu stellen, wie wenn Sie ein angemessenes Dienstverhältnis eingegangen wären (§ 295 Abs. 2 InsO).

19

II. Abtretungserklärung	**Für den Fall der gerichtlichen Ankündigung der Restschuldbefreiung trete ich hiermit meine pfändbaren Forderungen auf Bezüge aus einem Dienstverhältnis oder an deren Stelle tretende laufende Bezüge für die Zeit von sechs Jahren nach Eröffnung des Insolvenzverfahrens an einen vom Gericht zu bestimmenden Treuhänder ab.** Die von dieser Abtretungserklärung erfassten Forderungen auf Bezüge aus einem Dienstverhältnis oder an deren Stelle tretende laufende Bezüge ☒ habe ich zurzeit **nicht** an einen Dritten abgetreten oder verpfändet. ☐ habe ich bereits vorher abgetreten oder verpfändet. Die Einzelheiten sind in dem Ergänzungsblatt 5 H zum Vermögensverzeichnis dargestellt.

(Ort, Datum) (Unterschrift)

Amtliche Fassung 3/2002 Eigenantrag Verbraucherinsolvenz: Abtretungserklärung (Anlage 3), **Seite 1** von 1

Anlage 4
zum Eröffnungsantrag des / der Mandanten M

Vermögensübersicht
(Übersicht des vorhandenen Vermögens und des Einkommens, § 305 Abs. 1 Nr. 3 InsO)

21

I. Erklärung zur Vermögenslage	Hiermit erkläre ich, dass ich über folgendes Vermögen und Einkommen verfüge. ☒ Weitergehende Angaben habe ich in den Ergänzungsblättern zum Vermögensverzeichnis (Anlagen 5 A ff.) gemacht.

22

1.	Vermögen	Ja	gemäß Ergänzungsblatt	Wert in EUR (Gesamtbetrag)	Sicherungsrechte Dritter (Ergänzungsblatt 5 H)	Nein
1.1	Bargeld *(auch in ausländischer Währung)*	☐	-		☐ nein ☐ ja, in Höhe von ______ EUR	☒
1.2	Guthaben auf Girokonten, Sparkonten, Spar- und Bausparverträgen, Wertpapiere, Schuldbuchforderungen, Darlehnsforderungen	☐	5 A		☐ nein ☐ ja, in Höhe von ______ EUR	☒
1.3	Bescheidene Lebensführung übersteigende Hausratsgegenstände, Möbel, Fernseh- und Videogeräte, Computer, sonstige elektronische Geräte, wertvolle Kleidungsstücke, sonstige wertvolle Gebrauchsgegenstände (z. B. Kameras, Waffen, optische Geräte u.ä.), wertvolle Bücher (Anzahl, Gesamtwert)	☐	5 B		☐ nein ☐ ja, in Höhe von ______ EUR	☒
1.4	Bauten auf fremden Grundstücken (z. B. Gartenhaus, Verkaufsstände etc.)	☐	5 B		☐ nein ☐ ja, in Höhe von ______ EUR	☒
1.5	Privat genutzte Fahrzeuge (PKW, LKW, Wohnwagen, Motorräder, Mopeds usw.)	☐	5 B		☐ nein ☐ ja, in Höhe von ______ EUR	☒
1.6	Forderungen gegen Dritte (Außenstände, rückständiges Arbeitseinkommen, Forderungen aus Versicherungsverträgen, Rechte aus Erbfällen)	☐	5 C		☐ nein ☐ ja, in Höhe von ______ EUR	☒
1.7	Grundstücke, Eigentumswohnungen und Erbbaurechte, Rechte an Grundstücken	☐	5 D		☐ nein ☐ ja, in Höhe von ______ EUR	☒
1.8	Aktien, Genussrechte oder sonstige Beteiligungen an Kapitalgesellschaften, Personengesellschaften oder Genossenschaften	☐	5 E		☐ nein ☐ ja, in Höhe von ______ EUR	☒
1.9	Rechte oder Ansprüche aus Urheberrechten, immaterielle Vermögensgegenstände (z. B. Patente)	☐	5 F		☐ nein ☐ ja, in Höhe von ______ EUR	☒
1.10	Sonstiges Vermögen	☐	5 F		☐ nein ☐ ja, in Höhe von ______ EUR	☒

23

2.	Monatliche Einkünfte	Ja	gemäß Ergänzungsblatt	Betrag monatlich netto in EUR	Sicherungsrechte Dritter (Ergänzungsblatt 5 H)	Nein
2.1	Durchschnittliches Arbeitseinkommen (netto) einschließlich Zulagen und Zusatzleistungen	☒	5 G	1.000,00	☒ nein ☐ ja, in Höhe von ______ EUR	☐
2.2	Arbeitslosenunterstützung (Arbeitslosengeld, -hilfe, Unterhaltsgeld etc.)	☐	5 G		☐ nein ☐ ja, in Höhe von ______ EUR	☒
2.3	Krankengeld	☐	5 G		☐ nein ☐ ja, in Höhe von ______ EUR	☒
2.4	Rentenversicherungen, Betriebsrenten, Versorgungsbezüge (aus öffentlicher Kasse)	☐	5 G		☐ nein ☐ ja, in Höhe von ______ EUR	☒
2.5	Private Renten-, Spar- und sonstige Versicherungsverträge	☐	5 G		☐ nein ☐ ja, in Höhe von ______ EUR	☒
2.6	Sonstige Sozialleistungen (wie z. B. Sozialhilfe, Kindergeld, Erziehungsgeld, Wohngeld etc.)	☐	5 G		☐ nein ☐ ja, in Höhe von ______ EUR	☒
2.7	Sonstige monatliche Einkünfte (wie z. B. Einkünfte aus Unterhaltszahlungen)	☐	5 G		☐ nein ☐ ja, in Höhe von ______ EUR	☒

Amtliche Fassung 3/2002 Eigenantrag Verbraucherinsolvenz: Vermögensübersicht (Anlage 4), Seite 1 von 2

24

3.	Jährliche Einkünfte	Ja	gemäß Ergänzungsblatt	Betrag jährlich netto in EUR	Sicherungsrechte Dritter (Ergänzungsblatt 5 H)	Nein
3.1	Einkünfte aus nichtselbständiger Tätigkeit (z. B. Weihnachtsgeld, Tantiemen, sonstige Gratifikationen usw.)	☐	5 G		☐ nein ☐ ja, in Höhe von ______ EUR	☒
3.2	Einkünfte aus Vermietung und Verpachtung	☐	5 G		☐ nein ☐ ja, in Höhe von ______ EUR	☒
3.3	Einkünfte aus Kapitalvermögen	☐	5 G		☐ nein ☐ ja, in Höhe von ______ EUR	☒
3.4	Sonstige jährliche Einkünfte	☐	5 G		☐ nein ☐ ja, in Höhe von ______ EUR	☒

25

4.	Sonstiger Lebensunterhalt	☐ Ich habe keine bzw. keine ausreichenden regelmäßigen Einkünfte nach Ziffer 2 und 3. Den notwendigen Lebensunterhalt bestreite ich durch: ______

26

5.	Regelmäßig wiederkehrende Zahlungsverpflichtungen	Ja	gemäß Ergänzungsblatt	Betrag monatlich in EUR	Nein
5.1	Unterhaltsverpflichtungen	☒	5 J	☐ Naturalunterhalt für ___ Personen ☒ Barunterhalt für _1__ Personen in Gesamthöhe von 150,00 EUR	☐
5.2	Wohnkosten (Miete etc.)	☒	5 J	450,00 EUR	☐
5.3	Sonstige wesentliche Verpflichtungen	☐	5 J	______ EUR	☒

27

II. Erklärung zur Vermögenslosigkeit	☐ Hiermit erkläre ich, dass ich mit Ausnahme des unter Punkt I. 4 bezeichneten Lebensunterhalts weder über die vorstehend aufgeführten Vermögenswerte noch über sonstige Vermögenswerte verfüge (Vermögenslosigkeit).

28

III. Erklärung zu Schenkungen und Veräußerungen		
	Ich habe in den letzten vier Jahren vor dem Antrag auf Eröffnung des Insolvenzverfahrens Geld, Forderungen oder Gegenstände verschenkt (gebräuchliche Gelegenheitsgeschenke geringen Werts sind nicht anzugeben).	☒ nein ☐ ja, im Gesamtwert von ______ EUR gemäß Ergänzungsblatt 5 K
	Ich habe in den letzten zwei Jahren Vermögensgegenstände an nahe stehende Personen veräußert.	☒ nein ☐ ja, im Gesamtwert von ______ EUR gemäß Ergänzungsblatt 5 K

29

IV. Versicherung (§ 305 Abs. 1 Nr. 3 InsO)	Die Richtigkeit und Vollständigkeit der in dieser Vermögensübersicht enthaltenen Angaben versichere ich. Mir ist bekannt, dass vorsätzliche Falschangaben strafbar sein können und dass mir die Restschuldbefreiung versagt werden kann, wenn ich vorsätzlich oder grob fahrlässig unrichtige oder unvollständige Angaben gemacht habe (§ 290 Abs. 1 Nr. 6 InsO).

______ (Ort, Datum) ______ (Unterschrift)

Amtliche Fassung 3/2002 Eigenantrag Verbraucherinsolvenz: Vermögensübersicht (Anlage 4), **Seite 2** von 2

Anlage 5
zum Eröffnungsantrag des / der Mandanten M

Vermögensverzeichnis
(Verzeichnis des vorhandenen Vermögens und des Einkommens, § 305 Abs. 1 Nr. 3 InsO)

30

I. Erklärung zum Vermögensverzeichnis	Hinsichtlich meines Vermögens und meiner Einkünfte nehme ich auf die Angaben in der Vermögensübersicht Bezug. ☒ Ich ergänze diese Angaben entsprechend den beiliegenden und in der Vermögensübersicht bereits bezeichneten Ergänzungsblättern: ☐ 5 A (Guthaben auf Konten, Wertpapiere, Schuldbuchforderungen, Darlehensforderungen) ☐ 5 B (Hausrat, Mobiliar, Wertgegenstände und Fahrzeuge) ☐ 5 C (Forderungen, Rechte aus Erbfällen) ☐ 5 D (Grundstücke, Eigentumswohnungen und Erbbaurechte, Rechte an Grundstücken) ☐ 5 E (Beteiligungen, Aktien, Genussrechte) ☐ 5 F (Immaterielle Vermögensgegenstände, sonstiges Vermögen) ☒ 5 G (Laufendes Einkommen) ☐ 5 H (Sicherungsrechte Dritter und Zwangsvollstreckungsmaßnahmen) ☒ 5 J (Regelmäßig wiederkehrende Verpflichtungen) ☐ 5 K (Schenkungen und entgeltliche Veräußerungen) **Ich versichere, dass ich in den nicht beigefügten Ergänzungsblättern keine Angaben zu machen habe.**
II. Versicherung (§ 305 Abs. 1 Nr. 3 InsO)	**Die Richtigkeit und Vollständigkeit der in diesem Vermögensverzeichnis und den beigefügten Ergänzungsblättern enthaltenen Angaben versichere ich.** Mir ist bekannt, dass vorsätzliche Falschangaben strafbar sein können und dass mir die Restschuldbefreiung versagt werden kann, wenn ich vorsätzlich oder grob fahrlässig unrichtige oder unvollständige Angaben gemacht habe (§ 290 Abs. 1 Nr. 6 InsO).

(Ort, Datum) (Unterschrift)

Amtliche Fassung 3/2002 Eigenantrag Verbraucherinsolvenz: Vermögensverzeichnis (Anlage 5), **Seite 1 von 1**

Ergänzungsblatt 5 G
zum Vermögensverzeichnis des / der ______

Laufendes Einkommen

50

I. Einkünfte aus nichtselbständiger Arbeit und sonstigen Dienstverhältnissen					
Berufliche Tätigkeit (Aufgabenbereich)	Berufliche Tätigkeit: **Einzelhandelsverkäufer**				
Genauer Name (Firma) und Anschrift des Arbeitgebers oder der sonstigen auszahlenden Stelle	Name / Firma: **XY GmbH**				
	Straße: **Alsterweg**			Hausnummer: **7**	
	PLZ: **22040**		Ort: **Hamburg**		
	Personal-Nr. o.ä.: **432**				
	☒ Lohn- oder Gehaltsbescheinigungen der letzten 2 Monate sind beigefügt				
			Zahlungsweise	Abzweigungsbetrag bei Pfändung oder Abtretung in EUR	Auszahlungsbetrag in EUR
1. Arbeitseinkommen	☐ Nein	☒ Ja	monatlich		**1.000,00**
2. Zulagen (durchschnittlich)	☒ Nein	☐ Ja	monatlich		
3. Zusätzliche Leistungen des Arbeitgebers (z. B. vermögenswirksame Leistungen)	☒ Nein	☐ Ja	monatlich		
4. Weihnachtsgeld	☒ Nein	☐ Ja	jährlich		
5. Urlaubsgeld	☒ Nein	☐ Ja	jährlich		
6. Einkünfte aus sonstigen Dienstverhältnissen, Aufwandsentschädigungen und gewinnabhängige Tantiemen	☒ Nein	☐ Ja	monatlich		
			jährlich		
7. Abfindungen bei Beendigung eines Dienst- oder Arbeitsverhältnisses	☒ Nein	☐ Ja	gesamt		

51

II. Einkünfte im Rahmen des Ruhestands				
			Abzweigungsbetrag bei Pfändung oder Abtretung in EUR	monatlicher Auszahlungsbetrag in EUR
1. Leistungen der gesetzlichen Rentenversicherung	☒ Nein	☐ Ja - Auszahlende Stelle und Geschäftszeichen: - ☐ Rentenbescheid ist beigefügt		
2. Versorgungsbezüge	☒ Nein	☐ Ja - Auszahlende Stelle und Geschäftszeichen: ☐ Versorgungsbescheid ist beigefügt.		
3. Betriebsrenten	☒ Nein	☐ Ja - Auszahlende Stelle und Geschäftszeichen: ☐ Rentenbescheid ist beigefügt		

Amtliche Fassung 3/2002 | Eigenantrag Verbraucherinsolvenz: Ergänzungsblatt 5 G zum Vermögensverzeichnis, **Seite 1** von 3

4. Sonstige fortlaufende Einkünfte infolge des Ausscheidens aus einem Dienst- oder Arbeitsverhältnis	☒ Nein	☐ Ja - Auszahlende Stelle und Geschäftszeichen: ☐ Nachweis ist beigefügt		
5. Renten aus privaten Versicherungs- oder Sparverträgen	☒ Nein	☐ Ja - Auszahlende Stelle und Vertrags-Nr.: ☐ Nachweis ist beigefügt		

52

III. Unterhaltszahlungen			
☒ Nein	☐ Ja *Name, vollständige Anschrift der unterhaltspflichtigen Person(en)*	Abzweigungsbetrag bei Pfändung oder Abtretung in EUR	monatlicher Auszahlungsbetrag in EUR

53

IV. Leistungen aus öffentlichen Kassen				
			Abzweigungsbetrag bei Pfändung oder Abtretung in EUR	monatlicher Auszahlungsbetrag in EUR
1. Arbeitslosengeld	☒ Nein	☐ Ja - Auszahlende Stelle und Geschäftszeichen: ☐ Bewilligungsbescheid ist beigefügt		
2. Arbeitslosenhilfe	☒ Nein	☐ Ja - Auszahlende Stelle und Geschäftszeichen: ☐ Bewilligungsbescheid ist beigefügt		
3. Krankengeld	☒ Nein	☐ Ja - Auszahlende Stelle und Geschäftszeichen: ☐ Bewilligungsbescheid ist beigefügt		
4. Sozialhilfe	☒ Nein	☐ Ja - Auszahlende Stelle und Geschäftszeichen: ☐ Bewilligungsbescheid ist beigefügt		
5. Wohngeld	☒ Nein	☐ Ja - Auszahlende Stelle und Geschäftszeichen: ☐ Bewilligungsbescheid ist beigefügt		
6. Unterhaltsgeld	☒ Nein	☐ Ja - Auszahlende Stelle und Geschäftszeichen: ☐ Bewilligungsbescheid ist beigefügt		

Amtliche Fassung 3/2002 Eigenantrag Verbraucherinsolvenz: Ergänzungsblatt 5 G zum Vermögensverzeichnis, **Seite 2** von 3

7. **Kindergeld**	☒ Nein	☐ Ja - Auszahlende Stelle und Geschäftszeichen: ☐ Bewilligungsbescheid ist beigefügt		
8. **Berufs- oder Erwerbsunfähigkeitsrenten**	☒ Nein	☐ Ja - Auszahlende Stelle und Geschäftszeichen: ☐ Bewilligungsbescheid ist beigefügt		
9. **Hinterbliebenen-, Unfall-, Kriegsopferrenten**	☒ Nein	☐ Ja - Auszahlende Stelle und Geschäftszeichen: ☐ Bewilligungsbescheid ist beigefügt		
10. **Sonstige Leistungen aus öffentlichen Kassen**	☒ Nein	☐ Ja - Auszahlende Stelle und Geschäftszeichen: ☐ Bewilligungsbescheid ist beigefügt		

54

V. Einkünfte aus Vermietung und Verpachtung					
☒ Nein	☐ Ja *Bezeichnung des Miet- oder Pachtobjekts;* *Name und Anschrift der Mieter oder Pächter*	monatlich	jährlich	Abzweigungsbetrag bei Pfändung oder Abtretung in EUR	Einkünfte in EUR
		☐	☐		
		☐	☐		
		☐	☐		

55

VI. Zinseinkünfte und sonstige laufende Einkünfte					
☒ Nein	☐ Ja *genaue Bezeichnung der Einkunftsart;* *Name und Anschrift der zahlungspflichtigen Person oder Stelle*	monatlich	jährlich	Abzweigungsbetrag bei Pfändung oder Abtretung in EUR	Einkünfte in EUR
		☐	☐		
		☐	☐		
		☐	☐		
		☐	☐		
		☐	☐		

Amtliche Fassung 3/2002 **Eigenantrag Verbraucherinsolvenz: Ergänzungsblatt 5 G zum Vermögensverzeichnis, Seite 3 von 3**

Ergänzungsblatt 5 J
zum Vermögensverzeichnis des / der Mandanten M

Regelmäßig wiederkehrende Verpflichtungen

60				
I. Unterhaltsleistungen an Angehörige	Name, Vorname und Geburtsdatum, Anschrift (nur, wenn sie von Ihrer Anschrift abweicht)	Familienverhältnis (Kind, Ehegatte, Eltern, Lebenspartner, usw.)	Unterhaltsleistung	Eigene Einnahmen der Empfänger
	1. Kind K * 01.05.2006	Kind	☐ Naturalunterhalt ☒ Barunterhalt, monatlich 150,00 EUR	☒ Nein ☐ Ja, monatlich netto EUR ☐ Nicht bekannt
	2.		☐ Naturalunterhalt ☐ Barunterhalt, monatlich EUR	☐ Nein ☐ Ja, monatlich netto EUR ☐ Nicht bekannt
	3.		☐ Naturalunterhalt ☐ Barunterhalt, monatlich EUR	☐ Nein ☐ Ja, monatlich netto EUR ☐ Nicht bekannt
	4.		☐ Naturalunterhalt ☐ Barunterhalt, monatlich EUR	☐ Nein ☐ Ja, monatlich netto EUR ☐ Nicht bekannt
	5.		☐ Naturalunterhalt ☐ Barunterhalt, monatlich EUR	☐ Nein ☐ Ja, monatlich netto EUR ☐ Nicht bekannt

61						
II. Wohnkosten	Wohnungsgröße in qm	Kaltmiete monatlich in EUR	Nebenkosten monatlich in EUR	Gesamtmiete monatlich in EUR	Ich zahle darauf monatlich EUR	Mitbewohner zahlen monatlich EUR
	40	400,00	50,00	450,00	450,00	---

62			
III. Weitere wesentliche Zahlungsverpflichtungen, besondere Belastungen	Art der Verpflichtung bzw. außergewöhnlichen Belastung (z. B. Lebensversicherungsbeiträge, Verpflichtungen aus Kredit-, Abzahlungskauf- oder Leasingverträgen, Pflege- und Krankheitsaufwendungen)	Monatliche Höhe der Verpflichtung bzw. Belastung in EUR	Mitverpflichtete zahlen darauf monatlich in EUR

Amtliche Fassung 3/2002 | Eigenantrag Verbraucherinsolvenz: Ergänzungsblatt 5 J zum Vermögensverzeichnis, **Seite 1** von 1

65

Anlage 6
zum Eröffnungsantrag des / der Mandant M

Gläubiger- und Forderungsverzeichnis

(Verzeichnis der Gläubiger und Verzeichnis der gegen den Schuldner gerichteten Forderungen, § 305 Abs. 1 Nr. 3 InsO)

lfd. Nr. des Gläubigers im SB-Plan AT	Name/Kurzbezeichnung des Gläubigers (*vollständige Angaben im Allgemeinen Teil des Schuldenbereinigungsplans*)	Nahestehende Person (§ 138)	Hauptforderung in EUR (je Hauptforderung eine Zeile)	Zinsen		Kosten in EUR	Forderungsgrund; ggf. Angaben zum Bestand und zur Berechtigung der Forderung	Forderung tituliert	Summe aller Forderungen des Gläubigers in EUR
				Höhe in EUR	berechnet bis zum				
			Hinsichtlich der Angaben zu Hauptforderung, Zinsen, Kosten, Forderungsgrund und Titulierung kann durch einen Hinweis in der Spalte „Forderungsgrund" auf beigefügte Forderungsaufstellungen der Gläubiger Bezug genommen werden (§ 305 Abs. 2 Satz 1 InsO).						
1	Bank A	☐	10.000,00	1.500,00		0,00		☒	11.500,00
2	Bank B	☐	250.000,00	4.500,00		0,00		☒	254.500,00

Versicherung (§ 305 Absatz 1 Nr. 3 InsO)	Die **Richtigkeit und Vollständigkeit der in diesem Gläubiger- und Forderungsverzeichnis enthaltenen Angaben** versichere ich. Mir ist bekannt, dass vorsätzliche Falschangaben strafbar sein können, und dass mir die Restschuldbefreiung versagt werden kann, wenn ich vorsätzlich oder grob fahrlässig unrichtige oder unvollständige Angaben gemacht habe (§ 290 Abs. 1 Nr. 6 InsO).

Berlin, ____________________ ____________________
(Ort, Datum) (Unterschrift)

Amtliche Fassung 3/2002 Eigenantrag Verbraucherinsolvenz: Gläubiger- und Forderungsverzeichnis (Anlage 6), **Seite 1**

66

Anlage 7 **zum Eröffnungsantrag des / der**	Vorname und Name **Mandant M** Straße und Hausnummer **Waldweg 1** Postleitzahl und Ort **10178 Berlin** Verfahrensbevollmächtigte(r) **Rechtsanwalt R**

Schuldenbereinigungsplan für das gerichtliche Verfahren
(§ 305 Abs. 1 Nr. 4 InsO)

Allgemeiner Teil

Neben diesem Allgemeinen Teil besteht der Schuldenbereinigungsplan aus dem Besonderen Teil (Anlagen 7 A und 7 B). Dort sind für jeden Gläubiger die angebotenen besonderen Regelungen zur angemessenen Bereinigung der Schulden dargestellt. Ergänzende Erläuterungen zur vorgeschlagenen Schuldenbereinigung können in der Anlage 7 C erfolgen.

67

Datum des Schuldenbereinigungsplans: 02.02.2009

68

Unter Berücksichtigung der Gläubigerinteressen sowie meiner Vermögens-, Einkommens- und Familienverhältnisse biete ich den nachstehenden Gläubigern zur Bereinigung meiner Schulden folgenden Schuldenbereinigungsplan an:	☐ Plan mit Einmalzahlung oder festen Raten gemäß dem in Anlage 7 A beiliegenden Plan und den in der Anlage 7 B aufgeführten ergänzenden Regelungen ☒ Plan mit flexiblen Raten gemäß dem in Anlage 7 A beiliegenden Plan und den in Anlage 7 B aufgeführten ergänzenden Regelungen ☐ Sonstiger Plan (als Anlage 7 A beigefügt) mit den in Anlage 7 B aufgeführten ergänzenden Regelungen ☐ Erläuterungen zur vorgeschlagenen Schuldenbereinigung (Anlage 7 C)

69

Beteiligte Gläubiger

lfd. Nr.	Gläubiger *(möglichst in alphabetischer Reihenfolge)*	Verfahrensbevollmächtigte(r) für das Insolvenzverfahren	Summe aller Forderungen des Gläubigers in EUR	Anteil an der Gesamtverschuldung in %
1	Name, Vorname bzw. Firma: Bank A Straße, Hausnummer: Fasanenstraße 99 Postleitzahl, Ort: 10623 Berlin Geschäftszeichen: Konto 1533 gesetzlich vertreten durch: Vorstand X	Name, Vorname bzw. Firma Straße, Hausnummer Postleitzahl, Ort Geschäftszeichen	11.500,00	4,32
2	Name, Vorname bzw. Firma: Bank B Straße, Hausnummer: Kantstraße 189 Postleitzahl, Ort: 10623 Berlin Geschäftszeichen: Kredit 8799 gesetzlich vertreten durch: Vorstand Y	Name, Vorname bzw. Firma Straße, Hausnummer Postleitzahl, Ort Geschäftszeichen	254.500,00	95,68
	Name, Vorname bzw. Firma Straße, Hausnummer Postleitzahl, Ort Geschäftszeichen gesetzlich vertreten durch	Name, Vorname bzw. Firma Straße, Hausnummer Postleitzahl, Ort Geschäftszeichen		

Amtliche Fassung 3/2002 — Eigenantrag Verbraucherinsolvenz: SBP Allgemeiner Teil (Anlage 7), **Seite 1**

lfd. Nr.	Gläubiger (möglichst in alphabetischer Reihenfolge)	Verfahrensbevollmächtigte(r) für das Insolvenzverfahren	Summe aller Forderungen des Gläubigers in EUR	Anteil an der Gesamt-verschul-dung in %
	Name, Vorname bzw. Firma	Name, Vorname bzw. Firma		
	Straße, Hausnummer	Straße, Hausnummer		
	Postleitzahl, Ort	Postleitzahl, Ort		
	Geschäftszeichen	Geschäftszeichen		
	gesetzlich vertreten durch			
	Name, Vorname bzw. Firma	Name, Vorname bzw. Firma		
	Straße, Hausnummer	Straße, Hausnummer		
	Postleitzahl, Ort	Postleitzahl, Ort		
	Geschäftszeichen	Geschäftszeichen		
	gesetzlich vertreten durch			
	Name, Vorname bzw. Firma	Name, Vorname bzw. Firma		
	Straße, Hausnummer	Straße, Hausnummer		
	Postleitzahl, Ort	Postleitzahl, Ort		
	Geschäftszeichen	Geschäftszeichen		
	gesetzlich vertreten durch			

Amtliche Fassung 3/2002 Eigenantrag Verbraucherinsolvenz: SBP Allgemeiner Teil (Anlage 7), Seite 2

71

Anlage 7 A
zum Eröffnungsantrag des / der Mandant M

Schuldenbereinigungsplan für das gerichtliche Verfahren **Besonderer Teil** **- Musterplan mit flexiblen Raten -**	**Datum des Schuldenbereinigungsplans:**

In Verbindung mit den ergänzenden Regelungen gemäß Anlage 7 B biete ich den im Plan genannten Gläubigern zur angemessenen und endgültigen Bereinigung meiner Schulden die folgende Regelung an:	Gesamtverschuldung in EUR **266.000,00**		derzeit pfändbarer Teil des Einkommens in EUR **0,00**
	Zahlungsweise und Fälligkeit	**Gesamtlaufzeit in Monaten** **72**	**Zahlungsweise** ☒ monatlich zum **_ersten** ☐ ____________
		Beginn der Laufzeit **???**	
		Der Zahlbetrag ergibt sich aus ☐ dem jeweils pfändbaren Teil meines Einkommens gemäß §§ 850c ff. ZPO. ☒ den ergänzenden Regelungen in Anlage 7 B.	

lfd. Nr. des Gläubigers im SB-Plan AT	Name / Kurzbezeichnung des Gläubigers *(vollständige Angaben im Allgemeinen Teil des Schuldenbereinigungsplans)*	Hauptforderung in EUR	Zinsen Höhe in EUR	Zinsen berechnet bis zum	Kosten in EUR	Forderung gesichert	Zahlungsweise und Fälligkeit *(nur soweit nicht einheitlich wie oben angegeben)* Anzahl der Raten	p.m./p.a. zum ...	erstmals am ...	Anteil der Forderung am Zahlbetrag in %
1	Bank A	10.000,00	1.500,00		0,00	☐				22,75
2	Bank B	250.000,00	4.500,00		0,00	☐				77,25

Amtliche Fassung 3/2002 — Eigenantrag Verbraucherinsolvenz: SBP Besonderer Teil (Anlage 7 A – feste Raten), Seite 1

Anlage 7 B
zum Eröffnungsantrag des / der Mandant M

Schuldenbereinigungsplan für das gerichtliche Verfahren

Besonderer Teil

- Ergänzende Regelungen -

Datum des Schuldenbereinigungsplans:

72 **Ergänzende Regelungen**
(insbesondere Sicherheiten der Gläubiger, § 305 Abs. 1 Nr. 4 Halbsatz 3)

Es sollen folgende ergänzende Regelungen gelten (für die Sicherheiten der Gläubiger, z.B. Sicherungsabtretungen, Bürgschaften, vereinbarte oder durch Zwangsvollstreckung erlangte Pfandrechte, müssen Regelungen erfolgen):

Verzicht auf Zwangsvollstreckungsmaßnahmen

Mit wirksamem Abschluss des Vergleichs ruhen sämtliche Zwangsvollstreckungsmaßnahmen und Sicherungsverwertungen, soweit sie die in das Verfahren einbezogenen Forderungen und Ansprüche betreffen. Während der Laufzeit der Vereinbarung verzichten die Gläubiger auf weitere Zwangsvollstreckungsmaßnahmen oder die Offenlegung einer Lohnabtretung.

Einsatz eines außergerichtlichen Treuhänders

Es wird ein außergerichlicher Treuhänder eingesetzt, der die pfändbaren Beträge einzieht und nach der Quote an die Gläubiger verteilt.

Anpassungsklauseln

1. Bei Änderung der Pfändungstabelle zu § 850 c ZPO ändert sich der Zahlungsbetrag dem dann pfändbaren Betrag entsprechend.
2. Bei Familienzuwachs oder einer Minderung des Einkommens aufgrund von Arbeitslosigkeit oder anderer nicht vom Schuldner zu vertretender Gründe wird der Zahlungsbetrag analog der Pfändungstabelle zu § 850 c ZPO geändert. Nach Abzug des Pfändungsbetrages ist dem Schuldner mindestens das sozialhilferechtliche Existenzminimum entsprechend den Bestimmungen nach § 850 f Abs. 1 ZPO zu belassen. Die Anpassung ist mit einer Bescheinigung des zuständigen Sozialamtes zu belegen.
3. Bei einer wesentlichen Verbesserung der Einkommenssituation von dauerhaft mindestens 10 % oder bei einem Wegfall von Unterhaltspflichten erfolgt eine Anhebung der Rate entsprechend dem dann pfändbaren Betrag gem. § 850 c ZPO.

Obliegenheiten

1. Der Schuldner verpflichtet sich, dem Gläubiger auf Anforderung Nachweise über seine Einkommenssituation vorzulegen.
2. Im Falle der Arbeitslosigkeit verpflichtet sich der Schuldner zu intensiven eigenen Bemühungen um eine angemessene Erwerbstätigkeit und er verpflichtet sich, keine zumutbare Tätigkeit abzulehnen. Auf Anforderung des Gläubigers legt der Schuldner entsprechende Nachweise vor.
3. Erhält der Schuldner während der Laufzeit der Ratenzahlungen eine Erbschaft, verpflichtet er sich, diese zur Hälfte des Wertes an die Gläubiger entsprechend ihrer jeweiligen Quoten herauszugeben.

Kündigung

Gerät der Schuldner mit 2 ganzen aufeinanderfolgenden Monatsraten an den Treuhänder in Rückstand, ohne zuvor mit den Gläubigern eine entsprechende Stundungsvereinbarung getroffen zu haben, so kann von Gläubigerseite der abgeschlossene Vergleich schriftlich gekündigt werden.

Vor einer Kündigung wird der Gläubiger dem Schuldner schriftlich eine 2-wöchige Frist zur Zahlung des rückständigen Betrages einräumen. Diese Aufforderung ist mit der Erklärung zu versehen, dass bei Nichtzahlung der Vergleich gekündigt wird.

Amtliche Fassung 3/2002 Eigenantrag Verbraucherinsolvenz: SBP Besonderer Teil (Anlage 7 B), **Seite 1**

III. Ausblick auf die Reform der Insolvenzverfahrens

769 Am 18.07.2012 wurde der Gesetzesentwurf zur Verkürzung des Restschuldbefreiungsverfahrens und zur Stärkung der Gläubigerrechte vom Bundeskabinett beschlossen und wird nunmehr in das Gesetzgebungsverfahren eingebracht.

770 Da es eine breite Mehrheit in allen Parteien für eine Reform des bisherigen Verbraucherinsolvenz-verfahren gibt, wird das Gesetz voraussichtlich Mitte 2013 unverändert in Kraft treten. Die Änderungen (des bisherigen Gesetzesentwurfes) sollen daher hier kurz skizziert werden:

771

gezielter Anreiz für den Schuldner zur Zahlung durch Verkürzung des Restschuldbe-freiungsverfahrens	Der Gesetzesentwurf sieht vor, dass der Schuldner statt bisher 6 Jahre seine Restschuldbefreiung bereits nach nur 3 Jahren erlangen kann, wenn • er 25 % der Forderungen sowie die Verfahrenskosten bezahlt hat. Eine Verkürzung der Wohlverhaltensphase auf immerhin noch 5 Jahre ist möglich, wenn • der Schuldner zumindest die Verfahrenskosten vollständig bezahlt hat. Die Verkürzung des Restschuldbefreiungsverfahrens soll für alle natürlichen Personen gelten und nicht nur auf Verbraucher beschränkt sein.
Durchführung eines Insolvenzplanverfahrens auch in der Verbraucherinsolvenz	Das Insolvenzplanverfahren kennt man bislang nur in der Regelinsolvenz von Firmen. Es dient der Sanierung in der Insolvenz. Es wird dabei vom Insolvenzverwalter ein Insolvenzplan (quasi ein komplexer Vergleich) aufgestellt, dem die Mehrheit der Gläubiger (in Gruppen aufgeteilt und mit Stimmrechten entsprechend ihrer Forderungshöhe ausgestattet) zustimmen muss.
Stärkung der Gläubigerrechte	Die Gläubiger sollen insbesondere dadurch gestärkt werden, dass ein Versagungsantrag auf Restschuldbefreiung sowohl im Regelfall des schriftlichen

	Verfahrens als auch im angeordneten mündlichen Verfahren jederzeit (bis zum Schlusstermin) schriftlich zu stellen ist. Eine persönliche Geltendmachung im mündlichen Schlusstermin entfällt damit.
Umgestaltung des außergerichtlichen Einigungsversuches	Insbesondere wenn den Gläubigern aufgrund der wirtschaftlichen Verhältnisses des Schuldners nur ein sogenannter Nullplan angeboten werden kann, sind die bisherigen außergerichtliche Einigungsversuche nicht Erfolg versprechend. Es soll zukünftig **kein außergerichtlicher Einigungsversuch** mehr unternommen werden müssen, wenn dieser **offensichtlich aussichtslos** ist. Hierdurch sollen besonders die chronisch überlasteten Schuldnerberatungsstellen entlastet werden.

6. Kapitel: Beratungshilfe, PKH und Rechtsschutzversicherung

Übersicht Rdn.

A. Beratungshilfe

I. Allgemeines

Wie stellen Sie sich den „idealen Mandanten“ vor? Das ist gewiss ein zahlungskräftiger, zahlungswilliger, zufriedener Mandant und wenn er dazu unkompliziert und freundlich ist, umso besser. 1

Wenn es diesen Mandanten – gerade im Hinblick auf die Zahlungsfreudig- und -willigkeit – gibt, so ist dieser „Exot“ in einigen Kanzleien eher die Ausnahme, denn sehr viele Menschen sind nicht in der Lage, einen RA zu bezahlen – selbst wenn sie es wollten. Die Anzahl von Beratungshilfeberechtigten nimmt vielmehr stetig zu. 2

Bereits in dem GG ist verankert, dass alle Menschen vor dem Gesetz gleich sind. Der Millionär, der einen RA bezahlen kann, soll im Hinblick auf die Wahrnehmung seiner Rechte nicht besser gestellt sein, als ein Hartz-IV-Empfänger. Unter dem Aspekt der Chancengleichheit soll den Menschen, die aus finanzieller Not nicht der Lage sind, einen RA zu bezahlen, unter bestimmten Voraussetzungen, die Wahrnehmung ihrer Rechte gewährt werden. 3

Ähnlich wie bei der PKH, die im gerichtlichen Verfahren zum Tragen kommt (s. in diesem Kapitel Rdn. 60ff.), ermöglicht die Beratungshilfe den Bürgern die Wahrnehmung ihrer Rechte mit der Maßgabe, dass die Kosten von der Landeshauptkasse, gegen eine sehr geringe Eigenbeteiligung des Rechtssuchenden, in außer- bzw. vorgerichtlichen Angelegenheiten getragen werden. 4

Die außer- bzw. vorgerichtliche Tätigkeit umfasst die Erteilung eines Rates und/oder einer Auskunft und wenn dies nicht ausreichend ist, darüber hinaus die außer- bzw. vorgerichtliche Vertretung. 5

Anders als bei der PKH ist derjenige (sofern sich die Einkommensverhältnisse wesentlich verbessern), für den die Kosten von der Bundes- oder Landeshauptkasse i.R.d. Beratungshilfe geleistet wurden, nicht verpflichtet, diese Kosten wieder zurückzuerstatten. 6

II. Gesetzliche Grundlage

Geregelt sind die Voraussetzungen für die Beratungshilfe in dem Gesetz über Rechtsberatung und Vertretung für Bürger mit geringem Einkommen (BerHG). 7

Daneben gibt es weitere gesetzliche Grundlagen und Vorschriften, die für die Praxis von Bedeutung sind. 8

So finden Sie im RVG gesetzliche Regelungen im Hinblick auf die Vergütung im Wege der Beratungshilfe sowie Vorschriften in der BRAO (Bundesrechtsanwaltsordnung) und BORA (Berufsordnung für Rechtsanwälte). 9

III. Voraussetzungen für die Bewilligung von Beratungshilfe

10 Um Beratungshilfe in Anspruch nehmen zu können, müssen zunächst drei Voraussetzungen erfüllt sein.

11 *§ 1 BerHG*

(1) Hilfe für die Wahrnehmung von Rechten außerhalb eines gerichtlichen Verfahrens und im obligatorischen Güteverfahren nach § 15a des Gesetzes betreffend die Einführung der Zivilprozessordnung (Beratungshilfe) wird auf Antrag gewährt, wenn

1. *der Rechtsuchende die erforderlichen Mittel nach seinen persönlichen und wirtschaftlichen Verhältnissen nicht aufbringen kann,*
2. *nicht andere Möglichkeiten für eine Hilfe zur Verfügung stehen, deren Inanspruchnahme dem Rechtsuchenden zuzumuten ist,*
3. *die Wahrnehmung der Rechte nicht mutwillig ist.*

(2) Die Voraussetzungen des Absatzes 1 Nr. 1 sind gegeben, wenn dem Rechtsuchen- dem Prozesskostenhilfe nach den Vorschriften der Zivilprozessordnung ohne einen eigenen Beitrag zu den Kosten zu gewähren wäre.

12 Hinsichtlich § 1 Abs. 1 Nr. 1. BerHG (**persönlichen und wirtschaftlichen Verhältnisse**) und § 1 Abs. 1 Nr. 3 BerHG (**Mutwilligkeit**) verweise ich auf die Ausführungen unter Rdn. 66 in diesem Kapitel, da die gleichen Voraussetzungen wie für die Bewilligung der PKH gelten.

13 Die unter § 1 Abs. 1 Nr. 2 BerHG genannte Voraussetzung dient dem Zweck, dass zunächst alle anderen Möglichkeiten, die neben der Beratungshilfe zur Verfügung stehen, ausgeschöpft werden sollen.

14 ► Beispiel:

Verfügt der Rechtssuchende über eine Rechtsschutzversicherung, die für die Angelegenheit eintrittpflichtig ist, so besteht hier für den Rechtssuchenden eine andere Möglichkeit, seine Rechte wahrzunehmen. Die Voraussetzung für Beratungshilfe liegt gem. § 1 Abs. 1 Nr. 2 BerHG nicht vor.

Ist ein Handwerker Mitglied bei einer Handwerkskammer, die ihren Mitgliedern z. B. kostenlose Beratungen anbietet, so stellt dies ebenfalls eine andere Möglichkeit dar, die Rechte wahrzunehmen.

Eine Gewerkschaft, die Ihren Mitgliedern kostenlose Beratungen anbietet, stellt ebenfalls eine andere Möglichkeit i.S.d. § 1 Abs. 1 Nr. 2 BerHG dar.

15 Grds. erhält derjenige Beratungshilfe, der PKH in einem gerichtlichen Verfahren nach den Vorschriften der ZPO ohne Ratenzahlung erhalten würde (§ 1 Abs. 2 BerHG).

1. Zuständigkeit

Zuständig ist das AG, in dessen Bezirk der Antragsteller seinen **allgemeinen Gerichtsstand** hat. Sofern der Antragsteller im Inland keinen allgemeinen Gerichtsstand hat, ist das AG zuständig, in dessen Bezirk das Bedürfnis für die Beratungshilfe besteht. 16

2. Form des Antrags auf Bewilligung von Beratungshilfe

Den Antrag auf Beratungshilfe kann der Antragsteller/Rechtssuchende 17
- entweder mündlich oder schriftlich bei dem AG, in dessen Bezirk er seinen allgemeinen Gerichtsstand hat/oder das Gericht, sofern im Inland kein allgemeiner Gerichtsstand gegeben ist, das Gericht in dessen Bezirk Bedürfnis für die Beratungshilfe besteht (§ 4 Abs. 1 BerHG)
- oder nachträglich stellen, wenn er direkt einen RA aufgesucht hat (§ 4 Abs. 2 BerHG).

Beide Verfahren unterscheiden sich – gerade aus der Sicht des RA – wesentlich voneinander. Beide Verfahren werden in diesem Kapitel erläutert. 18

3. Frist

Eine Antragsfrist für die **nachträgliche Bewilligung** von Beratungshilfe (RA ist vor der Bewilligung tätig geworden) ist in dem BerHG nicht vorgesehen. 19

▶ Praxistipp 20

In der Praxis gibt es sehr häufig Schwierigkeiten hinsichtlich der Bewilligung des Antrags, sofern eine Beratung/Auskunft und oder Vertretung erfolgte und der Antrag **nachträglich** gestellt wird. In diesem Fall stellen einige Gerichte unter Verweis auf § 4 Abs. 2 Satz 4 BerHG darauf ab, dass der Antrag auf Bewilligung von Beratungshilfe von dem RA **vor** der Tätigkeit datiert und unterzeichnet sein muss. Andere Gerichte stellen auch darauf ab, dass ein Antrag dem eine Beratung sechs Monate vorausging, verfristet sei.

Zwar hat das BVerfG am 18.01.2006 (1 BvR 2312/05) in der Sache selbst nicht entschieden, da die Verfassungsbeschwerde nicht zur Entscheidung angenommen wurde, jedoch hat das BVerfG u.a. ausgeführt, dass die Bewilligung von einem nachträglich gestellten Antrag auf Beratungshilfe an keine Frist gebunden ist und auch der gesetzlichen Regelung des § 4 Abs. 2 Satz 4 BerHG nicht entgegensteht.

Unabhängig davon, dass in Literatur und Rechtsprechung überwiegend davon ausgegangen wird, dass der Antrag auf nachträgliche Bewilligung von Beratungshilfe an keine Frist gebunden ist, ist dennoch zu empfehlen, den Antrag vor Beginn der Tätigkeit des RA zu unterzeichnen und zu datieren. Des Weiteren müssen vor Unterzeichnung des Formulars und einem Tätigwerden von dem

Mandanten die erforderlichen Belege eingeholt und der Antrag bei Fälligkeit der Vergütung mit dem Kostenerstattungsantrag bei dem Gericht eingereicht werden.

21 Auf den zum 01.09.2009 in Kraft getretenen § 16 a BORA – Ablehnung der Beratungshilfe ist hinzuweisen:

- Der Rechtsanwalt ist nicht verpflichtet, einen Beratungshilfeantrag zu stellen
- Der Rechtsanwalt kann die Beratungshilfe im Einzelfall aus wichtigem Grund ablehnen oder beenden. Ein wichtiger Grund kann in der Person des Rechtsanwaltes selbst oder in der Person oder dem Verhalten des Mandanten liegen. Ein wichtiger Grund kann auch darin liegen, dass die Beratungshilfebewilligung nicht den Voraussetzungen des Beratungshilfegesetzes entspricht. Ein wichtiger Grund liegt insbesondere vor, wenn
  a) der Rechtsanwalt durch eine Erkrankung oder durch berufliche Überlastung an der Beratung/Vertretung gehindert ist;
  b) (aufgehoben)
  c) der beratungshilfeberechtigte Mandant seine für die Mandatsbearbeitung erforderliche Mitarbeit verweigert;
  d) das Vertrauensverhältnis zwischen Anwalt und Mandant aus Gründen, die im Verhalten oder in der Person des Mandanten liegen, schwerwiegend gestört ist;
  e) sich herausstellt, dass die Einkommens- und/oder Vermögensverhältnisse des Mandanten die Bewilligung von Beratungshilfe nicht rechtfertigen;
  f) (aufgehoben)
  g) (aufgehoben).

4. Formular

22 Sofern der Antrag schriftlich oder nachträglich gestellt wird, ist das nachstehende Formular zu verwenden.

23 ▶ **Praxistipp**

Einen entsprechende Vordruck für einen Antrag auf Bewilligung von Beratungshilfe können Sie bspw. kostenlos auf der folgenden Internetseite einsehen und herunterladen:

http://www.justiz.de/Formulare/agl1.pdf.

24 Bevor die verschiedenen Möglichkeiten der Antragstellung erläutert werden, soll das nachstehende Fallbeispiel behandelt werden.

25 ▶ **Beispiel:**

Der Rentner M aus Berlin, der über eine sehr geringe Rente verfügt, ist Mitglied in einem Mieterschutzverein. Anlässlich einer gem. § 554 BGB vom Vermieter übermit-

telten Modernisierungsankündigung, die eine Erhöhung der Miete zur Folge hat, möchte Herr M anwaltliche Hilfe in Anspruch nehmen.

Von einem Bekannten hat Herr M erfahren, dass er aufgrund seines geringen Einkommens einen Anspruch auf Beratungshilfe hat.

Herr M möchte sich nun von einem Fachanwalt für Mieterecht, den er kompetenter als die Berater bei dem Mieterschutzbund hält, „kostenlos" beraten lassen, schließlich zahlt ja das Gericht die anfallenden Kosten der anwaltlichen Beratung. Herr M ruft in Ihrer Kanzlei an, schildert kurz seinen Fall und weist Sie in dem Telefonat darauf hin, dass er Anspruch auf Beratungshilfe hat, da er nur eine geringe Rente bezieht und nicht in der Lage ist, einen RA zu bezahlen.

Zunächst erfüllt Herr M die Voraussetzung gem. § 1 Abs. 2 BerHG nicht, da er eine **andere zumutbare Möglichkeit** hat, seine Rechte wahrzunehmen, bevor er Beratungshilfe in Anspruch nehmen kann (s. Voraussetzungen für die Bewilligung von Beratungshilfe, siehe in diesem Kapitel Rdn. 10). 26

Da Herr M Mitglied in einem Mieterschutzbund ist, muss er zunächst diesen Weg wählen. Erst dann, wenn keine andere Möglichkeit besteht, seine Rechte in anderer Weise wahrzunehmen hat Herr M grds. Anspruch auf Beratungshilfe. 27

Wie verhalten Sie sich aber in diesem Fall? 28

Sie können zunächst nicht davon ausgehen, dass Sie der Anrufer in dem ersten Telefonat darauf hinweist, dass er, wie in unserem Beispiel, andere Möglichkeiten hat, seine Rechte wahrzunehmen. 29

Grds. ist der RA gem. § 49a Abs. 1 BRAO zur Übernahme von Beratungshilfe verpflichtet. Nur wenn er einen berechtigten Grund hat, kann der RA im Einzelfall die Übernahme von Beratungshilfe ablehnen. 30

Wird der RA aber tätig, bevor dem Antrag auf Bewilligung von Beratungshilfe nicht stattgegeben wurde, besteht für den RA ein großes Risiko hinsichtlich der Durchsetzung seiner Vergütung. Hierzu verweise ich auf die Ausführungen zu den Belehrungspflichten unter Kap. 8 Rdn. 57 ff. 31

► Praxistipp 32

Bitten Sie den Rechtssuchenden, **bevor** der RA den Auftrag annimmt und eine Tätigkeit ausübt, bei dem AG den Antrag auf Bewilligung von Beratungshilfe zu stellen und die Erteilung eines Berechtigungsscheines zu verlangen.

Der RA ist nicht verpflichtet, ohne Vorlage des Berechtigungsscheins tätig zu werden.

Zu diesem Zweck ist zu empfehlen, den Rechtssuchenden ein Informationsblatt auszuhändigen, dem die Einzelheiten hinsichtlich des Antragsverfahrens entnommen werden können.

► Muster: Informationsblatt/Erteilung eines Berechtigungsscheins

33 Ggf. haben Sie aufgrund Ihres geringen Einkommens einen Anspruch auf Bewilligung von Beratungshilfe. Sofern Sie für eine außer- bzw. vorgerichtliche Tätigkeit eine Beratung, Auskunft oder eine Vertretung durch mich/uns wünschen, bitte ich Sie, vor einer Beauftragung und Tätigkeit durch mich/uns, einen Antrag auf Bewilligung von Beratungshilfe und die Erteilung eines Berechtigungsscheines für Beratungshilfe zu stellen.

1. Zuständig ist das Amtsgericht, in dessen Bezirk Sie ihren Wohnsitz haben. Bei der Ermittlung des für Sie zuständigen Amtsgerichts und der Anschrift, sind Ihnen meine Mitarbeiter/Innen gerne behilflich
2. Den Antrag können Sie mündlich bei der Rechtsantragsstelle des Amtsgerichts stellen. Über Ihren Antrag entscheidet der Rechtspfleger.
3. Nehmen Sie zu dem Termin der Antragstellung Ihren gültigen Ausweis/Pass sowie aktuelle Einkommens- und Verbindlichkeitsnachweise mit z. B.:
   - Bewilligungsbescheid JobCenter/ARGE,
   - Arbeitslosengeldbescheid,
   - Gehaltsabrechnung,
   - Rentenbescheid,
   - letzten Steuerbescheid (bei Selbstständigen),
   - Nachweis über die Miethöhe,
   - aktuellen Kontoauszug,
   - Nachweise über sonstige Verbindlichkeiten (Unterhaltszahlungen, Ratenkredite usw.).
4. Sofern Schriftstücke/Dokumente vorhanden sind, hinsichtlich der Angelegenheit, für die Sie die anwaltliche Beratung/Vertretung wünschen, nehmen Sie diese Unterlagen zu dem Termin mit und legen diese Unterlagen dem Rechtspfleger vor.
   Schildern Sie dem Rechtspfleger (kurz) den Sachverhalt, stellen Sie den Antrag auf Bewilligung von Beratungshilfe und bitten um Erteilung eines Berechtigungsscheines. Teilen Sie dem Rechtspfleger mit, dass Sie einen Rechtsanwalt mit Vertretung in dieser Angelegenheit beauftragen wollen.
5. Wenn Ihnen das Gericht den Berechtigungsschein erteilt, bitte ich Sie, sich zwecks Terminsvereinbarung an meine/unsere Kanzlei zu wenden.
6. Zu dem Termin bitte ich Sie, die Gebühr gem. Nr. 2500 VV RVG in Höhe von 10,00 € (einschließlich Mehrwertsteuer) – gegen Quittung – bar einzuzahlen.

IV. Möglichkeiten der Antragstellung

1. Antrag auf Bewilligung von Beratungshilfe beim AG

34 In diesem Fall stellt der Antragsteller den Antrag auf Bewilligung von Beratungshilfe und Erteilung eines Berechtigungsscheins für Beratungshilfe direkt beim AG. Diesen Antrag kann der Antragsteller **mündlich oder schriftlich** stellen.

Das AG kann ebenfalls Beratungshilfe gewähren (§ 3 Abs. 2 BerHG), wenn dem Rechtssuchenden sofort eine Auskunft erteilt werden kann oder ein Hinweis in Bezug auf die Möglichkeit anderer Hilfe möglich ist. Des Weiteren, wenn Hilfestellung bei Anträgen oder Erklärungen durch das AG erfolgen kann. In diesem Fall ist die Beratung, sofern sie über das AG erfolgt, kostenlos. 35

► Beispiel: 36

Student M, der in Berlin-Schöneberg seinen Wohnsitz hat, verfügt außer BAföG-Leistungen über keinerlei Einkommen oder Vermögen. Er möchte eine Erbschaft ausschlagen, da der Nachlass überschuldet ist. Da er dringend Auskunft darüber benötigt, was bei der Ausschlagung des Erbes beachten werden muss, beantragt er bei dem AG Schöneberg, ihm Beratungshilfe zu bewilligen. Sofern der Rechtspfleger hier in der Lage ist, dem Antragsteller eine Auskunft zu erteilen oder ihn z. B. hinsichtlich der Erbschaftsausschlagung an das Nachlassgericht zu verweisen, kann die Beratungshilfe durch das Gericht erfolgen.

Der Antragsteller muss bei Antragstellung seine persönlichen und wirtschaftlichen Verhältnisse glaubhaft machen. I.d.R. belegt er seine Einkommens- und Verbindlichkeitsnachweise. Er schildert dem Rechtspfleger das Anliegen seines Antrags. Der Rechtspfleger entscheidet sodann über den gestellten Antrag. 37

Entscheidet der Rechtspfleger positiv über den Antrag auf Bewilligung von Beratungshilfe, erhält der Antragsteller einen sog. **Berechtigungsschein für Beratungshilfe.** Mit diesem Berechtigungsschein kann sich der Antragsteller an einen RA seiner Wahl wenden, der für diesen tätig wird. 38

► Hinweis: 39

In diesem Fall ist der Vergütungsanspruch des RA zunächst gesichert. Der RA sollte jedoch in dem Berechtigungsschein darauf achten, in welchem Umfang Beratungshilfe bewilligt worden ist.

Oftmals wird Beratungshilfe lediglich auf eine Beratung beschränkt. Das bedeutet, dass ein Vergütungsanspruch für eine Tätigkeit (z. B. Anschreiben an den Gegner) von der Beratungshilfe nicht erfasst ist. Der RA kann hier lediglich die Gebühr für die Beratung mit der Landeshauptkasse abrechnen, auch wenn er darüber hinaus tätig geworden ist und durch die Tätigkeit eine Geschäftsgebühr gem. Nr. 2503 VV ausgelöst wurde.

Hier sollte der Mandant, wenn über die Beratung hinaus eine weitere Tätigkeit erforderlich ist, an das AG verwiesen werden, um den Berechtigungsschein insoweit ergänzen zu lassen.

2. Nachträglicher Antrag durch den RA

40 Sofern der Rechtssuchende den direkten Weg zum RA wählt, ist der Antrag auf Bewilligung von Beratungshilfe nachträglich zu stellen. Hierzu ist ein Antragsformular zu verwenden

41 Über den nachträglich gestellten Antrag auf Bewilligung von Beratungshilfe entscheidet der Rechtspfleger bei dem AG. War der RA beratend tätig und wird der Antrag nachträglich gestellt, so ist in diesem Stadium ungewiss, ob Beratungshilfe überhaupt bewilligt wird. Kommt z.B. der Rechtspfleger zu dem Ergebnis, dass der Antragsteller, wie im Beispiel unter Rdn. 25 in diesem Kapitel geschildert, die Möglichkeit hatte, sich zunächst an den Mieterschutzbund zu wenden, wird der Antrag auf Bewilligung von Beratungshilfe abgelehnt.

42 Ebenso ist es möglich, dass der Rechtspfleger Beratungshilfe ablehnt, weil der Antrag des Antragstellers mutwillig ist.

43 Des Weiteren ist es auch möglich, dass der Rechtspfleger feststellt, dass aufgrund der persönlichen und wirtschaftlichen Verhältnisse des Antragstellers gar kein Anspruch auf Beratungshilfe besteht.

44 Bitte unterschätzen Sie nicht, wie viel Arbeit und Zeit in dieses Mandat investiert wird, ohne dass eine Zahlung – im günstigsten Fall eine Zahlung in Höhe von 10,00 € – geleistet wird. Zum Einen wird der RA tätig, die Mitarbeiter legen die Akte an. Das Antragsformular, das von dem Rechtssuchenden auszufüllen und zu unterzeichnen ist, wird sehr oft mit der Unterstützung des RA oder seinen Mitarbeiterin ausgefüllt und bei dem Gericht – gegen Porto – eingereicht. Bis der Rechtspfleger über den Antrag entscheidet, vergeht in aller Regel viel Zeit. In der Zwischenzeit hatte der Mandant ggf. Rückfragen.

45 Oft ist der Fall gegeben, dass das Gericht bzw. der Rechtspfleger bevor abschließend über den Antrag entschieden wird, ebenfalls Rückfragen hat oder Belege hinsichtlich der persönlichen und wirtschaftlichen Verhältnisse anfordert. Die Rückfragen des Rechtspflegers kann der RA nicht ignorieren und auch hier, wird abermals Arbeit, Zeit und Geld in ein Mandant investiert, das – auch für den Fall, dass Beratungshilfe bewilligt wird – in keinem Verhältnis zu der Vergütung steht, die im Beratungshilfeverfahren bezahlt wird.

46 Im allergünstigsten Fall wird Beratungshilfe bewilligt und im ungünstigsten Fall geht der RA praktisch „leer" aus, wenn er im Vorfeld, für den Fall, dass dem Antrag auf Bewilligung von Beratungshilfe nicht entsprochen wird, keine Vereinbarung hinsichtlich seiner Vergütung mit dem Mandanten getroffen bzw. ihn darauf hingewiesen hat, dass für diesen Fall grds. von dem Auftraggeber die gesetzliche Vergütung nach dem RVG geschuldet wird.

47 Selbst wenn der Mandant belehrt wurde und dieser sich verpflichtet hat, die gesetzliche Vergütung zu zahlen, ist die Durchsetzung dieses Anspruchs, für den Fall, dass der Mandant nicht zahlt, mehr als fraglich.

Auch an dieser Stelle verweise ich auf die Ausführungen zu den Belehrungspflichten unter Kap. 8 Rdn. 57. 48

V. Rechtsbehelf/Rechtsmittel

Wird der Antrag auf Bewilligung von Beratungshilfe abgelehnt, hat der Antragsteller die Möglichkeit, gegen einen ablehnenden Beschluss Erinnerung einzulegen (§ 6 Abs. 2 BerHG). 49

Die Erinnerung kann schriftlich oder mündlich bei dem AG eingelegt werden, das den Beschluss erlassen hat. 50

VI. Bewilligungsfähige Rechtsgebiete

Nicht für alle Rechtsgebiete wird Beratungshilfe bewilligt. Für folgende Rechtsgebiete wird Beratungshilfe nach dem BerHG gewährt: 51
- Zivilrecht,
- Arbeitsrecht,
- Verwaltungsrecht,
- Sozialrecht,
- Strafrecht,
- Ordnungswidrigkeitenverfahren.

Hinweis: Besonderheit in Angelegenheiten des Strafrechts und in den OWi-Verfahren 52

Für diese beiden Rechtsgebiete erfasst die Beratungshilfe **nur die Beratung.** Wird der RA neben der Beratung für den Mandanten tätig (z. B. Einspruch gegen einen Bußgeldbescheid), so ist diese Tätigkeit nicht von der Beratungshilfe gedeckt. Hier sollte der RA den Mandanten unbedingt belehren und hinsichtlich seiner Vergütung eine Regelung treffen. Dazu verweise ich auf die Ausführungen unter Kap. 8 Rdn. 57.

VII. Besonderheit der öffentlichen Rechtsberatung in Hamburg und Bremen

Grds. kann der Antragsteller wählen zwischen einem RA seiner Wahl oder, sofern vorhanden, einer öffentlichen Beratungsstelle. 53

In den Bundesländern **Hamburg und Bremen** erfolgt die Beratung ausschließlich durch die öffentlichen Rechtsberatungsstellen. Beratungshilfe durch Rechtsanwälte findet keine Unterstützung. In dem Bundesland **Berlin** hat der Antragsteller die Wahl zwischen einem RA seiner Wahl oder einer öffentlichen Beratungsstelle. 54

VIII. Wirkung der Beratungshilfe

Sofern Beratungshilfe bewilligt wird und die Beratung durch einen RA erfolgt (Ausnahme: Hamburg und Bremen, s. o.), trägt die **Landeshauptkasse** die Kosten der an- 55 waltlichen Vergütung. **Vergütungsschuldner** ist die Staatskasse und nicht der Mandant.

56 Der **Vergütungsanspruch** richtet sich nach der **gesetzlichen Vergütung** (§ 44 RVG). Vereinbarungen über eine Vergütung mit dem Mandanten sind nichtig, § 8 BerHG.

57 ► Beispiel:

Mandant M erscheint in Ihrer Kanzlei und legt Ihnen einen Beratungshilfeschein hinsichtlich einer Beratung in einer sozialrechtlichen Angelegenheit vor. Im Gespräch mit dem Mandanten schließt der RA mit dem Mandanten M eine Vergütungsvereinbarung gem. § 3a RVG, wonach sich Mandant M verpflichtet, eine Gebühr i.H.v. 100,00 € zzgl. Auslagen und USt zu bezahlen. Mandant M unterzeichnet die Vergütungsvereinbarung. Nachdem die Angelegenheit beendet ist, rechnet RA die Vergütung mit der Landeshauptkasse ab und fordert den Mandanten M zur Zahlung aus der Vergütungsvereinbarung auf.

Da die Vereinbarung der Vergütung gem. § 8 BerHG nichtig ist, das bedeutet, dass die Vereinbarung rechtlich nicht existiert, hat der RA keinerlei Zahlungsanspruch gegen den Mandanten M (s.a. Kap. 8 Rdn. 1096; § 3a Abs. 4 RVG).

Etwas anderes gilt, sofern der Mandant oder ein Dritter freiwillige Zahlungen, in Kenntnis der Tatsache, dass er zu einer Zahlung nicht verpflichtet ist, leistet. Insofern verweise ich auf das Kapitel Belehrungspflichten § 16 BORA.

58 Die Vergütung für den RA, der im Beratungshilfeverfahren tätig wird, ist niedriger. Der RA kann von dem Mandanten die Zahlung der Beratungshilfegebühr i.H.v. 10,00 € (einschließlich USt) verlangen – der RA kann die Zahlung der Beratungshilfegebühr erlassen.

59 Hinsichtlich der Vergütung und Anrechnungsvorschriften verweise ich auf das Kap. Vergütungsrecht Nr. 2500 ff. RVG.

B. PKH

I. Allgemeines

60 Ein in der Praxis wichtiges Arbeitsgebiet ist die PKH sowie der Umgang mit Mandanten, die u. U. einen Anspruch auf PKH haben. In diesem Kapitel ist dieses Thema mit der Hilfe von Beispielen und Musterformularen den Kanzleimitarbeitern eine Orientierungshilfe und Unterstützung, die evtl. in der Praxis bisher gar nicht oder sehr selten mit PKH und der Abwicklung konfrontiert sind.

61 Die gesetzlichen Grundlagen für PKH im Zivilprozess sind in den **§§ 114 bis 127 ZPO** geregelt. Wie dem Wort schon entnommen werden kann, kann **PKH ausschließlich** nur für ein gerichtliches Verfahren beantragt und bewilligt werden.

62 Ein Mandant, der wegen eines vorgerichtlichen Mahnschreibens von dem RA einen Rat, Auskunft oder die vorgerichtliche Vertretung in seiner Angelegenheit sucht,

kann wegen dieser Angelegenheit keinen PKH-Antrag stellen (s. auch Rdn. 1, 10 in diesem Kapitel).

Beispiel 1: 63

In Ihrer Kanzlei erscheint Mandant M mit einer Mieterhöhung des Vermieters von einer Miete i.H.v. 450,00 € um 50,00 €/monatlich, insgesamt auf 500,00 €/monatlich. Er bittet darum, die gem. § 588 BGB ausgesprochene Mieterhöhung von dem RA prüfen zu lassen.

Für diese Tätigkeit **wird keine PKH** bewilligt, da es sich um eine vorgerichtliche Angelegenheit handelt. Sofern die Voraussetzungen vorliegen, kann für diese Angelegenheit in diesem Stadium allenfalls **Beratungshilfe** bewilligt werden.

Beispiel 2: 64

Erscheint der Mandant M aber mit einer Klageschrift, mit der auf Zustimmung zur Mieterhöhung geklagt wird und will der Mandant M sich gegen diese Klage zu Wehr setzen, kann ein Antrag auf Bewilligung von PKH bei dem Prozessgericht gestellt werden. Dem Antrag wird, wenn die Voraussetzungen gegeben sind, durch Beschluss stattgegeben

II. Voraussetzungen für die Bewilligung

§ 114 ZPO 65

Eine Partei, die nach ihren persönlichen und wirtschaftlichen Verhältnissen *die Kosten der Prozessführung nicht, nur zum Teil oder nur in Raten aufbringen kann, erhält* auf Antrag *Prozesskostenhilfe, wenn die beabsichtigte Rechtsverfolgung oder Rechtsverteidigung* hinreichende Aussicht auf Erfolg *bietet und* nicht mutwillig *erscheint. Für die grenzüberschreitende Prozesskostenhilfe innerhalb der Europäischen Union gelten ergänzend die §§* 1076 *bis* 1078.

1. Persönliche und wirtschaftliche Verhältnisse

PKH erhält, wer nach seinen persönlichen und wirtschaftlichen Verhältnissen **nicht, nur teilweise oder nur in Raten** in der Lage ist, die Kosten des Rechtsstreits aus eigenen Mitteln aufzubringen. Grds. hat jede Partei, die einen Antrag auf Bewilligung von PKH stellt, ihr Einkommen und Vermögen einzusetzen, um den Prozess aus eigenen Mitteln zu finanzieren. Zum Einkommen gehört **Geld und Geldeswert** (Geldeswert = z. B. Sachbezüge, kostenfreies Wohnen o.Ä.). 66

Da aber diejenigen, die nur über ein sehr geringes oder gar kein Einkommen verfügen denen gegenüber, die in der Lage sind, einen Prozess zu finanzieren, nicht benachteiligt werden sollen, besteht die Möglichkeit, PKH zu beantragen, die an bestimmte Voraussetzungen geknüpft ist. 67

Ein Schlagwort ist z. B. die „**Bedürftigkeit**“, dass ein „Hartz-IV-Empfänger“, der neben diesem Einkommen keinerlei weiteres Einkommen oder Vermögen hat, die Vor- 68 aussetzung hinsichtlich der persönlichen und wirtschaftlichen Verhältnisse erfüllt, ist eher unproblematisch.

69 Wie sieht es aber aus, wenn es sich bei dem Mandanten, der PKH beantragt, um jemanden handelt, der ein Einkommen aus selbstständiger oder nicht selbstständiger Tätigkeit bezieht. Darauf wird anhand des folgenden Fallbeispieles eingegangen.

70 ► Beispiel 1:

Der 35-jährige Mandant M begehrt die Scheidung seiner Ehe. Nach Abzug der Steuern, Pflichtversicherungsbeiträge zur Sozialversicherung, Beiträge zur Kranken- und Rentenversicherung verfügt er über ein Nettoeinkommen i.H.v. 1.400,00 €.

Er hat ein minderjähriges Kind, dem er Unterhalt i.H.v. 300,00 € monatlich gewährt.

Daneben zahlt er einen Ratenkredit i.H.v. 150,00 € zur Finanzierung eines Gebrauchtwagens. Die Miete einschließlich Betriebs- und Heizkosten beträgt 480,00 €. In dem ersten Beratungsgespräch mit dem RA erkundigt sich der Mandant, ob die Möglichkeit besteht, PKH zu beantragen, da ihm nach Abzug seiner Fixkosten lediglich 470,00 € „zum Leben" verbleiben.

71 ► Hinweis:

Hinsichtlich einer etwaigen Belehrungspflicht des RA gegenüber seinem Auftraggeber wegen der Möglichkeit von Gewährung von PKH verweise ich auf die Ausführungen unter Kap. 8 Rdn. 47.

72 Maßgeblich ist zunächst das **Bruttoeinkommen.** Von diesem Einkommen werden Steuern und Vorsorgeaufwendungen sowie die in § 115 ZPO genannten Beträge in Abzug gebracht. Das BMJ gibt einmal jährlich für die Zeit vom 01.07. bis zum 30.06. die sog. **Freibeträge** heraus. Diese Freibeträge sind von dem Einkommen in Abzug zu bringen.

73 Der sich nach Abzug dieser Beträge ergebende Restbetrag ist entscheidend dafür, ob PKH bewilligt wird und ggf. in welcher Höhe (in voller Höhe, wenn kein einzusetzendes Einkommen vorhanden ist oder mit einer Ratenzahlungsverpflichtung für den Antragsteller). Verbleibt ein Betrag bis 15,00 € wird PKH ohne Ratenzahlung bewilligt, verbleibt ein Betrag von 15,00 € wird PKH mit Ratenzahlung bewilligt (im Hinblick auf die Vorschrift von § 115 Abs. 2 ZPO; Stand 01. 12. 2008).

74 Je nach Höhe des verbleibenden einzusetzenden Einkommens wird entsprechend die Ratenhöhe festgesetzt. Die Berechnung bzw. Ermittlung ob und ggf. in welcher Höhe PKH bewilligt wird, erfolgt durch den **Rechtspfleger.**

75 Grundlage für die Berechnung ist die Vorschrift des § 115 ZPO.

► **Praxistipp:** 76

Für den Fall, dass sich der Mandant an Sie wendet und Sie mit der Frage konfrontiert sind, ob er aufgrund seines Einkommens Anspruch auf PKH hat, kann zum Einen neben dem in § 115 ZPO geregelten Verfahren das Ergebnis annähernd ermittelt werden oder aber über sog. „Prozesskostenhilferechner" eine ungefähre Auskunft erteilt werden.

PKH-Rechner finden Sie bspw. auf den folgenden Internetseiten (da das Internet einem ständigen Wandel unterliegt, kann für die Richtigkeit der angegebenen Internetadressen keine Gewähr übernommen werden):

http://www.pkh-fix.de/pkh_down.htm.

Auf dieser Seite kann der „Prozesskostenhilferechner" kostenlos heruntergeladen werden. Es besteht die Möglichkeit, sich auf dieser Internetseite kostenlos registrieren zu lassen. So erhält man bei Änderungen zu der PKH bzw. zur Berechnung des einsetzbaren Nettoeinkommens jeweils eine Mail/einen Newsletter:

http://www.foris.de/prozessfinanzierung/prozesskosten-berechnen.html.

Eine exakte Bezifferung durch den RA kann jedoch nicht erfolgen, da bestimmte Kosten des Mandanten nicht immer vom Gericht im Rahmen der Berechnung berücksichtigt werden (z. B. Ratenkredit für sog. Luxusgüter). Demgegenüber können andere, besondere Belastungen von dem Gericht berücksichtigt werden. 77

Der Mandant sollte darauf hingewiesen werden, dass die durch die Kanzlei erfolgte Ermittlung des einzusetzenden Einkommens **unter dem Vorbehalt der endgültigen Berechnung durch das Gericht** erfolgt. Eine Berechnung erfolgt immer **ohne Gewähr.** 78

► **Muster: Belehrung über vorbehaltliche PKH-Berechnung**

Wir haben anhand der von Ihnen überlassenen Unterlagen im Rahmen der Prozesskostenhilfe ein einzusetzendes Einkommen von ..... € ermittelt. 79

Diese Berechnung erfolgt vorbehaltlich der Berechnung durch das Gericht.

2. Erfolgsaussicht/Mutwilligkeit

Zwei weitere wesentliche Voraussetzungen für die Bewilligung von PKH sind 80
- hinreichende Erfolgsaussicht der Rechtsverfolgung/Rechtsverteidigung,
- die Rechtsverfolgung darf nicht mutwillig erscheinen.

a) Erfolgsaussicht

Mit seinem Antrag auf Bewilligung von PKH reicht der Antragsteller auch die Klage oder den Antrag ein, für den er PKH begehrt. Dabei kann es sich um eine Rechtsverfolgung des Antragstellers handeln (Antragsteller ist Kläger/Antragsteller) oder aber um eine Rechtsverteidigung (Antragsteller ist Beklagter/Antragsgegner). 81

82 Seitens des Gerichts (der Vorsitzende oder ein von ihm ersuchtes Mitglied) erfolgt gem. § 118 Abs. 3 ZPO die Prüfung hinsichtlich der Erfolgsaussicht des Antrages.

83 ► **Abwandlung 1 zu Beispiel 1 (in diesem Kapitel Rdn. 70):**

Der scheidungswillige Mandant M lebt seit zehn Monaten von seiner Ehefrau getrennt. Er hat sich in eine andere Frau verliebt und will sich unbedingt scheiden lassen. Seine Ehefrau möchte ebenfalls die Scheidung der Ehe.

84 Es erfolgt hinsichtlich des Scheidungsantrags eine Prüfung der Erfolgsaussicht der Rechtsverfolgung. Die Antragsgegnerin in dem Scheidungsverfahren, die Ehefrau des Antragstellers, erhält vom Gericht gemäß den Vorschriften des § 118 Abs. 1 ZPO die Antragsschrift und kann hierzu eine Stellungnahme zu dem PKH-Antrag abgeben. Sofern es sich nicht um eine sog. „Härtefall-Scheidung“ handelt, wird vermutet, dass die Ehe gescheitert ist, wenn die Eheleute (mindestens) ein Jahr voneinander getrennt leben (§ 1566 BGB), beide den Scheidungsantrag stellen oder einer der Ehescheidung zustimmt. Anderenfalls müssen die Eheleute drei Jahre voneinander getrennt leben (§ 1566 Abs. 2 BGB). Da unser Mandant M aus dem o.g. Beispiel die Scheidung der Ehe ohne Einhaltung des Trennungsjahres beantragt, würde die Bewilligung von PKH an der Erfolgsaussicht seines Antrages scheitern.

85 ► **Praxistipp:**

In diesem Stadium könnte der Antrag gestellt werden, dass PKH nach Ablauf des Trennungsjahres bewilligt werden soll (vorausgesetzt die Antragsgegnerin stimmt der Ehescheidung zu und begehrt ebenfalls die Scheidung der Ehe).

86 ► **Abwandlung 2 zu Beispiel 1 (in diesem Kapitel Rdn. 70):**

Mandant M lebt seit eineinhalb Jahren von seiner Ehefrau getrennt und begehrt die Scheidung der Ehe. Die Ehefrau des Antragsgegners stimmt einer Ehescheidung ebenfalls zu.

87 In diesem Fall dürfte die Prüfung der Erfolgsaussicht der Rechtsverfolgung, wenn der Mandant M gem. § 118 Abs. 2 ZPO nach seinen eigenen Angaben glaubhaft angegeben hat, dass die Ehe endgültig gescheitert ist, positiv bewertet werden.

88 ► **Beispiel 2:**

B wird von A wegen Rückzahlung eines Darlehens verklagt. B beantragt Klageabweisung und stellt den Antrag auf Bewilligung von PKH. Er überreicht mit seinem Antrag eine Kopie des Kontoauszuges, mit dem die Rückzahlung des Darlehens an A dokumentiert ist.

b) Mutwilligkeit

Von Mutwilligkeit spricht man, „wenn eine verständige, nicht hilfsbedürftige Partei ihre Rechte nicht in gleicher Weise verfolgen würde (vgl. Zöller/Philippi, ZPO, § 114 Rn. 30, m.w.N.). Mutwillig handelt danach, wer den kostspieligeren von zwei gleichwertigen prozessualen Wegen beschreitet (Zöller/Philippi, a.a.O., Rn. 34, m.w.N.). 89

► Beispiel 3: 90

Die Ehefrau unseres Mandanten M, der die Scheidung begehrt, ist eine sehr erfolgreiche Geschäftsfrau, die zudem sehr wohlhabend ist. In diesem Fall hat unser Mandant, bevor er die PKH beantragt, die Möglichkeit gem. § 1360a Abs. 4 BGB, von seiner Ehefrau zur Durchführung des Scheidungsverfahrens einen sog. Prozesskostenvorschuss anzufordern, der eingeklagt werden kann. Wählt unser Mandant also nicht zunächst diesen Weg, kann ihm PKH versagt werden, da er mutwillig gehandelt hat.

► Beispiel 4: 91

Dem Mandanten M, der seit drei Monaten die Mietzahlungen eingestellt hat und sich von dem „eingesparten" Geld einen neuen Flachbildfernseher im Wert von 1.200,00 € angeschafft hat, wird eine Zahlungs- und Räumungsklage vom AG zugestellt. Da er über ein sehr geringes Einkommen verfügt, stellt er einen PKH-Antrag und beantragt zunächst, die Klage abzuweisen. Des Weiteren teilt er dem Gericht mit, dass er lediglich in der Lage ist, den Mietrückstand ratenweise à 50,00 € zu tilgen.

In diesem Fall kann davon ausgegangen werden, dass dem Mandanten M keine PKH bewilligt wird, da die Rechtsverteidigung des Mandanten M aussichtslos ist und Mutwilligkeit gegeben ist. Schließlich ist der Mieter verpflichtet, die Miete pünktlich in der vereinbarten Höhe an den Vermieter zu bezahlen, sofern nicht Gründe gegeben sind, die eine Zurückbehaltung der Miete oder ggf. eine Mietminderung rechtfertigen. 92

► Beispiel 5: 93

M strebt eine Unterhaltsklage an, obwohl der Ehegatte E pünktlich und regelmäßig Unterhalt zahlt.

► Beispiel 6: 94

A verpasst B nach einer verbalen Auseinandersetzung eine schallende Ohrfeige. Dabei verstaucht er sich den Zeigefinger. A verklagt B auf Zahlung von Schmerzensgeld.

95 ▶ **Beispiel 7:**

A hat gegen B eine berechtigte Forderung, die von B nicht bestritten wird. A erhebt Zahlungsklage gegen B. In diesem Fall hat A die Möglichkeit, seine Forderung zunächst auf kostengünstigere Weise, nämlich im Wege des gerichtlichen Mahnverfahrens, gegen B durchzusetzen.

III. Antragstellung/Zuständigkeit

1. Form des Antrags auf Bewilligung von PKH

96 Den Antrag auf Bewilligung von PKH kann der Antragsteller **schriftlich oder mündlich** bei der Rechtsantragsstelle des Prozessgerichts stellen. Ebenso kann der Antrag auch in der mündlichen Verhandlung gestellt werden. In diesem Fall erfolgt die Protokollierung des Antrages. Stellt der Antragsteller einen schriftlichen Antrag, so muss dieser Antrag von dem Antragsteller, seinem gesetzlichen Vertreter oder dem Prozess-/Verfahrensbevollmächtigten unterschrieben werden. Ein **nicht unterschriebener Antrag ist nicht wirksam.**

97 Diesen Antrag kann der Antragsteller im Verbund mit dem Hauptsacheverfahren oder getrennt von dem Hauptsacheverfahren stellen (s. dazu unten).

2. Frist

98 Eine gesetzliche Frist, innerhalb welcher ein Antrag auf PKH gestellt werden muss, ist nicht gegeben.

99 Das bedeutet aber nicht, dass PKH für einen Rechtsstreit beantragt werden kann, der beendet ist. Die PKH umfasst nicht die nachträgliche Erstattung von Prozesskosten.

100 ▶ **Beispiel:**

A verklagt B wegen Schmerzensgeld. B beauftragt RA R in dem Klageverfahren. Nachdem RA R Klageabweisungsantrag stellt und diesen Antrag begründet nimmt A die Klage vor dem ersten Termin zur mündlichen Verhandlung zurück. Stellt B, ungeachtet eines Kostenerstattungsanspruchs gegen A, einen Antrag auf Bewilligung von PKH, so wird dieser Antrag zurückgewiesen (s.a. Zöller, ZPO, § 117 Rn. 2a).

3. Formular

101 Sofern ein PKH-Antrag gestellt werden soll, muss neben der Klage/dem Antrag und dem Antrag auf Bewilligung von PKH bei dem Gericht ein von dem Kläger/Beklagten und Antragsteller ausgefülltes Formular „Erklärung über die persönlichen und wirtschaftlichen Verhältnisse“ bei dem Prozessgericht eingereicht werden (§ 117 ZPO). Die von dem Antragsteller gemachten Angaben in dem Formular (Erklärung über die persönlichen und wirtschaftlichen Verhältnisse) sind zu belegen. Dem An-

trag sind daher aktuelle Einkommens- und Verbindlichkeitsnachweise (z. B. Lohn-/Gehaltsabrechnung, Mietvertrag, aktuelle Kontoauszüge, Versicherungspolicen etc.) in Kopie beizufügen.

► Praxistipp: 102

Ein solches Formular finden Sie bspw. auf den folgenden Internetseiten (da das Internet einem ständigen Wandel unterliegt, kann für die Richtigkeit der angegebenen Internetseiten keine Gewähr übernommen werden):

http://www.justiz.nrw.de/BS/formulare/prozesskostenhilfe/erkl_zp1a.pdf

http://www.lsg.berlin.brandenburg.de/sixcms/media.php/4417/pkh2007.15253039.pdf

103 ► Muster: Erklärung über die persönlichen und wirtschaftlichen Verhältnisse

Erklärung über die persönlichen und wirtschaftlichen Verhältnisse
– Anlage zum Antrag auf Bewilligung der Prozesskostenhilfe; die notwendigen Belege sind beizufügen. –

Geschäftsnummer des Gerichts

A

Die Prozesskostenhilfe wird beantragt von (Name, Vorname, ggf. Geburtsname):	Beruf, Erwerbstätigkeit	Geburtsdatum	Familienstand
Anschrift (Straße, Hausnummer, Postleitzahl, Wohnort)			Tagsüber telefonisch erreichbar unter Nr.
Antragstellende Partei wird gesetzlich vertreten von (Name, Vorname, Anschrift, Telefon):			

B Trägt eine Rechtsschutzversicherung oder andere Stelle/Person (z.B. Gewerkschaft, Arbeitgeber, Mieterverein) die Kosten Ihrer Prozessführung?
☐ Nein ☐ Ja, in voller Höhe | Ja, in Höhe von EUR:

C Beziehen Sie Unterhaltsleistungen (z.B. Unterhaltszahlungen; Versorgung im elterlichen Haushalt; Leistungen des Partners einer eheähnlichen Lebensgemeinschaft)?
☐ Nein ☐ Ja, von Elternteil/Mutter (Bitte auf Zusatzblatt diese/dortige Angaben über derzeitigen Verhältnisse – s. Hinweis) ☐ Ja, von getrenntlebendem/geschiedenem Ehegatten ☐ Ja, von anderer Person

D

Angehörige, denen Sie Unterhalt gewähren Name, Vorname (Anschrift nur, wenn sie von Ihrer Anschrift abweicht)	Geburtsdatum	Familienverhältnis (z.B. Ehegatte, Kind, Schwiegermutter)	Wenn Sie den Unterhalt ausschließlich durch Zahlung gewähren: Monatsbetrag in EUR	Haben die Angehörigen eigene Einnahmen? (z.B. Ausbildungsvergütung, Unterhaltsleistungen vom anderen Elternteil)
1				☐ Nein ☐ Ja, EUR mtl. netto
2				☐ Nein ☐ Ja, EUR mtl. netto
3				☐ Nein ☐ Ja, EUR mtl. netto
4				☐ Nein ☐ Ja, EUR mtl. netto
5				☐ Nein ☐ Ja, EUR mtl. netto

Wenn Sie laufende Leistungen zum Lebensunterhalt nach dem Zwölften Buch Sozialgesetzbuch oder Leistungen zur Sicherung des Lebensunterhalts nach dem Zweiten Buch Sozialgesetzbuch beziehen und den letzten hierüber erstellten Bescheid beifügen, sind Angaben zu E bis J entbehrlich, sofern das Gericht nicht etwas anordnet.

E Bruttoeinnahmen

Bitte unbedingt beachten: Die notwendigen Belege (z.B. Lohnbescheinigung der Arbeitsstelle) müssen beigefügt werden.

Haben Sie Einnahmen aus	Nein	Ja, EUR mtl. brutto	Hat Ihr Ehegatte Einnahmen aus	Nein	Ja, EUR mtl. brutto
nichtselbständiger Arbeit?	☐		nichtselbständiger Arbeit?	☐	
selbständiger Arbeit/Gewerbebetrieb/Land-, Forstwirtschaft?	☐		selbständiger Arbeit/Gewerbebetrieb/Land-, Forstwirtschaft?	☐	
Vermietung und Verpachtung?	☐		Vermietung und Verpachtung?	☐	
Kapitalvermögen	☐		Kapitalvermögen	☐	
Kindergeld	☐	Ja, EUR mtl.	Kindergeld	☐	Ja, EUR mtl.
Wohngeld?	☐	Ja, EUR mtl.	Wohngeld?	☐	Ja, EUR mtl.
Andere Einnahmen (auch einmalige oder unregelmäßige)?	☐	☐ Ja, und zwar / EUR brutto	Andere Einnahmen (auch einmalige oder unregelmäßige)?	☐	☐ Ja, und zwar / EUR brutto
		EUR brutto			EUR brutto
		EUR brutto			EUR brutto

Bitte Art und Bezugszeitraum angeben, z.B. Unterhaltsrente mtl., Altersrente mtl., Weihnachts-/Urlaubsgeld jährl., Arbeitslosengeld mtl., Arbeitslosengeld II mtl., Sozialgeld mtl., Ausbildungsförderung mtl., Krankengeld mtl.

Falls zu den Einnahmen alle Fragen verneint werden: Auf welche Umstände ist dies zurückzuführen? Wie bestreiten Sie Ihren Lebensunterhalt?

F Abzüge

Bitte kurz bezeichnen, z.B. [1] Lohnsteuer, [2] Pflichtbeiträge, [3] Lebensversich., [4] Fahrt zur Arbeit, ... einfache Entfernung

Die notwendigen Belege müssen beigefügt werden.

Welche Abzüge haben Sie?	EUR mtl.	Welche Abzüge hat Ihr Ehegatte?	EUR mtl.
[1] Steuern	EUR mtl.	[1] Steuern	EUR mtl.
[2] Sozialversicherungsbeiträge	EUR mtl.	[2] Sozialversicherungsbeiträge	EUR mtl.
[3] Sonstige Versicherung	EUR mtl.	[3] Sonstige Versicherung	EUR mtl.
[4] Werbungskosten, Betriebsausgaben	EUR mtl.	[4] Werbungskosten, Betriebsausgaben	EUR mtl.

Allgemeine Fassung

JV 205 (2) Erklärung über die persönlichen und wirtschaftlichen Verhältnisse bei Prozesskostenhilfe (8.05)

G

Ist Vermögen vorhanden?	A, B oder C	In dieser Spalte mit Großbuchstaben bitte jeweils angeben, wem der Gegenstand gehört: A = mir allein B = meinem Ehegatten allein C = meinem Ehegatten und mir gemeinsam	Verkehrswert, Guthabenhöhe, Betrag in EUR	Beleg-Nr.
Grundvermögen? (z.B. Grundstück, Familienheim, Wohnungseigentum, Erbbaurecht) ☐ Nein ☐ Ja		Nutzungsart, Lage, Größe, Grundbuchbezeichnung, Jahr der Bezugsfertigkeit, Einheits-, Brandversicherungswert:		
Bausparkonten? ☐ Nein ☐ Ja		Bausparkasse, voraussichtlicher oder feststehender Auszahlungstermin, Verwendungszweck:		
Bank-, Giro-, Sparkonten u. dgl.? ☐ Nein ☐ Ja		Kreditinstitut, Guthabenart:		
Kraftfahrzeuge? ☐ Nein ☐ Ja		Fahrzeugart, Marke, Typ, Bau-, Anschaffungsjahr:		
Sonstige Vermögenswerte, Lebensversicherung, Wertpapiere, Bargeld, Wertgegenstände, Forderungen, Außenstände? ☐ Nein ☐ Ja		Bezeichnung der Gegenstände:		

H

Wohnkosten Angaben sind zu belegen	Größe des Wohnraums, den Sie mit Ihren oben unter D bezeichneten Angehörigen bewohnen		Größe in m²	Art der Heizung (z.B. „Zentrale Ölheizung")		Beleg-Nr.
Wenn Sie den Raum als Mieter oder in einem ähnlichen Nutzungsverhältnis bewohnen	Miete ohne Nebenkosten EUR mtl.	Heizungskosten EUR mtl.	Übrige Nebenkosten EUR mtl.	Gesamtbetrag EUR mtl.	Ich zahle darauf EUR mtl.	Ehegatte zahlt EUR mtl.
Wenn Sie den Raum als Eigentümer, Miteigentümer, Erbbauberechtigter o. dgl. bewohnen	Belastung aus Fremdmitteln EUR mtl.	Heizungskosten EUR mtl.	Übrige Nebenkosten EUR mtl.	Gesamtbetrag EUR mtl.	Ich zahle darauf EUR mtl.	Ehegatte zahlt EUR mtl.
Genaue Einzelangaben zu der Belastung aus Fremdmitteln (z.B. ..., ... % Zinsen, ... % Tilgung aus Darlehen der Sparkasse ... für Kauf des Eigenheims; Zahlungen laufen bis ...):				Restschuld EUR	Ich zahle darauf EUR mtl.	Ehegatte zahlt EUR mtl.

I

Sonstige Zahlungsverpflichtungen	Bitte angeben, an wen, wofür, seit wann die Zahlungen geleistet werden und bis wann sie laufen (z.B. „Ratenkredit der ... Bank von ... Kauf eines PKW; Raten laufen bis ...")	Restschuld EUR	Ich zahle darauf EUR mtl.	Ehegatte zahlt EUR mtl.	Beleg-Nr.

J

Als besondere Belastung mache ich geltend:	Besondere Belastung (z.B. Mehrausgaben für körperbehinderte Angehörige) bitte begründen. Die Angaben sind zu belegen.	Ich zahle darauf EUR mtl.	Ehegatte zahlt darauf EUR mtl.	Beleg-Nr.

Ich versichere hiermit, dass meine Angaben vollständig und wahr sind. Das Hinweisblatt zu diesem Vordruck habe ich erhalten.

K

Anzahl

.... **Belege füge ich bei.**

Ort, Datum

Unterschrift der Partei oder der Person, die sie gesetzlich vertritt

Aufgenommen:

Unterschrift, Amtsbezeichnung

4. Zuständigkeit

104 Der PKH-Antrag folgt der Zuständigkeit für die Hauptsache. Dies gilt auch dann, wenn der PKH-Antrag gesondert eingereicht wird.

105 ▶ **Beispiel 1:**

Mandant M erhebt eine sog. Kostenvorschussklage i.H.v. 2.500,00 € gegen seinen in Hanau wohnenden Vermieter aufgrund eines erheblichen Wasserschadens in der von ihm bewohnten Mietwohnung in Berlin-Kreuzberg (Der Mandant M als Mieter hat Anspruch auf Zahlung eines Vorschusses hinsichtlich der Kosten für die Beseitigung des Wasserschadens. Ein solcher Anspruch besteht, sofern die Voraussetzungen des § 536a Abs. 2 BGB gegeben sind. Es handelt sich hierbei um einen Anspruch auf Ersatzvornahmekosten. Der Betrag kann erhöht werden, sofern die ursprünglichen Kosten der Ersatzvornahme nicht ausreichend sind. Auch wenn ein Urteil bereits vorliegt, können weitere, nachträglich entstandene Kosten eingeklagt werden). Da hier Streitigkeiten aus einem Wohnraummietverhältnis betroffen sind, handelt es sich gem. § 29a ZPO um einen ausschließlichen Gerichtsstand. Die Klage ist bei dem Gericht zu erheben, in dessen Bezirk sich die Wohnung befindet. Gem. § 23 Nr. 2a GVG ist das AG ausschließlich zuständig.

106 Der Antrag des Mandanten M wird bei dem für die Hauptsache zuständigen AG in Berlin Kreuzberg (AG Tempelhof-Kreuzberg) gestellt.

107 ▶ **Abwandlung 1 Beispiel 1:**

Das AG gibt der Klage i.H.v. 1.500,00 € statt. I.Ü. weist es die Klage zurück. Der Mandant ist i.H.v. 1.000,00 € beschwert (dies ist der Betrag, mit dem Mandant M hinsichtlich seines Antrags unterliegt, d.h. die Differenz zwischen dem eingeklagten Betrag i.H.v. 2.500,00 € und dem zuerkannten Urteilsbetrag i.H.v. 1.500,00 €). Die Voraussetzungen für die Einlegung der Berufung im Hinblick auf den Wert der Beschwer sind gegeben (§ 511 Abs. 2 Nr. 1 ZPO). Der Wert der Beschwer muss grds. 600,00 € übersteigen.

108 Sofern Mandant M Berufung gegen dieses Urteil einlegen möchte und ebenfalls in diesem Verfahren PKH begehrt, ist von dem Mandanten M bzw. von seinem Prozessbevollmächtigten (da Anwaltszwang vor den LG gem. § 78 Abs. 1 ZPO herrscht) neben der Berufung auch für das Berufungsverfahren erneut ein PKH-Antrag bei dem LG zu stellen.

109 ▶ **Abwandlung 2 Beispiel 1:**

Das LG als Berufungsgericht bewilligt dem Kläger und Berufungskläger PKH und gibt der Berufung vollumfänglich statt. Der Vermieter ist verpflichtet 2.500,00 € zu zahlen. Das Urteil liegt dem Kläger in vollstreckbarer Ausfertigung (Titel, Klausel,

Zustellung) vor. Der Vermieter rührt sich nicht und leistet keine Zahlung. Mandant M will Zwangsvollstreckungsmaßnahmen einleiten und ebenfalls einen PKH-Antrag stellen.

Der Zwangsvollstreckungsauftrag und der PKH-Antrag sind bei dem AG Hanau, Vollstreckungsgericht, zu stellen. Das Vollstreckungsgericht ist das Gericht, das Vollstreckungshandlungen wahrnimmt oder das bei Vollstreckungshandlungen mitwirkt. Sofern nicht vom Gesetz ein anderes bestimmt wird, ist das Vollstreckungsgericht das Gericht, in dessen Bezirk das Zwangsvollstreckungsverfahren stattfinden soll, § 764 ZPO. I.d.R. ist das Vollstreckungsgericht das AG (§ 764 Abs. 1 ZPO). U.U. kann es auch das LG sein. (§ 930 Abs. 1 Satz 3 ZPO). 110

► Beispiel 2: 111

Mandant M und seine Ehefrau, beide deutsche Staatsangehörige, die vor dem Standesamt in München die Ehe miteinander geschlossen haben, möchten sich nach fünf Ehejahren scheiden lassen. Sämtliche gesetzlichen Voraussetzungen für die Ehescheidung liegen vor. Die Eheleute leben in dem Einfamilienhaus im Müllenhoffweg in Hamburg voneinander getrennt.

Familiensachen werden in erster Instanz vom AG, als FamG, verhandelt. Die sachliche Zuständigkeit der AG ist in den §§ 23a, 23b GVG geregelt. Da es sich hier um eine Ehesache handelt, ist das AG, FamG, in erster Instanz sachlich zuständig. 112

Die örtliche Zuständigkeit ist in § 606 Abs. 1 ZPO geregelt. Örtlich zuständig ist hier das FamG Hamburg-Altona. Mandant M, muss den Antrag auf Bewilligung von PKH bei dem AG, FamG, Hamburg-Altona stellen. 113

► Hinweis: 114

PKH ist für jeden Rechtszug gesondert zu stellen, § 119 ZPO. PKH gilt jeweils nur für die Instanz, für die es beantragt worden ist. Ist der Antragsteller in einem Berufungsverfahren **Berufungsbeklagter**, so muss er, sofern er PKH auch für das Berufungsverfahren begehrt, einen Antrag auf Bewilligung von PKH stellen.

Die Besonderheit bei dieser Konstellation ist jedoch die, dass das Berufungsgericht weder die Erfolgsaussicht noch das Kriterium der Mutwilligkeit prüft. Es erfolgt lediglich eine Prüfung hinsichtlich der persönlichen und wirtschaftlichen Verhältnisse (§ 119 ZPO). Legt der Kläger oder der Beklagte jedoch Berufung ein und stellt einen Antrag auf Bewilligung von PKH, so erfolgt in diesem Fall die Prüfung der Erfolgsaussicht, Mutwilligkeit sowie die persönlichen und wirtschaftlichen Verhältnisse.

115 ▶ Beispiel 3:

Mandant M reicht einen Scheidungsantrag bei dem FamG Pankow-Weißensee ein. Das FamG bewilligt dem Antragsteller für das Scheidungsverfahren und die Folgesache Versorgungsausgleich unter Beiordnung von RA R und PKH ohne Ratenzahlung. Im weiteren Verlauf des Verfahrens beantragt Mandant M, ihm die elterliche Sorge für das gemeinsame, minderjährige Kind zu übertragen.

116 Hier **muss** der RA bereits schon in vergütungsrechtlicher Hinsicht für seinen Mandanten wegen des Antrags auf Übertragung der elterlichen Sorge, die im Verbund mit der Scheidungssache entschieden werden kann, zwingend einen Antrag auf Bewilligung von PKH stellen. Vergisst der RA einen entsprechenden Antrag zu stellen, so besteht kein Kostenerstattungsanspruch gegenüber der Landeshauptkasse, auch wenn für die Ehescheidung und die Folgesache Versorgungsausgleich PKH bewilligt wurde (§ 122 ZPO).

Hierzu verweise ich auch auf Kap. 8 Rdn. 783 ff., 72; §§ 45, 48 RVG.

117 ▶ Beispiel 4:

Dem Mandanten M wurde in einem Rechtstreit mit dem Beklagten B vor dem AG Hannover PKH unter Beiordnung von RA R bewilligt. Im Laufe des Verfahrens unterbreitet der Beklagte B ein Vergleichsangebot, mit dem Mandant M einverstanden ist. Die Parteien einigen sich dahingehend, den Vergleich gerichtlich protokollieren zu lassen.

Auch hier ist ein entsprechender Antrag auf Bewilligung von PKH für den Abschluss des Vergleichs zu beantragen.

▶ Muster: Antrag auf PKH für den Abschluss eines Vergleichs

118 In dem Rechtsstreit

...../.....

Gerichtsaktenzeichen

überreiche ich beiliegend das von dem Beklagten unterbreitete, schriftliche Vergleichsangebot vom ..... (*Datum*). Klägerseits besteht Einverständnis mit dem Abschluss des Vergleichs.

Namens und in Vollmacht des Klägers beantrage ich,

diesem für den Abschluss des Vergleichs ebenfalls Prozesskostenhilfe unter meiner Beiordnung zu bewilligen

Einfache und beglaubigte Abschrift anbei.

Rechtsanwalt/Rechtsanwältin

IV. PKH-Bewilligungsverfahren

In der Praxis kommt es mitunter sehr oft vor, dass die Erfolgsaussicht nicht von vornherein eingeschätzt werden kann. Ist ungewiss, ob das Gericht PKH bewilligen wird und will der Mandant den Prozess jedoch ohne die Bewilligung von PKH nicht fortführen, so ist zu empfehlen, **zunächst den Antrag auf PKH** zu stellen und die Klage nur in dem Fall von PKH an- bzw. rechtshängig zu machen. In diesem Fall ist die **Klage als Klageentwurf** zu werten, die erst dann ihre Wirksamkeit entfaltet, wenn PKH bewilligt wird. 119

Auch im Hinblick auf die Kostenfolge wirkt sich das PKH-Bewilligungsverfahren im Vergleich zu dem sog. regulären Verfahren, wie nachstehend erläutert, entsprechend aus. 120

▶ Hinweis: 121

Maßgeblich im Hinblick auf die Vergütung des RA ist der erteilte Auftrag des Mandanten an den RA. Daher sollte zwingend notwendig der Auftrag des Mandanten, ob die Klage unter der Bedingung der Bewilligung von PKH erhoben werden soll oder nicht, schriftlich festgehalten werden (s.a. Kap. 8 Rdn. 47 ff.).

Auch unter haftungsrechtlichen Gesichtspunkten ist es von großer Bedeutung, sich dahingehend den Auftrag schriftlich erteilen zu lassen (s. Kap. 8 Rdn. 47 ff.).

Der Mandant hat zwei Möglichkeiten vorzugehen: 122

- Er reicht die Klage/den Antrag mit dem Formular „Erklärung über die persönlichen und wirtschaftlichen Verhältnisse“ nebst den erforderlichen Einkommen- und Verbindlichkeitsnachweisen unter der Bedingung ein, dass PKH bewilligt wird.
  Sofern der PKH-Antrag zurückgewiesen wird, kann sich der Antragsteller entscheiden, ob er sein Klagebegehren/seinen Antrag weiterverfolgen möchte oder nicht.
  Bewilligt das Gericht PKH, stellt es die Klageschrift/Antragsschrift an den Beklagten/Antragsgegner zu. Im Fall der Nichtbewilligung von PKH würde eine Zustellung der Klage an den Beklagten/Antragsgegner in dem Fall erfolgen, sobald der Kläger/Antragsteller die Gerichtskosten eingezahlt hat.
  Sofern dem PKH-Antrag teilweise stattgegeben wird, kann der Antragsteller sein Klage-/Antragsbegehren i.H.d. PKH-Bewilligung weiterverfolgen. Er kann das Verfahren aber auch in voller Höhe weiterverfolgen. In Höhe des nicht bewilligten Betrags muss der Mandant jedoch die Kosten selbst tragen.

123 ▶ **Hinweis:**

Für das PKH-Bewilligungsverfahren selbst gibt es keine PKH. Der Auftraggeber schuldet die Anwaltsvergütung – unabhängig vom Ausgang des Verfahrens (s.a. Kapitel 8 Rdn. 759).

124 ▶ **Beispiel 1:**

Dem Mandanten M wird PKH unter Beiordnung seines RA i.H.v. 2.000,00 € bewilligt. Insgesamt hat er beantragt, ihm hinsichtlich eines Zahlungsanspruchs gegen den Beklagten B i.H.v. 2.700,00 € PKH unter Beiordnung seines RA zu bewilligen. Da das Prozessgericht i.H.v. 700,00 € keine Erfolgsaussicht bejaht, wird der Antrag des Mandanten M in dieser Höhe zurückgewiesen. Sofern der Mandant M die Klage i.H.v. 2.700,00 € weiterverfolgen möchte, trägt die Landeshauptkasse die gesetzliche Vergütung des RA nach einem Gegenstandswert i.H.v. 2.000,00 € und die Gerichtskosten nach einem Streitwert i.H.v. 2.000,00 €. Wegen der restlichen 700,00 €, die von der PKH nicht erfasst sind, trägt der Mandant M die anteilige Vergütung des RA sowie die anteiligen Gerichtskosten selbst.

125 Dies hat einen **Vorteil für den Antragsteller:**

126 In dem sog. PKH-Prüfungsverfahren besteht kein Kostenerstattungsanspruch gegen die unterlegene Partei. Für den Fall, dass der PKH-Antrag zurückgewiesen wird, kann die Gegenseite ihre Kosten **nicht** gegen den Antragsteller festsetzen lassen (§ 118 Abs. 1 Satz 4 ZPO). Zum anderen ist die Vergütung des RA in dem Bewilligungsverfahren geringer, s. hierzu Kap. 8 Rdn. 783 ff., Nr. 3335 VV RVG.

127 Der Antragsteller kann die Klage/den Antrag auch unabhängig von der Bewilligung der PKH einreichen.
Dies hat den **Nachteil für den Antragsteller**, dass – anders als im Bewilligungsverfahren gem. § 118 ZPO – die Klage/der Antrag, sobald sie/er dem Beklagten/Antragsgegner zugestellt wird, rechtshängig wird.
Erfolgt die Zurückweisung des PKH-Antrags und nimmt der Kläger die Klage/Antragsteller den Antrag zurück oder unterliegt er in diesem Rechtsstreit, so besteht hinsichtlich der obsiegenden Partei (hier der Beklagte/Antragsgegner) ein Kostenerstattungsanspruch (§§ 91, 269 Abs. 3, 2. Halbs. ZPO)

128 ▶ **Hinweis:**

Eine Ausnahmeregelung hinsichtlich der Kostenerstattung findet sich im ArbeitsGG. Gem. § 12a Abs. 1 ArbGG trägt im **erstinstanzlichen Verfahren** jede Partei die ihr entstandenen Kosten (Ausnahme: Reisekosten können erstattet werden) selbst.

In diesem Fall ist der Kostenerstattungsanspruch der obsiegenden Partei gegen die unterlegene Partei ausgeschlossen.

Eine entsprechende Klage bzw. ein entsprechender Antrag unter der Bedingung, dass PKH bewilligt wird, könnte anhand des nachstehenden Beispiels wie folgt lauten: 129

▶ Beispiel 2: 130

Mandant M war in einen Verkehrsunfall verwickelt. Der Unfallgegner, der die Vorfahrtsberechtigung des Mandanten nicht beachtet hat, kollidierte mit dem Fahrzeug des Mandanten M.

Bei diesem Unfall hat sich Mandant M erhebliche Verletzungen zugezogen. Gegen den Fahrer und Halter des unfallgegnerischen Fahrzeugs sowie dessen Haftpflichtversicherung macht Mandant M zunächst Schmerzensgeld- und Schadensersatzansprüche geltend.

Die Schadensersatzansprüche reguliert die Haftpflichtversicherung.

Die Zahlung von Schmerzensgeldansprüchen weist sie jedoch dem Grunde und der Höhe nach zurück. Mandant M verlangt ein Schmerzensgeld i.H.v. 5.500,00 €.

▶ Muster: Klage i.V.m PKH-Antrag

An das 131

Landgericht .....

Klage i.V.m.

Antrag auf Bewilligung von Prozesskostenhilfe

..... (*Name/Anschrift*)

Antragsteller

und Kläger,

Prozessbevollmächtigter: Rechtsanwalt, Anschrift

g e g e n

..... (*Name/Anschrift*)

Beklagter zu 1.),

..... Versicherungs AG,

gesetzlich vertreten durch den Vorstand,

(*Anschrift*)

Beklagte zu 2.)

wegen Schmerzensgeld aus Verkehrsunfall

Vorläufiger Streitwert: *5.500,00 €*

Namens und in Vollmacht des Antragstellers beantrage ich,

1.) diesem unter meiner Beiordnung für den unter Nr. 2.) gestellten Antrag Prozesskostenhilfe zu bewilligen,

Im Fall der Bewilligung von Prozesskostenhilfe erhebe ich Klage und werde beantragen,

2.) die Beklagten zu 1.) und 2.) als Gesamtschuldner zu verurteilen, an den Kläger ein Schmerzensgeld, dessen Höhe in das Ermessen des Gerichts gestellt wird, mindestens jedoch in Höhe von 5.500,00 € nebst 5 Prozentpunkten Zinsen über dem jeweils gültigen Basiszinssatz seit dem ..... an den Kläger zu zahlen.
3.) Für den Fall des Vorliegens der gesetzlichen Voraussetzungen wird beantragt, gegen die Beklagen zu 1.) und 2.) Anerkenntnis- bzw.Versäumnisurteil zu erlassen
4.) Dem Beklagten ist eine vollstreckbare Ausfertigung des Urteils zuzustellen.
5.) Der Beklagte trägt die Kosten des Rechtsstreits

Begründung Antrag zu 1.):

Der Antragsteller ist nicht in der Lage, die Kosten des Rechtsstreits aus eigenen Mitteln aufzubringen.

Eine Erklärung über die persönlichen und wirtschaftlichen Verhältnisse des Antragstellers nebst den erforderlichen Belegen ist beigefügt.

Der Antrag hat Aussicht auf Erfolg und ist nicht mutwillig.

Danach erfolgt die Begründung des Klageantrags.

132 Die Klage und der PKH-Antrag können aber gesondert in zwei getrennten Schriftsätzen eingereicht werden.

▶ Muster: Antrag auf PKH

133 An das

Landgericht Muster:

Antrag auf Bewilligung von Prozesskostenhilfe

..... (*Name/Anschrift*)

Antragsteller,

Verfahrensbevollmächtigter: Rechtsanwalt, Anschrift

g e g e n

..... (*Name/Anschrift*)

Beklagter zu 1.),

..... Versicherungs AG,

gesetzlich vertreten durch den Vorstand,

(*Anschrift*)

Beklagte zu 2.)

Wegen Schmerzensgeld aus Verkehrsunfall

Vorläufiger Streitwert: *5.500,00 €*

Namens und in Vollmacht des Antragstellers beantrage ich,

diesem unter meiner Beiordnung Prozesskostenhilfe für das Klageverfahren,

gemäß der als Anlage beigefügten Klageschrift zu bewilligen.

Begründung:

Der Antragsteller ist nicht in der Lage, die Kosten des Rechtsstreits aus eigenen Mitteln aufzubringen.

Eine Erklärung über die persönlichen und wirtschaftlichen Verhältnisse des Antragstellers nebst den erforderlichen Belegen ist beigefügt.

Der Antrag hat Aussicht auf Erfolg und ist nicht mutwillig.

Im Fall der Bewilligung von Prozesskostenhilfe wird beantragt, die Klageschrift an die Beklagten zuzustellen.

Einfache und beglaubigte Abschrift anbei.

Rechtsanwalt/Rechtsanwältin

Diesem Antrag fügen Sie eine **unterzeichnete Klageschrift nebst beglaubigter und** 134
einfacher Abschrift sowie ggf. die **unter Beweis aufgeführten Anlagen** zu der Klageschrift bei.

Sie können den Anspruch des Antragstellers aber auch schon in dem PKH-Antrag 135
vortragen. In diesem Fall muss dem Antrag auf Bewilligung von PKH keine Klageschrift beiliegen. Sobald das Prozessgericht dem PKH-Antrag des Antragstellers stattgegeben hat, ist die Klagschrift einzureichen.

V. Wirkung der PKH

Die Wirkung der PKH ist in § 122 ZPO geregelt. Danach ist derjenige, dem PKH 136
bewilligt wurde, von der Zahlung von Gerichtskosten, Gerichtsvollzieherkosten, den eigenen Rechtsanwaltskosten sowie ggf. Sachverständigengebühren befreit.

Von der PKH sind jedoch die Kosten der Gegenpartei (z. B. Rechtsanwaltskosten der 137
Gegenseite) **nicht** gedeckt. Unterliegt die Partei, der PKH bewilligt wurde, so befreit ihn die PKH nicht von der Zahlungspflicht für die Kosten, die der Partei erwachsen sind, die obsiegt hat. Die Kosten des gegnerischen RA sind in voller Höhe zu zahlen, soweit diese erstattungsfähig sind (§ 123 ZPO).

138 ▶ **Abwandlung Beispiel 2 (in diesem Kapitel Rdn. 130):**

Das LG verurteilt die Beklagten zu 1.) und 2.) zu einer Schmerzengeldzahlung i.H.v. 1.000,00 €. I.Ü. wird die Klage abgewiesen. Von den Kosten des Rechtsstreits trägt der Kläger 81,82 % und die Beklagten als Gesamtschuldner 18,18 %.

139 In diesem Fall können die Beklagten Kostenausgleichung gem. § 106 ZPO beantragen. Das Gericht erlässt einen Kostenfestsetzungsbeschluss, wonach der Kläger verpflichtet ist, die Kosten der Gegenseite zu tragen. Die eigenen Kosten des Klägers werden von der Landeshauptkasse erstattet.

140 Gem. § 122 Abs. 3 ZPO darf der RA von dem Mandanten keinerlei Vergütungsansprüche beanspruchen, sobald PKH bewilligt wurde. Ab dem Zeitpunkt der Bewilligung von PKH ist nicht der Mandant, sondern die Bundes- bzw. Landeshauptkasse Kostenschuldner. Der Umfang des Vergütungsanspruchs richtet sich im Fall einer Beiordnung des RA nach dem Inhalt des PKH-Beschlusses (§ 48 Abs. 1 RVG)

141 Vor der Bewilligung von PKH kann der RA jedoch eine Vorschusszahlung von dem Mandanten verlangen. Bis zu einer Entscheidung über den Antrag auf Bewilligung von PKH ist der Mandant Vergütungsschuldner.

142 Im Hinblick auf eine Anrechnung von Zahlungen des Mandanten in dem PKH-Verfahren verweise ich auf die Ausführungen unter Kap. 8 Rdn. 786.

1. Beiordnung eines auswärtigen RA

143 Gem. § 121 Abs. 3 ZPO kann ein RA der im Bezirk des Prozessgerichts nicht niedergelassen ist, beigeordnet werden. Dies jedoch nur dann, wenn keine zusätzlichen Kosten entstehen. Dies bedeutet, dass Reisekosten grds. nicht erstattet werden. Der auswärtige RA wird zu den Bedingungen eines ortsansässigen RA beigeordnet.

144 Dem dürfte die Vorschrift des § 46 Abs. 1 RVG entgegenstehen, wonach insbes. Reisekosten dann nicht zu erstatten sind, wenn sie zur sachgemäßen Durchführung der Angelegenheit nicht erforderlich waren. War die Beauftragung eines nicht am Gerichtsort ansässigen RA jedoch erforderlich und notwendig, sind auch die Reisekosten erstattungsfähig. Prüfen Sie den PKH-Beschluss. Wurde dieser ohne Einschränkung erlassen, kann der RA die Reisekosten abrechnen, da eine dahin gehende Einschränkung seitens des Gerichts gem. § 121 Abs. 3 ZPO nicht erfolgte (so auch OLG Brandenburg, Beschl. v. 01. 10. 2008 – 13 WF 68/08). Anderenfalls wäre eine sofortige Beschwerde gegen den Beschluss zu prüfen, sofern die Beauftragung eines auswärtigen RA notwendig und erforderlich war und es sich bei den Reisekosten um notwendige Kosten handelt(e).

2. Änderung der persönlichen und wirtschaftlichen Verhältnisse während des Prozesses/Verfahrens

145 Sofern PKH ohne Ratenzahlung bewilligt wurde, ist der Antragsteller zunächst von Zahlungen befreit. Diese Befreiung erlischt jedoch dann, wenn sich die Einkom-

mens- und Vermögensverhältnisse des Antragstellers während des Prozesses wesentlich verändern, denn der Antragsteller hat insoweit sein Einkommen und/oder Vermögen einzusetzen (§ 115 Abs. 1 Satz 1 und 2 ZPO). Dies gilt auch bei PKH mit Ratenzahlung, sofern u. U. höhere Raten oder eine Einmalzahlung aufgrund der veränderten Einkommens- und Vermögensverhältnisse gewährleistet ist.

Wurde der Partei PKH bewilligt und verschlechtern sich die Einkommensverhältnisse, so kann das Gericht **auf Antrag** von Ratenzahlungen absehen (§ 120 Abs. 4 ZPO) 146

3. Wesentliche Verbesserung der persönlichen und wirtschaftlichen Verhältnisse nach Beendigung des Prozesses/Verfahrens

Das Gericht kann innerhalb einer Frist von vier Jahren nach rechkräftigem Abschluss des Verfahrens oder einer sonstigen Beendigung des Verfahrens innerhalb derselben Frist hinsichtlich der getroffenen Entscheidung über eine Zahlung eine Änderung herbeiführen, sodass entweder Raten oder eine Einmalzahlung der von der Landeshauptkasse vorgeleisteten Prozesskosten zu zahlen ist. Auf Verlangen des Gerichts ist von demjenigen, dem PKH bewilligt wurde, dem Gericht eine Erklärung über die persönlichen und wirtschaftlichen Verhältnisse nebst Einkommens-, Vermögens- und Verbindlichkeitsnachweisen vorzulegen. Insoweit besteht eine Auskunftspflicht der Partei. Kommt die Partei dieser Auskunftspflicht nicht nach, kann bzw. wird das Gericht die Aufhebung über die Bewilligung von PKH veranlassen (§ 124 Abs. 1 Nr. 2 ZPO). 147

Nach Ablauf der „4-Jahres-Frist" ist aber eine Änderung über eine Entscheidung ob und inwieweit Zahlungen zu leisten sind, ausgeschlossen. 148

► Praxistipp: 149

Nach Beendigung des Prozesses/Verfahrens sollten Sie dem Gericht schriftlich mitteilen, dass Sie die Mandanten (Kläger/Beklagter/Antragsteller/Antragsgegner) nicht mehr anwaltlich vertreten.

Unterlassen Sie eine entsprechende Mitteilung, wird das Gericht i. d. R. das Auskunftsersuchen wegen der Veränderung der persönlichen und wirtschaftlichen Verhältnisse – zwecks Weiterleitung an die Partei – an Sie übermitteln.

4. Aufhebung der Bewilligung von PKH

Das Gericht kann den Beschluss, mit dem der Partei PKH bewilligt wurde, gem. § 124 ZPO aufheben. Dies können Sie dem Gesetzeswortlaut des § 124 ZPO – wie folgt – entnehmen: 150

Das Gericht kann die Bewilligung der PKH aufheben, wenn 151

1. die Partei durch unrichtige Darstellung des Streitverhältnisses die für die Bewilligung der PKH maßgebenden Voraussetzungen vorgetäuscht hat; 152

153 2. die Partei absichtlich oder aus grober Nachlässigkeit unrichtige Angaben über die persönlichen oder wirtschaftlichen Verhältnisse gemacht oder eine Erklärung nach § 120 Abs. 4 Satz 2 nicht abgegeben hat;

154 3. die persönlichen oder wirtschaftlichen Voraussetzungen für die PKH nicht vorgelegen haben; in diesem Fall ist die Aufhebung ausgeschlossen, wenn seit der rechtskräftigen Entscheidung oder sonstigen Beendigung des Verfahrens vier Jahre vergangen sind;

155 4. die Partei länger als drei Monate mit der Zahlung einer Monatsrate oder mit der Zahlung eines sonstigen Betrages im Rückstand ist.

VI. PKH im Mahnverfahren

156 Der Antrag auf Bewilligung von PKH kann auch im Mahnverfahren gestellt werden. Ist der Antragsteller aufgrund seiner persönlichen und wirtschaftlichen Verhältnisse nicht in der Lage, die im Vergleich zum ordentlichen Verfahren geringeren **Gerichtskosten** aufzubringen, oder kann er diese nur in mehr als vier Raten aufbringen und erscheint die Rechtsverfolgung in dem Mahnverfahren nicht offensichtlich aussichtslos, erhält er PKH (§ 114 ZPO). Bitte beachten Sie, dass eine Beiordnung regelmäßig nur hinsichtlich der **Gerichtskosten** erfolgt. Die Beiordnung eines RA wird grds. wegen fehlender Notwendigkeit abgelehnt. Sofern die Beauftragung eines RA im Mahnverfahren jedoch notwendig ist, kann auch der RA im Wege der PKH beigeordnet werden. Hier kommt es auf eine gute Begründung zur Notwendigkeit der Beauftragung des RA an.

VII. Rechtsmittel

1. Allgemeines

157 Das Gericht der Hauptsache entscheidet über den Antrag auf Bewilligung von PKH durch Beschluss (§ 127 Abs. 1 ZPO).

2. Form und Frist

158 Weist das Gericht den PKH-Antrag zurück, kann der Beschluss, bis auf eine Ausnahme, auf die noch eingegangen wird, binnen einer Notfrist von einem Monat seit Zustellung mit dem Rechtsmittel der sofortigen Beschwerde angefochten werden (§§ 127 Abs. 2 i.V.m. § 569 Abs. 1 Satz 1 ZPO)

159 Die sofortige Beschwerde kann entweder bei dem Gericht, das den Beschluss erlassen hat oder aber bei dem Beschwerdegericht eingelegt werden (§ 569 Abs. 1 ZPO).

▶ Beispiel 1: 160

Das AG Neukölln weist den PKH-Antrag des Antragstellers und Klägers (Zahlungsklage i.H.v. 2.000,00 €) mangels Erfolgsaussicht ab. Der Beschluss wird dem RA am 03. 10. 2008 zugestellt.

Die sofortige Beschwerde ist spätestens am 03. 11. 2008 entweder bei dem AG Neukölln, das über den PKH-Antrag entschieden und den Beschluss erlassen hat, oder aber bei dem LG Berlin einzulegen. 161

▶ Beispiel 2: 162

Das FamG weist den PKH-Antrag des Antragstellers wegen Mutwilligkeit zurück. Der Beschluss wird dem RA am 01. 12. 2008 zugestellt.

Die sofortige Beschwerde ist spätestens am 02. 01. 2008 (da der 01.01. ein gesetzlicher Feiertag ist), bei dem FamG Pankow-Weißensee oder bei dem KG Berlin einzulegen. 163

▶ Beispiel 3: 164

Das FamG Hamburg-Altona weist den PKH-Antrag wegen des Antrages auf Übertragung der elterlichen Sorge mangels Erfolgsaussicht zurück. Der Beschluss wird dem RA am 22. 10. 2008 zugestellt.

Die sofortige Beschwerde ist spätestens am 22. 11. 2008 bei dem FamG Hamburg-Altona, wahlweise bei dem OLG Hamburg einzureichen. 165

Die sofortige Beschwerde kann nicht gegen jeden ablehnenden Beschluss eingelegt werden. Gem. § 127 Abs. 2 Satz 2, 2. Halbs. ZPO ist die sofortige Beschwerde dann nicht möglich, wenn der Wert des Streitgegenstandes der Hauptsache die für die Zulässigkeit der Berufung gem. § 511 ZPO nicht übersteigt. Gem. § 511 ZPO Abs. 2 Nr. 1 ZPO ist eine Berufung gegen ein Urteil u. a. dann statthaft, wenn der Wert des Streitgegenstandes 600,00 € übersteigt. Dies gilt für den Fall nicht, wenn der Antrag auf PKH wegen der persönlichen und wirtschaftlichen Verhältnisse zurückgewiesen wurde. 166

▶ Beispiel 4: 167

Mandant M begehrt mit einer Klage von dem Beklagten B die Zahlung eines Betrages i.H.v. 8.000,00 €. Das LG Frankfurt am Main weist den PKH-Antrag wegen Zahlung eines Betrages i.H.v. 600,00 € mangels Erfolgsaussicht mit Beschl. v. 15. 11. 2008 zurück und bewilligt im übrigen PKH nach dem Wert i.H.v. 7.400,00 €.

168 Hinsichtlich der ablehnenden Entscheidung wegen des Betrages i.H.v. 600,00 € mangels Erfolgsaussicht ist die sofortige Beschwerde gegen den Beschluss (grds. wahlweise bei dem LG Frankfurt am Main oder bei dem OLG Frankfurt ausgeschlossen, da dieser Betrag den gem. § 511 Abs. 2 Nr. 1 ZPO genannten Betrag nicht übersteigt (§ 127 ZPO).

169 ▶ Beispiel 5:

RA beantragt für seinen Mandanten M, diesem unter seiner Beiordnung PKH wegen eines Herausgabeanspruchs zu bewilligen. Der Wert der herauszugebenden Sache beträgt 400,00 €. Das AG Hannover lehnt den PKH-Antrag des Antragstellers ausschließlich wegen der persönlichen und wirtschaftlichen Verhältnisse des Klägers ab.

170 Zwar ist hier der gem. § 511 Abs. 2 Nr. 1 ZPO genannte Wert nicht erreicht. Der Antragsteller und Kläger kann dennoch sofortige Beschwerde gegen den Beschluss des AG Hannover einlegen, da das AG den Antrag auf Bewilligung von PKH wegen der persönlichen und wirtschaftlichen Verhältnisse verneint hat.

C. Rechtsschutzversicherung

I. Allgemeines

171 Kennen Sie die Werbung einer der großen Rechtsschutzversicherer, die damit wirbt, dass diese Rechtsschutzversicherung „Anwalts Liebling" ist?

172 Bei einem Neumandat schleicht sich mitunter ein Gefühl der Sicherheit in vergütungsrechtlicher Hinsicht ein, wenn der Mandant seine Rechtsschutzversicherungs-Card „zückt". Der Mandant fühlt sich auf der sicheren Seite, weil er grds. davon ausgeht, dass seine Rechtsschutzversicherung die anfallenden Kosten trägt und Ihnen erscheint die Realisierung der Vergütung zunächst gesichert.

II. Kostendeckungszusage

173 Die überwiegende Zahl der RA klärt die Kostendeckungsfrage für die anwaltliche Tätigkeit mit der Rechtsschutzversicherung für den Mandanten als einen kostenlosen Service. Dabei weiß der Mandant i. d. R. nicht einmal, dass diese Tätigkeit einen eigenen Vergütungsanspruch des RA begründet. Er geht vielmehr davon aus, dass diese Leistung als eine Art Nebentätigkeit in seinem Auftrag enthalten.

174 Die Kostendeckungszusage ist jedoch ein gesonderter Auftrag. Er betrifft das Versicherungsverhältnis zwischen Mandant als Versicherungsnehmer und Versicherer.

▶ **Hinweis:** 175

Die Einholung einer Kostendeckungszusage ist ein getrennter Auftrag, der vergütungsrechtlich von dem ursprünglichen Auftrag losgelöst ist und entsprechend abzurechnen ist.

Zwischen dem RA und der Rechtsschutzversicherung besteht keinerlei vertragliche 176
Beziehung. Ihr gegenüber hat der RA keinerlei Zahlungsanspruch.

Das Verbindungsglied zwischen RA und Rechtsschutzversicherung ist der Mandant 177
als Versicherungsnehmer. Der Auftraggeber des RA ist der **Mandant** und er **allein** ist der **Vergütungsschuldner.**

Erteilt die Rechtsschutzversicherung Kostendeckung, so bleibt nach wie vor der 178
Mandant Vergütungsschuldner. Auf ihn stellen Sie die Rechnung aus und übermitteln der Rechtsschutzversicherung i. d. R. eine Kopie derselben mit der Bitte um Zahlungsausgleich.

Auf die Möglichkeiten einer etwaigen Abtretung der Forderung des Mandanten an 179
den RA wird in diesem Kapitel nicht eingegangen. Hinzuweisen ist an dieser Stelle, dass eine Abtretung ggf. durch die ARB (Allgemeine Rechtsschutzbedingungen) gar ausgeschlossen sein kann.

Der Mandant sollte zwingend informiert und belehrt werden, dass die Einholung der 180
Kostendeckungszusage sowie die weitere Tätigkeit im Hinblick auf die Korrespondenz mit der Rechtsschutzversicherung einen gesonderten Auftrag darstellt und dass der RA für diese Tätigkeit eine Vergütung verlangen kann – sofern er nicht auf eine solche verzichtet (wovon abzuraten ist, s.a. Kap. 8 Rdn. 46).

Eine anwaltliche Tätigkeit darf nie kostenlos sein, wobei im Einzelfall von der Ein- 181
forderung der Vergütung abgesehen werden kann, sofern Kostendeckung erteilt wird.

▶ **Praxistipp:** 182

Sie können in Erwägung ziehen, von dem Mandanten vor Beginn einer Tätigkeit einen Gebührenvorschuss, bis zur Klärung der Kostendeckungsanfrage, zu verlangen und die Rückzahlung des Vorschusses von einer Kostendeckungszusage abhängig zu machen.

Bei Fälligkeit der Vergütung und im Fall einer vollständigen Zahlung der Vergütung durch die Rechtsschutzversicherung ist die Zuvielzahlung an den Mandanten zurückzuerstatten.

Sofern Sie die Kostendeckungsanfrage auftragsgemäß für den Mandanten tätigen, 183
kann diese bspw. wie folgt gestaltet werden:

► Muster: Kostendeckungsanfrage

184 Rechtsschutzversicherung

(*Anschrift*)

– per Telefax –

Versicherungsschein-Nr.:

Versicherungsnehmer (*ggf. mitversicherte Person, sofern diese Mandant ist*)

Sehr geehrte Damen und Herren,

Ihr/e Versicherungsnehmer/in hat mich mit der Wahrnehmung seiner/ihrer Interessen in einer ..... (*hier tragen Sie bitte das Rechtsgebiet ein/z. B. arbeitsrechtlichen Angelegenheit*) beauftragt.

(Hinweis: An dieser Stelle können Sie den erteilten Auftrag konkretisieren, z. B. vorgerichtliche Tätigkeit im Zusammenhang mit einer ausgesprochenen Kündigung des Arbeitsverhältnisses seitens des Arbeitgebers Ihres Versicherungsnehmers/Ihrer Versicherungsnehmerin sowie die Erhebung einer Kündigungsschutzklage im Fall des Scheiterns der vorgerichtlichen Verhandlungen mit dem Arbeitgeber Ihres Versicherungsnehmers.)

Zur Prüfung des Rechtsschutzfalls übersende ich Ihnen die als Anlage beigefügten Unterlagen und bitte für Ihren Versicherungsnehmer/Ihre Versicherungsnehmerin um Kostendeckungszusage und Versicherungsschutz für die vorgerichtliche und/ oder gerichtliche Tätigkeit.

Für den Fall der Bewilligung der Kostendeckung wird gebeten, die beigefügte Vorschussrechnung gem. § 9 RVG unter Verwendung des u. a. Geschäftskontos auszugleichen.

Mit freundlichen Grüßen

Rechtsanwalt/Rechtsanwältin

III. Übersendung der Kostendeckungsanfrage

185 Die Übersendung der Kostendeckungsanfrage sollten Sie (allein schon aus Kostengründen) entweder via Telefax oder „online“ (einige Versicherer bieten die Online-Kostendeckungsanfrage bereits an) bewirken. Diese Übersendungsformen sind effizienter, schneller und kostengünstiger als die Übermittlung auf dem Postweg.

186 Einige Rechtsschutzversicherungen bieten daneben die Meldung des Versicherungsfalls per Telefon an. Dieser Service dürfte sich in der Praxis nicht durchsetzen, da oftmals viel Zeit damit verbracht wird, dass der Anrufer in Warteschleifen landet, anschließend in Telefonzentralen und wenn man Glück hat, wird man mit dem zuständigen Sachbearbeiter verbunden. Oft werden dann zur Prüfung des Versicherungsfalls Unterlagen angefordert oder es werden rechtliche Fragen erörtert. In dieser Zeit können Sie oder der RA sinnvollere Arbeiten erledigen.

▶ **Praxistipp:**

Sofern Sie der Mandant über eine bestehende Rechtsschutzversicherung informiert, ist es sinnvoll, den Mandanten nach einer bestehenden Selbstbeteiligung zu fragen bzw. ihn um Vorlage der Versicherungspolice zu bitten. Zum einen können Sie dieser entnehmen ob und in welcher Höhe ggf. eine Selbstbeteiligung vorhanden ist und zum anderen können Sie leicht feststellen, welche Rechtsgebiete versichert sind bzw. ob das Rechtsgebiet, mit dem der RA beauftragt wurde, mitversichert ist.

An dieser Stelle können Sie sofort reagieren und den Mandanten unter Hinweis auf die bestehende Selbstbeteiligung bitten, diesen Betrag zu zahlen oder aber im Fall eines nicht versicherten Rechtsgebiets darauf hinweisen, dass Kostendeckung nicht erteilt wird.

IV. Ablehnung der Kostendeckung

Eine Rechtsschutzversicherung ist, wie andere Wirtschaftsunternehmen auch, auf eine „satte" Gewinnerzielung ausgerichtet. Wir dürfen uns nicht wundern, wenn die Rechtsschutzversicherung sich darin übt und versucht, Gebühren eigenmächtig zu kürzen. Oft verkennt sie dabei, dass nicht die Rechtsschutzversicherung sondern der RA gem. § 14 RVG die Gebühr unter Berücksichtigung des Einzelfalls nach billigem Ermessen bestimmt. 187

Das ist nur ein Beispiel von vielen, das nicht selten umfangreichen Schriftverkehr nach sich zieht. 188

Zudem greifen neben den vielen Sonderreglungen und **Einschränkungen in den ARB** der Versicherer, die hier aufzuzählen ein eigenes, umfangreicheres Kapitel füllen könnte, viele Versicherer in den Verfahrensablauf ein, mitunter auch zum Nachteil des Versicherungsnehmers, also des Mandanten. So können Vergleichsverhandlungen scheitern, wenn die Rechtsschutzversicherung die Übernahme der Kosten für den Abschluss des Vergleichs ablehnt, da z. B. die getroffene Kostenregelung nicht im Einklang mit der Vorstellung des Rechtschutzversicherers steht. 189

▶ **Praxistipp:** 190

Sie sollten sich nicht, gerade wenn „Streit" zwischen dem RA und der Rechtsschutzversicherung hinsichtlich der Höhe der Vergütung besteht, auf langwierige und umfangreiche Stellungnahmen und Diskussionen einlassen. Vielmehr sollten Sie sich an den Mandanten hinsichtlich der Erfüllung des Vergütungsanspruchs wenden, mit der gleichzeitigen Empfehlung, dass dieser die Möglichkeit hat, die Rechtsschutzversicherung in Anspruch zu nehmen.

Weisen sie den Mandanten in diesem Fall darauf hin, dass, sofern der RA die Ansprüche durchsetzen soll, es sich um einen neuen Auftrag handelt und dass für diese Tätigkeit ein Vergütungsanspruch besteht.

191 Lehnt die Rechtsschutzversicherung die Kostendeckung ab oder lehnt sie den Ausgleich der Vergütung oder von Kosten in einer bestimmten Höhe ab, hat der Mandant folgende Möglichkeiten, vorzugehen:

- *Feststellungsklage*

192 Die Feststellungsklage ist dann zu erheben, sofern der Mandant noch keine Vergütung oder Kosten bezahlt hat. Der Klageantrag richtet sich auf Feststellung der Verpflichtung zur Übernahme der Kosten des Rechtsschutzfalls.

- *Leistungsklage*

193 Mit der Leistungsklage macht der Mandant/Versicherungsnehmer Kosten geltend, die er bereits beglichen hat (Vergütung des RA, Gerichtskosten usw.).

194 Einer Klage vorausgehend kann bei **Ablehnung der Kostendeckungserteilung** (je nach ARB des Rechtsschutzvertrages) ein sog. **Schiedsgutachten** oder sog. **Stichentscheids-Verfahren** eingeleitet werden. Sofern diese Verfahren negativ für den Versicherungsnehmer verlaufen, kann eine Klage bei dem Gericht erhoben werden.

V. Einschränkungen des Versicherungsschutzes

195 Nachstehend werden die **„wichtigsten" Einschränkungen** aufgeführt, die von dem Grundsatz des Versicherungsschutzes abweichen:
– Tragung der Kosten **eines RA** pro Schadensfall.

196 Die Rechtsschutzversicherung trägt nicht die Mehrkosten, die durch Beauftragung mehrerer **RA** besteht.

197 ▶ Praxistipp:

Auch in diesem Fall sollten Sie den Mandanten befragen, ob bereits eine Vertretung durch einen anderen RA erfolgt ist und die Rechtsschutzversicherung bereits an diesen RA die Zahlung seiner Vergütung geleistet hat. Sofern dies der Fall sein sollte, wird hinsichtlich der Tätigkeit des anderweitig beauftragten RA keine Kostendeckung erteilt.

198 – Des Weiteren zahlt die Rechtsschutzversicherung im Fall der Kostendeckung regelmäßig die **gesetzliche Vergütung.** Vergütungsvereinbarungen, die die gesetzliche Vergütung übersteigen, werden von den Rechtsschutzversicherungen nicht bezahlt.

► Praxistipp: 199

In diesem Fall zahlt die Rechtsschutzversicherung die gesetzliche Vergütung; die Differenz gem. Vergütungsvereinbarung ist von dem Mandanten zu tragen (s.a. Kap. 8 Rdn. 1098, 41).

– Kostentragung im **Verhältnis Obsiegen zum Unterliegen.** 200
Hier zahlt die Rechtsschutzversicherung die Kosten – gerade bei Prozessvergleichen – in dem Verhältnis des VN vom Obsiegen zum Unterliegen.

► Beispiel 1: 201

Der Mandant M verklagt den Gegner G auf Zahlung von 3.000,00 €. In dem Termin zur mündlichen Verhandlung schließen die Parteien einen Vergleich, wonach der Beklagte G sich verpflichtet, 2.000,00 € an den Mandanten M zu zahlen. Des Weiteren vereinbaren die Parteien in dem Vergleich, dass die Kosten des Rechtsstreits gegeneinander aufgehoben werden. Hier ist der Beklagte B lediglich verpflichtet, die hälftigen Gerichtskosten an den Mandanten M zu erstatten. In diesem Fall können Sie davon ausgehen, dass die Rechtsschutzversicherung die dem Mandanten M auferlegten Kosten im Verhältnis des Unterliegens (hier 1/3 auf die der Mandant im Vergleich verzichtet hat) tragen wird, da diese dem Verhältnis von Obsiegen und Unterliegen entsprechen.

► Praxistipp: 202

Informieren Sie die Rechtsschutzversicherung bei Vergleichsverhandlungen. Sofern ein Vergleich konkretisiert ist, holen Sie im Interesse des Mandanten und zur Absicherung der Vergütung hierfür die Kostendeckung für den Abschluss des Vergleichs ein – unabhängig davon, dass eine Kostendeckungszusage vorliegt.

Informieren Sie den Mandanten zeitgleich darüber, dass die Rechtsschutzversicherung aufgrund ihrer Versicherungsbedingungen die Kosten des Vergleichs regelmäßig im Verhältnis „Obsiegen zum Unterliegen" trägt.

Für den Fall, dass die Rechtsschutzversicherung die Kosten des Vergleichs nicht trägt, hat der Mandant die Entscheidung zu fällen, ob er den Vergleich abschließen möchte und dafür die Kosten anteilig trägt oder ob er, um keinerlei Kosten zu tragen, sich nicht vergleichsweise einigt.

Informieren Sie, wie oben erwähnt, den Versicherer über jede kostenauslösende Maßnahme d. h. über jede Auftragserweiterung, denn dies ist regelmäßig ebenfalls eine der Bedingungen des Versicherungsvertrags (z. B. Klageerweiterung, Widerklage, Einlegung eines Rechtsmittels usw.).

Stellen Sie sich die Folgen vor, wenn der Mandant nicht informiert wird, der Vergleich abgeschlossen und bestandskräftig wird und Sie nach Beendigung des Auftrags 203 die Gebühren abrechnen und die Rechtsschutzversicherung die Kosten des Vergleichs – unter Hinweis auf die ARB – nicht trägt. Hier wird der Mandant einwenden, dass er den Vergleich nie abgeschlossen hätte, wenn er gewusst hätte, dass die Rechtsschutzversicherung die Kosten dafür nicht trägt. Er beruft sich auf den erteilten Auftrag, mit dem Sie betraut wurden. Dieser Ärger kann durch entsprechende Belehrungen gegenüber dem Mandanten vermieden werden.

204 – Mehrkosten bei **Auseinanderfallen von Kanzleisitz und Gerichtsort/Auswärtiger RA**
Die Rechtsschutzversicherung trägt grds. die Kosten eines am Gerichtsort ansässigen RA. Reisekosten, Tages- und Abwesenheitsgelder werden nicht erstattet. Bei einer Entfernung des Kanzleisitzes zum Gerichtsort über 100 km trägt die Rechtsschutzversicherung die Mehrkosten i.H.d. gesetzlichen Gebühr eines Verkehrsanwalts – hier jedoch lediglich die Verfahrensgebühr. Der **Verkehrsanwalt** ist derjenige, der den Verkehr zwischen Mandant und Prozessbevollmächtigten führt. Er ist **nicht Prozessbevollmächtigter oder Unterbevollmächtigter.**
Der Verkehrsanwalt erhält die Verfahrensgebühr die auch dem Prozessbevollmächtigten zusteht (entweder 1,0 gem. Nr. 3100 VV RVG oder 0,8 gem. Nr. 3101 VV RVG).
Reisekosten, Tages- und Abwesenheitsgelder eines auswärtigen RA werden grds. nicht von der Rechtsschutzversicherung getragen. Ggf. kann aus besonderem Anlass eine Ausnahme bestehen, sofern die Beauftragung eines auswärtigen RA notwendig ist.

205 ► Beispiel 2:

Mandant M aus Berlin verklagt Gegner G in München auf Zahlung von 2.500,00 €. Er beauftragt den an seinem Gerichtsort ansässigen RA R aus Berlin. Zuständig ist das AG München. Das AG München hat einen Termin zur mündlichen Verhandlung anberaumt. Anstelle der Beauftragung eines Verkehrsanwalts trägt die Rechtsschutzversicherung die Mehrkosten, die RA R durch die Wahrnehmung des Termins zur mündlichen Verhandlung in München entstehen bis zu der Höhe einer dem Verkehrsanwalt zustehenden Verfahrensgebühr.

206 ► Praxistipp:

Hier sollten Sie im Hinblick auf die Reisekosten und die Entfernung zum Gerichtsort und die damit verbundene Abwesenheit des RA von der Kanzlei überlegen, einen sog. Terminsvertreter (Unterbevollmächtigten) mit der Wahrnehmung des Termins zu beauftragen.

Es kann eine Vereinbarung der Vergütung – unter Beachtung von § 49b Abs. 3 Satz 2 und 3 BRAO – getroffen werden (z. B. hälftige Teilung aller anfallenden Gebühren, 1,0 Verfahrensgebühr). In diesem Fall muss der Auftrag zur Wahrnehmung des Termins sowie die Vereinbarung hinsichtlich der Vergütung von dem Prozessbevollmächtigten erteilt werden und nicht im Namen des Mandanten.

Vertragsparteien sind in diesem Fall der prozessbevollmächtigte RA und der Unterbevollmächtigte.

Wird der Auftrag im Namen des Mandanten erteilt, besteht ein Anwaltsvertrag zwischen dem Unterbevollmächtigten und dem Mandanten. Hier greift § 49b Abs. 1 BRAO, wonach es unzulässig ist, geringere Gebühren und Auslagen zu fordern, als es das RVG vorsieht, sofern im RVG nichts anderes geregelt ist. Gem. § 4 Abs. 1 RVG kann in **außergerichtlichen** Angelegenheiten eine niedrigere als die gesetzliche Vergütung vereinbart werden.

Abgesehen von der Regelung gem. § 4a RVG, die an sehr strenge Maßstäbe geknüpft ist und im Fall des „Terminsvertreters" keine Anwendung finden dürfte, darf der Unterbevollmächtigte in dem gerichtlichen Verfahren, keine niedrigere als die gesetzliche Vergütung mit dem Mandanten vereinbaren.

Hinsichtlich dieser Punkte sollte unbedingt eine **Belehrung des Mandanten** erfolgen. 207

Im Umgang mit Rechtsschutzversicherungen gibt es diverse Kommentare, die bei den alltägliche Stellungnahmen und Diskussionen behilflich sein können. 208

7. Kapitel: Verfahrensrecht für die Praxis

Übersicht Rdn.

A. Klageverfahren von Anhängigkeit bis zur Beendigung des Verfahrens

1 In diesem Kapitel wird die Klage im Zivilprozess von Anhängigkeit bis zum Urteil erläutert. Dabei wird auf die wesentlichen und in der Praxis wichtigen Verfahrensabläufe eingegangen.

I. Obligatorisches Güteverfahren

2 Bevor auf das Klageverfahren im Zivilprozess eingegangen wird, wird zunächst auf die Vorschrift des **§ 15a EGZPO** verwiesen. Diese Vorschrift ist für einige Rechtsstreitigkeiten in bestimmten Bundesländern von großer Bedeutung.

3 Gem. **§ 15a Abs. 2 Nr. 5 ZPO** wurden die Bundesländer durch die Zivilprozessreform 2002 autorisiert, vor der Erhebung einer Klage, das obligatorische Güteverfahren vorzuschreiben. Umgeht der Kläger diesen Weg und wählt sofort den Klageweg, kann seine Klage deshalb als unzulässig abgewiesen werden.

4 Der BGH hat in einer Entscheidung v. 23.11.2004 (VI ZR 336/03) sogar erkannt, dass vor einer Klageerhebung das obligatorische Güteverfahren vorausgehen muss, wenn es durch Landesrecht vorgeschrieben ist. Der BGH hat in dieser Entscheidung zudem eine weitreichende Entscheidung festgestellt, in dem weiter erkannt wurde, dass der Einigungsversuch nach der Klageerhebung nicht mehr nachgeholt werden kann. Die **Klage ist ohne Einigungsversuch als unzulässig abzuweisen.**

5 So haben einige Bundesländer (z. B. Bayern, Nordrhein-Westfalen, Baden-Württemberg, Brandenburg, Hessen, Saarland, Sachsen-Anhalt, Schleswig-Holstein) das **obligatorische Güteverfahren** bei **Streitwerten bis 600,00 € bzw. bis 750,00 €** vorgeschrieben.

6 Ob in Ihrem Bundesland das obligatorische Güteverfahren vorgeschrieben ist, können Sie über die für Ihr Bundesland zuständige Rechtsanwaltskammer in Erfahrung bringen.

7 Das obligatorische Güteverfahren wird auf Antrag mindestens einer Partei gestellt. Die Organisation und Durchführung des Verfahrens obliegt den Parteien. Das obligatorische Güteverfahren wird von staatlich anerkannten Gütestellen durchgeführt. Dieses Verfahren ist kostengünstiger als das Klageverfahren. In zivilrechtlichen Streitigkeiten haben die Parteien die Möglichkeit, den Streit kostengünstiger und schnell außergerichtlich beizulegen.

8 In diesem Verfahren können die Parteien einen **Vergleich** schließen. Ein vor einer staatlich anerkannten Gütestelle bestandkräftiger Vergleich ist ein zur Zwangsvollstreckung fähiger **Vollstreckungstitel (§ 794 Abs. 1 Nr. 1 ZPO).** Bei Scheitern des obligatorischen Güteverfahrens steht dem Kläger der Klageweg offen.

Nachfolgend wird wegen der großen Praxisrelevanz der Gesetzestext des § 15a EGZPO abgedruckt: 9

15a EGZPO 10

(1) Durch Landesgesetz kann bestimmt werden, dass die Erhebung der Klage erst zulässig ist, nachdem von einer durch die Landesjustizverwaltung eingerichteten oder anerkannten Gütestelle versucht worden ist, die Streitigkeit einvernehmlich beizulegen

1. *in vermögensrechtlichen Streitigkeiten vor dem Amtsgericht über Ansprüche, deren Gegenstand an Geld oder Geldeswert die Summe von 750 Euro nicht übersteigt,*
2. *in Streitigkeiten über Ansprüche aus dem Nachbarrecht nach den §§ 910, 911, 923 des Bürgerlichen Gesetzbuchs und nach § 906 des Bürgerlichen Gesetzbuchs sowie nach den landesgesetzlichen Vorschriften im Sinne des Artikels 124 des Einführungsgesetzes zum Bürgerlichen Gesetzbuche, sofern es sich nicht um Einwirkungen von einem gewerblichen Betrieb handelt,*
3. *in Streitigkeiten über Ansprüche wegen Verletzung der persönlichen Ehre, die nicht in Presse oder Rundfunk begangen worden sind,*
4. *in Streitigkeiten über Ansprüche nach Abschnitt 3 des Allgemeinen Gleichbehandlungsgesetzes.*

Der Kläger hat eine von der Gütestelle ausgestellte Bescheinigung über einen erfolglosen Einigungsversuch mit der Klage einzureichen. Diese Bescheinigung ist ihm auf Antrag auch auszustellen, wenn binnen einer Frist von drei Monaten das von ihm beantragte Einigungsverfahren nicht durchgeführt worden ist.

(2) Absatz 1 findet keine Anwendung auf

1. *Klagen nach den §§ 323, 324, 328 der Zivilprozessordnung, Widerklagen und Klagen, die binnen einer gesetzlichen oder gerichtlich angeordneten Frist zu erheben sind,*
2. *Streitigkeiten in Familiensachen,*
3. *Wiederaufnahmeverfahren,*
4. *Ansprüche, die im Urkunden- oder Wechselprozess geltend gemacht werden,*
5. *die Durchführung des streitigen Verfahrens, wenn ein Anspruch im Mahnverfahren geltend gemacht worden ist,*
6. *Klagen wegen vollstreckungsrechtlicher Maßnahmen, insbesondere nach dem Achten Buch der Zivilprozessordnung.*

Das Gleiche gilt, wenn die Parteien nicht in demselben Land wohnen oder ihren Sitz oder eine Niederlassung haben.

(3) Das Erfordernis eines Einigungsversuchs vor einer von der Landesjustizverwaltung eingerichteten oder anerkannten Gütestelle entfällt, wenn die Parteien einvernehmlich einen Einigungsversuch vor einer sonstigen Gütestelle, die Streitbeilegungen betreibt, unternommen haben. Das Einvernehmen nach Satz 1 wird unwiderleglich vermutet, wenn der Verbraucher eine branchengebundene Gütestelle, eine Gütestelle der Industrie- und Handelskammer, der Handwerkskammer oder der Innung angerufen hat. Absatz 1 Satz 2 gilt entsprechend.

(4) Zu den Kosten des Rechtsstreits im Sinne des § 91 Abs. 1, 2 der Zivilprozessordnung gehören die Kosten der Gütestelle, die durch das Einigungsverfahren nach Absatz 1 entstanden sind.

(5) Das Nähere regelt das Landesrecht; es kann auch den Anwendungsbereich des Absatzes 1 einschränken, die Ausschlussgründe des Absatzes 2 erweitern und bestimmen, dass die Gütestelle

ihre Tätigkeit von der Einzahlung eines angemessenen Kostenvorschusses abhängig machen und gegen eine im Gütetermin nicht erschienene Partei ein Ordnungsgeld festsetzen darf.

(6) Gütestellen im Sinne dieser Bestimmung können auch durch Landesrecht anerkannt werden. Die vor diesen Gütestellen geschlossenen Vergleiche gelten als Vergleiche im Sinne des § 794 Abs. 1 Nr. 1 der Zivilprozessordnung.

II. Anhängigkeit/Rechtshängigkeit

11 Bereits in dem ersten Satz des Kapitels stolpern wir über das Wort Anhängigkeit. Das Pendant zu der Anhängigkeit ist die Rechtshängigkeit.

12 **Anhängig** ist ein Rechtsstreit in einem Zivilprozess mit der Einreichung der Klage-/Antragsschrift beim Gericht.

13 **Rechtshängig** ist ein Rechtsstreit in einem Zivilprozess mit der Zustellung der Klage-/Antragsschrift an den Beklagten/Antragsgegner. Bis zu dem Zeitpunkt der erfolgten Zustellung der Klage/des Antrags an den Beklagten ist der Rechtsstreit erst anhängig.

14 ► Beispiel 1:

Mandant M beauftragt RA R mit der Klageerhebung. RA R fertigt die Klageschrift und reicht diese bei dem AG ein. In diesem Stadium ist der Rechtsstreit anhängig.

Sobald die Zustellung der Klageschrift an den Beklagten erfolgt, ist der Rechtsstreit nicht mehr anhängig, sondern rechtshängig.

15 Die **Rechtshängigkeit** hat folgende **Wirkung:**
- Hemmung der Verjährung § 204 Abs. 1 BGB,

16 ► Hinweis:

- Soll durch die Zustellung eine Frist gewahrt werden, die Verjährung neu beginnen oder nach § 204 BGB gehemmt werden, tritt diese Wirkung bereits mit Eingang des Antrags oder der Erklärung – also mit Anhängigkeit – ein, wenn die Zustellung demnächst erfolgt (§ 167 ZPO), sog. Rückwirkung der Zustellung. Die Partei soll bei der Zustellung von Amts wegen vor Nachteilen durch Zustellungsverzögerungen innerhalb des gerichtlichen Geschäftsbetriebs, auf die sie keinen Einfluss hat, bewahrt werden. Bei der Einreichung von Klagen genügt demnach der rechtzeitige Eingang bei Gericht (s.a. Zimmermann, ZPO, § 167 Rn. 1, BGH, Urt. v. 18.07.2008 – I ZR 109/05, R. 20f.).

17 ► Beispiel 2:

Der Kläger reicht die Klageschrift am 31.12.2008 um 18.30 Uhr bei dem AG ein. Am 01.01.2009 wäre sein Anspruch verjährt. Rechtshängig wird der Rechtsstreit durch Klagezustellung an den Beklagten. Gem. § 204 Abs. 1 BGB wird die Hem-

mung der Verjährung durch Rechtshängigkeit begründet. In dem Beispielfall ist lediglich Anhängigkeit des Rechtsstreits gegeben.

Ist der Anspruch des Klägers nun verjährt, da die Klage am 01.01.2009 noch nicht rechtshängig ist?

Diese gesetzliche Regelung kann durch die Vorschrift des § 167 ZPO „durchbrochen" werden, wenn die Zustellung nach dem Gesetzeswortlaut des § 167 ZPO „demnächst" erfolgt. Der Anspruch ist demnach nicht verjährt.

Weitere Folgen der Rechtshängigkeit: 18
- Verzugseintritt des Beklagten (spätestens) durch Klageerhebung, § 286 Abs. 1 Satz 2 BGB,
- Festlegung des Haftungsumfangs des Beklagten bei einem Herausgabeanspruch des Klägers gem. § 292 Abs. 1 BGB,
- Anspruch auf Prozesszinsen, §§ 291, 288 BGB,
- nach Rechtshängigkeit ist keine anderweitige Anhängigkeit möglich, § 261 Abs. 3 Nr. 1 ZPO,
- Zuständigkeit des angerufenen Prozessgerichts bleibt auch im Fall einer eintretenden und begründeten Veränderung der Zuständigkeit bestehen, § 261 Abs. 3 Nr. 1 ZPO,
- Möglichkeit der Veräußerung und Veränderung von Rechten, die Streitgegenstand des Verfahrens sind, bleibt gem. den Vorschriften der §§ 265, 266 ZPO bestehen.

III. Bezeichnung der Parteien in dem Zivilprozess

In dem Klageverfahren der ordentlichen Gerichtsbarkeit sind mindestens zwei Personen beteiligt. Die Parteien in dem Klageverfahren heißen **Kläger** und **Beklagter.** 19

Der Kläger kann im Verlauf des Verfahrens aufgrund einer Widerklage durch den Beklagten Kläger und **Widerbeklagter** sein, der Beklagte ist dann Beklagter und **Widerkläger.** 20

▶ Beispiel: 21

Kläger A verklagt den Beklagten B auf Zahlung von Schadensersatz. Der Beklagte B erhebt Widerklage mit dem Antrag den Widerbeklagten (Kläger A) ebenfalls zur Zahlung von Schadensersatz zu verurteilen.

Die Parteien werden in anderen Verfahren wie folgt bezeichnet: 22
- im Beschwerdeverfahren: Beschwerdeführer/Beschwerdegegner,
- im Erinnerungsverfahren: Erinnerungsführer/Erinnerungsgegner,
- im Antragsverfahren: Antragsteller/Antragsgegner,
- im Berufungsverfahren: Berufungskläger/Berufungsbeklagter,
- im Zwangsvollstreckungsverfahren: Gläubiger/Schuldner.

IV. Zuständigkeit der AG/LG

23 Bei der Zuständigkeit ist zwischen der **örtlichen** und **sachlichen Zuständigkeit** zu unterscheiden.

1. Örtliche Zuständigkeit

24 Die örtliche Zuständigkeit richtet sich nach den Vorschriften der **§§ 12 ff. ZPO.**

25 Grds. ist das Gericht örtlich zuständig, bei dem der Beklagte seinen **allgemeinen Gerichtstand** hat (**§ 12 ZPO**). Neben dem allgemeinen Gerichtsstand, gibt es
- den besonderen Gerichtsstand (mehrere)

  sowie
- den ausschließlichen Gerichtsstand (mehrere).

26 Zwischen dem **allgemeinen und dem besonderen Gerichtsstand** hat der Kläger ein **Wahlrecht.** Er kann den für ihn günstigeren Gerichtsstand wählen. Schreibt das Gesetz jedoch einen **ausschließlichen Gerichtsstand** vor, besteht insoweit **kein Wahlrecht.** In diesem Fall muss das Gericht des ausschließlichen Gerichtsstandes angerufen werden.

27 ▶ Beispiel:

Mandant A war Mieter einer Wohnung in dem Bezirk Tempelhof-Kreuzberg in Berlin. Nach Beendigung des Mietverhältnisses weigert sich der Vermieter V die bei Beginn des Mietverhältnisses geleistete Mietkaution zurückzuzahlen. Der Vermieter hat seinen allgemeinen Gerichtsstand in München. Mandant A hat seinen allgemeinen Gerichtsstand ebenfalls in München.

Mandant A hat hier kein Wahlrecht. Gem. § 29a ZPO ist in diesem Fall das Gericht örtlich zuständig, in dessen Bezirk sich die Räume befinden. Somit das AG Tempelhof-Kreuzberg in Berlin.

2. Sachliche Zuständigkeit

28 In bürgerlichen Rechtsstreitigkeiten in erster Instanz sind die AG und LG zuständig. Die sachliche Zuständigkeit der **AG** richtet sich nach den Vorschriften **der §§ 23, 23a und 23b GVG.** Die sachliche Zuständigkeit der **LG** in bürgerlichen Rechtsstreitigkeiten Angelegenheiten ergibt sich gem. **§ 71 GVG.**

V. Kosten eines Rechtsstreits

29 Die Kosten eines Rechtsstreits bestehen aus:
- Vergütung der beteiligten RAe (sofern RA beauftragt),
- Gerichtskosten; die Gerichtskosten eines Rechtsstreits berechnen sich grds. nach dem GKG. Sie sind i. d. R. von der Höhe des Streitwerts abhängig. Sofern kein Streitwert feststeht, findet eine Schätzung statt.

- Auslagen des Gerichts, (Zustellungen von Beschlüssen, Urteilen, Zeugenentschädigungen, Sachverständigenkosten, Dolmetscherkosten),
- notwendige für die Prozessführung erbrachte Auslagen (z.B. Fahrtkosten zum Termin, Ersatz für Zeitversäumnis usw.).

VI. Einleitung des Klageverfahrens

1. Klagearten

Die wichtigsten Klagearten im Zivilprozess sind: 30
- Leistungsklage,
- Feststellungsklage,
- Gestaltungsklage.

2. Klageschrift

Für eine ordentliche Klageerhebung ist **§ 253 ZPO** zwingend einzuhalten. Das **Klageverfahren** wird **durch Einreichung einer Klageschrift bei dem Gericht anhängig.** Die Erhebung der Klage erfolgt durch Zustellung eines Schriftsatzes an das Gericht (§ 253 Abs. 1 ZPO). 31

Die Klageschrift **muss** enthalten, **§ 253 Abs. 2 ZPO** (Muss-Vorschrift): 32
- die Bezeichnung der Parteien und des Gericht;
- die bestimmte Angabe des Gegenstandes und des Grundes des erhobenen Anspruchs, sowie einen bestimmten Antrag;

Die Klageschrift **soll** ferner enthalten, **§ 253 Abs. 3 ZPO** (Soll-Vorschrift): 33
- die Angabe des Wertes des Streitgegenstandes, wenn hiervon die Zuständigkeit des Gerichts abhängt und der Streitgegenstand nicht in einer bestimmten Geldsumme besteht
- sowie eine Äußerung dazu, ob einer Entscheidung der Sache durch den Einzelrichter Gründe entgegenstehen.

Die allgemeinen Vorschriften über die vorbereitenden Schriftsätze sind auch auf die Klageschrift anzuwenden, **§ 253 Abs. 4 ZPO.** 34

Die Klageschrift sowie sonstige Anträge und Erklärungen einer Partei, die zugestellt werden sollen, sind bei dem Gericht schriftlich unter Beifügung der für ihre Zustellung oder Mitteilung erforderlichen Zahl von Abschriften einzureichen. Einer Beifügung von Abschriften bedarf es nicht, soweit die Klageschrift elektronisch eingereicht wird, **§ 253 Abs. 5 ZPO.** 35

► **Muster: Klageschrift (Leistungsklage)**

36

Amtsgericht

(*Anschrift*)

KLAGE

des/der

....

(*Vorname, Name des Klägers, Adresse*)

Kläger,

Prozessbevollmächtigter:

....

(*Rechtsanwalt, Anschrift*)

g e g e n

.... GmbH & Co. KG,

gesetzlich vertreten durch.....,

diese gesetzlich vertreten durch den Geschäftsführer..... (*Name, Vorname*)

(*Anschrift*)

Beklagte,

wegen Kaufpreisforderung

Vorläufiger Streitwert: 4.500,00 €

Namens und in Vollmacht des Klägers erhebe ich Klage und bitte um Anberaumung eines Termins zur mündlichen Verhandlung, in dem ich beantragen werde:
1. Den Beklagten zu verurteilen, an den Kläger 4.500,00 € nebst 5 Prozentpunkten Zinsen über dem Basiszinssatz seit ..... *(Datum)* an den Kläger zu zahlen.
2. (ggf.) Den Beklagten zu verurteilen, an den Kläger vorgerichtliche Rechtsanwaltskosten in Höhe von ..... € nebst 5 Prozentpunkten Zinsen über dem Basiszinssatz seit ..... *(Datum)*/Rechtshängigkeit zu bezahlen.
3. Im Fall des Vorliegens der gesetzlichen Voraussetzungen, gegen die Beklagte Anerkenntnis- bzw. Versäumnisurteil zu erlassen.
4. Dem Beklagten die Kosten des Rechtsstreits aufzuerlegen.
5. Dem Kläger eine – vorläufig – vollstreckbare Ausfertigung des Urteils zuzustellen.

Begründung: .....

Beglaubigte und einfache Abschrift anbei.

Rechtsanwalt/Rechtsanwältin

VII. Verfahren nach Eingang der Klageschrift bei Gericht

1. Zustellung der Klageschrift/Gerichtskosten

37 Bevor das Gericht die Klage dem Beklagten zustellt, wird zuerst sichergestellt, dass die Gerichtskosten bezahlt sind. Sofern der Klage kein Verrechnungsscheck beiliegt oder keine Überweisung der Gerichtskosten erfolgte, erstellt das Gericht regelmäßig eine auf den Kläger ausgestellte Gerichtskostenrechnung.

Dies ist gesetzlich geregelt. Gem. § 12 Abs. 1 Satz 1 GKG soll die Klage erst nach Zahlung der Gebühr für das Verfahren im Allgemeinen an den Beklagten zugestellt werden. 38

Dies gilt auch für den Fall der Klageerweiterung, § 12 Abs. 1 Satz 2 GKG. Diese Vorschrift findet auch im Rechtsmittelverfahren Anwendung. 39

Die Vorschrift des § 12 Abs. 1 GKG (im Zivilprozess) gilt jedoch nicht für: 40
- Widerklagen,
- Scheidungsfolgesachen,
- Folgesachen eines Verfahrens über die Aufhebung der Lebenspartnergemeinschaft,
- Familiensachen nach § 621 Abs. 1 Nr. 9 ZPO (Stundungsanträge gem. § 1382 BGB, Antrag auf Übertragung von Vermögensgegenständen gem. § 1383 BGB),
- Lebenspartnerschaftssachen nach § 661 Abs. 1 Nr. 7 ZPO.

In diesen Fällen erfolgt die Gerichtskostenberechnung mit Beendigung/Erledigung des Verfahrens. Bei diesen Klagen/Anträgen erfolgt die Zustellung an die Gegenseite, ohne dass der Kläger/Antragsteller vor einer Zustellung die Gerichtskosten einzahlen muss. 41

2. Vorbereitung auf den Haupttermin

Nach dem Zahlungseingang der Gerichtskosten auf dem Konto der Gerichtskasse und vor Zustellung der Klageschrift an den Beklagten hat das Gericht wegen des weiteren Verlaufs des Verfahrens verschiedene Möglichkeiten vorzugehen. 42

Der Grundsatz ist, dass der Rechtsstreit „in der Regel in einem umfassend vorbereiteten Termin zur mündlichen Verhandlung (Haupttermin)“ erledigt wird (**§ 272 Abs. 1 ZPO**). 43

Zur Vorbereitung dieses Haupttermins hat der Richter gem. § 272 Abs. 2 ZPO die Möglichkeit entweder 44
- einen frühen ersten Termin zur mündlichen Verhandlung gem. § 275 ZPO anzuberaumen
  oder
- die Einleitung des schriftlichen Vorverfahrens gem. § 276 ZPO anzuordnen.

Sowohl in dem ersten frühen Termin zur Hauptverhandlung als auch in dem schriftlichen Vorverfahren kann ein **Versäumnisurteil** (VU) ergehen. 45

Die Güteverhandlung und die mündliche Verhandlung sollen so frühzeitig wie möglich stattfinden (§ 272 Abs. 3 ZPO). Danach erfolgt die Zustellung der Klageschrift an den Beklagten (§ 271 Abs. 1 ZPO). 46

Der Beklagte ist mit der Zustellung der Klageschrift aufzufordern, einen RA zu bestellen, wenn er beabsichtigt, sich gegen die Klage zu verteidigen (§ 271 Abs. 2 ZPO). 47

Dem frühen ersten Termin oder dem Haupttermin muss die **obligatorische Güteverhandlung vorausgehen (§ 278 ZPO)**. Der Güteversuch des Gerichts ist nicht Teil 48 der mündlichen Verhandlung. Die mündliche Verhandlung schließt sich jedoch bei einem Scheitern der Güteverhandlung unmittelbar an. Sinn des obligatorischen Güteverfahrens ist es, den Rechtsstreit gütlich beizulegen. Die Güteverhandlung findet gem. § 278 Abs. 2, 2. Halbs. ZPO nicht statt, wenn zuvor ein Einigungsversuch vor einer staatlich anerkannten Gütestelle stattgefunden hat oder aber wenn eine gütliche Einigung erkennbar aussichtslos erscheint.

3. Früher erster Termin

49 Kläger und Beklagter werden gleichzeitig von der Entscheidung des Gerichts über den weiteren Verfahrensverlauf unterrichtet. Wird ein Termin zur mündlichen Verhandlung anberaumt, ist die Ladung mit der Klageschrift zuzustellen. Dem Beklagten muss eine **Einlassungsfrist von mindestens zwei Wochen** vor dem Termin zur mündlichen Verhandlung eingeräumt werden (**§ 274 ZPO**).

50 Der frühe erste Termin, in dem die Erörterung von Streitpunkten erfolgt, dient der Vorbereitung auf den Haupttermin (§ 279 ZPO).

51 Das Gericht kann dem Beklagten gem. § 275 Abs. 1 ZPO zur Vorbereitung des frühen ersten Termins Fristen zur Klageerwiderung setzen.

52 In dem frühen ersten Termin kann ein VU ergehen, da es sich bei diesem Termin um einen „echten“ Verhandlungstermin handelt.

4. Schriftliches Vorverfahren

53 Sofern das Gericht das schriftliche Vorverfahren anordnet, wird der Beklagte aufgefordert, wenn er sich gegen die Klage verteidigen will, dies innerhalb einer **Notfrist von zwei Wochen** seit Zustellung der Klage dem Gericht mitzuteilen. Gleichzeitig mit dieser Mitteilung, ist dem Beklagten eine weitere Frist von mindestens **zwei Wochen zur Klageerwiderung** zu setzen (somit insgesamt vier Wochen). Der Kläger ist davon zu unterrichten **§ 276 Abs. 2 ZPO.**

54 Der Beklagte ist gem. § 276 Abs. 2 ZPO über die Folgen der Versäumung der in § 276 Abs. 1 ZPO genannten Fristen zu belehren, da auch im schriftlichen Vorverfahren ein VU ergehen kann.

5. Haupttermin

55 Scheitert die Güteverhandlung oder ist eine vergleichsweise Einigung der Parteien nicht möglich (gem. § 278 Abs. 1 ZPO soll das Gericht in jeder Lage des Rechtsstreits eine gütliche Einigung herbeiführen), folgt der **Übergang in das streitige Verfahren.** Zur Aufklärung des Sachverhalts können die Parteien angehört werden. Die Parteien stellen die **Klageanträge (§ 137 ZPO).** Dies kann durch Vorlesen der Anträge in den Schriftsätzen, durch Bezugnahme auf Schriftsätze oder durch zu Protokoll abgegebene Erklärungen erfolgen. Der Kläger stellt i.d.R. den Antrag aus der Klageschrift, der Kläger stellt den Antrag, die Klage abzuweisen (297 ZPO).

Daran anschließend erfolgt eine mündliche Erörterung des Sachverhalts zwischen den Parteien und dem Gericht gem. § 137 ZPO. 56

6. Beweisaufnahme

Die Beweisaufnahme erfolgt immer dann, wenn der Tatbestand, also Tatsachen (und nicht Rechtsfragen) zwischen den Parteien streitig ist. 57

▶ Beispiel: 58

Kläger A verklagt den Beklagten B wegen Rückzahlung eines Darlehens. Der Beklagte B streitet ab, von dem Kläger A ein Darlehen erhalten zu haben. Kläger A muss Beweis darüber führen, dass er dem Beklagten B das Darlehen gegeben hat.

Auch der Beklagte könnte beweispflichtig sein, indem er nachweisen muss, dass er ein (unstreitig gewährtes) Darlehen zurückgezahlt hat.

Folgende **Beweismittel sind im Zivilprozess zulässig:** 59
- Beweis durch Sachverständige (§§ 402 bis 414 ZPO),
- Beweis durch Parteivernehmung (§§ 445 ff. ZPO),
- Beweis durch Augenscheinseinnahme (§§ 371 ff. ZPO),
- Beweis durch Urkunden (§§ 415 bis 444 ZPO),
- Beweis durch Zeugen (§§ 373 ff. ZPO).

Nach der erfolgten Beweisaufnahme findet die Fortsetzung der mündlichen Verhandlung, in der der Sachverhalt erörtert wird, statt. Die Parteien können zu der Beweisaufnahme Stellung nehmen. 60

Nach Abschluss der Erörterung kann die mündliche Verhandlung entweder geschlossen oder vertagt werden. Sofern die Beweiserhebung abgeschlossen und der Sachverhalt aufgeklärt ist, kann eine Entscheidung sofort erfolgen oder aber in einem anzuberaumenden Verkündungstermin erfolgt die Verkündung des Urteils. Zu dem Verkündungstermin muss keine der Parteien erscheinen. 61

7. Rechtskraft

Bei der Rechtskraft eines Urteils wird zwischen der formellen und der materiellen Rechtskraft unterschieden. 62

a) Formelle Rechtskraft

Bei formeller Rechtskraft kann eine vom Gericht getroffene Entscheidung nicht mehr mit Rechtsmittel oder Rechtsbehelfen angegriffen werden (§ 705 ZPO). 63

Formelle Rechtskraft liegt vor, wenn 64
- die Rechtsmittel- und Rechtsbehelfsfristen abgelaufen sind,
- wenn auf Einlegung von Rechtsmitteln oder Rechtsbehelfen von den Parteien verzichtet wird (§§ 515, 565, 346 ZPO),

– in letzter Instanz das Urteil verkündet ist.

b) Materielle Rechtskraft

65 *»Die materielle (»innere«) Rechtskraft hindert abweichende Entscheidungen desselben oder eines anderen Gerichts innerhalb bestimmter objektiver, subjektiver und zeitlicher Grenzen«, Zöller, ZPO, Vorbem. zu § 322 Rn. 3.*

66 Die materielle Rechtskraft resultiert aus der formellen Rechtskraft. Sie muss aber nicht zwangsläufig die Folge der formellen Rechtskraft sein.

67 ► Beispiel:

In dem Urkundenverfahren erlässt das AG ein Vorbehaltsurteil, das in formelle Rechtskraft erwächst. In dem sich anschließenden Nachverfahren hebt das AG das Vorbehaltsurteil auf und weist die Klage ab.

VIII. Verfahrensbeendigung

1. Urteil

68 Das zivilprozessuale Verfahren kann durch Urteil beendet werden. In dem Zivilprozess kann sowohl gegen den Kläger als auch gegen den Beklagten ein VU ergehen. Nachfolgend werden die Möglichkeiten, wann ein VU ergehen kann, variiert.

69 Hinsichtlich der Rechtsmittel der neben dem VU weiter genannten Urteilsarten verweise ich auf die Ausführungen unter Rdn. 147 ff. in diesem Kapitel.

2. VU gegen den Kläger

Kläger erscheint nicht – Beklagter ist anwesend 70

Die Klage wird abgewiesen, § 330 ZPO

Einspruch, § 338 ZPO

Termin zur mündlichen Verhandlung, § 341 ZPO

Kläger ist anwesend

Entscheidung nach Einspruch, § 343 ZPO

Kläger ist wieder nicht anwesend

Zweites VU, § 345 ZPO

3. Versäumnisurteil gegen den Beklagten

71 **Kläger ist anwesend – Beklagte erscheint nicht**

↓ ↓

Zulässigkeit und Schlüssigkeit der Klage liegen vor | Unzulässigkeit oder Unschlüssigkeit der Klage liegt vor

↓ ↓

Versäumnisurteil gegen den Beklagten, § 331 ZPO | Die Klage wird abgewiesen, § 300 ZPO, unechtes Versäumnisurteil (Endurteil)

↓

Einspruch, § 388 ZPO

↓

Termin zur mündlichen Verhandlung, § 341 ZPO

↓ ↓

Beklagter ist anwesend | Beklagter ist wieder nicht anwesend

↓ ↓

Entscheidung nach Einspruch, § 343 ZPO | Zweites Versäumnisurteil, § 345 ZPO

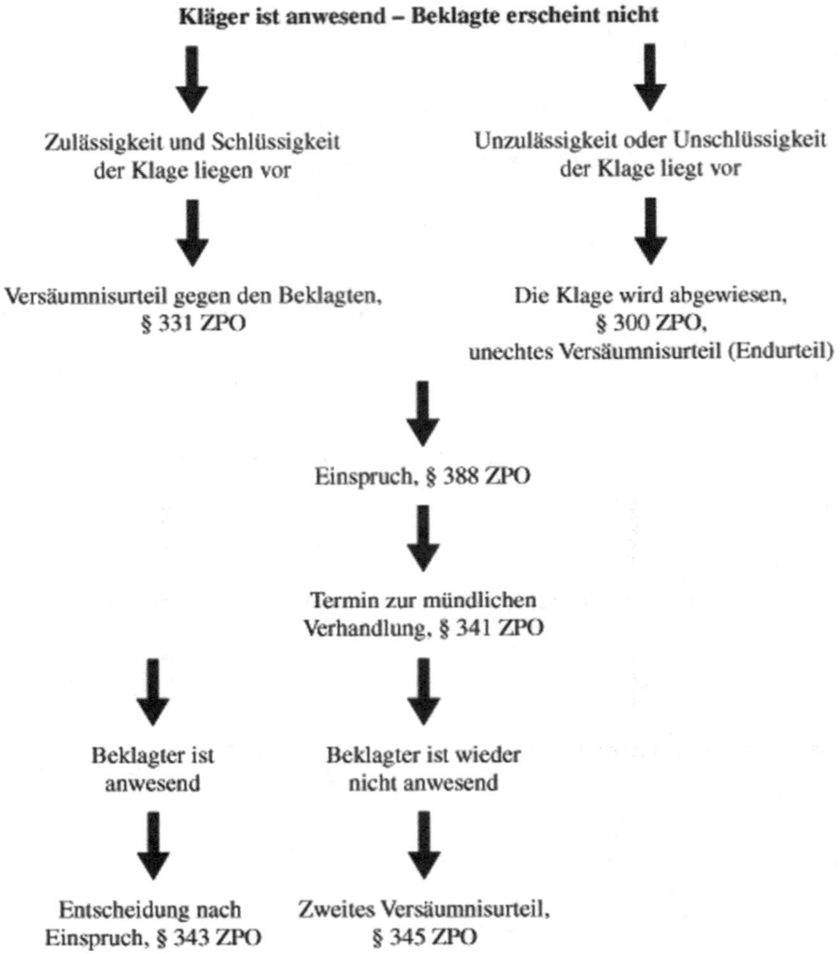

4. Urteilsarten

72 – **Endurteil**, § 300 ZPO: beendet den Rechtsstreit in der Instanz.
– **Teilurteil**, § 301 ZPO: Entscheidung über einen Teil des Anspruchs. Ergeht in diesem Rechtsstreit ein Endurteil, das den Rechtsstreit in der Instanz beendet, so handelt es sich um das sog. Schlussurteil.
– **Vorbehaltsurteil**, § 302 ZPO: Dieses Urteil ist als Endurteil anzusehen.

- **Zwischenurteil**, § 303 ZPO: beendet den Rechtsstreit nicht in der Instanz. Es findet eine Entscheidung über einen Zwischenstreit statt. Das Urteil ist erst mit dem Endurteil anfechtbar.
- **Zwischenurteil über den Grund**, § 304 ZPO: Dieses Urteil ist, anders als das Zwischenurteil gem. § 303 ZPO, als Endurteil anzusehen.
- **Verzichtsurteil**, § 306 ZPO.
- **Anerkenntnisurteil**, § 307 ZPO.

5. Prozessvergleich

Das Verfahren kann auch durch einen Vergleich der Parteien beendet werden, wenn die Parteien in einem gerichtlichen Verfahren „zur gütlichen Beilegung eines Rechtsstreits" einen Vergleich schließen. Der Vergleich kann in der **mündlichen Verhandlung protokolliert** werden (§§ 160 Abs. 3, 162 ZPO) **oder** gemäß den Vorschriften des § 779 BGB als **rechtsgeschäftlicher Vertrag** zwischen den Parteien geschlossen werden. 73

Der Prozessvergleich ist ein zur **Zwangsvollstreckung geeigneter Titel** gem. § 794 Abs. 1 Nr. 1 ZPO. Er ist auch ein Vergleich gem. § 779 BGB. 74

Der Prozessvergleich **kann nie** materiell **rechtskräftig sein.** Er wird, sofern er ohne Widerrufsvorbehalt abgeschlossen wurde (oder wenn er mit Widerrufsvorbehalt abgeschlossen wurde und kein Widerruf der Parteien erfolgt), **bestandskräftig.** 75

6. Erledigung der Hauptsache

Das Verfahren kann durch Erledigung in der Hauptsache beendet werden. Dies kann durch **übereinstimmende** Erledigungserklärung, § 91a ZPO erfolgen. 76

Bei übereinstimmender Erledigungserklärung wird die Rechtshängigkeit beendet. Das Gericht entscheidet gem. § 91a ZPO nur noch über die Kosten. 77

Bei der **einseitigen Erledigungserklärung** hingegen handelt es sich um einen einseitigen Antrag des Klägers, das Verfahren in der Hauptsache als erledigt festzustellen. Dabei handelt es sich um eine zulässige Klageänderung gem. § 264 Abs. 2 ZPO, wenn der Grund der Erledigungserklärung nach Rechtshängigkeit eingetreten ist. 78

Das Gericht prüft, ob die Klage zulässig und begründet ist. Ist dies der Fall, ergeht ein Urteil (Feststellungsurteil), in dem die Gründe der Erledigung festgestellt werden. Der Beklagte hat in diesem Fall die Kosten des Rechtsstreits zu tragen. 79

Ist die Klage unzulässig oder unbegründet, wird das Gericht die Klage jedoch abweisen mit der Kostenfolge nach § 91 ZPO. Der Kläger trägt die Kosten des Rechtsstreits. 80

7. Klagerücknahme

Grds. kann der Kläger die Klage von dem Zeitpunkt der Rechtshängigkeit bis zu der Rechtskraft eines Urteils zurücknehmen. 81

82 Daran sind jedoch besondere Voraussetzungen bzw. Einschränkungen gebunden: **Bis zu einen Termin zur mündlichen Verhandlung über die Hauptsache** kann der Kläger die Klage **ohne Zustimmung des Beklagten** jederzeit zurücknehmen.

83 Nach einer wirksam erfolgten Klagerücknahme kann der Kläger die Klage jederzeit wieder erheben, denn in diesem Fall gilt der Rechtsstreit als nicht anhängig. Die Rechtshängigkeit entfällt rückwirkend. Ein ergangenes und nicht rechtskräftiges Urteil verliert seine Wirkung.

84 Hat jedoch ein **Termin zur mündlichen Verhandlung zur Hauptsache stattgefunden**, ist bei einer danach erfolgten Klagerücknahme die **Zustimmung des Beklagten erforderlich** (§ 269 Abs. 1 ZPO).

85 Der Beklagte kann seine Zustimmung verweigern, wenn er ein Interesse an einer Entscheidung in dem Verfahren hat. Ggf. würde die Klage des Klägers abgewiesen, weil er zu diesem Zeitpunkt nicht in der Lage ist, seinen Anspruch zu beweisen. Er könnte jedoch zu einem späteren Zeitpunkt – im Fall einer erneuten Klageerhebung – den Beweis führen und in dem Rechtsstreit obsiegen. Im Fall eines rechtskräftigen Urteils hat der Kläger keine Möglichkeit, die Klage erneut zu erheben.

86 ▶ Beispiel:

Kläger A verklagt den Beklagten B auf Zahlung. Die einzigen Zeugen, die seinen Vortrag in der Klageschrift beweisen können, kann der Kläger postalisch nicht ermitteln. Vor dem Termin zur mündlichen Verhandlung überlegt der Kläger aufgrund der schlechten Beweislage, die Klage zurückzunehmen, da die einzigen Zeugen, für ihn nicht erreichbar sind.

In diesem Stadium des Verfahrens benötigt er die Zustimmung des Beklagten nicht. Er könnte die Klage zurücknehmen. Ermittelt er die Zeugen zu einem späteren Zeitpunkt, könnte der Kläger erneut Klage erheben.

Hat jedoch ein Termin in der Hauptsache stattgefunden oder erklärt der Kläger in diesem Termin die Klagerücknahme, muss, damit die Klage wirksam zurückgenommen werden kann, der Beklagte der Klagerücknahme zuzustimmen. Widerspricht der Beklagte, kann der Kläger die Klage nicht zurücknehmen.

Im Zweifel unterliegt der Kläger in dem Rechtsstreit mangels Beweiskraft.

87 Der **Widerspruch des Beklagten** bei einer erklärten Klagerücknahme ist an Fristen gebunden. Gem. § 269 Abs. 2 ZPO muss der Beklagte, sofern der Kläger die Klagerücknahme nicht im Termin zur mündlichen Verhandlung erklärt, innerhalb einer **Notfrist von zwei Wochen seit Zustellung des klägerischen Schriftsatzes über die Klagerücknahme**, dieser widersprechen. Widerspricht der Beklagte nicht fristgerecht, so gilt seine Zustimmung zur Klagerücknahme als erteilt, wenn er zuvor auf die Folgen des nicht fristgerechten Widerspruchs hingewiesen wurde.

Da es sich der in § 269 Abs. ZPO genannten Frist um eine Notfrist handelt, kann der Beklagte **Wiedereinsetzung in den vorigen Stand gem. § 233 ZPO** einlegen. Hat er die Einlegung der Notfrist nicht schuldhaft versäumt, wird dem Antrag stattgegeben. 88

► Praxistipp: 89

Notieren Sie bitte immer die in § 269 Abs. 2 ZPO genannte zweiwöchige Notfrist, sofern eine Klagerücknahme der Gegenseite erfolgt.

Belehren Sie den Mandanten auf die Folgen im Hinblick auf die Zustimmung oder den Widerspruch bei der Klagerücknahme.

IX. Praxisrelevante Besonderheiten im Klageverfahren

1. Verweisung bei Unzuständigkeit

Für den Fall, dass das vom Kläger angegangene Gericht sachlich oder örtlich unzuständig ist, kann der Kläger entweder durch einen Hinweis seitens des Gerichts oder hinsichtlich einer Rüge des Beklagten beantragen, den Rechtsstreit an das zuständige Gericht zu verweisen (§ 281 ZPO). Das Gericht entscheidet über diesen Antrag mit Beschluss. Durch diesen Beschluss wird der Rechtsstreit an das zuständige Gericht verwiesen. Der Beschluss ist für die Parteien unanfechtbar. 90

Bisherige Entscheidungen des Gerichts (z. B. PKH) bleiben bestehen. 91

Sofern der Kläger den Verweisungsantrag nicht stellt, wird die Klage als unzulässig abgewiesen. 92

► Praxistipp: 93

Bereits in dem Klageantrag könnte ein entsprechender Antrag gestellt werden, den Rechtsstreit an das zuständige Gericht abzugeben, sofern das angerufene Gericht sachlich und/oder örtlich unzuständig ist.

2. Klageänderung

Eine Klageänderung liegt immer dann vor, wenn sich der ursprüngliche Streitgegenstand ändert. Der Streitgegenstand ist der Gegenstand über den das Gericht wegen des dem zugrunde liegenden Klagegrundes und dem/den gestellten Antrag/Anträgen des Klägers entscheidet. 94

Eine Klageänderung ist immer nur dann möglich, wenn der Beklagte zustimmt oder aber das Gericht die Klageänderung für sachdienlich hält (§ 263 ZPO). 95

► Beispiele für eine Klageänderung 96

Beispiel 1:

Kläger A verklagt den Beklagten B auf Zahlung von Schadensersatz aus einem Verkehrsunfall. Im Laufe des Verfahrens „tauscht" er den Klageantrag um und begehrt nun vom dem Kläger die Rückzahlung eines Darlehens.

Hier liegt eine Änderung des Streitgegenstandes vor. Der Klagegrund ist ein anderer.

Beispiel 2:

Kläger A verklagt den Beklagten B im Wege der Zahlungsklage im ordentlichen Verfahren. Im Laufe des Rechtsstreits begehrt der Kläger seinen Zahlungsanspruch im Wege des Urkundenverfahrens.

Hier liegt eine Änderung der Verfahrensart vor (Ordentliches Verfahren/Urkundenprozess).

Beispiel 3:

Kläger A verklagt die Beklagte B Mustermann GmbH & Co. KG. Im Laufe des Verfahrens stellt sich heraus, dass der „richtige" Beklagte die Mustermann GbR ist. Kläger A beantragt nunmehr, die Mustermann GbR zu verklagen.

Hier liegt eine Änderung der Prozessparteien vor.

3. Keine Klageänderung

97 Gem. § 264 ZPO liegt keine Klageänderung vor, wenn ohne Änderung des Klagegrundes

- die tatsächlichen oder rechtlichen Anführungen ergänzt oder berichtigt werden;
- der Klageantrag in der Hauptsache oder in Bezug auf Nebenforderungen erweitert oder beschränkt wird;
- statt des ursprünglich geforderten Gegenstandes wegen einer später eingetretenen Veränderung ein anderer Gegenstand oder das Interesse gefordert wird.

98 ► **Beispiele für keine Klageänderung**

Beispiel 1:

Kläger A berichtigt den Namen des Beklagten B. Der Beklagte bleibt derselbe. Es erfolgt lediglich eine Berichtigung des Namens.

Beispiel 2:

Der Kläger A der zunächst nur einen Teilbetrag einklagt, klagt im laufenden Verfahren den vollen Betrag ein.

Beispiel 3:

Kläger A verklagt den Beklagten B auf Herausgabe eines Pkw. Nach Rechtshängigkeit stellt sich heraus, dass der Beklagte B den Pkw „schrottreif" beschädigt hat. Kläger A stellt die Herausgabeklage auf eine Zahlungsklage wegen Schadenersatz um.

B. Kostenfestsetzung

I. Allgemeines

Der Auftraggeber zahlt an Sie eine Vergütung, diese schuldet er unabhängig vom Ausgang des Verfahrens. Obsiegt der Auftraggeber (ganz oder z. T.), ist die gegnerische Partei nach Vorliegen der entsprechenden Kostenentscheidung verpflichtet, die Kosten, die auf Auftraggeberseite entstanden sind, zu erstatten. 99

Dieser Kostenerstattungsanspruch hat keine Auswirkung auf den Vergütungsanspruch. Der RA kann jederzeit auch im Fall des vollständigen Obsiegens des Auftraggebers vom Auftraggeber verlangen, dass dieser seinen Vergütungsanspruch erfüllt. 100

II. Kostenerstattung

In den diversen Verfahrensordnungen ist die Kostenerstattung unterschiedlich geregelt. So gilt etwa für ein Verfahren nach dem FamFG, dass die Kostenerstattung gem. § 81 FamFG bei Billigkeit erfolgt. Auf die Besonderheit des Ausschlusses der Kostenerstattung in der ersten Instanz in arbeitsrechtlichen Auseinandersetzungen (§ 12a Abs. 1 Satz 1 ArbGG) bin ich an verschiedenen Stellen bereits eingegangen, s. z. B. in diesem Kapitel Rdn. 149. 101

Im Zivilprozess sind die wesentlichen Regelungen zur Kostenerstattung in §§ 91 Abs. 1 Satz 1 ff. ZPO zu finden. Die unterliegende Partei hat die Kosten des Rechtsstreits zu tragen, soweit die entstandenen Kosten zur zweckentsprechenden Rechtsverteidigung oder Rechtsverfolgung notwendig waren. Das Gesetz gibt einige Ausnahmen vor, in denen trotz Obsiegens nicht von der Notwendigkeit der Kosten auszugehen ist (§§ 93 ff. ZPO). 102

Grds. kann jede Partei so viele Anwälte beauftragen, wie Sie bezahlen kann, erstattet werden gem. § 91 Abs. 1 ZPO nur die Kosten für die Einschaltung eines Anwalts. Obsiegt der Auftraggeber nur z. T., werden die Kosten auch nur z. T. erstattet (§ 92 Abs. 1 ZPO), die Kostenentscheidung entspricht dem Verhältnis von Obsiegen zu Unterliegen. 103

III. Ablauf der Kostenfestsetzung

Die Kostenfestsetzung bietet demjenigen, dem ein Kostenerstattungsanspruch zusteht, einen kostengünstigen Weg zur Erlangung eines zur Zwangsvollstreckung geeigneten Titels (Kostenfestsetzungsbeschluss). Nach Abschluss des Verfahrens muss der Auftraggeber wegen seiner Kosten aus dem Verfahren kein Klageverfahren einleiten. Festsetzbar sind i.R.d. Kostenfestsetzung nur gesetzliche Vergütungsansprüche. Hat der Auftraggeber mit dem RA eine **Vergütungsvereinbarung** abgeschlossen, ist nur die gesetzliche Vergütung festsetzbar. Der Kostenschuldner schuldet nur die gesetzliche Vergütung. 104

Gem. § 103 Abs. 2 ZPO ist der Antrag auf Erstattung der Kosten beim Prozessgericht erster Instanz zu stellen. Der Antrag muss eine Vergütungsberechnung enthal- 105 ten. Dem Gesuch ist eine Abschrift beizufügen, die dem zur Kostenerstattung Verpflichteten zugestellt wird (bzw. seinem Prozessbevollmächtigten).

106 Für das Kostenfestsetzungsverfahren erhält der RA keine Vergütung. Das Verfahren gehört gem. § 19 Abs. 1 Nr. 13 RVG zum Rechtszug.

107 ▶ Praxistipp:

Je eher Sie nach Vorliegen der Kostenentscheidung einen Antrag einreichen, umso schneller liegt Ihnen der Kostenfestsetzungsbeschluss vor. So können Sie z. B. in gerichtlichen Verfahren, in denen sich der Beklagte überhaupt nicht geäußert hat und Sie ein Versäumnisurteil erwarten, das fertige Kostenfestsetzungsgesuch in die Terminsakte legen, damit dieses am Terminstag zur Gerichtsakte gereicht werden kann, wenn erwartungsgemäß ein Versäumnisurteil ergeht. Erscheint der Beklagte doch und es ergeht kein Versäumnisurteil, war Ihre Arbeit natürlich überflüssig. Wenn Sie Glück haben, ergeht ein Versäumnisurteil. Ist der Kostenfestsetzungsantrag bereits fertig, ist es möglich, dass ein Kostenfestsetzungsbeschluss gem. § 105 Abs. 1 ZPO ergeht. Gem. § 795a ZPO benötigen Sie dann keine besondere Vollstreckungsklausel und können aus Urteil und Kostenfestsetzungsbeschluss gleichzeitig vollstrecken. Eine Wartefrist gem. § 798 ZPO ist bei einem „vereinfachten Kostenfestsetzungsbeschluss" nicht einzuhalten.

108 Die üblichen Formulare für Kostenfestsetzungsanträge, die im Handel erhältlich sind oder durch Softwareunternehmen angeboten werden, berücksichtigen nicht die Bedürfnisse der Praxis. Ich empfehle Ihnen, einen erweiterten Antrag zu stellen, der auch weitere Verfahrensabläufe berücksichtigt.

▶ Muster: Kostenfestsetzungsantrag

109 An das

Prozessgericht I. Instanz

Kostenfestsetzungsantrag gem. §§ 103, 104 ZPO

In Sachen

X ./. Y

– Aktenzeichen –

beantragen wir,
- die mit der nachstehend erfolgten Berechnung entstandene gesetzliche Vergütung gegen den zur Kostenerstattung Verpflichteten (Kläger oder Beklagten) festzusetzen und auszusprechen, dass der festzusetzende Betrag ab Eingang des Gesuchs mit 5 Prozentpunkten über dem jeweils gültigen Basiszinssatz verzinst wird (§ 104 Abs. 1 Satz 2 ZPO).

Es wird bereits jetzt mitgeteilt, dass kein Einverständnis damit besteht, das Kostenfestsetzungsverfahren bis zum Abschluss eines etwaigen Rechtsmittelverfahrens zurückzustellen. Um den vorherigen Erlass des Kostenfestsetzungsbeschlusses, dessen Zustellung und Aushändigung in vollstreckbarer Form wird ausdrücklich gebeten.

Es wird ausdrücklich beantragt,
- etwa nicht in der Berechnung berücksichtigte Gerichtskosten ebenfalls festzusetzen.

Die Erteilung einer vollstreckbaren Ausfertigung des Kostenfestsetzungsbeschlusses und Zusendung zu unseren Händen werden ausdrücklich beantragt.

Kostenforderung

– Vergütungsberechnung –*/keine Rechnungsnummer im Kostenfestsetzungsverfahren –*

(Ausnahme: Kostenfestsetzungsantrag des RA nach einer Gebührenklage)

berechnet gem. §§ 2 Abs. 2, 13 RVG

Gegenstandswert

….. €

….. €

Fortführen mit der entstandenen Vergütung und gezahlten Gerichtskosten

Der Antragsteller ist nicht (oder ist) zum Vorsteuerabzug berechtigt.

Beglaubigte und einfache Abschrift anbei

Rechtsanwalt

IV. Kostenquote

Erfolgt die Kostenerstattung nach Quoten, verändert sich der vorstehende Antrag 110
nicht. Die Berechnung der Kosten entsprechend der Quote erfolgt durch den Rechtspfleger des Prozessgerichts erster Instanz. Das Gericht fordert Sie nach Zugang des Kostenfestsetzungsantrags der anderen Partei gem. § 106 Abs. 1 Satz 1 ZPO auf, Ihr Gesuch ebenfalls einzureichen. Dafür wird Ihnen eine Frist von nur einer Woche gesetzt. Reichen Sie Ihr Gesuch nicht binnen der Wochenfrist beim Gericht ein, kann die Kostenfestsetzung erfolgen, ohne dass Ihre Kosten entsprechend berücksichtigt werden (§ 106 Abs. 2 Satz 1 ZPO). Der Kostenerstattungsanspruch ist bei Versäumen der Frist nicht verloren. Sie können diesen nachträglich geltend machen. Allerdings sieht § 106 Abs. 2 Satz 2 ZPO vor, dass dann evtl. entstandene Mehrkosten zu tragen sind.

V. Aufrechnungserklärung im Kostenfestsetzungsverfahren

Schuldet eine Partei die Hauptforderung und die andere Partei hat einen Kostener- 111
stattungsanspruch, kann die Aufrechnung des Kostenerstattungsanspruchs mit der Hauptforderung gem. § 393 BGB erklärt werden. Dies kann insbes. dann vorkommen, wenn die ausgeurteilte Forderung immer noch sehr hoch ist, der Kläger aber insgesamt wegen einer viel größeren Forderung unterlegen ist.

112 ▶ Beispiel:

Der Kläger begehrt vom Beklagten Zahlung i.H.v. 100.000,00 €. Das Gericht verurteilt den Beklagten zur Zahlung i.H.v. 10.000,00 €. Die Kostenentscheidung lautet üblicherweise: Der Kläger hat die Kosten des Rechtsstreits zu 9/10; der Beklagte hat die Kosten des Rechtsstreits zu 1/10 zu tragen. Hier hat der Beklagte eine Kostenforderung gegen den Kläger und der Kläger eine Forderung aus dem Urteil gegen den Beklagten.

113 ▶ Praxistipp:

Haben Sie die Wochenfrist zur Fertigung des eigenen Kostenfestsetzungsantrages einmal versehentlich übersehen (ich kenne keine Kanzlei, in der diese Frist notiert wird!), reichen Sie Ihr Gesuch möglichst rasch ein. Ist bereits ein Kostenfestsetzungsbeschluss erlassen und zugestellt worden, so sollten Sie die Aufrechnung des auf Ihren Mandanten entfallenden Kostenerstattungsbetrags mit dem bereits festgesetzten Betrag erklären.

▶ Muster: Aufrechnungserklärung mit Kostenerstattungsanspruch

114 Anrede,

in der vorbezeichneten Angelegenheit hat unser Auftraggeber einen Anspruch auf Zahlung gegen Ihren Mandanten aufgrund des Urteils des Prozessgerichts vom ..... zum Aktenzeichen – ..... –.

Aufgrund der Kostenentscheidung des Gerichts steht Ihrem Auftraggeber der noch nicht bezifferte Kostenerstattungsanspruch zu.

Namens und in Vollmacht unseres Auftraggebers erklären wir die

Aufrechnung

der diesem aus dem Urteil zustehenden Forderung mit der Kostenerstattungsforderung Ihres Auftraggebers. Wir haben diese Aufrechnungserklärung dem Gericht vorgelegt, mit der Aufforderung, Ihnen keine vollstreckbare Ausfertigung des Kostenfestsetzungsbeschlusses zu erteilen.

Eine Aufstellung über die Höhe der unserem Auftraggeber zustehenden Forderung haben wir beifügt. Unmittelbar nach Zustellung des Kostenfestsetzungsbeschlusses werden wir diese Forderung um die bezifferte Kostenforderung reduzieren (nebst anteiliger Zinsen).

Sollte Ihnen das Gericht eine vollstreckbare Ausfertigung des Kostenfestsetzungsbeschlusses trotz unserer ausdrücklichen anderslautenden Aufforderung erteilen, gehen wir davon aus, dass Sie uns diese unverzüglich entwertet zur Verfügung stellen werden. Keine Partei kann hier ein Interesse daran haben, im Anschluss an die bisherige Auseinandersetzung noch im Wege der Zwangsvollstreckungsabwehrklage weitere gerichtliche Auseinandersetzungen zu führen.

Selbstverständlich werden auch wir Ihnen die entwertete vollstreckbare Ausfertigung des Urteils des Prozessgerichts vom ..... zum Aktenzeichen – ..... – zukommen lassen, wenn die Forderung durch Ihren Mandanten erfüllt ist.

Dieses Schreiben wird Ihnen im Parteibetrieb mittels Zustellkarte zugestellt.

Abschrift anbei

Grußformel

► Hinweis: 115

Dieses Vorgehen ist nicht zulässig, wenn der RA einen Kostenfestsetzungsantrag gem. § 126 ZPO gestellt hat (der Gegner hat obsiegt und ihm ist PKH bewilligt). Gem. § 126 Abs. 2 Satz 2 ZPO kann in diesen Fällen nur mit einer Kostenforderung aufgerechnet werden, die im selben Rechtsstreit zugunsten der anderen Partei entstanden ist.

Sinnvoll ist es hier, das Gericht gleich von der erfolgten Aufrechnung zu informieren. 116

► Muster: Aufrechnungsmitteilung an das Gericht

117

An das

Prozessgericht I. Instanz

In Sachen

X ./. Y

– Aktenzeichen –

teilen wir mit, dass wir entsprechend dem in der Anlage beigefügten Schreiben vom ..... die Aufrechnung eines Teils der Hauptforderung mit der Kostenforderung erklärt haben. Das entsprechende Schreiben ist in Kopie beigefügt.

Das Schreiben wurde am ..... zugestellt. Der Zustellbeleg (Zustellkarte) ist ebenfalls beigefügt.

Es wird daher ausdrücklich beantragt,
- die Aufrechnung zu berücksichtigen und keine vollstreckbare Ausfertigung des Kostenfestsetzungsbeschlusses zu erteilen.

Die ziffernmäßige Feststellung der Höhe des Kostenerstattungsanspruchs ist weiterhin erforderlich, um festzustellen, in welcher Höhe die zur Aufrechnung gestellte Forderung erloschen ist.

Beglaubigte und einfache Abschrift anbei.

Rechtsanwalt

118 ▶ Hinweis:

Wenn Sie so vorgehen und das Gericht festsetzt, ohne die Aufrechnung zu berücksichtigen, ist die Zwangsvollstreckungsabwehrklage zulässig. Sie sollten allerdings erst das sofortige Beschwerdeverfahren führen und einen Einstellungsantrag stellen.

VI. Kostenaufhebung

119 Lediglich für den Fall der Kostenaufhebung (üblich im Vergleich: „Die Kosten des Rechtsstreits werden gegeneinander aufgehoben") stellen Sie einen anderen Antrag, und zwar einen sog. Kostenausgleichungsantrag gem. § 106 ZPO.

▶ Muster: Kostenausgleichungsantrag

120 An das

Prozessgericht I. Instanz

In Sachen

X ./. Y

– Aktenzeichen –

wird beantragt,
- die Gerichtskosten des Verfahrens auszugleichen und den auf den Beklagten (*Kläger nur im Fall einer Widerklage*) entfallenden Anteil gegen diesen festzusetzen.

Es wird ferner beantragt,
- den festzusetzenden Betrag mit 5 % Zinsen über dem jeweils gültigen Basiszinssatz ab Eingang des Gesuchs bei Gericht zu verzinsen.

Um die Erstattung nicht verbrauchter Gerichtskosten wird gleichzeitig gebeten.

Es wird anwaltlich versichert, dass diese aus eigenen Mitteln verauslagt worden sind.

Rein vorsorglich wird erklärt, dass der Antragsteller nicht zum Vorsteuerabzug berechtigt ist.

Wir bitten um Herreichung einer zugestellten und vollstreckbaren Ausfertigung.

Beglaubigte und einfache Abschrift anbei

Rechtsanwalt

121 Wie Sie einen Kostenfestsetzungsbeschluss anfechten können, ist in diesem Kapitel bei Rdn. 257 dargestellt.

VII. Nachfestsetzung

122 Haben Sie vergessen, eine Gebühr oder Auslagen bei Festsetzung zu beantragen, so können Sie jederzeit die sog. Nachfestsetzung beantragen. In einigen Fällen ist es

sogar angebracht, bspw. die **Reisekosten** gesondert festsetzen zu lassen. Ist der Vergütungsanspruch schon ohne Berücksichtigung der Reisekosten sehr hoch, haben Sie ein Interesse daran, den Vergütungsanspruch schnell titulieren zu lassen. Oft erhebt der zur Kostentragung Verpflichtete insbes. Einwendungen wegen Auslagen, die im Verhältnis zu den Gesamtkosten sehr gering ausfallen. Dies können Sie vermeiden, indem Sie zunächst den Hauptanspruch festsetzen lassen und sich anschließend in aller Ruhe mit dem Gegner über die Notwendigkeit und die Höhe von bspw. Reisekosten auseinandersetzen.

Der Kostenerstattungsanspruch verjährt in 30 Jahren (§ 197 Abs. 1 Nr. 3 BGB). 123

▶ Muster: Antrag auf Nachfestsetzung

Prozessgericht I. Instanz 124

In Sachen

X ./. Y

– Aktenzeichen –

wird beantragt,
- die nachstehend bezifferte Vergütung (ggf. nur noch die Auslagen) ebenfalls gegen den (Kläger oder Beklagten) festzusetzen. Die Anträge und Erklärungen aus dem ersten Kostenfestsetzungsantrag ..... vom ..... wiederholen wir hiermit ausdrücklich. Sollten hiergegen Bedenken bestehen, wird höflichst um einen entsprechenden Hinweis durch das Gericht gebeten.

Begründung:

Mit dem Kostenfestsetzungsantrag vom ..... wurde übersehen, dass im Verfahren nicht lediglich eine 0,5 Terminsgebühr gem. Nr. 3105 VV RVG entstanden ist. Ausweislich des in der Anlage beigefügten Telefonvermerks fand bereits vor dem Termin zur mündlichen Verhandlung eine telefonische Erörterung der Angelegenheit mit Vergleichsverhandlungen statt. Die Vergleichsverhandlungen sind gescheitert.

Aus diesem Grunde ist entsprechend Vorbemerkung 3 Abs. 3, 3. Alternative VV RVG die 1,2 Terminsgebühr gem. Nr. 3104 VV RVG entstanden. Die Festsetzung der Differenz in Höhe von 0,7 beantragen wir hiermit. Entgelte für Post- und Telekommunikationsdienstleistungen gem. Nr. 7002 VV RVG sind nicht erneut entstanden, da diese bereits im ersten Gesuch mit 20,00 € berücksichtigt worden sind. Eine höhere Erstattung der Entgelte für Post- und Telekommunikationsdienstleistungen scheidet im selben Rechtszug in einer Angelegenheit aus.

..... € 0,7 Differenzterminsgebühr gem. §§ 2 Abs. 2, 13, Nr. 3104 VV RVG

..... € Umsatzsteuer gem. § 2 Abs. 2, Nr. 7008 VV RVG

..... € Summe

Wir bitten um Herreichung einer zugestellten und vollstreckbaren Ausfertigung des Beschlusses und verweisen hinsichtlich der Verzinsung und der Erklärung zum Vorsteuerabzug auf den Erstantrag.

Beglaubigte und einfache Abschrift anbei

Rechtsanwalt

VIII. Verfahren nach Zustellung des Kostenfestsetzungsbeschlusses

125 Der Kostenfestsetzungsbeschluss wird demjenigen, der zur Zahlung verpflichtet ist, von Amts wegen zugestellt (§ 104 Abs. 1 Satz 3 ZPO). Mit der Zustellung beginnt die Rechtsmittel- (oder je nach Wert: Rechtsbehelfs-) frist zu laufen. Dem Antragsteller wird die Entscheidung nur von Amts wegen zugestellt, wenn seinem Antrag ganz oder teilweise nicht entsprochen worden ist (§ 104 Abs. 1 Satz 4 ZPO).

1. RSV

126 Hat eine RSV die **Kostendeckungszusage** erteilt, so erstreckt sich diese Zusage auch auf Kostenerstattungsansprüche des gerichtlichen Verfahrens, die bei der „Gegenseite" entstanden sind.

127 Auch wenn Sie beabsichtigen, den Kostenfestsetzungsbeschluss anzufechten, müssen Sie vorher bei der Versicherung um Kostendeckungszusage für dieses Vorgehen bitten. Das Rechtsmittel-/Rechtsbehelfsverfahren gegen einen Kostenfestsetzungsbeschluss ist gem. § 18 Nr. 5 RVG eine besondere Angelegenheit. Es entsteht die 0,5 Verfahrensgebühr gem. Nr. 3500 VV RVG.

128 Reichen Sie den Kostenfestsetzungsbeschluss unverzüglich bei der RSV zum Zwecke der Zahlung ein und informieren Sie den Gegner entsprechend. Nur so können Sie vermeiden, dass gegen Ihren Mandanten die Zwangsvollstreckung aus dem Kostenfestsetzungsbeschluss betrieben wird.

129 ► Muster: Weiterleitung des Kostenfestsetzungsbeschlusses an die RSV

Anrede,

in der Anlage überreichen wir Ihnen den Kostenfestsetzungsbeschluss des Gerichts vom ..... zum Aktenzeichen – ..... –.

(Anmerkung: Die nächsten beiden Sätze sind nur erforderlich, wenn das Verfahren noch nicht rechtskräftig abgeschlossen ist.)

Der Gegner hat kein Einverständnis damit erklärt, dass der Ausgleich der Kostenforderung bis zur Rechtskraft des Verfahrens zurückgestellt werden kann. Auch unter Berücksichtigung von § 720a ZPO ist ein Ausgleich des Kostenfestsetzungsbeschlusses daher bereits jetzt erforderlich.

Gegen Ihren VN wurde ein Betrag in Höhe von ..... € nebst Zinsen in Höhe von 5 Prozentpunkten über dem jeweiligen Basiszinssatz seit dem ..... festgesetzt. Bitte gleichen Sie die Forderung vollständig aus. Die Bankverbindung des Kostenschuldners entnehmen Sie dessen Briefbogen. Bitte erlauben Sie uns den Hinweis, dass die Nichtzahlung von Zinsen regelmäßig zu überflüssigen Auseinandersetzungen mit dem Kostengläubiger führt. Da die Zinsforderung berechtigt ist, gibt es keinen sachlichen Grund, hier nur die festgesetzten Kosten zu zahlen.

Sie wissen, dass die Wartefrist des § 798 ZPO nur zwei Wochen beträgt.

Um Vollstreckungsmaßnahmen (oder eine kostenpflichtige Zwangsvollstreckungsandrohung) des Gläubigers der Kostenforderung zu vermeiden, bitten wir Sie, dafür Sorge zu tragen, dass die Zahlung fristgerecht beim Anspruchsberechtigten eingeht.

Wir haben keine Einwände gegen die Höhe der festgesetzten Kosten. Sollten Sie Einwände gegen die Berechtigung der Festsetzung haben, müssen Sie uns umgehend informieren und auch Ihre Einwände detailliert darlegen. Eine Frist haben wir nicht notiert, sodass in diesem Fall eine unverzügliche Reaktion Ihrerseits erforderlich ist.

Wir haben den Kostengläubiger über die ausstehende Zahlung informiert.

Bitte informieren Sie uns von der erfolgten Zahlung. Eine telefonische Information reicht aus.

(Anmerkung: Der folgende Absatz ist nur notwendig, wenn das Verfahren noch nicht rechtskräftig abgeschlossen ist.)

Bitte überlassen Sie uns alsbald eine Kopie des Zahlungsbeleges. Diesen benötigen wir, wenn nach einer abändernden Entscheidung durch das Rechtsmittelgericht die Rückfestsetzung zu beantragen ist.

Grußformel

Sie sollten auch den Prozessbevollmächtigten der Gegenseite entsprechend informieren. Diesem ist nicht bekannt, dass für Ihren Auftraggeber eine RSV die Kostendeckungszusage erteilt hat. Durch eine entsprechende Information vermeiden Sie überflüssige Auseinandersetzungen und Vollstreckungsmaßnahmen. 130

► Muster: Information an den Kostengläubiger über Zahlungsausgleich durch RSV 131

Anrede,

uns ist der Kostenfestsetzungsbeschluss des Gerichts vom ..... zum Aktenzeichen – ..... – am ..... zugestellt worden.

Wir haben diesen an die hinter unserem Mandanten stehende Rechtsschutzversicherung weitergeleitet und diese aufgefordert, die festgesetzten Kosten nebst Zinsen fristgerecht an Sie zu leisten.

Die Kostendeckungszusage ist nicht widerrufen. Gründe, die gegen eine Zahlung der festgesetzten Kosten durch die Versicherung sprechen, sind hier nicht bekannt.

Aus Ihrer eigenen Erfahrung mit Rechtsschutzversicherungen dürfte als bekannt vorausgesetzt werden, dass die Zahlungen durch diese nicht immer zügig erfolgen.

Bitte informieren Sie uns daher unbedingt, sollte die Versicherung nicht fristgerecht leisten. Die Einleitung von Vollstreckungsmaßnahmen dürfte nicht notwendig sein. Für ein diesbezügliches Entgegenkommen bedanken wir uns bereits jetzt.

Bei dieser Gelegenheit dürfen wir Sie bitten, unmittelbar nach Ausgleich der Kostenforderung die entwertete vollstreckbare Ausfertigung des Kostenfestsetzungsbeschlusses zu unseren Händen zu reichen.

Abschrift anbei

Grußformel

2. Auftraggeber zahlt die festgesetzten Kosten

132 Muss der Auftraggeber die festgesetzten Kosten zahlen, muss auch er darüber informiert werden, an wen in welcher Höhe er zu leisten hat. Die Übersendung des Kostenfestsetzungsbeschlusses ohne Erläuterungen ist für den Auftraggeber nicht hilfreich.

133 ► Muster: Übersendung des Kostenfestsetzungsbeschlusses an den Auftraggeber

Anrede,

in der Anlage übersenden wir Ihnen den Kostenfestsetzungsbeschluss des Gerichts vom ..... zum Aktenzeichen: – ..... –. Die Höhe der festgesetzten Kosten ist zutreffend erfolgt.

Erfolgt keine Zahlung durch Sie, kann der Gegner aus dem Kostenfestsetzungsbeschluss nach Ablauf einer 2-Wochen-Frist die Vollstreckung gegen Sie einleiten.

(Anmerkung: Den nachfolgenden Absatz nur bei noch nicht abgeschlossenem Verfahren.)

Dies ist möglich, auch wenn das Hauptverfahren noch nicht abgeschlossen ist. Um hier nicht ein Hinterlegungsverfahren führen zu müssen und um zu vermeiden, dass die sog. Sicherungsvollstreckung gem. § 720a ZPO eingeleitet wird, raten wir Ihnen dringend, die Kostenforderung auszugleichen.

Bitte zahlen Sie den Betrag in Höhe von ..... € nebst Zinsen in Höhe von 5 Prozentpunkten über dem Basiszinssatz (.....€ berechnet bis zum .....). Die Zahlung ist zu richten an

Zahlungsempfänger ..... Rechtsanwalt – Rechtsanwälte

Bankinstitut ..... Kontonummer ..... Bankleitzahl .....

Aktenzeichen .....

Bitte übersenden Sie uns nach erfolgter Zahlung eine Kopie des Zahlungsbeleges.

Sollten Sie nicht in der Lage sein, die Begleichung der Kostenrechnung mit einer Summe zu zahlen, setzen Sie sich bitte selbst mit dem o.g. Rechtsanwalt in Verbindung und vereinbaren Ratenzahlung. Wir haben keinen Einfluss auf die Zustimmung zu einem Ratenzahlungsersuchen. Bitte informieren Sie uns auch, wenn Sie Ratenzahlung vereinbart haben sollten.

Grußformel

Hinweis: 134

Wissen Sie, dass Ihr Auftraggeber über sehr gute Einkommens- und Vermögensverhältnisse verfügt, dann lassen Sie den entsprechenden Teil des Schreibens bitte weg.

Auch hier können Sie den Gegner darüber informieren, dass Sie den Auftraggeber zur Zahlung aufgefordert haben. Sie können sich an dem Textmuster bei Weiterleitung des Kostenfestsetzungsbeschusses an die RSV, Kap. 7 Rdn. 129, orientieren. 135

IX. Erfolgte Zahlung

Hat die Versicherung mitgeteilt, dass eine Zahlung erfolgt ist, oder der Mandant die erfolgte Zahlung nachgewiesen, sollten Sie, wenn die entwertete vollstreckbare Ausfertigung des Kostenfestsetzungsbeschlusses nicht kurzfristig bei Ihnen eingegangen ist (zehn Tage sind eine angemessene Zeitspanne), vom Gegner nochmals die Herausgabe der entwerteten vollstreckbaren Ausfertigung anfordern. Empfehlenswert ist es, hier die Erhebung der Vollstreckungsabwehrklage für den Fall anzudrohen, dass die entwertete vollstreckbare Ausfertigung nicht unverzüglich zur Verfügung gestellt wird. Gerade bei einer abgeänderten Kostenentscheidung beispielsweise nach einem Berufungsverfahren erleichtert das Vorliegen der entwerteten vollstreckbaren Ausfertigung ein Rückfestsetzungsverfahren (s. Kap. 7 Rdn. 143). 136

X. Gläubiger des Kostenerstattungsanspruchs

Der Kostenfestsetzungsbeschluss wird vom Gericht in vollstreckbarer Ausfertigung erteilt. Aus dem Zustellnachweis ist ersichtlich, wann der Kostenfestsetzungsbeschluss an den Kostenschuldner zugestellt wurde. Bevor eine Vollstreckung erfolgen kann, muss eine 2-Wochen-Frist von diesem Datum an berechnet abgewartet werden. Der Schuldner soll ausreichend Gelegenheit haben, die Forderung freiwillig zu erfüllen. Ist gegen die Entscheidung in der Hauptsache ein Rechtsmittel möglich, wird das Gericht üblicherweise (§§ 708 ff. ZPO) die Vollstreckbarkeit nur gegen Sicherheitsleistung anordnen. Diese Anordnung erstreckt sich auch auf die festgesetzten Kosten. 137

Praxistipp: 138

Sie können aus dem Kostenfestsetzungsbeschluss die Sicherungsvollstreckung gem. § 720a ZPO betreiben. Dazu ist es erforderlich, dass die vollstreckbare Ausfertigung des Titels im Parteibetrieb zugestellt wird (§ 750 Abs. 3 ZPO). Da Sie ohnehin eine Wartefrist von zwei Wochen einhalten müssen, können Sie auch gleich bei Eingang der vollstreckbaren Ausfertigung die beglaubigte Kopie der vollstreckbaren Ausfertigung des Kostenfestsetzungsbeschlusses im Parteibetrieb (üblicherweise von Anwalt zu Anwalt gegen Zustellkarte) zustellen. Unmittelbar nach Ablauf der Wartefrist aus § 750 Abs. 3 ZPO (die Sicherungsvollstreckung gem. § 720a ZPO ist nur zulässig, wenn nach Zustellung der Klausel im Parteibetrieb zwei Wochen vergangen sind) können Sie Vollstreckungsmaßnahmen ergreifen. Allerdings besteht gem. § 717 Abs. 2 ZPO grds. eine Schadensersatzpflicht bei einer abändernden Entscheidung.

139 ▶ **Muster: Zustellung der beglaubigten Kopie der vollstreckbaren Ausfertigung des Kostenfestsetzungsbeschlusses im Parteibetrieb**

Anrede,

in der Anlage überreichen wir die beglaubigte Kopie der vollstreckbaren Ausfertigung des Kostenfestsetzungsbeschlusses des ..... Gerichts vom ..... zum Aktenzeichen – ..... –.

Wir dürfen um Unterzeichnung und Rücksendung der beigefügten Zustellkarte bitten.

Abschrift anbei

Grußformel

140 ▶ Hinweis:

Sie müssen nicht erklären, dass Sie die Vollstreckung beabsichtigen.

Dieses Schreiben löst keine weitere Vergütung aus.

XI. Änderung der Kostenentscheidung – Rückfestsetzung

141 War das Verfahren nicht rechtskräftig abgeschlossen, so kann sich die Kostenentscheidung ändern. Es ist nicht ausgeschlossen, dass derjenige, der einen Kostenfestsetzungsbeschluss bereits beglichen hat, dann nicht mehr zur Zahlung verpflichtet ist. Die von diesem gezahlten Beträge stehen ihm aus dem Grundgedanken des § 717 Abs. 2 ZPO zu, er kann daher nach allgemeiner Auffassung die sog. Rückfestsetzung beantragen.

142 ▶ Beispiel:

In der ersten Instanz wurde die Klage in voller Höhe abgewiesen. Auf den erstinstanzlich ergangenen Kostenfestsetzungsbeschluss hat der Auftraggeber einen Betrag i.H.v. 1.200,00 € geleistet. Das Berufungsgericht ändert das Urteil der ersten Instanz ab. Der Beklagte wird zur Zahlung verurteilt. Der Beklagte hat die Kosten des Rechtsstreits zu tragen. Erforderlich sind ein Kostenfestsetzungsantrag betreffend die Kosten der ersten und zweiten Instanz und ein Rückfestsetzungsantrag wegen der bereits gezahlten 1.200,00 €.

143 ▶ **Muster: Rückfestsetzungsantrag bei abgeänderter Kostenentscheidung**

An das

Prozessgericht I. Instanz

In Sachen

X ./. Y

– Aktenzeichen –

wird beantragt,
- die mit Kostenfestsetzungsbeschluss vom ..... festgesetzten Kosten in Höhe von ..... € nebst Zinsen in Höhe von fünf Prozentpunkten über dem jeweils gültigen Basiszinssatz in Höhe von ..... €

rückfestzusetzen

und auszusprechen,
- dass der rückfestzusetzende Betrag mit Zinsen in Höhe von 5 Prozentpunkten über dem jeweils gültigen Basiszinssatz seit dem ..... (Zinsbeginn aus dem Kostenfestsetzungsbeschluss) zu zahlen ist.

Es wird ferner beantragt,
- eine vollstreckbare Ausfertigung des Rückfestsetzungsgesuches zu erteilen.

Eine Erklärung zum Vorsteuerabzug ist überflüssig. Eine etwaige Vorsteuerabzugsberechtigung hat auf die Erstattung bereits gezahlter Beträge, in denen Vorsteuer enthalten war, keinen Einfluss. Rein vorsorglich erklären wir, dass der Antragsteller nicht zum Vorsteuerabzug berechtigt ist.

Begründung

Das Berufungsgericht hat mit Urteil vom ..... die Kostenentscheidung der ersten Instanz aufgehoben. Der Grund für die erfolgte Festsetzung ist entfallen. Der Schuldner des Kostenerstattungsanspruchs hat aber auf den vorliegenden Kostenfestsetzungsbeschluss gezahlt.

Glaubhaftmachung: Vorlage des Zahlungsbeleges der .....–Bank vom ..... in Kopie anbei

Nach Ausgleich der Kostenforderung hat der ehemalige Gläubiger des Kostenerstattungsanspruchs, der jetzige Antragsgegner, die entwertete vollstreckbare Ausfertigung des Kostenfestsetzungsbeschlusses ausgehändigt.

Glaubhaftmachung: Vorlage der entwerteten vollstreckbaren Ausfertigung des Kostenfestsetzungsbeschlusses.

Damit steht fest, dass der ursprüngliche Schuldner geleistet hat. Eine Herausgabe der Vollstreckungsurkunde an den Schuldner erfolgt nicht, wenn durch diesen nicht Zahlung oder Leistung erfolgt ist.

Unter Berücksichtigung der in § 717 Abs. 2 ZPO normierten Schadensersatzpflicht ist Rückfestsetzung geboten. Der Zinsanspruch ergibt sich aus dem Zinsanspruch, der gegen den ursprünglichen Kostenschuldner geltend gemacht worden ist. Der Zinsschaden ist ein Teil des Schadens gem. § 717 Abs. 2 ZPO.

Beglaubigte und einfache Abschrift anbei

Rechtsanwalt

144 ► Hinweis:

Es ist umstritten, wann die Verzinsungspflicht beginnt. Entweder orientiert sich diese am ursprünglichen Zinsbeginn oder aber die Verzinsung beginnt ab Eingang des Rückfestsetzungsgesuchs bei Gericht. I.d.R. lohnt es nicht, wegen der Zinsen sofortige Beschwerde (aufgrund des Wertes der Beschwer selten) oder Erinnerung einzulegen.

XII. Kostenfestsetzung gem. § 788 ZPO

145 Ausführungen zur Kostenfestsetzung von Vollstreckungskosten finden Sie nebst diversen Textmustern im vergütungsrechtlichen Teil unter Kap. 7 Rdn. 99 ff..

XIII. Vergütungsfestsetzung gem. § 11 RVG

146 Das Verfahren über die Vergütungsfestsetzung ist im vergütungsrechtlichen Teil unter Kap. 10 Rdn. 2, in einem eigenen Kapitel enthalten. Auch diverse Textmuster finden Sie in diesem Kapitel. Wenn es um das Verfahren der Kostenfestsetzung geht, so gehören Ausführungen gem. § 11 RVG gerade nicht dazu. Die Kostenfestsetzung regelt den Anspruch, den die Parteien auf Kostenerstattung haben. Die Vergütungsfestsetzung regelt ausschließlich den Anspruch des RA gegen seinen Auftraggeber.

C. Berufungsverfahren

I. Allgemeines

147 Nur zu oft endet ein erstinstanzliches Verfahren nicht i.S.d. Auftraggebers. Er kann als Beklagter mit einem Urteil belastet werden oder aber seine gerichtliche verfolgte Forderung konnte nicht durchdringen, sodass ein klageabweisendes Urteil erging. Hier gibt es unzählige von Möglichkeiten. Der Auftraggeber kann ganz oder zum Teil unterlegen sein.

II. Kostenfestsetzung nach Abschluss des erstinstanzlichen Verfahrens

148 Die Kostenquote des erstinstanzlichen Urteils orientiert sich an dem Verhältnis von Obsiegen zu Unterliegen (§ 91 ZPO). Bei **Teilobsiegen** ist das **Kostenausgleichungsverfahren** gem. § 106 ZPO erforderlich. Derjenige, dem ein Kostenerstattungsanspruch nach Abschluss der ersten Instanz zusteht, wird das **Kostenfestsetzungsverfahren** (oder bei einer Kostenquote das Kostenausgleichungsverfahren) betreiben und einen Antrag an das Prozessgericht erster Instanz stellen (§ 104 ZPO).

149 Nach Beendigung von arbeitsgerichtlichen Angelegenheiten erster Instanz wird generell kein Kostenfestsetzungsverfahren durchgeführt. Dies liegt daran, dass die Kostenerstattung (bezogen auf die Anwaltsvergütung und Zeitversäumnis) in arbeitsgerichtlichen Verfahren erster Instanz ausgeschlossen ist (§ 12a Abs. 1 Satz 1 ArbGG). Wegen der in § 12a Abs. 1 Satz 2 ArbGG vorgegebene Belehrungspflicht wird auf Kap. 8 Rdn. 5 verwiesen).

▶ Praxistipp: 150

Nach Abschluss der ersten Instanz wird Ihnen das Kostenfestsetzungsgesuch der obsiegenden Partei zum Zweck der Stellungnahme zugestellt. Sie können das Gericht darum bitten, dass das Kostenfestsetzungsverfahren oder Kostenausgleichungsverfahren bis zum Abschluss des Berufungsverfahrens zurückgestellt wird. Allerdings laufen dann während der gesamten Zeit des Berufungsverfahrens bis zum Abschluss desselben die Zinsen. Bei hohen Kostenforderungen sollten Sie den Auftraggeber fragen, ob er beabsichtigt wegen der laufenden Zinsen, vor Abschluss des Berufungsverfahrens bereits die Kostenforderung zu erfüllen. Dann stellen Sie natürlich keinen Antrag, das Festsetzungsverfahren bis zum Abschluss des Verfahrens auszusetzen.

▶ Muster: Nachfrage beim Auftraggeber über Rückstellung des Kostenfestsetzungsverfahrens 151

Anrede,

wie Sie wissen, ist das erstinstanzliche Verfahren nicht obsiegend beendet worden. Aus diesem Grund führen wir auftragsgemäß das Berufungsverfahren. Wer im Verfahren unterliegt, muss die Kosten tragen, die der gegnerischen Partei erwachsen sind (Anwalts- und Gerichtskosten). Dies sind in diesem Verfahren bisher Sie. Durch das Gericht ist uns das Kostenfestsetzungsgesuch der obsiegenden Partei zugestellt worden. Auf dieses Gesuch müssen wir Stellung nehmen.

Wir würden hier – Ihr Einverständnis vorausgesetzt – beantragen, das Kostenfestsetzungsverfahren bis zum Abschluss des Berufungsverfahrens zurückzustellen. Dadurch wird vermieden, dass Sie zunächst die Kosten des Verfahrens begleichen und nach Abschluss des Berufungsverfahrens aber feststeht, dass Sie diese Kosten nicht zu tragen haben, weil Sie etwa das Berufungsverfahren obsiegend beendet haben.

Dieser Antrag hat zwei Nachteile:

1. Der Gegner muss einem solchen Antrag nicht zustimmen.
   Stimmt er dem Antrag nicht zu, entstehen für Sie aber für diesen Antrag keine weiteren Kosten.
2. Die Zinsen auf die festgesetzten Kosten laufen weiter.
   Die Kosten des Verfahrens sind mit 5 Prozentpunkten über dem jeweils gültigen Basiszinssatz zu verzinsen. Ergibt sich nach Abschluss des Berufungsverfahrens, dass es bei der Entscheidung des erstinstanzlichen Gerichts verbleibt, hätten Sie Zinsen sparen können, wenn Sie die Kostenforderung der Gegenseite bereits jetzt ausgeglichen hätten.

Beispielsweise bei einer Kostenforderung in Höhe von 1.000,00 € ergibt sich eine monatliche Zinslast (aufgerundet) von 5,50 €.

Wir halten das Zinsrisiko angesichts der Höhe der Kostenforderung für hinnehmbar und haben den entsprechenden Antrag gestellt.

Sollten Sie nicht mit dem Zurückstellungsantrag einverstanden sein, informieren Sie uns bitte unverzüglich. Wir nehmen diesen Antrag dann selbstverständlich sofort zurück. Kosten für die Rücknahme entstehen nicht.

Grußformel

152 ► Hinweis:

Selbstverständlich können Sie den Auftraggeber auch telefonisch informieren und um Zustimmung bitten. Ich bevorzuge die schriftliche Nachfrage, damit ein Nachweis in der Akte vorhanden ist, dass der Auftraggeber belehrt worden ist (Zinslast).

153 ► Muster: Antrag an das Gericht, das Kostenfestsetzungsverfahren auszusetzen

In Sachen

...../.....

– Aktenzeichen –

ist uns das Kostenfestsetzungsgesuch des/der ..... (Klägers/Beklagten) vom ..... am ..... durch das Gericht zugestellt worden. Wegen des laufenden Berufungsverfahrens wird beantragt,

das Kostenfestsetzungsverfahren bis zum Abschluss des Berufungsverfahrens zurückzustellen.

Begründung

Durch eine Zurückstellung des Kostenfestsetzungsverfahrens wird vermieden, dass für den Fall einer abändernden Entscheidung durch das Berufungsgericht eventuell umfangreiche Rückfestsetzungsverfahren erforderlich werden. Da das Urteil und damit der Kostenfestsetzungsbeschluss nur gegen Sicherheitsleistung vollstreckbar sind, ist auch kein Schaden für den Inhaber des Kostenerstattungsanspruchs zu erwarten.

Beglaubigte und einfache Abschrift anbei.

Rechtsanwalt

154 ► Hinweis:

Sollten Sie gegen einzelne Gebührenpositionen oder die Auslagen im Gesuch Einwände haben, tragen Sie diese bitte gleich hier vor. So vermeiden Sie ein Rechtsbehelfs-/Rechtsmittelverfahren gegen den Kostenfestsetzungsbeschluss. Ein solches Verfahren verursacht immer eine weitere Anwaltsvergütung (Verfahrensgebühr der Nr. 3500 VV RVG nach dem Gegenstandswert der Zuvielfestsetzung) und Gerichtskosten. Die Gerichtskosten berechnen sich nach Nr. 8610 KV GKG in Höhe der Festgebühr von 60,00 EUR. Haben Sie nicht rechtzeitig Stellung genommen, können Sie nicht damit rechnen, dass der Beschwerdegegner die Kosten des Beschwerdeverfahrens zu tragen hat.

III. Wert der Beschwer

Das obige Vorgehen ist selbstverständlich nur dann sinnvoll, wenn überhaupt die Möglichkeit gegeben ist, das Urteil im Wege der Berufung anzufechten. Berufung kann nur eingelegt werden, wenn der Wert der Beschwer erreicht ist, oder die Berufung zugelassen wurde. Nur dann ist es möglich, dass das nächst höhere Gericht im Wege des Berufungsverfahrens das Urteil der ersten Instanz überprüft. 155

Der RA wird prüfen, ob die Berufung zulässig ist. Zulässig ist die Berufung, wenn der Wert der Beschwer entweder 600,00 € übersteigt oder aber das Gericht des ersten Rechtszugs die Berufung zugelassen hat (§ 511 Abs. 2 ZPO). 156

Der Wert der Beschwer ergibt sich **aus dem Teil der Forderung**, für den das Gericht ausgesprochen hat, dass sie dem Auftraggeber nicht zusteht. Der Wert der Beschwer ergibt sich auch aus einer gegen den Auftraggeber zuerkannten Forderung. 157

► Beispiel 1: 158

Ihre Kanzlei vertritt den Kläger. Der Kläger hat mit seiner Klage Zahlung i.H.v. 1.200,00 € vom Beklagten begehrt. Das Gericht hat ausgeurteilt, dass der Beklagte an den Kläger eine Forderung i.H.v. 600,00 € leisten muss. Hilfsaufrechnungen oder Widerklagen waren nicht Gegenstand des gerichtlichen Verfahrens. Einen Ausspruch über die Zulässigkeit der Berufung hat das AG nicht gefällt, einen entsprechenden Antrag hatten Sie aber auch nicht gestellt.

Der sog. Wert der Beschwer ergibt sich aus

begehrter Forderung	*1.200,00 €*
abzüglich zuerkannter Forderung	*- 600,00 €*
Differenz = Wert der Beschwer	*600,00 €*

Die Berufung ist nicht zulässig, da der Wert der Beschwer 600,00 € nicht überschreitet und die Berufung nicht zugelassen worden ist.

Entsprechendes gilt für den Beklagten. Seine Beschwer ergibt sich aus der zuerkannten Klageforderung (600,00 €). Auch der Beklagte kann im Beispielsfall keine Berufung einlegen.

► Beispiel 2: 159

Der Kläger beantragt, den Beklagten zu verurteilen an ihn 3.000,00 € zu zahlen. Das Gericht gibt der Klage zum Teil statt. Es verurteilt den Beklagten zur Zahlung i.H.v. 2.000,00 €.

Der Kläger kann Berufung einlegen. Er ist um 1.000,00 € beschwert, denn in dieser Höhe wurde seinem Antrag nicht stattgegeben. Der Beklagte kann Berufung einlegen. Er ist um 2.000,00 € beschwert, denn in dieser Höhe wurde er zur Zahlung verurteilt.

Legen beide gegen das Urteil Berufung ein, werden nicht zwei Verfahren geführt. Beide Berufungen werden miteinander zu einem einheitlichen Berufungsrechtszug verbunden.

160 Für den **Kläger** ergibt sich seine **Beschwer regelmäßig aus dem aberkannten Klagebegehren** (Ausnahmen: Aufrechnung, Hilfsaufrechnung, Widerklage, Hilfswiderklage, s. § 322 Abs. 2 ZPO), für den **Beklagten** ergibt sich die **Beschwer regelmäßig aus der zuerkannten Klageforderung** (Ausnahme: aberkannte Gegenforderungen des Beklagten, Aufrechnung, Hilfsaufrechnung, Widerklage, Hilfswiderklage, s. § 322 Abs. 2 ZPO).

IV. Frist für die Einlegung der Berufung

161 Spätestens nach der Zustellung des Urteils, beginnt die Frist des § 517 ZPO zu laufen. Die Berufungsfrist ist eine **Notfrist von einem Monat (§ 517 Abs. 1 ZPO).** Sie ist nicht verlängerbar. Sie beginnt entweder mit der Zustellung des Urteils oder aber spätestens (wenn ein Urteil bis dahin nicht zugestellt wurde) mit dem Ablauf von fünf Monaten seit Verkündung des Urteils zu laufen.

162 ► Praxistipp:

Üblicherweise erhalten Sie durch das Gericht zunächst die sog. Kurzausfertigung des Urteils (ohne Tatbestand und Entscheidungsgründe). Spätestens dann sollten Sie die Berufungsfrist notieren und zwar den Ablauf der nach fünf Monaten beginnenden Berufungsfrist, die mit der Verkündung zu laufen beginnt (also legen Sie die Berufung spätestens sechs Monate nach Verkündung des Urteils ein). Sie vermeiden so, endlos auf die vollständige Ausfertigung zu warten und ggf. die Frist zu versäumen. Wird die vollständige Ausfertigung zugestellt, können Sie die „Verkündungsfrist“ wieder streichen.

163 ► Beispiel 1:

Das Urteil wird am 01.03. verkündet. Am 01.10. wird die vollständige Ausfertigung des Urteils zugestellt. Die Berufung ist unzulässig, da die Berufungsfrist am 01.09. abgelaufen ist. Fristbeginn war der 01.08. (fünf Monate nach Verkündung, die Frist beginnt nach fünf Monaten zu laufen, sie beträgt einen Monat und ist als Notfrist nach sechs Monaten abgelaufen), Fristablauf war der 01.09.

164 Auch hier gilt: Sagen Sie niemals „nie“. Auch in kleineren Gerichtsbezirken kann es vorkommen, dass eine Urteilsausfertigung mal überaus lange auf sich warten lässt. Vielen unbekannt ist die Vorschrift des § 317 Abs. 1 Satz 3 ZPO: Ein Blick in das Gesetz kann oft Unglaubliches offenbaren.

Die **Berechnung** einer Frist richtet sich nach den dafür einschlägigen Vorschriften im vierten Abschnitt des BGB (**§§ 186 bis 193 BGB**). Der Fristbeginn richtet sich nach § 187 BGB, das Fristende wird in § 188 BGB geregelt. 165

Endet eine Frist bspw. am 31.01., so ist Fristablauf der in dem entsprechenden Kalenderjahr folgende 28.02. (oder 29.02.). Hier erfolgt kein „Übertrag" der fehlenden Kalendertage.

§ 193 BGB bestimmt, wie vorzugehen ist, wenn das Fristende auf einen Sonnabend, Sonntag oder im entsprechenden Bundesland (das Bundesland, in dem die Frist abläuft) staatlich anerkannten Feiertag fällt, so läuft die Frist am nächsten Werktag ab. 166

▶ Beispiel 2:

Das Fristende fällt auf den 03.10. Der 03.10. ist ein einheitlicher Feiertag. Fristablauf ist damit der 04.10. Ist der 04.10. nun ein Sonnabend oder ein Sonntag, läuft die Frist entsprechend am nächst folgenden Werktag (Montag) ab. Es ist jedoch völlig unschädlich, die Frist auch durch Einlegung der Berufung am 03.10. zu wahren.

▶ Beispiel 3: 167

Ein RA aus dem Bundesland Brandenburg vertritt einen Auftraggeber in einem Verfahren, das im Bundesland Berlin geführt wird. Der 06.01. ist in Brandenburg ein Feiertag, in Berlin ist der 06.01. kein Feiertag. Die Frist läuft am 06.01. ab. Es kommt darauf an, ob der entsprechende Tag in dem Bundesland ein Feiertag ist, in dem die Frist zu wahren ist. Dies müssen Sie berücksichtigen, wenn Sie eine Frist notieren. Kennzeichnen Sie sich eine Akte, mit entsprechender Problematik. In allen handelsüblichen Kalendern, ist bei staatlich anerkannten Feiertagen vermerkt, in welchem Bundesland diese gültig sind.

V. Weitere Fristen nach Unterliegen in der ersten Instanz

1. Tatbestandsberichtigung

Bei der Zustellung des vollständigen Urteils müssen Sie nicht nur an die Berufungsfrist denken. So kann es sein, dass die **zwei Wochen Frist aus § 320 Abs. 1 ZPO** (Tatbestandsberichtigung) einzuhalten ist. Auch diese Frist **beginnt mit Zustellung des Urteils** zu laufen. Ist das Urteil noch gar nicht zugestellt, greift aber die drei Monatsfrist in § 320 Abs. 2 Satz 3 ZPO. Nach Ablauf von drei Monaten seit Verkündung des Urteils, ist eine Berichtigung des Tatbestandes ausgeschlossen. Gerade **rund um das Urteil ist ein sorgfältiges Fristenmanagement erforderlich.** 168

Vergütungsrechtlich ist das Verfahren unerfreulich. Das Tatbestandsberichtigungsverfahren gehört gem. § 19 Nr. 6 RVG zum Rechtszug. Ein eigener Vergütungsanspruch ist nicht gegeben. 169

2. Urteilsergänzung

170 Ferner kann es möglich sein, dass Sie die **zwei Wochen Frist zur Ergänzung des Urteils** (§ 321 Abs. 2 ZPO) beachten müssen. Auch diese Frist beginnt mit der Zustellung des Urteils zu laufen. In diesem Verfahren kann sogar gem. § 321 Abs. 3 Satz 1 ZPO ein neuer Termin erforderlich sein. Ein neuer Vergütungsanspruch entsteht für den RA nicht (auch nicht für die Wahrnehmung eines zusätzlichen Termins). Das Verfahren gehört gem. § 19 Nr. 6 RVG zum Rechtszug.

171 ► Praxistipp:

Sie sollten nicht nur den Ablauf der Berufungsfrist notieren, sondern auch den Ablauf der Fristen für evtl. Tatbestandsberichtigungen oder Urteilsergänzungen. Um überflüssige Fristennotierung zu vermeiden, können Sie sich eine Verfügung durch den RA gegenzeichnen lassen, auf das Notieren der obigen beiden Fristen zu verzichten, wenn die entsprechende Anfrage verneint wurde.

► Muster: Fristnotierung nach Zustellung des Urteils

172 Das vollständige Urteil des ..... Gerichts ..... vom ..... ist am ..... zugestellt worden.

Soll neben der Berufungsfrist

Tatbestandsberichtigungsfrist (Fristablauf: zwei Wochen, daher am: .....)

und/oder

Frist für die Ergänzung des Urteils (Fristablauf: zwei Wochen: daher am: .....)

notiert werden?

Zutreffendes bitte ankreuzen:

Tatbestandsberichtigung		Ergänzung des Urteils	
.....	.....	.....	.....
Frist notieren	Frist nicht notieren	Frist notieren	Frist nicht notieren

.....	.....
Datum	Rechtsanwalt

173 Immer wieder erstaunlich finde ich es, wie kurz doch ein Monat ist. Trotz diverser Vorfristen, die Sie üblicherweise notieren, weiß der RA am Tag des Fristablaufs nicht, ob er einen Auftrag vom Mandanten hat, ob eine Anfechtung des Urteils aussichtsreich erscheint und ob eine etwa vorhandene Rechtsschutzversicherung die Kosten für das Berufungsverfahren übernimmt. Am Tag des Fristablaufs entwickelt

sich daher in manchen Kanzleien hektische Betriebsamkeit mit einem ungeheuren Fehlerpotential.

Wenn Sie sich einmal wirklich gruseln möchten, dann lesen Sie in den diversen Fachzeitschriften die Rubriken „Haftpflichtecke". Man kann viel aus den Fehlern anderer lernen und vor allen Dingen aus den Fehlern anderer Anregungen für eine gelungene Kanzleiorganisation ableiten. 174

VI. Zuständiges Gericht

Die Berufung wird nicht beim erstinstanzlichen Gericht geführt. 175

Gem. § 72 Abs. 1 GVG ist für die Berufung das LG zuständig, wenn das erstinstanzliche Verfahren vor dem AG geführt wurde. Für einige spezielle Wohnungseigentumssachen stellt § 72 Abs. 2 GVG eine Zuständigkeit des OLG her.

§ 119 Abs. 1 Nr. 2 GVG bestimmt, dass das OLG zuständig ist, wenn das erstinstanzliche Verfahren vor dem LG geführt wurde. 176

Daneben bestimmt § 119 Abs. 1 Nr. 1 Buchst. a) bis c) GVG eine **ausnahmsweise Zuständigkeit** des OLG, auch wenn das AG erstinstanzlich zuständig war (Familiensachen, eine Partei hat ihren Wohnsitz nicht im Geltungsbereich des Gesetzes – also der BRD –, Anwendung von ausländischem Recht in der Entscheidung des AG). 177

Jeder RA, der zugelassen ist, kann eine Berufung unterzeichnen, auch wenn das Verfahren vor dem OLG geführt wird. Bereits am 01.06.2007 sind die „alten Regeln" (Mindestzulassungsdauer fünf Jahre) aufgehoben worden. 178

VII. Weiteres Verfahren bei Zustellung des erstinstanzlichen Urteils

Bevor der RA für den Auftraggeber Berufung (oder ein sonstiges Rechtsmittel) einlegt, ist es angemessen und erforderlich, dass er sich einen Auftrag für ein weiteres Verfahren erteilen lässt. Aus der Vollmacht, die üblicherweise durch den Auftraggeber unterzeichnet wird, lässt sich der Auftrag nicht herleiten (ich verweise auf die Ausführungen unter Kap. 8 Rdn. 107 und die diversen Muster für die Auftragserteilung). 179

Das **Berufungsverfahren** eröffnet **vergütungsrechtlich einen neuen Rechtszug** (s. die Ausführungen in Kap. 8 Rdn. 594 f.). Führt der RA für den Auftraggeber das Berufungsverfahren, schuldet der Auftraggeber einen weiteren Gebührenanspruch. 180

Der **Einlegung der Berufung** kann die **Prüfung der Erfolgsaussichten** des Rechtsmittels (Nr. 2100 VV RVG, s. Kap. 8 Rdn. 571) vorausgehen. Der Auftraggeber kann über eine Rechtsschutzversicherung verfügen, dem Auftraggeber kann in der ersten Instanz PKH bewilligt worden sein. All diese Fragen werden im Vergütungsteil ausführlich behandelt. 181

890aEs sollte selbstverständlich sein: Über den Ausgang des erstinstanzlichen Verfahrens informieren Sie den Auftraggeber. Bereits im Kapitel Vergütungsrecht/Berufung ist ein entsprechendes Muster (nebst Belehrung über das Kostenrisiko) enthalten. 182

Ferner finden Sie im Teil Vergütungsrecht Belehrungen des Auftraggebers über eine erforderliche Sicherheitsleistung (nebst Ablauf des Hinterlegungsverfahrens).

183 Daher ist dieses Muster jetzt ohne Erläuterung der im Berufungsverfahren entstehenden Vergütung erstellt.

184 ▶ **Muster: Schreiben an den Auftraggeber nach Unterliegen in der ersten Instanz**

Anrede,

leider konnten wir das ..... Gericht erstinstanzlich nicht von der Berechtigung Ihres Anspruchs überzeugen. Wie Sie der beigefügten Kurzausfertigung des Urteils entnehmen können, hat das Gericht ausgesprochen, dass (Wiederholung des Urteilsspruches).

Dieses Urteil ist anfechtbar, weil der sog. Wert der Beschwer erreicht ist. Mit Zustellung des vollständigen Urteils (das mit Tatbestand und Entscheidungsgründen versehen ist) beginnt die sog. Rechtsmittelfrist zu laufen. Binnen einer unverlängerbaren Notfrist von einem Monat muss Berufung eingelegt werden. Wird keine Berufung eingelegt, erwächst das Urteil in Rechtskraft und es wird unanfechtbar.

Nur bei einer Zahlungsverpflichtung des Auftraggebers

Das Gericht hat Sie verurteilt, ... nebst Zinsen zu zahlen. Gleichzeitig hat das Gericht angeordnet, dass eine Zwangsvollstreckung nur gegen Sicherheitsleistung möglich ist.

Es gibt jetzt vier Möglichkeiten:

a) Der Gläubiger betreibt die sog. Sicherungsvollstreckung gem. § 720 ZPO.

Dabei muss er keine Sicherheit leisten, kann die Vollstreckung gegen Sie betreiben. Forderungen werden aber nicht an den Gläubiger ausgezahlt, sondern beschlagnahmt bis zur rechtskräftigen Entscheidung eines Berufungsgerichts.

b 1) Sie leisten Sicherheit.

Wenn Sie die durch das Gericht festgesetzte Sicherheit leisten, erfolgt üblicherweise keine Vollstreckung mehr gegen Sie. Allerdings ist die Sicherheitsleistung fast unverzinst. Eine Verzinsung der hinterlegten Sicherheit (die Hinterlegung der Sicherheit erfolgt bei der Hinterlegungsstelle) tritt erst ein, wenn drei volle Kalendermonate ab Hinterlegung abgelaufen sind. Die Höhe des Zinsanspruchs ergibt sich aus § 8 Hinterlegungsordnung. Der Zinssatz beträgt eins vom Tausend monatlich (= 0,1 %).

b 2)

Das Gericht hat die Stellung einer Bankbürgschaft zugelassen. Bitte übergeben Sie uns das Original einer Bankbürgschaft, damit wir dieses an die unterliegende Gegenseite zustellen können. Im Anschluss an die Zustellung der Bürgschaft können wir Vollstreckungsmaßnahmen ergreifen. Bei obsiegender Beendigung des Verfahrens ist die Gegenseite verpflichtet, das Original der Bürgschaft an uns auszuhändigen, damit Sie diese an die Bank zurückgeben können.

c) Der Schuldner leistet Sicherheit

Erbringt der Schuldner die erforderliche Sicherheitsleistung, sieht das Gesetz vor, dass Sie hinreichend geschützt sind, sollte das Berufungsgericht die Entscheidung des erstinstanzlichen Gerichts aufheben.

d) Mit der Vollstreckung wird bis zur Entscheidung des Berufungsgerichts abgewartet

Es gibt keine rechtliche Verpflichtung für den Gläubiger, hier abzuwarten, bis das Berufungsgericht entscheidet. Wir können eine entsprechende Bitte an den Gläubigervertreter richten. Dieser muss dieser Bitte aber nicht nachkommen. Der Nachteil einer solchen Bitte ist, dass wir Sie dem Gläubiger in Erinnerung bringen. Es kann auch sein, dass wir mit einer solchen Bitte „schlafende Hunde" wecken.

Bitte lassen Sie uns möglichst zeitnah wissen, wie Sie im Hinblick auf gegen Sie betriebene Zwangsvollstreckung vorgehen wollen.

Anm.:

Die weiteren möglichen Ausführungen und ggf. erforderlichen Belehrungen zu den Punkten Kosten, Rechtsschutzversicherung, Prüfung der Erfolgsaussichten des Rechtsmittels entnehmen Sie bitte dem vergütungsrechtlichen Teil.

Ohne Ihre ausdrückliche Weisung werden wir gegen das Urteil keine Berufung einlegen. Wir werden hier nicht ohne Erlaubnis über Ihr Geld verfügen. Das Berufungsverfahren löst Vergütungsansprüche aus, so dass es zwingend erforderlich ist, dass Sie uns entsprechend beauftragen. Sobald das vollständige Urteil zugestellt wird, beginnt die Frist zu laufen. Ein Ablauf der Frist kann nicht vermieden werden. Auf die seltene Möglichkeit wegen der Versäumung einer Frist Wiedereinsetzung in den vorigen Stand zu beantragen, würden wir es nicht ankommen lassen. Es ist auch nicht erkennbar, wo im hiesigen Verfahren ein Wiedereinsetzungsgrund gesehen werden könnte.

Grußformel

VIII. Berufung nur zur Fristwahrung

Haben Sie keinen Auftrag zur Berufungseinlegung, sollten Sie nicht tätig werden. 185
Dies ist dem Auftraggeber mitzuteilen.

► Praxistipp:

Weisen Sie den Auftraggeber vor Ablauf der Frist ruhig ein zweites Mal darauf hin, dass Sie ohne seine Zustimmung (oder besser: ohne seinen Auftrag) nicht tätig werden.

► Muster: Hinweis an den Auftraggeber – keine Berufung ohne Auftrag

Anrede, 186

wir haben Sie bereits mit Schreiben vom ..... darüber informiert, dass das Urteil nur mit der Berufung angefochten werden kann. Wir haben Sie weiter darüber informiert, dass die gesetzlich vorgegebene Frist einen Monat beträgt. Es handelt sich um eine Notfrist, die nicht verlängerbar ist.

Wir hatten Sie darüber informiert, dass wir hier ohne Ihren eindeutigen Auftrag keine Berufung einlegen werden. Die Frist zur Einlegung der Berufung läuft am ..... endgültig ab.

Wir stellen nochmals ausdrücklich klar, dass wir gegen das Urteil keine Berufung einlegen werden. Das Urteil wird nach Ablauf der Frist in Rechtskraft erwachsen und ist dann unanfechtbar.

Daraus entstehende Rechtsnachteile sind nur Ihnen zuzurechnen.

Weiteren Schriftverkehr von unserer Seite zu diesem Thema wird es nicht geben.

Grußformel

187 Generell ist eine Einlegung der Berufung zur Wahrung der Frist überflüssig und vermeidbar. Sie können dies durch entsprechende Organisation vermeiden. Die Möglichkeiten die Post- und Fristbearbeitung durchzuführen sind in fast jeder Kanzlei anders. Von Kolleginnen habe ich z. B. gehört, dass der RA sich Schriftstücke (Urteile, Schriftsätze) aus der Post nimmt, bevor diese durch das Sekretariat bearbeitet werden konnten. Dann kann durch Sie auch keine Frist notiert werden. So kommt es vor, dass aus vielerlei möglichen Gründen, der Auftraggeber nicht von dem Vorliegen des Urteils informiert ist. Es kann auch sein, dass bei diesem nicht nachgefragt wurde, ob ein Berufungsauftrag erteilt wird. So – und aus noch vielen anderen möglichen Gründen – kommt es immer wieder vor, dass die **„Berufung nur zur Fristwahrung" eingelegt** wird.

188 Wie Sie diese Berufung auch bezeichnen, es bleibt dabei, es handelt sich um eine Berufung. Ob Sie die Berufung zur „Fristwahrung" einlegen, hat auf die Vergütungsfolge keinen Einfluss.

189 Immer wieder bitten Sie die gegnerischen RA, sich nicht beim Gericht zu bestellen, bis eine Entscheidung über die Durchführung der Berufung getroffen wurde. Diese Bitte ist überflüssig und lässt im Zweifel überhaupt erst einen Vergütungsanspruch entstehen.

190 Wenn Sie den gegnerischen Rechtsanwalt schon bitten, sich nicht beim Gericht zu bestellen, dann bitten Sie „richtig" und bitten auch darum, dass er für den Fall einer rechtzeitigen Berufungsrücknahme keinen Kostenantrag stellt und keine Kosten geltend machen wird. Eine Verpflichtung für den Kollegen, sich auf diese Bitte einzulassen, gibt es nicht.

191 ► Muster: Bitte an den gegnerischen Kollegen, sich nicht beim Gericht zu bestellen und keine Kosten geltend zu machen

Anrede,

auch in Ihrer Kanzlei wird es mit Sicherheit in seltenen Fällen vorkommen, dass trotz bester Organisation innerhalb der Berufungsfrist keine endgültige Entscheidung über die Durchführung der Berufung getroffen werden kann.

So ist es auch hier.

Wir haben daher zunächst nur zur Fristwahrung Berufung gegen das erstinstanzliche Urteil eingelegt. Uns ist bewusst, dass Ihrerseits keine Verpflichtung besteht, unserer Bitte nachzukommen.

Wir bitten Sie trotzdem, sich hier bis zum ..... nicht beim Gericht zu bestellen und, für den Fall, dass eine Rücknahme der Berufung innerhalb dieser Frist erfolgt, keinen Kostenantrag zu stellen und keine Kosten gegen unseren Auftraggeber geltend zu machen.

Wir bitten Sie um eine Zusage für einen überschaubaren zeitlichen Rahmen. Selbstverständlich würden wir, sollten Sie einmal in die Verlegenheit kommen, an uns eine solche Bitte heranzutragen, Ihre Bitte dann genauso wohlwollend behandeln, wie Sie es jetzt mit unserer Bitte tun können.

Wir werden Sie auf alle Fälle fristgerecht darüber informieren, ob die Berufung durchgeführt werden soll, oder ob das Verfahren durch Berufungsrücknahme beendet ist.

Für ein eventuelles Entgegenkommen Ihrerseits bedanken wir uns vorab.

Abschrift anbei

Grußformel

► Muster: Berufung

Zuständiges Gericht 192

(nächst höheres Gericht, z. B.: in Familiensachen das OLG)

Berufung

des ..... *(vollständiger Name, Anschrift des Auftraggebers)*

– Beklagter (ggf. Kläger) und Berufungskläger –

Prozessbevollmächtigte: .....

(Rechtsanwalt, Anschrift Kanzlei)

g e g e n

den obsiegenden aus dem erstinstanzlichen Verfahren

..... *(vollständiger Name, Anschrift des Berufungsgegners)*

– Kläger (ggf. Beklagter) und Berufungsbeklagter –

bisheriger Prozessbevollmächtigter: .....

(vollständiger Name, Anschrift der Vertreter des in der ersten Instanz Obsiegenden)

wegen ..... *(kurze Bezeichnung der Sache, z. B. Zahlung)*

..... *(Aktenzeichen des Urteils des inkl. Gericht) ersten Rechtszuges in* .....

Namens und im Auftrag sowie in Vollmacht des Berufungsklägers legen wir gegen das am .....verkündete und am ..... zugestellte Urteil des ..... Gerichts in .....

Berufung

ein.

Eine Ausfertigung des angefochtenen Urteils ist mit der Bitte um Rückgabe beigefügt.

Der Berufungsantrag und die Berufungsbegründung folgen voraussichtlich fristgerecht.

Beglaubigte und einfache Abschrift anbei (Die Berufung wird von Amts wegen zugestellt, § 521 Abs. 1 ZPO)

Rechtsanwalt

193 ► Hinweis:

Die Anträge lauten üblicherweise:
- Das Urteil des ..... Gerichts vom ..... wird aufgehoben.
- Der Berufungsbeklagte hat die Kosten des Rechtsstreits zu tragen.
- Für den Fall der abschlägigen Entscheidung über die Berufung wird beantragt, eine Entscheidung über die Zulässigkeit der Revision zu treffen.

IX. Zugang der Berufung

194 Die Berufungsfrist ist nur gewahrt, wenn die Berufung während der Frist beim Berufungsgericht eingeht. Je häufiger Sie eine Berufung am letzten Tag der Frist einlegen, umso größer ist der Aufwand, in Erfahrung zu bringen, ob die Berufung fristgerecht eingegangen ist.

195 Dabei muss die Berufung nicht auf postalischem Wege zuerst beim Gericht eingehen. Es reicht aus, wenn die **Berufung zuerst per Fax** und **anschließend mit der Post versandt** wird. Das Gesetz gibt in § 519 ZPO vor, welche Bestandteile eine Berufung haben muss. § 519 Abs. 4 ZPO verweist auf die allgemeinen Vorschriften über die vorbereitenden Schriftsätze. Diese sind im Berufungsverfahren anwendbar. § 130 Nr. 6 ZPO fordert eine Unterschrift, wobei zunächst eine Übermittlung per Fax (auch der Unterschrift) ausreicht. Dem Fax muss das Original nachfolgen.

196 U.U. ist auch eine **Übermittlung als elektronisches Dokument** möglich (§ 130a ZPO). Hier kommt es auf die technischen Voraussetzungen des Gerichts und die Möglichkeiten der Signatur der Unterschrift durch den RA an.

197 ► Praxistipp:

Bei der Unterschrift des RA auf fristwahrenden Schriftsätzen müssen Sie darauf achten, dass diese „lesbar" ist. Ist die Unterschrift nach Auffassung des Berufungsgerichts nicht lesbar (dem RA eindeutig zuzuordnen), kann es sein, dass das Gericht die Berufung als unzulässig zurückweist. Viele RA haben eine Unterschrift die weder „schick noch schön" ist. Ist Ihr RA bei der Unterzeichnung von Schriftstücken auch eher ein „freischaffender Künstler" müssen Sie dafür Sorge tragen, dass zumindest bei fristwahrenden Schriftsätzen die künstlerische Freiheit des RA eingeschränkt wird.

Auch wenn dies zu Diskussionen mit dem RA führt, decken Sie bei einem „Künstler" das Unterschriftsfeld ab mit einem Zettel und vermerken „Fristwahrender Schriftsatz! Unterschrift bitte in Schönschrift" oder ähnliche Zusätze.

Selbstverständlich können Sie, wenn das Berufungsgericht die Unterschrift als Grund nimmt, die Berufung als unzulässig zu verwerfen, Wiedereinsetzung in den vorigen Stand beantragen und vielleicht sogar sich bis zum BGH über die Frage streiten, ob die Unterschrift nun „schön" genug war. Aber, ganz ehrlich: Wollen Sie das? Was kostet das an Zeit, Energie und Nerven. Wenn es vermeidbar ist, dann verzichten Sie auf diese Spielwiese und kümmern sich lieber um das Hauptanliegen. Wir alle haben Besseres und Anderes zu tun.

X. Meldeschriftsatz

Wird Ihnen die Berufung durch die unterliegende Partei zugestellt, ist es üblich, dass sich der RA beim Berufungsgericht unmittelbar im Anschluss an die Zustellung der Berufung bestellt. Dies können Sie auch dann tun, wenn Sie mit der Gegenseite abgesprochen haben, dass Sie keine Vergütung geltend machen, wenn eine Rücknahme der Berufung binnen der vom Berufungsführer vorgeschlagenen Frist erfolgt. **198**

Sie sollten den Gegner dann darüber informieren, dass Sie keine Vergütung geltend machen werden, wenn der Gegner die Berufung innerhalb der gesetzten Frist zurücknimmt. **199**

► **Muster: Erwiderung auf die Bitte, sich nicht im Berufungsverfahren zu bestellen** **200**

Anrede,

wir haben Ihr Schreiben vom ..... mit dem Sie uns baten, uns nicht beim Gericht zu melden, erhalten. Wir haben uns trotzdem beim Berufungsgericht mit gleicher Post gemeldet.

Sollten Sie allerdings die Berufung innerhalb der von Ihnen genannten Frist zurücknehmen, werden wir die hier entstandene Vergütung nicht im Wege der Kostenfestsetzung durchsetzen. Für den Fall, dass Sie beantragen, die Berufungsbegründungsfrist zu verlängern, gilt unsere Zusage nicht mehr.

Einer Bitte um eine zweite Fristverlängerung der Berufungsbegründung würden wir selbstverständlich zustimmen, allerdings mit der Folge, dass wir Vergütungsansprüche durchsetzen werden, wenn die Berufung dann zurückgenommen wird.

Unserem Auftraggeber ist daran gelegen, hier möglichst rasch und zuverlässig zu wissen, ob das Verfahren rechtskräftig beendet ist.

Abschrift anbei

Grußformel

▶ Muster: Meldeschriftsatz an das Berufungsgericht

201 Zuständiges Berufungsgericht

In dem Berufungsverfahren

...../.....

– Aktenzeichen –

zeigen wir an, dass wir bevollmächtigt und beauftragt sind, den Berufungsbeklagten auch im Berufungsverfahren zu vertreten.

Wir werden beantragen,

die Berufung kostenpflichtig zurückzuweisen und dem Berufungskläger die Kosten des Berufungsverfahrens aufzuerlegen.

Einem durch den Berufungskläger erforderlichen zweiten Fristverlängerungsantrag für die Erstellung der Berufungsbegründung stimmen wir bereits jetzt ausdrücklich zu (§ 520 Abs. 2 Satz 3 ZPO).

Wegen der langen zu erwartenden Verfahrensdauer des Berufungsverfahrens wird gebeten, die Akte zwischenzeitlich an das erstinstanzliche Gericht zum Zwecke des Erlasses des Kostenfestsetzungsbeschlusses zurückzureichen.

Bereits jetzt wird gebeten, im Berufungsurteil einen Ausspruch über die Zulässigkeit der Revision aufzunehmen.

Beglaubigte und einfache Abschrift anbei

Rechtsanwalt

202 ▶ Praxistipp:

Sie finden im Vergütungsteil (Kapitel Berufung) alle möglichen Belehrungen und Textmuster mit vergütungsrechtlichem Bezug im Berufungsverfahren.

XI. Berufungsbegründung

203 Es reicht nicht aus, nur Berufung einzulegen. Die Berufung muss begründet werden. Erstaunlich finde ich, in wie vielen Kanzleien der Ablauf der Berufungsbegründungsfrist immer wieder für eine „Überraschung" sorgt. Die Berufung kann zunächst gem. § 513 ZPO nur darauf gestützt werden, dass die Entscheidung auf einer Rechtsverletzung (§ 546 ZPO) beruht oder nach § 529 ZPO zugrunde zu legende Tatsachen eine andere Entscheidung rechtfertigen. **Tatsachenvortrag kann daher im Berufungsverfahren nicht nachgeholt werden.** Die **Berufungsbegründungsfrist** beträgt gem. § 520 Abs. 2 ZPO **zwei Monate.** Die Frist **beginnt mit der Zustellung des Urteils** zu laufen. Auf die Einlegung der Berufung kommt es für die Fristberechnung nicht an. Die Fünfmonatsfrist (bei fehlender Zustellung des Urteils) gilt auch für die Berufungsbegründungsfrist.

204 Die Berufungsbegründungsfrist ist **keine Notfrist.** Sie kann daher auf Antrag verlängert werden.

Gem. § 520 Abs. 2 Satz 3, 1. Halbs. ZPO kann der Berufungskläger davon ausgehen, dass eine Fristverlängerung um einen Monat regelmäßig gewährt wird. 205

► Muster: Antrag auf Verlängerung der Berufungsbegründungsfrist

206

In dem Berufungsverfahren

...../.....

– Aktenzeichen -

wird beantragt,

die Berufungsbegründungsfrist um einen Monat, damit bis zum ..... zu verlängern.

Begründung

Aufgrund nicht vorhersehbarer außergewöhnlicher Arbeitsbelastung des allein für das Verfahren zuständigen Rechtsanwalts, ist eine rechtzeitige Fertigung der Berufungsbegründungsschrift nicht möglich. Um eine Verlängerung der Frist wird gebeten. Eine Verzögerung des Rechtsstreits ist durch die Fristverlängerung nicht zu erwarten.

Wir haben zugestellt.

Rechtsanwalt

Die weitere Fristverlängerung ist nur möglich, wenn der Gegner diesem Fristverlängerungsbegehren zugestimmt hat und Sie dies entsprechend vortragen. 207

► Muster: Zweiter Fristverlängerungsantrag für die Berufungsbegründungsfrist

208

In Sachen

...../.....

– Aktenzeichen –

wird beantragt,
- die Frist zur Verlängerung der Berufung um einen weiteren Monat bis zum ..... zu verlängern.

Der Berufungsbeklagte hat auf entsprechende diesseitige Bitte einer weiteren Fristverlängerung bereits zugestimmt.

Begründung:

Aufgrund völlig unvorhergesehener Erkrankung des allein zuständigen Sachbearbeiters konnte die Berufungsbegründungsfrist nicht rechtzeitig gefertigt werden. Die Einarbeitung durch einen Dritten in die schwierige Materie ist innerhalb der laufenden Berufungsbegründungsfrist nicht möglich. Zudem steht zu erwarten, dass der zuständige Sachbearbeiter nach Genesung die weitere Bearbeitung der Akte fortführt.

Es wird höflichst gebeten, unsere Kanzlei vorab telefonisch über die gewährte Fristverlängerung zu informieren.

Wir haben zugestellt (oder Beglaubigte und einfache Abschrift anbei).

Rechtsanwalt

209 ▶ Hinweis:

Es können selbstverständlich auch vollkommen andere Gründe gegeben sein, warum eine Fristverlängerung beantragt wird. Es handelt sich im Muster nur um ein Formulierungsbeispiel.

XII. Anschlussberufung

210 Von einer Anschlussberufung spricht man, wenn nach Einlegung der Berufung durch eine Partei (= Berufungskläger), der bis dahin Berufungsbeklagte unselbstständig nunmehr auch Berufung einlegt. Dies kann dann der Fall sein, wenn beide Parteien in der ersten Instanz nicht vollständig obsiegt haben. Oft wartet dann der eine, ob der andere tatsächlich Berufung einlegt. Legt der andere keine Berufung ein, würde der Anschlussberufungskläger das erstinstanzliche Urteil akzeptieren. Legt allerdings der andere Berufung ein, will auch der Anschlussberufungskläger, dass das Urteil aus seiner Sicht, also im Hinblick auf sein Unterliegen überprüft wird. Aus diesem Grund hat der Anschlussberufungskläger nicht selbst Berufung eingelegt. Er hat sein weiteres Vorgehen davon abhängig gemacht, ob durch den auch zum Teil Unterlegenen das Verfahren im Wege der Berufung fortgeführt wird.

211 Bis der Anschlussberufungskläger dies positiv weiß, ist i. d. R. die Frist für eine selbstständige Berufung bereits abgelaufen.

212 Die Anschlussberufung kann daher (§ 524 Abs. 1 ZPO) bis zum Ablauf der dem Berufungsbeklagten (= Anschlussberufungskläger) gesetzten Berufungserwiderungsfrist eingelegt werden (§ 524 Abs. 2 ZPO). Damit ist die Anschlussberufung nicht von der eigentlichen Berufungsfrist abhängig. Die Anschlussberufung muss mit der Anschlussberufungsschrift begründet werden (§ 524 Abs. 3 Satz 1 ZPO).

213 Gem. § 524 Abs. 4 ZPO **verliert die Anschlussberufung ihre Wirkung, wenn die Berufung zurückgenommen wird.** Sie wird nicht selbstständig fortgeführt. Dies wird den Anschlussberufungskläger i. d. R. weniger stören. Mit Rücknahme der Berufung tritt ja wieder das Ergebnis ein, das er bereit war zu akzeptieren.

214 Hinsichtlich der Vergütung gilt, dass ein **einheitlicher Rechtszug** gebildet wird und die Werte aus Anschlussberufung und selbstständiger Berufung addiert werden. Auch eine Rücknahme der Berufung und damit Wirkungslosigkeit der Anschlussberufung ändert nichts an dem entstandenen Vergütungsanspruch.

XIII. Zweites VU – Berufung

215 Nicht immer ist ein streitiges Endurteil der ersten Instanz der Anlass, warum Berufung eingelegt werden soll. Auch dann, wenn ein zweites VU (i. d. R. gegen den Be-

klagten) erlassen wurde, ist dieses zweite VU nur mit der Berufung anfechtbar. Zum VU s. Ausführungen unter Kap. 7 Rdn. 70.

1. Wiederholte Säumnis

§ 345 ZPO gibt vor, dass gegen eine Partei, die nach einem von ihr eingelegten Einspruch im nächsten Termin erneut wieder säumig ist, gegen dieses VU nicht mit dem Einspruch vorgehen kann. Entsprechend § 514 Abs. 2 ZPO kann dieses Versäumnisurteil nur mit der Berufung angefochten werden. Für die Berufung ist in diesen Fällen nicht auf den Wert der Beschwer abzustellen. § 514 Abs. 2 Satz 2 ZPO schließt die Erforderlichkeit des Erreichens des Wertes der Beschwer (§ 511 Abs. 2 ZPO) ausdrücklich aus. Die Berufung kann aber nur darauf gestützt werden, dass ein Fall der **Säumnis nicht vorgelegen** hat (§ 514 Abs. 2 Satz 1, 2. Halbs. ZPO). 216

Hinsichtlich der Vergütung entsteht in diesem Berufungsverfahren die übliche Vergütung. Eine Abweichung gibt es nicht. 217

2. Klageabweisendes VU

Es gibt zwei Möglichkeiten, des VU gegen den Kläger. 218

Erscheint er zum Termin nicht oder stellt er keinen Antrag (§ 333 ZPO), so ergeht gegen ihn gem. § 330 ZPO ein VU. Mit dem VU wird die Klage abgewiesen. Dieses Urteil muss der Kläger mit dem Rechtsbehelfs des Einspruchs binnen einer **Notfrist von zwei Wochen** (§ 339 ZPO) anfechten. Der Einspruch ist bei dem Gericht einzulegen, welches das VU erlassen hat (§ 340 Abs. 1 ZPO). 219

Es ist auch möglich, dass ein Gericht ein VU nicht erlässt, weil es zu der Auffassung kommt, dass ein VU gegen den Beklagten gem. § 335 Abs. 1 Nr. 1 ZPO nicht zulässig ist. In diesem Fall kann – trotz Säumnis des Beklagten – die Klage abgewiesen werden. Gegen dieses so ergangene „unechte VU“ ist nur die Berufung zulässig. Der Begriff „unechtes VU“ kann leicht irreführend sein. Letztlich ist dieses Urteil ein Prozessurteil. 220

XIV. Ablauf des Berufungsverfahrens

Das Gericht stellt dem Berufungsbeklagten die Berufungsschrift zu. Hält das Gericht die Berufung für offensichtlich unbegründet (oder für unzulässig), kann das Gericht – auch ohne mündliche Verhandlung – die Berufung durch Beschluss zurückweisen (§ 522 Abs. 1 Satz 2, 3, Abs. 2 ZPO). Hier entsteht keine Terminsgebühr gem. Nr. 3202 VV RVG. Gegen einen **Zurückweisungsbeschluss** kann der Betroffene, wenn sie zugelassen ist, Rechtsbeschwerde einlegen (§ 522 Abs. 1 Satz 4 ZPO). 221

Handelt es sich aber um ein zivilprozessuales Verfahren, kann der bisherige RA des Berufungsklägers die Rechtsbeschwerde nicht selbst einlegen. Die Rechtsbeschwerde kann nur durch einen beim BGH zugelassenen RA (§ 78 Abs. 1 Satz 2 ZPO) eingelegt werden. Eine mögliche Belehrung und entsprechende Muster finden Sie unter Kap. 8 Rdn. 686. Sie müssen in den entsprechenden Texten das Wort „Revision“ 222 durch den Begriff „Rechtsbeschwerde“ ersetzen und die Kostenrisikobelehrung anpassen.

223 Das Gericht kann einen Termin zur Berufungsverhandlung anberaumen. Es kann das Verfahren gem. § 538 Abs. 2 ZPO an das Erstgericht zurückverweisen (Vergütung, s. § 21 RVG i.V.m. Vorbemerkung 3 Abs. 6 VV RVG).

224 Ist eine der Parteien im Berufungsverfahren säumig, ergeht gegen diese gem. § 539 ZPO ein VU. Ist keine der Parteien säumig, keine Zurückverweisung erfolgt, so erlässt das Berufungsgericht gem. § 540 ZPO ein Berufungsurteil

XV. Anfechtung des Berufungsurteils

225 Das Berufungsurteil ist grds. anfechtbar. Gegen das Urteil des Berufungsgerichts kann ggf. **Revision** eingelegt werden. Das Berufungsgericht wird einen Ausspruch über die Zulässigkeit der Revision fällen. Es kann die Revision zulassen oder es lässt die Revision nicht zu.

226 Hat das Berufungsgericht die **Revision zugelassen**, kann der durch das Urteil beschwerte Revision einlegen (s.u.).

227 Hat das Berufungsgericht die **Revision nicht zugelassen**, kann der durch das Urteil beschwerte Nichtzulassungsbeschwerde erheben. Die Zulässigkeit der Nichtzulassungsbeschwerde ist allerdings davon abhängig, dass der Wert der Beschwer 20.000,00 € überschreitet (§ 26 Nr. 8 EGZPO).

228 Hat das Berufungsgericht die Revision nicht zugelassen und ist der Wert der Beschwer von mehr als 20.000,00 € nicht erreicht, ist das Verfahren mit dem Berufungsurteil beendet.

D. Nichtzulassungsbeschwerde

I. Allgemeines

229 Im zivilgerichtlichen Verfahren endet Ihre Tätigkeit üblicherweise, wenn entweder das Verfahren über die Nichtzulassung der Revision oder das Revisionsverfahren selbst geführt werden muss. Der BGH ist zuständig und dort müssen sich die Parteien gem. § 78 Abs. 1 Satz 2 ZPO durch einen beim BGH zugelassenen RA vertreten lassen. Ein am BGH zugelassener RA kann nur vor dem BGH auftreten (sog. **Singularzulassung**). Ein Anwalt, der vor den sonstigen Gerichten in der BRD auftreten kann, kann nicht vor dem BGH auftreten. Auch in anderen gerichtlichen Verfahren kann eine Nichtzulassungsbeschwerde möglich sein (z. B. Arbeitsrecht/Verwaltungsrecht). Diese ist dann nicht vor dem BGH zu führen. In diesem Fall kann der bisherige RA das Verfahren weiterführen.

230 Selbstverständlich müssen Sie dafür Sorge tragen, dass ein am BGH zugelassener RA rechtzeitig die erforderlichen Unterlagen erhält, um das weitere Verfahren durchzuführen.

II. Belehrungen und Hinweise

Vorher sind eine Reihe von Belehrungen und Hinweisen an den Auftraggeber erforderlich. Die entsprechenden Muster und Ausführungen finden Sie im vergütungsrechtlichen Teil unter Kap. 8 Rdn. 31. Insbes., wenn Sie als **Verkehrsanwalt** tätig werden wollen oder aber bisher eine Rechtsschutzversicherung die Kostendeckungszusage erteilt hatte, ist hier schnelles Handeln erforderlich. 231

III. Beschwer

Es wurden bereits die allgemeinen Voraussetzungen der Nichtzulassungsbeschwerde dargestellt (erforderlicher Wert der Beschwer gem. § 26 Nr. 8 EGZPO). 232

IV. Frist

Die Nichtzulassungsbeschwerde ist an eine Frist gebunden. Gem. § 544 Abs. 1 Satz 2, 1. Halbs. ZPO muss die Nichtzulassungsbeschwerde innerhalb einer **Notfrist von einem Monat ab Zustellung des vollständigen Berufungsurteil** beim Revisionsgericht eingelegt werden. Liegt ein vollständiges Urteil nicht vor, muss die Nichtzulassungsbeschwerde spätestens nach dem Ablauf von sechs Monaten seit Verkündung des Urteils beim Revisionsgericht eingelegt werden (§ 544 Abs. 1 Satz 2, 2. Halbs. ZPO). 233

Eine Ausfertigung des Urteils (oder eine beglaubigte Kopie) soll der Nichtzulassungsbeschwerde beigefügt werden. 234

V. Begründungsfrist

Die Nichtzulassungsbeschwerde muss begründet werden. Die **Begründungsfrist** beträgt regelmäßig **zwei Monate ab Zustellung des Urteils.** Ist das Urteil nicht zugestellt, muss die Begründung innerhalb von sieben Monaten ab Verkündung des Urteils erfolgen (§ 544 Abs. 2 Satz 1 ZPO). 235

VI. Beschluss

Über die Nichtzulassungsbeschwerde entscheidet das Revisionsgericht durch Beschluss. Hilft das Revisionsgericht der Nichtzulassungsbeschwerde nicht ab, erwächst das Urteil mit dem ablehnenden Beschluss in Rechtskraft. Der **Beschluss ist nicht anfechtbar**, § 544 Abs. 4, 5 ZPO (welches Gericht sollte auch für eine Beschwerde gegen den Beschluss des BGH zuständig sein?). 236

Wird der Nichtzulassungsbeschwerde durch das Gericht stattgegeben, wird das bisherige Verfahren über die Nichtzulassung der Revision als Revisionsverfahren fortgesetzt (§ 544 Abs. 6 ZPO). Die Einlegung der **Nichtzulassungsbeschwerde ersetzt dann die Einlegung der Revision** (§ 544 Abs. 6 Satz 2 ZPO). Die Revision muss aber **noch begründet** werden. Mit der Zustellung des stattgebenden Beschlusses über die Nichtzulassungsbeschwerde beginnt die Revisionsbegründungsfrist zu laufen (§ 544 Abs. 6 Satz 3 ZPO). Sie beträgt entsprechend § 551 Abs. 2 Satz 2 ZPO **zwei** 237

Monate. Die Frist ist üblicherweise verlängerbar (§ 551 Abs. 2 Satz 3, 4 ZPO). Diesen Antrag werden aber nicht Sie stellen, sondern der am Revisionsgericht zugelassene BGH-Anwalt.

238 ► Hinweis:

Im vergütungsrechtlichen Teil (s. Kap. 8 Rdn. 645) finden Sie Hinweise, wie Sie einen RA beim BGH ermitteln. Üblicherweise legen BGH-Anwälte keinen gesteigerten Wert darauf, Belehrungen, Hinweise, Entwürfe oder Sonstiges zu erhalten.

239 ► Muster: Übergabe des Mandats an einen BGH-Anwalt

Anrede,

entsprechend dem bereits geführten Telefonat bedanken wir uns für Ihre Bereitschaft, den Auftraggeber im Verfahren über die Nichtzulassungsbeschwerde zu vertreten. Eine entsprechende Vollmacht des Auftraggebers reichen wir nach (oder: haben wir beigefügt).

Wir überreichen zunächst die vollständige Ausfertigung des Urteils des Berufungsgerichts vom ..... zum Aktenzeichen ...... Dieses Urteil wurde uns am ..... von Amts wegen zugestellt.

Das Gericht hat die Revision nicht zugelassen. Wie sich aus dem Urteil ergibt, ist der gem. § 26 Nr. 8 EGZPO erforderliche Wert der Beschwer erreicht.

Eine Kopie der Handakte im Sinne von § 50 BRAO haben wir beigefügt. Eine Rückgabe ist nach Abschluss des Verfahrens nicht erforderlich, da es sich lediglich um Kopien handelt.

Bitte beachten Sie, dass wir für das weitere Verfahren über die Nichtzulassung der Revision nicht beauftragt sind. Der erforderliche Schriftverkehr ist direkt mit dem Auftraggeber zu führen.

Wir bitten allerdings darum, uns über den Ausgang des Verfahrens zu informieren.

Grußformel

240 ► Hinweis:

Wenn Sie in das Nichtzulassungsbeschwerdeverfahren involviert sind, entsteht bei Ihnen die Verfahrensgebühr der Nr. 3400 VV RVG. Diese ist regelmäßig nicht erstattungsfähig. Entsprechende Erläuterungen finden Sie im vergütungsrechtlichen Teil unter Kap. 8 Rdn. 686, 697.

Das Übersenden der Handakte gehört gem. § 19 Abs. 1 Nr. 12 RVG zum Rechtszug und löst keinen gesonderten Vergütungsanspruch aus.

241 ► Muster: Schreiben an den Auftraggeber nach Übergabe des Auftrags an den BGH Anwalt

Anrede,

wie besprochen, haben wir mit gleicher Post den BGH-Anwalt in Ihrem Namen mit Ihrer weiteren Vertretung beauftragt.

Um auf unserer Seite nicht weitere Vergütungsansprüche entstehen zu lassen, die im Zweifel auch im Obsiegensfall nicht erstattungsfähig sind, haben wir den BGH-Anwalt gebeten, zukünftig direkt mit Ihnen zu korrespondieren. Auf unsere entsprechenden Ausführungen zur Erstattungsfähigkeit unserer Vergütung im Fall einer weiteren Tätigkeit durch uns verweisen wir.

(Anm.: Das Muster finden Sie unter Kap. 8 Rdn. 644).

Wir haben die Hoffnung, dass es nun endlich gelingt, Ihre nach unserer Auffassung berechtigten Ansprüche durchzusetzen.

Bitte informieren Sie uns über den Ausgang des Verfahrens vor dem BGH. Sollten Sie erfolgreich sein, ist von uns als bisherige Prozessbevollmächtigte einiges zu erledigen (Kostenfestsetzungsanträge, ggf. Rückfestsetzungsanträge).

Ergeben sich am Ende des Verfahrens vollstreckbare Ansprüche ist ggf. sogar eine Vollstreckung gegen den (dann) Schuldner erforderlich.

Wir haben eine weitere Vollmacht beigefügt. Diese ist nicht für uns bestimmt, sondern zur Weiterleitung an den BGH-Anwalt. Daher fehlt unser entsprechender Kanzleistempel. Wir bitten um Unterzeichnung und Rücksendung. Sie können die Vollmacht auch direkt an den BGH-Anwalt weiterleiten.

Wir hoffen, dass Sie zu Ihrem Recht kommen.

Grußformel

E. Revision

Die Revision kann auf zwei verschiedenen Wegen eröffnet werden. Entweder nach einer erfolgreichen Nichtzulassungsbeschwerde (s. das vorherige Kapitel) oder aber bei unmittelbarer Zulassung der Revision durch das Berufungsgericht im Anschluss an das Urteil des Berufungsgerichts. 242

Auch hier gilt, dass Sie im zivilgerichtlichen Verfahren das Revisionsverfahren nicht selbst führen können. Das zivilrechtliche Revisionsverfahren kann nur durch einen am BGH zugelassenen RA wirksam geführt werden (vgl. die Ausführungen zur Nichtzulassungsbeschwerde). 243

Die Revision ist gem. § 548 ZPO **innerhalb einer Notfrist von einem Monat seit Zustellung des vollständigen Urteils** einzulegen oder aber, wenn das vollständige Urteil nicht zugestellt ist, binnen einer Frist von fünf Monaten seit Verkündung des Urteils. 244

Selbstverständlich muss auch die Revision begründet werden. Die **Revisionsbegründungsfrist** beträgt gem. § 551 Abs. 2 Satz 2 ZPO zwei Monate. Die Frist beginnt unter den gleichen Voraussetzungen zu laufen, wie die Revisionsfrist. Die Begründungsfrist ist nur länger. Die Verlängerung der Revisionsbegründungsfrist ist grds. 245

möglich (§ 551 Abs. 2 Satz 5 und 6 ZPO). Den Verlängerungsantrag werden aber regelmäßig nicht Sie stellen.

246 Auch für das Revisionsverfahren gilt, dass Sie, bevor Sie einen BGH-Anwalt mit der Einlegung der Revision beauftragen, den Auftraggeber über das weitere Kostenrisiko belehren sollten. Auch für den Fall, dass Ihr Büro in der Funktion eines Verkehrsanwalts (oder Korrespondenzanwalt) weiter tätig wird, ist eine Belehrung über die kostenerstattungsrechtlichen Folgen geboten. Bitte beachten Sie die entsprechenden Muster unter Kap. 8 Rdn. 644. Ein Muster zur Abgabe der Angelegenheit an den BGH-Anwalt und ein Muster für ein Schreiben an den Auftraggeber finden Sie ebenfalls unter Kap. 8 Rdn. 652.

247 Der BGH hebt häufig das zweitinstanzliche Urteil auf und verweist den Rechtsstreit zurück an das untergeordnete Berufungsgericht. Die Vergütung richtet sich nach Zurückverweisung nach § 21 RVG (neuer Rechtszug). Allerdings erfolgt in einigen Fällen gem. Vorbemerkung 3 Abs. 6 VV RVG eine Anrechnung der Verfahrensgebühr. Nach Zurückverweisung an das Berufungsgericht können Sie selbstverständlich den Auftraggeber wieder vertreten. Der BGH-Anwalt kann nach Zurückverweisung nicht tätig werden, er ist ausschließlich am BGH tätig.

F. Sofortige Beschwerde

248 Einige sofortige Beschwerden werden typischer Weise selbstständig von den in einer Kanzlei beschäftigten Mitarbeitern bearbeitet. Eine **Auswahl dieser sofortigen Beschwerden** habe ich hier dargestellt. Selbstverständlich bin ich nicht auf alle möglichen sofortigen Beschwerden eingegangen, sondern habe mich auf die konzentriert, die im Büroalltag am häufigsten vorkommen.

I. Allgemeines

249 Gegen einige Entscheidungen (meist sog. Nebenentscheidungen) des Gerichts findet die sofortige Beschwerde statt. Die sofortige Beschwerde ist grds. innerhalb einer **Notfrist von zwei Wochen (§ 569 Abs. 1 Satz 1 ZPO)** bei dem Gericht einzulegen, das die anzufechtende Entscheidung erlassen hat.

250 Es ist auch möglich, die sofortige Beschwerde beim Beschwerdegericht einzureichen. Allerdings nimmt man sich dann die Möglichkeit, dass das Erstgericht der sofortigen Beschwerde eventuell gleich abhilft.

251 Die **Frist beginnt** gem. § 569 Abs. 1 Satz 2 ZPO **mit der Zustellung des anzufechtenden Beschlusses** zu laufen. Sie beginnt spätestens fünf Monate nach Verkündung des Beschlusses zu laufen.

II. Sofortige Beschwerde bei Ablehnung der PKH

252 Wird allerdings im PKH-Bewilligungsverfahren dem Antragsteller PKH nicht bewilligt, ist gegen diese Entscheidung auch die sofortige Beschwerde zulässig. Diese ist

aber innerhalb einer **Notfrist von einem Monat** einzulegen (§ 127 Abs. 2 Satz 3 ZPO).

Wird die Bewilligung von PKH durch Beschluss wegen mangelnder Erfolgsaussichten abgelehnt, so ist diese Entscheidung wie eine Hauptsachenentscheidung zu werten. Daher gibt das Gesetz für diese sofortige Beschwerde auch einen eigenen Wert der Beschwer vor. Die sofortige Beschwerde bei Ablehnung der beantragten PKH ist vom Überschreiten des in § 511 ZPO genannten Wertes abhängig, d.h. der Wert der Beschwer muss 600,00 € übersteigen. 253

Dies ist nachvollziehbar. Der Rechtsweg des Beschwerdeführers soll im Wege der sofortigen Beschwerde nicht weiter gehen, als er es täte, wenn der Beschwerdeführer die Hauptsache anfechten würde. 254

Schließt sich dem PKH-Bewilligungsverfahren das Beschwerdeverfahren an, so ist auch für das Beschwerdeverfahren eine Kostenerstattung nicht vorgesehen (§ 127 Abs. 4 ZPO). 255

Auf den Wert der Beschwer ist i.R.d. sofortigen Beschwerde gegen die Ablehnung von PKH nicht abzustellen, wenn PKH mit der Begründung nicht bewilligt wurde, dass die persönlichen und wirtschaftlichen Verhältnisse nicht vorliegen. 256

III. Sofortige Beschwerde bei Kostenentscheidungen

Generell erfolgt eine Anfechtung der Kostenentscheidung gemeinsam mit der Anfechtung des Urteils i.R.d. Berufung oder der Revision (§ 99 Abs. 1 ZPO). 257

Wenn allerdings das Urteil selbst nicht mit einem Rechtsmittel anfechtbar ist (z.B. Anerkenntnisurteil oder Beschluss über die Erledigung der Hauptsache) ist die Kostenentscheidung mit der sofortigen Beschwerde anfechtbar. 258

1. Erledigung der Hauptsache

Für die Kostenentscheidung bei Erledigung der Hauptsache ist § 91a Abs. 2 ZPO einschlägig. Diese ist mit der sofortigen Beschwerde anfechtbar. Auch hier hat der Gesetzgeber einen eingeschränkten Wert der Beschwer vorgegeben. Wenn ein Urteil im Ausgangsverfahren nicht anfechtbar gewesen wäre, weil der Wert der Beschwer gem. § 511 ZPO nicht erreicht (übersteigen von 600,00 €) wurde, dann kann auch die Kostenentscheidung nicht mit der sofortigen Beschwerde angefochten werden. Im Beschwerdeverfahren über eine sog. Nebenentscheidung soll das Verfahren nicht weiter betrieben werden können, als es für das Hauptverfahren möglich gewesen wäre. 259

2. Sofortiges Anerkenntnis

Wenn der Beklagte nicht durch sein Verhalten Veranlassung zur Klageerhebung gegeben hat (§ 93 ZPO), werden dem Kläger die Kosten des Rechtsstreits auferlegt. Diese Regelung ist ein Grund dafür, warum der RA dafür sorgt, dass sich der Beklagte bspw. in Verzug befindet oder bei einer Zug-um-Zug-Leistung, der Beklagte sich 260 in Annahmeverzug befindet. Entsprechend § 99 Abs. 2 ZPO kann der Kläger gegen die Kostenentscheidung sofortige Beschwerde einlegen. Auch diese sofortige Beschwerde ist davon abhängig, dass der in § 511 ZPO vorgegebene Wert der Beschwer (600,00 €) überschritten wird. Es wird auf die Ausführungen zur sofortigen Beschwerde bei Erledigung der Hauptsache (Kap. 7 Rdn. 259) verwiesen.

3. Klagerücknahme

261 Auch Sie werden es schon erlebt haben: die Klage ist beim Gericht eingereicht, vor Zustellung der Klage (oder des Mahnbescheides) leistet der Beklagte.

262 Die Klage muss zurückgenommen werden. Üblicherweise ist vor Rechtshängigkeit die Erledigungserklärung nicht zulässig. Bei **Klagerücknahme ist der Kläger** gem. § 269 Abs. 3 Satz 2 ZPO **verpflichtet, die Kosten des Rechtsstreits zu tragen.** Dies gilt **dann nicht**, wenn der **Grund zur Klage vor Rechtshängigkeit entfallen** ist (§ 269 Abs. 3 Satz 2 ZPO). Das Gericht entscheidet über die Kostentragungsverpflichtung nach billigem Ermessen und berücksichtigt dabei den bisherigen Streitstand (also ob davon auszugehen ist, dass die Klage bei Durchführung des Verfahrens erfolgreich gewesen wäre).

263 Das Gericht entscheidet über die Kostentragungspflicht durch Beschluss (§ 269 Abs. 4 ZPO). Gegen diesen Beschluss ist die sofortige Beschwerde statthaft. Die Zulässigkeit dieser sofortigen Beschwerde hängt erneut davon ab, dass wegen der Hauptsache an sich, die Berufung möglich gewesen wäre (Überschreiten des Wertes der Beschwer i.H.v. 600,00 €). Unzulässig ist die sofortige Beschwerde auch dann, wenn wegen der Kosten bereits ein unanfechtbarer Kostenfestsetzungsbeschluss ergangen ist.

264 ► Praxistipp:

Wenn Sie die Klage zurücknehmen und der Grund der Klagerücknahme darin liegt, dass der Beklagte nach Einreichung der Klage geleistet hat, stellen Sie gleich in Ihrem Rücknahmeantrag einen begründeten Kostenantrag.

► Muster: Klagerücknahme verbunden mit Kostenantrag

265 In Sachen

(vollständige Parteienbezeichnung, wenn Ihnen das Aktenzeichen ggf. nicht bekannt ist)

...../.....

– Aktenzeichen –

wird die am ..... erhobene Klage zurückgenommen. Der Beklagte hat mit Wertstellung vom ..... die anhängige Forderung des Klägers beglichen.

Gleichzeitig wird beantragt,

– **dem Beklagten die Kosten des Rechtsstreits gem. § 269 Abs. 3 Satz 2 ZPO aufzuerlegen und die nicht verbrauchten Gerichtskosten zurück zu erstatten. Es wird anwaltlich versichert, dass diese aus eigenen Mitteln verauslagt worden sind.**

▶ Hinweis: 266

Hat der Kläger die Gerichtskosten selbst gezahlt, dann bitten Sie um Erstattung direkt an den Kläger oder legen eine Geldempfangsvollmacht vor.

Begründung:

Bei Klageerhebung befand sich der Beklagte mit der Leistung der Forderung in Verzug (siehe Seite ….. der Klageschrift). Er hat durch sein Verhalten Veranlassung zur Klageerhebung gegeben.

Ein Kostenfestsetzungsantrag ist diesem Antrag bereits zur beschleunigten Bearbeitung der Angelegenheit beigefügt.

Beglaubigte und einfache Abschrift anbei

Rechtsanwalt

▶ Hinweis: 267

Die Verfahrensgebühr der Nr. 3100 VV RVG ist durch die Einreichung der Klage bereits in voller Höhe entstanden.

IV. Offensichtliche Unrichtigkeit

Auch bei den Gerichten arbeiten Menschen. Daher: Fehler gehören dazu. 268

269 Insbes. bei Säumnis des Klägers kann es sein, dass das Gericht mit der Kostenentscheidung feststellt: „Die Kosten des Verfahrens hat der Beklagte zu tragen", obwohl der Kläger säumig war. Gem. **§§ 95, 344 ZPO hat grds. die säumige Partei die Kosten des Rechtsstreits** zu tragen. Weicht hier die Kostenentscheidung von der gesetzlichen Lage ab, ist nicht sofortige Beschwerde zu erheben.

270 Liegt eine **offensichtliche Unrichtigkeit i.S.v. § 319 Abs. 1 ZPO** vor, muss die Berichtigung des Urteils beantragt werden. Eine Frist für diesen **Antrag** ist nicht gesetzlich vorgegeben. Allerdings ist es immer sinnvoll, dass Sie auch hier **unverzüglich** vorgehen.

▶ Muster: Berichtigung des Urteils (oder eines Beschlusses) wegen offensichtlicher Unrichtigkeit 271

In Sachen

…../…..

– Aktenzeichen –

wird beantragt,

o das Urteil wegen offensichtlicher Unrichtigkeit der Kostenentscheidung zu berichtigen.

Begründung:

Der Beklagte ist in voller Höhe antragsgemäß verurteilt worden. Der Kläger hat Zahlung in Höhe von ..... € begehrt. Diesem Antrag ist das Gericht ohne Einschränkung gefolgt. Die durch das Gericht ausgesprochene Kostenquote (1/3 Kläger; 2/3 der Beklagte) entspricht nicht dem Verhältnis von Obsiegen zu Unterliegen. Gem. § 91 Abs. 1 ZPO hat der Beklagte die Kosten des gesamten Rechtsstreits allein zu tragen. Die Kostenentscheidung ist daher im Sinne von § 319 Abs. 1 ZPO offensichtlich unrichtig. Berichtigung ist daher geboten.

Ein Kostenfestsetzungsantrag (und kein Kostenausgleichungsantrag) ist diesem Gesuch daher bereits beigefügt.

Beglaubigte und einfache Abschrift anbei

Rechtsanwalt

V. Sofortige Beschwerde bei Kostenfestsetzungsbeschlüssen

272 Über die **Kostentragungsverpflichtung** des Verfahrens entscheidet das Gericht **von Amts wegen, § 308 Abs. 2 ZPO.** Damit steht noch nicht fest, in welcher Höhe der zur Kostentragung Verpflichtete die Kosten nun erstatten muss. Um die Höhe der Zahlungsverpflichtung festzustellen, ist ein **Kostenfestsetzungsantrag (§ 104 ZPO)** erforderlich. Bei einer Verteilung der Kostentragungslast nach Quoten (entsprechend § 92 ZPO und damit dem Verhältnis von Obsiegen zu Unterliegen) ist regelmäßig das Kostenausgleichungsverfahren durchzuführen. Bei Vergleichen werden die Kosten häufig gegeneinander aufgehoben (§ 98 ZPO, abweichende Vereinbarungen sind zulässig, s. die unter Kap. 8 Rdn. 366), mit der Folge, dass jede Partei die eigenen „Anwaltskosten“ und die Hälfte der Gerichtskosten zu tragen hat.

273 Entspricht die erfolgte Festsetzung nicht dem, was Sie als Festsetzungsbetrag erwartet haben, so ist der **Kostenfestsetzungsbeschluss mit der sofortigen Beschwerde anfechtbar** (§ 567 Abs. 1 ZPO). Die Frist ergibt sich erneut aus § 569 Abs. 1 ZPO. Üblicherweise ist die sofortige Beschwerde binnen einer **Notfrist von zwei Wochen ab Zustellung** einzulegen.

274 Ist Grundlage des sofortigen Beschwerdeverfahrens ein Kostenfestsetzungsbeschluss, so ist dieser nur anfechtbar (im Wege der sofortigen Beschwerde), wenn der **Wert der Beschwer 200,00 € übersteigt** (§ 567 Abs. 2 ZPO).

275 ► Praxistipp:

Die sofortige Beschwerde hemmt in keiner Weise die Zwangsvollstreckung aus einem Kostenfestsetzungsbeschluss. Sie hat keine aufschiebende Wirkung (§ 570 Abs. 1 ZPO). Eine aufschiebende Wirkung ist nur zu erreichen, wenn Sie beantragen, die Vollziehung auszusetzen.

► Muster: Sofortige Beschwerde gegen Kostenfestsetzungsbeschluss

276

In Sachen

...../.....

– Aktenzeichen –

legen wir Namens und in Vollmacht des zur Kostenerstattung Verpflichteten

sofortige Beschwerde

gegen den Kostenfestsetzungsbeschluss vom ....., zugestellt am ..... ein mit dem Antrag, den Kostenfestsetzungsbeschluss aufzuheben und die Kosten unter Berücksichtigung der Begründung der sofortigen Beschwerde neu festzusetzen. Gleichzeitig wird beantragt, die Vollziehung des Kostenfestsetzungsbeschlusses bis zur Entscheidung über die sofortige Beschwerde gem. § 570 Abs. 2 ZPO einstweilen auszusetzen und keine vollstreckbare Ausfertigung des Kostenfestsetzungsbeschlusses zu erteilen.

Ferner beantragen wir, für den Fall, dass der sofortigen Beschwerde nicht stattgegeben wird,

das Folgende:

einen Ausspruch über die Zulässigkeit Rechtsbeschwerde zu treffen.

Begründung:

Mit dem Kostenfestsetzungsbeschluss vom ..... wurde die erstinstanzliche Verfahrensgebühr der Nr. 3100 VV RVG in voller Höhe festgesetzt. Bereits im Wege der Stellungnahme auf den Kostenfestsetzungsantrag vom ..... haben wir ausgeführt, dass vorgerichtlich eine Geschäftsgebühr gem. Nr. 2300 VV RVG entstanden und bezahlt worden ist. Dies ergibt sich aus dem Aufforderungsschreiben mit dem der zur Kostentragung Verpflichte (Kläger oder Beklagter) zur Leistung aufgefordert worden ist und dem beigefügten Zahlungsbeleg. Die Anrechnung der Geschäftsgebühr gem. Nr. 2300 VV RVG führt dann gem. § 15a Abs. 2 RVG zu einer Reduzierung der Verfahrensgebühr. Diese ist nicht in voller Höhe festzusetzen, sondern zu kürzen um den Anrechnungsteil der Geschäftsgebühr.

Anstelle einer 1,3 Verfahrensgebühr gem. Nr. 3100 VV RVG ist nur eine 0,65 Verfahrensgebühr festzusetzen. Dementsprechend ergibt sich auch der erforderliche Wert der Beschwer. Die von hier beantragte Absetzung übersteigt den Betrag in Höhe von 200,00 €.

Beglaubigte und einfache Abschrift anbei

Rechtsanwalt

► Hinweis: 277

Wird die Rechtsbeschwerde nicht zugelassen, so ist der Beschluss über die Nichtzulassung der Rechtsbeschwerde unanfechtbar (BGH, Urt. v. 16.02.2002 – II ZB 16/02).

278 ► Praxistipp:

Wenn bereits eine vollstreckbare Ausfertigung des Kostenfestsetzungsbeschlusses erteilt worden ist, müssen Sie, wenn der Gläubiger bereits Vollstreckungsmaßnahmen eingeleitet hat, Einstellung der Zwangsvollstreckung gem. § 769 Abs. 2 ZPO beim Vollstreckungsgericht beantragten.

279 ► Muster: Einstellung der Zwangsvollstreckung – Antrag an das Vollstreckungsgericht

An das Vollstreckungsgericht

In der Zwangsvollstreckungssache

...../.....

– Aktenzeichen der Vollstreckungsmaßnahme –

zeigen wir aufgrund der beigefügten Vollmacht an, dass wir den Schuldner auch im Vollstreckungsverfahren vertreten.

Namens und in Vollmacht des Schuldners beantragen wir,
- die Zwangsvollstreckung aus dem Kostenfestsetzungsbeschluss vom ..... des ..... Gerichts zum Aktenzeichen ..... bis zur Entscheidung über den Aussetzungsantrag im ..... Verfahren über die sofortige Beschwerde vor dem ..... Prozessgericht einstweilen einzustellen.

Begründung:

Gegen den der Zwangsvollstreckung zugrunde liegenden Titel, den Kostenfestsetzungsbeschluss, wurde diesseits form- und fristgerecht am ..... sofortige Beschwerde eingelegt. Die entsprechende sofortige Beschwerde ist diesem Antrag in Kopie beigefügt. Aus der sofortigen Beschwerde ist ersichtlich, dass die Aussetzung der Vollziehung des Kostenfestsetzungsbeschlusses beantragt worden ist.

Bis heute liegt die Entscheidung des Prozessgerichts nicht vor. Dieses wurde mit gleicher Post über den jetzt erforderlichen Einstellungsantrag informiert.

Da der Titel zu Unrecht ergangen ist und eine Entscheidung durch das Prozessgericht noch aussteht, ist die Vollstreckung durch das Vollstreckungsgericht einstweilen bis zur Entscheidung des Prozessgerichts einzustellen. Nur so wird verhindert, dass eine endgültige Rechtslage mit Beitreibung der bestrittenen Forderung hergestellt wird.

Der Anordnung einer Hinterlegung durch das Gericht wird ausdrücklich zugestimmt.

Beglaubigte und einfache Abschrift anbei

Rechtsanwalt

280 Für den vorherigen Antrag entsteht keine gesonderte Vergütung (§ 19 Nr. 11 RVG). Der Antrag gehört zum Rechtszug.

G. Erinnerung bei Nichterreichen des Wertes der Beschwer

Für den **Erlass** des **Kostenfestsetzungsbeschlusses** ist der **Rechtspfleger** zuständig. Daher ist eine Anfechtung des Kostenfestsetzungsbeschlusses auch möglich, wenn der Wert der Beschwer für das Einlegen der sofortigen Beschwerde nicht erreicht ist. Nur durch einen Richter soll eine unanfechtbare Entscheidung im Zivilprozess getroffen werden. 281

Ist der **Wert der Beschwer für eine sofortige Beschwerde nicht erreicht**, ist der Kostenfestsetzungsbeschluss mit der **Erinnerung** anfechtbar (§ 573 Abs. 1 ZPO). Die Erinnerung muss innerhalb einer **Notfrist von zwei Wochen ab Zustellung des Kostenfestsetzungsbeschlusses** eingelegt werden. Hilft das Gericht der Erinnerung nicht ab (und ist der Wert der Beschwer für die sofortige Beschwerde nicht erreicht), ist das Verfahren mit der Entscheidung über die Erinnerung beendet, es sei denn, das Gericht hat die Rechtsbeschwerde ausdrücklich zugelassen. 282

Die Rechtsmittel und Rechtsbehelfe i.R.d. Zwangsvollstreckung finden Sie unter Kap. 5 Rdn. 582 ff. 283

H. Wiedereinsetzung in den vorigen Stand

I. Vorbemerkungen

Ursprünglich hatten wir vor, zu diesem Thema nichts zu schreiben, weil wir ja davon überzeugt sind, dass Sie ein Kapitel über Wiedereinsetzung nicht benötigen, da Sie alle Fristen sicher beherrschen, unter Beachtung aller zu treffenden organisatorischen Maßnahmen notieren und den unerledigten Ablauf verhindern. Soviel zur Theorie. 284

Eine mögliche Fehlerfreiheit bei der Behandlung von Fristen hängt von verschiedenen Faktoren ab. Je kleiner eine Kanzlei ist, umso einfacher ist die Organisation. Sie müssen sich im Zweifel nur auf sich selbst und Ihren Arbeitgeber verlassen. Wenn Sie als einzige Mitarbeiterin für einen Anwalt tätig sind, können Sie das Büro so organisieren, wie es genau Ihren Erfordernissen entspricht. Sie kennen dann auch die Besonderheiten Ihres Arbeitgebers und wissen, wie Sie dafür Sorge tragen können, dass Ihr Organisationsschema mit den Vorlieben (und manchmal Eigenarten) Ihres Arbeitgebers übereinstimmt. 285

Je größer die Zahl der tätigen Anwälte (und natürlich Anwältinnen) und die Mitarbeiterzahl, desto schwieriger die Organisation. Natürlich sind in größeren Kanzleien mehr Mitarbeiterinnen beschäftigt. Dies bedeutet aber auch, dass verschiedene Mitarbeiter für ähnliche Arbeitsabläufe zuständig sind. Schon wird es nicht mehr möglich sein, dass die Organisationsstrukturen genau auf Ihre Bedürfnisse zugeschnitten sind. Kommunikation, Anpassung und Kompromisse sind erforderlich. Sobald mehrere an einem Organisationsablauf beteiligt sind, erhöht sich die Fehlerquelle. Jede Kanzlei ist anders organisiert. Es ist nichts Ungewöhnliches, dass in großen Kanzleien das gesamte Fristenwesen durch eine Mitarbeiterin bearbeitet wird. Aber auch diese ist einmal krank, hat Urlaub, geht in Elternzeit, wechselt den Arbeitgeber 286 u.v.a.m. Dann muss die Stellvertretung den Arbeitsbereich übernehmen (wenn es eine Stellvertretung gibt!) oder aber die Arbeit wird auf verschiedene Mitarbeiter übertragen. Schon beginnen die Kommunikationsprobleme. In anderen Kanzleien gibt es weiterhin die Zuweisung RA/RAin und entsprechende Rechtsanwaltsfachangestellte (Rechtsfachwirt/In, Bürovorsteher/In usw.). Dann notieren Sie in Ihrem Dezernat die Fristen. Es gibt Mitarbeiterpools, Schreibpools, diverse sonstige Teambildungen. Alle haben eines gemeinsam: Fehler können geschehen.

II. Feststellung und Bekanntgabe des Fehlers

287 Wenn Sie daran denken, dass ein Wiedereinsetzungsantrag gestellt werden muss, dann steht fest: Es ist etwas schief gelaufen.

288 ▶ Praxistipp:

Ist Ihnen bei dem Notieren einer Frist ein Fehler unterlaufen, der dazu geführt hat, dass die Frist zur Einlegung eines Rechtsmittels oder Rechtsbehelfs abgelaufen ist, ohne dass rechtzeitig entsprechende Prozesshandlungen vorgenommen wurden, müssen Sie sofort reagieren. Ihre Aufgabe ist es, unverzüglich (und zwar wirklich sofort), den Fehler möglichst dem zuständigen Anwalt zu melden. Sinnvoll ist es, wenn Sie den Fristablauf verursacht haben, ein Protokoll anzufertigen, warum Ihnen, wie der Fehler unterlaufen ist (speichern Sie bitte dieses Protokoll, es wird im Zweifel noch benötigt). Mir ist bewusst, wie unangenehm es ist, Fehler offen einzugestehen. Aber dies ist die einzige Möglichkeit. Es wird Ihnen nicht gelingen, das Problem anders aus der Welt zu schaffen.

▶ Muster: Fehlerprotokoll im Hinblick auf eine unzutreffend notierte Beru-
289 fungsbegründungsfrist

Eilnotiz

In der Sache

Aktenbezeichnung und Aktenkennzeichnung (in der Regel Aktenzeichen)

ist am 03.12. ..... das vollständige Urteil des ..... Gerichts vom ..... von Amts wegen zugestellt worden. Die Zustellung erfolgte gegen Empfangsbekenntnis. Das entsprechende Empfangsbekenntnis findet sich versehen mit Eingangsstempel in der Akte.

Ich habe daher – wie üblich und bereits seit Jahren fehlerfrei – den Ablauf der Berufungsfrist auf den 03.01 ..... notiert. Entsprechend der Organisationsanweisung in der Kanzlei habe ich die Frist auf dem Urteil und im Fristenkalender notiert. Anschließend erfolgte die Notierung im softwareunterstützten Kalender. Entsprechend der Organisationsanweisung (Behandlung von Berufungsfristen) habe ich dann eine Wiedervorlage von drei Tagen sowohl in dem im Buchform geführten Kalender als auch im softwareunterstützten Kalender notiert. Entsprechend der Organisationsanweisung habe ich anschließend sämtliche notierten Notfristen und Wiedervorlagen überprüft (Buchkalender, Softwarekalender). Erst dann habe ich, entsprechend der Organisationsanweisung mein Namenskürzel in anderer Schrift und das Datum notiert, an dem ich die Berufungsfrist notiert habe. Die erforderliche Vorfrist für den

….. (*Datum*) (*zwei Wochen vor Ablauf der Berufungsfrist*) habe ich – entsprechend der Organisationsanweisung – nur noch im Softwarecomputer notiert.

Ich habe dann sogleich die Berufungsbegründungsfrist notiert (Organisationsanweisung).

Bei diesem Fristablauf habe ich aber nicht, wie sonst üblich, das Datum der Zustellung als maßgebend angesehen, sondern den Fristablauf berechnet vom Ende der Berufungsfrist (zwei Monate ab Ablauf der Berufungsfrist). Ich habe auf den 03.03. notiert und mich bei allen Abläufen an die Organisationsanweisung gehalten (Buchkalender, Softwarekalender, Wiedervorlage).

Sämtliche Vorfristen sind bezogen auf das fehlerhafte Ende der Frist berechnet worden. Ich habe die eingetragene Frist auf dem Urteil vermerkt. Dabei ist mir allerdings ein weiterer Fehler unterlaufen.

Ich habe als Fristablauf für die Berufungsbegründung auf dem Urteil den 03.02. notiert.

Entsprechend der Organisationsanweisung habe ich die Akte mit dem Fristennotizzettel dem zuständigen Anwalt RA X vorgelegt. Der Fristenzettel vom ….., mit meinem Namen gekennzeichnet, der sich abgeheftet in der Akte befinden, hat als Fristende eingetragen

Urteil zugestellt am	03.12.
Notfrist: Berufung	03.01.
Frist Berufungsbegründung	03.02.

Ich habe das irrtümlich auf dem Urteil von mir notierte „unzutreffende Datum" (Frist war für den 03.03. notiert) übernommen und dem zuständigen RA zur Abzeichnung vorgelegt.

Dieser hat auf dem Urteil sowohl hinter dem Fristeintrag „Berufung 03.01." als auch hinter dem Fristeintrag „Berufungsbegründung 03.02." jeweils mit dem Kürzel „i.O. RA X" abgezeichnet.

Es war mit meinen Notizen auf dem Urteil nicht feststellbar, dass ich tatsächlich die Berufungsbegründung erst am 03.03. notiert habe. Berufung wurde fristgerecht am 03.01. eingelegt.

Mir ist die fehlerhaft notierte Frist erst am heutigen Tage, den 10.02., aufgefallen, weil der Auftraggeber telefonisch nach dem Sachstand gefragt hat. Dabei habe ich gesehen, dass eine Berufungsbegründung nicht gefertigt worden ist. Die Berufungsbegründungsfrist dürfte abgelaufen sein.

Ich habe rein vorsorglich eine Wiedereinsetzungsfrist (Ablauf) für den 24.02. und eine Vorfrist für den 19.02. notiert.

Ich bitte um Rücksprache. Die Angelegenheit eilt sehr.

Eine Kopie dieser Notiz habe ich an die Büroleitung weitergegeben.

Ich bitte um Mitteilung, ob die Haftpflichtversicherung des Büros zu informieren ist. Mir ist nicht bekannt, ob es diesbezüglich Fristen gibt, die einzuhalten sind.

....

Datum, Unterschrift der Mitarbeiterin

290 ▶ Hinweis:

Der vorstehende Sachverhalt ist frei erfunden. Ich habe bei der Erstellung dieses Protokolls nicht geprüft, ob ein Fall der unverschuldeten Säumnis vorliegt und Wiedereinsetzung in den vorigen Stand erfolgreich beantragt werden könnte. Wenn es um einen Fall der Fristversäumnis geht, ist es **Anwaltsaufgabe** zu prüfen (unter Berücksichtigung der aktuellen Kommentarliteratur und der Rechtsprechung des BGH), ob ein Wiedereinsetzungsantrag hinreichend Aussicht auf Erfolg bietet.

291 Alles, was Sie über richtige Fristenkontrolle lernen und wissen möchten, können Sie den Entscheidungen des BGH zu abgelehnten Wiedereinsetzungsanträgen entnehmen. Besuchen Sie die Website des BGH (www.bundesgerichtshof.de) und wählen den Menüpunkt „Entscheidungen" aus. Als Stichwort tragen Sie in die Suchmaske „Wiedereinsetzung" ein. Um nicht von der Masse der Urteile erschlagen zu werden, beschränken Sie Ihre Suche auf ein Jahr (z. B. 2011) und fangen dann an, die vielen angezeigten Urteile zu lesen. Interessant sind insbes. die Entscheidungen im Anwaltszulassungsverfahren.

III. Allgemeines

292 *§ 233 ZPO Wiedereinsetzung in den vorigen Stand*

War eine Partei ohne ihr Verschulden verhindert, eine Notfrist oder die Frist zur Begründung der Berufung, der Revision, der Nichtzulassungsbeschwerde, der Rechtsbeschwerde oder der Beschwerde nach §§ 621e, 629a Abs. 2 oder die Frist des § 234 Abs. 1 einzuhalten, so ist ihr auf Antrag Wiedereinsetzung in den vorigen Stand zu gewähren.

293 Von Wiedereinsetzung in den vorigen Stand (restitutio in integrum) wird gesprochen, wenn ein Verfahrensbeteiligter bestimmte gesetzlich vorgeschriebene Fristen (i. d. R. als Notfristen s. o. § 233 ZPO) unverschuldet versäumt hat. Das Verschulden des Anwalts an der Einhaltung der Frist wird dem Auftraggeber zugerechnet. Nur wenn der RA nachweisen kann, dass er alles Notwendige unternommen hat, um die Frist einzuhalten, kann auf den entsprechenden Antrag Wiedereinsetzung gewährt werden. Die Wiedereinsetzung ist nicht nur in der ZPO vorgesehen, sondern in diversen anderen Verfahrensordnungen (so z. B. Strafprozessordnung § 44 StPO oder im Verwaltungsprozess in § 60 VwGO, behördliches Verwaltungsverfahren § 32 VwVfG).

294 Zweck des Wiedereinsetzungsverfahrens ist es, den Verfahrensstand wieder herzustellen, der bestehen würde, wenn die versäumte Prozesshandlung nicht versäumt worden wäre. Der Antrag allein hemmt daher keine Vollstreckungsmaßnahmen der am

Verfahren beteiligten anderen Partei. Wollen Sie dies verhindern, müssen Sie entsprechend Einstellung der Zwangsvollstreckung beantragen.

IV. Antrag

Hat der RA eine Frist versäumt (bzw. eine Prozesshandlung nicht innerhalb der vorgesehenen Frist vorgenommen), so wird Wiedereinsetzung in den vorigen Stand nur gewährt, wenn er einen Antrag stellt. Der Antrag ist an das Gericht zu richten, bei dem die Prozesshandlung versäumt wurde. 295

► Praxistipp: 296

Haben Sie z. B. die Berufungsfrist versäumt, so hemmt der Antrag auf Wiedereinsetzung nicht den Ablauf der Berufungsbegründungsfrist. Versäumen Sie im Zuge des laufenden Wiedereinsetzungsverfahrens die Berufungsbegründungsfrist, ist im Zweifel erneut ein Wiedereinsetzungsantrag erforderlich. Sie sollten hier rechtzeitig (am Besten gleichzeitig mit dem Wiedereinsetzungsantrag) die Verlängerung der Berufungsbegründungsfrist beantragen. Dies gilt immer dann, wenn der ersten Frist noch eine zweite erforderliche Prozesshandlung folgt.

V. Versäumte Prozesshandlung

Für viele versäumte Prozesshandlungen (versäumte Fristen) ist es nicht möglich, eine Wiedereinsetzung zu beantragen. Haben Sie bspw. die Ausschlussfrist für den Widerruf des Vergleichs versäumt, so können Sie nicht mit der Wiedereinsetzung versuchen, dieses Versäumnis zu heilen. Wiedereinsetzung ist möglich, wenn 297

- eine im Gesetz als Notfrist bezeichnete Frist oder
- die Berufungsbegründungsfrist,
- die Revisionsbegründungsfrist,
- die Frist zur Begründung der Nichtszulassungsbeschwerde oder
- die Wiedereinsetzungsfrist gem. § 234 ZPO u. a. (s. § 233 ZPO)

abgelaufen ist, ohne das rechtzeitig die erforderliche Prozesshandlung vorgenommen wurde.

VI. Frist für den Antrag

Der Antrag auf Wiedereinsetzung muss gem. § 234 Abs. 1 ZPO regelmäßig innerhalb einer unverlängerbaren Frist von zwei Wochen gestellt werden. Im Ausnahmefall ist eine Frist von einem Monat vorgesehen. Die Frist beginnt mit dem Wegfall des Hindernisses (§ 234 Abs. 2 ZPO), das die Einhaltung der Frist verhindert hat, zu laufen. Ein Wiedereinsetzungsantrag ist nicht unbegrenzt möglich. Es gibt eine sog. **absolute Antragsfrist** von einem Jahr ab dem Ende der versäumten Frist (§ 234 Abs. 3 ZPO). 298

Kenntnis vom Hindernis, das zur Nichteinlegung der Frist geführt hat, wird häufig der Zeitpunkt sein, an dem man feststellt, dass die Frist versäumt wurde. 299

VII. Verschulden

300 Die Wiedereinsetzung wird nur gewährt, wenn die Partei ohne ihr Verschulden trotz Beachtung der erforderlichen Sorgfalt die Frist nicht einhalten konnte. Im zivilgerichtlichen Verfahren muss sich eine Partei das Verschulden ihres Bevollmächtigten (i. d. R. also ihres Rechtsanwalts) zurechnen lassen.

301 Das Verschulden richtet sich hierbei nach § 276 Abs. 2 BGB. Es werden durch die Gerichte strenge Anforderungen an die Organisationsstrukturen einer Anwaltskanzlei gestellt. Eine Fristversäumung ist dann von dem RA verschuldet, wenn sie für einen anderen – besser organisierten – RA abwendbar gewesen wäre. Generell kann festgestellt werden, dass ein Ausnutzen der Frist bis zum Tage des Fristablaufs es deutlich schwieriger macht, eine unverschuldete Fristversäumnis nachzuweisen, als ein Organisationsablauf, in dem ein Fristablauf nicht am letzten Tag der Frist notiert ist.

302 ▶ Praxistipp:

Es wird zunächst für Sie ungewöhnlich sein:

Notieren Sie die Fristen anders. Die Monatsfristen notieren Sie als Notfrist zweimal – nämlich nach vier Wochen – und am tatsächlichen Fristablauf als „Notfrist“. Erledigt wird die Frist spätestens nach vier Wochen. Der tatsächliche Tag des Fristablaufs dient nur noch als Kontrolltag. Es wird nochmals überprüft, ob Empfänger, Zugang u. Ä. sichergestellt werden kann. Sie müssen bei der Änderung der bisherigen Fristennotierung Rücksprache mit dem RA halten. Diese Vorgänge können Sie nur in Absprache ändern. Mit dieser Vorgehensweise (2-Wochenfrist = zehn Tage und die zwei Wochen) verhindern Sie, dass bspw. die Technik Ihnen um 23.55 Uhr am Tag des Fristablaufs einen Strich durch die Rechnung macht (ein entsprechendes Urteil des BGH, Urt. v. 15. 03. 2000 – VIII ZR 217/99, NJW-RR 2000, 1594 – finden Sie tatsächlich, das Fax des RA ging vollständig erst um 00.02 Uhr ein – damit zu spät, der Wiedereinsetzungsantrag wurde abgelehnt). Selbstverständlich klappt eine solche abweichende Fristenkontrolle nur, wenn alle Mitarbeiter und Anwälte sich beteiligen und daran halten. Nach dieser Methode könnten die spontan angesetzten Endlosdiktate kurz vor Feierabend der Vergangenheit angehören.

303 Ob ein Organisationsverschulden vorliegt, hängt vom Einzelfall ab. Wie Sie ein Organisationsverschulden vermeiden können, können Sie in der juristischen Fachliteratur nachlesen. Ich empfehle, dass Sie sich mit der Rechtsprechung des BGH zu diesem Thema intensiv beschäftigen. Der BGH gibt in diversen Entscheidungen (s. Kap. 7 Rdn. 291) detailliert vor, welche Anforderungen an die Möglichkeit der Gewährung von Wiedereinsetzung in den vorigen Stand zu stellen sind.

VIII. Begründung des Wiedereinsetzungsantrags

Der RA muss die Tatsachen, die die Wiedereinsetzung begründen und damit das Nichtvorliegen des Verschuldens innerhalb der Antragsfrist, wiedergeben. Die versäumte Prozesshandlung muss nachgeholt werden (§ 236 Abs. 2 ZPO). Die Angaben zur unverschuldeten Versäumung der Frist müssen **glaubhaft** gemacht werden. Sinnvollerweise geschieht dies gleich mit dem Antrag auf Wiedereinsetzung in den vorigen Stand. Glaubhaftmachung erfolgt durch die Vorlage einer eidesstattlichen Versicherung. 304

► Muster: Wiedereinsetzungsantrag in den vorigen Stand

305

An das ..... (*Prozessgericht, vor dem die Prozesshandlung versäumt wurde*)

In Sachen

X ....../. Y .....

- Aktenzeichen -

beantragen wir namens und in Vollmacht des Antragstellers wegen der Versäumung der Berufungsfrist dem Antragsteller Wiedereinsetzung in den vorigen Stand zu gewähren.

Gleichzeitig legen wir gegen das Urteil des ..... Gerichts vom ....., zugestellt am .....,

Berufung

ein. Die gesonderte Berufungsschrift ist diesem Antrag beigefügt (*s. das Textmuster unter Kap. 7 Rdn. 192*).

Wir beantragen ferner,

die Vollstreckung aus dem Urteil vom ..... einstweilen einzustellen,

bis über den Wiedereinsetzungsantrag entschieden worden ist.

Begründung:

Die für die Einlegung der Berufung einzuhaltende Frist haben wir ohne zurechenbares Verschulden versäumt. Der Fristversäumnis liegt folgender Sachverhalt zugrunde:

(*Schilderung des Sachverhaltes, aus dem sich ergibt, dass kein Organisationsverschulden gegeben ist.*)

Zum Zwecke der Glaubhaftmachung fügen wir eine eidesstattliche Versicherung (*meistens einer Mitarbeiterin*) bei.

Es wird gebeten, über den Wiedereinstellungsantrag vorab zu entscheiden.

Bei dieser Gelegenheit beantragen wir bereits jetzt,

die Frist zur Begründung der Berufung bis zum .... zu verlängern.

Eine Begründung der Berufung ist erst sinnvoll, wenn über den Wiedereinsetzungsantrag entschieden worden ist.

Beglaubigte und einfache Abschrift anbei.

Rechtsanwalt

► Muster: Eidesstattliche Versicherung

306 Eidesstattliche Versicherung

Ich, ….. (*Vor- und Nachname des/der Mitarbeiter/In*), geb. am ….., wohnhaft in ….., bin über die Folgen einer falschen Versicherung an Eides statt von den Antragstellern belehrt worden. Die Belehrung erstreckte sich auch auf die Bedeutung einer eidesstattlichen Versicherung.

Ich erkläre hiermit in Kenntnis der Strafbarkeit einer falschen eidesstattlichen Versicherung an Eides statt:

….. (*Die Begründung Wiedereinsetzungsantrag wiederholen*)

….. …..

Ort, Datum Unterschrift

307 ► Hinweis:

Eine falsche eidesstattliche Versicherung wird mit Freiheitsstrafe von bis zu drei Jahren oder mit einer Geldstrafe geahndet (§ 156 StGB). Wer von einer falschen eidesstattlichen Versicherung wissentlich einen Vorteil hat, kann mit einer Freiheitsstrafe von bis zu sechs Monaten oder mit Geldstrafe (§ 160 StGB) rechnen. Auch auf § 263 StGB (Prozessbetrug) möchte ich verweisen.

8. Kapitel: Kosten und Gebühren

Übersicht Rdn.

1 In jeder Akte, die im Büro zu bearbeiten ist, wird früher oder später eine Vergütungsberechnung erstellt werden. Bevor hier zu den Einzelheiten der Erstellung einer Vergütungsberechnung in den einzelnen Tätigkeitsbereichen des RA Ausführungen folgen, ein paar allgemeine Hinweise:

A. Belehrungspflichten

I. Allgemeines

2 Der RA hat eine Reihe von Belehrungspflichten. Z.T. wird der RA den Auftraggeber zu Beginn und z. T. während des laufenden Mandats belehren. Einige mögliche Be-

lehrungen ergeben sich erst aus dem Verlauf der Angelegenheit. Insbes. für die ungefährdete Geltendmachung der Vergütung ist es zwingend erforderlich, dass der RA diese Belehrungspflichten erfüllt und bei Bedarf die erfolgte Belehrung nachweisen kann. Häufig sieht das Gesetz selbst keine schriftliche Belehrung (somit könnte die Belehrung auch mündlich – oder auf andere Weise – erfolgen) des Auftraggebers vor. Wie aber wollen Sie im Streitfall beweisen können, dass eine Belehrung erfolgt ist, wenn Sie keinen schriftlichen Beleg haben?

Es schadet nie, hinsichtlich gegebener Formvorschriften strengere Maßstäbe anzuset- 3
zen, als sie gesetzlich vorgeschrieben sind. Alles, was der Sicherung des Vergütungsanspruchs dient, sollte so erfolgen, dass weiterer, insbes. Kosten verursachender Streit, vermieden wird. In vielen Kanzleien werden die Belehrungspflichten sehr „locker" gehandhabt. Wenn Sie Kollegen und Kolleginnen befragen, werden Sie herausfinden, dass es so viele Möglichkeiten gibt, zu belehren, wie es Kanzleien gibt. Eine Belehrung erfolgt entweder: immer, meistens, oft, selten oder nie. Gleichgültig, wie andere Kanzleien den Umgang mit Belehrungspflichten handhaben: Sie sollten für sich entscheiden, den sichersten Weg zu gehen.

Natürlich, es gibt genug Autofahrer, die fahren, ohne sich anzuschnallen; bei den 4
Belehrungspflichten, ist es, wie bei einer Ordnungswidrigkeit: Sie können selbstverständlich fahren, ohne sich anzuschnallen, solange nichts passiert und Sie nicht in eine Verkehrskontrolle geraten, ist das nur riskant und gefährlich. Konsequenzen hat ein Fehlverhalten immer nur, wenn es geahndet wird. So ist es auch bei unterlassenen Belehrungen: Wo kein Kläger, da kein Richter – aber wenn es zum Streit kommt, dann wird es unerfreulich. Ärgerlich ist es doch, Dinge verkehrt zu machen, obwohl man von Anfang an wusste, dass es auch anders geht.

II. Belehrung über die Vergütungshöhe

Außer in arbeitsgerichtlichen Angelegenheiten erster Instanz bestehen grds. keine Be- 5
lehrungspflichten über die Höhe der zu erwartenden Vergütung. Im Allgemeinen ist der RA nicht verpflichtet, seinen Mandanten **unaufgefordert** über die Höhe des Kostenrisikos aufzuklären.

1. Belehrungspflicht im arbeitsgerichtlichen Verfahren erster Instanz

Führt der RA eine erstinstanzliche arbeitsgerichtliche Auseinandersetzung, muss er 6
gem. **§ 12a Abs. 1 Arbeitsgerichtsgesetz (ArbGG)** den Auftraggeber darüber belehren, dass im Urteilsverfahren des ersten Rechtszuges kein Anspruch der obsiegenden Partei auf Entschädigung wegen Zeitversäumnis und auf Erstattung der Kosten für die Zuziehung eines Prozessbevollmächtigten oder Beistandes besteht. Dies gilt generell auch für den Fall einer vorgerichtlichen Vertretung.

Unterlässt der RA im arbeitsgerichtlichen Verfahren erster Instanz diese Belehrung 7
und rügt der Mandant dies, so hat der RA keinen Anspruch auf die Vergütung.

Im arbeitsgerichtlichen Verfahren erster Instanz muss eine solche Belehrung **schrift-** 8
lich erfolgen. Um im Arbeitsalltag zu vermeiden, dass diese Belehrung versehentlich

übersehen wird, ist es sinnvoll, die Belehrung gleich bei Auftragsannahme durch den Auftraggeber unterzeichnen zu lassen.

► **Muster: Belehrung gem. § 12a ArbGG**

9 **Im Urteilsverfahren des ersten Rechtszuges besteht kein Anspruch der obsiegenden Partei auf Entschädigung wegen Zeitversäumnis und auf Erstattung der Kosten für die Zuziehung eines Prozessbevollmächtigten oder Beistandes. Dies gilt generell auch für den Fall einer vorgerichtlichen Vertretung. Der vorgenannte Hinweis nach § 12a ArbGG wurde durch Rechtsanwalt erteilt und erläutert.**

....

Datum Unterschrift Auftraggeber

2. Belehrungspflicht über die Höhe des Gegenstandswertes gem. § 49b Abs. 5 BRAO

a) Belehrung über den Gegenstandswert

10 Der RA muss den Auftraggeber gem. § 49b Abs. 5 Bundesrechtsanwaltsordnung (BRAO) vor Auftragsannahme darüber belehren, dass sich die Gebühren nach einem Gegenstandswert richten.

11 Der Gesetzeswortlaut ist unklar, § 49b Abs. 5 BRAO lautet:

12 *Richten sich die zu erhebenden Gebühren nach dem Gegenstandswert, hat der Rechtsanwalt vor Übernahme des Auftrages hierauf hinzuweisen.*

13 Die Schwierigkeiten, die sich aus dieser gesetzlichen Vorschrift ergeben, sind offensichtlich. Vor Übernahme des Auftrages kann der RA den Gegenstandswert oft nicht zutreffend einschätzen. Er kann tatsächlich lediglich den Hinweis erteilen, dass ein Gegenstandswert zur Ermittlung der Vergütung heranzuziehen ist. Das Gesetz schreibt nicht vor, dass der RA den Auftraggeber über die Höhe des Gegenstandswertes belehrt. Daran zeigt sich ein deutliches Abweichen von Theorie und Praxis. Ein Mandant, der vom RA darüber belehrt worden ist, dass sich die Gebühren nach einem Gegenstandswert richten, wird von RA wissen wollen, was dies in konkreten Zahlen bedeutet. Der Auftraggeber wird verlangen, dass der RA die Höhe des Gegenstandswertes und die sich daraus ergebende Vergütung beziffert.

14 Dabei gibt es eine Reihe von Auseinandersetzungen, in denen es typisch ist, dass der RA die Höhe des Gegenstandswertes eben nicht zu Beginn des Auftragsverhältnisses einschätzen kann (nur beispielhaft: im familienrechtlichen Mandat, in einer arbeitsrechtlichen Auseinandersetzung, im verkehrsrechtlichen Mandat, im baurechtlichen Mandat, bei einer sog. nicht vermögensrechtlichen Streitigkeit [insbes. Arreste, einstweilige Verfügungen u. ä.]). Oft genug ändert sich der Gegenstandswert im Laufe des Mandats (so z. B. Widerklage, Aufrechnung), was für den RA nicht vorhersehbar ist.

Die Belehrung, dass sich die Gebühren nach einem Gegenstandswert richten, ist an sich einfach. Fast unmöglich ist eine zutreffende Auskunft über die Höhe dieses Gegenstandswertes. 15

b) Schriftformerfordernis bei § 49b Abs. 5 BRAO

§ 49b Abs. 5 BRAO gibt nicht vor, dass die Belehrung schriftlich zu erfolgen hat. 16
Erfolgt die Belehrung jedoch nicht schriftlich, gibt es für den Fall einer Auseinandersetzung Beweisprobleme. Regelmäßig wird bei nur mündlicher Belehrung der RA mit dem Auftraggeber allein sein, sodass er nicht nachweisen können wird, dass die Belehrung erfolgt ist. Ist die Belehrung tatsächlich nur mündlich erfolgt, sollte im ersten Anschreiben an den Auftraggeber die erfolgte Belehrung wiederholt werden.

► Muster: Wiederholen bereits mündlich erteilter Belehrung

An dieser Stelle wiederholen wir/wiederhole ich den bereits vor Übernahme des Auftrags durch mich erteilten Hinweis, dass sich die Gebühren in Ihrer Angelegenheit nach einem Gegenstandswert richten. 17

Die Belehrung sollte nicht in die Vollmacht aufgenommen werden. Wenn Sie die Belehrung in die Vollmacht aufnehmen, können Sie im Zweifel nicht nachweisen, dass die Belehrung **vor** Übernahme des Auftrages erfolgte. Weiter ist es nicht zu empfehlen, die Belehrung als einen Teil der Vollmacht zu gestalten. Oft wird das Original der Vollmacht (beachten Sie hier § 174 BGB) an einen Dritten versandt oder übergeben. Diesen haben durch Sie vorgenommene Belehrungen nicht zu interessieren. 18

► Muster: Belehrung Gegenstandswert vor Übernahme des Auftrages

Ich bin vor Übernahme des Auftrags von der Rechtsanwältin/dem Rechtsanwalt darauf hingewiesen worden, dass sich die Gebühren gem. § 49b Abs. 5 BRAO nach einem Gegenstandswert richten und gesetzliche Gebühren nach dem Rechtsanwaltsvergütungsgesetz entstehen. 19

Ich bin ferner vor Übernahme des Auftrags darauf hingewiesen worden, dass zu Beginn des Auftragsverhältnisses der Gegenstandswert nur geschätzt werden kann. Eine zutreffende Bestimmung des Gegenstandswertes kann erst nach Abschluss der Angelegenheit bei Fälligkeit der Gebühren erfolgen. Des Weiteren bin ich darauf hingewiesen worden, dass grundsätzlich zumindest im gerichtlichen Verfahren jeder Anwalt verpflichtet ist, die gesetzlichen Gebühren zu berechnen, sodass eine eventuell unzutreffend mitgeteilte Höhe des Gegenstandswertes bei Einschaltung eines anderen Rechtsanwalts/einer anderen Rechtsanwältin nicht zu einer niedrigeren Gebührenhöhe geführt hätte.

....

Ort, Datum Unterschrift

► Praxistipp: 20

Viele Kanzleien berechnen Ihre Vergütung entsprechend einer mit dem Auftraggeber abgeschlossenen Vergütungsvereinbarung. Häufig werden (gerade von größeren Kanzleien) Stundenhonorare vereinbart. Dies gilt jedoch oft nur für die vor- und außergerichtliche Tätigkeit der Kanzlei. Da im gerichtlichen Verfahren ein Unterschreiten der gesetzlichen Vergütung i.d.R. unzulässig ist, ist es nicht selten, dass dann im gerichtlichen Verfahren die gesetzliche Vergütung berechnet wird. Auch in diesen Fällen muss der Auftraggeber vor Übernahme des Mandats gem. § 49b Abs. 5 BRAO belehrt werden.

III. Forderungseinzug

21 Zu den üblichen Aufgaben gehört es für Sie, den Auftrag entgegenzunehmen und für den Auftraggeber Forderungen geltend zu machen, die er gegen Dritte hat. Handwerker, Dienstleistungsunternehmer, Ärzte, Vermieter, Vereine u.v.a.m. bitten den RA, die Forderungen beizutreiben, die die „Kunden“ der Mandanten nicht beglichen haben. Alle Mandanten befinden sich diesbezüglich in der gleichen Lage. Sie sind verärgert über den nicht zahlenden Kunden und können oft nicht abschätzen, wie hoch die Kosten (gemeint sind Gerichtskosten und Anwaltskosten) für die Durchsetzung dieser Ansprüche sind.

22 In diesen Fällen ist es angebracht, den Mandanten darüber zu belehren, dass gerade wenn er sich bemüht, Ansprüche durchzusetzen, ein erhebliches **Forderungsausfallrisiko** besteht. Der RA kann ja nicht dafür garantieren, dass es ihm gelingen wird, die Forderung des Mandanten auch beizutreiben. Ob – und wenn ja – wann und in welcher Höhe durch den Gegner hier eine Leistung bewirkt werden kann, ist vollkommen offen. Es ist leider keine Ausnahme, dass nach obsiegender Beendigung eines gerichtlichen Verfahrens für den Auftraggeber i.R.d. Zwangsvollstreckung dann nur noch festgestellt werden kann, dass der Schuldner insolvent ist. Der Auftraggeber verliert dann die Möglichkeit der Durchsetzung seiner berechtigten Forderung und ist zusätzlich verärgert darüber, dass er trotzdem die Rechtsanwaltsvergütung und die Gerichtskosten zahlen muss. Wegen der Unklarheit der zwangsweisen Beitreibung der Auftraggeberforderung sollte auch hier ein schriftlicher Hinweis erfolgen. Hat der RA diesen Hinweis einmal erteilt, muss er ihn gegenüber dem gleichen Auftraggeber nicht wiederholen.

23 ▶ Praxistipp:

Für den Auftraggeber ist es nicht selten auch von erheblichem eigenem wirtschaftlichem Interesse, dass die ausstehende Forderung tituliert und beigetrieben wird. Wenn die Parteien (also der Mandant und sein Schuldner) nicht völlig zerstritten sind, ist es im Interesse beider, die sog. Titulierung der Forderung z.B. durch ein notarielles Schuldanerkenntnis des Schuldners zu erreichen. Das notarielle Schuldanerkenntnis ist ein sog. „Titel“, mit dem die Zwangsvollstreckung gegen den Schuldner betrieben werden kann (§ 794 Abs. 1 Nr. 5 ZPO). Sowohl der Auftraggeber als auch der Schuldner haben einen Vorteil: Die hohen Kosten einer gerichtlichen Auseinandersetzung (die Gerichtskosten und die Anwaltsvergütung sind um ein Vielfaches höher, als die Kosten eines notariellen Schuldanerkenntnisses) werden vermieden und die Angelegenheit ist schnell erledigt. Allerdings „verlieren" Sie die Vergütung für das gerichtliche Verfahren. Dies kann über eine sinnvolle Vergütungsvereinbarung und eine Kostenübernahmeerklärung des Schuldners geändert werden. Oft kann es hier aber gerade sinnvoll sein, bewusst die gesetzliche Vergütung für das gerichtliche Verfahren nicht auszulösen und zu beanspruchen. Der Mandant, dem Sie auf diesem Wege weitergeholfen haben, ist mit Sicherheit mit Ihrer Leistung zufrieden. Er hat große Anreize, Sie in weiteren Streitigkeiten wieder zu beauftragen und weiterzuempfehlen.

Der Notar gibt das notarielle Schuldanerkenntnis erst heraus, wenn die Notarvergütung beglichen ist. Vergütungsschuldner ist hier der Schuldner der Angelegenheit. Zahlt dieser die Notarvergütung nicht, so kann Ihr Mandant in Vorleistung treten und selbst die Notarvergütung (10/10 gem. § 36 Abs. 1 KostO nach dem Geschäftswert der Forderung zzgl. Auslagen) begleichen. Das notarielle Schuldanerkenntnis wird ihm dann ausgehändigt.

IV. Erfolgshonorar/Abtretung des Erstattungsanspruchs bei Forderungseinzug

Regelmäßig wird die Vergütung des RA **erfolgsunabhängig** geschuldet. Es gibt bei der gesetzlichen Vergütung wenige Ausnahmen (z. B.: Einigungsgebühr der Nr. 1000 VV RVG oder Aussöhnungsgebühr gem. Nr. 1002 VV RVG), die die Vergütung vom Erfolg der anwaltlichen Tätigkeit abhängig machen. 24

Das RVG erlaubt dem RA in einigen Fällen auch die Vereinbarung eines sog. Erfolgshonorars (§ 4a Abs. 1 RVG). Auf dieses Thema wird unter Kap. 8 Rdn. 766 und 1757 ff. eingegangen – ein Textmuster finden Sie unter Kap. 8 Rdn. 771. 25

Neben dem Erfolgshonorar kann der RA gem. § 4 Abs. 2 RVG in den Fällen eines gerichtlichen Mahnverfahrens und der Zwangsvollstreckung einen Teil des Erstattungsanspruchs (also Kostenerstattungsanspruch, den der Auftraggeber gegenüber dem Schuldner hat) an Erfüllung statt annehmen. Auf dieses Thema wird beim Kapitel „Vergütungsvereinbarung" unter Kap. 8 Rdn. 865 eingegangen. 26

V. Vertragsentwürfe

Entwirft der RA Verträge (so z. B. die Scheidungsfolgenvereinbarungen), bedürfen die Vertragsentwürfe des RA anschließend oft einer **notariellen Beurkundung.** Wenn der RA bereits als RA die Vertragsentwürfe gefertigt hat, ist es ausgeschlossen, dass er anschließend (im sog. Anwaltsnotariat) die notarielle Beurkundung vornimmt und umgekehrt. 27

Hier ist fraglich, ob der RA den Auftraggeber darauf hinweisen muss, dass im Anschluss an seine Tätigkeit noch ein Notar hinzugezogen werden muss. Die Beauftragung eines Notars hat weitere Kosten zur Folge (berechnet nach der KostO). Wer nicht im Anwaltsnotariat tätig ist und über eine entsprechende Ausbildung auch zur 28

Notarfachangestellten verfügt, kann i. d. R. nicht ermitteln und berechnen, welche Kosten der Notar berechnen wird.

29 Ein RA, der einen notariell zu beurkundenden Vertrag entwirft, ist i. d. R. nicht verpflichtet, den Mandanten darauf hinzuweisen, dass noch Notarkosten entstehen werden (OLG Düsseldorf, MDR 1984, 844). Sie müssen aber davon ausgehen, dass der RA immer dann, wenn für die abzugebenden Willenserklärungen (also den zu beurkundenden Vertrag) im Anschluss an seine Tätigkeit eine notarielle Beurkundung erforderlich ist, einen Hinweis an den Auftraggeber erteilten muss, dass nach der Vertragsgestaltung durch ihn als RA zusätzlich noch die notarielle Beurkundung erforderlich sein wird.

30 Der RA ist allerdings nicht verpflichtet, den Auftraggeber darauf hinzuweisen, dass er einen Notar mit der Vertragsgestaltung aufsuchen solle, denn der Notar schuldet i. d. R. keine Beratung. Der Grund, warum der Auftraggeber sich an den RA gewandt hat, ist gerade die erfolgte anwaltliche Beratung und ihre „Parteilichkeit" (zu diesem Komplex s. BGH, AnwBl. 1997, 676 = AGS 1998, 22).

VI. Korrespondenzanwalt/Unterbevollmächtigter/Terminsvertreter

31 Wie oft haben Sie eine Akte, in der der Gerichtsort und der Kanzleisitz voneinander entfernt sind, bzw. sich nicht in derselben politischen Gemeinde befinden? In vielen Fällen ist es für den RA unkompliziert, auch den „auswärtigen Gerichtsort" zu erreichen. Wird die Entfernung zwischen Kanzleisitz und Gerichtsort aber größer, so stellt sich in der Praxis oft die Frage, ob der RA die Gerichtstermine selbst wahrnehmen soll, oder ob ein weiterer RA mit der Vertretung vor Ort beauftragt wird. Dieser Kollege hat dann seine Kanzlei naturgemäß am Gerichtsort.

32 Ob ein RA den Gerichtstermin selbst wahrnehmen kann oder sollte, ist auch immer eine Frage der zu erwartenden Vergütung. Ist der gesetzliche Gegenstandswert gering, ist es aus wirtschaftlichen Gründen für den RA unrentabel, den Termin selbst wahrzunehmen. Seine Abwesenheit von der Kanzlei wird durch die völlig ungenügenden **Abwesenheitsgelder** kompensiert. Die Höhe dieser Abwesenheitsgelder (Nr. 7005 VV RVG) zwingt den RA, hier anders vorgehen zu müssen.

33 Er kann dabei von Anfang an mit dem Auftraggeber eine **Vergütungsvereinbarung** (näheres beim Thema Vergütungsvereinbarung, Kap. 8 Rdn. 1069) abschließen.

34 Beauftragt der RA für den Auftraggeber einen weiteren RA, so ist davon auszugehen, dass selbst im Fall des Obsiegens der Gegner nur einen RA bezahlen muss. Zu den gebührenrechtlichen Einzelheiten s. hierzu Kap. 8 Rdn. 696.

35 Der RA weiß also im Moment der Beauftragung eines zweiten Kollegen, dass der Auftraggeber mit Kosten rechnen muss, die er von keiner Seite erstattet bekommen wird. Auch eine Rechtsschutzversicherung, die ggf. ansonsten die Vergütung zahlt, zahlt die Kosten für die Hinzuziehung eines zweiten RA regelmäßig nicht in voller Höhe.

Den RA trifft hier eine **Belehrungspflicht**, in dem Moment, in dem feststeht, dass das gerichtliche Verfahren nicht am Kanzleisitz stattfinden wird und er den Termin nicht wahrnehmen kann und wird. Es ist dringend dazu zu raten, den Mandanten hier rechtzeitig (also vor Beginn des gerichtlichen Verfahrens) auf die Kostenfolge hinzuweisen. 36

► Muster: Belehrungsschreiben Mandant/Zweiter RA/Gerichtsort

37

Anrede,

in Ihrer Angelegenheit ist für die Durchführung des streitigen Verfahrens das AG/LG in ..... zuständig. Den oder die zu erwartenden Gerichtstermine können wir ohne den Abschluss einer Vergütungsvereinbarung nicht wahrnehmen. Aufgrund des niedrigen gesetzlichen Gegenstandswertes ist es für Sie günstiger, wenn wir einen Anwalt am Gerichtsort einschalten, der vor dem Gericht Ihre Interessen vertritt. Ohne zusätzliche Vergütungsvereinbarung kann eine wirtschaftliche Vertretung Ihrer Interessen durch uns nicht erfolgen.

Für die Hinzuziehung eines weiteren Anwalts müssen Sie eine weitere Vergütung einplanen. Dabei ist die finanzielle Belastung für Sie jedoch dadurch geringer, dass auf unserer Seite keine Abwesenheitsgelder und keine Fahrtkosten oder sonstigen Reisekosten erhoben werden.

Sollten Sie im gerichtlichen Verfahren obsiegen, werden Teile der Kosten des zweiten Anwalts nicht erstattungsfähig sein. Die Höhe des verbleibenden nicht erstattungsfähigen Anteils berücksichtigt aber immer, dass für den Fall, dass wir den Termin wahrgenommen hätten, hier Fahrtkosten, Abwesenheitsgelder u. a. entstanden wären.

Da die Beauftragung eines zweiten RA günstiger für Sie ist als der Abschluss einer Vergütungsvereinbarung mit uns, gehen wir davon aus, dass Sie mit unserer Vorgehensweise einverstanden sind und werden einen sog. Unterbevollmächtigten in Ihrem Namen beauftragen.

Grußformel

► Hinweis:

Ein weiteres umfangreiches Textmuster mit Berechnungsbeispielen für den Auftraggeber finden Sie unter Kap. 8 Rdn. 709 sowie unter Kap. 8 Rdn. 374.

Gerade wenn Sie die Forderung des Auftraggebers im Wege des gerichtlichen Mahnverfahrens verfolgen, kann es sein, dass aufgrund der ausschließlichen Zuständigkeit für den Antrag auf Erlass des Mahnverfahrens im Mahnverfahren noch das Gericht am Kanzleisitz zuständig ist. Bei vielen Streitigkeiten haben sowohl der Antragsteller (zukünftiger Kläger) als auch der Antragsgegner den Wohn- oder Geschäftssitz am selben Gericht. Ist dies nicht der Fall und hat der Antragsgegner (zukünftige Beklagte) seinen Wohn- oder Geschäftssitz nicht am Kanzleisitz und/oder Wohnsitz des Auftraggebers, ergibt sich das Problem mit der Notwendigkeit der Hinzuziehung eines zweiten RA spätestens nach dem Widerspruch, wenn das Verfahren an das zu- 38 ständige Prozessgericht erster Instanz abgegeben wird. Ausführliche Beispiele und weitere Formulierungsvorschläge sowie Berechnungen der Vergütungsfolge finden Sie unter Kap. 8 Rdn. 709. Die Kosten für die Hinzuziehung mehrerer Anwälte sind regelmäßig nicht erstattungsfähig.

39 Eine Belehrungspflicht wird auch immer dann angenommen, wenn der RA im Revisions- oder Berufungsverfahren lediglich als Korrespondenzanwalt tätig ist. Er hat den Mandanten in diesen Fällen ungefragt und unaufgefordert darüber zu belehren, dass seine Kosten im Zweifel nicht in voller Höhe erstattungsfähig sind (OLG Köln, AGS 1998, 166).

40 Nur in dem Fall, in dem es zulässig ist, dass Ihr RA vor dem BGH auftritt, entstehen die Gebühren für Tätigkeiten in Verfahren vor dem BGH. Es ist regelmäßig ausgeschlossen, dass ein RA aus Ihrer Kanzlei vor dem BGH auftreten kann, denn gem. § 78 Abs. 1 ZPO ist **Singularzulassung** gegeben. Das bedeutet, dass die Vertretung der Parteien vor dem BGH in zivilrechtlichen Angelegenheiten nur durch RAe erfolgt, die ausschließlich am BGH zugelassen sind. Ist der BGH für das weitere Verfahren das zuständige Gericht, ist damit auch von Anfang an sicher, dass die Vergütung des RA nicht erstattungsfähig ist. Hier trifft Sie eine Hinweispflicht.

VII. Rechtsschutzversicherung

41 Viele Auftraggeber sind rechtsschutzversichert. Der Auftraggeber glaubt dann, dass die Vergütung des von ihm beauftragten RA unproblematisch ist. Der Auftraggeber geht davon aus, dass seine Rechtsschutzversicherung die Zahlung der Vergütung übernimmt.

42 Genau dies ist trotz bestehender Rechtsschutzversicherung aus vielerlei Gründen nicht der Fall. So kann es sein, dass der Auftraggeber die sog. Wartefrist nicht eingehalten hat, Erstbeiträge oder Folgebeiträge nicht geleistet hat, ein unversicherbares Risiko vorliegt, er in einem Rechtsgebiet Unterstützung benötigt (Ehe- und Familienrecht), in dem generell (mit wenigen Ausnahmen) keine Kostenübernahme erfolgt, er gegen eine sog. Obliegenheit aus dem Versicherungsvertrag verstoßen hat u.v.a.m. Die Liste der Gründe, warum eine Rechtsschutzversicherung keine Zahlung übernimmt, ist länger als die Liste der Gründe, warum eine Zahlung durch die Versicherung erfolgt.

43 Die vorstehenden Ausführungen zeigen schon, dass es erforderlich ist, den sog. Versicherungsnehmer und Auftraggeber ausdrücklich (möglichst schriftlich) darauf hinzuweisen, dass die Kostenübernahme durch die Versicherung erst dann feststeht, wenn von dieser auch eine **Kostendeckungszusage** erteilt ist.

44 Wenn Sie im beruflichen Alltag einmal verfolgen, wie viel der täglichen Arbeitszeit Sie in die Korrespondenz mit Rechtsschutzversicherung investieren müssen, dann stellt sich selbstverständlich die Frage, wer eigentlich für diesen Aufwand bezahlt.

► Muster: Belehrung über Rechtsschutzversicherung

Ich bin von dem Rechtsanwalt darüber belehrt worden, dass erst nach Erteilung der sog. Kostendeckungszusage durch die Rechtsschutzversicherung feststeht, ob – und in welcher Höhe – eine Rechtsschutzversicherung Zahlung leisten wird. Ich bin ferner darüber belehrt worden, dass die Rechtsschutzversicherung an meiner Stelle die Vergütung zahlt. Ich bin darüber belehrt worden, dass für den Fall, dass die Rechtsschutzversicherung die Vergütung nicht zahlt, der Vergütungsanspruch von mir zu begleichen ist. Ich bin ferner darüber belehrt worden, dass die Auseinandersetzung mit der Rechtsschutzversicherung eine besondere gebührenrechtliche Angelegenheit darstellt. Mir ist bekannt, dass diese Vergütung nur in seltenen Ausnahmefällen von der Rechtsschutzversicherung zu zahlen ist, sodass ich der alleinige Vergütungsschuldner bin. 45

....

Ort, Datum Unterschrift Auftraggeber

VIII. Vergütungsanspruch für die Kostendeckungsanfrage

Vergütungsrechtlich ist die **Kostendeckungsanfrage** grds. eine eigene Angelegenheit, sodass hierfür eigene gesonderte Gebühren entstehen. Will der RA für die Kostendeckungsanfrage gesonderte Gebühren (Geschäftsgebühr der Nr. 2300 VV RVG i.H.d. Regelgebühr von 1,3 und ggf. die Einigungsgebühr gem. Nr. 1000 VV RVG) fordern, so muss er den Auftraggeber vorher darauf hingewiesen haben, dass die Kosten für die Einholung der Kostendeckungszusage regelmäßig nicht von der Versicherung gezahlt werden (s.a. Göttlich/Mümmler/Rehberg/Xanke, RVG, Deckungszusage 3; Hartung/Römermann, RVG, § 19 Rn. 23; Hansens/Braun/Schneider, Praxis des Vergütungsrechts, Teil 1, Rn. 109). 46

IX. Möglichkeit der Beantragung/Bewilligung von PKH

1. Antrag auf PKH

PKH und in vielen Bundesländern auch **Beratungshilfe** sind für viele Auftraggeber oft die einzige Möglichkeit, anwaltliche Hilfe in Anspruch nehmen zu können. Im familienrechtlichen Mandat ist die Häufigkeit der erfolgten Prozesskostenhilfebewilligungen am höchsten. Aber auch im arbeitsrechtlichen Mandat und den sonstigen möglichen Arten von Auseinandersetzungen ist die Tendenz für die Bewilligung von PKH steigend. 47

Gebührenrechtlich kann das für den RA erhebliche finanzielle Auswirkungen haben. Der Staat zwingt den RA hier ein sog. „Sonderopfer" auf und verlangt, dass die Anwaltschaft soziale Dienste auf Kosten der Vergütung leistet. Sobald der Gegenstandswert 3.000,00 € übersteigt, unterscheiden sich die sog. Wahlanwaltsvergütung (der Anwalt, der nach der Tabelle zu § 13 RVG – Regelvergütung abrechnen kann) und die Gebühren bei Prozesskostenhilfebewilligung erheblich. Ist dem Auftraggeber ein RA beigeordnet und bezieht er PKH, muss der RA, der diesen Auftraggeber vertritt, nach der verminderten Tabelle zu § 49 RVG abrechnen. Die vergütungsrechtlichen 48

Einzelheiten (Vorschuss des Auftraggebers, Anrechnung, Teilbewilligung, Bewilligungsverfahren, sofortige Beschwerde...) werden unter Kap. 8 Rdn. 752 behandelt.

49 Sicher dürfen Sie nicht jeden Mandanten darauf hinweisen, dass es die Möglichkeit gibt, PKH zu beantragen. Es gibt mit Sicherheit einige Mandanten, die eine solche Möglichkeit entrüstet von sich weisen. Ergibt sich aber im Beratungsgespräch für den RA hinreichender Anlass dafür, den Auftraggeber über die Möglichkeit der Beantragung von PKH zu belehren, so gilt für diese Belehrung auch, dass ein schriftlicher Nachweis darüber spätere Auseinandersetzung zu vermeiden hilft.

50 Die Auseinandersetzung über erfolgte oder nicht erfolgte Belehrung beginnt i. d. R. dann, wenn das Mandatsverhältnis von Anwaltsseite aus erledigt ist, die Sacharbeit geleistet wurde oder der Auftrag aus sonstigen Gründen endet. Umso sinnvoller ist es, gleich zu Beginn des Mandatsverhältnisses eine Reihe von Belehrungen zu erledigen und zu dokumentieren.

51 ► Muster: Belehrung über die Möglichkeit der Gewährung von Prozesskostenhilfe

Ich bin von dem Rechtsanwalt über die Voraussetzungen der Bewilligung von Prozesskostenhilfe im gerichtlichen Verfahren belehrt worden. Ich wurde darüber belehrt, dass in außergerichtlichen Angelegenheiten Prozesskostenhilfe nicht möglich ist und dass im Prozesskostenhilfebewilligungsverfahren die Möglichkeit der Gewährung von Prozesskostenhilfe nie gegeben ist.

52 ► Praxistipp:

Anstatt mehrere einzelne Belehrungsformulare zu benutzen, ist es sinnvoll, ein Gesamtformular zu erstellen und den Auftraggeber gleich zu Beginn des Mandats um Unterzeichnung des Gesamtformulars zu bitten. Von den erteilten Belehrungen sollten Sie eine Zweitschrift an den Auftraggeber aushändigen.

53 ► Muster: Allgemeine Belehrungen/Beispielskombination, Hinweise und Zusatzerklärungen

.....

der/die Auftraggeber/in genannt,

im Rahmen der Beauftragung der .....

nachstehend der Rechtsanwalt genannt,

wird der/die Auftraggeber/in auf Folgendes hingewiesen:

Belehrung gem. § 49b Abs. 5 BRAO

Ich bin vor Übernahme des Auftrags von dem Rechtsanwalt darauf hingewiesen worden, dass sich die Gebühren gem. § 49b Abs. 5 BRAO nach einem Gegenstandswert richten und gesetzliche Gebühren nach dem Rechtsanwaltsvergütungsgesetz entstehen.

Ich bin ferner vor Übernahme des Auftrags darauf hingewiesen worden, dass zu Beginn des Auftragsverhältnisses der Gegenstandswert nur geschätzt werden kann. Eine zutreffende Bestimmung des Gegenstandswertes kann erst nach Abschluss der Angelegenheit bei Fälligkeit der Gebühren erfolgen. Des Weiteren bin ich darauf hingewiesen worden, dass grundsätzlich zumindest im gerichtlichen Verfahren jeder Anwalt verpflichtet ist, die gesetzlichen Gebühren zu berechnen, sodass eine eventuell unzutreffend mitgeteilte Höhe des Gegenstandswertes bei Einschaltung eines anderen Rechtsanwaltes nicht zu einer niedrigeren Gebührenhöhe geführt hätte.

Belehrung über die Möglichkeit der Gewährung von Prozesskostenhilfe

Ich bin von dem Rechtsanwalt über die Voraussetzungen und Folgen der Bewilligung von Prozesskostenhilfe im gerichtlichen Verfahren belehrt worden. Ich wurde darüber belehrt, dass in vor- und außergerichtlichen Angelegenheiten Prozesskostenhilfe nicht möglich ist und dass im Prozesskostenhilfebewilligungsverfahren die Möglichkeit der Gewährung von Prozesskostenhilfe nie gegeben ist. Ich bin ferner darüber belehrt worden, dass die bewilligte Prozesskostenhilfe mich im Unterliegensfalle nicht vom Kostenerstattungsanspruch der Gegenseite befreit.

Belehrung über die Möglichkeit der Gewährung von Beratungshilfe

Ich bin von dem Rechtsanwalt über die Voraussetzungen und Folgen der Bewilligung von Beratungshilfe im vor- und außergerichtlichen Verfahren belehrt worden.

Belehrung über Rechtsschutzversicherung

Ich bin von dem Rechtsanwalt darüber belehrt worden, dass erst nach Erteilung der sog. Kostendeckungszusage durch die Rechtsschutzversicherung feststeht, ob – und in welcher Höhe – eine Rechtsschutzversicherung Zahlung leisten wird. Ich bin ferner darüber belehrt worden, dass die Rechtsschutzversicherung an meiner Stelle die Vergütung zahlt. Ich bin darüber belehrt worden, dass für den Fall, dass die Rechtsschutzversicherung die Vergütung nicht zahlt, der Vergütungsanspruch von mir zu begleichen ist. Ich bin ferner darüber belehrt worden, dass der Rechtsanwalt bei Auseinandersetzungen mit meiner Rechtsschutzversicherung einen Vergütungsanspruch hat, der sich gegen mich als Auftraggeber richtet. Dieser Vergütungsanspruch wird nicht von der Rechtsschutzversicherung erstattet.

Belehrung bei Vertragsgestaltung

Ich bin von dem Rechtsanwalt darüber belehrt worden, dass für bestimmte Verträge (Willenserklärungen) die Formvorschrift der notariellen Beurkundung zu wahren ist. Der Rechtsanwalt hat mich ferner darauf hingewiesen, dass für eine notarielle Beurkundung Notarkosten entstehen, die nicht auf die Anwaltsvergütung angerechnet werden.

Belehrung bei Auseinanderfallen von Kanzleisitz und Gerichtsort

Ich bin von dem Rechtsanwalt darüber belehrt worden, dass für den Fall, dass der Gerichtsort und der Kanzleisitz sich an verschiedenen Orten befinden, auf alle Fälle Mehrkosten entstehen, die in der Regel nicht von der Gegenseite getragen werden müssen. Es handelt sich entweder um:

- Reisekosten nebst Abwesenheitsgeldern der Rechtsanwälte,
- oder um die Vergütung für die Hinzuziehung eines weiteren Rechtsanwalts (Verkehrsanwalt oder Unterbevollmächtigter).

Ich bin gleichzeitig darüber belehrt worden, dass in der Regel die Rechtsschutzversicherung nur die Kosten für die Hinzuziehung eines Rechtsanwalts erstattet.

Belehrung über das Kostenrisiko bei Forderungseinzug

Ich bin von dem Rechtsanwalt darüber belehrt worden, dass für den Einzug einer Forderung eine Vergütung entsteht. Bei niedrigen Forderungen ist der Vergütungsanspruch des Rechtsanwalts oft höher als der Anspruch selbst. Eine Beitreibungsgarantie im Rahmen der Zwangsvollstreckung kann nicht übernommen werden. Ist der Schuldner insolvent – oder wird er es im Laufe des Verfahrens – ist nicht mit einer Realisierbarkeit der Forderung sowie der Anwaltsvergütung zu rechnen. Sowohl die Zwangsvollstreckung wegen der Hauptforderung als auch die Zwangsvollstreckung wegen des Kostenerstattungsanspruchs kann erfolglos sein mit der Folge, dass der Auftraggeber nicht nur die titulierte Forderung nicht erhält, sondern ihm gegebenenfalls zusätzlich noch Anwalts- und Gerichtskosten entstanden sind.

....

Ort, Datum Unterschrift

2. Belehrungspflicht bei bewilligter Prozesskostenhilfe

54 Ist dem Auftraggeber PKH bewilligt, so befreit ihn dies im Unterliegensfalle nicht von den Kosten (Gerichtskosten und Anwaltskosten) des RA der gegnerischen Partei. Spätestens wenn der Beschluss, mit dem PKH bewilligt wird, zugestellt wird, sollte eine diesbezügliche Belehrung erfolgen.

► Muster: Hinweis auf Kostenlast bei Unterliegen

55 Anrede,

Ihnen ist mit dem Beschluss des Gerichts vom ..... AZ: ....., zugestellt am ....., Prozesskostenhilfe für die Durchführung des gerichtlichen Verfahrens bewilligt worden.

Das Gericht hat vor Erlass des Beschlusses die Erfolgsaussichten der Durchsetzbarkeit Ihres Anliegens geprüft und hat durch die Bewilligung von Prozesskostenhilfe zum Ausdruck gebracht, dass es die Erfolgsaussichten für gegeben hält.

Von hier aus kann allerdings nicht mit Sicherheit der Ausgang des Verfahrens eingeschätzt werden. Aus diesem Grunde möchten wir Sie rein vorsorglich ausdrücklich darauf hinweisen, dass die bewilligte Prozesskostenhilfe nur Einfluss auf den diesseitigen Vergütungsanspruch hat. Die Staatskasse übernimmt an Ihrer Stelle unsere Vergütung. Diese Übernahme erfolgt ggf. in der Form, dass Sie an die Justizkasse Raten zahlen müssen und nicht vollständig von der Eigenbeteiligung befreit sind.

Für den Fall, dass Sie im gerichtlichen Verfahren unterliegen sollten, sind Sie der alleinige Kostenschuldner der Gerichtskosten und des Vergütungsanspruchs der gegnerischen Rechtsanwälte.

Die Bewilligung von Prozesskostenhilfe hat nur Auswirkung auf unsere Vergütung. Die Bewilligung von Prozesskostenhilfe umfasst nicht die im Verfahren im Falle des Unterliegens von Ihnen zu tragenden Kosten (gegnerische Rechtsanwaltskosten und Gerichtskosten).

Grußformel

X. Missverhältnis zwischen Kosten und Rechtsverfolgungsziel

Sie kennen den bekannten Satz „Recht haben und Recht bekommen sind zweierlei Dinge". Gleiches gilt auch dann, wenn es dem Auftraggeber „um das Prinzip geht". Der Auftraggeber hat einen Anspruch i.H.v. 5,00 €, aus prinzipiellen Erwägungen möchte er diesen Anspruch mittels anwaltlicher Hilfe verfolgen. Hier muss der RA den Auftraggeber darüber belehren, dass die Kosten für die Geltendmachung des Anspruchs den Anspruch selbst um ein Vielfaches übersteigen. Auch Sie werden mit Sicherheit schon erlebt haben, dass das Gedächtnis des Menschen ein trügerisches Ding ist. So kann sich etwa der Auftraggeber erstaunlicherweise überhaupt nicht daran erinnern, dass der RA ihn entsprechend belehrt hat. Schon aus diesem Grund ist in diesen Fällen der **schriftliche Nachweis** über den erfolgten Hinweis unbedingt zu erstellen. Neben diesem Nachweis sollten Sie in diesen Angelegenheiten auch unmittelbar die komplett zu erwartende Vergütung als Vorschuss anfordern. Manchmal führt der Schreck über die Höhe der Vergütung doch noch zum Ablassen von dem Ideal des Prinzips. 56

XI. Beratungshilfe

Manchmal stellt sich im Zuge einer begonnenen Beratung heraus, dass angesichts der Einkommens- und Vermögensverhältnisse des Auftraggebers die sog. Bedürftigkeit gegeben ist und damit die Voraussetzung von Beratungshilfe vorliegt. Im anwaltlichen Alltag finden Sie Beratungshilfe besonders häufig in familienrechtlichen Angelegenheiten. Auch in arbeitsrechtlichen Mandaten sowie bestimmten verwaltungsrechtlichen Angelegenheiten (z. B. Asylverfahren) ist Beratungshilfe keine Seltenheit. 57

Stellt sich das Leistungsunvermögen während der Beratung heraus, ist der RA nur noch eingeschränkt verpflichtet (§ 49a BRAO), den Auftraggeber auf die Möglichkeit der Gewährung von Beratungshilfe hinzuweisen. Er kann die weitere Vertretung zu den Bedingungen von Beratungshilfe auch ablehnen. 58

Entscheidet sich der RA zu den Bedingungen von Beratungshilfe tätig zu werden, muss er jedoch nicht tätig werden, solange nicht über die Bewilligung von Beratungshilfe entschieden ist. Er kann eine weitere Tätigkeit (also eine weitere Beratung) ablehnen, bis über das Beratungshilfegesuch entschieden ist. Häufig wird der RA jedoch weiter tätig und vertraut darauf, dass Beratungshilfe bewilligt werden wird. Der RA geht mit diesem Verhalten ein wirtschaftliches Risiko ein. Berät der RA den Auftraggeber weiter und wird Beratungshilfe nicht bewilligt, erhält der RA keine Vergütung aus der Staatskasse, er ist im Zweifel unentgeltlich tätig. 59

Nun liegt es nicht jedem RA, bei mangelnder Leistungsfähigkeit die Beratung abzubrechen. Viele RAe sind der Auffassung, auch tätig werden zu müssen, wenn die Vergütung ungesichert ist. Diese Entscheidung kann niemand dem jeweiligen RA abnehmen. Tatsache ist und bleibt allerdings, dass der RA auch eine Verantwortung 60 gegenüber seinen Mitarbeitern hat. Je häufiger der RA unentgeltlich tätig ist, umso größer die Wahrscheinlichkeit, dass irgendwann die finanzielle Leistungsfähigkeit für das Gehalt (zzgl. Nebenleistungen) der Mitarbeiter nicht mehr gegeben ist. Diesen Gedanken sollte jeder, der tätig wird, in Kenntnis der Tatsache, dass er ggf. (mit großer Wahrscheinlichkeit) keine Vergütung erhält, in Ruhe durchdenken.

61 Immer dann, wenn der RA meint, er wäre unentgeltlich tätig, irrt er. Er zahlt in Wirklichkeit dafür, dass er tätig ist. Die laufenden Kosten einer Kanzlei müssen unabhängig davon erbracht werden, ob der RA eine Vergütung berechnet.

62 Um der auf die Möglichkeit der Gewährung von Beratungshilfe gegebenen Belehrungspflicht nachzukommen, können Sie einen **allgemeinen Belehrungstext** z. B. im Wartebereich oder an sonst offen zugänglicher Stelle auslegen.

63 ► Muster: Allgemeine Belehrung über die Möglichkeit der Bewilligung von Beratungshilfe

Wir danken Ihnen, dass Sie uns mit Ihrer rechtlichen Interessenvertretung beauftragen wollen.

Da uns weder die Höhe Ihres Nettoeinkommens bekannt ist, noch die Höhe Ihrer laufenden monatlichen Belastungen, können wir nicht beurteilen, ob es für Sie die Möglichkeit gibt, dass Ihnen für unsere anwaltliche Tätigkeit Beratungshilfe gewährt wird. Von der Höhe Ihres Einkommens hängt es ab, ob Sie ggf. einen Anspruch auf die Gewährung von Beratungshilfe haben. Damit Sie Beratungshilfe in Anspruch nehmen können, erläutern wir Ihnen nachstehend die nach unserer Meinung wichtigsten Voraussetzungen und Wirkungen von Beratungshilfe. Diese Ausführungen erheben keinen Anspruch auf Vollständigkeit. Es handelt sich lediglich um einen kurzen Leitfaden.

Voraussetzungen für die Bewilligung von Beratungshilfe

Das Gesetz über Rechtsberatung und Vertretung für Bürger mit geringem Einkommen (Beratungshilfegesetz – BerHG) gewährt Ihnen auf Antrag Beratungshilfe für die Wahrnehmung von Rechten außerhalb eines gerichtlichen Verfahrens, wenn
1. Sie die erforderlichen Mittel zur Bezahlung eines Rechtsanwalts nach Ihren persönlichen und wirtschaftlichen Verhältnissen nicht aufbringen können,
2. keine anderen Mittel zur Verfügung stehen, deren Inanspruchnahme Ihnen zuzumuten ist (z. B. eine bestehende Rechtsschutzversicherung, Vertretung durch gewerkschaftliche Organisationen, in denen Sie Mitglied sind),
3. die Wahrung Ihrer Rechte nicht mutwillig erscheint.

Das Gesetz stellt fest, dass die Voraussetzungen zur Gewährung von Beratungshilfe aus wirtschaftlichen Gründen vorliegen, wenn Ihnen nach den Vorschriften der Zivilprozessordnung (ZPO) Prozesskostenhilfe ohne Ratenzahlung zu gewähren wäre. Dies ist nur dann gegeben, wenn Ihr monatliches Nettoeinkommen es nicht zulässt, aus eigenen Mitteln einen Rechtsanwalt zu bezahlen.

Im gerichtlichen Verfahren wird keine Beratungshilfe gewährt. Für gerichtliche Auseinandersetzungen wird auf Antrag ggf. Prozesskostenhilfe bewilligt. Werden Sie finanziell durch staatliche Mittel unterstützt, liegen in der Regel die wirtschaftlichen Voraussetzungen für die Bewilligung von Beratungshilfe vor.

Allerdings wird Beratungshilfe nicht bewilligt, wenn Sie nur die anwaltliche Leistung nicht selbst finanzieren können. Immer erfüllt sein müssen die oben zu Ziffer 2. und 3. weiter genannten Voraussetzungen.

Rechtsgebiete, für die Beratungshilfe gewährt wird

Bei der Gewährung von Beratungshilfe übernimmt die Justizkasse die gesetzliche Vergütung (Gebühren und Auslagen) des Rechtsanwalts für eine Beratung und eine vorgerichtliche oder außergerichtliche Vertretung.

Nicht alle Rechtsgebiete werden von der Möglichkeit der Gewährung von Beratungshilfe erfasst. Gewährt wird Beratungshilfe für beratende Tätigkeiten
- in zivil- und arbeitsrechtlichen Angelegenheiten;
- in verwaltungsrechtlichen Angelegenheiten;
- in verfassungsrechtlichen Angelegenheiten;
- in sozialrechtlichen Angelegenheit und
- in Angelegenheiten des Strafrechts und Ordnungswidrigkeitenrechts.

Hierbei gilt, dass in straf- und ordnungswidrigkeitsrechtlichen Auseinandersetzungen nur Beratungen von der Gewährung von Beratungshilfe umfasst sind. Der Staat übernimmt nicht die Kosten für weiter gehende vorgerichtliche Tätigkeiten des Rechtsanwalts. Auch eine Vertretung vor Behörden in straf- und ordnungswidrigkeitsrechtlichen Verfahren erfolgt daher, wenn Sie diese Tätigkeit beauftragen, auf Ihre Kosten. Durch den Staat erfolgt in diesen Fällen nie eine Zahlung der Rechtsanwaltsvergütung, da dies gesetzlich ausgeschlossen ist.

Zuständigkeit für den Antrag auf Bewilligung von Beratungshilfe

Beratungshilfe wird nur auf Antrag gewährt. Diesen Antrag erhalten Sie beim Amtsgericht an Ihrem Wohnsitz. Der Rechtsanwalt ist nicht verpflichtet, einen solchen Antrag vorrätig zu haben.

Den Antrag auf Bewilligung von Beratungshilfe müssen Sie bei dem Amtsgericht, in dessen Bezirk Sie Ihren sog. allgemeinen Gerichtsstand haben, stellen. Zuständig ist das Amtsgericht an Ihrem Wohnort.

Nach Prüfung der Unterlagen stellt Ihnen das Amtsgericht einen sog. Berechtigungsschein zur Verfügung, den Sie Ihrem Rechtsanwalt vorlegen.

Bitte beauftragen Sie Ihren Rechtsanwalt erst, wenn Ihnen der Berechtigungsschein vorliegt. So werden Missverständnisse hinsichtlich der Vergütung des Rechtsanwalts vermieden. Nach Abschluss seiner anwaltlichen Tätigkeit ist der Rechtsanwalt nicht verpflichtet, nachträglich seine Gebühren im Wege der Beratungshilfe abzurechnen. Die Höhe der gesetzlichen Vergütung und der durch den Staat gezahlten Vergütung unterscheidet sich im Regelfall erheblich.

Bitte bemühen Sie sich daher, bevor Sie einen Rechtsanwalt beauftragen, um die Bewilligung von Beratungshilfe.

Eigenbeteiligung trotz Bewilligung von Beratungshilfe

Wird Ihnen Beratungshilfe gewährt, zahlen Sie in der Angelegenheit an Ihren Anwalt einen eigenen geringen Betrag in Höhe von 10,00 €. Diesen Betrag müssen Sie für die gesamte vor- oder außergerichtliche Tätigkeit nur einmal an den Rechtsanwalt zahlen.

Umfasst die Beratungshilfe mehrere verschiedene Angelegenheiten (also verschiedene rechtliche Grundlagen, unterschiedliche Gegner oder unterschiedliche Möglichkeiten der Durchsetzung der Forderung), ist es möglich, dass Sie den Betrag in Höhe von 10,00 € mehrfach leisten müssen.

Wir hoffen, mit diesen Ausführungen bereits einen Teil Ihrer eventuellen Fragen zur Finanzierung anwaltlicher Tätigkeit geklärt zu haben.

XII. Weitere Belehrungspflichten

64 Es kann nicht ausgeschlossen werden, dass es in speziellen Rechtsgebieten noch weitere erforderliche Belehrungspflichten gibt. Ob es ein Hinweis auf eine mögliche eingeschränkte Kostenerstattung bei wettbewerbsrechtlichen Abmahnungen, der Hinweis auf ein anhängiges Revisionsverfahren beim BGH oder bspw. die besondere Problematik bei Auslandsberührung (z. B. Vollstreckbarkeit bei Staaten außerhalb der EU) ist, generell gilt: Mehr ist mehr! Die Darstellung beinhaltet die nach Auffassung der Autorin wichtigsten und häufigsten Belehrungspflichten und erhebt keinen Anspruch auf Vollständigkeit.

65 Z.T. sind in den jeweiligen Kapiteln weitere Textmuster und Vorschläge zu finden.

B. Vergütung für die anwaltliche Tätigkeit

I. Anwaltliche Tätigkeit

66 I.d.R. übt der RA eine sog. anwaltliche Tätigkeit aus. Aber es ist eine Vielzahl von Fällen denkbar, in denen der RA nicht anwaltlich tätig ist. Bereits § 1 RVG gibt vor, wie zu verfahren ist, wenn der RA keine sog. anwaltliche Tätigkeit ausübt. § 1 Abs. 2 RVG bestimmt, wie zu verfahren ist, wenn der RA bspw. als Insolvenzverwalter, Testamentsvollstrecker u.v.a.m. tätig ist. Die Vergütung für diese Art von Tätigkeiten richtet sich dann regelmäßig nicht nach dem Rechtsanwaltsvergütungsgesetz (RVG). Oft gehen spezielle gesetzliche Regelungen dem RVG vor.

67 Ich beschäftige mich ausschließlich mit dem Vergütungsanspruch, den das **RVG** vorsieht. Für alle weiteren Anwendungsfälle müssen Sie auf die diesbezügliche Fachliteratur zurückgreifen.

II. Begriff der Vergütung

68 § 1 Abs. 1 RVG definiert die Bestandteile der Vergütung. Die Vergütung besteht aus Gebühren und Auslagen. Welche Gebühren der RA erhält, ergibt sich i. d. R. aus dem sog. **Vergütungsverzeichnis.** Gleiches gilt für die Auslagen. Diese werden in Teil 7 des Vergütungsverzeichnisses aufgeführt.

III. Vergütungsschuldner

Das Schöne an unserem Beruf ist, dass fast jeder Satz begonnen werden kann mit: „Grds. gilt ..., aber wenn ein bestimmter Fall gegeben ist, dann gilt etwas anderes." Wir haben in fast jedem Gebiet den sog. Regelfall und dann die Ausnahmen. So ist es auch im Hinblick auf den Vergütungsschuldner: Grds. schuldet der Auftraggeber die anwaltliche Vergütung. Derjenige, der den RA beauftragt, muss dessen Vergütung zahlen. Von diesem Grundsatz gibt es eine Reihe von Ausnahmen: 69

1. Staatskasse

a) Beratungshilfe

Ist dem Auftraggeber Beratungshilfe gewährt, schuldet der **Staat** die Vergütung. Der Auftraggeber selbst erhält keine Vergütungsberechnung. Der RA reicht sein Erstattungsgesuch bei der Staatskasse ein und erhält von dort die bei gewährter Beratungshilfe vorgesehene gesetzliche Vergütung. 70

Der Auftraggeber allerdings schuldet dem RA einen **Festbetrag** (sog. Schutzgebühr) i.H.v. 10,00 € pro Beratungshilfeangelegenheit, dazu mehr unter Kap. 8 Rdn. 165. 71

b) PKH

Ist dem Auftraggeber PKH (ganz, z.T. oder in Raten) bewilligt, schuldet ebenfalls die Staatskasse die Vergütung. Der Auftraggeber ist nicht Vergütungsschuldner. Dies gilt aber nur für den Teil der Vergütung, der von der Bewilligung von PKH umfasst ist. Ist z.B. nur z.T. PKH bewilligt, ist die Staatskasse auch nur für den bewilligten Teil Vergütungsschuldner. Für die Teile der Vergütung, für die PKH nicht bewilligt worden ist, bleibt der Auftraggeber der Vergütungsschuldner. Einzelne Berechnungsbeispiele, welchen Teil der Auftraggeber bei der nur teilweisen Bewilligung von PKH zu zahlen hat, sind unter Kap. 8 Rdn. 821 dargestellt. 72

Sie dürfen bei bewilligter PKH nicht übersehen, dass sich die Bewilligung immer nur auf den Vergütungsanspruch des beigeordneten RA bezieht. Die Staatskasse tritt gegenüber dem eigenen RA an die Stelle des Vergütungsschuldners. Unterliegt der Auftraggeber im gerichtlichen Verfahren, so ist er nicht von der Zahlung der Vergütung befreit, die der RA von der sog. „Gegenseite" verlangen kann. 73

2. Dritter

Nicht selten kommt es vor, dass ein Dritter anstelle des Auftraggebers die Vergütung zahlt oder schuldet. Im Unterschied zu den Fällen unter den Kap. 8 Rdn. 69 ändert sich aber nichts daran, dass weiterhin der Mandant – also der Auftraggeber – Schuldner der Anwaltsvergütung bleibt. 74

a) Materiell-rechtlicher Kostenerstattungsanspruch bei Beratungshilfe

Für den Fall, dass dem Auftraggeber Beratungshilfe bewilligt worden ist, ist es möglich, dass gem. § 9 BerHG für die Gegenseite die Verpflichtung besteht, dem RA die 75 gesetzliche Vergütung zu erstatten, soweit eine grds. sog. **materiell-rechtliche Kostenerstattungspflicht** gegeben ist. Befand sich der Gegner z. B. im Verzug, steht dem RA ein eigener Schadensersatzanspruch zu. Der insoweit in der Person des Rechtsuchenden (Auftraggebers) entstandene Anspruch auf Erstattung der gesetzlichen Vergütung geht kraft Gesetzes auf den RA über. Nur dieser kann den Erstattungsanspruch geltend machen, der Rechtsuchende selbst ist nicht mehr Anspruchsinhaber und damit nicht in der Lage, den Anspruch durchzusetzen. Der RA kann vom Gegner die Differenz zwischen dem Beratungshilfeanspruch und der sog. **Wahlanwaltsvergütung** geltend machen. § 9 Satz 4 BerHG bestimmt, dass auf diesen Erstattungsanspruch geleistete Zahlungen unmittelbar (d. h. zuerst) auf die Vergütung aus der Landeskasse angerechnet werden. Die Landeskasse erhält in erster Linie eine Erstattung der Leistungen, die durch diese erbracht worden sind. Dies ist ein Unterschied zur gesetzlichen Lage bei PKH. Eine Privilegierung des RA wie im vergleichbaren Fall der PKH, wonach die Zahlung der Gegenseite zunächst auf die Differenz zwischen Wahlanwaltsvergütung und Vergütung des beigeordneten RA verrechnet wird, findet im Beratungshilfefall nicht statt.

76 Selbstverständlich kann ein Dritter aufgrund materiell-rechtlicher Vorschriften auch dann die Vergütung schulden, wenn dem Auftraggeber Beratungshilfe nicht bewilligt wurde. Die materiell-rechtlichen Kostenerstattungsvorschriften sind immer gleich.

b) Rechtsschutzversicherung

77 Hat eine Rechtsschutzversicherung eine sog. **Kostendeckungszusage** erteilt, so zahlt diese anstelle des Auftraggebers die gesetzliche Vergütung des RA. Im gerichtlichen Verfahren zahlt die Rechtsschutzversicherung (RSV) auch die Kosten der Gegenseite, wenn der Auftraggeber unterliegt und die Gerichtskosten.

78 Der Mandant bleibt alleiniger **Vergütungsschuldner.** Zahlt die RSV nicht oder nur z. T., kann der RA selbstverständlich nicht beglichene Vergütungsforderungen beim Auftraggeber einfordern.

79 Die Rechnung, die erstellt wird, wenn eine RSV eingeschaltet wird, ist an den Auftraggeber zu richten. In den meisten Fällen reicht der RA diese an den Auftraggeber gerichtete Rechnung mit einem Anschreiben bei der RSV ein.

80 ► Muster: Anschreiben an die RSV – Übergabe der Vergütungsberechnung

Anrede,

in der Anlage haben wir unsere Vergütungsberechnung beigefügt, die sich auf einen Gesamtbetrag in Höhe von ….. € beläuft. Aufgrund Ihrer Verpflichtung, den Versicherungsnehmer von Kostenforderungen freizustellen, bitten wir um Ausgleich der beigefügten Rechnung.

Falls erforderlich können Sie Einzelheiten zum Gegenstandswert oder zu einer entstandenen Rahmengebühr und der Bestimmung des Rahmens der Gebühr der Vergütungsberechnung entnehmen.

Bitte überweisen Sie den Rechnungsbetrag in Höhe von ….. € bis zum

.....

auf eines unserer genannten Konten unter Angabe des Betreffs „...../. .....".

Bereits an dieser Stelle erlauben wir uns den Hinweis, dass wir bei nicht fristgerechtem Zahlungsausgleich unverzüglich ohne weitere Korrespondenz den Versicherungsnehmer direkt wegen unserer Vergütung in Anspruch nehmen werden.

Grußformel

Die Praxis setzt sich regelmäßig darüber hinweg, es werden Rechnungen an die Versicherung als Rechnungsempfänger erstellt und auch die Auftraggeber werden nur selten über die Einreichung der Vergütungsberechnung bei der Rechtsschutzversicherung informiert. Auch hier gilt, dies ist so lange unschädlich, wie es ohne Konsequenzen „läuft". In Zeiten, wo in vielen Kanzleien an allen möglichen Orten Einsparungen erfolgen, wird auch am Porto für die Information des Auftraggebers gespart. Bei allem Verständnis für dieses Vorgehen, die berufsrechtlichen Pflichten sollten Sie nicht vernachlässigen. 81

Durch die modernen Medien (Internet, Fax u. a.) können Sie den Auftraggeber oft kostengünstig informieren. 82

► Praxistipp: 83

Jeder **Fragebogen**, den Sie zur Aufnahme der Daten des Auftraggebers führen, sollte unbedingt nach der E-Mail-Adresse fragen. Viele Auftraggeber verfügen über ein Faxgerät, sehr viele über eine E-Mail-Anschrift. Wenn Sie diese Daten rechtzeitig erfassen, ist es leicht, schnell und zu geringen Kosten mit dem Auftraggeber (und auch sonstigen Dritten) zu kommunizieren.

Wenn Sie dem Auftraggeber eine Mitteilung über die erfolgte Rechnungsstellung gleichzeitig mit der Versendung der Rechnung an die Rechtsschutzversicherung übersenden, hat dies den Vorteil, dass der Mandant informiert und darauf vorbereitet ist, bei Auseinandersetzungen mit der RSV selbst zahlen zu müssen. Die Kooperationsbereitschaft des Mandanten steigt, wenn ihm bekannt ist, dass die ausbleibende Zahlung seiner RSV zur Folge hat, dass er eine bestimmte Vergütungshöhe zu erbringen hat. 84

► Muster: Rechnungsmitteilung an den Auftraggeber

85

Anrede,

wir haben mit gleicher Post die in der Anlage beigefügte Vergütungsberechnung vom ..... in Höhe von ..... an Ihre Rechtsschutzversicherung mit der Bitte um Zahlung weitergeleitet. Da Sie als Auftraggeber der Vergütungsschuldner sind, informieren wir Sie über diesen Vorgang, denn Ihre Versicherung befreit Sie lediglich von der Verpflichtung der Vergütungszahlung, wenn auch eine Zahlung erfolgt.

Sollte Ihre Rechtsschutzversicherung hier entgegen der erteilten Kostendeckungszusage nicht oder nur zum Teil leisten, kommen wir auf die Angelegenheit zurück und müssen die ausstehende Vergütung bei Ihnen anfordern.

Selbstverständlich werden wir uns für diesen Fall der Zahlungsverweigerung durch Ihre Versicherung gemeinsam mit Ihnen darum bemühen, die Zahlung durch Ihre Rechtsschutzversicherung zu bewirken.

Grußformel

3. Übernahme durch sonstige Dritte

86 Nicht selten zahlt ein anderer als der Auftraggeber die Vergütung des RA. Häufig übernehmen z. B. Eltern die Verpflichtung, die Vergütung des RA zu zahlen, wenn die Kinder selbst nicht leistungsfähig sind. Auch der Betriebsrat zahlt von Fall zu Fall die Vergütung eines Arbeitnehmers (z. B. in einem sog. Musterverfahren). Unüblich ist es auch nicht, dass in einer Ehe einer die Zahlungsverpflichtung des anderen übernimmt.

87 Wenn ein Dritter die Vergütung für den Auftraggeber zahlt, kann dies aufgrund gesetzlicher Vorgaben erfolgen (s. § 1360a BGB) oder auf freiwilliger Basis. Dann hat die Kostenübernahme i. d. R. ihren Grund darin, dass der Auftraggeber selbst nicht leistungsfähig ist.

88 Für den Fall, dass es erforderlich wird, wegen der Vergütung eine ggf. auch gerichtliche Auseinandersetzung zu führen, ist die Sicherung des Vergütungsanspruchs zwingend. Empfehlenswert ist eine unbeschränkte, unbefristete, unbedingte Bürgschaft, in dem der zur Vergütungsübernahme Verpflichtete sich für die Zahlung der Vergütung verbürgt. Durch zusätzliche regelmäßige Vorschussanforderungen wird ein Vergütungsausfall vermieden.

► Muster: Bürgschaft zur Übernahme der Vergütung

89 Bürgschaftserklärung

Hiermit erkläre(n) ich (wir) – ….. *(Name, Musterstraße 1 in 11111 Musterhausen)*, unter Verzicht auf die Einrede der Vorausklage die unbedingte, unbefristete und unbeschränkte Bürgschaft im Hinblick auf die entstehende und entstandene Anwaltsvergütung in der Auseinandersetzung des …..

(vollständiger Name des Auftraggebers, vollständige Anschrift)

wegen ….. *(kurzer Betreff – wer gegen wen – warum)*,

die die Rechtsanwälte *(Name und Anschrift Kanzlei)* von

….. *(Name Auftraggeber)*

aufgrund gesetzlicher oder vereinbarter Vergütung fordern können.

Auf die Einrede der Vorausklage wird verzichtet. Die Vergütungsforderung kann unmittelbar und direkt gegen mich (uns) geltend gemacht werden.

….. …..

Ort, Datum Unterschrift Bürge

Es handelt sich bei dem vorstehenden Text um ein Textmuster. Selbstverständlich kann dieses um die Fälligkeit des Vergütungsanspruchs, eine etwaige Verzinsung für den Fall des Verzugs, die Form der Übersendung der Vergütungsberechnung u.v.a.m. erweitert werden. Auch ist es jederzeit möglich, für den Fall einer Bürgschaft gleichzeitig eine Abtretungserklärung (z. B. Bankguthaben, pfändbares Arbeitseinkommen, Mieteinnahmen sowie diverse sonstige mögliche Forderungen) des Bürgen zu formulieren. Üblich ist es dann, diese Abtretung auf den Fall der Geltendmachung der Bürgschaft zu beschränken. Formulierungsbeispiele finden Sie im Rechtsverkehr viele. So hat jeder, der ein Konto bei einer Bank eröffnet hat und dort einen sog. Dispositionskredit erhalten hat, den pfändbaren Teil seines Arbeitseinkommens an die Bank abgetreten. Wer hier nach Beispielen sucht, muss nur die eigenen Verträge sorgfältig lesen. 90

4. Kfz-Haftpflichtversicherung

a) Kfz-Haftpflichtversicherung des Auftraggebers

Ist der Auftraggeber in einen Verkehrsunfall verwickelt und wird von einem Unfallbeteiligten verklagt, so zahlt seine Kfz-Haftpflichtversicherung die Vergütung des RA. Da der Auftraggeber gemeinsam mit seiner Versicherung verklagt wird, behält sich die Versicherung meist vor, selbst einen RA mit der gemeinsamen Vertretung zu beauftragen. Versicherungsrechtlich ist der Auftraggeber gehalten, sich durch den RA vertreten zu lassen, den seine Kfz-Haftpflichtversicherung ihm vorschlägt. Dies gilt selbstverständlich dann nicht, wenn er ein Interesse an einem eigenen Anwalt hat (z. B. es liegt ein Fall von Interessenkollision vor, wenn sich der Auftraggeber und die Versicherung durch einen Anwalt vertreten lassen). Eine Zahlung der Vergütung des dann zusätzlich beauftragten RA erfolgt i. d. R. nicht durch die Kfz-Haftpflichtversicherung. 91

b) Kfz-Haftpflichtversicherung des Unfallgegners

Ist der Auftraggeber Beteiligter an einem Verkehrsunfall, den er nicht verursacht hat, so zahlt die gegnerische Kfz-Haftpflichtversicherung die Vergütung des von ihm beauftragten RA und ggf. weitere erforderliche Kosten (z. B. Handelsregisterauszug, Einwohnermeldeamtanfragen und Ähnliches). Dieser Anspruch ergibt sich nicht aus dem RVG, sondern aus dem BGB (§ 249 BGB). Man nennt diesen Anspruch einen **materiell-rechtlichen Kostenerstattungsanspruch.** 92

Erstattet wird die Vergütung nur berechnet nach dem Anteil, für den eine Regulierung durch die Versicherung erfolgt. Beträgt der Schaden des Auftraggebers 7.000,00 €, trifft ihn aber ein sog. Mitverschulden von 10 %, so zahlt die Versicherung lediglich 6.300,00 € (also 90 % der Forderung). 93

Eine Übernahme der Vergütung erfolgt nur in der Höhe bemessen an dem Anteil, zu dem der Schaden reguliert wurde. Eine weitere Haftung muss die gegnerische 94

Versicherung nicht übernehmen. Der Auftraggeber als alleiniger Vergütungsschuldner muss die durch die Versicherung nicht gezahlten Teile der Vergütung erstatten.

95 ▶ Beispiel:

Den Auftraggeber trifft ein Mitverschulden von 50 % (häufig bei übersehenen Vorfahrtsregeln). Die Höhe seines Schadens wird beziffert mit 8.500,00 €. Die gegnerische Versicherung zahlt 4.250,00 €.

Der Gegenstandswert für die Abrechnung gegenüber dem Auftraggeber beträgt 8.500,00 €.

Der Gegenstandswert für die Geltendmachung des materiell-rechtlichen Kostenerstattungsanspruchs beträgt 4.250,00 €. Der Auftraggeber hat an den RA die Differenz aus beiden Berechnungen zu zahlen.

96 ▶ Hinweis:

Aus Vereinfachungsgründen erfolgt die Darstellung unter Außerachtlassung der entstandenen USt.

97 ▶ ***Vergütungsanspruch insgesamt***

Gegenstandswert: 8.500,00 €

1,3 Geschäftsgebühr §§ 2 Abs. 2, 13, Nr. 2300 VV RVG	*583,70 €*
Zwischensumme	*583,70 €*
Entgelte für Post- und Telekommunikationsdienstleistungen gem. Nr. 7002 VV RVG	*20,00 €*
Zwischensumme netto	***603,70 €***

Erstattung durch gegnerische Versicherung

Gegenstandswert: 4.250,00 €

1,3 Geschäftsgebühr §§ 2 Abs. 2, 13, Nr. 2300 VV RVG	*354,90 €*
Zwischensumme	*354,90 €*
Entgelte für Post- und Telekommunikationsdienstleistungen gem. Nr. 7002 VV RVG	*20,00 €*
Zwischensumme netto	***374,90 €***

Der Auftraggeber schuldet dem RA 603,70 € – 374,90 € = 228,80 € (zzgl. USt).

98 Diese obige Abrechnungsmethode gilt nur eingeschränkt, wenn ein sog. Regulierungsabkommen vorliegt (s. nachstehend unter Kap. 8 Rdn. 103).

c) Rationalisierungsabkommen mit Versicherungen

Bis zum 30.06.2004 gab es ein sog. „DAV-Abkommen". Mit dem Inkrafttreten des RVG am 01.07.2004 ist das „DAV-Abkommen" zwischen Rechtsanwälten und Versicherungsunternehmen aufgehoben worden. 99

Trotzdem bieten einige Versicherungen den Rechtsanwälten konkrete Bedingungen an, zu denen eine Abrechnung erfolgen soll, wenn der vom RA vertretene Auftraggeber in einen Verkehrsunfall verwickelt ist, der über die spezielle Versicherung abgewickelt wird. Häufig bieten die Versicherungen einen bestimmten **Gebührensatzrahmen** für die Geschäftsgebühr an. Hierbei ist alles Mögliche denkbar. So gibt es Versicherungen, die einen Gebührensatzrahmen unterhalb der sog. Regelvergütung anbieten (Regelvergütung = 1,3 Geschäftsgebühr gem. Nr. 2300 VV RVG), aber auch Abweichungen nach oben sind denkbar. Weiter wird die Einigungsgebühr der Nr. 1000 VV RVG abweichend vereinbart. Hier schlagen die Versicherungen i. d. R. einen niedrigeren Gebührensatzrahmen vor (so 1,0 statt 1,5 gem. Nr. 1000 VV RVG). 100

Oft handelt es sich bei den von verschiedenen Rechtsschutzversicherern und KFZ-Versicherern angebotenen Rationalisierungsabkommen um Vergütungsvereinbarungen unterhalb der gesetzlichen Vergütung. Die Bundesrechtsanwaltskammer (www.brak.de) weist in ihrem Rundschreiben vom Juli 2004 darauf hin, dass diesen Rationalisierungsabkommen neben wirtschaftlichen auch berufsrechtliche Bedenken entgegenstehen. Der RA darf nicht ohne Weiteres regelmäßig eine geringere als die gesetzliche Vergütung vereinbaren (näheres hierzu s. Kap. 8 Rdn. 865 ff.). Die Rationalisierungsvorschläge der Versicherungen umfassen z. T. auch Gebühren für die Vertretung im gerichtlichen Verfahren. Für diesen Teilbereich der anwaltlichen Tätigkeit sind die Rationalisierungsabkommen unwirksam. Da die Versicherung nicht der Auftraggeber ist oder diesen vertritt (sondern den Schädiger), handelt es sich nicht um die Vereinbarung eines Erfolgshonorars. 101

Haben Sie eine Vereinbarung über die Abrechnung mit einer Versicherung getroffen, so müssen Sie die Vergütungsberechnung entsprechend vornehmen. An die Vereinbarung sind Sie gebunden. Selbstverständlich nur in dem vereinbarten Umfang. 102

► **Beispiel:** 103

Sie haben ein Abkommen mit der XYZ-Versicherung getroffen, das Sie für den Fall der Regulierung von Kraftfahrzeugschäden wie folgt regulieren:

Maßgebend als Gegenstandswert ist die erfolgte Zahlung durch die Versicherung. Die Geschäftsgebühr der Nr. 2300 VV RVG wird mit einem Gebührensatzrahmen von 1,1 berechnet und die Einigungsgebühr der Nr. 1000 VV RVG mit einem Gebührenrahmen von 1,0. In einer Verkehrsunfallschadensache beträgt der tatsächliche Schaden 4.700,00 €. Die Versicherung reguliert 3.200,00 €. Sie berechnen gegenüber der Versicherung (der Auftraggeber ist zum Vorsteuerabzug berechtigt):

Gegenstandswert: 3.200,00 €

1,1 Geschäftsgebühr §§ 2 Abs. 2, 13 Nr. 2300 VV RVG	*238,70 €*
1,0 Einigungsgebühr §§ 2 Abs. 2, 13, Nr. 1000 VV RVG	*217,00 €*
Zwischensumme der Gebührenpositionen	*455,70 €*
Entgelte für Post- und Telekommunikationsdienstleistungen Nr. 7002 VV RVG	*20,00 €*
Keine Geltendmachung der Vorsteuer aufgrund Vorsteuerabzugsberechtigung des Auftraggebers	
SUMME	***475,70 €***

Der tatsächliche Gebührenanspruch beträgt aber:

Gegenstandswert: 4.700,00 €

1,3 Geschäftsgebühr §§ 2 Abs. 2, 13, Nr. 2300 VV RVG	*391,30 €*
1,5 Einigungsgebühr §§ 2 Abs. 2, 13, Nr. 1000 VV RVG	*451,50 €*
Zwischensumme der Gebührenpositionen	*842,80 €*
Entgelte für Post- und Telekommunikationsdienstleistungen Nr. 7002 VV RVG	*20,00 €*
Zwischensumme netto	*862,80 €*
19 % USt Nr. 7008 VV RVG	*163,93 €*
Gesamtbetrag	***1.026,73 €***

Üblicherweise kann der RA zwar die Differenz zwischen der tatsächlichen entstandenen Vergütung und der von der gegnerischen Versicherung gezahlten Vergütung verlangen. Der RA kann aber nicht den Gebührensatzrahmen der Geschäftsgebühr und auch nicht den Gebührenrahmen der Einigungsgebühr in tatsächlicher Höhe vom Auftraggeber fordern. Über die vereinbarten Gebührensatzrahmenhöhe oder Gebührenrahmenhöhe hinaus kann er nichts von Auftraggeber fordern. Er kann daher nur berechnen:

Gegenstandswert: 4.700,00 €

1,1 Geschäftsgebühr §§ 2 Abs. 2, 13, Nr. 2300 VV RVG	*331,10 €*
1,0 Einigungsgebühr §§ 2 Abs. 2, 13, Nr. 1000 VV RVG	*301,00 €*
Zwischensumme der Gebührenpositionen	*632,10 €*
Entgelte für Post- und Telekommunikationsdienstleistungen Nr. 7002 VV RVG	*20,00 €*
Zwischensumme netto	*652,10 €*
19 % USt Nr. 7008 VV RVG	*123,90 €*

Gesamtbetrag	***776,00 €***

Von der so berechneten gesamten Vergütungsforderung i.H.v. 776,00 € ist die Zahlung der gegnerischen Haftpflichtversicherung i.H.v. 475,70 € (= 300,30 €) in Abzug zu bringen. Diesen Betrag schuldet der Auftraggeber dem RA.

d) Vorsteuerabzugsberechtigung des Auftraggebers

Ist der Auftraggeber zum Vorsteuerabzug berechtigt, so wird eine Rechnung an einen Dritten oder ein Kostenfestsetzungsantrag oder Kostenausgleichungsgesuch erstellt, ohne dass die USt berücksichtigt wird. Wenn Sie sog. Kostenerstattungsansprüche verfolgen (materiell-rechtlich und prozessual), schuldet der zur Kostentragung Verpflichtete nicht die Erstattung der USt. Die bei Ihnen entstandene USt (Nr. 7008 VV RVG) berechnen Sie direkt gegenüber dem Auftraggeber. Dieser berücksichtigt die USt dann im Wege der USt-Erklärung. Er zieht die USt, die er selbst zahlen muss, von der USt ab, die er eingenommen hat. Nur die Differenz leitet er an das Finanzamt (FA) weiter. 104

▶ Beispiel:

Eingenommene USt	*19.000,00 €*
An Dritte gezahlte USt (zum derzeitigen Umsatzsteuersatz von 7 % oder 19 %)	*-9.500,00 €*
Zahlung des Auftraggebers an das FA	*9.500,00 €*

Weisen Sie den Auftraggeber immer daraufhin, dass bedingt durch seine USt-Abzugsberechtigung diese nicht vom Gegner erstattet wird, sodass er eine eigene Rechnung von Ihnen erhält. 105

▶ Muster: Zahlung USt durch Auftraggeber, der umsatzsteuerabzugsberechtigt ist 106

Anrede,

in Ihrer Angelegenheit sind Gebühren und Auslagen in Höhe von netto 1.000,00 € entstanden.

Bedingt durch Ihre Berechtigung zum Vorsteuerabzug erfolgt durch die Gegenseite kein Ausgleich der Umsatzsteuer. Wie Sie unserer beigefügten Rechnung an Sie entnehmen können, beträgt der Umsatzsteuerbetrag (19 % Umsatzsteuer) 190,00 €. Bitte berücksichtigen Sie diesen Betrag bei Ihrer Umsatzsteuererklärung gegenüber dem Finanzamt und ziehen den Betrag von der Umsatzsteuer ab, die Sie aufgrund von erzielten Einnahmen an das Finanzamt zu leisten hätten. Dieses Schreiben nebst der anliegenden Rechnung wollen Sie bitte sorgfältig aufbewahren und zu Ihren Steuerunterlagen nehmen. Zur erleichterten Archivierung haben wir Ihnen dieses Schreiben in doppelter Ausfertigung zukommen lassen.

Grußformel

IV. Auftrag und Vergütung

107 Welche Vergütung der RA erhält, hängt i. d. R. nicht von der erbrachten Tätigkeit ab (Ausnahme: Werkvertrag), sondern von dem Auftrag, den der Auftraggeber dem RA zur Durchführung des Mandatsverhältnisses erteilt hat. Bereits hier beginnen die Schwierigkeiten im Alltag. Kaum ein RA fixiert den erteilten Auftrag durch den Auftraggeber und lässt sich den erteilten Auftrag bestätigen. Fast immer wird davon ausgegangen, dass die erteilte Vollmacht des Auftraggebers ausreicht, um den erteilten Auftrag nachzuweisen. Dem ist nicht so. Viele vergütungsrechtliche Auseinandersetzungen könnten vermieden werden, wenn nicht mehr die erteilte Vollmacht als Auftragsnachweis gelten muss, sondern eine eigene besondere Auftragsbestätigung.

108 Sämtliche allgemein übliche Vollmachtsformulare decken ein weites Spektrum möglicher anwaltlicher Tätigkeit ab. So erscheint der Auftraggeber bspw. und beauftragt Ihre Kanzlei, mit der Vertretung in einer arbeitsrechtlichen Auseinandersetzung. Wenn Sie jetzt die durch den Auftraggeber unterschriebene Vollmacht betrachten, werden Sie feststellen, dass der Auftraggeber Sie mit seiner Unterschrift auch bevollmächtigt hat, ihn in „seiner" familienrechtlichen Auseinandersetzung (Scheidung) zu vertreten (von der der Auftraggeber im Zweifel gar nichts weiß – weil er diesen Auftrag nicht erteilt hat). Weiter bevollmächtigt er Sie zur Vertretung im Strafverfahren – auch da würde der Auftraggeber vehement widersprechen, denn einer Verfolgung durch die strafrechtlichen Behörden ist er nicht ausgesetzt. Die Vollmacht, wie Sie üblicherweise durch diverse Anbieter (auch Software) formuliert ist, soll eine Reihe von Verfahren abdecken und dient in erster Linie dazu, dass Sie sich gegenüber Dritten legitimieren können. Die Vollmacht dient aber nicht dazu, den erteilten Auftrag nachzuweisen. Dazu ist die Vollmacht nicht geeignet. Selbstverständlich wird in fast allen gerichtlichen gebührenrechtlichen Auseinandersetzungen zum Nachweis des erteilten Auftrags die durch den Auftraggeber unterzeichnete Vollmacht vorgelegt, aber genau dazu dient die Vollmacht nicht: Sie weist den Auftrag des RA nicht nach. Man kann den Auftrag vielleicht vermuten, unterstellen, herleiten, aber all die damit verbundenen Risiken lassen sich vermeiden, wenn sich der RA zu Beginn des Mandats und bei Weiterungen des Mandats den Auftrag bestätigen lässt.

109 Nun können Sie natürlich einwenden, dass der Auftraggeber zu Beginn des Mandats in Formularen, Belehrungen etc. „erstickt". Da haben Sie nicht ganz unrecht, aber: der Mandant unterzeichnet ohnehin die Vollmachten, diverse Belehrungen, ggf. Vergütungsvereinbarungen etc., da ist es keine Schwierigkeit, dem Mandanten zu verdeutlichen, dass eine Auftragsbestätigung auch in seinem Interesse ist. Diese weitere Unterschrift zu Beginn des Mandatsverhältnisses kann dafür sorgen, dass nach Beendigung des Auftragsverhältnisses bei Fälligkeit der Vergütung ein ausufernder Streit vermieden wird. Vergleichen Sie dies doch einmal mit einem Besuch beim Arzt. Jeder kennt es: bei jedem Arzt müssen Sie vor Beginn der Behandlung bei Ihrem Erstbesuch eine Reihe von Formularen ausfüllen, unterschreiben, Zustimmungserklärungen zur Abrechnung durch zentrale Abrechnungsstellen abgeben und – bei gesetzlicher Krankenversicherung – zusätzlich im Zweifel 10,00 € leisten. Sie lesen

vermutlich diese Formulare nicht, lächeln bei der Frage nach Bankverbindung und Arbeitgeber, weil Sie wissen, wozu der Arzt diese benötigt und unterschreiben. Dabei werden Sie freundlich und kompetent durch die Arzthelferin unterstützt. Es spricht daher nichts dagegen, wenn die/der Rechtsanwaltsfachangestellte in der Anwaltskanzlei für die Unterzeichnung der entsprechenden Formulare Sorge trägt.

► **Muster: Auftragsbestätigung in allgemeiner zivilrechtlicher Angelegenheit** 110

Auftragsbestätigung

Hiermit beauftrage/n ich/wir

.....

(nachstehend der/die Auftraggeber genannt)

.....

(nachstehend die Rechtsanwälte genannt)

in der Rechtssache gegen .....

mit
- der Beratung

und abhängig vom Ergebnis der Beratung:
- der (fern-) mündlichen und (fern-) schriftlichen vorgerichtlichen Interessenvertretung sowie dem Führen von Vergleichsverhandlungen

und bedingt für den Fall des Scheiterns der vorgerichtlichen Bemühungen:
- dem gerichtlichem Verfahren erster Instanz (einschließlich Mahnverfahren) und
- dem Führen von Vergleichsverhandlungen,

für den Fall eines auch nur teilweise Unterliegens:
- der Prüfung der Erfolgsaussichten eines jeden möglichen Rechtsmittels,

und für den Fall, das die Erfolgsaussichten bejaht werden:
- der Einlegung von Rechtsmitteln vor sowie nach Rechtskraft des Verfahrens,
- allen Maßnahmen der Zwangsvollstreckung, Zwangsverwaltung und ähnlichen Verfahren
- erforderlichenfalls der Vertretung im Insolvenzverfahren des Schuldners und
- dem Einzug und der Weiterleitung von Geldern über das Konto der Rechtsanwälte.

Für den Fall, dass der/die Auftraggeber über eine Rechtsschutzversicherung verfügt/en, werden die Rechtsanwälte beauftragt, die sog. Kostendeckungsanfrage zu stellen. Dem Auftraggeber/den Auftraggebern ist bekannt, dass für die sog. Kostendeckungsanfrage eine Anwaltsvergütung entsteht, die nicht von der Versicherung erstattet wird. Wird die Kostendeckungszusage von der Rechtsschutzversicherung unmittelbar nach der ersten Anfrage – ohne weiter erforderlichen Schriftverkehr erteilt –, werden die Rechtsanwälte prüfen, ob ein Verzicht auf den entstandenen Vergütungsanspruch erfolgt.

....

Ort, Datum Auftraggeber

V. Vollmacht

111 Die üblicherweise zum Nachweis des Auftrags herangezogene Vollmacht ist nicht geeignet, den erteilten Auftrag nachzuweisen. Die Vollmacht wird benötigt, um im Rechtsverkehr kenntlich zu machen, dass der RA den Auftraggeber auch tatsächlich vertritt. Der Gegner kann dies nicht wissen. Fügt der RA daher seinem Erstschreiben (einer Kündigung, einer Mahnung, einer Handlungsaufforderung, einer Unterlassensforderung u.v.a.m.) keine Vollmacht bei, kann der Gegner den Inhalt des Schreibens unverzüglich (d. h. ohne schuldhaftes Verzögern – also umgehend) wegen des mangelnden Nachweises der Bevollmächtigung zurückweisen (§ 174 BGB). Vom Zwang, einem Schreiben (also einer Willenserklärung) eine Vollmacht beizufügen, hat die Rechtsprechung einige Ausnahmen geschaffen (so z. B. im Wettbewerbsrecht). Aber auch hier gilt, weniger ist eben nicht im Zweifel mehr. Es schadet nichts, eine Vollmacht beizufügen, es kann nur schaden, wenn keine Vollmacht beigefügt ist. Wer kann schon mit Sicherheit ausschließen, dass die Rechtsprechung, die bis gestern noch ein Vorgehen ohne Vollmacht als zulässig erachtet hat, sich morgen ändert? Je länger man in unserem Beruf tätig ist, umso häufiger erlebt man gerade im Hinblick auf die Entwicklung der Rechtsprechung manch unangenehme Überraschung. Oft kann man auch bei den höchsten Gerichten das Motto beobachten „Was schert mich mein Geschwätz von gestern?". Wo es vermeidbar ist, sich hier unnötig in Gefahr zu bringen, sollte man es ausschließen. Für jedes Erstschreiben gilt daher: Wann immer möglich, eine Vollmacht im Original unterschrieben vom Auftraggeber beifügen.

112 In den Fällen, in denen dies nicht möglich sein sollte, verbleibt immer das Risiko, dass die mit dem Schreiben bezweckte Wirkung aufgrund der fehlenden Vollmacht nicht eintreten kann. Gerade in diesen Fällen ist das **Haftungsrisiko** des RA zu berücksichtigen. Wenn Sie ohne Vollmacht tätig werden müssen, weil es aus organisatorischen Gründen innerhalb der gegebenen Zeit nicht möglich war, dann sollten Sie sich von der Haftung freistellen lassen.

113 Nachstehend das Muster einer bereits von den üblichen Vordrucken stark abweichenden Vollmacht. Die Vollmacht berücksichtigt eine vorwiegend zivilrechtliche Vertretung und nennt keines der Rechtsgebiete, bei denen im ausgewählten Fall eindeutig war, dass keine Vertretung erfolgen wird (Strafsache, Familiensache u. a. in üblichen Vordrucken enthalten). Für jeden Verfahrensbereich (Strafrecht/Ordnungswidrigkeiten, Familienrecht, Arbeitsrecht u. a.) kann eine wesentlich sinnvollere Vollmacht gestaltet werden, als es die üblichen Vordrucke sind.

▶ Muster: Vollmacht

114

Zustellungen werden nur an

die Bevollmächtigten erbeten!

Vollmacht

wird hiermit in Sachen .....

wegen .....

Vollmacht erteilt.

Die Vollmacht wird erteilt zur Prozessführung (u.a. nach §§ 81 ff. ZPO), einschließlich der Befugnis zum Führen von Vergleichsgesprächen (vor und nach Anhängigkeit/Rechtshängigkeit), zur Erhebung und Zurücknahme von Widerklagen sowie der Befugnis zur Abgabe von Aufrechnungserklärungen, zur Vertretung in sonstigen Verfahren und außer- bzw. vorgerichtlichen Verhandlungen aller Art, zur Begründung und Aufhebung von Vertragsverhältnissen, zur Abgabe und Entgegennahme von einseitigen Willenserklärungen (z.B. Kündigungen, Anfechtungen) in Zusammenhang mit der oben unter „wegen ..." genannten Angelegenheit, zur Prüfung der Erfolgsaussichten eines jeden infrage kommenden Rechtsmittels.

Die Vollmacht gilt für die außer- bzw. vorgerichtliche Tätigkeit. Die Vollmacht gilt für das gerichtliche Verfahren für alle infrage kommenden gerichtlichen Instanzen. Die Vollmacht erstreckt sich auf Neben- und Folgeverfahren aller Art (z.B. Arrest und einstweilige Verfügung, Kostenfestsetzungs- und sich daran anschließende Nebenverfahren, Zwangsvollstreckungsverfahren, Interventionsverfahren, Drittschuldnerklagen, Zwangsversteigerungs-, Zwangsverwaltungs- und Hinterlegungsverfahren sowie Insolvenzverfahren). Die Vollmacht umfasst die Befugnis, Zustellungen zu bewirken und entgegenzunehmen, die Vollmacht ganz oder teilweise auf andere zu übertragen (Untervollmacht, Terminsvertretung). Die Vollmacht umfasst die Befugnis, Akteneinsicht zu nehmen sowie Rechtsmittel einzulegen, zurückzunehmen oder auf sie zu verzichten, den Rechtsstreit oder außer- bzw. vorgerichtliche Verhandlungen durch Vergleich, Verzicht, Anerkenntnis oder Erledigungserklärung zu beenden. Die Vollmacht gibt die Inkassobefugnis. Sie erstreckt sich damit auf die Befugnis, Geld, Wertsachen und Urkunden, insbesondere auch den Streitgegenstand nebst Nebenleistungen sowie die vom Gegner, der Justizkasse oder einem sonstigen Dritten zu erstattenden Beträge (Kosten, Gerichtskosten und Sonstiges) entgegenzunehmen und an den Auftraggeber abzuliefern.

.....

(Ort, Datum, Unterschrift)

Das Textbeispiel im Hinblick auf die Auftragsbestätigung eignet sich insbes. für allgemeine zivilrechtliche Angelegenheiten. Es ist unproblematisch und ohne große Mühe möglich, für das jeweilige Rechtsgebiet der Kanzlei ebenfalls eine solche Auftragsbestätigung zu entwickeln. Im vorwiegend familienrechtlichen Mandant wiederholen sich üblicherweise immer wieder einstweilige Anordnungen, Auseinandersetzungen im Hinblick auf den Hausrat, die Ehewohnung. Über Unterhalt, elterliche Sorge, Umgangsrecht, Aufenthaltsbestimmungsrecht etc. wird regelmäßig gestritten. Unter Berücksichtigung der typischen Tätigkeiten einer Kanzlei kann der Auftragsbestätigungsbogen erstellt werden. **115**

I.Ü. hat hier bereits der BGH in einer Grundsatzentscheidung festgestellt, dass für den Gebührenanfall nur der erteilte Auftrag maßgeblich ist. Die Entscheidung ist ergangen zu der Frage, wann der RA lediglich die Gebühr der Nr. 2302 VV RVG **116** abrechnen kann (einfaches Schreiben, BGH,AnwBl 1983, 512 = NJW 1983, 2451 = Rpfleger 1983, 458 = JurBüro 1983, 1498 – noch zu § 120 BRAGO). Es kommt nicht auf das äußere Erscheinungsbild eines des durch den RA verfassten Schreibens an, sondern auf den ihm erteilten Auftrag. Ist das Ergebnis der anwaltlichen Tätigkeit ein Schreiben einfacher Art, liegen diesem Schreiben aber umfangreiche Prüfungen und ein anders erteilter Auftrag zugrunde, entsteht nicht die Gebühr Nr. 2302 VV RVG, sondern die Gebühr Nr. 2300 VV RVG. Der Auftrag entscheidet über das Entstehen der Gebühr.

C. Vergütung im Einzelnen

I. Beratung

1. Beginn der anwaltlichen Tätigkeit

117 Grds. beginnt jede anwaltliche Tätigkeit damit, dass der RA den vom Auftraggeber geschilderten Sachverhalt aufnimmt und bewertet. Er ordnet den Vortrag des Auftraggebers einer rechtlichen Folge zu und kann dann dem Auftraggeber mitteilen, ob sein beabsichtigtes Vorgehen aussichtsreich erscheint.

118 Gerade im Bereich der Beratung und der z.T. schwierigen Abgrenzung zur Geschäftsgebühr, darf die Beachtung des Straftatbestandes des **§ 352 StGB** nicht vergessen werden. Gem. § 352 Abs. 2 StGB ist auch der Versuch der **Gebührenüberhebung** (eine Auslagenüberhöhung ist nicht strafbar) **unter Strafe gestellt.** Die Strafnorm setzt neben der Erhebung einer Vergütung, die der Zahlende überhaupt nicht oder nur in geringerem Betrag schuldet, weiter voraus, dass der RA den Gebührenschuldner über seine ihm zustehenden Gebühren täuscht.

119 Streiten über entstandene Vergütungsansprüche ist natürlich zulässig. Es liegt kein strafbares Verhalten vor, wenn z.B. das Entstehen einzelner Gebühren streitig ist oder wenn streitig ist, ob der Auftrag in dem Umfang erteilt wurde, wie er letztendlich abgerechnet wurde.

120 Sie müssen bei jeder Rechnung, die Sie erstellen, davon überzeugt sein, dass diese im Einklang mit der gesetzlichen Lage erstellt wurde. Jedes Mal, wenn Sie zweifeln oder zögern, schauen Sie in das Gesetz oder einen Kommentar. Die Zeit dafür müssen Sie sich nehmen, denn je häufiger Sie dies gemacht haben, umso seltener müssen Sie es zukünftig noch tun.

2. Auskunft über die Vergütungshöhe

121 Bei der Anbahnung des ersten Beratungsgesprächs kann man über die Jahre einiges an Kuriositäten erleben. Sie kennen es sicher selbst: Der Auftraggeber wendet sich zum ersten Mal an die Kanzlei, weil er anwaltliche Unterstützung benötigt. Sehr oft wird der Auftraggeber an Sie die Frage stellen, was die Tätigkeit des RA „kosten wird". Hier ist es von Kanzlei zu Kanzlei unterschiedlich, ob diese Frage durch das Fachpersonal beantwortet werden kann, darf, soll oder muss, oder ob sich der RA

vorbehält, nur selbst über die Vergütung mit dem Auftraggeber im persönlichen Gespräch (am Telefon oder in sonstiger Weise [E-Mail etc.]) zu verhandeln.

Auffällig ist allerdings, dass eine Vielzahl von Auftraggebern die anwaltliche Tätigkeit mit einem Einkauf im Kaufhaus verwechselt und erwartet, dass die Tätigkeit mit Preisschildern (und natürlich Sonderangeboten) ausgezeichnet ist. So wäre es für viele Auftraggeber angenehm, wenn es einen Preis für „Hände schütteln, Kaffee (Tee oder sonstige Erfrischungen) trinken, Steh- oder Sitzplatz, erster oder zweiter Klasse, eine Frage, mehrere Fragen, ein Schreiben, mehrere Schreiben u.v.m. gäbe. Damit können wir nicht dienen, wir haben keinen Ausschank, keine Verbrauchsgüter. Auch der im Allgemeinen so beliebte Umtausch von erworbenen Verbrauchsgegenständen findet in der Anwaltskanzlei in Bezug auf die anwaltliche Leistung nicht statt. Der Rechtsanwalt erbringt eine Dienstleistung und wird für die erfolgten Dienste vergütet. Der Vertrag, den der Auftraggeber mit dem RA schließt ist i.d.R. ein sog. **Dienstleistungsvertrag.** Nur in seltenen Fällen hängt die Vergütung des RA vom Erfolg ab. So schuldet der Auftraggeber dem RA eine Vergütung für die Beratung, auch wenn das Ergebnis der Beratung ggf. nicht mit dem übereinstimmt, was er sich erhofft hat. Die Beratung ist erteilt, damit wird die Vergütung geschuldet. **122**

Auch hier gibt es wieder Ausnahmen, für den Fall, dass die erbrachte anwaltliche Leistung nicht ordnungsgemäß war. Dies wird aber eine der wenigen seltenen Ausnahmen sein und wird hier nicht weiter vertieft. Aber selbst in einem solchen Fall bleibt es zunächst dabei, dass der Auftraggeber die Vergütung schuldet. **123**

Eine allgemeine Beantwortung der Frage: „**Was kostet die Beratung**" gibt es i.d.R. nicht. Die Antwort hängt davon ab, welches Anliegen der RA zu klären hat. Spannend wird es, wenn Sie den Auftraggeber fragen, was er denn erwartet, was die Beratung durch den Anwalt „kostet". Hier sind die Antworten so vielfältig wie eine Farbpalette. Dabei ist festzustellen, dass es Auftraggeber gibt, die ernsthaft davon ausgehen, dass eine Beratung unentgeltlich ist und ein Beratungsgespräch nur dazu dient, dass sich der RA und der Auftraggeber kennenlernen. Diesen Irrglauben können Sie entkräften. Wann immer der Auftraggeber Sie fragt, was eine Beratung „kostet", so können Sie mit Sicherheit antworten, dass eine Vergütung für die Beratung fällig wird. Wie hoch diese Vergütung im Einzelfall sein wird, hängt davon ab, was im Einzelfall mit dem Auftraggeber vereinbart wird, welchen Umfang die Beratungstätigkeit hat u.v.m. Die anwaltliche Tätigkeit „kostet" nie nichts, es sei denn, der RA verzichtet (aus welchen Gründen auch immer) auf die Geltendmachung einer Vergütung. Dies wird jedoch nicht die Regel sein, sondern hoffentlich eine sehr seltene Ausnahme. **124**

3. Berechnung der Vergütung nach vollendeter Beratung

Nicht selten endet auch wegen der zu erwartenden Vergütung für eine weitere Tätigkeit der Auftrag nach der durchgeführten Beratung. Ein weiterer Grund neben der zu erwartenden Vergütung ist selbstverständlich dann gegeben, wenn der RA davon ausgeht, dass der Auftraggeber sein Anliegen nicht erfolgreich wird durchsetzen können. **125**

126 In diesen Fällen gibt es verschiedene Abrechnungsmöglichkeiten.

127 Ist dem Auftraggeber Beratungshilfe bewilligt (zu den Einzelheiten des entsprechenden Verfahrens s. Kap. 6 Rdn. 1 ff.), ergeben sich noch die geringsten Abrechnungsprobleme.

128 Ist aber kein Fall von Beratungshilfe gegeben, so gestaltet sich die Abrechnung überaus schwierig. Bedauerlicherweise hat der Gesetzgeber ausgerechnet für den Fall, mit dem faktisch jede anwaltliche Tätigkeit beginnt, keine gesetzliche Vergütung mehr vorgesehen. Seit dem 01.07.2006 gibt es keine gesetzliche Vergütung für die Beratung mehr. Immer, wenn Sie sich nach Abschluss der Beratung fragen, was für eine Vergütung entstanden ist, dann fragen Sie sich das zu spät. Sie müssen vor Beginn der Beratung mit dem Auftraggeber Einigkeit darüber erzielen, was für die Beratung berechnet wird. Der Gesetzgeber „unterstützt" den RA bei der Suche nach der zutreffenden Vergütung mit § 34 RVG.

129 § 34 RVG ist dabei wenig hilfreich:

130 ***§ 34 Beratung, Gutachten und Mediation***

(1) Für einen mündlichen oder schriftlichen Rat oder eine Auskunft (Beratung), die nicht mit einer anderen gebührenpflichtigen Tätigkeit zusammenhängen, für die Ausarbeitung eines schriftlichen Gutachtens und für die Tätigkeit als Mediator soll der Rechtsanwalt auf eine Gebührenvereinbarung hinwirken, soweit in Teil 2 Abschnitt 1 des Vergütungsverzeichnisses keine Gebühren bestimmt sind. Wenn keine Vereinbarung getroffen worden ist, erhält der Rechtsanwalt Gebühren nach den Vorschriften des bürgerlichen Rechts. Ist im Falle des Satzes 2 der Auftraggeber Verbraucher beträgt die Gebühr für die Beratung oder für die Ausarbeitung eines schriftlichen Gutachtens jeweils höchstens 250,– Euro; § 14 Abs. 1 gilt entsprechend; für ein erstes Beratungsgespräch beträgt die Gebühr jedoch höchstens 190,– Euro.

(2) Wenn nichts anderes vereinbart ist, ist die Gebühr für die Beratung auf eine Gebühr für eine sonstige Tätigkeit, die mit der Beratung zusammenhängt, anzurechnen.

131 Durch **§ 34 Abs. 1 Satz 1 RVG** fordert der Gesetzgeber den RA auf, eine Gebührenvereinbarung abzuschließen. Hierbei sind an eine solche Gebührenvereinbarung nicht die gleichen Voraussetzungen zu stellen, wie an eine Vergütungsvereinbarung i.S.d. §§ 3 ff. RVG. Der Gesetzgeber hat hier absichtlich den Begriff „**Gebührenvereinbarung**" verwandt.

132 Diese Gebührenvereinbarung kann der RA mit dem Auftraggeber vor der Beratung oder nach der Beratung abschließen. Sinnvoll ist es hier natürlich, diese Vereinbarung vor Beginn der Beratung abzuschließen.

133 Für die Gebührenvereinbarung ist die Schriftform nicht vorgesehen, grds. ist es **ausreichend, wenn diese mündlich abgeschlossen** wird. Hier ist zu trennen:

134 Zahlt der Auftraggeber die Vergütung für die Beratung **unmittelbar im Anschluss** an die Beratung, ist es ausreichend, wenn die Gebührenvereinbarung mündlich abgeschlossen wird. Nach erfolgter Zahlung wird es für den Auftraggeber schwer, diese Zahlung unter dem Vorwand, es sei keine Vereinbarung getroffen worden, zurückzu-

fordern. Zahlt der Auftraggeber **nicht im Anschluss an die Beratung**, rate ich **dringend**, die Gebührenvereinbarung **schriftlich** zu fixieren und durch den Auftraggeber unterzeichnen zu lassen. Selbstverständlich ist es auch dann möglich, dass sich Auseinandersetzungen zur Höhe der Vergütung anschließen, aber Sie können auf ein gut geeignetes Beweismittel zurückgreifen. Die Gebührenvereinbarung dient als **Urkunde.**

Inhaltlich sind diverse Gestaltungen denkbar. I.d.R. wird ein Festbetrag oder ein Stundensatz für die Beratung vereinbart. 135

▶ Muster: Gebührenvereinbarung für Beratungstätigkeit

136

Gebührenvereinbarung

zwischen .....

nachstehend „Rechtsanwalt"

und .....

nachstehend „Auftraggeber"

wird folgende Gebührenvereinbarung geschlossen:

Für einen einmaligen mündlichen oder schriftlichen Rat oder eine Auskunft entsteht eine Gebühr in Höhe von 190,00 €. Wird mehr als eine einmalige Beratung durch den Rechtsanwalt geleistet, so wird pro weiter gehender Beratungstätigkeit (persönliches Gespräch, Telefonat, Beantwortung schriftlicher Fragen usw.) eine Gebühr von 125,00 € berechnet.

Die für die Beratung berechnete Gebühr ist nicht auf eine Gebühr für eine sonstige Tätigkeit, die mit der Beratung zusammenhängt, anzurechnen. Zusätzlich zu den vereinbarten Festbeträgen entstehen die gesetzlichen Auslagen gemäß Teil 7 VV RVG.

.....

Ort, Datum

....

Auftraggeber   Rechtsanwalt

4. Vergütung ohne Vereinbarung

a) Verweis in das BGB – Taxe/übliche Vergütung

Wenn keine Vereinbarung getroffen worden ist, erhält der RA Gebühren nach den Vorschriften des bürgerlichen Rechts (BGB). Maßgeblich sind hier die §§ 612 bis 614 BGB. Eine genau bezifferte Höhe der Vergütung für die Beratung lässt sich diesen Vorschriften nicht entnehmen. Entscheidend wäre hier eine Taxe, die aber fehlt, denn für RA ist die Taxe die gesetzliche Vergütung. Fehlt es an einer Taxe, so gilt, dass die übliche Vergütung geschuldet wird. 137

138 Eine übliche Vergütung für die Beratung gibt es nicht. Die Höhe der geforderten Vergütung für die Beratung ist in jeder Stadt (dort in jedem Bezirk) unterschiedlich.

b) Beratung und Verbrauchereigenschaft des Auftraggebers – mehrfache Beratung

139 Für den Fall, dass der Auftraggeber Verbraucher ist (§ 13 BGB), gibt der Gesetzgeber einen Höchstbetrag hinsichtlich der Vergütung für die Beratung vor. Die höchstmögliche Gebühr für die Beratung beträgt 250,00 € (§ 34 Abs. 1 Satz 3, 1. Alt. RVG). Ein Höchstbetrag gilt selbstverständlich dann nicht, wenn der RA eine Gebührenvereinbarung mit dem Auftraggeber getroffen hat. Die Bestimmung in § 34 Abs. 1 Satz 3, 1. Alt. RVG ist eine Auffangnorm für die Fälle, in denen keine Gebührenvereinbarung getroffen wurde **und** der Auftraggeber Verbraucher ist. Der Gesetzgeber gibt einen Höchstsatz vor, er lässt es aber offen, wann, wie und in welcher Höhe von dem Höchstsatz abzuweichen ist. Die zutreffende Vergütung muss unter Berücksichtigung von § 14 Abs. 1 RVG erfolgen. Der RA muss die zu verlangende Vergütung dann, wenn der Auftraggeber Verbraucher ist und keine Gebührenvereinbarung getroffen ist, anhand der Tatbestandsmerkmale des § 14 RVG bestimmen. Entsprechend § 14 Abs. 1 RVG ist für die Bestimmung des Rahmens einer Gebühr auf
- die Schwierigkeit der anwaltlichen Tätigkeit,
- den Umfang der anwaltlichen Tätigkeit,
- die Bedeutung der Angelegenheit für den Auftraggeber,
- die Einkommens- und Vermögensverhältnisse des Auftraggebers und
- das Haftungsrisiko des RA abzustellen.

140 Die gesetzliche Regelung ist hier ungenügend. Dem RA ist nicht damit geholfen, dass keine Mindestgrenze, sondern lediglich eine Höchstgrenze genannt wird. Bei dem Thema „Geschäftsgebühr" s. Ausführungen zu § 14 RVG (siehe Kap. 8 Rdn. 211).

141 Durch die vollkommen ungenügende gesetzliche Regelung ist es im beruflichen Alltag unmöglich, bereits zu Beginn des Mandats zutreffend dem Auftraggeber mitteilen zu können, mit welcher Vergütung er am Ende zu rechnen hat. Eine Gebührenvereinbarung ist hier also zwingend erforderlich.

142 ► Praxistipp:

In vielen Kanzleien wird absichtlich keine Gebührenvereinbarung abgeschlossen. Dies hat den Sinn, dass der Auftraggeber nicht von einer vermeintlich hohen Gebührenforderung dazu angehalten wird, einem anderen RA den Auftrag zu erteilen. Wenn Sie keine Gebührenvereinbarung schließen wollen, dann vereinbaren Sie mit dem Auftraggeber einen Mindestbetrag den dieser unmittelbar nach erfolgter Beratung leisten sollen.

c) Erstberatung – keine Gebührenvereinbarung/Verbrauchereigenschaft

Berät der RA den Auftraggeber nur einmal, so kann er, wenn er mit dem Auftraggeber keine Gebührenvereinbarung getroffen hat und der Auftraggeber Verbraucher i.S.v. § 13 BGB ist, keine höhere Gebühr als 190,00 € verlangen (§ 34 Abs. 1 Satz 3, 2. Alt. RVG). Auch hier gilt, dass der RA nicht für jeden Fall einer Erstberatung 190,00 € als Vergütung verlangen kann. Der RA muss im Fall einer Erstberatung unter Berücksichtigung von § 14 Abs. 1 RVG die zutreffende Vergütung bestimmen. Mit 190,00 € gibt der Gesetzgeber eine Höchstgebühr vor, keine allgemeine Gebühr. Es ist daher falsch, für jede Beratung prinzipiell 190,00 € zu verlangen. 143

Eine Orientierungshilfe könnte sein, welche Gebühr der RA für den Fall einer vor- bzw. außergerichtlichen Vertretung als Vergütung erhalten würde. Die für die Beratung berechnete Vergütung sollte nicht höher sein, als die 1,3 Geschäftsgebühr gem. Nr. 2300 VV RVG. Eine entsprechende zwingende Regelung gibt es nicht, entspricht aber nach meiner Auffassung einer Abwägung gem. § 14 RVG. 144

d) Erstberatung und Erhöhung für Vertretung mehrerer Auftraggeber

Nr. 1008 145

Nr.	Gebührentatbestand	Gebühr oder Satz der Gebühr nach § 13 RVG
1008	**Auftraggeber sind in derselben Angelegenheit mehrere Personen:**	
	Die Verfahrens- oder Geschäftsgebühr erhöht sich für jede weitere Person um (1) Dies gilt bei Wertgebühren nur, soweit der Gegenstand der anwaltlichen Tätigkeit derselbe ist. (2) Die Erhöhung wird nach dem Betrag berechnet, an dem die Personen gemeinschaftlich beteiligt sind. (3) Mehrere Erhöhungen dürfen einen Gebührensatz von 2,0 nicht übersteigen; bei Festgebühren dürfen die Erhöhungen das Doppelte der Festgebühr und bei Betragsrahmengebühren das Doppelte des Mindest- und Höchstbetrages nicht übersteigen.	**0,3 oder 30 % bei Festgebühren, bei Betragsrahmengebühren erhöhen sich der Mindest- und Höchstbetrag um 30 %**

146 Wie sich aus dem Gesetzestext zu Nr. 1008 VV RVG ergibt, regelt das Gesetz eine Erhöhung ausdrücklich nur für die Verfahrens- oder Geschäftsgebühr. Die **„Verbrauchererstberatungsgesprächsgebühr“** gem. § 34 Abs. 1 Satz 3, 1. Alt RVG ist hier nicht genannt. Eine „Verbrauchererstberatungsgesprächsgebühr“ nennt das Gesetz nicht ausdrücklich, aber es steht fest, dass die Gebühr gem. § 34 RVG weder eine **Verfahrens- noch eine Geschäftsgebühr** ist.

147 Es ist fraglich, ob die Aufzählung der erhöhungsfähigen Gebühren in Nr. 1008 VV RVG („Verfahrens- oder Geschäftsgebühr“) abschließend ist. Man kann auch hier von einer Erhöhungsfähigkeit ausgehen.

148 Dies kann damit begründet werden, dass man die Gebühr gem. § 34 Abs. 1 Satz 3, 1. Alt RVG im weitesten Sinne als Betriebsgebühr bezeichnen könnte.

149 Die Erhöhungsfähigkeit ist insbes. dann zu bejahen, wenn – wie hier – die Gebühr auf eine Geschäfts- oder Verfahrensgebühr angerechnet wird. Die Anrechnung kann hier zwar mit einer Vereinbarung (§ 34 Abs. 2 RVG) ausgeschlossen werden; dies gilt uneingeschränkt für jede gesetzlich vorgeschriebene Anrechnung. Der RA kann in jedem Fall vereinbaren, dass eine Anrechnung von Gebühren nicht zu erfolgen hat.

150 Mit der Anrechnung wird klargestellt, dass es sich um gleichartige Gebühren handelt, denn die Anrechnung soll ja bewirken, dass der RA für gleichartige Tätigkeiten nicht mehrfach Gebühren in einer gebührenrechtlichen Angelegenheit erhält. Somit ist die grds. vorgeschriebene Anrechnung einer Betriebsgebühr ein Anhaltspunkt dafür, dass die anzurechnende Gebühr entsprechend Nr. 1008 VV RVG erhöhungsfähig ist.

151 Kommt man zu dem Ergebnis, dass sich die Ersatzvergütung aus § 34 Abs. 1 Satz 3, 1. Alt RVG nicht erhöht, muss die Gebühr von jedem Auftraggeber erhoben werden (jeweils der Höhe nach beschränkt auf 190,00 € im Fall einer ersten Beratung). Für den RA wäre diese Folge ein erfreuliches Ergebnis, aber Sinn der Vorschrift kann dies kaum sein.

e) Berechnung der Erhöhung gem. Nr. 1008 VV RVG

152 Die Höhe der Erhöhung gem. Nr. 1008 VV RVG hängt von der Höhe der Verbrauchererstberatungsgesprächsgebühr ab.

153 ▶ Beispiel:

Sie berechnen von Ihrem Auftraggeber

entsprechend § 34 Abs. 1 Satz 3, 1. Alt RVG einen Betrag i.H.v.	*100,00 €.*
Der Zuschlag beträgt 30 % =	*33,33 €*

für jeden weiteren Auftraggeber, jedoch nicht mehr als 200,00 € (das Doppelte der geforderten Ausgangsgebühr).

f) Beratung und Rechtsschutzversicherung

Fast jedes Rechtsschutzversicherungsunternehmen erstattet andere Sätze für den Fall einer anwaltlichen Beratung. Hier gibt es keine allgemeingültigen Zahlungsbeträge. Regelmäßig wird aber kein höherer Betrag als 190,00 € durch die RSV gezahlt. Der Auftraggeber kann durch den RA nicht zutreffend darüber informiert werden, ob und in welcher Höhe eine Erstattung durch die RSV erfolgt. **154**

Die RSV zahlt bei Hinzuziehung eines RA durch den Auftraggeber und Versicherungsnehmer die gesetzliche Vergütung. Im Fall der Beratung fehlt eine gesetzliche Vergütung, sodass eine Auseinandersetzung mit der RSV über die Höhe der von dieser zu leistenden Zahlung von Anfang an zum Scheitern verurteilt ist. Sinnvoll ist es, dass der Auftraggeber diese Auseinandersetzungen selbst führt. **155**

► Muster: Belehrungshinweis an den Auftraggeber/Beratung bei abgeschlossener Rechtsschutzversicherung 156

Anrede,

Sie haben eine Rechtsschutzversicherung abgeschlossen und uns einen Beratungsauftrag erteilt. Aus gegebenem Anlass müssen wir darauf hinweisen, dass nicht vorhersehbar ist, ob und in welcher Höhe Ihre Versicherung unsere Vergütung zahlen wird. Die Rechtsschutzversicherung zahlt nur gesetzliche Vergütungsansprüche, bei der Beratung fehlt es an einer gesetzlichen Vergütung.

Aus diesem Grund erfolgt die Berechnung der Vergütung direkt Ihnen gegenüber. Sie haben die Möglichkeit unsere Rechnung für die Beratung bei Ihrer Rechtsschutzversicherung mit der Bitte um Zahlung oder Freistellung einzureichen.

Sollten Sie uns mit der Korrespondenz mit Ihrer Rechtsschutzversicherung beauftragen, entsteht dafür eine Rechtsanwaltsvergütung, die nicht von der Rechtsschutzversicherung zu zahlen ist.

Grußformel

157 ► Muster: Beratungshilfeanspruch

Antragsteller/in
(Stempel des Rechtsanwalts/der Rechtsanwältin)

....
Geschäftsnummer des Amtsgerichts
(Berechtigungsschein)

Eingangsstempel des Amtsgerichts

An das

Amtsgericht ....

....
Postleitzahl, Ort

Bitte zweifach einreichen
Stark umrandetes Feld nicht ausfüllen
Zutreffendes ankreuzen

Ich habe Beratungshilfe gewährt Herrn/Frau	in der Zeit vom/am
Anschrift (Straße, Hausnummer, Postleitzahl, Ort)	

☐ Berechtigungsschein ist beigefügt. ☐ Antrag auf nachträgliche Bewilligung der Beratungshilfe ist beigefügt.

Über die in RVG-VV Nr. 2500 bestimmte Gebühr hinaus habe ich Zahlungen von einer/einem Dritten ☐ nicht,
☐ in Höhe von .... EUR erhalten.

Angaben zu § 9 BerHG:
Der Gegner/Die Gegnerin ist verpflichtet, die Kosten zu erstatten: ☐ nein; ☐ ja: Name und Anschrift sowie die Begründung der Erstattungspflicht ergeben sich aus der Anlage.

Die Beratung ist in ein gerichtliches/behördliches Verfahren in meinem Mandat übergegangen (RVG-VV Nr. 2501 Abs. 1, 2503 Abs. 2): ☐ nein; ☐ ja, bei

Gericht, Behörde	Ort	Aktenzeichen

Ich beantrage, nachstehend berechnete Gebühren und Auslagen, deren Entstehung ich versichere, festzusetzen und auszuzahlen durch Überweisung auf folgendes Konto: Konto-Nr.: ....

bei: .... BLZ: .... zum Geschäftszeichen: ....

....
Ort, Datum Rechtsanwalt/Rechtsanwältin

Kostenberechnung	VV RVG Nr.	Betrag EUR	Festzusetzen auf EUR
1) Beratungsgebühr	2501		
2) Geschäftsgebühr Meine Tätigkeit bestand in:	2503		
3) Einigungs- u. Erledigungsgebühr Vergleichsinhalt bzw. Darstellung der Erledigung ergeben sich aus der Anlage	2508		
4) Entgelte für Post- und Telekommunikationsdienstleistungen	Einzelberechnung 7001		
	Pauschale 7002		
5) Dokumentenpauschale	7000		
6)			
Summe		0,00	
Umsatzsteuer	7008		
Summe		0,00	
abzüglich Zahlungen gem. § 9 Beratungshilfegesetz i.V.m. § 58 Abs. 1 RVG			
Zu zahlender Betrag		0,00	

HKR 119 – Antrag des Rechtsanwalts auf Zahlung der Vergütung nach Abschluss der Beratungshilfe nebst Bewilligung und Festsetzung – gen. 03.2006 © Justiz NRW –

5. Die Vergütung bei bewilligter Beratungshilfe

► **Praxistipp:** 158

Das unter Kap. 8 Rdn. 157 befindliche Muster sollten Sie benutzen, um einen Beratungshilfeanspruch gegenüber der Justizkasse geltend zu machen. Liegt ein Berechtigungsschein bereits vor, ist auf diesem die Berechnung der Vergütung vorgesehen. Dieses Muster kann im Internet (Stichwort „Beratungshilfe") auf diversen Seiten aufgerufen und zum Zweck der Vergütungsabrechnung benutzt werden.

Wurde dem Auftraggeber Beratungshilfe bewilligt (er verfügt über einen sog. **Berechtigungsschein**), so richten sich die Gebühren **ausschließlich nach Teil 2 Abschnitt 5 VV RVG.** Die Gebühren des im Wege der Beratungshilfe tätigen RA werden in den Nrn. 2500 bis 2508 VV RVG geregelt. Ob der Auftraggeber die Voraussetzungen eines Beratungshilfeanspruchs erfüllt, ergibt sich nicht aus dem VV des RVG. Die rechtlichen Grundlagen werden durch das **Beratungshilfegesetz** (BerHG) geregelt. 159

Ob dem Auftraggeber Beratungshilfe zu bewilligen ist, bestimmen die persönlichen Voraussetzungen der Inanspruchnahme von Beratungshilfe (§ 1 BerHG). Insofern wird auf die entsprechenden Ausführungen zur Beratungshilfe in Kap. 6 Rdn. 1 ff. verwiesen. 160

Voraussetzung der Gewährung von Beratungshilfe ist entsprechend § 6 BerHG, dass dem Ratsuchenden ein sog. Berechtigungsschein ausgestellt und erteilt wurde. Nach den §§ 4, 7 BerHG besteht aber auch immer die Möglichkeit, dass erst die Beratung durch den RA erfolgt und der Antrag nachträglich gestellt wird (§ 4 Abs. 2 Satz 4 BerHG). 161

Hier ist allerdings darauf zu achten, wer bei nachträglicher Beantragung von Beratungshilfe den Antrag zu stellen hat (s. hierzu die Ausführungen unter Kap. 6 Rdn. 40). 162

Wird Beratungshilfe erst im Anschluss an die erteilte Beratung beantragt und erfolgt keine Bewilligung, so kann der RA regelmäßig nicht die weitaus höhere gesetzliche Vergütung von dem Auftraggeber fordern. Nur für den Fall, dass der RA den Auftraggeber darüber belehrt hat, dass er als Auftraggeber die Vergütung schuldet, sollte Beratungshilfe nicht bewilligt werden, kann der RA eine Vergütung vom Auftraggeber verlangen. In einem solchen Fall sollte mit dem Auftraggeber eine eindeutige Gebührenvereinbarung getroffen werden, welche Vergütung er schuldet, für den Fall, dass Beratungshilfe nicht bewilligt werden sollte. 163

Wird Beratungshilfe vor oder nach der **Beratung bewilligt**, hat der RA einen **Vergütungsanspruch gem. Nr. 2500, 2501 VV RVG.** Die Geltendmachung eines anderen Vergütungsanspruchs gegenüber dem Auftraggeber scheidet mit der Bewilligung von Beratungshilfe aus. 164

a) Schutzgebühr i.H.v. 10,00 € gem. Nr. 2500 VV RVG

165 Der RA kann vom Auftraggeber (nicht von der Staatskasse) eine Beratungshilfegebühr i.H.v. 10,00 € gem. Nr. 2500 VV RVG fordern (sog. **Schutzgebühr**). Neben dieser Gebühr werden aufgrund des eindeutigen Gesetzeswortlautes **keine Auslagen** erhoben. Unter Auslagen sind hier sowohl Entgelte für Post- und Telekommunikationsdienstleistungen als auch die USt zu verstehen. Mit den 10,00 € ist der Vergütungsgesamtbetrag durch den Auftraggeber abgegolten. Die USt ist in diesem Betrag bereits enthalten. Auch bezüglich dieses Betrages kann der Auftraggeber eine Quittung verlangen.

166 Der RA ist nicht verpflichtet, den Betrag i.H.v. 10,00 € vom Auftraggeber zu verlangen, er kann auf diesen verzichten.

167 In einigen Fällen stellt sich erst während der Beratung heraus, dass angesichts der Einkommens- und Vermögensverhältnisse des Auftraggebers die sog. **Mandantenbedürftigkeit** gegeben ist und damit die Voraussetzung von Beratungshilfe vorliegt. Der RA ist in einem solchen Fall verpflichtet, den Auftraggeber auf die Möglichkeit der Gewährung von Beratungshilfe hinzuweisen. Der RA muss jedoch nicht tätig werden, solange nicht über die Bewilligung von Beratungshilfe entschieden ist. Er kann eine weitere Tätigkeit ablehnen, bis über das Beratungshilfegesuch entschieden ist. Üblicherweise wird der RA jedoch weiter tätig und vertraut darauf, dass Beratungshilfe bewilligt werden wird. Ist der RA tätig, ohne dass Beratungshilfe bewilligt wird, besteht für ihn das Risiko, dass Beratungshilfe nicht gewährt wird (es wird also kein Beratungshilfeschein erteilt). Für diesen Fall erhält der RA keine Vergütung aus der Staatskasse, er ist im Zweifel unentgeltlich tätig.

b) Vergütungsvereinbarung bei Beratungshilfe

168 Entsprechend **§ 8 Abs. 2 BerHG** ist eine mit dem Ratsuchenden (Auftraggeber) getroffene **Vergütungsvereinbarung nichtig.** Aus dieser kann der RA keine Rechte herleiten, der Auftraggeber ist nicht zur Zahlung verpflichtet. Erfolgte Zahlungen kann der Auftraggeber zurückfordern.

169 Nicht als Vergütungsvereinbarung gilt, wenn der RA mit dem Auftraggeber vereinbart, dass die gesetzliche Vergütung geschuldet wird, wenn die Voraussetzungen der Beratungshilfe nicht vorliegen. In diesen Fällen besteht kein Grund, den Auftraggeber zu schützen und § 8 Abs. 2 BerHG findet keine Anwendung. Im Beratungsmandat sollte dann darauf geachtet werden, eine bedingte Gebührenvereinbarung abzuschließen, denn es fehlt ja an einer gesetzlichen Vergütung für die Beratung.

170 ► **Muster: Gebührenvereinbarung für den Fall, dass Beratungshilfe nicht bewilligt wird**

Gebührenvereinbarung

Die Parteien der RA ….. und der Auftraggeber ….., wohnhaft in ….., vereinbaren für den Fall, dass dem Auftraggeber Beratungshilfe in dem Beratungsmandat wegen ..... nicht bewilligt werden sollte, dass der Auftraggeber eine Beratungsgebühr gem. § 34 Abs. 1 Satz 1 RVG

in Höhe von ..... €

zzgl. Entgelte für Post- und Telekommunikationsdienstleistungen

gem. Nr. 7002 VV RVG

in Höhe von ..... €

Zwischensumme netto ..... €

sowie 19 % USt gem. Nr. 7008 VV RVG

in Höhe von ..... €

mithin insgesamt ..... €

zahlt.

Die bereits erfolgte freiwillige Zahlung in Höhe von 10,00 € gem. Nr. 2500 VV RVG wird nicht auf die vorstehende Vergütung für die Beratung angerechnet.

Diese Vereinbarung ist wirkungslos, wenn dem Auftraggeber bis zum ..... Beratungshilfe bewilligt wird und der Auftraggeber dem RA den Berechtigungsschein vorlegt. Für den Fall der bewilligten Beratungshilfe wird der RA keine Rechte aus dieser Gebührenvereinbarung herleiten.

.....

Ort, Datum

....

Rechtsanwalt Auftraggeber

c) Beratungsgebühr bei bewilligter Beratungshilfe

Nr. 2501 171

Nr.	Gebührentatbestand	Gebühr oder Satz der Gebühr nach § 13 RVG
2501	**Beratungsgebühr** (1) Die Gebühr entsteht für eine Beratung, wenn die Beratung nicht mit einer anderen gebührenpflichtigen Tätigkeit zusammenhängt. (2) Die Gebühr ist auf eine Gebühr für eine sonstige Tätigkeit anzurechnen, die mit der Beratung zusammenhängt.	30,00 EUR

Das VV des RVG bestimmt mit der Nr. 2501 VV RVG die **Höhe der Vergütung** 172
des RA, der i.R.d. Beratungshilfe tätig geworden ist. Die staatlich subventionierte

Vergütung für die Beratung ist eine sog. **Festgebühr.** Der RA kann nicht mehr als 30,00 € aus der Staatskasse fordern. Der Auftraggeber selbst ist nicht Vergütungsschuldner. Die 30,00 € schuldet ausschließlich die Staatskasse. Die Gebühr steht mit 30,00 € der Höhe nach fest, es ist lediglich denkbar, dass sich diese Festgebühr erhöht, wenn der RA mehrere Auftraggeber i.S.v. § 7, Nr. 1008 VV RVG vertritt.

173 Die Beratungshilfegebühr entsteht nur für eine **beratende Tätigkeit** des RA. Hierbei ist es unerheblich, ob der RA den Rat mündlich oder schriftlich erteilt. Eine fernmündliche Beratung ist völlig ausreichend. Die Gebühr entsteht auch, wenn das „persönliche" Gespräch zwischen RA und Auftraggeber auf andere Weise als mittels tatsächlich persönlicher Anwesenheit von RA und Auftraggeber zur gleichen Zeit geführt wird.

174 Unter einem **Rat** versteht man, dass der RA die Rechtslage beurteilt und anschließend dem Auftraggeber eine Empfehlung darüber abgibt, wie er sich in einer bestimmten Situation verhalten soll. Ähnliches gilt für eine **Auskunft** – hier gibt der RA allgemeine Rechtsauskünfte zu einer speziellen Rechtslage.

175 Nicht selten ist der Fall, dass der RA nach Durchführung des Beratungsgesprächs und Auswertung aller erforderlichen Unterlagen von einem weiteren Vorgehen abrät, auch dieses Abraten ist ein Rat und löst den Gebührenanspruch aus.

176 In einigen Rechtsgebieten ist es geradezu typisch, dass mehrere Personen den RA beauftragen (so z. B. in asylrechtlichen oder familienrechtlichen Angelegenheiten, Unterhaltsforderungen von Ehemann/Ehefrau und gemeinsamen Kindern). Berät der RA tatsächlich in einer Angelegenheit mehrere Personen, erhöht sich die Festgebühr der Nr. 2501 VV RVG entsprechend der Regelung in § 7, Nr. 1008 VV RVG um 30 % pro weiteren Auftraggeber.

177 Dies gilt aber nur dann, wenn nicht von Anfang an darauf geachtet wird, dass hier entsprechend der Rechtslage von jedem Betroffenen ein Beratungshilfeschein vorgelegt wird. Ein gemeinsamer Antrag ist rechtlich bedenklich. Jeder Betroffene verfolgt sein eigenes höchstpersönliches Anliegen, das von den anderen getrennt werden kann und muss.

178 ► Praxistipp:

Sinnvoll ist es hier immer, mehrere Personen jeweils mit einem eigenen Beratungshilfeschein zu beraten, der anschließend selbstverständlich isoliert abgerechnet wird.

Neben der Beratungshilfegebühr können Auslagen i.S.d. Teil 7 (Nr. 7000 ff. VV RVG) entstehen.

d) Anrechnung der Beratungshilfegebühr

Entsprechend dem Abs. 2 der Anmerkung in Nr. 2501 VV RVG wird die Beratungsgebühr angerechnet. Geht die Tätigkeit des RA über die Beratungstätigkeit hinaus und wird er insbes. vor- oder außergerichtlich tätig, erfolgt eine Anrechnung der Beratungsgebühr der Nr. 2501 VV RVG auf die Gebühr für die nachfolgende Tätigkeit. Denkbar ist nicht nur das Entstehen der Geschäftsgebühr, sondern auch das Entstehen einer der vielen Verfahrensgebühren des VV RVG. Voraussetzung für die Anrechnung ist es, dass es sich bei der weitergehenden Tätigkeit des RA um eine **unmittelbar nachfolgende Angelegenheit** handelt. Folgt auf die bewilligte Beratungshilfe unmittelbar die Bewilligung von Prozesskostenhilfe (PKH), wird die Beratungsgebühr in voller Höhe auf den Vergütungsanspruch bei bewilligter PKH angerechnet (§ 58 Abs. 1 RVG). Nicht angerechnet werden etwa bei Beratungshilfe entstandene Entgelte für Post- und Telekommunikationsdienstleistungen. Zu der Höhe der Anrechnung der Beratungshilfegebühr auf die Verfahrensgebühr eines sich anschließenden gerichtlichen Verfahrens s. Kap. 8 Rdn. 227. 179

e) Beratungshilfe bei sog. Schuldenbereinigungsverfahren

Nr. 2502 180

Nr.	Gebührentatbestand	Gebühr oder Satz der Gebühr nach § 13 RVG
2502	**Beratungstätigkeit mit dem Ziel einer außergerichtlichen Einigung mit den Gläubigern über die Schuldenbereinigung auf der Grundlage eines Plans (§ 305 Abs. 1 Nr. 1 InsO):** **Die Gebühr 2501 beträgt**	**60,00 EUR**

Mit der Nr. 2502 VV RVG ist kein eigener Gebührentatbestand gegeben. Die Nr. 2502 VV RVG erweitert die Beratungsgebühr für den Fall, dass der RA eine Beratungstätigkeit i.R.d. außergerichtlichen Einigung im Insolvenzverfahren vornimmt. Die Gebühr der Nr. 2501 VV RVG wird verdoppelt. Nr. 2502 VV RVG ist nur anwendbar, wenn der RA lediglich beratend tätig ist. 181

Damit die **Schuldenbereinigung** gem. § 305 Abs. 1 Nr. 1 InsO erreicht werden kann, ist es erforderlich, dass der Schuldner gleichzeitig mit dem Antrag auf Eröffnung des Insolvenzverfahrens oder unverzüglich danach eine Bescheinigung vorlegen muss, aus der sich ergibt, dass eine außergerichtliche Einigung mit den Gläubigern über die Schuldenbereinigung auf der Grundlage eines Plans innerhalb der letzten sechs Monate vor dem Stellen des Eröffnungsantrags ohne Erfolg versucht worden ist. 182

In einem solchen Fall wird der RA neben der Beratung des Schuldners über das Verfahren gem. § 305 Abs. 1 Nr. 1 InsO an sich auch die Sichtung, Aufstellung, Berechnung und Ordnung des Schuldenbestandes des Schuldners vornehmen. Regel- 183 mäßig wirkt der RA bei der Erstellung des Schuldenbereinigungsplans mit, ohne dass der RA nach außen hin auftritt. Der RA fertigt keinerlei Schreiben, er ist nur im sog. „Innenverhältnis“ zwischen Auftraggeber und RA tätig.

184 ► **Persönliche Anmerkung zur Beratungshilfegebühr**

Die Höhe der Beratungshilfegebühr rechtfertigt es grds. nicht, sich länger und ausführlich mit dieser Gebühr zu beschäftigen. Für einen Betrag i.H.v. 30,00 € ist es keinem RA möglich, tätig zu sein und dabei die wirtschaftlichen Interessen seiner Kanzlei zu berücksichtigen. Wer ein Beratungshilfemandat führt, der tut es in dem Bewusstsein, keinen wirtschaftlichen Erfolg damit erzielen zu können. Berücksichtigt man dabei den oft erheblichen zusätzlichen Aufwand, so kann man sich nur fragen, warum RAe überhaupt bereit sind, für die ungenügenden Gebühren bei Beratungshilfe tätig zu werden. Die Lösung ist einfach: Der RA ist bedauerlicherweise dazu verpflichtet, Beratungshilfe zu gewähren. Jeder Familienrechtler kennt das Problem, dass für einen unzumutbaren Gebührensatz stundenlange Beratungen durchzuführen sind. Dies ist nur mit einer gehörigen Portion Idealismus und viel sozialem Engagement möglich. Ob diese Regelungen, die den Anwälten staatliche Aufgaben der Wohlfahrt aufzwingen, mit der Verfassung vereinbar sind, kann bezweifelt werden. Welcher andere Berufszweig, der auf eigenes wirtschaftliches Risiko tätig ist, wird in vergleichbarer Weise vom Staat gezwungen, unwirtschaftlich und unrentabel tätig zu werden? Hier wäre es angemessen, für die Beratung von finanziell schwachen Mitbürgern zentrale Beratungszentren zu schaffen, in denen Anwälte zu einem ordentlichen Gehalt beschäftigt sind und von denen dann auf Staatskosten die Beratungsaufgaben wahrgenommen werden.

f) Ausblick/Änderungen Beratungshilfe

185 Seit November 2008 ist beabsichtigt, die BORA (Berufsordnung für Rechtsanwälte) zu ergänzen. Es soll ein neuer § 16a BORA eingefügt werden:

186 **§ 16a BORA(Verordnung)Ablehnung der Beratungshilfe**

(1) *(aufgehoben)*

(2) Der Rechtsanwalt ist nicht verpflichtet, einen Beratungshilfeantrag zu stellen.

(3) Der Rechtsanwalt kann die Beratungshilfe im Einzelfall aus wichtigem Grund ablehnen oder beenden. Ein wichtiger Grund kann in der Person des Rechtsanwaltes selbst oder in der Person oder dem Verhalten des Mandanten liegen. Ein wichtiger Grund kann auch darin liegen, dass die Beratungshilfebewilligung nicht den Voraussetzungen des Beratungs hilfegesetzes entspricht. Ein wichtiger Grund liegt insbesondere vor, wenn

a)

der Rechtsanwalt durch eine Erkrankung oder durch berufliche Überlastung an der Beratung/Vertretung gehindert ist;

b)

(aufgehoben)

c)

der beratungshilfeberechtigte Mandant seine für die Mandatsbearbeitung erforderliche Mitarbeit verweigert;

d)

das Vertrauensverhältnis zwischen Anwalt und Mandant aus Gründen, die im Verhalten oder in der Person des Mandanten liegen, schwerwiegend gestört ist;

e)

sich herausstellt, dass die Einkommens- und/oder Vermögensverhältnisse des Mandanten die Bewilligung von Beratungshilfe nicht rechtfertigen;

f)

(aufgehoben)

g)

(aufgehoben).

Dies stellt es eine Erleichterung für die RAe dar. Allerdings ist diese Regelung nicht weitgehend genug, denn die berufliche Freiheit der RAe bleibt weiterhin eingeschränkt. 187

Erfreulich ist, dass eine Vielzahl von Auseinandersetzungen aber erledigt sein dürfte. So muss der RA nicht tätig werden, bevor der Berechtigungsschein vorliegt, er muss keinen Beratungshilfeantrag stellen und ihm wird die Möglichkeit gewährt, die Übernahme des Beratungshilfemandats auch mit der Begründung abzulehnen, dass er beruflich überlastet ist. 188

II. Außergerichtliche/Vorgerichtliche Tätigkeit, Geschäftsgebühr

Vorbemerkung 2.3 Abs. 3 VV RVG 189

Die Geschäftsgebühr entsteht für das Betreiben des Geschäfts einschließlich der Information und für die Mitwirkung bei der Gestaltung eines Vertrags.

Geht der erteilte Auftrag über eine Beratung hinaus, erhält der RA einen anderen Vergütungsanspruch. Für die vor- bzw. außergerichtliche Tätigkeit kann der RA vom Auftraggeber die **Geschäftsgebühr** fordern. Da nicht zu erwarten ist, dass ein RA ohne Auftrag tätig wird, hilft zur Abgrenzung in der Praxis häufig der Inhalt der Akte. Wurde die gesamte Korrespondenz in der Akte zwischen Auftraggeber und RA geführt, kann i. d. R. davon ausgegangen werden, dass ein Beratungsmandat vorlag. Allerdings gilt dies dann nicht mehr, wenn der RA an der Gestaltung eines Vertrages mitgewirkt hat (s. vorstehende Gesetzesdefinition). Einzelheiten zur Abgrenzung Beratung/Geschäftsgebühr bei Mitwirkung bei der Gestaltung eines Vertrages folgen.

Nr. 2300 190

Nr.	Gebührentatbestand	Gebühr oder Satz der Gebühr nach § 13 RVG
2300	**Geschäftsgebühr**	0,5 bis 2,5
	Eine Gebühr von mehr als 1,3 kann nur gefordert werden, wenn die Tätigkeit umfangreich oder schwierig war.	

1. Allgemeines zur Geschäftsgebühr

191 Grds. ist diese **Definition** in Vorbemerkung 2.3 Abs. 3 VV RVG ein wahrer Quell der Weisheit. Die Geschäftsgebühr entsteht damit grds. bei vor- oder außergerichtlicher Tätigkeit des RA. Hier lässt die Definition (Gesetzestext) fast keine oder nur wenige Fragen offen.

192 Zu beachten ist, dass die Geschäftsgebühr nie entsteht, wenn besondere Gebührentatbestände in Teil 4 (Strafsachen), Teil 5 (Bußgeldsachen) und Teil 6 VV RVG (Sonstige Verfahren) für die außer- bzw. vorgerichtliche Vertretung den Bestimmungen in Teil 2 Abschnitt 3 VV RVG vorgehen. Durch die Gebühren aus Teil 2 VV RVG (Geschäftsgebühr u. a.) werden alle bürgerlich-rechtlichen und öffentlich-rechtlichen Streitigkeiten und solche Angelegenheiten, für die im gerichtlichen Verfahren das FGG gilt, abgegolten.

193 Eine Geschäftsgebühr ist eine sog. „**Betriebsgebühr**". Eine Geschäftsgebühr ist eine **Pauschgebühr** mit der eine **Reihe von Einzeltätigkeiten abgegolten** wird – somit sämtliche Tätigkeiten des RA, die er im Rahmen eines vor- oder außergerichtlichen Auftrags ausübt, sofern das VV keine besondere Gebührenvorschrift enthält. Kraft Definition sind diese Tätigkeiten u. a.:
- die Entgegennahme der Information,
- die schriftliche oder
- (fern-) mündliche Information des Auftraggebers,
- die Einsichtnahme in Register (z. B. HR, GBA),
- die Beratung des Auftraggebers,
- das Führen von Vergleichsverhandlungen sowie
- (fern-) mündliche Besprechungen mit dem Gegner, Dritten oder dem Auftraggeber.

194 Das Einreichen, Fertigen oder Unterzeichnen von Schriftsätzen oder Schreiben sowie das Entwerfen von Urkunden sind auch ohne ausdrückliche Nennung weiterhin von der Geschäftsgebühr abgegolten.

195 Oft werden Sie die Geschäftsgebühr als Vorschuss fordern und es ist nicht abzusehen, ob sich eine gerichtliche Tätigkeit anschließen wird. Rein vorsorglich sollten Sie den Auftraggeber bei Übersendung einer Vorschussberechnung auf die Unwägbarkeiten der Anrechnung hinweisen.

▶ Muster: Belehrung bei Anrechnung der Geschäftsgebühr

Wir haben mit unserer Rechnung die Vergütung für unsere vorgerichtliche Tätigkeit als Vorschuss berechnet. Für den Fall einer sich anschließenden gerichtlichen Auseinandersetzung ist nicht immer damit zu rechnen, dass diese durch die Gegenseite zu erstatten ist. Dies liegt daran, dass eine Erstattung nur erfolgt, wenn ein materiell-rechtlicher Kostenerstattungsanspruch vorliegt. 196

2. Geschäftsgebühr bei Gestaltung von Verträgen

Wenn der RA bei der Gestaltung eines Vertrages mitwirkt, so entsteht (Vorbemerkung 2.3 Abs. 3, 2. Alt. VV RVG) dafür die Geschäftsgebühr. Es liegt dann keine Beratungstätigkeit mehr vor, auch wenn sich die Tätigkeit des RA nicht nach außen wendet. Für das Entstehen der Geschäftsgebühr ist es nicht erforderlich, dass der RA auch nach außen tätig wird. Immer dann, wenn er Verträge gestaltet, ist dies nicht erforderlich. Diese Mitwirkung bei der Gestaltung eines Vertrages liegt nicht erst dann vor, wenn der RA Urkunden oder Verträge entwirft. Der RA kann auch mündlich an der Gestaltung mitwirken. 197

Wirkt der RA an der Gestaltung eines Vertrages mit, hängt es vom Auftrag ab, ob es sich nur um Beratungstätigkeit mit der Folge der Anwendbarkeit von § 34 RVG handelt oder ob die Geschäftsgebühr der Nr. 2300 VV RVG entsteht. 198

▶ Praxistipp: 199

Wirkt der RA bei der Gestaltung eines Vertrages mit, kann sich eine sehr hohe Vergütungsforderung auch daraus ergeben, dass sich der Gegenstandswert sehr häufig gem. § 23 Abs. 3 Satz 1 RVG bestimmt und damit die Vorschriften der KostO (nur für den Gegenstandswert – nicht für die Gebühr!) einschlägig sind. Hier empfiehlt es sich, mit dem Auftraggeber vorher festzulegen, welche Vergütung er für die anwaltliche Tätigkeit schuldet. Hierbei sollten Sie genau formulieren. Je genauer die Vereinbarung, umso geringer die Wahrscheinlichkeit, dass sich Auseinandersetzungen wegen der Vergütungshöhe anschließen.

3. Abgrenzung zwischen Beratungs- und Geschäftsgebühr

Die Abgrenzung zwischen Beratungs- und Geschäftsgebühr ist im Einzelfall schwierig und kann nur anhand von Kommentarliteratur im Einzelnen zutreffend erfolgen. Wegen der vermutlich hohen Gebührendifferenz bei der Abwägung zwischen Beratungsgebühr und Geschäftsgebühr ist vor Rechnungsstellung eine Überprüfung der eigenen Auffassung anhand von Kommentarliteratur ratsam. 200

Fest steht allerdings, dass es auch bei der Abgrenzung zwischen Beratungs- und Geschäftsgebühr entscheidend auf den erteilten Auftrag ankommt. 201

Damit die Geschäftsgebühr der Nr. 2300 VV RVG entstehen kann (und auch die sonstigen Geschäftsgebühren, die unter abweichenden Nrn. im VV genannt sind), muss der RA eine **anwaltliche Tätigkeit** ausüben (vgl. § 1 Abs. 2 RVG). Tätigkeiten, 202 die gem. § 1 Abs. 2 RVG nicht nach dem RVG zu vergüten sind, lösen keine Geschäftsgebühr aus.

203 Wie oft die Geschäftsgebühr entsteht, ist davon abhängig, ob der RA in einer oder mehreren Angelegenheiten (vgl. §§ 15 bis 18 RVG) tätig ist. Ist der RA vor- oder außergerichtlich nicht nur in einer Angelegenheit tätig, entsteht die Geschäftsgebühr entsprechend der Anzahl der vorliegenden Angelegenheiten.

4. Pauschcharakter der Gebühr

204 Die Gebühren, die der RA berechnet, sind für den Auftraggeber oft nicht nachvollziehbar. So ändert es nichts an der entstandenen Gebühr, ob der RA ein oder mehrere Schreiben auftragsgemäß fertigt. Dem Auftraggeber erscheint der Gebührenanspruch des RA oft überhöht. Dies liegt daran, dass es dem Auftraggeber unverständlich ist, dass „bereits ein einziges Schreiben“ die Geschäftsgebühr auslösen kann. Dies hat seine Ursache im sog. **Pauschcharakter** der Gebühren. Der Gebührentatbestand wird durch das Erfüllen der Tatbestandsmerkmale ausgelöst, auch wenn dies nur einmal geschieht. Dafür entsteht aber nicht für jedes weitere Schreiben eine weitere Gebühr. Ist die Gebühr durch die einmalige Erfüllung des Tatbestandes entstanden, wird die gesamte weitere Tätigkeit des RA solange abgegolten, bis ein weiterer Tatbestand einer anderen Gebühr erfüllt ist. In der vor- und außergerichtlichen Tätigkeit entsteht grds. zunächst nur die Geschäftsgebühr (in bestimmten Fällen entsteht diese Gebühr zweifach). Daneben können die Gebühren aus Teil 1 VV RVG (z. B. Einigungsgebühr, Aussöhnungsgebühr, Erledigungsgebühr, sog. Erhöhungsgebühr, Hebegebühr) entstehen, andere Gebühren können neben der Geschäftsgebühr nicht entstehen.

5. Mehrere Auftraggeber

205 Vertritt der RA mehrere Auftraggeber (s. § 7 und Nr. 1008 VV RVG), dann erhöht sich die Geschäftsgebühr der Nr. 2300 VV RVG um 0,3. Dabei beträgt die Erhöhung immer 0,3 absolut für jeden zusätzlichen Auftraggeber, unabhängig davon, welchen Gebührensatzrahmen (z. B. 0,5; 0,8; 1,1 oder 1,3) der RA bestimmt hat. Die Erhöhung darf aber gemäß der Anm. Abs. 3 zur Nr. 1008 VV RVG insgesamt nicht mehr als 2,0 betragen. Der sog. Zuschlag für die Vertretung mehrerer Auftraggeber ist auf 2,0 begrenzt.

206 ► Beispiel:

Der RA vertritt zwei Auftraggeber.

Er bestimmt den Gebührensatzrahmen der Geschäftsgebühr mit
∴ *1,3,*
∴ *1,8,*
∴ *2,0 oder*
∴ *2,5.*

Unter Berücksichtigung des zweiten Auftraggebers beträgt die Gesamtgebühr
a) 1,6,
b) 2,1,
c) 2,3 oder
d) 2,8.

6. Terminsgebühr und Geschäftsgebühr

Die Geschäftsgebühr ist in Teil 2 des VV geregelt. Häufig führt der RA Besprechungen oder Telefonate mit Gegnern oder Dritten oder nimmt an vor- bzw. außergerichtlichen Ortsterminen, Besichtigungsterminen o.Ä. teil. Für diese Tätigkeit entsteht nicht die Terminsgebühr der Nr. 3104 VV RVG (und auch sonst keine Terminsgebühr aus einem anderen Teil des VV). Diese Tätigkeit wird allein durch die Geschäftsgebühr abgegolten. Es ist **kein Fall denkbar, dass neben der Geschäftsgebühr die Terminsgebühr aus Teil 3 des VV entsteht.** 207

► Beispiel: 208

*Es ist **ausgeschlossen**, dass folgende Vergütung entstanden ist:*

1,3 Geschäftsgebühr gem. §§ 2 Abs. 2, 13, Nr. 2300 VV RVG

1,2 Terminsgebühr gem. §§ 2 Abs. 2, 13, Nr. 3104 VV RVG

Selbstverständlich kann eine Terminsgebühr entstehen, wenn der RA den Auftrag hatte, den Auftraggeber im gerichtlichen Verfahren zu vertreten. Dies setzt aber voraus, dass zunächst und zuerst die „richtige" Betriebsgebühr entstanden ist. Es ist gleichgültig, welche Terminsgebühr man berechnet, die zu einer Terminsgebühr gehörende Betriebsgebühr ist immer eine Verfahrensgebühr. 209

Soll die Terminsgebühr der Nr. 3104 VV RVG entstanden sein, muss entweder 210
- die Verfahrensgebühr der Nr. 3100 VV RVG oder
- die Verfahrensgebühr der Nr. 3101 Nr. 1 oder 3101 Nr. 2 VV RVG entstanden sein.

7. Bestimmung des Gebührensatzrahmens der Geschäftsgebühr

Die Tätigkeit des RA, wie Besprechungen, Telefonate, wird bei der Bestimmung des Gebührensatzrahmens der Geschäftsgebühr berücksichtigt. Das Gesetz gibt eine sog. Regel- oder Schwellengebühr vor, die einen Gebührensatz von 1,3 hat. Gleichzeitig stellt der Gesetzgeber klar, dass die Regelgebühr mit dem Gebührensatzrahmen von 1,3 nur anwendbar ist, wenn die anwaltliche Tätigkeit weder umfangreich noch schwierig war. Darüber hinaus sind bei der Bestimmung des Rahmens der Gebühr nach der h.M. auch die anderen Kriterien aus § 14 Abs. 1 RVG heranzuziehen. 211

§ 14 Rahmengebühren 212

(1) Bei Rahmengebühren bestimmt der Rechtsanwalt die Gebühr im Einzelfall unter Berücksichtigung aller Umstände, vor allem des Umfangs und der Schwierigkeit der anwaltlichen Tätigkeit, der Bedeutung der Angelegenheit sowie der Einkommens- und Vermögensverhältnisse des Auftraggebers, nach billigem Ermessen. Ein besonderes Haftungsrisiko des Rechtsanwalts kann bei der Bemessung herangezogen werden. Bei Rahmengebühren, die sich nicht nach dem Gegenstandswert richten, ist das Haftungsrisiko zu berücksichtigen. Ist die Gebühr von einem Dritten zu ersetzen, ist die von dem Rechtsanwalt getroffene Bestimmung nicht verbindlich, wenn sie unbillig ist.

213 Hat der RA daher eine Tätigkeit entfaltet, die nicht komplett durchschnittlich war (also zusätzliche Leistungen erbracht, die i. d. R. nicht zu erbringen sind), so wird dies über einen abweichenden Gebührensatzrahmen entsprechend berücksichtigt.

214 Es ist natürlich bequem im beruflichen Alltag immer die 1,3 Geschäftsgebühr zu berechnen. Zum einen schlagen die unterschiedlichen Anwaltssoftwaregebührenprogramme dies regelmäßig so vor und oft ist es mehr als mühsam, den „Computer" zu überzeugen, einen anderen Gebührensatz zu berechnen. Für die richtige Abrechnung und die zutreffende Ermittlung der Geschäftsgebühr ist es aber immer notwendig, dass Sie sich fragen, ob tatsächlich die Regelgebühr mit einem Gebührensatz von 1,3 anwendbar ist, oder ob es nicht Anhaltspunkte gibt, von diesem Regelsatz (i. d. R. nach oben) abzuweichen.

215 Bei der Festlegung des **Gebührensatzrahmens der Regelgebühr mit 1,3** ist der Gesetzgeber von sog. **Durchschnittsfall** ausgegangen. Kaum eine Angelegenheit im beruflichen Alltag ist tatsächlich je durchschnittlich.

216 Der RA hat einen Ermessenspielraum, den sog. Toleranzbereich.Zu BRAGO Zeiten betrug diese Toleranzgrenze 20 %. Innerhalb dieser Grenze konnte der Gebührensatzrahmen erhöht werden, ohne dass die Bestimmung des Gebührensatzrahmens unbillig war. Seit Inkrafttreten des RVG beträgt dieser Toleranzbereich 30 %. Ein Abweichen von der Regelgebühr innerhalb des Toleranzbereiches ist zulässig.

BGH, NJW RR 2007, 421;

OLG Köln, AGS 2008, 33;

OLG Jena, RVGreport 2008, 56;

KG, AGS 2006, 278, 279 und 73, 74;

OLG Hamm, Beschluss vom 25.04.2007 – 3 WS 197/07 – www.burhoff.de u. a.

LG Potsdam, Beschluss vom 16.12.2008 – 24 Qs 113/08 – (veröffentlicht unter www.burhoff.de (RVG>Entscheidungen>§14);

AG Limburg/Lahn, Urteil vom 28.10.2008 – 4 C 1293/08 -, AGS 2009, 161;

AG Saarbrücken, Urteil vom 21.10.2005 – 42 C 192/05 -, RVreport 2006, 181.

Für 30 %:

Schneider/Wolf „RVG Anwaltskommentar, 5. Auflage 2010 zu § 14 Rn. 76; Mayer/Kroiß/Teubel „Das neue Gebührenrecht" zu § 4 Rn. 95; Hansens/Braun/Schneider „Praxis des Vergütungsrecht" 2007, S. 59 f. 217

Dies bedeutet, dass anstelle der Regelgebühr in Höhe von 1,3 ein Gebührensatzrahmen von 1,69 ohne jegliche Begründung nach § 14 RVG gefordert werden kann und der RA so lediglich seinen Ermessenspielraum innerhalb des Toleranzbereiches ausübt. 218

8. Geschäftsgebühr bei der Tätigkeit vor Behörden

Eine **wichtige Ausnahme** davon, dass die Geschäftsgebühr nur einmal entsteht, wird durch **§ 17 Nr. 1 RVG** bestimmt. Entsprechend § 17 Nr. 1 RVG sind 219

- das Verwaltungsverfahren,
- das Nachprüfungsverfahren,
- das Verwaltungsverfahren auf Aussetzung oder Anordnung der sofortigen Vollziehung sowie über einstweilige Maßnahmen zur Sicherung der Rechte Dritter und
- das sich anschließende gerichtliche Verfahren

verschiedene Angelegenheiten. Bei außer- oder vorgerichtlichen Tätigkeiten vor Behörden können daher zwei Geschäftsgebühren entstehen (Nr. 2300 VV RVG und Nr. 2301 VV RVG). Das Entstehen der Geschäftsgebühr gem. Nr. 2301 VV RVG (0,5 bis 1,3) setzt dabei das Entstehen der Geschäftsgebühr gem. Nr. 2300 VV RVG voraus.

9. Das „einfache Schreiben"

Nr. 2302 220

Nr.	**Gebührentatbestand**	**Gebühr oder Satz der Gebühr nach § 13 RVG**
2302	**Die Gebühr 2300 beträgt** **Der Auftrag beschränkt sich auf ein Schreiben einfacher Art:** Es handelt sich um ein Schreiben einfacher Art, wenn dieses weder schwierige rechtliche Ausführungen noch größere sachliche Auseinandersetzungen enthält.	0,3

Die Geschäftsgebühr der Nr. 2300 VV RVG wird ergänzt durch die viel geringere Geschäftsgebühr der Nr. 2302 VV RVG. 221

222 Ist der Auftrag nur auf ein Schreiben einfacher Art gerichtet, kann der RA nicht die Gebühr der Nr. 2300 VV RVG berechnen, sondern lediglich die Geschäftsgebühr der Nr. 2302 VV RVG. Die Gebühr hat nur einen Gebührensatz von 0,3.

223 Zwischen den **Anwendungsbereichen der Nrn. 2300 und 2302 VV RVG** ist eine randscharfe **Abgrenzung erforderlich.** Ob die Geschäftsgebühr der Nr. 2300 VV RVG oder die Geschäftsgebühr für das einfache Schreiben gem. Nr. 2302 VV RVG entsteht, hängt allein und ausschließlich vom erteilten Auftrag des Auftraggebers ab. Das Entstehen der Geschäftsgebühr gem. Nr. 2300 VV RVG oder nach Nr. 2302 VV RVG hängt nicht von der tatsächlich ausgeführten Tätigkeit des RA ab, nur **der Auftrag entscheidet** (**BGH**, vgl. Kap. 8 Rdn. 116).

224 Auch wenn ein Schreiben des RA wirkt wie ein „einfaches Schreiben" (also eine Mahnung oder eine Zahlungsaufforderung), entsteht deshalb nicht die Geschäftsgebühr nach Nr. 2302 VV RVG. Die Außenwirkung des Schreibens ist unerheblich. Auch wenn sich die Tätigkeit des RA auf ein einfaches Schreiben beschränkt, kann daraus nicht geschlossen werden, dass lediglich die Geschäftsgebühr der Nr. 2302 VV RVG berechnet werden kann.

225 Ein Streit über die Frage der Höhe der Vergütung wird in solchen Fällen häufig nicht mit dem Auftraggeber, sondern mit dem Gegner geführt, der aufgrund materiell-rechtlicher Vorschriften zur Erstattung der „Kosten" verpflichtet ist. Der RA muss daher, wenn er eine Geschäftsgebühr nach Nr. 2300 VV RVG beansprucht, obwohl er nicht mehr als ein einfaches Schreiben hergestellt hat, darlegen, dass und warum der erteilte Auftrag umfassender war und daher mehr Arbeitsaufwand erforderte als die Abfassung eines einfachen Schreibens.

226 ▶ Praxistipp:

In diesem Fall ist es hilfreich und eine spürbare Arbeitserleichterung, wenn neben der unterzeichneten Vollmacht noch eine Auftragsbestätigung durch den Auftraggeber vorliegt.

10. Anrechnung der Geschäftsgebühren

227 Sämtliche Geschäftsgebühren der Nrn. 2300–2303 VV RVG sind gem. Vorbemerkung 3 Abs. 4 VV RVG auf die Verfahrensgebühr des sich anschließenden gerichtlichen Verfahrens anzurechnen (zur Verfahrensgebühr s. Kap. 8 Rdn. 416). Der Gesetzgeber beabsichtigt mit Vorbemerkung 3 Abs. 4 VV RVG zu verhindern, dass der RA für die gleiche Tätigkeit (Betreiben des Geschäfts) in einer Angelegenheit zweimal Gebühren fordern kann.

228 Eine **Anrechnung findet statt**, wenn der RA die **Angelegenheit zunächst vor- bzw. außergerichtlich und anschließend gerichtlich** betrieben hat.

229 Es gibt zwei Möglichkeiten, die Anrechnung durchzuführen.

1.

Durch die Anrechnung vermindert sich nicht die bereits entstandene Geschäftsgebühr, sondern die in dem anschließenden gerichtlichen Verfahren anfallende Verfahrensgebühr. In diesem Fall ist es i. d. R. unvermeidbar, dass die Geschäftsgebühr in voller Höhe neben der Hauptforderung oder auch ohne diese gerichtlich geltend gemacht werden kann und muss. Wird die Geschäftsgebühr in voller Höhe im Klageverfahren geltend gemacht, wird die **Anrechnung der Geschäftsgebühr im Kostenfestsetzungsverfahren berücksichtigt.** 230

2.

Die geltend gemachte Geschäftsgebühr wird um den Anrechnungsteil aus Vorbemerkung 3 Abs. 4 VV RVG gekürzt. In diesem Fall wird auch nur die gekürzte Geschäftsgebühr im gerichtlichen Verfahren als Nebenforderung geltend gemacht. In dem sich anschließenden Kostenfestsetzungsverfahren hat die Anrechnung auf die Höhe der Verfahrensgebühr keine Auswirkung. 231

Der RA hat ein freies Wahlrecht zwischen einer der beiden Anrechnungsmethoden, kann aber seine ausgeübte Wahl nicht später abändern, denn nach Ausübung des Wahlrechts schützt § 15a Abs. 2 RVG den zur Kostentragung Verpflichteten. 232

► Muster: Kurzbelehrung Anrechnung der Geschäftsgebühr

233

Wir weisen bei dieser Gelegenheit darauf hin, dass für den Fall einer sich anschließenden gerichtlichen Auseinandersetzung entsprechend Vorbemerkung 3 Abs. 4 VV RVG die Hälfte der Geschäftsgebühr, jedoch höchstens 0,75 auf die im gerichtlichen Verfahren entstehende Verfahrensgebühr anzurechnen ist.

Es ist daher noch fraglich , ob alle Teile der hiesigen Anwaltsvergütung auch im Fall des Obsiegens von der Gegenseite gezahlt werden müssen.

► Hinweis: 234

Bitte beachten Sie das Muster in Kap. 10 Rdn. 65. Diese Belehrung berücksichtigt die Änderungen durch § 15a RVG.

Die Geschäftsgebühr wird nur zur Hälfte (maximal 0,75) angerechnet, um den unterschiedlichen vor- und außergerichtlichen Tätigkeiten des RA Rechnung zu tragen. Bei der Anrechnung ist zu beachten, dass die Geschäftsgebühr nur nach dem Wert des Gegenstands angerechnet wird, der in das gerichtliche Verfahren übergegangen ist. 235

► Beispiel: 236

Vorgerichtlich fordert der RA den Gegner zur Zahlung i.H.v. 15.000,00 € auf. Diesbezüglich entsteht die Geschäftsgebühr nach einem Gegenstandswert i.H.v. 15.000,00 €. Der Gegner erbringt jetzt eine Teilzahlung i.H.v. 7.500,00 €, sodass das gerichtliche Verfahren nur noch wegen 7.500,00 € zu führen ist (der Gegner hat eine Zahlungsbestimmung auf die Hauptforderung vorgenommen, sodass eine Verrechnung auf die bisher entstandene Rechtsanwaltsvergütung ausscheidet). Angerechnet wird die Geschäftsgebühr jetzt nur nach einem Gegenstandswert von 7.500,00 €.

237 Haben die **vor- bzw. außergerichtliche und die nachfolgende gerichtliche Tätigkeit** des RA **nicht denselben Gegenstand**, erfolgt **keine Anrechnung.** Nur wenn die gerichtliche Tätigkeit die vor- bzw. außergerichtliche Tätigkeit des RA tatsächlich fortführt, erfolgt eine Anrechnung der Geschäftsgebühr.

a) Höhe der Anrechnung

238 Die Höhe der Anrechnung ergibt sich aus Vorbemerkung 3 Abs. 4 VV RVG. Die Geschäftsgebühr der Nr. 2300 VV RVG (und auch die anderen Geschäftsgebühren, bei denen es sich um Satzrahmengebühren handelt) wird zur Hälfte auf die Verfahrensgebühr des gerichtlichen Verfahren angerechnet, jedoch höchstens mit einem Gebührensatz i.H.v. 0,75.

239 Hierbei muss beachtet werden, dass, wenn die Hälfte der Gebühr kleiner als 0,75 ist, nur der geringere Betrag angerechnet wird. Ist die Hälfte der Geschäftsgebühr größer als 0,75, werden lediglich 0,75 angerechnet. Mehr als 0,75 der Geschäftsgebühr werden nie angerechnet. Die Anrechnungshöhe ist auf 0,75 nach oben begrenzt.

240 ► Beispiel 1:

*Der RA hat die Höhe des Gebührensatzrahmens der Geschäftsgebühr der Nr. 2300 VV RVG mit **1,3** bestimmt. Der vorgerichtlichen Tätigkeit schließt sich eine gerichtliche Auseinandersetzung an.*

Die Geschäftsgebühr wird mit 0,65 auf die entsprechende Verfahrensgebühr des gerichtlichen Verfahrens angerechnet, denn die Hälfte v. 1,3 ist kleiner als 0,75.

Der RA kann berechnen

Entweder:

1,3 Geschäftsgebühr gem. §§ 2 Abs. 2, 13, Nr. 2300 VV RVG,

0,65 Restverfahrensgebühr gem. §§ 2 Abs. 2, 13, Nr. 3100 VV RVG.

(Kürzung der 1,3 Verfahrensgebühr um den Anrechnungsanteil der Geschäftsgebühr i.H.v. 0,65 gem. Vorbemerkung 3 Abs. 4 VV RVG.)

Neue Variante:

Oder

0,65 Restgeschäftsgebühr gem. §§ 2 Abs. 2, 13, Nr. 2300 VV RVG

Vorbemerkung 3 Abs. 4 RVG, § 15a RVG

1,3 Verfahrensgebühr gem. §§ 2 Abs. 2, 13, Nr. 3100 VV RVG

Beispiel 2 241

Der RA hat seiner vorgerichtlichen Vergütungsberechnung einen Gebührensatzrahmen von 1,8 der Geschäftsgebühr der Nr. 2300 VV RVG zugrunde gelegt. Der vorgerichtlichen Tätigkeit schließt sich eine gerichtliche Tätigkeit an.

Die Geschäftsgebühr wird zu einem Gebührensatz von 0,75 angerechnet, denn der hälftige Betrag der Geschäftsgebühr (1,8./. 2 = 0,9) übersteigt die Anrechnungshöchstgrenze von 0,75.

Er kann berechnen

Entweder

1,8 Geschäftsgebühr gem. §§ 2 Abs. 2, 13, 14, Nr. 2300 VV RVG

0,55 Restverfahrensgebühr gem. §§ 2 Abs. 2, 13, Nr. 3100 VV RVG

(Kürzung der 1,3 Verfahrensgebühr um den Anrechnungsteil der Geschäftsgebühr i.H.v. 0,75 gem. Vorbemerkung 3 Abs. 4 VV RVG, 15a RVG.)

Oder

1,05 Restgeschäftsgebühr gem. §§ 2 Abs. 2, 13 Nr. 2300 VV RVG

Vorbemerkung 3 Abs. 4, 15a RVG

1,3 Verfahrensgebühr gem. §§ 2 Abs. 2, 13 RVG, Nr. 3100 VV RVG

Beide Beispiele haben gemeinsam, dass das Ergebnis der Betriebsgebühr bei jeder Berechnungsmethode immer gleich hoch sein muss. Die Art der Anrechnung ändert nichts daran, dass insgesamt eine der Höhe nach beschränkte Betriebsgebühr entsteht. Im praktiktischen Alltag sind dies bei vorgerichtlicher Tätigkeit und sich anschließender gerichtlicher Auseinandersetzung 1,95.Dieses Gesamtergebnis erzielt man immer, wenn man eine 1,3 Geschäftsgebühr geltend gemacht hat und im Anschluss daran eine 1,3 Verfahrensgebühr entsteht.

Beispiel 3 242

Der RA hat in seiner vorgerichtlichen Vergütungsberechnung eine Geschäftsgebühr der Nr. 2300 VV RVG mit einem Gebührensatzrahmen i.H.v. 1,0 berechnet. Der vorgerichtlichen Tätigkeit schließt sich eine gerichtliche Tätigkeit an. Die Geschäftsgebühr wird zu einem Gebührensatz von 0,5 angerechnet, denn der hälftige Betrag der Geschäftsgebühr (1,0./. 2 = 0,5) beträgt nur 0,5.

Der RA kann berechnen

Entweder:

1,0 Geschäftsgebühr gem. §§ 2 Abs. 2, 13, 14 Nr. 2300 VV RVG

0,8 Restverfahrensgebühr gem. §§ 2 Abs. 2, 13 Nr. 3100 VV RVG

(Kürzung der 1,3 Verfahrensgebühr um den Anrechnungsteil der Geschäftsgebühr i.H.v. 0,5 gem. Vorbemerkung 3 Abs. 4 VV RVG.)

Oder:

0,5 Restgeschäftsgebühr gem. §§ 2 Abs. 2, 13, 14 Nr. 2300 VV RVG

Vorbemerkung 3 Abs. 4, 15a RVG

1,3 Verfahrensgebühr gem. §§ 2 Abs. 2, 13 RVG, Nr. 3100 VV RVG

243 ▶ Hinweis:

Die Entgelte für Post- und Telekommunikationsdienstleistungen gem. Nr. 7002 VV RVG werden nicht von der Anrechnung umfasst (BGH, RVGreport 2004, 347). Dies liegt aber auch daran, dass der RA eine Vergütung berechnet, die gem. § 1 Abs. 1 RVG aus Gebühren- und Auslagen besteht. Die Anrechnungsvorschriften beziehen sich allesamt nur auf Gebühren, somit werden die Auslagen gem. Teil 7 VV RVG nicht von der Anrechnung berücksichtigt.

b) Durchführung der Anrechnung

244 *Die Anrechnung kann auf zwei Arten erfolgen. Sinnvoll ist folgende Darstellung in der Praxis:*

1,3 Geschäftsgebühr gem.§§ 2 Abs. 2, 13 Nr. 2300 VV RVG
– 0,65 Anrechnung gem. Vorbemerkung 3 Abs. 4, 15 RVG

1,3 Verfahrensgebühr gem. Nr. 3100 VV RVG

245 *In der anwaltlichen Praxis hat sich diese Darstellung durchgesetzt, da so bis zur Einreichung der Klage entschieden werden kann, für welche Anrechnungsvariante man sich entscheidet.*

246 *Ich verweise auf die Beispiele unter Kap. 8 Rdn. 236–242. Die Anrechnung erfolgt auch im gerichtlichen Kostenfestsetzungsverfahren gegenüber dem unterlegenen Beteiligte., Sie gilt nicht nur im Verhältnis des Prozessbevollmächtigten zu seinem Auftraggeber. Dies ist Folge der durch den BGH ergangenen Rechtsprechung und nicht unbedingt mit den vergütungsrechtlichen Grundsätzen vereinbar.*

c) Art der Verfahrensgebühr

247 Unerheblich ist es, welche Verfahrensgebühr für das gerichtliche Verfahren entsteht. Die Anrechnung erfolgt nicht nur auf die „vollen“ oder auch höchsten Verfahrensgebühren, z. B. 1,3 Verfahrensgebühr gem. Nr. 3100 VV RVG, 1,0 Verfahrensgebühr gem. Nr. 3305 VV RVG oder 1,0 Verfahrensgebühr im PKH-Bewilligungsverfahren

gem. Nr. 3335 VV RVG. Die **Anrechnung** erfolgt vielmehr **auch auf ermäßigte Verfahrensgebühren**, z. B. bei vorzeitiger Erledigung 0,8 Verfahrensgebühr gem. Nr. 3101 Nr. 1 VV RVG, 0,5 Verfahrensgebühr (Vertretung des Antragsgegners im Mahnverfahren) gem. Nr. 3307 VV RVG.

d) Anrechnung bei mehreren Auftraggebern

Es gab Anrechnungsprobleme, wenn der RA vor bzw. außergerichtlich **mehrere Auftraggeber** vertreten hat. Wurden mehrere Auftraggeber vertreten, ist die Anrechnungsvorschrift in Vorbemerkung 3 Abs. 4 VV RVG nicht eindeutig. Fraglich ist, ob nur die „erhöhte" einheitliche Gebühr mit lediglich 0,75 angerechnet wird. Die Geschäftsgebühr kann durch die Erhöhung bis zu 4,5 betragen (2,5 + 2,0 Erhöhung gem. Nr. 1008 VV RVG). 248

▶ Beispiel: 249

Der RA vertritt vier Auftraggeber in einem vorgerichtlichen Verfahren. Er bestimmt den Gebührensatzrahmen der Geschäftsgebühr mit der Regel-/Schwellengebühr von 1,3. Durch die Vertretung mehrerer Auftraggeber erhöht sich die Geschäftsgebühr (3 × 0,3: für die drei zusätzlichen Auftraggeber) auf 1,3 + 0,9 = 2,2.

Dem Wortlaut der Vorbemerkung 3 Abs. 4 VV RVG folgend, wären von der Anrechnung jetzt lediglich 0,75 erfasst, sodass 1,45 als Gebührenrest von der Geschäftsgebühr nach Anrechnung verbliebe (Auffassung von Hansens, RVG Report 2004, 95). Das KG (Berlin) hat als erstes OLG diese Auffassung bestätigt. Der BGH hat diese Auffassung bestätigt (BGH, 28. 07. 2010 – XII ZB 251/10). 250

Für das sich anschließende gerichtliche Verfahren, in dem die Verfahrensgebühr der Nr. 3100 VV RVG entsteht, berechnet der RA erneut die Erhöhung für mehrere Auftraggeber gem. Nr. 1008 VV RVG. Daraus ergäbe sich, dass der RA über die Anrechnungsregelung in der Vorbemerkung 3 Abs. 4 VV RVG die „Erhöhung" der Gebühren für mehrere Auftraggeber in einer Angelegenheit mehrfach fordern könnte. 251

Die zutreffende Auffassung von Hansens (u. a. in RVGreport 2004, 95 mit Beispielen zur Geschäftsgebühr bei mehreren Auftraggebern und der entspr. Anrechnung) geht davon aus, dass für die Anrechnung der **durch mehrere Auftraggeber erhöhte Gebührensatzrahmen** zugrunde zu legen ist, sodass der erhöhte Gebührensatzrahmen bei der Anrechnung auf 0,75 beschränkt ist. Er vertritt die Auffassung, dass wie im obigen Beispiel (Kap. 8 Rdn. 158) zu verfahren sei. Der Rest der Geschäftsgebühr, der nach Anrechnung verbleibe, sei demnach immer dann höher, wenn der RA mehrere Auftraggeber vertritt. Nach Auffassung von Hansens hat die Erhöhung gem. Nr. 1008 VV RVG zur Folge, dass dem RA nach Durchführung der Gebührenanrechnung um so mehr verbleibe, je höher die Geschäftsgebühr sei, insbes. bei Vertretung mehrerer Auftraggeber. Dieser Auffassung schließe ich mich an (so auch: Mayer, RVG-Letter 2004, 87 m.w.N.). Dieser Ansicht haben sich das LG Düssel- 252 dorf (RVGreport 2007, 298f. = AGS 2007, 381 m. zust. Anm. Schons), das LG Ulm (AGS 2008, 163f.) sowie das AG Stuttgart (AGS 2007, 385; AGS 2008, 78f. = RVGreport 2008, 21f.) angeschlossen und festgestellt, dass die Anrechnung der Geschäftsgebühr auch bei mehreren Auftraggebern auf 0,75 begrenzt bleibt. Weder wird die Erhöhung als solche angerechnet, noch erhöht sich die Anrechnungsgrenze analog Nr. 1008 VV.

253 ▶ Beispiel:

Nach dieser Auffassung rechnet der RA, wenn bei der Anrechnung für den Gebührensatz nicht auf die Gebühr ohne Erhöhung gem. Nr. 1008 VV RVG abgestellt wird, 2,2 Geschäftsgebühr nach Nrn. 2300, 1008 VV RVG sowie 2,2 Verfahrensgebühr nach Nrn. 3100, 1008 VV RVG abzüglich 0,75 Anrechnung der Geschäftsgebühr (Vorbemerkung 3 Abs. 4 VV RVG), also insgesamt 3,65 „Betriebsgebühren" ab.

Ohne zusätzliche Auftraggeber berechnet der RA 1,3 Geschäftsgebühr Nr. 2300 VV RVG sowie 1,3 Verfahrensgebühr Nr. 3100 VV RVG abzüglich 0,65 Anrechnung der Geschäftsgebühr (Vorbemerkung 3 Abs. 4 VV RVG), also insgesamt 1,95 „Betriebsgebühren".

Es verbleiben:

1,45 Restgeschäftsgebühr

1,3 Verfahrensgebühr

0,9 Erhöhung gem. Nr. 1008 VV RVG

insgesamt verbleiben damit ***3,65*** „Betriebsgebühren" im Ausgangsfall.

Andere Darstellung unter Berücksichtigung der BGH Rechtsprechung zur Anrechnung:

2,2 Geschäftsgebühr

0,55 Verfahrensgebühr

0,9 Erhöhung gem. Nr. 1008 VV RVG = ***3,65*** „Betriebsgebühren"

254 Die hier gezeigte Auffassung ist zutreffend, da die Vorbemerkung 3 Abs. 4 VV RVG wörtlich auszulegen ist. Hier bleibt die Entwicklung der weiteren Rechtsprechung abzuwarten. Da aber der BGH bisher die Vorbemerkung 3 Abs. 4 VV RVG für den Fall der Anrechnung „wörtlich" auslegt, ist zu vermuten, dass dies auch gelten wird, wenn über die Frage der Anrechnung bei mehreren Auftraggebern zu entscheiden ist.

e) Anrechnung und Identität der Gegenstände

255 Damit eine Anrechnung durchgeführt werden kann, ist es Voraussetzung, dass **beiden Gebühren identische gebührenrechtliche Gegenstände zugrunde liegen.** Zwischen der vor- bzw. außergerichtlichen anwaltlichen Tätigkeit und der sich daran

anschließenden gerichtlichen Tätigkeit muss ein sog. **innerer Zusammenhang** gegeben sein. Gebührenrechtlich ist das Vorliegen desselben Gegenstandes erforderlich.

► Beispiel: 256

Im familienrechtlichen Mandat ist es nicht selten, dass der RA eine sog. außergerichtliche Scheidungsfolgenvereinbarung in Form eines Anwaltsvergleichs aushandelt. Ebenso oft wird dem RA auch das Mandat erteilt, das Scheidungsverfahren zu betreiben. Hier liegt keine Identität der Gegenstände vor, weshalb eine Anrechnung der Geschäftsgebühr auf die Verfahrensgebühr nicht erfolgt.

f) Anrechnung bei mehreren Geschäftsgebühren

Sind mehrere Geschäftsgebühren entstanden, wird die zuletzt entstandene zur Hälfte 257 angerechnet (LG Duisburg, RVGreport 2005, 308). Entsteht z. B. im Verwaltungsverfahren eine Geschäftsgebühr nach Nr. 2300 VV und im Nachprüfungsverfahren eine Geschäftsgebühr nach Nr. 2301 VV, wird die zuletzt entstandene Geschäftsgebühr nach Nr. 2301 VV in Anrechnung gebracht.

g) Anrechnung nach dem Wert des Gegenstands

Die Anrechnung der Geschäftsgebühr erfolgt nur nach dem Wert des Gegenstandes, 258 der auch Gegenstand des gerichtlichen Verfahrens ist. Wird im Anschluss an die vor- bzw. außergerichtliche Tätigkeit nur wegen einer Teilforderung Klage erhoben, erfolgt die Anrechnung wegen des Wertes, der in das gerichtliche Verfahren übergegangen ist. Ist die Verfahrensgebühr niedriger als die anzurechnende Geschäftsgebühr, ist diese höchstens bis zu dem Betrag der Verfahrensgebühr anzurechnen. Das gilt auch dann, wenn der anzurechnende Betrag geringer ist als die Hälfte der Geschäftsgebühr. Eine Anrechnung findet jedoch nur statt, wenn die Verfahrensgebühr des nachfolgenden Verfahrens in Teil 3 VV RVG geregelt ist.

h) Erledigung eines früheren Auftrags seit mehr als zwei vollen Kalenderjahren

Ist die Geschäftsgebühr für einen früheren Auftrag entstanden, der seit mehr als zwei 259 vollen Kalenderjahren erledigt ist, findet nach § 15 Abs. 5 Satz 2 RVG keine Anrechnung statt. Das Gesetz vermutet dann, dass der gleiche Gegenstand nicht mehr gegeben ist, sodass die Anrechnung nicht zu erfolgen hat. Das Kalenderjahr beginnt mit dem 1. Januar (0:00 Uhr) und endet mit dem nachfolgenden 31. Dezember (24:00 Uhr) = ISO 8601.

i) Geschäftsgebühr entsteht nach Verfahrensgebühr

Durch das Zweite Justizmodernisierungsgesetz (2. Justizmodernisierungsgesetz, Ju- 260 MoG v. 22. 12. 2006, BGBl. I, S. 3416) hat der Gesetzgeber durch die Formulierung „Soweit wegen desselben Gegenstandes eine Geschäftsgebühr [...] entsteht" deutlich gemacht, dass die Geschäftsgebühr auch dann anzurechnen ist, wenn diese **Geschäftsgebühr erst nach der Verfahrensgebühr entsteht.**

261 Hierbei wollte der Gesetzgeber berücksichtigen, dass der RA z. B. im Verhandlungstermin die sog. **nicht anhängigen** (oder nicht rechtshängigen – sog. Vergleichsmehrwert) **Ansprüche** erfolglos verhandelt. Wurde über solche Ansprüche ergebnislos verhandelt und der RA anschließend mit der vor- bzw. außergerichtlichen Verfolgung dieser Ansprüche beauftragt, fehlte eine deutliche und klare Anrechnungsregelung im Gesetz. Da die **Vergütung des RA regelmäßig erfolgsunabhängig** geschuldet wird, kann der RA bei erfolglosen Verhandlungen über sog. nicht rechtshängige Ansprüche eine 0,8 Verfahrensgebühr gem. Nr. 3101 Nr. 2 VV RVG beanspruchen. Zusätzlich kann der RA für den nicht rechtshängigen Anspruch (und nur bezogen auf diesen Teilwert) eine Geschäftsgebühr berechnen.

262 Wenn dann im Anschluss an diese vergeblichen Verhandlungen durch das weitere vor- bzw. außergerichtliche Tätigwerden des RA erneut eine Geschäftsgebühr nach Nr. 2300 VV RVG entsteht, wird diese entsprechend den Anrechnungsgrundsätzen aus Vorbemerkung 3 Abs. 4 VV RVG zu max. 0,75 „rückwärts“ auf die **Differenzverfahrensgebühr** nach Nr. 3101 Nr. 2 VV RVG angerechnet (hierzu ausführlich N. Schneider, NJW 2007, 329). Der RA kann daher nicht im „alten“ gerichtlichen Verfahren die volle Differenzverfahrensgebühr gem. Nr. 3101 Nr. 2 VV RVG und zusätzlich die volle Geschäftsgebühr der Nr. 2300 VV RVG berechnen.

11. Geltendmachung der vorprozessual entstandenen Geschäftsgebühr

263 Die Geschäftsgebühr, die für die vor- bzw. außergerichtliche Tätigkeit des RA entstanden ist, ist derzeit nach der Rechtsprechung des BGH nicht i.R.d. Kostenfestsetzung gem. §§ 103, 104 ZPO festsetzbar (BGH, NJW 2006, 2560; BGH, AGS 2008, 158 ff.; BGH, RVGreport 2006, 274 – für die durch ein Mahnschreiben entstandene Geschäftsgebühr und weitere Entscheidungen des BGH [abrufbar unter *www.bundesgerichtshof.de*, Unterpunkt: Entscheidungen – Suchbegriff: Geschäftsgebühr]). Um eine Erstattung der Geschäftsgebühr zu erreichen, bleibt nur der Weg, dass der Auftraggeber (vertreten durch seinen RA) die Geschäftsgebühr in einer eigenen Klage (oder durch einen Mahnbescheid) oder – und dies ist der sinnvollste Weg – im laufenden Prozess als Nebenforderung geltend macht. Verlangt der Auftraggeber die Erstattung der Geschäftsgebühr im laufenden gerichtlichen Verfahren, ist die vor- bzw. außergerichtliche Geschäftsgebühr eine Nebenforderung i.S.v. § 4 ZPO. Sie erhöht dann den Streitwert (und damit auch den Gegenstandswert) nicht. Der RA darf hier nicht untätig sein. Unternimmt er angesichts der klaren kostenerstattungsrechtlichen Folgen nichts zur Geltendmachung der Geschäftsgebühr, kann sich der RA schadensersatzpflichtig machen.

264 Die klageweise Geltendmachung der vor- bzw. außergerichtlichen Geschäftsgebühr betrifft sowohl den Kläger als auch den Beklagten im Prozess. Für beide gilt, dass im Fall des Obsiegens eine vor- bzw. außergerichtlich entstandene Geschäftsgebühr nicht festsetzbar ist.

Es besteht auch die Möglichkeit, die Geschäftsgebühr nicht gemeinsam mit der Hauptsache geltend zu machen, sondern einen eigenen Prozess dafür anzustrengen. Dies birgt ein nicht unerhebliches Kostenrisiko. Wird die Geschäftsgebühr in einem eigenen Prozess geltend gemacht, bestimmt diese Gebühr die Hauptsache und es entstehen eigene Vergütungsansprüche (also Rechtsanwaltsgebühren) und Gerichtskosten. Es ist zu erwarten, dass eine Kostenerstattung in diesem Verfahren selbst im Fall eines Obsiegens nicht erfolgt. Es hätte einen günstigeren Weg gegeben, die Geschäftsgebühr geltend zu machen, sodass die Kosten eines gesonderten Prozesses nicht notwendig sein dürften. 265

► Muster: Geltendmachung der Geschäftsgebühr in der Klage

266

1.

Hauptanspruch nebst Zinsen,

2.

Der Beklagte wird verurteilt, an den Kläger weitere ... € nebst 5 % Zinsen über dem jeweiligen Basiszinssatz seit dem ..... (spätestens: Zustellung der Klage/Widerklage o.Ä.) zu zahlen.

3.

Weitere Ansprüche (Vollstreckbarkeit/Zulassung von Rechtsmitteln/einer Bankbürgschaft u. Ä.).

Begründung:

1. Begründung zum Hauptanspruch
2. Der mit dem Antrag zu 2. geltend gemachte Zahlungsanspruch ergibt sich wie folgt:
   Der Beklagte ist zur Erstattung der vorgerichtlich bei dem Kläger entstandenen Geschäftsgebühr der Nr. 2300 VV RVG verpflichtet.
   Dem Kläger steht ein materiell-rechtlicher Kostenerstattungsanspruch als Folgeschaden zu. Durch das vorgerichtliche Verhalten des Beklagten war der Kläger veranlasst, anwaltliche Hilfe in Anspruch zu nehmen. Dazu war der Kläger auch berechtigt.
   Vorgerichtlich sind bei dem Kläger eine 1,3 Geschäftsgebühr gem. §§ 2 Abs. 2, 13, Nr. 2300 VV RVG nebst Nebenleistung (in der Regel: Entgelte für Post- und Telekommunikationsdienstleistungen gem. Nr. 7002 VV RVG und Umsatzsteuer gem. Nr. 7008 VV RVG) entstanden. Da im gerichtlichen Verfahren eine Verfahrensgebühr entsteht, ist die Geschäftsgebühr zu 0,65 auf die Verfahrensgebühr anzurechnen. Daher wird klageweise nur die um den Anrechnungsteil nach Vorbemerkung 3 Abs. 4 VV RVG verbleibende Restgeschäftsgebühr geltend gemacht. Dies vorausgeschickt berechnet sich der von dem Kläger geltend gemachte Betrag wie folgt:

Gegenstandswert	..... €
Berechnet nach §§ 2 Abs. 2, 13 RVG	
0,65 Restgeschäftsgebühr gem. Nr. 2300 VV RVG	..... €

(die Anrechnung entsprechend Vorbemerkung 3 Abs. 4 VV RVG erfolgt im Rahmen eines etwaigen Kostenfestsetzungsverfahrens)

anteilige Entgelte für Post- und Telekommunikationsdienstleistungen gem. Nr. 7002 VV RVG ..... €

19 % USt gem. Nr. 7008 VV RVG ..... €

Der Kläger ist nicht zum Vorsteuerabzug berechtigt.

Summe ..... €

Die Geschäftsgebühr ist nach der herrschenden Meinung nicht vom Kostenerstattungsanspruch des Hauptverfahrens umfasst.

Der Kläger hat die Geschäftsgebühr der Nr. 2300 VV RVG bereits beglichen

Anm.:
1. *Hat der Kläger nicht geleistet, ist auf Freistellung zu klagen.*
2. *Die folgenden kursiv dargestellten Ausführungen sind nur erforderlich, wenn der Gebührensatzrahmen der Geschäftsgebühr höher als mit 1,3 bestimmt wird.*

Gleichzeitig wird an dieser Stelle darauf hingewiesen, dass ein Gutachten der Rechtsanwaltskammer gemäß § 14 Abs. 2 RVG nicht erforderlich ist. Sollte der Beklagte die Angemessenheit des Gebührensatzrahmens der Geschäftsgebühr bestreiten, wird der Einholung eines Gutachtens durch die Rechtsanwaltskammer ausdrücklich widersprochen. Ein Gutachten der Rechtsanwaltskammer ist nicht einzuholen, wenn die Auseinandersetzung um die Angemessenheit von Gebühren nicht eine Auseinandersetzung um Gebührenansprüche zwischen Rechtsanwalt und Auftraggeber betrifft. Bereits zur Geltungszeit der BRAGO gab es hinsichtlich der Erstattungsfähigkeit der Gebühren des § 118 BRAGO im Hinblick auf das FGG-Verfahren Kostenrechtsprechung. Insofern wird verwiesen auf: Baumgärtel/Hergenröder/Houben, RVG, § 14 Rn. 18; Gerold/Schmidt, RVG, § 14 Rn. 119; Mümmler, JurBüro 1985, 9; BVerwG, JurBüro 1982, 857; BSG, SozSich 1990, 294; AG Düsseldorf, AGS 2004, 19; Schneider/Wolf, RVG, § 14 Rn. 99, Schneider, NJW 2, 2004, 193; Hartmann, Kostengesetze – RVG, § 14 Rn. 28; Rehberg/Xanke, RVG, „Rechtsanwaltskammer" Rn. 2.2".

Es wird einheitlich die Auffassung vertreten, dass ein Gutachten der Rechtsanwaltskammer nicht erforderlich ist, wenn materiell-rechtliche Kostenerstattungsansprüche Grundlage der Auseinandersetzung im Hinblick auf die Angemessenheit der Ausübung des Ermessens des RA sind.

Sollte das Gericht der Auffassung sein, dass hinsichtlich der geltend gemachten Gebührenreste ein Gutachten der Rechtsanwaltskammer erforderlich ist, wird bereits jetzt beantragt:

> *Das Verfahren hinsichtlich des Gebührenrestes abzutrennen und über den geltend gemachten weiteren Anspruch (Ziffer 1. der Klage) vorab zu entscheiden.*

12. Vorliegen eines materiell-rechtlichen Kostenerstattungsanspruchs

267 Voraussetzung für die erfolgreiche Geltendmachung der Geschäftsgebühr und eine zu erwartende Erstattung derselben durch die Gegenseite ist das Vorliegen eines ma-

teriell-rechtlichen Kostenerstattungsanspruchs. Ein materiell-rechtlicher Kostenerstattungsanspruch ist gegeben, wenn der Anspruch wegen unerlaubter Handlung, Verzugs, positiver Forderungsverletzung oder culpa in contrahendo besteht.

Häufig entsteht die Geschäftsgebühr der Nr. 2300 VV RVG im anwaltlichen Alltag für die Erstellung des ersten Schreibens an die Gegenseite durch den Anwalt. Immer dann ist es fraglich, ob ein Erstattungsanspruch gegeben sein kann, da es ja an einer der o.g. materiell-rechtlichen Anspruchsgrundlage fehlt. 268

Der RA sollte den Auftraggeber darüber belehren, dass er mit allergrößter Wahrscheinlichkeit die entstandene Geschäftsgebühr nicht vom Gegner erstattet verlangen kann. Die Geschäftsgebühr stellt das alleinige Gebührenrisiko des Auftraggebers dar. Ein Textbeispiel ist bereits vorgeschlagen, Kap. 8 Rdn. 266. 269

13. Ausweg aus der Anrechnungsproblematik? – unbedingter Prozessauftrag

Wie Sie bereits wissen, hängt die Höhe der Vergütung maßgeblich von dem erteilten Auftrag ab. Das Anrechnungsproblem der Geschäftsgebühr ist nur dann nicht gegeben, wenn der Auftraggeber dem RA von Anfang an einen Auftrag erteilt, der auf das Führen des gerichtlichen Verfahrens ausgerichtet ist, also einen **Prozessauftrag.** Erteilt der Auftraggeber dem RA den unmittelbaren Prozessauftrag, so kann der RA, bspw. für den Fall, dass er den Gegner mit einer Zahlungsaufforderung zur Zahlung motivieren wollte, im Erfolgsfall (also nach Zahlung durch den Gegner) lediglich die verminderte Verfahrensgebühr der Nr. 3101 Nr. 1 VV RVG i.H.v. 0,8 berechnen. 270

Im Fall eines Auftrags, der auf eine vor- bzw. außergerichtliche Tätigkeit gerichtet war, würde der RA für das gleiche Schreiben mindestens eine 1,3 Geschäftsgebühr gem. Nr. 2300 VV RVG berechnen können. 271

Hier muss insbes. darauf geachtet werden, wer die Vergütung letztlich zu zahlen hat. Steht eine Rechtsschutzversicherung hinter dem Auftraggeber und zahlt diese für ihn zu erwartende Vergütung, gibt es keinen Grund, sich vom Auftraggeber einen Prozessauftrag erteilen zu lassen. 272

Das RVG diente ja insbes. dazu, die vor- bzw. außergerichtliche Tätigkeit des RA zu fördern und gerichtliche Verfahren zu vermeiden. 273

Für einen unbedingten (also sofortigen) **Prozessauftrag** spricht, dass sich seine **gesamten Gebühren für diesen Fall nach Teil 3 VV RVG** richten. Es entstehen dann in erster Linie (auch ohne dass ein Schriftsatz an das Gericht gesandt wird) die Verfahrensgebühr(en) und daneben die Terminsgebühr. Sind die Voraussetzungen aus Vorbemerkung 3 Abs. 3 VV RVG erfüllt, entsteht neben der Verfahrensgebühr die Terminsgebühr der Nr. 3104 VV RVG. 274

14. Anwaltliches Aufforderungsschreiben

In vielen Fällen beginnt die nach außen sichtbare anwaltliche Tätigkeit des RA mit dem Versand eines Aufforderungsschreibens. I.d.R. wird der Anspruchsgegner vor 275

Einleitung von gerichtlichen Schritten zur Zahlung der ausstehenden Forderung aufgefordert. Auch dienen das **anwaltliche Aufforderungsschreiben und die Zustellung desselben** der Herstellung der **Klagereife.** So muss ein Darlehen gekündigt werden, bevor die Beträge aus dem Darlehen eingeklagt werden können. Es gibt eine Vielzahl guter Gründe, warum der RA zunächst vor- bzw. außergerichtlich tätig ist, bevor eine kostenintensive gerichtliche Auseinandersetzung geführt wird.

276 Die Gerichte bewerten für die Frage der Anrechnung und **zum Beleg für den erteilten Auftrag** die Formulierung, die der RA gewählt hat, um deutlich zu machen, welche Folge eine weitere Nichtzahlung ausstehender Forderungen hätte.

► Muster: Anwaltliches Aufforderungsschreiben mit Klageauftrag

277 Anrede,

ausweislich der diesem Schreiben im Original beigefügten Vollmacht, zeigen wir an, dass wir die Interessen des [Vor- und Zuname, Straße, Ort] vertreten. Sie schulden unserem Auftraggeber aus dem [betroffenes Rechtsgeschäft/Anspruchsgrundlage] die Zahlung eines Betrages in Höhe von … €. Da Sie sich mit der Erfüllung Ihrer Verbindlichkeit gem. §§ 286, 288 BGB seit dem …

in Verzug befinden, haben Sie auch die bisher entstandenen Zinsen in Höhe von 5 Prozentpunkten über dem jeweils gültigen Basiszinssatz zu zahlen. Auf die Geltendmachung der Zinsen würde unser Auftraggeber verzichten, wenn der Zahlungsausgleich nunmehr innerhalb der nachstehend gesetzten Frist erfolgt.

Wir fordern Sie hiermit letztmalig auf, die geschuldete und fällige Forderung in Höhe von … €

bis zum …

eingehend auf unser Konto zu leisten. Unsere Geldempfangsvollmacht ergibt sich aus der diesem Schreiben im Original beigefügten Vollmacht.

Sollte die Ihnen gesetzte Zahlungsfrist ergebnislos verstreichen, werden wir den bereits erteilten Klageauftrag ausführen und unmittelbar gerichtliche Schritte gegen Sie ergreifen.

Wir erlauben uns den Hinweis, dass eine gerichtliche Auseinandersetzung erhebliche Kosten verursachen wird, die von Ihnen zu tragen sein werden. Sollten Sie daher nicht in der Lage sein, die Forderung als Ganzes zu begleichen, ist es durchaus möglich, eine Teilzahlungsvereinbarung zu treffen. Dafür ist es erforderlich, dass Sie sich mit uns in Verbindung setzen. Schweigen und Nichtzahlen führen nicht dazu, dass eine bestehende Verbindlichkeit nicht geltend gemacht wird.

Da Sie sich bereits in Verzug befinden, haben Sie auch die Kosten für unsere Inanspruchnahme zu zahlen. Diese beziffern sich wie folgt:

Kostenberechnung/Schadensersatzanspruch:

Gegenstandswert	….. €
0,8 Verfahrensgebühr gem. §§ 2 Abs. 2,13 RVG, Nr. 3101 Nr. 1 VV RVG	….. €

Entgelte für Post- und Telekommunikationsdienstleistungen gem. Nr. 7002 VV RVG ..... €

Zwischensumme ..... €

19 % USt gem. Nr. 7008 VV RVG ..... €

Gesamtforderung ..... €

Auch diesen Betrag wollen Sie bitte innerhalb der oben genannten Frist begleichen.

Dieses Schreiben wird Ihnen per Gerichtsvollzieher (oder per Boten gegen Empfangsquittung) zugestellt.

Grußformel

► Hinweis:

1. Die berechnete Gebühr entspricht dem Umstand, dass Klageauftrag erteilt wurde.
2. Die Frage, ob diese „Rechnung" mit einer Rechnungsnummer zu versehen ist, ist umstritten. Es handelt sich hier nicht im klassischen Sinne um eine Rechnung (§ 14 UstG).
3. Dieses Muster und die Vergütungsfolge können und müssen Sie abwandeln, wenn der Auftraggeber noch keinen Klageauftrag erteilt hat.

Die **Abwandlung** bei nicht erteiltem Klageauftrag könnte wie folgt formuliert werden: 278

► Muster: Anwaltliches Aufforderungsschreiben ohne Klageauftrag

279

Sollte die Ihnen gesetzte Zahlungsfrist ergebnislos verstreichen, werden wir unserem Mandanten empfehlen, gerichtliche Schritte gegen Sie zu ergreifen. Wir werden uns unverzüglich nach Fristablauf Klageauftrag erteilen lassen.

Wir erlauben uns den Hinweis, dass eine gerichtliche Auseinandersetzung erhebliche Kosten verursachen wird, die von Ihnen zu tragen sein werden. Sollten Sie daher nicht in der Lage sein, die Forderung als Ganzes zu begleichen, ist es durchaus möglich, eine Teilzahlungsvereinbarung zu treffen. Dafür ist es erforderlich, dass Sie sich mit uns in Verbindung setzen. Schweigen und Nichtzahlen führen nicht dazu, dass eine bestehende Verbindlichkeit nicht geltend gemacht wird.

Da Sie die geschuldete Forderung nicht geleistet haben, haben Sie auch die Kosten für unsere Inanspruchnahme zu zahlen. Diese beziffern sich wie folgt:

Kostenberechnung/Schadensersatzanspruch:

Gegenstandswert ..... €

1,3 Geschäftsgebühr gem. §§ 2 Abs. 2, 13 RVG Nr. 2300 VV RVG ..... €

Anm.:

Eine höhere Geschäftsgebühr ist denkbar, wenn die Voraussetzungen entsprechend der Anmerkung zur Nr. 2300 VV RVG erfüllt sind.

Entgelte für Post- und Telekommunikationsdienstleistungen gem. Nr. 7002 VV RVG	..... €
Zwischensumme netto	..... €
19 % USt gem. Nr. 7008 VV RVG	..... €
Gesamtforderung	..... €

15. Unbedingter Prozessauftrag und Terminsgebühr

280 *Vorbemerkung 3 Abs. 3 VV RVG:*

(3) Die Terminsgebühr entsteht für die Vertretung in einem Verhandlungs-, Erörterungs- oder Beweisaufnahmetermin oder die Wahrnehmung eines von einem gerichtlich bestellten Sachverständigen anberaumten Termins oder die Mitwirkung an auf die Vermeidung oder Erledigung des Verfahrens gerichteten Besprechungen auch ohne Beteiligung des Gerichts; dies gilt nicht für Besprechungen mit dem Auftraggeber

281 Nr. 3104

Nr.	Gebührentatbestand	Gebühr oder Satz der Gebühr nach § 13 RVG
3104	**Terminsgebühr, soweit in Nummer 3106 nichts anderes bestimmt ist** (1) Die Gebühr entsteht auch, wenn in einem Verfahren, für das mündliche Verhandlung vorgeschrieben ist, im Einverständnis mit den Parteien oder gemäß § 307 oder § 495a ZPO ohne mündliche Verhandlung entschieden oder in einem solchen Verfahren ein schriftlicher Vergleich geschlossen wird, nach § 84 Abs. 1 Satz 1 VwGO oder § 105 Abs. 1 SGG ohne mündliche Verhandlung durch Gerichtsbescheid entschieden wird oder das Verfahren vor dem Sozialgericht nach angenommenem Anerkenntnis ohne mündliche Verhandlung endet. (2) Sind in dem Termin auch Verhandlungen zur Einigung über in diesem Verfahren nicht rechtshängige Ansprüche geführt worden, wird die Terminsgebühr, soweit sie den sich ohne	1,2

	Berücksichtigung der nicht rechtshängigen Ansprüche ergebenden Gebührenbetrag übersteigt, auf eine Terminsgebühr angerechnet, die wegen desselben Gegenstands in einer anderen Angelegenheit entsteht. (3) Die Gebühr entsteht nicht, soweit lediglich beantragt ist, eine Einigung der Parteien oder mit Dritten über nicht rechtshängige Ansprüche zu Protokoll zu nehmen. (4) Eine in einem vorausgegangenen Mahnverfahren oder vereinfachten Verfahren über den Unterhalt Minderjähriger entstandene Terminsgebühr wird auf die Terminsgebühr des nachfolgenden Rechtsstreits angerechnet.	

► Beispiel: 282

Dem RA wird Prozessauftrag erteilt. Er fordert den Gegner zur Zahlung auf. Im Gespräch einigt sich der RA mit dem Gegner auf einen Vergleichsbetrag.

Vergütungsforderung des RA:

0,8 Verfahrensgebühr gem. §§ 2 Abs. 2, 13, Nr. 3101 Nr. 1 VV RVG

1,2 Terminsgebühr gem. §§ 2 Abs. 2, 13, Nr. 3104 VV RVG

1,5 Einigungsgebühr gem. Nr. 1000 VV RVG (ein gerichtliches Verfahren ist nicht anhängig).

Insgesamt 3,5 Gebühren zzgl. Nebenleistungen.

Der gleiche Sachverhalt wie oben, nur dass dem RA ein Auftrag zur vor- außergerichtlichen Tätigkeit erteilt worden ist:

1,3 Geschäftsgebühr gem. §§ 2 Abs. 2, 13, Nr. 2300 VV RVG

1,5 Einigungsgebühr gem. §§ 2 Abs. 2, 13, Nr. 1000 VV RVG

Insgesamt 2,8 Gebühren zzgl. Nebenleistungen.

Ggf. berechnet der RA hier einen höheren Gebührensatzrahmen bei der Geschäftsgebühr. Eine Begründung für das Abweichen von der Regel- (oder Schwellen-) gebühr ist hier allerdings nicht ersichtlich.

Einige (wenige und bisher auch nur Amts-) Gerichte gehen davon aus, dass der RA verpflichtet ist, seinen Mandanten über diese Kostenproblematik der Anrechnung der Geschäftsgebühr zu belehren und darauf hinzuwirken, dass dem RA sofort ein unbedingter Prozessauftrag erteilt wird. Dies ist aber gerade wegen der Möglichkeit 283 des Entstehens der Terminsgebühr nicht uneingeschränkt zu befürworten. Die Erteilung eines unbedingten Prozessauftrags hat, wenn die Terminsgebühr entsteht, zur Folge, dass der Auftraggeber dem RA eine höhere Vergütung schuldet, als wenn nur die Geschäftsgebühr entstanden wäre.

16. Berücksichtigung der Anrechnung der Geschäftsgebühr im Kostenfestsetzungsverfahren

284 Gemäß § 15a Abs. 2 RVG erfolgt die Anrechnung gem. Vorbemerkung 3 Abs. 4 VV RVG auf verschiedene Weise.

285 Sie kann in der Form erfolgen, dass sich die bereits entstandene Geschäftsgebühr verringert, oder sich die in dem sich anschließenden gerichtlichen Verfahren anfallende Verfahrensgebühr vermindert (Siehe Beispiele in Randnummer – kann nicht nennen durch Randnummernstreichungen noch unbekannt).

286 Die Anrechnung der Geschäftsgebühr auf die Verfahrensgebühr findet immer statt, nur die Art und Weise, wie die Anrechnung vorgenommen wird, kann abweichen. Bei der Anrechnung der Geschäftsgebühr kommt es nicht darauf an, ob Verminderung der Verfahrensgebühr erfolgt unabhängig davon, ob

- ein sog. materiell-rechtlicher Kostenerstattungsanspruch gegeben ist,
- die Geschäftsgebühr gerichtlich geltend gemacht wird,
- durch Aufrechnung erloschen ist oder
- unstreitig vor- bzw. außergerichtlich beglichen worden ist.

287 Die Anrechnung der Geschäftsgebühr erfolgt, sobald die Geschäftsgebühr entstanden ist.

17. Tipp zur Form der Geltendmachung der Geschäftsgebühr

288 Der Auftraggeber, der i. d. R. die anwaltliche Vergütungsberechnung erhält, kann mit den dort genannten Nrn. und Gebührensätzen nichts anfangen. So unverständlich wie für Sie Steuerberaterrechnung, Architektenrechnungen u. a. sind, sind dies für den Auftraggeber die anwaltlichen Vergütungsberechnungen. Im Zeitalter der Textverarbeitung ist es ein Leichtes hier ein Musterschreiben zu benutzen, in dem der Auftraggeber Erläuterungen zur geltend gemachten Vergütung erhält.

289 Dabei sollten Sie dieses Musterschreiben so aufbauen, dass der Auftraggeber einschätzen kann, ob er eine weitere Vergütungsberechnung zu erwarten hat, oder ob Ihre Rechnung den Vorgang abschließt.

► Muster: Berechnung der Geschäftsgebühr für vorgerichtliche Tätigkeit

290 Anrede,

wir erlauben uns, Ihnen für unsere vorgerichtliche Tätigkeit unsere Schlussrechnung zu überreichen. Von Ihnen geleistete Vorschüsse haben wir dabei selbstverständlich berücksichtigt und in Abzug gebracht.

Für die vorgerichtliche Tätigkeit ist eine Geschäftsgebühr gemäß Vorbemerkung 2.3. Abs. 3 VV RVG in Verbindung mit Nr. 2300 VV RVG entstanden. Die Geschäftsgebühr ist entstanden, da wir mit Dritten (dem Gegner und sonstigen Beteiligten) vorgerichtliche Korrespondenz geführt haben.

Die Geschäftsgebühr der Nr. 2300 VV RVG entsteht entsprechend der Gesetzesdefinition mit einem sog. Gebührensatzrahmen von 1,3. Es handelt sich hierbei um die Regelgebühr, die grundsätzlich in vorgerichtlichen Angelegenheiten in dieser Höhe entsteht.

Der Gegenstandswert ergibt sich aus (Begründung entsprechend dem Sachverhalt). Dieser bestimmt entsprechend der Tabelle zu § 13 RVG die bezifferte Höhe der Gebühr.

Vergütungsberechnung:

Rechnungsnummer .....

1,3 Geschäftsgebühr gem. §§ 2 Abs. 2, 13, Nr. 2300 VV RVG ..... €

Entgelte für Post- und Telekommunikationsdienstleistungen gem. Nr. 7002 VV RVG ..... €

Zwischensumme netto ..... €

19 % USt (aktuell geltender Satz) gemäß Nr. 7008 VV RVG ..... €

(USt-Nr......)

Gesamtsumme ..... €

Für den Fall einer sich anschließenden gerichtlichen Auseinandersetzung wird die Geschäftsgebühr auf die entstehende Verfahrensgebühr (Nr. 3305 VV RVG; Nr. 3335 VV RVG, Nr. 3100 VV RVG u. a.) entsprechend Vorbemerkung 3 Abs. 4 VV RVG zur Hälfte angerechnet. Die Höhe der Anrechnung erfolgt hier mit 0,65.

Bitte überweisen Sie den Rechnungsbetrag bis zum ..... auf eines unserer im Briefbogen genannten Konten. Auf die gesetzlichen Verzugsregeln in §§ 286, 288 BGB und die sich anschließend ergebende Verpflichtung, Zinsen zu zahlen, weisen wir ausdrücklich hin.

Wir bedanken uns an dieser Stelle für die angenehme bisherige Zusammenarbeit.

Grußformel

III. Geschäftsgebühr bei Beratungshilfe

Nr. 2503 291

Nr.	Gebührentatbestand	Gebühr oder Satz der Gebühr nach § 13 RVG
2503	**Geschäftsgebühr** (1) Die Gebühr entsteht für das Betreiben des Geschäfts einschließlich der Information oder	70,00 €

	die Mitwirkung bei der Gestaltung eines Vertrags. (2) Auf die Gebühren für ein anschließendes gerichtliches oder behördliches Verfahren ist diese Gebühr zur Hälfte anzurechnen. Auf die Gebühren für ein Verfahren auf Vollstreckbarerklärung eines Vergleichs nach den §§ 796a, 796b und 796c Abs. 2 Satz 2 ZPO ist die Gebühr zu einem Viertel anzurechnen.	

1. Geschäftsgebühr der Nr. 2503 VV RVG als gesetzlicher Vergütungsanspruch

292 Ist dem Auftraggeber **Beratungshilfe** bewilligt worden, kann der RA für seine vor- bzw. außergerichtliche Tätigkeit nicht die Gebühr der Nr. 2300 VV RVG vom Auftraggeber fordern. Der Vergütungsanspruch des RA wird beschränkt durch die **Festgebühr** der Nr. 2503 VV RVG i.H.v. 70,00 €. Sobald dem Auftraggeber Beratungshilfe bewilligt wurde, ersetzt diese Festgebühr etwa höhere Vergütungsansprüche nach anderen Vorschriften.

293 Die Geschäftsgebühr entsteht entsprechend der Definition in Nr. 2503 Anm. Abs. 1 VV RVG unter denselben Voraussetzungen, wie die reguläre Geschäftsgebühr.

In Nr. 2503 Anm. Abs. 2 VV RVG ist vorgegeben, dass eine hälftige **Anrechnung** der Geschäftsgebühr der Nr. 2503 auf die Verfahrensgebühr eines sich anschließenden, gerichtlichen oder behördlichen Verfahrens erfolgt.

294 ► Beispiel:

Der RA berechnet für seine vorgerichtliche Tätigkeit	*70,00 €.*
Der vorgerichtlichen Tätigkeit schließt sich das PKH-Bewilligungsverfahren an.	
Die Geschäftsgebühr wird i.H.v. 35,00 € auf die Verfahrensgebühr für das PKH-Bewilligungsverfahren der Nr. 3335 VV RVG angerechnet. Diese reduziert sich um	*- 35,00 €.*

295 In der Geschäftsgebühr der Nr. 2503 Anm. Abs. 2 Satz 2 VV RVG wird eine **Sonderregel** für das Verfahren auf **Vollstreckbarerklärung von Anwaltsvergleichen** (§ 796a, 796b, 796c Abs. 2 Satz 2 ZPO) vorgegeben. Liegt eine anwaltliche Tätigkeit dieser Art vor, wird die Geschäftsgebühr gem. Nr. 2503 VV RVG nur **zu einem Viertel** auf die im Verfahren entstehende Gebühr angerechnet. Der RA erhält dadurch den Anreiz, etwa einen Anwaltsvergleich i.R.d. Schuldenbereinigung auf der Grundlage des Plans nach § 305 Abs. 1 Nr. 1 InsO abzuschließen, da die Vergü-

tungsanrechnung im Verfahren auf die Vollstreckbarerklärung nochmals um die Hälfte begrenzt ist. Die Gebühr des in einem solchen Verfahren tätigen RA ergibt sich aus Nr. 3327 VV RVG.

2. Vertretung mehrerer Auftraggeber

Vertritt der RA vor- bzw. außergerichtlich mehrere Auftraggeber und ist diesen Auftraggebern in einer Angelegenheit Beratungshilfe bewilligt, so erhöht sich die Geschäftsgebühr der Nr. 2503 VV RVG gem. Nr. 1008 VV RVG um 30 % für jeden weiteren Auftraggeber. Die Höchstgrenze in Nr. 1008 VV RVG ist zu beachten. Das gilt unabhängig davon, ob die Beratung denselben Gegenstand erfasst oder nicht. 296

3. Schuldenbereinigung bei bewilligter Beratungshilfe (bis zu fünf Gläubiger)

Ob der nachstehende Anwendungsfall überhaupt noch in der Praxis vorkommt, ist von Gerichtsbezirk zu Gerichtsbezirk unterschiedlich. Viele Berliner Amtsgerichte stellen für das Schuldenbereinigungsverfahren keine **Berechtigungsscheine** mehr aus mit der Begründung, dass es sich nicht um eine typische juristische Tätigkeit handelt. Anders hingegen die Gerichtsbezirke von z. B. Oldenburg, Braunschweig: hier werden z. T. Berechtigungsscheine erteilt. 297

Nr. 2504 298

Nr.	Gebührentatbestand	Gebühr oder Satz der Gebühr nach § 13 RVG
2504	**Tätigkeit mit dem Ziel einer außergerichtlichen Einigung mit den Gläubigern über die Schuldenbereinigung auf der Grundlage eines Plans (§ 305 Abs. 1 Nr. 1 InsO):**	**224,00 EUR**
	Die Gebühr 2503 beträgt bei bis zu 5 Gläubigern	

Mit Nr. 2504 VV RVG wird die Vergütung geregelt, die dem RA für den Fall zusteht, dass er über die beratende Tätigkeit (Nr. 2502 VV RVG) hinaus im Rahmen einer vor- bzw. außergerichtlichen Einigung mit den Gläubigern des Auftraggebers über die Schuldenbereinigung auf der Grundlage eines diesbezüglichen Plans nach § 305 Abs. 1 Nr. 1 InsO verhandelt. Der RA muss den Auftraggeber erkennbar nach außen gegenüber den Gläubigern (maximal fünf Gläubiger) vertreten. Ein Erfolg seiner Tätigkeit ist nicht geschuldet. Zu den von der Nr. 2504 VV RVG umfassten Tätigkeiten des RA gehören insbes. die schriftliche Korrespondenz sowie das Führen von Besprechungen (telefonisch und persönlich). Die Gebühr der Nr. 2504 VV RVG entsteht anstelle der Geschäftsgebühr gem. Nr. 2503 VV RVG, es entstehen nicht beide Gebühren nebeneinander. 299

4. Schuldenbereinigung bei Beratungshilfe (mehr als fünf Gläubiger)

300 Vertritt der RA mehr als fünf Gläubiger, erhöht sich die Geschäftsgebühr der Nr. 2504 VV RVG entsprechend

301

–	Nr. 2505 VV RVG bis zu 10 Gläubiger	336,00 €,
–	Nr. 2506 VV RVG bis zu 15 Gläubiger	448,00 €,
–	Nr. 2507 VV RVG mehr als 15 Gläubiger – unendlich	560,00 €.

IV. Die Einigungsgebühr

302 **Nr. 1000**

Nr.	**Gebührentatbestand**	**Gebühr oder Satz der Gebühr nach § 13 RVG**
1000	**Einigungsgebühr** (1) Die Gebühr entsteht für die Mitwirkung beim Abschluss eines Vertrags, durch den der Streit oder die Ungewissheit über ein Rechtsverhältnis beseitigt wird, es sei denn, der Vertrag beschränkt sich ausschließlich auf ein Anerkenntnis oder einen Verzicht. Dies gilt auch für die Mitwirkung bei einer Einigung in einem der in § 36 RVG bezeichneten Güteverfahren. Im Privatklageverfahren ist Nummer 4147 anzuwenden. (2) Die Gebühr entsteht auch für die Mitwirkung bei Vertragsverhandlungen, es sei denn, dass diese für den Abschluss des Vertrags im Sinne des Absatzes 1 nicht ursächlich war. (3) Für die Mitwirkung bei einem unter einer aufschiebenden Bedingung oder unter dem Vorbehalt des Widerrufs geschlossenen Vertrag entsteht die Gebühr, wenn die Bedingung eingetreten ist oder der Vertrag nicht mehr widerrufen werden kann. (4) Soweit über die Ansprüche vertraglich verfügt werden kann, gelten die Absätze 1 und 2 auch bei Rechtsverhältnissen des öffentlichen Rechts.	1,5

	(5) Die Gebühr entsteht nicht in Ehesachen und in Lebenspartnerschaftssachen (§ 269 Abs. 1 Nr. 1 und 2 FamFG). Wird ein Vertrag, insbesondere über den Unterhalt, im Hinblick auf die in Satz 1 genannten Verfahren geschlossen, bleibt der Wert dieser Verfahren bei der Berechnung der Gebühr außer Betracht. In Kindschaftssachen ist Absatz 1 Satz 1 auch für die Mitwirkung an einer Vereinbarung, über deren Gegenstand nicht vertraglich verfügt werden kann, entsprechend anzuwenden.	

Die Einigungsgebühr ist in Teil 1 des Vergütungsverzeichnisses geregelt. Gleich in der Vorbemerkung 1 VV RVG stellt der Gesetzgeber fest, dass die Einigungsgebühr nur neben anderen Gebühren entstehen kann. Sie kann nie allein entstehen. Neben der Einigungsgebühr muss daher i. d. R. mindestens eine sog. **Betriebsgebühr** entstehen (Geschäftsgebühr, Verfahrensgebühr). 303

Im Gegensatz zu den meisten anderen Gebühren ist die Einigungsgebühr eine **Erfolgsgebühr.** Dies gilt in Teil 1 VV RVG ebenfalls für die Aussöhnungsgebühr und die Erledigungsgebühr. 304

1. Höhe der Einigungsgebühr

Für die Einigungsgebühr wird in Teil 1 VV RVG die Höhe des Gebührensatzes davon abhängig bestimmt, ob die Gebühr erst im Zuge eines gerichtlichen Verfahrens oder außerhalb eines gerichtlichen Verfahrens entsteht. Entsteht die Gebühr vor der Anhängigkeit des gerichtlichen Verfahrens, ist sie am höchsten. Entsteht die Gebühr nach Anhängigkeit des gerichtlichen Verfahrens, hängt die Höhe der Gebühr davon ab, in welcher Instanz das Verfahren anhängig ist. 305

▶ Hinweis: 306

Vor- bzw. außergerichtliche Einigungsgebühr	Nr. 1000 VV RVG	1,5
Gerichtliches Verfahren I. Instanz	Nr. 1003 VV RVG	1,0
Gerichtliches Verfahren II. Instanz und höher	Nr. 1004 VV RVG	1,3.

Beachtet werden muss hierbei, dass dann, wenn ein selbstständiges **Beweisverfahren** anhängig ist, dies nicht zu einer Reduzierung der Einigungsgebühr auf 1,0 führt. Der Gesetzgeber hat ausdrücklich formuliert: „Über den Gegenstand ist ein anderes gerichtliches Verfahren als ein selbstständiges Beweisverfahren anhängig". Damit greift eine Ermäßigung der Einigungsgebühr beim Vorliegen eines selbstständigen Beweisverfahrens nicht. 307

Gekürzte Fassung von Nr. 1003 VV und 1004 VV RVG 308

Nr.	Gebührentatbestand	Gebühr oder Satz der Gebühr nach § 13 RVG
1003	**Über den Gegenstand ist ein anderes gerichtliches Verfahren als ein selbstständiges Beweisverfahren anhängig:** **Die Gebühren 1000 bis 1002 betragen:** ***Das Verfahren vor dem Gerichtsvollzieher steht einem gerichtlichen Verfahren gleich.***	1,0

Nr.	Gebührentatbestand	Gebühr oder Satz der Gebühr nach § 13 RVG
1004	**Über den Gegenstand ist ein Berufungs- oder Revisionsverfahren anhängig:** **Die Gebühren 1000 bis 1002 betragen:**	1,3

2. Entstehen der Einigungsgebühr

309 Die Einigungsgebühr kann in jedem Tätigkeitsbereich des RA entstehen. Das Entstehen der Einigungsgebühr ist für **keinen Teil** des VV ausgeschlossen. Sogar in sozialrechtlichen Angelegenheiten ist das Entstehen der Einigungsgebühr denkbar.

a) Erledigungsgebühr statt Einigungsgebühr

310 Nr. 1002

Nr.	Gebührentatbestand	Gebühr oder Satz der Gebühr nach § 13 RVG
1002	**Erledigungsgebühr, soweit nicht Nummer 1005 gilt** Die Gebühr entsteht, wenn sich eine Rechtssache ganz oder teilweise nach Aufhebung oder Änderung des mit einem Rechtsbehelf angefochtenen Verwaltungsakts durch die anwaltliche Mitwirkung erledigt. Das Gleiche gilt, wenn sich eine Rechtssache ganz oder teilweise durch Erlass eines bisher abgelehnten Verwaltungsakts erledigt.	1,5

311 Liegt ein Rechtsverhältnis des öffentlichen Rechts vor, kann eine Einigungsgebühr entsprechend der Anm. Abs. 4 zu Nr. 1000 VV RVG nur entstehen, soweit über einen Anspruch vertraglich verfügt werden kann. Fehlt es an einer vertraglichen Ver-

fügungsfähigkeit der Parteien, ist das Entstehen der Einigungsgebühr ausgeschlossen. Dies wird i. d. R. der Fall sein, sodass es sehr selten ist, dass bei einem Rechtsverhältnis des öffentlichen Rechts eine Einigungsgebühr entsteht. Hier ist es möglich, dass anstelle der Einigungsgebühr die **Erledigungsgebühr** der Nr. 1002 VV RVG entsteht.

b) Aussöhnungsgebühr statt Einigungsgebühr

Nr. 1001 312

Nr.	Gebührentatbestand	Gebühr oder Satz der Gebühr nach § 13 RVG
1001	**Aussöhnungsgebühr** Die Gebühr entsteht für die Mitwirkung bei der Aussöhnung, wenn der ernstliche Wille eines Ehegatten, eine Scheidungssache oder ein Verfahren auf Aufhebung der Ehe anhängig zu machen, hervorgetreten ist und die Ehegatten die eheliche Lebensgemeinschaft fortsetzen oder die eheliche Lebensgemeinschaft wieder aufnehmen. Dies gilt entsprechend bei Lebenspartnerschaften.	1,5

In Ehesachen (§ 111 Nr, 1 FamFG) und Lebenspartnerschaftssachen (§ 111 Nr. 11 FamFG) kann keine Einigungsgebühr entstehen (s. Anm. Abs. 5 zu Nr. 1000 VV RVG). Stattdessen kann die Aussöhnungsgebühr der Nr. 1001 VV RVG entstehen. 313

Eine Einigungsgebühr kann demgegenüber in **Scheidungsverbundverfahren** entstehen, wenn im Hinblick auf die Ehesache über eine Folgesache ein Vertrag geschlossen und eine Einigung erzielt wird. Für diese Einigungsgebühr bleibt der Wert der Ehesache bei der Berechnung der Einigungsgebühr außer Betracht. 314

3. Begriff der Einigung

Eine Einigung ist ein Vertrag der Parteien, durch den der Streit oder die Ungewissheit der Parteien über ein bereits bestehendes **Rechtsverhältnis** beseitigt wird. 315

Ohne einen Vertragsabschluss kann die Einigungsgebühr nicht entstehen, der Vertrag muss jedoch nicht erfüllt werden. Der erforderliche Erfolg ist eingetreten, wenn der Vertrag zwischen den Parteien zustande gekommen ist. 316

a) Rechtsverhältnis

Der Begriff „Rechtsverhältnis“ ist weit zu verstehen. Ein Rechtsverhältnis regelt Ansprüche jeglicher Art. Es kann sich dabei um schuldrechtliche, dingliche, familienrechtliche, erbrechtliche oder öffentlich-rechtliche Rechtsverhältnisse handeln. Es 317 kommt dabei nicht darauf an, wie die Parteien den Vertrag bezeichnen und ob diese überhaupt erkennen, dass tatsächlich eine Einigung erfolgt ist. Ergibt sich die Einigung aus dem Lebenssachverhalt, kann davon ausgegangen werden, dass die Einigungsgebühr entstanden ist.

b) Parteien der Einigung

318 Es ist nicht erforderlich, dass die Einigung zwischen den Parteien getroffen wird. So ist eine Einigung mit einem Dritten (z. B. der Haftpflichtversicherung) oder z. B. dem Bürgen ausreichend und lässt die Einigungsgebühr entstehen.

4. Gestaltung von Verträgen

319 Immer wieder wird der RA damit beauftragt, bei der Gestaltung eines (noch nicht bestehenden) Rechtsverhältnisses (oder der Gestaltung von Verträgen) mitzuwirken. Hierbei sind viele Möglichkeiten gegeben, so viele wie es Vertragsmöglichkeiten gibt. Hierunter fallen daher u. a. Verhandlungen über den Abschluss eines Miet-, Arbeits-, Pacht-, Leihvertrags u. a. oder auch das Erstellen von Allgemeinen Geschäftsbedingungen für den Auftraggeber. Bei dieser Art von Tätigkeit des RA handelt es sich um die sog. rechtsbegründende Tätigkeit. Ist der RA in entsprechender Weise tätig, kann keine Einigungsgebühr entstehen, weil es noch keinen Streit und keine Ungewissheit über den Inhalt des Rechtsverhältnisses geben kann.

320 Für das Aushandeln eines Vertrags kann der RA eine Einigungsgebühr nur fordern, wenn sich zuvor ein Vertragspartner einer Rechtsposition gerühmt hat und damit bestehende Ansprüche behauptet.

321 ► **Beispiel 1:**

Der Auftraggeber als Käufer möchte vom Verkäufer einen Oldtimer (Liebhaberpreis 250.000,00 €). Diesen Kaufpreis fordert der Verkäufer vom Käufer. Der RA unterstützt den Auftraggeber bei den Kaufvertragsverhandlungen. Im Zuge der Vertragsverhandlungen einigen sich die Parteien auf einen Kaufpreis i.H.v. 200.000,00 €. Eine Einigungsgebühr ist nicht entstanden, da es an einem streitigen Rechtsverhältnis fehlt.

Wenn sich die Parteien im Anschluss an die Vertragsverhandlungen nach Abschluss des Kaufvertrags über Mängel, zugesicherte Eigenschaften und anderes streiten, so kann bezogen auf diesen Gegenstand des Streits eine Einigungsgebühr entstehen, denn die Grundlage der Ansprüche ist der zustande gekommene Kaufvertrag.

322 ► **Beispiel 2:**

Der Auftraggeber ist Mieter einer Wohnung. Er führt mit seinem Vermieter, der Eigentümer der vermieteten Eigentumswohnung ist, eine Auseinandersetzung; der Räumungsrechtsstreit, in dem der RA den Auftraggeber vertritt, ist rechtshängig.

Im Zuge des Räumungsrechtsstreits einigen sich die Parteien, dass der Mieter die Eigentumswohnung käuflich erwirbt. Eine Einigung ist nur im Hinblick auf den Räumungsanspruch erfolgt. Der Wert der Einigung erstreckt sich nicht auf den Kaufpreis der Eigentumswohnung. Der RA kann nur eine Einigungsgebühr nach dem Gegenstandswert des Räumungsanspruchs (§ 23 Abs. 1 RVG i.V.m. § 41 GKG) fordern. Für die auftragsgemäße Vertretung im Hinblick auf den Erwerb der Eigentumswohnung kann der RA aber die Geschäftsgebühr der Nr. 2300 VV RVG berechnen.

5. Streit oder Ungewissheit der Parteien

Für das Entstehen der Einigungsgebühr ist es Voraussetzung, dass Streit oder die Ungewissheit der Parteien über ein Rechtsverhältnis besteht. Ein Rechtsverhältnis ist ungewiss, wenn die Verwirklichung des diesem zugrunde liegenden Anspruchs unsicher ist. Die Ungewissheit über ein Rechtsverhältnis kann sowohl in rechtlicher als auch in tatsächlicher Hinsicht gegeben sein. 323

Die Ungewissheit muss nicht den **Hauptanspruch** betreffen. Es reicht aus, wenn Ungewissheit über die Verwirklichung der Nebenleistungen besteht. Ungewissheit liegt auch vor, wenn sie im Hinblick auf die Fälligkeit des Anspruchs, die Höhe der Zinsen oder die Zahlungsfähigkeit des Schuldners besteht. Weiter liegt Ungewissheit über ein Rechtsverhältnis vor, wenn die Durchsetzbarkeit eines Anspruchs nicht sicher ist. Nicht erforderlich ist es hingegen, dass die Einigung zur Beilegung eines Rechtsstreits geschlossen wird. 324

6. Form der Einigung

a) Grundsatz der Formfreiheit

Wird die Vergütung durch eine Rechtsschutzversicherung gezahlt, die für den Auftraggeber die Kostendeckungszusage erteilt hat, ist es nicht selten, dass bei Abschluss einer Einigung die Rechtsschutzversicherung die Vorlage eines schriftlichen Vertrags verlangt. Der Abschluss der Einigung (bzw. des Vergleichs/Vertrags) ist nicht an eine Form gebunden. 325

Die Einigung ist **formfrei**, insbes. auch mündlich möglich. Sie kann auch stillschweigend erfolgen oder sich aus schlüssigem Handeln der Parteien ergeben. 326

Der Versicherung ist daher entgegenzuhalten, dass das Entstehen der Einigungsgebühr nicht von einem formalen Vergleichsabschluss abhängt. 327

b) Ausnahmen zur Formfreiheit

Manchmal gibt es Ausnahmen von dem Grundsatz der Formfreiheit. Formfreiheit ist dann nicht gegeben, wenn für den abzuschließenden Vertrag eine bestimmte Form gesetzlich vorgeschrieben ist. Ist bspw. für die Wirksamkeit des Rechtsgeschäfts, über das eine Einigung erzielt werden soll, öffentliche Beglaubigung oder sogar notarielle Beurkundung vorgeschrieben (z. B. Anmeldung zum Handelsregister oder Grund- 328 stückskaufvertrag), so muss auch der Vertrag, in dem die Einigung erzielt worden ist, diese Formvorschrift einhalten.

329 Natürlich gibt es auch hiervon wieder eine Ausnahme: Ist ein **Prozessvergleich** i.S.d. § 794 Nr. 1 ZPO geschlossen und die Einigung gerichtlich protokolliert worden, ersetzt die gerichtliche Protokollierung gem. § 127a BGB die eigentlich gegebene Formvorschrift. Weitere Formvorschriften müssen nach gerichtlicher Protokollierung der Einigung nicht eingehalten werden, es genügt die Einigung (der Vergleich).

330 Erfolgt keine gerichtliche Protokollierung, sind beim Abschluss einer Einigung insbes. die Formvorschriften der § 311b BGB (Grundstücksgeschäfte), § 1378 Abs. 3 Satz 2 BGB (Zugewinnausgleich), § 1587o Abs. 2 Satz 1 BGB (Versorgungsausgleich) oder § 2033 Abs. 1 Satz 2 BGB (Verfügung über einen Anteil am Nachlass) zu beachten und einzuhalten.

331 Wurde die Einigung ohne Berücksichtigung der Form geschlossen, ist sie (Ausnahme: wie vor, die gerichtliche Protokollierung der Einigung) unwirksam. In diesem Fall entsteht keine Einigungsgebühr.

332 Für die Wirksamkeit einiger Verträge ist nicht nur eine Formvorschrift einzuhalten. In manchen Fällen bedarf eine Einigung zu ihrer Wirksamkeit der **Genehmigung** (z. B. durch den Vormund, den Pfleger, das Gericht, die zuständige Behörde u. a.). Ist dies der Fall, kann die Einigungsgebühr erst mit wirksamer Genehmigung entstehen.

7. Vergleich/Einigung unter Widerruf

333 Gerade in gerichtlichen Verfahren der ersten Instanz werden Vergleiche unter dem **Vorbehalt des Widerrufs** geschlossen. Dies liegt oft daran, dass der RA noch Rücksprache mit seinem Auftraggeber über die erzielte Einigung halten will und sein ausdrückliches Einverständnis einholen möchte. Manchmal muss der erzielte Vergleich auch der Rechtsschutzversicherung des Auftraggebers vorgelegt werden, damit diese ihr Einverständnis mit der getroffenen Kostenregelung erteilen kann. Ein häufiger Grund für eine Auseinandersetzung mit einer Rechtsschutzversicherung ist die vereinbarte **Kostenquote.** Die Rechtsschutzversicherung zahlt nur die Vergütung, die dem Verhältnis von Obsiegen zu Unterliegen entspricht. Üblich ist jedoch eine Kostenaufhebung (jede Partei zahlt die eigenen Anwaltskosten und die Hälfte der Gerichtskosten – § 98 ZPO) in Vergleichen.

334 ▶ Praxistipp:

Wenn Sie Ihren Auftraggeber um die Zustimmung zu dem unter Vorbehalt geschlossenen Vergleich gebeten haben, dann sollten Sie den Auftraggeber bei bestehender Rechtsschutzversicherung auf die besondere Problematik der Erstattung durch seine Versicherung hinweisen und rein vorsorglich um seine Weisung bitten, wie Sie verfahren sollen, wenn die Versicherung sich nicht oder nur zum Teil an den Einigungsgebühren beteiligt.

► Muster: Vergleich unter Widerrufsvorbehalt – RSV

335

Anrede,

wir haben in der streitigen gerichtlichen Auseinandersetzung einen Vergleich unter Widerrufsvorbehalt mit der Gegenseite geschlossen. Der Vergleich sieht vor, dass Sie von Ihrer Forderung 2/3 (Summe) erhalten. Der Vergleich ist mit einer zusätzlichen Klausel versehen, dass für den Fall, dass eine Zahlung an Sie nicht bis zum (Datum) erfolgt, der Gesamtbetrag nebst Zinsen von der Gegenseite geschuldet wird. Allerdings befürchten wir für den Fall, dass die geringere Vergleichszahlung nicht fristgerecht geleistet wird, Zahlungsschwierigkeiten auf Gegnerseite. Vor Einleitung von etwa erforderlichen Vollstreckungsmaßnahmen würden wir Sie dann noch einmal informieren.

Es gibt im vorliegenden Fall eine weitere Schwierigkeit, die zu beachten ist. Es ist möglich, dass Ihre Rechtsschutzversicherung, die wir über den Vergleich mit gleicher Post informiert haben, für den abgeschlossenen Vergleich keine Kostendeckung übernimmt, oder diese einschränkt. Dies findet seine Ursache darin, dass die Versicherung nur Kosten zahlt, die aufgrund eines zutreffenden Verhältnisses von Obsiegen zu Unterliegen entstanden sind. Hier könnte es an diesem Kostenverhältnis fehlen. Sie haben Ihr Anliegen zu 2/3 durchsetzen können, wenn der Vergleich wirksam zustande kommt. Die übliche Kostenregelung bei Vergleichen ist jedoch (gesetzlich vorgegeben) eine sog. Kostenaufhebung. Kostenaufhebung entspricht einem Obsiegen („gewinnen") zu 50 %. Dann trägt jede Partei die eigenen Anwaltskosten und die Hälfte der Gerichtskosten. Das hier gegebene Verhältnis von Obsiegen zu Unterliegen würde daher eine andere Kostenquote rechtfertigen. Wir haben uns bemüht – in Kenntnis der zu erwartenden Schwierigkeiten mit der Rechtsschutzversicherung – mit der Gegenseite eine andere Kostenquote zu vereinbaren. Dazu war die Gegenseite aber nicht bereit.

Wir können daher hier ohne Vorliegen der Stellungnahme Ihrer Rechtsschutzversicherung nicht ausschließen, dass ein Teil der Kosten für unsere Vertretung bei Ihnen verbleiben wird. Die Höhe Ihres Anteils hängt von der Höhe ab, die die Rechtschutzversicherung bereit ist zu zahlen.

Bitte beachten Sie bei Ihren Überlegungen über den Fortgang der Angelegenheit, dass wir ein positives Urteil nicht gewährleisten können. Es ist nicht auszuschließen, dass nach Widerruf des Vergleichs der Rechtsstreit auch insgesamt zu Ihren Lasten entschieden wird.

Bitte teilen Sie uns bis zum (Datum) mit, ob Sie mit dem geschlossenen Vergleich auch unter Berücksichtigung einer etwa eigenen Kostenlast einverstanden sind.

Grußformel

a) Kein Entstehen der Einigungsgebühr bei Widerruf

336 Wird ein Vergleich unter dem **Vorbehalt des Widerrufs** abgeschlossen, dann hängt das Entstehen der Einigungsgebühr davon ab, dass ein wirksamer Widerruf **nicht** mehr möglich ist (Anm. Abs. 3 zu Nr. 1000 VV RVG).

b) Bestehende andere Gebühren bei Widerruf

337 Dies gilt nur für die Einigungsgebühr. Ist ein Vergleich unter der Einbeziehung sog. nicht rechtshängiger Ansprüche protokolliert worden, ist für die Protokollierung des Vergleichs (Einigung) eine sog. **Differenzverfahrensgebühr** gem. Nr. 3101 Nr. 2 VV RVG (in der ersten Instanz) entstanden. Diese entfällt nicht, wenn der Vergleich anschließend widerrufen wird. Ob die Differenzverfahrensgebühr im Fall des Widerrufs des Vergleichs für den Fall des Obsiegens erstattungsfähig ist und vom Gegner auch an die obsiegende Partei erstattet werden muss, ist eine andere Frage. Sie müssen (wie überall) zwischen dem Entstehen einer Gebühr und deren **Erstattungsfähigkeit** (und damit Festsetzbarkeit) unterscheiden. Die Differenzverfahrensgebühr gem. Nr. 3101 Nr. 2 VV RVG (oder andere in entsprechenden Instanzen) geht – auch für den Fall des Widerrufs des Vergleichs – nicht unter. Sie bleibt bestehen.

8. Einigungsgebühr und gegenseitiges Nachgeben

338 Zur Geltungszeit der BRAGO (bis zum 30. 06. 2004) konnte eine (damals noch) Vergleichsgebühr gem. § 23 BRAGO nur entstehen, wenn gem. § 779 BGB ein gegenseitiges Nachgeben festgestellt werden konnte. Für das Entstehen der Einigungsgebühr ist dies nicht erforderlich.

339 Dafür hat der Gesetzgeber jetzt vorgesehen, dass eine Einigungsgebühr nicht entsteht, wenn lediglich ein vollständiges Anerkenntnis oder ein vollständiger Verzicht vorliegt. Diese Abgrenzung kann sehr schwierig sein, in Zweifelsfragen ist es unvermeidbar, hier die gängige Kommentarliteratur heranzuziehen. Eines ist jedoch sicher: um festzustellen, ob ggf. ein vollständiger Verzicht oder ein vollständiges Anerkenntnis vorliegt, muss der gesamte Inhalt der Einigung gewürdigt werden.

V. Einigungsgebühr und Teilzahlungsvereinbarung/Ratenzahlungsvereinbarung

1. Voraussetzungen

340 Grds. ist es möglich, dass die Einigungsgebühr für den Abschluss einer sog. Teilzahlungsvereinbarung oder auch Ratenzahlungsvereinbarung entsteht.

341 Hier kommen mehrere Alternativen in Betracht:

342 (a) die Ratenzahlungsvereinbarung wird **vorgerichtlich** ohne Einleitung eines gerichtlichen Verfahrens abgeschlossen,

343 (b) die Ratenzahlungsvereinbarung wird im **laufenden** gerichtlichen Verfahren abgeschlossen und entweder als

(1) Vergleich protokolliert oder
(2) es erfolgt eine Rücknahme des gerichtlichen Verfahrens,

(c) die Ratenzahlungsvereinbarung wird **nach Erlass** des zur Zwangsvollstreckung geeigneten **Urteils** (oder sonstigen Titels) vereinbart oder 344

(d) die Ratenzahlungsvereinbarung wird **während** der Durchführung von **Zwangsvollstreckungsmaßnahmen** getroffen oder 345

(e) die Ratenzahlungsvereinbarung wird nach Abschluss einer (ggf. z. T. oder im Ganzen) erfolglosen Zwangsvollstreckungsmaßnahme vereinbart. 346

Für alle Fälle gilt seit Inkrafttreten des RVG, dass die Einigungsgebühr entstehen kann (mit kritischen Stimmen insbes. zu den Möglichkeiten ab (c)). Auch hier gilt: Die Gebühr entsteht; ob sie erstattungsfähig ist und von einem Dritten zu zahlen ist, entscheidet nicht das RVG. Die Erstattungsfähigkeit der Anwaltsvergütung richtet sich in aller Regel nach den Grundlagen der ZPO (Ausnahmen sind wie immer möglich). 347

Die Begründung für das Entstehen der Gebühr liegt darin, dass allgemein angenommen wird, dass selbst wenn es an einem Streit über ein Rechtsverhältnis fehlen sollte, doch die Verwirklichung dieses Rechtsverhältnisses unsicher und damit ungewiss ist, sodass eine Einigungsgebühr entsteht. 348

2. Erstattungsfähigkeit der Einigungsgebühr bei Ratenzahlungsvereinbarung

Wie oben erwähnt, ist durch die Einigungsgebühr des RVG nicht geregelt, ob und in welchem Umfang diese Gebühr notwendig und damit vom Schuldner zu erstatten ist. Insbes. für den Ratenzahlungsvergleich i.R.d. Zwangsvollstreckung ist damit zu rechnen, dass der Gerichtsvollzieher bspw. diese Gebühr nicht beitreibt. Auch im Rahmen einer Kostenfestsetzung gem. § 788 ZPO ist es nicht leicht diese Gebühr durchzusetzen. Alle Bemühungen, die Einigungsgebühr erstattet zu erhalten, setzen voraus, dass Ihnen die Ratenzahlungsvereinbarung in unterschriebener Form vorliegt. 349

Eine weitere Voraussetzung, um überhaupt eine Erstattungsfähigkeit der Gebühr herbeizuführen, ist, dass i.R.d. Ratenzahlungsvereinbarung eine Vereinbarung darüber getroffen wird, dass der Schuldner die Kosten dieser Vereinbarung zu tragen hat. Der Schuldner sollte die Verpflichtung zur Zahlung der Vergütung für die Ratenzahlungsvereinbarung ausdrücklich anerkennen. Wird eine solche Regelung nicht vereinbart, wird von vielen Gerichten die Auffassung vertreten, dass es dann bei der gesetzlichen Folge bleibt (§ 98 ZPO) und jeder seine Kosten für die Vereinbarung selbst zu tragen hat. Hat der Schuldner die Vergütung für die Ratenzahlungsvereinbarung (mindestens die Einigungsgebühr zzgl. der daneben entstehenden jeweiligen Betriebsgebühr) ausdrücklich übernommen, sind die Kosten auch erstattungsfähig (Hartmann, Kostengesetze, Rn. 88 zu Nr. 1000 VV RVG m.w.N.; Enders, JurBüro 1999, 59; AG Bayreuth, JurBüro 2000, 600). 350

351 Fehlt eine solche Vereinbarung, gelten die Kosten gem. § 98 ZPO als gegeneinander aufgehoben (OLG Düsseldorf, KostRsp Nr. 267 zu § 788 ZPO = MDR 1994, 1052 = Rpfleger 1994, 264 = DGVZ 1994, 139).

352 Hier müssen Sie in der Praxis aufpassen. Die Frage der Beitreibbarkeit und Notwendigkeit der Einigungsgebühr wird heftig mit sehr verschiedenen Standpunkten (in Rechtsprechung und Literatur) diskutiert.

353 Ein sinnvolles Textmuster für eine Ratenzahlungsvereinbarung mit besonderem Augenmerk auf die Erstattungsfähigkeit von Vergütungsansprüchen finden Sie nachstehend.

► Muster: Ratenzahlungsvereinbarung

354 In der Forderungssache .....

(Hinweis wegen der Vergütungsberechnung: der Auftraggeber ist vorsteuerabzugsberechtigt)

gegen .....

wegen .....

- Vollstreckungsbescheid des AG Amtsgerichtshausen,

Amtsgerichtsstraße 1, 99999 Amtsgerichtshausen vom ..... zum Aktenzeichen – ..... -

Forderungsstand inkl. Zinsen und Kosten am ..... (*Datum*): ..... €:

Der Schuldner erklärt, dass aufgrund seines bisherigen Zahlungsverhaltens die Hinzuziehung eines Rechtsanwalts zum Abschluss der Ratenzahlungsvereinbarung notwendig war. Der Schuldner erklärt weiterhin, dass ihm bekannt ist, dass für die Hinzuziehung eines Rechtsanwalts zum Abschluss der Ratenzahlungsvereinbarung Kosten entstehen, die von ihm zu übernehmen sind.

Die Kosten beziffern sich wie folgt:

Vergütung/Kosten für den Ratenzahlungsvergleich

Gegenstandswert, Kosten, Zinsen, Hauptforderung = ... €

0,3 Vollstreckungsgebühr gem. §§ 2 Abs. 2, 13 Nr. 3309 VV RVG

1,0 Einigungsgebühr §§ 2 Abs. 2, 13 Nr. 1003 VV RVG

Entgelte für Post- und Telekommunikationsdienstleistungen Nr. 7002 VV RVG

Summe ..... €

Der Schuldner erklärt und erkennt nochmals ausdrücklich an, dem Gläubiger (den Gläubigern, der Gläubigerin – zukünftig dem Gläubiger) den oben genannten Betrag entsprechend dem beigefügten Forderungskonto zuzüglich weiterer Zinsen zu schulden und die insgesamt ausstehende jetzige und zukünftige Forderung tilgen zu wollen. Er erklärt ferner, dass er in der Lage ist, die vereinbarte Verpflichtung zu erfüllen und die Ratenzahlung zu erbringen.

Dies vorausgesetzt schließen die Parteien dieses Vergleichs folgende Vereinbarung:

1.

Der Schuldner verpflichtet sich (mehrere Schuldner verpflichten sich als Gesamtschuldner) zur Abgeltung der Gesamtschuld und zur Zahlung der bestehenden Forderung des Gläubigers (einschließlich der Kosten für die Ratenzahlungsvereinbarung) wie folgt:

erstmalig

am .....

am ..... weitere .....

Rest in monatlichen Raten in Höhe von .....

jeweils fällig am ..... zu zahlen.

2.

Der Schuldner wird keine Einwendungen hinsichtlich des Grundes oder der Höhe der Forderung erheben. Der Schuldner erklärt ausdrücklich, dass Gründe für die Erhebung der Vollstreckungsabwehrklage nicht gegeben sind. Ist bereits ein Schuldtitel ergangen, erklärt der Schuldner weiterhin, auch auf eine Nichtigkeits- oder Restitutionsklage zu verzichten.

3.

Die Zahlungen sind an den Gläubigervertreter zu leisten.

Der Schuldner erteilt dem Gläubigervertreter (Rechtsanwalt) eine Einzugsermächtigung, damit der monatliche Betrag durch den Gläubigervertreter mittels Einzug vom Konto des Schuldners erfolgen kann. Der Schuldner stellt sicher, dass sein Konto über hinreichende Deckung verfügt, damit die Durchführung des Lastschriftverfahrens möglich ist. Der Einzug erfolgt zu dem vereinbarten Datum der Ratenzahlung.

4.

a) Dem Schuldner ist bekannt, dass für die Kontrolle der durch ihn zu leistenden Zahlungen die Einschaltung eines Rechtsanwaltes notwendig ist. Für die Weiterleitung der Zahlungen an den Gläubiger wird der Rechtsanwalt Hebegebühren gem. Nr. 1009 VV RVG berechnen. Der Schuldner verpflichtet sich, die Hebegebühren ebenfalls zu begleichen. Eine Mitteilung der Höhe der Hebegebühr an den Schuldner erfolgt unmittelbar, wenn diese entstanden ist. Der Gläubiger reduziert diese Hebegebühren dadurch, dass er sich einverstanden erklärt, dass die Zahlungen an ihn weitergeleitet werden, wenn der Schuldner jeweils drei Monatsbeträge erbracht hat.
b) Sollte der Einzug vom Konto des Schuldners nicht durchführbar sein (z. B. mangels Kontodeckung oder aufgrund Widerrufs/Rückrufs), so zahlt der Schuldner für jede Rücklastschrift die Gebühren, die das Kreditinstitut dafür in Rechnung stellt. Zusätzlich wird eine pauschale Bearbeitungsgebühr in Höhe von 15,00 € fällig. Der Schuldner erkennt an, diesen Betrag an den Gläubiger zu leisten. Dem Schuldner ist bekannt, dass dies seine laufende Verpflichtung gegenüber dem Gläubiger erhöht.

5.

Der Gläubiger wird, sofern die Raten pünktlich und ohne Schwierigkeiten geleistet werden, keine Vollstreckungsmaßnahmen gegen den Schuldner einleiten. Bereits laufende Vollstreckungsverfahren wird der Gläubiger für ruhend erklären. Ist der Schuldner mit einer Rate länger als zwei Wochen in Verzug, ist diese Vereinbarung hinfällig und der Gläubiger wird erneut Vollstreckungsmaßnahmen ergreifen. Für ruhend erklärte Vollstreckungsmaßnahmen wird der Gläubiger im Fall des Zahlungsverzugs wieder aufnehmen.

6.

Kommt der Schuldner seiner Zahlungsverpflichtung nicht nach, oder scheitert das Einzugsverfahren vom Konto, sodass der Schuldner seiner Zahlungsverpflichtung länger als zwei Wochen nicht nachgekommen ist, ist die Ratenzahlungsvereinbarung hinfällig. Der Schuldner schuldet den gesamten Betrag und erklärt sein Einverständnis damit, dass der gesamte dann zur Zahlung ausstehende Betrag mittels Lastschrift seitens des Gläubigers von seinem Konto eingezogen wird.

Eine weitere Ratenzahlung setzt nach Zahlungsverzug voraus, dass der Gläubiger dem Schuldner erneut Ratenzahlung bewilligt.

Für die erneute Ratenzahlungsvereinbarung nach Unterbrechung durch ausstehende Leistungen des Schuldners berechnet der Gläubiger einen pauschalen Betrag von 100,00 € für den Verwaltungsaufwand. Der Schuldner erkennt ausdrücklich an, diesen vereinbarten Betrag dem Gläubiger zu erstatten.

7.

Der Schuldner übernimmt ausdrücklich sämtliche Kosten dieser Vereinbarung. Dem Schuldner ist bekannt, dass von ihm geleistete Zahlungen aufgrund gesetzlicher Vorschriften zunächst auf die Kosten dieser Vereinbarung, die Hebegebühren, die weiteren bestehenden Kosten, die Zinsen auf die Kosten, die Zinsen für die Hauptforderung und zum Schluss auf die Hauptforderung selbst berechnet werden (§ 367 BGB). Die gesetzliche Regelung zur Verrechnung von Teilzahlungen gilt ausdrücklich als zwischen Gläubiger und Schuldner vereinbart. Der Schuldner erklärt sein Einverständnis, dass in der vorgenannten Reihenfolge eine Verrechnung seiner Zahlungen erfolgt.

8.

Zur Absicherung der bestehenden Forderung des Gläubigers tritt der Schuldner hiermit

a) den pfändbaren Teil seins Lohn- oder Gehaltsanspruchs gegen seinen jeweiligen Arbeitgeber oder die Vergütungsansprüche einschließlich etwaiger Provisionsansprüche, Tantiemen, Gewinnberechtigungen aus sonstigen Dienstleistungsverträgen an den Gläubiger ab. Der Schuldner legt dem Gläubiger eine aktuelle Bescheinigung über sein laufendes Einkommen vor.
b) Der Schuldner überschreibt in Höhe der bestehenden Forderung des Gläubigers etwa vorhandene Lebensversicherungen. Er legt dem Gläubiger den Versicherungsschein vor und bevollmächtigt diesen, in seinem Namen die erforderlichen Erklärungen gegenüber der Versicherungsgesellschaft abzugeben.

c) Der Schuldner tritt den Anspruch auf Erstattung überzahlter/n Einkommen-/Lohn-/Kirchensteuer/Solidaritätszuschlags an den Gläubiger ab mit der Ermächtigung, diesen Anspruch zu Beginn des folgenden Kalenderjahres geltend zu machen. Der Schuldner übergibt zum Ende des Kalenderjahres sämtliche erforderlichen Belege für die Fertigung der o.g. Erklärung dem Gläubiger im Original.
d) Der Schuldner übergibt dem Gläubiger eine Kopie seines Mietvertrags und tritt die geleistete Kaution an den Gläubiger ab mit der Ermächtigung, dass der Gläubiger den Rückzahlungsanspruch im Hinblick auf die geleistete Kaution nach Beendigung des Mietverhältnisses anstelle des Schuldners geltend machen kann. Der Schuldner tritt dem Gläubiger darüber hinaus sämtliche Ansprüche aus Betriebs- und Heizkostenabrechnung aus dem bestehenden Mietverhältnis ab. Unmittelbar nach Vorlage der Betriebs- und/oder Heizkostenabrechnung legt der Schuldner diese dem Gläubiger vor mit der Ermächtigung, den Anspruch im Namen des Schuldners gegenüber dem Vermieter geltend zu machen.
e) Der Schuldner informiert den Gläubiger über sämtliche vorhandenen Bankkonten, unabhängig davon, ob diese einen Haben- oder einen Sollkontostand aufweisen. Der Schuldner tritt den Anspruch auf Einziehung der Guthaben an den Gläubiger ab, mit der Ermächtigung, diese im Namen des Schuldners geltend zu machen.
f) Der Schuldner unterrichtet den Gläubiger über sämtliche Grundstücke und Grundstücksrechte. Über bestehende Pacht/Mietverhältnisse, in denen der Schuldner Gläubiger ist, wird der Gläubiger ebenfalls informiert. Der Schuldner legt dem Gläubiger hierzu die entsprechenden Nachweise vor (Grundbuchauszug, Miet/Pachtverträge).
g) Der Schuldner informiert den Gläubiger über sämtliches verwertbares Vermögen und Ansprüche auf Zahlung des Schuldners gegenüber Dritten und gibt die erforderlichen Abtretungserklärungen ab.
h) Der Schuldner teilt dem Gläubiger (für den Fall des Vorliegens einer Ehe oder Lebenspartnerschaft) die Höhe des Nettoeinkommens der Ehefrau/des Lebenspartners und den Arbeitgeber der Ehefrau/des Lebenspartners mit (Kopie der letzten Gehaltsabrechnung). Für den Fall weiterer Unterhaltsverpflichtungen (Kinder), teilt der Schuldner die Anzahl der Unterhaltsverpflichtungen mit und teilt mit, ob die Unterhaltsberechtigten über eigenes Einkommen (Höhe und ggf. Arbeitgeber) verfügen.

Der Gläubigervertreter nimmt als Vertreter des Gläubigers sämtliche Abtretungen des Schuldners an.

Sämtliche Abtretungen werden erst wirksam, wenn der Schuldner mit der Ratenzahlung in Verzug gerät. Der Gläubiger verpflichtet sich, die vorhandenen Abtretungen nur im Verzugsfall offen zu legen und nicht zu verwerten, sollte der Schuldner pünktlich zahlen.

....

(Gläubigervertreter) (Schuldner)

► Hinweis: 355

Bei dem vorstehenden Muster handelt es sich um einen Vorschlag, der sich im Zweifel deutlich von den Vorschlägen unterscheidet, die z. B. üblicherweise bei

Softwareunternehmen als Textvorschläge im Lieferungsumfang enthalten sind. Die erfolgten Abtretungen beziehen sich ausschließlich auf pfändbares Einkommen oder Forderungen, die ein durchschnittlicher Schuldner häufig erzielt. Oft sind Sie nicht der einzige Gläubiger des Schuldners. Mit den weitgehenden Abtretungen erreichen Sie, dass der Schuldner Sie zumindest ernst nimmt und wahrnehmen kann, dass Ihr Auftreten sich von dem anderer Gläubiger unterscheidet. Selbstverständlich kann es auch vorkommen, dass ein Schuldner diese Erklärung nicht unterzeichnen will. Die Frage ist dann, ob es sich um einen Schuldner handelt, der seiner Ratenzahlungsverpflichtung überhaupt nachgekommen wäre. Sie müssen ja auch nicht den gesamten Text verwenden. Sie können einzelne Bestandteile miteinander kombinieren.

Wenn Sie dieses Muster verwenden, dann achten Sie darauf, dass der Schuldner auch die angeforderten Unterlagen vorlegt und die erforderliche Lastschriftvereinbarung unterzeichnet (Bankformular der jeweiligen Bank).

3. Vergütung für die Teilzahlungsvereinbarung

356 Welche Vergütung der RA für den Abschluss einer Ratenzahlungsvereinbarung geltend machen kann, hängt maßgeblich davon ab, wann er diese Vereinbarung schließt.

a) Kein gerichtliches Verfahren anhängig

357 Ist ein gerichtliches Verfahren noch nicht anhängig und ist auch kein Klageauftrag erteilt, so entsteht die Geschäftsgebühr der Nr. 2300 VV RVG und die Einigungsgebühr der Nr. 1000 VV RVG.

b) Gerichtliches Verfahren ist anhängig

358 Ist ein gerichtliches Verfahren an- und/oder rechtshängig, entstehen die Verfahrensgebühr (der jeweiligen Instanz) und daneben die Einigungsgebühr in entsprechender Höhe. So etwa die Verfahrensgebühr der Nr. 3100 VV RVG und die Einigungsgebühr der Nr. 1003 VV RVG oder die Verfahrensgebühr der Nr. 3200 VV RVG und die Einigungsgebühr der Nr. 1004 VV RVG.

c) Gerichtliche Verfahren ist abgeschlossen – vollstreckungsfähiger Titel liegt vor

359 Schließen Sie den Vergleich im Rahmen einer begonnenen Vollstreckungsmaßnahme, dann können nur die Verfahrensgebühr der Nr. 3309 VV RVG und die Einigungsgebühr der Nr. 1003 mit einem Gebührensatz von 1,0 entstehen. Umstritten ist, ob, wenn im Anschluss an das gerichtliche Verfahren noch kein Vollstreckungsauftrag erteilt wurde, für den Ratenzahlungsvergleich dann eine Geschäftsgebühr der Nr. 2300 VV RVG und daneben eine Einigungsgebühr der Nr. 1000 VV RVG entstehen. Dieser Streit ist in Rechtsprechung und Literatur nicht eindeutig geklärt. Wenn Sie diese Fallgestaltung entscheiden müssen, überprüfen Sie, wie die Auffassung in Ihrem Gerichtsbezirk ist – dementsprechend sollten Sie dann vorgehen.

VI. Einigungsgebühr und „nicht rechtshängige" Ansprüche (Vergleichsmehrwert oder Mehrvergleich)

Wird im gerichtlichen Verfahren eine Einigung auch über in diesem Verfahren nicht anhängige Ansprüche getroffen, entsteht für die Einigung über die nicht anhängigen Ansprüche eine Einigungsgebühr. In einem solchen Fall entsteht die Einigungsgebühr der Nr. 1000 VV RVG mit einem Gebührensatz 1,5, denn für diese nicht anhängigen Ansprüche greift die Ermäßigung entsprechend Nr. 1003, 1004 VV RVG nicht. Der Gebührensatz der Einigungsgebühr beträgt für alle Fälle der Einbeziehung nicht anhängiger Ansprüche 1,5, unabhängig davon, in welcher Instanz diese einbezogen werden. 360

Neben der Einigungsgebühr der Nr. 1000 VV RVG muss entsprechend Vorbemerkung 1 Abs. 1 VV RVG eine sog. Betriebsgebühr entstehen (= eine Gebühr, die für das Betreiben des Geschäfts einschließlich der Information entsteht). Ist noch keine Geschäftsgebühr entstanden, so entsteht für den Vergleich, der auch nicht anhängige Ansprüche umfasst, eine **Verfahrensgebühr.** Welche der Verfahrensgebühren entsteht, hängt maßgeblich davon ab, in welcher Instanz der Vergleich erzielt wird. In der ersten Instanz ist die Betriebsgebühr, die neben der besonderen Einigungsgebühr (Nr. 1000 VV RVG) entsteht, die Verfahrensgebühr der Nr. 3101 Nr. 2 VV RVG. In der zweiten Instanz entsteht die Verfahrensgebühr der Nr. 3201 Nr. 2 VV RVG. In der dritten Instanz entsteht die Verfahrensgebühr der Nr. 3207 VV RVG. 361

Beide sind nicht auf die Verfahrensgebühr für den rechtshängigen Hauptanspruch anzurechnen. Erforderlich ist nur eine Prüfung nach § 15 Abs. 3 RVG. 362

▶ Beispiel 1: 363

Der RA vertritt ein Ehepaar. Rechtshängig ist ein Anspruch i.H.v. 7.000,00 €. Im Termin wird ein Gesamtvergleich geschlossen. Mit umfasst von der Einigung sind nicht rechtshängige Ansprüche i.H.v. 4.000,00 €.

<u>Vergütungsgeberechnung gem. §§ 2 Abs. 2, 13 RVG</u>

Gegenstandswert: 7.000,00 €

1,6 Verfahrensgebühr gem. Nr. 3100 VV RVG	*600,00 €*
(0,3 Erhöhung der Verfahrensgebühr gem. Nr. 1008 VV RVG berücksichtigt)	
1,1 Differenzverfahrensgebühr gem. Nr. 3101 Nr. 2, 3100 VV RVG	*241,60 €*

Gegenstandswert: 4.000,00 €

(0,3 Erhöhung der Verfahrensgebühr gem. Nr. 1008 VV RVG berücksichtigt.

Die Gebührenobergrenze gem. § 15 Abs. 3 RVG 1,6 betreffend einen Gegenstandswert i.H.v. 11.000,00 € [7.000,00 € + 4.000,00 €] wurde geprüft.)

1,2 Terminsgebühr gem. Nr. 3104 VV RVG	*631,20 €*
Gegenstandswert: 11.000,00 €	
1,5 Einigungsgebühr für nicht rechtshängige Ansprüche gem. Nr. 1000 VV RVG	*367,50 €*
Gegenstandswert: 4.000,00 €	
1,0 Einigungsgebühr für gerichtliches Verfahren erster Instanz gem. Nr. 1003 VV RVG	*375,00 €*
Gegenstandswert: 7.000,00 €	
Zwischensumme der Gebührenforderung	***2.215,30 €***
Berechnete Auslagen (§ 1 Abs. 1 VV RVG):	
Entgelte für Post- und Telekommunikationsdienstleistungen gem. Nr. 7002 VV RVG	*20,00 €*
Zwischensumme	***2.235,30 €***
19 % USt gem. Nr. 7008 VV RVG	*424,71 €*
Summe Vergütungsforderung	***2.660,01 €***

364 ► Hinweis

1. Die Terminsgebühr der Nr. 3104 VV RVG entsteht nach den addierten Werten beider Vergleiche.
2. War der RA vor der Protokollierung der nicht anhängigen Ansprüche bereits vor- bzw. außergerichtlich tätig, ist i.d.R. auf dem Gegenstandswert der nicht anhängigen Ansprüche eine Geschäftsgebühr der Nr. 2300 VV RVG entstanden. Die Geschäftsgebühr wird –auf die Verfahrensgebühr gem. Vorbemerkung 3 Abs. 4 VV RVG angerechnet.

365 ► Beispiel 2:

Wie Beispiel 1, aber der RA war vor der Einigung mit der vor- bzw. außergerichtlichen Tätigkeit bezüglich der nicht anhängigen Ansprüche beauftragt.

<u>**Vergütungsberechnung gem. §§ 2 Abs. 2, 13 RVG**</u>

Gegenstandswert: 7.000,00 €	
1,6 Verfahrensgebühr gem. Nr. 3100 VV RVG	*600,00 €*
Gegenstandswert: 7.000,00 €	

(0,3 Erhöhung der Verfahrensgebühr gem. Nr. 1008 VV RVG berücksichtigt.)	
1,6 Geschäftsgebühr gem. Nr. 2300 VV RVG	*392,00 €*
Gegenstandswert: 4.000,00 €	
(0,3 Erhöhung gem. Nr. 1008 VV RVG berücksichtigt.)	
1,1 Differenzverfahrensgebühr gem. Nr. 3101 Nr. 2, 3100 VV RVG	*85,75 €*
(Ungekürzte Gebühr 269,50 € – 183,75 Anrechnungsteil der Geschäftsgebühr:	
0,75 gem. Vorbemerkung 3 Abs. 4 VV RVG nach einem Wert von 4.000,00 €,	
0,3 Erhöhung gem. Nr. 1008 VV RVG berücksichtigt.	
Die Gebührenobergrenze gem. § 15 Abs. 3 RVG 1,6 betreffend einen Gegenstandswert i.H.v. 11.000,00 € [7.000,00 € + 4.000,00 €] wurde geprüft.)	
1,2 Terminsgebühr § 13, Nr. 3104 VV RVG	*631,20 €*
1,5 Einigungsgebühr für nicht anhängige Ansprüche gem. Nr. 1000 VV RVG	*367,50 €*
Gegenstandswert: 7.000,00 €	
1,0 Einigungsgebühr für gerichtliches Verfahren erster Instanz gem. Nr. 1003 VV RVG	*375,00 €*
(Die Gebührenobergrenze gem. § 15 Abs. 3 RVG 1,6 betreffend einen Gegenstandswert i.H.v. 11.000,00 € [7.000,00 € + 4.000,00 €] wurde geprüft.)	
Zwischensumme der Gebührenforderung	*2.451,45 €*
Entgelte für Post- und Telekommunikationsdienstleistungen	
gem. Nr. 7002 VV RVG	*40,00 €*
Zwischensumme	***2.491,45 €***
19 % USt gem. Nr. 7008 VV RVG	*473,38 €*
Summe Vergütungsforderung	***2.964,83 €***

VII. Kostenerstattung und Einigungsgebühr

1. Kostenausgleichung gem. § 98 ZPO

366 Einige Ausführungen zur Erstattungsfähigkeit sind bereits erfolgt. Diese wiederhole ich an dieser Stelle nicht und verweise auf die Ausführungen und Textmuster (siehen Kap. 8 Rdn. 349).

367 Wenn sich die Parteien in einem Rechtsstreit einigen, ohne dass eine Vereinbarung über die Kosten des Verfahrens und der Einigung getroffen wird, ist davon auszugehen, dass die Kosten gem. § 98 ZPO als gegeneinander aufgehoben gelten sollen. Diese Kostenaufhebung bedeutet, dass die vor- bzw. außergerichtlichen Kosten nicht erstattet werden; die entstandenen Gerichtskosten werden geteilt. Unter außergerichtlichen Kosten sind die Anwaltskosten im Gerichtsverfahren zu verstehen, denn diese sind für das Gericht „außergerichtlich". Wenn die Parteien sich außergerichtlich einigen (d.h. es ist kein Gerichtsverfahren anhängig), ist ebenfalls § 98 ZPO für den außergerichtlichen Vergleich anwendbar.

368 Wer eine andere Kostenfolge bewirken will, muss diese **vereinbaren**, sonst gilt generell die Kostenaufhebung.

2. Abweichende Vereinbarung

369 Es ist ohne Weiteres möglich, dass die Parteien eine von § 98 ZPO abweichende Vereinbarung treffen. Sie können z.B. vereinbaren, dass eine Partei die gesamten Kosten des Rechtsstreits übernimmt. Liegt eine solche Einigung vor, beinhaltet diese Einigung auch die Kosten der Einigung nebst den jeweiligen Betriebsgebühren (Geschäfts- oder Verfahrensgebühren) und Terminsgebühren.

370 Um Auseinandersetzungen zu vermeiden, welchen Umfang die vereinbarte Kostenübernahme hat, sollten die Parteien in der Vereinbarung die Gebühren, die erstattungsfähig sein sollen, genau bezeichnen und beziffern.

371 Vereinbaren die Parteien unterschiedliche Kostentragungspflichten wegen der Kosten des Rechtsstreits einerseits und der Kosten der Einigung anderseits, bezieht sich die vereinbarte Kostentragungspflicht wegen der Kosten der Einigung auch auf die Kosten der neben der Einigungsgebühr entstehenden Verfahrensgebühr.

3. Einigungsgebühr auf Parteiseite für mehrere Anwälte

372 Entsprechendes gilt auch dann, wenn mehrere RA an der Einigung (z.B. der Verkehrsanwalt und der Unterbevollmächtigte) beteiligt waren. Hier muss jedoch beachtet werden, dass sich die Kostenübernahme regelmäßig nur auf die **notwendigen** Kosten (vgl. § 91 ZPO) erstreckt. Es ist regelmäßig nicht davon auszugehen, dass für den Fall, dass auf Seiten der Partei mehrere Anwälte tätig waren, der Gegner diese Kosten komplett zu erstatten hat. Dies gilt auch für den Fall der Kostenübernahme im Vergleich, denn die Hinzuziehung zweier RA ist i.d.R. nicht notwendig i.S.v. § 91 ZPO.

Sind für eine Partei mehrere RA an der Einigung beteiligt, hängt die Erstattungsfähigkeit der bei diesen entstandenen Einigungsgebühren davon ab, ob die Mitwirkung jedes RA an der Einigung notwendig war. Hat der Verkehrsanwalt (oder Unterbevollmächtigte) an der Einigung mitgewirkt, ist die bei diesem entstandene Einigungsgebühr nur erstattungsfähig, wenn seine Mitwirkung dazu geführt hat, dass die Einigung zustande gekommen ist. Gerade in einem solchen Fall wird der Auftraggeber von Ihnen erwarten, dass Sie ihn über sein **Kostenrisiko** belehren. Für den Fall eines Vergleichs kann nicht ohne Weiteres angenommen werden, dass der Auftraggeber im Vergleich zu einem Urteilsverfahren etwas gespart hat. 373

▶ Muster: Kurzbelehrung Kostenerstattung bei Hinzuziehung zweier RA

374

Anrede,

entsprechend des von Ihnen erteilten Auftrags, haben wir in Ihrer Angelegenheit einen zweiten Anwalt mit der Wahrnehmung Ihrer Interessen beauftragt. Dies hat folgende vergütungsrechtliche Konsequenz:

Auf unserer Seite entsteht folgende Vergütung:

Gegenstandswert: .....

1,3 Verfahrensgebühr gem. §§ 2 Abs. 2, 13 RVG Nr. 3100 VV RVG

zzgl. Nebenleistungen (Entgelte für Post- und Telekommunikationsdienstleistungen/ Umsatzsteuer)

Der eingeschaltete Kollege wird berechnen:

Gegenstandswert: .....

0,65 Verfahrensgebühr gem. §§ 2 Abs. 2, 13 RVG Nr. 3401, 3100 VV RVG

1,2 Terminsgebühr gem. §§ 2 Abs. 2, 13 RVG Nr. 3401, 3104 VV RVG

zzgl. Nebenleistungen (Entgelte für Post- und Telekommunikationsdienstleistungen/ Umsatzsteuer).

Im Hinblick auf eine etwaige Kostenerstattung im Fall des Obsiegens oder Vergleichsfall möchten wir bereits jetzt auf Folgendes hinweisen:

Für den Fall der obsiegenden Beendigung des Verfahrens werden nicht sämtliche Kosten erstattungsfähig sein, die für die Einschaltung zweier Anwälte entstanden sind. So fehlt es insbesondere bei der 0,65 Verfahrensgebühr gem. §§ 2 Abs. 2, 13 RVG Nr. 3401, 3100 VV RVG an der Erstattungsfähigkeit. Diese muss der Gegner regelmäßig nicht zahlen. Allerdings vermindert sich dieser nicht zu zahlende Anteil noch durch die sog. fiktiven Reisekosten und die sog. Abwesenheitspauschalen. Der bei Ihnen im Obsiegensfall verbleibende Teil der Gebühren ist somit geringer.

Für den Fall eines Vergleichs (Einigung) ist die übliche gesetzliche Regelung (§ 98 ZPO), dass jede Partei die eigenen Anwaltskosten und die Hälfte der Gerichtskosten trägt. Zu berücksichtigen ist hier, dass regelmäßig auch der hinzugezogene Kollege den Anspruch auf eine 1,0 Einigungsgebühr gem. §§ 2 Abs. 2, 13 RVG Nr. 1003 VV RVG berechtigt geltend machen kann. Wird im Zuge eines Vergleichs eine von § 98 ZPO abweichende Vereinbarung getroffen, ist nicht damit zu rechnen, dass die Einigungsgebühr sowohl von uns, als auch vom hinzugezogenen Kollegen erstattungsfähig wäre.

Wir kommen von uns aus auf den weiteren Verlauf Ihrer Angelegenheit zurück.

Grußformel

375 ▶ **Hinweis:**

Das obige Textmuster bezieht sich auf ein erstinstanzliches Verfahren.

VIII. Vergütungsproblem mehrere Anwälte und Rechtsschutzversicherung

376 Für den Fall, dass der Auftraggeber mehr als einen Anwalt beauftragt hat (Prozessbevollmächtigter/Unterbevollmächtigter), zahlt auch eine Rechtsschutzversicherung nicht die gesamte Vergütung beider RA. Die meisten Versicherungsgesellschaften haben bedingungsgemäß (Allgemeine Rechtsschutz Bedingungen = ARB) vereinbart, dass eine Zahlung für einen weiteren RA nur erfolgt, wenn der Gerichtsort mehr als 100 km Luftlinie vom Wohnsitz des Versicherungsnehmers (Auftraggebers) entfernt ist. Regelmäßig wird ein RA bei einer Entfernung von 100 km Luftlinie Termine noch selbst wahrnehmen und keinen zweiten Kollegen einschalten (§ 2 (1) lit a S. ARB 75, % 5 (1) lit a S. 2 ARB 94/2000).

377 Ist allerdings der gesetzliche Gegenstandswert so gering, dass die Wahrnehmung des Termins aus wirtschaftlichen Erwägungen nicht erfolgen kann, ist der Abschluss einer Vergütungsvereinbarung zwingend geboten.

378 ▶ **Beispiel:**

Bei einem Gegenstandswert von 300,00 € kann der RA wirtschaftlich sinnvollere Tätigkeiten im Büro ausüben, als den Gerichtstermin zu der zu erwartenden niedrigen gesetzlichen Vergütung wahrzunehmen. Auch – oder gerade – die in Teil 7 VV RVG befindliche Auslagen – Abwesenheitsgelder – rechtfertigen es wegen ihrer niedrigen Höhe nicht, dass der RA den Termin wahrnimmt.

379 Für den Fall einer vorliegenden Kostendeckungszusage (oder Kostenübernahmeerklärung) müssen Sie die Versicherung von der Einschaltung des zweiten RA informieren. Sinnvoll ist darüber hinaus, die Versicherung über die beabsichtigte Kostenquote zu informieren. Dies ist jedoch nur möglich, wenn der Vergleich unter Widerrufsvorbehalt vereinbart wird. Bei einem sofort wirksamen Vergleich, haben Sie keine Möglichkeit, die Versicherung vorab zu informieren. Hier sollte der RA, der den Termin wahrnimmt, auf das richtige Kostenverhältnis achten, denn nach Abschluss des Vergleichs können Sie die Kostenvereinbarung nur noch schwer ändern (sehr selten möglich, denn warum sollte die andere Partei freiwillig eine weitere Verpflichtung übernehmen? Das Verfahren ist für diese durch den Vergleich beendet).

Die Rechtsschutzversicherung zahlt üblicherweise bei der Hinzuziehung eines zweiten RA 380

entweder eine	1,0 Verfahrensgebühr gem. §§ 2 Abs. 2, 13 Nr. 3400, 3100 VV RVG
oder die zusätzliche	0,65 Verfahrensgebühr gem. §§ 2 Abs. 2, 13 Nr. 3401, 3100 VV RVG.

(Das vorstehende Beispiel bezieht sich auf das gerichtliche Verfahren erster Instanz). 381

Einigungsgebühren für zwei Anwälte **auf Seiten** des Versicherungsnehmers werden nicht erstattet. Auch hier müssen Sie den Auftraggeber informieren. Dieser geht davon aus, dass er im Verfahren eine Vergütung nicht schuldet, da seine Rechtsschutzversicherung ja die Kostenübernahme erklärt hat. 382

Auch hier ist es sinnvoll, den Auftraggeber vorab zu informieren: 383

► Muster: Belehrung des Auftraggebers/mehrere Anwälte und Vergleich

Anrede, 384

wir haben im Verfahren einen zweiten Rechtsanwalt hinzugezogen. Üblicherweise zahlt Ihre Rechtschutzversicherung die Vergütung, die dieser RA berechnen wird zumindest zum Teil. Davon ausgenommen ist die Einigungsgebühr, die entsteht, sollte mit der Gegenseite ein Vergleich geschlossen werden. Für den Fall eines Vergleichs zahlt Ihre Rechtsschutzversicherung bedingungsgemäß entsprechend den Regelungen in den ARB nur die Vergütung die auf Seiten eines Anwalts entstanden ist. Für den Fall des Abschlusses eines Vergleichs verbleiben daher im Zweifel zu Ihren Lasten

Gegenstandswert .....

1,0 Einigungsgebühr gem. §§ 2 Abs. 2, 13 RVG Nr. 1000, 1003 VV RVG

nebst anteiligem Entgelte für Post- und Telekommunikationsdienstleistungen und Umsatzsteuer.

Wir werden bemüht sein, für den Fall eines Vergleichs die Vergleichssumme um diese Forderung zu erhöhen, damit Ihr eigenes Kostenrisiko beschränkt wird. Garantieren können wir eine solche Erhöhung einer etwaigen Vergleichsforderung jedoch nicht.

Sollte das Gericht den Abschluss eines Vergleichs vorschlagen und wir diesem Ansinnen nicht entsprechen, ist es nichts Ungewöhnliches, wenn anschließend das Verfahren insgesamt negativ endet. Wir werden daher, Ihr Einverständnis unterstellt, einem durch das Gericht vorgeschlagenen Vergleich zustimmen, wenn es sachgerecht ist.

Grußformel

385 ► Hinweis:

Der Auftraggeber hat aus Kostengesichtspunkten keinerlei Vorteil bei einem Vergleich, wenn eine Versicherung die Kostenübernahme erklärt hat. Dementsprechend erhält die Belehrung auch keinerlei Hinweise auf die kostenerstattungsrechtlichen Vorteile eines Vergleichs.

IX. Einigungsgebühr bei bewilligter Beratungshilfe

386 **Nr. 2508**

Nr.	Gebührentatbestand	Gebühr oder Satz der Gebühr nach § 13 RVG
2508	**Einigungs- und Erledigungsgebühr** (1) Die Anmerkungen zu Nummern 1000 und 1002 sind anzuwenden. (2) Die Gebühr entsteht auch für die Mitwirkung bei einer außergerichtlichen Einigung mit den Gläubigern über die Schuldenbereinigung auf der Grundlage eines Plans (§ 305 Abs. 1 Nr. 1 InsO).	**125,00 EUR**

387 Mit der Nr. 2508 VV RVG wird die Vergleichs- und Erledigungsgebühr geregelt, die der RA erhält, wenn er sich im Zuge der bewilligten Beratungshilfe einigt. In der Einigungsgebühr der Nr. 2508 VV RVG wird auf die Anmerkungen zu den Nrn. 1000 und 1002 VV RVG verwiesen. Es gelten die gleichen Voraussetzungen. Durch die Anmerkung Abs. 2 der Nr. 2508 VV RVG wird klargestellt, dass eine Einigungsgebühr auch dann entsteht, wenn die außergerichtliche Einigung mit den Gläubigern über die Schuldenbereinigung auf der Grundlage eines Plans nach § 305 Abs. 1 InsO erfolgt.

388 ► Praxistipp:

Treffen Sie im Beratungshilfemandat eine Einigung für Ihren Auftraggeber, ist die oben geschilderte Kostenfolge (§ 98 ZPO) ebenfalls vorgesehen. Im Beratungshilfemandat sollten Sie besonders darum bemüht sein, mit der Gegenpartei eine (wenn auch nur anteilige) Kostenübernahme zu vereinbaren. Sie können den Vergütungsanspruch damit deutlich erhöhen.

X. Hebegebühr

389 **Nr. 1009**

Nr.	Gebührentatbestand	Gebühr oder Satz der Gebühr nach § 13 RVG

1009	**Hebegebühr**	
	1. bis einschließlich 2.500,00 EUR	**1,0 %**
	2. von dem Mehrbetrag bis einschließlich 10.000,00 €	**0,5 %**
	3. von dem Mehrbetrag über 10.000,00 EUR	**0,25 %** **des aus- oder zurückgezahlten Betrages – mindestens 1,00 EUR**
	(1) Die Gebühr wird für die Auszahlung oder Rückzahlung von entgegengenommenen Geldbeträgen erhoben. (2) Unbare Zahlungen stehen baren Zahlungen gleich. Die Gebühr kann bei der Ablieferung an den Auftraggeber entnommen werden. (3) Ist das Geld in mehreren Beträgen gesondert ausgezahlt oder zurückgezahlt, wird die Gebühr von jedem Betrag besonders erhoben. (4) Für die Ablieferung oder Rücklieferung von Wertpapieren und Kostbarkeiten entsteht die in den Absätzen 1 bis 3 bestimmte Gebühr nach dem Wert. (5) Die Hebegebühr entsteht nicht, soweit Kosten an ein Gericht oder eine Behörde weitergeleitet oder eingezogene Kosten an den Auftraggeber abgeführt oder eingezogene Beträge auf die Vergütung verrechnet werden.	

1. Allgemeines zur Hebegebühr

Die Hebegebühr kann in jedem Verfahrensabschnitt entstehen. Es ist weder erforderlich, dass ein Rechtsstreit geführt wird, oder wurde, noch dass die Vollstreckung durchgeführt wird. Dies erklärt auch die Stellung der Hebegebühr in Teil 1 des Vergütungsverzeichnisses. Unter Kap. 8 Rdn. 340 ist die Einigungsgebühr bei Ratenzahlungsvereinbarung behandelt worden. In dieser Vereinbarung hat sich der Schuldner verpflichtet, die Hebegebühr zu zahlen (s. Kap. 8 Rdn. 354). **390**

Durch die Hebegebühr wird die über die allgemeine Rechtsberatung hinausgehende Tätigkeit des RA abgegolten. Da die Hebegebühr eine Gebühr ist, ergibt sich aus § 1 **391**

Abs. 1 VV RVG (Legaldefinition der Vergütung), dass der RA neben der Gebühr noch Auslagen aus Teil 7 VV RVG erhält. Wenn nicht im Wege einer Vereinbarung ausdrücklich anders vereinbart, so kann er neben der Hebegebühr keine Kontoführungsgebühren oder andere Aufwendungen (z. B. Rücklastschriften) fordern. Diese Aufwendungen zählen zu den allgemeinen Geschäftskosten (Vorbemerkung 7 Abs. 1 VV RVG).

392 Zunächst einmal entsteht der Gebührenanspruch wieder im Verhältnis zum Auftraggeber. Ob ein Dritter diese Gebühr dann erstatten muss, ist von den generellen Regelungen zur Erstattungspflicht abhängig. Der RA kann selbstverständlich jederzeit vereinbaren, dass ein Dritter diese allgemeinen Geschäftskosten zu erstatten hat.

393 Damit die Hebegebühr berechnet werden kann, wird allgemein angenommen, dass ein gesonderter Auftrag des Auftraggebers erfolgt. In dem Textmuster zur Auftragsbestätigung, das in Kap. 8 Rdn. 110 abgedruckt ist, ist dieser Auftrag durch den Auftraggeber bereits erteilt worden.

394 Vielfach wird angenommen, dass es bereits ausreichend ist, wenn der RA einen **Prozessführungsauftrag** erhalten hat (es wird angenommen, es handele sich hierbei um einen sog. konkludent erteilten Auftrag). Letztlich wird es in der Praxis darauf ankommen, dass der Auftraggeber diese Gebühren nicht aus eigener Tasche zahlen muss, sondern, dass eine Erstattung durch einen Dritten erfolgt. Um jedoch Streit und Auseinandersetzungen zu vermeiden, empfehle ich das von mir vorgeschlagene Textmuster zu verwenden (s. Kap. 8 Rdn. 110).

395 Nur wenn der RA eine Aus- oder Rückzahlung entgegengenommener Beträge vornimmt, kann die Hebegebühr entstehen. Wer der Zahlungsempfänger der Rückzahlung ist, ist unerheblich. Allerdings muss der Zahlungsempfänger durch den Auftraggeber bestimmt worden sein.

396 Für das Entstehen der Hebegebühr kommt es aufgrund der eindeutigen gesetzlichen Vorschrift (Nr. 1009 Anm. Abs. 2 Satz 1 VV RVG) nicht auf die Art der erfolgten Rückzahlung an.

397 Die Hebegebühr hat einen großen Vorteil. Das RVG erlaubt dem RA (Nr. 1009 Anm. Abs. 2 Satz 2 VV RVG), die Gebühr gleich dem zurück- oder auszuzahlenden Betrag zu entnehmen. Er schuldet dem Auftraggeber dann aber eine i.S.v. § 10 RVG ordnungsgemäße Rechnung. Auch die Anforderungen des Umsatzsteuergesetzes (UStG – insbes. § 14 UStG) sind selbstverständlich einzuhalten.

398 ▶ Praxistipp:

Sinnvoll ist es, dem Auftraggeber die Berechnung über die Hebegebühr unverzüglich zukommen zu lassen. Falls der Auftraggeber eine ordnungsgemäße Buchführung erstellen muss, benötigt er die Rechnung unverzüglich als Beleg. Gerade wenn Sie im Wege einer schnellen Online-Überweisung vorgegangen sind, sollte die Abrechnung nicht auf dem normalen postalischen Weg versandt werden, sondern eine schnellere Möglichkeit (Fax, E-Mail-Anhang, ...) gesucht werden.

2. Höhe der Hebegebühr – mehrere Einzelbeträge und Ratenzahlung

Die Höhe der Hebegebühr ist abhängig von der Höhe der erfolgten Auszahlung. 399
Jede Auszahlung löst erneut den Anspruch auf die Hebegebühr aus. Die Höhe der Hebegebühr ist prozentual vorgegeben.

Sie beträgt mindestens 1,00 €. Die Gebühr ist gem. § 2 Abs. 2 RVG auf- oder abzu- 400
runden. Die Höhe der Gebühr beträgt bei ausgezahlten Geldbeträgen bis zu einschließlich 2.500,00 € – 1 % der aus- oder zurückgezahlten Summe (Nr. 1009 Nr. 1 VV RVG). Von dem Mehrbetrag von 2.500,00 € bis einschließlich 10.000,00 € beträgt die Hebegebühr 0,5 % (Nr. 1009 Nr. 2 VV RVG) der aus- oder zurückgezahlten Summe. Von dem Mehrbetrag über 10.000,00 € beträgt die Hebegebühr 0,25 % (Nr. 1009 Nr. 3 VV RVG) der aus- oder zurückgezahlten Summe.

► Praxistipp: 401

Grds. ist der RA verpflichtet, eingehende Fremdgelder unverzüglich an den Auftraggeber weiterzuleiten. Dies ist gerade dann für den Auftraggeber unerfreulich, wenn der Schuldner nur geringe Ratenzahlungen leistet. Auch der Verwaltungsaufwand für den Anwalt ist viel höher, wenn er jeden Monat Teilbeträge in einer Größenordnung von 10,00 €/20,00 € und 50,00 € weiterleiten muss. Sie können hier mit dem Auftraggeber einen anderen Auszahlungsmodus vereinbaren. Der Auftraggeber spart, wenn Sie eine Sammelüberweisung vornehmen (z. B. drei Monatsrhythmus, sechs Monatsrhythmus oder zwölf Monatsrhythmus) an der Hebegebühr. Sie sparen Buchungs- und Verwaltungsaufwand.

► Muster: Auszahlung mehrerer Raten in einer Überweisung 402

Anrede,

in Ihrer Angelegenheit hat der Schuldner begonnen, laufend Zahlungen zu leisten. Für die Weiterleitung der Zahlung an Sie entsteht entsprechend der gesetzlichen Regelung in Nr. 1009 VV RVG die Hebegebühr zzgl. Nebenleistungen. Wenn wir einen Betrag in Höhe von 50,00 € monatlich an Sie auskehren, ziehen wir von diesem Betrag die Hebegebühr wie nachstehend berechnet, ab.

Gegenstandswert: 50,00 €

Hebegebühr gem. § 2 Abs. 2, Nr. 1009 VV RVG	1,00 €
Entgelte für Post- und Telekommunikationsdienstleistungen	
gem. Nr. 7002 VV RVG	0,20 €
Zwischensumme Gebühren und Auslagen	1,20 €

19 % USt gem. Nr. 7008 VV RVG	0,23 €
Gesamtbetrag	1,43 €

Wir halten es für sinnvoll, halbjährlich die Überweisung an Sie vorzunehmen, da Sie dann nicht jedes Mal mit der Hebegebühr belastet werden.

Bitte teilen Sie uns kurz telefonisch, per Fax oder per E-Mail Ihr Einverständnis mit.

Grußformel

403 ▶ Hinweis:

Selbstverständlich ist der Betrag i.H.v. 1,43 € keine wirkliche Belastung. Aber auch der Mandant erspart sich ja die laufende Buchung und erhält so regelmäßig einen besser einsetzbaren Teilbetrag. Sie könnten den Auftraggeber auch nur auf die entstehende Hebegebühr hinweisen, ohne diese zu berechnen. Fragt der Mandant dann jedoch nach der Höhe der Hebegebühr, kann es sein, dass er verärgert ist, weil diese „so" gering ist. Eine vollständige Aufklärung halte ich persönlich für sinnvoller.

3. Kein Anfall der Hebegebühr

a) Weiterleitung von Kosten (Gerichtskosten und Kosten eines fremden RA)

404 Keine Hebegebühr kann der RA berechnen, soweit er Kosten an ein Gericht oder eine Behörde weiterleitet, oder eingezogene Kosten an den Auftraggeber abführt, oder eingezogene Beträge auf seine Vergütung verrechnet.

405 In gerichtlichen Verfahren leistet der Auftraggeber i. d. R. einen Vorschuss auf die Gerichtskosten, da der Anwalt diese nicht für den Auftraggeber verauslagt. Der RA leitet die Gerichtskosten weiter, so etwa bei Erhebung der Klage oder für die Ladung von Zeugen. Diese Weiterleitung an das Gericht lässt die Hebegebühr nicht entstehen.

406 Nicht selten obsiegt der Auftraggeber, sodass ein **Kostenfestsetzungsbeschluss** ergeht. Im Optimalfall zahlt der Gegner die festgesetzten Kosten ohne besondere Schwierigkeiten und zwar direkt an den RA. Leitet der RA diese eingezogene Kosten an den Auftraggeber weiter, kann er keine Hebegebühr für die Weiterleitung berechnen (Anm. Abs. 5 zu Nr. 1009 VV RVG). Dies wird häufiger und gerne insbes. im **Zwangsvollstreckungsverfahren** übersehen. Die Hebegebühr wird aus dem Gesamtbetrag berechnet, der eingezogen worden ist. Zutreffend wäre es, für die Berechnung der Hebegebühr, die in dem beigetriebenen Betrag enthaltenen festgesetzten Kosten von diesem abzuziehen und davon die Hebegebühr zu berechnen.

b) Verrechnung von Beträgen mit eigenen Vergütungsansprüchen

407 Wenn der RA eingezogene Beträge (also nicht nur eingezogene Kosten, sondern auch sonstige eingezogene Beträge wie z. B. die Hauptforderung) mit eigenen Vergü-

tungsansprüchen verrechnet, entsteht insoweit keine Hebegebühr (Anm. Abs. 5 zur Nr. 1009 VV RVG).

► **Beispiel:** 408

Der RA hat für den Auftraggeber einen Betrag i.H.v. 5.000,00 € als Hauptforderung im Wege der Zwangsvollstreckung beigetrieben (in dem Betrag ist keine Kostenforderung enthalten). Der Auftraggeber hat einen Vergütungsanspruch des RA i.H.v. 970,00 € noch nicht erfüllt. Der RA verrechnet den offenen Vergütungsbetrag mit dem eingezogenen Betrag und informiert den Auftraggeber schriftlich über die vorgenommene Verrechnung.

Der RA zahlt aus: 5.000,00 € – 970,00 € = 4.030,00 €.

Nur von dem Betrag i.H.v. 4.030,00 € kann der RA bei Weiterleitung an den Auftraggeber die Hebegebühr berechnen.

Er berechnet (Entgelte für Post- und Telekommunikationsdienstleistungen gem. Nr. 7002 VV RVG sind nicht entstanden) wie folgt:

Hebegebühr gem. Nr. 1009 VV RVG (Wert: 4.030,00 €)	*32,65 €*
19 % USt gem. Nr. 7008 VV RVG	*6,20 €*
Summe	***38,85 €***

Die Summe behält der RA ein, sodass er 3.992,25 € (4.030,00 € – 38,85 €) an den Auftraggeber auszahlt.

4. Erstattungsfähigkeit der Hebegebühr

409 Ob die Hebegebühr von einem Dritten zu erstatten ist, hängt davon ab, ob es notwendig i.S.v. § 91 Abs. 1 ZPO war, dass ein RA bei der Empfangnahme, Aus- oder Rückzahlung der Beträge hinzugezogen wurde. Zu dieser Frage ist eine Reihe von z. T. kontroverser Rechtsprechung ergangen.

410 Bei den Erläuterungen zur Einigungsgebühr (Kap. 8 Rdn. 349) ist bspw. das Muster einer Ratenzahlungsvereinbarung (Kap. 8 Rdn. 354) enthalten. In dieser erklärt der Schuldner ausdrücklich, die Hebegebühr gem. Nr. 1009 VV RVG zu übernehmen. Wie Sie aber wissen, ist jede Ratenzahlungsvereinbarung nur so gut, wie die Zahlungsfähigkeit des Schuldners. Solange der Schuldner zahlt, ist es erforderlich, den Forderungsbestand um die berechnete Hebegebühr nach erfolgter Berechnung zu erhöhen.

411 Ein weiterer häufiger Streitpunkt im Hinblick auf die Erstattungsfähigkeit der Hebegebühr ist die Frage, ob eine Ersatzpflicht der **Kfz-Haftpflichtversicherung** besteht. Dies ist gem. § 249 BGB der Fall, wenn der RA des Geschädigten unter ausdrücklichem Hinweis auf die Vorschrift der Nr. 1009 VV RVG die gegnerische Kfz-Haft-

pflichtversicherung um Zahlung des Schadensersatzbetrags an sich bittet. Zahlt die Versicherung dann an den RA, hat diese nach erfolgter Auszahlung des Betrags auch die Hebegebühr zu ersetzen. Hier müssen Sie abwägen, ob es angesichts der Höhe der Hebegebühr gerechtfertigt ist, einen langen Streit zu führen. Andererseits, wenn Sie die Hebegebühr in keiner Angelegenheit berechnen, ist mit Sicherheit ein nicht unerheblicher Vergütungsverlust zu verzeichnen.

▶ Muster: Schreiben an die KFZ-Haftpflichtversicherung

412 Anrede,

übliche Geltendmachung der Ansprüche .....

Bitte nehmen Sie zur Kenntnis, dass die Zahlung des Entschädigungsbetrags nicht auf unser Konto zu erfolgen hat. Die Zahlung des Betrags ist unmittelbar an den Geschädigten, unseren Auftraggeber bei der xyz Bank, BLZ 111 1211 1131, Kontonummer 123 121 122 zu leisten. Erfolgt eine Zahlung trotz dieses Hinweises auf unser Konto, werden wir die für die Weiterleitung des Betrags an unseren Auftraggeber gem. Nr. 1009 VV RVG entstehende Hebegebühr Ihnen in Rechnung stellen.

Grußformel

▶ Muster: Schreiben an Auftraggeber – Zahlungsinformation

413 Anrede,

wir haben mit gleicher Post die Ihnen entstandenen Schäden anlässlich des Verkehrsunfalls vom ..... (Datum) gegenüber der gegnerischen Kfz-Haftpflichtversicherung zur Regulierung angemeldet.

Um die Abwicklung des Verfahrens zu beschleunigen und vermeidbare Gebühren auszuschließen, haben wir die Gegenseite aufgefordert, den fälligen Betrag unverzüglich direkt an Sie auf das hier von Ihnen bekannte Bankkonto zu leisten. Bitte informieren Sie uns möglichst rasch, wenn die Zahlung erfolgt ist.

Wir können den Zahlungseingang von hier aus nicht überwachen. Um hier im Zweifel nur sinnvolle weitere Schritte zu ergreifen, benötigen wir Ihre Unterstützung und Mitteilung, ob eine Zahlung – und wenn ja, in welcher Höhe – an Sie erfolgt ist.

Grußformel

414 Eine sofortige direkte Zahlung an den Auftraggeber ist nicht immer wünschenswert. So fehlt es dann an einer Überwachungsmöglichkeit. Wenn der Auftraggeber sich dann dafür entscheidet, dass die Zahlung über Ihr Konto erfolgen soll, so schuldet er allein die Hebegebühr.

5. Festsetzbarkeit der Hebegebühr

415 Die Hebegebühr kann ohne Ausnahmen im Kostenfestsetzungsverfahren gem. §§ 103 ff. ZPO geltend gemacht werden. Ist die Hebegebühr im Zuge einer Zwangsvollstreckung entstanden, so erfolgt die Festsetzung gem. § 788 ZPO.

XI. Verfahrensgebühr

1. Allgemeines zur Verfahrensgebühr

Überschrift zu Teil 3 VV RVG 416

Teil 3: Bürgerliche Rechtsstreitigkeiten, Verfahren der freiwilligen Gerichtsbarkeit, der öffentlich-rechtlichen Gerichtsbarkeiten, Verfahren nach dem Strafvollzugsgesetz und ähnliche Verfahren

Vorbemerkung 3 Abs. 2 VV RVG

(2) Die Verfahrensgebühr entsteht für das Betreiben des Geschäfts einschließlich der Information.

Verkürzte Darstellung der Nr. 3100 VV RVG 417

Nr.	Gebührentatbestand	Gebühr oder Satz der Gebühr nach § 13 RVG
3100	**Verfahrensgebühr, soweit in Nummer 3102 nichts anderes bestimmt ist** (2) Die Verfahrensgebühr für einen Urkunden- oder Wechselprozess wird auf die Verfahrensgebühr für das ordentliche Verfahren angerechnet, wenn dieses nach Abstandnahme vom Urkunden- oder Wechselprozess oder nach einem Vorbehaltsurteil anhängig bleibt (§§ 596, 600 ZPO).	1,3

Die Verfahrensgebühr zählt zu den sog. **Betriebsgebühren.** In Teil 3 entstehen grds. 418 alle Verfahrensgebühren für das Betreiben des Geschäfts einschließlich der Information. Wie sich aus der Überschrift zu Teil 3 VV RVG ergibt (s. o.), ist für eine Vielzahl von gerichtlichen Verfahren die Verfahrensgebühr aus Teil 3 VV RVG anwendbar (Ausnahmen: Teil 4, Teil 5 und Teil 6 VV RVG). Es gibt jedoch nicht nur eine Verfahrensgebühr. Für alle möglichen Verfahren und Instanzen sieht das RVG eine eigene Verfahrensgebühr vor. Für das Mahnverfahren berechnet der RA eine Verfahrensgebühr gem. Nr. 3305 VV RVG, für diverse gerichtlichen Verfahren erster Instanz die Verfahrensgebühr gem. Nr. 3100 VV RVG, im Berufungsverfahren regelmäßig die Verfahrensgebühr der Nr. 3200 VV RVG, im Revisionsverfahren die Verfahrensgebühr der Nr. 3206 VV RVG – für diverse besondere Verfahren gibt es dann ebenfalls eine Reihe besonderer Verfahrensgebühren (PKH-Bewilligungsverfahren, der RA ist Verkehrsanwalt oder Unterbevollmächtigter).

Die Verfahrensgebühr ist der Definition nach der **Geschäftsgebühr** sehr ähnlich. Es 419 gibt aber wesentliche Unterschiede:

2. Unterschiede Verfahrensgebühr und Geschäftsgebühr

a) Auftrag für gerichtliches Verfahren

420 Die Verfahrensgebühr kann nur entstehen, wenn der RA zumindest den **Auftrag** für ein **gerichtliches Verfahren** erhalten hat. Ist der RA nur vor- bzw. außergerichtlich beauftragt, kann nie eine Verfahrensgebühr entstehen. Üblicherweise wird gesagt, die Verfahrensgebühr könne nur in einem gerichtlichen Verfahren entstehen. Dies ist nicht ganz richtig, weil bei einem entsprechenden Auftrag, die Verfahrensgebühr bereits vor Anhängigkeit eines gerichtlichen Verfahrens entstehen kann.

b) Feststehender Gebührenrahmen

421 Der Gebührenrahmen der Verfahrensgebühr steht fest. Die Verfahrensgebühr ist keine Satzrahmengebühr. Der Gebührenrahmen der Verfahrensgebühr ändert sich aus anderen Gründen (z. B. wegen vorzeitiger Erledigung oder bei der Vertretung mehrerer Auftraggeber). Die Höhe der Verfahrensgebühr hängt davon ab, in welcher Instanz die Verfahrensgebühr für welche Art von Verfahren entsteht. Daneben hängt die Höhe der Verfahrensgebühr noch davon ab, wer die Verfahrensgebühr fordert (z. B. Verkehrsanwalt und Unterbevollmächtigter). Ist die Verfahrensgebühr aber erst mal bestimmt, verändert sich die Höhe der Verfahrensgebühr nicht mehr.

c) Anrechnung

422 Die Verfahrensgebühr unterliegt nicht der **Anrechnung** entsprechend Vorbemerkung 3 Abs. 4 VV RVG. In einigen speziellen Verfahren (z. B. selbstständiges Beweisverfahren und Verweisung) erfolgt eine Anrechnung der Verfahrensgebühr. Die Anrechnung erfolgt jedoch nie teilweise oder zu einem Bruchteil (wie etwa die Geschäftsgebühr). Wenn eine Anrechnung der Verfahrensgebühr erfolgt, dann wird die Verfahrensgebühr als Ganzes angerechnet (natürlich immer bezogen auf den Gegenstandswert).

3. Abgeltungsbereich der Verfahrensgebühr

423 Unter die gesetzliche Definition der Verfahrensgebühr (Betreiben des Geschäfts einschließlich der Information) fallen z. B. Besprechungen, die laufende Beratung des Mandanten, die Fertigung und Einreichung von Schriftsätzen usw. Damit die Verfahrensgebühr entsteht, bedarf es keiner Tätigkeit des RA gegenüber einem Gericht.

424 Dies ist insbes. dann wichtig, wenn neben der Verfahrensgebühr eine **Terminsgebühr** entstanden sein könnte. Sie erinnern sich, unter Kap. 8 Rdn. 207 wurde bereits ausgeführt, dass eine Terminsgebühr neben der Geschäftsgebühr nicht entstehen kann. Die Terminsgebühr kann aber neben jeder Verfahrensgebühr entstehen, solange nicht das Vergütungsverzeichnis etwas anderes vorgibt.

425 Selbstverständlich kann eine Terminsgebühr entstehen, sobald der RA den Auftrag hatte, den Auftraggeber im gerichtlichen Verfahren zu vertreten und bspw. die Verfahrensgebühr der Nr. 3101 Nr. 1 VV RVG entstanden ist. Es kommt nicht darauf

an, in welcher Instanz die Terminsgebühr berechnet wird, die zu einer Terminsgebühr gehörende **Betriebsgebühr** ist immer eine Verfahrensgebühr.

Die Verfahrensgebühr entsteht in dem Moment zum ersten Mal, sobald der Prozess- 426
bevollmächtigte eine bestimmte Tätigkeit zur Ausführung eines prozessbezogenen Mandats ausgeführt hat. Dabei ist es nicht erforderlich, dass der RA bereits eine Klage (oder einen sonstigen Schriftsatz an das Gericht) diktiert hat – der Auftrag des Mandanten gerichtlich tätig zu werden und die Aufnahme dieser Tätigkeit, reicht aus.

Kommt es nach dem Auftrag zur Vertretung in einem gerichtlichen Verfahren nicht 427
zur Einleitung des Verfahrens, erhält der RA die Verfahrensgebühr gem. Nr. 3101 Nr. 1 VV RVG (in der ersten Instanz, im Berufungsverfahren wäre die entsprechende Gebühr die Verfahrensgebühr der Nr. 3201 VV RVG).

Es entsteht daher immer zuerst die Verfahrensgebühr der Nr. 3101 Nr. 1 VV RVG. 428
Wird ein gerichtliches Verfahren anhängig, entsteht die Verfahrensgebühr der Nr. 3100 VV RVG. Die Gebühr der Nr. 3101 Nr. 1 VV RVG wird auf die Verfahrensgebühr der Nr. 3100 VV RVG angerechnet.

► Beispiel: 429

Der RA war zunächst vor- bzw. außergerichtlich wegen einer Forderung i.H.v. 10.000,00 € tätig. Ihm war Klageauftrag erteilt. Der RA bemüht sich, vor Erhebung der Klage, eine einvernehmliche Lösung mit dem Gegner zu erzielen. Zu diesem Zweck findet eine telefonische Besprechung statt. Eine Einigung kann nicht erzielt werden. Allerdings leistet der Gegner einen Betrag i.H.v. 5.000,00 €. Der Auftraggeber wünscht eine Verfolgung der verbliebenen 5.000,00 €, sodass der RA auftragsgemäß die Klage wegen 5.000,00 € einreicht.

Vergütungsberechnung

Berechnet entsprechend §§ 2 Abs. 2, 13 RVG

0,8 Verfahrensgebühr gem. Nr. 3101 Nr. 1, 3100 VV RVG	*240,80 €*
Gegenstandswert: 5.000,00 €	
1,2 Terminsgebühr gem. Nr. 3104 VV RVG	*583,20 €*
Gegenstandswert: 10.000,00 €	
1,3 Verfahrensgebühr gem. Nr. 3100 VV RVG	*391,30 €*
Gegenstandswert: 5.000,00 €	
(Die Gebührenobergrenze gem. § 15 Abs. 3 RVG 1,3 betreffend einen Gegenstandswert i.H.v. 10.000,00 € (5.000,00 € + 5.000,00 €) wurde geprüft.)	
Zwischensumme der Gebühren	*1.215,30 €*

Entgelte für Post- und Telekommunikationsdienstleistungen gem. Nr. 7002 VV RVG	*20,00 €*
Zwischensumme der Vergütung netto	*1.235,30 €*
19 % USt gem. Nr. 7008 VV RVG	*234,71 €*
Summe	***1.470,01 €***

4. Besonderheiten: Antrag auf Bewilligung von PKH

430 Ist dem RA kein Klageauftrag erteilt, sondern nur der Antrag, das PKH-Bewilligungsverfahren durchzuführen (und soll das Ergebnis dieses Verfahrens darüber entscheiden, ob ein Prozessauftrag erteilt wird), entsteht keine Verfahrensgebühr gem. Nr. 3100 VV RVG. Es entsteht in allen Instanzen eine Verfahrensgebühr gem. Nr. 3335 VV RVG und keine „reguläre" höhere Verfahrensgebühr. Dies gilt selbst dann, wenn der PKH-Bewilligungsantrag bereits in Form einer Klageschrift (oder einer Berufung) gestellt wird.

431 Kann der Umfang des erteilten Auftrags nicht eindeutig festgestellt werden, muss in den Fällen, in denen der Auftraggeber darum bittet, dass das PKH-Bewilligungsverfahren durchgeführt wird, davon ausgegangen werden, dass der Auftrag sich nur auf das PKH-Bewilligungsverfahren bezieht. Gerade hier ist es wichtig, in der Praxis dafür zu sorgen, dass der erteilte Auftrag deutlich ersichtlich ist. Nur so können Unsicherheiten in der Gebührenabrechnung vermieden werden.

5. Vorzeitige Erledigung des Auftrags

432 Endet der Prozessauftrag, bevor der RA die Klage (oder einen sonstigen Schriftsatz) einreichen konnte, entsteht nicht die „volle" Verfahrensgebühr der Nr. 3100 VV RVG (s. vorheriges Beispiel Kap. 8 Rdn. 429). Anstelle der Verfahrensgebühr gem. Nr. 3100 VV RVG entsteht im Fall der vorzeitige Erledigung des Auftrags die Verfahrensgebühr der Nr. 3101 Nr. 1 VV RVG. Im Berufungsverfahren ist für diese Fallgestaltung eine eigene Verfahrensgebühr vorgesehen.

6. Mehrere Auftraggeber

433 Vertritt der RA wegen desselben Gegenstands mehrere Auftraggeber, erhöht sich die Verfahrensgebühr gem. Nr. 1008 VV RVG um 0,3 je weiteren (also zusätzlichem) Auftraggeber. Die Erhöhung erfolgt nicht unbegrenzt. Mehr als 2,0 kann der RA als Zuschlag zur Verfahrensgebühr nicht berechnen.

434 ► Beispiel:

Der RA vertritt eine Erbengemeinschaft bestehend aus elf Personen und klagt für diese.

Die Verfahrensgebühr gem. Nr. 3100 VV RVG beträgt 1,3 ohne Erhöhung. Für die zehn weiteren Auftraggeber kann der RA jetzt aber nicht 3,0 berechnen, die

Erhöhung ist auf 2,0 beschränkt. Insgesamt berechnet der RA im Ausgangsfall eine 3,3 Verfahrensgebühr gem. Nrn. 3100, 1008 VV RVG.

XII. Verfahrensgebühr gem. Nr. 3101 Nr. 1 VV RVG

Die Verfahrensgebühr beträgt: 435

Nr. 3101

Nr.	Gebührentatbestand	Gebühr oder Satz der Gebühr nach § 13 RVG
3101	**Endigt der Auftrag, bevor der Rechtsanwalt die Klage, den ein Verfahren einleitenden Antrag oder einen Schriftsatz, der Sachanträge, Sachvortrag, die Zurücknahme der Klage oder die Zurücknahme des Antrags enthält, eingereicht oder bevor er für seine Partei einen Termin wahrgenommen hat, beträgt die Gebühr 3100**	**0,8**

1. Allgemeines

a) Anwaltsvertrag

Das RVG regelt lediglich die Höhe der Gebühren. Damit der RA Gebühren (oder eine Vergütung – und damit auch Auslagen) berechnen kann, muss ihm ein entsprechender Auftrag erteilt worden sein. Die **Anspruchsgrundlage** für die Vergütung ergibt sich daher i. d. R. nicht aus dem RVG. Der RA schließt zunächst mit dem Auftraggeber einen Vertrag (meistens einen Dienstleistungsvertrag oder auch Geschäftsbesorgungsvertrag) ab. 436

Voraussetzung des Vergütungsanspruchs ist ein **Vertragsverhältnis** zwischen Anwalt und Auftraggeber. Der Vertrag muss den Bestimmungen des BGB entsprechen. Der Auftraggeber richtet seinen Mandatsantrag an den RA und dieser nimmt den Auftrag an (§§ 145 ff. BGB). Der RA ist selbstverständlich nicht gezwungen, ein Mandat anzunehmen, in dem er den Auftraggeber nicht vertreten will. Will der RA aber den Antrag zum Vertragsschluss nicht annehmen, muss er dies unverzüglich, also ohne schuldhaftes Verzögern, gegenüber dem Auftraggeber erklären (§ 44 BRAO). 437

► Praxistipp: 438

Immer wieder überlassen Auftraggeber unaufgefordert Unterlagen in der Kanzlei. Die Zusendung von (z. T. unerwünschten) Unterlagen erfolgt auf diversen Wegen. Achten Sie darauf, dass Sie in einem Fall, in dem ein Neumandant um Vertretung durch Sie bittet, dafür sorgen, dass dieser rechtzeitig darüber informiert wird, ob eine Vertretung durch Ihre Kanzlei erfolgen kann. Es ist immer erforderlich, die Unterlagen seitens der eventuellen Neumandate auf kurz bevorstehende Fristabläufe zu prüfen.

Häufig ist es sinnvoll, den potenziellen Neumandaten sofort auf einen Haftungsausschluss hinzuweisen. Natürlich trägt Ihre Kanzlei dann erst einmal die Kosten für diese Information (Porto, Telefon, Fax u. a.), aber Sie haben u. U. eine spätere, viel teurere Auseinandersetzung zu dieser Frage vermieden und für Ihr Büro ggf. eine haftungsrechtliche Auseinandersetzung vermieden.

► Muster: Schreiben an Auftraggeber – fragliche Übernahme des Auftrags

439 Anrede,

Sie haben uns Ihre Unterlagen überlassen und um die Übernahme des Mandats gebeten. Eine abschließende Entscheidung über die Übernahme des Mandats werden wir Ihnen innerhalb einer Woche bis zum ..... zukommen lassen.

Wir weisen ausdrücklich darauf hin, dass wir nicht geprüft haben, ob es irgendwelche zu beachtenden Fristen (insbesondere nicht verlängerbare Notfristen) gibt, sodass wir Sie bitten, für den Fall, dass dringender Handlungsbedarf besteht, sich unverzüglich wieder mit uns in Verbindung zu setzen.

Wir stellen rein vorsorglich ausdrücklich klar, dass wir keine Haftung für etwaige Fristversäumnisse übernehmen, da ein Auftragsverhältnis bis zur Erklärung unsererseits, dass wir das Mandat übernehmen werden, nicht vorliegt.

Sollte Ihnen der Zeitraum bis zu unserer endgültigen Entscheidung über die Mandatsannahme zu lang sein, dürfen wir Sie bitten, Ihre Unterlagen wieder in Empfang zu nehmen. Eine Vergütung schulden Sie uns dann nicht. Ihre Unterlagen wollen Sie dann bitte während unserer Bürozeiten (nach kurzer vorheriger telefonischer Ankündigung) wieder in Empfang nehmen. Da wir nicht geprüft haben, ob sich unter den Unterlagen auch Originale befinden, die sich für eine Versendung per Post nicht eignen, ist die persönliche Abholung die einzige Möglichkeit den Zugang bei Ihnen sicher zu stellen.

Selbstverständlich senden wir Ihnen die Unterlagen auch auf dem Postwege wieder zu. Für diesen Zweck dürfen wir aber darum bitten, dass Sie uns kurz schriftlich Ihr Einverständnis erklären, dass ein Versand der Unterlagen postalisch erfolgt. Die Kosten für einen Versand wollen Sie ebenfalls vorab leisten, da wir nicht verpflichtet sind, die Kosten der Rücksendung zu tragen. Nach Vorlage Ihrer Erklärung und Ausgleich der Versandkosten (Einschreiben mit Rückschein) werden wir Ihre Unterlagen auch auf dem Postwege an Sie versenden.

Grußformel

b) Entstehen des Vergütungsanspruchs und Anwaltsvertrags

440 Der Vergütungsanspruch des RA entsteht nicht schon bei Abschluss des Vertrags, sondern erst, wenn der RA eine anwaltliche Tätigkeit tatsächlich ausgeübt hat. Der RA hat aber „immer" (natürlich mit Ausnahmen) die Möglichkeit, die Zahlung eines Vorschusses vom Auftraggeber zu verlangen (§ 9 RVG).

Auf die Möglichkeit der Anforderung eines Vorschusses wird ausführlich unter Kap. 8 Rdn. 146 eingegangen. 441

Nur mit diesem Hintergrund ist die Gebührenvorschrift der Verfahrensgebühr in Nr. 3101 Nr. 1 VV RVG zu verstehen. 442

Die Verfahrensgebühr der Nr. 3101 Nr. 1 VV RVG entsteht i.H.v. 0,8 (erstinstanzlich), wenn der Auftrag des RA vorzeitig endet. 443

Beispiel 1: 444

Dem Auftraggeber ist eine Klage zugestellt worden. Er beauftragt Sie, mit der Vertretung im gerichtlichen Verfahren. Bevor Sie die Klageerwiderung gefertigt haben, wird dem Auftraggeber die Klagerücknahme durch das Gericht zugestellt.

Obwohl Sie den Auftrag hatten, den Auftraggeber im gerichtlichen Verfahren zu vertreten, ist es nicht mehr zu einer Vertretung gekommen. Berechnet werden kann in diesem Fall die 0,8 Verfahrensgebühr der Nr. 3101 Nr. 1 VV RVG.

Beispiel 2: 445

Der Auftraggeber erteilt dem RA den Auftrag, eine einstweilige Verfügung auf Unterlassung beim Gericht gegen den Antragsgegner anhängig zu machen. Gleichzeitig bittet er den RA, mit dem zukünftigen Antragsgegner persönlich Kontakt aufzunehmen und mit diesem ggf. eine vergleichsweise Einigung zu erzielen. In einem längeren Telefonat gelingt es dem RA, eine Einigung zu erzielen – eine einstweilige Verfügung wird nicht beantragt. Da ein gerichtliches Verfahren nicht anhängig ist, ist die Verfahrensgebühr gem. Nr. 3101 Nr. 1 VV RVG entstanden. Bezogen auf den Ausgangsfall:

0,8 Verfahrensgebühr gem. §§ 2 Abs. 2, 13 Nr. 3101 Nr. 1 VV RVG ,

1,2 Terminsgebühr gem. §§ 2 Abs. 2, 13 Nr. 3104 VV RVG,

1,5 Einigungsgebühr gem. §§ 2 Abs. 2, 13 Nr. 1000 VV RVG.

Eine Ermäßigung der Einigungsgebühr auf 1,0 gem. Nr. 1003 VV RVG kommt nicht in Betracht, da kein gerichtliches Verfahren anhängig ist. Der Gesetzgeber hat die Höhe der Einigungsgebühr nicht vom erteilten Auftrag (gerichtliches Verfahren) abhängig gemacht. Die Höhe der Einigungsgebühr hängt hauptsächlich von der Anhängigkeit eines gerichtlichen Verfahrens ab.

Hinweis: 446

Die Reduzierungsvorschrift der Nr. 3101 Nr. 1 VV RVG ist eine Sondervorschrift. Die Verfahrensgebühr der Nr. 3100 entsteht grds. zunächst i.H.v. 1,3 (erstinstanzlich). Sie reduziert sich aber auf 0,8, wenn die Voraussetzungen der Verfahrensgebühr der Nr. 3101 Nr. 1 VV RVG gegeben sind. Dieser Grundsatz ist in allen gerichtlichen Instanzen (Berufung – Revision) vorhanden. In einigen

Fällen kennt das Gesetz aber keine Ermäßigung der Verfahrensgebühr (z. B. Zwangsvollstreckungsgebühr gem. Nr. 3309 VV RVG – diese entsteht „immer" i.H.v. 0,3).

447 Für den Zeitpunkt der Beendigung des Auftrags kommt es auf die subjektive Kenntnis des Anwalts an. Es wird darauf abgestellt, wann der RA Kenntnis von der Beendigung des Auftrags hat bzw. haben musste. Dies kann z. T. später der Fall sein als nach der tatsächlichen Verfahrenslage. Der Gegenmeinung, die auf die objektive (also tatsächliche) Verfahrenslage abstellt, kann m. E. nicht gefolgt werden. Zur Vertiefung lesen Sie bitte die Entscheidungen der aktuellen Rechtsprechung des BGH unter www.bundesgerichtshof.de (Stichpunkt: Entscheidungen, Suchkriterium: Vorzeitige Beendigung des Auftrags).

448 ▶ Beispiel:

Der Kläger nimmt die Klage schriftsätzlich am 10.01. zurück. Der RA des Beklagten fertigt in Unkenntnis der Klagerücknahme die Klageerwiderung am 15.01. und reicht diese beim Gericht ein. Obwohl die Klage prozessual als nicht mehr anhängig gilt und der Auftrag grds. als beendet betrachten werden konnte, wusste der RA auf Beklagtenseite nichts von der Erledigung. Auch sein Auftraggeber wusste nichts von der Erledigung. Es ist die volle Verfahrensgebühr entstanden (Nr. 3100 VV RVG).

449 ▶ Praxistipp:

Wenn Sie einen Antrag oder ein Gesuch zurücknehmen müssen, bedenken Sie immer die Zustellzeiten durch das Gericht. Es ist immer sinnvoll, den von der Rücknahme Betroffenen selbst von der erfolgten Rücknahme zu informieren. So vermeiden Sie hohe Vergütungsansprüche bei der „Gegenseite".

450 ▶ Beispiel:

Sie haben für Ihren Auftraggeber zur Wahrung der Frist Berufung eingelegt. Zwei Tage nach Einlegung der Berufung entscheidet der Auftraggeber, dass er das Rechtsmittelverfahren nicht führen möchte, sodass Sie weisungsgemäß die Berufung zurücknehmen. Stellen Sie jetzt im Parteibetrieb (also von Anwalt zu Anwalt – gegen Zustellkarte oder sonstiges Empfangsbekenntnis) die Berufungsrücknahme zu. Es ist dann damit zu rechnen, dass der Vertreter des Berufungsbeklagten zuerst Kenntnis von der Berufungsrücknahme erhält, bevor er überhaupt weiß, dass Berufung eingelegt wurde. Ein Kostenerstattungsanspruch des Berufungsbeklagten im Berufungsverfahren ist dann nur schwer vorstellbar.

2. Vorrang der Regelung der Nr. 3101 Nr. 1 VV RVG vor § 15 Abs. 4 VV RVG

§ 15 Abgeltungsbereich der Gebühren 451

(4) Auf bereits entstandene Gebühren ist es, soweit dieses Gesetz nichts anderes bestimmt, ohne Einfluss, wenn sich die Angelegenheit vorzeitig erledigt oder der Auftrag endigt, bevor die Angelegenheit erledigt ist.

Eine **Reduzierung** von Gebühren erfolgt nur, wenn dies durch das Gesetz ausdrücklich bestimmt ist. Grds. regelt § 15 Abs. 4 RVG, dass der RA seinen Anspruch auf die bereits entstandenen Gebühren auch dann geltend machen kann, wenn sich die Angelegenheit vorzeitig erledigt oder der Auftrag endigt, bevor die Angelegenheit erledigt ist. Nr. 3101 Nr. 1 VV RVG schränkt so den Anwendungsbereich von § 15 Abs. 4 RVG ein. 452

§ 15 Abs. 4 RVG gibt vor, dass es für bereits entstandene Gebühren, soweit es das RVG nicht anders bestimmt, ohne Konsequenz ist, wenn sich die Angelegenheit vorzeitig erledigt oder der Auftrag endigt, bevor die Angelegenheit erledigt ist. Gebühren haben einen sog. „**Pauschcharakter**". Aus diesem Grund ermäßigen sich Gebühren nicht, nur weil die Erledigung der Angelegenheit einen geringeren Aufwand verursacht hat, als bei Auftragserteilung angenommen. 453

Die Folge aus § 15 Abs. 4 RVG ist u. a., dass eine Verringerung des **Gegenstandswertes** nicht zu einer Verringerung der bereits entstandenen Gebühr führt. Nur für die nach der Verringerung entstehenden Gebühren hat die Verringerung des Gegenstandswertes Bedeutung. 454

Bei der Anwendung von § 15 Abs. 4 RVG müssen zwei Fälle unterschieden werden: 455
- die vorzeitige Erledigung der Angelegenheit und
- das Ende des Auftrags vor Erledigung der Angelegenheit.

Eine **vorzeitige** Erledigung einer Angelegenheit ist gegeben, wenn der durch den Mandanten erteilte Auftrag vor der Ausführung durch den RA gegenstandslos wird. 456

Der Auftrag **endet** vorzeitig, wenn der Anwaltsvertrag aufgehoben oder gekündigt wird, bevor der RA alle vom Auftrag umfassten Tätigkeiten für den Auftraggeber vorgenommen hat. 457

Der oben bereits erwähnte Anwaltsvertrag hat grds. die Verpflichtung des RA zum Inhalt, die durch den Auftraggeber bestimmte Rechtsangelegenheit bis zu ihrem völligen Abschluss zu bearbeiten. Da der zwischen RA und Auftraggeber geschlossene Vertrag zumeist ein **Dienstvertrag** (oder auch **Geschäftsbesorgungsvertrag**) ist, kann dieser Dienstvertrag grds. von jedem der Vertragspartner ohne Einhaltung von Kündigungsfristen gekündigt werden (§ 627 BGB). 458

3. Ermäßigung der Vergütung bei Kündigung des Anwaltsvertrags

a) Kündigung ohne vertragswidriges Verhalten des Auftraggebers/Kündigung des Auftraggebers bei vertragswidrigem Verhalten des RA

459 Beabsichtigt der RA, einen Anwaltsvertrag zu kündigen, kann dies Auswirkungen auf den Vergütungsanspruch haben.

460 Da auf den Anwaltsvertrag die Vorschriften des Dienstvertrags (§§ 611 ff. BGB, insbes. §§ 627 ff. BGB) anwendbar sind, löst die Kündigung die Folgen des § 628 Abs. 1 Satz 2 aus. Aus diesem Grund kann eine bereits entstandene Gebühr entfallen. Dies ist insbes. dann der Fall, wenn der RA das Mandatsverhältnis kündigt und der Auftraggeber mit seinem Verhalten keinen Anlass für die Kündigung gegeben hat. Auch kann der RA der Grund für die Kündigung des Auftraggebers sein. Bearbeitet der RA die Angelegenheit über einen längeren Zeitraum nicht und beantwortet auch Anfragen des Auftraggebers nicht, kann es durchaus sein, dass der Auftraggeber ein Recht zur Kündigung des Mandatsverhältnisses hat, weil der RA sich vertragswidrig verhält.

461 In beiden Fällen der Kündigung (ohne Grund oder der RA hat die Kündigung zu vertreten) hat die bisherige Leistung des RA für den Auftraggeber meist kein Interesse mehr. Oft wird der Auftraggeber ja einen neuen RA mit seiner anwaltlichen Vertretung beauftragen. Beauftragt der Auftraggeber einen neuen RA, wird dieser seinerseits eine Vergütung verlangen. Der Auftraggeber wird daher zweimal mit einem identischen Vergütungsanspruch konfrontiert werden. Hat der Auftraggeber zu Recht gekündigt und kein Interesse mehr an seiner bisherigen Leistung, verliert der RA den Anspruch auf die bisher erzielte Vergütung und muss u. U. sogar bereits erhaltene Zahlungen seitens des Auftraggebers zurückzahlen.

462 Der RA sollte, um diese Folge zu vermeiden, den Auftrag selbst auch nur aufgrund vertragswidrigen Verhaltens des Auftraggebers kündigen.

463 Selbstverständlich kann der Auftraggeber das Auftragsverhältnis jederzeit beenden, auf den Vergütungsanspruch hat dies nur Auswirkung, wenn er hierzu durch ein **vertragswidriges** Verhalten des RA veranlasst worden ist. Auch der RA kann grds. jederzeit das Auftragsverhältnis kündigen, im Zweifel verliert er allerdings den Vergütungsanspruch.

b) Kündigung bei vertragswidrigen Verhaltens des Auftraggebers

464 Der RA ist nicht verpflichtet, einen Auftraggeber zu vertreten, der sich vertragswidrig verhält. In einem solchen Fall kann der RA aufgrund vertragswidrigen Verhaltens des Auftraggebers kündigen. Eine solche Kündigung hat zur Folge, dass der RA alle bis zur Kündigung entstandenen Gebühren vom Auftraggeber fordern kann. Dies ändert sich auch nicht dadurch, dass der Auftraggeber (z. B. bei Anwaltszwang) einen weiteren RA beauftragen muss, dem er dann ebenfalls eine Vergütung schuldet.

465 Je nachdem, aus welchem Grund die Kündigung erfolgte, unterscheidet sich die Wirkung und Folge. Liegt die beabsichtigte Kündigung in einem Fehlverhalten des

Auftraggebers, ist es immer sinnvoll, diesen auf die Folgen einer Wiederholung des Fehlverhaltens hinzuweisen und ihm die drohenden Konsequenzen zu verdeutlichen.

Der RA muss sich selbstverständlich nicht Drohungen und Beleidigungen gefallen lassen. Auch hier gilt, dass am Ende der den Prozess gewinnt, der die besseren Beweismittel vorweisen kann. 466

Sinnvoll ist ein **schriftlicher** Hinweis des RA, dass das Fehlverhalten des Auftraggebers nicht geduldet werden kann und im Wiederholungsfall das Mandatsverhältnis gekündigt wird. Natürlich gibt es auch hier Grenzen. Ist das Vertrauensverhältnis zwischen RA und Auftraggeber endgültig zerrüttet, weil der Auftraggeber sich nicht an die üblichen Konventionen zu halten vermag, kann keinem RA zugemutet werden, eine Wiederholung des Fehlverhaltens in Kauf zu nehmen. 467

Sollen Störungen des Vertrauensverhältnisses zwischen Anwalt und Auftraggeber Grundlage der Kündigung sein, sollte der RA, wenn es ihm zumutbar ist (nicht bei völlig haltlosen Drohungen oder Beschimpfungen des Auftraggebers), den Auftraggeber auf die drohende Kündigung hinweisen. 468

► Muster: Kündigungsandrohung – vertragswidriges Verhalten des Auftraggebers 469

Anrede,

wir kommen zurück auf die unerfreuliche Auseinandersetzung hier im Hause anlässlich Ihres Gesprächstermins am ..... um ..... Uhr. Im Laufe dieses Gesprächs äußerten Sie diverse Male herabwürdigende und beleidigende Ansichten über die Bearbeitung Ihrer Angelegenheit durch die Kanzlei.

Dieses Verhalten sorgt nicht dafür, dass das notwendige Vertrauensverhältnis zwischen Rechtsanwalt und Auftraggeber angenommen werden kann. Für den Wiederholungsfall teilen wir Ihnen bereits jetzt mit, dass wir das Auftragsverhältnis aufgrund Unzumutbarkeit kündigen werden und eine weitere Vertretung Ihres Anliegens durch uns nicht erfolgen wird.

Der guten Ordnung halber weisen wir daraufhin, dass eine von uns ausgesprochen Kündigung keine Auswirkung auf die bisher bereits entstandene Vergütung hätte. Ihre Verpflichtung, unsere Vergütung zu begleichen, wird durch eine Kündigung unsererseits nicht berührt.

Wir nehmen dieses Schreiben zum Anlass, Ihnen in der Anlage unsere Zwischenrechnung zu überreichen. Bereits von Ihnen geleistete Vorschüsse haben wir von dem Rechnungsbetrag in Abzug gebracht.

Wir bitten unter Hinweis auf die Verzugsregelungen im BGB und die darin geregelte Verzinsungspflicht (§§ 286, 288 BGB) um Ausgleich der in der Anlage beigefügten Rechnung bis zum .....

Grußformel

470 ▶ Hinweis:

Ob Sie eine Rechnung beifügen, hängt selbstverständlich davon ab, ob es noch Gebühren und Auslagen gibt, die der Auftraggeber schuldet. Bei „schwierigen“ Mandanten kann die Übersendung der Rechnung auch dazu führen, dass dieser „verärgert“ ist. Ich sehe keinen Grund, warum nicht auch einem schwierigem Mandaten an passender Stelle eine Rechnung übersandt werden sollte.

c) Klares vertragswidriges Verhalten des Auftraggebers

471 Kommt der Auftraggeber seiner Verpflichtung zur Zahlung eines **Vorschusses** nicht nach, liegt vertragswidriges Verhalten vor. Allerdings wird teilweise von der Rechtsprechung und Literatur angenommen, dass der Verzug des Auftraggebers allein nicht ausreichend ist. Ein Grund zur Kündigung wird teilweise nur dann angenommen, wenn der RA den Auftraggeber auf die drohende Kündigung hinweist.

Muster: Androhung Kündigung wegen fehlender Vorschusszahlung

472 Anrede,

wir haben Ihnen mit Schreiben vom ..... (Datum) unsere Vorschussberechnung in Höhe von ..... (Betrag €) überreicht. Auf die Vorschussanforderung erfolgte keine Zahlung. Aus diesem Grund haben wir mit Schreiben vom ..... (Datum) die Zahlung des fälligen Vorschusses in Höhe von ..... (Betrag €) erneut angemahnt und um Zahlung des Vorschusses bis zum ..... (Datum) gebeten. Bis zum heutigen Tage ist eine Zahlung nicht erfolgt.

Wir geben Ihnen daher letztmalig Gelegenheit, den angeforderten Vorschuss in Höhe von

..... €

bis zum

.....

auf eines unser aus dem Briefbogen ersichtlichen Konten unter Angabe des Betreffs „.....“ zu leisten. Eine Kopie der Vorschussanforderung vom ..... (Datum) ist diesem Schreiben beigefügt.

Sollten wir einen fristgerechten Zahlungsausgleich nicht feststellen können, werden wir das Auftragsverhältnis kündigen und eine weitere Zusammenarbeit ablehnen. Diese Kündigung hätte nicht zur Folge, dass Sie uns keine Vergütung schulden. Die entstandene Anwaltsvergütung würden wir Ihnen nach Ausspruch der Kündigung in Rechnung stellen.

Sollten Sie nicht in der Lage sein, den angeforderten Vorschuss als Ganzes zu leisten, setzen Sie sich bitte mit unserem Sekretariat in Verbindung, um Ratenzahlung zu vereinbaren. Weiteren Schriftverkehr wegen der ausstehenden Vorschusszahlung wird es nicht geben.

Grußformel

▶ Hinweis: 473

1. Der Anwalt ist nicht verpflichtet, eine Vorschusszahlung in Raten zu akzeptieren.
2. Der Anwalt kann die Übernahme des Auftrags von einer Zahlung des Vorschusses abhängig machen.
3. Das Textmuster bezieht sich auf ein bereits übernommenes Mandat.

4. Vorzeitige Erledigung

a) Mandatsbedingungen

Es ist in keiner Kanzlei zu vermeiden, dass irgendwann der Fall eintritt, dass ein Auftragsverhältnis vorzeitig endet. Hierfür muss es nicht immer fachliche oder sachliche Gründe geben, der Grund der Mandatsbeendigung ist letztlich unerheblich, denn üblicherweise sind einige Dinge zu beachten, wenn ein Mandatsverhältnis endet. In vielen Kanzleien werden mit den Auftraggebern **allgemeine Mandatsbedingungen** vereinbart, die den Ablauf des Mandatsverhältnisses betreffen. Spätestens nach der ersten unangenehmen Mandatsbeendigung mit anschließender Auseinandersetzung über alle möglichen infrage kommenden Streitpunkte, nimmt man sich vor, zukünftig Mandatsbedingungen zu erstellen. Hierbei gibt es einige Punkte, an die man denken sollte und natürlich kanzleispezifische Erfordernisse, die ebenfalls zu regeln sind. 474

▶ Muster: Allgemeine Mandatsbedingungen

Allgemeine Mandatsbedingungen 475

der Rechtsanwaltskanzlei ..... (genaue Anschrift, Aufzählung aller Partner)

Geltungsbereich

Diese Mandatsbedingungen gelten für alle Mandatsverhältnisse zwischen der Rechtsanwaltskanzlei (nachfolgend „Rechtsanwälte" genannt) und ihren Auftraggebern (Mandanten).

1. Haftung

Die Rechtsanwaltskanzlei unterhält eine Berufshaftpflichtversicherung mit einer Deckungssumme von ..... €.

Die Haftung der beauftragten Rechtsanwälte wird für alle verursachten Schäden, die auf einfacher Fahrlässigkeit beruhen, auf ..... € beschränkt. Diese Haftungsbegrenzung umfasst auch Ansprüche etwaiger in den Schutzbereich des Mandatsverhältnisses einbezogener Dritter. Im Übrigen gilt die gesetzliche Haftung.

Sofern der Auftraggeber insbesondere bei umfangreichen Beratungsleistungen mit hohem Auftrags- oder Streitvolumen eine weiter gehende Deckung der Rechtsanwaltskanzlei wünscht, erklären sich die Rechtsanwälte bereit, eine mandats- oder objektbezogene Zusatzversicherung mit höheren Versicherungssummen abzuschließen. Die Haftung der Rechtsanwälte erweitert sich insoweit für Fälle einfacher Fahrlässigkeit um die Deckungssumme, die sich aus dem Zusatzvertrag ergibt. Die Versicherungsprämie für die Zusatzversicherung wird vom Auftraggeber in voller Höhe unmittelbar nach Anforderung erstattet. Die Rechtsanwälte stellen dem Auftraggeber eine Kopie des Versicherungsscheins zur Verfügung.

2. Beendigung des Auftrags

Der Widerruf der vom Auftraggeber erteilten und dem Mandatsverhältnis zugrunde liegenden Vollmacht und des erteilten Auftrags bedürfen der Schriftform. Das Gleiche gilt für die Kündigung des dem Mandatsverhältnis zugrunde liegenden Auftrags. Der Auftrag wird mit Übersendung der als solche gekennzeichneten Vergütungsschlussberechnung durch die Rechtsanwälte beendet, sofern der Auftraggeber nicht noch weitere Leistungen innerhalb von zwei Monaten nach Erhalt der Rechnung abruft oder bis dahin der Mandatsbeendigung schriftlich widersprochen hat.

3. Benutzung von E-Mail

Dem Auftraggeber sind die Risiken der Datenfernübertragung bekannt. Die Rechtsanwaltskanzlei übernimmt keine Haftung für die Vertraulichkeit mit E-Mail versandter Informationen, sofern nicht grob fahrlässiges Verhalten der Rechtsanwaltskanzlei vorliegt (z. B. wenn der Auftraggeber gesondert und ausdrücklich auf die besondere Vertraulichkeit bestimmter Informationen hinweist oder einer Versendung von Informationen durch die Rechtsanwälte per E-Mail schriftlich widerspricht). Soweit zur Übermittlung von E-Mail Dritte eingeschaltet werden (Gutachter, Sachverständige, Dolmetscher u. a.), entbindet der Auftraggeber die Rechtsanwaltskanzlei von der gesetzlichen Schweigepflicht. Für die Einhaltung von Fristen, die sich aus ausschließlich per E-Mail überlassenen Unterlagen ergibt, wird nicht gehaftet.

4. Zahlungsabwicklung/Abtretung/Aufrechnungsverbot

Der Auftraggeber erteilt erneut ausdrücklich den Anwälten Inkassovollmacht.

Der Auftraggeber tritt zur Sicherung der Vergütungs- und Auslagenansprüche der Rechtsanwaltskanzlei sämtliche Kostenerstattungsansprüche gegen den/die Staatskasse oder Dritte aus den von den Rechtsanwälten bearbeiteten Mandaten in zeitlich aufsteigender Reihenfolge bis zur Höhe der den Rechtsanwälten zustehenden Ansprüche einschließlich der gesetzlichen Mehrwertsteuer an die Rechtsanwaltskanzlei ab, die die Abtretung annimmt. Die Rechtsanwaltskanzlei ist berechtigt und bevollmächtigt, die Abtretung auch im Namen des Auftraggebers den Drittschuldnern offenzulegen.

Eine Aufrechnung des Auftraggebers gegen Vergütungs- und Auslagenersatzansprüche ist nur mit unbestrittenen oder rechtskräftig festgestellten Forderungen zulässig.

5. Aufbewahrung und Herausgabe der Unterlagen

Die Rechtsanwaltskanzlei bewahrt eigene Unterlagen/Akten und die im Zusammenhang mit der beruflichen Tätigkeit erhaltenen Unterlagen fünf Jahre *(Hinweis: Dieser Zeitraum kann verkürzt werden. Hier ist es sinnvoll, insbesondere wegen der Lagerkosten, deutlich kürzere Zeiträume zu vereinbaren.)* nach Beendigung des Auftrages auf. Für Verluste von Unterlagen und Akten durch Brand oder Diebstahl haftet die Rechtsanwaltskanzlei nicht, sofern der Schaden nicht auf einer vorsätzlichen oder grob fahrlässigen Vertragsverletzung der Rechtsanwälte oder ihrer Erfüllungsgehilfen beruht.

Nach Erfüllung sämtlicher Vergütungsansprüche der Rechtsanwaltskanzlei ist der Auftraggeber berechtigt, auf seine Kosten (Porto und Kopiekosten) die Herausgabe von Kopien der von ihm oder von Dritten der Rechtsanwaltskanzlei überlassenen Unterlagen bis zum Ablauf der Aufbewahrungsfrist zu verlangen. Originalunterlagen des Auftraggebers werden im Original zurückgereicht. Von sämtlichen sonstigen in der Handakte befindlichen Unterlagen (Urteile, Beschlüsse, Schriftsätze von Dritten, Gutachten etc.) werden Kopien gefertigt. Dem Auftraggeber werden die Originale ausgehändigt. Für die Fertigung der erforderlichen Kopien, die in der Rechtsanwaltskanzlei verbleiben, zahlt der Auftraggeber 0,50 € pro angefertigte Kopie. Kosten für den sicheren postalischen Versand der Unterlagen übernimmt der Auftraggeber. Die Rechtsanwaltskanzlei teilt dem Auftraggeber die Höhe der Kopierkosten und Versandkosten vorab mit. Unmittelbar nach Ausgleich dieser Forderung erfolgt der Versand der angeforderten Unterlagen. Wünscht der Auftraggeber einen Versand der Unterlagen nicht zu seinen Händen, ist eine schriftliche Aufforderung des Auftraggebers an die Rechtsanwaltskanzlei erforderlich, an wen der Versand der Unterlagen zu erfolgen hat.

6. Anzuwendendes Recht

Für den Auftrag, seine Durchführung und alle sich hieraus ergebenden wechselseitigen Ansprüche der Vertragsparteien gilt das Recht der Bundesrepublik Deutschland unter Ausschluss etwaiger Verweisungen in andere Rechtsordnungen. Als (standortbezogener) Erfüllungsort wird – soweit gesetzlich zulässig – derjenige Ort vereinbart, an dem der Auftrag durch die Rechtsanwälte angenommen und/oder bearbeitet worden ist.

7. Nebenabreden/Salvatorische Klausel

Änderungen und/oder Ergänzungen der Mandatsbedingungen bedürfen der Schriftform. Das Schriftformerfordernis gilt auch für einen etwaigen Verzicht auf die Schriftform. Mündliche Nebenabreden zu diesen Mandatsbedingungen liegen nicht vor. Der Auftraggeber ist ggf. mittels gesonderter Schreiben und Erklärungen über verschieden erforderliche rechtliche Besonderheiten belehrt worden.

Die Unwirksamkeit einzelner Bestimmungen in dieser Vereinbarung berührt die Gültigkeit der übrigen nicht. Sollte eine der vorstehenden Bestimmungen unwirksam sein, so betrifft dies nicht die Wirksamkeit der übrigen Bestimmungen und des gesamten Mandatsvertrages. Die Vertragsparteien verpflichten sich, in diesem Fall die Bestimmungen durch eine, ihrem wirtschaftlichen Zweck am nächsten kommende Regelung zu ersetzen.

Ort, den .....

....

Rechtsanwälte Auftraggeber

476 ▶ Hinweis:

Sie können noch weit aus mehr Vereinbarungen treffen. Etwa über die Erlaubnis der Verrechnung von Fremdgeld u.v.a.m.

b) Anwaltswechsel

477 Nicht selten beauftragt der ehemalige Auftraggeber mit seiner weiteren Vertretung einen anderen Anwalt. Dieser benötigt die das Verfahren betreffenden Unterlagen. Bereits an diesem Punkt beginnt häufig eine unerfreuliche Auseinandersetzung. Der ehemalige Mandant verlangt die Herausgabe der **Handakte** (Unterlagen). Sie vertreten den Standpunkt, dass der Auftraggeber ohnehin alle Unterlagen bereits von Ihnen erhalten hat. Diesen Streit vermeiden Sie, wenn Sie gleich zu Beginn durch Mandatsbedingungen klären, dass Sie selbstverständlich bereit sind, Unterlagen zu kopieren und zu versenden. Aber eben nur gegen Erstattung von Kopierkosten und Bereitstellung der Kosten für die Übersendung (s. Ziff. 5 des Musters „Allgemeine Mandatsbedingungen") unter Kap. 8 Rdn. 475.

478 ***§ 50 Bundesrechtsanwaltsordnung (BRAO) Handakte des Rechtsanwalts***

(1) Der RA muss durch Anlegung von Handakten ein geordnetes Bild über die von ihm entfaltete Tätigkeit geben können.

(2) Der RA hat die Handakten auf die Dauer von fünf Jahren nach Beendigung des Auftrages aufzubewahren. Diese Verpflichtung erlischt jedoch schon vor Beendigung dieses Zeitraumes, wenn der RA den Auftraggeber aufgefordert hat, die Handakten in Empfang zu nehmen, und der Auftraggeber dieser Aufforderung nicht binnen sechs Monaten, nachdem er sie erhalten hat, nachgekommen ist.

(3) Der RA kann seinem Auftraggeber die Herausgabe der Handakten verweigern, bis er wegen seiner Gebühren und Auslagen befriedigt ist. Dies gilt nicht, soweit die Vorenthaltung der Handakte oder einzelner Schriftstücke nach den Umständen unangemessen wäre.

(4) Handakten im Sinne der Abs. 2 und 3 dieser Bestimmung sind nur die Schriftstücke, die der RA aus Anlass seiner beruflichen Tätigkeit von dem Auftraggeber oder für ihn erhalten hat, nicht aber Briefwechsel zwischen RA und seinem Auftraggeber und die Schriftstücke, die dieser bereits in Urschrift oder Abschrift erhalten hat.

(5) Absatz 4 gilt entsprechend, soweit sich der RA zum Führen von Handakten der elektronischen Datenverarbeitung bedient.

479 Auch im Fall des Anwaltswechsels muss die Handakte nicht so an den neuen Anwalt weitergeleitet werden, wie sie im Büro geführt wurde. Ist der Vergütungsanspruch nicht erfüllt (der Mandant hat die Rechnung nicht beglichen), ist eine Herausgabe entsprechend § 50 Abs. 3 BRAO grds. nicht vorgesehen. Das Gesetz normiert eine Herausgabeverpflichtung der Handakte bei Zahlungsrückstand seitens des Auftraggebers nur dann, wenn die Verweigerung der Herausgabe unangemessen werde. Wann Unangemessenheit vorliegt, regelt das Gesetz nicht. Dies ist eine Auslegungsfrage, die im konkreten Fall anhand der Kommentierung zu prüfen ist.

Generell ist aber die Herausgabe der Handakte für jeden betroffenen Anwalt unerfreulich. So ist es doch nicht auszuschließen, dass der ehemalige Auftraggeber sich mit Forderungen an den seinerzeitigen Anwalt wendet. Ohne dann eine Handakte vorliegen zu haben, kann der RA eine etwaige Anspruchsberechtigung des Auftraggebers nicht prüfen. Es ist unumgänglich, hier Kopien zu fertigen, und entweder dem Auftraggeber die Kopien zu überlassen oder selbst die Kopien zu behalten. 480

Ob der RA hier berechtigt ist, Kopierkosten oder sonstige Auslagen von dem Auftraggeber zu fordern, ist fraglich. 481

▶ Hinweis:

In § 50 BRAO ist nicht geregelt, **wie** Sie die Handakte aushändigen müssen. Es ist daher durchaus möglich, die Unterlagen dem neuen RA mittels Telefax oder per elektronischem Dokument zur Verfügung zu stellen.

c) Kopierkosten bei der Überlassung von Handakten

Vorbemerkung 7 VV RVG 482

(1) Mit den Gebühren werden auch die allgemeinen Geschäftskosten entgolten. Soweit nachfolgend nichts anderes bestimmt ist, kann der RA Ersatz der entstandenen Aufwendungen (§ 675 i.V.m. § 670 BGB) verlangen.

Der RA erhält für seine Tätigkeit eine Vergütung. Diese Vergütung besteht gem. § 1 Abs. 1 Satz 1 RVG aus Gebühren und Auslagen. Vorbemerkung 7 VV RVG bestimmt, dass mit den Gebühren grds. auch die allgemeinen Geschäftskosten für die Bearbeitung der Angelegenheit entgolten sind. Der RA hat i.d.R. allgemeine Geschäftsunkosten. Bei diesen Kosten handelt es sich um die Kosten, die für die allgemeine Unterhaltung und Aufrechterhaltung des Geschäftsbetriebs des RA erforderlich sind. Hierzu gehören insbes. die Miet- (oder Grundstückslasten, Wohngelder u.ä.), Einrichtungs- und Unterhaltskosten für die Kanzleiräume, Anschaffung und Unterhalt bzw. Leasingkosten für Kopierer, EDV (Soft- und Hardware), Porto, Telefon (Festnetz und Mobilfunk), Telefaxanlagen und Internetanschluss, Instandhaltungskosten, Einrichtungskosten, Grundgebühren für Informationsdienste sowie diverse Mitgliedsbeiträge, Versicherungsbeiträge (Hausrat, Rechtsschutz, Berufshaftpflicht, Berufsgenossenschaften u.a.), Büromaterial einschließlich der gängigen Formulare, Gehälter und Sozialabgaben der Angestellten und Freien Mitarbeiter, Fortbildungskosten (Seminare) und Fachliteratur (Kommentare und Zeitschriften). Diese Unkosten kann der RA nicht (auch nicht anteilig) auf seinen Auftraggeber umwälzen. Nur in wenigen Ausnahmefällen (anteilige Haftpflichtversicherung, vgl. Nr. 7007 VV RVG), lässt das Gesetz eine Umwälzung ausdrücklich zu. 483

Der RA kann aber von seinem Auftraggeber die Erstattung von Auslagen fordern. Der Grund liegt darin, dass diese Auslagen, die der RA nach dem Teil 7 VV RVG vom Auftraggeber fordern kann, aufgrund des konkreten Einzelfalls – nämlich fall- 484 bzw. aktenbezogen – entstanden sind. Sie beziehen sich auf die konkrete Angelegenheit, für die der RA eine Vergütung fordert.

485 **Verkürzte Darstellung von Nr. 7000 VV RVG**

Nr.	Auslagentatbestand	Höhe
7000	**Pauschale für die Herstellung und Überlassung von Dokumenten:** **1. für Ablichtungen und Ausdrucke** a) …… b) …… **c) zur notwendigen Unterrichtung des Auftraggebers, soweit hierfür mehr als 100 Seiten zu fertigen waren,** **d) in sonstigen Fällen nur, wenn sie im Einverständnis mit dem Auftraggeber zusätzlich, auch zur Unterrichtung Dritter, angefertigt worden sind:**	
für die ersten 50 abzurechnenden Seiten je Seite		**0,50 EUR**
für jede weitere Seite		**0,15 EUR**
2. Für die Überlassung von elektronisch gespeicherten Dateien anstelle der in Nummer 1 Buchstabe d genannten Ablichtungen und Ausdrucke: **je Datei** ….. Eine Übermittlung durch den Rechtsanwalt per Telefax steht der Herstellung einer Ablichtung gleich.		**2,50 EUR**

486 Bei der Abrechnung von **Kopierkosten** ist wegen der Höhe der Kopierkosten bereits zu Beginn des Auftragsverhältnisses eine **Auslagenvereinbarung** sinnvoll. Es ist nicht erforderlich, eine Vergütungsvereinbarung mit allen Einzelheiten zu treffen. Da die Kopierkosten überaus gering sind und die rechnerische Erfassung einige Zeit erfordert, ist es von besonderem Interesse hier mit dem Auftraggeber zu Beginn eine abweichende Kopierkostenregelung zu treffen.

487 ► Praxistipp:

Vereinbaren Sie mit dem Auftraggeber pauschal (so insbes. im baurechtlichen oder im verwaltungsrechtlichen Mandat, oder in Strafsachen, bei denen ein erhöhtes Kopieraufkommen nicht unüblich ist), dass ein einmaliger Gesamtbetrag

(50,00 €, 100,00 €, 150,00 € – je nach zu erwartendem Umfang) anstelle der gesetzlichen Auslagenregelung zu zahlen ist.

Ohne eine solche Kopierkostenregelung richtet sich die Erstattung von Kopierkosten nach der gesetzlichen Vorschrift in Nr. 7000 VV RVG. Die Frage, welche Kopie in den Anwendungsbereich der Norm fällt, ist in Literatur und Rechtsprechung stark umstritten. Hierbei geht es insbes. um das Merkmal der „Notwendigkeit" der Kopien, die der RA im Zweifel belegen muss. 488

Die zur Erfassung der notwendigen Kopien erforderliche Arbeitszeit steht in keinem Verhältnis zu der Vergütung (also den Auslagen), die dafür dann berechnet werden können. Hier wäre es sinnvoll, Kopierkosten entsprechend gefertigter Anzahl zu berechnen. Aber die gesetzliche Lage hat diverse Freiexemplare aus verschiedenen Gründen für den Auftraggeber vorgesehen. 489

Wenn der Auftraggeber die Übersendung der Handakte fordert, kann davon ausgegangen werden, dass die gefertigten Kopien auch notwendig sind. Dies gilt allerdings nicht für die Teile der Akte, für die das Gesetz selbst (s. die Ausführungen zur Handakten, § 50 Abs. 4 BRAO) vorgibt, dass sie nicht zur Handakte gehören. 490

Werden Ablichtungen oder Ausdrucke zur Unterrichtung des Auftraggebers auf dessen Aufforderung hin gefertigt, fällt dies unter Nr. 7000 Nr. 1d VV RVG. Entsprechend Nr. 7000 Nr. 1d VV RVG erfolgt die Abrechnung von Seiten, die mit dem Einverständnis des Auftraggebers vom RA zusätzlich gefertigt wurden. Zusätzliche „Kopien" sind gegeben, wenn der Auftraggeber etwa weitere Kopien oder Ausdrucke für sich oder für Dritte (der neue RA, die Rechtsschutzversicherung, u. a.) fordert. 491

Ein Großteil der Kopien ist unentgeltlich für den Auftraggeber zu fertigen. So sind die ersten 100 Kopien im Fall der Nr. 7000 Nr. 1 d VV RVG frei. Damit kann erst die 101 Kopie in Rechnung gestellt werden. Die Höhe der dann zu bezahlenden Kopien ist von der Anzahl der weiteren Kopien (also der Kopien „über 100") abhängig. Die 101 – 151 Seite kann mit 0,50 € berechnet werden, die 152 Kopie (und alle weiteren) dann nur noch mit 0,15 €. 492

d) Mandatswechsel – Übernahme eines Mandats

Es ist auch immer möglich, dass Sie das Mandat von einem anderen Anwalt übernehmen. Hierfür kommt eine Vielzahl an Gründen infrage. Die Übernahme eines Mandats von einem anderen RA ist immer mit Mehrarbeit verbunden. Wenn ein Anwaltswechsel nach der Beendigung eines Rechtszuges erfolgt, muss der übernehmende RA nicht nur die gesamte vor- bzw. außergerichtliche Korrespondenz auswerten, er muss oft innerhalb kürzester Zeit die abgeschlossene Instanz beurteilen und entscheiden, ob ein Rechtsmittel hinreichend Aussicht auf Erfolg bietet. 493

Nicht selten vereinbart der RA mit dem Auftraggeber dann eine **Vergütungsvereinbarung**, um die zu erbringende Mehrarbeit abzugelten. 494

495 Fertigen Sie in diesem Fall die Kopien, so hat der BGH (RVGreport 2005, 274) die **Notwendigkeit** dieser Kopien (sowohl im Hinblick auf den Auslagenanspruch gegenüber dem Auftraggeber und die Erstattungsfähigkeit seitens des Gegners) verneint. Der BGH verneint eine Zahllast immer dann, wenn und soweit die Handakten eines früheren Prozessbevollmächtigten gem. § 50 Abs. 1 BRAO von den entsprechenden Vorgängen ein geordnetes Bild ergeben müssten. Dies kann m. E. doch aber nur dann gelten, wenn auf die Handakten auch tatsächlich und rechtzeitig zurückgegriffen werden kann.

e) Anwaltswechsel und Rechtsschutzversicherung

496 Ist der Auftraggeber rechtsschutzversichert und beabsichtigt, den Anwalt zu wechseln, so sollten Sie ihn darauf hinweisen, dass die Rechtsschutzversicherung nur die Kosten (besser: Vergütung) für die Hinzuziehung **eines** Anwalts zahlt. Sind beim Erstanwalt schon sämtliche infrage kommenden Gebühren entstanden, zahlt die Versicherung nicht erneut an Sie.

497 ► Praxistipp:

Der Auftraggeber hat gegenüber seiner Versicherung ein **Weisungsrecht.** Er kann die Versicherung auffordern, nicht an den Erstanwalt zu zahlen, sondern an Ihre Kanzlei. Die Versicherung zahlt dann nicht mehr an den Erstanwalt. Sind bereits Vorschüsse auf die Vergütung des Erstanwaltes geleistet worden, erfolgt keine Rückforderung seitens der Rechtsschutzversicherung, denn die Zahlung des Vorschusses ist rechtmäßig erfolgt. Hat die Versicherung noch nicht geleistet, sollten Sie unbedingt selbst einen Vorschuss anfordern. Es gibt „professionelle" Anwaltswechsler, ob das Mandat mit Ihrer Kanzlei bestehen bleibt, ist fraglich. Generell sollten Sie, wenn ein Auftraggeber Sie um Übernahme eines Mandats bittet, in dem bereits andere Rechtsanwälte beauftragt waren, vor Übernahme des Auftrags von Ihrem Vorschussrecht Gebrauch machen. Einzelheiten dazu unter Kap. 10 Rdn. 178, Vorschussanforderung.

5. Abschließende Regelung in Nr. 3101 Nr. 1 VV RVG

498 Die Verfahrensgebühr der Nr. 3101 Nr. 1 VV RVG legt fest, in welchen Stadien des Verfahrens der RA bei vorzeitiger Beendigung der Angelegenheit lediglich eine 0,8 Verfahrensgebühr fordern kann.

499 Es gibt eine Vielzahl von Möglichkeiten, warum eine Angelegenheit vorzeitig endet. So kann bspw. der Auftraggeber den erteilten Prozessauftrag kündigen, die Angelegenheit kann sich erledigen (weil z. B. die Parteien noch eine Einigung ohne Einschaltung von RA erzielen können), der RA kann seine Zulassung abgeben (z. B. Altersgründe), die Zulassung kann entzogen werden u.v.a.m.

Unter Kap. 8 Rdn. 227 Geschäftsgebühr wurde bereits erläutert, dass auch bei vorgerichtlicher Tätigkeit des RA nur die reduzierte Verfahrensgebühr gem. Nr. 3101 Nr. 1 VV RVG entstanden sein kann. 500

6. Verfahrensgebühr der Nr. 3101 Nr. 1 VV RVG und mehrere Auftraggeber

Vertritt der Anwalt mehrere Auftraggeber, erhöht sich die Verfahrensgebühr gem. Nr. 3101 Nr. 1 VV RVG um 0,3 für jeden zusätzlichen Auftraggeber. Die Erhöhung gem. Nr. 1008 VV RVG kann auch hier nicht mehr als 2,0 betragen (s. Ausführungen unter Kap. 8 Rdn. 433). 501

7. Besonderheiten der Verfahrensgebühr im Arbeitsrecht

Viele RA haben sich auf arbeitsrechtliche Mandate spezialisiert. Aber auch der RA, der eine breit gefächerte Interessenvertretung durchführt, ist mit dem arbeitsrechtlichen Mandat i. d. R. vertraut. Die Abwehr einer Kündigung durch Erhebung einer Kündigungsschutzklage gehört hierbei zum Alltag. Diese ist an die kurze dreiwöchige Ausschlussfrist gebunden. Wird der RA vor Erhebung der Klage auftragsgemäß vor- bzw. außergerichtlich tätig, gibt es häufig Auseinandersetzungen mit RSV, ob die Geschäftsgebühr, die für die vor- bzw. außergerichtliche Tätigkeit entstanden ist, gefordert werden kann. Viele Versicherer erheben hier den Einwand, dass der Versicherungsnehmer eine Obliegenheitsverletzung begeht, wenn er nicht gleich einen unbedingten Klageauftrag erteilt. Für den Fall eines unbedingten Klageauftrages kann keine Geschäftsgebühr gem. Nr. 2300 VV RVG entstehen. 502

Der RA erhält von dem Auftraggeber – auch wegen der kurzen Ausschlussfrist (drei Wochen ab Zugang der Kündigung) zur Erhebung der Kündigungsschutzklage beim zuständigen Arbeitsgericht gleich einen Prozessauftrag. Immer wieder wünscht aber der Auftraggeber, dass der RA sich zunächst vor- bzw. außergerichtlich mit seinem Arbeitgeber in Verbindung setzt, mit dem Bemühen, eine vergleichsweise Einigung zu erzielen und die Angelegenheit ohne gerichtliches Verfahren zu bereinigen. 503

Ist dem RA ein solcher Auftrag erteilt, entsteht für seine vor- bzw. außergerichtliche Tätigkeit die **Geschäftsgebühr.** Nimmt er zum Zwecke der Vergleichsverhandlungen telefonisch Kontakt zur Gegenseite auf, entsteht zunächst **keine** Terminsgebühr. Erteilt ihm der Auftraggeber nun nach Scheitern der vorgerichtlichen Bemühungen einen Klageauftrag und einigen sich die Parteien dann doch noch vor Einreichung der Klage (z. B. weil der Arbeitgeber auf das Vergleichsangebot zurückkommt, mittlerweile aber der Klageauftrag erteilt ist), dann ist die **Verfahrensgebühr** gem. Nr. 3101 Nr. 1 VV RVG entstanden. Werden jetzt noch einmal (ggf. auf Wunsch des Auftraggebers) telefonische oder persönliche Vergleichsgespräche geführt, die in einem Vergleich enden, ist zusätzlich die **Terminsgebühr** entstanden. 504

Die gebührenrechtliche Lage: 505

1,6 Geschäftsgebühr gem. §§ 2 Abs. 2, 13, 14 Nr. 2300 VV RVG

(Abweichende Bestimmung des Gebührensatzrahmens gem. § 14 RVG)

0,05 Restverfahrensgebühr gem. §§ 2 Abs. 2, 13 Nr. 3101 Nr. 1 VV RVG

(Anrechnung der Geschäftsgebühr i.H.v. 0,75 gem. Vorbemerkung 3 Abs. 4 VV RVG)

1,2 Terminsgebühr gem. §§ 2 Abs. 2, 13 Nr. 3104 VV RVG

1,5 Einigungsgebühr gem. §§ 2 Abs. 2, 13 Nr. 1000 VV RVG

506 Die Rechtsschutzversicherung des Auftraggebers zahlt i. d. R. nicht die Geschäftsgebühr nach Nr. 2300 VV RVG, weil diese die Kosten hierfür für nicht notwendig ansieht (sog. Obliegenheitsverletzung – die Kosten sollen möglichst gering gehalten werden, in der Form, dass gleich ein Klageauftrag erteilt wird). Die Versicherung wendet ein, dass der Auftraggeber von Anfang an einen **unbedingten** Klageauftrag hätte erteilen können, sodass das Verfahren deutlich günstiger gewesen wäre. Dies ist unzutreffend.

507 Erteilt der Auftraggeber dem RA sofort einen unbedingten Klageauftrag, so entsteht für den Fall von telefonischen Besprechungen mit Einigungsbemühungen die Terminsgebühr. Diese entsteht im Fall einer Geschäftsgebühr aber nicht.

Das gebührenrechtliche Ergebnis ist sogar höher, wenn sich der RA gleich einen unbedingten Klageauftrag erteilen lässt und seine Vergleichsbemühungen erfolgreich sind.

508 Sinnvollerweise sollten Sie aber Ihren Auftraggeber gleich bei Auftragserteilung darauf hinweisen, dass es für den Fall einer Einigung ohne Einschaltung der Gerichte, sehr wahrscheinlich ist, dass seine Rechtsschutzversicherung nur Teile der Anwaltsvergütung übernimmt. Dem Auftraggeber steht es selbstverständlich frei, jeden Auftrag so zu erteilen, wie er eine rechtliche Vertretung erwünscht. Es kann aber durchaus sein, dass dann Teile der Anwaltsvergütung von ihm selbst zu tragen sind. Sinnvoll ist es hier, wenn der RA bereits im Beratungsgespräch auf die zu erwartende Problematik hinweist.

► Muster: Belehrung Auftraggeber/Verfahrensgebühr oder Geschäftsgebühr
509 **(unbedingter Klageauftrag)**

Anrede,

wir werden in Ihrer Angelegenheit bemüht sein, die von Ihnen gewünschte Einigung mit der Gegenseite herbeizuführen. Wir möchten bei dieser Gelegenheit darauf hinweisen, dass der von Ihnen erteilte Auftrag dazu führen kann, dass Ihre Rechtsschutzversicherung Teile der hier entstandenen Vergütung nicht zahlen wird. Rechtsschutzversicherungen gehen regelmäßig davon aus, dass eine vorgerichtliche Tätigkeit des Rechtsanwaltes in arbeitsrechtlichen Kündigungsauseinandersetzungen nicht erforderlich und damit nicht notwendig ist.

Sollte dies der Fall sein, verbleibt ein Teil der hier entstandenen Vergütung bei Ihnen, Sie müssten die ausstehende Vergütung begleichen.

Wir haben uns bereits jetzt darum bemüht, Ihre Rechtsschutzversicherung von der Notwendigkeit und Angemessenheit des von Ihnen erteilten Auftrags zu überzeugen. Sollten wir hier scheitern, kommen wir auf die Angelegenheit zurück.

Die genaue Vergütungshöhe, die bei Ihnen verbleibt, können wir noch nicht zuverlässig bestimmen. Hier bleibt abzuwarten, wie Ihre Rechtsschutzversicherung auf unser Schreiben reagiert.

Grußformel

XIII. Verfahrensgebühr gem. Nr. 3101 Nr. 2. VV RVG

Verkürzte Darstellung der Nr. 3101 Nr. 2 VV RVG 510

Nr.	Gebührentatbestand	Gebühr oder Satz der Gebühr nach § 13 RVG
3101	2. soweit lediglich beantragt ist, eine Einigung der Parteien oder mit Dritten über in diesem Verfahren nicht rechtshängige Ansprüche zu Protokoll zu nehmen oder festzustellen (§ 278 Abs. 6 ZPO), oder soweit lediglich Verhandlungen vor Gericht zur Einigung über solche Ansprüche geführt werden, oder beträgt die Gebühr 3100	0,8

1. Allgemeines zur Verfahrensgebühr gem. Nr. 3101 Nr. 2 VV RVG

Entsprechend Nr. 3101 Nr. 2 VV RVG erhält der RA die 0,8 Verfahrensgebühr auch für den Antrag, eine erzielte Einigung zwischen den Parteien (oder mit Dritten) über die in diesem gerichtlichen Verfahren nicht rechtshängigen Ansprüche zu protokollieren. 511

Umfasst ist damit auch eine Einigung, über die in einem **anderen** gerichtlichen Verfahren evtl. anhängigen Ansprüche. Es kommt für die Anwendbarkeit der Nr. 3101 Nr. 2 VV RVG nur darauf an, dass die An- oder Rechtshängigkeit der Ansprüche für das Verfahren nicht gegeben ist, in dem die Ansprüche mit einbezogen werden. 512

Hierbei kann es sich z. B. um die Protokollierung eines in einem PKH-Bewilligungsverfahren geschlossenen Vergleichs handeln oder um Ansprüche, die noch in keinem anderen gerichtlichen Verfahren anhängig oder rechtshängig sind. 513

Die Verfahrensgebühr nach Nr. 3101 Nr. 2 VV RVG ist eine sog. **Betriebsgebühr.** 514
Sie entsteht nicht einzeln sondern neben der Verfahrensgebühr der Nr. 3100 VV RVG (vgl. die Ausführungen unter Kap. 8 Rdn. 360 zur Einigungsgebühr – Einigung über nicht rechtshängige Ansprüche). Wenn in einem Verfahren zwei Verfahrensgebühren entstehen, muss eine sog. Prüfung nach § 15 Abs. 3 RVG erfolgen. Der RA kann und darf nicht mehr berechnen, als die von Anfang an im Gebühren-

rahmen höchst mögliche Verfahrensgebühr nach dem höchsten infrage kommenden Gegenstandswert (Berechnungsbeispiel bei den Ausführungen zur Einigungsgebühr).

515 Die 0,8 Verfahrensgebühr gem. Nr. 3101 Nr. 2 VV RVG ist **erfolgsunabhängig.** Nur die Einigungsgebühr, die zusätzlich entsteht, ist davon abhängig, dass die Einigung auch rechtswirksam wird. Die Verfahrensgebühr bleibt bestehen, auch wenn der protokollierte Vergleich nicht zustande kommt.

516 Da die Ansprüche, die protokolliert werden, im Verfahren nicht anhängig sind, ist es zur Schaffung eines zur Zwangsvollstreckung geeigneten Titels erforderlich, dass die Einigung genau festgehalten wird.

2. Geschäftsgebühr und Differenzverfahrensgebühr

517 Damit die Verfahrensgebühr der Nr. 3101 Nr. 2 VV RVG entstehen kann, ist es erneut erforderlich, dass der RA den Auftrag hatte, entsprechend tätig zu werden. Hat der RA seitens des Auftraggebers nur einen Auftrag zur vor- bzw. außergerichtlichen Vertretung erhalten, kann nicht die **Differenzverfahrensgebühr** entstehen. In diesem Fall entsteht die Geschäftsgebühr gem. Nr. 2300 VV RVG. Ist zuerst die Geschäftsgebühr entstanden und entsteht im Anschluss daran die Differenzverfahrensgebühr gem. Nr. 3101 Nr. 2 VV RVG, ist die Anrechnung gem. Vorbemerkung 3 Abs. 4 VV RVG zu berücksichtigen (näheres im Beispiel unter Kap. 8 Rdn. 238 zur Geschäftsgebühr).

XIV. Terminsgebühren

518 *Vorbemerkung 3 VV RVG*

(3) Die Terminsgebühr entsteht für die Vertretung in einem Verhandlungs-, Erörterungs- oder Beweisaufnahmetermin oder die Wahrnehmung eines von einem gerichtlich bestellten Sachverständigen anberaumten Termins oder die Mitwirkung an auf die Vermeidung oder Erledigung des Verfahrens gerichteten Besprechungen auch ohne Beteiligung des Gerichts; dies gilt nicht für Besprechungen mit dem Auftraggeber.

519 Nr. 3104

Nr.	Gebührentatbestand	Gebühr oder Satz der Gebühr nach § 13 RVG
3104	**Terminsgebühr, soweit in Nummer 3106 nichts anderes bestimmt ist** (1) Die Gebühr entsteht auch, wenn 1. in einem Verfahren, für das mündliche Verhandlung vorgeschrieben ist, im Einverständnis mit den Parteien oder gemäß § 307 oder § 495a ZPO ohne mündliche Verhandlung	1,2

	entschieden oder in einem solchen Verfahren ein schriftlicher Vergleich geschlossen wird, 2. nach § 84 Abs. 1 Satz 1 VwGO oder § 105 Abs. 1 SGG ohne mündliche Verhandlung durch Gerichtsbescheid entschieden wird oder 3. das Verfahren vor dem Sozialgericht nach angenommenem Anerkenntnis ohne mündliche Verhandlung endet. (2) Sind in dem Termin auch Verhandlungen zur Einigung über in diesem Verfahren nicht rechtshängige Ansprüche geführt worden, wird die Terminsgebühr, soweit sie den sich ohne Berücksichtigung der nicht rechtshängigen Ansprüche ergebenden Gebührenbetrag übersteigt, auf eine Terminsgebühr angerechnet, die wegen desselben Gegenstands in einer anderen Angelegenheit entsteht. (3) Die Gebühr entsteht nicht, soweit lediglich beantragt ist, eine Einigung der Parteien oder mit Dritten über nicht rechtshängige Ansprüche zu Protokoll zu nehmen. (4) Eine in einem vorausgegangenen Mahnverfahren oder vereinfachten Verfahren über den Unterhalt Minderjähriger entstandene Terminsgebühr wird auf die Terminsgebühr des nachfolgenden Rechtsstreits angerechnet.	

1. Allgemeines

Entsprechend § 15 Abs. 2 RVG gilt auch für die Terminsgebühr der Grundsatz, dass sie in jedem Rechtszug nur einmal entsteht. Auch wenn der RA an 20 Gerichtsverhandlungen teilnehmen muss, ändert dies nichts daran, dass er nur einmal die Terminsgebühr berechnen kann. Eine Terminsgebühr kann der RA darüber hinaus auch nicht für Besprechungen mit dem Auftraggeber fordern. 520

Die Definition des Rechtszuges ergibt sich aus § 19 Abs. 1 RVG. 521

Die Terminsgebühr entsprechend Vorbemerkung 3 Abs. 3 i.V.m. Nr. 3104 VV RVG entsteht: 522

– für die Vertretung in einem Verhandlungs-, Erörterungs- oder Beweisaufnahmetermin,

- für die Wahrnehmung eines von einem gerichtlich bestellten Sachverständigen anberaumten (Orts-) Termins,
- für die Mitwirkung an Besprechungen, mit welchen das Verfahren vermieden oder erledigt werden soll, ohne dass das Gericht an diesen teilnimmt. Dabei ist es unschädlich, wenn das Gericht an diesen Besprechungen teilnehmen sollte. Die Terminsgebühr entsteht auch dann.
- bei einer Entscheidung ohne mündliche Verhandlung,
- bei einer Protokollierung nach § 278 Abs. 6 Satz 2 ZPO.

2. Terminsgebühr im Gerichtstermin

523 Für das Entstehen der Terminsgebühr ist es nicht erforderlich, dass der RA im Gerichtstermin einen Sachantrag stellt oder dass die Sache erörtert wird. Die Terminsgebühr entsteht bereits dann, wenn der RA den Termin in **Verhandlungsbereitschaft** wahrnimmt. Sobald der RA den Termin wahrnimmt, ist häufig davon auszugehen, dass er eine 1,2 Terminsgebühr fordern kann. Nur für den Fall der **Säumnis** und der ausdrücklich **Einschränkung** der Höhe der Terminsgebühr in Nr. 3105 VV RVG entsteht die Terminsgebühr nicht i.H.v. 1,2, sondern nur i.H.v. 0,5.

524 Nimmt den Gerichtstermin ein anderer Anwalt wahr (Unterbevollmächtigter), so kann nur dieser die Terminsgebühr berechnen, der sog. Hauptbevollmächtigte hat dann keinen Anspruch auf die Terminsgebühr. Selbstverständlich kann der Hauptbevollmächtigte aus anderen Gründen einen berechtigten Anspruch haben, sodass er die Terminsgebühr geltend machen kann – allerdings nie dafür, dass ein anderer Anwalt den Termin wahrgenommen hat. (Die zu BRAGO-Zeiten entsprechend geltende Regelung des § 53 BRAGO mit automatischen Verhandlungsgebühren für Unterbevollmächtigte und Hauptbevollmächtigte hat keine Entsprechung im RVG erhalten).

3. Terminsgebühr ohne Beteiligung des Gerichts

525 Einer der Grundgedanken bei der Einführung des RVG war, die Anwaltschaft auch durch Gebührenanreize anzuhalten, in jedem Stadium des Verfahrens nach einer einvernehmlichen Lösung zu suchen und damit die Gerichte zu entlasten. Das RVG regelt daher, dass bereits die Mitwirkung an Besprechungen, mit welchen das gerichtliche Verfahren verhindert werden soll, oder durch die eine gütliche Einigung (Vergleich) erzielt werden soll, die Terminsgebühr entstehen lässt. Dabei ist es nicht erforderlich, dass das Gericht an den Verhandlungen beteiligt ist. Die „Vergleichsbesprechungen“ können daher z. B. auch telefonisch geführt werden.

526 Dienen die geführten Besprechungen nicht dem Bemühen, das gerichtliche Verfahren zu vermeiden oder zu beenden (s. Gesetzeswortlaut unter Kap. 8 Rdn. 518), entsteht keine Terminsgebühr.

527 Es ist nicht zwingend erforderlich, dass die Besprechungen nur mit der Gegenseite (bzw. mit dem vertretungsberechtigten RA) geführt werden. Ausreichend ist eine Besprechung auch mit einem Dritten.

Dritte können alle aus **sachlichen** Gründen Beteiligte sein, aber nie der Auftraggeber. Schwierig wird es, wenn Besprechungen mit Dritten erforderlich werden (Steuerberater, Wirtschaftsprüfer, Ärzte, Angehörige des Auftraggebers), die selbst nicht Auftraggeber sind. Dienen diese Besprechungen auch der Vermeidung oder Erledigung eines gerichtlichen Verfahrens, liegt m. E. kein Grund vor, warum die Terminsgebühr nicht entstehen soll. Hierzu gibt es allerdings keine gesicherte Rechtsprechung, die Geltendmachung der Terminsgebühr ist damit in diesen Fällen durchaus risikoreich. Einhellig wird jedoch die Auffassung vertreten, dass **keine** Terminsgebühr besteht, sobald das Gespräch mit Dritten lediglich der **Informationsbeschaffung** dient (oder auch Aufklärung des Sachverhalts u. ä.). 528

4. Terminsgebühr, wenn das gerichtliche Verfahren nicht anhängig ist

Lange uneinig waren sich Kommentarautoren und die Rechtsprechung über die Frage, ob die Terminsgebühr nur entstehen kann, wenn ein gerichtliches Verfahren bereits **anhängig** ist (Terminsgebühr nach Vorbemerkung 3 Abs. 3, 3. Alt VV RVG). Der BGH hat entschieden, dass der Rechtsstreit oder das Verfahren nicht anhängig sein muss, damit die Terminsgebühr entstehen kann. Der BGH hat aber verlangt (BGH, Urt. v. 08. 02. 2007 – IX ZR 215/05, AGS 2007, 166 = RENOpraxis 2007, 66 = RVGreport 2007, 143 = JurBüro 2007, 241), dass der Anwalt vom Auftraggeber einen **unbedingten Klageauftrag** erhalten haben muss, sonst könne die Terminsgebühr nicht entstehen. Hier verweise ich auf die Ausführungen zur Geschäftsgebühr unter Kap. 8 Rdn. 207, insbes. den Hinweis darauf, dass neben der Geschäftsgebühr die Terminsgebühr nicht entstehen kann. 529

Zwingend ist ein unbedingter Klageauftrag, ein nur bedingter Klageauftrag (der Klageauftrag wird für den Fall erteilt, dass die vor- bzw. außergerichtlichen Verhandlungen scheitern) genügt nicht. Ging der RA aber von dem Scheitern der vor- bzw. außergerichtlichen Verhandlungen aus (z. B. weil der Gegner trotz Zahlungszusage nicht zahlt, oder die Zahlungsfrist ergebnislos verstrichen ist) und hat sich der bedingte Klageauftrag in einen unbedingten Klageauftrag gewandelt, kann die Terminsgebühr entstehen, wenn dann z. B. telefonische Verhandlungen mit der Gegenseite geführt werden. 530

5. Erfolgsunabhängigkeit der Terminsgebühr

Der RA erhält die Terminsgebühr auch dann, wenn die Bemühungen scheitern. Das Verfahren muss durch die Besprechungen weder vermieden noch beendet werden. Die Gebühr entsteht erfolgsunabhängig. 531

6. Nachweis der Terminsgebühr gem. Vorbemerkung 3 Abs. 3, 3. Alt. VV RVG

Der RA, der die Terminsgebühr geltend macht, muss im Zweifel nachweisen und belegen können, dass die Terminsgebühr entstanden ist. Hierfür ist es erforderlich, nachzuweisen, aufgrund welcher Tatsachen eine Terminsgebühr entstanden ist. Der Klägeranwalt hat es hier i. d. R. leichter, den entsprechenden Auftrag und den Anfall 532 der Terminsgebühr geltend zu machen. Der RA, der den zukünftigen Beklagten vertreten wird, muss ebenfalls einen unbedingten Prozessauftrag erhalten haben. Hier ist anzunehmen, dass dieser Auftrag ihm vermutlich erst erteilt wird, wenn der Beklagte positiv Kenntnis von einem anhängigen gerichtlichen Verfahren hat. Selbstverständlich kann der zukünftige Beklagte seinen Prozessbevollmächtigten aber auch beauftragen, beispielsweise eine negative Feststellungsklage zu erheben. Aber letztlich ist der Beklagtenanwalt dann auch Klägeranwalt.

533 Liegt auf Beklagtenseite noch kein unbedingter Prozessauftrag vor, kann nur die Geschäftsgebühr entstanden sein.

534 ► Praxistipp:

In der Vielzahl der Fälle bahnt sich die telefonische Besprechung zwischen den Beteiligten mit Ihrer Einschaltung ein. Sie – oder ein Kollege/eine Kollegin – vermitteln das Gespräch an den zuständigen RA weiter. In den Kanzleien, in denen noch keine ausschließlich elektronische Akte geführt wird, wird dann unverzüglich die entsprechende Akte vorgelegt. Legen Sie der Akte an gut sichtbarer Stelle eine Notiz für einen Telefonvermerk bei, damit der Nachweis der Terminsgebühr im Streitfall leicht erfolgen kann.

535 ► **Muster: Muster zum Nachweis der vorgerichtlich entstandenen Terminsgebühr**

Anfall der Terminsgebühr in der Akte

A..... ./. B .....

Hiesiges Aktenzeichen: .....

Am ..... hat von ..... bis ..... Uhr

eine Besprechung

mit .....

a) dem Unterzeichner

b) und dem Gesprächspartner/den Gesprächspartnern

in .....

(Angabe des Besprechungsortes, des Besprechungsgrunds, wenn möglich, evtl. auch Telefon)

stattgefunden.

Beteiligte der Besprechung waren: .....

(ggf. s. o.)

Gegenstand der Besprechung war: .....

Ziel der Besprechung war: .....

Die Besprechung hat zu folgendem

Ergebnis: .....

Zwischenergebnis: .....

keinem Ergebnis .....

geführt.

.....

Rechtsanwalt

7. Erstattungsfähigkeit der Terminsgebühr gem. Vorbemerkung 3 Abs. 3, 3. Alt VV RVG

Die Beweislast für den Anfall der Terminsgebühr trägt der RA, der diese geltend machen möchte. Aus der Gerichtsakte lässt sich die Terminsgebühr nicht entnehmen, sodass bei einer Festsetzung gem. § 103 ff. ZPO dem Gericht die Terminsgebühr so nachgewiesen werden muss, dass das Entstehen der Terminsgebühr nicht mehr zweifelhaft ist. Hier reicht **Glaubhaftmachung** (eidesstattliche Versicherung) aus. Es spricht nichts gegen eine Festsetzbarkeit. Der BGH (Anwaltsgebührenspezial 2007, 115) hat sich ebenfalls für eine Festsetzbarkeit der vorgerichtlichen Terminsgebühr ausgesprochen, wenn grds. zwischen den Parteien Einigkeit besteht, dass die Terminsgebühr entstanden ist. 536

8. Terminsgebühr auch ohne mündliche Verhandlung

§ 128 Abs. 1 ZPO regelt, dass grds. eine mündliche Verhandlung erfolgen soll. Erfolgt eine mündliche Verhandlung, entsteht die Terminsgebühr gem. Nr. 3104 VV RVG. Es gibt darüber hinaus die Möglichkeit, dass die Terminsgebühr auch entsteht, ohne dass tatsächlich mündlich verhandelt wird (unter Verhandlung i.S.d. RVG ist der verhandlungsbereite anwesende Rechtsanwalt zu verstehen). 537

Entsprechend der Regelung in Nr. 3104 Abs. 1 VV RVG gibt es Ausnahmen vom Verhandlungsgrundsatz. Der RA erhält die 1,2 Terminsgebühr auch dann, wenn in den in Nr. 3104 Abs. 1 VV RVG genannten Fällen eine Entscheidung ohne mündliche Verhandlung ergeht (§ 128 Abs. 3 ZPO). 538

Es muss allerdings eine mündliche Verhandlung vorgeschrieben und nicht nur freigestellt sein. 539

Liegen Verfahren vor, die entsprechend § 128 Abs. 2 ZPO oder § 495a ZPO gar keine mündliche Verhandlung erfordern, fällt auch keine Terminsgebühr an. 540

Eine Terminsgebühr kann nur entstehen, wenn eine Entscheidung ergeht, die bei einem Verfahren mit einem Streitwert über 600,00 € eigentlich einer mündlichen Verhandlung bedürfte. 541

9. Terminsgebühr bei Anerkenntnis

542 Die Bestimmungen zur Terminsgebühr in Nr. 3104 Abs. 1 Nr. 1 VV RVG sieht vor, dass eine Terminsgebühr auch im Fall eines Anerkenntnisses (§ 307 ZPO) entsteht. Eine Terminsgebühr fällt auch beim Anerkenntnis im schriftlichen Verfahren an. Eine Terminsgebühr gem. Nr. 3104 Abs. 1 Nr. 1 RVG entsteht durch den Erlass sämtlicher Anerkenntnisurteile, die ohne mündliche Verhandlung ergehen.

543 Dies gilt sogar dann, wenn ein Anerkenntnisurteil ergeht, ohne dass der Kläger dieses beantragt hat, der Antrag ist für das Entstehen der Terminsgebühr nicht erforderlich.

544 Immer wieder kommt es vor, dass ein Auftraggeber die Kanzlei beauftragt, wenn bereits ein gerichtliches Verfahren gegen ihn rechtshängig ist. Kommt der Anwalt dann zu dem Ergebnis, dass eine Verteidigung gegen die Ansprüche der Gegenseite keine Aussicht auf Erfolg bietet, muss ermittelt werden, wie der RA das Verfahren „kostengünstig" erledigen kann.

545 Es muss berechnet werden, welche Kosten für den Fall eines Anerkenntnisses entstehen und welche Kosten für den Fall eines **Versäumnisurteils** entstehen. Die günstigere Variante entscheidet über den Ausgang des Verfahrens. Die Berechnungen müssen nur die Terminsgebühr und die Gerichtskosten berücksichtigen. Die Verfahrensgebühr entsteht in beiden Fällen gleich hoch.

- Kosten bei Anerkenntnis
  Für den Fall eines Anerkenntnisses entsteht eine:
  1,2 Terminsgebühr gem. §§ 2 Abs. 2, 13 Nr. 3104 Abs. 1 Nr. 1 VV RVG.
  Die Gerichtskosten reduzieren sich aber für den Fall eines Anerkenntnisses auf 1,0 (§ 3 Abs. 2 Nr. 1211 Nr. 2 KV GKG).
- Kosten bei Säumnis
  Für den Fall der Säumnis entsteht (grds.) eine:
  0,5 Terminsgebühr gem. §§ 2 Abs. 2, 13 RVG Nr. 3105 Abs. 1 VV RVG.
  Die Gerichtskosten betragen unvermindert 3,0 (§ 3 Abs. 2 Nr. 1210 KV GKG).

546 Das rechnerische Ergebnis entscheidet hier darüber, welches weitere Vorgehen dem Auftraggeber vorgeschlagen werden sollte.

547 Sowohl die Anwaltsgebühren als auch die Gerichtskosten berechnen sich nach einer Tabelle. Für die Anwaltskosten ist grds. die Tabelle zu § 13 RVG maßgebend (Ausnahme z. B.: bewilligte PKH).

548 ► Beispiel:

Vom Auftraggeber wird im Wege der Klage verlangt, dass er eine Zahlung i.H.v. 5.000,00 € leistet. Ein Vorgehen gegen diese Forderung ist aussichtslos.

Unter Berücksichtigung der Kostenfolge für die Terminsgebühren ergibt sich nachstehende Gegenüberstellung.

Für den Fall des ***Anerkenntnisses*** schuldet er:

1,2 Terminsgebühr gem. §§ 2 Abs. 2, 13 Nr. 3104 Nr. 1 VV RVG	***361,20 €***
(Entgelte für Post- und Telekommunikationsdienstleistungen betragen schon nur unter Berücksichtigung der Verfahrensgebühr bei einem Gegenstandswert von 5.000,00 € 20,00 € und sind daher hier nicht aufgeführt.)	
19 % anteilige USt gem. Nr. 7008 VV RVG	*68,63 €*
Summe (ohne Gerichtskosten)	*429,83 €*
1,0 Gerichtskosten	*121,00 €*
Gesamtsumme	***550,83 €***
*Für den Fall der **Säumnis** schuldet er:*	
0,5 Terminsgebühr gem. §§ 2 Abs. 2, 13 Nr. 3105 Abs. 1 VV RVG	***150,50 €***
(Wegen der Entgelte für Post- und Telekommunikationsdienstleistungen s. den obigen Hinweis.)	
19 % anteilige USt gem. Nr. 7008 VV RVG	*28,60 €*
Summe (ohne Gerichtskosten)	*179,10 €*
3,0 Gerichtskosten	*363,00 €*
Gesamtsumme	***542,10 €***

Im Fall der Säumnis „spart" der Auftraggeber hier 8,73 €. Die Einsparung wird größer, je höher der Gegenstandswert der Angelegenheit ist.

10. Terminsgebühr für schriftlichen Vergleich

Entsprechend Nr. 3104 Abs. 1 Nr. 1, 2. Alt. VV RVG hat der RA aufgrund gesetzlicher Vorschrift Anspruch auf die „volle" Terminsgebühr für den Abschluss eines schriftlichen Vergleichs (Vergleich im Beschlusswege gem. § 278 Abs. 6 ZPO) in einem Verfahren, für das eine mündliche Verhandlung grds. vorgeschrieben ist. Allgemein wird in Rechtsprechung und Literatur die Auffassung vertreten, dass eine Terminsgebühr auch dann entsteht, wenn eine mündliche Verhandlung nicht vorgeschrieben ist. **549**

Die Terminsgebühr entsteht für den Fall des schriftlichen Vergleichs auch dann, wenn der Vergleichsvorschlag durch das Gericht unterbreitetet worden ist. **550**

11. Terminsgebühr und nicht rechtshängige Ansprüche

Die Terminsgebühr gem. Nr. 3104 Abs. 2 VV RVG entsteht auch dann, wenn eine Einigung über nicht rechtshängige Ansprüche erzielt wird. Es entsteht eine **einheitliche** Terminsgebühr. Zum Gegenstandswert der bisher entstandenen Terminsgebühr wird der Gegenstandswert im Hinblick auf die nicht rechtshängigen Ansprüche hin- **551** zu addiert. Die Terminsgebühr berechnet sich aus dem **Gesamtgegenstandswert** der rechtshängigen und der nicht rechtshängigen Ansprüche.

12. Terminsgebühr bei unechter Säumnis

552 Wird die Klage durch ein sog. unechtes VU abgewiesen (ein VU gem. § 333 Abs. 2 – die Klage wird abgewiesen trotz Säumnis des Beklagten, s. Kap. 7 Rdn. 70) entsteht die volle Terminsgebühr.

553 Die Ermäßigungsvorschriften auf 0,5 in Nr. 3105 Abs. 1 Nr. 2 VV RVG greifen nicht. Diese sind nur einschlägig, für den Fall des Erlasses eines echten VU gem. § 331 Abs. 3 ZPO, das sich gegen den Beklagten richtet.

13. Terminsgebühr im Mahnverfahren

554 Auf die Terminsgebühr im Mahnverfahren mit Anrechnung wird unter Kap. 8 Rdn. 900 zur Vergütung im Mahnverfahren eingegangen.

XV. Reduzierte Terminsgebühr gem. Nr. 3105 VV RVG

555 **Nr. 3105**

Nr.	Gebührentatbestand	Gebühr oder Satz der Gebühr nach § 13 RVG
3105	**Wahrnehmung nur eines Termins, in dem eine Partei nicht erschienen oder nicht ordnungsgemäß vertreten ist und lediglich ein Antrag auf Versäumnisurteil oder zur Prozess- oder Sachleitung gestellt wird:**	0,5
Die Gebühr 3104 beträgt (1) Die Gebühr entsteht auch, wenn 1. das Gericht bei Säumnis lediglich Entscheidungen zur Prozess- oder Sachleitung von Amts wegen trifft oder 2. eine Entscheidung gemäß § 331 Abs. 3 ZPO ergeht. (2) Absatz 1 der Anmerkung zu Nummer 3104 gilt entsprechend. (3) § 333 ZPO ist nicht entsprechend anzuwenden.		

1. Allgemeines

Grds. ist zunächst das Entstehen der „vollen" Terminsgebühr gem. Nr. 3104 VV RVG zu prüfen. Erst wenn sich aus dieser Norm das Entstehen der vollen Terminsgebühr nicht ergibt, ist zu prüfen, ob die Terminsgebühr entsprechend Nr. 3105 VV RVG entstanden ist. Die Reduzierung (oder Ermäßigung) der Terminsgebühr stellt eine Ausnahme dar, nicht die Regel. 556

2. Entstehen der reduzierten Terminsgebühr

Die reduzierte Terminsgebühr entsteht, 557
- sofern eine Partei nicht erschienen oder
- ordnungsgemäß vertreten ist und
- der gegnerische RA lediglich einen Antrag auf VU oder
- einen Antrag zur Prozess- oder Sachleitung stellt.

Verhandelt oder erörtert der erschienene Anwalt mit dem Gericht über einen Teil der Forderung (ohne dass auf der Gegenseite die Partei oder der Anwalt erschienen sind), entsteht in diesem Fall hinsichtlich des Teils, auf den sich die Verhandlung/Erörterung bezog, eine 1,2 Terminsgebühr gem. Nr. 3104 VV RVG. Einseitige Erörterungen eines zum Termin erschienenen Anwalts lösen die vollen Terminsgebühr aus; es ist nicht erforderlich, dass die Gegenseite in diesem Fall tatsächlich erschienen oder vertreten ist. 558

Nur für den Teil, über den der RA nicht (einseitig) verhandelt hat, kann eine reduzierte Terminsgebühr gem. Nr. 3105 VV RVG entstehen. Für diesen Fall ist auf die Regelung in § 15 Abs. 3 RVG zurückzugreifen (nicht mehr als eine 1,2 Terminsgebühr nach dem höchsten infrage kommenden Gegenstandswert). 559

Für das volle Entstehen der Terminsgebühr gem. Nr. 3104 VV RVG reicht es aus, wenn der erschienene Anwalt die Schlüssigkeit der Klage (oder auch prozessuale Fragen wie Zuständigkeit des Gerichts, Zulässigkeit des Rechtswegs, etc.) erörtert hat. 560

3. Terminsgebühr bei zweitem VU

War der Beklagte bereits einmal säumig und hat gegen das VU form- und fristgerecht **Einspruch** eingelegt, wird ein neuer Termin zur mündlichen Verhandlung anberaumt. Erscheint der Beklagte auch in diesem Termin nicht, so beantragt der RA des Klägers gegen den zum zweiten Mal in Folge nicht erschienenen Beklagten den Erlass eines zweiten VU. Der Antrag auf Erlass eines zweiten VU kommt nur dann infrage, wenn der Beklagte unmittelbar in Folge zweimal hintereinander säumig war. In diesem Fall verdient der Klägeranwalt eine 1,2 Terminsgebühr gem. Nr. 3104 VV RVG und nicht nur eine 0,5 Terminsgebühr gem. Nr. 3105 VV RVG (BGH, RVGreport 2006, 304, 428; RVGreport 2007, 31 f.). 561

4. Terminsgebühr bei Flucht in die Säumnis

562 In einigen Fällen ergibt sich aus dem Verlauf der mündlichen Verhandlung, dass die Stellung eines Antrags für den Beklagtenvertreter zur Folge hätte, dass ein abweisendes Urteil ergehen würde. Dieses Urteil ist – wenn überhaupt (Überschreiten des Wertes der Beschwer von 600,00 € oder Zulassung der Berufung) – nur mit der **Berufung** anfechtbar. Dies bedeutet, dass ein Berufungsverfahren geführt werden müsste. Das wiederum bedeutet vergütungsrechtlich, dass ein neuer Rechtszug gegeben ist (mit entsprechender Anwaltsvergütung). Zusätzlich werden im Berufungsverfahren weitere Gerichtskosten fällig (4,0 Gerichtskostengebühren). Dabei ist der mögliche Vortrag im Berufungsverfahren eingeschränkt. Aus taktischen Erwägungen ist es daher oft günstiger, ein VU ergehen zu lassen. Dies eröffnet die Möglichkeit der Anfechtung mit dem Rechtsmittel des **Einspruchs**, ein neuer Rechtszug wird nicht eröffnet. Daher spricht man im Allgemeinen von einer „Flucht in die Säumnis".

563 Bezogen auf die Terminsgebühr hat dies keine Reduzierung zur Folge. Sind im Termin beide Parteien anwaltlich vertreten, entsteht die volle Terminsgebühr gem. Nr. 3104 VV RVG selbst dann, wenn eine Partei (vertreten durch ihren Anwalt) keinen Antrag stellt und gegen diese ein VU ergeht.

5. Terminsgebühr bei Entscheidungen zur Prozess- oder Sachleitung

564 Eine reduzierte 0,5 Terminsgebühr entsteht gem. Nr. 3105 Abs. 1 Nr. 1 VV RVG, wenn das Gericht von Amts wegen nur (also lediglich) eine Entscheidung zur Prozess- oder Sachleitung trifft. Auch hier gilt, dass dies nur dann der Fall sein kann, wenn die gegnerische Partei nicht erschienen oder nicht ordnungsgemäß vertreten ist, also ein Fall der Säumnis vorliegt.

6. Terminsgebühr bei VU im schriftlichen Vorverfahren

565 Grds. fordert das Gericht den Beklagten von Amts wegen mit der Zustellung der Klageschrift auf, sich binnen der in § 276 Abs. 1 Satz 1, Abs. 2 ZPO genannten Fristen gegen die Klage zu verteidigen. Oft werden diese Fristen gerade durch einen nicht anwaltlich vertretenen Beklagten nicht eingehalten.

566 Zeigt der Beklagte daher entgegen den Bestimmungen in § 276 Abs. 1 Satz 1, Abs. 2 ZPO nicht rechtzeitig an, dass er sich gegen die Klage verteidigen will, kann gegen ihn ein VU im schriftlichen Vorverfahren nach § 331 Abs. 3 ZPO ergehen. Voraussetzung hierfür ist ein entsprechender Antrag des Klägers (s. Ausführungen unter Kap. 7 Rdn. 49).

567 Ergeht ein solches VU, kann der RA nur eine reduzierte 0,5 Terminsgebühr nach Nr. 3105 Abs. 1 Nr. 2 VV RVG fordern.

D. Vergütung in höheren Instanzen

Die bisher dargestellten Grundsätze bleiben unverändert. Auch im Berufungs- oder Revisionsrechtszug entstehen Verfahrens-, Termins- und Einigungsgebühr. 568

In jeder Instanz und für eine Vielzahl von sonstigen Verfahren hat die Verfahrensgebühr oder die Terminsgebühr eine eigene Nummer. Ob sich inhaltlich etwas an den Gebühren ändert, ergibt sich z.T. aus den Vorbemerkungen für die besonderen Abschnitte im Vergütungsverzeichnis, z.T. aus den Anmerkungen zu den jeweiligen Vergütungsziffern. 569

Für die einzelnen Rechtszüge wird daher nicht wiederholt, was generell bereits bspw. in Vorbemerkung 3 Abs. 2 oder Vorbemerkung 3 Abs. 3 VV RVG geregelt ist. Erläuterungen hierzu finden sich in den Ausführungen zum erstinstanzlichen Verfahren. 570

I. Nächst höhere Instanz – das Erfolgsaussichtenprüfungsverfahren

1. Allgemeines

Die anwaltliche Tätigkeit beginnt bereits vor der Einlegung des Rechtsmittels. Der RA prüft die Erfolgsaussichten eines Rechtsmittels, bevor er dieses einlegt. Sinnlose und aussichtslose Rechtsmittel wird der RA nicht einlegen. 571

Teil 2 VV RVG

Abschnitt 1: Prüfung der Erfolgsaussicht eines Rechtsmittels

Nr. 2100 572

Nr.	Gebührentatbestand	Gebühr oder Satz der Gebühr nach § 13 RVG
2100	**Gebühr für die Prüfung der Erfolgsaussicht eines Rechtsmittels, soweit in Nummer 2102 nichts anderes bestimmt ist** Die Gebühr ist auf eine Gebühr für das Rechtsmittelverfahren anzurechnen.	**0,5 bis 1,0**

2. Prüfung der Erfolgsaussichten eines Rechtsmittels

Prüft der RA auftragsgemäß die Erfolgsaussichten eines Rechtsmittels, dann hat er Anspruch auf eine besondere Vergütung gem. Nr. 2100 VV RVG. Diese Norm ist grds. in allen Rechtsgebieten anwendbar, sie gilt auch in Strafsachen (dann aber Nr. 2102 VV RVG). Jeder RA, der die Erfolgsaussichten eines Rechtsmittels prüft, kann die Gebühr verdienen. Auch der RA, der bereits erstinstanzlich tätig war, hat diesen Gebührenanspruch. Die Norm der Nr. 2100 VV RVG geht als spezielle Norm den Regelungen in § 34 RVG (Beratung) vor. 573

574 Der RA kann die Gebühr für die Prüfung der Erfolgsaussichten für **alle Rechtsmittel** fordern, also nicht nur für Berufung und Revision, sondern auch für Nichtzulassungsbeschwerden, Rechtsbeschwerden, sofortige Beschwerden und sonstige infrage kommende Rechtsmittel.

3. Satzrahmengebühr für die Prüfung der Erfolgsaussichten eines Rechtsmittels

575 Die Gebühr der Nr. 2100 VV RVG ist eine **Wertgebühr** mit einem Gebührensatzrahmen von 0,5 – 1,0. Die **Mittelgebühr** beträgt 0,75. Der RA bestimmt die Höhe der konkreten Gebühr gem. § 14 RVG. Die Prüfungsgebühr gem. Nr. 2100 VV RVG ist in dieser Hinsicht ähnlich wie die Geschäftsgebühr, s. hierzu die Ausführungen zur Bestimmung des konkreten Gebührensatzrahmens unter Kap. 8 Rdn. 211.

4. Anrechnung der Gebühr

576 Führt der RA nach Prüfung der Erfolgsaussichten das Rechtsmittelverfahren, so erhält er die Gebühr nicht gesondert. Die „Prüfungsgebühr" wird auf die im Rechtsmittelverfahren entstehende Verfahrensgebühr angerechnet. Post- und Telekommentgelte werden nicht angerechnet, da die Anmerkung zu Nr. 2100 VV RVG ausdrücklich nur die Anrechnung der Gebühr auf eine Gebühr bestimmt.

577 ▶ Beispiel:

Der RA berät den Auftraggeber über die Erfolgsaussichten der Einlegung eines Rechtsmittels gegen ein erstinstanzliches Urteil. Der Auftraggeber ist zur Zahlung von 10.000 € verurteilt worden. Der RA rät wegen 5.000 € von der Einlegung der Berufung ab. Wegen 5.000 € legt er Berufung ein. Da alle Tatbestandsmerkmale des § 14 RVG durchschnittlich waren, bestimmt der RA den Rahmen der Gebühr der Nr. 2100 VV RVG mit 0,75. Die Vergütungsberechnung lautet:

Berechnet gem. §§ 2 Abs. 2, 13, 14 RVG

0,75 Prüfung Erfolgsaussicht eines Rechtsmittels Nr. 2100 VV RVG	***138,75 €***
Gegenstandswert: 10.000,00 €, Anrechnung gem. Nr. 2100 Satz 2 VV RVG durchgeführt	
1,6 Verfahrensgebühr Berufungsverfahren gem. Nr. 3200 VV RVG	***481,60 €***
Gegenstandswert: 5.000,00 €	
Entgelte für Post- und Telekommunikationsdienstleistungen Nr. 7002 VV RVG	*40,00 €*
Entgelte für Post- und Telekommunikationsdienstleistungen i.H.v. 2 × 20,00 €	

Zwischensumme netto 660,35 €

► Praxistipp: 578

Sie können Streitereien zu der Frage, ob Ihnen ein gesonderter Auftrag zur Prüfung der Erfolgsaussichten erteilt wurde, vermeiden. Sie können sich diesen Auftrag gleich zu Beginn des Mandatsverhältnisses erteilen lassen (s. Auftragsbestätigung unter Kap. 7 Rdn. 118). Auf jeden Fall sollten Sie Ihren Auftraggeber bei Vorlage der Entscheidung auf die sich ergebenden Folgen hinweisen.

► Muster: Kurzbelehrung Vergütungsfolge bei Prüfung der Erfolgsaussichten eines Rechtsmittels 579

Anrede,

anliegend überreichen wir Ihnen die Kopie der Ausfertigung des Urteils (Beschlusses .....) vom ..... des Gerichts zum AZ ......

Wie Sie der Anlage entnehmen können, ist die Angelegenheit bedauerlicherweise nicht zu Ihren Gunsten entschieden worden.

Das Urteil (der Beschluss) kann mit der Berufung/sofortigen Beschwerde angefochten werden. Die Frist zur Anfechtung des Urteils (Beschlusses) beträgt ..... . Das Rechtsmittel muss bis zum ..... begründet werden. Das Rechtsmittel kann nur durch einen beim LG (OLG) zugelassenen Rechtsanwalt eingelegt werden. Wird das Urteil/der Beschluss nicht angefochten, erwächst die Entscheidung in die sogenannte Rechtskraft und kann nicht mehr abgeändert werden.

Bitte nehmen Sie möglichst zeitnah zu uns Kontakt auf, um das weitere Vorgehen, insbesondere auch das Kostenrisiko eines Rechtsmittelverfahrens, zu besprechen. Ohne Ihre ausdrückliche Weisung werden wir – auch nicht zur Fristwahrung – aus Kostengründen das Rechtsmittel nicht einlegen. Eine Kontaktaufnahme ist vor Fristablauf, d. h. spätestens bis zum ..... erforderlich.

Bereits jetzt müssen wir darauf hinweisen, dass für eine Prüfung der Erfolgsaussichten des Rechtsmittels durch uns nach den zwingenden Vorschriften des Rechtsanwaltsvergütungsgesetzes (RVG) Gebühren und sogenannte Auslagen entstehen. Die für die Prüfung der Erfolgsaussichten entstehenden Gebühren werden allerdings für den Fall der Durchführung des Rechtsmittelverfahrens auf die im Rechtsmittelverfahren entstehenden Gebühren angerechnet und bleiben nicht neben den Gebühren des Rechtsmittelverfahrens bestehen.

Wir bitten Sie daher bereits jetzt um Rücksendung der beigefügten Auftragsbestätigung für die Prüfung der Erfolgsaussichten des Rechtsmittels und um telefonische Kontaktaufnahme.

Bei Zahllast des Auftraggebers noch ein Hinweis zur Zwangsvollstreckung/Sicherheitsleistung etc.

Für Rückfragen stehe ich Ihnen selbstverständlich gerne zur Verfügung.

Grußformel

580 ▶ Hinweis:

Dieses Muster können Sie nicht auf alle Rechtsmittel übertragen, s. die Ausführungen unter Kap. 8 Rdn. 646 ff. zur Prüfung der Erfolgsaussichten der Revision und Singularzulassung.

581 ▶ **Muster: Auftragsbestätigung zur Prüfung der Erfolgsaussichten eines Rechtsmittels**

Auftragsbestätigung:

Hiermit beauftrage ich .....

(nachstehend der Auftraggeber genannt)

.....

(nachstehend die Rechtsanwälte genannt)

mit der Prüfung der Erfolgsaussichten des Rechtsmittels wegen der Anfechtung des Urteils (des Beschlusses) des ..... Gerichts ..... vom ..... zum Aktenzeichen ......

Sollte die Prüfung der Erfolgsaussichten ergeben, dass das Rechtsmittel Aussicht auf Erfolg hat, beauftrage ich die Rechtsanwälte mit der Durchführung des Rechtsmittelverfahrens.

....

Ort, den der Auftraggeber

5. Prüfung der Erfolgsaussichten bei bestehender RSV

582 Verfügt der Mandant über eine RSV, ist die Prüfung der Erfolgsaussichten eines Rechtsmittels grds. mitversichert (§ 1 ARB 1975 oder § 17 Abs. 1 ARB 1994/2000). Da Versicherungsunternehmen häufig die **Kostendeckungszusage** für das Rechtsmittelverfahren von der Frage der Begründung des Rechtsmittels abhängig machen, muss die Prüfung der Erfolgsaussichten vom Versicherungsumfang umfasst sein.

583 Bitten Sie daher ggf. bereits mit der Kostendeckungsanfrage für das Klageverfahren (oder spätestens bei Kenntnis, dass ein Rechtsmittel einzulegen ist) um Kostendeckungszusage für die Prüfung aller infrage kommender Rechtsmittel.

584 ▶ **Muster: Kostendeckungsanfrage für Prüfung der Erfolgsaussichten des Rechtsmittels**

Anrede,

anliegend überreichen wir Ihnen die Klageschrift/Klageerwiderung/Klagebegründung/Antragsschrift vom ..... mit der Bitte um Kostendeckungszusage für das gerichtliche Verfahren.

Bei dieser Gelegenheit bitten wir zur Vereinfachung des weiteren Ablaufs der Korrespondenz bereits jetzt um Kostendeckungszusage für die nach Abschluss des Verfahrens ggf. erforderliche Prüfung der Erfolgsaussichten eines jeden infrage kommenden Rechtsmittels (z.B. Berufung, Revision, Nichtzulassungsbeschwerde, sofortige Beschwerde). Selbstverständlich sind die Erfolgsaussichten eines Rechtsmittels von hier aus nur zu prüfen, wenn Ihr Versicherungsnehmer in irgendeinem Punkt unterlegen sein sollte. Wir bitten um Klarstellung in der Kostendeckungszusage für das jetzt eingeleitete gerichtliche Verfahren, dass sich die Kostendeckungszusage auch auf die etwa erforderliche Prüfung der Erfolgsaussichten jedes infrage kommenden Rechtsmittels bezieht.

Selbstverständlich werden wir Sie unverzüglich über den Ausgang des Verfahrens informieren. Von einem erneuten Gesuch um Kostendeckung für die Prüfung der Erfolgsaussichten sehen wir ab. Auf § 1 ARB 75 bzw. § 17 Abs. 1 ARB 1994/2000 weisen wir an dieser Stelle ausdrücklich hin.

Grußformel

6. Prüfung der Erfolgsaussichten und Terminsgebühr

Stellt der RA nach Prüfung der Erfolgsaussichten des Rechtsmittels fest, dass er gute Aussichten sieht, das Rechtsmittelverfahren (zumindest zum größten Teil) obsiegend zu beendigen, ist es nicht ausgeschlossen, dass er im Anschluss an das Prüfungsergebnis mit der **Gegenseite** telefonisch (oder auch im Wege einer sonstigen Besprechung) Kontakt aufnimmt, um einen weiteren Rechtszug zu vermeiden und ggf. eine vergleichsweise Einigung zu erzielen. 585

Eine Terminsgebühr (der jeweiligen Instanz, also z.B. 3202 oder 3210 VV RVG) neben der Gebühr der Nr. 2100 VV RVG entsteht nicht. Die Terminsgebühr ist in Teil 3 des Vergütungsverzeichnisses geregelt. Eine Voraussetzung für das Entstehen der Terminsgebühr ist, dass eine Betriebsgebühr (also i.d.R. eine der vielen Verfahrensgebühren) ebenfalls aus Teil 3 Vergütungsverzeichnis entsteht. Der Mehraufwand für das Führen der Gespräche mit der Gegenseite und Dritten wird über die Bestimmung des Rahmens der Gebühr gem. § 14 Abs. 1 RVG abgegolten. Nur wenn auch eine Betriebsgebühr aus Teil 3 VV RVG entstanden ist, kann die Terminsgebühr entstehen. 586

▶ Beispiel: 587

Der RA hat die Erfolgsaussichten der Berufung geprüft, er bejaht die Erfolgsaussichten. Der Auftraggeber erteilt dem RA den Auftrag, Berufung einzulegen. Da der Auftraggeber das hohe Kostenrisiko scheut, beauftragt er den RA vor Einlegung der Berufung noch Vergleichsgespräche mit der Gegenseite zu führen. Diese Vergleichsgespräche scheitern, sodass der RA Berufung einlegen wird.

Der bisherige Gebührenanspruch lautet wie folgt:

0,75 Gebühr für die Prüfung der Erfolgsaussichten der Berufung gem. §§ 2 Abs. 2, 13 RVG Nr. 2100 VV RVG

0,35 Restverfahrensgebühr gem. §§ 2 Abs. 2, 13Nr. 3201 Nr. 1 VV RVG

1,2 Terminsgebühr gem. §§ 2 Abs. 2, 13 Nr. 3202 VV RVG

Die Verfahrensgebühr gem. Nr. 3201 Nr. 1 VV RVG ermöglicht das Entstehen der Terminsgebühr.

► Hinweis:

Es ist möglich, auch hier die Anrechnung auf andere Weise darzustellen. Die Anrechnung kann auch durch Kürzung der „Prüfungsgebühr" erfolgen.

7. Prüfung der Erfolgsaussichten – Singularzulassung (Verfahren vor dem BGH)

588 Wird die Revision im Urteil zugelassen (oder aber, die Revision wird nicht zugelassen, aber der Wert der Beschwer übersteigt 20.000,00 €), können Sie den Auftraggeber immer dann nicht weiter wirksam gerichtlich vertreten, wenn das Rechtsmittelverfahren (z. B. Revision, Nichtzulassungsbeschwerde, Rechtsbeschwerde in Kosten- und/oder Zwangsvollstreckungssachen) vor dem BGH zu führen ist.

589 Selbstverständlich können Sie für den Auftraggeber die Erfolgsaussichten des Rechtsmittels prüfen, aber das Verfahren können Sie für ihn nicht führen. Ist dies der Fall, wird auch die Gebühr für die Prüfung der Erfolgsaussichten des Rechtsmittels nicht auf die Verfahrensgebühr des sich anschließenden Rechtsmittelverfahrens angerechnet. Dies liegt daran, dass zwei verschiedene Anwälte tätig sein werden, sodass eine Anrechnung ausscheidet.

590 Es ist auch kaum möglich, die Gebühr für die Prüfung der Erfolgsaussichten des Rechtsmittels im Obsiegensfalle von der Gegenseite im Wege der Kostenfestsetzung erstattet zu erhalten, da es hier regelmäßig an der Notwendigkeit dieser Vergütung fehlt. Der Auftraggeber hätte von Anfang an die Möglichkeit gehabt, einen beim BGH zugelassenen Anwalt mit der Prüfung der Erfolgsaussichten zu beauftragen. Die durch die Prüfung durch einen Anwalt entstandenen Mehrkosten sind i. d. R. nicht erstattungsfähig, auch wenn der RA tätig war, der bisher das Verfahren geführt hat.

591 Für den Fall, dass ein Revisionsverfahren, die Nichtzulassungsbeschwerde oder ein Verfahren über die Rechtsbeschwerde vor dem BGH zu führen sind, ist es sinnvoll, den Auftraggeber ausdrücklich auf diese Vergütungsfolge hinzuweisen.

592 ► **Muster: Belehrung Vergütung für Prüfung der Erfolgsaussichten bei Singularzulassung**

Anrede,

in der Anlage überreichen wir Ihnen eine Kopie der Ausfertigung des Urteils des Berufungsgerichts vom ..... zum Aktenzeichen ..... . Wie Sie dem Tenor des Urteils entnehmen können, hat das Berufungsgericht die Revision zugelassen. Im Revisionsverfahren entstehen nicht unerhebliche Kosten (Anwalts- und Gerichtskosten), sodass hier sorgfältig geprüft werden sollte, ob die beabsichtigte weitere Rechtsverfolgung hinreichend Aussicht auf Erfolg bietet.

Wir können hier gerne die Erfolgsaussichten der Revision prüfen. Dies beinhaltet bedauerlicherweise eine kostenerstattungsrechtliche Problematik, die wir Ihnen vorab erläutern möchten.

Für das Revisionsverfahren ist der Bundesgerichtshof (BGH) in Karlsruhe zuständig. Vor diesem herrscht Singularzulassung. Dies bedeutet, dass nur Anwälte, die am BGH zugelassen sind, wirksam Ihre Rechte vertreten können. Wir sind nicht am BGH zugelassen, denn eine Zulassung am BGH bedeutet, dass die anwaltliche gerichtliche Tätigkeit ausschließlich vor dem BGH erfolgen kann.

Die Revision ist innerhalb einer nicht verlängerbaren Notfrist von einem Monat seit der Zustellung des Urteils, d.h. damit bis zum ..... beim BGH durch einen beim BGH zugelassenen Rechtsanwalt einzulegen. Wird die Frist nicht gewahrt oder Revision nicht eingelegt, wird das Berufungsurteil rechtskräftig. Eine weitere Anfechtung des Urteils ist dann ausgeschlossen.

Die Prüfung der Erfolgsaussichten einer Revision muss daher in kürzester Zeit entweder durch uns, oder durch einen anderen Rechtsanwalt verfolgen, damit für Sie die Möglichkeit der Überprüfbarkeit des Urteils nicht verloren geht.

Wir können die Erfolgsaussichten prüfen. Da wir vor dem BGH nicht wirksam auftreten können, müssen Sie sich auf jeden Fall in dem Verfahren in Karlsruhe durch einen anderen Rechtsanwalt vertreten lassen.

Erfolgt eine Prüfung der Erfolgsaussichten durch uns, entsteht dadurch folgender Vergütungsanspruch:

Gegenstandswert .....

(Berechnet gem. §§ 2 Abs. 2, 13, 14 RVG)

1,0 Gebühr für die Prüfung der Erfolgsaussichten der Revision gem. §§ 2 Abs. 2, 13, 14 Nr. 2100 VV RVG	.....
Entgelte für Post- und Telekommunikationsdienstleistungen gem. Nr. 7002 VV RVG	.....
19 % USt gem. Nr. 7008 VV RVG	.....
Summe	.....

Diese Vergütung wird nicht auf die Vergütung angerechnet, die ein am BGH zugelassener Rechtsanwalt geltend macht. Sie entsteht zusätzlich. Diese Vergütung ist auch nicht vom Gegner an Sie zu zahlen (also zu erstatten), wenn Sie im Revisionsverfahren obsiegen. Dieser Vergütungsanteil verbleibt bei Ihnen.

Für den Fall, dass Sie unmittelbar einen Anwalt in Karlsruhe beauftragen wollen, erhalten Sie eine Information über Anwälte, die beim BGH zugelassen sind, von der Rechtsanwaltskammer Karlsruhe, Tel.: 0721/25340. Gerne können wir Sie bei der Beauftragung eines zur Vertretung bereiten Anwalts in Karlsruhe unterstützen.

Bitte beachten Sie, ohne Ihre ausdrückliche weitere Auftragserteilung werden wir hier in Ihrem Interesse nicht weiter tätig. Wir werden auch nicht Revision einlegen, da wir beim BGH nicht zugelassen sind und eine durch uns eingelegte Revision als unzulässig zurückgewiesen werden würde.

Bitte teilen Sie uns daher schnellst möglich mit, ob wir hier die Erfolgsaussichten der Revision prüfen sollen und wie Sie weiter vorgehen wollen.

Gerne erläutern wir Ihnen auch das Kostenrisiko im Revisionsverfahren. Falls Sie einen Anwalt beim BGH einschalten, ist es aber sinnvoll, dass dieser Sie über den Verlauf des weiteren Verfahrens informiert.

Grußformel

593 ▶ Hinweis:

Ein Textmuster zur Revision mit Kostenübersicht finden Sie unter Kap. 8 Rdn. 644.

II. Das Berufungsverfahren

594 ***Teil 3, Abschnitt 2, Unterabschnitt 1: Berufung, bestimmte Beschwerden und Verfahren vor dem Finanzgericht***

Gekürzte Darstellung von Vorbemerkung 3.2.1:

(1) Dieser Unterabschnitt ist auch anzuwenden

1. in Verfahren vor dem Finanzgericht ,

2. in Verfahren über Beschwerden oder Rechtsbeschwerden gegen die den Rechtszug beendenden Entscheidungen

a) in Familiensachen ,

b) in Lebenspartnerschaftssachen ,

d) im Beschlussverfahren vor den Gerichten für Arbeitssachen.

Nr. 3200

Nr.	Gebührentatbestand	Gebühr oder Satz der Gebühr nach § 13 RVG
3200	Verfahrensgebühr, soweit in Nummer 3204 nichts anderes bestimmt ist	1,6

1. Allgemeines

595 Durch die entsprechenden Vorschriften in den Prozessgesetzen wird geregelt, wann ein Berufungsverfahren vorliegt (z. B. §§ 511 ff. ZPO, §§ 64 ff. ArbGG, §§ 124 ff. VwGO, §§ 143 ff. SGG).

596 Im Berufungsverfahren heißen die Beteiligten Berufungskläger und Berufungsbeklagter. Vertreten Sie den **Berufungsbeklagten**, ist das erstinstanzliche Verfahren (ganz oder z. T.) obsiegend beendet. Sie sind **passiv**, Ihre Tätigkeit beginnt mit der Einle-

gung der Berufung durch den Berufungskläger. Bei nur teilweise obsiegender Beendigung des erstinstanzlichen Verfahrens ist es durchaus möglich, dass beide Parteien gegen das Urteil Berufung einlegen – es werden aber nicht zwei Verfahren geführt, die Verfahren werden verbunden zu einem einheitlichen Verfahren. Auch ist es bei teilweisem Obsiegen möglich, noch im Wege der **Anschlussberufung** das erstinstanzliche Urteil anzufechten. Aber auch hier bleibt es dabei, dass nur ein Rechtszug geführt wird. Es ergeht auch hier eine einheitliche Entscheidung. Das Berufungsverfahren ist entsprechend § 15 Abs. 2 Satz 2 RVG gebührenrechtlich eine eigene Angelegenheit. Die Angelegenheit beginnt mit dem erteilten Auftrag zur Berufung, das gerichtliche Verfahren beginnt mit der Einreichung der Berufungsschrift beim Berufungsgericht.

Wie im erstinstanzlichen Verfahren können in der Berufungsinstanz u.a. eine Ver- 597
fahrens-, Termins- sowie Einigungsgebühr entstehen.

2. Verfahrensgebühr gem. Nr. 3200 VV RVG und 3201 Nr. 1 VV RVG

In der Nr. 3200 VV RVG wird die **Verfahrensgebühr** für das Berufungsverfahren 598
geregelt. Die volle Verfahrensgebühr i.H.v. 1,6 gem. Nr. 3200 VV RVG entsteht erst mit der Einreichung des Berufungsschriftsatzes. Für das Entstehen der Gebühr ist eine Berufungsbegründung nicht erforderlich.

3. Berufung nur zur Fristwahrung

Trotz der mittlerweile vielfältigen Möglichkeiten zur schnellen Kommunikation zwi- 599
schen Auftraggeber und RA kommt es immer wieder vor, dass zum Zeitpunkt des Ablaufs der Notfrist für die Einlegung der Berufung nicht eindeutig klar ist, ob die Berufung tatsächlich durchgeführt werden soll oder nicht. Weiß der Anwalt nicht sicher, ob er Berufung einlegen soll oder nicht, ist dies problematisch. Reagiert der Anwalt nicht, riskiert er den Eintritt der Rechtskraft und damit den Verlust der Anfechtbarkeit des Urteils.

Um dies zu vermeiden, erfolgt die Einlegung der Berufung nur zur sog. „Fristwah- 600
rung“. Dies ändert nichts daran, dass für den Berufungsführer mit Einlegung der Berufung die volle Verfahrensgebühr i.H.v. 1,6 entsteht. Üblicherweise nimmt der RA, der den Berufungskläger vertritt, in diesen Fällen mit dem RA des Berufungsbeklagten Kontakt auf und informiert diesen über die zunächst nur fristwahrend eingelegte Berufung und bittet die Gegenseite schriftlich, sich „nicht beim Gericht zu bestellen (oder zu melden)“. Wird das Rechtsverfahren nach eingehender Prüfung weiterbetrieben, wird die Gegenseite wiederum unterrichtet und sich dann beim Gericht als Prozessvertreter bestellen.

Dieses Vorgehen ist m.E. nicht zu empfehlen. Bis zu dem Schreiben, mit dem der 601
Berufungsbeklagte aufgefordert wird, sich nicht zu bestellen (mandatieren, melden usw.), hat dieser noch keine Kenntnis von der eingelegten Berufung. Hat der RA des Berufungsbeklagten durch die Zustellung der Berufungsschrift oder Ihre Mitteilung, dass Berufung zur Fristwahrung eingelegt wurde, Kenntnis, wird er seinen Auftragge-

ber informieren. Dieser wird ihm den Auftrag erteilen, die Berufung abzuwehren, sodass mit der Erteilung des Auftrags bei dem RA des Berufungsbeklagten die 1,1 reduzierte Verfahrensgebühr gem. Nr. 3201 Nr. 1 VV RVG entsteht. Durch eine Information des Berufungsbeklagten über die erfolgte Berufung entsteht bei diesem schneller ein Vergütungsanspruch, als wenn die Zustellung nur von Amts wegen erfolgt wäre. Diese dauert üblicherweise je nach Gerichtsbezirk zehn Tage.

602 **Verkürzte Darstellung der Nr. 3201 Nr. 1**

Nr.	Gebührentatbestand	Gebühr oder Satz der Gebühr nach § 13 RVG
3201	**Vorzeitige Beendigung des Auftrags:**	
	Die Gebühr 3200 beträgt Eine vorzeitige Beendigung liegt vor, 1. wenn der Auftrag endigt, bevor der Rechtsanwalt das Rechtsmittel eingelegt oder einen Schriftsatz, der Sachanträge, Sachvortrag, die Zurücknahme der Klage oder die Zurücknahme des Rechtsmittels enthält, eingereicht oder bevor er für seine Partei einen Termin wahrgenommen hat, oder (.....)	1,1

603 Diese Gebühr ist auch erstattungsfähig und muss durch den Berufungskläger an den Berufungsbeklagten gezahlt werden, wenn der Berufungskläger die Berufung zurücknimmt. Die Gebühr ist auch dann erstattungsfähig, wenn sich der RA, der den Berufungsbeklagten vertritt, nicht beim Gericht gemeldet hat (sog. Meldeschriftsatz) oder in anderer Weise erkennbar vor dem Gericht aufgetreten ist. Für das Entstehen der Gebühr ist der erteilte **Auftrag** des Auftraggebers entscheidend. Eine konkrete weiter gehende Tätigkeit des RA ist nicht erforderlich.

604 Wenn Sie den Berufungsbeklagten in einem solchen Fall vertreten, sollten Sie sich den Auftrag von diesem gleich bei Weiterleitung der Berufung bestätigen lassen.

605 ► Muster: Schreiben an den Auftraggeber bei gegnerischer Berufung zur Fristwahrung

Anrede,

wie Sie dem in der Anlage beigefügten Schreiben entnehmen können, hat die Gegenseite gegen das obsiegende erstinstanzliche Urteil leider Berufung eingelegt, sodass das Verfahren noch nicht durch Eintritt der Rechtskraft beendet ist. Offenbar ist die Gegenseite sich aber nicht sicher, ob ernsthaft ein Berufungsverfahren geführt wird und hat die Berufung daher nur zur Wahrung der unverlängerbaren Notfrist zur Einlegung der Berufung eingelegt. Gleichzeitig sind wir gebeten worden, uns nicht bei Gericht zu bestellen.

Es ist in diesen Fällen aus anwaltlichen Gepflogenheiten unüblich, sich trotzdem beim Gericht zu melden und Ihre Vertretung anzuzeigen. Da nicht auszuschließen ist, dass das Berufungsverfahren durchgeführt wird, bitten wir Sie, uns mittels der beigefügten Auftragsbestätigung für das Berufungsverfahren zu beauftragen. Wir werden uns dann unverzüglich beim Gericht melden, sobald feststeht, dass die Berufung auch durchgeführt wird. Endet das Berufungsverfahren ohne Begründung mit Rücknahme durch den Berufungskläger (Gegner), werden wir Ihnen keine Vergütung in Rechnung stellen.

Es drohen Ihnen keine Rechtsnachteile, wenn wir uns nicht sofort beim Gericht für Sie melden und bestellen. Das Gericht stellt weiterhin alle Schriftstücke an uns als bisherige Prozessbevollmächtigte zu.

Wir werden Sie sofort informieren, wenn feststeht, ob das Berufungsverfahren tatsächlich durchgeführt wird.

Grußformel

► Muster: Auftragsbestätigung Vertretung im Berufungsverfahren

Auftragsbestätigung: 606

Aufgrund der vorliegenden Berufungsschrift beauftrage ich

.....

(nachstehend „der Auftraggeber" genannt)

.....

(nachstehend „die Rechtsanwälte" genannt)

mit meiner Vertretung im Berufungsverfahren.

Die Rechtsanwälte werden ausdrücklich beauftragt, trotz der bisher nur zur Fristwahrung erfolgten Berufung, meine Interessen im Berufungsverfahren zu wahren.

.....

....., den ..... der Auftraggeber

Selbst wenn der Berufungsbeklagtenvertreter zusichert, sich nicht beim Gericht zu melden, hat diese Äußerung nicht zur Folge, dass dieser keine Vergütung verlangen wird. Eine Verpflichtung, sich nicht beim Gericht zu melden, oder gar keine Vergütung im Berufungsverfahren geltend zu machen, gibt es nicht. 607

► Praxistipp: 608

Ist nur kurzfristig nicht abzusehen, ob ein Berufungsverfahren tatsächlich geführt werden soll, dann informieren Sie den Vertreter des Berufungsbeklagten nicht. Sinnvoller ist es, dem Vertreter des Berufungsbeklagten den Schriftsatz, mit dem die Rücknahme der Berufung erklärt wird, vorab im Parteibetrieb (also von Anwalt zu Anwalt – möglichst noch per Fax oder auf sonstige schnelle Übertragungsweise) zuzustellen. Wenn die Entscheidung über die Durchführung der Berufung rasch gefällt wird, erhält der RA des Berufungsbeklagten dann zu erst die Mitteilung über die Rücknahme der Berufung bevor ihm vom Gericht die Mitteilung über die eingelegte Berufung zugestellt wird. In diesem Fall kann der Berufungsbeklagte keine erstattungsfähige Vergütung geltend machen.

a) Terminsgebühr bei Berufung zur Fristwahrung

609 Vorsicht ist im Fall der Berufung nur zur Fristwahrung wegen der Terminsgebühr gem. Vorbemerkung 3 Abs. 3, 3. Alt. VV RVG geboten. **Telefonische Vergleichsverhandlungen** lösen die 1,2 Terminsgebühr der Nr. 3200 VV RVG aus. Scheitern die Vergleichsbemühungen und wird die Berufung dann zurückgenommen, kann auch die Terminsgebühr vom Kostenerstattungsanspruch umfasst sein. Gem. § 516 Abs. 3 Satz 1 ZPO trägt der Berufungskläger im Fall der Berufungsrücknahme die Kosten des Berufungsverfahrens.

b) Keine Berufungsbegründung/Fristverlängerungsantrag Berufungsbegründung

610 Begründet der Berufungskläger die zur Fristwahrung eingelegte Berufung nicht rechtzeitig, so wird der Berufungsbeklagte zu Recht nach Ablauf der Berufungsbegründungsfrist beantragen, dass die Berufung verworfen wird. Durch diesen Schriftsatz entsteht **auf Seiten** des Vertreters des Berufungsbeklagten bereits die 1,6 Verfahrensgebühr gem. Nr. 3200 VV RVG. Diese Gebühr (zzgl. Auslagen) ist von dem Berufungskläger zu erstatten. Sie werden als notwendige Kosten der Rechtsverfolgung gewertet.

611 Dies gilt auch dann, wenn der Berufungskläger beantragt, die Berufungsbegründungsfrist zu verlängern. In diesem Moment darf der Berufungsbeklagte aus kostenerstattungsrechtlicher Sicht beim Gericht seine Verteidigungsabsicht kundtun und sich ordnungsgemäß durch einen RA vertreten lassen.

612 ▶ Praxistipp:

Im Berufungsverfahren sollte es vermieden werden, bei einer nur zur Fristwahrung eingelegten Berufung auch noch die Verlängerung der Berufungsbegründung zu beantragen. Wird dann die Berufung zurückgenommen, kann es sein, dass der Auftraggeber die Differenz der entstandenen Verfahrensgebühren (1,6 – 1,1 = 0,5 Gebührenmehr) im Wege des Schadensersatzes vom RA verlangt.

III. Terminsgebühr im Berufungsverfahren

613 Nr. 3202

Nr.	Gebührentatbestand	Gebühr oder Satz der Gebühr nach § 13 RVG

3202	**Terminsgebühr, soweit in Nummer 3205 nichts anderes bestimmt ist** (1) Die Anmerkung zu Nummer 3104 gilt entsprechend. (2) Die Gebühr entsteht auch, wenn gemäß § 79a Abs. 2, § 90a, § 94a FGO oder § 130a VwGO ohne mündliche Verhandlung entschieden wird.	1,2

1. Allgemeines

Die Terminsgebühr in der zweiten Instanz entspricht in wesentlichen Teilen hinsichtlich der Voraussetzungen ihrer Entstehung sowie ihres Anwendungsbereichs der erstinstanzlichen Terminsgebühr. 614

Die Höhe der Terminsgebühr beträgt sowohl in der ersten als auch in der zweiten Instanz grds. 1,2. 615

Wird die Berufung durch **Beschluss** gem. § 522 Abs. 2 ZPO zurückgewiesen, kann keine Terminsgebühr entstehen. Eine Terminsgebühr kann auch in einem solchen Fall selbstverständlich entstehen, wenn das Gericht ganz ausnahmsweise zuvor **mündlich** verhandelt hat. 616

2. Terminsgebühr bei Säumnis des Berufungsbeklagten

Erscheint der Berufungsbeklagte nicht zum Termin zur mündlichen Verhandlung, sodass ein **Versäumnisurteil** gegen den Berufungsbeklagten ergeht, reduziert sich die Terminsgebühr nicht. Es entsteht die volle Terminsgebühr gem. Nr. 3202 VV RVG. 617

Es ist daher besonders „teuer", wenn der, der in der ersten Instanz obsiegt hat (und damit der Berufungsbeklagte ist), dann im Berufungsverfahren seine Rechte nicht ordentlich vertritt. 618

Ist nämlich der Berufungskläger säumig, kommt durchaus eine Reduzierung der Terminsgebühr gem. Nr. 3203 VV RVG in Betracht. Hier gelten die entsprechenden Grundsätze wie zu den erstinstanzlichen Terminsgebühren (Nr. 3104 und Nr. 3105 VV RVG), s. Kap. 8 Rdn. 520. 619

3. Reduzierte Terminsgebühr gem. Nr. 3203 VV RVG im Berufungsverfahren

Nr. 3203 620

Nr.	Gebührentatbestand	Gebühr oder Satz der Gebühr nach § 13 RVG

3203	**Wahrnehmung nur eines Termins, in dem eine Partei, im Berufungsverfahren der Berufungskläger, nicht erschienen oder nicht ordnungsgemäß vertreten ist und lediglich ein Antrag auf Versäumnisurteil oder zur Prozess- oder Sachleitung gestellt wird:**	
	Die Gebühr 3202 beträgt Die Anmerkung zu Nummer 3105 und Absatz 2 der Anmerkung zu Nummer 3202 gelten entsprechend.	0,5

621 Entsprechend Nr. 3203 VV RVG reduziert sich die Terminsgebühr auf 0,5, sofern im Verhandlungstermin eine Partei nicht erscheint. Die wichtige Ausnahme im Berufungsverfahren (Säumnis des Berufungsbeklagten) ist bereits zur Terminsgebühr gem. Nr. 3202 VV RVG dargestellt worden, s. Kap. 8 Rdn. 561.

622 Grds. gilt für das Berufungsverfahren, dass der RA die reduzierte Terminsgebühr nur dann fordern kann, wenn der **Berufungskläger** nicht erschienen ist und der RA des Berufungsbeklagten lediglich einen Antrag auf VU oder zur Prozess- bzw. Sachleitung stellt.

623 Sobald der RA im Berufungsverfahren einen **streitigen** Antrag stellt, entsteht die volle Terminsgebühr nach Nr. 3202 VV RVG.

624 Aus der Anmerkung zu Nr. 3203 VV RVG ergibt sich, dass die Regelungen der Nr. 3105 Abs. 1 bis 3 VV RVG entsprechend gelten. Damit entsteht die 0,5 Gebühr auch, wenn das Gericht bei Säumnis lediglich Entscheidungen zur Prozess- und Sachleitung von Amts wegen trifft oder eine Entscheidung gem. § 331 Abs. 3 ZPO ergeht.

IV. Revisionsverfahren

625 ***Teil 3, Abschnitt 2, Unterabschnitt 2: Revision***

Vorbemerkung 3.2.2:

Dieser Unterabschnitt ist auch anzuwenden

1. in den in Vorbemerkung 3.2.1 Abs. 1 genannten Verfahren, wenn sich die Parteien nur durch einen beim Bundesgerichtshof zugelassenen Rechtsanwalt vertreten lassen können ,

2. in Verfahren über die Rechtsbeschwerde nach § 15 des Kapitalanleger - Musterverfahrensgesetz.

1. Allgemeines

626 Generell ist das Revisionsverfahren das Verfahren der dritten Instanz. Man nennt das **Revisionsverfahren** die **dritte Instanz.** Üblicherweise kann der RA in der dritten In-

stanz die Gebühren nach Teil 3 Abschnitt 2 Unterabschnitt 2 VV RVG (**Nr. 3206 bis 3213 VV RVG**) berechnen. Wie in der ersten und zweiten Instanz können (u. a.) auch im Revisionsverfahren regelmäßig eine **Verfahrens-, Termins- sowie Einigungsgebühr** entstehen.

Wann ein Revisionsverfahren gegeben ist, ergibt sich aus den entsprechenden verfahrensrechtlichen Prozessgesetzen und nicht aus dem RVG. So ist das Revisionsverfahren bspw. geregelt in den §§ 542 ff. ZPO, §§ 72 ff. ArbGG sowie §§ 143 ff. VwGO. 627

Nicht selten wird ein Verfahren im Anschluss an eine Revision an ein untergeordnetes Gericht zurückverwiesen. **Nach Zurückverweisung** liegt **ein neuer Rechtszug** dem Gericht vor, an welches zurückverwiesen wurde (§ 21 Abs. 1 RVG). Im Hinblick auf die Verfahrensgebühr gilt dann entsprechend Vorbemerkung 3 Abs. 6 VV RVG, dass wenn die sog. **Vorabbefassung** vorliegt, die vor dem Gericht bereits einmal entstandene Verfahrensgebühr auf die Verfahrensgebühr angerechnet wird, die nach Zurückverweisung erneut entsteht. 628

Vorbemerkung 3 Abs. 6 VV RVG 629

(6) Soweit eine Sache an ein untergeordnetes Gericht zurückverwiesen wird, das mit der Sache bereits befasst war, ist die vor diesem Gericht bereits entstandene Verfahrensgebühr auf die Verfahrensgebühr für das erneute Verfahren anzurechnen.

2. Verfahrensgebühr im Revisionsverfahren

Nr. 3206 630

Nr.	**Gebührentatbestand**	**Gebühr oder Satz der Gebühr nach § 13 RVG**
3206	**Verfahrensgebühr, soweit in Nummer 3212 nichts anderes bestimmt ist**	1,6

Für seine Tätigkeit im Revisionsverfahren erhält der RA grds. eine 1,6 Gebühr wie im Berufungsverfahren nach Nr. 3200 VV RVG. Dies gilt nicht, wenn das Revisionsverfahren nur durch einen RA geführt werden kann, der beim BGH zugelassen ist. Für Revisionsverfahren vor dem **BGH** gibt es eine **vorrangige Sondervorschrift** (2,3 Verfahrensgebühr gem. **Nr. 3208 VV RVG**). Wird ein Revisionsverfahren vor dem BGH geführt, ist gem. § 78 Abs. 1 Satz 4 ZPO davon auszugehen, dass nur ein beim BGH zugelassener Anwalt auftreten kann. 631

Die Verfahrensgebühr entsteht (den entsprechenden Auftrag vorausgesetzt), wenn der RA die zu vergütende Tätigkeit in einem Revisionsverfahren vorgenommen hat. Abweichungen zum Entstehen der Verfahrensgebühr entsprechend Vorbemerkung 3 Abs. 2 VV RVG ergeben sich nicht. 632

3. Sprungrevision

633 Erklärt der RA das Antragsgegners nach § 566 Abs. 1 Satz 1 Nr. 1, Abs. 2 Satz 4 ZPO die Einwilligung zur Sprungrevision, ist diese Erklärung nicht gegenüber dem Gericht, sondern gegenüber dem gegnerischen Anwalt abzugeben. Dieser muss die erteilte Zustimmung dem Antrag auf Sprungrevision beifügen.

634 Bei der **Zustimmung zur Sprungrevision** handelt es sich nicht um einen **sog. Sachvortrag.** Diese Erklärung muss daher nicht entsprechend § 78 ZPO durch einen beim BGH zugelassenen Anwalt erfolgen.

635 Willigt der RA des Antragsgegners in die Sprungrevision ein, so kann er dafür nur eine 1,1 Verfahrensgebühr fordern (3207 VV RVG), weil ein Sachvortrag gegenüber dem Gericht selbst fehlt; er gibt seine Erklärung nur gegenüber dem Revisionsführer ab.

4. Reduzierte Verfahrensgebühr im Revisionsverfahren

636 Nr. 3207

Nr.	Gebührentatbestand	Gebühr oder Satz der Gebühr nach § 13 RVG
3207	**Vorzeitige Beendigung des Auftrags:** **Die Gebühr 3206 beträgt** Die Anmerkung zu Nummer 3201 gilt entsprechend.	1,1

637 Erledigt sich der Auftrag vorzeitig, kann der RA im Revisionsgebühr keine höhere Verfahrensgebühr als 1,1 gem. Nr. 3207 VV RVG verlangen. Wann und ob der **Auftrag sich vorzeitig erledigt hat**, ergibt sich aus **Definition zur Verfahrensgebühr der Nr. 3201 Nr. 1 VV RVG.** Abweichende Regelungen zur entsprechenden Verfahrensgebühr der ersten und zweiten Instanz sind nicht getroffen worden.

638 Ist ein Revisionsverfahren gegeben, in dem sich die Parteien nur durch einen beim BGH zugelassenen RA vertreten lassen können, beträgt die Höhe der Verfahrensgebühr für den Fall der vorzeitigen Erledigung entsprechend Nr. 3209 VV RVG 1,8.

5. Verfahrensgebühr im Revisionsverfahren für den BGH-Anwalt

639 Nr. 3208

Nr.	Gebührentatbestand	Gebühr oder Satz der Gebühr nach § 13 RVG
3208	**Im Verfahren können sich die Parteien nur durch einen beim Bundesgerichtshof zugelassenen Rechtsanwalt vertreten lassen:**	2,3

	Die Gebühr 3206 beträgt	

In Revisionsverfahren, die vor dem **BGH** geführt werden, besteht **Anwaltszwang.** Die Parteien können sich ausschließlich durch einen beim BGH zugelassenen Anwalt vertreten lassen (**§ 78 Abs. 1 Satz 4 ZPO**). 640

Für die allgemeinen Anwaltskanzleien gilt, dass die darin tätigen RA nicht vor dem BGH auftreten können. Aufgrund der Singularzulassung können am BGH zugelassene RA auch nur vor dem BGH auftreten. 641

Regelmäßig gilt in zivilrechtlichen Angelegenheiten für alle anderen Anwälte, dass die Rechtmäßigkeit der Vertretung mit der Beendigung des Berufungsverfahrens endet. Ist der Auftraggeber im Berufungsverfahren unterlegen und lässt das Berufungsgericht die Revision zu, so steht fest, dass die Revision nur durch einen am BGH zugelassenen RA eingelegt werden kann. Legt ein nicht am BGH zugelassener RA Revision ein, wird die Revision verworfen. 642

Die **Frist zur Einlegung der Revision** beträgt gem. § 548 ZPO **grds. einen Monat** (Ausnahme: Die Frist beginnt spätestens fünf Monate nach Verkündung des Urteils zu laufen). Innerhalb dieser Frist muss geklärt sein, wer die weitere Vertretung des Auftraggebers übernimmt und welche Funktion Ihre Kanzlei im Revisionsverfahren einnehmen soll. 643

► Muster: Belehrung des Auftraggebers bei Zulassung der Revision

644

Anrede,

in der Anlage überreichen wir Ihnen eine Kopie der Ausfertigung des Urteils des Berufungsgerichts vom ..... zum Aktenzeichen ..... . Wie Sie dem Tenor des Urteils entnehmen können, hat das Berufungsgericht die Revision zugelassen.

Für das Revisionsverfahren ist der Bundesgerichtshof (BGH) in Karlsruhe zuständig. Vor diesem herrscht Singularzulassung. Dies bedeutet, dass nur Anwälte, die am BGH zugelassen sind, wirksam Ihre Rechte vertreten können. Wir sind nicht am BGH zugelassen, denn eine Zulassung am BGH bedeutet, dass die anwaltliche gerichtliche Tätigkeit ausschließlich vor dem BGH erfolgen kann.

Die Revision ist innerhalb einer nicht verlängerbaren Notfrist von einem Monat seit der Zustellung des Urteils, d.h. damit bis zum ..... beim BGH durch einen beim BGH zugelassenen Rechtsanwalt, einzulegen. Wird die Frist nicht gewahrt oder Revision nicht eingelegt, wird das Berufungsurteil rechtskräftig. Eine weitere Anfechtung des Urteils ist dann ausgeschlossen.

Da wir vor dem BGH nicht wirksam auftreten können, müssen Sie sich vor dem Verfahren in Karlsruhe durch einen anderen Rechtsanwalt vertreten lassen.

Eine Information über Anwälte, die beim BGH zugelassen sind, erhalten Sie von der Rechtsanwaltskammer Karlsruhe, Tel.: 0721/25340. Gerne können wir Sie bei der Beauftragung eines zur Vertretung bereiten Anwalts in Karlsruhe unterstützen.

Für ein Revisionsverfahren vor dem Bundesgerichtshof entsteht, da es sich um einen neuen Rechtszug handelt, eine neue weitere Anwaltsvergütung.

Für Ihren Anwalt werden Sie voraussichtlich zahlen müssen:

Gegenstandswert:

2,3 Verfahrensgebühr für Revision vor dem BGH gem. §§ 2 Abs. 2, 13, Nr. 3208 VV RVG

1,5 Terminsgebühr gem. §§ 2 Abs. 2, 13, Nr. 3210 VV RVG

Entgelte für Post- und Telekommunikationsdienstleistungen Nr. 7002 VV RVG

19 % Umsatzsteuer gem. Nr. 7008 VV RVG

Summe .....

Für den Fall, dass das Revisionsverfahren zu Ihren Ungunsten (ganz oder zum Teil endet), verdoppelt sich die Anwaltsvergütung, weil die Kosten des gegnerischen Rechtsanwalts dann auch von Ihnen zu begleichen sind. Hinzu kommen noch die Gerichtskosten (5,0 Gerichtskosten nach einem Gerichtsgebührenwert in Höhe von ..... gem. § 34 Nr. 1230 KV GKG), wobei regelmäßig diese auch nur im Unterliegensfall von Ihnen zu zahlen sind. Auszuschließen ist eine Zahllast für die Gerichtskosten dann nicht, wenn ein Fall der Rückgriffshaftung (Zahlungsunfähigkeit des Hauptschuldners) gegeben ist. Je nach Kostenquote verändert sich Ihre Zahllast. Das hier dargestellte Kostenrisiko berücksichtigt den ungünstigsten Fall des Ausgangs des Verfahrens, also den Fall, dass Sie im Revisionsverfahren komplett unterliegen.

Wegen der besseren Verständlichkeit haben wir die Möglichkeit eines Vergleichs bei der Kostendarstellung nicht berücksichtigt.

Bei der Übersicht über die zu erwartende und mögliche Kostenbelastung haben wir die für eine weitere Tätigkeit durch uns entstehende Vergütung nicht berücksichtigt.

Dies liegt daran, dass – auch im Fall des Obsiegens – die Kosten für die Hinzuziehung eines weiteren Anwalts im Revisionsverfahren gem. § 91 ZPO grundsätzlich nicht erstattungsfähig sind. Eine weitere Tätigkeit und Betreuung des Mandats durch uns ist darüber hinaus auch nur eingeschränkt möglich. Selbstverständlich können wir mit dem von Ihnen zu beauftragenden BGH Anwalt Kontakt halten, den Sachverhalt besprechen. Dies geschieht dann aber zwingend auf Ihre eigenen Kosten. Wir könnten auch den zu erwartenden Verhandlungstermin am BGH wahrnehmen, wir sind aber nicht befugt, Anträge zu stellen oder in das Verhandlungsgeschehen einzugreifen.

Unsere Vergütung für den Fall einer weiteren Tätigkeit (mit Teilnahme am Gerichtstermin) würde betragen:

Gegenstandswert:

1,0 Verfahrensgebühr Verkehrsanwalt gem. §§ 2 Abs. 2, 13, Nr. 3400 VV RVG

1,5 Terminsgebühr Revision gem. §§ 2 Abs. 2, 13 RVG, Nr. 3210 VV RVG

Geschäftsreise, Benutzung des eigenen Kfz gem. Nr. 7003 VV RVG

Kfz-Benutzung ..... km Hin- und Rückweg × 0,30 €

Geschäftsreise, Tage- und Abwesenheitsgeld für mehr als acht Stunden gem. Nr. 7005 Nr. 3 VV RVG

Entgelte für Post- und Telekommunikationsdienstleistungen gem. Nr. 7002 VV RVG

19 % Umsatzsteuer gem. Nr. 7008 VV RVG

Summe .....

Für den Fall, dass wir keinen Termin wahrnehmen sollten, verringert sich die Kostenbelastung um die 2. Position in der Übersicht (Terminsgebühr nebst anteiliger Umsatzsteuer).

Bitte nehmen Sie sobald wie möglich mit uns Kontakt auf, damit das weitere Vorgehen besprochen werden kann. Wir werden hier nicht ohne eine Rücksprache einen weiteren RA mit Ihrer Vertretung beauftragen. Wir werden auch nicht Revision einlegen, da dieses Vorgehen nicht zulässig wäre.

Grußformel

► Praxistipp: 645

Eine Mitteilung über die am BGH zugelassenen RA erhalten Sie über die

Rechtsanwaltskammer Karlsruhe

Körperschaft des öffentlichen Rechts, Reinhold-Frank-Str. 72, 76133 Karlsruhe

Tel.: 0721/25340

Fax: 0721/26627

E-Mail: info@rak-karlsruhe.de

Wie Sie den Mustertexten entnehmen konnten, muss der Auftraggeber mit erheblichen Kosten rechnen, wenn Sie ihn auch im Revisionsverfahren (oder im Verfahren über die Nichtzulassungsbeschwerde vor dem BGH oder der Rechtsbeschwerde vor dem BGH) vertreten. Auch im Revisionsverfahren vor dem BGH gibt es gute Gründe, warum eine weitere Betreuung der Angelegenheit zusätzlich durch Sie erfolgen sollte. So kennen Sie i. d. R. das gesamte erstinstanzliche und zweitinstanzliche Verfahren, sind mit dem Sachverhalt vertraut und kennen die Besonderheiten des Verfahrens. Auch hat Ihr Auftraggeber im Laufe der Zeit ein Vertrauensverhältnis zu Ihnen aufgebaut. Den Anwalt am BGH beauftragt der Auftraggeber ja aufgrund zwingender gesetzlicher Vorschriften. Er trifft aber nicht eine Auswahl, wie er es getan hat, als er Ihnen die Vertretung übertragen hat. Es spricht daher nichts dagegen, den Auftraggeber auch weiterhin zu betreuen, Schriftsätze der Gegenseite zu besprechen und mögliche Erwiderungen vorzubereiten. Der Auftraggeber sollte aber wissen, dass Ihre Tätigkeit einen Vergütungsanspruch auslöst, den er auch im Obsiegensfall nicht vom unterliegenden Gegner erstattet erhalten wird.

6. Prüfung der Erfolgsaussichten der Nichtzulassungsbeschwerde

646 Der bisher mit der Sache befasste RA kann die Erfolgsaussichten des Rechtsmittels prüfen. Es kann auch von Vorteil sein, dass ggf. ein bisher vollkommen unbeteiligter RA (z. B. der BGH-Anwalt) die Rechtslage überprüft und eine Einschätzung vornimmt. Sie sollten Ihrem Auftraggeber daher empfehlen, den eingeschalteten BGH-Anwalt zunächst nur mit der Prüfung der Erfolgsaussichten des Rechtsmittels zu beauftragen (somit der Revision, Nichtzulassungsbeschwerde oder Rechtsbeschwerde). Kommt der BGH Anwalt zu dem Ergebnis, dass ein weiteres Vorgehen nicht aussichtsreich ist, ist die Vergütung, die der BGH-Anwalt fordern kann (Gebühr gem. Nr. 2100 VV RVG nebst Auslagen) geringer als die Gebühr, die er fordern könnte, wenn sich der Auftrag zur Durchführung der Revision vorzeitig erledigt.

► Muster: Schreiben an Auftraggeber – Auftrag an BGH-Anwalt

647 Anrede,

wir haben vereinbart, dass aus Kostengründen das weitere Verfahren vor dem BGH durch einen beim BGH zugelassenen Rechtsanwalt erfolgt. Bitte beachten Sie, die hier gegebene Notfrist zur Einlegung der Revision, die am ..... abläuft. Die Revision muss am Tage des Fristablaufs beim BGH bis 24.00 Uhr eingehen. Nach Ablauf der Frist müssen Sie davon ausgehen, dass das Revisionsverfahren nicht mehr geführt werden kann. Nur in wenigen Ausnahmenfällen des unverschuldeten Fristablaufs ist unter Umständen die Möglichkeit gegeben, Wiedereinsetzung in den vorigen Stand zu beantragen. Darauf sollten Sie es auf keinen Fall ankommen lassen, denn an die Frage, ob ein Fall der unverschuldeten Fristversäumnis vorliegt sind sehr enge Bedingungen und Voraussetzungen geknüpft.

Sie sollten einen sog. bedingten Auftrag an den BGH-Anwalt erteilen. Sinnvoll ist es, dass Sie diesen zunächst mit der Prüfung der Erfolgsaussichten des Rechtsmittels beauftragen und nur für den Fall, dass eine Prüfung der Erfolgsaussichten ergibt, dass ein weiteres Vorgehen auch Erfolgsaussichten bietet, den Auftrag erteilen, dass durch den BGH-Anwalt Revision eingelegt wird. Wenn Sie Ihren Auftrag mit dieser Bedingung erteilen, dann sparen Sie einen großen Teil der Anwaltsvergütung, für den Fall, dass der BGH-Anwalt zu der Auffassung gelangt, ein weiteres Vorgehen sei aussichtslos. Die gesetzliche Vergütung in diesem Fall ist geringer, als wenn Sie gleich den Auftrag für das Revisionsverfahren erteilen.

Formulieren Sie Ihr Anliegen etwa wie folgt:

„Bitte prüfen Sie zunächst die Aussichten der Revision. Nur für den Fall, dass Sie die Revision nach dieser Prüfung für aussichtsreich halten, erteile ich den Auftrag zur Einlegung der Revision".

Bitte informieren Sie uns über den weiteren Fortgang der Angelegenheit. Nach Abschluss des Verfahrens umfasst es der von Ihnen erteilte Auftrag, dass wir uns um die Erstattung der erst- und zweitinstanzlich entstandenen Kosten bemühen.

Wir wünschen Ihnen für das weitere Vorgehen viel Erfolg und hoffen sehr, dass ein Revisionsverfahren den gewünschten Erfolg herbeiführen wird.

Grußformel

7. Revisionsverfahren und Rechtsschutzversicherung

Hat die Rechtsschutzversicherung **Kostendeckungszusage** für das erstinstanzliche Verfahren und das Berufungsverfahren erteilt, ist nicht ohne Weiteres davon auszugehen, dass für das Revisionsverfahren auch eine Kostenübernahme erfolgt. Unter Berücksichtigung der Ausführungen unter Kap. 8 Rdn. 582 muss bei der Rechtsschutzversicherung erneut um Kostendeckung nachgesucht werden. Grds. ist die Tätigkeit gegenüber der Rechtsschutzversicherung eine besondere Angelegenheit, die einen eigenen Vergütungsanspruch auslöst, aber auch hier ist es erforderlich, dass der Auftraggeber den entsprechenden Auftrag erteilt. **648**

Sinnvoll ist es hier, dass der Auftraggeber den Revisionsanwalt mit der weiteren Auseinandersetzung mit der Rechtsschutzversicherung beauftragt. Nur der Revisionsanwalt wird der Rechtsschutzversicherung mitteilen können, wie er das Rechtsmittel begründen wird. Je eher hier die Abgabe der Angelegenheit an den BGH-Anwalt erfolgt, umso schneller hat der Auftraggeber Sicherheit darüber, mit welchem Eigenanteil er wird rechnen müssen. **649**

Üblicherweise zahlt die Rechtsschutzversicherung (s. Kap. 8 Rdn. 376) die Kosten für die Hinzuziehung eines zweiten RA, wenn der Auftraggeber mehr als 100 km Luftlinie vom Gerichtsort entfernt wohnt (§ 2a Abs. 1 S. 3 ARB 75/ § 5 Abs. 1 lit a S. 1 ARB 2000). Allerdings ist damit zu rechnen, dass es erhebliche Auseinandersetzungen geben wird, wenn der sog. **Verkehrsanwalt** (und damit im Ausgangsfall Ihre Kanzlei) einen Termin wahrnimmt und Reisekosten- sowie Abwesenheitskosten verlangt. **650**

Wenn Sie bei der Rechtsschutzversicherung Ihres Auftraggebers um Kostenübernahme bitten wollen, könnte dies wie folgt formuliert werden: **651**

► Muster: Kostendeckungsanfrage Revisionsverfahren

652

Anrede,

wie Sie dem in der Anlage beigefügten Urteil des Berufungsgerichts vom ..... zum Aktenzeichen ..... entnehmen können, hat das Berufungsgericht die Revision zugelassen.

Wir können am BGH nicht auftreten. Da Ihr Versicherungsnehmer mehr als 100 km Luftlinie vom Gerichtsort entfernt wohnt, bitten wir Sie um Kostendeckungszusage für unsere Tätigkeit als Korrespondenz- (oder Verkehrs-) anwälte. Der Prozessbevollmächtigte wird das Revisionsverfahren führen, die erforderlichen Schriftsätze fertigen und auch die Termine wahrnehmen.

Wegen der aus der Zulassung der Revision ersichtlichen grundsätzlichen Bedeutung der Angelegenheit beabsichtigen wir, ebenfalls den Gerichtstermin wahrzunehmen. Auch hierfür bitten wir um Kostendeckungszusage.

Wegen der Kürze der Revisionsfrist bitten wir um Ihre abschließende Stellungnahme bis zum

..... (Datum)

hier eingehend.

Bei dieser Gelegenheit bitten wir ebenfalls um Kostendeckung für das Revisionsverfahren. Das Berufungsgericht hat durch die Zulassung der Revision deutlich gezeigt, dass nicht auszuschließen ist, dass das Berufungsurteil durch den BGH aufgehoben wird. Wie das Rechtsmittel im Einzelnen begründet wird, wird Ihnen dann der BGH-Anwalt mitteilen.

Grußformel

8. Übergabe der Handakten

653 Wenn ein am BGH zugelassener RA die weitere Vertretung des Auftraggebers übernimmt, fordert dieser regelmäßig die Übersendung der Handakte an. Zu den Bestandteilen der Handakte, den Kopierkosten und der Erstattung etwaiger Versandkosten (z. B. Päckchen, Einschreiben-Rückschein) s. die Ausführungen im Kap. zur vorzeitigen Erledigung des Auftrages (Nr. 3101 Nr. 1 VV RVG) unter Kap. 8 Rdn. 474, 502, 479.

9. Verfahrensgebühr gem. Nr. 3208 VV RVG

654 Der am BGH zugelassene RA kann gem. Nr. 3208 VV RVG eine 2,3 Verfahrensgebühr verlangen. Diese ist – wie alle Verfahrensgebühren – gem. 7 Nr. 1008 VV RVG erhöhungsfähig, wenn eine Vertretung mehrerer Auftraggeber erfolgt.

10. Vorzeitige Erledigung im Revisionsverfahren

655 **Nr. 3209**

Nr.	**Gebührentatbestand**	**Gebühr oder Satz der Gebühr nach § 13 RVG**
3209	**Vorzeitige Beendigung des Auftrags, wenn sich die Parteien nur durch einen beim Bundesgerichtshof zugelassenen Rechtsanwalt vertreten lassen können:**	
	Die Gebühr 3206 beträgt Die Anmerkung zu Nummer 3201 gilt entsprechend.	**1,8**

Wenn sich die Parteien nur durch einen beim BGH zugelassenen RA vertreten lassen können und in diesen Verfahren der **Auftrag vorzeitig beendet** wird, reduziert sich die Verfahrensgebühr des BGH-Anwalts auf 1,8. Ob und wann eine vorzeitige Beendigung vorliegt, ergibt sich aus **Nr. 3201 Nr. 1, 2 VV RVG.** Die dazu gemachten Ausführungen gelten auch hier.

Bitte beachten Sie hier die Ausführungen zum Unterpunkt „Prüfung der Erfolgsaussichten des Rechtsmittels“ unter Kap. 8 Rdn. 573

11. Terminsgebühr im Revisionsverfahren

Nr. 3210 656

Nr.	Gebührentatbestand	Gebühr oder Satz der Gebühr nach § 13 RVG
3210	**Terminsgebühr, soweit in Nummer 3213 nichts anderes bestimmt ist** Die Anmerkung zu Nummer 3104 gilt entsprechend.	1,5

a) Allgemeines

Ob eine Terminsgebühr entsteht, hängt erneut von den bereits erläuterten Voraussetzungen in Vorbemerkung 3 Abs. 3 VV RVG i.V.m. Nr. 3104 VV RVG ab. Besonderheiten für die Terminsgebühr im Revisionsverfahren ergeben sich nicht. 657

Allerdings entsteht die Terminsgebühr in allen Revisionsverfahren (nicht nur vor dem BGH) mit einem Gebührensatz von 1,5. Eine besondere Vorschrift, die sich nur auf das Revisionsverfahren bezieht, gibt es nicht. 658

b) Terminsgebühr für nicht am BGH zugelassenen RA

Auch für den RA, der nicht am BGH zugelassen ist und den Auftraggeber weiterhin im Revisionsverfahren vertritt, kann entsprechend Vorbemerkung 3 Abs. 3 VV RVG eine Terminsgebühr entstehen. Nimmt er den Termin wahr, dann kommt es nicht darauf an, ob der RA bei dem Gericht auch zugelassen ist. Die Wahrnehmung des Termins ist ausreichend. Daneben kann die Terminsgebühr auch immer unter der Voraussetzung entstehen, dass die Tatbestandsmerkmale aus Vorbemerkung 3 Abs. 3, 3. Alt. VV RVG vorliegen (s. hierzu die Ausführungen zur Terminsgebühr in Nr. 3104 VV RVG unter Kap. 8 Rdn. 529, 532). 659

c) Reduzierte Terminsgebühr im Revisionsverfahren

Nr. 3211 660

Nr.	Gebührentatbestand	Gebühr oder Satz der Gebühr nach § 13 RVG
3211	**Wahrnehmung nur eines Termins, in dem der Revisionskläger nicht ordnungsgemäß vertreten ist und lediglich ein Antrag auf Versäumnisurteil oder zur Prozess- oder Sachleitung gestellt wird:**	
	Die Gebühr 3210 beträgt	0,8

	Die Anmerkung zu Nummer 3105 und Absatz 2 der Anmerkung zu Nummer 3202 gelten entsprechend.	

661 Selbst im Revisionsverfahren ist es noch denkbar, dass eine der **Parteien säumig** ist. Ist der Revisionskläger **im Verhandlungstermin nicht oder nicht ordnungsgemäß vertreten** und stellt der RA des Revisionsbeklagten daraufhin lediglich (nur) einen Antrag auf Erlass eines Versäumnisurteils oder zur Prozess- oder Sachleitung, reduziert sich die Terminsgebühr gem. Nr. 3211 VV RVG auf 0,8.

V. Nichtzulassungsbeschwerde

662 **Nr. 3506**

Nr.	**Gebührentatbestand**	**Gebühr oder Satz der Gebühr nach § 13 RVG**
3506	**Verfahrensgebühr für das Verfahren über die Beschwerde gegen die Nichtzulassung der Revision, soweit in Nummer 3512 nichts anderes bestimmt ist** Die Gebühr wird auf die Verfahrensgebühr für ein nachfolgendes Revisionsverfahren angerechnet.	1,6

1. Allgemeines

663 Ob gegen ein Berufungsurteil die Möglichkeit der Revision gegeben ist, hängt in erster Linie davon ab, ob die Revision zugelassen worden ist. Ist die Revision nicht zugelassen, kann **gegen die Nichtzulassung der Revision Nichtzulassungsbeschwerde** erhoben werden, allerdings nur, wenn der Wert der Beschwer 20.000,00 € übersteigt (§ 26 Nr. 8 EGZPO). Aus diesem Grund bietet es sich an, bei der Einlegung der Berufung zu beantragen, dass im Fall einer abschlägigen Entscheidung durch das Berufungsgericht eine Entscheidung über die Zulassung der Revision getroffen wird. Im Muster des Berufungsschriftsatzes unter Kap. 8 Rdn. 192 ist daher dieser entsprechende Antrag enthalten.

664 Die Anfechtung der Nichtzulassung der Revision richtet sich nach §§ 544 ZPO, 543 Abs. 1 Nr. 1 ZPO. Die Nichtzulassungsbeschwerde ist an eine **Notfrist** gebunden. Die Nichtzulassungsbeschwerde muss üblicherweise **innerhalb eines Monats nach Zustellung des vollständigen Urteils** eingelegt werden. Das Gericht hat dann verschiedene Möglichkeiten (das Gericht kann der Nichtzulassungsbeschwerde stattgeben oder sie abweisen).

665 Das **Nichtzulassungsbeschwerdeverfahren** ist eine **eigene gebührenrechtliche Angelegenheit** (§§ 17 Nr. 9, 15 Abs. 2 Satz 2 RVG). Der RA kann in diesem Verfahren

einen eigenen Vergütungsanspruch geltend machen. Die Verfahrensgebühr der **Nr. 3506 VV RVG** im Nichtzulassungsbeschwerdeverfahren wird auf die Verfahrensgebühr für ein sich anschließendes Revisionsverfahren angerechnet (Anm. zu Nr. 3506 VV RVG). Damit kann eine Anrechnung nur erfolgen, wenn der Nichtzulassungsbeschwerde auch stattgegeben worden ist, denn nur dann wird das Verfahren als Revisionsverfahren fortgeführt.

Auch hier ist zu beachten, dass die Anrechnung nur Auswirkung auf die Verfahrensgebühr hat. Entgelte für Post- und Telekommunikationsdienstleistungen und andere entstandene **Auslagen** bleiben bestehen. Sie werden **nicht angerechnet.** **666**

2. Verfahrensgebühr im Verfahren über die Nichtzulassung der Revision

Im Verfahren über die Beschwerde gegen die Nichtzulassung der Revision entsteht eine 1,6 Verfahrensgebühr. Vom Regelungszweck entspricht die Gebühr der bereits erläuterten Verfahrensgebühr gem. Nr. 3200 VV RVG in Berufungsverfahren. Vertritt der RA mehrere Auftraggeber, ist auch diese Verfahrensgebühr gem. Nr. 1008 VV RVG erhöhungsfähig. **667**

Eine 1,6 Verfahrensgebühr entsteht nur in Nichtzulassungsverfahren, die nicht vor dem BGH geführt werden, z. B. Nichtzulassungsverfahren vor dem Bundesarbeitsgericht, BAG. Die 1,6 Verfahrensgebühr entsteht regelmäßig nicht vor Gerichten anderer Gerichtsbarkeiten (wie z. B. dem Bundessozialgericht [BSG] u. a.), wenn dort bspw. Betragsrahmengebühren vorgesehen sind. **668**

Ist das Verfahren vor dem BGH zu führen, regelt eine eigene Vergütungsziffer die Höhe der Verfahrensgebühr (**2,3** Nr. 3508 VV RVG). **669**

3. Reduzierte Verfahrensgebühr im Revisionsverfahren

Nr. 3507 **670**

Nr.	**Gebührentatbestand**	**Gebühr oder Satz der Gebühr nach § 13 RVG**
3507	**Vorzeitige Beendigung des Auftrags:** **Die Gebühr 3506 beträgt** Die Anmerkung zu Nummer 3201 ist entsprechend anzuwenden.	1,1

Im Nichtzulassungsbeschwerdeverfahren erhält der RA eine 1,6 Verfahrensgebühr. Endet der Auftrag vorzeitig, ermäßigt sich die Gebühr auf 1,1. **671**

Nach der Anm. zu Nr. 3507 VV RVG gibt es keine Abweichungen zu den Regelungen über die reduzierte Verfahrensgebühr im Berufungsverfahren gem. Nr. 3201 VV RVG und damit ist (wegen der weiteren Verweisung) die Regelungen zur reduzierten **672**

Verfahrensgebühr gem. Nr. 3101 Nr. 1 VV RVG einschlägig. Auf die dortigen Ausführungen wird verwiesen (Kap. 8 Rdn. 435).

4. Nichtzulassungsbeschwerde vor dem BGH

673 **Nr. 3508**

Nr.	Gebührentatbestand	Gebühr oder Satz der Gebühr nach § 13 RVG
3508	In dem Verfahren über die Beschwerde gegen die Nichtzulassung der Revision können sich die Parteien nur durch einen beim Bundesgerichtshof zugelassenen Rechtsanwalt vertreten lassen: Die Gebühr 3506 beträgt	2,3

674 Die Nichtzulassungsbeschwerde gem. § 544 ZPO ist beim **BGH einzulegen.** Dies muss durch einen beim BGH zugelassenen RA erfolgen.

675 Der BGH-Anwalt erhält eine erhöhte 2,3 Verfahrensgebühr.

676 ▶ Praxistipp:

Sämtliche Ausführungen/Muster und Praxistipps zum Revisionsverfahren vor dem BGH gelten auch für das Verfahren der Nichtzulassungsbeschwerde. Die vorhandenen Muster müssen nur angepasst werden und der Begriff Revision durch den Begriff Nichtzulassungsbeschwerde ersetzt werden. Bitte beachten Sie daher das Kap. Revision, Kap. 7 Rdn. 239.

677 Bei Beendigung des Berufungsrechtszuges (Ausnahme: Die sehr seltene Sprungrevision nach Abschluss der ersten Instanz) hat das Berufungsgericht zwei Möglichkeiten, das weitere Verfahren vorzugeben.

678 Es kann die Revision zulassen, dann kann das Verfahren nur mit der Revision fortgeführt werden. Das Berufungsgericht kann ebenfalls aussprechen, dass die Revision nicht zugelassen wird. Das weitere Vorgehen hängt davon ab, ob der für die Nichtzulassungsbeschwerde erforderliche Wert der Beschwer überschritten wird.

679 Gem. § 26 Nr. 8 EGZPO ist die Nichtzulassungsbeschwerde bis einschließlich 31. 12. 2014 (hier ist es möglich, dass eine Verlängerung dieser Vorschrift verabschiedet wird – darauf müssen Sie aber erst im Jahr 2014 achten) nur zulässig, wenn der Wert der **Beschwer 20.000,00 € übersteigt.** Ist der Wert der Beschwer (das aberkannte Verlangen des Auftraggebers) geringer, kann die Nichtzulassung der Revision nicht angefochten werden. Das Urteil ist unanfechtbar. Nur, wenn der Wert der Beschwer 20.000,00 € übersteigt, kann die Nichtzulassung der Revision mit der Nichtzulassungsbeschwerde angefochten werden.

Im Berufungsurteil finden Sie daher (i. d. R.) bereits im Urteilstenor entweder 680

»Die Revision wird nicht zugelassen« 681

oder

»Die Revision wird zugelassen«. 682

Ist die Revision nicht zugelassen und übersteigt der Wert der Beschwer 20.000,00 €, hat der Auftraggeber die Möglichkeit i.R.d. Nichtzulassungsbeschwerde die Entscheidung des Berufungsgerichts durch den BGH überprüfen zu lassen. 683

Sie können den Auftraggeber nicht vertreten, wenn der RA nicht am BGH zugelassen ist. I.d.R. wird dies der Fall sein, denn nur die RA, die ausschließlich am BGH tätig sind, können vor dem BGH auftreten (sog. **Singularzulassung**). 684

Den Auftraggeber sollten Sie über das weitere Vorgehen etwa wie nachfolgend formuliert informieren: 685

► Muster: Schreiben an Auftraggeber – Beendigung der zweiten Instanz – Nichtzulassungsbeschwerde 686

Anrede,

ausweislich des in der Anlage beigefügten Urteils des ….. Gerichts vom ….. zum Aktenzeichen ….. ist das Berufungsverfahren durch dieses Schlussurteil beendet.

Das Gericht ist der von hier aus geführten rechtlichen Argumentation nicht gefolgt.

Wie Sie dem Urteil entnehmen können, hat das Gericht die Revision nicht zugelassen. Grundsätzlich ist die Revision nicht von einem Wert der Beschwer abhängig. Lässt das Berufungsgericht die Revision aber nicht zu, so kann dagegen Nichtzulassungsbeschwerde zum Bundesgerichtshof (BGH) eingelegt werden. Dies ist aber nur dann möglich, wenn der sogenannte Wert der Beschwer (oder auch die Beschwerdesumme) 20.000,00 € übersteigt. Dies ist hier der Fall, sodass Sie das Verfahren weiterführen können, in dem Sie Nichtzulassungsbeschwerde zum BGH einlegen. Allerdings prüft der BGH zunächst, ob die Nichtzulassung der Revision zu Recht erfolgt ist, das Hauptanliegen wird nur einer rechtlichen Überprüfung unterzogen, wenn der BGH aufgrund der erhobenen Nichtzulassungsbeschwerde dieser stattgibt und damit das Revisionsverfahren eröffnet.

Gibt der BGH der Nichtzulassungsbeschwerde nicht statt, ist das Verfahren rechtskräftig beendet, weitere Anfechtungsmöglichkeiten sind dann nicht gegeben. Die Entscheidung des BGH über die Nichtzulassung der Revision ist endgültig. Nur in ganz wenigen Ausnahmefällen ist bei einer Verletzung der im Grundgesetz (GG) verankerten Grundrechte die Anrufung der Verfassungsgerichte nach einer solchen Entscheidung möglich. Hier verzichten wir an dieser Stelle auf weiterführende Hinweise und kommen auf dieses Thema zurück, sollten nach Abschluss des Verfahrens vor dem BGH Anhaltspunkte dafür vorhanden sein, dass ein weiteres Vorgehen vor den Verfassungsgerichten aussichtsreich erscheinen lässt.

Wie vorstehend mitgeteilt, wird das Verfahren über die Nichtzulassungsbeschwerde der Revision vor dem BGH geführt. Vor dem Bundesgerichtshof sind wir nicht zugelassen. Die Nichtzulassungsbeschwerde ist innerhalb einer nicht verlängerbaren Notfrist von einem Monat seit der Zustellung des Urteils, d.h. damit bis zum ..... beim BGH durch einen beim BGH zugelassenen Rechtsanwalt einzulegen. Wird die Frist nicht gewahrt oder die Nichtzulassungsbeschwerde nicht eingelegt, wird das Berufungsurteil rechtskräftig. Eine weitere Anfechtung des Urteils ist dann ausgeschlossen.

Da wir vor dem BGH nicht wirksam auftreten können, müssen Sie sich vor dem Verfahren in Karlsruhe durch einen anderen Rechtsanwalt vertreten lassen.

Eine Information über Anwälte, die beim BGH zugelassen sind, erhalten Sie von der Rechtsanwaltskammer Karlsruhe, Tel.: 0721/25340. Gerne können wir Sie bei der Beauftragung eines zur Vertretung bereiten Anwalts in Karlsruhe unterstützen.

Für das Verfahren über Nichtzulassung der Revision vor dem Bundesgerichtshof entsteht, da es sich um einen neuen Rechtszug handelt, eine neue weitere Anwaltsvergütung.

Für Ihren Anwalt, der beim BGH zugelassen ist, werden Sie voraussichtlich zahlen müssen:

Gegenstandswert:

2,3 Verfahrensgebühr für Revision vor dem BGH gem. §§ 2 Abs. 2, 13, Nr. 3508 VV RVG

1,2 Terminsgebühr gem. §§ 2 Abs. 2, 13, Nr. 3516 VV RVG (eher unwahrscheinlich)

Entgelte für Post- und Telekommunikationsdienstleistungen Nr. 7002 VV RVG

19 % Umsatzsteuer gem. Nr. 7008 VV RVG

Summe .....

Für den Fall, dass das die Revision aufgrund der Nichtzulassungsbeschwerde nicht zugelassen wird, verdoppelt sich voraussichtlich der obige Betrag, weil die Kosten des gegnerischen Rechtsanwalts dann auch von Ihnen zu begleichen sind. Hinzu kommen noch die Gerichtskosten (2,0 Gerichtskosten nach einem Gerichtsgebührenwert in Höhe von ..... gem. § 34 Nr. 1242 KV GKG), wobei regelmäßig diese auch nur im Unterliegensfall von Ihnen zu zahlen sind. Auszuschließen ist eine Zahllast für die Gerichtskosten dann nicht, wenn ein Fall der Rückgriffshaftung (Zahlungsunfähigkeit des Hauptschuldners) gegeben ist. Je nach Kostenquote verändert sich Ihre Zahllast. Das hier dargestellte Kostenrisiko berücksichtigt den ungünstigsten Fall des Ausgangs des Verfahrens, also den Fall, dass Sie im Verfahren über die Nichtzulassung der Revision komplett unterliegen. Dem Kostenrisiko für den Fall der anschließenden Durchführung der Revision haben wir nicht dargestellt.

Wegen der besseren Verständlichkeit haben wir die Möglichkeit eines Vergleichs bei der Kostendarstellung nicht berücksichtigt.

Bei der Übersicht über die zu erwartende und mögliche Kostenbelastung haben wir die für eine weitere Tätigkeit durch uns entstehende Vergütung nicht berücksichtigt.

Dies liegt daran, dass – auch im Fall des Obsiegens – die Kosten für die Hinzuziehung eines weiteren Anwalts im Nichtzulassungsverfahren gem. § 91 ZPO grundsätzlich nicht erstattungsfähig sind. Eine weitere Tätigkeit und Betreuung des Mandats durch uns ist darüber hinaus auch nur eingeschränkt möglich. Selbstverständlich können wir mit dem von Ihnen zu beauftragenden BGH-Anwalt Kontakt halten, den Sachverhalt besprechen. Dies geschieht dann aber zwingend auf Ihre eigenen Kosten. Wir könnten auch einen etwaigen (selten) Verhandlungstermin am BGH wahrnehmen, wir sind aber nicht befugt, Anträge zu stellen oder in das Verhandlungsgeschehen einzugreifen.

Unsere Vergütung für den Fall einer weiteren Tätigkeit (mit Teilnahme am Gerichtstermin) würde betragen:

Gegenstandswert:

1,0 Verfahrensgebühr Verkehrsanwalt gem. §§ 2 Abs. 2, 13, Nr. 3400 VV RVG

1,2 Terminsgebühr Nichtzulassungsbeschwerde Revision gem. §§ 2 Abs. 2, 13, Nr. 3516 VV RVG

(Hinweis: Terminsgebühren eher unwahrscheinlich, aber nicht ausgeschlossen)

Geschäftsreise, Benutzung des eigenen Kfz gem. Nr. 7003 VV RVG

Kfz-Benutzung ..... km Hin- und Rückweg × 0,30 €

Geschäftsreise, Tage- und Abwesenheitsgeld für mehr als ..... Stunden

gem. Nr. 7005 Nr. VV RVG

Entgelte für Post- und Telekommunikationsdienstleistungen gem. Nr. 7002 VV RVG

19 % Umsatzsteuer gem. Nr. 7008 VV RVG

Summe .....

Für den Fall, dass wir keinen Termin wahrnehmen sollten, verringert sich die Kostenbelastung um die 2. Position in der Übersicht (Terminsgebühr nebst anteiliger Umsatzsteuer). Gleiches gilt bei der Kostenübersicht des zu beauftragenden BGH-Anwalts sowie den Kosten der gegnerischen Rechtsanwälte. Bitte nehmen Sie sobald wie möglich mit uns Kontakt auf, damit das weitere Vorgehen besprochen werden kann. Wir werden hier nicht ohne eine Rücksprache einen weiteren RA mit Ihrer Vertretung beauftragen. Wir werden auch nicht Nichtzulassungsbeschwerde einlegen, da dieses Vorgehen nicht zulässig wäre. Wegen der kurzen Frist und der erforderlichen organisatorischen Vorbereitungen (Übergabe der Unterlagen an BGH-Anwalt in Karlsruhe etc.) ist eine zügige Kontaktaufnahme erforderlich.

Grußformel

► Praxistipp: 687

Die Muster werden immer umfangreicher. Ob und wie viel der RA dem Auftraggeber erläutert, ist immer auch eine Frage des Stils der Kanzlei, der Art der Mandatsführung und natürlich Geschmackssache. Selbstverständlich kann man sich auch sagen, dass der Auftraggeber lange Ausführungen und Belehrungen gar nicht lesen will, schließlich hat er ja einen RA beauftragt, der für ihn die Entscheidungen treffen soll. Wenn diese Entscheidungen Geld kosten, ist es nach meiner persönlichen Einschätzung besonders notwendig, dem Auftraggeber aufzuzeigen, welche Möglichkeiten es gibt. Auch die Schriftform ist immer wieder von Vorteil, kann doch jederzeit nachgewiesen werden, dass man den Auftraggeber aufgeklärt hat. Hier müssen Sie nur an sich selbst denken: Sie möchten auch gefragt werden, bevor ein Dritter über Ihr Geld verfügt, Sie möchten aufgeklärt werden (Folgen, Nutzen, Nachteil, Alternativen und Kosten), wenn Sie eine erforderliche ärztliche Behandlung durchführen. Natürlich sind nicht alle Auftraggeber in der Lage, tatsächlich zu erfassen, was Sie versuchen, zu vermitteln, aber es ist einen Versuch wert. Der Mandant wird sich häufig an Sie wenden und der RA wird eine Entscheidung treffen. Er wird dabei davon ausgehen, dass seine Entscheidung am sinnvollsten für den Auftraggeber ist. Je mehr der Auftraggeber vor seiner Entscheidung über die Risiken, Vorteile und Kosten des Verfahrens wusste, umso geringer die Anzahl der sich nach Beendigung des Mandats ergebenden Streitigkeiten mit dem eigenen Auftraggeber.

5. Vorzeitige Erledigung Nichtzulassungsbeschwerde BGH-Anwalt

688 **Nr. 3509**

Nr.	Gebührentatbestand	Gebühr oder Satz der Gebühr nach § 13 RVG
3509	**Vorzeitige Beendigung des Auftrags, wenn sich die Parteien nur durch einen beim Bundesgerichtshof zugelassenen Rechtsanwalt vertreten lassen können:**	
	Die Gebühr 3506 beträgt Die Anmerkung zu Nummer 3201 ist entsprechend anzuwenden.	1,8

689 Endet ein Verfahren über die Beschwerde gegen die Nichtzulassung der Revision, in welchem sich die Parteien durch einen beim BGH zugelassenen RA vertreten lassen müssen (Nr. 3508 VV RVG), vorzeitig, reduziert sich die Verfahrensgebühr des BGH-Anwalts auf 1,8. Dies kann z. B. dann der Fall sein, wenn der Auftraggeber den BGH-Anwalt mit seiner Vertretung beauftragt hat, dann aber, z. B. aus Kostengründen, von einer weiteren Verfolgung seines Anliegens Abstand nimmt. Auch ein Vergleich zwischen den Parteien nach Auftragserteilung, aber vor Einlegung der Nichtzulassungsbeschwerde könnte ein Grund für eine vorzeitige Beendigung des Auftrages sein.

690 Für die vorzeitige Beendigung des Auftrags bleibt es bei den Ausführungen zur Nr. 3201 Nr. 1 VV RVG und Nr. 3101 Nr. 1 VV RVG. Bitte beachten Sie die Ausführungen (Muster, Praxistipps) im Kap. zur Revision unter Kap. 8 Rdn. 686.

6. Prüfung der Erfolgsaussichten der Nichtzulassungsbeschwerde durch den BGH-Anwalt

Wie schon im Kapitel Revision erläutert, ist es für den Auftraggeber günstiger, wenn 691
er dem BGH-Anwalt einen **bedingten Auftrag** erteilt, zunächst **die Erfolgsaussichten der Nichtzulassungsbeschwerde** zu prüfen. Verneint der BGH-Anwalt die Erfolgsaussichten, so ist die Gebühr gem. Nr. 2100 VV RVG wesentlich geringer, als wenn der BGH-Anwalt eine vorzeitige Erledigung der Angelegenheit abrechnen würde. S. hierzu auch die Ausführungen unter Kap. 8 Rdn. 686; im Muster muss der Begriff „Revision" durch „Nichtzulassungsbeschwerde" ersetzt werden.

7. Anrechnung der Verfahrensgebühr, wenn der Nichtzulassungsbeschwerde stattgegeben wird.

In der Anm. zu Nr. 3506 VV RVG ist vorgeschrieben, dass die Verfahrensgebühr 692
der Nr. 3506 VV RVG auf die Verfahrensgebühr des sich anschließenden Revisionsverfahrens anzurechnen ist. Dies gilt auch für die Verfahrensgebühr der Nr. 3508 VV RVG (Nichtzulassungsbeschwerde vor dem BGH), weil die Nr. 3508 VV RVG in der Anmerkung auf die Nr. 3506 VV RVG verweist. Nur die Verfahrensgebühr wird angerechnet, Auslagen und etwaig andere entstandene Gebühren bleiben bestehen.

8. Terminsgebühr

Nr. 3516 693

Nr.	**Gebührentatbestand**	**Gebühr oder Satz der Gebühr nach § 13 RVG**
3516	**Terminsgebühr in den in Nummer 3502, 3504, 3506 und 3510 genannten Verfahren**	1,2

Findet in den Nichtzulassungsbeschwerdeverfahren gem. Nr. 3506 oder 694
Nr. 3508 VV RVG eine **mündliche Verhandlung** statt, entsteht dafür gem. nach Nr. 3516 VV RVG zusätzlich eine 1,2 **Terminsgebühr.**

Für die Terminsgebühr gelten die allgemeinen Grundsätze gem. Vorbemerkung 3 695
Abs. 3 VV RVG. Es ist möglich, dass die Terminsgebühr entsteht, wenn der RA mit oder ohne Mitwirkung des Gerichts Besprechungen zwecks Erledigung der Angelegenheit führt. Sie kann daher für jeden am Verfahren beteiligten RA entstehen. Es ist nicht zwingend erforderlich, dass der RA auch Prozessbevollmächtigter ist. Eine eigene Terminsgebühr für das Verfahren über die Nichtzulassung der Revision vor dem BGH ist nicht vorgesehen.

E. Mehrere Rechtsanwälte

696 *Vorbemerkung 3.4:*

(1) Für in diesem Abschnitt genannte Tätigkeiten entsteht eine Terminsgebühr nur, wenn dies ausdrücklich bestimmt ist.

(2) Im Verfahren vor den Sozialgerichten, in denen Betragsrahmengebühren entstehen (§ 3 RVG), vermindern sich die in den Nummern 3400, 3401, 3405 und 3406 bestimmten Höchstbeträge auf die Hälfte, wenn eine Tätigkeit im Verwaltungsverfahren oder im weiteren, der Nachprüfung des Verwaltungsakts dienenden Verwaltungsverfahren vorausgegangen ist. Bei der Bemessung der Gebühren ist nicht zu berücksichtigen, dass der Umfang der Tätigkeit infolge der Tätigkeit im Verwaltungsverfahren oder im weiteren, der Nachprüfung des Verwaltungsakts dienenden Verwaltungsverfahren geringer ist.

I. Allgemeines

697 Teil 3 Abschnitt 4 VV RVG fasst Einzeltätigkeiten zusammen. Für das RVG ist im weitesten Sinne eine Einzeltätigkeit, wenn ein **Unterbevollmächtigter** (Terminsvertreter) den Termin für den Auftraggeber vor Gericht anstelle des Prozessbevollmächtigten wahrnimmt. Der sog. **Verkehrsanwalt** ist ebenfalls in Teil 3 Abschnitt 4 geregelt.

698 Unterschieden werden können Verkehrsanwalt und Unterbevollmächtigter wie folgt:

699 Die Ausgangskonstellation ist gleich: **Mehrere Rechtsanwälte vertreten gleichzeitig** den Auftraggeber.

1. Unterbevollmächtigter

700 Der Unterbevollmächtigte wird eingeschaltet, wenn der RA, der den Kontakt zum Auftraggeber hat, weiterhin Prozessbevollmächtigter (oft **Hauptbevollmächtigter** genannt) bleibt, aber aus verschiedenen möglichen Gründen den Gerichtstermin nicht selbst wahrnimmt. Bei dieser Konstellation wäre es dem Prozessbevollmächtigten aber jederzeit möglich, den Termin selbst wahrzunehmen und rechtlich wirksame Anträge zu stellen. Der RA, der dann anstelle des Prozessbevollmächtigten den Termin wahrnimmt, tut dies auf Bitten des Prozessbevollmächtigten. Der Auftraggeber kann grds. so viele Anwälte mit seiner Vertretung beauftragen, wie er will (und bezahlen kann). Mehrere voneinander unabhängige (also nicht als Sozietät verbundene) RA haben dann einen eigenständigen und unabhängigen Vergütungsanspruch gegen den Auftraggeber. Nur in ganz wenigen Ausnahmefällen ist aber die gegnerische Prozesspartei (oder in sonstiger Dritter) verpflichtet, die Kosten für die Hinzuziehung mehrerer RA zu erstatten.

2. Verkehrsanwalt

701 Wird ein Verfahren bspw. vor dem BGH geführt, kann der bisherige Prozessbevollmächtigte das Verfahren i. d. R. nicht fortführen (sog. **Anwaltszwang** – nur der am BGH zugelassene RA kann den Auftraggeber wirksam vertreten). Der BGH-Anwalt

wird Prozessbevollmächtigter. Ist der bisherige RA weiterhin tätig, so kann er selbst keine Schriftsätze und Erklärungen gegenüber dem Gericht abgeben, er kann im Gerichtstermin nicht auftreten, weil er nicht zugelassen ist. Vertritt der RA den Auftraggeber trotzdem vor Gericht, läge ein **Fall der Säumnis** vor. Säumnis ist auch dann gegeben, wenn sich der Auftraggeber durch einen nicht am Gericht zugelassenen RA vertreten lässt. Der bisherige Prozessbevollmächtigte wird also **Verkehrsanwalt** – er hält den Kontakt zum Auftraggeber. Der am Gericht zugelassene RA wird Prozessbevollmächtigter. **Prozessbevollmächtigter** kann nur sein, **wer auch am Gericht zugelassen ist.**

3. Wer erhält welche Gebühr?

Eine Verfahrensgebühr entsteht in den Fällen der sog. **Einzeltätigkeit** grds. immer bei jedem der beteiligten RA, aber nur der Prozessbevollmächtigte erhält eine Verfahrensgebühr nach Teil 3 Abschnitt 1 oder 2. Der Prozessbevollmächtigte erhält nie eine Verfahrensgebühr nach Teil 3 Abschnitt 4 VV RVG, denn er übt nie eine Einzeltätigkeit aus, ihm ist der Prozessauftrag erteilt worden. 702

Der Unterbevollmächtigte und der Verkehrsanwalt erhalten jedoch ausschließlich die Verfahrensgebühr nach Teil 3 Abschnitt 4 VV RVG. 703

II. Die Vertretung durch einen Unterbevollmächtigten

Nr. 3401 704

Nr.	Gebührentatbestand	Gebühr oder Satz der Gebühr nach § 13 RVG
3401	**Der Auftrag beschränkt sich auf die Vertretung in einem Termin im Sinne der Vorbemerkung 3 Abs. 3: Verfahrensgebühr**	**in Höhe der Hälfte der dem Verfahrensbevollmächtigten zustehenden Verfahrensgebühr**

Mit Nr. 3401 VV RVG wird der Gebührenanspruch des Terminsvertreters im Hinblick auf die Verfahrensgebühr geregelt. Dieser vertritt die Partei anstelle des Prozessbevollmächtigten in der mündlichen Verhandlung oder tritt neben ihm auf. Er wird aber nicht zum Prozessbevollmächtigten. Das Gericht stellt weiterhin an den RA zu, der sich als Prozessbevollmächtigter legitimiert hat. 705

► Praxistipp: 706

In vielen Verfahren ist es von Anfang an klar, dass Ihre Kanzlei den Gerichtstermin nicht wahrnehmen wird. Dies kann eine Menge von Gründen haben. So kann es sein, dass der Gegenstandswert, den Sie der anwaltlichen Vergütungsberechnung zugrunde legen, so gering ist, dass es unwirtschaftlich wäre, wenn Sie den Termin selbst wahrnehmen. Ist dies von Anfang an vorhersehbar, sollten Sie den Auftraggeber gleich bei Übernahme des Mandats entsprechend belehren und informieren.

707 ► Beispiel:

Ihre Kanzlei befindet sich in München. Wegen einer Forderung i.H.v. 500,00 € betreiben Sie gegen einen Antragsgegner, der seinen Wohnsitz in Berlin-Charlottenburg hat, das Mahnverfahren. Das Mahnverfahren selbst führen Sie beim AG München, für das streitige Verfahren wäre das AG Berlin-Charlottenburg zuständig. Sollte der Antragsgegner Widerspruch erheben, ist nicht zu erwarten, dass Sie selbst den Termin in Berlin wahrnehmen werden (obwohl Berlin selbstverständlich immer eine Reise wert ist). Darauf können Sie den Auftraggeber gleich hinweisen. Bei einer geringen Forderungshöhe ist sogar zu vermuten, dass die Hinzuziehung eines weiteren RA geringere Kosten verursachen würde, als wenn der Münchener RA den Termin wahrnehmen würde. Hier ist sogar ggf. eine Pflicht zu vermuten (aus kostenerstattungsrechtlicher Sicht) einen Unterbevollmächtigten zu beauftragen.

708 ► Hinweis:

Bitte überprüfen Sie gerade bei kleinen Forderungen, ob nicht gem. § 15a EGZPO vor der gerichtlichen Auseinandersetzung die Durchführung eines Güteverfahrens zwingend erforderlich ist.

► Muster: Belehrungsschreiben Mandant/Zweiter RA/Gerichtsort

709 Anrede,

wir waren zunächst auftragsgemäß vorgerichtlich für Sie tätig. Die Gegenseite hat bisher nicht geleistet, sodass die Einleitung gerichtlicher Schritte zur Durchsetzung Ihres Anliegens erforderlich ist. Es war für uns zu Beginn unserer Tätigkeit nicht abzusehen, ob eine freiwillige Leistung der Gegenseite ohne Einschaltung von Gerichten erfolgen würde.

Da durch die Gegenseite keinerlei Reaktion erfolgt ist, halten wir die Durchführung des gerichtlichen Mahnverfahrens nicht für sinnvoll. Das Schweigen der Gegenseite kann auch bedeuten, dass eine Stellungnahme erst im gerichtlichen Verfahren erfolgen wird. Wir gehen daher mit großer Wahrscheinlichkeit von der Erhebung des Widerspruchs durch die Gegenseite aus. Dieser Widerspruch verzögert das gerichtliche Verfahren unangemessen.

Im Ergebnis ist es für Sie schneller, wenn das gerichtliche Verfahren unmittelbar eingeleitet wird.

Für die Durchführung des streitigen gerichtlichen Verfahrens ist das AG ..... zuständig.

Wir werden selbstverständlich – sofern gesetzlich zulässig – die Durchführung des ausschließlich schriftlichen Verfahrens beantragen, können aber nicht ausschließen, dass Gerichtstermine anberaumt werden.

Den oder die zu erwartenden Gerichtstermine können wir ohne den Abschluss einer Vergütungsvereinbarung nicht wahrnehmen. Aufgrund des niedrigen gesetzlichen Gegenstandswertes ist es für Sie günstiger, wenn Sie entweder

a) am Gerichtsort direkt einen Rechtsanwalt mit Ihrer weiteren Vertretung beauftragen und dieser das gerichtliche Verfahren durchführt, oder
b) wenn wir einen Anwalt am Gerichtsort einschalten, der vor dem Gericht Ihre Interessen vertritt.

Sollten Sie wünschen, dass wir persönlich die Termine wahrnehmen, ist dies nur unter der Voraussetzung möglich, dass wir eine zusätzliche Vergütung vereinbaren. Nur mit einer Vergütungsvereinbarung kann eine wirtschaftliche Vertretung Ihrer Interessen durch uns erfolgen. Bei der zu erwartenden gesetzlichen Vergütung für die Wahrnehmung des Gerichtstermins entsteht ein krasses Missverhältnis zwischen der von hier zu investierenden Zeit und der sich daraus ergebenden gesetzlichen Vergütung.

Wenn Sie wünschen, dass wir weiterhin ohne Vergütungsvereinbarung tätig sind, werden wir auf jeden Fall einen weiteren Rechtsanwalt einschalten, den wir mit der Wahrnehmung des Termins beauftragen werden.

Für die Hinzuziehung eines weiteren Anwalts müssen Sie eine weitere Vergütung einplanen. Es ist aber auch möglich, dass Sie, ohne dass hier noch weitere Kosten entstehen, sofort jetzt einen Rechtsanwalt am Gerichtsort beauftragen. Auf unserer Seite entstehen dann keine weiteren Kosten.

Bisher sind entstanden:

Gegenstandswert:

1,3 Geschäftsgebühr gem. §§ 2 Abs. 2, 13 RVG, Nr. 2300 VV RVG

Entgelte für Post- und Telekommunikationsdienstleistungen gem. Nr. 7002 VV RVG

19 % Umsatzsteuer gem. Nr. 7008 VV RVG

Summe ..... €

Der am Gerichtsort tätige Anwalt wird (berechnet ohne Vergleichsabschluss) berechnen:

Gegenstandswert:

1,3 Verfahrensgebühr gem. §§ 2 Abs. 2, 13, Nr. 3100 VV RVG

1,2 Terminsgebühr gem. §§ 2 Abs. 2, 13, Nr. 3104 VV RVG

Entgelte für Post- und Telekommunikationsdienstleistungen gem. Nr. 7002 VV RVG

19 % Umsatzsteuer gem. Nr. 7008 VV RVG

Summe ..... €

Die grundsätzlich vorgesehene Anrechnung der Geschäftsgebühr gem. Vorbemerkung 3 Abs. 4 VV RVG findet nicht statt, da diese nur gilt, wenn lediglich ein Anwalt am Verfahren beteiligt ist. Die hier entstandene Geschäftsgebühr wird durch den Anwalt, der das gerichtliche Verfahren für Sie durchführt, im gerichtlichen Verfahren geltend gemacht werden. Die Anrechnung erfolgt nur in Höhe von 0,65.

Wenn wir tätig bleiben, die Klage einreichen und einen zweiten Rechtsanwalt beauftragen, entstehen:

Unser gesetzlicher Vergütungsanspruch:

Gegenstandswert:

1,3 Geschäftsgebühr gem. §§ 2 Abs. 2, 13, Nr. 2300 VV RVG

1,3 Verfahrensgebühr gem. §§ 2 Abs. 2, 13, Nr. 3100 VV RVG

abzüglich Anrechnung der Geschäftsgebühr (0,65)

Entgelte für Post- und Telekommunikationsdienstleistungen gem. Nr. 7002 VV RVG

19 % Umsatzsteuer gem. Nr. 7008 VV RVG

Summe ..... €

Der Rechtsanwalt, der das gerichtliche Verfahren führt, wird berechnen:

Gegenstandswert:

0,65 Verfahrensgebühr gem. §§ 2 Abs. 2, 13, Nr. 3401, 3100 VV RVG

1,2 Terminsgebühr gem. §§ 2 Abs. 2, 13, Nr. 3403, 3104 VV RVG

Entgelte für Post- und Telekommunikationsdienstleistungen gem. Nr. 7002 VV RVG

19 % Umsatzsteuer gem. Nr. 7008 VV RVG

Summe ..... €

Sollten Sie im gerichtlichen Verfahren obsiegen, werden Teile der Kosten des zweiten Anwalts nicht erstattungsfähig sein. Die Höhe des verbleibenden nicht erstattungsfähigen Anteils berücksichtigt aber immer, dass für den Fall, dass wir den Termin wahrgenommen hätten, hier Fahrtkosten, Abwesenheitsgelder und anderes entstanden wären. Da die Beauftragung eines zweiten Rechtsanwalt günstiger für Sie ist, als der Abschluss einer Vergütungsvereinbarung mit uns, gehen wir davon aus, dass Sie mit unserer Vorgehensweise einverstanden sind und werden einen sogenannten Unterbevollmächtigten in Ihrem Namen beauftragen.

Selbstverständlich können Sie auch selbst direkt einen Anwalt am Gerichtsort beauftragen, der allein das Mandat weiterführt. Sollten wir hier bis zum ..... nichts Gegenteiliges von Ihnen hören, werden wir das gerichtliche Verfahren einleiten und bei der Vorlage einer Ladung zum Gerichtstermin einen weiteren Anwalt vor Ort beauftragen.

Grußformel

710 ▶ Hinweis:

Bitte beachten Sie den Hinweis für den Fall des Vorliegens einer Kostendeckungszusage der Rechtsschutzversicherung unter Kap. 8 Rdn. 648.

Es ist **nicht erforderlich**, dass der RA den **Auftrag an den Unterbevollmächtigten** erteilt. Auch der Auftraggeber kann selbst diesen Auftrag erteilen. 711

Es ist in der Kommentarliteratur zum RVG umstritten, ob es erforderlich ist, dass der Auftraggeber sein Einverständnis mit der Beauftragung eines zweiten RA erteilt. Unterbleibt ein Hinweis an den Auftraggeber, ist die Wahrscheinlichkeit, dass es bei Abschluss der Angelegenheit Auseinandersetzungen zu diesem Problem gibt, viel höher. Der sicherere Weg ist zu bevorzugen. Streit über die Vergütung ist überflüssig, kostet Zeit und damit Geld. Wo er vermieden werden kann und vorhersehbar ist, ist kein Grund einsichtig, auf Belehrungen zu verzichten. 712

Wird ein **Terminsvertreter beauftragt**, erfolgt dies nicht **im Namen** des Prozessbevollmächtigten, sondern für den **Auftraggeber.** Um Missverständnisse auch mit dem Unterbevollmächtigten zu vermeiden, sollte dies in dem Schreiben, mit dem Sie die Mandatsübernahme erbitten, deutlich ersichtlich sein. 713

► Muster: Bitte um Mandatsübernahme an den Unterbevollmächtigen

714

Anrede,

wir vertreten in dem Verfahren ..... vor dem Gericht ..... zum Aktenzeichen ..... unseren Auftraggeber ......

Namens und in beigefügter Vollmacht unseres Auftraggebers bitten wir Sie um Mandatsübernahme und Wahrnehmung des für den ..... anberaumten Gerichtstermins als Unterbevollmächtigter.

Wir schlagen die Gebührenteilung der gesetzlich entstehenden Gebühren vor und bitten um entsprechende Bestätigung.

Die erforderlichen Unterlagen zur Wahrnehmung des Termins stellen wir Ihnen unmittelbar nach Auftragsbestätigung zur Verfügung. Bitte überlassen Sie uns im Bedarfsfall eine Vollmacht ihrerseits für die Terminswahrnehmung. Diese werden wir unverzüglich nach Unterzeichnung an Sie zurückreichen.

Bitte beachten Sie, dass Sie im Termin einen Vergleich nur unter der Voraussetzung abschließen, dass eine Widerrufsmöglichkeit gewährt wird. Ein verbindlicher und bindender Vergleich soll nur nach Rücksprache mit dem Auftraggeber abgeschlossen werden.

Grußformel

III. Mehrere Auftraggeber

Vertritt der Terminsvertreter mehrere Auftraggeber, erhöht sich gem. Nr. 1008 VV RVG die Verfahrensgebühr entsprechend den allgemeinen Grundsätzen. 715

Der Unterbevollmächtigte erhält hierbei nicht 1/2 der erhöhten Verfahrensgebühr des Prozessbevollmächtigten. Sein ermittelter Gebührenanspruch erhöht sich um 0,3 gem. Nr. 1008 VV RVG bei der Vertretung mehrerer Auftraggeber. 716

717 ▶ Beispiel:

In der ersten Instanz vertritt der Prozessbevollmächtigte drei Auftraggeber.

Sein Gebührenanspruch beziffert sich auf

1,9 Verfahrensgebühr gem. §§ 2 Abs. 2, 13, Nr. 3100, 1008 VV RVG.

Der Unterbevollmächtigte berechnete

die 1/2 der Verfahrensgebühr mit

0,65 Verfahrensgebühr gem. §§ 2 Abs. 2, 13, Nr. 3401, 3100 VV RVG

und 2 × 0,3 Erhöhung für die weiteren Auftraggeber, damit insgesamt

1,25 Verfahrensgebühr.

Würde der Unterbevollmächtigte die bereits erhöhte Verfahrensgebühr des Prozessbevollmächtigten (1,9) halbieren, dann hätte er nur einen Anspruch in Höhe von 0,95 Verfahrensgebühr. Eine solche Berechnungsweise berücksichtigt aber nicht, dass auch der Unterbevollmächtigte mehrere Auftraggeber vertreten muss, um die Erhöhung gem. Nr. 1008 VV RVG in Anspruch nehmen zu können. Seine eigene Verfahrensgebühr der Nr. 3401 VV RVG (0,65 +2 x 0,3 = 0,95) erhöht sich dann. Der Unterbevollmächtigte erhält daher nicht die Hälfte der erhöhten Gebühr des Prozessbevollmächtigten.

IV. Terminsgebühr

718 Nr. 3402

Nr.	Gebührentatbestand	Gebühr oder Satz der Gebühr nach § 13 RVG
3402	**Terminsgebühr in dem in Nummer 3401 genannten Fall**	**in Höhe der einem Verfahrensbevollmächtigten zustehenden Terminsgebühr**

719 Ob eine Terminsgebühr entsteht, hängt davon ab, ob dies ausdrücklich durch das Gesetz bestimmt ist.

720 Im Allgemeinen erhält der Unterbevollmächtigte zusätzlich zur Verfahrensgebühr eine Terminsgebühr gem. Nr. 3402 VV RVG. Erscheint eine Partei in dem Termin nicht oder ist sie nicht ordnungsgemäß vertreten oder wird lediglich ein Antrag auf Versäumnisurteil oder zur Prozess- oder Sachleitung gestellt, kann der Unterbevollmächtigte die reduzierte Terminsgebühr gem. Nr. 3105 VV RVG fordern.

1. Terminsgebühr für den Unterbevollmächtigten

721 In welcher Höhe dem Unterbevollmächtigten eine Terminsgebühr entsteht, hängt davon ab, in welchem Rechtszug seine Beauftragung erfolgte. Er erhält eine Terminsgebühr in der Höhe, die einem Verfahrensbevollmächtigten zustehen würde. Endet

der Auftrag vorzeitig, bevor der RA den Termin wahrgenommen hat, entsteht keine Terminsgebühr.

Praxistipp: 722

Wenn Sie einem RA Untervollmacht erteilt haben, sollten Sie das Prozessgericht entsprechend informieren. So kann für den Fall einer kurzfristigen Terminsaufhebung verhindert werden, dass der Unterbevollmächtigte ohne noch bestehenden Grund vergeblich den Termin wahrnehmen will. Sämtliche Schriftsätze, Ladung, Umladungen, Terminsverschiebungen werden weiter an den Prozessbevollmächtigten zugestellt. Sie müssen sicherstellen, dass der Unterbevollmächtigte ebenfalls entsprechend informiert wird.

Der Unterbevollmächtigte in der ersten Instanz erhält regelmäßig die Terminsgebühr gem. Nrn. 3104 (oder 3105) VV RVG, in der zweiten Instanz erhält er grds. die Terminsgebühr gem. Nrn. 3202, 3203 VV RVG und im Revisionsverfahren (nicht vor dem BGH) die Terminsgebühr gem. Nrn. 3210 (3211) VV RVG. 723

2. Tabellarische Übersicht der üblichen Terminsgebühren bei der Einschaltung eines Unterbevollmächtigten und eines Prozessbevollmächtigten

724

I. Instanz	**Unterbevollmächtigter**		**Prozessbevollmächtigter**	
Terminsgebühr	3104 – 1,2	3105 – 0,5	3104 – 1,2	3105 – 0,5
			kein „automatisches“ Entstehen der Terminsgebühr!	kein „automatisches“ Entstehen der Terminsgebühr!
			Denkbar aber z. B. telefonische Erörterungen mit der Gegenseite zur Vermeidung des Termins, Vorbemerkung 3 Abs. 3, 3. Alt VV RVG	Denkbar aber z. B. VU im schriftlichen Verfahren und dann Einspruch des Beklagten
II. Instanz	**Unterbevollmächtigter**		**Prozessbevollmächtigter**	
Terminsgebühr	3202 – 1,2	3203 – 0,5	3202 – 1,2	3203 – 0,5

			kein „automatisches“ Entstehen der Terminsgebühr. Möglich etwa: Vergleichsgespräche nach Einlegung der Berufung durch Gegner	kaum denkbar, aber nicht ausgeschlossen
III. Instanz	**Unterbevollmächtigter**		**Prozessbevollmächtigter**	
Kein Verfahren vor dem BGH				
Terminsgebühr	3210 – 1,5	3211 – 0,8	3210 – 1,5	3211 – 0,8
			Selten, ggf. wie bei der Terminsgebühr in der II. Instanz	kaum vorstellbar

V. Einigungsgebühr

725 Im Termin zur mündlichen Verhandlung ist es nicht unüblich, dass das Gericht bemüht ist, eine Einigung zwischen den Parteien zu erzielen. Bereits aus Arbeitsgründen ist es auch für das Gericht (bzw. den Richter) von Vorteil, wenn die Parteien sich einigen. Bei einem Vergleichsabschluss muss der Richter kein vollständiges Urteil mehr abfassen. Geschieht dies, wenn der Unterbevollmächtigte den Termin wahrnimmt, so wirkt der Terminsvertreter bei dem **Abschluss eines Vergleichs** mit. Er kann dann die **Einigungsgebühr** beanspruchen (gem. Nr. 1003 oder Nr. 1004 VV RVG, wenn ein anderes gerichtliches Verfahren als ein selbstständiges Beweisverfahren anhängig ist). Ist dem Auftraggeber daran gelegen, das Verfahren nicht durch Vergleich enden zu lassen, sollte er den Auftrag entsprechend formulieren.

726 Ist der Unterbevollmächtigte tätig und wird im Termin ein Vergleich geschlossen, so wird der Unterbevollmächtigte einen Widerrufsvorbehalt vereinbaren, damit er die erzielte Einigung mit dem Prozessbevollmächtigten absprechen kann (z. B. Hintergründe des Vergleichs, die sich nicht aus dem Terminsprotokoll ergeben). Bespricht dann der Prozessbevollmächtigte die mögliche Einigung mit dem Auftraggeber, kann auch der Prozessbevollmächtigte eine Einigungsgebühr fordern, weil er ebenfalls entsprechend der Voraussetzungen in Nr. 1000 VV RVG an der Einigung mitgewirkt hat.

► Praxistipp: 727

Weisen Sie den Unterbevollmächtigten bei der Bitte um Übernahme der Vertretung im Gerichtstermin ausdrücklich an, Vergleiche nur unter Widerrufsvorbehalt abzuschließen. Nur so kann vermieden werden, dass der Auftraggeber völlig unerwartet mit einem durch Vergleich erledigten Rechtsstreit einverstanden sein muss. Im Muster „Auftrag an den Unterbevollmächtigten" finden Sie eine entsprechende Formulierung.

VI. Erstattungsfähigkeit der Kosten für Hinzuziehung eines Unterbevollmächtigen

Ob Kosten erstattet werden, regelt grds. § 91 ZPO, genauer § 91 Abs. 2 ZPO. Daneben gibt es noch diverse Einzelvorschriften, die hier aber nicht einschlägig sind. 728

Gelten die Kosten für die Hinzuziehung eines Unterbevollmächtigten als notwendige Kosten der Rechtsverfolgung/oder Rechtsverteidigung, dann sind sie erstattungsfähig. Diese Erstattungsfähigkeit ist eingeschränkt. Eine Erstattungsfähigkeit wird angenommen, soweit dadurch erstattungsfähige Reisekosten des Hauptbevollmächtigten erspart werden. 729

Bei der Berechnung der sog. **„fiktiven" Reisekosten** muss nicht von der günstigen Anreise zum Gerichtsort ausgegangen werden. So ist es durchaus gerechtfertigt, bei langen Entfernungen anstelle mit dem eigenen Pkw mit dem Flugzeug (oder der Bahn) anzureisen. Auch muss nicht der billigste Flug gesucht werden, es kann ein teurerer Flug in Ansatz gebracht werden, wenn dieser dafür flexibel ist und dem RA zu verschiedenen Zeiten einen Rückflug mit dem Flugzeug erlaubt. Ansonsten ist kaum etwas so umstritten wie die Angemessenheit (und damit Notwendigkeit) von entstandenen oder fiktiven Reisekosten. 730

Die von Ihnen in der gegebenen Angelegenheit ermittelten (fiktiven) Reisekosten können bis zu 10 % überschritten werden; in dieser Höhe sind die Kosten für die Hinzuziehung eines zweiten RA erstattungsfähig. 731

► Beispiel: 732

Für die Anreise mit dem Flugzeug zum Gerichtsort in Frankfurt würden Flugkosten i.H.v. 700,00 € entstehen. Die Mehrkosten für die Hinzuziehung eines zweiten RA beträgt 1.000,00 €. I.H.v. 770,00 € sind die Mehrkosten erstattungsfähig.

► Praxistipp: 733

Die Mehrkosten ermitteln sich immer i. d. R. wie folgt:

Kosten des Prozessbevollmächtigten für den Fall der Alleinvertretung: (2,5 Gebühren zzgl. Reisekosten)

Kosten des Prozessbevollmächtigten und Unterbevollmächtigten: Prozessbevollmächtigten (1,3) + Unterbevollmächtigter (0,65 + 1,2)

Auf dieser Seite ist immer ein Mehr an Vergütung zu verzeichnen (immer 0,65 = 3,15 ./. 2,5).

Wenn auf allen Seiten Termins- und Einigungsgebühren zu verzeichnen sind, erhöht sich das Mehr deutlich.

Faustformel:

0,65 Vergütung zzgl. Nebenleistungen gegen Reisekosten.

Je höher der Gegenstandswert der Angelegenheit, umso geringer die Wahrscheinlichkeit, dass die Reisekosten so hoch sein werden, wie die zusätzlich entstehenden Gebühren.

734 ► Hinweis:

Insbes. bei der Erstattungsfähigkeit der Kosten mehrerer RA gibt es eine Fülle von Entscheidungen. So gelten immer dann Besonderheiten, wenn der Auftraggeber ein Unternehmen ist (mit oder ohne eigener Rechtsabteilung), der Auftraggeber aufgrund von Krankheit oder sonstigem persönlichen Unvermögen besondere Betreuung benötigt und vieles andere mehr. Die obige Faustformel ist lediglich eine allgemeine Regel – Ausnahmen sind vorhanden.

VII. Gebührenteilungsabreden

735 Gebührenteilungsabreden liegen vor, wenn zwei RA in einer Angelegenheit die entstandene Vergütung (oder auch nur die Gebühren) teilen. Häufig überlässt ein RA dem anderen RA Teile seines Vergütungsanspruchs, den er gegenüber dem Auftraggeber hat. Dies liegt daran, dass der Unterbevollmächtigte eine höhere Vergütung als der Prozessbevollmächtigte verlangen kann, der Prozessbevollmächtigte aber derjenige ist, dem der Auftrag ursprünglich erteilt worden ist. Eine Pflicht zur Gebührenteilung gibt es nicht.

1. Zulässigkeit von Gebührenteilungsabreden

736 *§ 22 BRAO*

Als eine angemessene Honorierung im Sinne von § 49 b Abs. 3 Satz 2 Bundesrechtsanwaltsordnung ist in der Regel die hälftige Teilung aller anfallenden gesetzlichen Gebühren ohne Rücksicht auf deren Erstattungsfähigkeit anzusehen.

§ 49b Abs. 3 BRAO

Die Abgabe und Entgegennahme eines Teils der Gebühren oder sonstiger Vorteile für die Vermittlung von Aufträgen, gleichviel ob im Verhältnis zu einem Rechtsanwalt oder Dritten gleich welcher Art, ist unzulässig. Zulässig ist es jedoch, eine über den Rahmen der Nummer 3400 der

Anlage 1 zum Rechtsanwaltsvergütungsgesetz hinausgehende Tätigkeit eines anderen Rechtsanwalts angemessen zu honorieren. Die Honorierung der Leistungen hat der Verantwortlichkeit sowie dem Haftungsrisiko der beteiligten Rechtsanwälte und den sonstigen Umständen Rechnung zu tragen. Die Vereinbarung einer solchen Honorierung darf nicht ur Voraussetzung einer Mandatserteilung gemacht werden. Mehrere beauftragte Rechtsanwälte dürfen einen Auftrag gemeinsam bearbeiten und die Gebühren in einem den Leistungen, der Verantwortlichkeit und dem Haftungsrisiko entsprechenden angemessenen Verhältnis untereinander teilen. Die Sätze 2 und 3 gelten nicht für bei Bundesgerichtshof und beim Oberlandesgericht ausschließlich zugelassene Prozessbevollmächtigte.

Ob und wie Gebührenteilungsabreden zulässig sind, ist nicht im RVG, sondern in § 49b Abs. 3 BRAO i.V.m. § 22 BORA geregelt. Ist Gebührenteilung vereinbart, darf die vereinbarte Teilung nicht unangemessen sein (etwa eine Quote von 1/10 für den Unterbevollmächtigten und 9/10 für den Prozessbevollmächtigten). Das Gesetz geht bei Angemessenheit von einer hälftigen Teilung aus (§ 49b Abs. 3 Satz 2 und 3 BRAO). Auf die Erstattungsfähigkeit der zu erwartenden Gebühren kommt es nicht an. 737

Es ist **unzulässig nur eine Teilung der erstattungsfähigen Gebühren** zu vereinbaren. Eine Vereinbarung, dass nur die erstattungsfähigen Gebühren geteilt werden sollen, stellt regelmäßig eine unzulässige Vergütungsvereinbarung unterhalb der gesetzlichen Gebühren dar. Ist eine solche Vereinbarung aber getroffen worden (Teilung der „festsetzungsfähigen oder erstattungsfähigen Gebühren"), werden mangels gegenteiliger Anhaltspunkte alle bei den beteiligten RA entstandenen Gebühren unabhängig von deren Erstattungsfähigkeit erfasst und geteilt. 738

Etwas anderes gilt, wenn der RA den Unterbevollmächtigten in seinen Namen beauftragt und das wirtschaftliche Risiko für die Beauftragung allein übernimmt. Dieses Vorgehen ist zulässig. 739

Der BGH (29.06.2000 – I ZR 122/98-, NJW 2001, 753) hat für den Fall, dass der RA einen weiteren RA als Terminsvertreter in eigenem Namen als Erfüllungsgehilfen beauftragt, eine abweichende interne Regelung zugelassen und nicht auf die gesetzlichen Gebühren abgestellt. Die Entscheidung des BGH betrifft den Fall, dass ein RA einem anderen RA einen eigenen Auftrag erteilt, für ihn tätig zu werden. 740

► Praxistipp: 741

Gerade bei einem hohen Gegenstandswert und Verhinderung des RA, den Gerichtstermin wahrzunehmen, bietet es sich an, einen anderen RA mit der Terminswahrnehmung zu beauftragen und mit diesem das Entgelt für diese Leistung vorab festzulegen. Dies ist vor allen Dingen dann zu empfehlen, wenn der Prozessbevollmächtigte bereits durch Wahrnehmung eines Termins (oder aus anderen Gründen entsprechend Vorbemerkung 3 Abs. 3, 3. Alt VV RVG) die Terminsgebühr berechnen könnte.

2. Gebührenteilung und BGH – Anwalt

742 I.Ü. sind Gebührenteilungsabreden mit RA, die nur am BGH (Singularzulassung) zugelassen sind, gem. § 49b Abs. 3 Satz 6 BRAO unzulässig.

VIII. Einschaltung mehrerer Rechtsanwälte bei überörtlicher Sozietät

743 Erhält eine überörtliche Sozietät einen Prozessauftrag, tritt eine Veränderung der Gebührenlage nicht ein, wenn diese Kanzlei z. B. in Frankfurt den Auftrag erhält und die notwendigen Informationen an einen anderen RA der überörtlichen Sozietät z. B. in Hamburg übermittelt. Fertigt dann die Hamburger Kanzlei die erforderlichen Schriftsätze und die andere Kanzlei nimmt die Termine wahr, so hat der Auftraggeber immer noch nur einen RA beauftragt, der die Vergütung als Prozessbevollmächtigter verlangen kann.

F. Verkehrsanwalt

744 **Gekürzte Darstellung der Nr. 3400 VV RVG**

Nr.	Gebührentatbestand	Gebühr oder Satz der Gebühr nach § 13 RVG
3400	**Der Auftrag beschränkt sich auf die Führung des Verkehrs der Partei mit dem Verfahrensbevollmächtigten:** **Verfahrensgebühr**	**in Höhe der dem Verfahrensbevollmächtigten zustehenden Verfahrensgebühr, höchstens 1,0**

745 Nr. 3400 VV RVG regelt den Gebührenanspruch des Verkehrsanwalts.

746 Die Gebühr entsteht, sobald der Verkehrsanwalt **im Auftrag der Partei den Kontakt zu dem Prozessbevollmächtigter vermittelt** bzw. nach Erhalt des Auftrags in irgendeiner Weise tätig geworden ist. Bitte beachten Sie hier die besonderen Belehrungsschreiben im Kap. Revision und Nichtzulassungsbeschwerde (Kap. 8 Rdn. 644).

747 Die **Höhe** der Verfahrensgebühr **ist beschränkt.** Der Verkehrsanwalt erhält eine Verfahrensgebühr in der Höhe, wie der Prozessbevollmächtigte sie berechnen kann, jedoch nicht höher als 1,0. Die Verfahrensgebühr ist gem. Nr. 1008 VV RVG erhöhungsfähig, wenn der Verkehrsanwalt mehrere Auftraggeber vertritt.

748 Die Verkehrsgebühr vergütet die **gesamte Tätigkeit des Verkehrsanwalts** während des Gebührenrechtszugs.

749 Es ist möglich, dass auch der Verkehrsanwalt eine **Einigungsgebühr** erhalten kann. Wenn er eine Einigung mit den Parteien erzielt, kann er neben der Verkehrsgebühr eine Einigungsgebühr nach Nr. 1000 VV RVG (i. d. R. Nr. 1004 VV RVG) beanspruchen.

750 Es ist auch vorstellbar, dass der Verkehrsanwalt zusätzlich den Auftrag erhält, einen Termin i.S.d. Vorbemerkung 3 Abs. 3 VV RVG wahrzunehmen. Dann kann er eine

Terminsgebühr gem. Nr. 3402 VV RVG verdienen. Diese Terminsgebühr entspricht der Höhe nach der Terminsgebühr, die der Prozessbevollmächtigte fordern könnte.

I.d.R. sind die Kosten für die Hinzuziehung eines Verkehrsanwaltes nicht erstattungsfähig (anders beim Unterbevollmächtigen, s. Kap. 8 Rdn. 728). Nur in seltenen Ausnahmefällen kann eine Erstattung durch den Gegner erwirkt werden. Bitte beachten Sie das besondere Muster unter Kap. 8 Rdn. 709. 751

G. PKH

Die Tabelle zu § 13 RVG und § 49 RVG im Vergleich: 752

Anlage 2 zu § 13 Abs. 1 RVG 753

Gegenstandswert	Gebühr … EUR	Gegenstandswert	Gebühr … EUR
bis … EUR		bis … EUR	
300	25	40.000	902
600	45	45.000	974
900	65	50.000	1.046
1.200	85	65.000	1.123
1.500	105	80.000	1.200
2.000	133	95.000	1.277
2.500	161	110.000	1.354
3.000	189	125.000	1.431
3.500	217	140.000	1.508
4.000	245	155.000	1.585
4.500	273	170.000	1.662
5.000	301	185.000	1.739
6.000	338	200.000	1.816
7.000	375	230.000	1.934
8.000	412	260.000	2.052
9.000	449	290.000	2.170
10.000	486	320.000	2.288
13.000	526	350.000	2.406

16.000	566	380.000	2.524
19.000	606	410.000	2.642
22.000	646	440.000	2.760
25.000	686	470.000	2.878
30.000	758	500.000	2.996
35.000	830		

754 *§ 49 Wertgebühren aus der Staatskasse (sog. PKH -Tabelle)*

Bestimmen sich die Gebühren nach dem Gegenstandswert, werden bei einem Gegenstandswert von mehr als 3.000,00 Euro anstelle der Gebühr nach § 13 Abs. 1 folgende Gebühren vergütet:

755

Gegenstandswert bis … Euro	Gebühr … Euro	Gegenstandswert bis … Euro	Gebühr … Euro
3.500	195	10.000	242
4.000	204	13.000	246
4.500	212	16.000	257
5.000	219	19.000	272
6.000	225	22.000	293
7.000	230	25.000	318
8.000	234	30.000	354
9.000	238	über 30.000	391

756 Nr. 3335

Nr.	Gebührentatbestand	Gebühr oder Satz der Gebühr nach § 13 RVG
3335	**Verfahrensgebühr für das Verfahren über die Prozesskostenhilfe, soweit in Nummer 3336 nichts anderes bestimmt ist** (1) Im Verfahren über die Bewilligung der Prozesskostenhilfe oder die Aufhebung der Bewilligung nach § 124 Nr. 1 ZPO bestimmt sich der Gegenstandswert nach dem für die	**in Höhe der Verfahrensgebühr für das Verfahren, für das die Prozesskostenhilfe beantragt wird, höchstens 1,0**

	Hauptsache maßgebenden Wert; im Übrigen ist er nach dem Kosteninteresse nach billigem Ermessen zu bestimmen. (2) Entsteht die Verfahrensgebühr auch für das Verfahren, für das die Prozesskostenhilfe beantragt worden ist, werden die Werte nicht zusammengerechnet.	

I. Allgemeines

Das gerichtliche Verfahren des RA beginnt nicht immer unverzüglich mit der Einreichung der Klageschrift oder der Berufungsschrift. Ist der Auftraggeber nicht in der Lage, die Anwaltsvergütung selbst zu tragen, so kann über die Möglichkeit der Gewährung von PKH zumindest im Hinblick auf den Vergütungsanspruch des eigenen RA Abhilfe geschaffen werden. 757

Wann und unter welchen Voraussetzungen PKH bewilligt wird, ist unter Kap. 8 Rdn. 752 ff. ausgeführt. 758

Das sog. PKH-Bewilligungsverfahren wird insbes. dann durchgeführt, wenn der Auftraggeber eine gerichtliche Auseinandersetzung nur führen will, wenn sicher ist, dass die anwaltliche Vergütung durch den Staat gezahlt wird. Ein großer Vorteil des PKH-Bewilligungsverfahrens liegt darin, dass eine Kostenerstattung der dem Gegner zu diesem Zeitpunkt des Verfahrens entstandenen Kosten nicht stattfindet (§ 118 Abs. 1 Satz 4 ZPO), sollte dem Antrag **nicht** stattgegeben werden. Der große Nachteil des PKH-Bewilligungsverfahrens liegt darin, dass für dieses Verfahren selbst PKH nicht möglich ist (s.a. Kap. 8 Rdn. 752 ff.). Der Auftraggeber schuldet dem RA die gesamte Anwaltsvergütung für dieses Verfahren. Im PKH-Bewilligungsverfahren werden die Gebühren nach der Tabelle zu § 13 RVG bestimmt, die weit aus günstigere Tabelle gem. § 49 RVG (über 3.500,00 € sind die Gebühren nach dieser Tabelle erheblich geringer. Ab einem Gegenstandswert von 30.000,00 € steigt die Vergütung nicht mehr) ist nicht anwendbar. 759

II. PKH-Bewilligungsverfahren und Vorschuss

Der RA wird daher von seinem Auftraggeber einen angemessenen Vorschuss auf die zu erwartende Vergütung fordern (§ 9 RVG). Auf die Einzelheiten im Hinblick auf die Anforderung eines Vorschusses wird in einem eigenen Abschnitt unter Kap. 9 Rdn. 2 eingegangen. Ein Textmuster zur Anforderung eines Vorschusses bei voraussichtlicher PKH-Bewilligung finden Sie unter Kap. 8 Rdn. 762, 787. 760

Erteilt der Auftraggeber den Auftrag unter der Bedingung, dass ihm für die Vertretung im gerichtlichen Verfahren PKH bewilligt wird, ist es durchaus möglich, dass 761 seine finanzielle Leistungsfähigkeit nicht ausreicht, den angemessenen und z.T. anwaltsüblichen Vorschuss zu zahlen. Fordert der RA keinen Vorschuss an, so geht er das Risiko ein, für den Fall, dass PKH nicht bewilligt wird, unentgeltlich tätig geworden zu sein und muss die entstandene Vergütung vorab gerichtlich geltend machen, um diese anschließend im Wege der Zwangsvollstreckung durchzusetzen. Ob aber eine Zwangsvollstreckung gerade in diesem Fall Erfolgsaussichten bietet, ist offen und im Zweifel eher unwahrscheinlich. Wenn nicht von der Möglichkeit der Vereinbarung eines Erfolgshonorars gem. § 4a RVG Gebrauch gemacht wurde (s. die folgenden Ausführungen unter Kap. 8 Rdn. 771), sollte ein Vorschuss angefordert werden. Hier kann und muss vom Auftraggeber im Zweifel verlangt werden, dass Dritte ihm bei der Finanzierung der Anwaltsvergütung behilflich sind.

► Muster: Anforderung eines Vorschusses für das PKH-Bewilligungsverfahren

762 Anrede,

Sie haben uns beauftragt, für Sie im Prozesskostenhilfebewilligungsverfahren tätig zu werden und den Auftrag für eine streitige gerichtliche Auseinandersetzung mit der Gegenseite davon abhängig gemacht, dass Ihnen durch das Gericht zur Führung der Auseinandersetzung Prozesskostenhilfe gewährt wird.

Für das sogenannte Prozesskostenhilfebewilligungsverfahren kann und wird das Gericht keine Prozesskostenhilfe bewilligen, da dies gesetzlich nicht möglich ist. Das Vorverfahren (also das Prozesskostenhilfebewilligungsverfahren) führen Sie auf eigene Kosten und eigenes Risiko. Unsere Vergütung ist insbesondere dann von Ihnen zu zahlen, wenn das Gericht in Ihrem Begehren keine Erfolgsaussichten sieht und der Antrag auf Bewilligung von Prozesskostenhilfe mit Beschluss abgelehnt wird.

Sollte das Gericht Prozesskostenhilfe nicht bewilligen, müssen Sie zwar unsere Vergütung in voller Höhe zahlen, jedoch nicht auch noch die Kosten der gegnerischen Partei tragen, da dies gesetzlich gem. § 118 Abs. 1 Satz 4 ZPO ausgeschlossen ist.

Für unsere Tätigkeit entsteht sicher die 1,0 Verfahrensgebühr gem. Nr. 3335 VV RVG. Es ist durchaus möglich, dass zusätzlich zur Verfahrensgebühr eine 1,2 Terminsgebühr gem. Nr. 3104 VV RVG entsteht. Für den Fall, dass eine vergleichsweise Einigung bereits im Prozesskostenhilfebewilligungsverfahren erfolgt, entsteht darüber hinaus die 1,0 Einigungsgebühr gem. Nr. 1003 VV RVG. Hinzu kommen die Auslagen entsprechend Teil 7 VV RVG, deren Höhe aber üblicherweise nebensächlich ist.

Aus diesem Grunde dürfen wir Sie bitten, die in der Anlage befindliche Vorschussberechnung zu begleichen. Bitte haben Sie Verständnis dafür, dass wir eine weitere Tätigkeit unsererseits von dem Ausgleich der in der Anlage befindlichen Vorschussrechnung abhängig machen.

Für den Fall, dass durch das Gericht Prozesskostenhilfe bewilligt wird, geht die Vergütung für das Prozesskostenhilfebewilligungsverfahren in der Vergütung für das sich anschließende gerichtliche Verfahren auf. Es liegt dieselbe gebührenrechtliche Angelegenheit im Sinne von § 16 Nr. 2 RVG vor. Ihre Zahlung wird dabei unter Berücksichtigung einer etwaigen Differenz der Tabelle zu § 13 RVG und der Tabelle zu § 49 RVG berücksichtigt.

Wir können nicht abschätzen, ob das Gericht hinreichend Erfolgsaussichten erkennen wird, da insbesondere der Vortrag der Gegenseite hier nicht bekannt ist und damit offen ist, ob seitens der Gegenseite berechtigte Einwände gegen die Forderung erhoben werden können.

Grußformel

▶ Hinweis: 763

Sie sollten die folgende Vorschussberechnung auf einem gesonderten Blatt ausfertigen. Benötigt der Auftraggeber die Rechnung z. B. zum Zwecke des Vorsteuerabzugs, sollte die Rechnung ohne Ausführungen und Belehrungen sein.

▶ Muster: Vorschussrechnung PKH-Bewilligungsverfahren

764

Anrede,

nachstehend beziffern wir unsere Vorschussanforderung mit der Bitte um Ausgleich.

Sollte Ihnen die Zahlung des Gesamtbetrags nicht möglich sein, setzen Sie sich bitte mit unserer Kanzlei zum Zwecke der Vereinbarung von Ratenzahlung in Verbindung.

Vorschussberechnung gem. § 9 RVG/- Rechnungsnummer: ...../ .....

Leistungszeitraum	..... €
Gegenstandswert	..... €
1,0 Verfahrensgebühr gem. §§ 2 Abs. 2, 13 RVG Nr. 3335 VV RVG	..... €
Entgelte für Post- und Telekommunikationsdienstleistungen gem. Nr. 7002 VV RVG	..... €
19 % Umsatzsteuer gem. Nr. 7008 VV RVG	..... €
Umsatzsteuernummer: ...../...../.....	
<u>Summe</u>	..... €

Bitte überweisen Sie den Vorschussrechnungsbetrag in Höhe von ..... € auf eines unserer aus dem Briefbogen ersichtlichen Konten unter Angabe des Betreffs „Kanzleiaktenzeichen".

Wir bitten um Zahlung bis zum ......

Grußformel

▶ Hinweis: 765

1. Es ist umstritten, ob die Vorschussberechnung eine Rechnungsnummer benötigt.

2. Der RA muss keine Ratenzahlung akzeptieren.

III. PKH-Bewilligungsverfahren und Erfolgshonorar

766 Ist der Auftraggeber nicht in der Lage einen Vorschuss zu leisten, kann der RA hier ggf. im Wege eines Erfolgshonorars gem. § 4a RVG vorgehen.

767 *§ 4 a RVG Erfolgshonorar*

(1) Ein Erfolgshonorar (§ 49b Abs. 2 S. 1 der Bundesrechtsanwaltsordnung) darf nur für den Einzelfall und nur dann vereinbart werden, wenn der Auftraggeber auf Grund seiner wirtschaftlichen Verhältnisse bei verständiger Betrachtung ohne die Vereinbarung eines Erfolgshonorars von der Rechtsverfolgung abgehalten würde. In einem gerichtlichen Verfahren darf dabei für den Fall des Misserfolges vereinbart werden, dass keine oder eine geringere als die gesetzliche Vergütung zu zahlen ist, wenn für den Erfolgsfall ein angemessener Zuschlag auf die gesetzliche Vergütung vereinbart wird.

(2) Die Vereinbarung muss enthalten:
1. *die voraussichtliche gesetzliche Vergütung und gegebenenfalls die erfolgsunabhängige vertragliche Vergütung, zu der der Rechtsanwalt bereit wäre, den Auftrag zu übernehmen, sowie*
2. *die Angabe, welche Vergütung bei Eintritt welcher Bedingungen verdient sein soll.*

(3) In der Vereinbarung sind außerdem die wesentlichen Gründe anzugeben, die für die Bemessung des Erfolgshonorars bestimmend sind. Ferner ist ein Hinweis aufzunehmen, dass die Vereinbarung keinen Einfluss auf die gegebenenfalls vom Auftraggeber zu zahlenden Gerichtskosten und die von ihm zu erstattenden Kosten anderer Beteiligter hat.

768 Bereits aus dem Gesetzestext zu § 4a Abs. 1 RVG ist ersichtlich, dass bei Zahlungsunfähigkeit des Aufraggebers der RA grds. nicht tätig werden würde. Will er trotzdem den Auftraggeber vertreten, gestattet ihm § 4a RVG die Vereinbarung eines Erfolgshonorars. § 4a RVG erlaubt es dabei dem RA, für den Fall eines Misserfolges sogar **keine Vergütung** zu vereinbaren. Will der RA in einem solchen Fall dann eine Vergütung erzielen, so muss er einen Erfolg erzielen. Scheitert das gerichtliche Verfahren und unterliegt der Auftraggeber, kann der RA von diesem auch keine Vergütung verlangen, wenn Entsprechendes vereinbart worden ist.

769 § 4a RVG sieht jedoch vor, dass der RA, wenn er eine geringere als die gesetzliche Vergütung vereinbart, einen **Zuschlag** auf die gesetzliche Vergütung für den Erfolgsfall verlangt. Dieser Zuschlag muss angemessen sein. Was ein angemessener Zuschlag sein soll, regelt das Gesetz nicht.

770 Trifft der RA mit dem Auftraggeber eine Vereinbarung über die Zahlung einer Vergütung im Erfolgsfall, muss diese Vergütung einige zwingend gesetzlich vorgeschriebene Angaben enthalten:
- die voraussichtliche gesetzliche Vergütung,
- die erfolgsunabhängige vertragliche Vergütung, zu der der RA bereit wäre, den Auftrag zu übernehmen, sowie
- die Angabe, welche Vergütung bei Eintritt welcher Bedingungen geschuldet sein soll,

- die wesentlichen Gründe, die für die Bemessung des Erfolgshonorars bestimmend sind und
- einen Hinweis darauf, dass die Vergütungsvereinbarung keinen Einfluss auf die ggf. vom Auftraggeber zu zahlenden Gerichtskosten und die von ihm zu erstattenden Kosten anderer Beteiligter hat.

► **Muster: Erfolgshonorar bei PKH**

771

Vergütungsvereinbarung gem. § 4a RVG

Rechtsanwälte

..... (zukünftig „die Rechtsanwälte")

vertreten

..... (zukünftig „der Auftraggeber")

in dem anzustrengenden Prozesskostenhilfebewilligungsverfahren vor dem ..... Gericht.

Der Auftraggeber erklärt, zur Leistung der Prozesskosten nicht imstande zu sein. Er ist aufgrund seiner persönlichen und wirtschaftlichen Verhältnisse auch nicht in der Lage, wenigstens die Verfahrensgebühr gem. Nr. 3335 VV RVG zu leisten.

Der Auftraggeber wurde durch die Rechtsanwälte über die voraussichtliche gesetzliche Vergütung belehrt. Die voraussichtliche gesetzliche Vergütung im PKH-Bewilligungsverfahren beträgt, beziffert nach dem derzeit bekannten Gegenstandswert in Höhe von ......

1,0 Verfahrensgebühr gem. §§ 2 Abs. 2, 13Nr. 3335 VV RVG	..... €
(ggf.) 1,2 Terminsgebühr gem. §§ 2 Abs. 2,13 Nr. 3104 VV RVG	..... €
(ggf.) 1,0 Einigungsgebühr gem. §§ 2 Abs. 2, 13 Nr. 1003 VV RVG	..... €
Entgelte für Post- und Telekommunikationsdienstleistungen gem. Nr. 7002 VV RVG	..... €
19 % Umsatzsteuer gem. Nr. 7008 VV RVG	..... €
Summe	.....€

Die vereinbarte Vergütung gem. § 4a RVG bezieht sich nur auf das Prozesskostenhilfebewilligungsverfahren. Eine Verpflichtung der Rechtsanwälte, nach Abschluss des PKH-Bewilligungsverfahrens, insbesondere im Falle des Unterliegens, weiter tätig zu werden, ist mit dieser Vereinbarung nicht getroffen worden. Sollte eine sofortige Beschwerde gegen einen abweisenden Beschluss erforderlich werden, behalten sich die Rechtsanwälte vor, eine weitere Tätigkeit von der Zahlung der gesetzlichen Vergütung abhängig zu machen. Dem Auftraggeber entsteht dadurch kein Nachteil, da er für ein erforderliches sofortiges Beschwerdeverfahren einen anderen Anwalt mit seiner weiteren Vertretung beauftragen kann.

Für den Fall, dass das Verfahren auf Bewilligung von PKH erfolgreich ist und dem Auftraggeber PKH bewilligt wird, oder die Angelegenheit durch Vergleich beendet wird, vereinbaren die Parteien, dass zusätzlich zu der tatsächlich entstandenen gesetzlichen Vergütung ein Zuschlag in Höhe von 50 % geschuldet wird. Führt das Prozesskostenhilfebewilligungsverfahren nicht zum Erfolg und wird dem Auftraggeber Prozesskostenhilfe nicht bewilligt, vereinbaren die Parteien, dass der Auftraggeber von der tatsächlichen gesetzlichen Vergütung einen Prozentsatz von 25 % schuldet.

Bei der Bestimmung des Erfolgshonorars wurde berücksichtigt, dass den geltend zu machenden Ansprüchen des Auftraggebers Einwendungen durch die Gegenseite entgegen gehalten werden, die dazu führen können, dass ein Gericht davon ausgeht, dass der Auftraggeber seine Ansprüche nicht geltend machen kann.

(Anmerkung der Autorin: Hier ggf. eine ausführlichere rechtliche Begründung vornehmen, die sich auf den Sachverhalt bezieht!)

Die Parteien vereinbaren außerdem, dass eine Anrechnung des Erfolgshonorars auf die Vergütung bei bewilligter Prozesskostenhilfe im Hauptsacheverfahren nicht stattfindet. Die Parteien vereinbaren, dass die Tätigkeit im Prozesskostenhilfebewilligungsverfahren der Rechtsanwälte im Gegensatz zu § 16 Nr. 2 RVG eine eigene und besondere Angelegenheit darstellt. Das vereinbarte Erfolgshonorar wird auch nicht mit bereits erfolgten Zahlungen für eine vor- bzw. außergerichtliche Tätigkeit verrechnet.

Das Erfolgshonorar ist mit Beendigung des gerichtlichen Verfahrens (ggf. einem Revisionsverfahren) sofort zur Zahlung fällig. Wegen der langen Dauer eines gerichtlichen Verfahrens verzichtet der Auftraggeber bereits jetzt auf die Einrede der Verjährung. Die Rechtsanwälte fügen dieser Vergütungsvereinbarung eine Verzichtserklärung der Einrede der Verjährung bei. Der Eingang dieser Verzichtserklärung bei den Rechtsanwälten ist Voraussetzung für die Wirksamkeit der Vergütungsvereinbarung.

Der Auftraggeber wird darauf hingewiesen, dass für den Fall des Erfolgs die geschuldete Vergütung von der gesetzlichen Vergütung abweicht. Die im Erfolgsfall geschuldete Vergütung ist höher als die gesetzliche Vergütung. Im Fall des Obsiegens schuldet eine zur Kostenerstattung verpflichtete Gegenpartei nur die gesetzliche Vergütung.

Der Auftraggeber wird darüber belehrt, dass diese Vereinbarung keinerlei Auswirkung auf eine etwaige Verpflichtung zur Zahlung der Gerichtskosten hat. Eine sich im gerichtlichen Verfahren ergebende Kostenerstattungsverpflichtung im Unterliegensfalle wird von dieser Vergütungsvereinbarung nicht aufgehoben. Kostenerstattungsansprüche muss der Auftraggeber unabhängig von dieser Vergütungsvereinbarung erfüllen.

....

(Der Auftraggeber) (Der Rechtsanwalt)

Hinweis: 772

Die Regelungen zum Erfolgshonorar sind erst seit dem 01.07.2008 Bestandteil des RVG. Verlässliche Rechtsprechung zu der Frage der Auslegung der entsprechenden Vorschriften ist noch nicht vorhanden. In dieser Frage sollte besonders vorsichtig gehandelt werden. Der BGH hat bei Prozesskostenhilfe ein Erfolgshonorar nicht zugelassen BGH, 24.09.2009 – IX ZR 224/06 – und an der Forderungssperre des § 122 Abs. 1 Nr. 3 ZPO festgehalten.

Muster: Verzicht auf Einrede der Verjährung

Vollständige Anschrift Auftraggeber 773

.....

Die Rechtsanwälte ..... führen für mich ein Prozesskostenhilfebewilligungsverfahren vor dem ..... Gericht.

Mit den Rechtsanwälten wurde ein Erfolgshonorar gem. § 4a RVG vereinbart.

Wegen der sich aus dem Erfolgshonorar ergebenden Vergütung für den Erfolgsfall (50 % über der gesetzlichen Vergütung der tatsächlichen entstandenen Vergütung) erkläre ich in Kenntnis der Tragweite dieser Erklärung unter Berücksichtigung von § 202 Abs. 2 BGB den Verzicht auf die Einrede der Verjährung entsprechend der Frist gem. § 195 BGB.

Die Rechtsanwälte sind nicht verpflichtet, eine Hemmung der Verjährung im Sinne von § 204 BGB durch gerichtliche Geltendmachung herbeizuführen.

....

Ort, Datum Auftraggeber

IV. Gebührenhöhe im PKH-Bewilligungsverfahren

Die Höhe der Verfahrensgebühr im PKH-Bewilligungsverfahren hängt ab von der 774
Höhe der Verfahrensgebühr, die in dem Verfahren geschuldet wird, für das PKH begehrt wird. Sie kann aber höchstens 1,0 betragen.

Beispiel: 775

Sie beantragen die Bewilligung von PKH für ein Zwangsvollstreckungsverfahren. Da der Gebührensatz im Zwangsvollstreckungsverfahren generell 0,3 beträgt, beträgt auch die Gebühr im PKH-Bewilligungsverfahren 0,3.

Die Gebühr der Nr. 3335 VV RVG ist gem. Nr. 1008 VV RVG um 0,3 erhöhungs- 776
fähig, wenn der RA mehrere Auftraggeber vertritt. Es gilt wie üblich eine höchst mögliche Erhöhung um 2,0.

V. PKH-Bewilligungsverfahren und Terminsgebühr

777 *Teil 3, Abschnitt 3, Unterabschnitt 6: Sonstige besondere Verfahren*

Vorbemerkung 3.3.6:

Die Terminsgebühr bestimmt sich nach Abschnitt 1, soweit in diesem Unterabschnitt nichts anderes bestimmt ist.

778 Im PKH-Bewilligungsverfahren kann eine Terminsgebühr unter den Bedingungen von Vorbemerkung 3.3.6. VV RVG entstehen. Die Terminsgebühr, die der RA geltend machen wird, ist die Terminsgebühr der Nr. 3104 VV RVG, da in der Vorbemerkung 3.3.6. auf die Terminsgebühr im ersten Abschnitt verwiesen wird. Damit beträgt die Höhe der Terminsgebühr im PKH-Bewilligungsverfahren 1,2.

VI. § 16 Nr. 2 RVG – dieselbe Angelegenheit PKH-Bewilligungsverfahren und Hauptsache

779 Wird PKH bewilligt und der RA anschließend im Hauptsacheverfahren als Prozessbevollmächtigter tätig, bilden beide Verfahren – also das PKH-Bewilligungsverfahren und das Hauptsacheverfahren – gem. § 16 Nr. 2 RVG dieselbe Angelegenheit. Der Vergütungsanspruch entsteht insgesamt nur einmal, denn nach § 15 Abs. 1 RVG erhält der RA die Vergütung in **derselben** Angelegenheit nicht mehrfach.

780 Die im PKH-Bewilligungsverfahren entstandene Vergütung bleibt nicht gesondert bestehen. Dies gilt aber nur für den Teil der Vergütung, bei dem die Gegenstandswerte sich entsprechen.

781 ► Beispiel:

Das PKH-Bewilligungsverfahren wird wegen 50.000,00 € geführt. Es findet ein Termin statt. PKH wird nur wegen 20.000,00 € bewilligt. Das Hauptsacheverfahren wird beschränkt auf 20.000,00 € durchgeführt, es findet ein Termin statt.

Vergütungsberechnung

Gegenstandswert: 50.000,00 und 20.000,00 €

1,0 Verfahrensgebühr PKH-Bewilligungsverfahren gem. §§ 2 Abs. 2, 13, Nr. 3335 VV RVG	*(Rest) 400,00 €*
Gegenstandswert: 50.000,00 €	
(Berücksichtigung dieselbe Angelegenheit gem. § 16 Nr. 2 RVG)	
1,2 Terminsgebühr §§ 2 Abs. 2, 13, Nr. 3104 VV RVG	*1.255,20 €*
im PKH-Bewilligungsverfahren	
1,3 Verfahrensgebühr §§ 2 Abs. 2, 13, Nr. 3100 VV RVG	*839,80 €*
Gegenstandswert: 20.000,00 €	

1,2 Terminsgebühr § 13, Nr. 3104 VV RVG	*0,00 €*
(Berücksichtigung dieselbe Angelegenheit gem. § 16 Nr. 2 RVG)	
Entgelte für Post- und Telekommunikationsdienstleistungen gem. Nr. 7002 VV RVG	*20,00 €*
Zwischensumme	*2.515,00 €*
19 % USt gem. Nr. 7008 VV RVG	*477,85 €*
Summe	***2.992,85 €***

Da das PKH-Bewilligungsverfahren günstiger ist als die sofortige Einleitung des Hauptsacheverfahrens, ist es möglich, dass die Klage nicht unbedingt beim Gericht eingereicht wird, sondern bedingt, nur für den Fall, dass dem beigefügten PKH-Antrag stattgegeben wird. 782

VII. Umfang der bewilligten PKH

§ 48 RVG Umfang des Anspruchs und der Beiordnung (gekürzte Fassung): 783

(1) Der Vergütungsanspruch bestimmt sich nach den Beschlüssen, durch die die Prozesskostenhilfe bewilligt und der Rechtsanwalt beigeordnet oder bestellt worden ist.

(2) In Angelegenheiten, in denen sich die Gebühren nach Teil 3 des Vergütungsverzeichnisses bestimmen und die Beiordnung eine Berufung oder Revision betrifft, wird eine Vergütung aus der Staatskasse auch für die Rechtsverteidigung gegen eine Anschlussberufung oder eine Anschlussrevision und, wenn der Rechtsanwalt für die Erwirkung eines Arrests, einer einstweiligen Verfügung, einer einstweiligen oder vorläufigen Anordnung beigeordnet ist, auch für deren Vollziehung oder Vollstreckung gewährt. Dies gilt nicht, wenn der Beiordnungsbeschluss ausdrücklich etwas anderes bestimmt.

(3) …

(4) In anderen Angelegenheiten, die mit dem Hauptverfahren nur zusammenhängen, erhält der für das Hauptverfahren beigeordnete Rechtsanwalt eine Vergütung aus der Staatskasse nur dann, wenn er ausdrücklich auch hierfür beigeordnet ist. Dies gilt insbesondere für

1. die Zwangsvollstreckung und den Verwaltungszwang;

2. das Verfahren über den Arrest, die einstweilige Verfügung und die einstweilige sowie die vorläufige Anordnung;

3. das selbstständige Beweisverfahren;

4. das Verfahren über die Widerklage , …

1. Allgemeines

Die Bewilligung von PKH hat nicht zur Folge, dass der RA jede Rechtshandlung für 784
den Auftraggeber vornehmen kann und nach Abschluss der Tätigkeit dann eine Vergütung aus der Staatskasse erhält. § 48 RVG bestimmt den **Umfang** des Vergütungs-

anspruchs des beigeordneten RA. Hierin sind eine Reihe von Einschränkungen erhalten. Die obige Darstellung von § 48 RVG ist gekürzt; vom Abdruck des Gesetzestextes der hier nicht erläuterten Themen ist abgesehen worden (es fehlt z.B. § 48 Abs. 3 RVG). Es ist bereits darauf eingegangen worden, dass selbst dann, wenn PKH bereits bewilligt ist, für bestimmte **Verfahrensabschnitte** erneut PKH beantragt werden muss.

785 Ist dem Auftraggeber PKH bewilligt, so ist er im Umfang der erfolgten Bewilligung nicht mehr **Vergütungsschuldner.** Vergütungsschuldner wird der Staat. Der Auftraggeber haftet nur für die Teile die Vergütung, die deswegen bestehen, weil PKH nicht in vollem Umfang gewährt worden ist.

2. Vorschuss vom Auftraggeber, wenn PKH noch nicht bewilligt ist

786 Der RA kann bei seinem Antrag, dem Auftraggeber PKH zu bewilligen, nicht vorhersagen, ob PKH auch bewilligt wird. Daher kann der RA von seinem Auftraggeber bis zur Bewilligung von PKH einen **Vorschuss** fordern. Wegen der Ungewissheit der Leistungsfähigkeit des Auftraggebers (einen Überblick über seine Leistungsfähigkeit haben Sie spätestens, wenn die Erklärung über die persönlichen und wirtschaftlichen Verhältnisse bei Ihnen vorliegt), sollte in allen Fällen, in denen PKH beantragt wird, ein Vorschuss angefordert werden. Ist der RA von den Erfolgsaussichten der Rechtsverfolgung/Rechtsverteidigung überzeugt, so kann auf die Vorschussanforderung verzichtet werden. Sobald allerdings der Gegenstandswert 3.000,00 € übersteigt, ist eine Vorschussanforderung wieder sinnvoll. Ab hier weisen die Tabellen zu § 13 und § 49 RVG eine unterschiedliche Gebührenhöhe bei identischem Gegenstandswert aus. Der gezahlte Vorschuss darf vom RA zunächst auf die Differenz der Vergütung nach der Tabelle zu § 13 RVG und der Tabelle zu § 49 RVG verrechnet werden.

► Muster: Vorschussanforderung vom Auftraggeber, der PKH beantragt

787 Anrede,

Sie haben uns mitgeteilt, dass Sie nicht in der Lage sind, die Anwaltsvergütung für die zu führende gerichtliche Auseinandersetzung zu zahlen und darum gebeten, dass wir Prozesskostenhilfe für Sie beantragen.

Bereits mit unseren allgemeinen Belehrungen haben wir Sie zu Beginn des Mandatsverhältnisses über die Voraussetzungen und Folgen der Bewilligung von Prozesskostenhilfe im gerichtlichen Verfahren hingewiesen. Sie wurden des Weiteren darüber informiert, dass in vor- und außergerichtlichen Angelegenheiten Prozesskostenhilfe nicht möglich ist und, dass im Prozesskostenhilfebewilligungsverfahren die Möglichkeit der Gewährung von Prozesskostenhilfe nie gegeben ist. Auch haben wir bereits ausgeführt, dass die bewilligte Prozesskostenhilfe Sie im Unterliegensfalle nicht vom Kostenerstattungsanspruch der Gegenseite befreit.

Wenn Prozesskostenhilfe bewilligt wird, werden Sie von der Zahlung der bei uns entstehenden Vergütung entsprechend der erfolgten Bewilligung befreit. Erfolgt eine Bewilligung von Prozesskostenhilfe nur zum Teil, sind Sie auch nur für diesen Teil von der Zahlung unserer Vergütung freigestellt.

Aus diesem Grunde dürfen wir Sie bitten, bis zur Bewilligung von Prozesskostenhilfe und damit der Feststellung, in welcher Höhe Sie von der Verpflichtung zur Zahlung unserer Vergütung befreit sind, einen anwaltsüblichen Vorschuss wie folgt zu leisten:

	Gegenstandswert: 10.000,00 €	Gegenstandswert: 10.000,00 €	Differenz Tabelle zu § 49 und Tabelle zu § 13 RVG = Zahlbetrag
	PKH-Tabelle gem. § 49 RVG	Regelvergütung Tabelle gem. § 13 RVG	
1,3 Verfahrensgebühr gem. § 2 Abs. 2 Nr. 3100 VV RVG	314,60 €	631,80 €	317,20 €
1,2 Terminsgebühr gem. § 2 Abs. 2, Nr. 3104 VV RVG	290,40 €	583,20 €	292,40 €
Entgelte für Post- und Telekommunikationsdienstleistungen	20,00 €	20,00 €	0,00 €
gem. Nr. 7002 VV RVG			-
19 % Umsatzsteuer	118,75 €	234,65 €	115,90 €
gem. Nr. 7008 VV RVG			
Summe:	743,75 €	1.469,65 €	725,90 €

Wie Sie der vorstehenden Tabelle entnehmen können, berechnen wir nur die Differenz, die sich aus der unterschiedlichen Höhe der Tabelle zu § 13 und § 49 RVG ergibt. Sollte das Gericht nur zum Teil Prozesskostenhilfe bewilligen, erhöht sich unser Anspruch. Den Vorschuss erbitten wir unabhängig von der Bewilligung von Prozesskostenhilfe. Eine den Anforderungen gem. § 14 UStG entsprechende Rechnung ist diesem Schreiben beigefügt. In der Rechnung ziehen wir die voraussichtliche Zahlung durch die Justizkasse ab.

Nach Bewilligung von Prozesskostenhilfe erfolgt eine Verrechnung des von Ihnen geleisteten Vorschusses gem. § 58 Abs. 2 RVG.

Etwaige Gerichtskostenvorschüsse haben wir nicht berücksichtigt.

Bitte zahlen Sie den aus diesem Schreiben und der Anlage ersichtlichen Betrag auf eines unserer aus dem Briefbogen ersichtlichen Konten unter Angabe des Betreffs „Aktenzeichen .....". Wir sehen dem Zahlungsausgleich bis zum ..... entgegen.

Sollte Ihnen die Zahlung des Gesamtbetrages nicht möglich sein, setzen Sie sich bitte umgehend mit unserer Kanzlei zur Vereinbarung von Ratenzahlung in Verbindung.

Grußformel

► Hinweis: 788

1. Eine ordnungsgemäße Rechnung muss beigefügt werden. Die Tabelle ersetzt die Rechnung nicht.

2. Zu den Anforderungen an die Vorschussrechnung siehe das Muster unter Kap. 8 Rdn. 762, 787.

3. Erfolgshonorar bei finanzieller Leistungsunfähigkeit des Auftraggebers

789 Bestehen erhebliche Zweifel an den Erfolgsaussichten des Verfahrens, muss natürlich überlegt werden, ob das Verfahren überhaupt geführt werden sollte. Bei finanzieller **Leistungsunfähigkeit** bleibt die Möglichkeit des RA, mit dem Auftraggeber ein Erfolgshonorar gem. § 4a RVG zu vereinbaren. Eine Verpflichtung, nur erfolgsabhängig vergütet zu werden und ein Erfolgshonorar zu vereinbaren, ist nicht gegeben. Hierzu verweise ich auf die Ausführungen unter Kap. 8 Rdn. 766.

4. Verrechnung von Vorschüssen

790 *§ 58 RVG Anrechnung von Vorschüssen und Zahlungen (verkürzte Darstellung)*

(1) …

(2) In Angelegenheiten, in denen sich die Gebühren nach Teil 3 des Vergütungsverzeichnisses bestimmen, sind Vorschüsse und Zahlungen, die der Rechtsanwalt vor oder nach der Beiordnung erhalten hat, zunächst auf die Vergütungen anzurechnen, für die ein Anspruch gegen die Staatskasse nicht oder nur unter den Voraussetzungen des § 50 besteht.

(3) …

791 § 58 RVG gibt vor, wie Vorschüsse und Zahlungen, die der RA von seinem Auftraggeber erhalten hat, zu verrechnen sind. Hierbei muss nicht der Auftraggeber die Zahlungen geleistet haben, auch Zahlungen von Dritten (sogar der Gegner in Erfüllung eines Kostenerstattungsanspruchs) werden entsprechend berücksichtigt.

a) Anwendungsbereich

792 Die Verrechnungsregelung in § 58 Abs. 2 RVG betrifft nur die Vergütungsansprüche, die sich nach Teil 3 VV RVG richten. Eine etwa vor- bzw. außergerichtlich entstandene Geschäftsgebühr ist in Teil 2 geregelt, diese ist nicht von der Anrechnungserleichterung des § 58 Abs. 2 RVG betroffen.

793 Hat der RA von seinem Auftraggeber vor oder nach der **Beiordnung** Zahlungen erhalten, so werden die Vorschüsse zunächst auf die gesamte Vergütung (somit auch auf eine entstandene Geschäftsgebühr – Ausnahme: bewilligte Beratungshilfe) entsprechend der Tabelle zu § 13 RVG berechnet. Immer, wenn es eine Differenz zwischen den beiden unterschiedlichen Tabellen gibt, wird der Vorschuss erst auf den **Differenzwahlanwaltsvergütungsanspruch** (= die Differenz zwischen dem Betrag der Wahlanwaltsvergütung nach der Tabelle zu § 13 RVG und dem Betrag der PKH-Vergütung nach der Tabelle zu § 49 RVG) verrechnet. Erst wenn diese Differenz voll ausgeschöpft ist, erfolgt eine Anrechnung auf die Vergütung nach der Tabelle zu § 49 RVG.

▶ **Beispiel:** 794

Der Vergütungsanspruch nach der Tabelle zu § 13 RVG beträgt 2.500,00 €.

Der Vergütungsanspruch nach der Tabelle zu § 49 RVG beträgt 1.500,00 €.

Die Differenz beträgt: 1.000,00 €.

Der Auftraggeber leistet
a) einen Vorschuss i.H.v. 850,00 € oder
b) einen Vorschuss i.H.v. 1.100,00 €.

zu a) Der Vorschuss i.H.v. 850,00 € wird in voller Höhe auf die Differenz verrechnet. Dies gilt immer dann, wenn die Differenz höher oder gleich hoch ist.

zu b) Der Vorschuss i.H.v. 1.100,00 € wird i.H.v. 1.000,00 € auf die Differenz verrechnet. I.H.v. 100,00 € verringert sich die zu zahlende Vergütung aus der Justizkasse. Der Vorschuss muss i.H.v. 100,00 € bei dem Erstattungsantrag an die Justizkasse angegeben werden. Einen Antrag gem. § 50 RVG muss, kann und sollte der RA nicht mehr stellen. Fraglich ist sogar, ob er einen Antrag nach § 50 RVG noch stellen darf, dazu folgen gesonderte Ausführungen unter Kap. 8 Rdn. 853.

b) Geschäftsgebühr und bewilligte PKH

Regelmäßig wird der RA den Auftraggeber, für den er PKH beantragt, bereits vor- 795
bzw. außergerichtlich vertreten haben. Lagen die Voraussetzungen für die Bewilligung von Beratungshilfe für die vor- bzw. außergerichtliche Vertretung nicht vor, hat der RA einen von der noch zu bewilligenden PKH unabhängigen Vergütungsanspruch. Er wird im Allgemeinen die **Geschäftsgebühr** gem. Nr. 2300 VV RVG von seinem Auftraggeber fordern können. Der Gesetzgeber hat mit dem „Gesetz zur Modernisierung von Verfahren im anwaltlichen und notariellen Berufsrecht, zur Errichtung einer Schlichtungsstelle der Rechtsanwaltschaft sowie zur Änderung der Verwaltungsgerichtsordnung, der Finanzgerichtsordnung und kostenrechtlicher Vorschriften" (BT-Drs. 16/12717 vom 22.04.2009) mit der Einführung des neuen § 55 Abs. 5 Satz 2 RVG deutlich gemacht, dass der RA in seinem Erstattungsantrag zu erklären hat, ob, und wenn ja, in welcher Höhe er Zahlungen auf Gebühren erhalten hat, die anzurechnen sind.

Der RA, der vor dem Antrag auf Bewilligung von PKH vor- bzw. außergerichtlich 796
tätig war, wird daher dem Auftraggeber die Geschäftsgebühr in Rechnung stellen. Die Geschäftsgebühr wird entsprechend Vorbemerkung 3 Abs. 4 VV RVG auf die Verfahrensgebühr des sich anschließenden gerichtlichen Verfahrens angerechnet (s. die Ausführungen unter Kap. 8 Rdn. 227). Im Hinblick auf die Vergütungsabrechnungen gegenüber der Justizkasse enthalten alle üblichen Formulare den Zusatz für eine Erklärung dahin gehend, ob vorgerichtlich eine Geschäftsgebühr anzurechnen ist und ggf. den Anspruch des RA mindert.

Da der RA ein Wahlrecht hat, wie die Anrechnung durchzuführen ist, darf die Ver- 797
fahrensgebühr im gerichtlichen Verfahren nicht um den Anrechnungsteil gekürzt

werden, wenn der RA die ganze Verfahrensgebühr zur Erstattung beantragt. In diesem Fall muss die Verfahrensgebühr dem RA in voller Höhe aus der Justizkasse erstattet werden, s.a. Ausführungen unter Rdn. 1925 ff.

798 *§ 55 Abs. 5 Satz 2 RVG n.F.*

Der Antrag hat die Erklärung zu enthalten, ob und welche Zahlungen der Rechtsanwalt bis zum Tag der Antragstellung erhalten hat. Bei Zahlungen auf eine anzurechnenden Gebühr sind dies Zahlungen, der Satz oder der Betrag der Gebühr und bei Wertgebühren auch der zugrunde gelegte Wert anzugeben. Zahlungen, die der Rechtsanwalt nach der Antragstellung erhalten hat, hat er unverzüglich anzuzeigen.

799 Unter Berücksichtigung von § 55 Abs. 5 Satz 2 RVG muss das Gesuch die Erklärung enthalten, ob der Auftraggeber Zahlungen auf eine anzurechnende Gebühr geleistet hat (etwa 2300, 3305, 3500 VV RVG).

800 Der RA muss entweder den Gebührensatz nennen (z. B. 1,3, 1,0 oder 0,3 u.a.) oder den Betrag der Gebühr (nur die Nettogebühr).

801 ▶ Praxistipp:

Es ist üblich, bei vorhersehbarer PKH von dem Auftraggeber nur den Anrechnungsrest zu fordern. Dieser Betrag, der keine Auswirkung auf die Vergütungsforderung gegenüber der Justizkasse hat, ist nicht zu nennen, da der Auftraggeber keine Zahlung auf eine anzurechnende Gebühr gezahlt. Machen Sie das in der Praxis am Besten dadurch deutlich, dass sie eine Vergütungsvereinbarung über den nicht anrechenbaren Teil der Geschäftsgebühr mit dem Auftraggeber schließen. Zahlungen auf Vergütungsvereinbarungen unterliegen nicht der Anrechnung und sind von § 55 Abs. 5 S. 2 RVG nicht erfasst.

802 ▶ Praxistipp:

Bitte rechnen Sie hier unbedingt selbst nach, ob das Ergebnis mittels üblicherweise eingesetzter Software auch tatsächlich zutreffend ist.

Wenn der Auftraggeber die Geschäftsgebühr gezahlt hat, dann sind (je nach Höhe der Geschäftsgebühr) max. 0,75 bei der Anrechnung auf die Verfahrensgebühr zu berücksichtigen (s. die Ausführungen zur Anrechnung der Geschäftsgebühr unter Kap. 8 Rdn. 227).

803 ▶ Beispiel:

Gegenstandswert: 50.000,00 €

Sie haben vor- bzw. außergerichtlich berechnet:

2,0 Geschäftsgebühr gem. §§ 2 Abs. 2, 13, 14 Nr. 2300 VV RVG *2.092,00 €*

Entgelte für Post- und Telekommunikationsdienstleistungen gem. Nr. 7002 VV RVG	*20,00 €*
19 % USt Nr. 7008 VV RVG	*401,28 €*
Gesamtbetrag	***2.513,28 €***

Dieser Betrag wurde vom Auftraggeber gezahlt.

Angerechnet wird nur die Gebühr (nebst anteiliger USt). Es kommt daher nicht auf die Entgelte für Post- und Telekommunikationsdienstleistungen an; diese bleiben bestehen.

Schließt sich jetzt eine gerichtliche Tätigkeit an, reduziert sich die Verfahrensgebühr nur um 784,50 €, der Restbetrag aus der Geschäftsgebühr bleibt bestehen. Der Kürzungsbetrag ergibt sich aus der Anrechnung gem. Vorbemerkung 3 Abs. 4 VV RVG. Die Verfahrensgebühr ist um 0,75 zu kürzen. Der verbleibende Differenzanspruch (2.092,00 € – 784,50 € = 1.307,50 €) ist auf keinen der Vergütungsansprüche anzurechnen.

Bevor jetzt aber die Verfahrensgebühr gem. § 49 RVG um den Anrechnungsteil der Geschäftsgebühr i.H.v. 784,50 € gekürzt wird, ist zunächst zu ermitteln, wie hoch die Differenz der Ansprüche berechnet nach der Tabelle zu § 13 RVG und der Tabelle zu § 49 RVG ist. Ist die Differenz gleichhoch oder höher als 784,50 €, mindert sich der Zahlungsanspruch, der gegenüber der Justizkasse besteht nicht, eine Anrechnung auf die Verfahrensgebühr erfolgt nicht.

Durch die deutlich unterschiedlichen Tabellen zu § 13 RVG und § 49 RVG könnte sich sonst nach Zahlung der Vergütung für die Geschäftsgebühr ergeben, dass durch die Justizkasse überhaupt keine Zahlung der Vergütung nach der Tabelle zu § 49 RVG zu erfolgen hat.

5. PKH-Bewilligung und Vergütungsvereinbarung

a) Vergütungsvereinbarung vor erfolgter Beiordnung

Hat der RA mit dem Auftraggeber bspw. zu Beginn des Auftragsverhältnisses eine 804
Vergütungsvereinbarung getroffen und ergibt sich im laufenden Verfahren, dass für den Auftraggeber PKH bewilligt wird (eine Zahlungsunfähigkeit kann sich durchaus erst im Laufe des Verfahrens ergeben), so werden Vorschüsse und Zahlungen nach der h.M. zunächst auf die Differenz zwischen der der Vergütung nach § 49 RVG und der Vergütung entsprechend der Vergütungsvereinbarung verrechnet.

b) Vergütungsvereinbarung nach erfolgter Beiordnung

§ 3a Abs. 3 RVG (Auszug) 805

(1) …

(2) …

(3) Eine Vereinbarung nach der ein im Wege der Prozesskostenhilfe beigeordneter RA für die von der Beiordnung erfasste Tätigkeit eine höhere als die gesetzliche Vergütung erhalten soll, ist nichtig. Die Vorschriften des bürgerlichen Rechts über die ungerechtfertigte Bereicherung bleiben unberührt.

(4) …

806 Nach § 3a Abs. 3 Satz 1 RVG kann ein RA nach erfolgter Beiordnung keine verbindliche Vergütungsvereinbarung mehr treffen. Diese Vereinbarung ist nichtig. Ein Zahlungsanspruch kann nicht erfolgreich gegenüber dem Auftraggeber geltend gemacht werden. Hat der Auftraggeber auf diese nichtige Vergütungsvereinbarung Zahlungen geleistet, so sind die Vorschriften des bürgerlichen Rechts über die ungerechtfertigte Bereicherung (§§ 812 ff. BGB) anwendbar. Der Auftraggeber hat i. d. R. ein Rückforderungsrecht für bereits geleistete Zahlungen.

807 Dies gilt dann nicht, wenn der Auftraggeber Kenntnis davon hatte, dass eine Vergütungsvereinbarung für den im Wege der PKH beigeordneten Rechtsanwalt nichtig war. Zahlt der Auftraggeber in **Kenntnis** der Nichtigkeit, also mit dem Wissen, dass er nicht zur Zahlung verpflichtet ist, hat er kein Rückforderungsrecht. Es erscheint eher unwahrscheinlich, dass ein solcher Fall in der Praxis vorkommen wird.

6. Umfang der Bewilligung im Rechtsmittelverfahren

808 Für jedes Rechtsmittelverfahren muss erneut PKH beantragt werden (§ 119 Abs. 1 Satz 1 ZPO). Ist für ein Rechtsmittelverfahren PKH erst einmal bewilligt, so gilt PKH im Allgemeinen auch für die Anschließung (Anschlussberufung oder Anschlussrevision) durch den Rechtsmittelbeklagten. Für das Rechtsmittel selbst ist aber zunächst PKH zu beantragen (§ 48 Abs. 2 RVG).

809 Im Rechtsmittelverfahren gibt es eine **Besonderheit.** Obsiegt der Auftraggeber in der ersten Instanz und führt der Unterliegende das Verfahren durch Einlegung eines Rechtsmittels fort, so muss im Rechtsmittelverfahren gem. § 119 Abs. 1 Satz 2 ZPO nur nachgewiesen werden, dass der Auftraggeber keine hinreichenden Mittel zur Finanzierung des Verfahrens hat. Die Erfolgsaussichten und auch eine etwaige Mutwilligkeit sind nicht mehr zu prüfen.

810 Allerdings müssen Sie damit rechnen, dass PKH für das Rechtsmittelverfahren erst erteilt wird, wenn der Gegner das Rechtsmittel begründet hat. Vorher sieht das Gericht regelmäßig keine Veranlassung, PKH zu bewilligen. Einen Auftrag zur Vertretung im Rechtsmittelverfahren sollte der Auftraggeber daher erst erteilen, wenn feststeht, dass der Rechtsmittelführer das Verfahren auch durchführt – oder dieser beantragt hat, die Frist zur Begründung zu verlängern. Vertreten Sie den Auftraggeber bereits vorher und zeigen diese Vertretung beim Gericht an, wird die dafür entstehende Vergütung nicht aus der Justizkasse erstattet werden. Selbstverständlich besteht bei einer Rücknahme der Berufung ein Kostenerstattungsanspruch. Kann dieser nicht durchgesetzt oder beigetrieben werden, bleibt Vergütungsschuldner in diesem Fall der Auftraggeber und nicht der Staat.

Sie sollten den Auftraggeber über das weitere Verfahren informieren. 811

► **Muster: Obsiegen des Auftraggebers bei bewilligter PKH – Rechtsmittel der Gegenseite** 812

Anrede,

wir hatten bereits bei der Übersendung des vollständigen Urteils (Beschlusses oder Ähnliches) darauf hingewiesen, dass für die Gegenseite die Möglichkeit besteht, das Urteil durch rechtzeitiges Einlegen des Rechtsmittels der Berufung anzufechten. Die Gegenseite hat diese Anfechtungsmöglichkeit genutzt, sodass das Verfahren voraussichtlich vor dem ..... Gericht fortgeführt wird.

Das Rechtsmittel muss innerhalb einer Frist von zwei Monaten ab Zustellung des vollständigen Urteils begründet werden. Die Gegenseite hat die Möglichkeit diese Begründungsfrist auf Antrag verlängern zu lassen. Eine weitere Verlängerung ist möglich, wenn wir eine entsprechende Zustimmung erteilen. Üblicherweise stimmen Anwälte der Bitte anderer Anwälte zur Verlängerung einer Frist zu.

Für das Ausgangsverfahren ist Ihnen Prozesskostenhilfe bewilligt worden. Da das vorangegangene Verfahren zu Ihren Gunsten entschieden wurde und Sie obsiegt haben, werden vom Gericht in dem nunmehr rechtshängigen Rechtsmittelverfahren nicht mehr die Erfolgsaussichten Ihres weiteren gerichtlichen Vorgehens geprüft.

Auch im Rechtsmittelverfahren hängt die Bewilligung von Prozesskostenhilfe aber davon ab, dass Sie nicht in der Lage sind, die Kosten für das gerichtliche Verfahren ganz oder zum Teil aufzubringen. Entsprechend § 119 Abs. 1 Satz 2 ZPO müssen Ihre Einkommens- und Vermögensverhältnisse erneut dem Gericht dargelegt werden.

Wir fügen daher in der Anlage erneut die Erklärung über die persönlichen und wirtschaftlichen Verhältnisse bei. Bitte füllen Sie die Erklärung schnellstmöglich aus und senden diese zusammen mit den erforderlichen Belegen wieder an uns zurück. Die Einkommensbelege wollen Sie bitte zweifach kopieren, also in dreifacher Ausfertigung hier einreichen.

Bitte reichen Sie die Unterlagen auch an uns zurück, wenn sich Ihre Einkommens- und Vermögensverhältnisse nicht verändert haben. Nicht jedes Gericht akzeptiert die Erklärung, dass keine Änderung eingetreten ist. Viele Gerichte bestehen ausdrücklich auf die Einreichung des entsprechenden Formulars.

Über die Bewilligung von Prozesskostenhilfe wird vermutlich durch das Gericht erst entschieden werden, wenn das Rechtsmittel begründet ist.

Wir werden uns bereits jetzt zur Vermeidung etwaiger Rechtsnachteile beim Gericht für Sie bestellen und dem Gericht mitteilen, dass eine weitere Vertretung durch uns erfolgt.

Einen Vergütungsanspruch werden wir aus dieser Tätigkeit nicht gegen Sie herleiten, sondern für den Fall der Rücknahme des Rechtsmittels lediglich den dann gegebenen Kostenerstattungsanspruch gegen den Rechtsmittelführer weiter verfolgen.

Grußformel

813 ▶ Hinweis:

Sie sind nicht verpflichtet, dem Auftraggeber Erklärungen zur Bewilligung von PKH zu übersenden. Diese sind mittlerweile leicht im Internet zu besorgen. Erstaunlicherweise verfügt wirklich fast jede Einkommensgruppe über einen PC, einen Internetanschluss und einen Drucker. Die nötigen Kopien der Einkommensbelege sind ebenfalls nicht unentgeltlich von Ihnen zu fertigen. Dem Auftraggeber kann zugemutet werden, hier einen „Copy Shop" aufzusuchen.

7. Umfang der Bewilligung und Zwangsvollstreckung

814 Die erfolgte PKH-Bewilligung gilt nur für den jeweiligen Rechtszug. Ist Folge des geführten gerichtlichen Verfahrens, dass ein zur Zwangsvollstreckung geeigneter Titel vorliegt, so muss für die Zwangsvollstreckung erneut PKH beantragt werden (§ 48 Abs. 4 RVG). Nur wenn lediglich die Vollziehung eines Arrests, einer einstweiligen Verfügung oder einer einstweiligen oder vorläufigen Anordnung betroffen ist, umfasst die bisherige Bewilligung der PKH auch die Zwangsvollstreckung (§ 48 Abs. 2 Satz 1, 2. Halbs. RVG). Ist die Bewilligung für die Zwangsvollstreckung erfolgt, dann erstreckt sich diese Bewilligung gem. § 119 Abs. 2 ZPO auf bestimmte Vollstreckungsmaßnahmen.

815 Es ist von Gerichtsbezirk zu Gerichtsbezirk unterschiedlich, wie und ob dem Auftraggeber noch PKH für die Zwangsvollstreckung bewilligt wird und die Beiordnung eines Rechtsanwaltes erfolgt. In vielen Gerichtsbezirken wird verlangt, dass der Rechtsuchende die Rechtsantragstelle des Gerichts aufsucht, bei der er seinen allgemeinen Wohnsitz hat und diese für ihn die Zwangsvollstreckung durchführt.

816 ▶ Praxistipp:

Es ist wesentlich sinnvoller, dem Auftraggeber die vollstreckbare, zugestellte, im Zweifel rechtskräftige Ausfertigung des Titels auszuhändigen und ihn aufzufordern, die Rechtsantragstelle aufsuchen, um PKH zu beantragen. Für den Fall, dass ihm vor Ort nicht PKH bewilligt wird, soll der Auftraggeber vor Ort dann gleich um die Einleitung von Zwangsvollsteckungsmaßnahmen bitten. Entweder durch die Rechtsantragstelle wird dann PKH bewilligt, oder aber das Gericht leitet die erforderlichen Vollstreckungsmaßnahmen ein und führt diese auch bis zum Ende durch.

817 ▶ Muster: Aushändigung der Vollstreckungsurkunde an Auftraggeber – PKH für Zwangsvollstreckung

Anrede,

in Ihrer Angelegenheit ist Ihnen durch das Gericht für das bisherige gerichtliche Verfahren Prozesskostenhilfe bewilligt worden, sodass Sie entsprechend dem Umfang der Bewilligung für die Anwaltsvergütung nicht oder nur zum Teil aufkommen mussten.

Es liegt ein vollstreckbarer, zugestellter, rechtskräftiger Titel gegen den Verfahrensgegner vor. Da dieser bisher nicht freiwillig geleistet hat, muss Ihr Anspruch im Wege der Zwangsvollstreckung durchgesetzt werden. Im Zwangsvollstreckungsverfahren entsteht erneut eine Anwaltsvergütung, hinzu kommen je nach Vollstreckungsmaßnahme Gerichtskosten und eventuell Gerichtsvollzieherkosten.

Für die Durchführung der Zwangsvollstreckung ist erneut ein Prozesskostenhilfeantrag erforderlich, da die bisherige Bewilligung der Prozesskostenhilfe nicht auch die Zwangsvollstreckung umfasst.

Hier ist es erforderlich, dass Sie persönlich die Rechtsantragstelle des Gerichts aufsuchen, bei der Sie Ihren allgemeinen Wohnsitz haben. Die Öffnungszeiten der Rechtsantragstelle erfragen Sie bitte direkt beim Gericht ..... (*Anschrift und Telefonnummer einfügen*). Sollte das Gericht Prozesskostenhilfe nicht bewilligen, beantragen Sie bitte gleich vor Ort die Einleitung von Vollstreckungsmaßnahmen gegen den Schuldner. Das Gericht wird Ihnen entweder Prozesskostenhilfe bewilligen oder die Vollstreckung einleiten.

Damit die Rechtsantragstelle die Zwangsvollstreckung einleiten kann, fügen wir diesem Schreiben die vollstreckbare, zugestellte, rechtskräftige Ausfertigung des ..... des ..... Gerichts zum Aktenzeichen ..... bei. Bitte bewahren Sie diese sorgfältig auf. Nur mit dieser Ausfertigung kann die Vollstreckung betrieben werden. Im Verlustfall kann zwar eine weitere vollstreckbare Ausfertigung beantragt werden. Dafür entstehen jedoch Gerichtskosten und eine gesonderte Anwaltsvergütung, was vermieden werden kann.

Bitte informieren Sie uns über das Ergebnis Ihrer Bemühungen vor der Rechtsantragstelle.

Grußformel

► Hinweis: 818

Da Sie diesem Schreiben die vollstreckbare Ausfertigung des Urteils versenden, sollten Sie dieses Schreiben nicht mit einfacher Post versenden. Entweder Sie stellen dieses Schreiben durch Boten zu oder schalten den Gerichtsvollzieher mit der Zustellung ein (dazu ist ein besonderes Anschreiben erforderlich, damit das Urteil nicht mit der Zustellurkunde des Gerichtsvollziehers verbunden wird). Die Übersendung mit Einschreiben-Rückschein eignet sich regelmäßig nicht. Sie können, wenn der Versand per Einschreiben-Rückschein erfolgt, nur nachweisen, dass Sie etwas an den Auftraggeber gesandt haben, aber nicht, welchen Inhalt das Schreiben hatte.

Selbstverständlich können Sie den Auftraggeber auch auffordern, das Original während der Bürozeiten persönlich gegen Quittung in Empfang zu nehmen.

8. PKH und der sog. Mehrvergleich

Beabsichtigen die Parteien einen Vergleich zu schließen, in dem nicht rechtshängige 819
Ansprüche berücksichtigt sind (sog. Mehrvergleich), so erstreckt sich die bisher für

das Verfahren bewilligte PKH nicht auf den Mehrvergleich. Der RA muss hier beantragen, dass die bewilligte PKH auch den Mehrvergleich umfasst. Nur dann erfolgt eine Erstattung der auf den Mehrvergleich bezogenen Vergütung aus der Staatskasse.

820 Die Differenzverfahrensgebühr (je nach Instanz, z. B. Nr. 3101 Nr. 2 VV RVG oder Nr. 3201 Nr. 2 VV RVG), die auf den Gegenstandswert bezogene anteilige Terminsgebühr (je nach Instanz, z. B. Nr. 3104 VV RVG oder Nr. 3202 VV RVG) und die 1,5 Einigungsgebühr gem. Nr. 1000 VV RVG sind, wenn eine Erstreckung der PKH nicht erfolgt, vom Auftraggeber zu zahlen.

9. Teilbewilligung von PKH

821 Wird PKH nur z. T. bewilligt, muss der RA den Auftraggeber darüber belehren, dass die **Teilbewilligung** der PKH bewirkt, dass der RA einen eigenen Vergütungsanspruch gegen die Partei (damit dem Auftraggeber) hat und die Partei, die nicht von der Bewilligung erfassten Vergütungsansprüche selbst zu zahlen hat.

822 ▶ Beispiel:

Der RA vertritt den Beklagten. Der Kläger verlangt vom Beklagten Zahlung i.H.v. 15.000,00 €. Gleichzeitig mit dem Antrag auf Klageabweisung stellt der RA den Antrag, dem Beklagten PKH unter seiner Beiordnung zu bewilligen. Das Gericht bewilligt PKH für die Abwehr eines Anspruchs i.H.v. 10.000,00 €. Wegen der weiteren 5.000,00 € lehnt das Gericht die Bewilligung wegen mangelnder Erfolgsaussichten ab.

Für die Ermittlung des eigenen Vergütungsanspruchs des RA gibt es verschiedene Auffassungen:

1. Auffassung

Gesamter Vergütungsanspruch nach einem Gegenstandswert von ***15.000,00 €*** berechnet nach der Tabelle zu § 13 RVG

abzüglich

theoretische ***Wahl***anwaltsvergütung nach einem Gegenstandswert von 10.000,00 €

berechnet nach der Tabelle zu § 13 RVG

= Vergütungsanspruch des beigeordneten RA gegenüber dem Auftraggeber.

Nach dieser Auffassung (BGH in BGHZ 13, 337) kommt es nicht darauf an, dass der RA ja tatsächlich nur eine Vergütung nach der Tabelle zu § 49 RVG erhalten hat.

2. Auffassung

Gesamter Vergütungsanspruch nach einem Gegenstandswert von ***15.000,00 €*** berechnet nach der Tabelle zu § 13 RVG *abzüglich*

tatsächlich erhaltene Zahlung nach einem Gegenstandswert von 10.000,00 €

*berechnet nach der Tabelle zu **§ 49 RVG***

= Vergütungsanspruch des beigeordneten RA gegenüber dem Auftraggeber.

Die zweite Auffassung (OLG Köln, JurBüro 1981, 1011) ist deutlich zu bevorzugen, denn es muss doch bei der Ermittlung von Differenzvergütungsansprüchen berücksichtigt werden, welche Zahlung tatsächlich erfolgt ist.

► Muster: Belehrung des Auftraggebers bei Teilbewilligung von PKH

Anrede, 823

wie Sie dem in der Anlage beigefügten Beschluss des ..... Gerichts entnehmen können, wurde dem Antrag auf Bewilligung von Prozesskostenhilfe nur zum Teil stattgegeben. Dies bedeutet, dass im Hinblick auf unsere Vergütung für einen Teil der Vergütung weiterhin Sie als Auftraggeber haften. Eine Zahlung der Vergütung für den nicht bewilligten Teil von Prozesskostenhilfe durch die Justizkasse scheidet aus. Gegen den nicht umfassten Teil der Prozesskostenhilfebewilligung kann zwar grundsätzlich sofortige Beschwerde eingelegt werden, allerdings verursacht das Verfahren über die sofortige Beschwerde zusätzliche Kosten. Diese Kosten (Rechtsanwaltsvergütung zuzüglich Gerichtskosten) sind vermutlich höher als die Differenz der Vergütung, die sich zu Ihren Lasten ergibt. Wir werden daher weil für das sofortige Beschwerdeverfahren erneut PKH zu beantragen ist, keine sofortige Beschwerde einlegen.

Wegen der nur zum Teil erfolgten Bewilligung von Prozesskostenhilfe ergibt sich Ihr eigener Vergütungsanspruch entsprechend der nachstehenden Berechnung. Den nachstehend ermittelten Betrag müssen Sie selbst zahlen.

Insgesamt entsteht voraussichtlich eine Vergütung in Höhe von

Gegenstandswert: ..... €

1,3 Verfahrensgebühr gem. §§ 2 Abs. 2, 13 RVG Nr. 3100 VV RVG	.....€
1,2 Terminsgebühr gem. §§ 2 Abs. 2, 13 RVG Nr. 3104 VV RVG	.....€
Entgelte für Post- und Telekommunikationsdienstleistungen gem. Nr. 7002 VV RVG	.....€
19 % Umsatzsteuer gem. Nr. 7008 VV RVG	.....€
Summe	.....€

Die Justizkasse wird entsprechend der Teilbewilligung von diesem Vergütungsanspruch eine anteilige Summe in Höhe von

Gegenstandswert: ..... €

1,3 Verfahrensgebühr gem. §§ 2 Abs. 2, 49 RVG Nr. 3100 VV RVG	.....€
1,2 Terminsgebühr gem. §§ 2 Abs. 2, 49 RVG Nr. 3104 VV RVG	.....€

Entgelte für Post- und Telekommunikationsdienstleistungen gem. Nr. 7002 VV RVG	.....€
19 % Umsatzsteuer gem. Nr. 7008 VV RVG	.....
Summe	.....€

Die Abweichung ergibt sich aus dem geringeren Gegenstandswert und der besonderen Tabelle gem. § 49 RVG für den Fall, dass PKH bewilligt wurde. Der sogenannte Anspruch des Wahlanwalts richtet sich aber nach der Tabelle gem. § 13 RVG.

Der gesamte voraussichtliche Gebührenanspruch beträgt	..... €
abzüglich Zahlung durch die Justizkasse	..... €
Ihr Zahlbetrag	..... €

Bitte überweisen Sie den Zahlbetrag in Höhe von ..... € bis zum ..... auf eines unserer angegebenen Konten unter Angabe des Betreffs „Aktenzeichen .....".

Eine ordnungsgemäße Rechnung im Sinne des § 14 UStG ist diesem Schreiben beigefügt.

Sollten Sie den Rechnungsbetrag nicht als Ganzes leisten können, setzen Sie sich bitte mit unserer Kanzlei zur Vereinbarung von Ratenzahlung in Verbindung.

Grußformel

824 ▶ Hinweis:

Die Rechnung muss beigefügt werden. In der Rechnung ziehen Sie die Vergütungsforderung gem. § 49 RVG, die die Justizkasse zahlen muss, ab.

10. PKH und mehrere Auftraggeber

825 Vertritt der RA mehrere Auftraggeber und ist nur einem der Auftraggeber PKH bewilligt, ist die Abrechnung schwierig. Wenn nur einer Partei PKH bewilligt wurde, so hat § 7 Abs. 2 RVG zur Folge, dass der RA gegenüber dem Auftraggeber, dem nicht PKH bewilligt wurde, einen Vergütungsanspruch in der Höhe behält, den er geltend machen könnte, wenn er diesen Auftraggeber allein vertreten würde. Damit bestünde ein Vergütungsanspruch i.H.d. **Regelvergütung.** Nur der „Erhöhungszuschlag" gem. Nr. 1008 VV RVG ist nicht von diesem Auftraggeber geschuldet.

826 Wenn dies gegenüber der Partei gilt, der PKH nicht bewilligt wurde, so muss dies auch für die Partei gelten, der PKH bewilligt wurde. Der RA hat daher unter Berücksichtigung von § 7 Abs. 2 RVG einen vollen Vergütungsanspruch nach der Tabelle zu § 49 RVG gegenüber der Justizkasse. Auch von der Justizkasse kann er den sog. **Mehrvertretungszuschlag** nicht fordern.

827 Eine andere Meinung vertritt die Auffassung, dass von der Justizkasse nur die Erhöhung gem. Nr. 1008 VV RVG geschuldet wird. Diese Auffassung wird vom BGH (MDR 1993, 913) vertreten.

Richtig kann m. E. unter Berücksichtigung des Umstandes, dass mehrere Auftraggeber als Gesamtschuldner (§ 426 BGB) haften, nur sein, dass der RA die gesamte Vergütung von einem Auftraggeber fordern kann (so auch § 7 Abs. 2 RVG). Die Justizkasse hat dann aber gegenüber dem anderen Auftraggeber einen Ausgleichsanspruch und wird von diesem einen Anteil an den Verfahrenskosten einfordern. 828

▶ Praxistipp: 829

Ist nur einem von mehreren Auftraggeber PKH bewilligt worden, sollten Sie vom dem Auftraggeber, dem PKH **nicht** bewilligt worden ist

a) den sog. Mehrvertretungszuschlag gem. Nr. 1008 VV RVG nach der Tabelle zu § 13 RVG und
b) die Differenz zwischen Wahlanwaltsvergütung und Vergütungsanspruch nach der Tabelle zu § 49 RVG fordern. Selbst wenn der Staat dann auf diesen Auftraggeber Rückgriff nimmt, tut er dies nur noch wegen der Vergütung nach der Tabelle zu § 49 RVG.

▶ Muster: Anforderung des Vergütungsanspruchs gem. § 7 Abs. 2 RVG bei Bewilligung von PKH nur für einen Auftraggeber 830

Anschrift des Aufraggebers 2, dem PKH nicht bewilligt wurde

Anrede,

wir haben in dem Verfahren vor dem ..... Gericht PKH für Sie und den weiteren Auftraggeber 1 beantragt. Das Gericht hat entschieden, dass nur bei dem Auftraggeber 1 die Voraussetzungen für die Bewilligung von Prozesskostenhilfe erfüllt sind. Ihr Antrag auf Bewilligung von Prozesskostenhilfe wurde abgelehnt.

Sie stellen gemeinsam mit dem/der/den ..... (*Auftraggeber 1*) eine sogenannte Gesamthandsgemeinschaft (Gesamtgläubiger und Gesamtschuldner) dar. Jeder von Ihnen schuldet gem. § 7 Abs. 2 RVG die hier entstehende Vergütung so, als wenn er alleine den Rechtsanwalt beauftragt hätte.

In der Rechtsprechung ist umstritten, welche Folge es hat, wenn nur einem von mehreren Beteiligten Prozesskostenhilfe bewilligt wird.

Nach einer Auffassung schuldet der Staat dann nur den sogenannten Mehrvertretungszuschlag gem. Nr. 1008 VV RVG, den der Anwalt berechnen darf, wenn er mehr als einen Auftraggeber vertritt. Eine andere Auffassung geht davon aus, dass der Staat all das zahlen muss, was zu zahlen wäre, wenn der Auftraggeber allein den Rechtsanwalt beauftragt hätte.

Sicher ist, dass Teile der Vergütung bei Ihnen verbleiben. Wir berechnen hier zunächst nur die Vergütungsansprüche, die verbleiben, wenn der Staat komplett den Anspruch des Auftraggebers zu 1. erfüllt. Allerdings kann es sein, dass nach Abschluss des Verfahrens von Ihnen durch den Staat Zahlungen verlangt werden, weil der Staat hier Ausgleichsansprüche aus gesamtschuldnerischer Haftung geltend machen will. In diesem Fall sollten Sie uns unverzüglich über an Sie gerichtete Zahlungsaufforderungen informieren, damit wir überprüfen können, ob diese berechtigt sind.

Der auf jeden Fall bei Ihnen verbleibende Vergütungsanspruch beziffert sich wie folgt:

1. Mehrvertretungszuschlag gem. §§ 2 Abs. 2, 13 Nr. 1008 VV RVG ..... €

2. Differenz zwischen der Vergütung berechnet nach der Tabelle zu § 13 und der Tabelle § 49 RVG ..... €

19 % Umsatzsteuer gem. Nr. 7008 VV RVG .....€

Summe ..... €

Eine den Anforderungen von § 14 UstG entsprechende Rechnung finden Sie in der Anlage.

Bitte gleichen Sie den Rechnungsbetrag in Höhe von ..... € bis zum ..... hier eingehend unter Angabe des Betreffs „Aktenzeichen .....“ aus. Unsere Bankverbindung entnehmen Sie bitte dem Briefbogen.

Grußformel

831 ▶ Hinweis:

Diesem Schreiben ist eine Rechnung beizufügen. Die Rechnung muss wie folgt aufgebaut sein:
- 1,3 Verfahrensgebühr gem. §§ 2 Abs. 2, 13 Nr. 3100 VV RVG
- Erhöhung gem. Nr. 1008 VV RVG
- 1,2 Terminsgebühr gem. §§ 2 Abs. 2, 13 Nr. 3104 VV RVG
- Entgelte für Post- und Telekommunikationsdienstleistungen gem. Nr. 7002 VV RVG
- 19 % USt
- abzüglich zu erwartender Erstattung von der Justizkasse nach der Tabelle zu § 49 RVG (wie oben nur ohne Nr. 1008 VV RVG und unter Beachtung der Tabelle zu § 49 RVG)
- Summe

Den Abzugsbetrag können Sie in verschiedener Form geltend machen. Das Muster dient der besseren Übersichtlichkeit und entspricht nicht den Anforderungen an eine Rechnung (es fehlt z. B. Leistungszeitraum, Rechnungsnummer, Umsatzsteuernummer etc.).

11. Abrechnung bewilligter PKH/Formulare

832 Für die Abrechnung der Vergütung gegenüber der Justizkasse gibt es keinen Formularzwang.

833 Sie können auf die üblichen Formulare zugreifen unter: Justizportal des Bundes und der Länder, Gesamtverzeichnis: http://www.justiz.de/Formulare/index.php; Formulare: http://www.justiz.de/Formulare/HKR168-RVG.pdf.

12. Bewilligung von PKH und obsiegende Beendigung des Verfahrens

Obsiegt der Auftraggeber, dem PKH bewilligt ist, ändert sich am **Vergütungsanspruch** des beigeordneten RA nichts. Der RA kann aber gegen den unterlegenen Gegner den Kostenerstattungsanspruch geltend machen. Der RA sollte auf alle Fälle einen Kostenfestsetzungsantrag gem. § 126 ZPO stellen und im Antrag deutlich machen, dass der Antrag im eigenen Namen gestellt wird. 834

Hat der Gegner noch Ansprüche gegen den Auftraggeber, so kann er nicht mit dem Kostenerstattungsanspruch aufrechnen, den der RA im eigenen Namen geltend macht. Er kann gem. § 126 Abs. 2 ZPO nur mit anderen Kosten aus demselben Rechtsstreit aufrechnen. 835

Stellt der Anwalt einen Antrag nach § 104 ZPO, kann der zur Kostenerstattung Verpflichtete mit jedem Anspruch gegen den Auftraggeber aufrechnen und muss den Kostenerstattungsanspruch im Zweifel nicht erfüllen. 836

► Muster: Kostenfestsetzungsantrag bei Obsiegen und PKH

Prozessgericht I. Instanz 837

Kostenfestsetzungsantrag gem. § 126 ZPO

In dem Verfahren

Kläger,

.....

gegen

Beklagter,

.....

zum Aktenzeichen .....

wird aufgrund der Kostenentscheidung des Gerichts beantragt,

die Kosten gegen den Verfahrensgegner gem. § 126 ZPO festzusetzen. Soweit die Erstattung von PKH-Gebühren gemäß der Tabelle nach § 49 RVG beantragt wurde, ist dies im Kostenfestsetzungsgesuch berücksichtigt worden. Die entsprechenden Kosten sind in Abzug gebracht worden.

Die Antragstellung erfolgt im eigenen Namen.

Es wird beantragt, gezahlte Gerichtskosten hinzuzusetzen und den festzusetzenden Betrag verzinslich ab Antragstellung mit 5 % über dem Basiszinssatz festzusetzen (§ 104 Abs. 1 Satz 2 ZPO) und eine vollstreckbare Ausfertigung des Beschlusses zu erteilen.

Diesem Antrag sind zwei Abschriften zum Zwecke der Zustellung beigefügt.

Rechtsanwalt

13. PKH bei Auseinanderfallen von Gerichtsort und Kanzleisitz

838 In einigen Fällen befinden sich zwar der Wohnsitz des Auftraggebers und der Kanzleisitz am selben Ort, das Gericht ist jedoch an einem anderen Ort. Wird in diesen Fällen PKH bewilligt, erfolgt die Bewilligung durch das Gericht mit der Einschränkung, dass nur die Kosten von der Bewilligung von PKH umfasst sind, die entstehen würden, wenn der Anwalt seinen Kanzleisitz am Gerichtsort hätte.

839 Die Justizkasse zahlt dann nicht die **Reisekosten** und die **Abwesenheitsgelder**, die entstehen, weil der Anwalt zum Gerichtstermin anreisen muss. Diese schuldet der Auftraggeber.

840 ► Praxistipp:

Haben Sie einen Fall, in dem Gerichtsort und Kanzleisitz auseinander fallen, so sollten Sie gleich im Antrag darauf achten, deutlich zu machen, warum auch die Reisekosten vom Umfang der Bewilligung umfasst sein sollten.

841 Ein solches Vorgehen erspart Ihnen voraussichtlich eine sofortige Beschwerde im PKH-Bewilligungsverfahren. Die sofortige Beschwerde hat den Nachteil, dass Sie auch für diese wieder PKH beantragen müssten und erhebliche Zeitverluste berücksichtigt werden müssen.

842 ► Muster: Antrag auf Bewilligung von PKH bei Ortsverschiedenheit (Gericht/Kanzleisitz)

Zuständiges Gericht

In Sachen ......(Aktenzeichen)

wird bereits jetzt weiterhin ausdrücklich beantragt,

Prozesskostenhilfe ohne Einschränkung zu bewilligen. Insbesondere wird beantragt, die notwendigen Reisekosten des beigeordneten Rechtsanwalts zur Wahrnehmung der erforderlichen Gerichtstermine nicht vom Umfang der Bewilligung auszuschließen.

Begründung:

Ausweislich der diesem Antrag beigefügten Erklärung über die finanziellen und persönlichen Verhältnisse des Antragstellers ist es diesem nicht möglich, die Reisekosten des beigeordneten Rechtsanwalts aus eigenen Mitteln zu finanzieren.

Es war der um Prozesskostenhilfe nachsuchenden Partei auch nicht möglich, gleich einen Anwalt am Gerichtsort einzuschalten. Vor dem gerichtlichen Verfahren haben die Parteien eine vorgerichtliche Auseinandersetzung geführt. Es war nicht von Anfang an abzusehen, dass sich eine gerichtliche Auseinandersetzung anschließen würde.

Verlangte man jetzt von der um Prozesskostenhilfe nachsuchenden Partei, einen Anwalt am Gerichtsort mit der Wahrnehmung der rechtlichen Interessen zu beauftragen, nähme man dieser Partei die Möglichkeit, ein Vertrauensverhältnis zum zu beauftragenden Rechtsanwalt aufzubauen. Die um Prozesskostenhilfe nachsuchende Partei hat ja nicht nur nicht die Möglichkeit, selbst die Reisekosten eines RA zu finanzieren, ihr fehlt auch die Möglichkeit, einen Anwalt am Gerichtsort auf eigene Kosten auszusuchen.

Ein etwa denkbarer Anwaltswechsel zum jetzigen Zeitpunkt hätte zudem die Folge, dass die Anrechnungsfolge aus Vorbemerkung 3 Abs. 4 VV RVG nicht eintritt. Die vor- bzw. außergerichtlich hier entstandene Geschäftsgebühr wird nicht auf die Verfahrensgebühr angerechnet, die bei einem anderen Anwalt entsteht. Die um Prozesskostenhilfe nachsuchende Partei würde damit unangemessen benachteiligt werden, weil ihr die Möglichkeit genommen würde, sich im Prozess durch den Anwalt ihres Vertrauens vertreten zu lassen. Um uneingeschränkte Bewilligung von Prozesskostenhilfe unter unserer Beiordnung wird daher gebeten.

► Hinweis: 843

Der BGH hat hier eine Grundsatzentscheidung zur Reisekostenproblematik getroffen. Bitte lesen Sie die Entscheidung des BGH v. 10. 10. 2006 – XI ZB 1/06, www.bundesgerichtshof.de – Menüpunkt: Entscheidungen; dort das Aktenzeichen und das Datum eingeben, die Entscheidung ist dann sofort verfügbar.

Es ist davon auszugehen, dass eine Beiordnung des „ortsfremden“ RA nur in wenigen Ausnahmefällen erfolgt. Der obige Antrag kann hilfreich sein, es kann aber auch sein, dass trotz dieses Antrags nur eine beschränkte Beiordnung erfolgt („zu den Bedingungen eines ortsansässigen Rechtsanwaltes“). 844

Sie sollten Ihren Auftraggeber auf diese Möglichkeit rechtzeitig hinweisen, da er, bedingt durch die eingeschränkte Beiordnung, Schuldner der Reisekosten und Abwesenheitsgelder ist. 845

► Muster: Belehrung bei Teil-PKH Beiordnung des auswärtigen RA zum „Tarif“ des ortsansässigen RA 846

Anrede,

wie Sie dem in der Anlage beigefügten Beschluss entnehmen können, hat uns das Gericht beigeordnet und Ihnen Prozesskostenhilfe bewilligt. Diese Bewilligung ist jedoch nur in eingeschränkter Weise erfolgt. Unsere Kanzlei befindet sich bekanntlich in ....., die Termine zur mündlichen Verhandlungen werden am Gerichtsort in ..... stattfinden.

Zu diesem Termin müssen wir anreisen, was Kosten verursacht. Die Beiordnung umfasst diese Kosten nicht. Das Gericht hat eine Beiordnung ausgesprochen, in der klargestellt wurde, dass nur die Kosten an uns gezahlt werden, die entstanden wären, wenn wir am Gerichtsort niedergelassen wären.

Eine sofortige Beschwerde gegen diese Bewilligung ist wenig aussichtsreich. Die Einschränkung stimmt mit der Rechtsprechung des BGH überein, sodass wir hier keine Rechtsmittel gegen den Beiordnungsbeschluss einlegen werden.

Um Ihnen einen Überblick über die zu erwartende Kostenbelastung zu ermöglichen, haben wir uns bereits jetzt über die Kosten verschiedener Anreisemöglichkeiten zum Gerichtsort informiert.

Bei den Fahrtkosten handelt es sich jeweils um mögliche Alternativen. Die Anreisekosten entstehen nicht nebeneinander.

Kosten bei der Anreise mit dem Flugzeug gem. Nr. 7004 VV RVG ..... €

Economy Flug

ggf. zusätzlich Mietwagen-/Taxi zum Erreichen des Gerichtsortes erforderlich

Parkplatzgebühren, Taxikosten zum Flughafen ..... €

oder

Kosten bei der Anreise mit der Deutschen Bahn gem. Nr. 7004 VV RVG

(ggf. unterteilen: mit Bahn Card/ohne Bahn Card, 1. oder 2. Klasse) ..... €

oder

Kosten für die Anreise mit dem eigenen PKW gem Nr. 7003 VV RVG ..... €

(0,30 € pro gefahrenen Kilometer)

Abwesenheitsgeld gem. Nr. 7005 VV RVG ..... €

Eventuell:

Unterbringungskosten gem. Nr. 7006 VV RVG

Hotel, Kategorie 4 Sterne ..... €

Wie Sie der vorstehenden Übersicht entnehmen können, müssen Sie für die Wahrnehmung des Termins insgesamt mit Kosten in Höhe von ..... € rechnen. Unmittelbar nach Zustellung der Ladung zum Termin durch das Gericht werden wir einen Vorschuss bei Ihnen anfordern, der die Reisekosten deckt. Bitte stellen Sie sicher, dass Sie zum Zeitpunkt der Ladung zum Termin finanziell in der Lage sind, die Reisekosten zu verauslagen.

Wir werden uns selbstverständlich um eine günstige Anreise bemühen und auf überflüssigen Luxus verzichten. Bei einer Anreise mit dem Flugzeug können Sie davon ausgehen, dass die Kosten hierfür deutlich günstiger sind, wenn eine Buchung frühzeitig erfolgt. Wir haben keine Bedenken, auch einen Billigflug zu nutzen. Damit wir ein solches Angebot buchen können, ist es allerdings erforderlich, dass durch Sie vorher eine Zahlung der Reisekosten erfolgte. Es ist unüblich, dass die Reisekosten durch Anwälte verauslagt und erst später von dem Auftraggeber erstattet werden.

Sollten Sie noch Fragen haben, wenden Sie sich bitte vertrauensvoll an unser Sekretariat. Unsere Mitarbeiter unterstützen Sie gerne.

Grußformel

VIII. Vorschuss nach bewilligter PKH

§ 47 RVG Vorschuss 847

(1) Wenn dem Rechtsanwalt wegen seiner Vergütung ein Anspruch gegen die Staatskasse zusteht, kann er für die entstandenen Gebühren und die entstandenen und voraussichtlich entstehenden Auslagen aus der Staatskasse einen angemessenen Vorschuss fordern. Der Rechtsanwalt, der nach § 625 der Zivilprozessordnung beigeordnet oder nach § 67a Abs. 1 S. 2 der Verwaltungsgerichtsordnung bestellt ist, kann einen Vorschuss nur verlangen, wenn der zur Zahlung Verpflichtete (§ 39 oder § 40) mit der Zahlung des Vorschusses im Verzug ist.

(2) Bei Beratungshilfe kann der Rechtsanwalt keinen Vorschuss fordern.

Im Allgemeinen bestimmt § 9 RVG, dass der RA einen Anspruch darauf hat, von seinem Auftraggeber einen Vorschuss zu fordern. Würde § 9 RVG dies nicht bestimmen, wäre der RA, der eine Dienstleistung erbringt, nach den Regelungen des BGB zur Vorleistung verpflichtet. Der RA kann vom Auftraggeber einen angemessenen Vorschuss fordern, der die voraussichtliche Vergütung und voraussichtliche sonstige Auslagen berücksichtigt. I.R.d. Bewilligung von PKH weicht das Vorschussrecht aus § 47 RVG von der Regelung in § 9 RVG ab. 848

Ist dem Auftraggeber PKH bewilligt, kann der RA auch einen Vorschuss verlangen. Dieses Recht ist aber beschränkt auf die bereits entstandenen Gebühren. Die Auslagen müssen noch nicht entstanden sein, damit der RA sie als Vorschuss fordern kann. Bei den Auslagen ist es ausreichend, dass diese voraussichtlich entstehen werden. 849

Zwischen dem Entstehen einer Gebühr und der Fälligkeit i.S.v. § 8 RVG gibt es große Unterschiede. Bei der Vorschussanforderung gem. § 47 RVG ist es nicht erforderlich, dass die Gebühren bei der Anforderung bereits fällig sind. 850

► Praxistipp: 851

Die üblichen Bearbeitungszeiten der Gerichte sind sehr unterschiedlich. Allerdings ist es in vielen Gerichtsbezirken so, dass zwischen dem Antrag auf Erstattung der Vergütung und der Zahlung durch die Justizkasse ein erheblicher Zeitraum vergeht. Nach h.M. hat der RA keinen Anspruch auf Verzinsung seiner Vergütung aus der Staatskasse.

Aus diesem Grunde sollte regelmäßig ein Vorschuss angefordert werden. Der erste Vorschuss kann bereits gefordert werden, wenn der Bewilligungsbeschluss eingeht. Die Verfahrensgebühr ist dann mit Sicherheit bereits entstanden. Ist zu diesem Zeitpunkt bereits eine Terminsgebühr entsprechend Vorbemerkung 3 Abs. 3, 3. Alt. VV RVG entstanden, kann auch die Terminsgebühr bereits als Vorschuss gefordert werden. Da diese sich nicht aus der Gerichtsakte ergibt, sollten Sie das Entstehen der Terminsgebühr nachweisen, hierzu verweise ich auf die Ausführungen unter Kap. 8 Rdn. 532 ff. nebst Textmuster. 852

IX. Weitere Vergütung gem. § 50 RVG bei bewilligter PKH

853 *§ 50 Abs. 1 u. 2 RVG – Weitere Vergütung bei Prozesskostenhilfe (Auszug)*

(1) Nach Deckung der in § 122 Abs. 1 Nr. 1 der Zivilprozessordnung bezeichneten Kosten und Ansprüche hat die Staatskasse über die Gebühren des § 49 hinaus weitere Beträge bis zur Höhe der Gebühren nach § 13 einzuziehen, wenn dies nach den Vorschriften der Zivilprozessordnung und nach den Bestimmungen, die das Gericht getroffen hat, zulässig ist. Die weitere Vergütung ist festzusetzen, wenn das Verfahren durch rechtskräftige Entscheidung oder in sonstiger Weise beendet ist und die von der Partei zu zahlenden Beträge beglichen sind oder wegen dieser Beträge eine Zwangsvollstreckung in das bewegliche Vermögen der Partei erfolglos geblieben ist oder aussichtslos erscheint.

(2) Der beigeordnete Rechtsanwalt soll eine Berechnung seiner Regelvergütung unverzüglich zu den Prozessakten mitteilen.

(3) …

1. Allgemeines

854 In vielen Fällen wird dem Auftraggeber PKH in der Form bewilligt, dass er eine Eigenbeteiligung in Form von Ratenzahlung zu leisten hat, s. Erläuterungen unter Kap. 7 Rdn. 752 ff. Wird PKH nur unter der Bedingung bewilligt, dass der Auftraggeber Raten zahlt, ist ein Hinweis auf die Folgen der Nichtzahlung erforderlich.

▶ Muster: Hinweis an den Auftraggeber bei PKH mit Ratenzahlung

855 Anrede,

das Gericht hat Ihnen Prozesskostenhilfe mit der Maßgabe bewilligt, dass Sie sich an den entstehenden Kosten des Verfahrens regelmäßig beteiligen. Das Gericht hat eine Ratenhöhe von ….. € festgesetzt.

Diese Raten müssen Sie pünktlich und unaufgefordert an die Justizkasse zum Aktenzeichen: ….. zur Kontonummer ….. Bankleitzahl ….. leisten. Bitte bewahren Sie Ihre Zahlungsbelege sorgfältig auf.

Die Zahlungen sind nicht an unsere Kanzlei zu richten, wir sind nicht Leistungsempfänger.

Bitte beachten Sie:

Sollten Sie mit der Ratenzahlung in Verzug geraten, weil Sie länger als drei Monate die festgesetzten Raten nicht gezahlt haben, hat das gem. § 124 Nr. 4 ZPO zur Folge, dass das Gericht die bewilligte Prozesskostenhilfe aufhebt. Sie schulden dann bei Aufhebung von Prozesskostenhilfe den vollen und höheren gesetzlichen Vergütungsbetrag.

Sollten sich Ihre Einkommensverhältnisse verschlechtern und Sie nicht mehr in der Lage sein, die Raten in der entsprechenden Höhe zu leisten, müssen Sie uns dringend informieren. Es ist möglich, bei veränderten wirtschaftlichen Verhältnissen, eine Abänderung der Ratenhöhe zu beantragen (unter Umständen sogar eine Freistellung). Dazu ist aber zwingend ein Antrag erforderlich. Die Einstellung der Zahlung hat immer negative Konsequenzen.

Sie müssen die Raten im Übrigen nicht „lebenslang" erbringen. Vier Jahre und damit 48 Kalendermonate lang (§ 115 Abs. 1 Satz 4 ZPO) müssen Sie die Raten leisten. Selbstverständlich müssen Sie dann keine Raten mehr erbringen, wenn Ihre Zahlung bereits sämtliche Ansprüche abdeckt.

Wir bitten um kurze Information, wenn Sie die Ratenzahlung aufgenommen haben, da wir das Prozessgericht entsprechend informieren werden.

Grußformel

Sind die Voraussetzungen gem. § 50 RVG gegeben, kann der RA eine weitere Vergütung bis zur Höhe der gesetzlichen Vergütung nach der Tabelle zu § 13 RVG geltend machen. Einen Antrag nach § 50 RVG kann der RA aber nur stellen, wenn der Partei (also dem Auftraggeber) **PKH mit Ratenzahlung** bewilligt wurde. Einen Unterschied in den Tabellen (§ 13 und § 49 RVG) der Höhe nach gibt es erst, wenn ein Gegenstandswert von 3.000,00 € überschritten worden ist. 856

Die höhere Vergütung als die nach der Tabelle zu § 49 RVG (bis zur Regelvergütung nach § 13 RVG) erhält der RA erst nach Abschluss des Verfahrens, wenn der Auftraggeber alle Raten geleistet hat. Eine Zahlung an den RA erfolgt auch erst dann, wenn neben der Vergütung gem. § 49 RVG die gem. § 122 Nr. 1a) und b) ZPO entstandenen Kosten erfüllt sind. Es kann daher viel Zeit vergehen, bis der RA Zahlungen auf seine Vergütung entsprechend § 50 RVG erhält. Eine Verzinsungspflicht besteht nicht. 857

▶ Praxistipp: 858

Legen Sie eine Akte, in der PKH mit Ratenzahlung bewilligt wurde, nicht bereits nach der Zahlung der Justizkasse entsprechend der Tabelle zu § 49 RVG ab. Notieren Sie sich hier regelmäßig Wiedervorlagen, damit der Zahlungsanspruch gem. § 50 RVG nicht übersehen wird.

2. Frist für den Antrag gem. § 50 RVG

Eine weitere Vergütung gem. § 50 Abs. 2 RVG kann der RA nur auf Antrag geltend machen. Dieser Antrag sollte gleichzeitig mit dem Antrag nach § 49 RVG (Erstattung der PKH-Vergütung) gestellt werden, allerdings nur, wenn er auch zweckmäßig ist und eine Differenz infrage kommt. 859

§ 55 RVG Festsetzung der aus der Staatskasse zu zahlenden Vergütungen und Vorschüsse (Auszug) 860

(1) Die aus der Staatskasse zu gewährende Vergütung und der Vorschuss hierauf werden auf Antrag des Rechtsanwalts von dem Urkundsbeamten der Geschäftsstelle des Gerichts des ersten Rechtszugs festgesetzt. Ist das Verfahren nicht gerichtlich anhängig geworden, erfolgt die Festsetzung durch den Urkundsbeamten der Geschäftsstelle des Gerichts, das den Verteidiger bestellt hat.

(2) In Angelegenheiten, in denen sich die Gebühren nach Teil 3 des Vergütungsverzeichnisses bestimmen, erfolgt die Festsetzung durch den Urkundsbeamten des Gerichts des Rechtszugs, solange das Verfahren nicht durch rechtskräftige Entscheidung oder in sonstiger Weise beendet ist.

(5) § 104 Abs. 2 der Zivilprozessordnung gilt entsprechend. Der Antrag hat die Erklärung zu enthalten, ob und welche Zahlungen der Rechtsanwalt bis zum Tag der Antragstellung erhalten hat; Zahlungen, die er nach diesem Zeitpunkt erhalten hat, hat er unverzüglich anzuzeigen.

(6) Der Urkundsbeamte kann vor einer Festsetzung der weiteren Vergütung (§ 50) den Rechtsanwalt auffordern, innerhalb einer Frist von einem Monat bei der Geschäftsstelle des Gerichts, dem der Urkundsbeamte angehört, Anträge auf Festsetzung der Vergütungen, für die ihm noch Ansprüche gegen die Staatskasse zustehen, einzureichen oder sich zu den empfangenen Zahlungen (Abs. 5 S. 2) zu erklären. Kommt der Rechtsanwalt der Aufforderung nicht nach, erlöschen seine Ansprüche gegen die Staatskasse.

(7) …

861 Grds. ist der Antrag gem. § 50 RVG nicht an eine Frist gebunden. Eine Frist kann aber möglich werden. Das Gericht hat die Möglichkeit, den RA gem. § 55 Abs. 6 RVG aufzufordern, einen Antrag auf Festsetzung derjenigen Vergütungen einzureichen, für die ihm noch Ansprüche gegen die Staatskasse zustehen. Das Gericht wird dann eine Frist von einem Monat bestimmen. Reicht der RA die entsprechenden Anträge nicht fristgerecht ein, **erlöschen** die Ansprüche des RA. Nach Versäumen dieser Ausschlussfrist ist ein Antrag gem. § 50 RVG überflüssig, eine Zahlung durch das Gericht wird nicht mehr erfolgen. Daher ist es sinnvoll, den Antrag auf Zahlung der Vergütung nach § 49 RVG mit dem Antrag auf Zahlung der Vergütung gem. § 50 RVG zu verbinden.

862 ► Praxistipp:

Das entsprechende Formular können Sie sich jederzeit im Internet besorgen: z. B. www.google.de, dann in die Suchleiste eingeben „HKR RVG 168“ oder: www.amtsgericht.bremen.de/sixcms/media.php/13/HKR168.pdf und andere.

H. Mahnverfahren

I. Vorbemerkung

863 Wenn Sie beabsichtigen, das gerichtliche Mahnverfahren (ausführlich zum Mahnverfahren s. Kap. 4) durchzuführen, dann steht fest, dass Ihr Auftraggeber eine Geldforderung gegen einen Dritten hat, der diese Forderung (mit oder ohne Begründung) nicht erfüllt. Das Mahnverfahren dient in erster Linie dazu, kostengünstig einen zur Zwangsvollstreckung geeigneten Titel zu schaffen. Der Auftraggeber hat nur das Interesse, seine Forderung durchgesetzt zu sehen. Es ist hier immer ein Hinweis erforderlich, dass es durchaus möglich ist, dass der Schuldner nicht in der Lage ist, die Forderung zu erfüllen. Der Auftraggeber schuldet Ihnen die Vergütung für das Mahnverfahren auch dann, wenn sich im Zuge der Zwangsvollstreckung herausstellen sollte, dass der Gegner nicht leistungsfähig ist. Der Anwalt hat hier die Möglich-

keit, im Wege von besonderen **Vergütungsvereinbarungen** diese Vergütungsfolge zu ändern. Bereits unter Kap. 8 Rdn. 23 habe ich darauf hingewiesen, dass auch ein anderer Weg zur Titulierung der Forderung denkbar ist.

Das Mahnverfahren ist auch nicht wirklich „kostengünstig". Die Gerichtskosten sind zwar deutlich geringer (0,5 Gerichtskostengebühr), aber die Anwaltsvergütung ist nur unwesentlich geringer als bei einem streitigen gerichtlichen Verfahren, das mit einem Versäumnisurteil endet. 864

II. Vergütungsvereinbarung bei Forderungseinzug im Mahnverfahren

§ 4 Erfolgsunabhängige Vergütung (Auszug) 865

(1) …

2) Der RA kann sich für gerichtliche Mahnverfahren und Zwangsvollstreckungsverfahren nach den §§ 803 bis 863 und 899 bis 915 b der Zivilprozessordnung verpflichten, dass er, wenn der Anspruch des Auftraggebers auf Erstattung der gesetzlichen Vergütung nicht beigetrieben werden kann, einen Teil des Erstattungsanspruchs an Erfüllung statt annehmen werde. Der nicht durch Abtretung zu erfüllende Teil der gesetzlichen Vergütung muss in einem angemessenen Verhältnis zur Leistung, Verantwortung und zum Haftungsrisiko des Rechtsanwalts stehen.

(3) …

Gem. § 4 Abs. 2 Satz 1 RVG kann sich der RA für gerichtliche Mahnverfahren (§§ 688 ff. ZPO) und Zwangsvollstreckungsverfahren (§§ 803 bis 863, §§ 899 bis 915b ZPO) einen Teil des Erstattungsanspruchs zur Annahme an Erfüllung statt abtreten lassen. Dies bedeutet, dass er seinen Vergütungsanspruch nur realisieren kann, wenn es ihm gelingt, zumindest Teile der Forderung durchzusetzen. 866

Der RA kann von dieser Möglichkeit aber nicht uneingeschränkt Gebrauch machen. Will er eine Vereinbarung abweichend von der gesetzlichen Vergütung treffen (insbes. der Erfolgsunabhängigkeit der Vergütung), dann ist es Voraussetzung, dass der Anspruch des Auftraggebers auf Erstattung der gesetzlichen Vergütung nicht beigetrieben werden kann. 867

In diesem Fall schließt der RA mit dem Auftraggeber keine Vereinbarung einer Vergütung unterhalb der gesetzlichen Vergütung i.S.d. § 4 Abs. 2 Satz 1 RVG. Der Abtretung an Erfüllungs statt unterliegen nur gesetzliche Vergütungsansprüche. Unter den in § 4 Abs. 2 Satz 1 RVG genannten Voraussetzungen ist es dem RA freigestellt, ob er einen Teil des Erstattungsanspruchs des AG gegen den Prozess- oder Verfahrensgegner an Erfüllung statt als Vergütung annehmen möchte; er ist nicht hierzu verpflichtet. 868

Es gibt viele gute Gründe von dieser Möglichkeit nicht Gebrauch zu machen. Der RA hat unabhängig vom Erfolgsfall ebenfalls Verbindlichkeiten zu erfüllen. Die Leistung des AG auf den Vergütungsanspruch ist zwingend, wenn er seinen eigenen Zahlungsverpflichtungen nachkommen will. 869

870 § 4 Abs. 2 Satz 1 RVG erlaubt dem RA, einen Teil des wirtschaftlichen Risikos seiner Tätigkeit zu übernehmen. Dies aber nur in den in § 4 Abs. 2 Satz 1 RVG abschließend genannten Fällen.

871 Gelingt es dem RA nicht, den Kostenerstattungsanspruch beizutreiben, so trägt er bei Bestehen einer Vereinbarung nach § 4 Abs. 2 Satz 1 RVG einen Teil des wirtschaftlichen Risikos und verzichtet gegenüber dem Auftraggeber auf die Durchsetzung seiner vollen Gebühren- oder Vergütungsforderung.

872 Der RA kann aber nicht komplett auf seine Vergütung verzichten. § 4 Abs. 2 Satz 1, 2. Halbs. RVG stellt ausdrücklich auf einen Teil der Vergütung ab, sodass der RA zumindest einen Teil des Vergütungsanspruchs geltend machen muss. Dafür spricht auch § 4 Abs. 2 Satz 2 RVG, wonach die Annahme an Erfüllung statt in angemessenem Verhältnis zur Leistung, Verantwortung und zum Haftungsrisiko des RA stehen muss.

873 Die Annahme des Erstattungsanspruchs an Erfüllung statt gem. § 4 Abs. 2 Satz 1, 2 RVG bezieht sich nicht auf die zur Durchsetzung der Forderung des Auftraggebers verauslagten Aufwendungen (z. B. Gerichtskosten und Gerichtsvollzieherkosten). Aufwendungen muss der Auftraggeber immer erstatten, der RA kann ihn nicht von dieser Zahlung befreien.

874 ► **Hinweis:**

Es gibt keine Verpflichtung des RA, eine solche Vereinbarung abzuschließen. Sie ist insbes. dann interessant, wenn der Auftraggeber den RA mit einer großen Anzahl von Fällen jährlich beauftragt und das Entgegenkommen des RA an dieser Stelle durch lohnende andere Mandate aufgefangen wird. Für ein Einzelmandat sollte eine solche Vereinbarung nicht getroffen werden.

875 ► **Muster: Vergütungsvereinbarung – Abhängigkeit der Vergütung von Beitreibbarkeit in Mahnsachen**

Vergütungsvereinbarung in Beitreibungsmandaten

Zwischen

.....

nachfolgend „Auftraggeber“ genannt,

und

.....

nachfolgend „Rechtsanwalt“ genannt.

Die Parteien vereinbaren, dass der Auftraggeber dem RA eine Grundvergütung auch in Beitreibungssachen schuldet. Eine unentgeltliche Vertretung durch die Rechtsanwälte erfolgt nicht und ist nicht beabsichtigt. Die zwischen den Parteien vereinbarte Grundvergütung orientiert sich an der Höhe der durchzusetzenden Forderung:

Bei einer Forderungshöhe in Höhe von bis zu schuldet der Auftraggeber eine Vergütung in Höhe von 70 % von der gesetzlichen Vergütung.	2.000,00 €
Bei einer Forderungshöhe von schuldet der Auftraggeber eine Vergütung in Höhe von 50 % der gesetzlichen Vergütung.	2.000,01 € – 10.000,00 €
Bei einer Forderungshöhe in Höhe von schuldet der Auftraggeber eine Vergütung in Höhe von 30 % der gesetzlichen Vergütung.	10.000,01 € – 30.000,00 €

Für Forderungen, die 30.000,00 € übersteigen, bedarf es einer gesonderten Vereinbarung. Dies liegt an dem besonderen Haftungsrisiko der Rechtsanwälte.

Die Vertragsparteien vereinbaren, dass der Vergütungsanspruch, der den jeweils vereinbarten Prozentsatz übersteigt, nicht gegen den Auftraggeber geltend gemacht wird, wenn der Kostenerstattungsanspruch nicht beitreibbar ist. Jede Beitreibung (d. h. jeder durch den Schuldner gezahlte Betrag), die durch die Rechtsanwälte erfolgt, wird zunächst auf die Vergütungsansprüche der Rechtsanwälte verrechnet, bis diese 100 % erreichen. Die Parteien treffen die besondere Vereinbarung, dass alle beigetriebenen Forderungen zunächst auf die offenen Vergütungsansprüche der Rechtsanwälte in jeder Angelegenheit verrechnet werden. Der Auftraggeber erteilt den Rechtsanwälten ausdrücklich die Erlaubnis, auch aktenübergreifend eingegangene Zahlungen auf Vergütungsansprüche zu verrechnen.

Die Rechtsanwälte verpflichten sich, über vorgenommene Verrechnungen monatlich abzurechnen. Der Auftraggeber erklärt sein Einverständnis mit der monatlichen Abrechnung. Sämtliche Vergütungsansprüche werden monatlich abgerechnet (entsprechend obiger Quote). Der Auftraggeber verpflichtet sich, innerhalb einer Frist von zwei Wochen die Vergütungsansprüche der Rechtsanwälte beglichen zu haben.

Die Vereinbarung wird für ein Jahr getroffen. Nach Ablauf des Jahres beginnend vom ..... an (damit bis zum .....) haben die Rechtsanwälte das Recht, diese Vereinbarung zu beenden und eine abweichende Vereinbarung vorzuschlagen. Die Rechtsanwälte haben weiter das Recht, nach Ablauf der Vereinbarung nur noch gegen die gesamte gesetzliche Vergütung tätig zu werden. Es gibt keine Verpflichtung der Rechtsanwälte, länger als ein Kalenderjahr diese Vereinbarung anzuwenden.

Bereits angefangene Akten, bei denen eine Bearbeitung während des Zeitraumes der Vereinbarung erfolgte, werden für begonnene Maßnahmen weiterhin nach dieser Vereinbarung vergütet. Für den Fall eines begonnenen Mahnverfahrens ist das Mahnverfahren abzuschließen. Begonnene Tätigkeiten in der Zwangsvollstreckung (z. B. Beantragung eines Durchsuchungsbeschlusses), sind zu beenden. Die Rechtsanwälte sind nicht verpflichtet, nach Beendigung der Vereinbarung weiterhin zu den Bedingungen dieser Vereinbarung tätig zu werden. Bevor allerdings eine Tätigkeit der Rechtsanwälte zu der gesetzlichen Vergütung erfolgt, ist der Auftraggeber auf die geänderte Vergütungsfolge hinzuweisen und sein Einverständnis einzuholen.

Sollten durch den Auftraggeber weniger als ..... Mandate monatlich (pro Quartal oder jährlich) an die Kanzlei übertragen werden, verliert diese Vereinbarung ihre

Wirkung mit der Folge, dass der gesamte gesetzliche Vergütungsanspruch von den Rechtsanwälten eingefordert wird.

Die Vereinbarung gilt nicht für streitige gerichtliche Auseinandersetzungen. Sie ist beschränkt auf das Mahnverfahren und die Zwangsvollstreckung.

Dem Auftraggeber ist bekannt, dass er Auslagen (Gerichtskosten, Gerichtsvollzieherkosten und Sonstiges) in voller gesetzlicher Höhe schuldet.

Dem Auftraggeber ist bekannt, dass eine Vergütungsvereinbarung unterhalb der gesetzlichen Vergütung getroffen wurde. Bestreitet der Auftraggeber das Zustandekommen dieser Vereinbarung, hat dies die Folge, dass die höhere gesetzliche Vergütung geschuldet wird.

Ort, den .....

....

Auftraggeber Rechtsanwalt

III. Vergütung im Mahnverfahren

876 Der RA kann für seine Tätigkeit grds. alle Gebühren aus Teil 3 verdienen. Es entsteht eine besondere (etwas geringere) **Verfahrensgebühr** für den Antrag auf Erlass des Mahnbescheides. Es kann eine **Terminsgebühr** entstehen und es kann die **Einigungsgebühr** entstehen. Die Verfahrensgebühr ist gem. Nr. 1008 VV RVG erhöhungsfähig. Im Mahnverfahren trennt das Gesetz die Höhe der Verfahrensgebühr danach, wen der RA vertritt. Vertritt er den Antragsgegner, ist seine Vergütung geringer, als wenn die Vertretung des Antragstellers erfolgt.

877 Die Gerichtskosten im Mahnverfahren betragen 0,5 gem. Nr. 1100 KV GKG.

IV. Verfahrensgebühr im Mahnverfahren/Antrag auf Erlass des Mahnbescheides Nr. 3305 VV RVG

878 **Nr. 3305**

Nr.	**Gebührentatbestand**	**Gebühr oder Satz der Gebühr nach § 13 RVG**
3305	**Verfahrensgebühr für die Vertretung des Antragstellers** Die Gebühr wird auf die Verfahrensgebühr für einen nachfolgenden Rechtsstreit angerechnet.	1,0

879 Vertritt der RA im Mahnverfahren den Antragsteller, so entsteht für die Vertretung des Antragstellers eine Verfahrensgebühr. Die Verfahrensgebühr entsteht gem. Nr. 3305 VV RVG. Sie entsteht i.H.v. 1,0. Die Gebühr ist bei der Vertretung mehrerer Auftraggeber **erhöhungsfähig.**

Die Verfahrensgebühr gem. Nr. 3305 VV RVG wird auf die Verfahrensgebühr für einen nachfolgenden Rechtsstreit angerechnet, wie sich aus der Anmerkung zu Nr. 3305 VV RVG ergibt. Ein dem Mahnverfahren nachfolgender Rechtsstreit kann nur die erste Instanz sein, nicht eine höhere (z. B. das Rechtsmittelverfahren) sein. Im Einzelfall kann sich das PKH-Bewilligungsverfahren anschließen. 880

V. Vergleich Vergütung im Mahnverfahren/Vergütung im Hauptsacheverfahren

Legt der Antragsgegner keinen Widerspruch gegen den Mahnbescheid ein, so ist es günstiger, wenn das Mahnverfahren betrieben wird, als wenn das Klageverfahren betrieben wird. 881

Zur Erlangung eines zur Zwangsvollstreckung geeigneten Titels entstehen mindestens: 882

Mahnverfahren	Klageverfahren
1,0 Verfahrensgebühr gem. Nr. 3305 VV RVG	1,3 Verfahrensgebühr gem. Nr. 3100 VV RVG
0,5 Verfahrensgebühr gem. Nr. 3308 VV RVG	0,5 Terminsgebühr gem. Nr. 3105 VV RVG
(Vollstreckungsbescheid)	(Versäumnisurteil)
0,5 Gerichtskosten	3,0 Gerichtskosten

Sowohl die Gebühren als auch die Gerichtskosten sind im Mahnverfahren geringer. Der RA sollte den Auftraggeber auf diesen Umstand hinweisen, insbes. dann, wenn nicht mit einem Widerspruch durch den Gegner zu rechnen ist. 883

► Muster: Belehrung Auftraggeber über Kosten des Mahnverfahrens im Vergleich zu den Kosten der streitigen gerichtlichen Geltendmachung 884

Anrede,

wir hatten Sie bereits über unsere Zahlungsaufforderung an den Gegner informiert. Die von uns gesetzte Frist ist ergebnislos verstrichen, ohne dass ein Zahlungsausgleich durch den Gegner erfolgt ist. Das Schweigen des Gegners kann entweder bedeuten, dass er seine Vorbehalte gegen den Ausgleich der Forderung erst im gerichtlichen Verfahren erheben wird, oder aber, dass er grundsätzlich der Forderung nichts entgegen zu setzen hat, derzeit aber leistungsunfähig ist.

Für das weitere Vorgehen gibt es zwei Möglichkeiten: das gerichtliche Mahnverfahren oder das streitige gerichtliche Klageverfahren.

Da das Mahnverfahren sowohl im Hinblick auf die Vergütung als auch im Hinblick auf die Höhe der Gerichtskosten günstiger ist als das Erheben einer Klage, werden wir hier, Ihr Einverständnis vorausgesetzt, das gerichtliche Mahnverfahren einleiten.

Sollte der Gegner Widerspruch einlegen, so ist das streitige gerichtliche Verfahren zu führen.

Bitte erlauben Sie uns den Hinweis, dass selbstverständlich im Obsiegensfall der Gegner die Kosten des Rechtsstreits zu tragen hat und damit auch die von Ihnen an uns zu zahlende Vergütung. Dies setzt aber voraus, dass der Schuldner auch leistungsfähig ist. Ist der Schuldner überschuldet oder hat er bereits die eidesstattliche Versicherung abgegeben oder führt er etwa das Privatinsolvenzverfahren durch, ist nicht damit zu rechnen, dass Sie Ihre Forderung durchsetzen können. Es ist dann auch nicht damit zu rechnen, dass durch den Gegner eine Zahlung der Gerichtskosten und der Anwaltskosten erfolgt.

Leider können wir erst bei Vorliegen der Vollstreckungsvoraussetzungen (nach Abschluss des gerichtlichen Verfahrens) zuverlässig durch Zwangsvollstreckungsmaßnahmen in Erfahrung bringen, ob beim Schuldner Leistungsfähigkeit gegeben ist.

Sie finden in der Anlage unsere Vorschussrechnung für das Mahnverfahren mit der Bitte um Ausgleich.

Grußformel

885 ► Hinweis:

Ob Sie eine Vorschussrechnung beifügen, ist eine Geschmacksfrage. Ich würde dies tun, denn nicht Sie haben mit dem Schuldner eine Geschäftsbeziehung, sondern der Auftraggeber. Sie haben mit dem Auftraggeber eine Geschäftsbeziehung, die den Auftraggeber verpflichtet, Ihre Ansprüche zu erfüllen.

VI. Anrechnung der Gebühr der Nr. 3305 VV RVG (Mahnbescheidsantragsgebühr)

886 Für die Anrechnung einer Gebühr gelten immer dieselben Grundsätze. Angerechnet wird eine Gebühr nur dann, wenn die Ausgangsgebühr und die Anrechnungsgebühr über Gegenstandsidentität verfügen. Ist der Gegenstand verschieden, erfolgt auch nur eine Teilanrechnung.

887 ► Beispiel:

Der RA beantragt einen Mahnbescheid wegen 10.000,00 €. Nach Zustellung des Mahnbescheides zahlt der Antragsgegner 3.000,00 €. Wegen der Restforderung erhebt er Widerspruch. Das Verfahren wird nach Klagebegründung und Zahlung der weiteren Gerichtskosten vor dem Prozessgericht erster Instanz fortgeführt.

1,0 Verfahrensgebühr für den Antrag auf Erlass des Mahnbescheides

gem. §§ 2 Abs. 2, 13, Nr. 3305 VV RVG ***111,00 €***

(Gegenstandswert: 10.000,00 €

Durchführung der Anrechnung gem. der Anmerkung zu Nr. 3305 VV RVG, Entgelte für Post- und Telekommunikationsdienstleistungen i.H.v. 20,00 € bleiben bestehen, nur die Gebühr wird angerechnet, nicht die Auslagen, Kap. 8 Rdn. 889, 207)

1,3 Verfahrensgebühr gem. §§ 2 Abs. 2, 13 RVG Nr. 3100 VV RVG	*487,50 €*
Gegenstandswert: 7.000,00 €	
2 × Entgelte für Post- und Telekommunikationsdienstleistungen gem. Nr. 7002 VV RVG	*40,00 €*
19 % USt gem. Nr. 7008 VV RVG	*121,32 €*
Summe	*759,82 €*

Bei der Anrechnung muss berücksichtigt werden, dass das Mahnverfahren und das streitige Verfahren gem. § 17 Nr. 2 RVG verschiedene Angelegenheiten sind. Auch daraus ergibt sich, dass Entgelte für Post- und Telekommunikationsdienstleistungen nicht angerechnet werden. 888

VII. Mahnverfahren und Geschäftsgebühr/besondere Anrechnungsproblematik

Auch dem Mahnverfahren geht oft eine vor- bzw. außergerichtliche Tätigkeit des RA voraus. War der RA vor der Einleitung des gerichtlichen Mahnverfahrens bereits wegen desselben Gegenstandes für den Auftraggeber auftragsgemäß tätig, dann ist die bereits entstandene Geschäftsgebühr (Nr. 2300 VV RVG) entsprechend Vorbemerkung 3 Abs. 4 VV RVG zur Hälfte, höchstens jedoch mit einem Gebührensatz von 0,75 auf die Verfahrensgebühr nach Nr. 3305 VV RVG anzurechnen. 889

Auch hier gibt es zwei Anrechnungsmöglichkeiten und das Wahlrecht gem. § 15a RVG. Der RA kann entweder die Geschäftsgebühr kürzen und den verbleibenden Rest im Wege des Mahnverfahrens geltend machen, oder er kürzt die Verfahrensgebühr und macht im Wege des Mahnverfahrens die komplette Geschäftsgebühr geltend. 890

(Anrechnungsproblematik siehe unter Kap. 8 Rdn. 207, 889) 891

Die vor- bzw. außergerichtlich bereits entstandene Geschäftsgebühr muss daher im Mahnverfahren ganz oder zum Teil als Nebenleistung geltend gemacht werden. 892

► **Beispiel Kürzung der Geschäftsgebühr** 893

0,65 Geschäftsgebühr gem. §§ 2 Abs. 2, 13 RVG	**243,75 EUR**
1,0 Verfahrensgebühr gem. §§ 2 Abs. 2, 13 RVG	*375,00 EUR*
0,65 Restgeschäftsgebühr gem. Vorbemerkung 3 Abs. 4 VV RVG	243,75 EUR

894 ▶ Beispiel:

Der RA war zunächst vorgerichtlich tätig und hat den Antragsgegner vergeblich zur Zahlung i.H.v. 7.000,00 € aufgefordert. Da der Antragsgegner nicht leistet, beantragt der RA den Mahnbescheid.

Gegenstandswert: 7.000,00 €

***1,3** Geschäftsgebühr gem. §§ 2 Abs. 2, 13, Nr. 2300 VV RVG 487,50 €*

***0,35** Restverfahrensgebühren für den Antrag auf Erlass des*

Mahnbescheides gem. §§ 2 Abs. 2, 13, Nr. 3305 VV RVG (s. Kap. 8 Rdn. 207)

0,65 Anrechnung gem. Vorbemerkung 3 Abs. 4 VV RVG

aus Wert 7.000,00 € - 243,75 €

375,00 – 243,75 € = 131,25 €

VIII. Vorzeitige Erledigung im Mahnverfahren

895 **Nr. 3306**

Nr.	Gebührentatbestand	Gebühr oder Satz der Gebühr nach § 13 RVG
3306	**Beendigung des Auftrags, bevor der Rechtsanwalt den verfahrenseinleitenden Antrag oder einen Schriftsatz, der Sachanträge, Sachvortrag oder die Zurücknahme des Antrags enthält, eingereicht hat:** **Die Gebühr 3305 beträgt**	0,5

896 Endet der Auftrag, bevor der RA den verfahrenseinleitenden Antrag oder einen Schriftsatz, der Sachanträge oder die Zurücknahme des Antrags enthält, eingereicht hat, kann nicht die volle Verfahrensgebühr der Nr. 3305 VV RVG entstehen. Es entsteht dann gem. Nr. 3306 VV RVG nur eine 0,5 Verfahrensgebühr. Die Gebühr ist gem. § 7 Nr. 1008 VV RVG erhöhungsfähig.

897 Denkbar ist, dass der RA neben dieser Verfahrensgebühr die **Terminsgebühr** der Nr. 3104 VV RVG verdient. Hat der RA bereits den Auftrag, den Mahnbescheidsantrag zu stellen und bemüht er sich im Wege telefonischer Erörterungen mit dem Antragsgegner um eine vergleichsweise Einigung, entsteht die Terminsgebühr unter Beachtung der Voraussetzung in Vorbemerkung 3, Abs. 3, 3. Alt. VV RVG.

898 Endet der Auftrag nach Absendung des Mahnbescheidsantrags, aber vor Eingang beim Mahngericht, findet keine Gebührenreduzierung statt.

Hat der RA noch keinen Auftrag zur Durchführung des Mahnverfahrens erhalten, kann keine Terminsgebühr entstehen (s. Kap. 8 Rdn. 207). Für die Besprechung mit dem Gegner entsteht dann lediglich die Geschäftsgebühr gem. Nr. 2300 VV RVG. Über § 14 RVG kann die geführte Besprechung bei der Bestimmung des Rahmens der Gebühr entsprechend erhöhend berücksichtigt werden (Umfang der anwaltlichen Tätigkeit). 899

IX. Terminsgebühr im Mahnverfahren

Eine Terminsgebühr kann auch im gerichtlichen Mahnverfahren anfallen. Es entsteht die Terminsgebühr der Nr. 3104 VV RVG i.H.v. 1,2 nach Vorbemerkung 3.3.2 VV RVG. 900

Hat der RA bspw. den Mahnbescheid bereits beantragt und führt dann Besprechungen mit dem Antragsgegner zum Herbeiführen eines Vergleichs, so entsteht die Terminsgebühr. Hierbei ist es unerheblich, wer den Kontakt zur jeweils anderen Partei aufgenommen hat. Die Gebühr entsteht auch, wenn der RA der Veranlasser der Gebühr war. 901

Die Terminsgebühr kann sowohl auf Seiten des Antragstellervertreters als auch auf der Seite des Antragsgegnervertreters entstehen. Allerdings setzt das Entstehen der Terminsgebühr beim Antragsgegneranwalt wohl voraus, dass dem Antragsgegner ein Mahnbescheid bereits zugestellt ist oder er in sonstiger Weise Kenntnis von dem gegen ihn eingeleiteten gerichtlichen Mahnverfahren erhalten hat. 902

X. Geltendmachung der Terminsgebühr im Mahnverfahren

Fraglich ist, wie die Terminsgebühr anschließend geltend gemacht werden kann. 903

Die im Mahnverfahren entstandene Terminsgebühr ist im Antrag auf Erlass des Vollstreckungsbescheid zusammen mit den Kosten des Vollstreckungsbescheid geltend zu machen (Enders, JurBüro 2005, 229). Dies kann sich schwierig gestalten. Gelingt es nicht, die Terminsgebühr im Vollstreckungsbescheid zu titulieren, so muss dies im Wege der **Kostenfestsetzung** nachgeholt werden. Ein gesondertes Mahnverfahren wegen der Terminsgebühr ist nicht einzuleiten. Diesem Mahnverfahren fehlt solange das **Rechtsschutzbedürfnis**, wie es einen billigeren und einfacheren Weg gibt, die Forderung zu titulieren. Das Kostenfestsetzungsverfahren ist einfacher als das Mahnverfahren. Es ist auch billiger, weil es im Allgemeinen keine Gerichtskosten verursacht. 904

XI. Anrechnung Terminsgebühr im Mahnverfahren auf Terminsgebühr in der Hauptsache

Hat der RA bereits im Mahnverfahren die Terminsgebühr verdient und entsteht die Terminsgebühr im Hauptverfahren erneut, so kann er die Gebühr nicht zweimal fordern. Die im Mahnverfahren entstandene Terminsgebühr wird entsprechend Nr. 3104 Anmerkung Abs. 4 VV RVG auf die Terminsgebühr des nachfolgenden Rechtsstreits angerechnet. 905

XII. Verfahrensgebühr für den Antrag auf Erlass des Vollstreckungsbescheids

906 **Nr. 3308**

Nr.	Gebührentatbestand	Gebühr oder Satz der Gebühr nach § 13 RVG
3308	**Verfahrensgebühr für die Vertretung des Antragstellers im Verfahren über den Antrag auf Erlass eines Vollstreckungsbescheids**	0,5
	Die Gebühr entsteht neben der Gebühr 3305 nur, wenn innerhalb der Widerspruchsfrist kein Widerspruch erhoben oder der Widerspruch gemäß § 703a Abs. 2 Nr. 4 ZPO beschränkt worden ist. Nummer 1008 ist nicht anzuwenden, wenn sich bereits die Gebühr 3305 erhöht.	

907 Legt der Antragsgegner gegen den erlassenen und zugestellten Mahnbescheid keinen Widerspruch ein, so wird der RA den Antrag auf Erlass des Vollstreckungsbescheids stellen. Zu den verfahrensrechtlichen Besonderheiten (Frist für den Antrag, Zulässigkeit des Antrags) verweise ich auf die Ausführungen unter Kap. 4. Vertritt der RA den Antragsteller auch im Verfahren über den Antrag auf Erlass eines Vollstreckungsbescheids, entsteht neben der Verfahrensgebühr der Nr. 3305 VV RVG eine weitere 0,5 Verfahrensgebühr gem. Nr. 3308 VV RVG.

908 Der Antrag auf Erlass des Vollstreckungsbescheids ist gem. § 699 Abs. 1 Satz 2 ZPO erst zulässig, wenn die Widerspruchsfrist abgelaufen ist. Ein verfrühter Antrag auf Erlass des Vollstreckungsbescheids löst keine Gebühr aus.

909 Nur die Verfahrensgebühr gem. Nr. 3305 VV (sowie die Verfahrensgebühr der Nr. 3307 VV RVG bei der Vertretung des Antragsgegners) wird auf die Verfahrensgebühr für einen nachfolgenden Rechtsstreit angerechnet. Eine entsprechende Vorschrift fehlt bei Nr. 3308 VV RVG. Aus diesem Grunde bleibt die 0,5 Verfahrensgebühr gem. Nr. 3308 VV RVG für den Vollstreckungsbescheid anrechnungsfrei bestehen und entsteht neben den sonstigen Verfahrensgebühren.

910 Häufig legt der Antragsgegner Widerspruch ein und der RA, der den Antragsteller vertritt, hat davon keine Kenntnis. Die Gebühr des Nr. 3308 VV RVG entsteht neben der Gebühr der Nr. 3305 VV RVG nur, wenn innerhalb der Widerspruchsfrist kein Widerspruch erhoben oder der Widerspruch nach § 703a Abs. 2 Nr. 4 ZPO beschränkt worden ist.

911 Oft legt der Antragsgegner auch verspätet Widerspruch ein. Dies ändert nichts daran, dass der Vollstreckungsbescheid dann nicht mehr erlassen wird. Wird der **Widerspruch** verspätet eingelegt und hatte der Antragsteller ordnungsgemäß den Antrag

auf Erlass des Vollstreckungsbescheids gestellt, bleibt die Verfahrensgebühr gem. Nr. 3308 VV RVG bestehen. Es kommt nicht darauf an, dass der Vollstreckungsbescheid noch erlassen wird.

In der Praxis haben Sie kaum die Möglichkeit, in Erfahrung zu bringen, ob der Antragsgegner fristgerecht Widerspruch gegen den Vollstreckungsbescheid eingelegt hat. Es ist völlig aussichtslos, hier bei den entsprechend zuständigen Gerichten anzurufen und vor dem Antrag auf Erlass des Vollstreckungsbescheids in Erfahrung bringen zu wollen, ob Widerspruch eingegangen ist. Aus diesem Grunde erhält der RA die Vergütung gem. Nr. 3308 VV RVG für den Antrag auf Erlass des Vollstreckungsbescheids auch dann, wenn der Gegner verspätet Widerspruch eingelegt hatte und der RA von dem Widerspruch nichts wusste. Dies gilt nur dann, wenn der Antrag auf Erlass des Vollstreckungsbescheids vor dem verspäteten Widerspruch gestellt wurde. 912

► Praxistipp: 913

Vertreten Sie den Antragsgegner, sollten Sie den Prozessbevollmächtigten des Antragstellers unmittelbar von der erfolgten Einlegung des Widerspruchs informieren. So können Sie insbes. bei verspätetem Widerspruch ggf. vermeiden, dass die Forderung um die Verfahrensgebühr der Nr. 3308 VV RVG (Antrag auf Erlass des Vollstreckungsbescheids) erhöht wird.

► Muster: Mitteilung an Antragstellervertreter über erfolgten Widerspruch gegen den Mahnbescheid 914

Anrede,

wir zeigen an, dass uns ..... (*Name und Anschrift Auftraggeber*) mit seiner Vertretung beauftragt hat. Eine uns legitimierende Vollmacht ist diesem Schreiben im Original beigefügt.

Namens und in Vollmacht unseres Auftraggebers haben wir gegen den Mahnbescheid des Amtsgerichts ..... vom ..... zum Aktenzeichen ..... Widerspruch eingelegt. Weitere Korrespondenz in dieser Angelegenheit erbitten wir ausschließlich über uns zu führen.

Grußformel

Bei der Verfahrensgebühr der Nr. 3308 VV RVG i.H.v. nur 0,5 ist es nicht vorgesehen, dass diese sich reduziert, sollte der Auftrag vorzeitig enden. 915

Die Verfahrensgebühr der Nr. 3308 VV RVG entsteht nur für den RA des Antragstellers. Der RA, der den Antragsgegner vertritt, erhält die Vergütung der Nr. 3308 VV RVG nicht. Der Antragsgegnervertreter erhält im Mahnverfahren ausschließlich die Verfahrensgebühr gem. Nr. 3307 VV RVG (und ggf. die Terminsgebühr). 916

Durch die Gebühr der Nr. 3308 VV RVG wird die im **Parteibetrieb** veranlasste Zustellung des Vollstreckungsbescheids und das Erwirken einer besonderen Vollstreckungsklausel für oder gegen den Rechtsnachfolger mit abgegolten. 917

918 Vertritt der RA mehrere Auftraggeber, erhöht sich die Verfahrensgebühr der Nr. 3308 VV RVG nur in wenigen seltenen Ausnahmefällen. Nur wenn der RA den Auftraggeber erst im Verfahren über den Erlass des Vollstreckungsbescheids vertritt und im sonstigen Mahnverfahren nicht vertreten hat, kann sich die Verfahrensgebühr der Nr. 3308 VV RVG gem. Nr. 1008 VV RVG erhöhen.

919 Sobald sich bereits die Verfahrensgebühr gem. Nr. 3305 VV RVG erhöht hat, erhöht sich die Gebühr der Nr. 3308 VV RVG nicht mehr.

920 Die Gebühr für den Antrag auf Erlass des Vollstreckungsbescheids wird nicht auf eine Verfahrensgebühr des sich anschließenden Verfahrens angerechnet.

XIII. Verfahrensgebühr für die Vertretung des Antragsgegners Nr. 3307 VV RVG

921 Nr. 3307

Nr.	Gebührentatbestand	Gebühr oder Satz der Gebühr nach § 13 RVG
3307	**Verfahrensgebühr für die Vertretung des Antragsgegners** Die Gebühr wird auf die Verfahrensgebühr für einen nachfolgenden Rechtsstreit angerechnet.	0,5

922 Für die Vertretung des Antragsgegners (also nicht **nur** für die Erhebung des Widerspruchs!) erhält der RA gem. Nr. 3307 VV RVG eine 0,5 Verfahrensgebühr. Diese Gebühr ist gem. Nr. 1008 VV RVG erhöhungsfähig. Die Ausführungen zur Anrechnung der Geschäftsgebühr der Nr. 2300 VV gelten auch hier.

923 Eine Ermäßigung der Verfahrensgebühr der Nr. 3307 VV RVG für die Vertretung des Antragsgegners bei einer vorzeitigen Erledigung der Angelegenheit findet nicht statt.

Hat das streitige Verfahren einen geringeren Gegenstandswert (Teilwiderspruch), erfolgt eine Anrechnung erneut nur anteilig.

924 Eine Anrechnung der Geschäftsgebühr gem. Nr. 2300 VV RVG führt aber nicht dazu, dass sich ein Gebührenanspruch verringert. Der Anrechnungsteil der Geschäftsgebühr beläuft sich gem. Vorbem. 3 Abs. 4 VV RVG auf max. 0,75. Die Verfahrensgebühr der Nr. 3307 VV RVG beträgt 0,5. Eine Anrechnung findet daher nur i.H.v. 0,5 statt.

925 Die Verfahrensgebühr für die Erhebung des Widerspruchs gem. Nr. 3307 VV RVG wird auf die Verfahrensgebühr nach Nr. 3100 VV RVG für einen nachfolgenden Rechtsstreit angerechnet (Anm. zu Nr. 3307 VV RVG).

1. Zurücknahme des Mahnbescheids nach formularmäßigem Widerspruch

Nimmt der Antragsteller oder sein Vertreter den Antrag auf Erlass des Mahnbescheids zurück, nachdem der RA des Antragsgegners Widerspruch eingelegt hat, wird der RA des Antragsgegners einen Kostenantrag stellen. Analog der Kostenerstattung bei zurückgenommener Klage hat der Antragsteller die Kosten des Mahnverfahrens zu tragen, wenn er den Mahnbescheid zurücknimmt (§ 269 Abs. 3 ZPO). Für den Antrag des Antragsgegner, dem Antragsteller die Kosten des Mahnverfahrens aufzuerlegen, entsteht eine 1,3 Verfahrensgebühr gem. Nr. 3100 VV RVG. Der **Gegenstandswert** für diese Verfahrensgebühr ergibt sich aus dem Wert der bisher entstandenen Kosten. 926

▶ Beispiel: 927

Der Mahnbescheid wird wegen einer Hauptforderung i.H.v. 10.000,00 € beantragt.

Der Antragsgegner legt Widerspruch gegen den gesamten Mahnbescheid ein. Der Antragsteller nimmt den Mahnbescheid nach dem Widerspruch zurück. Der Antragsgegner beantragt, dem Antragsteller die Kosten des Mahnverfahrens aufzuerlegen. Das Gericht erlässt den entsprechenden Beschluss.

0,5 Verfahrensgebühr gem. §§ 2 Abs. 2,13 Nr. 3307 VV RVG 243,00 €

Gegenstandswert: 10.000,00 €

1,3 Verfahrensgebühr gem. §§ 2 Abs. 2,13 Nr. 3100 VV RVG 110,50 €

Gegenstandswert: 1.000,00 € – Wert für den Kostenantrag

(Insgesamt nicht mehr als 1,3 Verfahrensgebühr nach einem Gegenstandswert von 11.000,00 € gem. § 15 Abs. 3 RVG = 683,80 €)

2. Einspruch gegen den Vollstreckungsbescheid

Für den Einspruch gegen den Vollstreckungsbescheid ist die Verfahrensgebühr der Nr. 3307 VV RVG nicht anwendbar. Legt der Prozessbevollmächtigte des Antragsgegners in dessen Auftrag Einspruch gegen den Vollstreckungsbescheid ein, entsteht sogleich die Verfahrensgebühr gem. Nr. 3100 VV RVG. 928

▶ Praxistipp: 929

Wenn Sie den Antragsgegner vertreten und für diesen Einspruch gegen den Vollstreckungsbescheid einlegen, ist es sinnvoll, die Einstellung der Zwangsvollstreckung gegen Sicherheitsleistung zu beantragen. Der Vollstreckungsbescheid ist ein zur Zwangsvollstreckung geeigneter Titel und ohne Sicherheitsleistung vorläufig vollstreckbar. Der Einspruch alleine verhindert eine etwaige Zwangsvollstreckung nicht. Vor der Zustellung des Einspruchs durch das Gericht an den Antragsteller ist es immer sinnvoll, den Antragsteller von dem erfolgten Einspruch zu informieren. Gleichzeitig sollten Sie den Auftraggeber vom weiteren Verfahrensverlauf informieren.

▶ Muster: Einspruch gegen den Vollstreckungsbescheid mit Einstellungsantrag

930 Zwangsvollstreckung

Zuständiges Gericht

.....

Parteienbezeichnung .....

Aktenzeichen .....

zeigen wir ausweislich der im Original beigefügten Vollmacht an, dass wir den Antragsgegner vertreten. Namens und im Auftrag des Antragsgegners legen wir gegen den Vollstreckungsbescheid vom ..... zugestellt am .....

Einspruch

ein, mit dem weiteren Antrag,

> den Antragsteller binnen einer durch das Gericht zu bestimmenden Frist aufzufordern, den geltend gemachten Anspruch in Klageform zu begründen.

Ferner beantragen wir,

> die Zwangsvollstreckung aus dem Vollstreckungsbescheid gegen Sicherheitsleistung in Höhe von ..... € (Hauptforderung + 10 %) einstweilen einzustellen.

Für den Fall, dass der Antragsteller den Antrag auf Erlass des Mahnbescheids zurücknehmen sollte, beantragen wir bereits jetzt,

> dem Antragsteller die Kosten des Mahnverfahrens in entsprechender Anwendung von § 269 Abs. 3 ZPO aufzuerlegen.

Begründung:

In der hier geführten Auseinandersetzung ist die Durchführung des streitigen Verfahrens zu erwarten. Ohne die Einstellung der Zwangsvollstreckung droht unmittelbar die Einleitung von Vollstreckungsmaßnahmen. Der Antragsgegner beabsichtigt nicht, am Ende des Verfahrens ggf. gem. § 717 ZPO zu Unrecht im Wege der Zwangsvollstreckung beigetriebene Beträge zurück zu fordern. Dies kann nur durch die Stellung einer Sicherheit verhindert werden.

Beglaubigte und einfach Abschrift anbei

Grußformel

931 An den Vertreter des Antragstellers sollten Sie wie folgt schreiben:

▶ Muster: Schreiben an Vertreter des Antragstellers nach erfolgtem Einspruch

932 Anrede,

in der Sache X ./. Y haben wir mit gleicher Post Einspruch gegen den Vollstreckungsbescheid eingelegt und gleichzeitig beantragt, die Zwangsvollstreckung gegen Sicherheitsleistung einstweilen einzustellen. Wir dürfen Sie daher bitten, bis zu einer

Entscheidung des Gerichts über den Einstellungsantrag keine Vollstreckungsmaßnahmen zu ergreifen. Sollten Sie dessen ungeachtet Vollstreckungsmaßnahmen beabsichtigen, dürfen wir Sie bitten, uns vor der Einleitung solcher Maßnahmen entsprechend zu informieren. Üblicherweise wird durch das Gericht einem Einstellungsantrag gegen Sicherheitsleistung stattgegeben. Unverzüglich nach dem entsprechenden Einstellungsbeschluss werden wir die erbrachte Sicherheitsleistung Ihnen gegenüber nachweisen.

Abschrift anbei

Grußformel

Den Auftraggeber sollten Sie wie folgt informieren:

▶ Muster: Schreiben an Auftraggeber – Einspruch gegen Vollstreckungsbescheid und Einstellung der ZV 933

Anrede,

wie besprochen haben wir gegen den Vollstreckungsbescheid Einspruch eingelegt. Wir verweisen auf die beigefügte Anlage (Abschrift des Einspruchsschriftsatzes). Wie Sie der Anlage entnehmen können, haben wir gleichzeitig beantragt, die Zwangsvollstreckung gegen Sicherheitsleistung einstweilen einzustellen. Dieser Antrag hat seine Begründung darin, dass ein Vollstreckungsbescheid unmittelbar zur Zwangsvollstreckung geeignet ist. Man nennt dies vorläufige Vollstreckbarkeit. Um eine Vollstreckung durch die Gegenseite zu vermeiden, muss die Zwangsvollstreckung eingestellt werden.

Bei einem vorläufig vollstreckbaren Titel (also hier der Vollstreckungsbescheid) stellt das Gericht eine Zwangsvollstreckung nur gegen Sicherheitsleistung ein. Diese Sicherheitsleistung bemisst sich aus der geltend gemachten Hauptforderung zuzüglich 10 % für die Nebenleistungen.

Unmittelbar nach Zustellung des Beschlusses müssen Sie die erforderliche Sicherheitsleistung beim Gericht hinterlegen.

Um eine erforderliche Sicherheitsleistung bereits vorzubereiten, fügen wir diesem Schreiben in der Anlage bereits einen Antrag auf Hinterlegung bei. Bitte ergänzen Sie diesen um die erforderlichen Daten. Die Hinterlegung erfolgt üblicherweise durch Bareinzahlung beim Hinterlegungsgericht. Allerdings ist auch die Überweisung möglich. Das weitere Vorgehen klären wir hier, sobald uns der Einstellungsbeschluss zugestellt wurde.

Die Quittung über die erbrachte Sicherheitsleistung wird Ihnen durch das Gericht ausgestellt. Wir benötigen das Original, um es an die Gegenseite zuzustellen. Erst wenn die Hinterlegungsquittung im Original an die Gegenseite im Parteibetrieb durch uns zugestellt wurde, kann durch die Gegenseite keine Vollstreckung betrieben werden. Leitet diese trotzdem gegen Sie Vollstreckungsmaßnahmen ein, werden diese aufgehoben, da wir die Kopie der Quittung und die Zustellurkunde vorlegen können.

Sollte die Stellung einer Sicherheit für Sie aufgrund persönlicher Umstände nicht möglich sein, setzen Sie sich bitte unverzüglich mit uns in Verbindung.

Unsere Tätigkeit zur Einstellung der Zwangsvollstreckung löst keinen weiteren Vergütungsanspruch aus, die Tätigkeit gehört gem. § 19 Nr. 11 RVG zum Rechtszug.

Grußformel

934 ► Hinweis:

In einigen Gerichtsbezirken ist es möglich, die Sicherheitsleistung zu überweisen. Ist diese Möglichkeit nicht gegeben, muss die Einzahlung bei der Hinterlegungsstelle in bar erfolgen. Die entsprechenden Gepflogenheiten der betroffenen Hinterlegungsstelle müssen Sie erfragen. Viele Gerichtsbezirke habe eine besondere Zuständigkeit für Hinterlegungsverfahren.

► Muster: Antrag auf Hinterlegung

935 Geschäfts-Nr.: ..... HL ...../.....

Antrag

auf Annahme von gesetzlichen oder gesetzlich zugelassenen Zahlungsmitteln zur Hinterlegung bei dem Amtsgericht – Hinterlegungsstelle –

.....

1. a) Name, Vorname, Anschrift des Hinterlegers, ggf. Geburtsdatum

   b) Bei Hinterlegung durch einen Vertreter auch: Name, Vorname, Anschrift des Vertreters, ggf. Geburtsdatum

   zu a) Angaben zum Auftraggeber: .....

   zu b) Angaben zum Prozessbevollmächtigten: .....

2. a) Betrag – *Höhe ergibt sich aus dem Beschluss des Gerichts* –

   .....€ – in Buchstaben .....€

3. a) Bestimmte Angabe der Tatsachen, welche die Hinterlegung rechtfertigen, insbesondere Bezeichnung der Sache (unter Angabe des vollen Rubrums), der Behörde, des Gerichts und der Geschäftsnummer, wenn die Angelegenheit, in der hinterlegt wird, bei einer Behörde oder einem Gericht anhängig ist:.....

   b) Bezeichnung der dem Antrag beigefügten Schriftstücke

   (*Bezeichnung der Parteien, des Gerichts, Aktenzeichen, Beschlussdatum – Beschluss beifügen*): .....

Diese Spalte ist **nicht** auszufüllen, wenn eine **Prozesssicherheit** hinterlegt wird!

4. Bezeichnung der Personen, die als Empfangsberechtigte für den hinterlegten Betrag in Betracht kommen nach Namen, Vornamen, Anschrift, ggf. Geburtsdatum: .....

Diese Spalte ist **nicht** auszufüllen, wenn eine **Prozesssicherheit** hinterlegt wird!

5. Falls zur Befreiung des Schuldners von seiner Verbindlichkeit hinterlegt wird:

a) Angabe, warum der Schuldner seine Verbindlichkeit nicht oder nicht mit Sicherheit erfüllen kann,

b) Angabe der etwaigen Gegenleistung, von deren Bewirkung das Recht des in Nr. 4 bezeichneten Gläubigers zum Empfang des hinterlegten Betrages abhängig gemacht wird,

c) Angabe, ob auf das Recht der Rücknahme verzichtet wird.

....., d. ....

(Ort) (Datum) (Unterschrift)
Geschäfts-Nr. ..... HL .....

1. Annahmeanordnung 936

..... € – in Buchstaben .....

sind – als neue Masse – zu der im Geldhinterlegungsbuch unter Nummer ..... des Rechnungsjahres

..... verzeichneten Masse –..... als Hinterlegung anzunehmen.

D. Antragsteller(in) ist aufgefordert worden, den Betrag bis zum ..... einzuzahlen.

Wird nicht innerhalb dieser Frist eingeliefert, so ist die Annahmeanordnung an die Hinterlegungsstelle zurückzugeben.

2. Nachricht (HS 5) an Antragsteller/Vertreter

3. An die Gerichtskasse

► Muster: Hinterlegungsquittung

Amtsgericht – Hinterlegungsstelle – 937

.... (Siegel)

Datum Rechtspfleger(in)

..... €

- in Buchstaben: ..... €

sind heute – am ..... – als Geldhinterlegung eingezahlt worden.

Gebucht: EGH Nr. ..... GBH Nr.

(Dienststempel) Gerichtskasse
.....

stellv. Kassenleiter-Kassierer .....

Buchhalter(in) .....

XIV. Widerspruch verbunden mit Klageabweisungsantrag

1. Standardformular/Schriftsatz

938 Üblicherweise erfolgt die Einlegung des Widerspruchs durch ein gesondert dafür vorgesehenes **Formular.** Dies ist jedoch nicht immer so. Es gibt mehrere Gründe, den Widerspruch nicht mittels des Formulars zu erheben, sondern den Widerspruch in Schriftsatzform zu fertigen und diesen Widerspruch zu verbinden mit dem Antrag, das streitige Verfahren durchzuführen. Dieses Verfahren ist insbes. dann sinnvoll, wenn die geltend gemachte Forderung bspw. verjährt ist, der Forderung eine höhere Aufrechnung entgegen gehalten werden kann usw.

939 Erfolgt die Einlegung des Widerspruchs nicht mit dem Standardformular, so wird die 1,3 Verfahrensgebühr der Nr. 3100 VV RVG nicht ohne Weiteres dadurch ausgelöst, dass bspw. mit dem Widerspruch der Antrag verbunden wird, das streitige Verfahren gem. § 696 Abs. 1 ZPO durchzuführen.

940 Seit Inkrafttreten des RVG und der Anrechnung der Geschäftsgebühr gem. Vorbemerkung 3 Abs. 4 VV RVG, hat auch der Antragsgegner ein gesteigertes Interesse daran, die von ihm vor- bzw. außergerichtlich zu zahlende Geschäftsgebühr im gerichtlichen Verfahren gegen den Antragsteller durchzusetzen.

2. Gebühren bei Widerspruch verbunden mit Klageabweisungsantrag/Kostenerstattung

941 Verbindet der RA den Widerspruch mit dem Klageabweisungsantrag, ist umstritten, welche Konsequenz dies für den Erstattungsanspruch hat. Dies ist nur dann von Bedeutung, wenn der Antragsteller den Mahnbescheid aufgrund des erfolgten Widerspruchs zurücknimmt. Hier haben die diversen Gerichte in den unterschiedlichen Bezirken verschieden entschieden (z.B. OLG Köln, JurBüro 1995, 81 oder OLG Hamburg, JurBüro 1994, 608 oder aber KG, JurBüro 1998, 1114). Eine h.M. hat sich bislang nicht herausgebildet. Die 1,3 Verfahrensgebühr ist dann erstattungsfähig, wenn der RA des Antragstellervertreters sachliche Gründe hatte, um den Widerspruch mit dem Klageabweisungsauftrag zu verbinden.

▶ Muster: Widerspruch verbunden mit Klageabweisungsauftrag

942 An das Mahngericht

In Sachen

X ….. ./. Y …..

- ….. – (*Aktenzeichen*)

zeigen wir an, dass wir den Antragsgegner vertreten.

Namens und in Vollmacht des Antragsgegners legen wir gegen den Mahnbescheid vom ….., zugestellt am …..

Widerspruch

ein und beantragen gleichzeitig,

das Verfahren an das für das streitige Verfahren zuständige Gericht abzugeben und dem Antragsteller eine Frist zu setzen, binnen derer die Klage zu begründen ist.

Wir bitten um Anberaumung eines Termins zur mündlichen Verhandlung, in dem wir beantragen werden:

1. Die Klage wird abgewiesen.
2. Der Kläger hat die Kosten des Rechtsstreits zu tragen,
3. Der Kläger hat die hier entstanden Geschäftsgebühr in Höhe von ..... € aus dem Gesichtspunkt des Schadensersatzes an den Antragsteller/Beklagten zu erstatten.

Im Hinblick auf die Ziffer 3. des Klageabweisungsantrags kündigen wir die Erhebung der Widerklage für den Antragsgegner an.

Für den Fall der Rücknahme des Mahnbescheids beantragen wir gem. § 269 Abs. 3 ZPO bereits jetzt,

dem Antragsteller die Kosten des Mahnverfahrens aufzuerlegen.

Beglaubigte und einfache Abschrift anbei.

Grußformel

▶ Hinweis: 943

Die Verbindung des Widerspruchs mit dem Klageabweisungsantrag entsprechend dem vorherigen Textmuster ist insbes. dann sinnvoll, wenn der Antragsteller keinen Antrag auf Durchführung des streitigen Verfahrens gestellt hat.

I. Vergütung in der Zwangsvollstreckung

Teil 3, Abschnitt 3, Unterabschnitt 3: Zwangsvollstreckung und Vollziehung einer im Wege des einstweiligen Rechtsschutzes ergangenen Entscheidung 944

Vorbemerkung 3.3.3:

Dieser Unterabschnitt gilt auch für Verfahren auf Eintragung einer Zwangshypothek (§§ 867 und 870a ZPO), Verfahren nach § 33 FGG und für gerichtliche Verfahren über einen Akt der Zwangsvollstreckung (des Verwaltungszwangs).

Nr. 3309 945

Nr.	Gebührentatbestand	Gebühr oder Satz der Gebühr nach § 13 RVG
3309	Verfahrensgebühr	0,3

	Die Gebühr entsteht für die Tätigkeit in der Zwangsvollstreckung, soweit nachfolgend keine besonderen Gebühren bestimmt sind.	

I. Vorüberlegungen vor Einleitung von Vollstreckungsmaßnahmen

946 Wenn es zur Zwangsvollstreckung kommt, haben Sie sehr oft für den Auftraggeber bereits das gerichtliche Verfahren (Mahnverfahren oder Erkenntnisverfahren) geführt, damit überhaupt erst einmal ein zur Zwangsvollstreckung geeigneter Titel geschaffen wird. Der Auftraggeber hat daher meistens bereits erhebliche Vergütungsforderungen beglichen. Auch wenn die Zwangsvollstreckung selbst keine hohen Vergütungsansprüche auslöst, ist jede weitere Vergütungsforderung für den Auftraggeber ein Ärgernis. Wird die Forderung nicht beigetrieben, so bleibt für den Auftraggeber der Eindruck, dass ihm die gesamte Tätigkeit des RA überhaupt nichts gebracht hat und „außer Spesen nichts gewesen" ist.

947 ► Praxistipp:

Bevor Sie daher Vollstreckungsmaßnahmen einleiten, sollten Sie den Auftraggeber immer noch einmal daran erinnern, dass Sie keinen Erfolg garantieren können und eine Vergütung auch im Zwangsvollstreckungsverfahren unabhängig vom Ausgang der Angelegenheit entsteht. Eine Absprache, welche Kosten noch in die Angelegenheit investiert werden dürfen, sollte getroffen werden. So vermeiden Sie spätere Auseinandersetzungen mit dem Auftraggeber wegen Ihrer Vergütung. Auf die besondere Möglichkeit einer Vergütungsvereinbarung gem. § 4a RVG unterhalb der gesetzlichen Vergütung (s. die Ausführungen unter Kap. 8 Rdn. 865) wird verwiesen.

948 ► Muster: Belehrungsschreiben Auftraggeber vor Einleitung von Zwangsvollstreckungsmaßnahmen.

Anrede,

glücklicherweise liegt in Ihrer Angelegenheit endlich ein zur Zwangsvollstreckung geeigneter Titel vor, mit dem versucht werden kann, die Forderung gegen den Schuldner zwangsweise beizutreiben. Eine Vollstreckung ist unvermeidbar, da bisher eine freiwillige Leistung durch den Schuldner nicht erfolgt ist.

Die Zwangsvollstreckung löst erneut Vergütungsansprüche aus. Die Verfahrensgebühr für jede Vollstreckungsmaßnahme beträgt 0,3 gem. Nr. 3309 VV RVG. Eine Terminsgebühr gem. Nr. 3310 VV RVG entsteht nur in wenigen abschließend im RVG geregelte Ausnahmefällen.

Der Gegenstandswert in der Zwangsvollstreckung bemisst sich anders als im Hauptsacheverfahren, nach der insgesamt vom Schuldner beizutreibenden Forderung, also die Hauptforderung, die Zinsen auf die Hauptforderung, die Kosten, die Zinsen auf die Kosten und sonstige weitere Forderungen, die zur Beitreibung anstehen.

Ausgehend von einem Gegenstandswert von ..... € beziffert sich der Vergütungsanspruch im Zwangsvollstreckungsverfahren für jede Vollstreckungsmaßnahme voraussichtlich wie folgt:

Gegenstandswert: ..... €

0,3 Verfahrensgebühr gem. §§ 2 Abs. 2, 13, Nr. 3309 VV RVG	..... €
Entgelte für Post- und Telekommunikationsdienstleistungen gem. Nr. 7002 VV RVG	..... €
19 % Umsatzsteuer gem. Nr. 7008 VV RVG	..... €
Summe	..... €

Hinzu kommen etwaige Gerichtskosten und Gerichtsvollziehernachnahmen für bestimmte eingeleitete Maßnahmen (Pfändungs- und Überweisungsbeschlüsse, Mobiliarvollstreckungsaufträge, Verfahren zur Abgabe der eidesstattlichen Versicherung etc.).

Selbstverständlich muss der Schuldner die Kosten der Zwangsvollstreckung erstatten. Ist dieser allerdings zahlungsunfähig (oder insolvent), erhöht sich Ihre ausstehende Forderung gegen den Schuldner mit jedem Vollstreckungsversuch. Sie können die Zwangsvollstreckung regelmäßig wiederholen, allerdings dann nicht, wenn gegen den Schuldner das Insolvenzverfahren eröffnet ist.

Wir möchten hier nicht tätig werden, ohne vorab mit Ihnen geklärt zu haben, in welcher Höhe Sie bereit sind, weitere Kosten in die Durchsetzung Ihrer Forderung zu investieren.

Bitte nehmen Sie daher zeitnah mit unserer Kanzlei telefonisch Kontakt auf. Bei dieser Gelegenheit können wir dann auch klären, ob Ihnen Vermögensgegenstände, Forderungen oder sonstiges Vermögen des Schuldners bekannt sind, in die ein Vollstreckungszugriff erfolgen sollte.

Rein vorsorglich möchten wir Sie bitten, uns sofort zu informieren, wenn der Schuldner direkt an Sie leisten sollte. Wir sind dann verpflichtet, die entwertete vollstreckbare Ausfertigung an diesen herauszugeben. Kommen wir dieser Verpflichtung nicht ohne schuldhaftes Verzögern nach, kann es sein, dass der Schuldner seinen Anspruch auf Herausgabe des Schuldtitels kostenpflichtig gegen Sie geltend macht. Dies kann durch eine Mitteilung über die erfolgte Zahlung an uns vermieden werden.

Grußformel

▶ Hinweis: 949

Manchmal lohnt auch die Einschaltung einer Detektei. Allerdings entstehen dafür ebenfalls weitere Kosten, bei denen nicht ohne Weiteres davon ausgegangen werden kann, dass diese auch erstattungsfähig sind.

II. Allgemeines

950 Für das Verfahrensrecht, also z. B. den Zivilprozess, gehört die Zwangsvollstreckung noch zum Rechtszug. Gem. § 81 ZPO erfolgt daher die **Zustellung in gerichtlichen Vollstreckungsverfahren** auch an den **bisherigen Prozessbevollmächtigten.** Für das Vergütungsrecht gehört die Zwangsvollstreckung nicht zum Rechtszug, mit der Folge, dass ein neuer Vergütungsanspruch entsteht.

951 **Voraussetzung** für das wirksame Durchführen von Zwangsvollstreckungsmaßnahmen ist das Vorliegen eines **Vollstreckungstitels**, der nach den Vorschriften der ZPO zu vollstrecken ist.

952 Vollstreckungstitel kann **auch ein Arrest oder eine einstweilige Verfügung** sein. Auch für die Vollziehung einer einstweiligen Verfügung oder eines Arrestes steht dem RA eine 0,3 Verfahrensgebühr zu. Die Vollziehung ist aber nicht dann schon gegeben, wenn der Arrest oder die einstweilige Verfügung an den Antragsgegner zugestellt wird. Die Zustellung ist noch von der Verfahrensgebühr des Hauptverfahrens abgegolten.

953 Die Vollstreckungsmaßnahmen, die gem. Nr. 3309 VV abgegolten werden, sind klar definiert. So gehört dazu insbes.
- die Zwangsvollstreckung wegen Geldforderungen (§§ 803 ff. ZPO),
- die Zwangsvollstreckung zur Erwirkung der Herausgabe von Sachen und zur Erwirkung von Handlungen oder Unterlassungen (§§ 883 ff. ZPO) sowie
- das Verfahren zur Abnahme der eidesstattlichen Versicherung und die Verhängung von Zwangshaft (§§ 899 ff. ZPO) sowie
- das Erwirken eines vorläufigen Zahlungsverbotes.

954 Gem. § 18 Nr. 3 RVG ist jede Vollstreckungsmaßnahme zusammen mit den durch sie vorbereiteten weiteren Vollstreckungshandlungen bis zur Befriedigung des Gläubigers eine besondere Angelegenheit. Dies ist insbes. dann von Bedeutung, wenn der RA vor Einleitung von Vollstreckungsmaßnahmen eine Vollstreckungsandrohung versendet oder vor (bzw. gleichzeitig oder zeitnah) dem Antrag auf Erlass eines Pfändungs- und Überweisungsbeschlusses ein vorläufiges Zahlungsverbot beantragt.

955 Allerdings gilt für die vorläufige Einstellung, Beschränkung oder Aufhebung der Zwangsvollstreckung, wenn nicht eine abgesonderte mündliche Verhandlung hierüber stattfindet (§ 19 Nr. 11 RVG) und die erstmalige Erteilung der Vollstreckungsklausel, wenn deswegen keine Klage erhoben wird (§ 19 Nr. 12 RVG), dass diese zum Rechtszug gehören und keine besonderen Vergütungsanspruch auslösen.

III. Gebühren für Tätigkeiten in der Zwangsvollstreckung

1. Verfahrensgebühr gem. Nr. 3309 VV RVG

956 Im Unterabschnitt 3 des Teils 3 VV RVG (Nrn. 3309 ff.) werden die Gebühren geregelt, die der RA für seine Tätigkeit im Rahmen der Zwangsvollstreckung erhält. Hierbei kommt es nicht darauf an, ob der RA den Gläubiger oder den Schuldner vertritt, es entstehen die gleichen Gebühren.

Ist der RA i.R.d. Zwangsvollstreckung tätig, erhält der RA eine **0,3 Verfahrensgebühr** gem. Nr. 3309 VV RVG. Die Gebühr ist gem. Nr. 1008 VV RVG erhöhungsfähig, wenn der RA mehrere Auftraggeber vertritt. Die **max. Erhöhung** beträgt auch **hier 2,0.** In der Zwangsvollstreckung kann der RA daher im Höchstfall bei der Vertretung mehrerer Auftraggeber 2,3 verdienen. 957

Ist der RA aber nicht im „reinen“ Vollstreckungsverfahren tätig, erhält er auch nicht die Gebühr gem. Nr. 3309 VV RVG. So entsteht z. B. für eine Tätigkeit in der Zwangsverwaltung, Zwangsversteigerung oder im Insolvenzverfahren eine andere Vergütung; das RVG sieht hierfür eigene Gebührentatbestände vor. 958

2. Terminsgebühr gem. Nr. 3310 VV RVG

Nr. 3310 959

Nr.	Gebührentatbestand	Gebühr oder Satz der Gebühr nach § 13 RVG
3310	**Terminsgebühr** Die Gebühr entsteht nur für die Teilnahme an einem gerichtlichen Termin oder einem Termin zur Abnahme der eidesstattlichen Versicherung.	0,3

In seltenen Fällen kann im Vollstreckungsverfahren eine Terminsgebühr entstehen. Die Terminsgebühr entsteht hier nicht unter den Voraussetzungen aus Vorbemerkung 3 Abs. 3 VV RVG. Vorrangig und allein maßgebend ist Bestimmung der 0,3 Terminsgebühr in Nr. 3310 VV RVG. Nur unter den dort genannten Voraussetzungen kann im Vollstreckungsverfahren die Terminsgebühr entstehen. Im Vollstreckungsverfahren entsteht die Terminsgebühr für die Teilnahme an einem gerichtlichen Termin oder einem Termin zur Abgabe der eidesstattlichen Versicherung. 960

a) Terminsgebühr in der Zwangsvollstreckung für die Wahrnehmung eines Termins

Die Terminsgebühr kann daher entstehen, wenn z. B. in den Verfahren vor dem Prozessgericht erster Instanz (Zwangsgeld gem. § 888 ZPO, Ersatzvornahme gem. § 887 ZPO, Duldung/Unterlassung gem. § 890 ZPO) ein Termin anberaumt wird. Nimmt der RA diesen Termin wahr, entsteht die 0,3 Terminsgebühr gem. Nr. 3310 VV RVG. 961

b) Terminsgebühr im Verfahren zur Abgabe der eidesstattlichen Versicherung

Die Terminsgebühr entsteht im Vollstreckungsverfahren auch, wenn der RA an einem Termin zur Abgabe der eidesstattlichen Versicherung teilnimmt. Diese Terminsgebühr wird in der Praxis sehr selten sein. Dies liegt daran, dass der Gegenstandswert in diesem Verfahren auf 1.500,00 € gem. § 25 Abs. 1 Nr. 4 RVG 962 beschränkt ist und die Vergütung für die Wahrnehmung des Termins unökonomisch ist.

963 ► Praxistipp:

Es gibt Vollstreckungsverfahren, da wäre es sehr sinnvoll, den Schuldner zu seinem Vermögensverhältnis zu befragen, da dann ggf. der Erfolg der Zwangsvollstreckung wahrscheinlicher wird. Sie können mit dem Auftraggeber hier eine Vergütungsvereinbarung treffen. Die Teilnahme am Termin ist insbes. bei hohen Forderung von Interesse, wenn der Mandant es wünscht und es dem Anwalt sinnvoll erscheint, kann die niedrige Vergütung durch eine Vergütungsvereinbarung so angepasst werden, dass es vertretbar ist, dass der RA den Termin wahrnimmt.

964 ► Muster: Schreiben an Auftraggeber – Vergütungsvereinbarung für Wahrnehmung des Termins zur Abgabe der eidesstattlichen Versicherung

Anrede,

in der gegen den Schuldner betriebenen Zwangsvollstreckungssache haben wir Sie bereits darüber informiert, dass die Vollstreckung fruchtlos war. Der Schuldner wird daher, auf unseren entsprechenden Antrag zur Abgabe der eidesstattlichen Versicherung über seine Vermögensverhältnisse geladen. Anwälte nehmen üblicherweise diese Termine nicht wahr.

In Ihrer Angelegenheit könnte es sinnvoll sein, den Schuldner im Termin zur Abgabe der eidesstattlichen Versicherung zu seinen Vermögensverhältnissen zu befragen. Eine persönliche Befragung vor Ort hätte auch zur Folge, jeden Versuch des Schuldners, Vermögen zu verschleiern, zu unterbinden.

Die gesetzliche Vergütung, die entsteht, wenn wir den Termin wahrnehmen, ist bedauerlicherweise unzureichend. Diese berechnet sich nach einem Gegenstandswert von maximal 1.500,00 € aufgrund einer Sondervorschrift in § 25 Abs. 1 Nr. 4 RVG. Der Höchstwert gilt unabhängig von der Höhe der beizutreibenden Forderung.

Bei einem Gegenstandswert von maximal 1.500,00 € entstünde folgende Vergütung:

Gegenstandswert: maximal 1.500,00 €

Gesetzliche Vergütung

0,3 Terminsgebühr in der Zwangsvollstreckung

gem. §§ 2 Abs. 2, 13, Nr. 3310 VV RVG	31,50 €
Entgelte für Post- und Telekommunikationsdienstleistungen gem. Nr. 7002 VV RVG	6,30 €
19 % Umsatzsteuer gem. Nr. 7008 VV RVG	7,18 €
Summe	44,98 €

Bitte haben Sie Verständnis dafür, dass es uns aus wirtschaftlichen Gesichtspunkten unmöglich ist, für die gesetzliche Vergütung diesen Termin wahrzunehmen. Eine Wahrnehmung des Termins würde bedeuten, dass wir unser Büro nicht ordentlich betreiben. Dies kann auch nicht in Ihrem Interesse sein.

Eine Teilnahme am Termin wäre uns möglich, wenn wir hier eine Vergütungsvereinbarung treffen, dass der durch das Gesetz vorgegebene Gegenstandswert in Höhe von 1.500,00 € nicht einschlägig ist.

Wir könnten den Termin wahrnehmen, wenn wir hier vereinbaren, dass sich der Gegenstandswert für die Wahrnehmung dieses Termins – wie sonst in der Zwangsvollstreckung auch – nach dem Wert der beizutreibenden Forderung richtet. Zudem müssten wir vereinbaren, dass der Rahmen der Gebühr nicht 0,3, sondern 1,2 beträgt. Hinweis: Ist die beizutreibende Forderung sehr hoch, kann unter Umständen darauf verzichtet werden, einen abweichenden Gebührenrahmen zu vereinbaren.

Sie müssten mit folgendem Betrag rechnen, den wir anstelle der gesetzlichen Vergütung berechnen:

Gegenstandswert: beizutreibende Forderung

Vereinbarte Vergütung gem. § 3aRVG	..... €
1, 2 Terminsgebühr in der Zwangsvollstreckung gem. §§ 3a, 2 Abs. 2, 13, Nr. 3310 VV RVG	..... €
Entgelte für Post- und Telekommunikationsdienstleistungen gem. Nr. 7002 VV RVG	..... €
19 % Umsatzsteuer gem. Nr. 7008 VV RVG	..... €
Summe	..... €

Wir stellen ausdrücklich klar, dass wir für einen Vollstreckungserfolg nicht garantieren können. Trotz unserer Teilnahme am Termin kann es sich ergeben, dass der Schuldner über keinerlei pfändbare Habe, Forderungen oder sonstiges verwertbares Vermögen verfügt.

Für den Fall, dass Sie eine Vereinbarung über die Höhe der Vergütung mit uns abschließen, ist eine Kostenerstattung ausgeschlossen. Der Schuldner muss nur die Vergütung erstatten, die sich aufgrund des gesetzlichen Vergütungsanspruchs ergibt.

Wir haben in der Anlage eine entsprechende Vergütungsvereinbarung beigefügt. Für den Fall, dass Sie eine Terminswahrnehmung durch uns wünschen, bitten wir um schnellstmögliche Rücksendung. Der Gerichtsvollzieher bzw. das Gericht müssen darüber informiert werden, dass wir den Termin wahrnehmen werden und von unserem Fragerecht Gebrauch machen werden. Bitte denken Sie an die Postlaufzeiten bei Gericht. Eine späte Rücksendung der Vergütungsvereinbarung kann dazu führen, dass eine Teilnahme am Termin nicht mehr durchführbar ist. Selbstverständlich schulden Sie dann die Vergütung nicht.

Grußformel

► Muster: Vergütungsvereinbarung in der ZV – höhere Terminsgebühr

965 Vergütungsvereinbarung

zwischen

..... nachstehend „der Rechtsanwalt“

und

..... nachstehend „der Auftraggeber“

wird folgende Vereinbarung getroffen:

1. Inhalt des Auftrags

Der Auftraggeber beauftragt den Rechtsanwalt, ihn im Termin zur Abgabe der eidesstattlichen Versicherung gegen den Schuldner ....., wohnhaft in ..... zu vertreten.

Der Auftrag erstreckt sich auf Wahrnehmung des Termins zur Abgabe der eidesstattlichen Versicherung.

2. Vergütung

Für die unter Nr. 1 genannte anwaltliche Tätigkeit erhält der Rechtsanwalt anstelle der gesetzlichen Gebühren folgende Vergütung:

Gegenstandswert: beizutreibende Forderung (..... €) Vereinbarte Vergütung gem. § 3a RVG (..... €)

1, 2 Terminsgebühr in der Zwangsvollstreckung gem. §§ 3a, 2 Abs. 2, 13, Nr. 3310 VV RVG	..... €
Entgelte für Post- und Telekommunikationsdienstleistungen gem. Nr. 7002 VV RVG	..... €
19 % Umsatzsteuer gem. Nr. 7008 VV RVG	..... €
Summe	..... €

3. Einschaltung von Hilfspersonen

Der Rechtsanwalt ist nicht berechtigt, zur Erfüllung des nach Nr. 1 beschriebenen Auftrages Hilfspersonen einzuschalten. Der Rechtsanwalt kann die Leistung nur persönlich erbringen. Der Rechtsanwalt verpflichtet sich, Gerichtstermin persönlich wahrzunehmen.

4. Erhebung von Vorschüssen

Der Rechtsanwalt ist jederzeit berechtigt, angemessene Vorschüsse zu erheben. Rechtzeitig vor dem Termin wird der RA dem Auftraggeber eine Vergütungsberechnung auf der Grundlage dieser Vereinbarung übersenden. Die Zahlung des angeforderten Vorschusses muss mindestens drei Tage vor dem Gerichtstermin eingehen. Fällt der Gerichtstermin auf einen Montag, so muss der Betrag spätestens am dem Donnerstag der Vorwoche, auf dem Konto des Rechtsanwalts eingehen oder bar geleistet werden. Eine Zahlung per Scheck ist nicht ausreichend. Kommt der Auftraggeber der Vorschussanforderung nicht fristgerecht nach, wird der Termin durch den Rechtsanwalt nicht wahrgenommen.

Der Auftraggeber wird darauf hingewiesen, dass ein Termin zur Abgabe der eidesstattlichen Versicherung nicht beliebig wiederholt werden kann. Aufgrund gesetzlicher Schutzvorschriften ist es möglich, dass der Schuldner erst nach drei Jahren erneut zur Abgabe der eidesstattlichen Versicherung geladen werden kann.

5. Hinweise für den Auftraggeber

Der Auftraggeber wird von dem Rechtsanwalt darauf hingewiesen,
- dass die vereinbarte Vergütung die gesetzliche Vergütung übersteigt,
- die vereinbarte Vergütung soweit sie die gesetzliche Vergütung übersteigt auch im Obsiegensfall nicht von der unterliegenden Partei zu erstatten ist,
- die vereinbarte Vergütung, soweit sie die gesetzliche Vergütung übersteigt, nicht von der Rechtsschutzversicherung übernommen wird.

6. Abtretung des Kostenerstattungsanspruchs

Bis zur Höhe der dem Rechtsanwalt nach dieser Vereinbarung zustehenden Vergütung werden ihm bereits jetzt eventuelle Kostenerstattungsansprüche gegen Dritte (insbesondere gegen den unterlegenen Prozessgegner oder die Staatskasse) zur Sicherung seiner Vergütungsansprüche abgetreten. Der Rechtsanwalt ist berechtigt, die Erstattungsansprüche einzuziehen und auf seine Vergütungsansprüche zu verrechnen. Der Rechtsanwalt nimmt die Abtretung ausdrücklich an.

Ort, den .....

....

Der Auftraggeber Der Rechtsanwalt

IV. Einigungsgebühr

966 Im Vollstreckungsverfahren kann der RA eine Einigungsgebühr gem. Nr. 1003 VV RVG verdienen s. Kap. 8 Rdn. 356 ff.

V. Vergütung bei Vollstreckung gegen mehrere Schuldner

967 Vollstreckt der RA auftragsgemäß gegen mehrere Schuldner, ist jede Vollstreckungsmaßnahmen gegen jeden Schuldner eine **eigene Angelegenheit.** Es entsteht pro Schuldner (unabhängig von der Frage, gegen wie viele Schuldner sich die Zwangsvollstreckung richtet) ein **eigener Vergütungsanspruch** (BGH, v. 10. 10. 2003 – IX a ZB 183/03 – aufrufbar über *www.bundesgerichtshof.de*). Hierbei kommt es nicht darauf an, dass verschiedene Titel vorliegen. Dies gilt auch dann, wenn die **Forderung gegen mehrere Schuldner in einem Titel** tituliert wurde. Es ist auch nicht erforderlich, dass der RA pro Schuldner ein gesondertes Gesuch ausfertigt. Die Gebühr entsteht auch mehrfach, wenn mit einem Gesuch gegen mehrere Schuldner vollstreckt wird.

968 ▶ **Beispiel:**

Der RA beantragt einen Pfändungs- und Überweisungsbeschluss wegen einer Forderung i.H.v. 50.000,00 € (inklusive Nebenforderungen, also Kosten, Zinsen Hauptforderung, bisherige Vollstreckungskosten etc.). Gläubiger der titulierten Forderung ist ein Ehepaar. Schuldner der titulierten Forderung ist eine Gesellschaft bürgerlichen Rechts (GbR) bestehend aus vier Personen. Der RA kann abrechnen:

Für die Vollstreckung gegen einen Schuldner entsteht:

Gegenstandswert: 50.000,00 €

0,6 Verfahrensgebühr Zwangsvollstreckung gem. §§ 2 Abs. 2, 13, Nr. 3309, 1008 VV RVG	*727,60 €*
Zuschlag i.H.v. 0,3 wegen der Vertretung von zwei Auftraggebern gem. Nr. 1008 VV RVG	
Entgelte für Post- und Telekommunikationsdienstleistungen	
gem. Nr. 7002 VV RVG	*20,00 €*
19 % USt gem. Nr. 7008 VV RVG	*123,04 €*
Zwischensumme	*770,64 €*
770, 64 € × 4 wegen des Vorgehens gegen vier Schuldner =	*3.082,56 €*

VI. Beginn der Zwangsvollstreckung

969 Die Verfahrensgebühr der Nr. 3309 VV RVG entsteht mit dem ersten Tätigwerden nach Erteilung des Vollstreckungsauftrags. Die Gebühr kann auch bereits für die sog. Zwangsvollstreckungsandrohung entstehen.

1. Vergütung bei der Vollstreckungsandrohung

970 In vielen Fällen „beginnt" die Zwangsvollstreckung nicht in der Weise, dass sofort Zwangsmaßnahmen gegen den Schuldner eingeleitet werden. Insbes. wenn der Schuldner anwaltlich vertreten war, ist es üblich, vor Einleitung von Vollstreckungsmaßnahmen dem Schuldner eine letzte Frist zur Zahlung einzuräumen, bevor die Mittel der Zwangsvollstreckung ausgeschöpft werden. Immer wieder kommt es vor, dass der Schuldner zwar zahlt, aber die Vergütung für die Vollstreckungsandrohung nicht zahlt, sodass im Zweifel die Kostenfestsetzung gem. § 788 ZPO zu erfolgen hat, damit ein zur Vollstreckung geeigneter Titel über die Vollstreckungskosten ergeht.

971 Für die **Vollstreckungsandrohung** kann der RA regelmäßig eine **Vergütung** verlangen. Auch hier ist ein **entsprechender Auftrag** des Auftraggebers Voraussetzung für die Einforderbarkeit der Vergütung. Unterscheiden müssen Sie hier erneut zwischen dem Entstehen eines Vergütungsanspruch und der Erstattbarkeit von der Gegenseite.

Die Vergütung für die Vollstreckungsandrohung kann entstanden sein, aber es kann an einem Erstattungsanspruch gegenüber dem Schuldner fehlen.

Viele Kanzleien stellen dem Auftraggeber die Kosten für eine Vollstreckungsandrohung nicht in Rechnung, wenn der Gegner nicht verpflichtet ist, diese auch zu erstatten. 972

Damit die Vergütung für die Vollstreckungsandrohung auch von dem Schuldner zu erstatten ist, müssen bestimmte Voraussetzungen erfüllt sein. 973

2. Zustellung des Titels

Es ist umstritten, ob die Zustellung des Titels an den Schuldner erforderlich ist und bereits erfolgt sein muss. Der BGH hat dies verneint (BGH v. 18.07.2003 – IX a ZB 146/03), wenn es sich bei dem Titel um einen Vergleich handelt. Viele Gerichte stellen daher auch zu Recht nicht auf die Zustellung, sondern auf die Kenntnis des Schuldners von der Entscheidung ab. 974

► **Praxistipp:** 975

Wenn Sie einen Titel vorliegend haben, aus dem Sie die Vollstreckung beabsichtigen, der noch nicht von Amts wegen zugestellt ist (bspw. liegt nur die Kurzausfertigung des Urteils des Berufungsgerichts vor), so stellen Sie diese unmittelbar nach Eingang im Büro im Parteibetrieb zu. Auf die Zustellung der Vollstreckungsklausel kommt es nicht an, da die Zustellung ja nicht erfolgt, um die Vollstreckungsvoraussetzungen zu schaffen, sondern um die Kenntnis des Schuldners vom Titel zu erwirken.

► **Muster: Zustellungsurkunde Titel nebst Empfangsbekenntnis**

976

Zustellungsurkunde

In Sachen: ..... (Rubrum)

Gericht: .....

Az.: .....

bringen die Prozessbevollmächtigten und Verfahrensbevollmächtigten des Gläubigers Rechtsanwälte .....

(volle Anschrift der Kanzlei)

die ..... *(Titel, Datum des Titels)* in beglaubigter und einfacher Kopie gemäß § 195 ZPO von Anwalt zu Anwalt zur Zustellung an:

den Prozessbevollmächtigten der (Gegenseite) ..... *(vollständige Anschrift der Vertreter der Gegenseite)*

zum Hinweis auf eine bevorstehende Zwangsvollstreckung.

....

Ort, Datum Unterschrift Rechtsanwalt

Ein eigenes Blatt Papier für die Folgeseite ausfertigen

.....

ggf.:

.....

Bitte nur per Fax zurück an: Rechtsanwalt ..... Telefaxnummer .....

E m p f a n g s b e k e n n t n i s

..... *(dies geht zurück an zustellenden Anwalt)*

In Sachen: .....

Gericht: .....

Az.: .....

habe/haben ich/wir von den Prozessbevollmächtigten/Verfahrensbevollmächtigten des Gläubigers .....

(volle Anschrift der Kanzlei, die die Zwangsvollstreckung durchführen will)

die ..... *(Titel, Datum des Titels)* in beglaubigter und einfacher Kopie gemäß § 195 ZPO von Anwalt zu Anwalt zugestellt erhalten:

Prozessbevollmächtigte des Schuldners: .....

(vollständige Anschrift der Rechtsanwälte der Gegenseite)

....

Ort, Datum Unterschrift Rechtsanwalt

977 ► Hinweis:

Bitte denken Sie daran, dem Empfangsbekenntnis die beglaubigte und einfache Kopie des Urteils beizufügen. Sie sollten einen frankierten und adressierten Rückumschlag beifügen oder Ihre Faxnummer auf dem Empfangsbekenntnis vermerken. Viele Kanzleien senden ein Empfangsbekenntnis nicht zurück, wenn kein Rückporto beigefügt ist. Eine Rücksendung per Fax wird üblicherweise erledigt. An dieser Stelle erfolgen keine Ausführungen zu der Frage, ob es zulässig ist, dass ein RA eine Zustellquittung/ein Empfangsbekenntnis nicht zurück reicht, weil kein Porto aufgebracht worden ist.

► Muster: Zustellanschreiben zur Vorbereitung der Zwangsvollstreckung an
978 die Verfahrensbevollmächtigten des Schuldners

Anrede,

wir haben in der Anlage eine beglaubigte und einfache Kopie des ..... *(Titel benennen)* ..... des ..... Gerichts vom ..... zum Aktenzeichen ..... zum Zwecke der Zustellung beigefügt. Wir weisen darauf hin, dass für die Kenntnis der Entscheidung auf

Schuldnerseite die Zustellung des Titels von Amts wegen nicht erforderlich ist. Mit dieser Zustellung ist davon auszugehen, dass der Schuldner seine Leistungsverpflichtung hinreichend kennt.

Abschrift anbei

Grußformel

► Hinweis: 979

Geben Sie dem Schuldner jetzt die Möglichkeit, innerhalb einer angemessenen Frist (zehn Tage) freiwillig zu leisten. Leistet er nicht, kündigen Sie die Einleitung von Vollstreckungsmaßnahmen an, auch wenn die Vollstreckungsvoraussetzungen noch nicht erfüllt sind. Liegen alle Vollstreckungsvoraussetzungen vor, können Sie auch nach Ablauf der Frist unmittelbar Vollstreckungsmaßnahmen ergreifen.

Ist die Zustellung des Titels vorab erfolgt, muss dem Schuldner bewusst sein, dass eine Zwangsvollstreckung unmittelbar bevorsteht, sobald alle Voraussetzungen vorliegen.

3. Zustellung einer vollstreckbaren Ausfertigung des Titels?

Bei Erstellen einer Vollstreckungsandrohung ist es nicht erforderlich, dass bereits eine vollstreckbare Ausfertigung des Urteils zugestellt worden ist. 980

► Praxistipp: 981

Sie sind als Gläubigervertreter nicht verpflichtet, abzuwarten, bis die Zustellung der vollstreckbaren Ausfertigung von Amts wegen erfolgt ist. Sie können die vollstreckbare Ausfertigung des Titels im Parteibetrieb zustellen. Für die Voraussetzung der Zwangsvollstreckung muss der Titel nicht von Amts wegen zugestellt werden. Die Zustellung von Amts wegen ist erforderlich, um ordnungsgemäß die Rechtsmittel und Rechtsbehelfsfristen in Gang zu setzen. Für die Vollstreckung reicht die Zustellung der vollstreckbaren Ausfertigung gem. § 750 Abs. 1 Satz 2 ZPO im Parteibetrieb. Das Textmuster einer Zustellungsurkunde im Parteibetrieb finden Sie unter Kap. 8 Rdn. 978).

► Muster: Anforderung einer vollstreckbaren Ausfertigung zum Zwecke der Parteizustellung 982

Adresse Prozessgericht

In Sachen

….. ./. …..

Az.: …..

wird beantragt,

eine vollstreckbare Ausfertigung des ..... (Titels) vom ..... zu erteilen und an

uns – auch ohne Zustellattest – zu überreichen.

Es wird ferner beantragt,

die sogenannte Rapidklausel gem. § 317 Abs. 2 Satz 2 ZPO zu erteilen.

Begründung

Es ist diesseits beabsichtigt, zügig die Zwangsvollstreckung gegen den Schuldner (ehemaliger Kläger oder Beklagter) einzuleiten. Zu diesem Zweck soll die Zustellung der vollstreckbaren Ausfertigung des Urteils gem. § 750 Abs. 1 Satz 2 ZPO im Parteibetrieb erfolgen. Es ist entsprechend § 750 Abs. 1 Satz 2 ZPO nicht erforderlich, dass die vollstreckbare Ausfertigung des Urteils, die im Parteibetrieb zugestellt werden soll, bereits mit Tatbestand und Entscheidungsgründen versehen ist.

Beglaubigte und einfache Abschrift anbei

Grußformel

983 ▶ Hinweis:

Für diesen Antrag und die Zustellung kann der RA keinen gesonderten Vergütungsanspruch geltend machen. Dieser Antrag sowie die Zustellung gehören gem. § 19 Nr. 9, 12, 15 RVG zum Rechtszug.

4. Vorliegen der Vollstreckungsklausel

984 In der Rechtsprechung wird überwiegend die Auffassung vertreten, dass es für die Erstattungsfähigkeit der Kosten für eine Vollstreckungsandrohung erforderlich ist, dass die Vollstreckungsklausel bereits erteilt ist (BGH v. 10. 10. 2003 – IX a ZB 183/03). Diese Auffassung wird im Wesentlichen darauf gestützt, dass eine Zwangsvollstreckung i. d. R. nicht möglich ist (Ausnahme z. B. Arrest, einstweilige Verfügung, Vollstreckungsbescheid), wenn eine Klausel nicht erteilt wurde.

5. Nachweis der Sicherheitsleistung

985 Ist eine Zwangsvollstreckungsmaßnahme nur gegen Sicherheitsleistung des Gläubigers möglich („Das Urteil ist gegen Sicherheitsleistung i.H.v. ..... € vorläufig vollstreckbar"), muss die erfolgte Sicherheitsleistung nachgewiesen sein, bevor die Kosten für eine Vollstreckungsandrohung erstattungsfähig sind und vom Schuldner zu leisten sind. Dies gilt selbst dann, wenn der Gläubiger die Vollstreckungsvoraussetzungen gem. § 720a ZPO geschaffen hat (sog. **Sicherungsvollstreckung**, in dem eine Pfändung, aber keine Verwertung erfolgt). Er verlangt mit seiner Vollstreckungsandrohung Zahlung vom Schuldner, daher reichen die Voraussetzungen gem. § 720a ZPO nicht aus, wenn die Zwangsvollstreckung nur gegen Sicherheitsleistung möglich ist.

► **Praxistipp:** 986

Für den Auftraggeber sind insbes. die Regelungen zur Sicherheitsleistung verwirrend. Weisen Sie den Auftraggeber darauf hin, wie bei einer nur gegen Sicherheitsleistung zulässigen Zwangsvollstreckung weiter zu verfahren ist. Damit eine Vollstreckung zügig und effektiv durchgeführt werden kann, sollten Sie Ihren Auftraggeber gleich bei der Zustellung der Kurzausfertigung des Urteils entsprechend informieren.

► **Muster: Information des Auftraggebers bei Vollstreckung nur gegen Sicherheitsleistung** 987

Anrede,

in der Anlage übersenden wir Ihnen die Kurzausfertigung des Urteils vom ..... des ..... Gerichts zum Aktenzeichen – ..... –.

Wie Sie dem Urteil entnehmen können, ist der Beklagte verurteilt worden,
1. ..... € an Sie zu zahlen,
2. die Kosten des Rechtsstreits zu tragen.
   Der Beklagte muss daher die im gerichtlichen Verfahren entstandene Anwaltsvergütung an Sie erstatten.
3. Die Zwangsvollstreckung ist nur gegen Sicherheitsleistung in Höhe von ..... zulässig.

Für den Beklagten besteht die Möglichkeit, gegen dieses Urteil binnen einer sogenannten Notfrist (unverlängerbar) von einem Monat seit Zustellung der vollständigen Entscheidung an seinen Prozessbevollmächtigten Berufung einzulegen. Aus diesem Grund ist eine Zwangsvollstreckung nur eingeschränkt möglich.

Es besteht immer die Möglichkeit, dass ein Berufungsgericht die Entscheidung des erstinstanzlichen Gerichts aufhebt. Die Sicherheitsleistung soll für den Beklagten garantieren, dass nicht endgültige Verhältnisse hergestellt werden, wenn noch offen ist, wie ein Berufungsgericht entscheiden wird. Wenn der Beklagte mit Zwang zur Leistung gezwungen werden soll, muss durch den Gläubiger (im vorliegenden Verfahren sind Sie der Gläubiger) Sicherheit geleistet werden. Nur dann kann der Beklagte vor Eintritt der sogenannten Rechtskraft zur Zahlung auch im Wege einer Vollstreckung gezwungen werden.

Wird das jetzt ergangene Urteil rechtskräftig, entfällt für Sie die Verpflichtung zur Sicherheitsleistung. Eine Leistungspflicht des Beklagten steht mit Rechtskraft definitiv fest. Mit Eintritt der Rechtskraft kann die Entscheidung des Gerichts regelmäßig nicht mehr abgeändert werden.

Bitte teilen Sie uns mit, ob Sie in der Lage sind, die im Urteil tenorierte Sicherheit zu leisten.

Wenn Sie nicht in der Lage sind, die erforderliche Sicherheitsleistung aufzubringen, kann in eingeschränktem Maße eine Vollstreckung betrieben werden. Diese erfolgt letztlich gem. § 720a ZPO aber nur in der Weise, dass der Schuldner gezwungen wird, Sicherheit zu leisten. Die sogenannte Sicherungsvollstreckung hat nicht zur

Folge, dass wir Beträge an Sie auskehren können. Ihre Forderung wird lediglich gesichert, aber nicht befriedigt.

Selbstverständlich besteht auch die Möglichkeit, hier abzuwarten, bis die Rechtskraft des Urteils eingetreten ist. Da ein Berufungsverfahren einen für uns nicht vorhersehbaren Zeitraum dauern wird, ist immer die Möglichkeit gegeben, dass der Schuldner nach Abschluss des sogenannten Erkenntnisverfahrens (also der Berufung) insolvent und damit leistungsunfähig ist.

Die Vorbereitung der Sicherungsvollstreckung gem. § 720a ZPO löst keinen gesonderten Vergütungsanspruch aus. Diese Tätigkeit ist mit der Vergütung für unsere bisherige Tätigkeit abgegolten. Die Hinterlegung der Sicherheit und die Zustellung der Hinterlegungsquittung an den Prozessbevollmächtigten des Schuldners löst ebenfalls keinen neuen Vergütungsanspruch aus.

Wir bitten um kurzfristige Kontaktaufnahme zur Besprechung des weiteren Vorgehens.

Grußformel

988 ▶ Praxistipp:

Beabsichtigen Sie, für den Auftraggeber die Sicherungsvollstreckung gem. § 720a ZPO zu betreiben, können Sie auch hier beantragen, dass das Gericht Ihnen vorab eine vollstreckbare Ausfertigung des Titels ohne Zustellvermerk zur Verfügung stellt. Sie können das vorhandene Muster (Kap. 8 Rdn. 978) verwenden. Auf eine beabsichtigte Sicherungsvollstreckung gem. § 720a ZPO i.V.m. § 750 Abs. 3 ZPO würde ich nicht gesondert im Antrag hinweisen.

6. Ausreichend Zeit, die Forderung freiwillig zu erfüllen

989 Die zutreffende Abgrenzung dieses Zeitpunktes ist schwierig. Es ist nachvollziehbar, dass dem Schuldner eine Zeitspanne eingeräumt werden muss, freiwillig zu leisten. Auf der anderen Seite führt der Gläubiger das Verfahren bereits seit einiger Zeit, so ist es auch nachvollziehbar, dass der Gläubiger nicht mehr warten möchte. Für Gläubiger stellt sich das Rechtssystem ohnehin oft so dar, dass der Schuldner alle Rechte hat und der Anspruchsinhaber und damit Gläubiger auf eigenes Kostenrisiko gerichtliche Verfahren führen muss. So fällt es im beruflichen Alltag schwer, dem Auftraggeber zu erklären, warum und worauf er denn jetzt schon wieder warten muss.

990 ▶ Praxistipp:

Wenn es schnell gehen soll, dann rufen Sie den Schuldnervertreter an, bevor Sie Vollstreckungsmaßnahmen ergreifen können, da diese als verfrüht erscheinen könnten. So ist es durchaus sinnvoll, z. B. am Tag nach Ablauf der Widerrufsfrist eines Vergleichs im Büro des gegnerischen RA anzurufen. Zunächst erfragen Sie, ob von dort ein Widerruf des Vergleichs erfolgt ist, damit Sie die vollstreckbare Ausfertigung des Vergleichs anfordern können. Dann weisen Sie darauf hin, dass eine schnelle Zwangsvollstreckungsmaßnahme beabsichtigt ist. Wenn Sie dann unmittelbar nach Eingang der Vollstreckungsklausel die Zwangsvollstreckung einleiten oder diese androhen, steht einer Erstattungsfähigkeit der Vergütung für die Androhung nichts entgegen. Da diese Fälle häufig vorkommen, empfiehlt es sich, eine entsprechende Telefonnotiz bereits vorbereitet zu haben.

► Muster: Telefonvermerk – Widerruf Vergleich – Vollstreckungsabsichten

Telefonnotiz 991

Am ..... um ..... habe ich ..... in der Sache .....

..... unter Az.: ..... angerufen.

Ich habe dort nachgefragt, ob der Vergleich vom ..... vor dem ..... Gericht..... zum Aktenzeichen ..... von der Kanzlei

widerrufen worden ist. Mir wurde mitgeteilt, dass der Vergleich nicht widerrufen worden ist.

Ich habe dann die andere/den anderen Gesprächsteilnehmer/-in Frau/Herrn .....

darauf hingewiesen, dass uns ein Vollstreckungsauftrag erteilt worden ist und mit unverzüglicher Vollstreckung zu rechnen ist. Für den Fall, dass seitens der Schuldnerin/des Schuldners eine freiwillige Leistung beabsichtigt ist, ist eine unverzügliche diesbezügliche Information an uns erforderlich. Ich habe ferner mitgeteilt, dass die Ankündigung der Leistungsbereitschaft nicht genügen wird, sondern der Nachweis einer erfolgten Leistung zu erbringen ist.

....

Ort, den Unterschrift/Namenskürzel

Leistet der Schuldner trotz all Ihrer Bemühungen nicht fristgerecht, können Sie jetzt, auch ohne, dass sämtliche Vollstreckungsvoraussetzungen erfüllt sind, eine Vollstreckungsandrohung an den Schuldner versenden. 992

► Muster: Vollstreckungsandrohung

Anrede, 993

in der vorbezeichneten Angelegenheit liegt gegen Ihre Mandantschaft das Urteil des Gerichts ..... zum Aktenzeichen ..... vor. Aus dem Urteil ergibt sich eine gerichtlich festgestellte Zahlungsforderung. Das Urteil haben wir bereits am ..... im Parteibetrieb zugestellt. Die titulierte Forderung beträgt

Hauptforderung (z. B.) 9.000,00 €

Zinsen entsprechend Titel (z. B.) 1.000,00 €

Die Zinsforderung erhöht sich bis zum tatsächlichen Eingang einer Zahlung.

Diese Kosten erhöhen sich um die Kosten

für diese Androhung in Höhe von 370,80 €,

sodass Ihr Auftraggeber insgesamt 10.370,80 €

zu leisten hat.

Ggf. weitere Forderungen (titulierte Nebenforderungen, Kostenfestsetzungsbeschlüsse etc.)

Bis zum heutigen Tage ist eine freiwillige Zahlung durch Ihre Mandantschaft nicht erfolgt. Aus diesem Grunde kündigen wir hiermit an, dass wir im Auftrage unserer Mandantschaft die

Zwangsvollstreckung

aus dem Urteil betreiben werden. Sollte ein Ausgleich der unserer Mandantschaft zustehenden Forderung nicht bis zum

Datum

auf einem unserer aus dem Briefbogen ersichtlichen Konten erfolgt sein, wird ohne weitere Korrespondenz die zwangsweise Beitreibung der Forderung betrieben.

Sollte Ihr Auftraggeber die hier entstandene Vergütung für die notwendige Vollstreckungsandrohung nicht leisten, kündigen wir bereits jetzt an, dass wir eine Titulierung gem. § 788 ZPO betreiben werden.

Gegenstandswert: 10.000,00 €

0,6 Verfahrensgebühr Zwangsvollstreckung gem. §§ 2 Abs. 2, 13, Nr. 3309 VV RVG	291,60 €
Erhöhung für die Vertretung mehrerer Auftraggeber gem. Nr. 1008 VV RVG um 0,3	
(*Im Beispielsfall soll der RA ein Ehepaar vertreten*)	
Entgelte für Post- und Telekommunikationsdienstleistungen gem. Nr. 7002 VV RVG	20,00 €
19 % Umsatzsteuer gem. Nr. 7008 VV RVG	59,20 €
Summe Vergütung Vollstreckungsandrohung	370,80 €

Bitte veranlassen Sie einen Zahlungsausgleich durch Ihren Auftraggeber. Allen Parteien ist mit Sicherheit daran gelegen, keine weiteren Auseinandersetzungen wegen der mittlerweile feststehenden Forderung führen zu müssen.

Dieses Schreiben wird Ihnen im Parteibetrieb zugestellt.

Abschrift anbei

Grußformel

VII. Keine Anwendbarkeit der Nr. 3309 VV RVG

994 Nur für eine Tätigkeit in der Zwangsvollstreckung kann der RA Verfahrensgebühr gem. Nr. 3309 VV RVG fordern. Keine Vollstreckungsmaßnahme ist gegeben, wenn der RA für seinen Auftraggeber einen Titel „vollstreckt" (der bessere Begriff wäre hier „vollzieht), in dem der Schuldner zur Abgabe einer Willenserklärung rechtskräftig verurteilt worden ist (z. B. ein Antrag auf Eintragung der Löschung eines Rechts im Grundbuch). Dies verhindert § 894 ZPO, denn entsprechend dieser

Vorschrift gilt die Erklärung als abgegeben, sobald das Urteil rechtskräftig geworden ist.

VIII. Keine Anwendbarkeit der Nr. 3309 VV RVG – Anforderung des entwerteten Titels

Hat der Schuldner geleistet, so hat er den Anspruch, dass ihm der entwertete Titel zugesandt wird. Die vollstreckbare Ausfertigung des Titels muss vom Gläubiger unbrauchbar gemacht werde (entweder mit dem Zusatz: „Entwertet durch Gläubiger X" oder „Gezahlt durch Schuldner Y" oder „Beigetrieben" u.v.m). Händigt der Gläubiger dem Schuldner den Schuldtitel nach der Erfüllung nicht unverzüglich aus, kann der Schuldner vom Gläubiger die Herausgabe verlangen. Dafür entsteht für den Vertreter des Gläubigers ein neuer Vergütungsanspruch, insbes. dann, wenn der Schuldnervertreter bereits den Auftrag hatte, wegen der Herausgabe des Titels die Zwangsvollstreckungsabwehrklage zu erheben. So lange der Gläubiger den Schuldtitel in den Händen hält (genauer: die vollstreckbare Ausfertigung), kann er gegen den Schuldner Vollstreckungsmaßnahmen ergreifen. 995

► Praxistipp: 996

Auf Gläubigerseite ist die Aushändigung des Titels nach Zahlung der Forderung eine Frage der richtigen Organisation. In vielen Kanzleien bleiben vollstreckbare Ausfertigungen einfach in der Akte. Dies ist so lange problemlos, bis einmal ein Schuldner kostenpflichtig die Herausgabe fordert. Senden Sie sofort nach dem vollständigen Zahlungsausgleich den vollstreckbaren Titel an den Schuldner.

► Beispiel 997

Das erstinstanzliche Verfahren wurde obsiegend beendet. Es ergeht zugunsten Ihres Mandanten ein Kostenfestsetzungsbeschluss. Der Schuldner erfüllt den Zahlungsanspruch. Die vollstreckbare Ausfertigung des Kostenfestsetzungsbeschlusses müssen Sie unverzüglich an den Vertreter des Schuldners aushändigen.

► Muster: Aufforderung zur Herausgabe der vollstreckbaren Ausfertigung des Titels 998

Vorab per Telefax an Vertreter des Gläubigers

Anrede,

wie Sie wissen, vertreten wir die Interessen des (vollständige Anschrift des Auftraggebers). Eine uns legitimierende Vollmacht ist diesem Schreiben erneut in der Anlage beigefügt.

Ausweislich des Urteils des ..... Gerichts vom ..... Aktenzeichen ..... war unser Auftraggeber verpflichtet, eine Forderung in Höhe von ..... € nebst Zinsen zu erfüllen.

Unser Auftraggeber hat ausweislich des hier vorliegenden Kontoauszuges die titulierte Forderung erfüllt. Die Zahlung ist am ..... vollständig erfolgt.

Nach dem unser Auftraggeber uns einen Klageauftrag erteilt hatte, haben wir Sie bereits am ..... telefonisch aufgefordert, unverzüglich die entwertete vollstreckbare Ausfertigung zu unseren Händen zu reichen. Hier sollte ein weiteres gerichtliches Verfahren vermieden werden. Bis zum heutigen Tage sind Sie dieser Aufforderung nicht nachgekommen.

Wir fordern Sie hiermit letztmalig auf, die entwertete vollstreckbare Ausfertigung des o.g. Urteils an uns zu überreichen. Der Erledigung sehen wir bis zum Datum

entgegen.

Sollten wir den fristgerechten Eingang der entwerteten vollstreckbaren Ausfertigung des Urteils nicht feststellen können, werden wir ohne weitere Korrespondenz dem uns bereits erteilten Klageauftrag nachkommen und Zwangsvollstreckungsabwehrklage erheben.

Die Kosten für dieses Aufforderungsschreiben werden wir ebenfalls von Ihrem Auftraggeber einfordern.

Abschrift anbei

Wir stellen zu (Zustellkarte beifügen)

Grußformel

999 ▶ Hinweis:

Es ist immer sinnvoll, hier zunächst eine telefonische Lösung zu suchen, bevor weitere Kosten veranlasst werden. Zur Erstattung der Vergütung für dieses Aufforderungsschreiben, wenn der Gläubigervertreter leistet und ein Klageverfahren nicht erforderlich ist, lesen Sie bitte unter Kap. 8 Rdn. 275) nach.

IX. Keine Anwendbarkeit der Nr. 3309 VV RVG – Rückgabe einer Sicherheit

1000 Hat der Gläubiger zur Herstellung der Vollstreckungsvoraussetzungen Sicherheit geleistet (s. das entsprechende Formular, Kap. 8 Rdn. 987), so gehört das **Rückgabeverfahren** gem. §§ 109, 715 ZPO **zum Hauptsacheverfahren.** Die Vergütung für die entsprechende Tätigkeit ist gem. § 19 Abs. 1 Satz 2 Nr. 7 RVG von der Gebühr für das Hauptsacheverfahren abgegolten (umstrittene Auffassung – andere Auffassungen billigen hier einen gesonderten Vergütungsanspruch zu).

1001 Hat der Schuldner die Sicherheit zur Abwendung der Zwangsvollstreckung geleistet, geht die wohl h.M. davon aus, dass für das Rückgabeverfahren ein gesonderter Vergütungsanspruch entsteht. Dieser ist aufgrund der Kostenentscheidung des das Verfahren abschließenden Schlussurteils festsetzbar.

1002 ▶ Praxistipp:

Wenn der Schuldner Sicherheit zur Abwendung der Zwangsvollstreckung geleistet oder eine Bankbürgschaft im Original an Sie zugestellt hat, dann erklären Sie im Hinblick auf die geleistete Sicherheit unverzüglich die Freigabe, oder senden das Original der Bürgschaftsurkunde zurück an den Vertreter der Gegenseite. So vermeiden Sie es, evtl. kostenpflichtig zur Freigabe oder Herausgabe aufgefordert zu werden.

► Muster: Freigabeerklärung einer hinterlegten Sicherheit

..... Gericht 1003

Hinterlegungsgericht-

In Sachen

Az. der Hinterlegungsquittung –

..... zeigen wir an, dass wir den Hinterlegungsbegünstigten auch im Hinterlegungsverfahren ..... vertreten. Wir erklären namens und in beigefügter Vollmacht des Hinterlegungsbegünstigten ..... die Freigabe des ..... hinterlegten Betrags nebst Zinsen an den Hinterleger.

Der Rechtsgrund für die Hinterlegung ist entfallen, sodass die insgesamt angelaufene Forderung an den Hinterleger ausgekehrt werden kann.

Drei Abschriften anbei

Grußformel

► Hinweis: 1004

In der beizufügenden Vollmacht (Sie müssen ein Original beifügen, keine Kopie) muss im Betreff bei „wegen" – *Freigabe des hinterlegten Betrags beim AG ..... zum Az. – ..... – nebst Zinsen – vermerkt* sein.

Wenn Sie eine **Bürgschaftsurkunde im Original** wieder zurückreichen, legt der sog. Bürgschaftsnehmer die Bürgschaft der Bank im Original vor. Nur so kann eine Bürgschaft erlöschen. Solange der Bürgschaftsnehmer dem Bürgen das Original der Bürgschaftsurkunde nicht vorlegen kann, ist der Bürge an die Bürgschaft gehalten. Rechtssicherheit ist erst gegeben, wenn die Bürgschaftsurkunde vorgelegt wird. Achten Sie bei der Übersendung dieser Urkunden besonders darauf, dass Sie den **Zugang nachweisen** können. 1005

► Muster: Rückgabe einer Bürgschaft an gegnerischen Prozessbevollmächtigten 1006

Anrede,

in der vorbezeichneten Angelegenheit überreichen wir anliegend nach der Beendigung des gerichtlichen Verfahrens die Ausfertigung der Bürgschaftsurkunde vom ..... der ..... Bank zum Bearbeitungszeichen ..... über einen Betrag in Höhe von ..... €.

Bitte händigen Sie die Urkunde unverzüglich im Original Ihrem Mandanten aus.

Dieses Schreiben stellen wir Ihnen im Parteibetrieb zu.

Abschrift anbei

Grußformel

X. Eintragung einer Sicherungshypothek

1007 Auch die Eintragung einer Sicherungshypothek ist eine Maßnahme der Zwangsvollstreckung, die hier kurz erwähnt werden soll. Unter Kap. 5 Rdn. 402 finden Sie einen entsprechenden Musterantrag. Gem. § 867 ZPO wird die Sicherungshypothek auf Antrag des Gläubigers in das Grundbuch eingetragen. Es handelt sich bei einem Antrag zur Eintragung einer Sicherungshypothek gem. § 18 Nr. 13 RVG eine besondere Angelegenheit der Zwangsvollstreckung, sodass die Verfahrensgebühr der Nr. 3309 RVG entsteht.

XI. Hebegebühr

1008 Für die Entgegennahme und Weiterleitung der Zahlung des Schuldners kann die Hebegebühr entstehen. Auf die Ausführungen in Kap. 8 Rdn. 409 wird verwiesen.

XII. Der Umgang mit Fremdgeld/Verrechnung mit eigener Gebührenforderung

1009 Im Laufe eines Vollstreckungsverfahrens ist es nichts Ungewöhnliches, dass Zahlungen für den Auftraggeber auf das Konto des RA eingehen. Der RA muss **Fremdgelder** an den Auftraggeber weiterleiten. Selbstverständlich nur Fremdgelder, Vergütungsansprüche, die dem RA zustehen, werden nicht an den Auftraggeber ausgekehrt.

1010 Die Frage ist, wie lange hat der RA Zeit, das eingegangene Fremdgeld an den Auftraggeber zu erstatten, sowie, ob er das Fremdgeld aus der einen Akte mit offenen Vergütungsforderungen aus einer anderen Akte verrechnen kann.

1011 **Erhaltene Fremdgelder** muss der RA **unverzüglich** an den Auftraggeber auskehren. Dazu führt die Kommentarliteratur aus:

1012 *»§ 43a Abs. 5 Satz 1 BRAO formuliert den Grundsatz, dass der Anwalt bei der Behandlung der ihm anvertrauten Vermögenswerte zu der erforderlichen Sorgfalt verpflichtet sei. Dieser allgemeinen Regel stellt der Satz 2 das Gebot zur Seite, fremde Gelder unverzüglich an den Empfangsberechtigten weiterzuleiten oder auf ein Anderkonto einzuzahlen. Nach dem Normzweck begründet sich die Sorgfaltspflicht des Anwalts aus dem vertraglichen Vertrauensverhältnis zu seinem Mandanten und dessen Erwartung in die uneingeschränkte Integrität des Rechtsanwalts in seiner Stellung als Organ der Rechtspflege (Eylmann, in: Henssler/Prütting, BRAO, § 43a Rn. 154; Feuerich/Braun, BRAO § 43a Rn. 84; Jessnitzer/Blumberg, BRAO, § 43a Rn. 5.)«*

1013 Behält der RA Fremdgelder längere Zeit auf seinem Kanzleikonto, handelt er pflichtwidrig. Man unterscheidet zwischen **vorsätzlicher** und **fahrlässiger Pflichtwidrigkeit.** Will der RA einen Liquiditätsengpass überbrücken, so handelt er vorsätzlich. Fahrlässig handelt er, wenn Nachlässigkeit oder Vergesslichkeit die Ursache für die nicht erfolgte Weiterleitung des Fremdgeldes war.

Die Rechtsprechung hat vorgegeben, was unter **unverzüglich** zu verstehen ist: **1014**

Es kommt selbstverständlich auch auf die Organisationsstruktur der Kanzlei an. Bei **1015** einem Einzelanwalt wird ein Zeitraum von zwei Tagen angenommen, innerhalb dieser Frist muss die Weiterleitung des Fremdgeldes an den Auftraggeber erfolgt sein. Nur, wenn dieser Zeitraum eingehalten ist, liegt die geforderte Unverzüglichkeit vor. Bei Großkanzleien wurde ein Zeitraum von bis zu drei Wochen als unverzüglich angesehen. Können Sie das Fremdgeld innerhalb dieser Frist nicht weiterleiten, weil Ihnen etwa die Bankverbindung des Auftraggebers nicht bekannt ist, muss die Übertragung auf ein Anderkonto erfolgen. Selbstverständlich ist klar, dass hier Theorie und Praxis weit von einander entfernt sind, aber die Folgen eines Fehlverhaltens des RA können überaus unangenehm sein. Sie werden nur solange „sorglos" mit Fremdgeld umgehen, bis einmal dann doch ein Auftraggeber Strafanzeige erhebt und ein Strafverfahren gegen den RA eröffnet wird.

Ist dem RA eine unverzügliche Weiterleitung nicht möglich (Hinderungsgründe, die **1016** nicht in seiner Person oder Organisation seiner Kanzlei liegen), so hat der RA die Pflicht, das eingegangene Fremdgeld auf ein extra für diesen Zweck eingerichtetes **Anderkonto** einzuzahlen. Andere Möglichkeiten sieht das Gesetz grds. nicht vor. Allerdings ergibt sich aus § 4 Abs. 2 Satz 2 BORA, dass die Weiterleitungspflicht an den Auftraggeber Vorrang vor der Einzahlungspflicht auf ein Anderkonto hat.

Gerade im Umgang mit fremdem Geld ist äußerste Vorsicht geboten. Für den Fall **1017** eines Fehlers kann hier sehr schnell ein Strafverfahren wegen Unterschlagung drohen (§ 246 StGB). Möglich ist auch, dass der RA wegen Untreue (§ 266 StGB) belangt wird.

Der RA darf das eingegangene **Fremdgeld mit eigenen Vergütungsforderungen auf-** **1018** **rechnen** (AG Berlin-Charlottenburg v. 09.04.2003 – 20 – 2 C 541/02, JurBüro 2003, 424). Damit die Aufrechnung erfolgen kann, muss die sog. **Aufrechnungslage** vorliegen und die Aufrechnung muss gegenüber dem Auftraggeber erklärt werden.

Hierbei ist Vorsicht geboten. Es muss im Einzelfall ermittelt werden, ob der beson- **1019** dere Inhalt des zwischen den Parteien begründeten Schuldverhältnisses (Dienstleistungs- oder Geschäftsbesorgungsvertrag), die Natur der Rechtsbeziehungen oder der Zweck der geschuldeten Leistung eine Erfüllung im Wege der Aufrechnung als mit Treu und Glauben unvereinbar erscheinen lassen (BGH v. 23.02.1995 – IX ZR 29/94, NJW 1995, 1425).

Ein besonderes **Aufrechnungsverbot** enthält § 4 Abs. 3 BORA, wonach der RA eige- **1020** ne Vergütungsforderungen nicht mit Geldern verrechnen darf, die zweckgebunden zur Auszahlung an andere als den Auftraggeber bestimmt sind.

1021 ▶ **Muster: Aufrechnungserklärung gegenüber dem Mandanten Fremdgeld – offene Vergütungsansprüche**

Anrede,

in der vorbezeichneten Angelegenheit können wir eine erfreuliche Mitteilung überbringen. Der Schuldner hat eine Zahlung in Höhe von ..... €

geleistet.

Diese Forderung verrechnen wir entsprechend der gegebenen gesetzlichen Ermächtigung in § 43a BRAO mit dem hier offenen Verfügungsanspruch. Aus unserer Vergütungsrechnung vom .....

in Höhe von ..... € in dieser Sache ist noch ein Vergütungsanspruch in Höhe von ..... € offen. Diese Rechnung fügen wir in Kopie erneut zur besseren Übersichtlichkeit bei.

Wir erklären hiermit ausdrücklich die Aufrechnung unserer Vergütungsforderung mit dem eingegangenen Fremdgeldbetrag.

Unter Berücksichtigung des eingegangenen Betrags in Höhe von:	..... €
verbleibt nach Abzug von:	..... €
eine Zwischensumme in Höhe von:	..... €

Dieser Betrag reduziert sich um die Hebegebühr gem. Nr. 1009 VV RVG, die wir nachstehend beziffern. Im Hinblick auf die Hebegebühr hat der Rechtsanwalt ein sofortiges Entnahmerecht. Der o.g. Betrag in Höhe von ..... €, der sich nach Abzug unserer Vergütungsforderung ergab, verringert sich um die Hebegebühr.

Gegenstandswert – auszukehrender Betrag	..... €
..... % Hebegebühr gem. § 2 Abs. 2 Nr. 1009 VV RVG	..... €
19 % Umsatzsteuer gem. Nr. 7008 VV RVG	..... €
Summe	..... €

Es ergibt sich ein Zahlbetrag in Höhe von (Zwischensumme – Hebegebühr = Überweisungsbetrag) ..... €.

Mit gleicher Post haben wir den Betrag in Höhe von ..... € an Sie zur Anweisung gebracht.

Grußformel

1022 ▶ **Hinweis**

- Sie können die Rechnung über die Hebegebühr auch in einem gesonderten Schreiben erstellen.
- Hatten Sie bisher noch keine Vergütungsrechnung erstellt, so hängt die Zulässigkeit der Aufrechnung davon ab, ob die Vergütung zum Zeitpunkt der erforderlichen Aufrechnungserklärung bereits fällig i.S.v. § 8 RVG ist. Sie müssen dann spätestens mit der Aufrechnungserklärung eine Vergütungsberechnung erstellen, die den Anforderungen an § 10 RVG entspricht.

- Sie können hier abweichende Vereinbarungen zur Verrechnung in den allgemeinen Mandatsbedingungen treffen. Ein entsprechendes Muster finden Sie im unter Kap. 8 Rdn. 475 gem. Nr. 3101 Nr. 1 VV RVG.
- Eine „Querverrechnung“ mit Vergütungsansprüchen aus unterschiedlichen Akten wird generell als unzulässig angesehen.

Eine abweichende Vereinbarung mit dem Auftraggeber ist zulässig.

► Praxistipp: 1023

Vereinbaren Sie i.R.d. allgemeinen Mandatsbedingungen Ihrer Kanzlei eine andere Handhabung für Fremdgelder.

► **Muster: Besondere Klausel – Verrechnung von Fremdgeldern**

1024

Die Rechtsanwälte sind berechtigt, für den Auftraggeber entgegengenommene Gelder (im Folgenden: Fremdgelder) mit eigenen Vergütungs- und Vorschussforderungen gegenüber dem Mandanten zu verrechnen. Auf die Fälligkeit des Vergütungsanspruchs kommt es nicht an. Bei Vorschussforderungen kommt nur eine Verrechnung mit bereits entstandenen Vergütungsansprüchen infrage. Eine Verrechnung des Fremdgeldanspruchs mit Vergütungsansprüchen ist zulässig, auch wenn der Vergütungsanspruch nicht in der Angelegenheit begründet ist, in dem der Fremdgeldeingang erfolgte. Eine Verrechnung mit zweckgebunden zur Verfügung gestellten Fremdgeldern bedarf der Zustimmung des Auftraggebers.

► Hinweis: 1025

Diese Klausel können Sie bedenkenlos dem Muster für Allgemeine Mandatsbedingungen anfügen, das Sie unter Kap. 8 Rdn. 475 finden.

XIII. Festsetzung der Vollstreckungskosten

Immer wieder (und zunehmend häufiger) führt die Zwangsvollstreckung nicht zum Erfolg. Der Schuldner hat kein zu verwertendes Einkommen oder Vermögen, er hat die eidesstattliche Versicherung abgegeben, oder noch schlimmer, das Insolvenzverfahren ist eröffnet. Ist der Schuldner insolvent, so werden die Zwangsvollstreckungsunterlagen (Titel und sonstige Belege) i. d. R. zur Anmeldung der Forderung zur Insolvenztabelle eingereicht. 1026

In den anderen Fällen ist die Frage, wohin mit den Unterlagen. Der Auftraggeber kann eine zunächst erfolglose Zwangsvollstreckung unter Berücksichtigung gewisser Fristen wiederholen. Solange wollen Sie die Akte nicht als laufende Akte aufbewahren. Die Akte sollte archiviert werden. Es empfiehlt sich, im Hinblick auf die Kosten der Zwangsvollstreckung, die bisher angefallen Kosten der Zwangsvollstreckung gem. § 788 ZPO zu titulieren. Dies hat den Vorteil, dass Sie zukünftig die Vollstreckungsbelege nicht mehr zum Nachweis der bisher entstandenen Kosten benötigen. Ferner werden auch die Vollstreckungskosten dann verzinst, wenn sie gem. § 788 1027

ZPO tituliert sind. Wenn dieser Arbeitsschritt erledigt ist, sollten Sie die gesamten Belege mit einem Belehrungsschreiben an den Auftraggeber aushändigen.

► Muster: Kostenfestsetzungsantrag gem. § 788 ZPO

1028 ..... Amtsgericht

(das Gericht, in dem die letzte Vollstreckungshandlung durchgeführt wurde)

In Sachen

..... ./. .....

Az. der letzten Vollstreckungsmaßnahmen

übereichen wir anliegend zunächst im Original den der Zwangsvollstreckung zugrunde liegenden Schuldtitel (genaue Bezeichnung, Datum, Az.) und beantragen namens und in versicherter Vollmacht des Gläubigers,

die nachstehend bezifferten Vollstreckungskosten gegen den Schuldner festzusetzen.

Der Schuldner hat bis zum heutigen Tage den Anspruch des Gläubigers nicht erfüllt. Es liegt kein anderer Kostenfestsetzungsbeschluss über die geltend gemachten Vollstreckungskosten vor.

Rein vorsorglich erklären wir, dass die zu tätigenden Aufwendungen (Gerichtskosten und Gerichtsvollziehernachnahmen) aus eigenen Mitteln verauslagt worden sind. Dies versichern wir anwaltlich.

Aufstellung der Vollstreckungskosten

1. Vergütung Maßnahme 1 ..... *(Kurzbeschreibung)*

Gerichtskosten

Gerichtsvollziehernachnahme

2. Vergütung Maßnahme 2 ..... *(Kurzbeschreibung)*

wie vor

usw.

Gesamtsumme der Vollstreckungskosten: ..... €

Der Antragsteller (Gläubiger) ist nicht zum Vorsteuerabzug berechtigt.

Sämtliche Vollstreckungsbelege sind im Original beigefügt.

Wir beantragen, den Betrag in Höhe von ..... € festzusetzen. Gleichzeitig beantragen wir, dass die festgesetzten Beträge ab Eingang dieses Gesuchs bei Gericht mit 5 Prozentpunkten über dem jeweils gültigen Basiszinssatz nach § 247 BGB, § 104 Abs. 1 Satz 2 ZPO zu verzinsen sind. Etwa weiter gezahlte Gerichtskosten sollen berücksichtig und hinzugesetzt werden.

Es wird gebeten, eine vollstreckbare Ausfertigung des Beschlusses zu unseren Händen zu reichen.

Beglaubigte und einfache Abschrift anbei

Grußformel

Liegt dieser Kostenfestsetzungsbeschluss vor, können Sie diesen mit dem verbleibenden Rest der Mandantenunterlagen und dem Titel an den Auftraggeber aushändigen. 1029

► Muster: Aushändigung von Originalunterlagen an den Auftraggeber nach Zwangsvollstreckung 1030

Anrede,

wir hatten Ihnen ja bereits mitgeteilt, dass die Zwangsvollstreckung gegen den Schuldner bedauerlicherweise erfolglos war. Trotz intensiver Bemühungen ist es uns nicht gelungen, den Schuldner zur Zahlung zu bewegen. Wir werden Ihre Akte daher hier schließen, da nicht zu erwarten ist, dass sich die Vermögensverhältnisse des Schuldners in absehbarer Zeit ändern.

Zu unserer Entlastung fügen wir diesem Schreiben bei:
- die vollstreckbare Ausfertigung des (genaue Bezeichnung des Schuldtitels)
- die vollstreckbare Ausfertigung des Kostenfestsetzungsbeschlusses gem. § 788 ZPO,
- sämtliche Vollstreckungsbelege im Original.

Die Vollstreckungsbelege benötigen Sie für eine weitere Zwangsvollstreckung nicht mehr. Die für die Durchführung der bisherigen Vollstreckung entstandenen Kosten haben wir tituliert. So ist zum einen der Vorteil eingetreten, dass sich auch die Kosten der Zwangsvollstreckung verzinsen, zum anderen müssen Sie nur die sogenannten Titel zwingend aufbewahren.

Da der Schuldner die eidesstattliche Versicherung abgegeben hat, können Sie üblicherweise nach der gesetzlichen Lage erst wieder in drei Jahren einen Vollstreckungsversuch unternehmen. Dies gilt dann nicht, wenn Sie positive und nachweisbare Kenntnis davon haben, dass der Schuldner neues Einkommen erworben hat.

Sollten Sie nach Ablauf von drei Jahren nicht erneut Vollstreckungsmaßnahmen ergreifen, müssen Sie zwingend das dann geltende Recht zur Verjährung von Zinsansprüchen prüfen oder prüfen lassen. Hier hat es diverse Änderungen durch das Gesetzgebungsverfahren gegeben. Sicher ist, dass eine etwaige Verjährung von Zinsen gehemmt wird, wenn Sie erneut einen Vollstreckungsversuch unternehmen. Ob allerdings Zinsen überhaupt der dreijährigen Verjährungsfrist unterliegen, ist fraglich, sodass Sie dies bitte bei Ihren zukünftigen Dispositionen entsprechend berücksichtigen wollen.

Als Schlusshinweis möchten wir vermerken, das viele Schuldner nach drei Jahren oft durchaus leistungsfähig sind, weil viele Gläubiger eine Vollstreckung gegen diese aufgegeben haben. Leider kann nicht ausgeschlossen werden, dass über das Vermögen des Schuldners zukünftig ein Insolvenzverfahren eingeleitet wird. Außer im Fall einer Insolvenz, können Sie mit Ihren Schuldtiteln 30 Jahre lang gegen den Schuldner vollstrecken. Diese Frist verlängert sich, seine Schulden gibt der Schuldner an seine Nachfahren im Zuge der Erbfolge weiter.

Wir bedanken uns an dieser Stelle für die sehr angenehme Zusammenarbeit und verbleiben

Grußformel

J. Zwangsversteigerung und Zwangsverwaltung

1031 **Nr. 3311 VV RVG (verkürzte Darstellung)**

Nr.	Gebührentatbestand	Gebühr oder Satz der Gebühr nach § 13 RVG
3311	**Verfahrensgebühr** Die Gebühr entsteht jeweils gesondert für die Tätigkeit im Zwangsversteigerungsverfahren bis zur Einleitung des Verteilungsverfahrens; 3. im Verfahren der Zwangsverwaltung für die Vertretung des Antragstellers im Verfahren über den Antrag auf Anordnung der Zwangsverwaltung oder auf Zulassung des Beitritts; 5. im Verfahren der Zwangsverwaltung für die Vertretung eines sonstigen Beteiligten im ganzen Verfahren einschließlich des Verteilungsverfahrens und 6. für die Tätigkeit im Verfahren über Anträge auf einstweilige Einstellung oder Beschränkung der Zwangsvollstreckung und einstweilige Einstellung des Verfahrens sowie für Verhandlungen zwischen Gläubiger und Schuldner mit dem Ziel der Aufhebung des Verfahrens.	0,4

I. Allgemeines

1032 Verfügt der Schuldner über Grundbesitz, kann der Gläubiger, wenn der Schuldner die titulierte Forderung nicht leistet, Zwangsversteigerung oder Zwangsverwaltung betreiben. Bei der **Zwangsversteigerung** verliert der Schuldner das Eigentum an seinem Grundstück. Bei der **Zwangsverwaltung** bleibt der Schuldner Eigentümer. Die sog. Früchte und Nutzungen, die aus dem Grundstück gezogen werden, dienen dann aber dazu, den Gläubiger zu befriedigen. Es ist auch eine Kostenfrage, ob der Gläubiger das Verfahren der Zwangsversteigerung oder das Verfahren der Zwangsverwaltung betreibt. Im Zwangsversteigerungsverfahren entstehen hohe Kosten dadurch, dass ein sog. **Verkehrswertgutachten** eingeholt werden muss. Der **Verkehrs-**

wert (= **gewöhnliche Verkaufspreis**) der Immobilie muss vor der Zwangsversteigerung durch einen Gutachter festgestellt werden. Nicht selten entstehen für dieses Gutachten Gutachterkosten von bis zu 3.000,00 €. Diese Kosten muss der Gläubiger verauslagen und trägt damit das Risiko für den Fall, dass eine Versteigerung nicht erfolgt, er diese Kosten aufgewandt hat und eine Realisierung seiner Forderung nicht eintritt.

II. Übliche Vergütung im Zwangsversteigerungsverfahren Nr. 3311 Nr. 1 VV RVG

Für das gesamte Verfahren bis zur Zwangsversteigerung erhält der RA eine 0,4 Verfahrensgebühr gem. Nr. 3311 VV RVG. Erst wenn das Gericht nach der Zwangsversteigerung gem. § 105 ZVG einen Termin zur Verteilung des Versteigerungserlöses anberaumt und der RA an diesem Termin teilnimmt, entsteht dafür die Terminsgebühr. **1033**

Nicht immer ist im Zwangsversteigerungsverfahren ein Erfolg festzustellen. Für viele Grundstücke (bzw. auch Eigentumswohnungen) findet sich auch bei einer Zwangsversteigerung kein Käufer. **1034**

Ist ein Zwangsversteigerungsverfahren auch im zweiten Termin ergebnislos geblieben, so kann der Gläubiger nach § 77 Abs. 2 ZVG beantragen, dass das bisherige Zwangsversteigerungsverfahren als **Zwangsverwaltungsverfahren** fortgesetzt wird. Für diese Tätigkeit kann der RA eine weitere 0,4 Verfahrensgebühr gem. Nr. 3311 Nr. 3 VV RVG beanspruchen. Häufig wird der **Antrag auf Zwangsverwaltung kombiniert mit dem Antrag auf Zwangsversteigerung.** Dies, damit der Gläubiger bis zur Versteigerung des Grundstücks von den Nutzungen des Grundstücks (z. B. Mieteinnahmen) profitieren kann. Stellt der RA gleichzeitig diese Anträge, kann er sowohl die Gebühren gem. Nr. 3311 Nr. 1 VV RVG als auch die Verfahrensgebühr gem. Nr. 3311 Nr. 3 VV RVG beanspruchen. **1035**

Die Verfahrensgebühr ist gem. Nr. 1008 VV RVG erhöhungsfähig. **1036**

III. Vertretung eines nicht am Verfahren beteiligten Bieters

Eine 0,4 Verfahrensgebühr gem. Nr. 3311 VV RVG entsteht auch dann, wenn der RA einen am Verfahren nicht beteiligten Bieter vertritt. **1037**

IV. Vergütung bei Zwangsverwaltung Nr. 3311 Nr. 3 VV RVG

Die Zwangsverwaltung findet nach Maßgabe der §§ 146 bis 161 ZVG statt. Sie wird i. d. R. aufgrund des Antrags eines persönlichen oder dinglichen Gläubigers (vgl. aber § 172 ZVG) wegen eines Geldanspruchs gegen den Grundstückseigentümer eingeleitet. Der RA erhält für diesen Antrag gem. Nr. 3311 Nr. 3 VV RVG eine 0,4 Verfahrensgebühr. Die gleiche Gebühr erhält der RA auch für den Antrag auf Zulassung des Beitritts. **1038**

1039 Von der 0,4 Verfahrensgebühr gem. Nr. 3311 Nr. 3 VV RVG sind sämtliche Tätigkeiten des RA bis zur Anordnung der Zwangsverwaltung bzw. der Zulassung oder Ablehnung des Beitritts abgegolten.

1040 Die Verfahrensgebühr ist gem. Nr. 1008 VV RVG erhöhungsfähig.

V. Vergütung für Schutzanträge im Versteigerungsverfahren

1041 Wird das Grundstück im Wege der Zwangsversteigerung verwertet, so gilt der **Zuschlagsbeschluss als Räumungstitel.** Der neue Eigentümer des Grundstücks muss keine Klage auf Räumung einreichen, wenn er die Herausgabe des Grundstücks durch den Eigentümer erreichen will. Für Mieter der versteigerten Immobilie bedeutet die Zwangsversteigerung nicht, dass eine Räumung zu erfolgen hat. Das Mietverhältnis besteht mit dem neuen Eigentümer, der die Immobilie erworben hat, fort.

1042 Mieter und sonstige Dritte, die im versteigerten Objekt wohnen, schulden spätestens ab Kenntnis des Eigentumswechsels den Mietzins an den neuen Eigentümer.

1043 Gem. Nr. 3311 Nr. 6 VV RVG erhält der RA eine 0,4 Verfahrensgebühr für seine Tätigkeit im Verfahren über Anträge auf einstweilige Einstellung oder Beschränkung der Zwangsvollstreckung und einstweilige Einstellung des Verfahrens.

VI. Terminsgebühr im Versteigerungsverfahren

1044 **Nr. 3312**

Nr.	Gebührentatbestand	Gebühr oder Satz der Gebühr nach § 13 RVG
3312	**Terminsgebühr** Die Gebühr entsteht nur für die Wahrnehmung eines Versteigerungstermins für einen Beteiligten. Im Übrigen entsteht im Verfahren der Zwangsversteigerung und der Zwangsverwaltung keine Terminsgebühr.	0,4

1045 Die Zwangsversteigerung eines Grundstücks findet in einem eigens dafür anberaumten Termin statt. Man nennt diesen Termin **Zwangsversteigerungstermin** (oder Versteigerungstermin). Der RA kann diesen Termin für den Auftraggeber wahrnehmen. Dafür erhält der RA eine 0,4 Terminsgebühr gem. Nr. 3312 VV RVG. Das Gesetz ist hier eindeutig: Nur für die Wahrnehmung des Termins entsteht eine Gebühr. Damit sind die sonstigen Möglichkeiten des Entstehens einer Terminsgebühr gem. Vorbemerkung 3 Abs. 3 VV RVG nicht gegeben.

K. Insolvenzverfahren

Das Insolvenzverfahren ist ein eigenständiges Verfahren, das geführt wird, wenn eine Zwangsvollstreckung nicht möglich ist. Die Höhe der Vergütung hängt im Insolvenzverfahren oft davon ab, ob der RA den Schuldner oder den Gläubiger vertritt. Für die Schuldnervertretung beachten Sie bitte auch die Ausführungen unter Kap. 8 Rdn. 180. 1046

Je schlechter die wirtschaftlichen Zeiten, umso geringer ist die Aussicht, dass der Auftraggeber seine Forderung im Insolvenzverfahren realisieren kann. Dies liegt auch daran, dass die Rangfolge, nach der eine Befriedigung im Insolvenzverfahren erfolgt, den „Normalgläubiger", der „nur" eine Forderung hat, nicht bevorzugt. Viele Forderungen (Steuern, öffentliche Abgaben, Beiträge zu Sozialversicherungsträgern etc.) gehen der typischen Gläubigerforderung vor. Der Auftraggeber ist i. d. R. sehr enttäuscht, wenn am Ende eines ggf. langwierigen gerichtlichen Verfahrens seine Forderung zur Insolvenztabelle angemeldet werden muss. Umso wichtiger ist es, den Auftraggeber, der eine Forderung einziehen will, auf das **Ausfallrisiko** hinzuweisen (s. Muster in Kap. 1 – Belehrungen). 1047

Die nachfolgenden vergütungsrechtlichen Ausführungen beschäftigen sich ausschließlich mit der **Vergütung für den Gläubigervertreter.** Vertreten Sie einmal einen Schuldner im Insolvenzverfahren finden Sie die vergütungsrechtlichen Vorschriften dazu im Unterabschnitt 5 des dritten Teiles des VV RVG (Nrn. 3314 ff.). Bei der Schuldnervertretung im Insolvenzverfahren müssen Sie besonders auf die Sicherung des eigenen Vergütungsanspruchs achten. 1048

Die vergütungsrechtlichen Vorschriften des RVG gelten nicht, wenn der RA als Insolvenzverwalter tätig ist. Die Tätigkeit als **Insolvenzverwalter** wird regelmäßig nach der **InsVV** vergütet. Teilweise erzielt der Insolvenzverwalter eine Vergütung neben dem RVG. Weiteres hierzu finden Sie in einer ausführlichen Kommentierung zu § 1 Abs. 2 RVG. 1049

I. Vertretung des Gläubigers im Eröffnungsverfahren

Nr. 3314 1050

Nr.	Gebührentatbestand	Gebühr oder Satz der Gebühr nach § 13 RVG
3314	**Verfahrensgebühr für die Vertretung des Gläubigers im Eröffnungsverfahren** Die Gebühr entsteht auch im Verteilungsverfahren nach der SVertO.	0,5

Vertritt der RA einen Gläubiger im **Eröffnungsverfahren**, so erhält er eine 0,5 Verfahrensgebühr. Die Gebühr ist gem. Nr. 1008 VV RVG erhöhungsfähig. 1051

1052 Dazu ist es nicht erforderlich, dass der RA für den Gläubiger den Eröffnungsantrag gestellt hat. Die Gebühr entsteht auch, wenn dieser nicht durch den Gläubigeranwalt gestellt worden ist.

1053 Die Verfahrensgebühr der Nr. 3314 VV RVG gilt alle anwaltlichen Tätigkeiten i.R.d. Eröffnungsverfahrens ab. Dazu gehört die Stellung des Antrags (§§ 13, 14 InsO), die Mitwirkung im Zulassungsverfahren sowie bei die Ermittlungen nach Zulassung des Antrags bis hin zur Entgegennahme des Eröffnungsbeschlusses.

1054 Vertritt der RA **mehrere unterschiedliche Gläubiger mit verschiedenen Forderungen**, entsteht die Gebühr mehrfach. Dies gilt dann nicht, wenn mehreren eine Forderung gemeinschaftlich zusteht (Gesamthandsgemeinschaft, Gesamtgläubiger). Dann erhöht sich die Gebühr entsprechend Nr. 1008 VV RVG.

II. Tätigkeit des Gläubigervertreters im Verfahren über den Schuldenbereinigungsplan

1055 Nr. 3316

Nr.	Gebührentatbestand	Gebühr oder Satz der Gebühr nach § 13 RVG
3316	Tätigkeit auch im Verfahren über den Schuldenbereinigungsplan: Die Verfahrensgebühr 3314 beträgt	1,0

1056 Ist der Schuldner eine natürliche Person, die keine oder nur eine geringfügige selbstständige wirtschaftliche Tätigkeit ausübt (§ 304 InsO), so muss der Schuldner zusammen mit dem Antrag auf Eröffnung des Insolvenzverfahrens (§ 311 InsO) oder unverzüglich nach diesem Antrag einen sog. **Schuldenbereinigungsplan** vorlegen (§ 305 Abs. 1 Nr. 4 InsO).

1057 Mit diesem Schuldenbereinigungsplan unterbreitet der Schuldner einen Vorschlag zur vergleichsweise Erledigung des Verfahrens und bemüht sich, das Insolvenzverfahren abzuwenden (§ 308 Abs. 1 Satz 2 InsO). Ist der Schuldner eine **natürliche Person**, so nennt man das Insolvenzverfahren **Verbraucherinsolvenzverfahren.**

1058 Dieser Vorschlag wird regelmäßig an den Auftraggeber zur Stellungnahme weitergeleitet. Nur selten kann sich ein Auftraggeber mit der vom Schuldner vorgeschlagenen Quote einverstanden erklären. Das Risiko ist allerdings, dass ggf. im Insolvenzverfahren die Quote noch geringer ist.

1059 Vertritt der RA den Gläubiger auch im **gerichtlichen Schuldenbereinigungsplanverfahren**, erhöht sich die 0,5 Verfahrensgebühr der Nr. 3314 VV RVG auf 1,0. Zwingend vorgeschrieben ist es nicht, dass hier der RA den Auftraggeber weiter vertritt. Es ist fraglich, ob man dem Auftraggeber im Kosteninteresse nicht raten sollte, sich im Insolvenzverfahren selbst zu vertreten. Gerade im „Planverfahren" ist die Wahrscheinlichkeit, dass der RA etwas Positives bewirken kann, gering.

III. Tätigkeit im Insolvenzverfahren

Nr. 3317 1060

Nr.	Gebührentatbestand	Gebühr oder Satz der Gebühr nach § 13 RVG
3317	**Verfahrensgebühr für das Insolvenzverfahren** Die Gebühr entsteht auch im Verteilungsverfahren nach der SVertO.	1,0

Wird das Insolvenzverfahren eröffnet, ist das sog. **Eröffnungsverfahren** (Nr. 3314 VV RVG) abgeschlossen. Vertritt der RA den Gläubiger auch im Insolvenzverfahren, kann er zusätzlich eine weitere 1,0 Verfahrensgebühr gem. Nr. 3317 VV RVG fordern. Die Gebühr ist gem. Nr. 1008 VV RVG erhöhungsfähig. Wie für alle Gebühren gilt auch hier, dass für das Entstehen der Gebühr der Auftrag des Auftraggebers vorliegen muss. 1061

Die **Verfahrensgebühr** gem. Nr. 3317 VV RVG entsteht, sobald der RA (einen entsprechenden Auftrag vorausgesetzt) i.R.d. Insolvenzverfahrens tätig geworden ist. Die Verfahrensgebühr gem. Nr. 3317 VV RVG entsteht sowohl für den Vertreter des Gläubigers als auch für den Vertreter des Schuldners. 1062

Im Hinblick auf den anwendbaren **Gegenstandswert** unterscheidet das RVG danach, ob der Schuldner oder der Gläubiger vertreten wird (§ 28 Abs. 1 und 2 RVG). 1063

Wird lediglich eine Forderung zur Insolvenztabelle angemeldet, entsteht nicht die Verfahrensgebühr gem. Nr. 3317 VV RVG. Es entsteht die Verfahrensgebühr gem. Nr. 3320 VV RVG. 1064

IV. Vertretung des Gläubigers – Anmeldung zur Insolvenztabelle

Nr. 3320 1065

Nr.	Gebührentatbestand	Gebühr oder Satz der Gebühr nach § 13 RVG
3320	**Die Tätigkeit beschränkt sich auf die Anmeldung einer Insolvenzforderung:** **Die Verfahrensgebühr 3317 beträgt**	0,5

Beschränkt sich die Tätigkeit des RA auf die Anmeldung der Forderung des Gläubigers zur Insolvenztabelle (§§ 28 Abs. 1, 174 ff. InsO), erhält der RA hierfür eine 0,5 1066

Verfahrensgebühr gem. Nr. 3320 VV RVG. Die Gebühr ist gem. Nr. 1008 VV RVG erhöhungsfähig.

1067 Es ist nicht möglich, dass der RA in derselben Angelegenheit die Verfahrensgebühr gem. Nr. 3320 VV RVG und die Verfahrensgebühr der Nr. 3317 VV RVG zusätzlich erhält. Es entsteht entweder die eine oder die andere Gebühr, aber nicht beide.

► Muster: Antrag auf Anmeldung zur Insolvenztabelle

1068 (An das Insolvenzgericht)

In dem Insolvenzverfahren über das Vermögen von ..... (Schuldner) zum Aktenzeichen ..... melden wir für den:

Gläubiger: (.....)

(Vor- und Zuname)

.....

Anschrift des Gläubigers (Straße, Ort)

bei Firmen/juristischen Personen:

.....

(vollständige Bezeichnung der Firma/Rechtsform)

.....

Name des Inhabers oder des gesetzlichen Vertreters (Geschäftsführers/Komplementärs/Vorstands):

.....

Anschrift der Firma

Zahlungsadresse des Gläubigers:

(Bank:) .....

Bankleitzahl: .....

Kontonummer: .....

Az. des Gläubigers: .....

Gläubigervertreter: .....

Stempel der Kanzlei

.....

Bank: .....

Bankleitzahl: .....

Kontonummer: .....

Vollmacht:

....

ist beigefügt folgt umgehend

.....

Aktenzeichen des Gläubigervertreters

wegen ..... (Bezeichnung der Forderung)

in EURO anzugeben

Forderungsgrund: .....

Hauptforderung: .....

Zinsen bis einen Tag vor Verfahrenseröffnung: .....

aus .....

Fälligkeitstag .....

Zinssatz .....

Kosten bis Verfahrenseröffnung .....

Gesamtsumme der angemeldeten Beträge: .....

Nachweise (Verträge, Rechnungen, usw.) sind in zweifacher Ausfertigung beigefügt. Ein zur Zwangsvollstreckung geeigneter Titel ist in vollstreckungsfähiger Form beigefügt.

Ggf.: Abgesonderte Befriedigung unter gleichzeitiger Anmeldung für den Ausfall wird beansprucht.

....

Ort, Datum Unterschrift – Kanzleistempel

L. Vergütungsvereinbarung

§3a Vergütungsvereinbarung (verkürzte Darstellung) 1069

(1) Eine Vereinbarung über die Vergütung bedarf der Textform. Sie muss als Vergütungsvereinbarung oder in vergleichbarer Weise bezeichnet werden, von anderen Vereinbarungen mit Ausnahme der Auftragserteilung deutlich abgesetzt sein und darf nicht in der Vollmacht enthalten sein. Sie hat einen Hinweis darauf zu enthalten, dass die gegnerische Partei oder die Staatskasse im Falle der Kostenerstattung regelmäßig nicht mehr als die gesetzliche Vergütung erstatten muss. Die Sätze 1 und 2 gelten nicht für eine Gebührenvereinbarung nach § 34 RVG.

(3) Eine Vereinbarung nach der ein im Wege der Prozesskostenhilfe beigeordneter RA für die von der Beiordnung erfasste Tätigkeit eine höhere als die gesetzliche Vergütung erhalten soll, ist nichtig. Die Vorschriften des bürgerlichen Rechts über die ungerechtfertigte Bereicherung bleiben unberührt.

(4) § 8 des Beratungshilfegesetzes bleibt unberührt.

I. Allgemeines

1070 Im beruflichen Alltag gibt es viele Gründe, die für den Abschluss einer Vergütungsvereinbarung sprechen. Bei geringen Gegenstandswerten ist die gesetzliche Vergütung, die der RA erzielen kann, bspw. oft so gering, dass eine kostendeckende Bearbeitung des Mandats nicht möglich ist. Aber auch die beschränkte Anzahl an Gebühren (oft nur Verfahrens- und Terminsgebühr) sind unzureichend, um die anwaltliche Tätigkeit angemessen zu honorieren. Wer mehrfache Gerichtstermine in einer Angelegenheit wahrnehmen musste, der wird über die vertragliche Abänderung der Regelung in § 15 Abs. 2 Satz 2 RVG (Einmaligkeit der Gebühren in jedem Rechtszug) nachdenken. Viele Kanzleien arbeiten daher ergänzend mit Vergütungsvereinbarungen, in einigen Kanzleien sind die RA ausschließlich dann tätig, wenn der RA mit seinem Auftraggeber eine Vergütungsvereinbarung abgeschlossen hat. Es gibt eine sehr große Vielzahl an Möglichkeiten, etwas anderes als die gesetzliche Vergütung zu vereinbaren. Der Hauptzweck ist hierbei selbstverständlich eine höhere als die gesetzliche Vergütung zu vereinbaren. In Einzelfällen ist es aber auch möglich, dass der RA mit seinem Auftraggeber eine Vereinbarung trifft, die die gesetzliche Vergütung unterschreitet und damit niedriger ist. Dem RA ist es ferner im Einzelfall gestattet, auch ein Erfolgshonorar mit dem Auftraggeber zu vereinbaren.

1071 In größeren überörtlichen Kanzleien wird anstelle der gesetzlichen Vergütung vielfach eine Stundenvergütung vereinbart. Hier gibt es keine feststehenden Stundensätze. In jedem Bundesland, in jeder Stadt können ganz verschiedene Stundensätze üblich sein. Auch die Größe der Kanzlei beeinflusst die Höhe des Stundenhonorars. Selbstverständlich ist auch die Leistungsfähigkeit des Auftraggebers maßgebend für die Höhe der zu vereinbarenden Vergütung. Während regelmäßig in den größeren Kanzleien leistungsfähige Auftraggeber die Regel sind, hat die durchschnittliche Anwaltskanzlei (sog. Wald- und Wiesenanwalt) oft nicht die entsprechende Klientel. Der Auftraggeber, der sich von einem Mietrechtsexperten über eine Mieterhöhung von monatlich 50,00 € beraten lässt, wird mit diesem RA kaum eine Vergütungsvereinbarung treffen wollen. Für viele RA ist daher die Frage alltäglich, ob sie das Mandat durchführen sollen und nur die gesetzliche Vergütung berechnen können oder ob sie das Mandat überhaupt nicht durchführen. Zwischen beiden Alternativen gibt es oft keinen Spielraum.

1072 Allerdings muss die Vergütungsvereinbarung nicht in „astronomischer" Höhe vereinbart werden. Auch wenn nur geringe zusätzliche Beträge, ein abweichender Gegenstandswert, eine zusätzliche Gebühr oder der Wegfall von Anrechnungsvorschriften vereinbart (u.v.m.) werden, erhöht es den in der Akte erzielten Gewinn.

1073 Die Auftraggeber haben noch zu oft von RAe das Bild, dass diese Ritter in schwarzer Robe sind und dem angsterfüllten Auftraggeber bewaffnet etwa mit dem Schönfelder aus Idealismus zur Seite eilen. Natürlich gibt es auch die Mandate, in denen der RA den Auftraggeber aus Überzeugung vertritt. Dies ist aber nur im Einzelfall möglich, denn auch ein RA leitet ein Wirtschaftsunternehmen – seine Kanzlei. Dem Auftraggeber muss daher vermittelt werden, dass gute anwaltliche Leistung auch entsprechend zu honorieren ist.

Natürlich bleibt immer die Frage, ob überhaupt ein Mandat nicht besser ist, als kein Mandat. Wenn Mandate nicht kostendeckend geführt werden, tritt zwangsläufig die Folge ein, dass der RA irgendwann seinen eigenen Verpflichtungen nicht mehr nachkommen kann. Kein Mandat ist besser, wenn der RA die dadurch gewonnene Zeit sinnvoll dafür nutzen kann, neue Auftraggeber zu gewinnen und bestehende Mandate ordentlich zu bearbeiten. Auch widerspricht es jeder Lebenserfahrung, dass ein Auftraggeber, der dem RA ein Verlustgeschäft anträgt, irgendwann den RA mit einem vernünftigen Mandat beauftragen wird. Die Verhandlung mit dem Auftraggeber über eine höhere Vergütung ist daher bereits aus Selbstschutz eine zwingende Aufgabe. 1074

II. Form der Vergütungsvereinbarung

Damit der RA aus der Vergütungsvereinbarung auch Ansprüche herleiten kann, muss diese in **Textform** vereinbart werden. 1075

Das Textformerfordernis ist in **§ 126b BGB** geregelt. Wenn das Gesetz die Textform vorschreibt, dann muss die Erklärung 1076
- in einer Urkunde oder
- auf andere zur dauerhaften Wiedergabe in Schriftzeichen geeigneten Weise abgegeben werden,
- die Person des Erklärenden nennen und
- den Abschluss der Erklärung durch Nachbildung der Namensunterschrift oder anders erkennbar machen.

Die Vergütungsvereinbarung muss nicht schriftlich erfolgen. Das Gesetz lässt diverse andere Möglichkeiten zu. So ist es zulässig, dass eine Speicherung auf einer Festplatte, einer CD-Rom, einer Diskette, sonstigen Speichermedien (USB-Stick), Fax, E-Mail, Kopie oder im Zweifel auch per SMS erfolgt. 1077

Auch wenn es gesetzlich erlaubt ist, die Vergütungsvereinbarung nicht in Schriftform (§ 126 BGB) abzuschließen. Wann immer es den Umständen entsprechend möglich ist, diese in Schriftform abzuschließen, sollte der Schriftform der Vorzug gegeben werden. Es ist nie schädlich, sogar aus Beweisgründen empfehlenswert, eine strengere Formvorschrift zu befolgen, als sie gesetzlich vorgeschrieben ist. 1078

Schriftform bedeutet, dass die Vergütungsvereinbarung von dem Aussteller eigenhändig durch Namensunterschrift unterzeichnet wird. Eine Vergütungsvereinbarung ist ein Vertrag. Daher müsste entsprechend § 126 BGB die Unterzeichnung des RA und des Auftraggebers auf der Vergütungsvereinbarung erfolgen. Die Unterschrift kann durch qualifizierte elektronische Signatur oder notarielle Beurkundung ersetzt werden. 1079

III. Bezeichnung

1080 Die Vergütungsvereinbarung muss nicht Vergütungsvereinbarung heißen. Sie kann gem. § 3a Abs. 1 Satz 2 RVG auch auf andere Weise bezeichnet werden. § 3a Abs. 1 Satz 2 RVG sieht vor, dass die Vergütungsvereinbarung entweder als Vergütungsvereinbarung oder in ähnlicher Weise zu bezeichnen ist. Eine entsprechende Bezeichnung ist zwingend. Einer Bezeichnung als Honorarvereinbarung, Honorarschein, Zusatzvereinbarung u. a. ist zulässig.

IV. Deutliches Absetzen von anderen Erklärungen

1081 In Kap. 8 Rdn. 475 finden Sie ein Muster zu allg. Mandatsbedingungen. Die Vergütungsvereinbarung kann gem. § 3a Abs. 1 Satz 2 RVG **nicht** mit diesen Belehrungen und Erklärungen verbunden werden. Damit die Vereinbarung wirksam ist, ist es erforderlich, dass sie von anderen Vereinbarungen (mit Ausnahme der Auftragserteilung) deutlich abgesetzt ist.

1082 **Nicht zulässig** ist es, in die Vergütungsvereinbarung Klauseln mit aufzunehmen, die das sonstige Auftragsverhältnis betreffen. Hierzu zählen insbes. eine **allgemeine Gerichtsstandsklausel** zum gesamten Auftragsverhältnis sowie **sonstige allgemeine Mandatsbedingungen.** Um im Fall einer streitigen Auseinandersetzung über die Vereinbarung kein unnötiges Risiko einzugehen, sollte der Text der Vergütungsvereinbarung auf das zwingend Erforderliche beschränkt werden.

1083 Die ausdrückliche gesetzliche Regelung untersagt es, die Vergütungsvereinbarung mit der Vollmacht zu verbinden. Benutzt der RA für die **Vollmacht und die Vergütungsvereinbarung ein einheitliches Formular**, so ist die **Vergütungsvereinbarung unwirksam.** Vollmachtsurkunde und Vergütungsvereinbarung sind nur als getrennte Formulare zulässig.

1084 Der RA darf die Vergütungsvereinbarung entsprechend § 3a Abs. 1 Satz 2 mit der Auftragserteilung verbinden. Darüber hinaus darf die Vereinbarung Klauseln enthalten, die die Vergütungsvereinbarung selbst betreffen. Gemeint sind die Klauseln, die insbesondere die Vorschussregelungen, Fälligkeitsregelungen, Regelungen über den Gerichtsstand für die Klage betreffend die Vergütungsvereinbarung u. a. umfassen.

V. Hinweispflicht auf begrenzte Kostenerstattung

1085 Gem. § 91 ZPO ist nur eine gesetzliche Vergütung erstattungsfähig. Vereinbart der RA mit seinem Auftraggeber eine Vergütung, die von der gesetzlichen Regelung abweicht, so muss der Auftraggeber damit rechnen, dass er vom Gegner nur die Vergütung erstattet erhält, die der Höhe nach der gesetzlichen Vergütung entspricht.

1086 Daher regelt § 3a Abs. 1 Satz 3 RVG, das eine Vergütungsvereinbarung einen **Hinweis** darüber beinhalten muss, dass die gegnerische Partei, ein Verfahrensbeteiligter oder die Staatskasse im Fall der Kostenerstattung regelmäßig nicht mehr als die gesetzliche Vergütung erstatten muss. Dem Auftraggeber soll durch diese Hinweispflicht deutlich gemacht werden, dass die höhere als die gesetzliche vereinbarte Vergütung nur von ihm zu zahlen ist. Auch wenn der Auftraggeber über eine Rechtsschutzversicherung verfügt, kann er mit dem RA eine Vergütungsvereinbarung treffen und eine höhere als die gesetzliche Vergütung vereinbaren. Diese Vereinbarung verpflichtet nur den Auftraggeber, nicht die Rechtsschutzversicherung. Diese zahlt nur die gesetzliche Vergütung,

► Praxistipp: 1087

Unter Kap. 8 Rdn. 709, 728 ist bereits darauf hingewiesen worden, dass bei der Beauftragung mehrerer RA nicht damit zu rechnen ist, dass die Kosten zweier RA auch erstattungsfähig sind. Die Rechtsschutzversicherung zahlt regelmäßig die Kosten für die Einschaltung zweier RA, wenn der Wohnort des Versicherungsnehmers mehr als 100 km Luftlinie von Gerichtsort entfernt ist (§ 2 a Abs. 1 S. 3 ARB 75/ § 5 [1] a S. 1 ARB 2000). Schlagen Sie in einem solchen Fall der Versicherung den Abschluss einer Vergütungsvereinbarung vor, dass Sie für eine Zusatzvergütung (z. B. die Hälfte der Kosten, die ein zweiter RA berechnen würde) den Termin selbst wahrnehmen.

► Muster: Vorschlag zum Abschluss einer Vergütungsvereinbarung an Rechtsschutzversicherung bei Ortsverschiedenheit (Kanzleisitz/Gerichtsort) 1088

Anrede,

in der vorbezeichneten Angelegenheit ist offensichtlich, dass für das gerichtliche Verfahren das Gericht in ..... zuständig sein wird. Das Gericht ist mehr als 100 km Luftlinie vom Wohnort Ihres Versicherungsnehmers entfernt.

Wir werden daher – Ihre Kostendeckung vorausgesetzt – einen weiteren Anwalt mit der Wahrnehmung der Interessen Ihres Versicherungsnehmer vor Ort einschalten müssen.

Die sich daraus ergebende Kostenfolge auch im Obsiegensfall setzen wir als bekannt voraus.

Als ein Zeichen unseres Entgegenkommens, können wir hier allerdings folgenden Vorschlag unterbreiten:

Der Unterbevollmächtigte würde folgende Vergütung berechnen:

Gegenstandswert	..... €
0,65 Verfahrensgebühr gem. §§ 2 Abs. 2, 13, Nr. 3401, 3100 VV RVG	..... €
1,2 Terminsgebühr gem. §§ 2 Abs. 2, 13, Nr. 3402, 3104 VV RVG	..... €
Entgelte für Post- und Telekommunikationsdienstleistungen gem. Nr. 7002 VV RVG	..... €
19 % Umsatzsteuer gem. Nr. 7008 VV RVG	..... €
Summe	..... €

Wir wären bereit, den Gerichtstermin (oder falls erforderlich auch mehrere) wahrzunehmen, allerdings nur gegen den Abschluss einer Vergütungsvereinbarung. Diese

Vereinbarung sollte beinhalten, dass Sie an uns zusätzlich zu unserer gesetzlichen Vergütung die Hälfte der obigen Vergütung für die Wahrnehmung des Termins zahlen. Der Vorteil für Sie liegt auf der Hand. Sie sparen erheblich an den nicht erstattungsfähigen Kosten.

Bitte informieren Sie uns – gerne auch fernmündlich – ob dieser Vorschlag Ihr Einverständnis findet. Wir bitten um zeitnahe Reaktion, damit bei Nichtzustandekommen einer entsprechenden Vereinbarung ein Unterbevollmächtigter entsprechend beauftragt werden kann.

Grußformel

VI. Bestimmbarkeit der Vergütungsvereinbarung

1089 Schließt der RA mit dem Auftraggeber eine Vergütungsvereinbarung, muss diese so formuliert sein, dass die Höhe der durch den Auftraggeber geschuldeten Vergütung ohne Weiteres zu ermitteln ist. Es reicht nicht aus, wenn etwa eine „angemessene" Vergütung o.Ä. festgelegt ist.

1090 **Bestimmbarkeit der Vergütung** ist gegeben, wenn

- ein Festbetrag,
- ein Mehrfaches der gesetzlichen Gebühren (z. B. das Doppelte oder Dreifache),
- der Wegfall von Anrechnungsvorschriften (z. B. Ausschluss der Anrechnungsvorschrift in Vorbemerkung 3 Abs. 4 VV),
- höhere, pauschale Auslagen und Spesen (z. B. Erhöhung der Kopierkosten, Wegfall der Freikopien, andere Abwesenheitsgelder etc.),
- höhere als die vorgegebenen Satz- und Betragsrahmengebühren (z. B. Vereinbarung einer 4,0 Geschäftsgebühr gem. Nr. 2300 VV RVG),
- ein höherer Gegenstandswert (z. B. Vereinbarung eines Gegenstandswerts von 50.000,00 € bei einem gesetzlichen Gegenstandswert von 5.000,00 €),
- das Vorliegen einer neuen Angelegenheit, wenn eigentlich eine gebührenrechtliche Angelegenheit vorliegt,
- eine Verkürzung der zeitlichen Grenze in § 15 Abs. 5 RVG (z. B. Vereinbarung, dass die Angelegenheit bereits nach einem Jahr als neue Angelegenheit abgerechnet wird),
- Zeithonorare (z. B. Stundenhonorare)

vereinbart werden.

1091 ► Muster: Vergütungsvereinbarung – Honorarvereinbarung

Vergütungsvereinbarung (oder Honorarvereinbarung)

Rechtsanwälte ..... (*vollständige Anschrift*)

nachfolgend „der Rechtsanwalt"

berät und vertritt

die/den .....

(*vollständige Anschrift*)

nachfolgend „der Auftraggeber“

in allen Rechtsangelegenheiten.

Die Parteien vereinbaren eine Vergütung in Höhe von 300,00 € pro Stunde zuzüglich gesetzlicher Umsatzsteuer in Höhe von derzeit 19 % als Vergütung für die anwaltliche Tätigkeit eines Rechtsanwalts. Die zu vergütende Stunde beinhaltet einen tatsächlichen Zeitfaktor von 45 Minuten. Jede anwaltliche Tätigkeit wird mit mindestens 10 Minuten in Rechnung gestellt. Die geringste Zeiteinheit beträgt 10 Minuten, selbst dann, wenn der tatsächliche Zeitaufwand geringer als 10 Minuten sein sollte.

Sollte die für die Bearbeitung erforderliche Bearbeitung durch eine andere Person als den Rechtsanwalt erfolgen, wird die Zeitvergütung wie folgt gestaffelt:
– ..... € für Büroleistungen (Schreibarbeiten, Telefonate, Kopierarbeiten etc.),
– ..... € für Referendare und Assessoren,
– ..... € für Rechtsfachwirte und Bürovorsteher,
– ..... € für sonstige juristische Hilfskräfte.

Die Rechnung wird monatlich erstellt. Die Rechnung enthält den Tag und die Zeit der Leistung sowie den Grund für das Tätigwerden. Die Dauer der aufgewandten Zeit wird erfasst und wiedergegeben.

Wird in einem laufenden Kalendermonat (jeweils vom 1. bis zum letzten Tag eines Monats) ein Betrag in Höhe von 3.000,00 € an Zeitvergütung erreicht, so hat der Rechtsanwalt schriftlich beim Auftraggeber nachzufragen, ob in diesem Monat noch weitere Leistungen in Anspruch genommen werden sollen. In eiligen Angelegenheiten stimmt der Auftraggeber einer telefonischen Rückfrage zu.

Der Rechtsanwalt ist verpflichtet, dem Auftraggeber schriftlich eine Begründung für den erforderlichen Stundenaufwand zu erstellen. Fordert der Auftraggeber mehr als einmal eine Begründung für die aufgewandte Zeit des Rechtsanwalts, hat der Rechtsanwalt das Recht, für die schriftliche Begründung seiner Zeitvergütung eine Vergütung entsprechend dieser Vereinbarung nach aufgewandter Zeit zu verlangen.

Neben diesem Stundenhonorar gelten die Auslagenbestimmungen in Nrn. 7000 ff. VV RVG.

Eine Anrechnung der Stundenvergütung auf weitere Tätigkeit erfolgt nicht. Eine Anrechnung der Stundenvergütung für die außergerichtliche Tätigkeit auf die gerichtliche Tätigkeit erfolgt nicht.

Der Auftraggeber wurde darauf hingewiesen, dass eine Erstattung der Stundenvergütung vom Gegner oder einem Dritten (z. B. Rechtsschutzversicherung, Staatskasse im Rahmen der Prozesskostenhilfe) nicht zu erwarten ist. Der Auftraggeber ist alleiniger Schuldner dieser Vergütung.

Der Auftraggeber wurde darauf hingewiesen, dass für den Fall eines gerichtlichen Verfahrens der RA grundsätzlich verpflichtet ist, die gesetzliche Vergütung zu berechnen. Ist die gesetzliche Vergütung in einem Gerichtsverfahren höher, als die sich aus dem Stundenhonorar ergebende Vergütung, wird durch den RA die gesetzliche Vergütung berechnet werden.

....

Der Rechtsanwalt Der Auftraggeber

1092 ► Muster: Vergütungsvereinbarung – höherer Gebührensatzrahmen der Geschäftsgebühr

Vergütungsvereinbarung

Zwischen

..... nachfolgend „der Auftraggeber" genannt,

und

..... nachfolgend „die Rechtsanwälte" genannt,

wird folgende Vergütungsvereinbarung für die Beratung und die außergerichtliche Vertretung des Auftraggebers hinsichtlich des ..... (Sache) geschlossen:

1.

Die Rechtsanwälte vereinbaren mit dem Auftraggeber für ihre außergerichtliche Tätigkeit eine 3,5 Geschäftsgebühr gem. Nr. 2300 VV RVG.

2.

In der vereinbarten Vergütung sind Entgelte für Post- und Telekommunikationsdienstleistungen sowie Schreibauslagen (Kopierkosten) nicht enthalten. Fahrtkosten werden bei Benutzung des eigenen PKW mit 0,60 € pro Kilometer, sonstige mandatsbezogene Kosten (Flugkosten, Taxikosten und Übernachtungskosten etc.) in Höhe der tatsächlich entstandenen und nachgewiesenen Kosten zusätzlich berechnet. Hinzu kommt die jeweils gültige gesetzliche Mehrwertsteuer (zzt. 19 %).

3.

Recherchekosten z. B. für die Adressermittlung (Einwohnermeldeamtanfragen, Onlineclub), Handelsregisterauskünfte, Grundbuchauszüge, Einschaltung von Detekteien, Bonitätsprüfungen sowie sonstige juristische Recherchen werden als Honorar abgerechnet. Die Abrechnung erfolgt als Abrechnung von Fremdkosten mit einem Zuschlag von 15 %.

4.

Eine Anrechnung der Geschäftsgebühr auf eine Verfahrensgebühr des sich eventuell anschließenden gerichtlichen Verfahrens erfolgt nicht.

Der Auftraggeber wurde darauf hingewiesen, dass eine Erstattung der vereinbarten Vergütung vom Gegner oder einem Dritten (z. B. Rechtsschutzversicherung, Staatskasse im Rahmen der Prozesskostenhilfe) nicht zu erwarten ist. Der Auftraggeber ist alleiniger Schuldner dieser Vergütung.

5.

Der Auftraggeber wird darauf hingewiesen, dass im gerichtlichen Verfahren erneut eine Anwaltsvergütung entsteht und fällig wird.

Ort, den .....

....

Der Rechtsanwalt Der Auftraggeber

VII. Vergütungsvereinbarung und PKH

Eine Vergütungsvereinbarung ist nicht möglich, wenn dem Auftraggeber PKH bewilligt worden ist. Gem. § 3a Abs. 3 Satz 1 RVG ist eine solche **Vergütungsvereinbarung nichtig.** Der RA könnte aus dieser keine Rechte herleiten. Der Auftraggeber könnte im Zweifel sogar Rückzahlung von Beträgen verlangen, die er geleistet hat. Dies hat keinen Einfluss auf die Möglichkeit, ein Erfolgshonorar mit dem Auftraggeber zu vereinbaren (s.a. Kap. 8 Rdn. 766). 1093

Wenn der Gesetzgeber eine Vergütungsvereinbarung für den Fall von bewilligter PKH ausgeschlossen hat, so beschränkt sich dies auf Vereinbarungen oberhalb der gesetzlichen Vergütung. Auch im Fall von PKH ergibt sich die gesetzliche Vergütung nach der Tabelle zu § 13 RVG. Wird daher eine Vereinbarung getroffen, die die gesetzliche Vergütung nicht übersteigt (also eine Beschränkung auf die Vergütung gem. § 13 RVG), ist diese wirksam (Gerold/Schmidt, RVG, § 3a Rn. 36). 1094

► Muster: Vereinbarung der Differenz zur Wahlanwaltsvergütung bei PKH-Mandat 1095

Vergütungsvereinbarung gem. § 3a RVG

zwischen

..... nachfolgend „ der Auftraggeber" genannt,

und

..... nachfolgend „der Rechtsanwalt" genannt,

Die Parteien vereinbaren, dass der Auftraggeber die Differenz zwischen der aus der Staatskasse zu zahlenden Vergütung und der gesetzlichen Vergütung zusätzlich an den Rechtsanwalt zahlt.

Diese beziffert sich voraussichtlich wie folgt

Vergütung nach der Tabelle zu § 13 RVG	Vergütung nach der Tabelle zu § 49 RVG (PKH)
1,3 Verfahrensgebühr gem. §§ 2 Abs. 2, Nr. 3100 VV RVG	
Summe: .....€	Summe: ..... €
1,2 Terminsgebühr gem. §§ 2 Abs. 2, Nr. 3104 VV RVG	
Summe: .....€	Summe: .....€
Entgelte für Post und Telekommunikationsdienstleistungen gem. Nr. 7002 VV RVG	
Summe: .....€	Summe: ..... €

19 % Umsatzsteuer gem. Nr. 7008 VV RVG

Summe: ..... € Summe: .....€

Summe sog. Regelvergütung: .... € Summe PKH-Vergütung: ..... €

Differenz = Betrag der Vergütungsvereinbarung

Der Auftraggeber wird darauf hingewiesen, dass es sich mit dieser Vereinbarung nicht um eine Vergütungsvereinbarung handelt. Der Rechtsanwalt und der Auftraggeber haben lediglich die Anwendbarkeit der üblichen Tabelle vereinbart, wenn Prozesskostenhilfe nicht bewilligt wurde.

Der Auftraggeber wird darauf hingewiesen, dass sich der geschuldete Betrag erhöhen kann, beispielsweise für den Fall, dass sich der gesetzliche Gegenstandswert erhöht, oder aber noch weitere Gebühren entstehen (Einigungsgebühren der Nr. 1000, 1003 VV RVG und ggf. dazu gehörige Betriebsgebühren wie etwa die Verfahrensgebühr der Nr. 3101 Nr. 2 VV RVG).

Ort, den .....

....

Der Rechtsanwalt Der Auftraggeber

VIII. Vergütungsvereinbarung und Beratungshilfe

1096 Mit einem Auftraggeber, dem Beratungshilfe bewilligt wurde, ist eine wirksame Vergütungsvereinbarung nicht möglich, diese sind entsprechend § 8 BerHG nichtig. Zu einem möglichen Erfolgshonorar bei Beratungshilfe liegen noch keinerlei Erfahrungswerte vor.

IX. Rechtsschutzversicherung

1097 Hat der RA mit einem Auftraggeber, der rechtsschutzversichert ist, eine Vergütungsvereinbarung getroffen, so muss die Versicherung nicht die vereinbarte Vergütung zahlen. Die Rechtsschutzversicherung schuldet nur die gesetzliche Vergütung, in dieser Höhe wird eine Leistung erfolgen. Die weiteren Beträge schuldet der Auftraggeber. In den Mustern ist daher auch immer ein ausdrücklicher Hinweis auf diesen Punkt enthalten.

X. Kostenerstattung

1098 Wenn der RA mit seinem Auftraggeber eine Vergütungsvereinbarung abschließt, so ist nur das Vertragsverhältnis zwischen diesen beiden betroffen. Ein an dem Verfahren beteiligter Dritter (etwa der Beklagte oder ein sonstiger Dritter) ist i.R.d. Kostenerstattung nur verpflichtet, die gesetzliche Vergütung zu erstatten. Eine vereinbarte Vergütung muss er nicht erstatten. Üblich ist es daher, die gesetzliche Vergütung i.R.d. Kostenerstattung geltend zu machen. Der RA stellt seinem Auftraggeber die Beträge aus der Vergütungsvereinbarung in Rechnung. Für den Fall eines gerichtlichen Verfahrens mit Kostenerstattungsverpflichtung macht der RA beim Kostenfestsetzungsantrag nur die gesetzliche Vergütung geltend.

M. Erfolgshonorar

§ 4a Erfolgshonorar 1099

(1) Ein Erfolgshonorar (§ 49b Abs. 2 S. 1 der Bundesrechtsanwaltsordnung) darf nur für den Einzelfall und nur dann vereinbart werden, wenn der Auftraggeber auf Grund seiner wirtschaftlichen Verhältnisse bei verständiger Betrachtung ohne die Vereinbarung eines Erfolgshonorars von der Rechtsverfolgung abgehalten würde. In einem gerichtlichen Verfahren darf dabei für en Fall des Misserfolges vereinbart werden, dass keine oder eine geringere als die gesetzliche Vergütung zu zahlen ist, wenn für den Erfolgsfall ein angemessener Zuschlag auf die gesetzliche Vergütung vereinbart wird.

(2) Die Vereinbarung muss enthalten:
1. *die voraussichtliche gesetzliche Vergütung und gegebenenfalls die erfolgsunabhängige vertragliche Vergütung, zu der der Rechtsanwalt bereit wäre, den Auftrag zu übernehmen, sowie*
2. *die Angabe, welche Vergütung bei Eintritt welcher Bedingungen verdient sein soll.*

(3) In der Vereinbarung sind außerdem die wesentlichen Gründe anzugeben, die für die Bemessung des Erfolgshonorars bestimmend sind. Ferner ist ein Hinweis aufzunehmen, dass die Vereinbarung keinen Einfluss auf die gegebenenfalls vom Auftraggeber zu zahlenden Gerichtskosten und die von ihm zu erstattenden Kosten anderer Beteiligter hat.

I. Allgemeines

Die Einführung des Erfolgshonorars in das Deutsche Vergütungssystem ist eine 1100 komplette Abkehr von dem bisherigen Recht. Gängige Praxis war, dass die Vergütung des RA erfolgsunabhängig geschuldet wird. Darauf, ob der RA „gewinnt“ oder „verliert“ kam es nicht an. Die geleisteten Dienste waren in jedem Fall zu vergüten. Nur für einige wenige Gebühren war die Vergütung mit einem Erfolg verknüpft (z.B. Einigungsgebühr, Erledigungsgebühr, Aussöhnungsgebühr), ansonsten kam es nicht auf das Ergebnis der anwaltlichen Tätigkeit an. Für die gesetzliche Vergütung gilt dieser Grundsatz weiterhin. Der RA kann aber vereinbaren, dass die Höhe seiner Vergütung (oder überhaupt seine Vergütung) von dem Ausgang des Verfahrens abhängig gemacht wird. Hier muss es jedem RA selbst überlassen bleiben, ob er das Entgelt für seine Tätigkeit (der RA ist letztlich nichts anderes als ein Unternehmer) von dem ungewissen Ausgang eines Verfahrens abhängig machen will. Vereinbart der RA ein Erfolgshonorar, so ist sein Interesse selbstverständlich auf den positiven Ausgang eines Verfahrens gerichtet. Aber auch ohne Erfolgshonorar kann davon ausgegangen werden, dass der RA ein Mandat möglichst erfolgreich führen will und aussichtslose Mandate gar nicht erst übernimmt. Die Fragen ob, und wenn ja, in welcher Höhe ein Erfolgshonorar sinnvoll ist, sind noch nicht durch Rechtsprechung geklärt. Mit der Vereinbarung von Erfolgshonoraren sollten solange vorsichtig umgegangen werden, bis einigermaßen verlässliche Rechtsprechung vorliegt.

II. Begriff des Erfolgshonorars

1101 Ein Erfolgshonorar liegt vor, wenn die Höhe der Vergütung des RA **vom Ausgang der Sache oder dem Erfolg der anwaltlichen Tätigkeit abhängig** gemacht wird. Möglich ist auch, dass der RA vereinbart, dass er einen Teil der erstrittenen Forderung als Vergütung erhält, auch dies ist ein Erfolgshonorar.

III. Zulässigkeit des Erfolgshonorars

1102 Der RA kann nicht immer und überall in jedem Mandatsverhältnis ein Erfolgshonorar vereinbaren. Ein Erfolgshonorar ist nur zulässig, wenn ohne eine solche Vereinbarung der Auftraggeber von der Rechtsverfolgung abgehalten werden würde. Damit der RA wirksam ein Erfolgshonorar vereinbaren kann, ist erforderlich, dass die wirtschaftlichen Verhältnisse des Auftraggebers es nicht erlauben, sein Anliegen unter Einschaltung der Gerichte zu verfolgen. Dies wird in der Praxis schwer feststellbar sein.

1103 Ein Erfolgshonorar darf weiterhin **nur für den Einzelfall** vereinbart werden (§ 4a Abs. 1 Satz 1 RVG). Vertritt der RA einen bestimmten Auftraggeber häufiger (Vermieter von diversen Eigentumswohnungen, Handwerker, Architekten etc.), so kann mit diesen Auftraggebern nicht generell ein Erfolgshonorar vereinbart werden.

IV. Zahlungsfähigkeit des Auftraggebers und Erfolgshonorar

1104 Wenn der RA mit seinem Auftraggeber ein Erfolgshonorar vereinbaren möchte, muss er die wirtschaftlichen Verhältnisse des Auftraggebers prüfen. Der Auftraggeber muss der Auffassung sein, dass er nicht in der Lage ist, seine rechtlichen Belange (Führung eines gerichtlichen Verfahrens) aus angemessenen eigenen Mitteln zu finanzieren. Der Auftraggeber muss daher nicht unvermögend oder „arm" sein. Es reicht aus, dass bspw. um einen Vermögensgegenstand gestritten wird, der den einzigen oder wesentlichen Vermögensbestandteil des Auftraggebers darstellt (Erbauseinandersetzung, Streit um einen Entschädigungsbetrag oder um Schmerzensgeld).

V. Höhe der Erfolgsvergütung

1105 Ein Erfolgshonorar kann auf verschiedene Weise vereinbart werden. Der RA kann eine niedrigere als die gesetzliche Vergütung vereinbaren. Er kann für den Fall des Misserfolgs keinerlei Vergütung vereinbaren und für den Fall eines Erfolgs eine deutliche höhere Vergütung als die gesetzliche Vergütung vereinbaren. Allgemein gilt, dass, je geringer die Vergütung für einen Misserfolg vereinbart wird, umso höher die Vergütung für den Erfolgsfall vereinbart werden kann.

VI. Zwingende Bestandteile der Vereinbarung

1106 Für die Wirksamkeit der Vereinbarung über ein Erfolgshonorar schreibt § 4a Abs. 2 Nr. 1 RVG Bestandteile vor, die zwingend in der Vereinbarung enthalten sein müssen. Hierbei handelt es sich um

1. die voraussichtliche gesetzliche Vergütung, 1107
2. ggf. die erfolgsunabhängige vertragliche Vergütung, zu der der RA bereit wäre, den Auftrag zu übernehme sowie 1108
3. die Angabe, welche Vergütung bei Eintritt welcher Bedingung verdient sein soll, 1109
4. einen Hinweis darauf, dass das Erfolgshonorar keinen Einfluss auf die Kostenerstattung im Unterliegensfall hat und 1110
5. einen Hinweis darauf, dass Gerichtskosten, Verwaltungskosten und Kosten anderer Beteiligter unabhängig von dem Abschluss der Vereinbarung vom Auftraggeber geschuldet sind. 1111

1. Höhe der gesetzlichen Vergütung

Es ist sehr schwierig für den RA, zu Beginn des Auftragsverhältnisses zutreffend die Höhe der gesetzlichen Vergütung zu bestimmen. Er ist bei seiner Einschätzung i.d.R. ausschließlich auf die Angaben des Auftraggebers angewiesen. Nicht selten zeigt sich aber in einem gerichtlichen Verfahren, dass der Beklagte selbst behauptet, eine Reihe von Forderungen gegen den Kläger zu haben, sodass der Beklagte Widerklage erhebt, die Aufrechnung erklärt, die Hilfsaufrechnung erklärt u.a. Dann können sich durch das Beklagtenverhalten der Streitwert und damit auch der Gegenstandswert erhöhen. In einem solchen Fall ist die Einschätzung des RA über die Höhe der zu erwartenden Kosten nicht mehr zutreffend. Auch kann der RA nicht abschätzen, ob das Verfahren mit einem Vergleich endet. Je zutreffender der RA diese Kosteneinschätzung erteilen möchte, umso umfangreicher und komplizierter wird sie („für den Fall, dass, ... Dies gilt aber nur dann, wenn ...“). Insofern muss es der Rechtsprechung überlassen bleiben, zu klären, welche gesetzliche Vergütung der RA zu Beginn des Mandatsverhältnisses regelmäßig hätte erwarten können. 1112

Bis zum Vorliegen solcher Entscheidungen sollte bei der Einschätzung der gesetzlichen Vergütung für die Bestimmung der Höhe des Erfolgshonorars regelmäßig bei einem zu bestimmenden Gegenstandswert von dem Entstehen einer Verfahrensgebühr und einer Terminsgebühr ausgegangen (zuzüglich Auslagen) werden. 1113

2. Definition des Erfolges in der Vergütungsvereinbarung

Wie oben dargestellt (Kap. 8 Rdn. 1106), muss die Vergütungsvereinbarung über das Erfolgshonorar enthalten, welche Vergütung bei Eintritt welcher Bedingung der Auftraggeber an den RA zu zahlen hat. Der Begriff „Erfolg“ sollte so genau wie möglich abgegrenzt werden. Bei einer Zahlungsklage kann z.B. das obsiegende Urteil der Erfolg sein, der RA und sein Auftraggeber können aber auch vereinbaren, dass erst mit Zahlung (also auch der zwangsweisen Beitreibung) der Erfolg eingetreten ist. 1114

Es sollte zudem in der Vergütungsvereinbarung auch eine Regelung darüber enthalten sein, ob – und wenn ja wie – ein Vergleich als Erfolg zu werten ist. Ein Erfolg ist ja auch bereits eingetreten, wenn der Auftraggeber nur z.T. obsiegt. Auch dies sollte in der Vereinbarung entsprechend festgehalten werden – selbstverständlich mit einer 1115 dazu gehörenden Vereinbarung, welche Vergütung der Auftraggeber für den Fall eines Teilerfolges dem RA schuldet. Wenn der RA sich schon auf das Abenteuer eines Erfolgshonorars einlässt, dann sollte im Erfolgsfall nicht eine fehlerhafte Formulierung dafür Veranlassung sein, dass der RA sein schwer verdientes Honorar nicht erhält.

3. Einschätzung der Erfolgsaussichten

1116 Die Vereinbarung eines Erfolgshonorars ist an eine weitere Voraussetzung geknüpft, die durchaus als unerfüllbare Hürde betrachtet werden kann. Der RA muss gem. § 4a Abs. 3 Satz 1 RVG in der Vergütungsvereinbarung die wesentlichen Gründe angeben, die für die Bemessung des Erfolgshonorars ausschlaggebend sind. Der RA muss ausgestattet nur mit der Kenntnis des Vortrags des Auftraggebers (die Unterlagen des Gegners hat der RA i. d. R. erst, wenn dieser auf die Klage erwidert!) und ohne Kenntnis eines etwaigen Verteidigungsvorbringens die Erfolgsaussichten einschätzen und anhand dieser Einschätzung ausführen, wie das Erfolgshonorar bestimmt worden ist.

1117 Hier hat der Gesetzgeber wenig hilfreich ausgeführt, dass unter den sog. „wesentlichen Gründen“, die für die Bemessung des Erfolgshonorars maßgebend sind, die „Geschäftsgrundlagen“ fallen, von denen die Vertragsparteien bei der Vereinbarung der erfolgsabhängigen Vergütung ausgegangen sind (BT-Drucks. 16/8384, S. 18). Dem RA sollten keine Ermittlungs- oder Prüfungspflichten auferlegt werden (BT-Drucks. 16/8384, S. 18). Berücksichtigt werden soll bei der Einschätzung der Erfolgsaussichten durch den RA ein aufgrund seiner Erfahrungen grundsätzlich gegebenes allgemeines Prozessrisiko (BT-Drucks. 16/8384, S. 18).

1118 Damit ist keinem RA wirklich geholfen, wenn er (i. d. R. auch noch unter Zeitdruck) eine Vereinbarung über ein Erfolgshonorar treffen soll. Bei der derzeitigen gesetzlichen Regelung ist ein Erfolgshonorar überhaupt nur bei einem ganz klaren Sachverhalt denkbar, wenn der RA sich sicher ist, dass er hier den geschuldeten Erfolg herbeiführen kann. Dann kann und muss man sich aber fragen, warum der RA dann nicht für seinen Auftraggeber PKH beantragt hat, anstelle ein Erfolgshonorar zu vereinbaren.

4. Hinweis auf Kostenerstattungsrisiko

1119 Vereinbart der RA mit seinem Auftraggeber eine erfolgsabhängige Vergütung, so muss die Vergütung einen Hinweis darauf enthalten, dass die Vereinbarung keinen Einfluss auf die ggf. vom Auftraggeber zu zahlenden Gerichtskosten, Verwaltungskosten und die sonst von ihm zu erstattenden Kosten anderer Beteiligter hat. Diese Bestimmung ist in ähnlicher Form als Belehrungspflicht bei bewilligter PKH gegeben.

1120 Auch im Fall eines Erfolgshonorars ist es dem RA nicht erlaubt (§ 49b Abs. 2 Satz 2 BRAO), Gerichtskosten, Verwaltungskosten oder Kosten anderer Beteiligter zu übernehmen. Er kann diese natürlich verauslagen (Gerichtskosten u. Ä.), der Auftraggeber muss diese aber erstatten. I.Ü. ist es in der Praxis unüblich, Gerichtskosten für Auftraggeber zu verauslagen, bei denen bekannt ist, dass die wirtschaftliche Leistungsfähigkeit zur Rückzahlung im Zweifel nicht gegeben ist.

► Muster: Erfolgshonorar – Vereinbarung eines zulässigen Erfolgshonorars 1121

Rechtsanwälte

.....

(zukünftig „die Rechtsanwälte")

vertreten

.....

(zukünftig „der Auftraggeber")

in dem anzustrengenden gerichtlichen Verfahren. In dem Verfahren wird der Anspruch des Auftraggebers gegen den (Name Gegenseite) in Höhe von ..... € verfolgt werden.

Der Auftraggeber erklärt, zur Leistung der Prozesskosten nicht imstande zu sein. Er ist aufgrund seiner persönlichen und wirtschaftlichen Verhältnisse auch nicht in der Lage, wenigstens die Verfahrensgebühr gem. Nr. 3335 VV RVG zu leisten. Die geltend zu machende Forderung stellt den einzigen und wesentlichen Vermögensgegenstand des Auftraggebers dar.

Der Auftraggeber wurde durch die Rechtsanwälte über die voraussichtliche gesetzliche Vergütung belehrt. Die voraussichtliche gesetzliche Vergütung im gerichtlichen Verfahren der ersten Instanz beträgt nach dem derzeit bekannten Gegenstandswert in Höhe von ..... €

1,3 Verfahrensgebühr gem. §§ 2 Abs. 2, 13, Nr. 3100 VV RVG	..... €
1,2 Terminsgebühr gem. §§ 2 Abs. 2, 13, Nr. 3104 VV RVG	..... €
1,0 Einigungsgebühr gem. §§ 2 Abs. 2, 13, Nr. 1003 VV RVG	..... €
(die Einigungsgebühr entsteht nur für den Fall eines wirksamen Vergleichs)	
Entgelte für Post- und Telekommunikationsdienstleistungen gem. Nr. 7002 VV RVG	..... €
19 % Umsatzsteuer gem. Nr. 7008 VV RVG	..... €
Summe	..... €

Der Auftraggeber wird darauf hingewiesen, dass für die Durchführung des gerichtlichen Verfahrens die Zahlung von Gerichtskosten erforderlich ist. Diese werden nicht von den Anwälten gezahlt oder verauslagt. Der Auftraggeber ist hier in voller Höhe vorleistungspflichtig. Der Auftraggeber wird darauf hingewiesen, dass im Fall eines auch nur teilweisen Unterliegens, ein Kostenerstattungsanspruch der Gegenseite gegen ihn gegeben sein kann, den er unabhängig von der hier abgeschlossenen Vergütungsvereinbarung erfüllen muss. Die Rechtsanwälte haben den Auftraggeber darüber belehrt, dass sie üblicherweise nur bereit sind, solche Verfahren erfolgsunabhängig gegen Zahlung der gesetzlichen Vergütung zu führen.

Um dem Auftraggeber den Zugang zu einer gerichtlichen Klärung seines Anliegens zu ermöglichen, wird folgendes Erfolgshonorar vereinbart:

1.

Für den Fall des kompletten Unterliegens schuldet der Auftraggeber keine Gebühren. Komplettes Unterliegen ist auch gegeben, wenn weniger als 10 % des Anliegens des Auftraggebers durchgesetzt werden kann.

Die Auslagen (nur: Reisekosten zur Wahrnehmen von Gerichtsterminen, Übernachtungskosten) werden unabhängig vom Erfolg der Angelegenheit geschuldet.

2.

Wird das Anliegen des Auftraggebers in Höhe von 10 bis zu 19 % der begehrten Forderung oder des Wertes des Interesses erfolgreich durchgesetzt, erfolgt auf die oben dargestellte gesetzliche Vergütung ein Zuschlag in Höhe von 20 %.

3.

Ist das Anliegen des Auftraggebers in Höhe von 20 bis zu 39 % der begehrten Forderung oder des Wertes des Interesses erfolgreich, erfolgt auf die oben dargestellte gesetzliche Vergütung ein Zuschlag in Höhe von 40 %.

4.

Ist das Anliegen des Auftraggebers in Höhe von 40 bis zu 59 % der begehrten Forderung oder des Wertes des Interesses erfolgreich, erfolgt auf die oben dargestellte gesetzliche Vergütung ein Zuschlag in Höhe von 60 %. Darüber hinaus schuldet der Auftraggeber 10 % der erstrittenen Forderung.

5.

Ist das Anliegen des Auftraggebers in Höhe von 60 bis zu 79 % der begehrten Forderung oder des Wertes des Interesses erfolgreich, erfolgt auf die oben dargestellte gesetzliche Vergütung ein Zuschlag in Höhe von 80 %. Darüber hinaus schuldet der Auftraggeber 20 % der erstrittenen Forderung.

6.

Ist das Anliegen des Auftraggebers in Höhe von 80 bis zu 99 % der begehrten Forderung oder des Wertes des Interesses erfolgreich, erfolgt auf die oben dargestellte gesetzliche Vergütung ein Zuschlag in Höhe von 100 %. Es wird eine Verdoppelung der gesetzlichen Vergütung vereinbart. Zusätzlich schuldet der Auftraggeber 30 % der erstrittenen Forderung.

7.

Ist das Anliegen des Auftraggebers in Höhe von 100 % der begehrten Forderung oder des Wertes des Interesses erfolgreich, erfolgt auf die oben dargestellte gesetzliche Vergütung ein Zuschlag von 150 %. Zusätzlich schuldet der Auftraggeber 40 % der erstrittenen Forderung.

8.

Ein Erfolg ist auch dann anzunehmen, wenn das Verfahren durch einen Vergleich beigelegt werden kann. Der Erfolg tritt insgesamt erst dann ein, wenn die durchgesetzte Forderung bei der Gegenseite nötigenfalls zwangsweise beigetrieben worden ist und Zahlung an die Rechtsanwälte erfolgt ist.

Bei der Zwangsvollstreckung stellt jede Teilzahlung den auf den Prozentsatz der Durchsetzung bezogenen Erfolg dar. Hat der Schuldner auf eine Forderung von ..... € lediglich ..... € geleistet, wird die Zahlung so behandelt, als wäre eine Vollleistung erfolgt. Das Erfolgshonorar wird entsprechend der sich aus dem Vergleich oder dem Urteil ergebenden Erfolgsquote geschuldet. Die Rechtsanwälte werden den Erfolgshonoraranspruch aufgrund einer Teilleistung zunächst der Höhe nach auf die erfolgte Teilleistung beschränken.

Etwaige von der Gegenseite erklärte berechtigte Aufrechnungserklärung schmälert den Erfolg nicht. Eine Aufrechnung wird als vollständige Leistung gewertet.

Das vereinbarte Erfolgshonorar bezieht sich nur auf das erstinstanzliche Verfahren. Eine Verpflichtung der Rechtsanwälte, nach Abschluss der ersten Instanz, insbesondere im Fall des vollständigen Unterliegens, weiter tätig zu werden, ist mit dieser Vereinbarung nicht getroffen worden. Sollte der Auftraggeber nur teilweise unterlegen sein und im Hinblick auf sein Unterliegen die Führung eines Berufungsverfahrens beabsichtigen, von dem die Rechtsanwälte abraten, gilt der Erfolg auch dann als eingetreten, wenn das Berufungsverfahren durch einen anderen Rechtsanwalt geführt wird und sich im Berufungsverfahren die titulierte Forderung zulasten des Auftraggebers verringert.

Sollte eine Berufung gegen ein abweisendes Urteil erforderlich werden, behalten sich die Rechtsanwälte vor, eine weitere Tätigkeit im Berufungsverfahren von der Zahlung der gesetzlichen Vergütung oder dem Abschluss einer Vergütungsvereinbarung oberhalb der gesetzlichen Vergütung abhängig zu machen. Ist der Auftraggeber dazu nicht bereit, entsteht dem Auftraggeber dadurch kein Nachteil, da er für ein erforderliches Rechtsmittelverfahren einen anderen Anwalt mit seiner weiteren Vertretung beauftragen kann. Die Anwälte werden den Auftraggeber rechtzeitig nach Zustellung des in vollständiger Form abgefassten Urteils informieren, ob eine weitere Vertretung erfolgen wird. Spätestens zwei Wochen vor Ablauf der Berufungsfrist wird der Auftraggeber entsprechend informiert.

Bei der Bestimmung des Erfolgshonorars wurde berücksichtigt, dass den geltend zu machenden Ansprüchen des Auftraggebers Einwendungen durch die Gegenseite entgegen gehalten werden, die dazu führen können, dass ein Gericht davon ausgeht, dass der Auftraggeber seine Ansprüche nicht geltend machen kann (*Hinweis: Hier ggf. eine ausführlichere rechtliche Begründung vornehmen, die sich auf den Sachverhalt bezieht!*)

Das Erfolgshonorar ist nach Zahlung der durch den Gegner geschuldeten Forderung sofort zur Zahlung fällig. Wegen der langen Dauer eines gerichtlichen Verfahrens verzichtet der Auftraggeber bereits jetzt auf die Einrede der Verjährung im Hinblick auf den Vergütungsanspruch der Rechtsanwälte. Die Rechtsanwälte fügen dieser Vergütungsvereinbarung eine Verzichtserklärung der Einrede der Verjährung bei. Der Eingang dieser Verzichtserklärung bei den Rechtsanwälten ist Voraussetzung für die Wirksamkeit der Vergütungsvereinbarung.

Der Auftraggeber wird darauf hingewiesen, dass für den Fall des Erfolgs die geschuldete Vergütung von der gesetzlichen Vergütung abweicht. Die im Erfolgsfall geschuldete Vergütung ist höher, als die gesetzliche Vergütung. Im Fall des Obsiegens schuldet eine zur Kostenerstattung verpflichtete Gegenpartei nur die gesetzliche Vergütung.

Der Auftraggeber wird noch einmal darüber belehrt, dass diese Vereinbarung keinerlei Auswirkung auf eine etwaige Verpflichtung zur Zahlung der Gerichtskosten hat. Eine sich im gerichtlichen Verfahren ergebende Kostenerstattungsverpflichtung im Unterliegensfall wird von dieser Vergütungsvereinbarung nicht aufgehoben. Kostenerstattungsansprüche muss der Auftraggeber unabhängig von dieser Vergütungsvereinbarung erfüllen.

Sollte das Auftragsverhältnis während des laufenden gerichtlichen Verfahrens enden, ohne dass die Beendigung des Verfahrens von den Rechtsanwälten zu vertreten ist, schuldet der Auftraggeber die gesetzliche Vergütung in voller Höhe. (*Hinweis: Hier könnte noch ein Zusatz eingefügt werden, dass das Erfolgshonorar auch bei vorzeitiger Erledigung geschuldet wird, wenn der Auftraggeber im Verfahren – auch nur zum Teil – obsiegt.*) Allerdings liegt über die Zulässigkeit einer solchen Vereinbarung noch keine Rechtsprechung vor.

....

(Der Auftraggeber) (Der Rechtsanwalt)

1122 ▶ Hinweis:

Die Regelungen zum Erfolgshonorar sind erst seit dem 01.07.2008 Bestandteil des RVG. Rechtsprechung zu der Frage der Auslegung der entsprechenden Vorschriften ist noch nicht vorhanden. In dieser Frage sollte besonders vorsichtig gehandelt werden. Sie konnten meinen Ausführungen entnehmen, dass ich Zweifel an der praktikablen Umsetzung der gesetzlichen Vorschriften habe.

▶ Muster: Verzicht auf Einrede der Verjährung

1123 Vollständige Anschrift Auftraggeber

Die Rechtsanwälte ..... führen für mich ein Gerichtsverfahren vor dem ..... Gericht.

Mit den Rechtsanwälten wurde ein Erfolgshonorar gem. § 4a RVG vereinbart.

Wegen der sich aus dem Erfolgshonorar ergebenden Vergütung erkläre ich in Kenntnis der Tragweite dieser Erklärung unter Berücksichtigung von § 202 Abs. 2 BGB den Verzicht auf die Einrede der Verjährung entsprechend der Frist gem. § 195 BGB.

Die Rechtsanwälte sind nicht verpflichtet, eine Hemmung der Verjährung im Sinne von § 204 BGB durch gerichtliche Geltendmachung herbeizuführen.

....

Ort, Datum Auftraggeber

Ein Textmuster für eine weitere Vergütungsvereinbarung (Stichpunkt „Beitreibungssachen“) finden Sie unter Kap. 8 Rdn. 875. 1124

9. Kapitel: Wertbegriffe, Gegenstandswert im Einzelnen und Anforderung an die Rechnung

Übersicht Rdn.

Abschnitt 4: Gegenstandswert 1

§ 22 Grundsatz

(1) In derselben Angelegenheit werden die Werte mehrerer Gegenstände zusammengerechnet.

(2) Der Wert beträgt in derselben Angelegenheit höchstens 30 Millionen Euro, soweit durch Gesetz kein niedrigerer Höchstwert bestimmt ist. Sind in derselben Angelegenheit mehrere Personen Auftraggeber, beträgt der Wert für jede Person höchstens 30 Millionen Euro, insgesamt jedoch nicht mehr als 100 Millionen Euro.

A. Gegenstandswert

I. Allgemeines

Es gibt verschiedene **Wertbegriffe.** Wenn Sie eine Vergütungsberechnung erstellen, 2
so heißt der Wert ausschließlich **Gegenstandswert** (§ 2 Abs. 1 RVG). Der **Streitwert (in Familiensachen der Verfahrenswert)** entscheidet über die sachliche Zuständigkeit des Gerichts, der **Wert der Beschwer** entscheidet über die Zulässigkeit eines Rechtsmittels oder Rechtsbehelfs, der **Gerichtsgebührenwert** wird benötigt, um die zutreffende Höhe der Gerichtskostenzahllast zu bestimmen. Den **Geschäftswert** benötigen Sie zur Abrechnung notarieller Tätigkeiten und der Gegenstandswert ist maßgebend zur Bestimmung der zutreffenden Höhe der Vergütung nach der Tabelle zu § 13 (oder 49) RVG.

Nicht alle Vergütungsvorschriften erfordern das Ermitteln eines Gegenstandswertes. 3
Ob ein Gegenstandswert benötigt wird, hängt von der Art der Gebühr ab, die entstanden ist. Es kann

- eine Festgebühr,
- eine Betragsrahmengebühr,
- eine Satzrahmengebühr,
- oder eine Wert- bzw. Regelgebühr entstanden sein.

4 Wenn Sie eine **Festgebühr** (z. B. Beratungshilfe) oder eine **Betragsrahmengebühr** (z. B. Bußgeldverfahren, Strafsachen) abrechnen müssen, brauchen Sie sich i. d. R. über den Gegenstandswert keine Gedanken zu machen, er wird in diesen Fällen nicht benötigt. Wenn Sie aber eine **Satzrahmengebühr** abrechnen (z. B. Prüfung der Erfolgsaussichten gem. Nr. 2100 VV RVG und Geschäftsgebühr gem. Nr. 2300 VV RVG), dann müssen Sie nicht nur den zutreffenden Gebührensatzrahmen ermitteln, sondern auch den Gegenstandswert.

5 Der **Gegenstandswert** bestimmt sich nach dem Gegenstand der anwaltlichen Tätigkeit (**§ 2 Abs. 1 RVG**). Der Gegenstand der anwaltlichen Tätigkeit kann so vielseitig sein, wie das Leben. Daher gibt das RVG einige Standardmöglichkeiten vor und bestimmt den Gegenstandswert. Auf alle Fragen werden Sie mit Sicherheit im RVG keine Antwort finden. Sobald es um die sog. **nichtvermögensrechtlichen Streitigkeiten** geht, müssen Sie den Gegenstandswert schätzen. Sie wissen selbst, wie schwierig es ist, etwas zu schätzen. Nehmen Sie alleine eine Entfernung, die Sie einschätzen wollen. Mit einem Schuh, mit dem Sie bequem laufen können, ist eine Entfernung von 1 km harmlos, mit einem Schuh, den man auch „Sitzschuh“ nennt, kann dieser Kilometer Ihnen wie ein Marathonlauf vorkommen. Nach der Entfernung befragt, die Sie zurücklegen mussten, hängt die Antwort vom subjektiven Erfahren ab. So kann es sein, dass Sie einen Sachverhalt bewerten und denken, der Wert wäre mit max. 1.000.000,00 € zu bestimmen. Im gerichtlichen Verfahren ergibt sich aber, dass der Richter (oder die Richter) den gleichen Sachverhalt mit 20.000.000,00 € bewerten.

6 Abweichungen nach oben im Wert sind natürlich auf der einen Seite erfreulich, wird damit auch der Vergütungsanspruch erhöht. Auf der anderen Seite gibt es Klärungsbedarf. Ihr Auftraggeber möchte von Ihnen wissen, warum Sie den Wert viel niedriger bestimmt hatten. Im Zuge der folgenden Ausführungen zum Gegenstandswert folgen Hinweise, Tipps und Belehrungen an den Auftraggeber, wie dieser darauf vorbereitet wird, dass der ursprünglich angenommene Wert eben nur eine Annahme bzw. Schätzung war. **Letztlich entscheidet über die Höhe des Gegenstandswertes** im gerichtlichen Verfahren die Festsetzung des **Gerichts.**

II. Einzelne Wertvorschriften

1. § 22 RVG – Allgemeine Vorschrift

7 Im 4. Abschnitt des RVG (§§ 22 bis 33 RVG) sind (fast) alle Wertvorschriften zusammengefasst, die für die anwaltliche Gebührenbemessung maßgebend sind. Teilweise hat der Gesetzgeber dann noch Wertvorschriften im VV des RVG versteckt, oder bei speziellen Sondervorschriften (Verfassungsbeschwerde: § 37 Abs. 2 RVG).

8 Nun ist es nicht immer so, dass der Auftraggeber lediglich ein Anliegen (oder einen Anspruch) verfolgt. Häufig liegen mehrere Ansprüche zugrunde. Handelt es sich um dieselbe Angelegenheit, so werden gem. § 22 Abs. 1 RVG die Werte **mehrerer Gegenstände** zusammengerechnet. Die Gebühren werden aus dem **addierten Gesamtwert** berechnet.

Beispiel 1: 9

In einer Verkehrsunfallsache fordert der Auftraggeber ein Schmerzensgeld von 2.000,00 €, Reparaturkosten i.H.v. 1.500,00 € und Verdienstausfall i.H.v. 220,00 €.

Es wird eine einheitliche Gebühr nach einem Gegenstandswert i.H.v. 3.720,00 € berechnet, denn es liegt eine Angelegenheit (ein Lebenssachverhalt) vor. Die Ansprüche können in einem gerichtlichen Verfahren vor demselben Gericht verfolgt werden.

Beispiel 2: 10

Dem Hauswart, der über eine Dienstwohnung verfügt ist sowohl das Arbeitsverhältnis (monatlich 1.000,00 € brutto) als auch die Wohnung (Mietzins 250,00 €) brutto gekündigt worden. Ihre Kanzlei soll gegen beide Kündigungen vorgehen. Für beide Werte gilt, dass sie multipliziert werden. Im Kündigungsschutzverfahren – Arbeitsverhältnis bestimmt sich der Gegenstandswert nach einer Wertvorschrift aus dem GKG mit dem dreifachen Bruttoeinkommen (§ 42 Abs. 4 GKG, 3 × 1.000,00 € = 3.000,00 €), für die Vertretung im Verfahren wegen der Kündigung der Hauswartsdienstwohnung bestimmt sich der Gegenstandswert ebenfalls aus dem GKG mit dem Jahresbetrag des Bruttomietzinses (§ 41 Abs. 2 GKG 12 × 250,00 €).

Die Werte werden aber nicht addiert. Denn die Verfahren könnten nicht vor demselben Gericht geführt werden. Es liegen somit zwei Angelegenheiten vor, eine Werteaddition kann nicht erfolgen. Sie erstellen zwei Rechnungen.

2. Höchstwert des § 22 Abs. 2 RVG

In sehr vielen Fällen bemisst sich der Gegenstandswert nach der geltend zu machenden Forderung. Ein Großteil der anwaltlichen Tätigkeit wird aufgewandt, um Geldansprüche durchzusetzen. Als Grundsatz gilt, dass die **Höhe der geltend zu machenden Forderung** die Höhe des Gegenstandswertes bestimmt. Allerdings gibt § 22 Abs. 2 RVG eine sog. **Kappungsgrenze** vor. Der Wert kann nicht höher sein als 30 Mio. €. 11

Beispiel 12

Sollen Sie eine Forderung i.H.v. 60 Mio. € geltend machen, so endet die Tabelle zu § 13 RVG bei 30 Mio. €. Ab 30 Mio. € bis unendlich ist die Gebühr immer gleich hoch. Dies kann nur über eine Vergütungsvereinbarung abweichend geregelt werden. Wie Sie aus dem Kapitel „Vergütungsvereinbarung“ bereits wissen, beschränkt sich aber eine Kostenerstattung auf die gesetzliche Vergütung.

13 Im Hinblick auf die Wertbegrenzung hat das Bundesverfassungsgericht festgestellt, dass diese Wertbegrenzung mit der Verfassung vereinbar ist (BVerfG v. 13.02.2007, RENOpraxis 2007, 156 = RVGreport 2007, 311 – 312).

III. Besondere Auslagen bei Gegenstandswerten über 30 Mio. €

14 Höchst selten wird man eine Akte abrechnen, bei der der Gegenstandswert 30 Mio. € übersteigt. Wie selten sind bereits Gegenstandswerte im Bereich von 1 Mio. €. Die sehr hohen Gegenstandswerte ergeben sich nicht selten aus bestimmten Rechtsgebieten (Urheberrecht, Patentrechte, Grundstücksrechte), sodass die Allgemeinheit der RAe kaum dazu kommt § 22 Abs. 2 RVG anwenden zu müssen. Übersteigt der Gegenstandswert dann tatsächlich einmal 30 Mio. €, hat der Gesetzgeber einen eigenen Auslagentatbestand geschaffen.

15 Bei einem Gegenstandswert von besonderer Höhe ist es nicht unüblich, eine eigene **fallbezogene Haftpflichtversicherung** abzuschließen. Von den generellen Haftpflichtversicherungspolicen sind Forderungen in dieser Höhe mit Sicherheit nicht abgedeckt. Gem. Nr. 7007 VV RVG kann der RA daher die im Einzelfall für eine Vermögensschadenshaftpflichtversicherung gezahlte Prämie vom Auftraggeber erstattet verlangen.

16 ► Praxistipp:

Bitte achten Sie unbedingt darauf, dass das Versicherungsunternehmen in der Prämienrechnung für die Vermögenshaftpflichtversicherung ausweist, welcher Anteil der Versicherung allein dafür zu zahlen ist, dass der Wert der Angelegenheit 30 Mio. € übersteigt. Denn nur diesen Teil der Prämie dürfen Sie nach der Vorschrift der Nr. 7007 VV RVG auf den Aufraggeber abwälzen. Die Prämie, die gezahlt wird, bis der gesetzliche Gegenstandswert erreicht ist, kann dem Auftraggeber nicht in Rechnung gestellt werden (es sei denn, es wurde entsprechend vereinbart).

IV. § 23 RVG – Allgemeine Wertvorschrift

17 *§ 23 Allgemeine Wertvorschrift (verkürzte Darstellung)*

(1) Soweit sich die Gerichtsgebühren nach dem Wert richten, bestimmt sich der Gegenstandswert im gerichtlichen Verfahren nach den für die Gerichtsgebühren geltenden Wertvorschriften. Diese Wertvorschriften gelten auch entsprechend für die Tätigkeit außerhalb eines gerichtlichen Verfahrens, wenn der Gegenstand der Tätigkeit auch Gegenstand eines gerichtlichen Verfahrens sein könnte. § 22 Abs. 2 Satz 2 bleibt unberührt.

(3) Soweit sich aus diesem Gesetz nichts anderes ergibt, gelten in anderen Angelegenheiten für den Gegenstandswert § 18 Abs. 2, §§ 19 bis 23, 24 Abs. 1, 2, 4, 5 und 6, §§ 25, 39 Abs. 2 und 3 sowie § 46 Abs. 4 der Kostenordnung entsprechend. Soweit sich der Gegenstandswert aus diesen Vorschriften nicht ergibt und auch sonst nicht feststeht, ist er nach billigem Ermessen zu bestimmen; in Ermangelung genügender tatsächlicher Anhaltspunkte für eine Schätzung und bei

nichtvermögensrechtichen Gegenständen ist der Gegenstandswert mit 4000 Euro, nach Lage des Falles niedriger oder höher, jedoch nicht über 500000 Euro anzunehmen.

§ 23 Abs. 1 und 3 RVG sind die **zentralen Wertvorschriften** des RVG. Wenn Sie 18
den Gegenstandswert bestimmen wollen, müssen Sie sich immer fragen:

- Gibt es eine besondere Wertvorschrift (z. B. § 25 RVG) im RVG selbst, die den Wert bestimmt? Dann bestimmt diese den Wert.
- Ermittelt sich der Gegenstandswert nach § 23 Abs. 1 Satz 1 RVG?
  Wenn es einen **Wert für das gerichtliche Verfahren** gibt und keine vorrangige Wertvorschrift im RVG einen anderen Wert vorgibt, dann bestimmt sich der Gegenstandswert nach den Wertvorschriften für das gerichtliche Verfahren. Dies gilt aber nur dann, wenn die Tätigkeit des RA überhaupt Gegenstand eines gerichtlichen Verfahrens sein könnte. Immer dann, wenn der RA bestehende Ansprüche verfolgt oder abwehrt, dann könnte seine Tätigkeit auch Gegenstand eines gerichtlichen Verfahrens sein. Oft handelt es sich dann um Tätigkeiten, die einem gerichtlichen Verfahren üblicherweise vorausgehen (so z. B. Mahnungen, Zahlungsaufforderungen etc.). Ein gerichtliches Verfahren liegt immer dann vor, wenn das Verfahren bei einem Gericht anhängig ist. Hierzu zählen auch Verfahren der freiwilligen Gerichtsbarkeit sowie die Verfahren vor den Sozial-, Verfassungs-, Verwaltungs- und Finanzgerichten.
- Liegt eine Tätigkeit vor, die nicht Gegenstand eines gerichtlichen Verfahrens sein kann?
  Dann bestimmt sich der Gegenstandswert nach **§ 23 Abs. 3 RVG.** § 23 Abs. 3 RVG verweist auf einige Wertvorschriften der **KostO** (im Allgemeinen berechnen Notare ihre Vergütung nach der KostO). Die Werte, die sich bei der Anwendung der KostO ergeben, sind oft deutlich höher als die Werte, die sonst vorgegeben wird. Trotzdem wendet der RA die Tabelle zu § 13 RVG an. Denn ein Verweis auf die KostO-Tabelle ist in § 23 Abs. 3 RVG nicht enthalten. Man nennt diese Tätigkeit des RA auch häufig „**rechtsbegründende Tätigkeit**". Zwischen den Parteien gibt es noch keine Ansprüche, sie schließen erst Verträge ab und lassen sich vor Vertragsabschluss anwaltlich beraten. Dann ergibt sich der Gegenstandswert regelmäßig aus § 23 Abs. 3 RVG.
- Ergibt sich der Wert nicht aus § 23 Abs. 3 RVG und steht er auch sonst nicht fest, dann muss der Wert anhand des vorgegebenen Sachverhaltes geschätzt werden.
- Hat der RA nicht genügende Anhaltspunkte für eine Schätzung und grds. bei nichtvermögensrechtlichen Streitigkeiten, gibt § 23 Abs. 3 Satz 2, 2. Halbs. RVG vor, dass der Gegenstandswert regelmäßig mit 4.000,00 € bestimmt wird (sog. **Auffangwert**). Der Wert kann höher oder niedriger bestimmt werden, er kann allerdings 500.000,00 € nicht übersteigen.

Von einer detaillierten Darstellung über die Wertermittlung nach der KostO und die 19
Einzelheiten zu § 23 Abs. 3 Satz 2, 2. Halbs. RVG wird hier abgesehen, hier hilft ein Blick in einen ausführlichen Kommentar; Kurzkommentare sind an dieser Stelle leider etwas knapp.

20 In vielen Fällen ist es einfach. Der Mandant begehrt eine Forderung von einem Dritten, diese Forderung bestimmt den Gegenstandswert. Jeder rechnet so ab, aber kaum einer weiß, dass es tatsächlich richtig ist und es sich aus § 23 Abs. 1 Satz 1 RVG (oder Satz 2 RVG – je nach Sachverhalt) ergibt, weil sowohl § 43 GKG als auch § 4 ZPO bestimmen, dass **maßgebend** für die Wertermittlung **der Hauptgegenstand** des Geschäfts ist. Zinsen und Nebenforderungen bleiben unberücksichtigt, sofern diese nicht selbstständig Gegenstand eines Geschäfts (Verfahrens, Angelegenheit ....) sind.

21 In allen anderen Fällen gibt es viele Unsicherheiten. Häufig hängt die Wertermittlung (gerade im gerichtlichen Verfahren und damit auch für die vor- bzw. außergerichtliche Tätigkeit) davon ab, welches Verfahren Sie führen. Es gibt für das familienrechtliche Verfahren eine Reihe von feststehenden Werten im RVG, GKG und FamGKG. Das arbeitsrechtliche Verfahren und das mietrechtliche Verfahren (wenn das Verfahren ein Wohnraummietverhältnis betrifft) sind demgegenüber im GKG geregelt, für viele andere Verfahren (Zwangsversteigerung, Insolvenz) gibt es Wertvorschriften im RVG. Hier empfiehlt es sich einfach immer wieder zu lesen:
- §§ 39 bis 52 GKG,
- §§ 41 bis 52 FamGKG
- §§ 3 bis 9 ZPO,
- die Wertvorschriften des RVG (§§ 22 – 33 RVG) sowie
- diverse Einzelvorschriften für verschiedene Rechtsgebiete.

22 Hinsichtlich der Wertvorschriften des RVG hat eine Auswahl und Beschränkung stattgefunden. Nicht jede Wertvorschrift kann hier dargestellt werden. Wenn eine Wertvorschrift ausgelassen wurde, heißt das nicht, dass diese unwichtig sei. Einige spezielle Wertvorschriften sind aber nur in wenigen spezialisierten Kanzleien anwendbar. Bei speziellen Einzelfragen müssen Sie weitere Fachlektüre als Unterstützung benutzen.

23 Die intensive Beschäftigung mit dem Thema Gegenstandswert gäbe genug Material für ein eigenes umfangreiches Buch.

V. Abweichende Vereinbarung des Gegenstandswertes

24 Bei den Darstellungen zu den Vergütungsvorschriften konnten Sie bereits sehen, dass im Wesentlichen im gerichtlichen Verfahren die Verfahrensgebühr, die Terminsgebühr und unter Umständen die Einigungsgebühr entsteht.

25 Von den Gebühren hängt es nicht ab, ob die Vergütungsberechnung „hoch" oder niedrig ausfällt.

26 ► Praxistipp:

Sie sollten für sich eine Statistik führen:

Welche Anzahl von Rechnungen endet mit einem Betrag von bis zu 200,00 €?

Welche Anzahl von Rechnungen endet mit einem Betrag von bis zu 500,00 €?

Welche Anzahl von Rechnungen endet mit einem Betrag von bis zu 1.000,00 €?

usw.

Sie werden je nach Art der Kanzlei feststellen können, dass es nur wenig Rechnungen (wenn überhaupt) gibt, die auf einen Rechnungsbetrag von über 10.000,00 € lauten. Die dazu gehörigen Akten fallen Ihnen üblicherweise sofort ein. 27

Eine Anwaltskanzlei ist nichts anderes als ein Wirtschaftsunternehmen. Von den erzielten Bruttobeträgen muss zunächst die Umsatzsteuer abgeführt werden (fast 20 % des Ergebnisses verbleibt nicht für Ihre Kanzlei), dann sind die laufenden Kosten zu finanzieren: Miete (oder bei Eigentum die dafür aufzuwendenden Kosten), Gehälter, Sozialabgaben, sonstige Kosten (Büroeinrichtung und Ausstattung, Wartungen, Leasingraten, Softwarekosten, diverse Versicherungen, Reparaturen, Instandhaltungen, Neuanschaffungen, Büromaterial, Fachliteratur, Fahrtkosten ...). Dann muss der RA oder die RAe die Kosten für die eigene Altersvorsorge, Krankenversicherungen, Verdienstausfallversicherung, Berufsunfähigkeitsversicherungen u.v.m. bezahlen. Nach Ermittlung der für die Einkommenssteuer abzugsfähigen Kosten (nicht alle Aufwendungen sind bei der Berücksichtigung des zu versteuernden Einkommens in voller Höhe zu berücksichtigen) ergibt sich dann irgendwann der Nettoertrag aus einer Akte. Und genau dies ist der Zeitpunkt, wo man vor Entsetzen aufschreit: „So wenig bleibt übrig!“. Viele Akten sind für die Kanzlei ein sog. Zuschussgeschäft. Der Umsatz in der Akte ist so gering, dass für den RA trotz oft sehr hohen Arbeitseinsatzes nichts verbleibt. Es hört sich vielleicht merkwürdig an, aber auch Sie haben ein Interesse daran, dass die erzielte Vergütung einen Gewinn erwarten lässt. Nur, wenn der RA genügend Vergütungsforderungen erzielt, kann er Ihr Gehalt zahlen. Nur, wenn der RA ein hinreichend hohes Einkommen hat, kann er überhaupt daran denken, Ihr Gehalt zu erhöhen. 28

Eine weitere Regel, die gerne vergessen wird: Erzielt ein RA nicht genügend Einnahmen, dann muss er Sparmaßnahmen ergreifen. Dies kann er auf verschiedene Weise machen, wie z. B. andere Räumlichkeiten, weniger Fachliteratur, geringe Büroausstattung. Aber es gibt noch eine Möglichkeit, sog. Kosten (also Ausgaben der Kanzlei) einzusparen. Der RA kann sich auch von Mitarbeitern trennen und diese Mitarbeiter durch günstigeres Personal ersetzen. Oft wird aber auch eine Kündigung ausgesprochen und der Arbeitsplatz nicht neu besetzt. Die verbleibenden Mitarbeiter müssen die zusätzliche Arbeit übernehmen, dies ist ggf. nur möglich, wenn Überstunden geleistet werden. Ob durch den RA eine Vergütung dieser Überstunden erfolgt, hängt neben diversen anderen Faktoren natürlich auch davon ab, ob überhaupt eine Leistungsfähigkeit gegeben ist. 29

Wenn also ein Auftraggeber Ihnen ein Mandat anträgt, das über einen gesetzlichen Gegenstandswert von 100,00 € verfügt, dann wissen Sie spätestens jetzt: Der RA erzielt mit diesem Mandat keine Vergütung, die auch nur ansatzweise angemessen ist. 30

31 Hier können Sie jetzt (selbstverständlich nur nach Rücksprache mit dem RA, je nachdem wie selbstständig Sie Entscheidungen treffen dürfen) dem Auftraggeber ein Vergütungsvereinbarung vorschlagen und den Gegenstandswert abweichend vereinbaren. Sie können auch einen pauschalen Festbetrag vereinbaren, den der Auftraggeber zusätzlich zur gesetzlichen Vergütung zu zahlen hat.

32 Natürlich kann es sein, dass der Auftraggeber Ihnen den Auftrag dann nicht erteilt. Die Frage ist: Haben Sie dann wirklich etwas verloren?

33 Viele RA übernehmen ein Mandat in der Hoffnung, dass der Auftraggeber ihnen irgendwann ein gewinnbringendes Mandat übertragen wird. Hält Ihr Arbeitgeber Ihnen diesen Einwand entgegen, wenn Sie ihm raten, eine Vergütungsvereinbarung abzuschließen oder das Mandat nicht zu übernehmen, dann bitten Sie ihn (oder sie) doch einfach, Ihnen auch nur einen einzigen Fall zu nennen, der zu Ihren Lebzeiten bei ihm in der Kanzlei eingetreten ist, bei dem dies geschehen ist. Dann sollten Sie, falls er sich tatsächlich an einen solchen Fall erinnert, schleunigst prüfen, ob der damalige Auftraggeber die Vergütung jemals gezahlt hat. Es ist weitaus günstiger, ein Mandat nicht anzunehmen, als ein Mandat zu führen, bei dem von Anfang an klar ist, dass es die Kosten nicht decken wird.

34 Viele RA denken auch, sie könnten das Mandat ja auch schnell nebenbei erledigen. Dies bewahrheitet sich in der Praxis nicht. Wenn Sie eine Statistik führen, welche Auftraggeber am anspruchsvollsten sind und einen extrem hohen Zeitaufwand verursachen und dies mit den dahinter stehenden Gegenstandswerten in Relation bringen, werden Sie feststellen, dass ausgerechnet das Mandat, das nichts einbringt, auch noch besonders arbeitsintensiv ist.

35 Für Auftraggeber, die bereits viele „gute" Mandate übertragen haben, führt man auch eine geringwertige Streitigkeit durch – und zwar gerne.

36 Viele RAe scheuen vor der Vereinbarung einer Vergütung zurück. Dies liegt vielleicht daran, dass dies nicht im Studium gelehrt wird. Aber eben auch die Schwierigkeit, die eigene Leistung angemessen „zu verkaufen" spielt eine Rolle. Wenn es die Struktur Ihrer Kanzlei zulässt, dann versuchen Sie hier auch aus ganz eigennützigen Motiven, dem RA diese Verhandlungen abzunehmen – oder diese zumindest vorzubereiten.

37 Sie können sich auch fragen, warum sich der Auftraggeber auf eine solche Vereinbarung einlassen soll – ganz einfach – weil gute Leistung entsprechend honoriert werden muss. Wenn er Ihnen den Auftrag dann nicht überträgt, wird er mit Sicherheit einen RA finden, der bereit ist, das Mandat auch zu den Bedingungen der gesetzlichen Vergütung zu führen. Der RA, der diesem Ansinnen zu oft nachgibt, muss entweder sehr sparsam wirtschaften – oder aber er befindet sich irgendwann in der Situation, dass er selbst ein Fall für den Insolvenzrechtler wird.

38 *§ 14 Abs. 2 Nr. 7 BRAO (verkürzte Darstellung)*

Gemäß § 14 Abs. 2 Nr. 7 BRAO ist die Zulassung eines Rechtsanwalts zu widerrufen,[…] wenn der Rechtsanwalt in Vermögensverfall geraten ist, es sei denn, dass dadurch die Interessen der Rechtsuchenden nicht gefährdet sind; ein Vermögensverfall wird vermutet, wenn ein Insolvenzverfahren über das Vermögen des Rechtsanwalts eröffnet oder der Rechtsanwalt in das vom Insolvenzgericht oder vom Vollstreckungsgericht zu führende Verzeichnis (§ 26 Abs. 2 der Insolvenzordnung, § 915 der Zivilprozessordnung) eingetragen ist […]

Unter Kap. 8 Rdn. 1092 finden Sie ein Muster über die abweichende Vereinbarung des Gegenstandswertes. 39

VI. Geltendmachung der Geschäftsgebühr neben der Hauptsache

Bereits unter Kap. 8 Rdn. 244 wird erläutert, dass die Geschäftsgebühr im gerichtlichen Verfahren neben der Hauptsache geltend gemacht werden muss. Hierbei kann die Geschäftsgebühr eine nicht unbeträchtliche Höhe erreichen. Trotzdem beeinträchtigt die Geschäftsgebühr nicht den Gegenstandswert. Nach der h.M. ist die **Geschäftsgebühr** eine **Nebenforderung** (i.S.v. § 4 ZPO). 40

Wird neben der Hauptsache ein vorgerichtlich entstandener materiellrechtlicher Kostenerstattungsanspruch eingeklagt, führt dies nicht zu einer Erhöhung des Streitwerts. Da gem. § 32 Abs. 1, § 23 Abs. 1 Satz 2 RVG der „Streitwert" den Gegenstandswert bestimmen kann, gilt für den Gegenstandswert nichts anderes. Nebenforderungen werden beim Gegenstandswert nicht berücksichtigt, es sei denn, das RVG bestimmt etwas (z. B. § 25 Abs. 1 RVG für die Zwangsvollstreckung) anderes. 41

VII. Gegenstandswert für Sanierungsangelegenheiten

§ 24 Gegenstandswert für bestimmte einstweilige Anordnungen 42

§ 24 RVG regelt die Wertbestimmung für eine Tätigkeit des RA im Sanierungs- und Reorganisationsverfahren eines Gläubigers. Der Wert bestimmt sich nach dem Nennwert der Forderung.

VIII. Gegenstandswert in der Zwangsvollstreckung

§ 25 Gegenstandswert in der Zwangsvollstreckung (verkürzte Darstellung) 43

(1) In der Zwangsvollstreckung bestimmt sich der Gegenstandswert
1. *nach dem Betrag der zu vollstreckenden Geldforderung einschließlich der Nebenforderungen; soll ein bestimmter Gegenstand gepfändet werden und hat dieser einen geringeren Wert, ist der geringere Wert maßgebend; wird künftig fällig werdendes Arbeitseinkommen nach § 850d Abs. 3 der Zivilprozessordnung gepfändet, sind die noch nicht fälligen Ansprüche nach § 42 Abs. 1 und 2 des Gerichtskostengesetzes zu bewerten;;*
2. *nach dem Wert der herauszugebenden oder zu leistenden Sachen; der Gegenstandswert darf jedoch den Wert nicht übersteigen, mit dem der Herausgabe- oder Räumungsanspruch nach den für die Berechnung von Gerichtskosten maßgeblichen Vorschriften zu bewerten ist;*
3. *nach dem Wert, den die zu erwirkende Handlung, Duldung oder Unterlassung für den Gläubiger hat, und*

4. in Verfahren über den Antrag auf Abnahme der eidesstattlichen Versicherung nach § 807 der Zivilprozessordnung nach dem Betrag, der einschließlich der Nebenforderungen aus dem Vollstreckungstitel noch geschuldet wird; der Wert beträgt jedoch höchstens 1500 Euro.

1. Allgemeines

44 § 25 RVG regelt abweichend von den sonstigen Vorschriften im GKG und der ZPO den Gegenstandswert für die Anwaltsgebühren des RA, wenn er i.R.d. Zwangsvollstreckung tätig ist.

2. Vollstreckung einer Geldforderung

45 Hat der RA den Auftrag, wegen einer Geldforderungen zu vollstrecken, bestimmt sich der Wert für die Anwaltsgebühren nach dem **Betrag der zu vollstreckenden Geldforderung** einschließlich Nebenforderungen (§ 25 Abs. 1 Nr. 1, 1. Halbs. RVG). Der RA muss nicht wegen der gesamten titulierten Forderung beauftragt sein, er kann auch nur wegen einer Teilforderung gegen den Schuldner vorgehen (z. B. um die Kostenforderung zu begrenzen). Bei der Vollstreckung einer Teilforderung bestimmt diese Teilforderung (zuzüglich Nebenleistungen) den Gegenstandswert.

46 Unter den **Nebenforderungen** sind besonders die titulierten Zinsen zu verstehen. Diese beeinflussen den Gegenstandswert bis zum Tag der Ausführung der Zwangsvollstreckung. Da der RA dies bei der Erteilung des Auftrags i. d. R. nicht beeinflussen kann (denken Sie nur daran, wie lange es dauert, bis ein Sachpfändungsauftrag durch den Gerichtsvollzieher bearbeitet worden ist), sollten Sie bei großen täglichen Zinsansprüchen Alternativberechnungen für den Gerichtsvollzieher beifügen. Dies lohnt sich nur, wenn aufgrund der Höhe des Zinsanspruchs zu erwarten ist, dass sich der Gegenstandswert so verändert, dass eine höhere Vergütung am Beitreibungstag als am Antragstag entsteht.

47 Der Gegenstandswert wird auch durch die bisher entstandene Anwaltsvergütung beeinflusst, wenn der RA diese geltend macht (oft in Form eines eigenen Titels, wie z. B. KFB, oder gleichzeitige Titulierung im Vollstreckungsbescheid). Die Kosten (Anwaltskosten, Gerichtskosten, Gerichtsvollziehernachnahmen u. a.) für bisherige Vollstreckungsmaßnahmen erhöhen ebenfalls den Gegenstandswert. Hierzu bedarf es keines besonderen Titels.

48 ► Beispiel:

Die Hauptforderung beträgt	*10.000,00 €*
Die Zinsen bis zur Antragstellung	*500,00 €*
Die festgesetzten Kosten	*2.500,00 €*
Die Zinsen auf die festgesetzten Kosten	*75,00 €*
Kosten für bisherige ZV-Maßnahmen	*550,00 €*

Gesamtforderung *13.625,00 €*

Wegen dieser Forderung beantragt der RA einen Pfändungs- und Überweisungsbeschluss. Daher beträgt der Gegenstandswert 13.625,00 €. Dieser könnte sich noch erhöhen um die weiteren Zinsen. Ein Wechsel in der Tabelle zu § 13 RVG von einer Wertstufe zur nächsten ist nicht zu erwarten, sodass dies hier unerheblich ist.

3. Pfändung eines bestimmten Gegenstandes/Forderungspfändung

Wird der Gerichtsvollzieher durch den RA mit der Pfändung eines bestimmten Gegenstandes (Sache, Forderung, sonstiges Recht) beauftragt, so bestimmt der Wert dieses Gegenstandes den Gegenstandswert. Problematisch ist in vielen Fällen die Bestimmung des Wertes des Gegenstandes. Generell (h.M.) wird hierbei der Wert angenommen, der sich nach der Durchführung der Zwangsvollstreckung herausstellt. 49

Dies führt aber nicht dazu, dass ein Wert von 0,00 € anzunehmen ist, wenn die Zwangsvollstreckung erfolglos blieb, es ist auch nicht nur der Mindestwert von 10,00 € gem. § 13 Abs. 2 RVG anzusetzen. Hierzu gibt es bedauerlicherweise in der Rechtsprechung und auch Literatur zum Teil unterschiedlich vertretene Auffassungen. Eine Reduzierung des Gegenstandswertes nach Erfolglosigkeit der Zwangsvollstreckung verkennt, dass die **Zwangsvollstreckungsgebühr** gem. Nr. 3309 VV RVG **keine Erfolgsgebühr** ist. Die Gebühr wird unabhängig vom Erfolg geschuldet, sie entsteht mit dem Auftrag. Für eine Reduzierung des Wertes bei Erfolglosigkeit der Zwangsvollstreckung lässt sich im Gesetz keine Grundlage finden. 50

Aus den gleichen Gründen kommt eine Wertreduzierung auch nicht bei Forderungspfändung in Betracht, wenn die Pfändung ergibt, dass die gepfändete Forderung nicht besteht, wertlos ist oder die Pfändung aus anderen Gründen erfolglos bleibt (umstritten, a.A. AG Hamburg-Altona, AGS 2007, 100 ff. m. abl. Anm. von Mock – die Anmerkungen von Mock überzeugen). Es bleibt hier dabei, dass die beizutreibende Forderung den Gegenstandswert bestimmt. 51

4. Pfändung von künftig fällig werdendem Arbeitsentgelt

Wird künftig fälliges Arbeitsentgelt nach § 850d Abs. 3 ZPO (**verschärfte Pfändung**, unbedingt beachten, nicht für die reguläre Pfändung gem. § 850c ZPO) gepfändet, sind die noch nicht fälligen Ansprüche auf das Arbeitsentgelt nach § 42 Abs. 1, 2 GKG zu bewerten (§ 25 Abs. 1 Nr. 1, 3. Halbs. RVG). Maßgebend für die Ermittlung des Gegenstandswertes ist das **Arbeitseinkommen**, welches der Schuldner nach den Angaben des Gläubigers **zum Zeitpunkt der Antragstellung** bezieht. Abzuziehen sind die Beträge, welche dem Schuldner nach § 850d Abs. 1 Satz 2 ZPO zu belassen sind. Die bei Antragstellung bereits fälligen Ansprüche werden nach § 42 Abs. 5 GKG hinzu addiert, die noch nicht fälligen Ansprüche nach § 42 Abs. 1, 2 GKG bewertet. Wird der RA im Verteilungsverfahren nach §§ 858 Abs. 5, 872 bis 877, 882 ZPO tätig, bemisst sich der Wert grds. nach dem Betrag der zu vollstreckenden Forderung einschließlich Nebenforderung. Es ist höchstens 52 der zu verteilende Geldbetrag (= hinterlegter Betrag zuzüglich Zinsen) maßgebend (§ 25 Abs. 1 Nr. 1, 4. Halbs. RVG).

5. Vollstreckung zur Herausgabe einer Sache

53 In vielen Fällen, hat der Gläubiger nicht nur das Interesse an der Zahlung einer Geldsumme. So wird der Vermieter nach einem Räumungsrechtsstreit regelmäßig nicht nur die titulierten Mietzinsen vom Mieter verlangen, sondern auch die **Räumung der gemieteten Räumlichkeiten** (Wohn- und/oder Gewerbemieträume). Dieses Räumungsbegehren ist nichts anderes als ein **Herausgabegehren.**

54 Ist die Zwangsvollstreckung auf Herausgabe oder Leistung einer Sache (**§§ 883 bis 885 ZPO**) gerichtet, bemisst sich der **Gegenstandswert** grds. nach dem **Wert der Sache** (§ 25 Abs. 1 Nr. 2, 1. Halbs. RVG). Damit wäre bei einer Räumungsvollstreckung der Wert des gemieteten Grundstücks oder der Wohnung maßgebend und es würden sehr hohe Kosten entstehen. Nach § 25 Abs. 1 Nr. 2, 2. Halbs. RVG ist für diese Fälle eine **Wertbegrenzung** vorgegeben. Der Gegenstandswert darf den Wert des Jahresbetrags der zu entrichtenden Miete bzw. des zu entrichtenden Nutzungsentgelts nach § 41 Abs. 2 GKG nicht übersteigen.

6. Zwangsvollstreckung zur Erwirkung einer Handlung, Duldung oder Unterlassen.

55 Für einige Vollstreckungsverfahren ist das Prozessgericht erster Instanz auch für die Zwangsvollstreckung zuständig (§§ 897 bis 890 ZPO). Dies liegt darin, dass bestimmte Urteilssprüche schwer vollstreckbar sind.

56 Für den Fall, dass der Schuldner bestimmte **Handlungen (oder Äußerungen) unterlassen** muss, können Sie sich ja schlecht hinter den Schuldner stellen und diesem bei jedem Fall einer Zuwiderhandlung gegen eine im Urteil festgestellte Verpflichtung einen entsprechenden „züchtigenden" Hinweis verpassen (von Zeit zu Zeit wäre dies durchaus wünschenswert, entspricht aber nicht dem Rechtssystem). Das Gericht übernimmt diese Aufgabe für Sie in der Form von Zwangsgeld, Zwangshaft, Ordnungsgeld, Ordnungshaft usw.

57 Für die Zwangsvollstreckung ist dann ein geringerer Wert als der, den die Hauptsache hatte, maßgebend. Hier muss gem. **§ 25 Abs. 1 Nr. 3 RVG** der Gegenstandswert nach dem Wert bestimmt werden, den die Handlung, Duldung oder Unterlassung für den Gläubiger hat. Dieses Interesse kann nur geschätzt werden (§ 3 ZPO).

58 Eine weitere Möglichkeit der Vollstreckung vor dem Prozessgericht sind Anträge auf **Ersatzvornahme** gem. § 887 Abs. 2 ZPO (s.a. Kap. 5 Rdn. 403 ff.). Betreibt der RA z. B. die Vollstreckung eines nach § 887 Abs. 2 ZPO festgesetzten Vorschusses, ist dessen Betrag maßgebend. Regelmäßig beantragt der RA nicht die Ersatzvornahme, sondern die Zahlung eines bestimmten Betrags, um die erforderliche Ersatzvornahme ausführen zu können. Hier müssen Sie nach Abschluss der Angelegenheit eine Abrechnung der beigetriebenen und aufgewandten Beträge gegenüber dem Schuldner vornehmen.

IX. Verfahren zur Abgabe der eidesstattliche Versicherung

Ist der RA im Verfahren zur Abgabe der eidesstattlichen Versicherung tätig (**§ 807 ZPO**), ist der Forderungsbetrag (zuzüglich der üblichen Nebenleistungen) für die Wertbestimmung nur dann maßgebend, wenn dieser Betrag 1.500,00 € nicht überschreitet. Ist der Wert geringer als 1.500,00 €, so ist der geringe Betrag maßgebend, ist der Betrag höher (oder gleich) 1.500,00 €, ist der Wert auf 1.500,00 € begrenzt. 59

X. Gegenstandswert in der Zwangsversteigerung

§ 26 Gegenstandswert in der Zwangsversteigerung 60

In der Zwangsversteigerung bestimmt sich der Gegenstandswert
1. *bei der Vertretung des Gläubigers oder eines anderen nach § 9 Nr. 1 und 2 des Gesetzes über die Zwangsversteigerung und die Zwangsverwaltung Beteiligten nach dem Wert des dem Gläubiger oder dem Beteiligten zustehenden Rechts; wird das Verfahren wegen einer Teilforderung betrieben, ist der Teilbetrag nur maßgebend, wenn es sich um einen nach § 10 Abs. 1 Nr. 5 des Gesetzes über die Zwangsversteigerung und die Zwangsverwaltung zu befriedigenden Anspruch handelt; Nebenforderungen sind mitzurechnen; der Wert des Gegenstands der Zwangsversteigerung (§ 66 Abs. 1, § 74a Abs. 5 des Gesetzes über die Zwangsversteigerung und die Zwangsverwaltung), im Verteilungsverfahren der zur Verteilung kommende Erlös, sind maßgebend, wenn sie geringer sind;*
2. *bei der Vertretung eines anderen Beteiligten, insbesondere des Schuldners, nach dem Wert des Gegenstands der Zwangsversteigerung, im Verteilungsverfahren nach dem zur Verteilung kommenden Erlös; bei Miteigentümern oder sonstigen Mitberechtigten ist der Anteil maßgebend;*
3. *bei der Vertretung eines Bieters, der nicht Beteiligter ist, nach dem Betrag des höchsten für den Auftraggeber abgegebenen Gebots, wenn ein solches Gebot nicht abgegeben ist, nach dem Wert des Gegenstands der Zwangsversteigerung.*

Im Zwangsversteigerungsverfahren kann der RA eine Vergütung (Verfahrens- und Terminsgebühr) nach den Nrn. 3311, 3312 VV RVG verdienen. 61

Der Wert im Zwangsversteigerungsverfahren bestimmt sich grds. nach dem Wert des dem Gläubiger oder Beteiligten zustehenden Rechts. Hinzuzurechnen sind die Nebenforderungen wie Zinsen etc. 62

XI. Gegenstandswert in der Zwangsverwaltung

§ 27 Gegenstandswert in der Zwangsverwaltung (verkürzte Darstellung) 63

In der Zwangsverwaltung bestimmt sich der Gegenstandswert bei der Vertretung des Antragstellers nach dem Anspruch, wegen dessen das Verfahren beantragt ist; Nebenforderungen sind mitzurechnen; bei Ansprüchen auf wiederkehrende Leistungen ist der Wert der Leistungen eines Jahres maßgebend.

Im Verfahren der Zwangsverwaltung können die Gebühren (Verfahrens- und Terminsgebühr) gem. Nrn. 3311, 3312 VV RVG entstehen. Der für die Anwaltsgebüh- 64 ren maßgebende Gegenstandswert bestimmt sich i. d. R. nach dem Anspruch, dessentwegen das Verfahren beantragt worden ist.

XII. Gegenstandswert im Insolvenzverfahren

65 *§ 28 Gegenstandswert im Insolvenzverfahren (verkürzte Darstellung)*

(2) Ist der Auftrag von einem Insolvenzgläubiger erteilt, werden die Gebühren und die Gebühr nach dem Nennwert der Forderung berechnet. Nebenforderungen sind mitzurechnen.

66 Vertritt der RA einen Insolvenzgläubiger, werden die Gebühren der Nr. 3314 VV RVG (Verfahrensgebühr für die Vertretung des Gläubigers im Eröffnungsverfahren) und der Nr. 3317 VV RVG (Verfahrensgebühr für das Insolvenzverfahren) nach dem **Nennwert der Forderung** des Gläubigers berechnet.

67 Zum Nennwert der Forderung sind nach § 28 Abs. 2 Satz 2 RVG die **Nebenforderungen hinzuzurechnen.** Das sind die bisherigen Kosten sowie Zinsen bis zur Eröffnung des Insolvenzverfahrens. Hier müssen Sie auf das **Datum der Eröffnung des Verfahrens im Eröffnungsbeschluss** achten. Weitere Zinsen dürfen beim Gegenstandswert nicht berücksichtigt werden.

B. Wertfestsetzung im gerichtlichen Verfahren

I. Allgemeines

68 *§ 32 Wertfestsetzung für die Gerichtsgebühren*

(1) Wird der für die Gerichtsgebühren maßgebende Wert gerichtlich festgesetzt, ist die Festsetzung auch für die Gebühren des Rechtsanwalts maßgebend.

(2) Der Rechtsanwalt kann aus eigenem Recht die Festsetzung des Werts beantragen und Rechtsmittel gegen die Festsetzung einlegen. Rechtsbehelfe, die gegeben sind, wenn die Wertfestsetzung unterblieben ist, kann er aus eigenem Recht einlegen.

69 Waren Sie im gerichtlichen Verfahren tätig, erfolgt häufig durch das Gericht nach Abschluss des Verfahrens eine Wertfestsetzung. Das Gericht beschließt:

70 „Der Streitwert wird auf ….. € festgesetzt“.

71 Diese **Wertfestsetzung** ist **für den Gegenstandswert maßgebend** (s. Kap. 9 Rdn. 19).

72 Nicht immer aber entspricht der Wert des gerichtlichen Verfahrens auch dem Wert, den die anwaltliche Tätigkeit hatte. Dies ist z. B. dann nicht der Fall, wenn bei einem vor- bzw. außergerichtlichen Vergleich der Prozess- und der Vergleichsgegenstand nicht übereinstimmen. In diesem Fall ist der Wert nach **§ 33 RVG** zu bestimmen.

73 In einigen Akten kann es auch sein, dass Sie nach Lektüre der Akte immer noch keine Vorstellung davon haben, wie der Wert zu bestimmen ist (insbes. bei gerichtli-

chen Verfahren). In diesen Fällen ist ein Antrag auf „Streitwertfestsetzung" an das Gericht hilfreich.

▶ Muster: Antrag auf Festsetzung des Streitwerts zum Zwecke der Vergütungsberechnung 74

….. Gericht

(das Gericht, das zuletzt über die Sache entschieden hat)

In Sachen

….. ./. …..

Az.:

wird aus eigenem Recht gem. § 32 Abs. 2 RVG beantragt,

den Streitwert zum Zwecke der anwaltlichen Vergütungsberechnung auf ….. € festzusetzen.

Begründung

Dem streitigen Sachverhalt liegt eine nicht vermögensrechtliche Streitigkeit zugrunde. Unter Berücksichtigung des Interesses des Klägers am Erfolg in der Sache gehen wir von einem Streitwert in Höhe von ….. € aus und bitten um entsprechende Festsetzung. Sollte das Gericht von einem geringeren oder höheren Streitwert ausgehen, wird höflichst um kurze Wiedergabe einer Begründung gebeten.

Beglaubigte und einfache Abschrift anbei

Grußformel

Über den Antrag wird durch Beschluss entschieden. Gegen diesen Beschluss kann Beschwerde eingelegt werden. Nach § 63 Abs. 2 i.V.m. § 68 Abs. 1 GKG muss der Wert des Beschwerdegegenstandes 200,00 € übersteigen Der Wert der Beschwer ergibt sich aus der Vergütungsdifferenz, die sich ergibt, wenn man aufgrund des von Ihnen gewünschten Streitwerts die Vergütung berechnet und diese mit der Vergütung, die sich aufgrund der Streitwertfestsetzung des Gerichts ergibt, vergleicht. 75

▶ Beispiel: Ermittlung des Wertes der Beschwer bei Streitwertbeschwerden 76

Sie haben die Festsetzung eines Streitwerts i.H.v. 20.000,00 € beantragt. Angenommen der Vergütungsanspruch, der sich daraus ergäbe beträgt 2.000,00 €. Das Gericht hat den Streitwert mit 18.000,00 € festgesetzt. Der Vergütungsanspruch, der sich daraus ergibt, beträgt (fiktiv) 1.850,00 €. Eine Beschwerde ist nicht möglich. Die sich ergebende Vergütungsdifferenz, die den Wert der Beschwer bestimmt, ist geringer als 200,00 €.

II. Antrag gem. § 32 Abs. 2 RVG – Wertfestsetzung aus eigenem Recht

Der RA benötigt in vielen Fällen die Festsetzung des Streitwertes, weil dieser sich nicht eindeutig ergibt. Daher kann er gem. § 32 Abs. 2 RVG aus eigenem Recht die 77

Festsetzung des Streitwerts (und damit Gegenstandswerts) beantragen. **Jeder RA**, der am Verfahren beteiligt war, kann einen solchen **Antrag stellen.**

78 Erfolgt eine Wertfestsetzung und findet der festgesetzte Wert nicht das Einverständnis des RA, so kann er gegen die Wertfestsetzung **Beschwerde** einlegen (**§ 32 Abs. 2 Satz 1 RVG**). Die Beschwerde ist vom Erreichen des Wertes der Beschwer abhängig. Dieser muss 200,00 € übersteigen (zur Ermittlung des Wertes der Beschwer s. das Beispiel Kap. 9 Rdn. 76) In eigenem Namen kann er gegen die Wertfestsetzung nur Beschwerde einlegen, wenn er den Wert für zu gering erachtet.

79 Ist nach Auffassung des RA ein zu hoher Wert festgesetzt worden, wird die Beschwerde nur im Auftrag der Partei eingelegt. Der RA hat mit Sicherheit kein eigenes Interesse daran, dass der Wert niedriger festgesetzt wird.

III. Wertfestsetzung gem. § 33 RVG

80 *§ 33 Wertfestsetzung für die Rechtsanwaltsgebühren*

(1) Berechnen sich die Gebühren in einem gerichtlichen Verfahren nicht nach dem für die Gerichtsgebühren maßgebenden Wert oder fehlt es an einem solchen Wert, setzt das Gericht des Rechtszugs den Wert des Gegenstands der anwaltlichen Tätigkeit auf Antrag durch Beschluss selbstständig fest.

(2) Der Antrag ist erst zulässig, wenn die Vergütung fällig ist. Antragsberechtigt sind der Rechtsanwalt, der Auftraggeber, ein erstattungspflichtiger Gegner und in den Fällen des § 45 die Staatskasse.

(3) Gegen den Beschluss nach Absatz 1 können die Antragsberechtigten Beschwerde einlegen, wenn der Wert des Beschwerdegegenstands 200 Euro übersteigt. Die Beschwerde ist auch zulässig, wenn sie das Gericht, das die angefochtene Entscheidung erlassen hat, wegen der grundsätzlichen Bedeutung der zur Entscheidung stehenden Frage in dem Beschluss zulässt. Die Beschwerde ist nur zulässig, wenn sie innerhalb von zwei Wochen nach Zustellung der Entscheidung eingelegt wird.

(4) Soweit das Gericht die Beschwerde für zulässig und begründet hält, hat es ihr abzuhelfen; im Übrigen ist die Beschwerde unverzüglich dem Beschwerdegericht vorzulegen. Beschwerdegericht ist das nächst höhere Gericht, in bürgerlichen Rechtsstreitigkeiten der in § 119 Abs. 1 Nr. 1, Abs. 2 und 3 des Gerichtsverfassungsgesetzes bezeichneten Art jedoch das Oberlandesgericht. Eine Beschwerde an einen obersten Gerichtshof des Bundes findet nicht statt. Das Beschwerdegericht ist an die Zulassung der Beschwerde gebunden; die Nichtzulassung ist unanfechtbar.

(5) War der Beschwerdeführer ohne sein Verschulden verhindert, die Frist einzuhalten, ist ihm auf Antrag von dem Gericht, das über die Beschwerde zu entscheiden hat, Wiedereinsetzung in den vorigen Stand zu gewähren, wenn er die Beschwerde binnen zwei Wochen nach der Beseitigung des Hindernisses einlegt und die Tatsachen, welche die Wiedereinsetzung begründen, glaubhaft macht. Nach Ablauf eines Jahres, von dem Ende der versäumten Frist an gerechnet, kann die Wiedereinsetzung nicht mehr beantragt werden. Gegen die Ablehnung der Wiedereinsetzung findet die Beschwerde statt. Sie ist nur zulässig, wenn sie innerhalb von zwei Wochen eingelegt wird. Die Frist beginnt mit der Zustellung der Entscheidung. Absatz 4 Satz 1 bis 3 gilt entsprechend.

(6) Die weitere Beschwerde ist nur zulässig, wenn das Landgericht als Beschwerdegericht entschieden und sie wegen der grundsätzlichen Bedeutung der zur Entscheidung stehenden Frage in dem Beschluss zugelassen hat. Sie kann nur darauf gestützt werden, dass die Entscheidung auf einer Verletzung des Rechts beruht; die §§ 546 und 547 der Zivilprozessordnung gelten entsprechend. Über die weitere Beschwerde entscheidet das Oberlandesgericht. Absatz 3 Satz 3, Absatz 4 Satz 1 und 4 und Absatz 5 gelten entsprechend.

(7) Anträge und Erklärungen können zu Protokoll der Geschäftsstelle gegeben oder schriftlich eingereicht werden; § 129a der Zivilprozessordnung gilt entsprechend. Die Beschwerde ist bei dem Gericht einzulegen, dessen Entscheidung angefochten wird.

(8) Das Gericht entscheidet über den Antrag durch eines seiner Mitglieder als Einzelrichter; dies gilt auch für die Beschwerde, wenn die angefochtene Entscheidung von einem Einzelrichter oder einem Rechtspfleger erlassen wurde. Der Einzelrichter überträgt das Verfahren der Kammer oder dem Senat, wenn die Sache besondere Schwierigkeiten tatsächlicher oder rechtlicher Art aufweist oder die Rechtssache grundsätzliche Bedeutung hat. Das Gericht entscheidet jedoch immer ohne Mitwirkung ehrenamtlicher Richter. Auf eine erfolgte oder unterlassene Übertragung kann ein Rechtsmittel nicht gestützt werden.

(9) Das Verfahren über den Antrag ist gebührenfrei. Kosten werden nicht erstattet; dies gilt auch im Verfahren über die Beschwerde.

Grds. richten sich die Anwaltsgebühren nach dem für die Gerichtsgebühren maßgeblichen Wert. Natürlich hat dieser Grundsatz auch Ausnahmen. So richten sich in vielen Fällen die Gerichtsgebühren nicht nach einem Wert (die Gerichtskosten entstehen z. B. als Festgebühren), in diesen Fällen ist § 33 RVG einschlägig. § 33 RVG ergänzt insoweit die Regelung des § 32 RVG. Die Kernvorschrift ist in § 32 RVG zu sehen. Anwendbar ist § 33 RVG nur, wenn der RA in einem gerichtlichen Verfahren tätig war. 81

Das Gericht entscheidet nur auf Antrag und nie von Amts wegen. Einen **Wertfestsetzungsantrag** können der RA, der Auftraggeber, der Gegner u. a. am Verfahren Beteiligte (Staatskasse) stellen. 82

Setzt das Gericht in seinem Beschluss den Streitwert zu gering fest, kann der RA gem. § 33 Abs. 3 RVG gegen den Beschluss innerhalb einer **Notfrist von zwei Wochen** nach Zustellung des Beschlusses Beschwerde einlegen. Die Beschwerde ist bei dem Gericht einzulegen, welches den Beschluss erlassen hat (§ 33 Abs. 7 RVG). Sie ist nur zulässig, wenn der Wert des Beschwer 200,00 € übersteigt, oder aber, das Gericht, welches die angefochtene Entscheidung erlassen hat, hat nach § 33 Abs. 3 Satz 2 RVG die Beschwerde zugelassen hat; zur Ermittlung des Wertes der Beschwer vgl. die Ausführungen unter Kap. 7 Rdn. 155, Kap. 9 Rdn. 76 ff. 83

Die Beschwerde muss begründet werden. Das Beschwerdegericht (also das Gericht, das den angefochtenen „Streitwertbeschluss" erlassen hat) kann der Beschwerde abhelfen, sofern es sie für zulässig und begründet hält. Wird der Beschwerde durch das Erstgericht nicht abgeholfen, ist die Beschwerde unverzüglich dem Beschwerdegericht vorzulegen (§ 33 Abs. 4 Satz 1 RVG). Hierbei ist das nächst höhere Gericht entsprechend § 33 Abs. 4 Satz 2, 1. Halbs. RVG zuständig. Die Besonderheiten von 84

§ 119 Abs. 1 Nr. 1, Abs. 2, 3 GVG (Besondere Zuständigkeit in Berufungssachen für Familiensachen) gelten auch hier. Für die Beschwerde, die ihren Ursprung in einem solchen (familienrechtlichen) Verfahren hat, ist das OLG zuständig. Eine Beschwerde zum BGH ist nicht möglich, allerdings kann das Beschwerdegericht eine Rechtsbeschwerde zum BGH zulassen.

85 Das Beschwerdegericht entscheidet gem. § 572 Abs. 4 ZPO erneut durch Beschluss und kann die Rechtsbeschwerde zulassen. Durch die Beschwerde darf aber kein geringerer Wert festgesetzt werden, als er ursprünglich festgesetzt wurde. Im Beschwerdeverfahren gilt das sog. **Verschlechterungsverbot** (umstritten, a.A. werden in der Kommentarliteratur vertreten).

86 ▶ Praxistipp:

Wenn Sie eine Beschwerde gegen einen Streitwertbeschluss einlegen, beantragen Sie doch gleichzeitig, dass das Gericht eine Entscheidung über die Zulässigkeit der Rechtsbeschwerde trifft.

87 ▶ **Muster: Antrag auf Entscheidung über die Zulässigkeit der Rechtsbeschwerde**

wird des Weiteren beantragt,

für den Fall, dass der Beschwerde nicht abgeholfen werden sollte, eine Entscheidung über die Zulässigkeit der Rechtsbeschwerde zu treffen.

C. Rechnungsstellung gem. § 10 RVG

I. Form der Rechnung

1. Allgemeines

88 Der Auftraggeber ist nicht verpflichtet, den Vergütungsanspruch des RA zu erfüllen, wenn er keine ordentliche Rechnung erhalten hat. So kann der RA dem Auftraggeber selbstverständlich telefonisch mitteilen, dass seine Vergütung sich in der Angelegenheit auf eine bestimmte Summe belaufe und den Auftraggeber zur Zahlung auffordern. Eine Verpflichtung zur Zahlung ergibt sich aber nicht, weil diese „Rechnung“ nicht den Anforderungen aus § 10 RVG entspricht.

89 Neben § 10 RVG sind noch weitere Anforderungen zu beachten (z. B. Anforderungen nach dem Umsatzsteuerrecht). Diese Anforderungen haben aber regelmäßig auf die Wirksamkeit der Vergütungsberechnung keinen Einfluss. Der RA könnte seine Vergütung einklagen, auch wenn die umsatzsteuerrechtlichen Auflagen an die Erstellung einer Rechnung (z. B. § 14 UStG) nicht erfüllt sind. Auch die Übermittlung der Rechnung kann auf unterschiedlichen Wegen erfolgen. Im sog. digitalen Zeitalter kann die Rechnung auch elektronisch übermittelt werden. Hierbei sind aber enge Voraussetzungen an die Zulässigkeit dieser Übermittlung vorgegeben.

Nach dem UStG ist eine Rechnung ein Dokument mit dem eine Lieferung oder sonstige Leistung abgerechnet wird (§ 14 Abs. 1 UStG i.V.m. § 31 Abs. 1 UStDV). Hierbei muss die Rechnung nicht als Rechnung bezeichnet sein. Ebenso ist es möglich, diese als „Zahlungsaufforderung" zu bezeichnen. Sie könnten Ihre Rechnungen daher mit dem Zusatz überschreiben: 90

„Zahlungsaufforderung gem. § 10 RVG (§ 14 Abs. 1 UStG, § 31 Abs. 1 UstDV)". Dies ist in der Praxis jedoch völlig unüblich. 91

2. Anforderung an die Rechnung gem. § 14 UStG

Gem. § 14 Abs. 4 UStG muss eine Rechnung, auch eine elektronisch übermittelte, folgende Angaben enthalten (die Darstellung erfolgt unter Berücksichtigung der Erstellung einer Rechnung in einer Anwaltskanzlei. Angaben, die in einer Anwaltskanzlei nicht erforderlich sind, wurden hier nicht aufgezählt): 92

- Name und Anschrift des leistungserbringenden Unternehmers und des Leistungsempfängers (RA);
- Steuernummer oder Umsatzsteueridentifikationsnummer;
- Ausstellungsdatum;
- fortlaufende Nummer (Rechnungsnummer);
- Leistungszeitraum;
- Zeitpunkt der Leistung oder der Vereinnahmung des Entgelts;
- Entgelt aufgeschlüsselt nach Steuersätzen und einzelnen Steuerbefreiungen;
- einen Hinweis auf die Aufbewahrungspflicht des Leistungsempfängers nach § 14b Abs. 1 Satz 5 UStG.

Rechnungen können auf Papier oder, vorbehaltlich der Zustimmung des Empfängers, auf elektronischem Weg übermittelt werden. 93

3. Zustimmung des Empfängers zur elektronischen Rechnungsübermittlung

An die Zustimmung des Empfängers zur elektronischen Rechnungsübermittlung werden keine hohen Anforderungen gestellt. Zwischen RA und Auftraggeber muss lediglich Einvernehmen darüber bestehen, dass der RA die Rechnung elektronisch übermitteln soll. 94

▶ Praxistipp: 95

Nehmen Sie eine solche Einverständniserklärung in die Allgemeinen Mandatsbedingungen mit auf.

▶ Muster: Zustimmung des Auftraggebers zur Übermittlung der Rechnung in elektronischer Form 96

Hiermit stimme ich – der Auftraggeber – in Kenntnis der rechtlichen Tragweite dieser Erklärung der ausschließlichen elektronischen Versendung der Berechnungen über die Rechtsanwaltsvergütung an meine hinterlegte E-Mail-Adresse zu. Auf ein

etwaiges Widerrufsrecht bin ich von den Rechtsanwälten hingewiesen worden. Ein Widerruf der Einverständniserklärung wird nicht erfolgen.

97 Die elektronische Übermittlung der Rechnung spart Zeit und Kosten, die bei dem üblichen Versand der Rechnung entstehen. Allerdings hat die elektronische Übermittlung der Vergütungsberechnung einen erheblichen Nachteil. Der RA kann bei elektronischer Übermittlung den Nachweis über den Zugang der Rechnung nicht führen. Dies gelingt ihm aber üblicherweise auch dann nicht, wenn er die Rechnung mit einfacher Post versandt hat. Ein weiterer Nachteil auf Aufraggeberseite liegt darin, dass die Vergütungsberechnung des RA sich nur dann für die Berechtigung zum **Vorsteuerabzug** eignet, wenn die **Rechnung die Bedingungen in § 14 Abs. 3 UStG** erfüllt.

4. Garantie der Echtheit bei der elektronischen Übermittlung, § 14 Abs. 3 UStG

98 Nach § 14 Abs. 3 UStG sind bei elektronischer Übermittlung der Vergütungsberechnung die Echtheit der Herkunft der Rechnung und die Unversehrtheit des Inhalts der Rechnung zu gewährleisten. Dies kann auf zwei Arten erfolgen:
- mit qualifizierter elektronischer Signatur bzw. mit qualifizierter elektronischer Signatur mit Anbieter-Akkreditierung nach dem Signaturgesetz oder
- im EDI-Verfahren (elektronischer Datenaustausch) mit einer zusätzlichen zusammenfassenden Rechnung in Papierform oder in elektronischer Form, wenn diese zusammenfassende Rechnung mindestens mit einer qualifizierten elektronischen Signatur versehen wurde.

99 Eine „Signatur" ist nicht gleichzusetzen mit einer handschriftlichen Unterschrift (= Signatur). Üblicherweise ist davon auszugehen, dass beim Unterschriftserfordernis das Schriftstück vom RA (Aussteller) eigenhändig unterschrieben sein muss.

100 Die **eigenhändige Unterschrift** ist **im elektronischen Rechtsverkehr nicht ausreichend.** Diese kann zwar als eingescannte Grafik unter eine Willenserklärung gesetzt werden. Die Unterschriftsgrafik lässt sich von jedem Empfänger beliebig oft vervielfältigen. Missbrauch kann nicht ausgeschlossen werden. Aus diesem Grund fordert § 14 Abs. 3 UStG, dass **elektronisch übermittelte Rechnungen mit einer qualifizierten elektronischen Signatur** zu versehen sind.

5. Qualifizierte Signaturen

101 Die elektronische Signatur ist eine Art **Siegel oder Stempel** (ähnlich den Siegeln und Stempeln, die Notare für Beurkundungen und Beglaubigungen benutzen) für digitale Daten. Zur Erstellung der Signatur benötigt der RA ein qualifiziertes Zertifikat, das ein Zertifizierungsdienstanbieter ausstellt und mit dem sich die Identität des RA als Zertifikatsinhabers nachweisen lässt. Ein Zertifikat kann gem. § 2 Nr. 8 SigG nur für natürliche Personen ausgestellt werden.

102 Ob Sie sich dafür entscheiden, von der gegebenen Möglichkeit einer elektronisch übermittelten Rechnung Gebrauch zu machen, hängt in erster Linie davon ab, wie

viele Rechnungen Sie versenden. Eine wirtschaftlich lohnende Alternative zur bisherigen Papierrechnung ergibt sich nur durch einen Kostenvergleich. Informationen zu diesem Thema finden Sie insbes. auf den Internetseiten der Regulierungsbehörde für Telekommunikation und Post (*www.regtp.de*). Weitere Informationen erhalten Sie beim Bundesamt für Sicherheit in der Informationstechnik (*www.bsi.de*). Auskünfte und Hilfestellung hinsichtlich der elektronischen Signatur geben auch die örtlichen Industrie- und Handelskammern.

II. Anforderungen an die Vergütungsberechnung gem. § 10 RVG

§ 10 Berechnung 103

(1) Der Rechtsanwalt kann die Vergütung nur aufgrund einer von ihm unterzeichneten und dem Auftraggeber mitgeteilten Berechnung einfordern. Der Lauf der Verjährungsfrist ist von der Mitteilung der Berechnung nicht abhängig.

(2) In der Berechnung sind die Beträge der einzelnen Gebühren und Auslagen, Vorschüsse, eine kurze Bezeichnung des jeweiligen Gebührentatbestands, die Bezeichnung der Auslagen sowie die angewandten Nummern des Vergütungsverzeichnisses und bei Gebühren, die nach dem Gegenstandswert berechnet sind, auch dieser anzugeben. Bei Entgelten für Post- und Telekommunikationsdienstleistungen genügt die Angabe des Gesamtbetrags.

(3) Hat der Auftraggeber die Vergütung gezahlt, ohne die Berechnung erhalten zu haben, kann er die Mitteilung der Berechnung noch fordern, solange der Rechtsanwalt zur Aufbewahrung der Handakten verpflichtet ist.

1. Allgemeines

Wenn es um das Erstellen einer Vergütungsberechnung geht, müssen Sie verschiedene Begrifflichkeiten unterscheiden: 104

- der Vergütungsanspruch **entsteht**,
- der Vergütungsanspruch wird **fällig**,
- der Vergütungsanspruch wird **einforderbar.**

Der Vergütungsanspruch des RA entsteht mit seiner ersten Tätigkeit nach Übernahme des Auftrags. Er kann die Vergütung dann aber noch nicht einfordern, weil die Vergütung noch nicht fällig ist. Deshalb gibt der Abschluss des Anwaltsvertrags dem RA gleichzeitig das Recht (und nach meiner Auffassung auch die Pflicht), die Zahlung eines **angemessenen Vorschusses** gem. § 9 RVG vom Auftraggeber zu verlangen. 105

Fällig wird die Vergütung nach den Vorgaben in § 8 Abs. 1 RVG. 106

§ 8 Fälligkeit, Hemmung der Verjährung (verkürzte Darstellung) 107

(1) Die Vergütung wird fällig, wenn der Auftrag erledigt oder die Angelegenheit beendet ist. Ist der Rechtsanwalt in einem gerichtlichen Verfahren tätig, wird die Vergütung auch fällig, wenn

eine Kostenentscheidung ergangen oder der Rechtszug beendet ist oder wenn das Verfahren länger als drei Monate ruht.

108 Damit der RA die Vergütung auch einfordern kann (im Zweifel auch mit Einschaltung gerichtlicher Organe), ist es erforderlich, dass der RA dem Auftraggeber eine Berechnung seiner Vergütung übermittelt.

2. Bezeichnung der Rechnung

109 Wie der RA seine Rechnung nennt, gibt das Gesetz entgegen vieler Meinungen nicht vor. Zulässig ist es, die Rechnung etwa mit Vergütungsberechnung, Vergütungsrechnung, Gebührenberechnung, Kostenberechnung, Honorarrechnung, Honorarnote u.v.m. zu bezeichnen. Ich bevorzuge die Bezeichnung „Vergütungsberechnung", aber das ist die Macht der Gewohnheit. Letztlich kann der RA seine Rechnung auch einfach nur „Anwaltsrechnung" nennen.

3. Formerfordernis an die Vergütungsberechnung

110 Der Gesetzgeber hat die Formvorschriften an die Anwaltsrechnung aufgestellt, damit für den Auftraggeber eine Nachprüfbarkeit gegeben ist. Dies ist natürlich dem juristisch nicht versierten Auftraggeber nicht möglich, was im Büroalltag zuweilen zu äußerst amüsanten Begebenheiten führt. Nicht selten werden Sie es erleben, dass der Auftraggeber auf eine Rechnung in voller Verzweiflung ausführt:

111 „Der RA hat doch nur einmal geschrieben und dafür soll ich jetzt so viel zahlen", oder aber: „Der RA hat im Termin doch gar nichts gesagt, warum erhält er dann trotzdem eine Gebühr". Oder „Ich dachte, das erste Schreiben eines Anwalts kostet nichts"… . Notieren Sie sich diese Begebenheiten, weil Sie dann ggf. damit anfangen, gleich in der Rechnung bestimmten Einwänden von Auftraggebern zuvor zu kommen.

112 Sicher kennen Sie auch diesen Auftraggeber: Egal wie hoch die Rechnung ausfällt, der Auftraggeber hat immer etwas auszusetzen, der zu zahlende Betrag ist ihm immer zu hoch und er ist leidenschaftlicher „Händler". Auch da können Sie vorbeugen und bereits mit Ihren Rechnungsanschreiben dem Auftraggeber die Möglichkeit nehmen (oder seine Möglichkeit beschränken), mit Ihnen zeitintensive Diskussionen über die Höhe des Vergütungsanspruchs zu führen.

113 ▶ Praxistipp:

Der Auftraggeber hat oft von der möglichen Vergütung und der Zusammensetzung des Gegenstandswertes keine Vorstellung, erläutern Sie dem Auftraggeber doch die geltend gemachten Gebühren in einem gesonderten Anschreiben und fügen diesem Anschreiben nur noch die Kurzrechnung ohne Erläuterung bei. Sie können dann jederzeit darauf verweisen, dass Sie den Vergütungsanspruch erläutert haben. Denn immer wieder kommt es auch vor, dass ein Auftraggeber mit der Überprüfung Ihrer Rechnung einen anderen Anwalt beauftragt. Für diesen ist offensichtlich, wie Sie die Vergütung ermittelt haben, die Angelegenheit ist oft erledigt, ohne dass es einer ausufernden Korrespondenz bedarf.

Ein weiterer Grund für eine begründete Vergütungsberechnung ist die sog. Aktentransparenz. Wenn Sie eine Rechnung erstellt haben, kann ein Dritter (Ihre Kollegin oder Ihr Arbeitgeber) nicht ohne Weiteres nachvollziehen, wie Sie zu Ihrem Ergebnis gekommen sind. Oberste Regel: Je schwieriger die Rechnung, umso wichtiger ist zumindest eine Aktennotiz in der Akte, wie Sie zu Ihren Ergebnis gekommen sind. Denn, selbst wenn Sie „immer" da sind, also Ihr Büro Ihre Heimat ist, dann machen auch Sie einmal Urlaub. Und genau in diesem Zeitraum kommt garantiert die Akte zur Bearbeitung an die Kollegin, an der Sie selbst ewig gearbeitet haben. Ohne Vermerk oder ohne begründete Rechnung kann Ihre Kollegin nur hilflos auf Ihre Rückkehr verweisen. Ich behaupte, dass es niemand schätzt, nach der Urlaubsrückkehr mit einem Berg von Akten konfrontiert zu werden, bei dem allein der Anblick und die Höhe des Berges jede Erholung sofort aufhebt.

► Muster: Erläuterungsanschreiben an den Auftraggeber bei der Übersendung der Vergütungsberechnung 114

Anrede,

in der Anlage überreichen wir Ihnen unsere Vergütungsberechnung. Wir bitten um Ausgleich binnen der in der Anlage gesetzten Zahlungsfrist.

Zur Vergütung möchten wir wie folgt – zum besseren Verständnis – ausführen:

Wir berechnen die gesetzliche Vergütung nach dem Rechtsanwaltsvergütungsgesetz (zukünftig RVG).

Das RVG gilt immer dann, wenn der RA und der Auftraggeber keine abweichende Vereinbarung getroffen haben. Treffen die Parteien eine vom RVG abweichende Vereinbarung, dann wird in der Regel eine höhere als die gesetzliche Vergütung vereinbart.

Die Geschäftsgebühr gem. Nr. 2300 VV RVG ist entstanden, da wir vorgerichtlich für Sie tätig waren und uns entsprechend dem erteilten Auftrag um vorgerichtliche Bereinigung der Angelegenheit bemüht haben (Vorbemerkung 2.3. Abs. 3 VV RVG). Die Geschäftsgebühr wird nach der Tabelle zu § 13 RVG berechnet. Die genaue Höhe der Geschäftsgebühr ergibt sich aus dem gesetzlichen Gegenstandswert und der in Ansatz gebrachten Rahmengebühr. Den Rahmen der Geschäftsgebühr haben wir unter Berücksichtigung von § 14 RVG (Umfang und Schwierigkeit der anwaltlichen Tätigkeit, Bedeutung der Angelegenheit für den Auftraggeber, Vermögensverhältnisse des Auftraggebers, Haftungsrisiko des Rechtsanwalts) mitbestimmt.

Der Gegenstandswert ergibt sich gem. § 23 Abs. 1, § 32 RVG aus den entsprechenden Wertvorschriften des Gerichts (*oder zum Beispiel: der Wertfestsetzung des Gerichts u. a.*).

Für das gerichtliche Verfahren ist eine
- 1,3 Verfahrensgebühr gem. Nr. 3100 VV RVG
- 1,2 und eine Terminsgebühr gem. Nr. 3104 VV RVG entstanden.

Die Verfahrensgebühr ist für sämtlichen Schriftverkehr im gerichtlichen Verfahren entstanden (sowie für das allgemeine Betreiben der Angelegenheit). Die Terminsgebühr ist für die Wahrnehmung des Gerichtstermins entstanden *(oder eine andere Alternative aus Vorbemerkung 3 Abs. 3 VV RVG)*.

In unserer Rechnung ist die Geschäftsgebühr gekürzt. Anstelle von 1,3 sind nur 0,65 ausgewiesen. Dies liegt daran, dass die Geschäftsgebühr gem. Vorbemerkung 3 Abs. 4 VV RVG auf die Verfahrensgebühr angerechnet wird. Die Anrechnung erfolgt üblicherweise mit einem Gebührensatz von 0,65 *(wenn der Gebührensatz höher ist, dann hier entsprechend vermerken).* Daher ergibt sich 1,3 – 0,65 = 0,65 Restgeschäftsgebühr.

Bei den weiteren Positionen, den sogenannten Auslagen, haben wir ebenfalls nur den gesetzlichen Anspruch geltend gemacht. Wir erlauben uns angesichts der Höhe der gesetzlichen Auslagen auf weitere Ausführungen zu verzichten.

Wir haben uns bemüht, das komplexe gesetzliche Vergütungssystem übersichtlich darzustellen. Bei weiteren Fragen können Sie im Internet Antworten finden. Selbstverständlich sind unsere Mitarbeiter/Innen auch gerne bereit, Ihnen hier bei Bedarf mit weiteren Erläuterungen und Erklärungen hilfreich zur Seite zu stehen.

Grußformel

115 ▶ Hinweis:

In machen Kanzleien werden kleine Aufmerksamkeiten in den Rechnungsumschlag beigepackt. So etwa Schokolade, Gummibärchen (kleine Tüte), ein besonderer Tee u.v.m. Hier können Sie sich ja überlegen, wie Sie in Ihrer Kanzlei dem Auftraggeber die Rechnung etwas „versüßen“.

4. Einfordern der Vergütung

116 Der RA fordert seinen Vergütungsanspruch ein, wenn er den Vergütungsanspruch geltend macht.

117 Der RA fordert die Vergütung ein, wenn er den Auftraggeber zur Zahlung auffordert, eine Mahnung fertigt (oder fertigen lässt), die Aufrechnung mit einem Geldbetrag (Fremdgeld) oder die Zurückbehaltung erklärt.

5. Aufrechnung der Vergütung

118 Will der RA etwa eine Fremdgeldforderung mit der Vergütungsforderung aufrechnen, so kann er dies in zulässiger Weise nur, wenn er den Vergütungsanspruch gem. § 10 RVG abgerechnet hat. Eine **Aufrechnung gem. § 387 BGB** ist nur möglich, wenn der Aufrechnende (also der RA) die ihm gebührende Leistung (also die Vergütung) fordern darf. Solange der RA keine ordnungsgemäße Vergütungsberechnung erstellt hat, ist die Aufrechnung nicht zulässig. Die **Vergütungsberechnung kann gleichzeitig mit der Erklärung der Aufrechnung** erteilt werden.

6. Auslagen für die Übersendung der Rechnung

Für die Übersendung der Rechnung an den Auftraggeber kann der RA keine Entgelte für Post- und Telekommunikationsdienstleistungen gem. Nrn. 7001 oder 7002 VV RVG fordern. 119

7. Inhalt der Vergütungsberechnung

Die Vergütungsberechnung muss **schriftlich** erteilt werden (§ 10 Abs. 1 RVG). 120

§ 10 Abs. 2 RVG verlangt als **Inhalt** der Vergütungsberechnung weiter, dass diese 121
- eine kurze Bezeichnung des jeweiligen Gebührentatbestandes,
- die angewandten Nummern des Vergütungsverzeichnisses,
- bei Wertgebühren die Angabe des Gegenstandswertes,
- die Bezeichnung der Auslagen und Gerichtskosten (Aufwendungen),
- und die geleisteten Vorschüsse enthält und
- vom RA unterschrieben ist.

Das Gesetz verlangt **ausdrücklich**, dass der **RA die Rechnung unterschreibt.** Ob dies eigenhändig, oder durch eine Signatur erfolgt, hängt von der Form der Versendung ab (s. Ausführungen zur Signatur der Rechnung, Kap. 9 Rdn. 98). In vielen Kapiteln finden Sie bereits an verschiedenen Stellen Muster, Beispiele etc. für Vergütungsberechnungen. 122

Sind **Wertgebühren** Teil der Vergütungsberechnung, muss der RA in der Vergütungsberechnung auf die Tabelle zu **§ 13 RVG** verweisen. Nur aus der Tabelle ergibt sich die Höhe seiner Vergütung. Ergibt sich die Gebühr aus dem VV des RVG, sollte der RA dies kennzeichnen, indem er in der Vergütungsberechnung zusätzlich § 2 Abs. 2 RVG zitiert. 123

► Praxistipp: 124

Wenn Sie bei Wertgebühren den Hinweis auf die Tabelle zu § 13 RVG sowie auf die Anwendung des VV gem. § 2 Abs. 2 RVG nicht bei jeder Gebühr wiederholen wollen, ist es einfacher, eine weitere Überschrift über der Rechnung zu bilden: z. B.
- Vergütungsberechnung – Rechnungsnummer
- Leistungszeitraum/Umsatzsteuernummer
- Gegenstandswert
- Berechnet gem. §§ 2 Abs. 2, 13 VV RVG

8. Erläuterungen in der Rechnung bei Rahmengebühren

Berechnet der RA eine Rahmengebühr (Betrags- oder Satzrahmengebühr), muss aus der Vergütungsberechnung erkennbar sein, wie der RA den Gebührenrahmen im konkreten Einzelfall bestimmt hat. Fehlen dazu Ausführungen, ist die Vergütungsberechnung nicht nachvollziehbar. 125

126 Berechnet der RA bei Rahmengebühren nur die Mittelgebühr oder bspw. bei der Geschäftsgebühr gem. Nr. 2300 VV RVG die sog. **Schwellengebühr**, müssen keine besonderen Ausführungen zur Bestimmung des Gebührenrahmens in der Vergütungsberechnung durch den RA erfolgen. Sinnvoll ist es aber, hier den Auftraggeber darauf hinzuweisen, dass die Gebühr in der normierten gesetzlichen Höhe gefordert wird.

127 ► Muster: Formulierung bei Geltendmachung der Regelgebühr/Schwellengebühr

Die von uns erhobene Geschäftsgebühr gem. Nr. 2300 VV RVG entsteht nach dem ausdrücklichen Willen des Gesetzgebers regelmäßig i.H.v. 1,3. Wir sind von der gesetzlichen Vorgabe nicht abgewichen, da sich aus dem Sachverhalt keine Gründe für ein Abweichen nach oben oder unten ergeben haben.

128 Soll mehr als die Mittel- oder Schwellengebühr geltend gemacht werden, ist die Vergütungsberechnung nur dann ordnungsgemäß, wenn der RA dies unter Berücksichtigung von § 14 RVG erläutert (s. das Muster unter Kap. 9 Rdn. 134). Nicht erläutern muss der RA ein Abweichen, wenn er den Rahmen der Gebühr innerhalb der zuerkannten Toleranzgrenze erhöht.

129 Hat der Auftraggeber bereits Vorschüsse auf die zu erwartende Vergütung gezahlt, ist es erforderlich, dass sich die gezahlten Vorschüsse in der Vergütungsberechnung wieder finden. Aus der Rechnung muss hervorgehen, **von wem, wann – also der Zahlungszeitpunkt – und in welcher Höhe ein Vorschuss** gezahlt wurde.

9. Unterzeichnung der Rechnung

130 Nur der RA kann die Vergütungsberechnung unterzeichnen. Wird die Rechnung von der/dem Rechtsanwaltsfachangestellte/n, der/dem Rechtsfachwirtin/Rechtsfachwirt oder einem sonstigen Dritten unterzeichnet, ist keine wirksame Rechnung erstellt worden. Auf die Möglichkeit einer elektronischen Signatur (s. Kap. 9 Rdn. 98 ff.) wird verwiesen. Dadurch, dass der RA die Rechnung unterzeichnet, übernimmt er die straf- (§ 352 StGB), standes- und haftungsrechtliche Verantwortung für die Rechnung.

131 Ist der RA Partner einer Sozietät o.Ä., dann ist die Unterschrift eines Partners, Sozius oder allgemeinen Vertreters ausreichend (OLG Brandenburg, AnwBl 2001, 306).

10. Versand der Rechnung an RSV

132 Hat eine RSV die sog. Kostendeckungszusage erteilt, sollte ihr ein Exemplar einer unterschriebenen Vergütungsberechnung gesandt werden.

133 Die Rechnung selbst ist dabei **adressiert an den Auftraggeber.** I.d.R. übersendet der RA in diesen Fällen gleichzeitig eine Rechnung an den Auftraggeber und teilt dem Auftraggeber mit, dass er die Zahlung der Vergütung mit gleicher Post bei der Versicherung angefordert hat. Geht der RA so vor, dann fordert er die Vergütung vom Auftraggeber (die RSV erfüllt eine Verbindlichkeit des Auftraggebers). Der Anspruch

bleibt gegenüber dem Auftraggeber auch dann bestehen, wenn die Rechtschutzversicherung nicht zahlen sollte.

▶ Muster: Anforderung der Rechnung von der Rechtsschutzversicherung

134

Anrede,

in der Anlage überreichen wir unsere Vergütungsberechnung vom heutigen Tage, die direkt an Ihren Versicherungsnehmer adressiert ist. Ihren Versicherungsnehmer haben wir von der erfolgten Rechnungslegung informiert und diesem ferner mitgeteilt, dass wir uns wegen des Ausgleichs der Rechnung unmittelbar mit Ihnen in Verbindung gesetzt haben.

Wir bitten Sie, Ihren Versicherungsnehmer unverzüglich von der geschuldeten Vergütungsforderung freizustellen. Auf die gesetzliche Verzinsungspflicht gem. §§ 286, 288 BGB verweisen wir.

Etwaige geleistete Vorschüsse haben wir von dem Rechnungsbetrag in Abzug gebracht.

Für den Fall, dass Sie Einwände gegen einzelne Rechnungspositionen erheben sollten, weisen wir daraufhin, dass wir uns unverzüglich an den Vergütungsschuldner (= Ihr Versicherungsnehmer) wegen aller ausstehenden Zahlungen wenden werden. Eine Teilzahlung nicht bestrittener Positionen erwarten wir dann selbstverständlich.

Bei Einwänden gegen einzelne Vergütungspositionen dürfen wir Sie ferner bitten, den unbürokratischen Weg der telefonischen Kontaktaufnahme zu wählen. Viele Dinge lassen sich rasch durch ein Telefonat klären (etwa eventuell weiter benötigte Unterlagen). Für den Fall, dass sich klärungsbedürftige Sachverhalte telefonisch klären lassen, verzichten wir darauf, einen gesonderten Vergütungsanspruch diesbezüglich gegenüber dem Versicherungsnehmer geltend zu machen.

Wir gehen davon aus, dass es auch in Ihrem Interesse ist, jede Angelegenheit mit dem geringsten Ausmaß an Bürokratie abzuwickeln.

Die Höhe und die Zusammensetzung unseres Vergütungsanspruchs entnehmen Sie bitte der Anlage.

Grußformel

▶ Muster: Anschreiben an Auftraggeber – Rechnung wurde an Versicherung gesandt 135

Anrede,

wir haben mit gleicher Post unsere in der Anlage beigefügte Vergütungsberechnung an Ihre Versicherung mit der Bitte um Zahlungsausgleich weitergeleitet. Unser entsprechendes Anschreiben ist diesem ebenfalls als Abschrift beigefügt. Eine Zahlung ist zurzeit für Sie noch nicht zu veranlassen.

Der guten Ordnung halber weisen wir noch einmal darauf hin, dass, für den Fall, dass Ihre Versicherung nicht, oder nur zum Teil leistet, Sie als Auftraggeber unser Vergütungsschuldner sind.

Wir kommen auf den Rechnungsausgleich nur zurück, sollte Ihre Versicherung den Vergütungsanspruch nicht in voller Höhe erfüllen. Sollten wir uns nach Ablauf von fünf Wochen (übliche Zahlungsfrist der Versicherung zuzüglich Bearbeitungszeitraum) nicht wieder bei Ihnen gemeldet haben, gehen wir davon aus, dass die Angelegenheit erledigt ist.

Etwaige Selbstbeteiligungen die Sie mit Ihrer Versicherung vereinbart haben, haben wir in der Regel bereits eingefordert, nachdem uns Ihre Versicherung von der vereinbarten Selbstbeteiligung informiert hat.

Grußformel

11. Lauf der Verjährungsfrist

136 § 10 Abs. 1 Satz 2 RVG regelt eindeutig, dass der Lauf der Verjährungsfrist von der Mitteilung der Berechnung unabhängig ist. Mit der Übersendung der Rechnung kann der RA den Lauf der Verjährungsfrist nicht hemmen. Trotz Übersendung einer Rechnung tritt die Verjährung bei drohendem Ablauf der Verjährungsfrist ein. Die Verjährung der Vergütungsforderung des RA ist von der Fälligkeit des Vergütungsanspruchs gem. § 8 RVG abhängig. Die Verjährungsfrist beginnt mit der Fälligkeit des Vergütungsanspruchs zu laufen und zwar unabhängig davon, ob der RA dem Auftraggeber seine Vergütungsberechnung übersandt hat.

12. Weitere Anforderungen an die Rechnung aus umsatzsteuerlicher Sicht

137 Seit dem 01.01.2004 bedürfen alle Rechnungen, die den Rechnungsempfänger zur Geltendmachung des **Vorsteuerabzugs** berechtigen sollen, weitere Angaben, die ihre Grundlage nicht im RVG haben.

138 In jeder Rechnung und Gutschrift ist gem. § 14 Abs. 4 UStG die
- Steuernummer oder die
- Umsatzsteuer-Identifikationsnummer (USt-ID-Nr.) anzugeben. Das Fehlen der Steuernummer bzw. der USt-ID-Nr. führt zur Versagung des Vorsteuerabzugs.

139 Eine **Rechnung** muss gem. § 14 Abs. 4 UStG folgende Angaben enthalten:
- die dem leistenden Unternehmer vom Finanzamt erteilte Steuernummer oder die ihm vom Bundesamt für Finanzen erteilte Umsatzsteuer-Identifikationsnummer (USt-ID-Nr.),
- das Ausstellungsdatum,
- eine fortlaufende Nummer mit einer oder mehreren Zahlenreihen, die zur Identifizierung der Rechnung vom Rechnungsaussteller einmalig vergeben wird (Rechnungsnummer),
- die Menge und die Art (handelsübliche Bezeichnung) der gelieferten Gegenstände oder den Umfang und die Art der sonstigen Leistung, (z.B. Vertretung im gerichtlichen Verfahren erster Instanz).
- den Zeitpunkt der Lieferung oder sonstigen Leistung oder der Vereinnahmung des Entgelts oder eines Teils des Entgelts für eine noch nicht ausgeführte Liefe-

rung oder sonstige Leistung, sofern dieser Zeitpunkt feststeht und nicht mit dem Ausstellungsdatum der Rechnung identisch ist,
- den anzuwendenden Steuersatz sowie den auf das Entgelt entfallenden Steuerbetrag oder im Fall einer Steuerbefreiung einen Hinweis darauf, dass für die Lieferung oder sonstige Leistung eine Steuerbefreiung gilt.

Durch die fortlaufende Nummer (**Rechnungsnummer**) soll sichergestellt werden, dass die Rechnung einmalig ist. Bei der Erstellung der Rechnungsnummer ist es zulässig, eine oder mehrere Zahlen- oder Buchstabenreihen zu verwenden. Auch eine Kombination von Ziffern mit Buchstaben ist möglich. 140

► Praxistipp: 141

Nicht jeder RA möchte unbedingt nach außen tragen, wie viele Rechnungen er im Kalenderjahr bereits erteilt hat. Es ist nicht zwingend vorgeschrieben, dass der RA seine Rechnungsnummern mit 1 beginnt und mit 1.000 am Jahresende abschließt. Ein RA der am Jahresende 100 Rechnungen erstellt hat, kann einen größeren Gewinn erzielt haben, als ein RA der 10.000 Rechnungen erstellt hat. Die Anzahl der Rechnungen sagt nicht automatisch etwas über den Gewinn. Aber sie kann natürlich ein Anzeichen sein. Nutzen Sie die gem. § 14 Abs. 4 UStG zulässigen anderen Darstellungsformen.

Die Angabe des Leistungszeitraumes in der Rechnung erschreckt viele Auftraggeber. Wer sich mit dem anwaltlichen Vergütungsrecht nicht auskennt, der glaubt, dass inhaltsgleiche Rechnungen immer wieder erstellt werden. Sie sollten daher eine kurze Erläuterung im Rechnungsanschreiben mit aufnehmen:

► Muster: Erläuterung des Begriffes Leistungszeitraum

142

Aufgrund steuerrechtlicher Vorschriften sind wir gehalten, in jeder Rechnung einen Leistungszeitraum zu nennen. Unsere Gebühren entstehen jedoch aufgrund des sog. Pauschcharakters der Gebühren in jeder Angelegenheit nur einmal. Sie müssen nicht damit rechnen, eine Rechnung über die gleichen Vergütungsziffern erneut zu erhalten.

13. Muster einer Vergütungsberechnung

Da der Auftraggeber nicht selten die Rechnung zur Geltendmachung des Vorsteuerabzugs benutzt, haben nach meiner Auffassungen Erläuterungen zur Ermittlung des Gegenstandswerts, der Höhe des Rahmens einer Gebühr, zum Gegenstandswert etc. nichts in der Rechnung selbst zu suchen. Diese Ausführungen haben das FA nicht zu interessieren. Eine **Rechnung** besteht daher aus **zwei Schreiben.** Dem Rechnungsanschreiben mit allen Erläuterungen und der eigentlichen Rechnung. 143

► Muster: Rechnung an den Auftraggeber

144

….. (vollständige Absenderangaben, ggf. hier Steuernummer oder Umsatzsteuer-Identifikationsnummer)

….. *(vollständige Rechnungsanschrift, bei juristischen Personen mit Angabe der gesetzlichen Vertreter)*

Betreff: …..

(Kurzbeschreibung der Tätigkeit, z. B.: Berufungsverfahren vor dem OLG zum Az.)

Anrede,

nachstehend erlauben wir uns, wegen der Fälligkeit der Vergütungsforderung gem. § 8 Abs. 1 RVG unsere Rechnung zu übermitteln:

Rechnungsnummer: ….. *(Beispiel: 120003100/ggf. kombiniert mit Aktenzeichen)*

Leistungszeitraum: ….. *(Beispiel: Beginn des Berufungsverfahrens – Abschluss des gebührenrechtlichen Berufungsverfahrens)*

Gegenstandswert: ….. € *(Angabe der gesetzlichen Vorschriften nicht erforderlich)*

Berechnet nach der Tabelle zu § 13 RVG, Vergütungsverzeichnis gem. § 2 Abs. 2 RVG

1,6 Verfahrensgebühr gem. Nr. 3200 VV RVG	….. €
1,2 Terminsgebühr gem. Nr. 3202 VV RVG	….. €
Entgelte für Post- und Telekommunikationsdienstleistungen gem. Nr. 7002 VV RVG	….. €
Zwischensumme netto	….. €
19 % Umsatzsteuer gem. Nr. 7008 VV RVG	….. €
Summe	….. €

Wir bitten um Überweisung des Rechnungsbetrages in Höhe von …. € auf eines unserer aus dem Briefbogen ersichtlichen Konten unter Angabe unseres Aktenzeichens: „…..".

Bitte beachten Sie, dass gem. §§ 284, 286 BGB eine gesetzlich vorgeschriebene Verzinsung des obigen Vergütungsanspruchs eintritt, wenn eine fristgerechte Zahlung nicht erfolgt.

Wir fügen diesem Schreiben ein Doppel bei (Abschrift). Die mit der Unterschrift versehene Rechnung wollen Sie bitte sorgfältig aufbewahren und zu Ihren Steuerunterlagen nehmen.

Für den Fall einer Vorsteuerabzugsberechtigung Ihrerseits, können Sie die in dieser Rechnung enthaltene Umsatzsteuer von Ihrer eigenen Vorsteuerzahllast in Abzug bringen. Die Abzugsberechtigung ist erst nach erfolgter Zahlung zulässig.

Grußformel

145 ► Praxistipp:

In manchen Fällen weiß man mit Sicherheit bereits bei der Erstellung der Vergütungsberechnung, dass es mit dem Auftraggeber Auseinandersetzungen geben wird. In einem solchen Fall (wenn Sie davon ausgehen, dass es eine gerichtliche Auseinandersetzung mit dem Auftraggeber wegen des Vergütungsanspruchs geben wird), sollten Sie für den Nachweis des Zugangs der Rechnung Vorsorgemaßnahmen ergreifen.

Entweder Sie stellen die Rechnung durch Einschaltung eines Gerichtsvollziehers zu, oder Sie stellen die Rechnung über einen Boten zu, der in seiner Zustellquittung bescheinigt, dass und welches Schriftstück er wann zugestellt hat.

D. Vorschuss

I. Vorschuss gem. § 9 RVG

§ 9 Vorschuss 146

Der Rechtsanwalt kann von seinem Auftraggeber für die entstandenen und die voraussichtlich entstehenden Gebühren und Auslagen einen angemessenen Vorschuss fordern.

Aus dem zwischen dem RA und dem Auftraggeber geschlossenen Vertrag ergibt sich die Anspruchsgrundlage für die Vergütungsforderung des RA. **Anspruchsgrundlage** für die anwaltliche Vergütung ist nicht das RVG, sondern i.d.R. der **geschlossene Vertrag**, meist ein Geschäftsbesorgungsvertrag (§ 675 Abs. 1 BGB). Dass der RA das Recht hat, einen Vorschuss zu fordern, ergibt sich aus dem RVG, sein Recht (und seine Pflicht) einen Vorschuss zu fordern, ergibt sich bereits aus § 669 BGB. Das Vorschussrecht nach dem BGB ist jedoch eingeschränkt. Nach dem BGB könnte der RA nur einen Vorschuss für die erforderlichen Aufwendungen (Auslagen entsprechend Teil 7 VV RVG) fordern. Daher gibt § 9 RVG dem RA das Recht auf einen **Vorschuss für seine Vergütungsansprüche** (Gebühren und Auslagen, § 1 Abs. 1 RVG). Der RA darf einen Vorschuss auf die voraussichtlich entstehende Vergütung erheben. 147

► Praxistipp: 148

Jeder RA kann einen Vorschuss anfordern. Dieses Recht steht daher auch dem Unterbevollmächtigten zu. Trägt Ihnen ein anderer RA ein Mandat an, kennen Sie i. d. R. den Auftraggeber nicht. Sie kennen auch nicht dessen Zahlungsmoral. Daher sollten Sie von Ihrem Vorschussrecht auch dann Gebrauch machen, wenn Sie lediglich Unterbevollmächtigter sind.

► Muster: Anforderung eines Vorschusses des Unterbevollmächtigten gegenüber dem Hauptbevollmächtigten 149

Anrede,

wir bedanken uns für die Übertragung des Mandats und die überlassene Vollmacht zur Wahrnehmung des Gerichtstermins vor dem ..... Gericht zum Az. ..... am ..... (Datum). Der Termin ist hier entsprechend notiert. Allerdings machen wir die Übernahme des Auftrags von dem Ausgleich des aus der Anlage ersichtlichen Vorschussbetrages abhängig.

Wir erlauben uns hier, als potenzieller Unterbevollmächtigter von unserem Recht auf die Anforderung eines Vorschusses gem. § 9 RVG Gebrauch zu machen. Eine auf den Auftraggeber ausgestellte Rechnung finden Sie in der Anlage. Wir haben in der Rechnung den Auftraggeber ausdrücklich darauf hingewiesen, dass eine Vertretung seiner Interessen durch uns nur erfolgt, wenn der angeforderte Vorschuss rechtzeitig vor dem Termin hier eingeht. Selbstverständlich ist es auch ausreichend, wenn der Vorschuss zunächst zweckgebunden bei Ihnen eingeht und Sie uns über den Zahlungseingang des Vorschusses informieren. Auf eine zweckgebundene Vorschussleistung zum Zwecke der Weiterleitung an uns legen wir dann aber explizit wert.

Sollte eine Rechtsschutzversicherung Kostendeckung erteilt haben, bitten wir Sie, zur Vereinfachung und Beschleunigung der Angelegenheit, an die Versicherung unsere Rechnung zum Zwecke des Ausgleichs weiterzureichen. In diesem Fall reicht es uns aus, wenn Sie uns vor dem Termin eine Mitteilung der Versicherung überlassen, aus der sich ergibt, dass unsere Vergütungsforderung in voller Höhe ausgeglichen wird und die Anweisung bereits veranlasst ist.

Bitte haben Sie Verständnis für diese Maßnahme, wir haben bisher keinen persönlichen Kontakt zum gemeinsamen Auftraggeber. Daher bitten wir darum, dass der aus der Anlage ersichtliche Rechnungsbetrag rechtzeitig vor dem Termin unserem Konto gutgeschrieben wird.

Wir gehen davon aus, dass Sie den Auftraggeber bereits auf die kostenerstattungsrechtlichen Folgen der Beauftragung mehrerer unabhängig von einander tätiger Rechtsanwälte hingewiesen haben und unterlassen entsprechende Ausführungen daher.

Dieses Schreiben überlassen wir Ihnen mit zwei Abschriften (zur gefälligen Weiterleitung an den Auftraggeber und ggf. zur Weiterleitung an die Rechtsschutzversicherung).

Unsere anhängende Rechnung ist ebenfalls mit zwei Abschriften versehen. Das Original bitten wir Sie, an den Auftraggeber weiterzuleiten.

Unsere Bankverbindung entnehmen Sie bitte unserem Briefbogen.

Grußformel

150 ▶ Muster: Vorschussrechnung an den Hauptbevollmächtigten

….. *(Vollständige Anschrift des Auftraggebers)*

Betreff: ….. *(Gericht, gerichtliches Az.)*

Wahrnehmung des Gerichtstermins

Anrede,

die Rechtsanwälte ….. aus ….. haben uns in Ihrem Namen beauftragt, den Gerichtstermin in …..vor dem ….. Gericht ….. zum Aktenzeichen ….. am ….. wahrzunehmen.

Aus diesem Grunde erlauben wir uns, Ihnen nachstehend unsere Vorschussrechnung zu überreichen.

Rechnungsnummer: .....

Leistungszeitraum: .....

Gegenstandswert: .....

Berechnet nach der Tabelle zu § 13 RVG, Vergütungsverzeichnis gem. § 2 Abs. 2 RVG

0,65 Verfahrensgebühr gem. Nr. 3100, 3401 VV RVG ..... €

1,2 Terminsgebühr gem. Nr. 3104, 3402 VV RVG ..... €

Entgelte für Post- und Telekommunikationsdienstleistungen gem. Nr. 7002 VV RVG ..... €

Zwischensumme netto ..... €

19 % Umsatzsteuer gem. Nr. 7008 VV RVG ..... €

.....– *(Steuernummer)*

Summe ..... €

Bitte überweisen Sie den Rechnungsbetrag rechtzeitig vor dem Gerichtstermin, damit einer Wahrnehmung Ihrer Rechte durch uns nichts im Wege steht. Wir weisen ausdrücklich darauf hin, dass wir unsere Tätigkeit von dem Ausgleich der Vorschussrechnung abhängig machen. Die Annahme des Auftrags machen wir von dem fristgerechten Ausgleich der Vergütungsforderung abhängig.

Unsere Bankverbindung entnehmen Sie bitte dem Briefbogen. Bei der Überweisung wollen Sie bitte unseren Betreff „....." angeben.

Grußformel

II. Vorschuss gem. § 1360a BGB

In einigen Familiensachen hat der Auftraggeber das Recht auf einen Vorschuss zur Führung des Verfahrens gegenüber dem Antragsgegner. Gegen diese Dritten, deren Vorschusspflicht nur gegenüber dem Auftraggeber besteht (§ 1360a BGB), hat der RA kein eigenes Vorschussrecht. Der RA kann die Zahlung eines Vorschusses nicht im eigenen Namen geltend machen. Er muss den Vorschuss für den Auftraggeber geltend machen, eine eigene Anspruchsgrundlage zur Forderung des Vorschusses steht dem RA zu. Dies gilt auch für die gesetzliche Unterhaltspflicht des Minderjährigen. Im Rahmen dieser Unterhaltspflicht kann der RA den Vorschuss nur von dem oder den gesetzlichen Vertretern im Namen des Minderjährigen geltend machen, ihn aber nicht für sich selbst fordern. 151

III. Form der Vorschussrechnung

Die Vorschussrechnung muss nicht den Formvorschriften des § 10 RVG genügen (z. B., wenn der RA einen Gesamtbetrag einfordert, etwa 1.500,00 € o.Ä.). Bei der 152

Vorschussrechnung sind hingegen die Vorgaben des Zweiten Gesetzes zur Änderung steuerrechtlicher Vorschriften (Steueränderungsgesetz 2003 v. 15. 12. 2003, BGBl. I, S. 2645) insbes. die Vergabe einer erforderlichen Rechnungsnummer etc. zu beachten. Für die Vorschussrechnung ist die Einhaltung der Anforderungen aus § 14 Abs. 4 UStG i.V.m. § 14 Abs. 5 UStG erforderlich.

153 ▶ Praxistipp:

Halten Sie sich so weit wie möglich an die Anforderungen in § 10 RVG. Es ist für eine spätere Abrechnung sowieso erforderlich, dass Sie sich damit auseinandersetzen, welche Gebühren entstanden sind und welchen Gegenstandswert die Angelegenheit hat. Auch das häufig in der Praxis anzutreffende Argument, den Auftraggeber durch „hohe“ Vorschussforderungen nicht verschrecken zu wollen, führt dann bei der Schlussrechnung dazu, dass Sie ggf. lange Zeit benötigen um noch verbliebene Vergütungsansprüche durchzusetzen. Der Vorschuss dient in erster Linie der Sicherung des gesamten Vergütungsanspruchs.

IV. Vorschuss und Übernahme des Auftrags

154 In der Annahme eines Auftrags ist der RA grds. frei. Er kann regelmäßig nicht gezwungen werden, einen bestimmten Auftrag anzunehmen und diesen auszuführen. Auch wird vom RA nicht verlangt, dass er unentgeltlich tätig ist (Ausnahme: eingeschränkte Pflicht zur Übernahme von Beratungshilfemandanten, § 49a BRAO) Der RA kann, darf, sollte und muss in heutigen Zeiten die Annahme des Auftrags von der Zahlung eines Vorschusses abhängig machen. Die Annahme des Auftrags hängt dann von einer Bedingung ab – nämlich der Zahlung des Vorschusses durch den Auftraggeber. Selbstverständlich kann der RA den Auftrag annehmen und zunächst keinen Vorschuss geltend machen. In diesen Fällen geht er aber das Risiko ein, dass sein Vergütungsanspruch nicht erfüllt wird.

155 Selbstverständlich gibt es Auftraggeber, die schon lange Jahre durch den RA vertreten werden. Hat sich bereits ein besonderes Vertrauensverhältnis herausgebildet und der Auftraggeber durch sein bisheriges Zahlungsverhalten bewiesen, dass keine Ausfälle zu befürchten sind, muss kein Vorschuss gefordert werden. Aber achten Sie einmal darauf, wie schnell man sich in der Einschätzung des Zahlungsverhaltens eines Auftraggebers irren kann. Häufig zahlt gerade der Auftraggeber, bei dem man davon ausging, er würde sicher zahlen, bei Beendigung der Angelegenheit dann nicht.

156 Vorsicht ist geboten, wenn der Auftraggeber nach einem Anwaltswechsel Ihnen das Mandat überträgt. Selbstverständlich kann es gute Gründe dafür geben, dass der Mandant den RA gewechselt hat. Können Sie aber sehen, dass dies nicht das erste Mal der Fall ist und Sie in einer Reihe von Kollegen nur eine weitere beauftragte Kanzlei sind, sollten Sie hier vor einem Tätigwerden einen angemessenen Vorschuss fordern.

Will der Auftraggeber Ihnen ein Mandat übertragen, bei dem innerhalb kürzester Zeit Fristen abzulaufen drohen (insbesondere Rechtsbehelfs- und Rechtsmittelfristen), sollten Sie ohne Vorschuss nicht tätig werden. In solchen Fällen droht neben dem Vergütungsausfall auch noch ein erhebliches Haftungsrisiko. Nicht selten überlassen Ihnen potenzielle Auftraggeber unaufgefordert Unterlagen zum Verfahren, ohne dass bereits ein Auftragsverhältnis zustande gekommen ist. Hier sollten Sie unverzüglich reagieren. Ihre zeitliche Reaktion sollte so erfolgen, dass der Auftraggeber noch Gelegenheit zu zahlen hat oder aber einen anderen RA mit seiner Vertretung beauftragen kann. 157

▶ Muster: Vorschussanforderung bei drohendem Fristablauf – Neumandat

158

Versand des Schreibens per Fax, E-Mail und mit einfacher Post, wenn möglich

Anrede,

wir danken, für die ohne unsere Aufforderung zur Verfügung gestellten Unterlagen. Diesen Unterlagen konnten wir entnehmen, dass in Ihrer Angelegenheit bis zum ..... beim ..... Gericht das Rechtsmittel der ..... einzulegen ist. Diese Frist ist unverlängerbar.

Das Rechtsmittel ist innerhalb einer Frist von zwei Monaten ab Zustellung beim bisherigen Prozessbevollmächtigten zu begründen. Hier gäbe es die Möglichkeit, die Begründungsfrist zustimmungsfrei um einen Monat zu verlängern, mit Zustimmung des Rechtsmittelgegners kann die Rechtsmittelbegründungsfrist um zwei Monate verlängert werden.

Bitte haben Sie Verständnis dafür, dass wir hier die Auftragsübernahme von der Zahlung eines Vorschusses abhängig machen. Aus der in der Anlage beigefügten Vorschussrechnung können Sie einen Vorschuss in Höhe von ..... € entnehmen.

Da die Frist bereits am ..... abläuft, müssen Sie bitte sicherstellen, dass uns dieser Vorschuss vorher zugeht. Der Nachweis einer bankbestätigten Überweisung ist ausreichend (jedoch nicht der Nachweis lediglich einer Onlinebank). Sie können jederzeit den Vorschussbetrag bar in unserer Kanzlei während der aus dem Briefbogen ersichtlichen Öffnungszeiten leisten. Auch die Möglichkeit der Zahlung des Vorschussbetrages mittels ec-Karte (und PIN/oder Geheimnummer) ist in unserer Kanzlei möglich.

Ohne erfolgten Zahlungsausgleich wird keine Tätigkeit durch uns erfolgen, denn es liegt noch kein wirksames Auftragsverhältnis vor. Eine Tätigkeit gegenüber dem Gericht muss innerhalb der Rechtsmittelfrist erfolgen. Wird die Rechtsmittelfrist versäumt, können Sie unter bestimmten Voraussetzungen Wiedereinsetzung in den vorigen Stand beantragen. Wir gehen allerdings nicht davon aus, dass das Gericht Wiedereinsetzung gewähren würde, wenn der Anwaltsvertrag aufgrund Nichtzahlung eines Vorschusses nicht zustande gekommen ist.

Wir werden hier auch nicht im Rahmen der sog. Prozesskostenhilfe tätig. Denn bis zum Bewilligungsbeschluss des Gerichts ist eine Sicherung unserer Vergütung nicht gegeben. Auch vermögen wir die Erfolgsaussichten eines weiteren Vorgehens nicht einzuschätzen, da auch eine diesbezügliche Tätigkeit unsererseits von der Zahlung eines Vorschusses abhängig gemacht wird.

Sollten Sie jetzt davon Abstand nehmen, uns beauftragen zu wollen, bitten wir um entsprechende Information. Ihre Unterlagen können Sie jederzeit nach vorheriger Ankündigung in unserer Kanzlei dann wieder im Empfang nehmen. Sollten Sie sich nicht innerhalb von sechs Monaten wieder mit uns in Verbindung gesetzt haben, würden wir diese Unterlagen vernichten. Eine Aufbewahrungspflicht gibt es nicht, da noch kein Mandatsverhältnis zustande gekommen ist.

Bitte beachten Sie bei weiteren Dispositionen, dass für das weitere gerichtliche Verfahren der sog. Anwaltszwang gegeben ist. Sie müssen sich durch einen Anwalt vertreten lassen, damit Ihre weitere Vertretung in zulässiger Weise erfolgt.

Wenn wir hier weiter vertreten sollen, bitten wir Sie unverzüglich nach Fristablauf für das Rechtsmittel mit unserer Kanzlei einen Termin zu vereinbaren, damit die zu erfolgende Rechtsmittelbegründung abgesprochen werden kann. Zu diesem Zweck wollen Sie bitte vorab die Prozessunterlagen zur Verfügung stellen. Bitte überlassen Sie uns dann diese Unterlagen in Kopie, damit Sie weiterhin über die Originale verfügen können.

Grußformel

159 ► Hinweis:

- Vorschussrechnung beifügen!
- Sinnvoll: Verfahrens- und Terminsgebühr!

160 Kann der Auftraggeber eine Vorschusszahlung nicht mehr rechtzeitig leisten, sollte der RA den Auftrag unverzüglich ablehnen. Vom RA kann nicht verlangt werden, anwaltliche Tätigkeiten auszuüben und dafür auch zu haften, ohne dass sichergestellt wäre, dass er eine Vergütung für seine Tätigkeit erhält.

161 Wichtig ist es, zu unterscheiden, ob der RA den Auftrag annimmt und anschließend einen Vorschuss fordert oder ob er die Annahme des Auftrags von der Zahlung des Vorschusses abhängig macht. Nimmt der RA den Auftrag an und fordert dann einen Vorschuss, so muss der RA unaufschiebbare Tätigkeiten vor Eingang des Vorschusses ausführen. Es kommt daher darauf an, dass der RA eindeutig erklärt, ob er den Auftrag annimmt und einen Vorschuss fordert, oder ob er die Annahme des Auftrags von der Zahlung eines Vorschusses abhängig macht.

162 ► Praxistipp:

In vielen Kanzleien wird erst einmal das Mandat angenommen, eine Tätigkeit ausgeführt und dann ein Vorschuss angefordert. Hier sollten Sie sich fragen, was Sie zu verlieren haben, wenn Sie von dieser Routine abweichen. Wenn Sie das fristgebundene Mandat nur gegen Zahlung eines Vorschusses annehmen und der Auftraggeber nicht zahlt, haben Sie Zeit gewonnen, die in Akten investiert werden kann, in denen der Vergütungsanspruch geleistet wird. Sie haben Stress vermieden. Der Auftraggeber, der Ihre Vorschussanforderung nicht leistet, hätte auch später nicht geleistet. Das Mandat, das auf diese Weise nicht zustande kommt, ist kein verlorenes Mandat, sondern in jeder Hinsicht ein Gewinn.

V. Höhe des Vorschusses

Erlaubt ist hier nicht, was gefällt. Der RA darf einen angemessenen Vorschuss auf die entstehende oder bereits entstandene Vergütung fordern. Der Höhe nach ist der Vorschuss daher an der Gesamtvergütung zu orientieren. Der Vorschuss kann bis zur Höhe der zu erwartenden Gesamtvergütung geltend gemacht werden. 163

► Praxistipp: 164

Vor- bzw. außergerichtlich wird der RA daher in vielen Fällen zunächst eine Geschäftsgebühr gem. Nr. 2300 VV RVG fordern.

Weisen Sie den Auftraggeber bei der Vorschussanforderung bereits auf die Anrechnungsproblematik hin (s. Muster unter Kap. 9 Rdn. 196, Kap. 8).

► Muster: Vorschussanforderung bei Rahmengebühren

165

Mit dem Vorschuss berechnen wir eine sog. Rahmengebühr. Die Bestimmung des Gebührenrahmens erfolgt im Wege des Vorschusses nur vorläufig. Eine endgültige Bestimmung des Gebührenrahmens erfolgt bei Abschluss der Angelegenheit und Fälligkeit der Vergütung im Sinne von § 8 RVG unter Berücksichtigung von § 14 RVG.

Ein solcher Zusatz stellt sicher, dass Sie in der Schlussrechnung bei Rahmengebühren von dem in der Vorschussrechnung bestimmten Gebührenrahmen nach oben abweichen können. Auch bei Vorschussanforderungen gegenüber Rechtsschutzversicherungen ist dieser Zusatz angemessen.

Der RA hat auch einen Anspruch auf Geltendmachung eines Vorschusses, wenn eine Vergütungsvereinbarung vorliegt, unabhängig vom Inhalt der Vereinbarung. Dies wird allerdings für den Fall der Vereinbarung eines Erfolgshonorars nicht gelten, außer der RA hat eine entsprechende Vereinbarung getroffen. 166

VI. Angeforderter Vorschuss wird nicht gezahlt

Zahlt der Auftraggeber die Vorschussforderung nicht, so hat der Verstoß gegen diese Zahlungsverpflichtung verschiedene Rechtsfolgen. Der RA ist nicht verpflichtet, ohne eine Vorschusszahlung tätig zu werden. Er ist auch nicht verpflichtet, die Vorschusszahlung in Raten anzunehmen. Der Vorschuss kann als Ganzes gefordert werden. Der RA kann sich mit der Ratenzahlung einverstanden erklären, er muss es aber nicht. 167

Zahlt der Auftraggeber den Vorschuss nicht, muss der RA nicht weiter tätig werden. Der RA hat das Recht zur **fristlosen Kündigung des Mandatsvertrags.** Der RA ist nach der fristlosen Kündigung des Vertrags wegen nicht erfolgter Vorschusszahlung nach § 671 Abs. 2 Satz 1 BGB auch nicht mehr verpflichtet, sog. unaufschiebbare 168

Geschäfte für den Auftraggeber vorzunehmen. Nimmt er diese unaufschiebbaren Geschäfte für den Auftraggeber nach Kündigung nicht mehr vor, haftet er nicht für einen etwaigen Schaden (§ 671 Abs. 2 Satz 2 BGB).

169 Das **Kündigungsrecht des RA** und seine Untätigkeit dürfen, wenn unaufschiebbare Geschäfte zu tätigen wären (z. B. bei Notfristablauf), **nicht zur Unzeit ausgeübt** werden. Der RA ist daher verpflichtet, die beabsichtigte Kündigung bzw. die beabsichtigte Untätigkeit anzukündigen. Sinnvollerweise wird der RA den Auftraggeber in der Vorschussanforderung darauf hinweisen, welche Folgen eine Nichtzahlung des Vorschusses hat. Ferner ist es sinnvoll, den Zugang der Vorschussanforderung, die eine Ankündigung der Untätigkeit oder Androhung der Kündigung enthält, sicherzustellen (§§ 130, 132 BGB).

► Muster: Kündigung bei nicht gezahltem Vorschuss

170 Anrede,

bedauerlicherweise haben Sie den mit Schreiben vom ..... angeforderten Vorschuss in Höhe von ..... € nicht geleistet.

Bereits in unserer Vorschussanforderung vom ..... hatten wir darauf hingewiesen, dass wir eine weitere Tätigkeit unsererseits und eine Vertretung Ihrer rechtlichen Interessen von dem Ausgleich der Vorschussforderung abhängig machen werden. Wir hatten Sie weiter darüber in Kenntnis gesetzt, dass bei ergebnislosem Ablauf der Zahlungsfrist das Mandatsverhältnis von uns gekündigt werden wird.

Aus diesem Grunde

kündigen

wir daher hiermit das Mandatsverhältnis. Weitere Tätigkeiten werden wir auch dann nicht ausführen, wenn unsere Untätigkeit einen erheblichen rechtlichen Nachteil für Sie bedeuten würde.

Die Kündigung des Mandatsverhältnisses befreit Sie nicht von der Verpflichtung, die bisher entstandene Anwaltsvergütung zu begleichen.

Unsere Schlussrechnung haben wir beigefügt und mit gleicher Post gerichtliche Schritte zur Durchsetzung der Vergütungsforderung ergriffen.

Ihre Unterlagen können Sie nach vollständigem Ausgleich unserer Rechnung ausgehändigt erhalten. Bis dahin machen wir von unserem Zurückbehaltungsrecht Gebrauch.

Bitte erlauben Sie uns den Schlusshinweis, dass berechtigte gegen Sie gerichtete Forderungen (wie unsere Vergütungsforderung) sich weder in Luft auflösen, noch vergessen werden. Im Gegenteil ist es so, dass sich die ausstehende Forderung durch Zinsen und weitere Kosten immer mehr erhöht. Dies können Sie durch Ausgleich der Forderung vermeiden. Konstruktiven Vorschlägen stehen wir daher offen gegenüber.

Für die weitere Verfolgung Ihres Anliegens wünschen wir Ihnen trotz allem viel Erfolg.

Grußformel

Hinweis: 171

- Die Schlussrechnung ist beizufügen.
- Unbedingt auf den Zugang der Kündigung achten – ggf. (bei absehbaren Fristablauf) Zustellung über den Gerichtsvollzieher
- Bei Vergütungsforderungen aus einem gerichtlichen Verfahren können Sie Vergütungsfestsetzung gem. § 11 RVG beantragen.
- Ggf. muss Gebührenklage erhoben werden.

VII. Vorschuss und Rechtsschutzversicherung

Der RA hat keinerlei Vertragsverhältnis mit der Rechtsschutzversicherung des Auftraggebers. Der Auftraggeber hat den Vertrag mit der Versicherung abgeschlossen; daher kann nur der Auftraggeber Ansprüche gegenüber der Rechtsschutzversicherung geltend machen. Die Auseinandersetzung mit der Rechtsschutzversicherung, das Einholen der Kostendeckungszusage, die Übersendung der Rechnung usw. geschehen nur aufgrund eines besonderen Auftrags, den der Auftraggeber dem RA erteilt. Dieser Auftrag ist völlig unabhängig vom eigentlichen Auftrag zu sehen. 172

Eine Beziehung zwischen beiden Aufträgen besteht nur dann, wenn der Auftraggeber die Vertretung im Hauptanliegen davon abhängig macht, dass die Versicherung Kostendeckung erteilt. Der RA hat einen eigenen besonderen Vergütungsanspruch für seine Tätigkeit gegenüber der Rechtsschutzversicherung (s. Ausführungen unter Kap. 8 Rdn. 46). Der RA kann jederzeit dem Auftraggeber seine Rechnung und Vorschussrechnung direkt übersenden und den Auftraggeber auffordern, für eine Zahlung durch die Versicherung zu sorgen. 173

Hat die Rechtsschutzversicherung Kostendeckungszusage erteilt, so hat der Auftraggeber einen Anspruch auf Freistellung von Vorschussforderungen des RA (§ 1 Abs. 2 Allgemeine Rechtsschutzbedingungen – ARB). 174

Eine Vorschussforderung auch bei Auftraggebern, die über eine Rechtsschutzversicherung verfügen, sollte auf alle Fälle erfolgen. Da die Rechtsschutzversicherung nur den Freistellungsanspruch des Versicherungsnehmers (Auftraggebers) erfüllt, kann sie die an den RA geleisteten Vorschüsse nicht zurückverlangen, wenn die Kostendeckungszusage nach Zahlung widerrufen wird oder aus sonstigen Gründen Ersatzansprüche der Rechtsschutzversicherung gegenüber dem Auftraggeber (Versicherungsnehmer) bestehen. Dies kann der Fall sein, wenn der Auftraggeber Folgeprämien nicht leistet, oder aber der Verfahrensgegner die Aufrechnung mit Kostenerstattungsansprüchen erklärt. 175

Darüber hinaus hat der Auftraggeber gegenüber der Rechtsschutzversicherung ein Weisungsrecht. Er kann seine Versicherung anweisen, nicht (oder nicht mehr) an den RA zu leisten. Selbstverständlich kann der RA dann seine Vergütungsansprüche direkt gegenüber dem Auftraggeber geltend machen. Hat der RA bereits einen ange- 176 messenen Vorschuss erhalten, betrifft ihn eine anschließende Zahlungsanweisung des Auftraggebers nicht mehr (häufig insbes. im Fall eines Anwaltswechsels), auch Ersatzansprüche der Versicherung kann diese nur gegenüber dem Auftraggeber geltend machen. War der von der Versicherung angeforderte Vorschuss höher, als die tatsächlich entstandene Vergütung, kann die Rechtsschutzversicherung verlangen, dass nicht verbrauchte Vorschüsse erstattet werden. Das Bestehen einer Rückzahlungspflicht gegenüber der Rechtsschutzversicherung ist abhängig vom Rückforderungsgrund.

177 In vielen Kostendeckungszusagen finden Sie den Zusatz, dass die RSV darum bittet, von einer Vorschussforderung abzusehen. Dieser Bitte sollten Sie auf keinen Fall nachkommen (s. o.).

VIII. Angabe des Vorschusses in der Schlussrechnung

178 Der erhaltene Vorschuss muss gem. § 10 Abs. 1 RVG in der Schlussrechnung genannt sein. Sie haben auch bei der **Vorschussanforderung die USt ausgewiesen.** In der Schlussrechnung sollten Sie daher von der Vergütung den Nettobetrag des bereits geleisteten Vorschusses und von der USt den anteilig darin enthalten USt-Betrag abziehen. Hier gibt es erhebliche Unterschiede der Darstellung je nachdem, ob, und wenn ja, welche Software (deren Vergütungsprogramme z. T. völlig unbrauchbar sind) Sie für die Erstellung der Vergütungsberechnung nutzen. Bitte denken Sie daran: Nur weil ein Softwareunternehmen etwas als Lösungsvorschlag anbietet, heißt das noch lange nicht, dass dieser Vorschlag richtig ist. Anhand der umfangreichen Rechtsprechung zu fast allen Themen, die wir kennen, wissen wir: „Wo zwei sich streiten, gibt es meist sogar noch eine dritte und eine vierte Auffassung". Hier rate ich jedem, einen Steuerberater zu befragen, ob die Darstellung der Rechnung durch die eingesetzte Software den steuerrechtlichen Anforderungen standhält. Richtig ist nämlich, was der zuständige Finanzbeamte als richtig gelten lässt.

► Muster: Abzug der gezahlten Vorschüsse

179 Den von Ihnen geleisteten Vorschuss haben wir in der Rechnung in Abzug gebracht. Der Abzug ist aufgeteilt in den Nettovorschuss und in die darin enthaltene Umsatzsteuer.

Zwischensumme Vergütungsbetrag netto	..... €
Abzüglich netto gezahlter Vorschuss	..... €
Zwischensumme netto	..... €
19 % Umsatzsteuer auf Vergütungsbetrag netto	..... €
Abzüglich gezahlter Vorschuss auf Umsatzsteuer	..... €
Zwischensumme Vorsteuer nach Abzug Vorschuss	..... €
Summe: (=Vergütung + Umsatzsteuer)	..... €

10. Kapitel: Die gerichtliche Geltendmachung der Vergütung

Übersicht Rdn.

§ 11 Festsetzung der Vergütung (verkürzte Darstellung) 1

(2) Der Antrag ist erst zulässig, wenn die Vergütung fällig ist. Die Vorschriften der jeweiligen Verfahrensordnung über das Kostenfestsetzungsverfahren mit Ausnahme des § 104 Abs. 2 Satz 3 der Zivilprozessordnung und die Vorschriften der Zivilprozessordnung über die Zwangsvollstreckung aus Kostenfestsetzungsbeschlüssen gelten entsprechend. Das Verfahren vor dem Gericht des ersten Rechtszugs ist gebührenfrei. In den Vergütungsfestsetzungsbeschluss sind die von dem

Rechtsanwalt gezahlten Auslagen für die Zustellung des Beschlusses aufzunehmen. Im Übrigen findet eine Kostenerstattung nicht statt; dies gilt auch im Verfahren über Beschwerden.

(4) Wird der vom Rechtsanwalt angegebene Gegenstandswert von einem Beteiligten bestritten, ist das Verfahren auszusetzen, bis das Gericht hierüber entschieden hat (§§ 32, 33 und 38 Abs. 1).

(5) Die Festsetzung ist abzulehnen, soweit der Antragsgegner Einwendungen oder Einreden erhebt, die nicht im Gebührenrecht ihren Grund haben. Hat der Auftraggeber bereits dem Rechtsanwalt gegenüber derartige Einwendungen oder Einreden erhoben, ist die Erhebung der Klage nicht von der vorherigen Einleitung des Festsetzungsverfahrens abhängig.

(7) Durch den Antrag auf Festsetzung der Vergütung wird die Verjährung wie durch Klageerhebung gehemmt.

(8) Die Absätze 1 bis 7 gelten bei Rahmengebühren nur, wenn die Mindestgebühren geltend gemacht werden oder der Auftraggeber der Höhe der Gebühren ausdrücklich zugestimmt hat. Die Festsetzung auf Antrag des Rechtsanwalts ist abzulehnen, wenn er die Zustimmungserklärung des Auftraggebers nicht mit dem Antrag vorlegt.

A. Allgemeines

2 Auch in den Anwaltsbüros gibt es Auftraggeber, die die Rechnung nicht begleichen. Der RA muss dann, wie jeder andere, der eine Dienstleistung erbringt, die Gerichte zur Durchsetzung seiner Vergütung einschalten. Vor der gerichtlichen Geltendmachung wird der RA den Auftraggeber auf die ausstehende Forderung hinweisen, er wird ihn mahnen. Zahlt der Auftraggeber auch dann nicht, kann der RA die gerichtliche Geltendmachung betreiben. Hierfür gibt es zwei Möglichkeiten:

I. Ursprung der Vergütungsforderung im Gerichtsverfahren

3 Stammt die Vergütungsforderung aus einem gerichtlichen Verfahren, wird der RA die Vergütungsfestsetzung (nicht: Kostenfestsetzung!) betreiben. Dabei muss unterschieden werden, ob der RA **Wertgebühren** oder **Rahmengebühren** geltend macht.

II. Ursprung der Vergütungsforderung außerhalb gerichtlicher Verfahren

4 Stammt die Vergütungsfestsetzung nicht aus einem gerichtlichen Verfahren (z. B. sämtliche Ansprüche aus Teil 2 VV RVG), kann der RA entweder das Mahnverfahren oder aber die streitige gerichtliche Auseinandersetzung wählen. Man nennt die Klage, die ein RA einreicht, wenn er einen solchen Anspruch verfolgt auch **Gebührenklage** (oder Vergütungsklage).

B. Vergütungsfestsetzung

I. Zulässigkeit des Vergütungsfestsetzungsverfahrens gem. § 11 RVG

5 § 11 RVG ermöglicht dem RA, der in irgendeinem gerichtlichen Verfahren tätig gewesen ist, ein einfaches, kostengünstiges und schnelles Verfahren zur Titulierung der Vergütungsforderung.

Bevor der RA gerichtliche Schritte zur Geltendmachung seiner Forderung ergreift, ist davon auszugehen, dass der Auftraggeber sich mit der Zahlung der Vergütung in Verzug befindet, oder auf andere Weise deutlich eine Zahlung der Vergütung abgelehnt. Im Fall des Zahlungsverzugs, wird der RA den Auftraggeber mahnen. Im Fall einer sonstigen eindeutigen Leistungsverweigerung ist zu überlegen, ob tatsächlich noch der Antrag auf Vergütungsfestsetzung erforderlich ist, oder aber gleich andere (aber teurere) gerichtliche Maßnahmen zur Geltendmachung der Forderung ergriffen werden sollten. 6

1. Mahnung der Vergütung

Ich kann mich nicht daran erinnern, zu Beginn meiner Berufstätigkeit, also vor fast 30 Jahren, Mandanten wegen ausstehender Rechnungen gerichtlich verfolgt zu haben. 7

Heute fordere ich selbstverständlich Vorschüsse, tituliere Vergütungsansprüche und verfolge diese im Rahmen der Zwangsvollstreckung weiter, es ist nichts Besonderes mehr. Auch die Ausreden, die Auftraggeber vorbringen, warum eine Rechnung nicht gezahlt wird, überraschen mich mehr. Das letzte Mal geschmunzelt habe ich, als ein Auftraggeber den Einwand erhob, in seinem Briefkasten würden Vögel nisten, deshalb hätte er die Rechnung nicht zahlen können. Als dann aber tatsächlich innerhalb von wenigen Tagen der Ausgleich der Rechnung erfolgte (nach dem diese natürlich noch einmal an den Auftraggeber versandt wurde), da war ich fast bereit, dem Auftraggeber zu glauben. 8

► Praxistipp: 9

Die richtige Mahnung ist schwierig. Auf der einen Seite möchten Sie den Auftraggeber halten und Folgemandate von diesem erhalten (natürlich nur, wenn er auch zahlt). Auf der anderen Seite möchten Sie auf bestehende Vergütungsansprüche nicht verzichten. Vor einer ersten schriftlichen Mahnung können Sie telefonisch mit dem Auftraggeber Kontakt aufnehmen. Sicher, das ist nicht immer leicht. Aber, bei jedem solcher Anrufe, denke ich an folgende Regel: Ich telefoniere, wegen eines berechtigten Anspruchs. Ich möchte nichts von dem Auftraggeber, was nicht auch dem RA zusteht. Bleiben Sie freundlich und stellen Sie den Sachverhalt so dar, als ob es sich ganz offensichtlich nur um ein Versehen handeln kann. Eröffnen Sie dem Auftraggeber eine Brücke, etwa in dem Sie etwa fragen:

„Sagen Sie (Name Auftraggeber), haben Sie etwa unsere Rechnung vom ….. in Höhe von …..€ nicht erhalten? Ich kann hier noch gar keinen Zahlungsausgleich feststellen und bin sicher, dass dann irgendwo ein Fehler unterlaufen ist.“

Häufig wird sich herausstellen, dass „tatsächlich“ zufälligerweise die Rechnung beim Auftraggeber nicht eingegangen ist (ob Sie daran glauben oder nicht, spielt keine Rolle. Aber der Auftraggeber hat einen Zahlungsaufschub erhalten). Sie werden dann das Gespräch fortführen und dem Auftraggeber die Rechnung nochmals übermitteln. Denken Sie daran, das Gespräch wie folgt zu schließen:

„Ich wäre Ihnen dankbar, wenn Sie mich informieren könnten, wenn die Zweitausfertigung der Rechnung bei Ihnen eingeht, damit ich Gewissheit habe. Ich mache gleich eine entsprechende Notiz zur Akte, dass ich die Rechnung nochmal postalisch an Sie übermittelt habe."

Der Auftraggeber kann auch antworten, dass er Bedenken im Hinblick auf den Rechnungsausgleich hat, dann können Sie auch diese ggf. gleich telefonisch ausräumen. Möglichkeiten gibt es viele. Die persönliche Ansprache schadet nie.

Will der Auftraggeber allerdings über die Höhe des Vergütungsanspruchs mit Ihnen in Verhandlungen treten, so verhandeln Sie bitte nie über den Vergütungsanspruch (Rabatte, Abschläge etc.) ohne die Absicherung, dass Sie dies im Einverständnis mit dem RA tun.

10 Hilft auch die „telefonische Mahnung" nicht weiter, sollten Sie den Auftraggeber schriftlich deutlich energischer an den ausstehenden Rechnungsausgleich erinnern. Wenn es zulässig ist, Vergütungsfestsetzung zu beantragen, dann mahnen Sie und beantragen gleichzeitig Vergütungsfestsetzung.

► Muster: Mahnung wegen des Vergütungsanspruchs des RA

11 Anrede,

bedauerlicherweise konnten wir den Ausgleich unserer Rechnung vom ..... in Höhe von ..... bis zum heutigen Tage nicht feststellen. Dies obwohl wir zunächst telefonisch um Rechnungsausgleich gebeten haben.

Aus diesem Grunde müssen wir Sie zu unserem Bedauern auffordern, den Vergütungsanspruch in voller Höhe bis zum ..... hier eingehend erfüllt zu haben.

Da Sie sich in Verzug befinden, haben Sie auch die Zinsen, die bereits entstanden sind, zu tragen. Auf die Geltendmachung des Zinsanspruchs verzichten wir, wenn der Zahlungsausgleich nunmehr innerhalb der gesetzten Nachfrist gezahlt wird.

Bitte haben Sie Verständnis dafür, dass wir zu Sicherung unseres Vergütungsanspruchs mit gleicher Post das Vergütungsfestsetzungsverfahren gem. § 11 RVG eingeleitet haben. Erfolgt ein rechtzeitiger Zahlungsausgleich werden wir keine Kosten aus diesem Verfahren gegen Sie fordern und dem Gericht die Erledigung mitteilen.

Sollten wir erneut keinen Zahlungsausgleich feststellen können, werden wir das gerichtliche Verfahren fortführen.

Sollten Sie den Ausgleich der Vergütungsforderung bereits veranlasst haben und sich Ihre Anweisung mit unserer Zahlungsaufforderung gekreuzt haben, so betrachten Sie unser Schreiben bitte als gegenstandslos.

Nur am Rande teilen wir mit, dass wir wirklich nur ungern Zwangsvollstreckungsmaßnahmen gegen Sie einleiten würden, wenn auch nach Titulierung der Forderung keine Zahlung erfolgt. Im Rahmen einer vergütungsrechtlichen Auseinandersetzung ist der RA im Übrigen nicht an die Schweigepflicht gebunden. Selbstverständlich gilt dies nur für die vergütungsrechtliche Auseinandersetzung zur Darlegung eines entstandenen Vergütungsanspruchs.

Ihre Unterlagen stehen nach Zahlungsausgleich zur Abholung bereit. Bitte holen Sie diese spätestens innerhalb von sechs Monaten seit Zugang dieses Schreibens nach vorheriger Ankündigung in unserer Kanzlei ab. Nach Ablauf von sechs Monaten werden die mandatsbezogenen Unterlagen durch uns vernichtet.

Es wäre betrüblich, wenn sich hier nach der eigentlichen Auseinandersetzung eine Auseinandersetzung zwischen uns anschließen würde. Bei Nichtausgleich des Vergütungsanspruchs haben wir keine andere Möglichkeit.

Sollten Ihre finanziellen Mittel der Grund für die bisher nicht erfolgte Zahlung sein, so setzen Sie sich bitte unverzüglich mit uns in Verbindung. Es ist auch in Ihrem Interesse, wenn hier Mehrkosten vermieden werden. Eine sinnvolle, der Leistungsfähigkeit entsprechende Ratenzahlungsvereinbarung lässt sich bestimmt finden.

Grußformel

2. Vergütungsanspruch für die Mahnung der Rechtsanwaltsvergütungsberechnung

Vertritt sich der RA im gerichtlichen Verfahren selbst, hat er gem. **§ 91 Abs. 2 Satz 3 ZPO** einen Anspruch auf eine Vergütung, in der Höhe, wie sie ein RA erzielen würde, der ihn an seiner statt vertritt. § 91 Abs. 2 Satz 3 ZPO bezieht sich auf das gerichtliche Verfahren. Auf eine vor- bzw. außergerichtliche Mahnung lässt sich § 91 Abs. 2 Satz 3 ZPO nicht übertragen. 12

Im Allgemeinen wird dem RA **kein Vergütungsanspruch für die Mahnung** (Geschäftsgebühr gem. Nr. 2300 VV RVG) zugebilligt, wenn er den ausstehenden und fälligen Vergütungsanspruch durch Mahnung einfordert. Als Argument wird auf §§ 286, 288 BGB verwiesen. Etwas anderes kann gelten, wenn in den Allgemeinen Mandatsbedingungen der RA und der Auftraggeber vereinbaren, dass der Auftraggeber für Mahnungen eine zusätzliche Vergütung schuldet. Mir sind keine allgemeinen Mandatsbedingungen bekannt, in denen eine zusätzliche Vergütung für eine Mahnung vereinbart worden ist. Sie müssen davon ausgehen, für Mahnungen etc. keine weitere Vergütung gegen den Auftraggeber geltend machen zu können. 13

II. Vorangegangenes gerichtliches Verfahren

Immer dann, wenn das Vergütungsfestsetzungsverfahren zulässig wäre, ist es nicht möglich, i.R.d. gerichtlichen Mahnverfahrens oder der Gebührenklage die Vergütungsforderung gerichtlich zu verfolgen. Jedes andere gerichtliche Verfahren als das Vergütungsfestsetzungsverfahren ist unzulässig, weil diesem anderen Verfahren das sog. Rechtsschutzbedürfnis fehlt (BGH, NJW 1981, 876). Für das Vergütungsfestsetzungsverfahren gem. § 11 RVG ist es zwingende Voraussetzung, dass der RA im gerichtlichen Verfahren tätig war. 14

III. Vergütungsfestsetzung und Kostenfestsetzung

Das Vergütungsfestsetzungsverfahren gem. § 11 RVG weist lediglich Ähnlichkeiten mit dem Kostenfestsetzungsverfahren gem. §§ 103 ff ZPO auf. Daher verweist § 11 15

Abs. 2 Satz 2 RVG auch nur mit Einschränkungen auf die Regelungen in der ZPO zur Kostenfestsetzung. Das Vergütungsfestsetzungsverfahren gem. § 11 RVG ist generell neben dem Kostenfestsetzungsverfahren gem. §§ 103 ff ZPO zulässig. Beide Verfahren können unabhängig voneinander und nebeneinander betrieben werden.

16 ▶ Beispiel:

Der Auftraggeber hat ein gerichtliches Verfahren obsiegend beendet. Zu seinen Gunsten liegt ein Kostenfestsetzungsbeschluss vor. Der Gegner und Kostenschuldner leistet nicht. Der RA kann, wenn der Auftraggeber die Vergütung nicht zahlt, Vergütungsfestsetzung gegen den Auftraggeber betreiben und auch gegen diesen vollstrecken. Der Vergütungsanspruch besteht immer unabhängig von einem möglichen Kostenerstattungsanspruch.

IV. Erklärung zum Vorsteuerabzug

17 Entsprechend § 11 Abs. 2 Satz 2 RVG ist § 104 Abs. 2 Satz 3 ZPO im Vergütungsfestsetzungsverfahren nicht anwendbar. Im Vergütungsfestsetzungsverfahren ist keine Erklärung zum Vorsteuerabzug durch den RA abzugeben. Die USt gem. Nr. 7008 VV RVG ist festzusetzen, sobald der RA diese berechnet.

18 ▶ Praxistipp:

Es ist immer sinnvoll, im Vergütungsfestsetzungsgesuch gem. § 11 RVG auf die nicht erforderliche Erklärung zum Vorsteuerabzug explizit hinzuweisen.

19 ▶ Muster: Keine Erklärung zum Vorsteuerabzug im Vergütungsfestsetzungsgesuch gem. § 11 RVG

Wir weisen daraufhin, dass eine Erklärung zum Vorsteuerabzug gem. § 11 Abs. 2 Satz 2 RVG nicht erforderlich ist. § 104 Abs. 2 Satz 3 ZPO ist im Vergütungsfestsetzungsverfahren nicht anwendbar. Um antragsgemäße Festsetzung der Umsatzsteuer gem. Nr. 7008 VV RVG wird daher gebeten.

V. Festsetzbare Vergütung im Vergütungsfestsetzungsverfahren

20 Im Wege der Vergütungsfestsetzung können nur gesetzliche Vergütungsansprüche des RA geltend gemacht werden, die im Rahmen eines gerichtlichen Verfahrens entstanden sind. Es muss sich bei der geltend gemachten Vergütung um Kosten des gerichtlichen Verfahrens handeln. **Vor der Einleitung eines gerichtlichen Verfahrens** entstandene Gebühren (z.B. die Geschäftsgebühr gem. Nr. 2300 VV RVG) sind nicht festsetzbar.

21 Hat der RA mit dem Auftraggeber eine Vergütungsvereinbarung (oder Vergleichbares mit einer anderen Bezeichnung) vereinbart, ist eine Festsetzung gem. § 11 RVG nicht möglich. Weder die höhere, noch die niedrigere Vergütung, noch das Erfolgshonorar sind festsetzungsfähig.

VI. Parteienbezeichnung im Vergütungsfestsetzungsverfahren

§ 11 Abs. 1 Satz 1 RVG gibt die Parteienbezeichnung vor. Die Parteien werden Antragsteller und Antragsgegner genannt. 22

► Praxistipp: 23

Um deutlich zu machen, dass Sie das Vergütungsfestsetzungsverfahren gem. § 11 RVG betreiben, sollten Sie in diesem Verfahren nicht mehr die Bezeichnungen aus dem Ausgangsverfahren verwenden (Kläger und Beklagter).

Auch wenn Ihre Software Ihnen ein Muster für ein Vergütungsfestsetzungsgesuch gem. § 11 RVG anbietet (leider geben die meisten Anbieter „Kostenfestsetzung gem. § 11 RVG“ vor, dies ist aber nicht hilfreich, weil es gerade nicht um die Kostenfestsetzung geht), erstellen Sie sich besser Ihr eigenes Formular (s. Muster, Kap. 10 Rdn. 43), in dem alle Angaben, die Sie für erforderlich erachten, enthalten sind.

VII. Zuständiges Gericht für Antrag auf Vergütungsfestsetzung

Unter Verwendung des im rechtlichen Alltag unverzichtbaren Worts „grundsätzlich“, gilt, dass grds. das Gericht des ersten Rechtszugs zuständig ist. 24

Dies ist auch nach h.M. zuständig, wenn die Festsetzung des Vergütungsanspruchs des gerichtlichen Mahnverfahrens, dem sich ein streitiges gerichtliches Verfahren nicht angeschlossen hat, erfolgt. **Zuständig ist das Mahngericht**, wenn eine Abgabe an das streitige Gericht fehlt (BGH, NJW-RR 2009, 860–862, 25.02.2009, Xa ARZ 197/08). 25

Für die Festsetzung der anwaltlichen Vergütung aus Vollstreckungstätigkeiten ist in entsprechender Anwendung des §§ 788 Abs. 2 Satz 1, 764 Abs. 2 Satz 1, 802 ZPO nicht das Prozessgericht erster Instanz, sondern ausschließlich das **Vollstreckungsgericht** sachlich zuständig (BGH, RVGreport 2005, 184 ff.). Zuständig für alle in der Vollstreckung entstandenen Ansprüche i.S.v. § 11 Abs. 1 Satz 1 RVG ist das Gericht, in dessen Bezirk die letzte Vollstreckungshandlung vorgenommen wurde. 26

VIII. Notwendige Bestandteile des Vergütungsfestsetzungsantrags

Der Vergütungsfestsetzungsantrag gem. § 11 RVG muss eine Berechnung der Vergütung entsprechend den Vorschriften gem. § 10 RVG unter Berücksichtigung der gezahlten Beträge erhalten. Der Antrag muss ergeben, welcher bezifferte Betrag gegen welche(n) Auftraggeber festgesetzt werden soll. Soll die Festsetzung gegen mehrere Auftraggeber gleichzeitig erfolgen, ist es sinnvoll, dem Gericht hierdurch deutlich zu machen, gegen wen eine Titulierung der Vergütungsansprüche erfolgen soll. Zusätzlich fügen Sie dann die entsprechende Anzahl von beglaubigten Kopien oder Abschriften dem Antrag bei. 27

28 Zwar kein Bestandteil, aber eine wesentliche Voraussetzung des Vergütungsfestsetzungsverfahrens ist, dass die Vergütung fällig gem. § 8 RVG ist.

IX. Ablauf des Verfahrens

29 Das Vergütungsfestsetzungsgesuch des RA wird dem Antragsgegner (= Auftraggeber) zum Zwecke der Stellungnahme übersandt. Äußert sich dieser nicht und ergibt sich aus dem Gesuch eine Berechtigung der Vergütungsansprüche des RA, wird die Vergütung festgesetzt. Es ergeht ein **Vergütungsfestsetzungsbeschluss**, den der RA in vollstreckbarer Ausfertigung erhält. Unter Berücksichtigung der **Wartefrist gem. § 798 ZPO** kann der RA die Vollstreckung gegen den Auftraggeber betreiben. Der Auftraggeber kann gegen den erlassenen Beschluss noch Rechtsbehelfe/Rechtsmittel einlegen.

30 Der Auftraggeber kann aber während des laufenden Vergütungsfestsetzungsverfahrens auch Einreden erheben. Diese werden unterschiedlich bewertet. Man unterscheidet zwischen Einwendungen des Auftraggegners, die im Gebührenrecht ihren Ursprung haben und Einwendungen, die außerhalb des Gebührenrechts ihren Ursprung haben.

31 Eine Festsetzung der Vergütung durch das Gericht erfolgt nicht (§ 11 Abs. 5 Satz 1 RVG), wenn der Auftraggeber **Einwendungen oder Einreden** erhebt, die nicht im Gebührenrecht ihren Ursprung haben (alle Einwendungen und Einreden, die unmittelbar mit dem Auftrag zusammenhängen). Dies liegt daran, dass funktional für das Vergütungsfestsetzungsverfahren (meistens) der Rechtspfleger zuständig ist. Erhebt der Auftraggeber Einwendungen, die außerhalb des Gebührenrechts ihren Ursprung haben, hätte eine Klärung durch den Rechtspfleger zur Folge, dass dieser Entscheidungen über materiell-rechtliche Fragen trifft. Dies ist in unserem Rechtssystem nicht zulässig. Der Rechtspfleger kann, darf und soll keine anspruchsbegründenden/materiell-rechtlichen Tatsachen prüfen und bewerten. Diese Aufgabe ist allein dem Richter vorbehalten. Wenn Sie jetzt zurück zu Kap. 10 Rdn. 35 blättern und dann in einem Kommentar die möglichen nicht gebührenrechtlichen Einwendungen und Einreden lesen, wird Ihnen auffallen, dass so vieles sich erst am Ende rächt. Und zwar dann, wenn Sie den Vergütungsanspruch gerichtlich geltend machen müssen.

32 Der Auftraggeber kann aber auch gebührenrechtliche Einwendungen oder Einreden (Höhe des Gegenstandswerts, Entstehen einer Gebühr) erheben. Diese führen nicht zur Ablehnung der Vergütungsfestsetzung, sondern sind im Vergütungsfestsetzungsverfahren zu klären. In einem solchen Fall wird das Vergütungsfestsetzungsverfahren fortgesetzt, der Rechtspfleger entscheidet und erlässt einen Beschluss.

33 Dem RA ist es bei Einwendungen außerhalb des Gebührenrechts nicht verwehrt, seine Vergütungsansprüche gegen den Gegner geltend zu machen. Er kann dies nur nicht im Wege der Vergütungsfestsetzung tun. Er muss gegen den Vergütungsschuldner (sinnvollerweise gleich) die Gebührenklage erheben.

► Praxistipp: 34

Es gibt immer wieder den Fall, dass der Auftraggeber nach Erhalt der Vergütungsberechnung mit der Kanzlei Kontakt aufnimmt und z. T. in deutlichen Worten ausführt, dass er die Vergütungsrechnung nicht zahlen wird. Oft beschwert sich der Auftraggeber dann über alle möglichen Fehler, die der RA gemacht haben soll. Auch wenn Sie erwarten können, dass der Auftraggeber diesen Vortrag ggf. im gerichtlichen Verfahren wiederholt, ist dies nicht sicher. Auch wenn das Gesetz Ihnen erlaubt, die Vergütung gleich im Wege der Gebührenklage weiter zu verfolgen, so ist es auch aus Kostengründen sinnvoll, hier zunächst Vergütungsfestsetzung zu beantragen und abzuwarten, ob der Auftraggeber bei seiner eindeutigen Leistungsverweigerung bleibt.

X. Offensichtlich unhaltbare Einwendung

Der RA ist aber nicht rechtlos den Einwendungen der Auftraggeber ausgeliefert. Die 35
Rechtsprechung hat den Begriff der **„offensichtlich aus der Luft gegriffenen"** Einwendungen entwickelt. Ist eine Einwendung offensichtlich aus der Luft gegriffen, bleibt die Möglichkeit der Vergütungsfestsetzung gem. § 11 RVG bestehen. Eine offensichtlich aus der Luft gegriffene Einwendung muss **vollkommen substanzlos und irrelevant** sein.

Die Literatur und Rechtsprechung zu dieser Frage zeigt, dass es sich bei „offensicht- 36
lich aus der Luft gegriffenen" Einwendungen mehr oder weniger um „sinnloses Geschwätz, querulatorische Tiraden oder Plattheiten" handelt. Diese führen nicht zu einer Ablehnung der Vergütungsfestsetzung.

► Praxistipp: 37

Im Vergütungsfestsetzungsantrag sollte zur Vermeidung von Zustellungsmängeln und damit Verzögerungen des Verfahrens der Zusatz enthalten sein, dass die Zustellung des Gesuchs und Beschlusses an den Antragsgegner (also der Auftraggeber – hier natürlich nebst Angabe der zustellfähigen Anschrift) erfolgen soll. So verhindern Sie, dass fehlerhaft zugestellt wird.

► Muster: Zustellungsanweisung für den Vergütungsfestsetzungsantrag

38

Wir bitten bei der Zustellung des Vergütungsfestsetzungsgesuchs zu beachten, dass die Zustellung an den Antragsgegner (ehemaliger Kläger oder Beklagter oder Sonstiges) dieses Verfahrens erfolgen muss. Die Prozessvollmacht des Antragstellers des Vergütungsfestsetzungsverfahrens bezieht sich gerade nicht auf die Entgegennahme der Zustellung eines Vergütungsfestsetzungsgesuchs. Eine Zustellung an den Antragsteller würde einen groben Verfahrensfehler darstellen, ein wirksamer Beschluss kann so nicht ergehen.

Die Zustellung muss erfolgen an: .....

(Vollständige Anschrift des Antragsgegners = Auftraggeber)

XI. Verjährungshemmung durch Eingang des Gesuchs

39 Durch Eingang des ordnungsgemäßen Vergütungsfestsetzungsantrags beim zuständigen Gericht wird die Verjährung wie durch Klageerhebung (§ 204 Abs. 1 Nr. 1 BGB) gem. § 11 Abs. 7 RVG gehemmt.

XII. Zustellungskosten

40 Im Vergütungsfestsetzungsverfahren muss der RA Zustellungskosten zahlen. Die Höhe der Zustellungskosten richtet sich nach § Nr. 9002 GKG KV (derzeit 3,50 € pro Gebührenschuldner). Die vom RA gezahlten Zustellungskosten sind gem. § 11 Abs. 2 Satz 5 RVG im Vergütungsfestsetzungsbeschluss festzusetzen.

XIII. Sonstige Gebühren für das Vergütungsfestsetzungsverfahren

41 Das Festsetzungsverfahren vor dem Gericht des ersten Rechtszugs ist gebührenfrei. Gerichtskosten werden nicht erhoben. Die im Vergütungsfestsetzungsverfahren im ersten Rechtszug entstehenden Anwaltskosten sind nicht erstattungsfähig.

42 Ein Beschwerdeverfahren ist nicht gebührenfrei. Im Beschwerdeverfahren entstehen Gerichtskosten. Eine Kostenerstattung findet allerdings nach § 11 Abs. 2 Satz 5 RVG auch im Beschwerdeverfahren nicht statt. Im Beschwerdeverfahren kann der RA eine 0,5 Verfahrensgebühr gem. Nr. 3500 VV RVG berechnen. Der Gegenstandswert wird durch den Beschwerdegegenstand bestimmt.

► Muster: Vergütungsfestsetzungsverfahren gem. § 11 RVG

43 Prozessgericht I. Instanz

Bisheriges Rubrum *(Altbezeichnung aus der Akte)*

Aktenzeichen: .....

Vergütungsfestsetzungsantrag gem. § 11 RVG

In dem Verfahren

vollständige Anschrift des Rechtsanwalts,

Antragsteller,

gegen

vollständige Anschrift des Auftraggebers,

(bisherige Position im gerichtlichen Verfahren: Kläger oder Beklagter – jetzt:)

Antragsgegner,

zum Aktenzeichen .....

wird beantragt,

die Vergütung des Antragstellers im hier vorliegenden gerichtlichen Verfahren gegen den Auftraggeber gemäß § 11 RVG festzusetzen.

(Rechnung einfügen)

Eine Erklärung zum Vorsteuerabzug ist gem. § 11 Abs. 2 Satz 2 RVG nicht erforderlich. § 104 Abs. 2 Satz 3 ZPO ist im Vergütungsfestsetzungsverfahren nicht anwendbar. Um antragsgemäße Festsetzung der Umsatzsteuer gem. Nr. 7008 VV RVG wird daher gebeten.

Es wird weiter beantragt,

> den festzusetzenden Betrag verzinslich ab Antragstellung mit 5 Prozentpunkten über dem Basiszinssatz festzusetzen (§ 104 Abs. 1 Satz 2 ZPO) und eine vollstreckbare Ausfertigung des Beschlusses mit dem Vermerk des Zustellungsdatums zu erteilen.

Der Auftraggeber hat am ..... (Datum) ..... eine ordnungsgemäße Vergütungsberechnung erhalten, die den Anforderungen des § 10 RVG entspricht. Alle in diesem Verfahren/ dieser Angelegenheit etwa geleisteten Zahlungen wurden berücksichtigt.

Die für die Zustellung an den Antragsgegner erforderlichen Zustellkosten sind beigefügt. Die Zustellungskosten für die erforderliche Zustellung sollen hinzugesetzt werden.

Wir bitten darum, bei der Zustellung des Vergütungsfestsetzungsgesuchs zu beachten, dass die Zustellung nur an den Antragsgegner dieses Verfahrens erfolgen muss. Die Prozessvollmacht bezieht sich gerade nicht auf die Entgegennahme der Zustellung im Vergütungsfestsetzungsverfahren. Eine Zustellung an den Antragsteller würde einen groben Verfahrensfehler darstellen, ein wirksamer Beschluss würde nicht ergehen.

Die Zustellung muss erfolgen an:

Vollständige Anschrift des Antragsgegners (= Auftraggeber).

Beglaubigte und einfache Abschrift anbei

Grußformel

C. Gerichtliche Geltendmachung des Vergütungsanspruchs

Zahlt der Auftraggeber die ausstehende Vergütung nicht und ist gegen ihn die Vergütungsfestsetzung nicht möglich (oder durch Beschluss abgelehnt worden – vgl. die Ausführungen zu § 11 RVG) kann der RA seinen Vergütungsanspruch nur durch die „streitige gerichtliche" Geltendmachung realisieren. 44

Der RA hat die **Wahlmöglichkeit**, entweder das **gerichtliche Mahnverfahren** zu betreiben, oder aber gleich gegen den Aufraggeber **Gebührenklage** (oder auch Vergütungsklage) zu erheben. 45

Sowohl das Mahnverfahren als auch das Klageverfahren kosten Geld. Selbstverständlich sind die Gerichtskosten im Mahnverfahren geringer. Ist aber offensichtlich, dass der Auftraggeber gegen den Mahnbescheid Widerspruch erheben wird, so verlangsamt sich nur das Verfahren. Den Antrag auf Erlass des Mahnbescheides sollte der 46

RA nur wählen, wenn er davon ausgeht, dass sich der Auftraggeber nicht „wehren wird".

I. Mahnung der Anwaltsvergütung

47 Jeder gerichtlichen Geltendmachung gehen üblicherweise eine oder mehrere Mahnungen voraus. Der RA wird den Auftraggeber zur Leistung auffordern, um mit seinem Auftraggeber nicht eine gerichtliche Auseinandersetzung über die Anwaltsvergütung führen zu müssen.

▶ Muster: Mahnung an den Auftraggeber

48 Anrede,

wir haben Ihnen unsere Rechnung vom ..... in Höhe von ..... € übersandt. Bereits mit der Rechnung haben wir auf die gesetzliche Fälligkeit der Forderung gem. §§ 286, 288 BGB verwiesen. Zu unserem Bedauern können wir den Ausgleich unserer Rechnung nicht feststellen.

Wir gehen hierbei davon aus, dass die Nichtzahlung auf ein schlichtes Versehen Ihrerseits zurückzuführen ist und dürfen nochmals um Zahlung des ausstehenden Gebührenbetrags in Höhe von ..... € bis zum ..... eingehend bitten.

Sollten wir den fristgerechten Ausgleich der Vergütungsforderung nicht feststellen können, werden wir – ohne weitere Korrespondenz – gerichtliche Schritte gegen Sie zur Durchsetzung unserer Forderung ergreifen. Bitte erlauben Sie uns den Hinweis, dass dafür weitere Kosten entstehen (Anwaltsvergütung und Gerichtskosten). Auch wenn der Rechtsanwalt sich selbst im gerichtlichen Verfahren vertritt, kann und darf er gem. § 91 Abs. 2 Satz 3 ZPO eine Vergütung berechnen, als wenn er einen anderen Anwalt mit seiner Vertretung beauftragt hätte. Zusätzlich zu den weiteren Kosten entstehen nicht unerhebliche Zinsen.

Es ist ausgeschlossen, dass wir die Forderung vergessen oder nicht titulieren, weil auch wir davon abhängig sind, dass unsere geleisteten Dienste durch die Auftraggeber vergütet werden. Eine Verjährung der Forderung können Sie auch nicht erwarten. Wir als Anwälte wissen selbstverständlich geeignete Schritte zu ergreifen, um immer wieder eine etwa drohende Verjährung zu hemmen.

Erfolgt keine freiwillige Leistung durch Sie, bleibt uns keine andere Möglichkeit, als im Wege der Zwangsvollstreckung die Forderung gegen Sie beizutreiben. Hier hilft es auch nichts, wenn Sie zunächst leistungsunfähig sind. Sie können davon ausgehen, dass wir regelmäßig überprüfen werden, ob Sie immer noch nicht in der Lage sind, zu leisten. Selbst, wenn wir die Kanzlei in ferner Zukunft selbst nicht mehr fortführen, so kann der Kanzleiübernehmer die Forderung weiter gegen Sie verfolgen.

Irgendwann ist dann eine Situation eingetreten, in der Sie ein Vielfaches dessen schulden, was ursprünglich als Vergütungsforderung offen war. Dies ist vermeidbar, wenn Sie den kompletten Vergütungsanspruch ausgleichen, oder aber sich unverzüglich mit uns in Verbindung setzen, um etwaige Ratenzahlungsmodalitäten zu klären.

Sollten wir keinen Zahlungsausgleich feststellen können und sollte auch sonst keine Reaktion von Ihnen erfolgen, folgt mit Sicherheit die gerichtliche Titulierung.

Sollte dieses Schreiben Sie bewegt haben, den Ausgleich der Rechnung zu bewirken, sehen wir einer Zahlung eingehend innerhalb von einer Woche, d.h. bis zum ..... auf eines unserer Konten unter Angabe des Betreffs „.....“ entgegen.

Grußformel

▶ Hinweis: 49

Für die Mahnung kann der RA keine Vergütung geltend machen. Wenn er im gerichtlichen Verfahren tätig war, ergibt sich dies aus § 19 Abs. 11 Nr. 13 RVG (das Einfordern der Vergütung gehört noch zum Rechtszug). Wenn er vor- bzw. außergerichtlich tätig war, fehlt es i.d.R. an einer materiell-rechtlichen kostenerstattungsrechtlichen Grundlage, §§ 286, 288 BGB sind einschlägig.

II. Vergütungsklage

Der RA kann, wie oben erwähnt, im Wege der Vergütungsklage vorgehen. Er kann 50 seine Forderung auch im Wege des Mahnverfahrens geltend machen.

1. Erfordernis des Antrags auf Vergütungsfestsetzung vor Erhebung der Gebührenklage

War der RA im gerichtlichen Verfahren tätig, muss grds. zunächst die **Vergütungs-** 51 **festsetzung** erfolgen. Wenn die Vergütungsfestsetzung gem. **§ 11 RVG** zulässig ist, fehlt einer Klage das sog. Rechtsschutzbedürfnis, denn mit der Vergütungsfestsetzung gibt es einen billigeren und einfacheren Weg, wie der RA einen zur Zwangsvollstreckung geeigneten Titel erlangen kann (der **Vergütungsfestsetzungsbeschluss** ist gem. § 794 Abs. 1 Nr. 2 ZPO, § 11 Abs. 2 Satz 2 RVG ein zur Zwangsvollstreckung geeigneter Titel).

Erhebt der Auftraggeber allerdings **Einwendungen**, die ihren **Ursprung außerhalb** 52 **des Gebührenrechts** haben (z.B. der RA hat PKH trotz Weisung nicht beantragt – oder, der RA hat ohne Auftrag gehandelt), muss der RA nicht erst die Vergütungsfestsetzung beantragen. **§ 11 Abs. 5 Satz 2 RVG** erlaubt es dem RA, sofort die **Gebührenklage** zu erheben. Für die Praxis ist es daher wichtig, dass der Einwand des Auftraggebers nicht nur „fernmündlich“ erfolgt ist. Der RA muss dies im Zweifel nachweisen. Die Gebührenklage sollte nur unmittelbar erhoben werden, wenn der RA die **Einwendungen und Einreden des Auftraggebers nachweisen** kann, weil dieser diese **schriftlich** erhoben hat. In allen anderen Fällen läuft der RA Gefahr, dass sich der Auftraggeber im streitigen gerichtlichen Verfahren nicht mehr an seine Einwendungen und Einreden „erinnert“ und daher die Klage ggf. abgewiesen wird.

53 ► Praxistipp:

Solange keine schriftlichen Einwendungen vorliegen, beantragen Sie im gerichtlichen Verfahren am Besten zunächst die Vergütungsfestsetzung. Erhebt der Auftraggeber dann seine Einwendungen, so können Sie die Klage erheben. Der Lauf der Verjährungsfrist wird durch das Vergütungsfestsetzungsgesuch so gehemmt, als hätten Sie Klage eingereicht (§ 11 Abs. 7 RVG). Nach Ablehnung der Festsetzung dürfen Sie aber nicht zu lange mit der Klage warten. Die verjährungshemmende Wirkung geht dann verloren. Die Kosten, die Sie für die Zustellung des Gesuchs aufgewandt haben (3,50 €), müssen Sie im Wege der Klage dann berücksichtigen. Bei einer Kostenfestsetzung gem. § 104 ZPO im Obsiegensfall im Verfahren über die Gebührenklage werden diese Zustellungskosten aus einem gerichtlichen Verfahren nicht berücksichtigt.

2. Gebührenklage und Rahmengebühren – Abwägung Vergütungsfestsetzung gem. §§ 11 Abs. 8 RVG

54 War der RA in einem gerichtlichen Verfahren tätig, in dem Betragsrahmengebühren entstanden sind (z. B. einige sozialgerichtliche Verfahren sowie ein Großteil der Strafsachen aus Teil 4 VV RVG), so sind diese Betragsrahmengebühren auch gegen den Auftraggeber festsetzbar.

a) Einschränkung der Festsetzbarkeit von Rahmengebühren im Rahmen von § 11 Abs. 8 RVG

55 Allerdings ist die Festsetzbarkeit eingeschränkt.

56 Der RA benötigt entweder die **Zustimmungserklärung des Auftraggebers (§ 11 Abs. 8 Satz 1 RVG)**, oder durch das Gericht werden **lediglich die Mindestgebühren** festgesetzt (§ 11 Abs. 8 Satz 1 RVG). § 11 Abs. 8 Satz 1 RVG gibt vor, dass die ausdrückliche Zustimmung zur Höhe der Gebühr gemeinsam mit dem Antrag auf Vergütungsfestsetzung vorzulegen ist. Daraus ergibt sich, dass die **Zustimmung schriftlich** zu erfolgen hat. Legt der RA die Zustimmungserklärung nicht vor, ist die Festsetzung von Rahmengebühren abzulehnen.

57 Nur im seltenen Fall wird ein Auftraggeber zu der Höhe der Vergütungsberechnung (und damit der Bestimmung des Betragsrahmens der Gebühr gem. § 14 Abs. 1 RVG) seine Zustimmung erklären, wenn der Auftraggeber gleichzeitig weiß, dass diese Zustimmung Voraussetzung der gerichtlichen Geltendmachung ist. In vielen Kanzleien wird daher die Zustimmungserklärung bereits zu Beginn des Mandatsverhältnisses (meist gleichzeitig mit der Vollmacht – so geben es sogar einige Softwareunternehmen vor) ausgedruckt und durch den Auftraggeber unterschrieben. Eine **wirksame Zustimmung ist dies nicht.** Der Auftraggeber kann der Höhe der Gebühr nur zustimmen, wenn die Höhe der Gebühr auch bekannt ist; er kann **nur zustimmen, wenn der RA eine bezifferte Forderung** hat.

58 Eine Zustimmungserklärung sollte daher, wenn man dem Gesetz folgt, lauten:

► Muster: Zustimmungserklärung zur Höhe der Vergütung

Hiermit stimme ich ..... (vollständige Anschrift des Auftraggebers) der Höhe der Gebühr/der Höhe der Gebühren in der Vergütungsberechnung von Rechtsanwalt ..... (vollständige Anschrift des RA) vom ..... (Datum der Rechnung) ausdrücklich zu. Vorbehalte gegen die Bestimmung des Betragsrahmens der geltend gemachten Gebühren habe ich nicht. Mir ist bekannt, dass diese Zustimmungserklärung durch den von mir beauftragten Rechtsanwalt dem Gericht gem. § 11 Abs. 8 Satz 1 RVG vorgelegt werden wird. 59

....

Ort, Datum Unterschrift

Selbstverständlich können auch andere Erklärungen bei der Vergütungsfestsetzung berücksichtigt werden. Ob Sie hier ein an den entsprechenden Stellen „leeres" Formular unterzeichnen lassen können und dieses dann benutzen, möchte ich nicht bewerten. Auch hier gilt: Wenn Sie damit bisher erfolgreich waren und selbst keine Bedenken haben, so können nur Sie entscheiden, ob Sie es „richtig" i.S.d. Vorschrift machen oder „falsch", aber den Vergütungsanspruch damit durchsetzen. 60

b) Gebührenklage trotz Vergütungsfestsetzungsantrag – Mindestgebühren gem. § 11 Abs. 8 Satz 1 RVG

Man könnte jetzt auf die Idee kommen, die Mindestgebühren gegen den Auftraggeber gem. § 11 Abs. 8 Satz 1 RVG festsetzen zu lassen und die Gebühren, die die Mindestgebühren übersteigen, im Wege der Gebührenklage oder des gerichtlichen Mahnverfahrens zu verfolgen. 61

Dies ist nicht möglich. Wenn Sie die Mindestgebühren gem. § 11 Abs. 8 Satz 1 RVG festsetzen lassen, können Sie nicht darüber liegende Vergütungsdifferenzen weiter verfolgen. Dies liegt daran, dass Sie mit der Geltendmachung der Mindestgebühren das Bestimmungsrecht gem. § 14 Abs. 1 RVG ausgeübt haben. Die **einmal erfolgte Bestimmung des Rahmens einer Gebühr (Betrags- oder Satzrahmengebühr) ist bindend.** Der RA kann sich hier auch nicht vorbehalten, den Rahmen an anderer Stelle abweichend zu bestimmen. 62

Wer die Festsetzung der Mindestgebühren beantragt, kann keine höhere Vergütung vom Auftraggeber mehr einfordern. Natürlich „kann" man vieles, und gerade im Mahnverfahren weiß ja niemand, dass Sie bereits die Mindestgebühr gefordert haben. Legt der Gegner aber Widerspruch ein, dann werden Sie im gerichtlichen Verfahren nicht obsiegen können. 63

III. Mahnbescheid und Gebührenklage

Der Mahnbescheid wegen der Vergütung ist ein ganz „normaler" Mahnbescheid. Der RA ist der Antragsteller, der Auftraggeber ist als Gebührenschuldner der Antragsgegner. Es entsteht die Anwaltsvergütung, denn das Mahnverfahren ist ein gerichtliches Verfahren, sodass § 91 Abs. 2 Satz 3 ZPO maßgebend ist. Allerdings entsteht in diesen Verfahren keine USt. Der RA ist vorsteuerabzugsberechtigt und kann 64 daher keine USt auf die Vergütung im Mahnverfahren fordern. Sein dem Mahnbescheid zugrunde liegender Anspruch, also die ausstehende Vergütung, berechnet sich natürlich mit USt. Wegen des generellen Ablaufs des Mahnverfahrens wird auf die Ausführungen ab Kap. 4 verwiesen.

1. Gebührenklage

65 Die Gebührenklage eröffnet den Weg zu einem „ganz normalen" Zivilprozess. Unabhängig davon, in welchem Verfahren die Vergütungsforderung entstanden ist (FamG, ArbG, SG etc.), die Klage wird vor einem Zivilgericht geführt.

2. Zuständigkeit des Gerichts

66 Lange Jahre war es möglich, bei der Durchsetzung des Vergütungsanspruchs das Gericht des Erfüllungsorts (§ 29 ZPO) zu wählen und damit die Klage beim Gericht einzureichen, in dessen Bezirk sich die Kanzlei befand. Dies ist nicht mehr möglich. Der BGH hat (Urt. v. 11.11.2003 – ARZ 91/03, NJW 2004, 54) festgestellt, dass der Gerichtsstand des Erfüllungsorts nicht gewählt werden kann. Der RA muss für das streitige Verfahren das Gericht wählen, in dessen Bezirk der Vergütungsschuldner seinen allgemeinen Wohnsitz (oder Geschäftssitz hat).

67 Ergibt sich unter Berücksichtigung von §§ 23, 71 GVG die Zuständigkeit des LG (die Vergütungsforderung übersteigt 5.000,00 €), so ist das entsprechende LG zuständig. Es herrscht dann in dem Verfahren Anwaltszwang, der Beklagte muss sich gem. § 78 Abs. 1 Satz 1 ZPO durch einen RA vertreten lassen.

3. Verschwiegenheitsverpflichtung in der Gebührenklage

68 Eine der wesentlichen Pflichten aus dem Anwaltsvertrag ist die Pflicht zur Verschwiegenheit (s. Kap. 1 ff.). Die Verschwiegenheitsverpflichtung gilt nicht, wenn der RA einen Vergütungsprozess führt. Gem. § 2 Abs. 3 BRAO (Berufsordnung der RA) kann der RA das zur Erfüllung seiner Darlegungs- und Beweislast Notwendige vortragen, auch wenn er dadurch gegen das Verschwiegenheitsgebot verstößt. Ohne diese ausdrückliche Ermächtigung würde die Verschwiegenheitsverpflichtung dazu führen, dass der RA seine berechtigte Vergütungsforderung nicht geltend machen kann. Dies würde gegen das Recht zur freien Berufsausübung verstoßen, da der RA ansonsten niemals seinen Vergütungsanspruch durchsetzen könnte.

4. Obligatorisches Schlichtungsverfahren

69 In einigen Bundesländern ist es gem. **§ 15a EGZPO** erforderlich, dass vor Erhebung einer Klage ein **ergebnisloses Schlichtungsverfahren** durchgeführt wird. Dies ist regelmäßig dann der Fall, wenn nur eine geringe Forderung durchgesetzt werden soll. Allerdings ist es natürlich „relativ", was eine geringe Forderung darstellt. Eine Vergütungsforderung in Höhe von 500,00 € ist – je nach den sonst üblichen Vergütungsforderungen – nicht unbedingt eine „geringe" Forderung.

Je nach Bundesland muss vor der Erhebung der Gebührenklage teilweise ein **obligatorisches Güteverfahren** durchgeführt werden. In den Bundesländern Berlin und Hamburg (sowie in anderen Ballungszentren) ist ein vorgerichtliches Güteverfahren nicht erforderlich. Ist ein Güteverfahren vorgesehen und klagt der Kläger (also der RA) ohne vorheriges Güteverfahren, ist die Klage unzulässig und wird abgewiesen. Dies gilt dann nicht mehr, wenn der Beklagte bereits Widerspruch gegen einen Mahnbescheid eingelegt hat. Ein obligatorisches Güteverfahren muss dann nicht geführt werden. 70

Umstritten ist, ob die Durchführung eines Güteverfahrens (häufig auch Schlichtungsverfahren) vor der Erhebung einer Gebührenklage auch nach einem erfolglosen Vergütungsfestsetzungsverfahren gem. § 11 RVG erforderlich ist. Vereinzelte Auffassungen in der Rechtsprechung halten dies für notwendig (z. B. LG Itzehoe, AGS 2006, 243). Begründet wird diese Auffassung damit, dass das Vergütungsfestsetzungsverfahren kein Verfahren i.S.d. § 15a EGZPO ist, da es nicht zwingend einer Gebührenklage eines RA vorauszugehen hat. Auch wenn ich diese Auffassung ablehne, hilft es nichts, wenn diese Auffassung durch das Gericht vertreten wird. 71

► Praxistipp: 72

Liegt Ihre Kanzlei in einem Bundesland, in dem das obligatorische Güteverfahren erforderlich ist und sind die entsprechenden Voraussetzungen erfüllt, sollten Sie auch nach einem vorausgegangen Vergütungsfestsetzungsverfahren zunächst das Mahnverfahren gegen den Vergütungsschuldner betreiben. Erhebt der Antragsgegner (Gebührenschuldner) Widerspruch, ist das Schlichtungsverfahren ausgeschlossen (§ 15a Abs. 2 Nr. 5 EGZPO).

► Muster: Muster einer Gebührenklage

An das 73

..... Gericht

(Wohnsitz des Beklagten – je nach Streitwert Amtsgericht oder Landgericht)

Vergütungsklage

der Rechtsanwälte (*komplette Zusammensetzung einer etwaigen Sozietät, GbR o.Ä., vollständige Anschrift*)

Kläger,

gegen

Vor- und Zuname des Auftraggebers *(bei Firma Rechtsform und Vertretungsverhältnisse, vollständige Anschrift*)

Beklagter,

wegen Zahlung in Höhe von ..... €

wir erheben in eigenem Namen und im eigenen Auftrag Vergütungsklage gegen den Beklagten. Wir bitten erforderlichenfalls um Anberaumung eines Termins zur mündlichen Verhandlung, in dem wir beantragen werden,

1.

Der Beklagte wird verurteilt an die Kläger als Gesamtgläubiger ..... € (Vergütungsforderung/Vergütungsforderungen) nebst 5 % Zinsen über dem jeweils gültigen und fälligen Basiszinssatz seit dem .... (*Verzug des Vergütungsschuldners – oder Zustellung der Vergütungsklage*) zu zahlen.

2.

Für den Fall, dass der Beklagte seine Verteidigungsabsicht nicht rechtzeitig anzeigt, wird beantragt, gegen den Beklagten Versäumnisurteil zu erlassen und dieses Versäumnisurteil in zugestellter Form, versehen mit der Vollstreckungsklausel, zu unseren Händen zu reichen.

3.

Für den Fall, dass der Beklagte die Forderung ganz oder teilweise anerkennt, wird beantragt, das entsprechende Anerkenntnisurteil zu erlassen und das Anerkenntnisurteil in zugestellter Form, versehen mit der Vollstreckungsklausel, zu unseren Händen zu reichen.

4.

Eine Geltendmachung der Geschäftsgebühr gem. Nr. 2300 VV RVG scheidet aus, weil diese nicht entstanden ist. Für die vorgerichtliche Mahnung des Schuldners kann der RA in eigenen Sachen keine Geschäftsgebühr der Nr. 2300 VV RVG fordern.

5.

Sollte der Wert der Beschwer 600,00 € nicht übersteigen, wird beantragt, einen Ausspruch über die Zulässigkeit der Berufung zu treffen.

6.

Dem Beklagten werden in entsprechender Anwendung von § 91 Abs. 2 Satz 3 ZPO die Kosten des gerichtlichen Verfahrens auferlegt.

7.

Ein obligatorisches Schlichtungsverfahren gem. § 15a EGZPO war nicht erforderlich.

Begründung:

Der Klageweg ist zulässig, da ein Vergütungsfestsetzungsverfahren gem. § 11 RVG nicht zulässig ist. Gegen den Beklagten wird eine Vergütungsforderung für die vor- bzw. außergerichtliche Tätigkeit der Kläger geltend gemacht. Eine Verschwiegenheitsverpflichtung ist gem. § 2 Abs. 3 BORA nicht gegeben.

Der Beklagte beauftragte die Kläger am ..... mit der Wahrnehmung seiner rechtlichen Interessen. Er erteilte den Auftrag, gegen den (Name und Anschrift des „Gegners" des Auftraggebers in der Akte) eine ..... (genaue Beschreibung des Anspruchs) geltend zu machen.

Beweis: Vorlage der Auftragsbestätigung vom ..... in Kopie anbei

Entsprechend dem erteilten Auftrag wurden die Kläger tätig. Zunächst wurde der Dritte des Verfahrens (Gegner des Auftraggebers) zur ..... unter Fristsetzung aufgefordert. Der „Gegner" wandte sich unmittelbar nach Zugang des Schreibens an die Kläger und führte Vergleichsgespräche.

Über diese Vergleichsgespräche wurde der Beklagte informiert, insbesondere erfolgte eine Belehrung über das Kostenrisiko für den Fall einer vergleichsweisen Erledigung der Angelegenheit.

Mit Telefax vom ..... stimmte der Beklagte dem avisierten Vergleich zu.

Beweis: **Vorlage der Zustimmungserklärung des Beklagten vom ..... in Kopie .....anbei**

Die Kläger teilten dem Beklagten daraufhin mit, dass der Vergleich zustande gekommen ist und übersandte dem Beklagten die Vergütungsberechnung vom ..... die auf einen Betrag in Höhe von ..... € endet.

Beweis: Vorlage der Vergütungsberechnung vom ..... in Kopie anbei

Rein vorsorglich und nur hilfsweise wiederholen wir die Vergütungsberechnung an dieser Stelle:

Gegenstandswert:	**..... €**
1,3 Geschäftsgebühr gem. §§ 2 Abs. 2, 13, Nr. 2300 VV RVG	**..... €**
1,5 Einigungsgebühr gem. §§ 2 Abs. 2, 13, Nr. 1000 VV RVG	**..... €**
Entgelte für Post- und Telekommunikationsdienstleistungen gem. Nr. 7002 VV RVG	**..... €**
Zwischensumme netto	**..... €**
19 % Umsatzsteuer gem. Nr. 7008 VV RVG	**..... €**
Gesamtforderung	**..... €**

Der Gegner des Ausgangsverfahrens hat den Vergleich nicht erfüllt. Der Vergütungsschuldner und hiesige Beklagte wendet mit Schreiben vom ..... nunmehr ein, dass eine Vergütung der Rechtsanwälte daher von ihm nicht geschuldet sei.

Beweis: Vorlage des Schreibens des Beklagten vom ..... in Kopie anbei

Mit Schreiben vom ..... haben die Kläger dem Beklagten erläutert, dass der Vergütungsanspruch von Rechtsanwälten „erfolgsunabhängig" geschuldet wird. Auch für das Entstehen der Einigungsgebühr gem. Nr. 1000 VV RVG ist es nur erforderlich, dass eine wirksame Einigung erzielt wird. Die Erfüllung der Einigung ist nicht Voraussetzung für das Entstehen der Einigungsgebühr.

Der Beklagte hat auf dieses Schreiben nicht mehr reagiert. Auch die Mahnung vom ..... blieb unberücksichtigt, sodass Klage geboten ist.

Zur Zusammensetzung der Vergütungsforderung führen wir wie folgt aus:

1. Geschäftsgebühr

Die Geschäftsgebühr der Nr. 2300 VV RVG ist entstanden, da entsprechend Vorbemerkung 2 (3) Satz 3 VV RVG die Kläger das Geschäft betrieben haben.

Die Geschäftsgebühr entsteht regelmäßig (sog. Schwellen/oder Regelgebühr) mit einem Gebührensatzrahmen von 1,3 (Anmerkung zu Nr. 2300 VV RVG). Der Umfang der anwaltlichen Tätigkeit und die Schwierigkeit der anwaltlichen Tätigkeiten waren im gegebenen Sachverhalt durchschnittlich, sodass der Ansatz der Regelgebühr gerechtfertigt ist.

Da hier lediglich die Regelgebühr geltend gemacht wird, erübrigen sich weitere Ausführungen gem. § 14 Abs. 1 RVG. Ein Gutachten der Rechtsanwaltskammer im Sinne von § 14 Abs. 2 RVG ist ebenfalls bei Mittel- bzw. Regelgebühren nicht einzuholen.

Sollte das Gericht hier weiteren Vortrag für erforderlich halten, wird höflichst um einen entsprechenden richterlichen Hinweis gebeten.

2. Einigungsgebühr

Mit dem Gegner des Ausgangsverfahrens wurde über ein streitiges Rechtsverhältnis eine Einigung unter ursächlicher Mitwirkung der Kläger erzielt. Die Einigung ist wirksam zustande gekommen. Sämtliche Voraussetzungen der Nr. 1000 VV RVG sind erfüllt. Entsprechend Vorbemerkung 1 VV RVG ist neben der Einigungsgebühr die Geschäftsgebühr als sog. Betriebsgebühr entstanden.

Der Beklagte wurde auch ausdrücklich über die Folgen des Vergleichs belehrt (generelle Kostenaufhebung, Verlust eines Teils der Forderung, Vorteil gegenüber gerichtlicher Geltendmachung). Er hat dem Vergleich zugestimmt, sodass das Vorgehen der Kläger in Absprache und unter Berücksichtigung der Belange des Beklagten stattgefunden hat.

Wenn der Vergleichsvertrag anschließend nicht erfüllt wird, ändert dies nichts am Vergütungsanspruch. Dies hätte zur Folge, dass bei jedem erstrittenen Urteil der RA im Zweifel seine Vergütung verlöre, wenn die mit Urteil festgestellte Forderung nicht beitreibbar wäre. Dies widerspricht dem Grundgedanken des § 675 BGB.

Aus sämtlicher Kommentierung zum RVG ergibt sich daher auch, dass die Einigungsgebühr nicht von der Durchsetzung der Forderung abhängig ist.

3. Auslagen – Entgelte für Post- und Telekommunikationsdienstleistungen – Umsatzsteuer

Aus der sog. Legaldefinition der Vergütung in § 1 Abs. 1 RVG (Gebühren und Auslagen) ergibt sich, dass die Kläger einen Anspruch auf die entstandenen Auslagen aus Teil 7 VV RVG haben.

4. Gegenstandswert

Gegenstand der anwaltlichen Tätigkeit war die Forderung des Beklagten auf ….. gegen …… Diese Forderung ist zu bewerten entsprechend §§ 23 Abs. 1 Satz 1, § 23 Abs. 1 Satz 3 RVG. Maßgeblich sind daher die Vorschriften in Abschnitt 7 GKG (§§ 39 bis 60 GKG), oder, in Ermangelung einer maßgebenden Vorschrift im GKG, §§ 3 bis 9 ZPO. (*Hier muss auf den Einzelfall bezogen vorgetragen werden*).

5. Fälligkeit

Die Vergütungsforderung ist unter Berücksichtigung von § 8 Abs. 1 Satz 1, 2. Alt. RVG fällig. Der Auftrag war mit dem Abschluss des Vergleichs erledigt.

6. Zinsen

Die geltend gemachten Zinsen ergeben sich daraus, dass sich der Beklagte seit dem ….. unter Berücksichtigung von §§ 286, 288 BGB in Verzug befindet.

Der Beklagte hat eine ordnungsgemäße Vergütungsberechnung erhalten, die den Anforderungen des § 10 RVG entspricht. Vorschüsse hat der Beklagte nicht geleistet.

Nach alledem ergibt sich, dass die Klageforderung berechtigt ist, der Beklagte ist antragsgemäß zu verurteilen.

Beglaubigte und einfache Abschrift sowie Gerichtskosten in Höhe von ….. € anbei.

Rechtsanwalt

▶ Muster: Geltendmachung der Gebührendifferenz in der Klage

….. *(Zuständiges Prozessgericht)* 74

….. *(Name und Anschrift des Klägers)*

Kläger,

Prozessbevollmächtigte: RA …..

gegen

….. *(Name und Anschrift des Beklagten)*

Beklagter,

voraussichtlicher Prozessbevollmächtigte: RA …..

wegen …..

Streitwert: ….. €

1. …..

(Hauptanspruch nebst Zinsen)

2. Der Beklagte wird verurteilt, an den Kläger weitere ….. € nebst 5 % Zinsen über dem jeweiligen Basiszinssatz seit dem ….. (spätestens Zustellung der Klage/Widerklage) zu zahlen.
3. …..

(Weitere Ansprüche und Anträge, z. B. Vollstreckbarkeit/Zulassung von Rechtsmitteln/Stellung einer Bankbürgschaft u. Ä.)

Begründung:

1. ….. *(Begründung zum Hauptanspruch)*
2. Der mit dem Antrag zu 2. geltend gemachte Zahlungsanspruch ergibt sich wie folgt:

Der unbedingte Auftrag zur vorgerichtlichen Tätigkeit ist am ….. erteilt worden und somit nach Inkrafttreten von § 15a RVG.

Der Beklagte ist zur Erstattung des vorgerichtlich bei dem Kläger verbleibenden Rests der entstandenen Geschäftsgebühr verpflichtet. Dem Kläger steht ein materiell-rechtlicher Kostenerstattungsanspruch als Folgeschaden zu. Durch das vorgerichtliche Verhalten des Beklagten war der Kläger veranlasst, anwaltliche Hilfe zur Durchsetzung in Anspruch zu nehmen. Dazu war der Kläger auch berechtigt.

Außer- bzw. vorgerichtlich ist dem Kläger ein Schaden entstanden, der sich wie folgt berechnet:

Als Anwaltsvergütung ist folgende Geschäftsgebühr entstanden:

Gegenstandswert: ..... €

1,3 Geschäftsgebühr gem. §§ 2, 13 Nr. 2300 VV RVG	..... €
Entgelte für Post- und Telekommunikationsdienstleistungen gem. Nr. 7008 VV RVG	..... €
19 % USt gem. Nr. 7008 VV RVG	..... €
Summe	..... €

Die Geschäftsgebühr in Höhe von ..... € wird gemäß der Anrechnungsvorschrift in Vorbemerkung 3 Abs. 4 VV RVG i.V.m. § 15a RVG zur Hälfte angerechnet. Es verbleibt ein Gebührenrest in Höhe von 0,65 Geschäftsgebühr ..... €.

Dieser Rest der Geschäftsgebühr ist nach der h.M. nicht vom Kostenerstattungsanspruch umfasst, sodass er klageweise geltend gemacht werden muss. Es handelt sich um eine Nebenforderung.

Der Beklagte hat keine Zahlungen auf den materiell-rechtlichen Kostenerstattungsanspruch erbracht.

Der Beklagte hat sich auch hinsichtlich der außergerichtlich bei dem Kläger verbleibenden Gebührenreste schadensersatzpflichtig gemacht. Aus diesem Grunde steht dem Kläger ein materiell-rechtlicher Kostenerstattungsanspruch als Folgeschaden zu. Durch das außergerichtliche Verhalten des Beklagten war der Kläger veranlasst, anwaltliche Hilfe in Anspruch zu nehmen. Dazu war der Kläger auch berechtigt.

Außergerichtlich sind bei dem Kläger nach Anrechnung der 1,3 Geschäftsgebühr der Nr. 2300 VV RVG auf die Verfahrensgebühr der Nr. 3100 VV RVG folgende Gebührenreste verblieben:

Gegenstandswert: ..... €

0,65 Geschäftsgebührrest gem. Vorbemerkung 3 Abs. 4 VV RVG	..... €
Entgelte für Post- und Telekommunikationsdienstleistungen gem. Nr. 7002 VV RVG	.....€
(Hinweis: Diese bleiben in voller Höhe entsprechend der ersten Rechnung in der Klagebegründung bestehen.)	
19 % USt gem. Nr. 7008 VV RVG	..... €
Summe	..... €

Dieser Gebührenrest folgt daraus, dass entsprechend der Vorbemerkung 3 Abs. 4 VV RVG nur die Hälfte der 1,3 Geschäftsgebühr der Nr. 2300 VV RVG auf die Verfahrensgebühr des gerichtlichen Verfahrens anzurechnen ist. Die Anrechnung der Hälfte der Geschäftsgebühr erfolgt jedoch höchstens mit einem Gebührensatz von 0,75 auf die Verfahrensgebühr des gerichtlichen Verfahrens. Da die Geschäftsgebühr mit einem Gebührensatz von 1,3 geltend gemacht wurde, erfolgt die Anrechnung in Höhe von 0,65.

Dementsprechend verbleibt außergerichtlich die oben bezifferte Gebühr zzgl. der Auslagen und anteiligen Umsatzsteuer als übersteigender nicht anrechenbarer Teil der Geschäftsgebühr. Neben dieser Geschäftsgebühr bleiben die vollen Entgelte für Post- und Telekommunikationsdienstleistungen gem. Nr. 7002 VV RVG bestehen, denn diese werden nicht angerechnet. In Vorbemerkung 3 Abs. 4 VV RVG ist die Anrechnung lediglich der Geschäftsgebühr vorgesehen. Aus der Legaldefinition in § 1 Abs. 1 RVG ergibt sich, dass die Rechtsanwaltsvergütung sich aus Gebühren und Auslagen zusammensetzt.

Dementsprechend sind die Auslagen der Nr. 7002 VV RVG nicht anzurechnen, sodass diese zu dem Rest der Geschäftsgebühr, der nach Anrechnung verbleibt, hinzuzurechnen sind. Insgesamt ergibt sich damit der unter dem Klageantrag zu 2. bezifferte Anspruch in Höhe von ..... €, den der Kläger hiermit ausdrücklich beantragt.

Der Kläger ist nicht zum Vorsteuerabzug berechtigt.

Der Kläger hat die Geschäftsgebühr der Nr. 2300 VV RVG bereits beglichen.

(1. Hinweis: Hat der Kläger nicht geleistet, ist auf Freistellung zu klagen.

2. Hinweis: Die folgenden Ausführungen sind nur erforderlich, wenn der Gebührensatzrahmen der Geschäftsgebühr mit höher als 1,3 bestimmt wird.)

Gleichzeitig wird an dieser Stelle darauf hingewiesen, dass ein Gutachten der Rechtsanwaltskammer gemäß § 14 Abs. 2 RVG nicht erforderlich ist. Sollte der Beklagte die Angemessenheit des Gebührensatzrahmens der Geschäftsgebühr bestreiten, wird der Einholung eines Gutachtens durch die Rechtsanwaltskammer ausdrücklich widersprochen. Ein Gutachten der Rechtsanwaltskammer ist nicht einzuholen, wenn die Auseinandersetzung um die Angemessenheit von Gebühren nicht eine Auseinandersetzung um Gebührenansprüche zwischen Rechtsanwalt und Auftraggeber betrifft. Bereits zur Geltungszeit der BRAGO gab es hinsichtlich der Erstattungsfähigkeit der Gebühren des § 118 BRAGO im Hinblick auf das FGG-Verfahren Kostenrechtsprechung. Insofern wird verwiesen auf: Baumgärtel/Hergenröder/Houben, RVG, 14. Auflage, § 14 Rn. 18; Gerold/Schmidt/von Eicken/Madert, RVG, 18. Auflage, § 14 Rn. 119; Mümmler, JurBüro 1985, 9; BVerwG, JurBüro 1982, 857; BSG, SozSich 1990, 294; OLG Hamm, ZfS 1992, 23 und 119; AG Düsseldorf, AGS 2004, 19; Schneider/Wolf, 2. Auflage, RVG, § 14 Rn. 99; Schneider, NJW 2004, 193; Hartmann, Kostengesetze – RVG, 35. Auflage, § 14 Rn. 28; Göttlich/Mümmler, RVG, 2. Auflage „Rechtsanwaltskammer“ Rn. 2.2.

Es wird einheitlich die Auffassung vertreten, dass ein Gutachten der Rechtsanwaltskammer nicht erforderlich ist, wenn materiell-rechtliche Kostenerstattungsansprüche Grundlage der Auseinandersetzung im Hinblick auf die Angemessenheit der Ausübung des Ermessens des Rechtsanwalts sind.

Sollte das Gericht der Auffassung sein, dass hinsichtlich der geltend gemachten Gebührenreste ein Gutachten der Rechtsanwaltskammer erforderlich ist, wird bereits jetzt beantragt:

> das Verfahren hinsichtlich des Gebührenrestes abzutrennen und über den geltend gemachten weiteren Anspruch (Ziffer 1. der Klage) vorab besonders zu entscheiden.

11. Kapitel: Besondere Verfahren

Übersicht Rdn.

Einige Verfahren der Ordentlichen Gerichtsbarkeit, insbesondere die familienrechtlichen Verfahren, der Urkundenprozess sowie das Bußgeld- und Strafverfahren, weisen erhebliche Besonderheiten zum normalen Zivilprozess auf. 1

Daneben gibt es noch die folgenden besonderen Gerichtsbarkeiten: 2
- Arbeitsgerichtsbarkeit,
- Verwaltungsgerichtsbarkeit,
- Sozialgerichtsbarkeit und
- Finanzgerichtsbarkeit.

Im Folgenden werden die Grundzüge und die Besonderheiten dieser besonderen Verfahrensarten bzw. Gerichtsbarkeiten dargestellt, um eine effektive Sachbearbeitung in der Praxis zu ermöglichen: 3

A. Familiengerichtsbarkeit

I. Allgemeines

Das Familienrecht ist ein Teil der Ordentlichen Zivilgerichtsbarkeit, das jedoch eine eigene Verfahrensordnung besitzt. 4

Das Verfahrensrecht ist seit dem 01.09.2009 im Familienverfahrensgesetz (FamFG) geregelt. Das FamFG hat somit insbesondere das Gesetz über die Angelegenheiten der freiwilligen Gerichtsbarkeit (FGG) sowie Teile der ZPO, soweit diese familienrechtliche Verfahren regelten (z.B. Vaterschaftsanfechtung und Unterhalt), ersetzt. Mit dieser Neuregelung sollte eine einheitliche familienrechtliche Verfahrensordnung geschaffen werden, die auch dem Laien verständlich sein sollte. 5

Schwerpunkte der Gesetzesänderung waren insbesondere 6
- die Schaffung des großen Familiengerichtes (vgl. Punkt 2),
- die Förderung der gerichtlichen und außergerichtlichen Streitschlichtung für Scheidungsfolgesachen,
- Beschleunigung der Umgangs- und Sorgerechtsverfahren,
- Neuregelung der Interessenvertretung von Kindern und Jugendlichen im Gerichtsverfahren durch den sogenannten Verfahrensbeistand sowie
- die Einführung eines von der Hauptsache unabhängigen, einstweiligen Rechtschutzes.

Das FamFG übernahm auch nicht die bisher gewohnten Verfahrensbegriffe, sondern ersetzte diese Begriffe. durch neue: 7
- Antrag statt Klage,
- Antragsteller und Antragsgegner statt Kläger und Beklagter,
- Beteiligte statt Parteien sowie
- Verfahrenskostenhilfe statt Prozesskostenhilfe.

8 Bei allen familienrechtlichen Verfahren handelt es sich nunmehr nicht mehr um ein Klage- sondern um ein Antragsverfahren, so dass die Entscheidungen nicht mehr Urteil sondern Beschluss heißen.

II. Zuständigkeit

9 Das Familiengericht ist kein eigenständiges Gericht (wie z. B. das Arbeitsgericht), sondern eine Abteilung des Amtsgerichts.

10 Das Familiengericht (Amtsgericht) ist für alle Familiensachen ausschließlich sachlich zuständig (vgl. § 23a des Gerichtsverfassungsgesetzes). In § 111 Nr. 1–11 FamFG werden Familiensachen abschließend definiert, hierzu gehören

- Ehesachen,
- Kindschaftssachen,
- Abstammungssachen,
- Adoptionssachen,
- Wohnungszuweisungs- und Hausratssachen,
- Gewaltschutzsachen,
- Versorgungsausgleichssachen,
- Unterhaltssachen,
- Güterrechtssachen,
- sonstige Familiensachen und
- Lebenspartnerschaftssachen.

11 Mit dem Inkrafttreten des FamFG am 01.09.2009 wurde das Vormundschaftsge richt abgeschafft und dessen Zuständigkeiten auf das Familiengericht übertragen. Man spricht daher wegen der Vergrößerung des Zuständigkeitsbereiches auch vom sog. „Großen Familiengericht". Für die früher dem Vormundschaftsgerichten obliegenden Aufgaben in Betreuungssachen wurden Betreuungsgerichte eingerichtet.

12 Die örtliche Zuständigkeit ist gem. § 122 FamFG ausschließlich geregelt. Die örtliche Zuständigkeit der Familiensache richtet sich demnach nach folgender Rangfolge: Es ist

13 1. das Gericht, in dessen Bezirk einer der Ehegatten mit allen gemeinschaftlichen minderjährigen Kindern seinen gewöhnlichen Aufenthalt hat;

14 2. das Gericht, in dessen Bezirk einer der Ehegatten mit einem Teil der gemeinschaftlichen minderjährigen Kinder seinen gewöhnlichen Aufenthalt hat, sofern bei dem anderen Ehegatten keine gemeinschaftlichen minderjährigen Kinder ihren gewöhnlichen Aufenthalt haben;

15 3. das Gericht, in dessen Bezirk die Ehegatten ihren gemeinsamen gewöhnlichen Aufenthalt zuletzt gehabt haben, wenn einer der Ehegatten bei Eintritt der Rechtshängigkeit im Bezirk dieses Gerichts seinen gewöhnlichen Aufenthalt hat;

16 4. das Gericht, in dessen Bezirk der Antragsgegner seinen gewöhnlichen Aufenthalt hat;

5. das Gericht, in dessen Bezirk der Antragsteller seinen gewöhnlichen Aufenthalt hat; 17

6. das Amtsgericht Schöneberg in Berlin 18

zuständig, in absteigender Rangfolge.

Durch § 122 FamFG wird eine besondere Konzentration der Familiensachen auf ein bestimmtes Amtsgericht im Gerichtsbezirk nicht geändert. So gibt es z. B. in Berlin zwei Familiengerichte beim Amtsgericht Tempelhof-Kreuzberg und beim Amtsgericht Pankow/Weißensee. 19

III. Instanzenzug

Der Instanzenzug der Familiengerichtsbarkeit ist wie in Zivilsachen dreistufig. 20

Erstinstanzliches Eingangsgericht ist unabhängig vom Streitwert immer das Amtsgerichtes gem. § 23a Gerichtsverfassungsgesetz (GVG) und dort das Familiengericht als Abteilung des Amtsgerichts. 21

Gegen die Beschlüsse des Familiengerichts (Amtsgericht) ist die Beschwerde zum Oberlandesgericht gem. § 119 Abs. 1 Nr. 1 a GVG möglich. 22

Gegen die Entscheidungen der Oberlandesgerichte kann das Rechtsmittel der Rechtsbeschwerde zum Bundesgerichtshof (BGH) in Karlsruhe eingelegt werden. Die Rechtsbeschwerde ist jedoch gem. §§ 70 ff FamFG nur statthaft, sofern das Beschwerdegericht sie zugelassen hat. 23

Eine Nichtzulassungsbeschwerde bei nicht zugelassener Rechtsbeschwerde kennt das FamFG nicht. 24

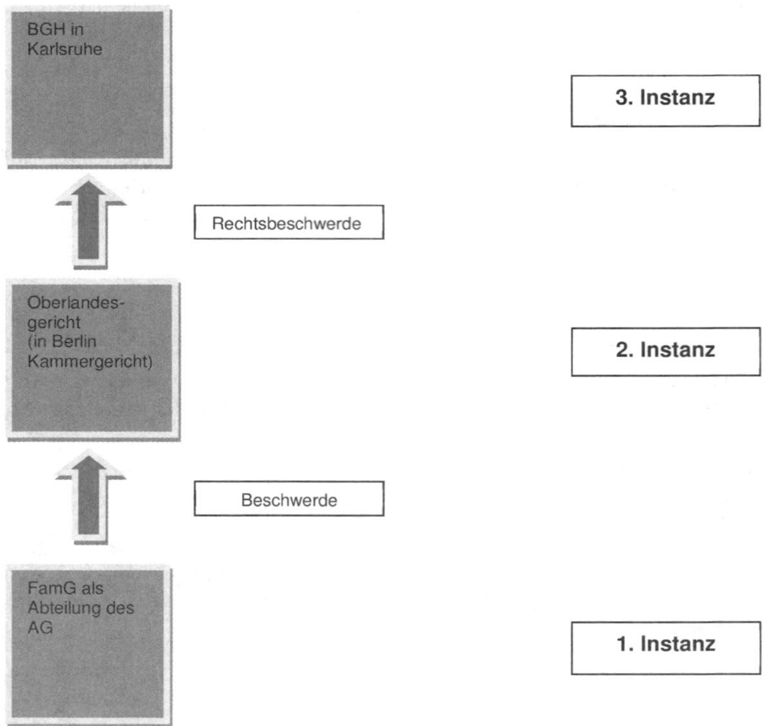

IV. Spruchkörper

25 Der Spruchkörper in Familiensachen besteht wie im ordentlichen Zivilrecht aus einem Einzelrichter. Die Abteilungen für Familiensachen werden jedoch mit sogenannten Familienrichtern besetzt. Ein Richter auf Probe darf im ersten Jahr nach seiner Ernennung Geschäfte des Familienrichters nicht wahrnehmen.

V. Verfahren

1. Anwaltszwang bei Verfahren vor dem Familien- und Oberlandesgericht

26 Anwaltszwang besteht nach § 114 FamFG in Ehesachen und deren Folgesachen sowie in selbstständigen, isolierten Familienstreitsachen. Bislang regelte die ZPO den Anwaltszwang. Mit der Übernahme in das FamFG wurde der Anwaltszwang deutlich erweitert.

27 So führt das FamFG beispielsweise den Anwaltszwang für erstinstanzliche Unterhaltsstreitigkeiten ein. Der Anwaltszwang bietet so insbesondere Unterhaltsberechtigten Schutz. Zudem gewährleistet der Anwaltszwang in diesem Bereich „Waffen-

gleichheit". Außerdem gilt mit dem FamFG der Anwaltszwang für sonstige Familiensachen, wenn diese Familienstreitsachen sind.

2. Einleitung des Verfahren

Gemäß § 124 FamFG werden alle familienrechtliche Verfahren durch die Antragsschrift eingeleitet. 28

Die Verfahrensvollmacht ist dabei gem. § 11 FamFG schriftlich zu den Gerichtsakten zu reichen. Die Vollmacht kann grds. auch nachgereicht werden und muss dem Antrag nicht beigefügt sein. Es ist jedoch möglich, dass das Familiengericht unter Fristsetzung zur Vollmachtsvorlage auffordert. 29

Das FamFG kennt grds. einstweiligen Rechtsschutz in Form von einstweiligen Anordnungen. Die einstweilige Anordnung ist dabei von einer gleichartigen Hauptsache oder eines gestellten Antrages auf Verfahrenskostenhilfe gem. § 51 Abs. 3 FamFG unabhängig. 30

Ob neben dem einstweiligen Anordnungsverfahren auch noch ein Hauptsacheverfahren einzuleiten ist, wird in § 52 FamFG geregelt. Maßgeblich ist es nämlich, ob es sich um eine Familiensache (Amtsverfahren) oder um eine Familienstreitsache (Antragsverfahren) handelt. Familienstreitsachen werden in § 112 FamFG abschließend definiert: 31

- Unterhaltssachen,
- Güterrechtssachen und
- sonstige Familiensachen nach § 266 FamFG (z. B. Ansprüche zwischen ehemals Verlobten etc.).

Im Amtsverfahren hat das Familiengericht das Hauptsacheverfahren von Amts wegen einzuleiten. Durch den Antrag eines Beteiligten wird das Hauptsacheverfahren jedoch herbeigeführt (§ 52 Abs. 1 FamFG). Die Beteiligten sind auf dieses Antragsrecht gem. § 39 FamFG hinzuweisen. Damit nicht vorschnell das Hauptsacheverfahren betrieben wird, sieht das Gesetz vor, dass das Familiengericht eine Wartefrist für den Einleitungsantrag bestimmen kann. Ist jedoch das Familiengericht bereits bei Erlass der einstweiligen Anordnung entschlossen, das Hauptsacheverfahren durchzuführen, unterbleibt die Fristsetzung. 32

§ 52 Abs. 2 FamFG bestimmt hingegen den Übergang im Antragsverfahren. Auf Antrag des Beteiligten, der durch die einstweilige Anordnung beeinträchtigt ist, hat das Familiengericht gegenüber demjenigen, der die einstweilige Anordnung erwirkt hat, anzuordnen, dass er die Einleitung des Hauptsacheverfahrens innerhalb einer vom Gericht gesetzten Frist beantragt. Die Frist darf drei Monate nicht überschreiten. Wird dieser Anordnung nicht Folge geleistet, ist die einstweilige Anordnung aufzuheben. 33

Das Hauptsacheverfahren kann selbstverständlich auch ohne ein vorgeschaltetes einstweiliges Anordnungsverfahren betrieben werden. 34

3. Verfahrensgrundsätze

35 Sowohl für das einstweilige Anordnungsverfahren als auch für das Hauptsacheverfahren gelten folgende Verfahrensgrundsätze:
- die Ermittlung erfolgt von Amts wegen (§ 26 FamFG),
- die Beteiligten wirken dabei an der Aufklärung des Sachverhaltes mit (§27 FamFG),
- die Beweiserhebung erfolgt wie in der ZPO, jedoch ist das Gericht nicht an das Vorbringen der Beteiligten gebunden (§ 28 FamFG),
- im Gerichtstermin wird die Sachlage mit den Beteiligten erörtert (§32 FamFG),
- das persönliche Erscheinen der Beteiligten zum Termin ist daher grds. angeordnet (§33 FamFG),
- bis auf Gewaltschutzsachen hat das Familiengericht auf eine gütliche Einigung der Beteiligten hinzuwirken, soweit diese über den Verfahrensgegenstand verfügen können (§ 36 Abs. 1 FamFG),
- die Entscheidung ergeht durch Beschluss, soweit durch die Entscheidung der Verfahrensgegenstand ganz oder teilweise erledigt wird (Endentscheidung) (§38 FamFG),
- die mündliche Verhandlung ist gem. § 170 Gerichtsverfassungsgesetz (GVG) grds. nicht öffentlich; die Verkündung der Entscheidung muss hingegen immer öffentlich erfolgen (§ 173 GVG).

4. Neukonzeption des Rechtsmittels

36 Musste man früher vor Inkrafttreten des FamFG zum 01.09.2009 noch unterschieden, ob es sich um ein FGG-Verfahren (mit den Rechtsmittel Beschwerde und Rechtsbeschwerde) oder um ein ZPO-Verfahren (mit dem Rechtsmittel Berufung und Revision) handelte, fällt diese Unterscheidung nunmehr fort.

37 Mit dem FamFG wurde ein einheitliches Rechtsmittel eingeführt. Gegen erstinstanzliche Entscheidungen ist nunmehr einzig das Rechtsmittel der Beschwerde gegeben.

38 Anders als im Zivilprozess ist die Beschwerde beim Familiengericht der ersten Instanz einzureichen (§ 64 FamFG). Eine Abhilfebefugnis hat der Familienrichter der 1. Instanz jedoch nicht.

39 Die Beschwerdefrist beträgt gem. § 63 Abs. 1 FamFG 1 Monat im Hauptsacheverfahren und 2 Wochen im einstweiligen Anordnungsverfahren. Die Frist beginnt jeweils mit der schriftlichen Bekanntgabe des Beschlusses an die Beteiligten. Kann die schriftliche Bekanntgabe an einen Beteiligten nicht bewirkt werden, beginnt die Frist spätestens mit Ablauf von fünf Monaten nach Erlass des Beschlusses.

40 Gem. § 65 FamFG soll die Beschwerde begründet werden. Das Familiengericht kann hierzu eine angemessene Frist setzen. Die Begründung kann dabei auch neue Tatsachen und Beweise enthalten (§ 65 Abs. 3 FamFG).

Gegen zweitinstanzliche Entscheidungen des Beschwerdegerichts ist das Rechtsmittel der Rechtsbeschwerde gegeben, sofern diese vom Beschwerdegericht zugelassen worden ist. 41

Gemäß § 71 Abs. 1 FamFG ist die Rechtsbeschwerde binnen einer Frist von einem Monat nach der schriftlichen Bekanntgabe des Beschlusses durch Einreichen einer Beschwerdeschrift bei dem Rechtsbeschwerdegericht (BGH) einzulegen. Die Rechtsbeschwerde ist, sofern die Beschwerdeschrift keine Begründung enthält, binnen einer Frist von einem Monat zu begründen. Die Frist beginnt mit der schriftlichen Bekanntgabe des angefochtenen Beschlusses, nicht mit der Einlegung der Beschwerde (§ 71 Abs. 2 FamFG). Wird die Beschwerde also am letzten Tag der Beschwerdefrist beim BGH eingereicht, so muss sie bereits vollständig begründet sein. 42

VI. Gebühren

In Familien- und Lebenspartnerschaftssachen können grds. dieselben Gebühren entstehen wie in einem ordentlichen Zivilprozess. Zu den einzelnen Gebührentatbeständen vgl. 8. Kapitel Kosten und Gebühren. 43

Die Schwierigkeit bei der Abrechnung familienrechtlicher Angelegenheiten besteht vielmehr in der Bestimmung des Gegenstandswertes. 44

Zusammen mit dem FamFG ist auch das Gesetz über die Gerichtskosten in Familiensachen (FamGKG) in Kraft getreten. Das FamGKG enthält nunmehr die einheitlich für alle Familiensachen anwendbaren Verfahrenswerte und löst somit die bis dahin geltenden kostenrechtlichen Regelungen im GKG und in der Kostenordnung ab. 45

Nachfolgend eine Kurzübersicht über die wichtigsten Gegenstandswerte im familienrechtlichen Verfahren: 46

477

Geldforderung	Der Verfahrenswert wird gem. § 35 FamGKG durch den Wert der bezifferten Geldforderung bestimmt.
Früchte und Nutzungen (z. B. Zinsen)	Gem. § 37 FamGKG werden Nebenforderung nicht beim Wert berücksichtigt.
Stufenklage	Wird zunächst auf Auskunft geklagt und dann der aufgrund der Auskunft berechnete Leistungsanspruch mit der Klage verbunden geltend gemacht, ist für die Wertberechnung nur einer der verbundenen Ansprüche, und zwar der höhere, maßgebend. Dies stellt keine Neuerung dar und entspricht vielmehr § 44 GKG.
einstweilige Anordnungen	§ 41 FamGKG gilt nunmehr für alle einstweiligen Anordnungen. Es ist ein Abschlag vom Wert der Hauptsache vorzunehmen. In der Regel ist von

	der Hälfte des für die Hauptsache bestimmten Wertes auszugehen.
Auffangwert	§ 42 FamGKG ist als zentrale Vorschrift anzusehen. Wenn sich der Wert in einer Familiensache nicht aus den nachfolgenden Vorschriften ergibt, beträgt der Wert nach § 42 Abs. 3 FamGKG 3.000,00 €.
Ehesachen (z. B. Scheidung)	Wie gehabt berechnet sich der Wert einer Ehesache grds. gem. § 43 Abs. 2 FamGKG nach dem 3-fachen Netto-Monatseinkommen beider Ehegattten, mindestens jedoch 2.000,00 €. Entscheidend sind dabei die Einkommen der letzten drei Monate vor Einreichung des Antrages. Urlaubs- und Weihnachtsgeld ist dabei auf 12 Monate umzulegen und anteilig für 3 Monate zu berücksichtigen. Gemäß § 43 Abs. 1 FamGKG soll es jedoch nicht nur auf die Einkommensverhältnisse der Beteiligten, sondern auch auf die Vermögensverhältnisse ankommen. Auszugehen ist dabei vom Nettovermögen unter Abzug von Schulden. Praxistipp: Insbesondere bei Hausgrundstücken sollte auf die Vermögensverhältnisse bei der Berechnung des Gegenstandswertes hingewiesen werden.
Werte im Verbund	Mehrere Familiensachen, die zwischen denselben Beteiligten anhängig sind, sind, wenn die Ehescheidung anhängig ist, zusammen mit der Scheidungssache zu verhandeln. Wird dem Scheidungsantrag stattgegeben, ist über die Folgesachen mitzuentscheiden. Gem. § 623 ZPO nennt man diesen Zusammenschluss „Verbund". Es kommen folgende Folgesache in Betracht: • Versorgungsausgleichssachen, • Unterhaltssachen, sofern sie die Unterhaltspflicht gegenüber einem gemeinschaftlichen Kind oder die durch Ehe begründete gesetzliche Unterhaltspflicht betreffen mit Ausnahme des verein-

	fachten Verfahrens über den Unterhalt Minderjähriger, • Ehewohnungs- und Haushaltssachen, • Güterrechtssachen und • Kindschaftssachen (wie elterliche Sorge und Umgang). Eine Folgesache wird grundsätzlich nur auf Antrag anhängig, lediglich der Versorgungsausgleich wird von Amts wegen anhängig. Gem. § 44 Abs. 1 FamGKG gelten die Scheidungssache und die Folgesachen als ein Verfahren. Die Gegenstandswerte aller im Verbund anhängigen Familiensachen sind daher zu addieren und nach der Summe der Gegenstandswerte berechnen sich die Anwaltsgebühren. Die Gegenstandswerte der Folgesachen berechnen sich nach den gleichen Grundsätzen, als wenn diese isoliert eingeklagt worden wären. Lediglich bei Kindschaftssachen im Verbund sieht § 44 Abs. 2 vor, dass der Gegenstandswert nur um 20 % erhöht wird, höchstens um jeweils 3.000,00 €. Achtung: Mehrere Kinder gelten als nur ein Gegenstand.
elterliche Sorge, Umgangsrecht und Kindesherausgabe	Gemäß § 45 FamGKG beträgt der Verfahrenswert für diese Gegenstände jeweils 3.000,00 €.
Wohnungszuweisung und Hausrat	§ 48 FamGKG regelt den Wert für die Wohnungszuweisung und den Hausrat. Dabei wird unterschieden, ob die Verfahrensgegenstände bei einer Trennung oder bei einer Scheidung geltend gemacht werden. Vor Anhängigkeit der Scheidung (nur bei Getrenntleben) beträgt der Gegenstandswert für die Wohnungszuweisung 3.000,00 € und für den Hausrat 2.000,00 €. Nach Anhängigkeit der Scheidung beträgt der Gegenstandswert für

	die Wohnungszuweisung 4.000,00 € und für den Hausrat 3.000,00 €. Bei besonderen Umständen des Einzelfalles kann das Gericht einen niedrigen oder höheren Wert festsetzen. Hierzu muss in Praxis ggf. vorgetragen werden.
Gewaltschutzsachen	Werden gerichtliche Maßnahmen zum Schutz vor Gewalt und Nachstellungen angeordnet, beträgt der Gegenstandswert 2.000,00 €. In Verfahren zur Überlassung der gemeinsamen Wohnung nach § 2 Gewaltschutzgesetz beträgt der Gegenstandswert 3.000,00 €.
Versorgungsausgleich	Nach § 50 FamGKG beträgt der Regelwert 1.000,00 €. Das Gericht kann bei besonderen Umständen des Einzelfalls vom Regelwert abweichen.
Unterhalt	In Unterhaltssachen berechnet sich der Gegenstandswert für den laufenden Unterhalt nach § 51 FamGKG aus dem 12-fachen Monatsunterhaltsbeträgen nach Einreichung der Klage bzw. dem geforderte Betrag (wenn dieses unter einem Jahr liegt). Fällige Unterhaltsrückstände werden gem. § 51 Abs. 2 FamGKG dem Wert hinzugerechnet.

48 In selbstständigen (isolierten) Familiensachen ist i. d. R. meist nur ein Gegenstand (z. B. elterliche Sorge) anhängig. Nach dem Wert dieses einzelnen Gegenstandes bestimmen sich die Anwaltsgebühren.

49 Werden mehrere isolierte Familiensachen nebeneinander in gesonderten Verfahren gelten gemacht, sind die Wert nicht zu addieren. Die Verfahren sind vielmehr einzeln abzurechnen. Die Gebühren entstehen mehrfach nach den jeweiligen Einzelgegenstandswerten.

50 Nur ausnahmsweise sind die Gegenstandswerte auch in isolierten Familiensachen zu addieren und zwar wenn mehrere Gegenstände in einem gerichtlichen Verfahren anhängig sind. In diesem Fall entstehen die Gebühren nach dem addierten Wert.

VII. Gerichtskosten

51 Gemäß § 9 FamGKG sind die Gerichtskosten mit Einreichung der Antragsschrift fällig.

Gemäß Nr. 1110 Kostenverzeichnis FamGKG betragen die Gerichtskosten für das Verfahren im Allgemeinen 2,0 (anders als im ordentlichen Zivilprozess, dort 3,0). 52

Die Gerichtskosten können sich jedoch im Laufe des Verfahrens gem. Nr. 1111 KB FamGKG auf 0,5 reduzieren, wenn die Beendigung des Verfahrens durch folgende Handlungen erfolgt ist: 53
- Rücknahme des Antrages vor Schluss der mündlichen Verhandlung,
- Anerkenntnis- oder Verzichtsentscheidung,
- gerichtlicher Vergleich oder
- Erledigung in der Hauptsache, wenn keine Entscheidung über die Kosten ergeht.

B. Urkundenprozess

I. Allgemeines

Der Urkundenprozess ist ein zivilprozessuales Verfahren, das im 5. Buch der ZPO **gesondert geregelt** ist (**§§ 592 bis 600 ZPO**). 54

Der **Wechsel- und Scheckprozess** sind gesonderte Verfahrensarten des Urkundenprozesses und in den §§ 602, 605a ZPO geregelt. 55

Die Besonderheit und der Zweck des Urkundenprozesses sind, dass der Kläger auf einem schnelleren Weg über einen **vorläufig vollstreckbaren Titel – ohne Sicherheitsleistung** – verfügen kann, wenn er seinen Anspruch durch Urkunden beweisen kann. Gem. § 708 Nr. 4 ZPO kann der Kläger aus dem Urteil ohne Sicherheitsleistung vollstrecken. 56

Der Kläger in diesem Verfahren hat, sofern die Voraussetzungen vorliegen, ein **Wahlrecht** zwischen dem Klageverfahren in dem **Urkundenprozess** oder der Beschreitung des **ordentlichen Verfahrens.** 57

► Hinweis: 58

Der Urkundenprozess ist im arbeitsgerichtlichen Verfahren ausgeschlossen.

Der Urkundenprozess ist gegliedert in 59
- das **Vorverfahren** (dies ist das eigentliche Urkundsverfahren) und
- das **Nachverfahren.**

Beide Verfahrensarten werden in diesem Kapitel erläutert. 60

Für den Beklagten in einem Urkundenprozess sind erhebliche Einschränkungen im Vergleich zu dem ordentlichen Klageverfahren gegeben. 61

II. Voraussetzungen/Zulässigkeit

62 Um einen Urkundenprozess gem. § 592 ZPO zu führen, müssen folgende Voraussetzungen vorliegen, die dieser Form des Klageverfahrens den Weg der Zulässigkeit eröffnen:
- Ein Anspruch auf **Zahlung einer Geldsumme** (dazu gehören auch Zahlungsansprüche aus Hypotheken, Grundschulden oder Schiffshypotheken).
  oder
- die Leistung einer **bestimmten Menge anderer vertretbarer Sachen** oder Wertpapiere muss gegeben sein.

63 Die **Definition vertretbarer Sachen** ergibt sich aus § 91 BGB:

64 **§ 91 Vertretbare Sachen**

Vertretbare Sachen im Sinne des Gesetzes sind bewegliche Sachen, die im Verkehr nach Zahl, Maß oder Gewicht bestimmt zu werden pflegen.

65 Beispiele für vertretbare Sachen:
- Geld,
- Wertpapiere,
- 30 Schwarzwälder Brote,
- serienmäßig hergestellte Jeans.

66 Beispiele für nicht vertretbare Sache:
- der maßgeschneiderte Anzug;
- ein Originalgemälde von Dalí
- eine handgearbeitete Damenuhr mit Gravur.

67 Die **Begründung des Tatsachenvortrags** der unter Rn. 1940 genannten Voraussetzungen **müssen** in diesem Verfahren durch Urkunden bewiesen werden.

III. Urkunden

68 Bei der Beweiskraft von Urkunden unterscheidet die ZPO zwischen den **öffentlichen** (§ 415 ZPO) und **privaten Urkunden** (416 ZPO).

69 **§ 415 ZPO Beweiskraft öffentlicher Urkunden über Erklärungen**

(1) Urkunden, die von einer öffentlichen Behörde innerhalb der Grenzen ihrer Amtsbefugnisse oder von einer mit öffentlichem Glauben versehenen Person innerhalb des ihr zugewiesenen Geschäftskreises in der vorgeschriebenen Form aufgenommen sind (öffentliche Urkunden), begründen, wenn sie über eine vor der Behörde oder der Urkundsperson abgegebene Erklärung errichtet sind, vollen Beweis des durch die Behörde oder die Urkundsperson beurkundeten Vorganges.

(2) Der Beweis, dass der Vorgang unrichtig beurkundet sei, ist zulässig.

70 Beispiele für öffentliche Urkunden:
- Notarielle Urkunden,

- Handelsregisterauszüge,
- Grundbuchauszug,
- Öffentliches Testament.

§ 416 ZPO Beweiskraft von Privaturkunden 71

Privaturkunden begründen, sofern sie von den Ausstellern unterschrieben oder mittels notariell beglaubigten Handzeichens unterzeichnet sind, vollen Beweis dafür, dass die in ihnen enthaltenen Erklärungen von den Ausstellern abgegeben sind.

Beispiele für private Urkunden: 72
- Kaufvertrag,
- Darlehensvertrag,
- Mietvertrag,
- Wechsel,
- Scheck,
- Eigenhändiges Testament.

► Beispiel: 73

Vermieter V und Mieter M haben am 25. 08. 2008 einen unbefristeten, schriftlichen Mietvertrag über Wohnräume abgeschlossen. Mietbeginn ist der 01. 12. 2009. In dem Mietvertrag hat sich der Mieter M u. a. verpflichtet, die Miete i.H.v. 650,00 € im Voraus, spätestens zum 3. Werktag eines jeden Monats, porto- und spesenfrei auf das Konto des Vermieters V zu überweisen.

Für die Monate November und Dezember 2008 hat der Mieter M den Mietzins nicht bezahlt, sodass der Vermieter V nach fruchtlosen Zahlungsaufforderungen deshalb gerichtliche Schritte einleiten möchte. Dem Vermieter V liegt eine Mängelanzeige des Mieters M vor, wonach dieser wegen Ungezieferbefall in der Wohnung die Miete für die die Monate November und Dezember 2008 um 100 % gemindert hat.

Der Vermieter V könnte (**wahlweise**) seinen Anspruch wie folgt geltend machen: 74
- mit Klage im ordentlichen Verfahren (§ 253 ZPO)
  oder
- mit Klage im Urkundenprozess (§ 592 ZPO)
  oder
- im Mahnverfahren (§ 688 ZPO)
  oder
- im Urkundenmahnverfahren (§ 703a ZPO).

Da im vorliegenden Fall damit zu rechnen ist, dass der Mieter M, sofern der Vermieter V das Urkundenmahnverfahren (703a ZPO) einleitet, Widerspruch (§ 694 ZPO) gegen Mahnbescheid bzw. Einspruch (§ 700 ZPO) gegen den Vollstreckungsbe- 75 scheid einlegen wird, ist zu empfehlen, die Klage im Urkundenprozess (§ 592 ZPO) einzureichen.

76 Sofern das **Urkundenmahnverfahren** eingeleitet werden soll, ist der Antrag auf Erlass des Mahnbescheids als solcher zu bezeichnen (Mahnverfahren im Urkundenprozess). Die Wirkung der Bezeichnung des Urkundenmahnverfahrens ist, sofern die Voraussetzungen vorliegen, dass bei dem Übergang in das streitige Verfahren der Rechtsstreit als Urkundenprozess anhängig wird.

IV. Zuständigkeit

1. Örtliche Zuständigkeit

77 Auch im Urkundenprozess gilt der **allgemeine Grundsatz** des § 12 ZPO, wonach die Klage bei dem Gericht einzureichen ist, in dessen Bezirk der Beklagte seinen allgemeinen Gerichtsstand hat – sofern nicht ein ausschließlicher Gerichtsstand begründet ist.

78 Bei Wechsel- und Scheckklagen kann auch der besondere Gerichtsstand des Zahlungsorts gewählt werden (§§ 603 ZPO, 605a i.V.m § 603 ZPO). Dies jedoch nur dann, wenn in der Klageschrift erklärt wird, dass die Klage als Wechsel- oder Scheckklage geführt wird.

79 Gem. **§ 35 ZPO** hat der Kläger ein **Wahlrecht**, sofern nicht ein ausschließlicher Gerichtsstand gegeben ist.

2. Sachliche Zuständigkeit

80 Die sachliche Zuständigkeit im Zivilprozess ist gem. § 1 ZPO im GVG geregelt.

81 Je nach Höhe des Streitwerts oder einer ausschließlichen sachlichen Zuständigkeit, ist entweder das AG (§ 23 GVG) oder das LG (§ 71 GVG) in erster Instanz sachlich zuständig.

82 Für Wechsel- und Scheckklagen ist gem. § 95 Abs. 1 Nr. 3 und Nr. 4 die Kammer für Handelssachen zuständig, **sofern die sachliche Zuständigkeit des LG gegeben ist.**

83 Sofern die Wechsel- oder Scheckklage bei der Kammer für Handelssachen anhängig gemacht werden soll, ist dies gem. § 96 GVG zu beantragen.

84 Für andere Ansprüche aus Urkunden, die nicht Wechsel oder Scheck sind, gelten die allgemeinen Voraussetzungen über die sachliche Zuständigkeit.

V. Klageverfahren

85 Gem. § 593 Abs. 1 ZPO **muss** die Klage die Erklärung enthalten, dass im Urkundenprozess geklagt wird.

86 I.Ü. gelten die in der ZPO genannten Vorschriften für die Klage (§§ 253, 261 ZPO).

► Praxistipp: 87

Es ist zu empfehlen, neben der Erklärung (im Klageantrag), die Klage als solche entsprechend zu **bezeichnen.**

Je nach Klageart ist die Klage wie folgt zu bezeichnen:
- Klage im Urkundenprozess
- Klage im Wechselprozess (Wechselklage)
- Klage im Scheckprozess (Scheckklage)

Fehlt die Angabe bzw. die Erklärung, dass im Urkundenprozess geklagt wird, so wird die Klage im **ordentlichen Verfahren** anhängig. 88

Die in den §§ 592 ff. ZPO enthaltenen Einschränkungen haben keine Auswirkung mehr. 89

Insbes. die Erschwerung der Beweisführung, Unzulässigkeit der Widerklage, findet keine Berücksichtigung mehr, da die Klage, wegen der fehlenden Erklärung im ordentlichen Verfahren erhoben wurde. 90

Gemäß § 263 ZPO könnte, sofern die Erklärung, dass im Urkundenprozess geklagt wird, eine nachträgliche Abgabe beantragt werden. Dazu muss entweder der Beklagte zustimmen oder das Gericht die Änderung der Klage für sachdienlich halten. Dies führt jedoch in der Praxis zu erheblichen Schwierigkeiten. 91

Neben der Voraussetzung, dass die Erklärung vorliegen muss und dass im Urkundenprozess geklagt wird, muss gem. § 593 Abs. 2 ZPO die Urkunde der Klageschrift oder ein vorbereiteter Schriftsatz in Urschrift oder Abschrift beigefügt werden. 92

► Muster: Klage im Urkundenprozess

93

An das

Amtsgericht .....

(Anschrift, PLZ)

KLAGE

IM URKUNDENPROZESS

(Bezeichnung)

..... *(Mandant, Anschrift)*

Kläger,

Prozessbevollmächtigter:

..... *(Rechtsanwalt Anschrift)*

g e g e n

..... *(Gegner, Anschrift)*,

Beklagter,

wegen Zahlung rückständigen Mietzinses

Vorläufiger Streitwert: 1.300,00 €

Namens und in Vollmacht des Klägers erhebe ich Klage im Urkundenprozess *(Erklärung)* und werde beantragen,

1. den Beklagten zu verurteilen, an den Kläger 1.300,00 € nebst 5 Prozentpunkten Zinsen über dem Basiszinssatz aus 650,00 € seit dem 03.09.2008 und 5 Prozentpunkten Zinsen über dem Basiszinssatz aus 650,00 € seit dem 04.12.2008 650,00 € zu zahlen.
2. im Fall des Vorliegens der gesetzlichen Voraussetzungen, gegen den Beklagten Versäumnis- bzw. Anerkenntnisvorbehaltsurteil zu erlassen.
3. dem Kläger eine vorläufig vollstreckbare Ausfertigung des Urteils gem. § 708 Abs. 1 Nr. 4 ZPO zu erteilen.
4. Der Beklagte trägt die Kosten des Rechtsstreits.

Begründung:

Beglaubigte und einfache Abschrift anbei.

Rechtsanwalt/Rechtsanwältin

VI. Vorverfahren

94 Das Vorverfahren ist der faktische Urkundenprozess.

95 Liegen die Voraussetzungen des § 592 ZPO vor, ist **mit Zustellung der Klageschrift** gem. § 593 ZPO an den Beklagten das **Vorverfahren rechtshängig.**

96 Die Besonderheit des Urkundenprozesses besteht darin, dass in dem Vorverfahren des Urkundenprozesses **die Widerklage ausgeschlossen** und die **Beweisaufnahme**, anders als im ordentlichen Verfahren, **erheblich eingeschränkt** ist.

1. Widerklage

97 Die Widerklage in einem Urkundenprozess ist gem. § 595 Abs. 1 ZPO **nicht statthaft.**

98 ► Beispiel:

Der Beklagte ist im Besitz einer Urkunde, in der eine Forderung auf Zahlung einer Geldsumme gegen den Kläger dokumentiert ist.

Der Beklagte wird, auch wenn es sich um eine Urkunde handelt, im Wege der Widerklage in dem von dem Kläger rechtshängigen Verfahren im Urkundenprozess keinen Erfolg haben.

Seine Widerklage würde als unstatthaft im Urkundenprozess abgewiesen werden.

▶ Praxistipp: 99

Der Widerkläger könnte vor einer Abweisung seiner Widerklage Prozesstrennung gem. § 145 Abs. 2 ZPO beantragen.

2. Beweismittel

Vielleicht kennen Sie noch den **Kurzbegriff „SPAUZ"**, den Sie sich während der Ausbildung eingeprägt haben. Diese „Eselsbrücke" stellt die fünf möglichen Beweismittel in einem ordentlichen Verfahren dar. 100

S = Sachverständigen 1018

P = Parteivernehmung

A = Augenschein

U = Urkunden

Z = Zeugen

Im **Vorverfahren** des Urkundenprozesses reduziert sich „SPAUZ" auf „UP". Dort sind als Beweismittel lediglich Urkunden und **auf Antrag** Parteivernehmung zulässig (§ 595 Abs. 2 ZPO). 102

Es findet somit **kein Beweis durch** 103
- Zeugen,
- Inaugenscheinnahme,
- Sachverständigen

statt.

Als **Beweismittel im Vorverfahren** sind gem. § 595 Abs. 2 und 3 ZPO **ausschließlich zulässig:** 104
- wegen der **Echtheit** oder **Unechtheit** der Urkunde nur **Urkunden;**

▶ Beispiel 1: 105

Der Kläger legt in dem Urkundenprozess ein eigenhändiges Testament des Erblassers vor, aus dem er Zahlungsansprüche gegen B herleiten möchte. B zweifelt die Echtheit des Testamentes an. Beweis könnte er nur damit führen, indem er eine Urkunde vorlegt (z. B. ein öffentliches Testament neueren Datums). Er hätte keinen Erfolg mit dem Antrag, einen Sachverständigen mit der Überprüfung der Echtheit des Testaments zu beauftragen.
- wegen des in § 592 ZPO aufgeführten **Tatsachenvortrags** nur **Urkunden;**

106 ▶ Beispiel 2:

Der Kläger erhebt Klage im Urkundenprozess und macht Zahlungsansprüche aus einem Mietvertrag geltend. Hier muss der Kläger zum Beweis die Urkunde (Mietvertrag) vorlegen. Er kann nicht beantragen, ihn als Partei zu hören, um Beweis zu führen.

Er muss Beweis durch Vorlage der Urkunde führen.
- wegen eines anderen ggf. weiter gehenden Tatsachenvortrags, der in § 592 ZPO nicht genannt ist, nur **Urkunden** und **auf Antrag Parteivernehmung.**

107 ▶ Beispiel 3:

Der Beklagte beantragt, die Klage mit der Begründung abzuweisen, dass der Zahlungsanspruch des Klägers erfüllt sei.

Er ist im Besitz einer Quittung, in der der Beklagte schriftlich bestätigt hat, dass er die Zahlung erhalten hat.

Der Beklagte hat in diesem Fall die Möglichkeit, die Urkunde (Quittung) vorzulegen und den Antrag auf Parteivernehmung (er selbst) zu stellen.

3. Abstehen vom Urkundenprozess, § 596 ZPO

108 Da auch für den Kläger im Urkundenprozess die Beweisführung erschwert ist, kann er deshalb oder aus anderen Gründen, z. B. weil er die Abweisung der Klage im Urkundenprozess befürchtet, anders als der Beklagte, jederzeit und bis zum Schluss der mündlichen Verhandlung in erster Instanz von dem Urkundenprozess Abstand nehmen.

109 Erfolgt eine Erklärung des Klägers dahingehend, dann wird das ordentliche Verfahren weitergeführt.

110 Hat der Kläger eine solche Erklärung abgegeben, kann er diese nicht mehr widerrufen. Er hat keinen Zugang mehr vom ordentlichen Verfahren zum Urkundenprozess.

4. Urteile im Urkundenprozess

a) Urteile bei Klageabweisung, § 597 ZPO

111 Grundsätzlich kann eine Klage im Urkundenprozess wegen
- Unzulässigkeit,
- Unstatthaftigkeit und
- Unbegründetheit

abgewiesen werden.

112 In dem Urkundenverfahren ist in § 597 Abs. 1. und Abs. 2 ZPO die Klageabweisung wegen Unstatthaftigkeit und Unbegründetheit erwähnt.

Hinsichtlich der Klageabweisung wegen Unzulässigkeit gibt es im Urkundenverfahren keine besonderen Vorschriften. Es gelten die allgemeinen Verfahrensgrundsätze der ZPO. **Fehlen Prozessvoraussetzungen**, ist die Klage immer als **unzulässig** abzuweisen. 113

§ 597 ZPO beinhaltet die letzten beiden genannten Klageabweisungsgründe. 114

Die Klage wird als unstatthaft abgewiesen, 115
- wenn die in § 592 ZPO genannten Voraussetzungen nicht erfüllt sind,
- wenn der Kläger keinen Beweis durch Urkunden führt,

In diesem Fall ergeht ein klageabweisendes Prozessurteil. 116

Der Kläger kann gegen dieses Urteil, sofern die gesetzlichen Voraussetzungen vorliegen, das Rechtsmittel der **Berufung** einlegen. Im Fall einer solchen Entscheidung kann der **Kläger seinen Anspruch nochmals und unabhängig** von einer (ggf. rechtskräftigen) Entscheidung im ordentlichen Verfahren geltend machen. 117

Die Klage wird als **unbegründet** abgewiesen, wenn z. B. die Klage nicht schlüssig ist. 118

In diesem Fall ergeht ein klageabweisendes Sachurteil (das Gericht entscheidet in der Sache selbst). 119

Sofern die Voraussetzungen vorliegen, könnte der Kläger gegen dieses Urteil das **Rechtsmittel der Berufung** einlegen. Anders als bei der Abweisung der Klage wegen Unstatthaftigkeit kann der Kläger hier bei Vorliegen der Rechtskraft des Urteils seinen Anspruch **nicht erneut** im ordentlichen Verfahren oder im Urkundenverfahren geltend machen. 120

b) Urteil bei Obsiegen des Klägers

Obsiegt der Kläger und hat der Beklagte dem Anspruch des Klägers im Vorverfahren widersprochen, endet das Vorverfahren im Urkundenprozess mit einem **Vorbehaltsurteil (§ 599 Abs. 1 ZPO)**. 121

Daran folgend schließt sich das sog. **Nachverfahren** an (**§ 600 Abs. 1 ZPO**). 122

Das **Vorbehaltsurteil steht** einem **Endurteil** im Hinblick auf die Vollstreckbarkeit und den Lauf von Rechtsmittelfristen **gleich** (§ 599 Abs. 3 ZPO). 123

Der Kläger kann aus einem Vorbehaltsurteil **ohne Sicherheitsleistung Zwangsvollstreckungsmaßnahmen** einleiten, § 708 Abs. 1 Nr. 4 ZPO. 124

Der Beklagte kann zum Einen, wenn er der Auffassung ist, dass das Gericht hinsichtlich seiner im Vorverfahren getroffenen Entscheidungen Fehler gemacht hat, das Vorbehaltsurteil mit dem Rechtsmittel der Berufung, sofern die Voraussetzungen für die Berufung gegeben sind, angreifen. 125

Unterlässt er dies, so erwächst das Vorbehaltsurteil zu **formeller Rechtskraft.** 126

Die **materielle Rechtskraft** des Vorbehaltsurteils bleibt jedoch bis zum Schlussurteil dem Nachverfahren vorbehalten. 127

128 Unabhängig von dem Rechtsmittelverfahren gegen ein Vorbehaltsurteil, kann der Beklagte die Wahrnehmung seiner Rechte in dem Nachverfahren betreiben.

129 Sofern das Urteil keinen Vorbehalt erhält, kann die Ergänzung dahingehend gem. § 599 Abs. 2 ZPO, der auf § 321 ZPO verweist, beantragt werden.

130 ► Hinweis:

Der Vorbehalt wird nur dann in das Urteil aufgenommen, wenn der Beklagte dem Anspruch des Klägers in dem Urkundenprozess widersprochen hat. Dies ist dann nicht der Fall, wenn der Beklagte säumig ist oder den Anspruch des Klägers anerkennt.

Der Widerspruch des Beklagten kann entweder schriftlich oder in der mündlichen Verhandlung erklärt werden und muss sich gegen die vorbehaltslose Verurteilung richten. Den Widerspruch muss der Beklagte nicht begründen.

(Vgl. Zöller, ZPO, § 599 Rn. 5)

131 ► Praxistipp:

Im Fall eines Widerspruchs gegen den Anspruch des Klägers ist es unschädlich und zu empfehlen, neben dem Klageabweisungsantrag zu erklären, dass der Beklagte der vorbehaltslosen Verurteilung widerspricht.

132 ► Muster: Klageabweisungsantrag mit Widerspruch gegen vorbehaltloses Urteil

Amtsgericht.....

Anschrift

In dem Rechtsstreit

..... ./. .....

– Geschäftszeichen –

zeige ich an, dass ich den Beklagten vertrete.

Namens und in Vollmacht des Beklagten, werde ich beantragen:
1. die Klage abzuweisen,
2. dem Kläger die Kosten des Rechtstreits aufzuerlegen.

Die Begründung des Klageabweisungsantrags erfolgt fristgerecht innerhalb der vom Gericht gesetzten Frist in einem gesonderten Schriftsatz.

Der Beklagte widerspricht dem Anspruch des Klägers sowie einer vorbehaltslosen Verurteilung in dem Urkundenprozess.

Beglaubigte und einfache Abschrift anbei.

Rechtsanwalt/Rechtsanwältin

Hat der Beklagte der vorbehaltslosen Verurteilung widersprochen und ergeht ein Urteil ohne Vorbehalt, ist, wie zuvor ausgeführt, die Ergänzung des Urteils zu beantragen. 133

▶ Praxistipp: 134

Prüfen Sie zunächst, ob der Vorbehalt in den Entscheidungsgründen des Urteils enthalten ist. In diesem Fall muss keine Berichtigung des Urteils erfolgen (Zöller, ZPO, § 599 Rn. 2).

Eines Vorbehalts bedarf es nicht, wenn die Klage abgewiesen wurde.

Lediglich im Fall der Verurteilung des Beklagten ist der Vorbehalt in das Urteil aufzunehmen.

▶ Hinweis: 135

§ 599 Abs. 2 ZPO verweist auf § 321 ZPO (Ergänzung des Urteils).

Gem. § 321 Abs. 2 ZPO muss die Berichtigung innerhalb von zwei Wochen seit Zustellung des Urteils schriftlich beantragt werden.

Notieren Sie diese Frist grds. bei allen Titeln.

▶ **Muster: Antrag auf Berichtigung bzw. Ergänzung des Urteils**

136

Amtsgericht/oder Landgericht .....

Anschrift

In dem Rechtsstreit

..... ./. .....

– Geschäftszeichen –

wird beantragt,

das Urteil vom ..... (*Datum*), zugestellt am..... (*Datum*) gem. § 599 Abs. 2 ZPO i.V.m. § 321 ZPO mit der Maßgabe zu berichtigen,

den Urteilstenor gem. der Vorschrift des § 599 Abs. 1 ZPO zu ergänzen

und

dem Beklagten die Ausführung seiner Rechte im Nachverfahren vorzubehalten.

Begründung:

Der Antrag ist gem. § 599 Abs. 2 ZPO zulässig und statthaft.

Der Beklagte hat dem Klageanspruch des Klägers im Urkundenprozess (gem. Schriftsatz vom/Antrag in der mündlichen Verhandlung vom .....) widersprochen. Ihm ist die Ausführung seiner Rechte im Nachverfahren vorzubehalten.

Beglaubigte und einfache Abschrift anbei.

Rechtsanwalt/Rechtsanwältin

VII. Nachverfahren gem. § 600 ZPO

137 Mit dem Nachverfahren wird das Vorbehaltsverfahren fortgesetzt.

138 Unabhängig davon, dass ggf. gegen das Vorbehaltsurteil Berufung eingelegt worden ist, bleibt das Nachverfahren beim **erstinstanzlichen Gericht anhängig.**

139 Bei diesem Verfahren handelt es sich um ein **ordentliches Verfahren** (600 Abs. 1 ZPO).

140 Die Einschränkungen gem. § 595 ZPO im Vorverfahren sind im Nachverfahren nicht gegeben; sie entfallen hier.

1. Rechte des Beklagten im Nachverfahren

141 Im Nachverfahren kann der Beklagte nunmehr bspw. folgende Rechte wahrnehmen:
- Sämtliche in der ZPO zugelassenen Beweismittel anbieten, die ihm im Vorverfahren verwehrt waren (Zeugen, Sachverständige, Inaugenscheinnahme);
- Erhebung einer Widerklage;
- Einrede der Verjährung, sofern er dies im Vorverfahren nicht durch Urkunden oder Parteivernehmung beweisen konnte;
- Vorbringen neuer Angriffs- und Verteidigungsmittel.

2. Rechte des Klägers im Nachverfahren

142 Im Nachverfahren kann der Kläger, da auch für ihn im Nachverfahren die Einschränkungen des § 595 ZPO nicht mehr greifen, folgende Rechte wahrnehmen:
- Vorbringen neuer Angriffs- und Verteidigungsmittel;
- Klageerweiterung;
- Klageänderung.

3. Form/Frist

143 Die Einleitung des Nachverfahrens ist an **keine Form oder Frist** gebunden.

144 ► Praxistipp:

Ob das Verfahren von Amts wegen weiter fortgeführt wird oder ob ein Antrag des Beklagten erforderlich ist, kann von Gericht zu Gericht variieren.

Es ist zu empfehlen, einen entsprechenden Antrag (s. in diesem Kapitel Rdn. 142), dass der Beklagte seine Rechte im Nachverfahren geltend macht, zu stellen.

4. Zuständigkeit

Das Gericht, das das Vorbehaltsurteil erlassen hat, ist das für das Nachverfahren zuständige Gericht. I.d.R. ist es das erstinstanzliche Gericht. 145

Das Berufungsgericht könnte jedoch auch das für das Nachverfahren zuständige Gericht sein. Auf Antrag kann das Verfahren an das AG verwiesen werden. 146

► Beispiel: 147

Das AG hat die Klage des Klägers M im Urkundenprozess abgewiesen, da die Klage nicht statthaft ist. Da der Kläger der Auffassung des Gerichts nicht folgt, legt er form- und fristgerecht Berufung gegen das Urteil bei dem LG ein.

Das LG gibt der Berufung statt und verurteilt den Beklagten B antragsgemäß zur Zahlung. Dem Beklagten bleibt die Ausführung seiner Rechte im Nachverfahren vorbehalten. 148

Das für das Nachverfahren zuständige Gericht ist das LG. 149

5. Anträge im Nachverfahren

a) Antrag des Beklagten

Der Beklagte stellt den Antrag, das Vorbehaltsurteil aufzuheben und die Klage abzuweisen. 150

► Muster: Antrag zur Aufhebung des Vorbehaltsurteils/Klageabweisung 151

Amtsgericht .....

(Anschrift)

In dem Rechtsstreit

..... ./. .....

– Geschäftszeichen –

beantrage ich namens und in Vollmacht des Beklagten,

1. das am ..... (*Datum*) verkündete und am ..... (*Datum*) zugestellte Vorbehaltsurteil, Geschäftszeichen, aufzuheben

und

2. die Klage abzuweisen.

Begründung:

Beglaubigte und einfache Abschrift anbei.

Rechtsanwalt/Rechtanwältin

b) Antrag des Klägers

152 Der Kläger stellt den Antrag, das Urteil für vorbehaltlos zu erklären.

► Muster: Antrag auf Vorbehaltloserklärung des Urteils

153 Amtsgericht .....

Anschrift

In dem Rechtsstreit

...../.....

– Geschäftszeichen –

beantrage ich namens und in Vollmacht des Klägers,
1.) das am (*Datum*) verkündete und am (*Datum*) zugestellte Urteil, Geschäftszeichen, für
vorbehaltlos zu erklären,
2.) den Antrag des Beklagten vom (*Datum*) abzuweisen

Beglaubigte und einfache Abschrift anbei.

Rechtsanwalt/Rechtsanwältin

6. Entscheidungen/Rechtsmittel im Nachverfahren

154 Das Nachverfahren kann entweder ganz oder teilweise zugunsten des Klägers oder Beklagten entschieden werden:
- Hält das erstinstanzliche Gericht die **Klage für begründet**, erlässt es ein Schlussurteil mit dem Urteilstenor, dass das Vorbehaltsurteil für vorbehaltlos erklärt wird. Gegen dieses Urteil hat der Beklagte die Möglichkeit, Rechtsmittel einzulegen, sofern die gesetzlichen Voraussetzungen für das Rechtsmittel erfüllt sind.
- Hält das erstinstanzliche Gericht die **Klage für unbegründet**, wird es das Vorbehaltsurteil aufheben und die Klage kostenpflichtig abweisen.
  Gegen dieses Urteil hat der Kläger die Möglichkeit, Rechtsmittel einzulegen, sofern die gesetzlichen Voraussetzungen für das Rechtsmittel erfüllt sind.

7. Besonderheiten bei Zusammentreffen von Rechtsmittelverfahren und Nachverfahren

155 Ungeachtet der Wahrnehmung der Rechte **im Nachverfahren** kann der Beklagte daneben **gegen ein Vorbehaltsurteil Rechtsmittel** einlegen.

Es ist möglich, dass entweder im Nachverfahren eine Entscheidung durch das erstinstanzliche Gericht folgt oder aber das Berufungsgericht erlässt eine Entscheidung.

156 **Hebt das Rechtsmittelgericht ein Vorbehaltsurteil auf** und weist es die Klage zurück, wird dadurch das Nachverfahren, auch wenn eine Entscheidung ergangen ist, hinfällig.

Ein Rechtsmittel gegen ein im Nachverfahren ergangenes Schlussurteil ist nicht mehr zulässig. 157

Wird das Vorbehaltsurteil durch das Rechtmittelgericht rechtskräftig in der Weise abgeändert, dass der Beklagte vorbehaltlos verurteilt wird, so ist auch in diesem Fall das Nachverfahren hinfällig. 158

C. Bußgeldverfahren und Strafbefehlsverfahren

In diesem Kapitel werden das Ordnungswidrigkeitenverfahren nach der StVO (Straßenverkehrsordnung) und das Strafbefehlsverfahren in abgekürzter Form dargestellt. 159

I. Bußgeldverfahren

1. Rechtliche Grundlage

Für das Bußgeldverfahren findet das **OWiG (Ordnungswidrigkeitengesetz)** Anwendung. Gem. § 46 Abs. 1 OWiG gelten im Bußgeldverfahren die **allgemeinen Vorschriften über das Strafverfahren.** Grds. hat die Verwaltungsbehörde bei Ihren Ermittlungen dieselben Rechte und Pflichten, wie die StA bei Ihren Ermittlungen. 160

Die Person, gegen die ein Ordnungswidrigkeitenverfahren eingeleitet wird, nennt sich Betroffener. 161

2. Zuständigkeit

Sachlich und örtlich ist die die jeweilige Verwaltungsbehörde zuständig, in deren Bezirk die Ordnungswidrigkeit begangen wurde. 162

3. Verwaltungsverfahren

Sofern Anhaltspunkte für eine Ordnungswidrigkeit vorliegen, leitet die Verwaltungsbehörde gem. den Vorschriften der §§ 53 bis 64 OWiG ein **Ermittlungsverfahren** ein. In diesem Verfahren erfolgt eine Sachverhaltsaufklärung und die Anhörung des Betroffenen gem. § 55 OWiG. (Der Betroffene erhält, zusammen mit der Mitteilung, dass ein Ordnungswidrigkeitenverfahren gegen ihn eingeleitet wurde, einen Anhörungsbogen). 163

Nach dem Abschluss des Ermittlungsverfahrens kann die Verwaltungsbehörde selbstständig entscheiden, ob 164

- eine Einstellung des Verfahrens erfolgt (§§ 47, 46 Abs. 2 OWiG i.V.m § 170 Abs. 2 Satz 1 StPO);
- eine Verwarnung mit oder Verwarnungsgeld ausgesprochen wird (§ 56 OWiG);
- der Bußgeldbescheid erlassen wird (§ 65 OWiG).

a) Verwarnung

165 Die Verwarnung ist eine mildere Buße als der Bußgeldbescheid. Eine Verwarnung kann nur mit Zustimmung des Betroffenen erfolgen; anderenfalls kommt es zum Bußgeldverfahren.

b) Kostenbescheid

166 Eine besondere Form des Verwarnungsverfahrens ist der Kostenbescheid gem. § 25a StVG. Dieser wird bei Park- und Haltverstößen erlassen, wenn der Fahrer nicht ermittelt werden kann.

167 Gegen einen Kostenbescheid kann gerichtliche Entscheidung bei der Verwaltungsbehörde, die den Kostenbescheid erlassen hat, beantragt werden.

4. Verfahren nach Erlass eines Bußgeldbescheids

168 Erlässt die Verwaltungsbehörde einen Bußgeldbescheid, kann der Betroffene innerhalb von zwei Wochen seit der Zustellung des Bußgeldbescheids **Einspruch gem. § 67 OWiG** bei der Verwaltungsbehörde, die den Bußgeldbescheid erlassen hat, erheben. Eine fristwahrende Übersendung des Einspruchs per Telefax genügt. Der Betroffene kann den Einspruch gegen den Bußgeldbescheid entweder schriftlich oder zur Niederschrift bei der Verwaltungsbehörde erklären. Der Einspruch muss nicht begründet werden. Es besteht kein Anwaltszwang.

169 ► Muster: Einspruch gegen Bußgeldbescheid, Antrag auf Bewilligung von Akteneinsicht

Name Verwaltungsbehörde

(Anschrift)

– vorab per Telefax –

Aktenzeichen: .....

Bußgeldbescheid vom .....

(Vorname, Name, Geburtsdatum des Beschuldigten)

Sehr geehrte Damen und Herren,

unter Bezugnahme auf die beiliegende Vollmacht zeige ich die Vertretung des Betroffenen, Name Mandant, in dem o.g. Ordnungswidrigkeitenverfahren an.

Namens und in Vollmacht meines Mandanten lege ich gegen den Bußgeldbescheid vom ..... (*Datum*), zugestellt am ..... (*Datum*)

Einspruch

ein und beantrage gleichzeitig, mir

Akteneinsicht

zu gestatten.

Um Weiterleitung meines Akteneinsichtsgesuchs und Abgabenachricht wird gleichzeitig gebeten.

Mit freundlichen Grüßen

Rechtsanwalt/Rechtsanwältin

Sofern der Betroffene gegen den Bußgeldbescheid **keinen Einspruch** einlegt, wird der Bußgeldbescheid bestandskräftig (§ 89 OWiG). 170

Hat der Betroffene die Einspruchsfrist ohne Verschulden versäumt, kann er einen Antrag auf **Wiedereinsetzung in den vorigen Stand** beantragen (§ 52 OWiG). Den Antrag stellt er bei der Verwaltungsbehörde, die den Bußgeldbescheid erlassen hat. 171

Dass der Betroffene die Einspruchsfrist **ohne Verschulden** versäumt hat, muss er darlegen und glaubhaft machen – dies innerhalb einer Frist von einer Woche seit Bemerken. Diesen Zeitpunkt muss der Betroffene ebenfalls glaubhaft nachweisen. 172

► Muster: Antrag auf Wiedereinsetzung in vorigen Stand/Einspruch

173

Name Verwaltungsbehörde

(Anschrift)

– vorab per Telefax –

Aktenzeichen: .....

Bußgeldbescheid vom .....

(Vorname, Name, Geburtsdatum des Beschuldigten)

Sehr geehrte Damen und Herren,

unter Bezugnahme auf die beiliegende Vollmacht zeige ich die Vertretung des Betroffenen, Name Mandant, in dem o.g. Ordnungswidrigkeitenverfahren an.

Namens und in Vollmacht meines Mandanten beantrage ich wegen der Versäumung der Einspruchsfrist,

Gegen den Bußgeldbescheid vom ..... (*Datum*), zugestellt am ..... (*Datum*) lege ich namens und in Vollmacht meines Mandanten

1. diesem Wiedereinsetzung in den vorigen Stand zu gewähren.

Einspruch ein

und beantrage

2. Aufschub der Vollstreckung.

Des Weiteren beantrage ich, mir

Akteneinsicht

zu gestatten.

Begründung Wiedereinsetzungsantrag:

Um Weiterleitung meines Akteneinsichtsgesuchs und Abgabenachricht wird gleichzeitig gebeten.

Mit freundlichen Grüßen

Rechtsanwalt/Rechtsanwältin

174 **Gleichzeitig** mit dem **Antrag auf Wiedereinsetzung** in den vorigen Stand muss der **Einspruch** erklärt werden.

175 Nach Einlegung des Einspruchs erfolgt seitens der Verwaltungsbehörde in dem sog. **Zwischenverfahren** (§ 69 Abs. 2 OWiG) eine nochmalige sachliche Prüfung.

176 Zunächst erfolgt die Prüfung, ob der Einspruch form- und fristgerecht eingelegt wurde. Wurde der Einspruch nicht form- und fristgerecht eingelegt, wird der Einspruch von der Verwaltungsbehörde als unzulässig verworfen (§ 69 Abs. 1 Satz 1 OWiG).

177 Gegen diese Entscheidung kann der Betroffene innerhalb von zwei Wochen seit Zustellung Antrag auf gerichtliche Entscheidung stellen.

5. Gerichtliches Verfahren

178 Hält die Verwaltungsbehörde an dem erlassenen Bußgeldbescheid fest, gibt sie das Verfahren an die StA weiter.

179 Seitens der StA findet ebenfalls eine Prüfung statt, ob eine Einstellung des Verfahrens erfolgt oder ob weitere Ermittlungen durchgeführt werden. Die StA kann das Verfahren einstellen oder im Fall einer Aufrechterhaltung des Bußgeldbescheids das Verfahren an das AG gem. § 69 Abs. 4 OWiG abgeben.

180 Der Richter bei dem AG prüft zunächst die Verfahrensvoraussetzungen und die Beweislage.

181 Bei einer **ungenügenden Sachverhaltsaufklärung** erfolgt die **Zurückverweisung** an die Verwaltungsbehörde mit der Zustimmung der StA (§ 69 Abs. 5 OWiG). Durch die Verwaltungsbehörde erfolgt eine weitere Prüfung des Sachverhalts.

182 Die Verwaltungsbehörde kann den Bußgeldbescheid aufheben oder einen neuen Bußgeldbescheid erlassen. Erlässt die Verwaltungsbehörde einen neuen Bußgeldbescheid erfolgt eine Weiterleitung über die StA an den Richter bei dem AG.

183 Kommt der Richter zu dem Ergebnis, dass der Bußgeldbescheid zulässig ist, wird das gerichtliche Bußgeldverfahren durchgeführt.

184 In dem gerichtlichen Bußgeldverfahren kann der Richter durch Beschluss gem. § 72 OWiG entscheiden, wenn die StA und der Betroffene nicht innerhalb von zwei Wochen seit Ankündigung über Beschlussverfahren, widersprechen. In dem Beschlussverfahren kann der Betroffene sich jedoch schriftlich äußern. Wird dennoch im Beschlussverfahren entschieden, obwohl einer der Beteiligten (StA/Betroffener) fristgerecht widersprochen hat oder wurde das rechtliche Gehör des Betroffenen verletzt, kann gem. **§ 79 Abs. 1 Nr. 5 OWiG Rechtsbeschwerde** bzw. unter bestimmten Voraussetzungen der **Antrag auf Zulassung der Rechtsbeschwerde** gem. § 80 OWiG eingelegt werden.

Widerspricht der Betroffene oder die StA der Durchführung des Beschlussverfahrens oder hält der Richter die Durchführung einer Hauptverhandlung für erforderlich, findet ein Termin zur **Hauptverhandlung** statt. 185

Zu dem Termin zur Hauptverhandlung muss der Betroffene erscheinen. Unter besonderen Umständen kann er von dieser Verpflichtung befreit werden. Sofern der Betroffene unentschuldigt nicht zu dem Hauptverhandlungstermin erscheint, wird der Einspruch gegen den Bußgeldbescheid durch Urteil gem. § 74 Abs. 2 OWiG verworfen. Dagegen kann der Betroffene innerhalb einer Woche seit Zustellung des Urteils **Wiedereinsetzung in den vorigen Stand** beantragen (74 Abs. 4 OWiG) oder **Rechtsbeschwerde** (§ 79 Abs. 1 Nr. 4 OWiG) einlegen. 186

Gegen ein Urteil oder den Beschluss gem. § 72 OWiG kann der Betroffene Rechtsbeschwerde einlegen, die unter bestimmten Voraussetzungen zuzulassen ist (Geldbuße bis 250,00 €). Danach muss ein Antrag auf Zulassung der Rechtsbeschwerde gem. § 80 OWiG gestellt werden. 187

Über diese Rechtsmittel entscheidet das OLG. 188

6. Vergütung im Bußgeldverfahren

Die Vergütung des RA im Bußgeldverfahren richtet sich nach Teil 5 VV RVG. 189

Je nachdem, in welchem Stadium der Auftrag erteilt wird, fallen die Gebühren an. 190
- Verfahren vor der Verwaltungsbehörde (Nr. 5101 bis 5106 VV RVG)
- Verfahren vor dem AG (Nr. 5107 bis 5112 VV RVG)
- Verfahren über die Rechtsbeschwerde (Nr. 5113 bis 5114 VV RVG)
- Zusätzliche Gebühren (Nr. 5115 bis 5116 VV RVG)
- Einzeltätigkeiten Nr. 5200 VV RVG

Neben diesen Gebühren fällt die **Grundgebühr gem. Nr. 5100** immer an, sofern der RA als Verteidiger tätig ist. Die Grundgebühr kann, entsprechend dem erteilten Auftrag, in jedem Stadium des Verfahrens **nur einmal entstehen.** Ist die Grundgebühr in einem vorausgegangenen Strafverfahren wegen derselben Handlung oder Tat entstanden, so fällt sie im Bußgeldverfahren nicht erneut an. 191

Sofern eine Verfahrensgebühr angefallen ist, können die in Unterabschnitt 5 genannten zusätzlichen Gebühren entstehen. 192

▶ Praxistipp: 193

Auf der Internetseite *www.burhoff.de* finden Sie gebührenrechtlich relevante Entscheidungen, sowie einen „Rechtsprechungs-Service". Sie haben zudem die Möglichkeit, einen kostenlosen Newsletter zu abonnieren.

II. Strafbefehlsverfahren

1. Allgemeines

194 Das Strafbefehlsverfahren ist eine vereinfachte und beschleunigte Verfahrensart, die bei begangenen **Vergehen** von Erwachsenen (**nicht** verwechseln mit **Verbrechen**) angewendet werden kann.

195 Diese Verfahrensweise entlastet insoweit die Gerichte, weil das Verfahren zum Einen kostengünstiger ist und zum Anderen eine Hauptverhandlung entbehrlich ist, sofern der Beschuldigte geständig ist oder aber den Strafbefehl akzeptiert. Es erfolgt eine rechtskräftige Verurteilung ohne Hauptverhandlung.

196 Gerade im Hinblick auf die „Massenkleinkriminalität" wird in der Praxis von dem Strafbefehlsverfahren sehr oft Gebrauch gemacht.

2. Gesetzliche Grundlage

197 Das Verfahren über den Strafbefehl ist in §§ 407 ff. StPO geregelt.

3. Verfahren bei Strafbefehl

198 Der Staatsanwalt prüft die Voraussetzungen für den Erlass eines Strafbefehls. Hält er die Durchführung einer Hauptverhandlung nicht für erforderlich, fertigt er den Strafbefehl und legt diesen dem zuständigen Richter bei dem AG vor mit dem Antrag, den Strafbefehl zu erlassen (§ 407 Abs. 1 StPO).

199 **Ausschließlich die in § 407 Abs. 2 StPO** genannten Strafen dürfen in einem Strafbefehl erlassen werden:

200 **§ 407 Abs. 2 StPO (verkürzte Darstellung)**

Durch Strafbefehl dürfen nur die folgenden Rechtsfolgen der Tat, allein oder nebeneinander, festgesetzt werden:

1. Geldstrafe, Verwarnung mit Strafvorbehalt, Fahrverbot, Verfall, Einziehung, Vernichtung, Unbrauchbarmachung, Bekanntgabe der Verurteilung und Geldbuße gegen eine juristische Person oder Personenvereinigung,
2. Entziehung der Fahrerlaubnis, bei der die Sperre nicht mehr als zwei Jahre beträgt, sowie
3. Absehen von Strafe

201 Der Richter kann nach Prüfung des Sachverhalts und der Rechtlage folgende Entscheidungen hinsichtlich des gestellten Antrages auf Erlass des Strafbefehls treffen:

– Er kann dem Antrag der StA zustimmen. In diesem Fall unterschreibt er den vorgefertigten Strafbefehl. Dieser wird mit einem Datum versehen und es erfolgt eine Verfügung zur Zustellung des Strafbefehls an den Beschuldigten.
  Die öffentliche Zustellung des Strafbefehls ist ausgeschlossen.

- Stellt der Richter keinen hinreichenden Tatverdacht fest, lehnt der den Erlass des Strafbefehls durch Beschluss ab (§ 408 Abs. 2 StPO). Gegen diesen Beschluss kann der Staatsanwalt Beschwerde einlegen.
- Besteht hinreichender Tatverdacht aber Bedenken seitens des Richters, ohne Hauptverhandlung zu entscheiden, oder wenn eine andere Verurteilung als die im Strafbefehl genannte erfolgen soll, wird ein Termin zur Hauptverhandlung anberaumt (§ 408 Abs. 3 StPO).

4. Rechtsbehelf/Rechtsmittel

Erlässt der Richter den Strafbefehl und wird dieser dem Beschuldigten zustellt, hat er die Möglichkeit, **Einspruch** innerhalb von zwei Wochen seit Zustellung des Beschlusses einzulegen, (§ 410 StPO). 202

Versäumt der Beschuldigte die Einlegung des Einspruchs gegen den Strafbefehl, oder legt er den Einspruch verspätet ein, steht der Strafbefehl einem rechtkräftigen Urteil gleich (§ 410 Abs. 2 StPO). 203

Legt der Beschuldigte verspätet Einspruch gegen Strafbefehl ein oder ist der **Einspruch** aus sonstigen Gründen **unzulässig**, wird der Einspruch durch Beschluss als unzulässig verworfen. Gegen diesen Beschluss findet die **sofortige Beschwerde** statt. 204

Hat der Beschuldigte die Frist zur Einlegung des Einspruchs nicht schuldhaft versäumt, kann er gem. **§ 44 StPO** einen **Antrag auf Wiedereinsetzung in den vorigen Stand** beantragen. 205

Gem. § 45 StPO muss der Antrag auf Wiedereinsetzung in den vorigen Stand mit der gleichzeitigen Einlegung des Einspruchs innerhalb einer Frist von einer Woche nach Wegfall des Hinderungsgrundes gestellt werden. 206

Legt der Beschuldigte rechtzeitig Einspruch gegen den Strafbefehl ein, wird ein Termin zur Hauptverhandlung anberaumt. 207

► Muster: Einspruch gegen den Strafbefehl

208

Name Gericht

(Anschrift)

In der Strafsache

gegen

Name Mandant

Geschäftszeichen

lege ich namens und in Vollmacht meines Mandanten gegen den am ..... (*Datum*) zugestellten Strafbefehl vom ..... (*Datum*) (ggf. *Vertretungsanzeige*)

Einspruch

ein.

Gleichzeitig beantrage ich, mir

Akteneinsicht

zu gestatten.

Ich bitte, die Akte über die Geschäftsstelle zwecks Abholung bereit zu legen und mich darüber telefonisch zu informieren/wahlweise: Ich bitte um Zusendung der Akte an meine Kanzleianschrift.

Rechtsanwalt/Rechtsanwältin

5. Vergütung

209 Die anwaltliche Vergütung für eine Tätigkeit im Strafbefehlsverfahren richtet sich nach den allgemeinen Vorschriften des Teils 4 des VV des RVG, sofern der RA mit seinem Auftraggeber eine Vergütungsvereinbarung abgeschlossen hat. Für das Strafbefehlsverfahren selbst gibt es keine eigenen Gebührenvorschriften. Maßgeblich ist der „Verteidigungsauftrag". Ist der RA auftragsgemäß beratend tätig, besteht der Vergütungsanspruch gem. § 34 RVG.

210 Sofern der RA nicht als Verteidiger beauftragt ist und auch nicht mit einer Vertretung i.Ü., sondern mit Einzeltätigkeiten, entstehen die Gebühren gem. Teil 4 Abschnitt 3 VV RVG.

211 In dem **Strafbefehlsverfahren** können **folgende Gebühren** entstehen:
- Grundgebühr Nr. 4100 VV RVG: Diese Gebühr entsteht für die einmalige Einarbeitung in den Rechtsfall.
- Verfahrensgebühr Nr. 4104 RVG: Diese Gebühr entsteht im vorbereitenden Verfahren. (Das Verfahren über den Strafbefehl bis zum Eingang des Antrags über den Erlass des Strafbefehls bei dem AG).
- Verfahrensgebühr Nr. 4106 VV RVG: Verfahren vor dem AG nach dem Antrag über den Erlass des Strafbefehls.
- Terminsgebühr Nr. 4108 ff. VV RVG.
- Nr. 4141 Abs. 1 Nr. 3 VV RVG.

212 Rücknahme des Einspruchs. Die Gebühr fällt dann an, wenn der Einspruch insgesamt zurückgenommen wird und nicht nur wegen eines Teils und somit eine Verfahrensbeendigung durch die Rücknahme des Einspruchs erfolgt.

a) Besonderheit zum Entstehen der Gebühr gem. Nr. 4141 Abs. 1 Nr. 3 VV RVG bei anberaumten Termin zur Hauptverhandlung

213 Die Gebühr gem. Nr. 4141 Abs. 1 Nr. 3 VV RVG kann auch nach Anberaumung eines Termins zur Hauptverhandlung entstehen. Es kommt aber auf den Zeitpunkt der Rücknahme des Einspruchs an. Nur in dem Fall, dass der Einspruch früher als zwei Wochen vor dem Beginn des Tages des anberaumten Hauptverhandlungstermins zurückgenommen wird, fällt die Gebühr an. Dabei kommt es auf den Eingang des Antrags bei Gericht an.

b) Nr. 4142 VV RVG/Verfahren bei Einziehung

Gem. § 407 Abs. 2 Nr. 2 StPO kann im Strafbefehlsverfahren u. a. die Einziehung des Führerscheins erfolgen. Wird der RA in diesem Zusammenhang beauftragt, kann diese Gebühr ebenfalls entstehen. 214

c) Rechtsmittelverfahren

Die Gebühren im Rechtsmittelverfahren richten sich nach Nr. 4124 ff. RVG. 215

D. Arbeitsgerichtsbarkeit

I. Allgemeines

Die Arbeitsgerichtsbarkeit gehört zu den besonderen Fachgerichtsbarkeiten und beschäftigt sich mit der Rechtsmaterie des Arbeitsrechts. Obwohl das Arbeitsrecht sich teilweise mit dem Zivilrecht und dem Sozialrecht überschneidet, ist es eine eigenständige Gerichtsbarkeit, dessen Prozessordnung im Arbeitsgerichtsgesetz (ArbGG) geregelt ist. 216

II. Zuständigkeit

Die Rechtswegzuständigkeit der Arbeitsgerichte muss ausschließlich gegeben sein. Ein umfassender Katalog ist in den §§ 2, 2 a ArbGG enthalten. In der Praxis sind wohl die häufigsten Fälle Streitigkeiten 217

- zwischen Arbeitnehmer und Arbeitgeber über Rechte und Pflichten aus dem Arbeitsverhältnis sowie
- über den Bestand des Arbeitsverhältnisses (z. B. Kündigungsschutzklagen).

Als örtliche Zuständigkeit kommen grds. der allgemeine Gerichtsstand des Beklagten (§§ 12 ff. ZPO) oder wahlweise der besondere Gerichtsstand des Arbeitsortes (§ 48 Abs. 1 a ArbGG) in Betracht. 218

Bei dem allgemeinen Gerichtsstand kann man immer klagen. Gibt es jedoch einen zusätzlichen besonderen Gerichtsstand, so hat man das Wahlrecht, das einmal ausgeübt, nicht mehr rückgängig gemacht werden kann. 219

III. Instanzenzug

Der Instanzenzug der Arbeitsgerichtsbarkeit ist wie in Zivilsachen dreistufig. 220

Erstinstanzliche Eingangsgerichte sind immer die Arbeitsgerichte. 221

Gegen die Urteile der Arbeitsgerichte ist die Berufung zum Landesarbeitsgericht möglich. Das Landesarbeitsgericht entscheidet auch über Beschwerden gegen Beschlüsse der Arbeitsgerichte. 222

Gegen die Entscheidungen der Landesarbeitsgerichte können die Rechtsmittel der Revision (im Urteilsverfahren) und der Rechtsbeschwerde (im Beschlussverfahren) eingelegt werden, näheres unter Punkt 5. Über das jeweils eingelegte Rechtsmittel 223 entscheidet dann das Bundesarbeitsgericht in Erfurt. Auch die Sprungrevision vom Arbeitsgericht zum Bundesarbeitsgericht ist grundsätzlich nach § 76 ArbGG möglich.

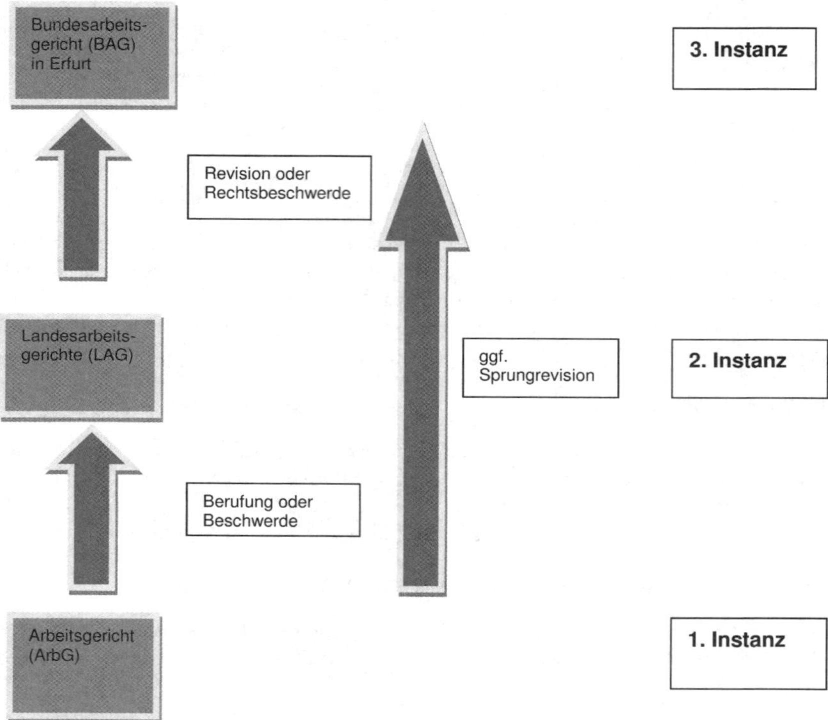

IV. Spruchkörper

224 In allen Instanzen sind sämtliche Spruchkörper der Arbeitsgerichte, sog. Kollegialgerichte, d. h. sie sind mit Berufsrichtern und ehrenamtliche Richter besetzt. Der Vorsitzende ist dabei immer ein Berufsrichter. Die ehrenamtlichen Richter stammen dabei je zur Hälfte aus dem Kreis der Arbeitnehmer und dem Kreis der Arbeitgeber und werden jeweils von den Gewerkschaften und von den Arbeitgeberverbänden vorgeschlagen.

V. Verfahren

225 Das Verfahren vor den Arbeitsgerichten ist grds. ähnlich wie der Zivilprozess aufgebaut. Gemäß §§ 46 ArbGG, 495 ZPO sind die Vorschriften über das Verfahren vor den Amtsgerichten entsprechend anzuwenden, es sei denn, es ist etwas anderes im

ArbGG geregelt. So gelten im arbeitsgerichtlichen Verfahren meist kürzere Fristen (siehe Punkt 6).

Im arbeitsgerichtlichen Verfahren unterscheidet man zwischen Urteils- und Beschlussverfahren. 226

1. Urteilsverfahren

Im Urteilsverfahren werden sämtliche individualarbeitsrechtlichen Verfahren entschieden. In der Regel sind dies Rechtsstreitigkeiten zwischen Arbeitgebern und Arbeitsnehmern aus dem Arbeitsverhältnis (z. B. Kündigungsschutzklage) oder zwischen Arbeitgeberverbänden und Gewerkschaften. 227

Die Parteien im Urteilsverfahren nennt man Kläger und Beklagter. 228

Der Kläger kann das Verfahren durch schriftliche Klageerhebung oder indem er die Klageerhebung mündlich zu Protokoll der Geschäftsstelle des zuständigen Arbeitsgerichtes erklärt einleiten. Der Vorsitzende bestimmt sodann einen Termin zur Güteverhandlung, Für Kündigungsschutzklage soll dieser erste Gütetermin 2 Wochen nach Eingang der Klage stattfinden. An der Güteverhandlung nimmt nur der Vorsitzende – nicht die ehrenamtlichen Richter – teil und erörtert mit dem Verfahrensbeteiligten das gesamte Sach- und Rechtsverhältnis. Es soll auf eine gütliche Einigung zwischen den Parteien hingewirkt werden. 229

Scheitert eine gütliche Verhandlung oder ist eine Partei zum Gütetermin nicht erschienen, so schließt sich nach dem ArbGG eine weitere streitige Verhandlung an. Nach dem Gesetz könnte diese streitige Verhandlung sich direkt an die Güteverhandlung anschließen, in der Praxis wird in der Regel jedoch ein neuer Termin bestimmt. Diesen Termin nennt man auch Kammertermin, da dort der Spruchkörper aus dem Vorsitzenden und den beiden ehrenamtlichen Richtern besteht. Im Kammertermin findet sodann die streitige Verhandlung mit Beweisaufnahme statt. Die Kammer entscheidet am Ende des Verfahrens durch Urteil. 230

Erscheint eine Partei nicht in der streitigen Verhandlung, kann gegen sie ein Versäumnisurteil ergehen, sofern die andere Partei dies beantragt hat. 231

Gegen die erstinstanzlichen Urteile der Arbeitsgerichte können die Parteien Berufung einlegen, wenn 232
- sie mit dem Urteil um mindestens 600,00 € beschwert sind (sogenannter Wert der Beschwer für die Berufung) oder
- es sich um eine Berufung über ein Bestehen, Nichtbestehen oder die Kündigung eines Arbeitsverhältnisses handelt oder
- das Arbeitsgericht die Berufung wegen der grundsätzlichen Bedeutung der Rechtssache gem. § 64 Abs. 2 ArbGG unabhängig vom Wert der Beschwer zugelassen hat.

Gegen die zweitinstanzlichen Urteile der Landesarbeitsgerichte ist das Rechtsmittel der Revision gegeben, wenn 233
- die Revision bereits im Urteil des Landesarbeitsgerichts zugelassen worden ist oder

– die Revision später durch einen Beschluss des Bundesarbeitsgerichts auf Antrag zugelassen wird.

234 Die Revision wird dabei nur zugelassen, wenn die Rechtssache grundsätzliche Bedeutung für die Rechtsfortbildung hat oder wenn die Entscheidung des Landesarbeitsgerichtes von der ständigen Rechtsprechung des Bundesarbeitsgerichtes abweicht.

235 Bei Nichtzulassung der Revision kann Nichtzulassungsbeschwerde gem. § 72 a ArbGG eingelegt werden.

236 Die Notfristen für die Berufung und Revision im Arbeitsrecht betragen – wie in der ZPO – jeweils einen Monat ab Zustellung des vollständig abgefassten Urteils. Die Berufungs- und Revisionsfrist beginnt jedoch spätestens mit Ablauf von 5 Monaten nach Urteilsverkündung (§§ 66 bw. 74 ArbGG). Die Begründungsfristen betragen wie in der ZPO zwei Monate ab Zustellung des vollständig abgefassten Urteils.

237 Die Nichtzulassungsbeschwerde muss innerhalb einer Notfrist von einem Monat ab Zustellung des in vollständiger Form abgefassten Urteils beim BAG schriftlich eingelegt werden und innerhalb einer weiteren Notfrist von zwei Monaten ab Urteilszustellung begründet werden.

238 Nach § 76 ArbGG ist auch die Sprungrevision vom Arbeitsgericht zum Bundesarbeitsgericht zulässig, wenn beide Prozessparteien diesem Vorgehen schriftlich zugestimmt haben und das Arbeitsgericht die Sprungrevision zulässt.

239 Das Bundesarbeitsgericht überprüft das Urteil der Landesarbeitsgerichte jedoch nur auf Rechtsfehler hin und entscheidet ggf. durch Urteil. Ist jedoch eine weitere Sachverhaltsklärung erforderlich, so erfolgt eine Zurückverweisung an das Landesarbeitsgericht.

2. Beschlussverfahren

240 Im Beschlussverfahren werden alle kollektivarbeitsrechtlichen Verfahren entschieden. In der Regel sind dies Streitigkeiten aus dem Betriebsverfassungsgesetz oder Entscheidungen über die Tariffähigkeit oder Tarifzuständigkeit von Vereinigungen.

241 Die Parteien im Beschlussverfahren nennt man Antragssteller und Antragsgegner.

242 Das Verfahren wird durch die schriftliche Einreichung der Antragsschrift durch den Antragssteller eröffnet. Wahlweise kann dieser seinen Antrag auch mündlich zur Niederschrift bei der Geschäftsstelle des zuständigen Arbeitsgerichtes stellen. Im Beschlussverfahren wird der Sachverhalt von Amts wegen durch das erkennende Gericht erforscht, wobei jedoch die Parteien an der Aufklärung des Sachverhaltes mitzuwirken haben. Das Verfahren endet durch Beschluss der Kammer, der schriftlich begründet wird.

243 Gegen die erstinstanzlichen Beschlüsse der Arbeitsgerichte kann sodann das Rechtsmittel der Beschwerde beim Landesarbeitsgericht eingelegt werden. Die Beschwerdefrist beträgt einen Monat ab Zustellung des begründet Beschlusses (§ 66 Abs. 1 S. 1 ArbGG analog).

Gegen die zweitinstanzlichen Beschlüsse der Landesarbeitsgerichte ist das Rechtsmittel der Rechtsbeschwerde zulässig. Diese muss wiederum vom Landesarbeitsgericht in den Fällen der grundsätzlichen Bedeutung der Rechtssache oder eine abweichende Entscheidung zur ständigen Rechtsprechung des Bundesarbeitsgerichts zugelassen sein. 244

VI. Besonderheiten

Nach §§ 46 Abs. 2, 80 Abs. 2 ArbGG gilt grds. für das arbeitsgerichtliche Verfahren die ZPO, sofern das Arbeitsgerichtsgesetz keine Sonderregelung enthält. Die nachstehende Tabelle stellt einige Besonderheiten dar: 245

2463

Parteifähigkeit (§ 10 ArbGG)	Neben der Parteifähigkeit aus § 50 ZPO sind auch Gewerkschaften und Arbeitgeberverbände sowie Zusammenschlüsse solcher Vereinigungen parteifähig, selbst wenn sie nicht rechtsfähig sind.
Prozessvertretung (§ 11 ArbGG)	Vor den Arbeits- und Landesarbeitsgerichten können sich die Parteien durch Vertreter von Gewerkschaften oder Arbeitgeberverbänden vertreten lassen.
verkürzte Einspruchsfrist (§59 ArbGG)	Im Gegensatz zur ZPO beträgt die Frist für den Einlegung eines Einspruches gegen ein Versäumnisurteil oder einen Vollstreckungsbescheid nur eine Woche, anstatt zwei.
Mahnverfahren	1. Die Widerspruchsfrist gegen den Mahnbescheid beträgt im Vergleich zur ZPO nur eine Woche, anstatt zwei (§ 46 a Abs. 3 ArbGG). 2. Für das arbeitsgerichtliche Mahnverfahren gilt die seit 01. 12. 2008 bestehende Verpflichtung des RA, Mahnanträge nur noch in elektronischer Form gem. § 690 Abs. 3 S. 2 ZPO einzureichen, nicht. Der Mahnantrag ist weiterhin auf dem amtlichen Vordruck beim zuständigen Arbeitsgericht einzureichen.
Ladungs- und Einlassungsfristen (§ 47 ArbGG)	Gem. § 47 Abs. 1 ArbGG muss zwischen Zustellung der Klageschrift und Termin mindestens eine Woche liegen (in der ZPO zwei Wochen gem. § 274 Abs. 3 ZPO).
PKH (§ 11 a ArbGG)	In Gegensatz zur ZPO kann im arbeitsgerichtlichen Verfahren einer bedürftigen Partei – auch ohne

	Prüfung der Erfolgsaussichten – auf Antrag ein RA beigeordnet werden, wenn die Gegenseite durch einen RA vertreten ist. Dies soll eine Chancengleichheit für Arbeitnehmer garantieren. Gem. § 11 a Abs. 2 ArbGG schließt jedoch offensichtliche Mutwilligkeit die Beiordnung aus.
Kostentragungspflicht (§ 12 a ArbGG)	In der ersten Instanz hat die obsiegende Partei anders als nach § 91 ZPO keinen Kostenerstattungsanspruch. Der Mandant ist hierauf (am besten schriftlich) hinzuweisen. Der RA hat eine entsprechende Belehrungspflicht.
Gerichtskosten	Anders als im Zivilprozess gibt es im arbeitsrechtlichen Verfahren keine Gerichtskostenvorschusspflicht. Die Kosten werden erst nach Beendigung des Verfahrens erhoben (§ 9 Gerichtskostengesetz). Die Gerichtskosten im Urteilsverfahren für den ersten Rechtszug betragen 2,0 nach Nr. 8210 KV GKG. Nach Vorbemerkung 8 des Kostenverzeichnisses GKG entfallen diese Gerichtskosten jedoch, wenn das Verfahren durch einen gerichtlichen oder dem Gericht mitgeteilten Vergleich beendet wird – gleich in welchem Verfahrensabschnitt. Da in der Praxis viele Verfahren mit einem Vergleich vor dem Arbeitsgericht enden, erscheint das Verfahren scheinbar gerichtskostenfrei zu sein. Die Gerichtskosten entfallen auch vor streitiger Verhandlung bei Klagerücknahme gem. Anmerkung Abs. 2 zu Nr. 8210 KV GKG. Nach streitiger Verhandlung reduzieren sich die Gerichtskosten bei einer Klagerücknahme oder einem Anerkenntnisurteil gemäß Nr. 8211 KV GKG lediglich auf 0,4.

VII. Gebühren

247 In arbeitsrechtlichen Angelegenheiten (egal ob Urteils- oder Beschlussverfahren) fallen die gleichen Gebühren wie im Zivilrecht (bürgerlichen Streitigkeiten) an.

Hinsichtlich der einzelnen Gebührentatbestände (Beratung, Geschäftsgebühr, Verfahrens-, Termins- und Einigungsgebühr) wird auf den RVG-Teil (vgl. 8. Kapitel Kosten und Gebühren) verwiesen. 248

Lediglich hinsichtlich der Terminsgebühr ist auf die Besonderheit des arbeitsgerichtlichen Verfahrens hinzuweisen. In der ersten Instanz vor dem Arbeitsgericht ist vor der streitigen Verhandlung (Kammertermin) zwingend ein Gütetermin vorgeschaltet. Die Terminsgebühr entsteht bereits bei der Teilnahme des RA am Gütetermin. Nimmt er jedoch auch noch am Kammertermin teil, so entsteht die Terminsgebühr nicht noch ein zweites Mal. 249

Im Beschlussverfahren erfolgt die Entscheidung meist ohne mündliche Verhandlung, so dass hier in der Regel nur eine 1,3 Verfahrensgebühr nach Nr. 3100 VV RVG entstehen wird. 250

Die größte Schwierigkeit im arbeitsrechtlichen Verfahren liegt vielmehr in der Bestimmung des Gegenstandswertes. So werden in der Kündigungsschutzklage neben den eigentlichen Kündigungsschutzantrag meist weitere Ansprüche (z. B. auf Erteilung eines Zeugnisses) geltend gemacht. 251

Für die eigentliche Kündigungsschutzklage findet sich eine gesetzliche Gegenstandswertregelung in § 42 Abs. 4 S.1 GKG, wonach der Gegenstandswert bis zu 3 Brutto-Monatsgehältern beträgt. Der Wortlaut ist hier entscheidend. Bis zu 3 Monatsgehältern bedeutet, der Gegenstandswert kann auch darunterliegen. Das Landesarbeitsgericht Berlin hat hierzu folgende Grundsätze entwickelt: 252
- bei einer Arbeitsverhältnisdauer bis zu 6 Monaten beträgt der Gegenstandswert = 1 Brutto-Monatsgehalt,
- bei einer Arbeitsverhältnisdauer zwischen 6–12 Monaten beträgt der Gegenstandswert = 2 Brutto-Monatsgehälter und
- ab einer Arbeitsverhältnisdauer von über 12 Monaten beträgt der Gegenstandswert = 3 Bruttto-Monatsgehälter.

Die bei Einreichung der Klage fälligen Beträge (z. B. ausstehende Lohnforderungen) sind gem. § 42 Abs. 5 S. 1 dem Gegenstandswert hinzuzurechnen. 253

Bei allen anderen nichtvermögensrechtlichen Ansprüchen (wie Erteilung eines Zeugnisses, Arbeitspapiere etc.) richtet sich der Gegenstandswert nach §§ 48 I GKG, 3 ZPO und wird nach billigen Ermessen bestimmt. Im Laufe der Zeit haben sich Richtwerte für die Ermessensausübung in der Rechtsprechung ergeben. Einige Beispiele hierzu sind: 254

255

Zeugnis	0,5–1 Brutto-Monatsgehalt
Arbeitspapiere	250,00 €
weitere Kündigung	1 Brutto-Monatsgehalt
Entfernung einer Abmahnung	1 Brutto-Monatsgehalt

256 **Achtung:** Abfindungen werden aber zum Gegenstandswert nicht hinzugerechnet gem. § 42 Abs. 4 S.1 letzer HS GKG.

E. Verwaltungsgerichtsbarkeit

I. Allgemeines

257 Die Verwaltungsgerichtsbarkeit ist eine der vier Fachgerichtsbarkeiten und dient der Kontrolle des Verwaltungshandelns. Es handelt sich hier meist um Streitigkeiten zwischen dem Bürger und dem Staat oder zwischen zwei Staatsorganen.

258 Das Verfahrensrecht der Verwaltungsgerichtsbarkeit ist in erster Linie in der Verwaltungsgerichtsordnung (VwGO) geregelt.

II. Zuständigkeit

259 Zuständig sind die Verwaltungsgerichte gem. § 40 Abs. 1 S. 1 VwGO für alle öffentlich-rechtlichen Streitigkeiten nichtverfassungsrechtlicher Art. Die Abgrenzung zur ordentlichen Zivilgerichtsbarkeit, zur Sozialgerichtsbarkeit und zur Finanzgerichtsbarkeit ist dabei nicht immer ganz einfach.

III. Instanzenzug

260 Die Verwaltungsgerichtsbarkeit ist dreistufig aufgebaut.

261 Für die meisten verwaltungsrechtlichen Verfahren ist dabei als erste Instanz das Verwaltungsgericht zuständig.

262 Die Oberverwaltungsgerichte dienen als Berufungs- und Beschwerdeinstanz gegen erstinstanzliche Entscheidungen der Verwaltungsgerichte sowie als Eingangsinstanz (1. Instanz) bei
- Normenkontrollen von Satzungen,
- landesrechtlichen Vereinsverboten und
- Verfahren zur Genehmigung bei bestimmten in § 48 Abs. 1 VwGO aufgezählten technischen Großprojekten.

263 Revisions- und Rechtsbeschwerdeinstanz ist das Bundesverwaltungsgericht mit Sitz in Leipzig. Es dient jedoch auch als Eingangsinstanz bei
- Streitigkeiten der Versicherungsaufsicht und
- bei nichtverfassungsrechtlichen Streitigkeiten zwischen Bund und Ländern oder zwischen verschiedenen Bundesländern.

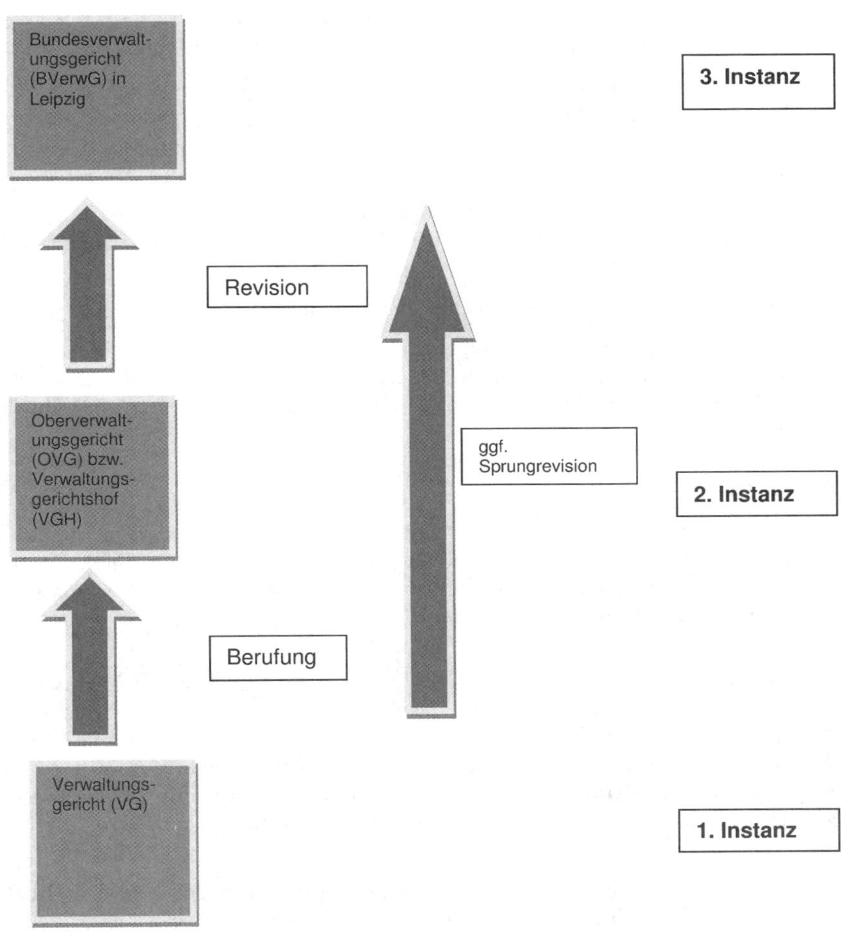

IV. Spruchkörper

Bei den Verwaltungsgerichten heißen die Spruchkörper Kammern, die mit 3 Berufsrichtern und bei einer mündlichen Verhandlung mit zwei zusätzlichen Ehrenrichtern, die von den Landkreisen bestimmt werden, besetzt sind. 264

Auf Zustimmung der Parteien kann dem Berichterstatter jedoch der Rechtsstreit als Einzelrichter übertragen werden. In der Praxis wird von dieser Regelung häufig Gebrauch gemacht, so dass Kammerentscheidungen die Ausnahme geworden sind. 265

Bei den Oberverwaltungsgerichten (in Bayern, Baden-Württemberg und Hessen historisch bedingt Verwaltungsgerichtshöfe genannt) heißen die Spruchkörper Senate, 266 die je nach Landesrecht unterschiedlich besetzt sind. Es gibt Besetzungen mit 3–5 Berufsrichtern mit und ohne zwei zusätzlichen ehrenamtlichen Richtern.

267 Beim Bundesverwaltungsgericht heißen die Spruchkörper ebenfalls Senate und sind jeweils mit 5–7 Berufsrichter besetzt.

V. Verfahren

268 Das Verfahren wird mit der Erhebung einer schriftlichen Klage eröffnet. Bei dem Verwaltungsgericht kann die Klage auch zur Niederschrift des Urkundsbeamten der Geschäftsstelle erhoben werden.

269 Die Beteiligten im verwaltungsrechtlichen Verfahren heißen Kläger und Beklagter.

270 Neben einen bestimmten Antrag und den zur Begründung dienenden Tatsachen und Beweismittel soll der Klage auch die angefochtene Verfügung und der Widerspruchsbescheid in Urschrift oder in Abschrift beigefügt werden (§ 82 Abs. 1 VwGO).

271 ► Praxistipp:

Anders als im Zivilprozess müssen sämtliche Schriftstücke nicht mit einer beglaubigten Abschrift versandt werden, da die gegnerische (Verwaltungs-)Behörde sich i. d. R. selbst verteidigt. Die Abschrift muss jedoch – anders als im Zivilprozess – mit sämtlichen Anlagen versehen sein.

272 Das Gericht kann ohne mündliche Verhandlung durch Gerichtsbescheid entscheiden, wenn die Sache keine besonderen Schwierigkeiten tatsächlicher oder rechtlicher Art aufweist und der Sachverhalt geklärt ist (§ 84 VwGO). Die Beteiligten jedoch sind vorher zu hören. Der Gerichtsbescheid hat die Wirkung eines Urteils. In berufungsfähigen Sachen wird damit die Instanz beendet, in nicht berufungsfähigen Angelegenheiten kann jeder Beteiligte die mündliche Verhandlung per Antrag erzwingen.

273 Das Gericht erforscht den Sachverhalt von Amts wegen; die Beteiligten haben dabei aber an der Sachverhaltsaufklärung mitzuwirken. Das Gericht ist jedoch an das Vorbringen und an die Beweisanträge der Beteiligten nicht gebunden (§ 86 VwGo).

274 In der Regel wird nach Klageerhebung das Verfahren schriftlich vorbereitet. In dem schriftlichen Verfahren soll der Vorsitzende vorbereitenden Ermittlungen, wie die Einholung eines Sachverständigengutachtens, erheben. Die Ermittlungen sollen so weit vorangetrieben werden, dass der Rechtsstreit in einer einzigen mündlichen Verhandlung erledigt werden kann (§ 87 VwGO). Im schriftlichen Verfahren sind die ehrenamtlichen Richter zunächst nicht beteiligt.

275 In der Regel kommt es nach Abschluss der Ermittlungen zu einer mündlichen Verhandlung unter Beteiligung der ehrenamtlichen Richter. In der mündlichen Verhandlung trägt der Berichterstatter zunächst den Sachverhalt nach Aktenlage vor, da-

nach wird die Sach- und Rechtslage mit den Beteiligten erörtert und es erfolgt ggf. eine Beweisaufnahme. Am Ende der Sitzung stellen die Beteiligten ihre Anträge. Die Entscheidung ergeht nach geheimer Beratung der Kammer durch Urteil.

Gegen die erstinstanzlichen Urteile der Verwaltungsgerichte ist das Rechtsmittel des Antrages auf Zulassung der Berufung gem. § 124 a Abs. 4 VwGO gegeben. Der Antrag auf Berufungszulassung muss innerhalb eines Monats ab Zustellung des begründeten Urteils beim Verwaltungsgericht gestellt werden und innerhalb von 2 Monaten ab Zustellung des begründeten Urteils begründet werden. Die Begründung ist, soweit sie nicht bereits mit dem Antrag vorgelegt worden ist, bei dem Oberverwaltungsgericht einzureichen. Die Stellung des Antrags hemmt die Rechtskraft des Urteils. 276

Wird der Antrag abgelehnt oder verworfen, so ist das erstinstanzliche Urteil rechtskräftig. Wird dem Antrag jedoch stattgegeben, so wird das Zulassungsverfahren als Berufungsverfahren fortgesetzt. 277

Das Verwaltungsgericht kann jedoch bei grundsätzlicher Bedeutung der Rechtssache auch die Berufung im erstinstanzlichen Urteil selbst zulassen. Die Berufung ist jedoch anders als im Zivilrecht beim erstinstanzlichen Verwaltungsgericht einzulegen gem. § 124 a Abs. 2 VwGO. Die Frist zur Berufungseinlegung beträgt wiederum 1 Monat ab Zustellung des begründeten Urteils, die Frist zur Berufungsbegründung 2 Monate ab Zustellung des begründeten Urteils gem. § 124 a Abs 2 und 3 VwGO). Die Begründung ist, soweit sie nicht bereits mit dem Antrag vorgelegt worden ist, bei dem Oberverwaltungsgericht einzureichen. 278

Die Berufungsinstanz ist dabei auch eine Tatsacheninstanz, d.h. das Oberverwaltungsgericht prüft den Streitfall innerhalb des Berufungsantrags im gleichen Umfang wie das Verwaltungsgericht. Es berücksichtigt auch neu vorgebrachte Tatsachen und Beweismittel. 279

Nach § 134 VwGO ist auch eine Sprungrevision möglich, wenn beide Parteien dem zustimmen und diese vom Verwaltungsgericht zugelassen wird. 280

Gegen die zweitinstanzlichen Urteile der Oberverwaltungsgerichte ist das Rechtsmittel der Revision gegeben, wenn die Revision im Urteil zugelassen worden ist oder aufgrund einer Nichtzulassungsbeschwerde erzwungen worden ist. 281

Die Revision wird jedoch gem. § 132 Abs. 2 VwGO nur zugelassen, wenn 282
- die Rechtssache grundsätzliche Bedeutung hat
- das Urteil von einer Entscheidung des Bundesverwaltungsgerichts, des Gemeinsamen Senats der obersten Gerichtshöfe des Bundes oder des Bundesverfassungsgerichts abweicht und auf dieser Abweichung beruht oder
- ein Verfahrensmangel geltend gemacht wird und vorliegt, auf dem die Entscheidung beruhen kann.

Die Nichtzulassungsbeschwerde ist gem. § 133 VwGO innerhalb eines Monats ab Zustellung des begründeten Urteils beim Oberverwaltungsgericht einzulegen und in- 283 nerhalb von 2 Monaten ab Zustellung des begründeten Urteils zu begründen. Die Begründung ist auch beim Oberverwaltungsgericht einzulegen.

284 Das Oberverwaltungsgericht kann der Beschwerde selbst abhelfen, indem es die Revision zugelässt. Wird der Beschwerde nicht abgeholfen, entscheidet das Bundesverwaltungsgericht durch Beschluss.

285 Die Frist für die Revision beträgt nach § 139 VwGO einen Monats ab Zustellung des vollständigen Urteils oder des Beschlusses über die Zulassung der Revision (Ergebnis der Nichtzulassungsbeschwerde. Die Revision muss schriftlich beim Oberverwaltungsgericht eingelegt werden. Die Begründungsfrist beträgt sodann zwei Monate ab Zustellung des vollständigen Urteils oder des Beschlusses über die Zulassung der Revision und ist beim Bundesverwaltungsgericht einzureichen (§ 139 Abs. 3 VwGO).

VI. Gebühren

286 In verwaltungsrechtlichen Angelegenheiten fallen grds. die gleichen Gebühren wie im Zivilrecht (bürgerlichen Streitigkeiten) an vgl. 8. Kapitel Kosten und Gebühren. Es handelt sich also um Wertgebühren nach einem Gegenstandswert.

1. Gegenstandswert

287 Der Gegenstandwert für die Anwaltsgebühren bestimmt sich gem. § 52 GKG nach der sich aus dem Antrag des Klägers für ihn ergebenden Bedeutung der Sache und ist nach billigem Ermessen zu bestimmen.

288 ► Praxistipp:

In der Rechtsprechung hat sich zu einzelnen Verwaltungsstreitigkeiten ein sogenannter Streitwertkatalog entwickelt. Der aktuelle Streitwertkatalog ist auf der Seite des Bundesverwaltungsgerichts (www.bverwg.de) unter dem Punkt Information → Streitwertkatalog zu finden.

289 Bietet der Sach- und Streitstand für die Bestimmung des Streitwertes keine genügenden Anhaltspunkte, ist ein Auffangstreitwert in Höhe von 5000,00 € gem. § 52 Abs. 2 GKG anzunehmen.

2. vorgerichtliche Vertretung

290 Vertritt der Rechtsanwalt den Auftraggeber in einer verwaltungsrechtlichen Angelegenheit vorgerichtlich, so entstehen Gebühren nach Teil 2 VV RVG.

291 Die Besonderheit im verwaltungsrechtlichen Angelegenheiten liegt jedoch darin, dass nach § 17 Nr. 1 RVG

– das Verwaltungsverfahren (das sogenannte Antragsverfahren) und

- das einem gerichtlichen Verfahren vorausgehende und der Nachprüfung der Verwaltungsaktes dienende weitere Verwaltungsverfahren (Rechtsbehelfsverfahren)

verschiedene Angelegenheiten neben dem gerichtlichen Verfahren sind, so dass hier ggf. zwei Geschäftsgebühren entstehen können.

Im Antragsverfahren entscheidet die Behörde zunächst einmal über den vom Bürger gestellten Antrag. Wird der RA bereits im Verfahrensabschnitt tätig, erhält er eine Geschäftsgebühr nach Nr. 2300 VV RVG. Die Gebühr ist innerhalb eines Rahmens von 0,5 bis 2,5 zu bestimmen. Die Schwellengebühr von 1,3 darf jedoch nur überschritten werden, wenn die Tätigkeit umfangreich oder schwierig war (vgl. 8.Kapitel Kosten und Gebühren). 292

Die Geschäftsgebühr nach Nr. 2300 VV RVG ist mangels Anrechnungsvorschrift auf die Geschäftsgebühr des Rechtsmittelverfahrens nicht anzurechnen. 293

Im Rechtsmittelverfahren entscheidet die Behörde über den vom Bürger eingereichten Rechtsbehelf (i.d.R. Widerspruch). Vertritt der RA den Auftraggeber auch in diesem Verfahrensabschnitt, nachdem er ihn bereits im Antragsverfahren vertreten hat, so erhält er hierfür eine Geschäftsgebühr nach Nr. 2301 VV RVG. Die Gebühr ist innerhalb eines Rahmens von 0,5 bis 1,3 zu bestimmen. Die Schwellengebühr von 0,7 darf jedoch nur überschritten werden, wenn die Tätigkeit umfangreich oder schwierig war. Wird der RA jedoch erstmalig im Rechtsbehelfsverfahren tätig, so erhält er die höhere Geschäftsgebühr nach Nr. 2300 VV RVG. 294

Neben den Geschäftsgebühren kann noch eine Einigungsgebühr nach Nr. 1000 VV RVG oder eine Erledigungsgebühr nach Nr. 1002 VV RVG in Höhe von 1,5 entstehen. 295

Vertritt der RA den Auftraggeber sowohl im Antrags- als auch im Rechtsbehelfsverfahren, so wird nach Vorbemerkung 3 Abs. 4 VV RVG nur die zuletzt entstandene Geschäftsgebühr auf die im sozialgerichtlichen Verfahren entstehende Verfahrensgebühr nach Nr. 3100 VV RVG angerechnet. 296

3. gerichtliches Verfahren

Die Gebühren in einem gerichtlichen Verwaltungsverfahren richten sich nach Teil 3 des Vergütungsverzeichnisses RVG. Grundsätzlich können also die gleichen Gebühren wie im Zivilprozess entstehen (vgl. 8.Kapitel Kosten und Gebühren), insbesondere: 297

- 1,3 Verfahrensgebühr Nr. 3100 VV RVG,
- 1,2 Terminsgebühr Nr. 3104 VV RVG,
- 1,0 Einigungsgebühr Nr. 1000,1003 VV RVG

Die Einigungsgebühr kann jedoch nur hinsichtlich Ansprüchen entstehen, über die vertraglich verfügt werden kann. 298

Kann über die Ansprüche des öffentlichen Rechts nicht vertraglich verfügt werden, so kann auch eine 1,0 Erledigungsgebühr nach Nr. 1002, 1003 VV RVG entstehen. 299

300 Hierfür ist es jedoch erforderlich, dass
- der Verwaltungsakt mit einem Rechtsbehelf angefochten worden ist,
- die Rechtssache sich ganz oder teilweise nach Aufhebung oder Änderung des mit einem Rechtsbehelf angefochtenen Verwaltungsakts erledigt hat und
- der RA muss an dieser Erledigung mitgewirkt haben.

301 Insbesondere an die Mitwirkung stellt die Rechtsprechung hohe Anforderungen. Es ist eine *„besondere, nicht nur unwesentliche und gerade auf die außergerichtliche Erledigung gerichtete Tätigkeit"* des Rechtsanwalts erforderlich. Die Einlegung und Begründung des Rechtsbehelfs allein oder auch Sachstandsanfragen reichen nach der Rechtsprechung für eine Mitwirkung des RA nicht aus. In der Praxis gibt es daher häufig um die Entstehung der Erledigungsgebühr Streit.

F. Sozialgerichtsbarkeit

I. Allgemeines

302 Die Sozialgerichtsbarkeit ist eine weitere Fachgerichtsbarkeit und beschäftigt sich mit den Angelegenheiten des Sozialrechts. Das Verfahrensrecht der Sozialgerichtsbarkeit ist in erster Linie im Sozialgerichtsgesetz (SGG) geregelt, ergänzend finden jedoch auch die Vorschriften der ZPO und des Gerichtsverfassungsgesetzes Anwendung, insoweit das SGG keine nähere Regelung enthält.

303 Die Sozialgerichtsbarkeit ist von der Arbeitsgerichtsbarkeit und der Verwaltungsgerichtsbarkeit abzugrenzen.

II. Zuständigkeiten

304 Die sachliche Zuständigkeit der Sozialgerichte ist in § 51 SGG abschließend geregelt. Insbesondere sind die Sozialgerichte in folgenden öffentlich-rechtlichen Streitigkeiten zuständig:
- in Angelegenheiten der gesetzlichen Rentenversicherung,
- in Angelegenheiten der gesetzlichen Krankenversicherung und Pflegeversicherung,
- in Angelegenheiten der gesetzlichen Unfallversicherung,
- in Angelegenheiten der Grundsicherung für Arbeitssuchende und der Arbeitsförderung sowie der übrigen Aufgaben der Bundesagentur für Arbeit,
- in Angelegenheiten der Sozialhilfe und des Asylbewerberleistungsgesetzes.

305 Die Rechtswegzuweisung an die Sozialgerichte hinsichtlich der Streitigkeiten über Sozialhilfe ist erst zum 01.01.2005 erfolgt. Davor waren die Verwaltungsgerichte zuständig.

306 Für alle nicht in § 51 SGG genannten sozialrechtlichen Streitigkeiten ist nämlich der Rechtsweg zur Verwaltungsgerichtsbarkeit gem. § 40 VwGO eröffnet.

307 In der örtlichen Zuständigkeit gibt es keine Besonderheiten.

III. Instanzenzug

Die Sozialgerichtsbarkeit ist dreistufig aufgebaut. 308

Die erste Instanz ist immer das Sozialgericht, Berufungs- und Beschwerdeinstanz ist das Landessozialgericht und Revisions- sowie Rechtsbeschwerdeinstanz das Bundessozialgericht mit Sitz in Kassel. 309

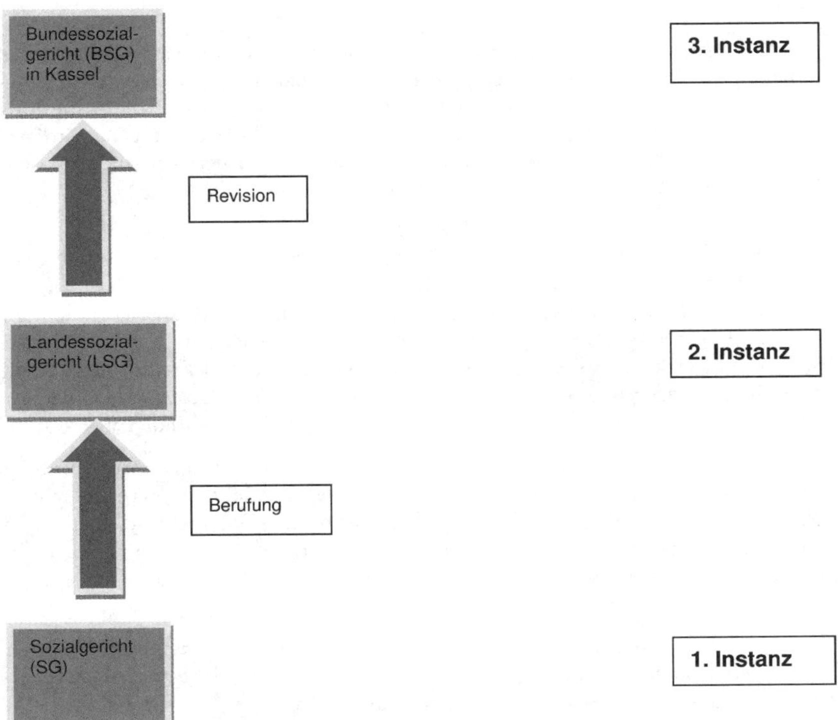

IV. Spruchkörper

Auch die Spruchkörper der Sozialgerichte sind Kollegialgerichte. 310

In erster Instanz heißen die Spruchkörper Kammern, die jeweils mit einem Berufsrichter und zwei ehrenamtlichen Richter besetzt sind. 311

Die ehrenamtlichen Richter bestimmen sich je nach Rechtsgebiet aus unterschiedlichen Personenkreisen: So bestimmt sich in Angelegenheiten der Sozialversicherung und der Bundesagentur für Arbeit je ein ehrenamtlicher Richter aus dem Kreis der Arbeitgeber und einer aus dem Kreis der Versicherten, in Angelegenheiten der Sozialhilfe werden die ehrenamtlichen Richter von den Landkreisen bestimmt. 312

313 Die Spruchkörper der zweiten und dritten Instanz heißen Senate und sind mit jeweils drei Berufsrichtern und zwei ehrenamtlichen Richtern besetzt.

V. Verfahren

314 In der Sozialgerichtsbarkeit gilt – soweit der Sachverhalt streitig ist – der Amtsermittlungsgrundsatz, d. h., das Gericht hat den Sachverhalt von Amts wegen zu erforschen.

315 Nach der erstinstanzlichen Klageerhebung schließt sich in der Regel ein schriftliches Verfahren an. In diesem schriftlichen Verfahren finden die vorbereitenden Ermittlungen, wie die Einholung eines Sachverständigengutachtens, statt. Die Ermittlungen sollen so weit vorangetrieben werden, dass der Rechtsstreit in einer einzigen mündlichen Verhandlung erledigt werden kann. Im schriftlichen Verfahren sind die ehrenamtlichen Richter zunächst nicht beteiligt.

316 Grundsätzlich kommt es sodann nach Abschluss der Ermittlungen zu einer mündlichen Verhandlung unter Beteiligung der ehrenamtlichen Richter. In der mündlichen Verhandlung trägt der Vorsitzende zunächst den Sachverhalt nach Aktenlage vor, danach wird die Sach- und Rechtslage mit den Beteiligten erörtert und es erfolgt ggf. eine Beweisaufnahme. Am Ende der Sitzung stellen die Beteiligten ihre Anträge und nach geheimer Beratung des Spruchkörpers verkündet der Vorsitzende das Urteil, das er in Grundzügen mündlich begründet. Das schriftliche Urteil wird innerhalb von 5 Monaten schriftlich mit den ausführlichen Entscheidungsgründen abgesetzt.

317 Unter bestimmten Voraussetzungen kann aber auch eine schriftliche Entscheidung in voller Besetzung der Kammer bzw. des Senates ohne mündliche Verhandlung ergehen, wenn alle Beteiligten diesem Vorgehen zustimmen. Wenn ein Beteiligter zum Termin nicht erscheint, besteht auch die Möglichkeit, eine Entscheidung nach Aktenlage zu erlassen, sofern in der Ladung hierauf ausdrücklich hingewiesen worden ist.

318 Eine Besonderheit besteht in der Sozialgerichtsbarkeit insoweit, dass der Rechtsstreit durch Gerichtsbescheid entschieden werden kann. Dieser Gerichtsbescheid wird allein durch den Vorsitzenden erlassen und hat die Wirkung eines Urteils. In berufungsfähigen Sachen wird damit die Instanz beendet, in nicht berufungsfähigen Angelegenheiten kann jeder Beteiligte die mündliche Verhandlung per Antrag erzwingen.

319 Eine weitere Besonderheit ist, dass der Kläger zu jeder Zeit die Klage zurücknehmen kann, ohne dass er sanktioniert wird (insbesondere ohne Kostenfolge). Die Sozialgerichtsbarkeit kennt im Übrigen auch keine Versäumnis- oder Anerkenntnisurteile.

320 ► **Praxistipp:**

Anders als im Zivilprozess müssen sämtliche Schriftstücke nicht mit einer beglaubigten Abschrift versandt werden, da die gegnerische (Verwaltungs-)Behörde sich

i. d. R. selbst verteidigt. Die Abschrift muss jedoch – anders als im Zivilprozess – mit sämtlichen Anlagen versehen sein.

VI. Gebühren

In sozialrechtlichen Angelegenheiten ist grundsätzlich zu unterscheiden zwischen 321
- Angelegenheiten, in deren Betragsrahmengebühren und
- Angelegenheiten, in deren Wertgebühren

entstehen. Zur der Rechtsnatur der einzelnen Gebührenarten vgl. 8. Kapitel Kosten und Gebühren.

Die entscheidende Vorschrift für diese Unterteilung ist § 3 RVG. Die Frage, ob in 322 einer Sache nämlich Wertgebühren nach einem Gegenstandswert berechnet werden oder Betragsrahmengebühren entstehen, richtet sich danach, ob das Gerichtskostengesetz (GKG) Anwendung findet.

Ist das GKG anwendbar, so entstehen Wertgebühren nach dem Gegenstandswert der 323 Angelegenheit. Findet das GKG hingegen keine Anwendung, so sind Betragsrahmengebühren abzurechnen.

Dies gilt entsprechend auch für vorgerichtliche Tätigkeiten des Rechtsanwalts. 324

Es stellt sich nunmehr die Frage, in welchen Fällen das Gerichtskostengesetz Anwen- 325 dung findet. § 1 Nr. 4 GKG verweist insoweit auf das Sozialgerichtsgesetz (SGG). § 183 SGG enthält eine Aufzählung von Personengruppen, u. a.
- Versicherte der Sozialversicherung,
- Leistungsempfänger der Sozialversicherung,
- Behinderte,
- Rechtsnachfolger der vorstehend genannten Personen.

Gehört weder der Kläger noch der Beklagte zu einer der dort genannten Personen- 326 gruppen, so werden Kosten nach dem Gerichtskostengesetz erhoben und Wertgebühren entstehen (z. B. die Vertretung eines Arbeitgebers gegen die Krankenkasse oder die Berufsgenossenschaft).

Soweit jedoch die obigen Personengruppen am Verfahren auf Kläger- oder Beklag- 327 tenseite stehen, ist das Verfahren vor dem Sozialgericht gerichtskostenfrei und Betragsrahmengebühren fallen an (z. B. die Vertretung eines Arbeitssuchenden gegen die Bundesagentur für Arbeit auf Bewilligung von Hartz IV).

Als Betragsrahmengebühren können folgende Gebühren entstehen: 328

3296

Gebühren	Betragsrahmen in €	Mittelgebühr in €
vorgerichtlich:		
Geschäftsgeb. 2400 VV RVG	40,00 – 520,00	280,00

Gebühren	Betragsrahmen in €	Mittelgebühr in €
		(Schwellenwert 240,00]
Geschäftsgeb. 2401 VV RVG	40,00–260,00	150,00 (Schwellenwert 120,00)
Einigungs- oder Erledigungsgeb. Nr. 1005 VV RVG	40,00–520,00	280,00
1. Instanz:		
Verfahrensgebühr Nr. 3102 VV RVG	40,00–460,00	250,00
Verfahrensgebühr Nr. 3103 VV RVG (nach vorgerichtl. Tätigkeit in Antrags- oder Rechtsbehelfsverfahren)	20,00–320,00	340,00
Terminsgeb. Nr. 3106 VV RVG	20,00–380,00	200,00
Einigungs- oder Erledigungsgeb. Nr. 1006 VV RVG	30,00–350,00	190,00
2. Instanz:		
Verfahrensgeb. Nr. 3204 VV RVG	50,00–570,00	310,00
Terminsgebühr Nr. 3205 VV RVG	20,00–380,00	200,00
3. Instanz:		
Verfahrensgeb. Nr. 3212 VV RVG	80,00–800,00	440,00
Terminsgeb. Nr. 3213 VV RVG	40,00–700,00	370,00
Einigungs- und Erledigungsgeb. für 2. und 3. Instanz nach Nr. 1007 VV RVG	40,00–460,00	500,00

330 Zum Anfallen der einzelnen Gebühren vgl. die Gebührentatbestände unter 8. Kapitel Kosten und Gebühren.

331 Hinsichtlich der Wertgebühren gibt es die Besonderheit, dass vorgerichtlich zwei Geschäftsgebühren anfallen können, und zwar für das Antrags- und das Rechtsbehelfsverfahren:

Gebühren	Wertrahmen	Mittelgebühr	
Geschäftsgeb. Nr. 2300 VV RVG	0,5–2,5	1,5 (Schwellenwert 1,3)	332
Geschäftsgeb. Nr. 2301 VV RVG (Tätigkeit ist im Verwaltungsverfahren/ Antragsverfahren vorausgegangen)	0,5–1,3	0,9 (Schwellenwert 0,7)	

Die Wertgebühren im gerichtlichen Verfahren sind identisch mit denen im normalen Zivilverfahren. Vertritt der Rechtsanwalt den Auftraggeber sowohl im Antrags- wie im Rechtsbehelfsverfahren, so wird nach Vorbemerkung 3 Abs. 4 VV RVG nur die zuletzt entstandene Geschäftsgebühr auf die im sozialgerichtlichen Verfahren entstehende Verfahrensgebühr nach Nr. 3100 VV RVG angerechnet. 333

G. Finanzgerichtsbarkeit

I. Allgemeines

Die Finanzgerichtsbarkeit ist die vierte Fachgerichtsbarkeit. Ihre wichtigste Aufgabe ist die Gewährung von Rechtsschutz gegen Verwaltungsakte (in der Regel Steuerbescheide) der Finanzbehörden, 334

II. Zuständigkeit

Die Finanzgerichte entscheiden über 335
- öffentliche- rechtliche Streitigkeiten in Abgabenangelegenheiten (also v.a. über Streitigkeiten über Bundes- und Landessteuern und Zölle) sowie
- berufsrechtliche Streitigkeiten der Steuerberater.

Hiervon ist die Verwaltungsgerichtsbarkeit abzugrenzen. Die Verwaltungsgerichte entscheiden über nicht abgabenrechtliche öffentlich-rechtliche Streitigkeiten. 336

III. Instanzenzug

Anders als bei den übrigen Gerichtsbarkeiten ist die Finanzgerichtsbarkeit nur zweistufig. Eingangsgericht ist das jeweilige Finanzgericht. Als einziges Rechtsmittel gegen ein Urteil eines Finanzgerichtes gibt es die Revision. Diese führt, sofern sie zugelassen wird, zum Bundesfinanzhof in München. Im Falle der Nichtzulassung der Berufung kann Nichtzulassungsbeschwerde erhoben werden. 337

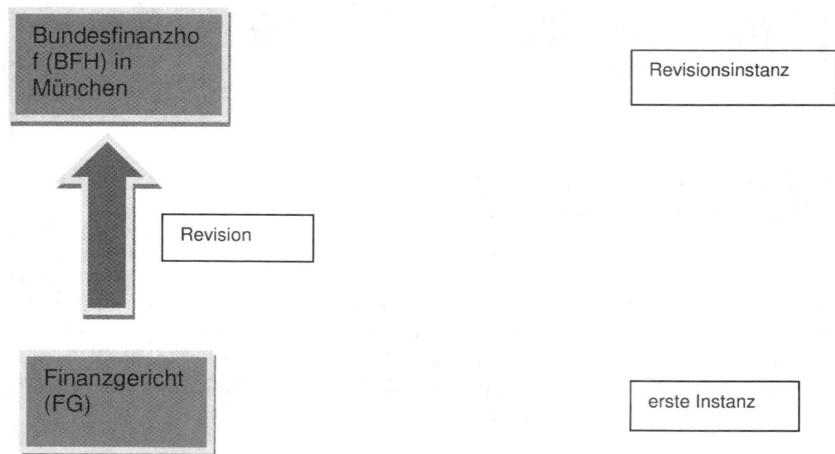

IV. Spruchkörper

338 Die Spruchkörper bei den Finanzgerichten (1. Instanz) sind i. d. R. Senate mit 3 Berufsrichtern und 2 ehrenamtlichen Richtern oder aber der Einzelrichter.

339 Beim Bundesfinanzhof bestehen die Senate aus 5 Berufsrichtern.

V. Verfahren

340 Das Verfahren und die Klagearten bestimmen sich nach der Finanzgerichtsordnung, sind aber im Wesentlichen identisch mit denen der Verwaltungsgerichtsbarkeit.

341 Eine Ausnahme besteht jedoch darin, dass neben Rechtsanwälten auch Steuerberater und Wirtschafsprüfer vertretungsbefugt sind, wobei ein Vertretungszwang erst vor dem Bundesfinanzgericht besteht.

342 ▶ Praxistipp:

Anders als im Zivilprozess müssen sämtliche Schriftstücke nicht mit einer beglaubigten Abschrift versandt werden, da die gegnerische (Finanz-)Behörde sich i. d. R. selbst verteidigt. Die Abschrift muss jedoch – anders als im Zivilprozess – mit sämtlichen Anlagen versehen sein.

VI. Gebühren

1. Gegenstandswert

343 Betrifft der Antrag des Klägers eine bezifferte Geldleistung oder einen hierauf gerichteten Verwaltungsakt (Steuerbescheid), ist deren Höhe für den Gegenstandswert maßgebend, § 52 Abs. 3 GKG. Ansonsten bestimmt sich der Gegenstandswert nach

§ 52 Abs. 1 GKG, wonach der Streitwert nach der sich aus dem Antrag des Klägers für ihn ergebenen Bedeutung der Sache nach Ermessen zu bestimmen ist Dabei darf der Streitwert bei der Finanzgerichtsbarkeit nicht unter 1.000,00 € liegen (§ 52 Abs. 4 GKG).

Bietet der Sach- und Streitgegenstand für die Bestimmung des Gegenstandswertes keine genügenden Anhaltspunkte, ist gem. § 52 Abs. 2 GKG ein Auffanggegenstandswert von 5.000,00 € anzunehmen. 344

2. außer- und vorgerichtliche Vertretung

Für die Erfüllung steuerlicher Buchführungs- und Aufzeichnungspflichten sowie für die Hilfe bei allgemeinen Steuerpflichten kann der Rechtsanwalt grundsätzlich eine Vergütung nach der Steuerberatergebührenverordnung verlangen. 345

Für die vorgerichtliche Tätigkeit in einem (Steuer-)Verwaltungsverfahren (Antragsverfahren) und einem anschließenden Rechtsbehelfsverfahren gilt, wie im Verwaltungsverfahren, dass dies nach § 17 Nr. 1 RVG jeweils verschiedene Angelegenheiten sind. 346

Für eine vorgerichtliche Tätigkeit in einem Steuerverwaltungsverfahren (Antragsverfahren) erhält der Rechtsanwalt daher eine Geschäftsgebühr nach Nr. 2300 (0,5–2,5; Schwellenwert 1,3). vgl. 8. Kapitel Kosten und Gebühren. 347

Für das Rechtsbehelfsverfahren, das der Nachprüfung des Verwaltungsaktes dient (z. B. Einspruch gegen den Steuerbescheid) kann der Rechtsanwalt eine weitere, im Gebührenrahmen etwas reduzierte, Geschäftsgebühr nach Nr. 2301 VV RVG (0,5–1,3; Schwellengebühr 0,7) abrechnen. Wird der Rechtsanwalt jedoch erstmalig im Rechtsbehelfsverfahren tätig, so kann er die erste Geschäftsgebühr nach Nr. 2300 VV RVG verlangen. 348

Vertritt der Rechtsanwalt den Auftraggeber sowohl im Antrags- wie im Rechtsbehelfsverfahren, so wird nach Vorbemerkung 3 Abs. 4 VV RVG nur die zuletzt entstandene Geschäftsgebühr auf die im finanzgerichtlichen Verfahren entstehende Verfahrensgebühr nach Nr. 3200 VV RVG angerechnet. 349

3. gerichtliches Verfahren

Da in der Finanzgerichtsbarkeit nur zwei Instanzen existieren, wurde dies auch im RVG berücksichtigt. Nach Vormerkung 3.2.1 Absatz 1 Ziffer 1 gelten die Nummer 3200 ff VV RVG, die grundsätzlich für das zivilrechtliche Berufungsverfahren gelten, auch im Verfahren vor den Finanzgerichten, mit der Folge, dass die Verfahrensgebühr für die 1. Instanz beim Finanzgericht in Höhe von 1,6 (anstatt einer 1,3 im Zivilverfahren) nach Nr. 3200 VV RVG entsteht. 350

Die Terminsgebühr beträgt nach Nr. 3202 VV RVG 1,2. 351

352 Im Revisionsverfahren vor dem Bundesfinanzhof entstehen Gebühren nach Teil 3, Abschnitt 2, Unterabschnitt 2 VV RVG, insbesondere eine 1,6 Verfahrensgebühr nach Nr. 3206 VV RVG und eine 1,5 Terminsgebühr nach Nr. 3210 VV RVG.

353 Sowohl vorgerichtlich als auch im finanzgerichtlichen Verfahren kann zusätzlich eine Einigungs- oder Erledigungsgebühr entstehen, wenn die Voraussetzungen hierfür vorliegen (vgl. 8. Kapitel Kosten und Gebühren). Vorgerichtlich (sowohl im Antrags- als im Rechtsbehelfsverfahren) beträgt die Höhe der Einigungsgebühr nach Nr. 1000 VV RVG 1,5.

354 Umstritten ist es jedoch, in welcher Höhe sie vor den Finanzgerichten entsteht, und zwar in Höhe von 1,0 oder 1,3.

355 Da für das Finanzverfahren der 1. Instanz die Gebührenvorschriften für das Berufungsverfahren in Zivilsachen für die Verfahrens- und Terminsgebühr anzuwenden sind, spricht vieles dafür, dass dies auch für die Einigungs- und Erledigungsgebühr gelten muss, und die Gebühren jeweils in Höhe von 1,3 entstehen.

12. Kapitel: Das selbstständige Beweisverfahren

Übersicht Rdn.

A. Allgemeines:

Das selbstständige Beweisverfahren ist in den §§ 485 ff. ZPO geregelt. Ziel dieses Verfahrens ist es, ohne großen Aufwand und beschleunigt Tatsachen festzustellen. In der Regel trägt dieses Verfahren auch dazu bei, ein streitiges Verfahren zu vermeiden. Besonderheit dieses Verfahrens ist, dass weder eine mündliche Verhandlung noch eine abschließende gerichtliche Entscheidung zwingend vorgesehen sind. 1

Ist ein Rechtsstreit bereits anhängig, kann in diesem Verfahren ebenfalls ein derartiger Antrag gestellt werden. 2

Besondere Bedeutung hat dieses Verfahren insbesondere in Bausachen, mietrechtlichen Angelegenheiten, Arzthaftungsangelegenheiten, Streitigkeiten betreffend Grundstücke/Gebäude wegen des Zustandes. 3

Gem. § 204 Abs. 1 Nr. 7 BGB, § 167 ZPO wird die Verjährung eines Anspruchs durch die Einleitung des selbständigen Beweisverfahrens gehemmt 4

B. Zulässigkeit

Die Zulässigkeitsvoraussetzungen sind in § 485 ZPO geregelt. 5

Alternative 1. / Zulässigkeitsvoraussetzung gem. **§ 485 Abs. 1 ZPO:** 6

Danach ist der Antrag während oder außerhalb eines Streitverfahrens zulässig auf 7

1. Einnahme des Augenscheins, 8

2. Vernehmung von Zeugen 9

3. Anordnung der Begutachtung durch einen Sachverständigen 10

wenn 11

1. der Antragsgegner zustimmt 12

oder

13 2. zu besorgen ist, dass das Beweismittel verloren oder seine Benutzung erschwert wird.

14 Immer dann, wenn die Gefahr besteht, dass ein Beweismittel droht verloren zu gehen oder die Benutzung erschwert wird, ist die Zustimmung des Antragsgegners nicht erforderlich.

15 ▶ **Beispiel:**

Ein in einem streitigen Verfahren benannter Zeuge ist lebensgefährlich erkrankt. Auf Grund seiner ernsthaften Erkrankung besteht die Gefahr, dass der Zeuge nicht mehr gehört werden kann.

Die in § 485 Abs. 1 ZPO genannten Beweismittel sind abschließend aufgezählt; demnach ist ein Urkundenbeweis oder die Parteivernehmung nicht möglich.

Antrag und Verfahren gem. § 485 Abs. 1:

– Zustimmung durch den Antragsgegner:

16 Liegt die Zustimmung des Antragsgegners vor, ist neben dem notwendigen Inhalt des Antrages gem. § 487 ZPO diese dem Gericht vorzulegen oder aber von dem Antragsgegner gegenüber dem Gericht selbst zu erklären. Diese vom dem Antragsteller einmal erklärte Zustimmung ist als Prozesshandlung unwiderruflich (vgl. Zöller, 28. Auflage, § 485 Rn. 2).

– Für den Fall, dass ein Beweismittel droht verloren zu gehen oder seine Benutzung erschwert wird, ist die Zustimmung des Antragsgegners nicht erforderlich.

17 ▶ **Musterantrag auf Anordnung des selbstständigen Beweisverfahrens gem. § 485 Abs. 1 ZPO**

An das

AG

In dem Rechtsstreit

Kläger ./. Beklagter

Geschäftszeichen: ...C .../12

beantrage ich namens und in Vollmacht des Klägers im Wege des selbstständigen Beweisverfahrens gem. § 485 Abs. 1 ZPO – ohne mündliche Verhandlung – die Vernehmung des Zeugen ...., zu laden über Anschrift, zu folgendem Beweisthema anzuordnen:

Hat der Beklagte in Anwesenheit des Zeugen ... zugesichert, dass ein neues Getriebe an dem Fahrzeug mit dem amtlichen Kennzeichen ..., Fahrgestell-Nr., eingebaut worden ist.

Begründung:

Der Zeuge [Name] kann/wird den klägerischen Vortrag bestätigen, wonach der Beklagte im Zuge der Vertragshandlungen in Anwesenheit des Zeugen dem Kläger am 13. 03. 2012 zugesichert hat, dass er ein neues Getriebe zu einem Preis in Höhe von 3.000,00 EUR eingebaut hat und die Rechnung nachreichen werde.

Da der Zeuge zwischenzeitlich schwer erkrankt ist, ist nicht auszuschließen, dass dieser im Zeitpunkt einer Beweisaufnahme oder in dem Hauptsacheverfahren nicht mehr vernommen werden kann.

Beglaubigte und einfache Abschrift anbei.

Rechtsanwalt/Rechtsanwältin

Alternative 2 / Zulässigkeitsvoraussetzung gem. § 485 Abs. 2 ZPO

Danach kann eine Partei, sofern ein Rechtsstreit nicht anhängig ist, die schriftliche Begutachtung durch einen Sachverständigen beantragen – vorausgesetzt, dass sie ein berechtigtes Interesse daran hat festzustellen: 18

1. Zustand einer Person oder den Zustand oder den Wert einer Sache, 19

z. B. Feststellung des Zustandes eines scheinbar fertig gestellten Bauwerks.

2. Ursache eines Personenschadens, Sachschadens oder Sachmangels, 20

z. B. Einholung eines medizinischen Sachverständigengutachtens, zur Klärung der Beweisfrage, ob und in welchem Umfang die Verletzung auf den Verkehrsunfall zurückzuführen ist.

3. Aufwand für die Beseitigung eines Personenschadens, Sachschadens oder Sachmangels 21

z.B. Besteht zwischen den Parteien Streit darüber, ob ein Mangel an einem Bauwerk vorliegt und des Weiteren welche Kosten die Beseitigung dieses Mangels verursachen, kann zum Einen der Zustand der Sache gem. § 485 Abs. 2 Nr. 1 ZPO und die Kosten der Beseitigung des Mangels gem. § 485 Abs. 2 Nr. 3 ZPO durch ein schriftliches Sachverständigengutachten geklärt werden.

► Das selbstständige Beweisverfahren dient zur Klärung von Tatsachen. Besteht also zwischen den Parteien Streit vorwiegend über Rechtsfragen, findet das Beweisverfahren keine Anwendung. 22

Von einem rechtlichen Interesse des Antragstellers ist immer dann auszugehen, wenn die Feststellung der Vermeidung eines Rechtsstreits dienen kann. Ausreichend ist demnach bei einem entsprechenden Antrag, dass ein Rechtsverhältnis (gesetzliches oder vertragliches) zwischen den Parteien besteht und ein Antragsgegner vorhanden ist. 23

Antrag und Verfahren gem. § 485 Abs. 2 ZPO

24 Die Zulässigkeitsvoraussetzungen eines solchen Antrages sind

25 1. Keine Anhängigkeit des Rechtsstreits in der Hauptsache.

26 Wird nach Einleitung des Verfahrens der Prozess in der Hauptsache anhängig, entfällt die Zulässigkeit des selbstständigen Beweisverfahrens, sofern keine Fortsetzung des Verfahrens gem. § 485 Abs. 1 ZPO in Frage kommt.

27 2. Notwendiges rechtliches Interesse:

28 Der Antragsteller muss ein notwendiges rechtliches Interesse haben.

29 Droht z. B. die Verjährung, ist das notwendige rechtliche Interesse gegeben.

30 3. Zulässigkeit des Beweismittels:

31 In dem Verfahren gem. **§ 485 Abs. II ZPO** ist als Beweismittel ausschließlich ein schriftliches Sachverständigengutachten zugelassen.

32 4. Zulässigkeit des Beweisgegenstandes:

33 Ausschließlich die in § 485 Abs. 2 ZPO Nr. 1 bis 3 genannten Beweisfragen. Siehe 2. Alternative/ Zulässigkeitsvoraussetzungen.

34 ► Das Verfahren und die Antragstellung gem. **§ 485 Abs. 2 ZPO** ist ausschließlich vorprozessual zulässig. Es darf kein anhängiges Verfahren geben. Ziel dieses Verfahrens ist die Entlastung der Gerichte.

Als einziges Beweismittel im selbstständigen Beweisverfahren gem. **§ 485 Abs. 2 ZPO** ist allein das schriftliche Sachverständigengutachten zulässig. Ein Beweisverfahren, das z. B. als Voraussetzung die Augenscheinnahme oder Zeugenvernehmung erfordert, scheidet demnach aus.

Für den Antragsteller besteht keine Verpflichtung, einen Sachverständigen zu benennen, er kann jedoch einen Sachverständigen vorschlagen. Ein rechtlicher Anspruch darauf, dass das Gericht den vorgeschlagenen Sachverständigen ernennt, besteht nicht.

Sachverständigenverzeichnisse finden Sie im Internet beispielhaft unter: http://svv.ihk.de/content/home/home.ihk

http://iw.homepagepreview.de/index.php?id=106

C. Gerichtliche Zuständigkeit gem. § 486 ZPO

35 1. Ist ein Rechtsstreit bereits anhängig, erfolgt die Antragstellung bei diesem Gericht (Prozessgericht)

36 2. Ist ein Rechtsstreit nicht anhängig, so ist das Gericht zuständig, das in der Hauptsache zuständig wäre. In seinem sich ggf. anschließenden Hauptsachverfah-

ren kann sich der Antragsteller nicht mehr auf eine Unzuständigkeit des angerufenen Gerichts berufen.

3. Bei dringender Gefahr kann eine Antragstellung auch bei dem Gericht erfolgen, in dessen Bezirk sich die zu vernehmende oder begutachtende Person aufhält oder sich eine in Augenschein zu nehmende oder zu begutachtende Sache befindet. 37

4. Die Antragstellung kann vor der Geschäftsstelle des Gerichts erfolgen. Der Antrag kann wahlweise auch schriftlich eingereicht werden. 38

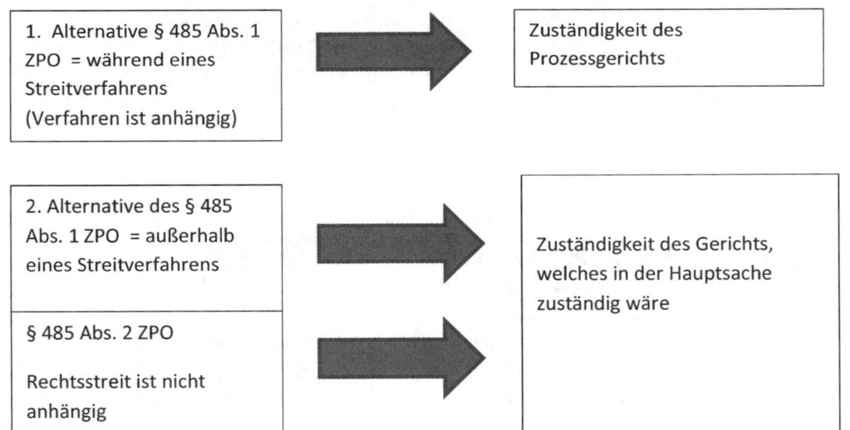

► Die sachliche Zuständigkeit ist nach den Vorschriften der §§ 23, 71 GVG zu bestimmen. 39

Die örtliche Zuständigkeit ist nach den Vorschriften der §§ 12ff. ZPO zu bestimmen.

Sind die Voraussetzungen für die funktionelle Zuständigkeit der Kammer für Handelssachen gem. § 94ff. GVG gegeben, sollte der Antragsteller den Antrag bei diesem Gericht stellen, da anderenfalls durch einen zu erwartenden Verweisungsantrag des Antragsgegners gem. § 98 GVG eine nicht zu unterschätzende Verzögerung des Verfahrens und somit möglicherweise der Verlust oder Untergang des Beweismittels eintreten kann.

D. Inhalt des Antrages gem. § 487 ZPO

Der Antrag ist an folgende Muss-Vorschriften gebunden: 40

- Bezeichnung des Antragsgegners
- Bezeichnung der Tatsachen, über die Beweis erhoben werden soll

- Benennung der Zeugen oder die Bezeichnung der übrigen nach § 485 ZPO zulässigen Beweismittel
- Glaubhaftmachung der Tatsachen, die die Zulässigkeit des selbstständigen Beweisverfahrens und die Zuständigkeit des Gerichts begründen sollen.

41 ► Dabei handelt es sich um Zulässigkeitsvoraussetzungen. Liegen Mängel in der Antragstellung vor, kann der Antrag als unzulässig abgewiesen werden, jedoch hat das Gericht gem. § 139 ZPO in dem selbstständigen Beweisverfahren vor einer Zurückweisung eine Hinweispflicht.

Gem. § 494 ZPO kann der Antragsteller auf die Benennung des Gegners verzichten, wenn der Antragsteller dem Gericht glaubhaft machen kann, ohne Verschulden daran gehindert zu sein. Dies ist insbesondere bei Ansprüchen der Fall, denen eine vorangegangene Straftat zugrunde liegt und bei denen der Antragsgegner als Verursacher/Schädiger unbekannt ist.

E. Form des Antrages

42 Da gem. § 486 Abs. 4 ZPO der Antrag vor der Geschäftsstelle des Gerichts erklärt werden kann, schreibt das Verfahren für die Antragstellung selbst keinen Anwaltszwang vor. Eine anwaltliche Vertretung ist somit nicht vorgeschrieben. Auch wenn ein solcher Antrag dem Antragsgegner vom Landgericht zugestellt wird, ist dieser zunächst nicht verpflichtet, einen Rechtswalt zu beauftragen. Einen vom Sachverständigen anberaumten Ortstermin können die Parteien auch ohne einen Rechtsanwalt wahrnehmen.

43 Lädt das Landgericht jedoch auf Antrag einer der Parteien den Sachverständigen zwecks Erläuterung seines Gutachtens gem. § 411 Abs. 3 ZPO, greift der gem. § 78 Abs. 1 ZPO vorgeschriebene Anwaltszwang. Die Wahrnehmung dieses Termins kann ausschließlich nur in Vertretung durch einen Rechtsanwalts erfolgen.

44 ► Solange in dem Verfahren nicht mündlich vor den Landgericht verhandelt wird, kann das selbstständige Beweisverfahren von dem Antragsteller, Antragsgegner sowie den Streithelfern ohne anwaltliche Vertretung betrieben werden. Lädt das Gericht, vor dem gem. § 78 ZPO Anwaltszwang herrscht, die Parteien zu einer Erörterung, muss eine Vertretung durch Rechtsanwälte erfolgen.

► Musterantrag auf Anordnung des selbstständigen Beweisverfahrens

45 gem. § 485 Abs. 2 ZPO

An das

Landgericht

Antrag auf Anordnung eines selbstständigen Beweisverfahrens

gem. § 485 Abs. 2 ZPO

des vollständige Bezeichnung des Antragstellers nebst Anschrift und ggf.

gesetzlicher Vertretung, – Antragstellers –,

Verfahrensbevollmächtigte:

gegen

den .... vollständige Bezeichnung des Antragsgegners nebst Anschrift und ggf.

gesetzlicher Vertretung, – Antragsgegnerin –,

vorläufiger Gegenstandswert: 7.000 EUR

Namens und in Vollmacht des Antragstellers beantrage ich,

im Wege des selbstständigen Verfahrens gem. § 485 Abs. 2 ZPO – ohne mündliche Verhandlung – die Einholung eines schriftlichen Sachverständigengutachtens zu den nachfolgenden Tatsachen anzuordnen:

1)

Liegt an dem Fahrzeug Alfa Romeo, Fahrgestell-Nr. :... amtliches Kennzeichen ein konstruktiver Getriebeschaden vor

2.) Welche Maßnahmen innerhalb welchen Zeitraums sind erforderlich, um den bestehenden Mangel zu beheben

3.) War der unter Ziffer 1.) genannte Mangel zum Zeitpunkt des Gefahrenübergangs vorhanden?

4.) Welche Kosten fallen für die unter Ziffer 2.) genannte Maßnahme an?

5.) Es wird angeregt, den Sachverständigen, Name, Anschrift, mit der Erstellung des Sachverständigengutachtens zu beauftragen.

Begründung:

Der Antragsteller ist Eigentümer und Besitzer des Pkw mit dem amtlichen Kennzeichen ... Der Antragsteller kaufte am 01.03.2012 von dem Antragsgegner das in Ziffer 1.) genanntes fabrikneues Fahrzeug zu einem Preis in Höhe von 25.000,00 EUR. Das Fahrzeug wurde dem Antragsteller am 15.04.2012 auf dem Geschäftsgelände der Antragsgegnerin übergeben.

Glaubhaftmachung: Kauvertrag vom ... in Kopie anbei.

Fahrzeugbrief in Kopie anbei.

Eidesstattliche Erklärung der Ehefrau des Antragstellers,

die bei der Übergabe des Fahrzeugs anwesend war.

Nach einer viermonatigen Nutzung ist an dem Fahrzeug des Antragstellers ein Getriebeschaden eingetreten. Der Antragsteller hat das Fahrzeug in einer Fachwerkstatt untersuchen lassen, die ihm nach erfolgter Untersuchung des Fahrzeugs einen Getriebeschaden bestätigte.

Glaubhaftmachung: Kostenvoranschlag der Fa. xxx in Kopie anbei.

Der Antragsteller hat die Antragsgegnerin mit Schreiben vom ... zur Mängelbeseitigung aufgefordert.

Glaubhaftmachung: Schreiben vom ... in Kopie anbei.

Die Antragsgegnerin verweigert die Beseitigung des Mangels mit der Begründung, dass der am Fahrzeug festgestellte Getriebeschaden vom Antragsteller selbst durch unsachgemäße Behandlung des Fahrzeugs versursacht worden war.

Glaubhaftmachung: Schreiben der Antragsgegnerin vom ... in Kopie anbei.

Der Antragsteller geht trotz der Verweigerung der Mängelbeseitigung durch die Antragsgegnerin davon aus, dass diese sich nach Vorliegen des Sachverständigengutachtens, diesem nicht verschließen wird und zu erwarten ist, dass das Verfahren zu einer einvernehmlichen Regelung zwischen den Parteien führen wird.

Das Landgericht ist gem. § 486 Abs.2 ZPO als Gericht der Hauptsache sachlich zuständig, da hinsichtlich der Kosten der Mängelbeseitigung gem. Kostenvoranschlag der Fachwerkstatt vom .... In Höhe von 7.000,00 EUR auszugehen ist.

Beglaubigte und einfache Abschrift anbei.

Rechtsanwalt/Rechtsanwältin

F. Entscheidung über den Antrag gem. § 490 ZPO

46 1. Die Entscheidung über den Antrag erfolgt im Beschlussweg

47 2. In dem Beschluss hat das Gericht bei Stattgeben des Antrages die Tatsachen über die der

48 Beweis zu erheben ist, die Beweismittel unter Benennung der zu vernehmenden Zeugen und Sachverständigen zu bezeichnen.

49 3. Ein stattgebender Beschluss ist nicht anfechtbar

50 Da eine mündliche Verhandlung gem. § 128 ZPO im selbstständigen Beweisverfahren freigestellt ist, ist die Anhörung des Antragsgegners notwendig. Etwas anderes gilt dann, wenn wegen Eilbedürftigkeit eine sofortige Entscheidung über den Antrag notwendig ist. In diesem Fall sind der Antrag und der Beschluss dem Gegner mitzuteilen.

51 Der Antragsgegner hat die Möglichkeit, einen Gegenantrag zu stellen, Beweismittel zu beantragen oder einen Gegenbeweis anzutreten.

52 Da der Beschluss inhaltlich einem Beweisbeschluss gem. § 359 ZPO entspricht, ist dieser zwar nicht anfechtbar, dafür jedoch jederzeit abänderbar z. B. nach erfolgter Gegenvorstellung.

53 ▶ Gegenvorstellung:

Die Gegenvorstellung ist gesetzlich nicht geregelt. Sie ist ein formloser Rechtsbehelf gegen Entscheidungen des Gerichts (auch Behörden), bei denen Beschlüsse nicht mit der sofortigen Beschwerde angegriffen werden können.

Hiervon ausgenommen sind jedoch solche Entscheidungen, die gem. § 321 ZPO im Wege der sog. Anhörungsrüge angefochten werden können.

Hinzuweisen ist auf eine Entscheidung des BGH vom 26.04.2001 – IX ZB 25/01, wonach die Frist zur Einlegung der Gegenvorstellung zwei Wochen seit Zustellung der anzugreifenden Entscheidung beträgt.

Eine Begründung des Beschlusses erfolgt, wenn die Entscheidung des Gerichts entweder vom Antrag des Antragsstellers oder des Antragsgegners abweicht, ansonsten bedarf der Beschluss keiner Begründung. 54

Erlässt das Gericht einen abweisenden Beschluss wegen 55

a. eines unzulässigen Gesuches 56

b. fehlender Zuständigkeit 57

c. Ungeeignetheit des Beweismittels 58

ist das Rechtsmittel der Beschwerde gem. § 567 Abs. 1 Nr. 2 ZPO zulässig sowie im Weiteren die Rechtsbeschwerde gem. § 574 ZPO. 59

Ein Beschwerderecht ist nicht gegeben, 60
- wenn sich das Gericht bei seiner Auswahl des Sachverständigen nicht an dem Vorschlag der Partei orientiert
- eine wiederholte oder nachträgliche Vernehmung eines Zeugen ablehnt (§§ 398, 402, 412 ZPO
- bei Anforderung eines Auslagenvorschusses für den Sachverständigen
- Anberaumung eines Anhörungstermins anstelle der Einholung eines beantragten Obergutachtens (vgl. Zöller, 28. Auflage, § 490 ZPO, Rn. 4).

G. Beweisaufnahme gem. § 492 ZPO

Die Beweisaufnahme erfolgt nach den für die Aufnahme des betreffenden Beweismittels geltenden Vorschriften (§ 42 Abs. 1 ZPO). Damit gelten für die Beweisaufnahme im selbstständigen Beweisverfahren dieselben Vorschriften wie die der Beweisaufnahme im streitigen Erkenntnisverfahren. 61

Diese sind: 62
- die allgemeinen Vorschriften über die Beweisaufnahme § 355–371 ZPO
- Beweis durch Sachverständige gem. § 402–414 ZPO
- Beweis durch Augenschein gem. §§ 371–372 a ZPO
- Zeugenbeweis gem. § 373–401 ZPO
- bei beteiligten Dritten gem. § 144 ZPO (Duldungspflicht).

63 Der Verfahrensablauf erfolgt in der Weise, dass das Gericht

- den Sachverständigen gem. den Vorschriften der §§ 492, 404 a ZPO erfährt. Unter den für die Beweisaufnahme geltenden Vorschriften wird der Sachverständige vom Gericht ausgewählt.
- Bei Vorliegen des Sachverständigengutachtens haben die Parteien das Recht, Stellung zu nehmen, Einwendungen zu erheben, Ergänzungsfragen zu stellen (§§ 492, 411 Abs. 4 ZPO). Das Recht beinhaltet auch auf Antrag die Befragung des Sachverständigen durch die Parteien.
- Gem. §§ 492, 412 ZPO kann das Gericht ein neues Gutachten anordnen.
- Das Gericht kann die Parteien zur mündlichen Erörterung laden, wenn eine Einigung zu erwarten ist, ein Vergleich ist zu gerichtlichem Protokoll zu nehmen (§ 492 Abs. 3 ZPO).

64 ► Besonderheit des selbstständigen Beweisverfahrens ist, dass keine mündliche Verhandlung (§§ 490 Abs. ZPO, 128 Abs. 4 ZPO) vorgeschrieben und somit ein Beweiserörterungstermin im Sinne von § 258 ZPO nicht erforderlich ist.

Gem. § 493 Abs. 3 ZPO ist das Gericht jedoch gehalten, eine Erörterung durchzuführen, um eine Einigung zwischen den Parteien zu fördern und zu erzielen und letztlich um eine Entlastung der Gerichte in einem sich ggf. anschließenden Hauptsacheverfahren herbeizuführen.

65 Das Protokoll (§ 160 ZPO) über die Beweisaufnahme ist bei dem Gericht, das sie angeordnet hat, aufzubewahren (§ 492 Abs. 2 ZPO). Es verbleibt bis zu einer Beiziehung durch das Prozessgericht und nach Abschluss des Hauptsacheverfahrens, bei dem anordnenden Gericht. Das Beweisergebnis ist im Protokoll festzuhalten. Bei Abschluss eines Vergleichs – mit Bestandskraft – ist dieser ein Vollstreckungstitel gem. § 794 Nr. 1 ZPO.

66 ► Gem. § 204 Abs. 2 BGB endet die Hemmung der Verjährung sechs Monate nach Beendigung des Verfahrens.

Da das Gesetz eine förmliche Beendigung des selbstständigen Beweisverfahrens nicht vorsieht, sollte stets ein besonderes Augenmerk auf die Verjährung gehalten werden. Das Verfahren ist dann beendet, wenn eine sachliche Beweissicherung erfolgt. Bei einem schriftlichen Sachverständigengutachten ist das Beweisverfahren mit Zustellung des Gutachtens an die Parteien beendet, wenn keine Fristsetzung gem. § 411 Abs. 4 S. 2 ZPO erfolgte oder die Parteien innerhalb eines angemessenen Zeitraums Einwendungen, Ergänzungsfragen oder andere Anträge gestellt haben.

Tipp:

Vergessen Sie nicht beim Abschluss eines Vergleichs im selbstständigen Beweisverfahreneine Regelung über die Kosten des Verfahrens einschließlich Vergleich zu treffen

H. Benutzung im Prozess § 493 ZPO

Gem. § 493 Abs. 1 ZPO steht die selbstständige Beweiserhebung einer Beweisaufnahme vor dem Prozessgericht gleich, wenn sich eine Partei in dem Prozess auf die Tatsachen, über die im selbstständigen Beweisverfahren erhoben worden ist, beruft. 67

Konnte eine Einigung der Parteien nicht bereits in dem selbstständigen Beweisverfahren zwischen den Parteien herbeigeführt werden, so wird das in dem in dem selbstständigen Beweisverfahren festgestellte Beweisergebnis in einem sich ggf. anschließenden Hauptsacheverfahren von Amts wegen ausgewertet. 68

Ein Beweisantrag der Parteien oder ein förmlicher Beweisbeschluss im Hauptsacheverfahren ist notwendig. Ausreichend ist die im Protokoll festgestellte Beweiswertung und ggf. eine Beweiserörterung. Das Beweisergebnis im selbstständigen Beweisverfahren dient dem Hauptsacheverfahren vorbereitend und soll den Verfahrensablauf vereinfachen. 69

Im Interesse der Verfahrensbeschleunigung erfolgt regelmäßig keine Wiederholung oder die Fortsetzung der Beweiserhebung über das bereits im selbstständigen Beweisverfahren festgestellte Beweisergebnis. 70

Das Prozessgericht kann allerdings davon eine Ausnahme machen, wenn: 71

a) die Beweisaufnahme fehlerhaft war (Verfahrensmängel der Vorschriften des § 492 ZPO) 72

b) das Prozessgericht das Beweisergebnis für ergänzungsbedürftig hält (§ 398 ZPO) 73

c) bei Unmittelbarkeit der Beweisaufnahme gem. § 355 ZPO (z. B. Richterwechsel) 74

d) Nachholung einer Vereidigung von Zeugen oder des Sachverständigen (§§ 391, 410 ZPO) 75

e) bei erfolgreicher Ablehnung des beauftragten Sachverständigen, der im Hauptsacheverfahren als Zeuge geladen werden kann. 76

War der Antragsgegner in einem Termin im selbstständigen Beweisverfahren nicht anwesend, kann gem. § 493 Abs. 2 ZPO das festgestellte Beweisergebnis im selbstständigen Beweisverfahren nur dann benutzt werden, wenn der Antragsgegner rechtzeitig geladen war. 77

I. Frist zur Klageerhebung gem. § 494 a ZPO

78 Ist zum Zeitpunkt der Beendigung der Beweisaufnahme im selbstständigen Beweisverfahren ein Rechtsstreit nicht anhängig, hat das Gericht nach der Beendigung auf Antrag ohne mündliche Verhandlung anzuordnen, dass der Antragsteller binnen einer vom Gericht zu bestimmenden Frist, die Klage erhebt (§ 494 a Abs. 1 ZPO).

79 Kommt der Antragsteller dieser Anordnung des Gerichts nicht nach und stellt der Antragsgegner einen Kostenantrag, hat das Gericht durch Beschluss auszusprechen, dass der Antragsteller die dem Antragsgegner in diesem Verfahren erwachsenen Kosten zu tragen hat. Diese Entscheidung ist mit der sofortigen Beschwerde anfechtbar (§ 494 a Abs. 2 ZPO).

80 ▶ Beide in § 494 a ZPO genannten Anordnungen setzten zwingend einen Antrag voraus. Wird ein entsprechender Antrag nicht gestellt oder versäumt, erfolgen seitens des Gerichts keine weiteren Maßnahmen.

81 Das selbstständige Beweisverfahren, das gebührenrechtlich ein eigenständiges Verfahren ist, kennt weder eine obsiegende noch unterlegene Partei im Sinne von § 91 ZPO, da dieses Verfahren zu keiner Streitentscheidung führt, so dass grundsätzlich ein Kostenausgleich nicht stattfindet. Die Kostenentscheidung können die Parteien in einem sich ggf. anschließenden Hauptsacheverfahren einbeziehen.

82 Da das selbstständige Beweisverfahren kein Ausforschungsprozess ist und den Zweck und die Absicht haben soll, durch diese Beweiserhebung einen Hauptsacheprozess vorzubereiten oder aber auch im Wege einer vergleichsweisen Erledigung im Sinne von § 485 Abs. 2, 494 Abs. 3 zu verhindern oder zu beenden, gibt die in § 494 a ZPO getroffene Regelung dem Antragsgegner das Recht, die ihm erwachsenen Kosten gegen den Antragsteller durch Beschluss und ohne eine Entscheidung im Hauptsacheverfahren feststellen zu lassen, sofern der Antragsteller das Hauptsacheverfahren nicht betreibt.

83 Da der Antragsgegner ebenfalls die Möglichkeit hat, Gegen- bzw. Beweisanträge in dem selbstständigen Verfahren zu stellen, kann auch der Antragsteller Gebrauch von der Vorschrift des § 494 a ZPO machen

84 ▶ Beispiel:

Nach erfolgter Beweisaufnahme, in deren Verlauf sowohl der Antragsteller als auch der Antragsgegner Beweisanträge gestellt haben und über die Beweis erhoben worden ist, erhebt der Kläger Leistungsklage. Der Antragsgegner, der ebenfalls einen eigenständigen Beweisantrag gestellt hat, wäre, sofern der Antragsteller den Antrag gem. § 494 a Abs. 1 ZPO stellt, gehalten, Feststellungsklage zu erheben.

► **Tipp:** 85

Dem Antragsteller gem. § 494 a ZPO (dies kann entweder der Antragsteller oder Antragsgegner des selbstständigen Beweisverfahrens sein) ist vor Stellung dieses Antrages zu empfehlen, den Antragsgegner zunächst aufzufordern, auf den geltend gemachten Anspruch, gleich aus welchem Grund, zu verzichten. Erteil der Antragsteller diese Verzichtserklärung nicht, besteht zweifelsfrei ein Rechtsschutzbedürfnis für einen Antrag gem. § 494 a ZPO.

Versäumt der nach § 494 a ZPO Betroffene die Klageerhebung, erlässt das Gericht 86 nach Ablauf der Frist (§ 167 ZPO) und Anhörung auf Antrag den Kostenbeschluss, der für den Antragsgegner einen Vollstreckungstitel darstellt. Verzichtet der Antragsteller nach einem für ihm negativen Beweisergebnis auf die Klageerhebung, ist eine Fristsetzung nicht erforderlich.

Das Gericht entscheidet dann analog gem. des Verzichtes durch Kostenbeschluss. 87
Wird die Fristsetzung durch das Gericht verweigert oder die Kostentragung durch Beschluss ausgesprochen, kann der Betroffene dagegen gem. § 567 ZPO sofortige Beschwerde einlegen, Die Zulassung der Rechtsbeschwerde gem. § 574 ZPO ist ebenfalls möglich, sofern diese

a) beantragt wurde 88

b) und die Kammer oder der Senat über die Beschwerde entscheidet. 89

► **Antragsmuster zur Anordnung einer Frist zur Klageerhebung** 90

An das

AG/LG ...

Antrag auf Anordnung einer Frist zur Klageerhebung gem. § 494 a ZPO

In dem selbstständigen Beweisverfahren

Antragsteller ... ./. Antragsgegner

Geschäftszeichen: ... OH .../12

beantrage ich namens und in Vollmacht des Antragsgegners:

1.

dem Antragsteller eine angemessene Frist zur Klageerhebung in dem Hauptsacheverfahren zu setzen – die in das Ermessen des Gerichts gestellt wird – jedoch nicht vier Wochen seit Antragstellung überschreiten sollte.

2.

Für den Fall des fruchtlosen Ablaufs der Frist, dem Antragsteller die Kosten des selbstständigen Beweisverfahrens aufzuerlegen.

Begründung:

Das zum o.a Geschäftszeichen geführte Beweisverfahren hat nach der vom Gericht gesetzten Stellungnahmefrist zum Gutachten des vom Gericht beauftragten Sachverständigen vom .... seine Beendigung gefunden.

Die Parteien haben in dem Beweisverfahren keine Einigung erzielt, Ergänzungen wurden ebenfalls nicht gestellt, eine vom Antragsgegner mit Schreiben vom ... angeforderte Verzichtserklärung hat der Antragsteller – trotz Fristsetzung – bis zum heutigen Zeitpunkt nicht erteilt.

Nach alledem ist geboten, dem Antrag stattzugeben.

Beglaubigte und einfache Abschrift anbei.

Rechtsanwalt/Rechtsanwältin

91 Von der Klagerhebung seitens des Antragstellers abzusehen muss nicht zwangsläufig bedeuten, dass das Hauptsacheverfahren keinen Erfolg haben würde. Mehrere berechtigte Gründe können einer Klageerhebung entgegenstehen.

92 ▶ Tipp:

Im Hinblick auf Klagerhebung bzw. eine damit verbundene Kostentragungspflicht seitens des Antragstellers ist von diesem dringend zu prüfen, wann die Kosten des Antragsgegners ausgelöst worden sind. Sind diese nach erklärtem Verzicht des Antragstellers auf seine Ansprüche erwachsen, wird in der Regel die Kostenerstattung für den Antragsgegner verneint. Des Weiteren sollte der Antragsteller prüfen, ob ggf. Aufrechnungsansprüche oder andere Gründe einer Klageerhebung entgegenstehen

93 So kann der Antragsteller von der Klageerhebung absehen, ohne in die Kosten verurteilt zu werden, wenn:

- der Antragsgegner nach durchgeführter oder während der Beweisaufnahme den Anspruch des Klägers vor einer Klageerhebung erfüllt hat
- ein anderer Gesamtschuldner den Anspruch des Klägers erfüllt hat
- der Antragsteller auf die Durchsetzung den Anspruchs verzichtet
- der Antragsgegner eine vorbehaltlose Erklärung abgegeben hat, den Anspruch des selbstständigen Beweisverfahrens zu erfüllen
- eine Einigung zwischen Antragsteller und Antragsgegner erfolgt ist.
- Zahlungsunfähigkeit des Antragsgegners (Insolvenz), die im Falle einer Klageerhebung für den Antragsteller eine unzumutbare Kostenbelastung darstellen würde.

94 ▶ Musterantrag des Antragstellers auf Verwerfung des Antrages gem. § 494 a ZPO

An das

AG/LG

In dem Rechtsstreit

Antragsteller ./. Antragsgegner

Geschäftszeichen ....OH .../12

beantrage ich namens und Vollmacht des Antragstellers, den Antrag vom ... zurückzuweisen.

Begründung:

Dem Antrag vom ... fehlt das erforderliche Rechtsschutzbedürfnis.

Ein Kostenerstattungsanspruch gem. § 494 a ZPO ist dann gegeben, wenn der Antragsteller wegen des für ihn im selbstständigen Beweisverfahren ungünstigen Ergebnisses der Beweisaufnahme auf eine Klageerhebung im Hauptsacheverfahren verzichtet. Diese Voraussetzung ist vorliegend gerade nicht gegeben. Das Ergebnis der Beweisaufnahme bejaht gerade die Erfolgsaussichten des Antragstellers in einem Hauptsacheverfahren, da ...(hier ist im Einzelnen auf das für den Antragsteller sprechende Beweisergebnis einzugehen).

Der Antragsteller verzichtet jedoch auf eine Klageerhebung, da der Antragsgegner nach Abschluss der Beweisaufnahme die Mängel beseitigt/den Anspruch erfüllt hat. An dieser Stelle ist das Zutreffende auszuführen (siehe zuvor aufgeführte Aufzählung von möglichen Gründen).

Mangels fehlendem Rechtsschutzbedürfnis besteht für einen Antrag gem. § 494 a ZPO kein Raum, so dass dieser antragsgemäß zurückzuweisen ist.

Beglaubigte und einfache Abschrift anbei.

Rechtanwalt/Rechtsanwältin

Tipp:

Im Falle der Insolvenz des Antragsgegners darf der Antragsteller nicht versäumen, die ihm erwachsenen Kosten im selbstständigen Beweis- und Hauptsacheverfahren zur Insolvenztabelle anzumelden.

Schematischer Kurzüberblick Verfahrensablauf

Antrag gem. § 485 Abs. 1, 2 ZPO

Stattgebender Beschluss (nicht anfechtbar)

Abänderung des Beschlusses durch Gegenvorstellung möglich

Zurückweisung des Antrages durch Beschluss

Nach erfolgter Beweisaufnahme

Abhilfe

Sofortige Beschwerde 567 ZPO

Auf Antrag: Frist zur Klageerhebung § 494 a Abs. 1 ZPO

oder

Auf Antrag: Beschluss über Kostentragung § 494 a Abs. 2 ZPO

Klageerhebung

Übergang in das Hauptsacheverfahren

Vergleich

Beendigung des Verfahrens

Rechtsbeschwerde 574 ZPO

J. Vergütung des Rechtsanwalts im selbstständigen Beweisverfahren

95 Im selbstständigen Beweisverfahren erhält der Rechtsanwalt auftragsgemäß und gem. geschlossenem Anwaltsvertrag mit seinem Auftraggeber die gleichen Gebühren wie in einem ordentlichen Verfahren.

96 Das selbstständige Beweisverfahren ist eine eigene Gebührenangelegenheit im Verhältnis zu einem sich ggf. anschließenden Hauptsacheverfahren. Es ist nicht in § 19 RVG aufgeführt. Zudem ergibt sich aus der Vorbem. 3 Abs. 5 VV RVG, dass das selbstständige Beweisverfahren eine eigene Angelegenheit ist.

97 Der Rechtsanwalt kann im selbstständigen Beweisverfahren folgende Gebühren verdienen:

1. 1,3 Verfahrensgebühr gem. Nr. 3100 VV RVG

Gem. Vorbem. 3 Abs. 5 VV RVG erfolgt die Anrechnung der Verfahrensgebühr des selbstständigen Beweisverfahren auf eine Verfahrensgebühr im Hauptsacheverfahren. 98

Gem. § § 15 Abs. 5 S. 2 RVG entfällt die Anrechnungsvorschrift, sofern seit der Beendigung des Beweisverfahrens ein Zeitraum von zwei Jahren vergangen ist. 99

1,2 Terminsgebühr gem. Nr. 3100 VV RVG

Die Terminsgebühr entsteht 100
- für die Vertretung in einem Verhandlungs-, Erörterungs- oder Beweisaufnahmetermin oder
- die Wahrnehmung eines von einem gerichtlich bestellten Sachverständigen anberaumten Termins
- oder die Mitwirkung an auf die Vermeidung oder Erledigung des Verfahrens gerichteten Besprechungen ohne Beteiligung des Gerichts; dies gilt nicht für Besprechungen mit dem Auftraggeber. (Vorbem. 3 Abs. 3 VV RVG).

1,5 Einigungsgebühr gem. Nr. 1000 VV RVG

Schließen die Parteien in dem selbstständigen Beweisverfahren einen Vergleich, kann die Einigungsgebühr gem. Nr. 1000 VV RVG entstehen. Hier kommt es jedoch darauf an, dass kein Mahn- oder Hauptsacheverfahren anhängig ist. In diesem Fall entsteht die Einigungsgebühr gem. 1003 VV RVG mit einem Gebührensatz von 1,0. 101

▶ Eine im Rahmen des selbstständigen Beweisverfahrens erzielte Einigung der Parteien wird mit einer Gebühr gem. Nr. 1000 VV RVG mit dem Gebührensatz von 1,5 abgerechnet, da das selbstständige Beweisverfahren nicht als gerichtliches Verfahren i.S.d. Nr. 1003 VV RVG gilt – dies unter der Voraussetzung, dass kein gerichtliches Verfahren anhängig ist. 102

Je nach Auftrag kann bei einer vorgerichtlichen Tätigkeit die Geschäftsgebühr gem. Nr. 2300 VV entstehen. Hinsichtlich der Anrechnungsvorschrift verweise ich auf das Kapitel Vergütung. 103

13. Kapitel: Arrest und Einstweilige Verfügung

Übersicht Rdn.

A. Allgemeines

1 Die Selbsthilfe ist in Deutschland weitgehend ausgeschlossen, Zwangsvollstreckungsmaßnahmen sind nur mit Hilfe staatlicher Gewalt möglich. Aus diesem Grunde ist der einstweilige Rechtsschutz geschaffen worden, um zu vermeiden, dass ein Gläubiger seine Ansprüche nur auf dem „regulären" Rechtsweg geltend machen kann und die Inanspruchnahme der Zivilgerichte in einem normalen i. d. R. länger dauernden Verfahren der einzige Weg zur Realisierung einer Forderung ist.

2 Durch das Zivilprozessrecht werden als Lösung der Arrest und die einstweilige Verfügung als besondere Verfahrensarten geboten, um einen schnellen Rechtsschutz zu gewährleisten. Der Gläubiger braucht für diese Maßnahmen keinen zur Zwangsvollstreckung geeigneten Titel zu besitzen, er kann aber auch nur Sicherungsmittel erreichen.

3 An erster Stelle wird durch die ZPO das Arrestverfahren (§§ 916 ff. ZPO) geregelt und für die einstweilige Verfügung wird auf die Vorschriften §§ 935, 936 ZPO verwiesen.

Nach § 916 ZPO kann ein Arrest beantragt werden, wenn die Realisierung eines auf Geld gehenden Anspruches oder eines Anspruches, der in eine Geldforderung übergehen kann, gefährdet ist. Die einstweilige Verfügung ist zu wählen, wenn ein Individualanspruch gefährdet ist. 4

Durch den Arrest und die einstweilige Verfügung soll der vorläufige Rechtschutz gesichert werden. 5

Geregelt sind beide Verfahren in der ZPO. 6

Im überwiegenden Maße findet der Arrest gem. § 912 Abs. 1 ZPO zur Sicherung der Zwangsvollstreckung statt und dient als schnellstes Mittel der Befriedigung des Gläubigers, wenn zu befürchten ist, dass ohne einen Arrest der Vollstreckungszugriff nicht mehr möglich ist. Der Arrest ist nur möglich, 7
- zur Sicherung der Zwangsvollstreckung wegen einer Geldforderung
- oder wegen einer Forderung, die in eine Geldforderung übergehen kann.

Andere Ansprüche werden mittels der einstweiligen Verfügung gemäß §§ 935 ff. ZPO gesichert. 8

Die gesetzlichen Grundlagen für den Arrest und die einstweilige Verfügung sind in den §§ 916–945 ZPO enthalten. Die Regelungen finden sich damit im 8. Buch der ZPO. Trotzdem handelt es sich bei einem Arrestverfahren und dem Verfahren der einstweiligen Verfügung nicht um Zwangsvollstreckungs-, sondern um Erkenntnisverfahren. 9

Das Ziel dieser Erkenntnisverfahren ist nicht primär eine Vollstreckungshandlung, sondern die Schaffung eines Vollstreckungstitels. Dieser Titel muss, wie jeder andere Titel auch, vollzogen werden. Im Moment der Vollziehung eines Arrestes oder einer einstweiligen Verfügung liegt eine Vollstreckungsmaßnahme vor. 10

B. Parteienbezeichnung

Die Parteien heißen Antragsteller und Antragsgegner. Rechtsanwälte sind Verfahrensbevollmächtigte. 11

C. Mögliche Verfahrensgegenstände

Mit dem Arrest- oder einstweiligen Verfügungsverfahren wird nicht die Hauptsache rechtshängig. Der Antragsteller kann nur eine vorläufige Sicherung bzw. Regelung erwirken. Man nennt dies das Sicherungsbegehren. Da die Hauptsache eben nicht geregelt wird, ist die im Arrest- oder einstweiligen Verfügungsverfahren erfolgte Sicherung der Ansprüche jederzeit durch das Hauptsacheverfahren abänderbar. 12

D. Gegenstands- und Streitwert

13 Der geringeren Wertigkeit folgt, dass der Wert entsprechend § 3 ZPO i.V.m. § 53 GKG geschätzt wird und zwar auf einen Bruchteil des Wertes eines etwaigen Hauptsacheverfahrens. In jedem ZPO-Kommentar findet sich eine Streitwertübersicht bei § 3 ZPO, die hilft, den Wert zu bestimmen.

I. Rechtsanwaltsvergütung für den Arrest oder das einstweilige Verfügungsverfahren

14 Arrestverfahren bilden stets eine Angelegenheit (§ 17 Nr. 4 lit. a). Verfahren auf Abänderung oder Aufhebung stellen keine gesonderten Angelegenheiten dar (§ 16 Nr. 5 RVG). Es entsteht in erster Linie die Verfahrensgebühr der Nr. 3100 VV RVG und für den Fall einer mündlichen Verhandlung die Terminsgebühr der Nr. 3104 VV RVG.

15 Die Höhe der Gerichtskosten regelt sich nach Nr. 1410 ff KV GKG.

E. Verfügungsanspruch

16 Im Antrag auf Erlass eines Arrestes oder einer einstweiligen Verfügung muss der sog. Arrest- oder Verfügungsanspruch dargetan werden. Auch in diesem Verfahren muss eine Anspruchsgrundlage vorhanden sein und vorgetragen werden.

F. Verfügungsgrund

17 Wie in einem Hauptsacheprozess bedarf auch ein Arrest- oder einstweiliges Verfügungsverfahren einer Begründung. Es muss dargelegt werden, aus welchen Gründen die Sicherung des Anspruches im Eilverfahren erfolgen muss (§ 917 ZPO).

18 Davon kann ausgegangen werden, wenn beispielsweise der Schuldner sein Vermögen ins Ausland bringt (§ 917 Abs. 2 ZPO), sein Vermögen verschleudert, belastet, veräußert, seinen Wohnsitz häufig wechselt oder eine Straftat in Form eines Vermögensdeliktes begangen hat.

19 Eine allgemein schlechte Vermögenslage des Schuldners, eine drohende Insolvenz und die Befürchtung, andere Gläubiger könnten dem eigenen Zugriff zuvorkommen, reichen nicht für eine Begründung des Arrestes oder der einstweiligen Verfügung. Mittels der besonderen Eilverfahren kann man sich nicht „vordrängeln".

G. Arten des Arrestes

I. Begriff und Voraussetzungen des Arrests

20 Der Arrest erfordert einen Arrestanspruch und einen Arrestgrund.

21 Arrestanspruch kann jede bestimmte Geldforderung sein (§ 916 ZPO).

22 Man unterscheidet zwei Arrestarten:

– der dingliche und
– der persönliche Arrest.

1. Dinglicher Arrest

Der dingliche Arrest gibt dem Gläubiger das Recht, zur Sicherung seiner Forderung in das Vermögen des Schuldners zu vollstrecken (§§ 929 ff.). Er darf zwar pfänden, wegen des bloßen Sicherungszwecks aber nicht verwerten. 23

2. Persönlicher Arrest

Die Sicherung des Anspruches erfolgt indem der Schuldner durch Verhaftung daran gehindert wird, die künftige Vollstreckung in der Form zu vereiteln, dass er sich ins Ausland absetzt. 24

Ein Arrestgrund für den persönlichen Arrest ist wegen der Schwere des mit ihm verbundenen Eingriffs in die persönliche Freiheit des Schuldners gem. § 918 ZPO nur gegeben, wenn eine Freiheitsbeschränkung zur Sicherung der Forderung erforderlich ist. Das ist nur dann der Fall, wenn der dingliche Arrest keinen Erfolg verspricht. 25

H. Zuständiges des Gerichts

Entsprechend §§ 919, 802 ZPO ist das Gericht der Hauptsache (§ 943 ZPO) und das Amtsgericht, in dessen Bezirk sich der Arrestgegenstand bzw. die zu arrestierende Person befindet, zuständig. 26

I. Arrestgesuch

– Das Arrestgesuch muss eine Bezeichnung des Arrestanspruchs unter Angabe des Geldbetrages oder –wertes enthalten (§ 920 Abs. 1 ZPO), 27
– die Bezeichnung des Arrestgrundes (§ 920 Abs. 1 ZPO),
– Angabe, ob ein dinglicher oder persönlicher Arrest beantragt wird,
– eine Glaubhaftmachung der Tatsachen zum Arrestanspruch und zum Arrestgrund (§ 920 Abs. 2 ZPO),
– der Arrest kann schriftlich oder zu Protokoll der Geschäftsstelle des Arrestgerichts erhoben werden (§ 920 Abs. 3 ZPO).
– Es besteht kein Anwaltszwang, §§ 78 Abs. 3, 920 Abs. 3 ZPO.

▶ **Muster Einstweilige Verfügung**

28

Einstweilige Verfügung

An das
Verfügungsgericht

Antrag auf Erlass einer einstweiligen Verfügung

des – vollständige Bezeichnung

Antragsteller,

Verfahrensbevollmächtigter:

gegen

den – vollständige Bezeichnung -

Antragsgegner,

wegen

Namens und mit Vollmacht des Antragstellers beantragen wir im Wege der einstweiligen Verfügung ohne mündliche Verhandlung,

1. dem Antragsgegner aufzugeben ....

2. Dem Antragsgegner wird für jeden Fall der Zuwiderhandlung gegen die

Verpflichtungen im Antrag zu 1. ein Ordnungsgeld bis zu 250.000,00 EUR

und für den Fall, dass dieses nicht beigetrieben werden kann,

Ordnungshaft bis zu 6 Monaten angedroht.

Der Antragsgegner hat die Kosten des einstweiligen Verfahrens zu tragen.

Begründung:

Einleitung

Darlegung Anspruchsgrund (...)

Glaubhaftmachung: eidesstattliche Versicherung

Darlegung Verfügungsgrund (...)

Unterschrift

J. Verfahrensablauf

29 Es erfolgt durch das Gericht eine Schlüssigkeitsprüfung auf der Grundlage des Tatsachenvortrags des Antragstellers.

30 Um zu einer Entscheidung zu kommen, prüft das Gericht die Zulässigkeit und die Begründetheit des Antrags bezogen auf den:
- Arrestanspruch
- Arrestgrund
- die Glaubhaftmachung bezogen auf die im Antrag vorgebrachten Tatsachen, vgl. § 920 Abs. 2 ZPO.

31 Das Arrest- und das einstweilige Verfügungsverfahren haben Besonderheiten gegenüber einem regulären Verfahren und schränken die Rechte des Antragsgegners zum Teil erheblich ein.

1. Glaubhaftmachung von Tatsachen: eidesstattliche Versicherung

32 Im Arrest- und einstweiligen Verfügungsverfahren müssen die vorgetragenen Tatsachen nicht bewiesen werden. Es genügt, wenn diese glaubhaft gemacht werden

(§ 920 Abs. 2 ZPO). Die Glaubhaftmachung erfolgt i. d. R. durch eine eidesstattliche Versicherung.

► Muster einer eidesstattlichen Versicherung 33

Eidesstattliche Versicherung

In Kenntnis über die Bedeutung einer eidesstattlichen Versicherung als Mittel der Glaubhaftmachung tatsächlicher Angaben in einem geordneten Verfahren vor einer Behörde oder einem Gericht, wobei der Behörde oder dem Gericht vorbehalten ist, darüber zu entscheiden, ob und gegebenenfalls in welchem Umfang die Angaben zur Glaubhaftmachung geeignet sind, sowie belehrt über die strafrechtlichen Folgen einer vorsätzlich oder fahrlässig falschen Abgabe einer eidesstattlichen Versicherung, insbesondere der Strafvorschriften der § 156 und § 163 Strafgesetzbuch (1 Jahr Freiheitsstrafe bei Abgabe einer fahrlässigen bzw. 3 Jahre bei Abgabe einer wissentlich falschen eidesstattlichen Versicherung) erkläre ich:

Zur Person:

____

Zur Vorlage bei:

____

Zur Sache:

____

Die vorstehenden Tatsachen habe ich nach besten Wissen und Gewissen gemacht.

Sie sind richtig und vollständig. Dies versichere ich an Eides statt.

Ort, Datum Unterschrift

2. Keine mündliche Verhandlung erforderlich

Die Entscheidung kann ohne mündliche Verhandlung und ohne Anhörung des Antragsgegners ergehen. 34

3. Arrestentscheidung

Die Entscheidung des Gerichts hängt vom Verfahrensverlauf ab. 35

Sie ergeht entweder: 36
- durch Beschluss, wenn über das Arrestgesuch ohne mündliche Verhandlung entschieden wird, § 922 Abs. 1 S. 1 ZPO.
- Hier erfolgt die Zustellung des Beschlusses nur im Parteibetrieb.
- bei stattgebender Entscheidung: Zustellung/Übergabe des Beschlusses an den Antragsteller, der diesen Beschluss in Eigenregie an den Antragsgegner zustellen lassen muss (mit Abschriften der Antragsschriften), § 922 Abs. 2 ZPO.
- bei ablehnender Entscheidung: Es erfolgt die Zustellung des Beschlusses nur an den Antragsteller, § 922 Abs. 3 ZPO

- durch Urteil, wenn das Gericht nach mündlicher Verhandlung entschieden hat, § 922 Abs. 1 ZPO
- von Amts wegen erfolgt eine Zustellung des Urteils nach §§ 310ff. ZPO. Der Antragssteller muss die Ausfertigung des Urteils im Parteibetrieb zum Zwecke des Vollzugs des Arrestes/ der einstweiligen Verfügung vornehmen (Monatsfrist des § 929 Abs. 2 ZPO beachten!)

37 ▶ TIPP:

„Begleiten" Sie den Arrest oder die einstweilige Verfügung zum Gericht und lassen Sie sich den erlassenen Arrestbefehl bzw. die einstweilige Verfügung gleich aushändigen. Sie können dann die Verteilerstelle für Gerichtsvollzieheraufträge aufsuchen und sofort die Zustellung des Arrestbefehls bzw. der einstweiligen Verfügung in Auftrag geben.

3. Schutzschrift

38 Ahnt der zukünftige Antragsgegner, dass möglicherweise ein Arrest oder eine einstweilige Verfügung beantragt und erlassen wird, so kann er bei dem zuständigen Gericht eine sog. Schutzschrift einreichen, mit der er die Gegenargumente vorbringt und von vornherein zumindest eine mündliche Verhandlung erreichen will.

3. Rechtsanwaltsvergütung für die Schutzschrift

39 Für die Schutzschrift entsteht die 1,3 Verfahrensgebühr gem. Nr. 3100 VV RVG. Erfolgt eine weitere Stellungnahme im Arrest- und einstweiligen Verfügungsverfahren entsteht die Verfahrensgebühr nur einmal (§ 15 Abs. 2 RVG). Im Hauptsacheverfahren, das sich ggf. der einstweiligen Verfügung anschließt, entsteht die Verfahrensgebühr der Nr. 3100 VV RVG erneut (§ 17 Nr. 4 RVG).

4. Widerspruch

40 Nach Erlass des Arrestes oder der einstweiligen Verfügung ohne mündliche Verhandlung wird diese in der Regel durch den Antragsteller im Parteibetrieb dem Antragsgegner zugestellt. Wegen der Fristen vgl. Kap. 13 Rdn. 41.

41 Ist der Arrest oder die einstweilige Verfügung dem Antragsgegner zugestellt worden, kann der Antragsgegner gegen den Arrest oder die einstweilige Verfügung Widerspruch (§ 924 ZPO) einlegen. Der Widerspruch ist an keine Frist gebunden, es liegt aber im Interesse des Antragsgegners hier zügig eine Klärung zu erlangen.

42 Nach Widerspruch ist durch Endurteil zu entscheiden (§ 925 ZPO). Wird nach mündlicher Verhandlung durch Urteil entschieden (Aufrechterhaltung der bisherigen Entscheidung oder Aufhebung und Abweisung des Antrages), so kann hiergegen Berufung (siehe Kap. 7 Rdn. 147) eingelegt werden.

5. Antrag auf Aufhebung wegen Klagefristversäumung

Gem. § 926 Abs. 1 ZPO kann der Antragsgegner dem Gläubiger vom Gericht eine Frist zur Klageerhebung in der Hauptsache setzen lassen. Der entsprechende Antrag ist zulässig, solange die Hauptsache noch nicht rechtshängig ist und die Eilmaßnahme noch besteht. Es gibt daher keine starren Fristen für diesen Antrag. Die Frist durch das Gericht, die Hauptsache rechtshängig zu machen, ist üblicherweise sehr kurz und beträgt in der Regel nur zwei Wochen. Innerhalb dieser Frist muss der Antragsteller die Klage beim zuständigen Gericht eingereicht haben, sie muss aber nicht zugestellt sein. 43

Versäumt der Antragsteller und zukünftige Kläger diese Klagefrist, kann der Antragsgegner gem. § 926 Abs. 2 ZPO die Aufhebung des Arrests bzw. der einstweiligen Verfügung beantragen. 44

6. Aufhebung wegen veränderter Umstände

Gem. § 927 Abs. 1 ZPO kann der Antragsgegner auch wegen veränderter Umstände die Aufhebung der Eilmaßnahme beantragen. 45

Auch dieser Antrag ist, wie der Antrag gem. § 926 Abs. 2 ZPO, zulässig (§ 927 Abs. 1 ZPO), solange der Arrest oder die einstweilige Verfügung besteht und der Antragsgegner eine Vollziehung befürchten muss. 46

K. Arrestvollziehung (§ 929 Abs. 2, 3 ZPO)

Der Arrestbefehl oder die einstweilige Verfügung sind ein zur Zwangsvollstreckung geeigneter Titel (§§ 928 ff. ZPO). 47

Einer Vollstreckungsklausel bedürfen beide nicht (§ 929 Abs. 1 ZPO). 48

Die Vollziehung ist nach § 929 Abs. 3 Satz 1 ZPO bereits vor Zustellung zulässig. 49

Ein Arrestbefehl oder eine einstweilige Verfügung sind sofort vollstreckbar; beide benötigen kein Rechtskraftattest, keine Vollstreckungsklausel und keine Zustellung. 50

Der Vollzug kann vor der Zustellung erfolgen. 51

Die wichtigste Frist im vorläufigen Rechtsschutz ist die Vollziehungsfrist. 52

Die Vollziehung eines Arrestes oder einer einstweiligen Verfügung ist nicht mehr zulässig, wenn seit seiner **Verkündung** oder der **Zustellung** des Befehls an den **Antragsteller ein Monat** vergangen ist (§§ 929 Abs. 2, 936 ZPO). 53

Ist die **Vollziehung** erfolgt, bevor der Arrest oder die einstweilige Verfügung zugestellt war, so ist die Vollziehung **wirkungslos**, wenn die **Zustellung** des Arrestes oder der einstweiligen Verfügung nicht innerhalb **einer Woche** nach der Vollziehung und vor Ablauf der Monatsfrist erfolgt (§ 929 Abs. 3 ZPO). 54

L. Kostenfestsetzung

55 Die Kostenfestsetzung erfolgt gem. § 104 ff ZPO (siehe Kap. 7 Rdn. 99). Das Gericht setzt die Kosten gegen den Antragsgegner allerdings nur fest, wenn die Zustellung des Arrestbefehls bzw. der einstweiligen Verfügung nachgewiesen ist. Die Kopie der Zustellurkunde müssen Sie daher Ihrem Kostenfestsetzungsantrag beifügen.

14. Kapitel: Personalwesen

Übersicht Rdn.

Der Personalbereich in diesem Buch richtet sich ausdrücklich an Rechtsanwaltsfachangestellte und nicht an Rechtsfachwirte, die evtl. die gesamte Personalabteilung leiten und somit umfassende arbeitsrechtliche Kenntnisse einsetzen müssen. 1

A. Anzeigenschaltung

Bereits das Aufgeben einer Anzeige im Stellenmarkt der örtlichen Tageszeitung für eine neue Mitarbeiterin/einen neuen Mitarbeiter kann schnell zu einem Problem werden. Jahrelang sahen Anzeigen wie folgendes Beispiel aus: 2

► Beispiel: 3

„Anwaltskanzlei sucht eine junge Rechtsanwaltsfachangestellte bis 35 Jahre, gute Englischkenntnisse erwünscht. Bewerbungen unter Chiffre 5678"

Durch das **Allgemeine Gleichbehandlungsgesetz** (AGG), das am 14.08.2006 in Kraft getreten ist, ist jedoch eine Benachteiligung sowohl wegen des Geschlechts als auch wegen des Alters nach § 1, 2 AGG unzulässig. 4

Lediglich wenn z.B. ein berechtigter Grund wegen der Art der auszuübenden Tätigkeit i.S.v. § 8 AGG vorliegen würde, wäre eine unterschiedliche Behandlung zulässig. 5

6 Warum jedoch die Tätigkeit als Rechtsanwaltsfachangestellter nur von weiblichem oder jüngerem Personal ausgeübt werden könnte, ist nicht ersichtlich. Eine Ungleichbehandlung wegen des Alters oder des Geschlechts muss daher bereits bei der Anzeigenaufgabe unterbleiben, auch wenn es sich um ein besonders junges Team handeln sollte. Nur mit einer **neutralen** Anzeige können Sie Ihren RA vor möglichen Entschädigungsansprüchen schützen.

7 Das Erfordernis von Englischkenntnissen oder speziellen Softwarekenntnissen verstößt hingegen nicht gegen das Allgemeine Gleichheitsgesetz und ist lediglich eine geforderte Qualifikation.

8 Sollte sich auf die obige Anzeige ein männlicher Bewerber mit den gewünschten Qualifikationen als Rechtsanwaltsfachangestellter oder eben auch eine ältere Kollegin bewerben, so wäre der RA gem. § 15 Abs. 2 Satz 2 AGG zur Entschädigung bis zu drei Monatsgehältern verpflichtet, wenn der Bewerber die Stelle nicht bekommen würde und er eine Diskriminierung vorträgt. Allein schon die fehlerhafte Anzeige würde bei einer Ablehnung für eine Diskriminierung nach dem AGG sprechen, auch wenn die Ablehnung tatsächlich aus anderen Gründen erfolgt ist. Der RA müsste die anderen Gründe detailliert darlegen und den Beweis für die Ursächlichkeit führen.

9 D.h. er müsste unter Beweis vortragen können, dass die ausgewählte Bewerberin fachlich geeigneter ist als der abgelehnte Bewerber, sowie dass die Kriterien Alter und Geschlecht für seine Entscheidungsfindung nicht relevant waren.

10 ▶ Hinweis:

Stellenanzeigen im Rechtsanwaltsbereich immer geschlechts- und altersneutral schalten.

B. E-Mail-Bewerbungen

11 Immer mehr RA gehen zwischenzeitlich wie in der freien Wirtschaft dazu über, dass Bewerbungen per E-Mail erwünscht sind.

I. Umgang mit E-Mail-Bewerbungen

12 Wie bereits unter Rn. 159 ff. dargestellt, ist es äußerst hilfreich, sein E-Mail- Postfach zu strukturieren. Es bietet sich hier an, verschiedene Ordner anzulegen. Diese könnten z. B. sein:
- Bewerbungseingänge
- Absagen
- Einladung zum Bewerbungsgespräch

13 Denken Sie daran, dass es der Höflichkeit und der Schnelligkeit des E-Mail-Verkehrs entspricht, wenn die Bewerberin/der Bewerber zeitnah zumindest eine Eingangsbestätigung erhält. Letztendlich spricht eine schnelle Beantwortung auch für Ihre Kanzlei.

Sollte es in Ihrer Kanzlei die Anweisung geben, die Bewerbungen ausgedruckt dem RA vorzulegen, so vergessen Sie bitte nicht sämtliche **Anlagen** mit auszudrucken. Dies wird gelegentlich in der Hektik des Alltags vergessen. 14

II. Aussehen einer E-Mail-Bewerbung

Immer wieder stellt sich die Frage, wie eine E-Mail-Bewerbung aussehen soll. Vom Grundsatz her gilt: wie eine „normale" Bewerbung, nur in elektronischer Form. Die E-Mail selbst stellt dabei das eigentliche Anschreiben da. 15

Zu Vermeiden sind sämtliche Abkürzungen aus dem Privatgebrauch von E-Mails wie z. B. LG, *smile etc. Auch ist eine förmliche Anrede erwünscht und nicht ein bloßes „Hallo, Herr RA R". Ansonsten gelten die allgemeinen Regeln für Anschreiben. Eine mögliche E-Mail könnte daher wie folgt aussehen (selbstverständlich muss der Text immer an die jeweilige Anzeige angepasst werden): 16

▶ Muster: E-Mail-Bewerbung

17

Sehr geehrter Herr Rechtsanwalt R,

für Ihre Anwaltskanzlei in Berlin suchen Sie auf www.fachkräfte.de eine erfahrene Rechtsanwaltsfachangestellte. Da ich über die gewünschten Kenntnisse, insbesondere im Gebührenrecht und in der Zwangsvollstreckung verfüge, bewerbe ich mich auf diese Position.

Nach meiner erfolgreich abgeschlossenen Ausbildung zur Rechtsanwalts- und Notarfachangestellten war ich zunächst in der Kanzlei A tätig, bis ich vor ca. drei Jahren zu meinem jetzigen Arbeitgeber wechselte.

Mein Aufgabenschwerpunkt liegt derzeit neben der allgemeinen Korrespondenz, dem Erstellen von Kostenrechnungen und der Fristenüberwachung in der Leitung des Zwangsvollstreckungsdezernates.

Ich arbeite sehr gewissenhaft und zuverlässig, auch im Umgang mit den Mandanten trete ich gewandt und sicher auf.

Ich suche derzeit eine neue berufliche Herausforderung und würde mich freuen, wenn Sie mich zu einer persönlichen Vorstellung einladen.

Mit freundlichen Grüßen

Unterschrift

Anlagen: Lebenslauf, zwei Zeugnisse

Als Anlagen sollte ein tabellarischer Lebenslauf sowie die Zeugnisse – am besten im pdf- Format – beifügen werden. 18

In den letzten Jahren wird von den meisten Kanzleien und der freien Wirtschaft ein chronologisch **rückläufiger** Lebenslauf präferiert, eine Faustregel gibt es jedoch nicht. 19

Ferner sollte man auch daran denken, ein Passfoto von sich mit der Bewerbung zu schicken. In der E-Mail- Bewerbung bietet es sich an, das Passfoto im tabellarischen Lebenslauf rechts oben einzuarbeiten. Eine separate Übersendung als Anhang ist hin- 20 gegen nicht zu empfehlen. Aus meiner langjährigen Praxis möchte ist noch einmal ausdrücklich darauf hinweisen, dass ausschließlich **Pass-** bzw. **professionelle Bewerbungsfotos** zu verwenden sind – auf gar keinen Fall Fotos aus dem letzten Urlaub.

21 Bei den Zeugnissen gilt – wie auch bei der schriftlichen Bewerbung – der Grundsatz: Es sind nur die Zeugnisse beizufügen, die wirklich benötigt werden.

22 Dabei handelt es sich grundsätzlich um:
- das Schulabschlusszeugnis (z. B. Abiturzeugnis),
- das Ausbildungszeugnis (Rechtsanwaltskammerabschluss),
- ggf. das Prüfungszeugnis zum Rechtsfachwirt/in bzw. geprüft. Bürovorsteher/in,
- (i. d. R.) die letzten beiden Arbeitszeugnisse sowie
- sonstige Zertifikate (z. B. Fremdsprachenabschlüsse).

23 Die Zeugnisse werden dabei üblicherweise in umgekehrt chronologischer Reihenfolge sortiert, d. h. das älteste Zeugnis (Schulabschlusszeugnis) zuletzt, das letzte Arbeitszeugnis zuerst.

C. Einladung zum Bewerbungsgespräch

24 Hat sich der RA für einen engeren Kreis von Bewerber/Innen entschieden, so werden diese meist durch das Sekretariat zum Vorstellungsgespräch eingeladen. Auch hier ist besondere Sorgfalt erforderlich, um die Kanzlei vor weiteren Kosten zu bewahren.

25 Wird der Bewerber durch die Kanzlei zur Vorstellung eingeladen, so sind seine Vorstellungskosten nach §§ 662, 670 BGB vom Arbeitgeber zu erstatten. Insbesondere bei Bewerbern, die von auswärts anreisen, können hier größere Beträge auf die Kanzlei zukommen. Zu den Vorstellungskosten gehören nämlich Fahrt-, Übernachtungs- und Verpflegungskosten – jeweils im angemessenen Rahmen. Der Erstattungsanspruch steht sowohl dem erfolgreichen, als auch dem erfolglosen Bewerber zu.

26 In den meisten Kanzleien werden jedoch Vorstellungskosten gar nicht oder nur z. T. übernommen. Dieser Ausschluss ist trotz der Gesetzeslage möglich, wenn das Sekretariat bereits bei der Einladung die Begrenzung/den Ausschluss der Kostenerstattung wie folgt klarstellt:

27 ► **Formulierungsbeispiel: Ausschluss von der Erstattung von Reisekosten (Bewerbungsgespräch)**

Formulierungsvorschlag für einen kompletten Ausschluss:

„Wir möchten Sie freundlichst darauf hinweisen, dass Anreisekosten nicht von uns übernommen werden."

oder

Formulierungsvorschlag für eine Begrenzung:

„Wir möchten Sie freundlichst darauf hinweisen, dass Ihnen lediglich Anreisekosten bis zu einer Höhe von 50,00 € bei Nachweis entsprechender Belege von uns erstattet werden."

D. Arbeitsvertrag

Das Erstellen von Arbeitsverträgen gehört grds. nicht zu den Aufgaben einer Rechtsanwaltsfachangestellten. Die Arbeitsverträge werden von den RA selbst entworfen. 28

Einige Grundlagen sollten dennoch jeder Rechtsanwaltsfachangestellten bekannt sein. 29

Der Abschluss eines Arbeitsvertrags unterliegt keinerlei Formvorschrift. Somit ist auch der mündliche, formfreie Arbeitsvertrag wirksam. Es gilt aber auch für diese formfreien Arbeitsverträge, dass Kündigungen und Aufhebungsverträge das Schriftformerfordernis des § 623 BGB erfüllen müssen, d. h. die Urkunde muss von dem Aussteller gem. § 126 BGB eigenhändig durch Namensunterschrift oder mittels notariell beglaubigten Handzeichen unterzeichnet werden. 30

Gemäß § 2 Abs. 1 Nachweisgesetz hat der Arbeitgeber jedoch die wesentlichen Vertragsbedingungen innerhalb eines Monats ab dem vereinbarten Beginn des Arbeitsverhältnisses schriftlich niederzulegen, die Niederschrift zu unterzeichnen und dem Arbeitgeber auszuhändigen. 31

Die wesentlichen Vertragsbedingungen sind dabei: 32

1. vollständige Parteibezeichnung und Beginn des Arbeitsverhältnisses, 33
2. Arbeitsort, 34
3. kurze Beschreibung der vom Arbeitnehmer zu leistenden Tätigkeiten, 35
4. Arbeitszeit, 36
5. Urlaubstage, 37
6. Arbeitsentgelt (Höhe und Zusammensetzung), 38
7. Kündigungsfristen, 39
8. bei Befristung: Dauer der Befristung. 40

► Praxistipp: 41

Solange kein Arbeitsvertrag bzw. keine Niederschrift nach § 2 Abs. 1 Nachweisgesetz vorliegt, unterliegt die Kanzlei der Gefahr der Beweislastumkehr. Der Arbeitnehmer könnte z. B. einen höheren Urlaubsanspruch behaupten.

Befristungen müssen immer vor Aufnahme der Arbeit durch den Arbeitnehmer unterschrieben werden, ansonsten ist die Befristung nichtig und das Arbeitsverhältnis ist ein unbefristetes.Einen möglichen Vordruck für einen Arbeitsvertrag erhalten Sie 42 auch auf der Seite der Bundesreno unter www.reno-bundesverband.de unter Information – Formulare.

43 An dieser Stelle möchte ich ferner noch auf die unterschiedlichen maximalen Probezeiten hinweisen:

44 Für Auszubildende gilt § 20 Bundesbildungsgesetz (BBiG), demnach muss die Probezeit mindest einen Monat und darf höchstens vier Monate betragen.

45 Für sonstige Arbeitnehmer gilt § 622 Abs. 3 BGB: Eine Probezeit kann, muss jedoch nicht vereinbart werden. Für längstens sechs Monate Probezeit kann das Arbeitsverhältnis mit einer reduzierten Kündigungsfrist von zwei Wochen ohne bestimmten Endpunkt gekündigt werden.

E. Urlaub

46 Besonders bei Kollegen und Kolleginnen, die nicht gerade in einer arbeitsrechtlichen Kanzlei arbeiten, gibt es immer wieder Unsicherheiten beim Thema Urlaub.

I. Dauer

47 Gemäß § 3 Abs. 1 Bundesurlaubsgesetz (BUrlG) beträgt der gesetzliche Urlaubsanspruch 24 Werktage. Unter **Werktagen** versteht man dabei die Wochentage von Montag bis Samstag, sodass es letztendlich einen gesetzlichen Mindestanspruch von vier Wochen Urlaub gibt. Dies gilt auch für Mitarbeiter, deren Arbeitstage lediglich Montag bis Freitag sind. Ist hingegen im Arbeitsvertrag von **Arbeitstagen** als Urlaub die Rede, so sind die tatsächlichen Arbeitstage (Montag bis Freitag) gemeint.

48 Vertraglich können selbstverständlich mehr Urlaubstage vereinbart werden, bei den gesetzlichen Regelungen handelt es sich immer nur um den **Mindesturlaubsanspruch.**

49 Der Mindesturlaubsanspruch von 24 Werktagen = 4 Wochen gilt auch für **Halbtagskräfte.** Der Anspruch wird dabei an die Anzahl der Arbeitstage angepasst, sodass auch die Halbtagskraft einen vierwöchigen Mindesturlaubsanspruch erhält.

50 ► Praxistipp:

Achten Sie immer genau auf die konkrete Formulierung im Arbeitsvertrag. Wurde der Urlaub in Form von Werktagen oder in Form von Arbeitstagen geregelt? Sollte der Urlaub in Form von Werktagen geregelt sein, so muss der Urlaubsanspruch um die Samstage bereinigt werden.

Bei einem Urlaubsanspruch von 24 Werktagen berechnen sich die Anzahl der Urlaubstage wie folgt:

bei einer 5-Tage-Woche: 20 Arbeitstage,

bei einer 4-Tage-Woche: 16 Arbeitstage,

bei einer 3-Tage-Woche:	12 Arbeitstage,
bei einer 2-Tage-Woche:	8 Arbeitstage,
bei einer 1-Tages-Woche:	4 Arbeitstage.

Sollte eine **Schwerbehinderung** vorliegen, so erhöht sich der Mindesturlaubsanspruch um eine weitere Woche gem. § 125 Sozialgesetzbuch (SGB) IX. 51

II. Wartezeit

Häufig wird übersehen, dass ein Urlaubs(gewährungs)anspruch gem. § 4 BurlG erst nach Ablauf von sechs Monaten besteht. Während der Wartezeit „sammelt sich" natürlich ein anteiliger Urlaubsanspruch an, der Arbeitnehmer hat jedoch noch keinen Anspruch auf Gewährung des Urlaubs. 52

Aus Kulanzgründen wird häufig auch während dieser Wartezeit dem Arbeitnehmer vom Arbeitgeber Urlaub eingeräumt. Steht ein Urlaub demnächst an, sollte man dies auch in möglichen Vertragsverhandlungen bei Abschluss eines neuen Arbeitsverhältnisses direkt ansprechen und bestätigen lassen. 53

III. Teilurlaub

§ 5 BurlG sieht in folgenden drei Fällen einen Anspruch auf Teilurlaub vor: 54
- Der Arbeitnehmer scheidet innerhalb der Wartezeit aus.
- Der Arbeitnehmer erfüllt die Wartezeit im Kalenderjahr nicht.
- Der Arbeitnehmer scheidet nach Erfüllen der Wartezeit in der ersten Hälfte eines Kalenderjahres aus.

In allen o.g. Fällen wird der Urlaubsanspruch durch die Zahl 12 geteilt und das Ergebnis mit der Anzahl der Monate multipliziert, die der Arbeitnehmer in der Kanzlei beschäftigt war. 55

► Beispiel: 56

Frau M ist seit mehreren Jahren in der Kanzlei K angestellt und hat einen jährlichen Urlaubsanspruch von 30 Arbeitstagen. Sie scheidet aufgrund einer betriebsbedingten Kündigung zum 30. 04. 2009 aus.

Sie hätte für das Jahr 2009 einen Teilurlaubsanspruch erworben. Dieser würde sich wie folgt berechnen: 57

$$\frac{30 \text{ Urlaubstage}}{12} = \text{Urlaubsanspruch von 2,5 Tagen pro Monat}$$

Da Frau M vier Monate gearbeitet hat, hätte sie demnach einen Urlaubsanspruch von 10 Tagen (2,5 × 4). 58

59 ▶ Alternative:

Wie wäre es jedoch, wenn das Arbeitsverhältnis erst am 15. Juli 2009 enden würde?

60 Ein Teilurlaub kommt hier nicht infrage. §§ 4, 5 Abs. 1 Buchst. e) BUrlG ist hier eindeutig. Bei einem Ausscheiden des Arbeitsnehmers in der zweiten Jahreshälfte ist der volle Urlaub zu gewähren.

IV. Übertragung des Urlaubs

61 In den meisten Kanzleien ist es gängige Praxis, dass der Resturlaub bis zum 31.03. des Folgejahres genommen werden kann.

62 Grundsätzlich gilt jedoch, dass der Urlaubsanspruch nur für das jeweilige Kalenderjahr besteht und nicht für die Folgejahre „angespart" werden kann (§ 7 Abs. 3 BUrlG).

63 Lediglich in folgenden Fällen ist eine Übertragung bis zum 31.03. vorgesehen:
- Es liegen dringende betriebliche oder in der Person des Arbeitnehmers liegende Gründe vor.
- Im Urlaubsjahr ist lediglich ein Teilurlaubsanspruch entstanden.

64 ▶ Praxistipp:

Kann der Urlaub einmal nicht bis zum 31.03. des Folgejahres aus persönlichen oder betrieblichen Gründen genommen werden, so können Sie durchaus den Übertragungszeitraum einzelvertraglich (z. B. bis zum 30.06.) vereinbaren.

V. Urlaubsgewährung

65 Der Urlaub muss vom Arbeitgeber zugeteilt werden und darf nicht in Form einer Selbstbeurlaubung stattfinden.

66 Bei der Zuteilung hat der Arbeitgeber jedoch nach billigem Ermessen die Urlaubswünsche der Arbeitnehmer zu berücksichtigen.

67 Billiges Ermessen ist dabei ein unbestimmter Rechtsbegriff und meint soviel wie pflichtgemäßes Ermessen.

68 Der Arbeitsgeber sollte bei der Urlaubsgewährung auf Ausgewogenheit zwischen den einzelnen Mitarbeitern achten sowie die Schulpflicht der Kinder berücksichtigen.

69 So soll nicht nur ein Mitarbeiter alle „Brückentage" (Definition gemäß Wikipedia: „Brückentage sind Tage, die zwischen einem Feiertag und einem [zumeist in den Kanzleien] ohnehin arbeitsfreien Tag Samstag oder Sonntag liegen, demzufolge also entweder ein Montag oder ein Freitag") nutzen dürfen. Den Auszubildenden in der Anwaltskanzlei ist zumal i. d. R. Urlaub in den Schulferien zu gewähren.

In der Regel funktioniert diese Urlaubsgewährung in den meisten Kanzleien recht gut. Letztendlich muss Urlaub aber immer **gewährt** werden. Auf keinen Fall darf der Arbeitnehmer eigenmächtig in den Urlaub fahren. Dies könnte durchaus ein Grund für eine Kündigung sein. 70

Die Urlaubsabgeltung ist grds. formfrei und kann daher auch mündlich erfolgen. Es bietet sich jedoch durchaus an, für jeden Mitarbeiter pro Jahr eine Urlaubsliste anzulegen, in der der Arbeitgeber die Genehmigung des gewünschten Urlaubs abzeichnet: 71

Eine mögliche Liste könnte wie folgt aussehen: 72

► Muster: Urlaubsgewährung

Name Mitarbeiter: Frau M 73

Anzahl der Urlaubstage im Jahr 2009: 30 Tage

Resturlaub 2008 (bis 31.03.09 zu nehmen): 2 Tage

Gesamt: 32 Tage

Zeitraum beantragter Urlaub	verbrauchte Urlaubstage	Resturlaub	genehmigt
02.01.2009	1	31	Unterschrift RA

VI. Urlaubsabgeltung

Die Urlaubsabgeltung kommt lediglich dann in Betracht, wenn der Urlaubsanspruch besteht, der Urlaub jedoch nicht mehr angetreten werden kann. Ist der Urlaubsanspruch jedoch erloschen, gibt es auch keine Urlaubsabgeltung mehr, da diese lediglich den Ersatz (Surrogat) für den eigentlichen Urlaub darstellt. 74

Die Berechnung erscheint zunächst schwierig, mit der nachstehenden Formel ist sie jedoch recht einfach. Man muss zunächst einmal den Durchschnittsverdienst je Urlaubstag berechnen. Dabei werden die letzten 13 Wochen zugrunde gelegt. 75

$$\frac{\text{Verdienst der letzten 13 Wochen (= 3 Monate)}}{\text{Arbeitstage der letzten 13 Wochen}} = \text{Durchschnittsverdienst je Urlaubstag}$$ 76

► Beispiel 1: 77

Frau S verdient 1.500,00 € brutto monatlich bei einer 4 Tage-Woche. Sie hätte demnach einen durchschnittlichen Tagesverdienst von

$$\frac{3 \times 1.500{,}00\ € = 4.500{,}00\ €}{4\ (\text{AT})\ \text{X}\ 13\ (\text{Wochen}) = 52\ \text{AT}} = 86{,}54\ €\ \text{brutto je Tag.}$$

78 ▶ **Beispiel 2:**

Frau M verdient 2.400,00 € brutto bei einer 5 Tage-Woche. Sie hätte demnach einen durchschnittlichen Tagesverdienst von

3 × 2.400,00 € = 7.200,00 €
5 (AT) X 13 (Wochen) = 65 AT

79 Die durchschnittlichen Tagesverdienste müssten sodann nur noch mit der Anzahl der abzugeltenden Urlaubstage multipliziert werden.

F. Berechnung Umlage U 1 (Krankheit)

80 Arbeitnehmer haben grds. im Krankheitsfall Anspruch auf **Lohnfortzahlung** für maximal sechs Wochen. Um kleine bzw. mittelständische Betriebe zu entlasten, wurde jedoch seit 2006 die sog. Umlage U 1 für Arbeitgeber mit bis zu regelmäßig 30 Beschäftigten – erstmals seit diesem Zeitpunkt auch einschließlich der Angestellten – eingeführt. Durch die Ausweitung der Umlage auf die Gruppe der Angestellten sind die meisten Kanzleien umlagepflichtig. Im Krankheitsfall können die an diesem Umlageverfahren teilnehmenden Kanzleien einen Erstattungsantrag stellen und erhalten bis zu 80 % des fortgezahlten Arbeitsentgelts von der Krankenkasse erstattet.

81 Die Teilnahme am Ausgleichverfahren entsteht dabei kraft Gesetzes und ist nicht von einem förmlichen Feststellungsbescheid abhängig. Der Arbeitgeber hat lediglich Einfluss darauf, seine Umlagekosten zu minimieren, indem er einen häufig von den Krankenkassen angebotenen geminderten U1-Betrag entrichtet.

82 Das Stellen dieses **Erstattungsantrags** fällt meist in die Zuständigkeit des Sekretariats.

83 Auch hier bedarf es wieder einiger arbeitsrechtlicher Grundlagen:

84 Die Kanzlei hat nur einen Erstattungsanspruch auf Umlage U 1, wenn die Voraussetzungen nach dem Entgeltfortzahlungsgesetz vorliegen:

85 1. Der Mitarbeiter muss mindestens vier Wochen ununterbrochen beschäftigt sein, da dann gem. § 3 Abs. 3 Entgeltfortzahlungsgesetz erst ein Fortzahlungsanspruch des Arbeitsnehmers im Krankheitsfall existiert.

86 2. Es wird lediglich ein U1-Betrag für einen maximalen Zeitraum von sechs Wochen erstattet.
Dabei gilt der Grundsatz, dass die Zeiten zusammengerechnet werden, wenn der Arbeitnehmer innerhalb von zwölf Monaten infolge derselben Krankheit wiederholt arbeitsunfähig war. War der Arbeitnehmer zwischen zwei Arbeitsunfähigkeitszeiten jedoch infolge derselben Krankheit mindestens sechs Monate wieder arbeitsfähig, so erwirbt der Arbeitsnehmer einen neuen Anspruch auf Entgeltfortzahlung bis längstens sechs Wochen (§ 3 EFZG).

Die entsprechenden Erstattungsanträge können an die jeweilige Krankenkasse nur noch in elektronischer Form z. B. über das kostenlose Programm SV-Net übermittelt werden. 87

Ein möglicher Antrag könnte wie folgt aussehen: 88

Angaben zum Arbeitgeber

Betriebsnummer der Krankenkasse

Anschrift der Krankenkasse

Betriebsnummer

Beitragskontonummer

Ansprechpartner/in

Name

Telefon

E-Mail

Antrag auf Erstattung nach dem Aufwendungsausgleichsgesetz für Arbeitgeberaufwendungen bei Arbeitsunfähigkeit – U1

Angaben zum Arbeitnehmer/zur Arbeitnehmerin

Name

Rentenversicherungsnr. (falls nicht bekannt Geburtsdatum)

Vorname

☐ PKV versichert ☐ LKK versichert (jeweils bitte Kopier der AU-Bescheinigung beifügen ☐ Geringfügige Beschäftigung (Minijob)

Datum (TT.MM.JJ)

Beschäftigt seit dem . .

Bitte immer ausfüllen!

Datum (TT.MM.JJ) Datum (TT.MM.JJ)

Erstattungszeitraum vom . . bis . .

☐ Endabrechnung ☐ Zwischenabrechung ☐ Korrektur ☐ Stornierung

Ist die Arbeitsunfähigkeit auf einen Unfall oder eine Berufskrankheit zurückzuführen? ☐ ja ☐ nein

War der Arbeitnehmer wegen Schädigung durch einen Dritten arbeitsunfähig? ☐ ja ☐ nein

Wurde am 1. Tag der Arbeitsunfähigkeit noch gearbeitet? ☐ ja Stunden ☐ nein

Datum (TT.MM.JJ)

Letzter Arbeitstag/von Bord am . .

Stundenlohn € Monatslohn € Akkordlohn €

Monatliches Bruttoarbeitsentgelt/bei Seeleuten Durchschnitts-Heuer-Kennzahl €

☐ Höhere BBG-RV KBS gilt

Seite 1 von 4

Ausgefallene: Kalendertage Arbeitstage Stunden

Arbeitszeit: wöchentlich täglich

Fortgezahltes Bruttoarbeitsentgelt (ohne Einmalzahlung, ohne Überstundenvergütung, ohne Arbeitgeberanteile €

Gegebenenfalls Beitragsanteil des Arbeitgebers (eventuell pauschaliert) €

Erstattungssatz in vom Hundert % Erstattungsbetrag €

Das Entgelt ist nach den Bestimmungen des EFZG gezahlt. Die Erstattung erfolgt seitens der Krankenkasse unter dem Vorbehalt der späteren Prüfung. Zu Unrecht erstattete Beträge werden zurückgezahlt. Der mit der Entgeltfortzahlung nach § 6 EFZG übergegangene Ersatzanspruch wird nach § 5 AAG an die Krankenkasse abgetreten. Der Erstattungsanspruch kann mit einem bestehenden Beitragsrückstand verrechnet werden. Die Angaben sind richtig, vollständig und stimmen mit den Entgeltunterlagen überein. Umlagebeträge werden abgeführt. Die umseitigen Datenschutzhinweise habe ich zur Kenntnis genommen.

Der Erstattungsbetrag

☐ soll dem Beitragskonto gutgeschrieben werden.

Datum (MM.JJ)

☐ wird/wurde mit Beitragsnachweis für . verrechnet.

☐ soll auf das nebenstehende Konto überwiesen werden.

Name des Geldinstituts Kontoinhaber

IBAN Bankleitzahl Kontonummer BIC

DE

Verwendungszweck

Datum/Unterschrift/Stempel des Arbeitgebers oder des Bevollmächtigten

Seite 2 von 4

89 Beim Ausfüllen der entsprechenden Anträge ergibt sich meist das Problem, wie man das fortgezahlte Entgelt berechnet.

90 Zunächst gilt das **Bruttoarbeitsentgeltprinzip**, d. h. es ist das Bruttoarbeitsentgelt (einschließlich der Lohn- und Kirchensteuer und des Versichertenanteils zu den Sozialversicherungen) im arbeitsrechtlichen Sinne anzusetzen. Zuschläge für Mehr-, Sonn- und Feiertagsarbeit sowie Leistungen, die als Ersatz für Aufwendungen des

Arbeitsgebers dienen, z. B. Fahrtkostenzuschüsse oder Kindergartenzuschüsse, gelten hingegen nicht als Arbeitsentgelt.

Überstunden werden nur dann berücksichtigt, wenn sie in der Vergangenheit regelmäßig angefallen sind und dies ohne die Arbeitsunfähigkeit auch weiterhin der Fall gewesen wäre. 91

Die Berechnung der Umlage U1-Erstattungsbetrag erfolgt daher auch nach der Formel, die wir bereits aus der Berechnung der Urlaubsabgeltung kennen. 92

$$\frac{\text{Bruttolohn der letzten 13 Wochen } (= 3 \text{ Monatsgehälter})}{\text{Arbeitstage der letzten 13 Wochen (bei einer 5-Tage-Woche} = 65 \text{ Tage)}}$$ 93

▶ Beispiel: 94

Frau M ist insgesamt fünf Wochen im Zeitraum vom 27. 10. 2008 bis 28. 11. 2008 krank. Sie hat ein Grundlohn von 2.500,00 € brutto bei einer 5-Tage-Woche und hat in den letzten Monaten regelmäßig Überstunden geleistet. Die Überstunden wurden im August mit 500,00 € brutto, im September mit 600,00 € brutto und im Oktober mit 450,00 € brutto abgerechnet. Das Gesamtbruttogehalt beträgt demnach in den letzten 3 Monaten 9.050,00 €. Teilt man diesen Betrag nach der oben stehenden Formel durch die Anzahl der Arbeitstage der letzten 13 Wochen, hier 65 Arbeitstage, kommt man zu einem Tagesverdienst von 139,23 € brutto.

Diesen Tagesverdienst muss man jetzt nur noch mit der Anzahl der fehlenden Arbeitstage multiplizieren (hier waren es 5 Wochen = 25 Tage), sodass man zu einem Entgeltfortzahlungsbetrag von 3.480,77 € kommt.

Dies ist jedoch nicht der Erstattungsbetrag. Je nach Vereinbarung zwischen Arbeitgeber und Krankenversicherung und Zahlung des entsprechenden Umlagebetrags ergibt sich eine Erstattung zwischen 50 bis maximal 80 %.

▶ Praxistipp: 95

Die Übersendung des Erstattungsantrags an die Krankenkasse reicht meistens per Fax aus. Zur Vermeidung unnötiger Nachfragen sollte eine Kopie der Arbeitsunfähigkeitsbescheinigung beigefügt werden.

G. Umlage U 2 (Mutterschaft) und Exkurs Schwangerschaft

Mit dem Inkrafttreten des Gesetzes über den Ausgleich der Arbeitgeberaufwendungen für Entgeltfortzahlung (AAG) zum 01. 01. 2006 wurde außerdem die Umlage U 2 (Mutterschaft) neu geregelt. 96

Die gesetzliche Neuregelung war erforderlich geworden, da das BVerfG die damalige Regelung als nicht verfassungsgemäß angesehen und dem Gesetzgeber eine Frist für die Neuregelung bis zum Ende des Jahres 2005 eingeräumt hatte (BVerfG – 1 BvR 302/96 in BVerfGE 109, 64). 97

98 Die Neuregelung umfasst folgende Punkte hinsichtlich der Umlage U 2:

- Alle Arbeitgeber sind unabhängig von der Größe ihres Betriebs (anders als bei der Umlage U 1) zur Entrichtung der Umlage U 2 an die entsprechenden Krankenkassen ihrer Arbeitnehmer verpflichtet. (Diese Änderung war notwendig geworden, da das BVerfG die Altregelung als nicht verfassungskonform ansah, da damals nur Kleinbetriebe – bis zu 20 Arbeitnehmer – eine Erstattung der Arbeitgeberaufwendungen erhielten. Das Gericht sah hierin eine Gefahr, dass Frauen evtl. bei größeren Betrieben bei der Einstellung benachteiligt werden könnten.)
- Die Umlage U 2 muss nunmehr auch für männliche Arbeitnehmer abgeführt werden, obwohl diese natürlich nicht selbst schwanger werden können. (Das BVerfG hat jedoch die Ungleichbehandlung von männlichen und weiblichen Beschäftigten bei der Abführung der Beiträge beanstandet, da die Umlage U 2 nach der Altregelung nur für weibliche Arbeitnehmerinnen abgeführt werden musste. Um eine geschlechtsspezifische Benachteiligung zu verhindern und unter dem Gesichtspunkt der Solidargemeinschaft war die Neuregelung geboten.)

99 Die Beiträge für die Umlage U 2 werden nunmehr nach der Neuregelung aus der Summe aller rentenversicherungspflichtigen Entgelte der Arbeitnehmer berechnet und mit den monatlichen Sozialversicherungsmeldungen an die Krankenkassen gemeldet.

100 Im Gegensatz zu den anderen Sozialversicherungsbeiträgen (wie Kranken-, Pflege-, Arbeitslosen- und Rentenversicherungsbeiträge) sind die Umlagebeiträge U 1 und U 2 alleine vom Arbeitgeber zu tragen.

101 Anders als bei der Umlage U 1 (Krankheit) gibt es bei der Umlage U 2 (Mutterschaft) keine unterschiedlichen Erstattungssätze. Die Erstattungsleistung beträgt immer 100 %.

102 Dabei werden folgende Arbeitgeberaufwendungen erstattet:

- Entgeltfortzahlungen bei individuellen Beschäftigungsverboten sowie die hierauf entfallenden Arbeitgeberanteile zum Gesamtsozialversicherungsbetrag und
- der ausgezahlte Zuschuss zum Mutterschaftsgeld, der während des allgemeinen Beschäftigungsverbots (grds. sechs Wochen vor der Geburt bis acht Wochen nach der Geburt) vom Arbeitgeber zu zahlen ist.

103 Die Erstattungsanträge für die Umlage U 2 finden Sie auf den Internetseiten der entsprechenden Krankenkassen. Auf telefonischen Wunsch hin werden Ihnen von den Krankenkassen Papieranträge zugesandt.

104 ► **Exkurs: Schwangerschaft**

Das Gesetz sieht für schwangere Arbeitnehmerinnen umfangreiche Schutzrechte und Leistungen vor. Hierfür ist es jedoch erforderlich, dass der Arbeitgeber möglichst umgehend über die Schwangerschaft informiert wird, da nur so umfassend die Schutzrechte wirken können.

Dabei gelten sämtliche Schutzvorschriften und Leistungen sowohl für befristete wie auch für unbefristete Arbeitsverhältnisse. Die Größe der Kanzlei ist unbeachtlich.

Kündigungsschutz:

§ 9 Mutterschutzgesetz (MuSchG) enthält ein weitreichendes Kündigungsverbot, das während der gesamten Schwangerschaft bis zum Ablauf von vier Monaten nach der Entbindung gilt. Im diesem Zeitraum sind Kündigungen (egal ob ordentlich oder außerordentlich) der schwangeren Arbeitnehmerin grds. ausgeschlossen.

Das Verbot gilt jedoch nicht, wenn das Arbeitsverhältnis aus anderen Gründen endet (z. B. durch Ablauf der vereinbarten Frist bei einem befristeten Arbeitsvertrag oder durch einen Aufhebungsvertrag).

Das Verbot setzt voraus, dass die Schwangerschaft bei Zugang der Kündigung bestand. Der weitere Verlauf richtet sich dabei danach, wann der Arbeitgeber von der Schwangerschaft Kenntnis erlangt hat:

Hatte der Arbeitgeber **keine Kenntnis** von der Schwangerschaft zum Zeitpunkt der Kündigung, so kann die Arbeitnehmerin die Mitteilung über die Schwangerschaft innerhalb von zwei Wochen ab Zugang der Kündigung nachholen. Die Kündigung wäre zunächst zwar unzulässig, die Arbeitnehmerin müsste in diesem Fall jedoch nach § 4 Satz 1 Kündigungsschutzgesetz (KSchG) eine entsprechende Kündigungsschutzklage innerhalb von drei Wochen ab Zugang der Kündigung einreichen. Legt die Arbeitnehmerin keine entsprechende Klage fristgerecht ein, so würde die ausgesprochene Kündigung gem. § 7 KSchG von Anfang an rechtswirksam werden.

Hatte der Arbeitgeber jedoch **Kenntnis** von der Schwangerschaft zum Zeitpunkt der Kündigung, so hätte er die schwangere Arbeitnehmerin nur aus besonderen Gründen (z. B. wegen Diebstahls) und nur mit Zustimmung der für den Arbeitsschutz zuständigen obersten Landesbehörde kündigen dürfen. In diesen Fällen beginnt die 3-wöchige Frist zur Erhebung der Kündigungsschutzklage gem. § 4 Satz 4 KSchG erst mit Bekanntgabe der Entscheidung der Behörde an die Arbeitnehmerin. Hat der Arbeitgeber noch gar keine Zustimmung eingeholt, so kann auch keine Frist laufen.

Schutz am Arbeitsplatz:

Die Verordnung zum Schutze der Mütter am Arbeitsplatz (MuSchV) regelt zusammen mit dem MuSchG umfangreich die Rechte der Mütter am Arbeitsplatz.

Nach dem Gesetz sind keine Arbeiten zu verrichten, die die Gesundheit des Kindes bedrohen könnten, dies gilt insbes. für Tätigkeiten, bei denen Kontakt mit gesundheitsgefährdenden Stoffen besteht.

In der Praxis dürfte jedoch die normale Bürotätigkeit keine Gefährdung des Kindes darstellen. Das Heben von schweren Kartons mit Leitzordnern kann jedoch verweigert werden.

In Kanzleien ist vielmehr darauf zu achten, dass ausreichende **Erholungspausen** ermöglicht werden. Der Arbeitgeber muss ferner die Arbeitnehmerin für Arztbesuche und das Stillen des Kindes freistellen (eine Nacharbeitung ist gem. § 7 Abs. 2 Satz 2 MuSchG nicht erforderlich).

Mutterschutzfrist und Mutterschaftsgeld:

Die Mutterschutzfrist beginnt gem. § 3 Abs. 2 MuSchG sechs Wochen vor dem errechneten Geburtstermin. Ab diesem Zeitpunkt dürfen Arbeitnehmerinnen nur noch beschäftigt werden, wenn sie dies ausdrücklich wünschen. Die Erklärung kann jedoch jederzeit widerrufen werden.

Die Mutterschutzfrist endet grds. gem. § 6 MuSchG acht Wochen nach der Entbindung, es sei denn, es liegt eine Früh- oder Mehrlingsgeburt vor. In diesen Fällen endet die Frist erst nach zwölf Wochen nach der Entbindung.

Während der gesamten Mutterschutzfrist hat die Arbeitnehmerin einen Anspruch auf **Mutterschaftsgeld**, das bei der Krankenkasse von der Arbeitnehmerin selbst beantragt werden muss und von der Kasse ausgezahlt wird. Daneben hat die Arbeitnehmerin noch einen Anspruch auf Zuschuss zum Mutterschaftsgeld gem. § 14 MuSchG gegenüber ihrem Arbeitgeber.

Zusammen betragen Mutterschaftsgeld und Arbeitgeberzuschuss i. d. R. etwa so viel wie das letzte Nettoarbeitseinkommen.

Elternzeit und Elterngeld:

Für die ab dem 01.01.2007 geborenen Kinder haben Eltern gemäß dem Bundeselterngeld- und Elternzeitgesetz (BEEG) einen Anspruch auf Elternzeit und Elterngeld.

Die Elternzeit kann nach dem Ablauf der gesetzlichen Mutterschutzfrist oder später genommen werden und beträgt für jeden Elternteil (also auch den Vater des Kindes) höchstens drei Jahre und endet grds. mit der Vollendung des dritten Lebensjahres des Kindes. Mit Zustimmung des Arbeitgebers kann jedoch ein Jahr der insgesamt 3-jährigen Elternzeit auch bis zur Vollendung des achten Lebensjahres des Kindes genommen werden. Dies wird insbes. von Eltern favorisiert, die ihr Kind im ersten Schuljahr intensiv betreuen möchten.

Die Elternzeit muss gem. § 16 BEEG spätestens sieben Wochen vor Beginn durch schriftliche Erklärung beim Arbeitgeber verlangt werden und die Erklärung enthalten, für welche Zeiten innerhalb von zwei Jahren Elternzeit genommen werden soll.

Die Elternzeit bedarf jedoch nicht der Zustimmung des Arbeitgebers. Der Arbeitgeber soll durch die Erklärung nur eine gewisse Planungssicherheit erhalten. Eltern müssen ihre Elternzeit grds. auch nur für zwei Jahre anmelden, um das dritte Jahr flexibel gestalten zu können. Bis zur Vollendung des dritten Lebensjahres des Kindes kann die weitere Elternzeit ohne Zustimmung des Arbeitgebers genommen werden, jedoch mit nochmaliger Ankündigung.

Soll die weitere Elternzeit von einem Jahr nach Beendigung des dritten Lebensjahres bis zur Beendigung des achten Lebensjahres genommen werden, so ist hingegen eine Zustimmung des Arbeitgebers erforderlich.

Während der Elternzeit erhält die Arbeitnehmerin kein Gehalt vom Arbeitgeber, sondern vielmehr unbezahlten Urlaub. Das Arbeitsverhältnis ruht vielmehr, Urlaubsansprüche werden in der Elternzeit nicht erworben.

Gem. § 18 BEEG besteht während der gesamten Elternzeit ein Kündigungsschutz, die Arbeitnehmerin/der Arbeitnehmer kann jedoch selbst das Arbeitsverhältnis während der Elternzeit kündigen.

Um die Eltern wirtschaftlich abzusichern, haben diese in den ersten **14 Lebensmonaten** des Kindes einen Anspruch auf **Elterngeld.** Bei dem Elterngeld handelt es sich um eine Familienleistung des Staates, die insbes. nur dann gewährt wird, wenn sich ein Elternteil vorrangig selbst der Betreuung des Kindes widmen will und deshalb nicht voll erwerbstätig ist.

Gem. § 2 BEEG beträgt das Elterngeld i. d. R. 67 % des entfallenden Nettoeinkommens, mindestens jedoch 300,00 € und höchstens 1.800,00 € (67 % von maximal 2700,00 €, die als Einkommen berücksichtigt werden) für mindestens die ersten zwölf Lebensmonate des Kindes.

Dabei steht das Elterngeld sowohl erwerbstätigen Eltern wie auch Eltern ohne Erwerbseinkommen (wie z. B. Hausfrauen und Arbeitslosen) zu.

Die Eltern haben ferner einen Anspruch auf weitere zwei sog. Partnermonate gem. § 4 Abs. 2 BEEG, wenn sich der andere Partner auch vorrangig um die Kinderbetreuung für mindestens zwei Monate kümmert. Für Alleinerziehende gibt es eine entsprechende Anpassungsregelung.

Während der Elternzeit darf der Elternteil, der Elterngeld bezieht, nicht mehr als 30 Stunden wöchentlich einer Erwerbstätigkeit nachgehen. Soll die Teilzeittätigkeit bei einem anderen Arbeitgeber erfolgen, so ist unbedingt die Einholung einer Genehmigung des ursprünglichen Arbeitgebers erforderlich. Dieser kann die Genehmigung aus dringenden betrieblichen Gründen (z. B. wegen Wettbewerbsschutz) versagen.

H. Feedbackgespräche und Mobbing

Feedbackgespräche sind in vielen deutschen Unternehmen zur festen Größe geworden und halten in immer mehr Kanzleien ihren Einzug. 105

106 Immer wieder kommt es vor, dass mir Kolleginnen berichten, dass sie vor dem demnächst stattfindenden Feedbackgespräch Angst haben, und sie nicht wissen, was auf sie zukommt.

107 Letztendlich ist das Feedbackgespräch gar nicht so neu, sondern hat lediglich das alte „Vier-Augen-Gespräch zwischen Chef und Angestellten", das es in vielen Kanzleien bereits vorher gab, verdrängt.

108 Das Gespräch soll dabei in erster Linie dazu dienen, die Ist-Situation zu überdenken und Zukunftsprojekte zu entwickeln.

I. Solide Vorbereitung

109 Es ist dabei für Kolleginnen äußerst wichtig, sich auf dieses Gespräch vorzubereiten und sich ggf. auch zu hinterfragen.

110 ► **Praxistipp:**

Beantworten Sie sich selbst die nachstehenden Fragen:

Ist- Zustand:

Wie zufrieden sind Sie mit der Arbeit?

Welche Situationen führten zu Stress? Gibt es Lösungsvorschläge von Ihnen?

Welche Aktenbearbeitungen sind Ihnen im letzten Jahr gut in Erinnerung geblieben? (z. B., weil Sie weitere Gebühren von der Rechtsschutzversicherung erstritten haben, erfolgreich vollstreckt haben o. ä.)

Gab es auch Aktenbearbeitungen, wo es zu Problemen kam? Gibt es Lösungsvorschläge von Ihnen hierzu?

Zukunft:

Welche Seminare möchten Sie im nächsten Jahr besuchen? (evtl. wird sogar ein Rechtsfachwirtstudium angestrebt.)

Welchen Rechtsbereich könnte Ihnen Ihr Rechtsanwalt vermitteln und damit Ihre Arbeit unterstützen?

Sehen Sie Möglichkeiten, wo Sie Ihren Chef unterstützen und somit entlasten könnten?

111 Die Liste könnte endlos weitergeführt werden und soll hier lediglich einen Anstoß für eigene Überlegungen geben.

II. Zeit nehmen

112 Ein weiterer Grundsatz hört sich banal an, ist aber für das Gelingen eines Feedbackgesprächs äußerst wichtig: sich Zeit zu nehmen.

Planen Sie für das Feedbackgespräch eine gute Stunde ein und legen es, wenn es in Ihren Möglichkeiten liegt, an einem der nicht so ganz stressigen Tage. Nichts ist schlimmer, als wenn der Chef aus einer „langwierigen Besprechung“ mit einem Mandanten kommt und Sie auch angespannt sind, da noch diverse Fristen anstehen und das Telefon andauernd klingelt. Jede Kanzlei hat auch ihre ruhige Zeit, Sie kennen bestimmt den besten Zeitpunkt. 113

Sollte das Gespräch zum Ende des Arbeitstags stattfinden, nehmen Sie sich am Besten nichts direkt danach vor, denn so setzen Sie sich nur selbst unter Zeitdruck und letztendlich geht es um Ihre Zukunft. 114

III. Gesprächsprotokoll

Über das Gespräch sollte der Vorgesetzte ein Protokoll schreiben, dass Sie kommentieren können, bevor beide durch Unterschrift ihre Zustimmung signalisieren. Beide Gesprächspartner wissen so nach einem Jahr beim nächsten Feedbackgespräch, was sie vereinbart haben. 115

IV. Gesprächsverlauf

Nach der Gesprächseröffnung sollte zunächst das Feedback des Mitarbeiters an den Chef erfolgen. Infolgedessen könnten einige der nachstehenden Fragen beantwortet werden: 116
- Wie wohl fühlen Sie sich in der Kanzlei?
- Wie lief das letzte Jahr aus Ihrer Sicht?
- Was muss sich Ihrer Meinung nach ändern?
- Was können Sie dazu beitragen?
- Welche Perspektiven sehen Sie für sich in der Kanzlei?
- Was wünschen Sie sich von Ihrem RA?

Anschließend sollte der Chef das Gehörte kurz zusammenfassen, jedoch ohne Wertung. 117

Danach folgt das Feedback des Chefs an die Kollegin. Hier könnten z. B. folgende Fragen beantwortet werden: 118
- Wie lief das letzte Jahr bei Ihnen aus Sicht Ihres Chefs?
- Wie weit konnten Sie seine Erwartungen erfüllen?
- Was erwartet er von Ihnen in nächster Zeit?
- Wo sieht Ihr Chef Ihre Stärken, wo Ihre Schwächen?
- Welche Entwicklungsperspektiven sieht er für Sie?

Auch hier sollte eine Zusammenfassung des Gehörten diesmal durch den Mitarbeiter ohne Wertung erfolgen. 119

Im letzten Schritt, dem Gesprächsabschluss, einigen sich die Gesprächspartner auf konkrete Ziele und Maßnahmen für das nächste (halbe) Jahr und terminieren das nächste Feedbackgespräch (z. B. im Mai nächsten Jahres). 120

121 ▶ Praxistipp:

Da das Feedbackgespräch eine emotionale Ausnahmesituation ist, können Menschen in dieser Situation nur eine begrenzte Zahl von Informationen mit einer begrenzten Kompliziertheit verarbeiten. Ein Feedbackgespräch sollte sich daher auf die wesentliche Punkte (drei bis fünf) beschränken.

V. Kein Beschwerdeinstrument

122 Das Feedbackgespräch soll grds. nicht als Beschwerdeinstrument benutzt werden, da es dazu dienen soll, die Kanzlei und den entsprechenden Mitarbeiter voranzubringen.

123 Eine Stellungnahme über das allgemeine Büroklima ist erlaubt, reden Sie jedoch nie schlecht über Kollegen oder lästern gar.

124 Eine einzige Ausnahme sei hier erlaubt, wenn Sie Opfer von Mobbing geworden sind.

125 Untersuchungen haben ergeben, dass es zu Mobbing meist aus einer Mischung von verschiedenen Gründen kommt. Diese lassen sich in folgende Bereiche einteilen:
- die Organisation der Arbeit,
- das Führungsverhalten des Vorgesetzten und
- die besondere soziale Stellung des Betroffenen.

126 Typische Mängel in der Arbeitsorganisation, die Mobbing befördern, können z. B.
- unbesetzte Stellen,
- hoher Zeitdruck,
- starre Hierarchie,
- hohe Verantwortung bei geringem Handlungsspielraum oder auch
- geringe Bewertung der Tätigkeit

sein.

127 In den meisten Fällen geht Mobbing von den Kollegen aus. In diesen Fällen ist eindeutig der Chef gefragt. Er hat sowohl die Weisungsbefugnis als auch die Fürsorgepflicht für alle Mitarbeiter. Je früher der Chef eingreift, desto besser sind die Chancen, den Mobbing-Prozess im Ansatz zu stoppen.

128 Es kann auch durchaus vorkommen, dass besondere Merkmale oder Eigenarten einer Person den Mobbing-Prozess auslösen. Dies heißt jedoch nicht, dass der Betroffene selbst schuld ist. Manche Kollegen geraten wegen Ihrer Persönlichkeit, ihres Geschlechts, ihrer Hautfarbe oder sonstiger Eigenheiten in eine sozial hervorgehobene Stellung und lösen so den Mobbing-Prozess aus. Die gleichen Leute können jedoch in einer anderen Gruppe völlig akzeptiert sein.

129 Untersuchungen haben ferner ergeben, dass Frauen in typischen Männerberufen, aber auch Männer in typischen Frauenberufen häufig von Mobbing betroffen sind.

Mobbing-Attacken unter Kollegen werden nur selten von wirklich bösartigen Menschen ausgeführt. Viel häufiger entwickelt sich aus verschiedenen Situationen ein schleichender Mobbing-Prozess, in dem sich die „Täter“ nur wenig Gedanken über die Auswirkungen ihres Handels machen. Aber auch bei gezielten Mobbing-Handlungen einzelner gehört das Dulden durch die Mehrzahl der Kollegen dazu. 130

Daher sollte Mobbing, bereits in den Anfängen, im Feedbackgespräch angesprochen werden, sodass der Prozess beendet werden kann. 131

Ein geeignetes Instrument ist ein Gesamtkanzleimeeting mit den betroffenen Mitarbeitern, wo gemeinsame Leitsätze zur kanzleiinternen Moral entwickelt werden sollten. Es muss ein Konsens erzielt werden, der Mobbing-Handlungen in der Kanzlei inakzeptabel erscheinen lassen. Es soll hier noch einmal ausdrücklich darauf hingewiesen werden, dass damit nicht gemeint sein kann, „Konflikte zu verbieten“, denn Konflikte sind notwendig und lassen sich auch nicht verbieten. Die Gefahr besteht jedoch in Konflikten, die ungelöst sind und daher in einen Mobbing-Prozess wuchern. Eine rechtzeitige Konflikt-Kommunikation zwischen Kollegen ist daher immer ratsam. 132

Sachregister

Die **halbfett** gedruckten Ziffern beziehen sich auf die Kapitel, die mager gedruckten Ziffern auf die Randnummern.